böhlau

**VERÖFFENTLICHUNGEN
DER KOMMISSION FÜR NEUERE GESCHICHTE ÖSTERREICHS**

Band 94

KOMMISSION
FÜR NEUERE GESCHICHTE ÖSTERREICHS

Vorsitzender: em. Univ.-Prof. Dr. Fritz Fellner
Stellvertretender Vorsitzender: Univ.-Prof. Dr. Helmut Rumpler

Mitglieder:
Gen.-Dir. i. R. Hofrat Dr. Richard Blaas
Univ.-Prof. Dr. Ernst Bruckmüller
Univ.-Prof. Dr. Moritz Csáky
Univ.-Prof. Dr. Peter Csendes
Univ.-Prof. Dr. Elisabeth Garms-Cornides
Univ.-Prof. Dr. Hanns Haas
Univ.-Prof. Dr. Wolfgang Häusler
Univ.-Prof. Dr. Ernst Hanisch
em. Univ.-Prof. Dr. Grete Klingenstein
Univ.-Prof. Dr. Herbert Knittler
Univ.-Prof. Dr. Alfred Kohler
Univ.-Prof. Dr. Brigitte Mazohl-Wallnig
Gen.-Dir. Hon. Prof. Dr. Lorenz Mikoletzky
Univ.-Prof. Dr. Michael Mitterauer
Hofrat Univ.-Doz. Dr. Alfred Ogris
Univ.-Prof. Dr. Josef Riedmann
Univ.-Prof. Dr. Roman Sandgruber
em. Univ.-Prof. Dr. Gerald Stourzh
Univ.-Prof. Dr. Arnold Suppan
em. Univ.-Prof. Dr. Ernst Wangermann
em. Univ.-Prof. Dr. Erika Weinzierl
Univ.-Prof. Dr. Herwig Wolfram
Sekretär: Dr. Franz Adlgasser

Die in den Veröffentlichungen der Kommission für
Neuere Geschichte Österreichs gemachten Aussagen sind die der
jeweiligen Verfasser, nicht die der Kommission.

Georg Christoph Berger Waldenegg

Mit vereinten Kräften!

Zum Verhältnis von Herrschaftspraxis und
Systemkonsolidierung im Neoabsolutismus am Beispiel
der Nationalanleihe von 1854

BÖHLAU VERLAG WIEN · KÖLN · WEIMAR

Die Deutsche Bibliothek – CIP-Einheitsaufnahme
Ein Titeldatensatz für diese Publikation ist bei
Der Deutschen Bibliothek erhältlich

ISBN 3-205-77013-7

Das Werk ist urheberrechtlich geschützt. Die dadurch begründeten Rechte,
insbesondere die der Übersetzung, des Nachdruckes, der Entnahme von Abbildungen,
der Funksendung, der Wiedergabe auf photomechanischem oder ähnlichem Wege, der
Wiedergabe im Internet und der Speicherung in Datenverarbeitungsanlagen, bleiben,
auch bei nur auszugsweiser Verwertung, vorbehalten.

© 2002 by Böhlau Verlag Ges.m.b.H und Co. KG, Wien · Köln · Weimar
www.boehlau.at

Gedruckt auf umweltfreundlichem, chlor- und säurefreiem Papier

Druck: Berger, Horn

Inhalt

Vorwort 11

Einleitung
1. Die zeitliche Eingrenzung des Neoabsolutismus 15
2. Die allgemeine Bedeutung der Revolution von 1848/49 19
3. Die Bedeutung der Revolution von 1848/49
   für die Habsburgermonarchie 20
4. Der Modellcharakter der damaligen Ereignisse
   in der Habsburgermonarchie 25
5. Die Bedeutung der Innenpolitik des Neoabsolutismus
   für die Geschichte der franzisko-josephinische Zeit 26
6. Die Relevanz der Suche nach Wendepunkten
   in der Geschichte der Habsburgermonarchie 31
   6.1. Die neoabsolutistische Epoche als möglicher Wendepunkt 33
   6.2. Zusammenhänge zwischen dem Neoabsolutismus
        und dem Ende der Monarchie 39
7. Die Forschungslage über den Neoabsolutismus 43
   7.1. Die Gründe für die prekäre Forschungslage 44
   7.2. Der Forschungsstand im einzelnen 47
        7.2.1. Gesamtdarstellungen zur innenpolitischen Entwicklung . 47
        7.2.2. Studien zu Teilbereichen der innenpolitischen Entwicklung 49
8. Aufbau und Erkenntnisziele der vorliegenden Studie 55
   8.1. Der finanzpolitische Kontext der Nationalanleihe 57
   8.2. Aufbau und Ablauf der Nationalanleihe 59
   8.3. Der Forschungsstand über die Nationalanleihe 60
   8.4. Die mit der Nationalanleihe von offizieller
        Seite aus proklamierten Zielsetzungen 62
        8.4.1. Die finanzpolitische Zielsetzung 62
        8.4.2. Die sozialpolitische Zielsetzung 64
        8.4.3. Die außenpolitische Zielsetzung 66
        8.4.4. Die innenpolitische Zielsetzung 67
   8.5 Die spezifischen Erkenntnisinteressen
       bei der Analyse der Nationalanleihe 77
   8.6 Der Aufbau der Studie 81
   8.7 Die Quellenlage 81
   8.8. Formalien 84

Kapitel 1: Die Entscheidungsphase der Nationalanleihe 87

  1.1. Die Dimension der Nationalanleihe 88
  1.2. Die Bedeutung der Nationalanleihe aus zeitgenössischer Sicht . . 91
  1.3. Der politische Entscheidungsprozeß über die Nationalanleihe . . . 95
      1.3.1. Der Zuschnitt des neoabsolutistischen Herrschaftssystems 95
          1.3.1.1. Das Ministerium 99
          1.3.1.2. Der Reichsrat 104
          1.3.1.3. Das politische Gewicht von Ministerium
                  und Reichsrat 107
          1.3.1.4. Die sogenannte Konferenz 110
          1.3.1.5. Das machtpolitische Verhältnis zwischen
                  den Einzelressorts und dem Reichsrat 111
          1.3.1.6. Der Vorteil des persönlichen Zugangs
                  zum Monarchen 117
          1.3.1.7. Die Bedeutung der Herrschaftskonstellation für
                  das Zustandekommen der Operation 125
              1.3.1.7.1. Die Stellung Bachs im
                      neoabsolutistischen Herrschaftsgefüge 126
              1.3.1.7.2. Die Stellung Baumgartners im
                      neoabsolutistischen Herrschaftsgefüge 137
              1.3.1.7.3. Das politische Kalkül Bachs und
                      Baumgartners bei der Nationalanleihe 140
  1.4. Der politische Entscheidungsprozeß im einzelnen 145
      1.4.1. Die vermeintlich besondere Rolle des Innenministers 145
      1.4.2. Der Erfinder der Nationalanleihe 149
      1.4.3. Die Bedeutung von Baumgartners Vortrag
          vom 25. Mai 1854 150
      1.4.4. Das anfängliche Verhalten des Monarchen 154
      1.4.5. Kübeck als Finanz-Vizekaiser 156
      1.4.6. Der weitere Verlauf des Entscheidungsprozesses 165
          1.4.6.1. Die Bedeutung der Finanzkonferenz
                  vom 31. Mai 1854 166
          1.4.6.2. Die Entwicklung nach dem 31. Mai 1854 175
      1.4.7. Die tatsächliche Rolle des Innenministers 183
      1.4.8. Baumgartners Zurücksetzung in das zweite Glied 190
          1.4.8.1. Baumgartners wachsende Unzufriedenheit
                  über die Dominanz Bachs 191
          1.4.8.2. Schlußfolgerungen aus den Streitigkeiten
                  zwischen den beiden Ministern 195
      1.4.9. Rivalitäten zwischen Bach und Kempen als
          Beispiel für Konflikte auf Regierungsebene 197

Inhalt 7

    1.4.9.1. Streitigkeiten zwischen Bach und
        Kempen auf niedriger Flamme 198
    1.4.9.2. Streitigkeiten zwischen Bach und Kempen
        auf hoher Flamme 204
1.5. Abschließende Bemerkungen 214

Kapitel 2: Die Subskriptionsphase der Nationalanleihe 217

2.1. Die Mobilisierung der politischen und sonstigen Behörden 218
  2.1.1. Die Instruktion Bachs an die Verwaltungsorgane 219
  2.1.2. Der Tenor der Instruktion 220
  2.1.3. Die konkrete Umsetzung der Instruktion 231
2.2. Risiken für das Gelingen einer Nationalanleihe
  auf freiwilliger Basis 233
2.3. Die Alternative einer Zwangsanleihe 241
2.4. Motive für die Ausrufung einer freiwilligen Anleihe 244
2.5. Die öffentliche Resonanz auf die Proklamation
  der Nationalanleihe..................................... 255
2.6. Abschließende Bemerkungen 257
2.7. Flankierende Maßnahmen zur Mobilisierung der Bevölkerung . 258
  2.7.1. Beteiligungserleichterungen und
    günstige Anleihekonditionen 259
  2.7.2. Öffentliche Aufklärung über Notwendigkeit
    und Vorteilhaftigkeit der Operation 265
  2.7.3. Belehrungen 270
    2.7.3.1. Belehrungen auf individueller Basis 271
        2.7.3.1.1. Die Vertrauensmänner 273
        2.7.3.1.2. Der Curatklerus 281
    2.7.3.2. Belehrungen auf publizistischer Basis 288
  2.7.4. Abschließende Bemerkungen 300
2.8. Die Anwendung von Zwang während der Subskriptionsphase .. 301
  2.8.1. Urteile von Zeitgenossen 301
  2.8.2. Urteile der Forschung 305
  2.8.3. Die Beurteilung dieser Einschätzung
    am Beispiel von Brandts Ausführungen 306
  2.8.4. Die Definition von Zwang 312
  2.8.5. Die Anwendung moralischen Zwangs 313
    2.8.5.1. Allgemeine Überlegungen 313
    2.8.5.2. Die Anwendung moralischen Zwangs
        bei der Nationalanleihe 318

2.8.5.2.1. Die Drohung mit der
Alternative einer Zwangsanleihe 319
2.8.5.2.2. Die Instrumentalisierung der
gewährten Beteiligungserleichterungen 235
2.8.5.2.3. Die Rhetorik der Macht 326
2.8.5.2.4. Die Propagierung des
Unternehmens vor Ort 326
2.8.5.2.5. Die Macht des aufmunternden Beispiels 330
2.8.5.2.6. Die regelmäßige Publikation
von Listen mit den Zeichnungsbeträgen 334
2.8.5.2.7. Die Unterdrückung offener
Kritik an der Operation 337
2.8.6. Abschließende Bemerkungen 340
2.9. Die Anwendung offenen Zwangs
während der Subskriptionsphase 341
2.9.1. Die Anrepartierung von Zeichnungssummen 342
2.9.2. Nötigung im Falle der Verweigerung von Subskriptionen 343
2.9.3. Bachs Einstellung zu solchen Vorkommnissen 346
2.9.4. Die Anrepartierung am Beispiel der Gemeinden 355
2.9.4.1. Die finanziellen Folgen
kommunaler Subskriptionen 358
2.9.4.2. Motive für die Heranziehung von Gemeinden 360
2.9.4.3. Die Gemeinden als eventuelle Sündenböcke 365
2.9.5. Der offene Zwangscharakter am Beispiel
Lombardo-Venetiens 368
2.9.5.1. Motive für besonders starke Zweifel
an einem Gelingen auf freiwilliger Basis 369
2.9.5.2. Das konkrete Vorgehen 373
2.9.5.2.1. Das Vorgehen in der Lombardei 375
2.9.5.2.2. Das Vorgehen in Venetien 378
2.9.5.3. Die Abwicklung der Operation
in Lombardo-Venetien im Gesamtüberblick 382
2.9.6. Abschließende Bemerkungen 383

Kapitel 3: Die Einzahlungsphase der Nationalanleihe 391

3.1. Der anfängliche Verlauf der Einzahlungen 391
3.1.1. Das Phänomen der Überzahlungen 392
3.1.1.1. Die Reaktion der Verantwortlichen
in Wien auf die Überzahlungen 394
3.1.1.2. Organisatorische Probleme
mit den Überzahlungen 397

3.2. Der weitere Verlauf der Einzahlungen 400
3.3. Die Einstellung Bachs zu den Einzahlungsschwierigkeiten 403
3.4. Die Überforderung der Subskribenten in der Einzahlungsphase 409
3.5. Die offizielle Behandlung von Gesuchen um Befreiung
  von Einzahlungen 410
  3.5.1. Das Beispiel der Beamtenschaft 411
  3.5.2. Die generelle Behandlung von Befreiungsgesuchen 415
3.6. Die sogenannte Exekution 419
  3.6.1. Die Exekution in der Praxis 421
  3.6.2. Ein Fall aus Oberösterreich 424
  3.6.3. Der Zusammenhang zwischen der Eintreibung
    der Raten und dem Erfolg der Nationalanleihe 427
  3.6.4. Direkte und indirekte Kritik an den Exekutionen 429
  3.6.5. Die Beihilfe von Gendarmerie
    (und Militär) zur Vollziehung der Exekution 431
  3.6.6. Die juristische Problematik der Exekution 434
3.7. Der Verkauf von Zertifikaten 446
  3.7.1. Umfang und Ausmaß der Zertifikatsverkäufe 447
  3.7.2. Die Motive für die Verkäufe 451
  3.7.3. Die Reaktion der Verantwortlichen auf die Verkäufe 456
    3.7.3.1. Das finanzpolitische Dilemma Baumgartners ... 456
    3.7.3.2. Radetzkys Vorschlag für einen Ausweg aus
      diesem Dilemma 459
    3.7.3.3. Radetzkys Vorschlag in der Praxis 460
    3.7.3.4. Der Versuch von Belehrungen 464
    3.7.3.5. Die Einstellung Bachs zu den Verkäufen 467
    3.7.3.6. Konflikte zwischen den beiden Ministern 470
3.8. Abschließende Bemerkungen 475

Kapitel 4: Die Auswirkungen der Nationalanleihe auf
die Entwicklung des Neoabsolutismus bis 1859 477

4.1. Die Auswirkungen der Nationalanleihe auf
  die mit dieser Operation proklamierten Zielsetzungen 477
4.2. Die Folgen der Nationalanleihe für die
  politisch Verantwortlichen 490
  4.2.1. Die Folgen der Nationalanleihe für Baumgartner 491
  4.2.2. Die Folgen der Nationalanleihe für Bach 494
    4.2.2.1. Bachs gestärkte Stellung 494
    4.2.2.2. Bachs Machtstellung gerät in Gefahr 498

Inhalt

4.2.2.3. Bachs Machtstellung auf dem
kaiserlichen Prüfstand 504
4.2.2.4. Bach bleibt Innenminister 511
4.3. Die Folgen der Nationalanleihe für Franz Joseph 513
 4.3.1. Der Kaiser als normaler Politiker 513
 4.3.2. Kaiser und Regierung 515
  4.3.2.1. Beispiele aus Ungarn 516
  4.3.2.2. Kempens Sichtweise 518
 4.3.3. Zweifel an der uneingeschränkten
  Beliebtheit Franz Josephs 520
  4.3.3.1. Regierungsexterne Äußerungen 522
  4.3.3.2. Regierungsinterne Äußerungen 526
  4.3.3.3. Franz Joseph als Herrscher ohne Herz 531
 4.3.4. Die Folgen bestimmter Ereignisse auf
  das öffentliche Renommee des Monarchen 532
  4.3.4.1. Das Attentat vom 18. Februar 1853 532
  4.3.4.2. Die Auffindung der ungarischen Königskrone
   und anderes mehr 537
 4.3.5. Franz Josephs Ruf eines Soldatenkaisers 546
 4.3.6. Das Renommee des Monarchen in der
  Krisensituation des Jahres 1859 549
  4.3.6.1. Urteile der Forschung 549
  4.3.6.2. Zeitgenössische Sichtweisen 551
  4.3.6.3. Franz Josephs Sichtweise in der
   Krisensituation des Jahres 1859 556
 4.3.7. Abschließende Bemerkungen 561
4.4. Die Verfassungsproblematik 562
 4.4.1. Der Nexus zwischen Staatsfinanzen
  und Konstitutionalismus 563
 4.4.2. Die Krise des Neoabsolutismus am
  Beispiel von Finanzminister Bruck 573
  4.5.2.1. Bruck als Hoffnungsträger 573
  4.5.2.2. Brucks Ansehensverlust 576
 4.4.3. Weitere Krisensymptome 584
 4.4.4. Die Debatte über eine große Zwangsanleihe 1859 587
 4.4.5. Abschließende Bemerkungen 596

Schlußbetrachtung 599

Quellen und Literaturverzeichnis 614
Abkürzungen 643
Personenregister 646

VORWORT

Die vorliegende Studie basiert auf der im März 1998 eingereichten Habilitationsschrift *Innenpolitik im Neoabsolutismus (1848/49–1859/60). Zum Verhältnis von Herrschaftspraxis und Systemkonsolidierung*. Letztere erwies sich jedoch in ihrer damaligen Form insbesondere aufgrund ihres großen Umfanges für eine Veröffentlichung nur schwer geeignet. Also hätte ich entweder die Arbeit insgesamt stark gekürzt publizieren oder aber zunächst einen Teil des Gesamtwerks gesondert erscheinen lassen können. Ich habe mich für die zweite Option und dabei wiederum für die Abschnitte über die sogenannte Nationalanleihe von 1854 entschieden. Vier Erwägungen waren hierfür ausschlaggebend: Erstens handelt es sich bei diesem Gegenstand um ein besonders unbekanntes und weithin unbearbeitetes Kapitel neoabsolutistischer Geschichte. Zweitens lassen sich an Hand der mit der Nationalanleihe verbundenen Problematik entscheidende Aspekte neoabsolutistischer Herrschaftspraxis aufzeigen. Damit ist der dritte Punkt verbunden: Die Abschnitte über die Nationalanleihe bilden einen, wenn nicht *den* zentralen Teil der Habilitationsschrift überhaupt. Deshalb lassen sich schließlich viertens an dieser Thematik auch entscheidende Erkenntnisinteressen der Habilitation insgesamt darlegen.

Eine grundsätzliche Entscheidung mußte ich mit Blick auf die Einleitung treffen. Aufgrund der wesentlich breiteren inhaltlichen beziehungsweise thematischen Bandbreite des Originalmanuskripts war einerseits von vornherein klar, daß die ursprüngliche Einleitung überarbeitet, neu strukturiert und mithin auch wesentlich verändert beziehungsweise auf die Nationalanleihe zugeschnitten werden mußte. Andererseits vermitteln die darin enthaltenen Ausführungen aufgrund ihres grundsätzlichen Charakters dem Leser einen hoffentlich umfassenden Einblick in die Gesamtproblematik des Neoabsolutismus im größeren historischen Kontext. Hier war nun zu entscheiden, inwieweit diese Ausführungen übernommen werden sollten oder nicht. Ich habe mich dazu entschlossen, den ersten Teil der ursprünglichen Einleitung weitgehend beizubehalten (Abschnitt 1–7). Der zweite Teil hingegen wurde speziell mit Blick auf die Nationalanleihe verfaßt.

Diese Vorgehensweise führt dazu, daß die Einleitung ungewöhnlich lang geraten ist. Ich habe dies vor allem deshalb in Kauf genommen, damit der Leser einen möglichst umfassenden Einblick in die Gesamtproblematik des Neoabsolutismus erhält.

Verschiedensten Personen und Institutionen gebührt Dank. An erster Stelle ist hier Prof. Dr. Dr. h. c. Volker Sellin zu nennen. Er hat das langsame Werden des Originalmanuskripts sowie die mit seiner Entstehung verbundenen inhaltlichen und psychischen Höhen und Tiefen inhaltlich und menschlich wie immer intensiv begleitet. Nicht zuletzt ist ihm für die aufmerksame, oftmals sicherlich mühevolle Lektüre des – leider – beinahe 1000 Seiten umfassenden und engbedruckten Originalmanuskripts zu danken. Hierfür danke ich auch dem Zweitkorrektor Prof. Dr. Eike Wolgast. Ihr – wie nachträglich auch mein – einziger Trost mag darin liegen, daß offensichtlich noch umfangreichere Arbeiten geschrieben, eingereicht und auch gelesen werden.

Auch Emeritus Prof. Dr. Fritz Fellner hat das Originalmanuskript gelesen und mit vielen hilfreichen Kommentaren versehen. Ihm selbst wurde das Glück zuteil, mit einer unvergleichlich kürzeren Studie habilitiert zu werden. Man kann nur erahnen, was er bei zunehmender Lektüre empfunden haben muß. Darüber hinaus stand er mir auch sonst immer wieder mit Rat und Tat zur Verfügung und verköstigte mich bei Besuchen in seiner *Emeritage* in Wien mit wunderbaren Süßigkeiten aus seiner Lieblingskonditorei Šluka. Für all dies möchte ich ihm ebensosehr danken wie dafür, daß er mich eigentlich erst auf den Neoabsolutismus als lohnendes Forschungsobjekt aufmerksam gemacht hat.

Was dabei insbesondere die Nationalanleihe anbetrifft, gilt mein spezieller Dank Prof. Dr. Harm-Hinrich Brandt. Denn er hat mich auf die mögliche Bedeutung dieser Operation für eine Beurteilung des Neoabsolutismus hingewiesen. Ich hätte diesem Thema sonst geringeres, ja vielleicht gar kein Augenmerk zugewendet und mich dabei gewissermaßen dem forschungsgeschichtlichen *main stream* über den Neoabsolutismus angepaßt, der freilich – wie zu zeigen sein wird – ohnehin eher spärlich fließt. Während meiner rund zweieinhalbjährigen Archivarbeit habe ich Brandt insgeheim oft für seinen Hinweis gedankt.

Verschiedene Personen haben mir im Laufe der Zeit Gelegenheit geboten, meine Thematik einer größeren Öffentlichkeit vorzustellen. Auch in dieser Beziehung habe ich Brandt zu danken, daneben vor allem Frau Univ.-Prof. Dr. Brigitte Mazohl-Wallnig, Herrn Univ.-Prof. Dr. Friedrich Gottas sowie Herrn Prof. Dr. Wolfgang Schieder.

Zu danken ist auch der *Deutschen Forschungsgemeinschaft:* Mit dem mir gewährten Habilitationsstipendium konnte ich meinen zweijährigen Archivaufenthalt in Wien finanzieren. Ist nun schon eine Institution erwähnt, so möchte ich auch den hilfreichen Mitarbeitern der von mir besuchten Archive und Bibliotheken danken. Ich kann sie nicht alle im einzelnen nennen. Besonders erwähnen möchte ich aber zum einen Hon.-Prof. Dr. Lorenz Mikoletzky, zum anderen sämtliche Mitarbeiter des *Haus-, Hof- und Staatsarchivs*. Die nicht gerade großzügigen Bestellbestimmungen haben sie zu meinen Gunsten vielfach äußerst extensiv ausgelegt, während mir vor allem der leider bereits verstorbene Horst Brettner-Messler jederzeit seine tatkräftige Unterstützung angeboten hat.

Besonderer Dank gebührt auch den Mitgliedern der *Kommission für Neuere Geschichte Österreichs,* die mir die Möglichkeit gegeben haben, meine Arbeit in der von ihnen herausgegebenen Reihe zu veröffentlichen. Sehr danke ich Dr. Fanz Adlgasser. Als Sekretär der Kommission hat er meine Ausführungen zuletzt noch aufmerksam durchgesehen und dabei unter anderem entdeckt, daß ich Bismarck schon für die fünfziger Jahre in den Fürstenstand erhoben habe. Das war nun doch zuviel der Ehre.

Von den wissenschaftlichen Höhen herab zu den vermeintlichen Niederungen des Alltags, die sich für die Fertigstellung einer solchen Arbeit als freilich ebenso wichtig erweisen. Hier danke ich zunächst meinen ehemaligen Nachbarn Kerstin Groll und Matthias Backenstraß. Kerstin hat mit unendlicher Geduld die Formatierung meines ursprünglichen Manuskripts übernommen, während Matthias mein zunehmend nervöses Gemüt mit variationsreichen Klängen aus seinem Saxophon immer wieder beruhigt hat. Als Psychologe traf er stets durchaus den richtigen Ton. Sehr zu danken ist auch Sandra Schiller für ihre Hilfe bei der Durchsicht der Korrekturfahnen.

Bei weitem nicht zuletzt und gerade deshalb an – fast – letzter Stelle sei Katja Becht, nunmehr auch Berger Waldenegg, und Alexander Sauter gedankt. Beide haben bereits das ursprüngliche Manuskript hin und her gewälzt, sie haben mir auch – auf die eine oder andere Weise – psychologisch immer wieder den Rücken gestärkt: Als ohnehin schon alles zu spät war, hielten sie mit kritischen inhaltlichen Anmerkungen wohlweislich feinfühlig hinter dem Berg. Statt dessen verwöhnten sie mich mit ebenso köstlich wie unnachahmlich und originell zubereiteten Speisen – für alle Eingeweihten nenne ich hier nur Spaghetti alla Puttanesca, Saltimbocca alla Romana und Marillenknödel. In den letzten Stunden vor Abgabe, als gar nichts mehr zu gehen schien, half mir schließlich nur noch ein bekannter österreichischer Energietrunk über die Runden. Somit sei also auch dem Erfinder dieses Getränkes gedankt, dessen Wirkung nach zwei Stunden schlagartig nachließ. Doch da war dann auch der letzte Punkt gesetzt.

Einleitung

1. Die zeitliche Eingrenzung des Neoabsolutismus

Unter Neoabsolutismus versteht man einen historischen Abschnitt der Habsburgermonarchie, der je nach Bewertung von 1848/49 beziehungsweise 1851/52 bis ungefähr 1859/60 gedauert hat. Dabei deutet bereits der Begriff *Neoabsolutismus* darauf hin, daß dieser Zeitraum innen- beziehungsweise verfassungspolitisch durch – grob gesprochen – politische *Reaktion* gekennzeichnet ist[1]. Konstatiert Peter Urbanitsch in diesem Kontext lediglich eine „Zeit des Neoabsolutismus"[2], so vielleicht deshalb, weil er diesen Jahren einen wirklichen Epochencharakter absprechen will. Dennoch stehen wir wenigstens in verfassungspolitischer Hinsicht einer eigenständigen Epoche gegenüber. So ist denn auch neben „Epoche"[3] von der neoabsolutistischen „Ära"[4] und „Periode"[5] die Rede. Die Charakterisierung des Neoabsolutismus als ein „Zeitalter"[6] erscheint hingegen problematisch, da die Verwendung dieses Terminus zumeist der Charakterisierung großer Zeiträume vorbehalten bleibt.

Als Anfangsdatum der Epoche wird zuweilen der 2. Dezember 1848 genannt. Damals trat der kaum achtzehnjährige habsburgische Erzherzog Franz Joseph im Zuge der revolutionären Entwicklung für die wohl allermeisten Zeitgenossen mehr oder weniger völlig überraschend[7] seine Herrschaft

---

1 Zum Begriff der *Reaktion* s. Panajotis Kondylis, Reaktion, S. 179–230.
2 Die Deutschen, S. 52–53; vgl. S. 63.
3 So etwa Berthold Sutter, Probleme, S. 553.
4 Erich Zöllner, Perioden, S. 26; Friedrich Gottas, Die Deutschen in Ungarn, S. 326; Gerald Stourzh, Die Gleichberechtigung der Volksstämme, S. 1000.
5 Umberto Corsini, Italiener, S. 863.
6 Helmut Rumpler, Ministerrat, S. 19; vgl. Franz Mayer/Friedrich Kaindl/Hans Pirchegger, Geschichte und Kulturleben, S. 161.
7 S. etwa einen Brief der Hofdame Sophie Baronin v. Scharnhorst an Gräfin Eva Sickingen v. 5. Dezember 1848: „Niemand ahnte [am Hofe] den großartigen rührenden Entschluß(,) der den Kaiser und seinen Durchlauchtigsten Bruder bestimmte(,) der Krone zu Gunsten des Neffen und Sohnes zu entsagen. Selbst die hier anwesenden Erzherzöge und Brüder des jungen Kaisers wußten nicht(,) was geschehen sollte ... und wurden so wie alle übrigen Anwesenden beim Verlesen der Abdications-Akte vollkommen überrascht." (Hofdamenbriefe, S. 142–143); vgl. die Frau des früheren Ministerpräsidenten Karl L. Graf Ficquelmont, Gräfin Dorothea Ficquelmont, in einem Schreiben an ihre Schwester Lisa, in dem es heißt: „Le secret de cette décision a été si bien gardé, que personne à la cour même ne s'en doutait et que la surprise a été générale pour tout le monde." (Teplitz, 5. Dezember 1848, in: Lettres du Comte et de la Comtesse de Ficquelmont, S. 193).

an, die fast bis zum Ende der Monarchie andauern und als franzisko-josephinisches Zeitalter in die Annalen eingehen sollte. Auch findet sich immer wieder der Hinweis auf die Anfang März des folgenden Jahres vollzogene Auflösung des im Sommer 1848 zunächst nach Wien einberufenen, seit November 1848 dann in der mährischen Kleinstadt Kremsier (Kroměříž) tagenden österreichischen Reichstages und die gleichzeitig erfolgte Oktroyierung einer Verfassung durch die Regierung[8], die sogenannte Märzverfassung (4. beziehungsweise 6./7. März 1849).

Zumeist wird aber der 31. Dezember 1851 als Zäsur angeführt, als der Kaiser das sogenannte Sylvesterpatent erließ[9]. Damit hob er die bis dahin ohnehin nur in Teilen verwirklichte Märzverfassung auf und führte wieder das sogenannte *monarchische Prinzip* beziehungsweise die *reine Monarchie* ein. Schon die sogenannten *Augusterlässe* vom August desselben Jahres hatten die Öffentlichkeit auf eine Verfassungsrevision mit absolutistischer Stoßrichtung vorbereitet[10].

---

8 Allgemein zur Entwicklung des Begriffs *Regierung* Volker Sellin, Regierung, S. 361–421. Zweifellos „(kann) der Begriff ‚Regierung' … unterschiedlich verstanden werden". Selbst wenn man ihn aber nicht in seinem „weiteren Sinne" verwendet und darunter also nicht „die Verfassungsorgane eines Staates" faßt, die „insgesamt das Regierungssystem bilden, also Parlament und Regierung", sondern lediglich „im engeren Sinne … jene Institution" begreift, „der in Abgrenzung von anderen öffentlichen Gewalten … das Regieren obliegt" (Axel Murswieck, Regierung, S. 573), trifft er Österreichs Regierungswirklichkeit wenigstens nach 1851 unter anderem deshalb nicht, weil es viele informelle Einflüsse auf die Politik gab, der Kaiser zuweilen alleine agierte und sich nicht an den prinzipiell für zu treffende politische Entscheidungen vorgesehenen institutionellen Gang halten mußte. Auch existierte seit April 1851 der eigens zur Kontrolle des Kabinetts bzw. der einzelnen Minister eingesetzte Reichsrat, der also seinerseits Teil der Regierung war. Dennoch werde ich im weit. aus Gründen der Konvenienz diesen Begriff gebrauchen. Ist von *politischer Elite* oder *Machtelite* die Rede, so sind ebenfalls nicht nur die Minister gemeint. Spreche ich dagegen ersatzweise von *Machthabern* oder *Machtträgern*, so ist dies nicht pejorativ in dem Sinne zu verstehen, als sei es den Ministern usw. immer nur um den eigenen oder den Machterhalt der Regierung als Gesamtinstitution beziehungsweise des neoabsolutistischen Herrschaftssystems gegangen. Allg. zum Problem der adäquaten Begrifflichkeit s. Wolfram Siemanns Bemerkung, daß sich Sprache „nicht sämtlicher metaphorischer Bezüge entkleiden" läßt (Die deutsche Revolution, S. 175). Begriffe transportieren also immer gewisse Vorstellungen bzw. rufen beim Leser gewisse Assoziationen hervor, mitunter auch vom Autor gar nicht intendierte. Insb. letzteres erscheint mißlich, läßt sich aber nicht ganz verhindern.

9 Abg. in: Die österreichischen Verfassungsgesetze, Nr. 48–50, S. 178–185. Eigentlich sind es *zwei* Patente und ein Handschreiben des Kaisers an den Ministerpräsidenten (vgl. dazu Wilhelm Brauneder, Verfassungsentwicklung, S. 138). Zumeist ist vereinfachend oder auch irrtümlich nur von *dem* Sylvesterpatent die Rede. So soll es auch hier der Einfachheit halber gehalten werden.

10 Abg. in: Die österreichischen Verfassungsgesetze, Nr. 45–47, S. 175–178. Zu ihnen s. kurz ebd., S. 135–137. Zu ihrer verfassungspolitischen Bedeutung s. auch noch Kapitel 1, Abschnitt 1.3.1.1.

Diese skizzenhaften Darlegungen deuten bereits an, daß über den Beginn des Neoabsolutismus keine Einigkeit besteht. Die These Christoph Stölzls, darunter verstehe man (!) „die Zeit zwischen dem Zusammenbruch der Revolution ... und dem Beginn der sog.(enannten) Verfassungsexperimente in den 60er Jahren"[11], trifft also zumindest mit Blick auf das zeitliche Einsetzen dieser Epoche nicht zu.

Anders verhält es sich mit ihrem Ende: Zwar gibt es kein „offiziell" verkündetes oder im nachhinein exakt festzulegendes „Ende" des Neoabsolutismus, wie wiederum Stölzl zu meinen scheint[12]; doch während Lothar Gall das „Einschwenken in konstitutionelle Bahnen" erst ab 1860/61 als gegeben ansieht[13] und Wilhelm Brauneder die eigentliche verfassungspolitische Wende erst 1867 ansetzt[14], wird es im allgemeinen mit der Jahreswende 1859/60 angesetzt[15]. Schon in einem unsignierten, wohl 1864 verfaßten Memorandum mit dem Titel *Österreichische Zustände* ist von der „sogenannten Reaktions-Periode von 1849 bis 1859" die Rede[16]. Gerald Stourzh zufolge „brach" der Neoabsolutismus bereits 1859/60 „zusammen"[17], für den Staatsrechtler Hans Kelsen kam das Ende jener „Aera", die er schlicht „Absolutismus" nennt, mit – Anfang – „1860"[18], und laut István Deák beendete der Krieg von 1859 das „absolutistische Experiment"[19].

Auch viele andere Forscher sehen im Krieg gegen Piemont und Frankreich – symbolisiert durch die Schlachten von Magenta (4. Juni) und Solferino (24. Juni) und den darauffolgenden Waffenstillstand von Villafranca (8. Juli) – im-

---

11 Ära Bach, S. 19.
12 Genau schreibt er, mit der Entlassung Alexander Freiherr v. Bachs als Innenminister und Johann Fr. Freiherr Kempen v. Fichtenstamms als Polizeichef sowie der „Ankündigung innenpolitischer Reformen" sei der Neoabsolutismus „offiziell" zu Ende gegangen (ebd., S. 24). Einen ähnlichen Eindruck vermittelt auch der Eintrag *Neoabsolutismus* in Bd. 4 v. *Meyers Taschenlexikon*: „Bez.[eichnung] für das Reg.[ierungs]system im Kaisertum Österreich zw.[ischen] dem Staatsstreich 1851 und dem Erlaß des Oktoberdiploms 1860" (S. 188).
13 Europa, S. 59.
14 Verfassungsentwicklung, S. 70.
15 Dabei erscheint die Bewertung von Nachum T. Gross etwas widersprüchlich. Er meint zum einen, das „neo-absolutistische' Regime" habe von 1849 bis „mindestens" 1860 gedauert (Industrielle Revolution, S. 219), legt aber zum anderen sein „Ende" definitiv auf „Dezember 1859" fest (ebd., S. 222).
16 In: AVA, NL Bach, Krt. 39, f. *Vereine*, s.f. *Österreichische Zustände*, fol. 134. Ein zweites Exemplar liegt ein in: HHStA, AM, F12, Krt. 1, f. *Nr. 12836/I*. Zur zeitlichen Datierung s. ein beiliegendes Schreiben des damaligen Polizeiministers Carl Mecséry Freiherr de Tsóor an den Minister des kais. Hauses und des Äußern, Johann B. Graf Rechberg u. Rothenlöwen (Wien, 16. August 1864, Nr. 1232/MP.).
17 Länderautonomie, S. 45.
18 Österreichisches Staatsrecht, S. 10.
19 Der K. (u.) K. Offizier, S. 64. Vgl. auch Friedrich Walter, Kaiser Franz Josephs Ungarnpolitik, S. 26.

plizit oder explizit *den* entscheidenden Wendepunkt für die weitere verfassungspolitische Entwicklung: Als unmittelbares Ergebnis bewirkte der Krieg den im Frieden von Zürich am 10. November sanktionierten Verlust der Lombardei. Er ging aber überdies mit einem weitgehenden Staatsbankrott einher. Letzterer wiederum resultierte freilich nicht nur aus den zusätzlichen, infolge der militärischen Auseinandersetzung notwendig gewordenen finanziellen Aufwendungen. Vielmehr kam hier zugleich eine fehlgeschlagene beziehungsweise verfehlte Finanzpolitik im weitesten Sinne zum Tragen. Damit verbunden, manifestierte sich bald eine ernsthafte innen- und eben nicht zuletzt verfassungspolitische Krise, die sich allerdings schon vor Kriegsausbruch anbahnte, das heißt: Bestimmte, von der Regierung für maßgeblich erachtete Bevölkerungskreise (mittleres und höheres Bürgertum[20] sowie Teile des Adels) beziehungsweise bestimmte, von der Regierung in Wien für wichtig erachtete Nationalitäten (vor allem Italiener und Magyaren, aber auch Deutsche) oder auch nur Teile von ihnen waren nicht mehr länger dazu bereit, das neoabsolutistische Herrschaftssystem zu akzeptieren und forderten in verschiedener Hinsicht eine innenpolitische Öffnung unter konstitutionellen Vorzeichen.

Äußerlich ist diese Krise am deutlichsten an der Auswechslung eines signifikanten Teils der neoabsolutistischen Führungselite abzulesen: Außenminister Carl F. Graf Buol-Schauenstein mußte seinen Hut bereits im Vorfeld der für den Kriegsverlauf ausschlaggebenden Kampfhandlungen nehmen (17. Mai 1859). Am 21. August entließ der Kaiser dann Alexander Freiherr v. Bach und Johann Fr. Freiherr Kempen v. Fichtenstamm, die beide schon seit Jahren als Innenminister beziehungsweise als Polizeichef fungierten. Wenig später (20. Oktober) kam die Reihe dann an Karl Graf Grünne. Er hatte dem Monarchen seit seinem Herrschaftsantritt als Generaladjutant gedient. Diese Bauernopfer sollten die aufgeregte öffentliche Stimmung beruhigen. Dabei symbolisierten vor allem die drei zuletzt genannten Männer für die Öffentlichkeit den repressiven Charakter des damaligen Herrschaftssystems.

Allerdings gelang dadurch bestenfalls vorübergehend eine erneute innenpolitische Stabilisierung. Auch andere damalige politische Maßnahmen mit derselben Zielsetzung änderten daran nichts. Dazu zählten insbesondere administrative und wirtschaftspolitische Projekte, deren Realisierung der Bevölkerung teilweise seit Beginn des Herrschaftsantritts Franz Josephs angekündigt, ja versprochen worden waren. Zu denken ist hier etwa an die Verabschiedung eines freilich schon bald wieder obsolet werdenden Gemeindege-

---

20 Unter *Bürgertum* verstehe ich in Anlehnung an Ernst Bruckmüller „eine Konfiguration gesellschaftlicher Gruppierungen …, denen bei unterschiedlicher ökonomischer Fundierung eine gewisse ‚Kultur' und damit in der Regel auch eine gewisse materielle Basis gemeinsam war" (Ein ‚deutsches' Bürgertum?, S. 343).

setzes (April 1859) und an die Sanktionierung einer Gewerbeordnung (Dezember 1859).

Und so setzte bald die erwähnte Phase der Verfassungsexperimente ein. Dabei stechen besonders das Oktoberdiplom (1860) sowie das Februarpatent (1861) hervor. Die „außenpolitische, militärische und finanzielle Katastrophe"[21] des *Schicksalsjahres*[22] 1866 endete schließlich mit dem erneuten Verlust einer Reichsprovinz, nämlich Venetiens; zudem wurde in der Folge der sich bereits zuvor anbahnende österreichisch-ungarische Ausgleich von 1867 umgesetzt. Mit ihm mündete die Habsburgermonarchie in ihre letzte Phase: Staatsrechtlich gesehen ist sie durch Dualismus und verfassungspolitisch durch einen eingeschränkten Konstitutionalismus charakterisiert.

Der Neoabsolutismus wurde also nicht „plötzlich gestürzt", vielmehr erfolgte „ein allmählicher Staatsumbau"[23]. Doch die verfassungsrechtlichen Weichen waren nach der Niederlage von 1859 bereits recht eindeutig in Richtung Konstitutionalismus gestellt. Insofern bilden die daraufolgenden rund acht Jahre eine innenpolitische Übergangsperiode, während sich das Ende des Neoabsolutismus um die Jahreswende 1859/60 ansetzen läßt. An dieser zeitlichen Eingrenzung orientieren sich auch die folgenden Ausführungen.

2. DIE ALLGEMEINE BEDEUTUNG DER REVOLUTION VON 1848/49

Der Neoabsolutismus fällt in eine markante Phase der neueren europäischen Geschichte. Seit der Revolution von 1848 sahen sich viele Regierungen Europas unter anderem mit zwei großen Strömungen konfrontiert. Sie standen zwar schon seit 1789 auf der politischen Tagesordnung, gewannen aber spätestens seit den Märztagen so sehr an Virulenz, daß die davon betroffenen Regierungen mit tragfähigen Konzepten reagieren mußten: Zum einen wuchs das Verlangen nach Öffnung der gegebenen politischen und gesellschaftlichen Verhältnisse. Zum anderen verstärkten sich national beziehungsweise nationalistisch ausgerichtete Bewegungen, deren Protagonisten nicht selten schon damals die Errichtung von Nationalstaaten anstrebten oder zumindest damit liebäugelten[24].

---

21 So Friedrich Hertz, Nationalgeist, S. 354; vgl. Joseph Redlich, Staats- und Reichsproblem, 2, S. 501–502.
22 So der Titel eines Buches von Adam Wandruszka, vielleicht unter Bezugnahme auf eine Wendung Kurt Schuschniggs, der vom „Jahr des Schicksals 1866" gesprochen hat (Requiem in Rot-Weiß-Rot, S. 170).
23 Klaus Koch, Generaladjutant Graf Crenneville, S. 101 (in Verb. mit ebd., Anm. 49).
24 Zur Unterscheidung einzelner Nationalismusformen s. Peter Alter, Nationalismus, S. 29–56. Allg. zu dem Verlauf der Revolution von 1848 in Europa s. Jonathan Sperber, The European Revolutions, 1848–1851.

Mit dem herkömmlichen, häufig auf Repression angelegten Machtinstrumentarium waren diese Strömungen wenigstens auf längere Sicht kaum zu bändigen[25]. Zudem bildeten Nationalismus und Liberalismus wenigstens damals weithin keine voneinander losgelösten Richtungen. Wer national dachte, vertrat also oft auch liberales Gedankengut und umgekehrt. Wollten die Verantwortlichen mithin zukunftsweisende Verhältnisse schaffen, so war es für sie mit der Befriedigung lediglich des einen Anliegens kaum getan.

Für manche Regierungen geriet das Erfordernis, konstruktive Antworten auf die Agenda von 1848 zu finden, gar zur Überlebensfrage. Dies gilt sowohl mit Blick auf ihr eigenes politisches Schicksal als auch für das durch sie repräsentierte Herrschaftssystem. Zuweilen stand sogar der Fortbestand einzelner Staaten auf dem Spiel. Dies galt auch für das Kaiserreich Österreich, wie es seit 1804 offiziell hieß.

3. DIE BEDEUTUNG DER REVOLUTION VON 1848/49 FÜR DIE HABSBURGERMONARCHIE

Die Monarchie wurde vielleicht sogar am heftigsten von allen europäischen Staaten durch den vielbeschworenen *Völkerfrühling* von 1848 erschüttert. Dies hing auch damit zusammen, daß sich die bestehenden innenpolitischen Verhältnisse zumindest gemessen an westeuropäischen Maßstäben vergleichsweise rückständig gestalteten. Forderungen nach einer liberalen, ja demokratisch ausgerichteten Verfassungsordnung stellten die herkömmliche Herrschaftsordnung daher besonders stark in Frage. Außerdem warf die akuter denn je im Raum stehende *deutsche Frage* für die Wiener Machtträger ein nationales Problem erster Ordnung auf. Dazu kam noch der mehr oder minder heftige Ausbruch der bis zur Revolution vielfach noch unter der Oberfläche schlummernden beziehungsweise gärenden nationalen Bestrebungen der nichtdeutschen Bevölkerungsgruppen.

Die potentielle Sprengkraft dieser Bestrebungen für das staatsrechtliche Gefüge des Kaisertums erweist schon ein Blick auf die herrschenden ethnischen Verhältnisse. Österreich war ein von Deutschen beziehungsweise deutsch-assimilierten Gruppen faktisch dominiertes, aber ausgesprochen multinational zusammengesetztes Staatswesen, das nicht weniger als elf verschiedene Nationalitäten[26] sowie zahlreiche ethnische und religiöse Splitter-

---

25 Dazu grundsätzlich Robert J. Goldstein, Political Repression in 19th Century Europe.
26 Im weit. verwende ich *Nationalität* als synonym mit *Volksgruppe* oder etwa auch *nationaler Gruppe*. Allg. zu mögl. Differenzierungen Robert A. Kann, Nationalitätenproblem, 1, S. 40–44.

gruppen in sich vereinigte[27]. Überdies lebten in den allermeisten Kronländern (in unserem Betrachtungszeitraum mehr als 16 an der Zahl[28]) mehrere Nationalitäten, teilweise gemischt. Dies erschwerte etwa eine Lösung der Nationalitätenkonflikte mittels einer genauen Trennung nach ethnisch-territorialen Kriterien[29].

Außerdem waren die nationale und die politische Komponente besonders eng miteinander verwoben: So implizierte der Wunsch nach politischen Freiheiten zumindest teilweise das Verlangen nach nationaler Selbstbestimmung. Freilich forderte die politisch-nationale Avantgarde der Nationalitäten teilweise lediglich Autonomie. Aber aufgrund der erwähnten multiethnischen Zusammensetzung zahlreicher Provinzen waren solche Forderungen oftmals nur schwer zu realisieren und kontrastierten mit entsprechenden Forderungen anderer Nationalitäten, die in denselben Provinzen lebten. Zudem bestand aus Sicht der Regierenden die Gefahr einer Art Kettenreaktion: Was man einer Nationalität gewährte, würde man einer anderen nur schwer und eventuell lediglich unter Inkaufnahme ernsthafter, ja sogar irreversibler Verstimmung verweigern können.

Noch schwerwiegender erschien aus dieser Sicht das Verlangen nach völliger staatsrechtlicher Unabhängigkeit. Es wurde 1848/49 insbesondere von italienischer (Lombardo-Venetien) und magyarischer (Ungarn) Seite aus erhoben. Während man dabei im Wiener Ministerrat aber hinsichtlich Oberitaliens vor allem unmittelbar nach Revolutionsausbruch sogar eine Abtretung der Lombardei an das Königreich Sardinien erwog (diese Provinz bedrohte den staatsrechtlichen Fortbestand der Monarchie nicht direkt), kam für die Verantwortlichen in Wien keinesfalls die Gewährung nationaler Unabhängigkeit für Ungarn in Frage. Denn eine solche Konzession erschien ihnen gleichbedeutend mit dem wahrscheinlichen Ende, wenn schon nicht des Reiches insgesamt, so doch wenigstens desselben als bedeutende europäische Macht.

Nicht zuletzt jene Bestrebungen waren problematisch, die auf einen Zusammenschluß mit ethnischen Brüdern außerhalb der Reichsgrenzen hin-

---

27 Gesamtstaatlich gesehen besaßen die Deutschen nur eine relative Mehrheit und waren in einzelnen Provinzen praktisch gar nicht vertreten. Zur deutschen Dominanz Urbanitsch, Die Deutschen, S. 33–154; vgl. die tab. Übersicht bei Kann, Nationalitätenproblem, 2, Anh. 1, S. 388–392.

28 Ihre Anzahl variierte im Laufe der Zeit ein wenig. „Erstmals" fand der Terminus *Kronländer* in der Verfassung v. 4. März 1849 „offizielle ... Verwendung". Auf dem verfassunggebenden Reichstag von Kremsier versuchte man „diesen Begriff zu vermeiden" (Andreas Gottsmann, Reichstag, S. 96). Man wollte damit wohl dem Eindruck vorbeugen, man halte die Länder für einen Besitz der Dynastie.

29 In späterer Zeit wandte man auch das sog. *Personalitätsprinzip* an (s. dazu bei Stourzh, Die Gleichberechtigung der Volksstämme, etwa S. 1077 u. S. 1169–1170).

ausliefen. Denn lediglich fünf Nationalitäten wohnten ausschließlich auf dem Boden der Monarchie[30]. Von den anderen siedelte sogar die jeweilige Majorität, ja zumeist sogar die „überwältigende Mehrheit" außerhalb des Kaisertums[31].

1848/49 wurde also die herkömmliche territoriale Gebietsstruktur der Monarchie in Frage gestellt. Zugleich ging es für Wien damals sogar um den weiteren „Bestand" der „Donaumonarchie"[32]. Die Gefahr eines Auseinanderbrechens ihrer staatlichen Integrität schwebte im weiteren Verlauf der Geschichte wie ein Damoklesschwert über der Herrschaft Franz Josephs.

Dies hatte auch damit zu tun, daß ein zwingender „österreichischer Staatsgedanke"[33] und damit auch eine zwingende Idee des „österreichischen Menschen"[34] fehlte, mit der sich die große Mehrheit vor allem der nicht deutschsprachigen Staatsbürger[35] zu identifizieren vermocht hätte. Unübertroffen, und deshalb immer wieder des Zitierens wert, hat darauf Robert Musil Jahre nach dem Ende der Monarchie in seinem Roman *Der Mann ohne Eigenschaften* aufmerksam gemacht:

> „Seit Bestehen der Erde ist noch kein Wesen an einem Sprachfehler gestorben, aber man muß wohl hinzufügen, der österreichischen und ungarischen österreichisch-ungarischen Doppelmonarchie widerfuhr es trotzdem, daß sie an ihrer Unaussprechlichkeit zugrunde gegangen ist."[36]

---

30 Dies galt für die Kroaten, Magyaren, Slowaken, Slowenen und Tschechen. Insg. hatten beinahe 3/5 der Gesamtbevölkerung ethnische Brüder jenseits der Reichsgrenzen, die zudem immer unmittelbar an den Grenzen siedelten (vgl. Kann, Zur Problematik, S. 1311). Insofern trifft im übrigen die oft zu findende Bezeichnung *Vielvölkerstaat* den Kern der Sache nicht ganz, da das Teilwort *Völker* den Eindruck erwecken könnte, als hätten alle Mitglieder der damit gemeinten Nationalitäten innerhalb der Monarchie gewohnt. Wegweisend zu allen mit der habsburgischen Nationalitätenproblematik allg. zusammenhängenden begrifflichen und sonstigen Problemen s. nach wie vor ders., Nationalitätenproblem, 1, S. 40–56.

31 Die Deutschen, die Italiener, die Polen und die Ruthenen (Ukrainer) (Kann, Zur Problematik, S. 1312). Die von den sog. „ethnisch-politischen Außenzentren" (ders., Werden und Zerfall des Habsburgerreiches, S. 68–69) ausgehende Gefahr vergrößerte sich in späteren Jahrzehnten u. a. deshalb noch, weil mittlerweile einige staatsrechtliche Gebilde entstanden waren, die den umfassenden *National*staat anstrebten. Zu denken ist vor allem an Italien und Serbien, aber auch an Rumänien.

32 Theodor Schieder, Vom Deutschen Bund zum Deutschen Reich, S. 82.

33 So der programmatische Titel eines Aufsatzes von Alphons Lhotsky (Der österreichische Staatsgedanke).

34 So ein weit. gleichnamiger Aufsatztitel Lhotskys (Das Problem des österreichischen Menschen).

35 Zur Problematik der Abgrenzung der beiden Termini *Bürger* einerseits und *Staatsbürger* einerseits s. jüngst Otto Urban, Heinrich/Jindřich Fügner, S. 271–274.

36 Der Mann ohne Eigenschaften, Kap. 98, S. 451.

Ganz ähnlich hat diesen Sachverhalt der grundsätzlich konservativ orientierte Viktor Fr. Freiherr v. Andrian-Werburg[37] bereits geraume Zeit vor dem Ausbruch der Revolution (1843) in seinem anonym aufgelegten Buch *Oesterreich und dessen Zukunft*, das vielleicht gerade wegen seines Verbots eine große Verbreitung fand[38], mit „unüberbietbarer Schärfe" auf den Punkt gebracht:

> „Oesterreich ist ein rein imaginärer Name, welcher kein in sich abgeschlossenes Volk, kein Land, keine Nation bedeutet – eine konventionelle Benennung für einen Komplex von unter sich scharf abgesonderten Nationalitäten. Es gibt Italiener, Deutsche, Slaven, Ungarn, welche zusammen den österreichischen Kaiserstaat konsistiren, aber ein Oesterreich, Oesterreicher, eine österreichische Nationalität gibt es nicht, und hat es nicht gegeben, wenn man eine Spanne Land um Wien herum ausnimmt – keine Sympathien, keine Erinnerungen an Jahrhunderte lange Eintracht und Größe, keine historischen Bande – die Geschichte Oesterreichs ist überhaupt klein und arm an Thatsachen – knüpfen die verschiedenen Stämme eines und desselben Staates an einander, (...)."[39]

Wie der Zeitpunkt dieser ebenfalls immer wieder angeführten Äußerung zeigt, traten grundlegende Schwierigkeiten, mit denen die Monarchie zu kämpfen hatte, nicht erst 1848 auf. Erinnert sei nur an die Vorgänge in Ungarn gegen Ende des 18. Jahrhunderts in Folge der von Joseph II. projektierten zentralistischen Reformen. Mit der Revolution jedoch gelangten sie dramatisch zum Ausbruch und trugen mit dazu bei, daß das Reich damals gefährlich nahe an den Rand des Abgrunds geriet. Spätestens damals begann der von Friedrich Heer betonte *Kampf um die österreichische Identität*[40]. Um etwas zugespitzt mit den berühmten Worten Ernest Renans zu sprechen: Die Regierenden in der Habsburgermonarchie sahen sich seitdem mit der Frage des „plébiscite de tous les jours" konfrontiert[41].

---

37 Zu seiner politischen Einstellung s. Kann, Nationalitätenproblem, 2, S. 97–101; vgl. Fritz Fellner, Tagebücher, S. 328–341.
38 Zöllner, Perioden, S. 32 (s. dazu auch das folg. Zit.); Helmut J. Mezler Andelberg nennt diese Schrift die „wohl bedeutendste und fundierteste politisch-publizistische Leistung des Vormärz" (Österreichs ‚Schwarze Legende', S. 225). Schon Adolph Fischhof sprach von den „vielgelesenen Schriften" des Autors (Oesterreich, S. 15).
39 Oesterreich, 1, S. 8–9.
40 Für Heer beginnt dieser *Kampf* schon früher. Die fehlende Staatsidee konnte nicht einfach etwa durch das Konzept der Kulturnation kompensiert werden. Zu den konträren, immer nur idealtypisch zu verstehenden Konzepten der *Staatsnationsidee* sowie der *Kulturnationsidee* s. Alter, Nationalismus, S. 19–24.
41 Qu'est ce Qu'une nation? Conférence faite en Sorbonne le 11 Mars 1882, S. 904.

Auch diese Herausforderung mußte Wien konstruktiv bewältigen. Es galt, für die ethnisch, kulturell, historisch, sozial und religiös teilweise so unterschiedlichen Nationalitäten[42] ein „einiges und festes Band" zu finden, wie František Palacký in seinem berühmten *Absagebrief* an die Frankfurter Nationalversammlung vom 11. April 1848 meinte[43]. Für den bedeutenden Führer der tschechischen Nationalbewegung waren das nicht bloß leere Worte. Lag aber die Realisierung einer solchen Lösung jemals im Bereich der Möglichkeiten? Hätte die von George W. Hoffmann behauptete „inability to find a justification for the existence of the state" überhaupt überwunden werden können[44]?

Aufgrund all dieser teilweise eng miteinander verknüpften Problemlagen bildet die *österreichische Frage*[45] im zeitgenössischen westlichen, partiell auch mitteleuropäisch-deutschen Kontext schon um 1848/49 sicher einen Ausnahmefall. Daran dürfte sich selbst nach dem Ausgleich von 1867 nur wenig geändert haben. Die These Umberto Corsinis von einer zeitlich „gemeinsamen ... Umwandlung des absoluten in den konstitutionellen Staat (...) mit den anderen europäischen Völkern"[46] ist wohl selbst dann zu relativieren, bewertet man in Anlehnung an den oft zitierten Ausspruch des *deutsch*österreichischen Sozialistenführers Victor Adler die Verfassungswirklichkeit der Monarchie in den letzten Jahrzehnten ihres Bestandes lediglich als „Absolutismus, gemildert durch Schlamperei"[47].

Denn auch nach 1867 zog sich der Monarch nicht auf verfassungsmäßig „neutrale" Positionen zurück[48]. Man denke etwa an den berühmt-berüchtigten Notverordnungsparagraphen 14. Ihn hat Franz Joseph in der *cisleithanischen* Reichshälfte (also in den nach dem Ausgleich zum westlichen, *österreichischen* Reichsteil gehörenden Gebieten) zeitweise so ausgedehnt als

---

42 Was nicht heißen soll, daß diese Nationalitäten tatsächlich eine Einheit bildeten. Dies ist hier nur vereinfachend gemeint.
43 Gedenkblätter, S. 152.
44 Political-Geographic Bases of the Austrian Nationality Problem, S. 123.
45 Schon Karl Th. Welcker sprach in der Frankfurter Nationalversammlung von der „österreichischen Frage" als der „Oberhauptsfrage", die wiederum in der Hauptsache die österreichische Frage sei (Rede v. 18. Januar 1849, in: Stenographischer Bericht über die Verhandlungen der deutschen constituirenden Nationalversammlung, 6, Nr. 155, S. 4765). Und 1860 erschien das Büchlein Wilhelm Beselers *Zur östreichischen Frage*, in dem er sie als die „größte und drängendste Frage der Zeit" sowie die „schicksalsschwerste für Deutschland" bezeichnete, „wie sie auch gelöst werden mag" (S. 3). Wenigstens mit Blick auf den Nationalitätenkonflikt im Habsburgerreich läßt sich ebenso von einer *österreichischen* wie von einer *deutschen Frage* sprechen. A. J. P. Taylor hat diesen Terminus im übrigen verwendet (The Habsburg Monarchy, S. 82). S. dazu auch noch kurz w. u., Anm. 52.
46 Italiener, S. 863.
47 Zit. nach Walter Goldinger, Zentralverwaltung, S. 116.
48 Brunner, Das Haus Österreich und die Donaumonarchie, S. 143.

Herrschaftsinstrument zu Hilfe genommen, daß er beinahe sprichwörtlich *der 14er* genannt wurde[49].

Alles in allem kommt in diesem Zusammenhang Franz Josephs bekannte angebliche (Selbst-)Charakterisierung – oder sollte man von Selbsterkenntnis sprechen – der Monarchie als „Anomalie ... in der heutigen Welt" in den Sinn[50]. Auch wenn diese Worte nicht so gefallen sein mögen, so scheint doch in der Tat Musils *Kakanien* in einen zunehmenden „Widerspruch" zwischen seiner „überkommenen Daseinsform und den Erscheinungen der modernen Welt" geraten zu sein, wie Otto Brunner einst gemeint hat[51]. Insofern könnte gerade für dieses Staatsgebilde das in letzter Zeit für die deutsche Entwicklung zunehmend hinterfragte Konzept eines *Sonderweges* heuristisch fruchtbar gemacht werden.

4. DER MODELLCHARAKTER DER DAMALIGEN EREIGNISSE IN DER HABSBURGERMONARCHIE

Der nachrevolutionären Geschichte der Monarchie wohnen aber nicht nur im westlichen beziehungsweise mitteleuropäisch-deutschen Vergleich Besonderheiten inne[52]. Vielmehr gewinnt ihre Erforschung eine gleichsam modellhafte Bedeutung für eine historisch komparative Analyse, die weit über dieses Staatswesen hinausweist: Denn auf seinem Boden bündelten sich zentrale zeitgenössische Probleme in einem wohl einzigartigen Spannungsfeld, auf besonders komplexe Weise und partiell in zugespitzter Form. Dies gilt auch

---

49 S. etwa eine Tagebuchnotiz Joseph Redlichs v. 14. Dezember 1912, als ihm der damalige Ministerpräsident Karl Reichsgraf Stürgkh gesagt haben soll, Franz Joseph wolle „das Haus wegschicken und mit dem § 14 regieren" (Schicksalsjahre Österreichs 1908–1919. Das politische Tagebuch Josef Redlichs, 1, S. 185). Abg. ist er als Teil des *Staatsgrundgesetzes von 1867* in: Die österreichischen Verfassungsgesetze, Nr. 133, S. 363. Gewisse einschränkende Bestimmungen wurden immer wieder umgangen, aber nur teilweise *not*gedrungen (s. hierzu Berthold Sutter, Die Badenischen Sprachenverordnungen von 1897, 2, S. 150–153; dort auch allg., S. 145–161).

50 So wohl gegenüber dem Schweizer Gelehrten Jacob Burckhardt, etwa zit. bei Otto Brunner, Der österreichisch-ungarische Ausgleich, S. 21.

51 Das Haus Österreich und die Donaumonarchie, S. 123. Schieder hat von der Monarchie als einer „großen Anomalie der europäischen Staatenwelt" gesprochen (Nationalstaat und Nationalitätenproblem, S. 164).

52 Wenigstens geographisch gesehen darf Preußen, darf das Deutsche Reich weitgehend zu Mitteleuropa gezählt werden. Im übrigen kann man für jeden Staat von einer spezifischen *Frage* sprechen. Hier kommt es jeweils auf den Vergleichsmaßstab und daraus folgend darauf an, ob die Entwicklung bzw. die Situation eines Landes *signifikant* von jener der Vergleichsländer abweicht. Was ist allerdings *der Normalweg?* Man läuft überdies Gefahr, schlicht alles, was sich dominant durchgesetzt hat, als *normal* im Sinne von *modern* zu bezeichnen. Dennoch kommt man ohne gewisse Unterscheidungskriterien nicht aus.

schon für die Epoche des Neoabsolutismus. Deshalb erscheint eine innenpolitisch orientierte Analyse dieser Jahre, wie sie hier unternommen werden soll, von spezieller Bedeutung.

Heutige Vorgänge rücken die damalige Zeit ebenfalls in das Blickfeld des Interesses. Man sollte historische Analogien nicht überstrapazieren; aber in den ehemaligen Gebieten der Sowjetunion oder Jugoslawiens hat sich partiell ein erneutes 1848 vollzogen, wobei eine gewisse Parallele von politischer und nationaler *Revolution* zu konstatieren ist. Gerade in dieser Hinsicht wiederholte sich teilweise – sozusagen mit einer Verspätung von rund 150 Jahren und auf dem Boden von Nachfolgestaaten der Monarchie –, was dieser bereits 1848 beschert wurde, wenn auch in einem anders gearteten historischen Kontext[53].

5. DIE BEDEUTUNG DER INNENPOLITIK DES NEOABSOLUTISMUS FÜR DIE GESCHICHTE DER FRANZISKO-JOSEPHINISCHEN ZEIT

Eine innenpolitisch orientierte Analyse des Neoabsolutismus ist auch von Belang unter Berücksichtigung einer Grundtatsache, welche die historiographische Beschäftigung mit der Habsburgermonarchie bisher wesentlich mitbestimmt hat und ohne deren Kenntnis man in eine nähere Erörterung unserer Thematik kaum einsteigen kann. Historisches Forschen über die franzisko-josephinische Zeit scheint seit 1918 und speziell aus deutschösterreichischer Sicht eng, ja unauflöslich mit der Frage nach den angeblich oder tatsächlich entscheidenden Wendepunkten verknüpft zu sein. Hanns Schlitter hat 1920 von „versäumten Gelegenheiten" gesprochen[54]. Bei Heinrich Friedjung findet sich diese Formulierung sogar schon früher[55]. Auch später haben Historiker diese Worte wiederholt bemüht[56], während Eduard März 1953 treffend for-

---

53 Andreas Moritsch sieht die „Ära des Nationalismus" erst in unseren heutigen Tagen als „ihrem Ende entgegengehend" an. Denn dieses Prinzip sei in Europa so gut wie durchgesetzt. Ob die Zeit von 1848 bis heute aber wirklich als „Ära des Nationalismus in die Geschichte" eingehen wird, wie der Autor ebenfalls vermutet (Der Austroslavismus, S. 11), hängt von der Perspektive ab.
54 So auch der Titel seines Werkes, das sich mit *der oktroyierten Verfassung vom 4. März 1849* beschäftigt.
55 Oesterreich, 1, S. 486.
56 Redlich, Staats- und Reichsproblem 1/1, S. VI: Er mutmaßt darüber, wie sich „nach so vielen ... versäumten Gelegenheiten doch immer wieder die Möglichkeiten zu einer wirklichen Erfassung und wenigstens schrittweise sich vollziehenden friedlichen Lösung des Problems boten". Harold Steinacker hat Franz Josephs „lange Regierung, besonders aber die Jahre 1859 bis 1867, eine Kette von ... versäumten Gelegenheiten" genannt (Die geschichtlichen Voraussetzungen, S. 54).

mulierte: „However long the death agony of the Habsburg Empire may have lasted, it appears that the debate about its causes may well last longer than the agony itself."[57]

Hierzu passen Bemerkungen Alan Skeds in seiner revisionistisch angelegten Studie *Der Fall des Hauses Habsburg. Der unzeitige Tod eines Kaiserreichs*. Sie wirft insgesamt gesehen sicher manches Fragezeichen auf[58]. Doch „steht hinter fast allen" von ihm „besprochenen Arbeiten" zweifellos „immer wieder die entscheidende Frage: ‚Wann und zu welchem Zeitpunkt war der Zusammenbruch des Habsburger Reiches unausweichlich?'"[59]. Und ebenso richtig registriert er die dabei „stets mitschwingende Gegenfrage": „Hätte sich dieser Zusammenbruch[60] irgendwie vermeiden lassen?"

Aus dieser Fragestellung „bezieht die habsburgische Historiographie" sogar „ihren besonderen antifaktischen Charakter". Hierfür zeichnet erstens die meist wehmütige Rückschau auf die vermeintlich große habsburgische Vergangenheit verantwortlich, wie sie insbesondere in den ersten Jahrzehnten nach 1918 und dabei wiederum vor allem von *deutsch*österreichischer Seite aus zutage trat[61]. Claudio Magris hat dies in seinem Werk *Der habsburgische Mythos in der österreichischen Literatur* eindringlich aufgezeigt[62]. Bei *deutsch*österreichischen Historikern sind gleichfalls ähnliche Tendenzen festzustellen. Friedrich Walter hat vor Jahrzehnten über das „tragische Ende" der von „einer Welt von Feinden" umringten Monarchie räsoniert[63]. Ähnliche Formulierungen finden sich noch in jüngerer Zeit. Dies erscheint bemerkenswert, da der schwierige und vieldiskutierte *Nationsbildungsprozeß* der *Österreicher*

---

57 Some Economic Aspects of the Nationality Conflict in the Habsburg Empire, S. 122.
58 Roy A. Austensen meint, Skeds „work appears to be informed by a bias against Austria reminiscent of his mentor's, A.J.P. Taylor" (Metternich, S. 22, Anm. 2). Dies könnte zutreffen. Für eine Kritik s. auch Eberhard Straub, Vereinte Nationen. Das unerreichte Kaiserreich: Alan Sked bricht das Frageverbot zur Doppelmonarchie, in: F.A.Z. v. 22. November 1993, Nr. 271, S. 39.
59 Sked, Fall, S. 47–48 (s. dazu auch folg.).
60 Die Wortwahl zur Kennzeichnung des damaligen Geschehens verweist zuweilen schon auf den Standpunkt eines Forschers: Bezeichnungen wie *Untergang, Niedergang, Zerfall, Zusammenbruch* sind jedenfalls mit der Vorstellung eines aus letztlich inneren Ursachen erfolgten Endes der Habsburgermonarchie vereinbar. Für den Terminus *Zerschlagung* gilt dies wohl weniger, da er die Vorstellung einer gewaltsamen Aktion von dritter Seite aus beinhaltet. Auch der neutrale Begriff *Ende* kann bewußt gewählt werden (vgl. dazu w. u., Anm. 69). Eike Wolgast verdanke ich den Hinweis auf den Terminus *Implosion* als möglicherweise geeigneten Begriff. Dies wäre zu überlegen.
61 Auch in der angelsächsischen Literatur findet sich eine gewisse Monarchienostalgie (s. dazu ebd., S. 48; speziell dazu ders., Historians, S. 175–193), ebenso in Oberitalien mit Blick auf die vermeintlich so gut funktionierende Bürokratie des Habsburgerreiches.
62 S. v. a. S. 239–308.
63 Karl Kübeck von Kübau, S. 214.

mittlerweile weitgehend abgeschlossen sein soll[64]. So nannte es Andreas Gottsmann noch 1995 „tragisch", daß der damalige, für „fortschrittliche Ideen" offene Minister Bach „beim kleinsten Widerspruch, den er zu spüren bekam, ... eine Politik exekutierte, die nicht die seine war"[65]. Sie zeitigte aber nach Auffassung Gottsmanns offensichtlich verhängnisvolle Auswirkungen (dazu sowie für weitere Beispiele diesen Tenors noch später mehr)[66].

Zweitens wurde versucht, die hartnäckige, auch von Historikern genährte Legende von der Monarchie als *Völkerkerker* zu entkräften[67]. Drittens schließlich steht man hier zumindest im Zusammenhang mit der jüngeren Geschichte der Monarchie einem besonders brisanten und reizvollen Erkenntnisproblem gegenüber. Es läßt sich inhaltlich noch präzisieren: War die Auflösung Österreich-Ungarns, wie das Staatsgebilde nach dem Ausgleich unter anderem hieß[68], in erster Linie das Resultat einer verfehlten Außenpolitik und/oder des verlorenen Weltkrieges, oder aber primär die Folge ihrer inneren, vor allem nationalitätenpolitischen Probleme? Galt also eher das Primat der Innenpolitik oder aber jenes der Außenpolitik?

---

64 So hat Ernst Bruckmüller 1993 gemeint, man könne nunmehr „without inhibition" von einer „Austrian national identity" sprechen (National Identity, S. 199).
65 Reichstag, S. 33; auf S. 83 und S. 86 bedient er sich der Vokabel *leider*.
66 In dem 1995 überarbeitet erschienenen Werk *Das Werden Österreichs* (Erich Zöllner/Therese Schüssel) heißt es: „Leider konnte auch der tüchtige Finanzminister [Baron Karl v.] Bruck nicht aller Finanznot steuern." (S. 203). Karl G. Hugelmann hat 1928 von „bedauerlichen Vorkommnissen" nach 1848 gesprochen (Plan einer Länderkonferenz, S. 28). Im übrigen sind auch nichtösterreichische Historiker vor solchen Bewertungen nicht gefeit. Erwähnt sei nur, daß Friedrich Prinz 1993 die Auflösung des Kremsierer Reichstages mit der Beifügung „leider" kommentierte (Auf dem Weg in die Moderne, S. 327); vgl. dazu ders. in einer Rezension von Jean Bérengers Werk *Die Geschichte des Habsburgerreiches* mit Blick auf die „Ausgleichsverhandlungen Taaffes in Böhmen", die „leider an den Jungtschechen scheiterten" (Die wahre Größe Klein-Europas. Jean Bérenger schreibt die Geschichte der Donaumonarchie ohne Ressentiment und Nostalgie, S. 13).
67 S. v. a. Wandruszka, ‚Notwendiger Völkerverein' oder ‚Völkerkerker'?, S. XIII–XVIII; vgl. Hans Mommsen, Die habsburgische Nationalitätenfrage, S. 108–122, insb. S. 108. Allerdings mögen viele Zeitgen. die Monarchie dennoch als *Völkerkerker* empfunden haben. Teilweise spielen offenbar noch immer Emotionen mit. So hat der ungarische Historiker Ferenc Erdösi noch 1990 von der „österreichischen Besatzungsmacht" in Ungarn gesprochen. Immerhin sollen sich ihre „Bestrebungen" partiell „durchaus mit jenen der ungarischen Gutsbesitzer ... gedeckt" haben (Politische und wirtschaftliche Motive des Eisenbahnbaus in Ungarn, S. 20).
68 Grundsätzlich zur schwierigen Frage der rechten Benennung der Monarchie s. Zöllner, Formen und Wandlungen, S. 13–39; vgl. dazu die berühmten Passagen in Musils *Mann ohne Eigenschaften* (Kap. 8, S. 33–34, u. Kap. 98, S. 450–451).

Wenige Jahre vor seinem Tod hat Adam Wandruszka eine Beschäftigung mit solchen bis heute höchst unterschiedlich und teilweise pointiert beurteilten[69] Fragen „letztlich müßig" genannt[70]. Nun begibt sich der Betrachter hier zwangsläufig auf das mit gefährlichen Stolpersteinen durchsetzte Feld der *ungeschehenen Geschichte*[71]. Gewiß sind nach heutigem Wissensstand über menschliche Erkenntnisfähigkeit niemals endgültige Antworten auf die gestellten Fragen zu liefern. Und zweifelsohne riefen den Untergang der Doppelmonarchie zunächst die Folgewirkungen des verlorenen Krieges hervor (freilich ist die Argumentation derjenigen, die dies betonen[72], nicht immer widerspruchsfrei[73]).

Und so hat auch die „nichtgeschehene Geschichte" in einem gewissen Sinne „offen und ungeschrieben" zu „bleiben"[74]. Die Behauptung, die „Todesstunde" des „bürokratischen Dinosauriers" Habsburgermonarchie habe schon um die

---

69 So nennt Fritz Fellner die Argumentation Otto Bauers, die russische Revolution und die militärische Niederlage seien an dem Untergang der Monarchie schuld gewesen, „eine typisch deutschösterreichische Interpretation des Geschehens, die auf äußere Faktoren abschieben will, was aus innerem Zerfall geschehen ist" (Zerfall, S. 33; vgl. ansatzweise ders., Dissolution, S. 3–27). Laut Hans Mommsen sollte man statt von „Zerfall" von „Zerschlagung" sprechen (Zur Beurteilung, S. 132–133); allg. zusammenfassend s. Jacques Droz, L'Historiographie autrichienne, S. 55–56.

70 ‚In der heutigen Welt eine Anomalie', S. XV.

71 Dazu grundsätzlich: Alexander Demandt, Ungeschehene Geschichte; Gerd Tellenbach, ‚Ungeschehene Geschichte', S. 297–316; Niall Ferguson, Introduction. Virtual History, S. 1–90. S. grundsätzlich auch hierfür eine treffende Feststellung Musils: „Wenn es aber Wirklichkeitssinn gibt, ... dann muß es auch etwas geben, das man Möglichkeitssinn nennen kann. Wer ihn besitzt, sagt beispielsweise nicht: Hier ist dies oder das geschehen, wird geschehen, muß geschehen; sondern er erfindet: Hier könnte, sollte oder müßte geschehen; und wenn man ihm von irgend etwas erklärt, daß es so sei, wie es sei, dann denkt er: Nun, es könnte wahrscheinlich auch anders sein." (Der Mann ohne Eigenschaften, S. 16). S. hierzu auch Wolf Lepenies, Sozialwissenschaften, S. 98.

72 Beispielhaft Hans Kohn, Was the Collapse Inevitable, S. 251; vgl. ders., Reflections, S. 11; s. auch Paul W. Schroeder, World War I, S. 336 (die Bedrohung Österreich-Ungarns sei „primarily international rather than internal in character" gewesen); Hertz, Nationalgeist, 1, S. 438.

73 Zumeist wird die Loyalität zu der Monarchie auch der nichtdeutschen Soldaten und Offiziere im Weltkrieg betont. Doch waren die Kriegsgesetze in der Monarchie offenbar schärfer als anderswo, weil man sich ein renitentes Verhalten der slawischen Nationalitäten erwartete (Hans Hautmann, Bemerkungen, S. 31–38; vgl. Dimitrije Djordjevic, Serben, S. 773). Auch wird wohl nur meutern, wer sich reale Erfolgschancen verspricht. Zudem bedarf es dazu einer adäquaten Organisation und geeigneter Führer, ebenso sind Kosten-Nutzenabwägungen mit Blick auf das eigene Überleben in Rechnung zu stellen. Dies relativiert Barbara Jelavichs Feststellung, wonach die Armee während des Ersten Weltkrieges, „unlike the British and French, ... did not have to execute its own soldiers on a large scale for mutiny" (Clouded Image, S. 35). S. insb. bei Manfred Rauchensteiner, Der Tod des Doppeladlers, etwa S. 106–109 u. S. 481.

74 Siemann, Die deutsche Revolution, S. 156.

Jahrhundertwende begonnen[75], fällt ebenso leicht, wie ihre wissenschaftliche Untermauerung schwerfällt. Dennoch ist weiterhin zu überlegen, ob der innere Zustand der Monarchie um 1914 eine Beantwortung der aufgezeigten Problematik in einem eher positiven oder aber negativen Sinne nahelegt[76]. Nur so kann etwa ein auch nur einigermaßen adäquates Urteil über den nach 1918 immer wieder beschworenen Modellcharakter der damaligen Nationalitätenpolitik für die heutige Problemlage in einigen Nachfolgestaaten des Reiches (und anderswo) gefällt werden.

Wandruszka spricht zugleich von einer „falsch gestellten" Frage: Die Antwort könne wohl nur sein, daß eben das Zusammentreffen eines „‚Herzfehlers'" (Nationalitätenproblem) und einer „‚Bergtour'" (Krieg) sowie noch verschiedener anderer Faktoren den schließlichen Zusammenbruch herbeigeführt habe[77]. Diese These erinnert an eine Aussage Paul W. Schroeders:

> „As for Austria, all through the century she had lived with international and internal problems that were insoluble but not fatal. There were so many dangers that her only hope was to outlive the threats and outlast her enemies; (...)."[78]

Man kann alledem folgen. Aber soviel darf wohl doch behauptet werden: Die Monarchie hätte die Wirren des Krieges und vor allem die Niederlage und ihre Folgen wohl eher überstanden, wäre ihr damaliger innenpolitischer *Herzfehler* weniger gravierend gewesen. Für ihn müssen aber konkrete Ursachen und vielleicht auch entscheidende Wendepunkte vorgelegen haben.

---

75 So Alfred Thomas, Die Intellektuellen, S. 91.
76 Historische Forschung muß wenigstens ind. nicht eingetretene historische Alternativen berücksichtigen. S. dazu unter Bezugnahme auf Demandt Chris Lorenz (Konstruktion der Vergangenheit. Eine Einführung in die Geschichtstheorie, S. 219). Bezeichnet es John Leslie als „müßig", ob die „von Karl Renner befürwortete ‚Autonomisierung der Nationen' zu einem Zusammenschluß der Nationalen in einem multinationalen demokratischen Bundesstaat Österreich hätte führen können" (Der Ausgleich in der Bukowina, S. 136), so zeigen andere seiner Äußerungen ind., daß auch er kontrafaktisch argumentiert.
77 ‚In der heutigen Welt eine Anomalie', S. XV–XVI.
78 World War I, S. 342.

6. DIE RELEVANZ DER SUCHE NACH WENDEPUNKTEN IN DER GESCHICHTE DER HABSBURGERMONARCHIE

Wo aber zeitlich „anfangen": „Wo läßt sich der Niedergang der Monarchie begründet ansetzen? Wann genau wurde ihr Niedergang unausweichlich?"[79] Diese Fragen drängen sich hier auf, und auf sie reduziert Sked prägnant das vorliegende Problem[80]. Hans Mommsen zufolge ist sich die „Forschung" immerhin „weithin darin einig, daß grundlegende konstitutionelle Reformen vor 1866 hätten liegen müssen, während sie später systemsprengende Wirkung gehabt hätten"[81]. Dem kann wohl zugestimmt werden, doch beleuchtet der Autor damit lediglich einen Aspekt des Gesamtproblems, nämlich den verfassungspolitischen. Wie steht es aber etwa mit dem nationalen Problem?

Im Zuge einer Sichtung der hierzu in der Forschung vertretenen Thesen hat wiederum Sked teilweise weit vor der neoabsolutistischen Epoche liegende Wendepunkte ausgemacht. So markiert Robert A. Kann, der sich große Verdienste für die Erforschung der Nationalitätenproblematik in der Habsburgermonarchie erworben hat[82], die endgültige Besiegung der Türken als eventuelle Zäsur. Denn damit ging „das Verschwinden der letzten großen ideologisch einigenden Kraft in Mitteleuropa" einher[83]. Carlile A. Macartney weiß den besagten, unwiderruflichen „Wendepunkt" sogar „mit Bestimmtheit auf den Tag genau zu datieren", nämlich „auf den 28. Januar 1790"[84]. Damals

---

79 Sked, Fall, S. 48.
80 Er behauptet im übrigen wenig überzeugend, „daß bis 1918 keine innere, geschweige denn eine äußere Bedrohung für" die „Integrität" des Reiches „bestand" (ebd., S. 51). Vgl. S. 308: „Wie sich herausgestellt hat, ist der Begriff ‚Niedergang' für die Geschichte der Habsburger Monarchie im 19. und frühen 20. Jahrhundert schlicht irreführend: Sie ging unter, weil sie einen entscheidenden Krieg verlor." Auf S. 310 heißt es dann, es sei keineswegs erwiesen, daß das Nationalitätenproblem „für den Fall der Monarchie verantwortlich ist". Weshalb er dann zugleich meint, daß die Nationalitätenfrage „zwar vor 1914 einer Lösung näher gerückt (war)", sie „aber ... die österreichische Bewertung der Balkanfrage auf gefährliche Weise beeinflußt und 1918 eben doch zum Auseinanderbrechen der Monarchie geführt (hat)", muß sein Geheimnis bleiben. Signifikant erscheint dabei sein Satz: „Wäre das Habsburger Reich von einer homogenen Bevölkerung bewohnt gewesen, besteht kein Grund zur Annahme, daß es den Krieg nicht intakt hätte überstehen können." (ebd., S. 310). Diese Homogenität bestand eben nicht. Schon Austensen hat zu Recht bemerkt, daß Schwarzenbergs Politik laut Sked „placed Austria in the road to Sarajevo" (Metternich, S. 22).
81 Die habsburgische Nationalitätenfrage, S. 111.
82 Zu ihm: Intellectual and Social Developments, S. 1–3 und S. 291–296, mit ausgewählten Publikationen; s. auch Stanley B. Winters, The Forging of a Historian, S. 3–24.
83 Nationalitätenproblem, 1, S. 22. Ihm zufolge „war es" nunmehr „von entscheidender (!) Notwendigkeit, die habsburgischen Länder in einer präziseren staatsrechtlichen Form zusammenzufassen" (ebd.). Das war aber bekanntlich – und auch seiner Meinung nach – bestenfalls zum Teil gelungen; ähnlich auch: Rudolf Schlesinger, Federalism, S. 150–151; Julius Miskolczy, Ungarn, S. 10–12.
84 The House of Austria, S. 1; vgl. dazu Sked, Fall, S. 49.

widerrief Joseph II. fast alle in Ungarn eingeführten Reformen. Der damit eingeleitete „Gezeitenwechsel"[85] in der Monarchie „führte" zu ihrem „Ende"[86]. Die Jahre 1804 und 1809 werden ebenso genannt wie die Vorgänge um 1815 und die Periode des Vormärz[87].

In dieser recht umfangreichen Datenliste fehlt auch das Jahr 1848 nicht[88]: Schon „die Ereignisse vom März 1848" hatten György Spira zufolge „offengelegt", daß die Monarchie „ein dem Niedergang geweihter Koloß auf tönernen Füßen" war[89]. Diese Auffassung teilt auch Harm-Hinrich Brandt[90]. Für die Phase nach 1859/60 fällt der Blick immer wieder auf den Ausgleich von 1867. Er soll die endgültige Festlegung, ja Einfrierung des „status quo"[91] in Form einer deutsch-magyarischen Vorherrschaft mit „verhängnisvollen" Folgen für die weitere Entwicklung[92] mit sich gebracht haben. Und „entschied" sich für Gottfried Schramm „das Schicksal der Tschechen in der Habsburgermonarchie'" tatsächlich „zwischen 1848 und 1871"[93], so mag er dabei auch die künftige Entwicklung des Gesamtreiches im Auge gehabt haben.

---

85 Sked, Fall, S. 49.
86 Im Orig. heißt es: „But it is unquestionably correct to speak of an advancing and a retreating tide, and it is not even over-straining the historian's licence to name a day as that on which the tide turned in Central Europe: 28 January, 1790." (Carlile Macartney, Habsburg Empire, S. 1.)
87 „Die österreichische Regierung des Vormärz hatte ... die Entwicklung eines österreichischen Patriotismus versäumt. 1848 finden wir so bereits alle jene Probleme des österreichischen Staates vorgeformt, die für die zweite Hälfte des 19. Jahrhunderts ... als grundlegend bekannt sind. Es waren die gleichen, die ... letztlich ... den Untergang der Monarchie verursachen sollten. Die Langlebigkeit von Fehlkonstruktionen und Fehlstrukturen ... werden damit unter Beweis gestellt." (Waltraud Heindl, Staatsdienst, S. 206.) Laut Kořalka war es „by 1848 or even 1866–67 ... already too late for (...) effective reforms", wobei er die Ursache für das Ende letztlich „in the failure of the monarchy to create a *national concept of its own*" sieht (Comments, S. 149).
88 Michael Salewski nennt die „,Schicksalsdaten' 1815, 1866" (Vorwort, S. 10). Zwar bezieht er sich hier auf das deutsch-österreichische Verhältnis, aber aus dieser Perspektive wäre zumindest die Erwähnung der Jahre 1848/49, also das Scheitern des Versuchs der Errichtung eines deutschen Staates unter Einbeziehung von wenigstens Teilen der Monarchie, am Platz gewesen.
89 Märzrevolution, S. 58.
90 Ungarn 1848 im europäischen Kontext, S. 51.
91 So Julius Graf v. Andrássy d. Jüngere, Ungarns Ausgleich mit Österreich vom Jahre 1867, S. 372.
92 Kořalka, Die preußisch-deutsche Politik, S. 94.
93 So laut Eduard Mühle, Die Unfähigkeit zum Kompromiß, in: *F.A.Z.* v. 16. März 1990, Nr. 64, S. 35.

6.1. Die neoabsolutistische Epoche als möglicher Wendepunkt

Die Berechtigung dieser Zäsursetzungen sei dahingestellt. Näher will ich mich aber den Argumenten von Autoren zuwenden, welche die Epoche des Neoabsolutismus als wichtig, wenn nicht sogar als entscheidend für den weiteren Verlauf der Geschichte der Habsburgermonarchie ansehen. Dabei kann Bedrich Loewensteins These, man habe „für den Mangel an gesamtösterreichischer politischer Kultur (oft) die Nachwirkungen des Neoabsolutismus verantwortlich gemacht"[94], sogar noch zugespitzt werden. Denn ein Forscher wie Walter, ausgewiesener Kenner insbesondere der damaligen innenpolitischen Verhältnisse, hat dem Neoabsolutismus „entscheidende Bedeutung" für die Wende zum Schlechteren beigemessen[95], während ihn Brandt immerhin als „wichtige Epoche" der jüngeren Geschichte des Habsburgerreiches beurteilt[96]. Dabei wird primär auf die mit der Errichtung des neoabsolutistischen Herrschaftssystems einhergehende Rücknahme wichtiger Teile der politischen und nationalen Errungenschaften der Revolution rekurriert, wie etwa auf das Prinzip der Gleichberechtigung der Nationalitäten. Nicht nur diese Maßnahme soll sich mehr oder minder stark negativ auf die weitere politisch-nationale Entwicklung der Monarchie ausgewirkt haben.

Als trauriges, ja „verhängnisvolles"[97] Fanal für den *konter*revolutionären Willen der Machtträger werden insbesondere die bereits erwähnte Auflösung des Reichstages von Kremsier in der Nacht vom 6. auf den 7. März 1849 sowie die parallel dazu von Franz Joseph einseitig *von oben* erlassene sogenannte *Märzverfassung* beurteilt. Berthold Sutter etwa sprach 1980 in diesem Kontext von „Tragik"[98]. Andere Autoren haben sogar eine „große Tragik" ausgemacht[99]. Damit nicht genug, wurde den „an der Auflösung des Kremsierer Reichstages beteiligten" Kräften „Schuld" dafür angelastet, „als die ersten an der Zerstörung des Völkerreiches an der Donau mitgewirkt zu haben". Aber bereits 1920 meinte Paula Geist-Lányi, im Falle der „Annahme" des Kremsierer Verfassungsentwurfes wäre „wohl vieles vermieden worden, was später an den Grundfesten der österreichischen Monarchie mit vernichtender Hand rüt-

---

94 Bürgerliche Bewegung und nationale Orientierung, S. 119.
95 Karl Kübeck Freiherr von Kübau, S. 214.
96 Neoabsolutismus, 1, S. 3.
97 Zöllner schreibt grundsätzlich zutreffend, man habe das eigentliche Verhängnis immer darin gesehen, „daß die im Kremsierer Entwurf enthaltene erste und letzte von den Nationalitätenvertretern in gütlicher Übereinkunft gefundene, geeignete verfassungsmäßige Form für ein friedliches Zusammenleben der Völker wenigstens der Westhälfte der Habsburgermonarchie als Opfer von Schwarzenbergs autokratischem Prinzip gegenstandslos geworden war" (Geschichte Österreichs, S. 399).
98 Die politische und rechtliche Stellung der Deutschen, S. 178.
99 Ernst J. Görlich/Felix Romanik, Geschichte Österreichs, S. 384 (s. dazu auch folg.).

teln sollte", und sprach zugleich von der „vielleicht ... größten politischen Unterlassungssünde in der Regierung Kaiser Franz Josephs"[100].

Überhaupt weist diese Sichtweise der Dinge eine lange historiographische Tradition auf[101]. Ihre Wurzeln liegen in den Anfängen der liberal dominierten Geschichtsschreibung[102], ja letztlich in der neoabsolutistischen Ära selbst. Nicht umsonst hat Monika Glettler vor nicht langem gemeint, man sei sich „österreichischerseits weitgehend im klaren darüber, daß eine gründliche Analyse der Wertvorstellungen, die der eigenen Geschichtsschreibung zugrundeliegen, erforderlich wäre"[103].

Dabei ist zunächst einmal mit Jan Křen auf das im allgemeinen „eindeutig positive" Urteil über den Kremsierer Verfassungsentwurf zu verweisen[104]. Indirekt klingt dies schon bei Sutter an. Er begründet sein Wort von der *Tragik* damit, daß „die österreichischen Völker in das Haus, das sie sich selbst gebaut hatten, nicht einziehen durften"[105]. Tatsächlich hatten sich die in der mährischen Kleinstadt versammelten Abgeordneten nach langen, teilweise heftigen und des öfteren am Rande des Scheiterns stehenden Diskussionen schließlich doch noch auf einen Verfassungsentwurf verständigt, der infolge des Oktrois zur Makulatur wurde[106]. Dagegen haben in Kremsier nach Walter die „sich selbst" überlassenen „österreichischen Völker ... den Weg zueinander" gefunden, wobei er seinen namhaften Vorgänger Joseph Redlich als Gewährsmann nennt[107]. Dieser hatte in der Tat schon Jahrzehnte früher den Kremsierer Entwurf „wohl abgewogen"[108], wie „aus einem Guß" geschaffen genannt[109] und ihn zudem als „das einzige große politische Denkmal des gemeinsamen Willens

---

100 Nationalitätenproblem, S. 202.
101 Wie Stefan Malfèr richtig schreibt, wurde die „Niederschlagung" des Verfassungsentwurfs „oft bedauert" (Konstitutionalismus, S. 20).
102 S. dazu etwa Richard Charmatz, Adolf Fischhof, S. 93.
103 Die Bewertung des Faktors Deutschland, S. 56. Diese speziell mit Blick auf die Beziehungen der deutsch-österreichischen Geschichte gemünzte Äußerung läßt sich verallgemeinern. Für ein einschlägiges Bsp. eines anderen Nachfolgestaates der Habsburgermonarchie s. Ferenc Glatz, Ungarische Historiker, S. 1–23.
104 So in seiner jüngst öffentlich, aber bereits Ende der achtziger Jahre zunächst im Untergrund der noch kommunistisch regierten Tschechoslowakei erschienenen Studie *Die Konfliktgemeinschaft. Tschechen und Deutsche 1780–1918*, S. 107 (Franz-Josef Kos in einer *Rezension* zu diesem Buch, S. 503).
105 Die politische und rechtliche Stellung der Deutschen, S. 178.
106 Kürzlich hat Sutter von der „nachteiligen" Auswirkung der Auflösung des Reichstages „für die gesamte weitere Entwicklung der ... Innenpolitik" gesprochen (Probleme, S. 553; vgl. S. 554–555).
107 Zentralverwaltung, III/1, S. 325; vgl. ders., Österreichische Verfassungs- und Verwaltungsgeschichte, S. 158 („aussichtsreicher Entwurf").
108 Staats- und Reichsproblem 1/1, S. 92.
109 Ebd., S. 93.

zum Staate" bezeichnet, das „die Völker durch ihre Vertreter geschaffen haben"[110].

Von besonderer Relevanz erscheint das noch früher gefällte Urteil Friedjungs. Denn ihm verdanken wir die zu Beginn des 20. Jahrhunderts publizierte und bis heute einzige umfassend angelegte Darstellung des Neoabsolutismus. Dieser „Zeithistoriker und Adept der ‚Oral History' avant la lettre"[111] lobte das, was nicht nur er unpräzise „die Kremsierer Verfassung" nannte[112]. Sie sei klug und gerecht auf die Wünsche der Nationalitäten wie auf die autonomen Neigungen der Provinzen eingegangen. Zugleich bezeichnete er es als „eine der gewichtigsten Tatsachen der österreichischen Geschichte, daß die Völker untereinander zu einer Einigung über die Verfassung gelangt sind", und billigte dem Wirken der damit befaßten Ausschußmitglieder „eine nicht genug anzuerkennende Mäßigung und Klugheit" zu[113]. Folgerichtig bezeichnet er den Widerruf der Verfassung vom 4. März 1849 als einen der „größten Mißgriffe in der Geschichte"[114]. Und für Friedrich Prinz, der von der „guten und schnellen Arbeit" des Ausschusses spricht, bildete die damals beschlossene „nationale Kreiseinteilung ... jedenfalls einen geeigneten Weg zur Eindämmung der wachsenden nationalen Konfrontationen zwischen Tschechen und Deutschen"[115]. Josef A. Tzöbl kommt unter Verweis auf Rudolf Wieser sogar zu dem Schluß, die Kremsierer Verfassung „hätte ... in der späteren Zeit der verschärften nationalen Leidenschaften sicher (!) einen viel stärkeren moralisch beruhigend wirkenden Einfluß ausüben können als die späteren Verfassungen"[116].

---

110 Ebd., S. 323; vgl. die S. 354 u. 398.
111 Lothar Höbelt, Österreichs Weg, S. 7. Dieses Urteil beruht auf einer Vielzahl kürzlich publizierter Gespräche Friedjungs mit Zeitzeugen (Geschichte in Gesprächen, 1–2). Die dabei erhaltenen Ergebnisse flossen in seine Arbeiten mit ein. Harry Ritter nennt ihn zu Recht den „probably ... best known of nineteenth-century Austria's historians" (Progressive Historians, S. 46).
112 Oesterreich, 1, S. 272 (s. dazu auch folg.). Tatsächlich war es nur ein von einem Ausschuß ausgearbeiteter Verfassungsentwurf, der noch vom Reichstag abgesegnet werden mußte, was immer wieder übersehen wird. Insb. Peter Burian hat darauf verwiesen, und davon hat in der Tat „jeder Versuch" einer „zusammenfassenden Beurteilung der Debatten des Kremsierer Verfassungsausschusses, ... auszugehen" (Nationalitäten, S. 212). Der *Entwurf der Constitutionsurkunde nach den Beschlüssen des Verfassungsausschusses* ist abg. in: (a) Anton Springer, Protokolle des Verfassungs-Ausschusses, S. 365–383; (b) Die österreichischen Verfassungsgesetze, Nr. 39, S. 85–102 (im folg. wird danach zit.).
113 Oesterreich, 1, S. 153–154.
114 Ebd., S. 486.
115 Auf dem Weg in die Moderne, S. 327.
116 Vorgeschichte, S. 20. Im übrigen ganz ähnlich: Mayer/Kaindl/Pirchegger, Geschichte und Kulturleben, S. 155: „Wäre dieser Entwurf als sanktionierte Verfassung ins Leben getreten, so hätte diese durch eine Volksvertretung zustandegekommene Verfassung in der späteren Zeit der verschärften nationalen Leidenschaften eine ganz andere Geltung gehabt als die späteren österreichischen Verfassungen."

Wie kommt es zu diesen einmütigen Bewertungen des Verfassungsentwurfes von Autoren, die in anderer Hinsicht „völlig unterschiedliche Auffassungen vertreten"[117]? Křen zufolge „(liegt) der Grund hierfür ... auf der Hand":

> „Was von der Kremsierer Verfassung dauerhafte und positive Bedeutung erlangen sollte, sind weniger die einzelnen konkreten Bestimmungen, sondern die demokratische Methode des Ausgleichs zwischen den nationalen Repräsentationen selbst ohne oder fast ohne Intervention von Schiedsrichtern, die sich von außen einmischten (...)."

Nun liegt der Gedanke nahe, daß solche Anschauungen typischerweise von deutschösterreichischen Historikern herrühren: Bewußt oder unbewußt befangen in monarchienostalgischen Denkmustern, machen sie in der Reichstagsauflösung gleichsam den habsburgischen Sündenfall fest, um so postulieren zu können: *Es hätte anders kommen können, ja es wäre anders gekommen, hätten die damaligen Machtträger die Verfassung von Kremsier nur ins Leben treten lassen!* Fast meint man zuweilen, als habe nach dieser Auffassung ausgerechnet Franz Joseph der Monarchie durch einen schweren Fehler den Todesschlag versetzt, den er bestenfalls aufgrund seiner Jugendlichkeit nicht voll zu verantworten hatte. Nicht umsonst nehmen sich Bewertungen nichtösterreichischer Forscher zuweilen differenzierter aus: Jean Paul Bled zufolge läßt sich nur sagen, daß man nicht einmal versucht habe, die „Chance" von Kremsier zu nützen[118], während Gordon Brook-Shepherd meint, die nationalitätenpolitischen Regelungen des Verfassungsentwurfs hätten „only a blueprint for cultural co-existence" dargestellt, und zwar „an incomplete one ..., for Hungary had been virtually ignored"[119]. Und Křen beschreibt den Entwurf als Ergebnis eines „Kompromisses", eines „Ausgleichs der Standpunkte", der jedoch „nicht so sehr aufgrund der Überzeugungskraft der Argumente" als vielmehr infolge „der Stärke der einzelnen Parteien und Fraktionen" zustande kam[120]. Dabei erkennt er „Grenzen der Verfassung (!)", und zwar „am deutlichsten" in der „Ausklammerung eines mit dem mitteleuropäischen Raum untrennbar verbundenen Landes wie Ungarn und der gewichtigen magyarischen Nation"[121]. Und den Wert der damaligen „Vereinbarungen" sieht er „vielleicht am meisten" dadurch „relativiert, daß sie unter dem bedrohlichen Eindruck des möglichen Zusammenbruches der Revolution zustande kamen".

---

117 So zu Recht Křen, Die Konfliktgemeinschaft, S. 107 (s. dazu auch folg.).
118 Franz Joseph, S. 98.
119 The Austrians, S. 68; Ferdinand Seibt: Als „die neue Regierung Schwarzenberg 1849 den Reichstag von Kremsier auflöste und damit vielleicht den einzigen zukunftsträchtigen Weg für die habsburgische Vielvölkerschaft zerstörte" (Das Jahr 1848, S. 16).
120 Křen, Die Konfliktgemeinschaft, S. 105.
121 Ebd., S. 106 (s. dazu auch folg.).

Diese Atmosphäre habe die gesamten Verhandlungen des Kremsierer Reichstages in ein eigentümlich unwirkliches Licht getaucht, und es stelle sich in der Tat die Frage,

„bis zu welchem Grade die Kremsierer Vereinbarungen vor allem auf eben jenen äußeren Druck zurückzuführen sind und ob ein Konsensus zwischen den Nationalitäten auf andere Weise überhaupt hergestellt werden konnte".

Alles in allem eine verhaltene Beurteilung, was hervorzuheben ist. Vor allem wäre im Anschluß an solche Überlegungen eigentlich weiter zu fragen, wie sich die Entwicklung in Zukunft gestaltet hätte, wenn der Verfassungskompromiß tatsächlich Realität geworden und der von Křen für die Einigung der Abgeordneten offenbar als notwendig erachtete *äußere Druck* der „Konterrevolution"[122] früher oder später weggefallen wäre? Hätten die Nationalitäten dann auch noch den festen und alle anderen Aspirationen dominierenden Willen besessen, ihre Politik an den einmal erzielten kompromißhaften Verfassungsbestimmungen auszurichten?

Hierüber läßt sich nicht endgültig urteilen. Dennoch verwundert der „optimistische" Ausblick, mit dem Křen seine Überlegungen schließt[123]. Er rechtfertigt ihn mit einer durch die „Kremsierer Episode" angeblich gegebenen „wahrhaft historischen Chance", das heißt: „Als Kompromiß begründete Kremsier ein Handlungs- und Verhaltensmuster, von dem die österreichische Politik zumindest noch ein halbes Jahrhundert profitieren sollte." Gibt es aber nicht gute und schlechte Kompromisse[124]? Können sich Kompromisse nicht negativ auswirken? Auf die Monarchie bezogen, bedeutet dies beispielsweise: Stellte nicht auch der Ausgleich von 1867 einen Kompromiß dar, obgleich damals die ungarisch-magyarische Seite[125] die Bedingungen wohl stärker diktierte? Ein anderer Gedanke drängt sich bei der Lektüre Kanns auf: Recht ähnlich wie Křen hat er festgestellt, die Maxime, daß Politik die Kunst des Möglichen ist, lasse sich sehr wohl „durch die besondere österreichische und auf Österreich abgestellte Erkenntnis" ergänzen, daß Provisorien das einzig

---

122 Er selbst benützt diesen Terminus kurz darauf (ebd., S. 108).
123 Ebd. (s. dazu auch folg.).
124 Auch Malfèr erblickt den „Hauptvorteil" von Kremsier im „Konsens" (Konstitutionalismus, 30).
125 Im weiteren Verlauf dieser Studie wird nur immer dann von *Ungarn* usw. gesprochen, wenn damit entweder das ganze Land oder aber alle seine Einwohner gemeint sind. Von *Magyaren* usw. ist dagegen immer dann die Rede, wenn lediglich die Ungarn im engeren, im ethnischen Sinne gemeint sind. Dabei orientiere ich mich an László Katus, der die Notwendigkeit einer solchen, im übrigen wenigstens schon ins 19. Jahrhundert zurückgehenden Unterscheidung überzeugend begründet (Magyaren, S. 410–411).

Beständige seien[126]. Doch auch *Provisorien* können sich problematisch weiterentwickeln.

Damit übereinstimmend kann gesagt werden, daß auch nichtösterreichische Historiker den Verfassungsentwurf recht häufig ganz ähnlich positiv einschätzen wie ihre *deutsch*österreichischen Kollegen. So konstatiert Kořalka zwar einerseits relativ verhalten einen „politischen Fehler", spricht aber zugleich von einer „einzigartigen Verständigung"[127]. Ganz ähnlich erklärte wiederum Kann schon die „bloße Tatsache, daß der Entwurf ... die volle und rückhaltlose Zustimmung aller im Reichstag vertretenen Nationalitäten und Parteien fand", für ein „einzigartiges Ereignis in der österreichischen Geschichte"[128]. Noch deutlicher formulierte er es anderswo: Danach hatte die politische „reaction" nichts weniger als eine „great opportunity" zerstört („destroyed")[129]. Und über die Gesamtphase 1848/49 lesen wir bei ihm:

„Im Jahre 1848/49 hätte Österreich Reformen durchführen können, die seinen Fortbestand vielleicht auf viele Generationen hinaus gesichert und möglicherweise schließlich aus den habsburgischen Ländern einen wirklichen Staat gemacht hätten. In dem vorliegenden Werk wurde versucht zu zeigen, daß die Monarchie im Lauf der zwei Generationen bis 1918 niemals wieder eine so aussichtsreiche Gelegenheit hatte, Reformen durchzuführen, ohne ihren Zerfall zu riskieren."[130]

Laut Jean Bérenger schließlich hatten die Abgeordneten durch ihren Entwurf „die Grundlagen für eine harmonische Koexistenz der in Österreich lebenden Völker gelegt"[131].

Insgesamt wird der Kremsierer Verfassungsentwurf also größtenteils wohlwollend bis überaus positiv bewertet. Dabei konstatiert ausgerechnet Sked, demzufolge „die Kremsier Verfassung der Monarchie" sogar eventuell „eine Grundlage für friedlichen Fortschritt geschenkt" hätte, „eine Legendenbildung ... unter den Historikern"[132]. Nicht umsonst erfahren die Folgen seiner Niederschlagung und die unter anderem daraus wenigstens mittelbar resul-

---

126 Nationalitätenproblem, 2, S. 304.
127 Palacký und Österreich als Vielvölkerstaat, S. 32.
128 Kann, Nationalitätenproblem, 2, S. 44; vgl. ebd., S. 15 („einzigartig").
129 History, S. 312.
130 Nationalitätenproblem, 2, S. 303.
131 Geschichte, S. 603. Für ihn belegt der Kremsierer Reichstag auch, „daß die Nationalitäten bereit waren, einander zu verstehen" (ebd., S. 600).
132 Fall, S. 187. Für eine Relativierung seiner These s. Hugo Hantsch, Geschichte Österreichs, 2, S. 362. Mommsen meinte 1993: „Bis heute ist die Frage umstritten, ob die Annahme des Kremsierer Verfassungsentwurfes statt der Auseinanderjagung des Reichstags die Chance für die innere Stabilisierung des österreichischen Staatswesens geboten hätte." (Die habs-

tierende Errichtung des Neoabsolutismus im allgemeinen eine – wie bereits angeklungen – für die weitere Entwicklung der Monarchie höchst nachteilige Bewertung. Zwar fehlt nicht der Hinweis, daß dieses Herrschaftssystem ohne die Niederlage von 1859 (und den damit verbundenen finanziellen Kollaps des Reiches[133]) auch noch auf längere Sicht hätte fortbestehen können[134]; aber in der neoabsolutistischen *reaktionären* Innenpolitik erblickt niemand einen auf Dauer konstruktiven Ansatz zur erfolgreichen Bewältigung der vielfältigen inneren Probleme. Dies gilt ungeachtet der These, damals sei der Weg zu einer vermeintlich „großartigen (!) bürgerlichen und industriellen Entwicklung freigemacht" worden[135]. Viele Forscher würden wohl auch mit Wolfram Siemann darin übereinstimmen, daß dieses „Jahrzehnt entfesselter Polizeistaatlichkeit ... bleibendere Spuren in der politischen Kultur der zweiten Jahrhunderthälfte (hinterließ) als die Tatsache der gescheiterten Revolution selber"[136].

6.2. Zusammenhänge zwischen dem Neoabsolutismus und dem Ende der Monarchie

In diesem Kontext wurde indirekt „immer wieder" sogar ein Kausalnexus mit der Auflösung der Monarchie hergestellt beziehungsweise angedeutet, wie Gottsmann gemeint hat[137]. Auch er selbst könnte freilich dieser Auffassung beziehungsweise ein Opfer des von ihm selbst betonten „Mythos von Kremsier"[138] sein: Mit der Auflösung des Reichstages sei „eine einmalige Chance vertan"[139], „ein nicht wiedergutzumachender Fehler" begangen worden, wurde

---

burgische Nationalitätenfrage, S. 111.) Ich vermag diesen Dissens nur bedingt zu erkennen, es sei denn, Mommsen hat dabei an Äußerungen wie die von Gerhard Putschögl gedacht: „Gerade diese ... nicht verwirklichte Idee der nationalen Kreise wäre ohne Zweifel von weitreichender Bedeutung gewesen und hätte vielleicht (!) vermocht, den Nationalitätenkampf, wie er sich in der Endphase der Monarchie dann so verhängnisvoll für den Staat abgespielt hat, zu verhindern oder ihn zumindest in weniger gefährlichen Bahnen zu halten." (Zur Geschichte, S. 297.) Differenziert Macartney, Habsburg Empire, S. 417–421.

133 V. a. Brandt unterstreicht diesen Aspekt. Dabei schreibt er zunächst, es gehe ihm bei der Erklärung des Zusammenbruchs von 1859/60 und seiner Betonung des finanziellen Faktors nicht um ein „Vergleichs- oder Konkurrenzverhältnis", doch spricht er zugleich von „der zentralen Bedeutung" dieses Faktors, sieht darin also wohl die primäre Kausalursache (Neoabsolutismus, 1, S. 5, in Verb. mit S. 267).
134 Besonders explizit Oskar Jászi („without doubt") (Dissolution, S. 104).
135 Ludwig Gogolák, Ungarns Nationalitätengesetze, S. 1259.
136 Die deutsche Revolution, S. 7.
137 Reichstag, S. 115: „(...) immer wieder gemutmaßt wird, Kremsier wäre die letzte Chance zur Rettung der Habsburgermonarchie gewesen." (Vgl. auch ebd., S. 102.)
138 Reichstag 1848/49, S. 607–608.
139 Ebd., S. 602.

„dadurch" doch „die Annahme einer nicht idealen(,) aber immerhin demokratisch ausgearbeiteten Verfassung verhindert". „Vor allem" jedoch soll dadurch „zwischen den Repräsentanten der österreichischen Völker und Länder für mehr als ein Jahrzehnt das Gespräch unterbunden" worden sein[140]. Ein solcher „Dialog" hätte aber „das gegenseitige Verstehen mehr gefördert ... als das dann zutage getretene Übergehen und Ignorieren wichtiger nationaler, sozialer und politischer Probleme"[141]. Schon vor langem sah Oskar Jászi jene opportunistische „Politik des Fortwurstelns" von Tag zu Tag inauguriert, die sich ihm zufolge in völliger Ermangelung eines leitenden politischen „Prinzips" bis zum Untergang der Monarchie hinzog[142]; eine Politik also, die wohl irgendwann einmal die Rechnung präsentiert bekommen mußte. Auch die ebenso zutreffende wie banale Feststellung Harold Steinackers, daß bei einer Realisierung der oktroyierten Verfassung „die Entwicklung wohl anders verlaufen wäre"[143], ist vor dem Hintergrund des Wissens um das schließliche Ende der ehemaligen Großmacht zu sehen. Und Theodor Schieder hat behauptet: Die „Entscheidung" einer „Erneuerung" des Reiches nach 1849 „von oben", aber nicht „von unten" habe „bis zum Ende des Habsburgerreiches nachgewirkt"[144].

Zuweilen wird gar ein direkter Zusammenhang zwischen dem Auseinanderjagen des Reichstages und dem Ende Österreich-Ungarns hergestellt. Dies gilt vielleicht auch für Kann: Er hat die Auflösung von Kremsier nicht nur als „eine der folgenschwersten und verhängnisvollsten Handlungen" bezeichnet, „die ein österreichisches Ministerium je begangen hat", sondern zugleich als Versäumen der vielleicht „letzten Möglichkeit für die Lösung der Nationalitätenfrage" kritisiert[145].

---

140 Reichstag, S. 120–121.
141 Ebd., S. 121. Immerhin hat er vor kurzem darauf verwiesen, daß sich der Entwurf „erst in der politischen Praxis" hätte „beweisen" müssen (Reichstag 1848/49, S. 608).
142 Dissolution, S. 103. Laut Glettler hat man unter *Fortwursteln* „Pragmatismus" zu verstehen (Habsburgermonarchie, S. 297). Jászi meinte aber eine negative Fortentwicklung.
143 Die geschichtlichen Voraussetzungen, S. 53: „Es wäre unmöglich geworden, daß man 1867 schließlich an die Nationalitätenfrage, das gemeinsame Grundproblem der beiden Reichshälften, verschieden herantrat: in Österreich nach dem Grundsatz der Gleichberechtigung, in Ungarn dagegen nach der Doktrin des Nationalstaates, die diesen Staat früher oder später zerstören mußte."
144 Vom Deutschen Bund zum Deutschen Reich, S. 92–93. Etwas uneindeutig Günter Wollstein: „(...) der Rückfall Habsburgs in den Absolutismus sollte für die innerstaatliche Entwicklung sowie das spätere Ringen um Deutschland schwerwiegende Konsequenzen haben." (Deutsche Geschichte, S. 160.)
145 Dabei stellt die Nationalitätenfrage für ihn *die* zentrale Problematik des Habsburgerreiches dar. Allerdings meinte er, seine letztere „Behauptung" gehe „vielleicht zu weit", und erachtete es für schwer zu beurteilen, ob der Verfassungsentwurf „eine dauernde Befriedung für Österreich gebracht hätte". Dennoch wurden ihm zufolge „sicherlich ... die darauffolgenden Versuche ..., zu einer nationalen Einigung zu gelangen ..., in Zeiten unternommen, in denen die politischen Verhältnisse weit ungünstiger lagen als 1848/49 (...)" (Nationalitätenproblem, 2, S. 45).

Deutlicher formuliert es Rudolf Hoke: Ihm zufolge hätte die bereits erwähnte, in Kremsier gefundene Regelung der Kreiseinteilung auf ethnischer Basis „vielleicht" das „Nationalitätenproblem in den Griff ... bekommen und den die Habsburgermonarchie zersetzenden (!) Nationalitätenkonflikt ... dämpfen" können[146]. Auch der insgesamt gesehen recht uneinheitlich argumentierende Jászi erkennt zweifellos eine direkte Verbindungslinie zwischen der Auflösung der Monarchie und den mit der Einführung des Neoabsolutismus verknüpften „facts": „(...) for these facts are not only facts of the past in the Habsburg drama but they were direct causes of the process of dissolution"[147]. Walter wiederum meint, in den „Fünfzigerjahren" sei „Vieles, ja Alles versäumt worden ..., um die gesunden erhaltenden Kräfte innerhalb der schwarz-gelben Grenzpfähle zu stärken": „Damals zur Führung gebracht", wären sie „vielleicht noch imstande gewesen, das tragische Ende von Haus und Reich zu wenden"[148]. Und Redlich erblickt in der verhängnisvollen „Staatsumwälzung" vom 31. Dezember 1851 den Beginn „einer anfangs scheinbar ebenen, in Wahrheit aber unablässig nach abwärts führenden und schließlich in den Abgrund lenkenden Bahn"[149]. Ähnlich hat neuerdings Werner Drobesch „Österreich mit seiner ethnischen Vielfalt" für die Zeit nach 1848 als ein Staatswesen bezeichnet, das immer weniger in diese Welt des aufkeimenden Nationalstaates gepaßt habe[150]. Ihm zufolge „begann" es „damals" schlicht „unzeitgemäß" zu werden.

Drastisch urteilt auch Jörg K. Hoensch: Nichts weniger als „leichtfertig ... verworfen" hatte man die in Kremsier „in gütlicher Einigung ... gefundene Lösung für ein friedliches Zusammenleben der Völker"[151]. Dadurch aber „erfaßte die Nationalitätenfrage ... in kurzer Zeit die Gesamtbevölkerung, spaltete sie in nationale Lager auf, so daß ein gefährlich ideologisierter Nationalismus seine das Kaisertum Österreich vernichtende Wirkung entfalten konnte". Und Prinz argumentiert ebenfalls ganz ähnlich über die von ihm ausgemachten „schwerwiegenden Folgen" der „Etablierung des Neoabsolutismus ... für die Zukunft Österreichs"[152]. Durch die „brutale Beseitigung"[153] des „Kompromisses" von Kremsier wurde „eine große Chance", die „Kernfrage" des Nationalitätenproblems „noch zu einem relativ günstigen Zeitpunkt zu lösen", nichts weniger als vertan, denn:

---

146 Österreichische und Deutsche Rechtsgeschichte, S. 350.
147 Dissolution, S. 98.
148 Karl Kübeck von Kübau, S. 214.
149 Staats- und Reichsproblem, 1/1, S. 397–398; vgl. in anderer Hinsicht S. 407.
150 Die ökonomischen Aspekte, S. 42 (s. dazu auch folg.).
151 Geschichte Böhmens, S. 346 (s. dazu auch das folg. Zit.).
152 Auf dem Weg in die Moderne, S. 327 (s. dazu auch folg.).
153 Fast identisch auch Wolfgang Häusler, der eine „brutale Zerschlagung" am Werk sieht (Kaiserstaat oder Völkerverein?, S. 239).

„Noch wären die nationalen Energien parlamentarisch-konstitutionell zu bändigen gewesen; im weiteren Verlauf des Jahrhunderts gerieten sie dann immer mehr zu einem Instrument der ideologischen Mobilisierung der Massen. Gerade in der scheinbaren, nur polizeistaatlich erzwungenen Windstille der neoabsolutistischen Ära zwischen 1849 und 1859 wuchsen die nationalen Antagonismen in die Tiefe und erhielten eine Brisanz, die schließlich den Gesamtstaat in einer außergewöhnlichen Belastungsprobe sprengen sollte."[154]

Ganz auf dieser Linie liegt auch die auf Böhmen beschränkte Überlegung des bei Prinz promovierten Stölzl. Für ihn „wuchsen" nämlich „in der Epoche des Neoabsolutismus die nationalen und sozialen Fragen" nicht nur „in aller Stille in die Breite und Tiefe" und „nahmen dabei an Gefährlichkeit und Explosivkraft bedeutend zu"[155]; vielmehr hat

„das Versagen des neoabsoluten Systems ... gegenüber der von der Revolution hinterlassenen Aufgabe, den sozialen Bereich gerecht zu ordnen, ... auch die 1848/49 noch nicht national ,infizierten' Schichten dem Nationalismus in die Arme getrieben und damit letztlich die Zukunft der Monarchie entschieden"[156].

Argumentative Fragwürdigkeiten dieser wie manch anderer Darlegungen ließen sich leicht aufzeigen. So überträgt Stölzl seine ja nur aus der Analyse der böhmischen Verhältnisse gewonnenen Ergebnisse auf das gesamte Habsburgerreich. Und schreibt Prinz dem Neoabsolutismus langfristig so sehr system*sprengende* Wirkungen zu, so fragt sich, wieso er zugleich die in dieser Epoche „begünstigten wirtschaftlichen Innovationen" als „entscheidend und weit über die kurze Epoche zwischen 1849 und 1859" hinausweisend beurteilt[157]. Auch waren die Zusammenhänge wesentlich komplexer, als solche Thesen oftmals vermuten lassen. Die weitere Entwicklung der Habsburgermonarchie ist wohl kaum so einbahnstraßenförmig verlaufen, wie immer wieder suggeriert wird. Problematisch erscheint auch, wenn Helmut Rumpler es kürzlich für „fraglich" erklärt, „ob die Kremsierer Verfassung wirklich die große Chance zur Lösung des Nationalitäten- und Verfassungsproblems war"[158], zugleich aber die Auflösung des Reichstages „eine Fehlentscheidung,

---

154 Auf dem Weg in die Moderne, S. 327. Schon vor längerem konstatierte er einen „schwer errungenen Kompromiß". Durch den Neoabsolutismus „vertagte Österreich" aber „zu seinem Unheil die Lösung seines Hauptproblems: die Nationalitätenfrage. Es versäumte damit eine große Chance, (...)." (Die böhmischen Länder von 1848 bis 1914, S. 53).
155 Ära Bach, S. 13 (vgl. S. 306).
156 Ebd., S. 312.
157 Auf dem Weg in die Moderne, S. 330.
158 Eine Chance für Mitteleuropa, S. 315.

möglicherweise sogar ein Unglück" nennt¹⁵⁹. Aber ein *Unglück* bezogen auf welche weitere Entwicklung? Doch ganz offenbar bezogen auf die weitere Entwicklung des Habsburgerreiches.

7. DIE FORSCHUNGSLAGE ÜBER DEN NEOABSOLUTISMUS

Dem Neoabsolutismus wird für ein adäquates Verständnis des weiteren Verlaufs der Geschichte des Reiches durch die Forschung im allgemeinen also ein jedenfalls hoher Stellenwert eingeräumt. Insofern wäre zu erwarten, daß sich Historiker des Erfordernisses einer eingehenden Beschäftigung mit dieser Epoche bewußt sind. Dies scheint freilich nicht der Fall zu sein. Darauf mag schon die Tatsache hindeuten, daß entsprechende Aufforderungen sehr rar gesät sind. Sehe ich richtig, so hat bisher lediglich Fritz Fellner, und dies schon vor längerer Zeit (1973), die „Notwendigkeit" betont, die „Geschichte des österreichischen Vormärz und die Geschichte des Neoabsolutismus an Hand der bekannten und der bisher noch unverarbeiteten Quellen von neuen Gesichtspunkten aus durchzudenken" beziehungsweise bei schon früher geltend gemachten „Gesichtspunkten neu anzuknüpfen"¹⁶⁰.

Vor allem aber ist in diesem Kontext auf das weitgehende Fehlen grundlegender Studien über die Heraufkunft und über die Innenpolitik des Neoabsolutismus zu verweisen¹⁶¹. Hier gilt, was Dieter Langewiesche 1988 bezüglich der Forschungslage über die sogenannte „Reaktionsära" auf dem Gebiet des Deutschen Bundes generell festgestellt hat: Es handelt sich in weiten Teilen um die „bisher am dürftigsten erhellte Phase in der deutschen Geschichte des 19. Jahrhunderts"¹⁶². Dieses Urteil deckt sich mit der zwei Jahre danach ge-

---

159 Freilich eine für ihn „angesichts der Probleme und der vorgeschlagenen Problemlösungen nicht unverständliche" Fehlentscheidung (ebd.). Der Begriff *Unglück* ließe sich auch in nostalgischem Sinne deuten. Neuerdings spricht er neutraler von einer „,zu spät' ... Parlamentarisierung" (Einleitung, S. 3).
160 Die Tagebücher des Viktor Franz von Andrian-Werburg, S. 329–330. Zu Fellners Forderung vgl. auch w. u.
161 Dies betrifft im übrigen auch die Außenpolitik. Die jüngsten Ausführungen von Francis R. Bridge füllen diese Lücke nicht aus (Österreich-Ungarn unter den Großmächten, S. 205-226). Als relativ gut erforscht kann insb. der Krimkrieg gelten (s. dazu: Bernhard Unckel, Österreich und der Krimkrieg; Winfried Baumgart, Der Frieden von Paris).
162 Liberalismus in Deutschland, S. 65. Es wird oft vergessen, daß die Habsburgermonarchie durch ihre Mitgliedschaft im *Deutschen Bund* damals partiell noch einen integralen Bestandteil deutscher Geschichte ausmachte (s. dazu grundsätzliche, wenn auch teilw. problematische Ausführungen Karl D. Erdmanns [Drei Staaten – Zwei Nationen – Ein Volk?, S. 671–683; Die Spur Österreichs, S. 597–626]; für eine gute Zusammenfassung und Bewertung dieser Diskussion s. bei Ernst Bruckmüller, Nation Österreich, S. 53–58 [auch mit weiterführenden Literaturangaben]).

troffenen Feststellung Siemanns, das Jahrzehnt nach 1848 sei als das wenigsten erforschte in der Geschichte des 19. Jahrhunderts, gleichsam als ein historiographisches „Niemandsland" anzusehen[163].

7.1. Die Gründe für die prekäre Forschungslage

Warum dies so ist, darüber ließe sich lange räsonieren. Laut Alojz Ivanišević betrachtet man diesen Zeitraum als „uninteressant"[164]. Ähnlich spricht Siemann von einem „bisher stets unterschätzten Jahrzehnt"[165]. Dazu paßt die zwar schon länger zurückliegende, aber nach wie vor bedenkenswerte Bemerkung Stölzls, die bisherige „Neoabsolutismus-Geschichtsschreibung" sei sich im Grunde darin einig, „den Neoabsolutismus letztlich für einen unhaltbaren, von vornherein zum Scheitern verurteilten Anachronismus anzusehen"[166]. Alle drei Feststellungen erscheinen korrekt. Sie kontrastieren freilich teilweise eklatant mit den zuvor zitierten Beurteilungen über die große Bedeutung dieser Epoche für den weiteren Verlauf der Geschichte der Habsburgermonarchie sowie damit, daß die Forschung diese Epoche gerade deshalb im allgemeinen trotz ihrer faktisch relativ kurzen Dauer nicht lediglich als ein mehr oder weniger zu vernachlässigendes „Zwischenspiel"[167] begreift. Dies mag zwar für Stefan Malfèr gelten, wenn er unter anderem das „Intermezzo des Neoabsolutismus" mit dem seiner Meinung nach 1848 unwiderruflich „zum Durchbruch gekommenen Impuls" des „Konstitutionalismus" kontrastiert[168]. Aber selbst Prinz, der von einem „Zwischenspiel" spricht, weist dem Neoabsolutismus eine hohe historische Bedeutung zu[169].

Insofern scheinen für die mißliche Forschungslage noch andere Faktoren verantwortlich zu zeichnen. Wenigstens zum Teil können sie genauer benannt werden. Zunächst ist hier der Brand des Wiener Justizpalastes vom 15. Juli 1927 zu erwähnen: Damals wurden rund 80 Prozent der in diesem Gebäude lagernden Akten des Innenministeriums ein Opfer der Flammen. Darunter befanden sich auch viele aus dem hier zur Debatte stehenden Zeitraum. Die daraus resultierende problematische, sich aber insgesamt wohl weniger dramatisch als oftmals behauptet[170] darstellende Aktenlage dürfte einige

---

163 Gesellschaft im Aufbruch, S. 12.
164 Kroatische Politik der Wiener Zentralstellen, S. 1.
165 Die deutsche Revolution, S. 7.
166 Ära Bach, S. 12.
167 Alfred Fischel, Der Panslawismus bis zum Weltkrieg, S. 319; vgl. Werner Ogris, Rechtsentwicklung, S. 539.
168 Konstitutionalismus, S. 11. Zugleich spricht er vom „neoabsolutistischen Zwischenspiel" (S. 15).
169 Auf dem Weg in die Moderne, S. 329.
170 S. dazu Walter Goldinger, The Allgemeines Verwaltungsarchiv, S. 18.

Historiker von einer näheren Befassung mit dieser Phase der jüngeren Monarchiegeschichte abgehalten haben. Dies mag um so mehr gelten, als manche ihrer Vorgänger, die sich dem Neoabsolutismus vergleichsweise intensiv zugewandt haben, für ihre Forschungen noch über Material verfügten, das nach dem Brand des symbolträchtigen Palastes unwiederbringlich verloren war[171]. Zu denken ist hier in erster Linie an Friedjung und Redlich. Hinzu kommt die aus naheliegenden Gründen etwa im Vergleich zu Deutschland eher spärlich gesäte Historikerriege Österreichs. Dieses Manko wird auch durch Kollegen aus anderen, insbesondere angelsächsischen Staaten, die sich für die Geschichte der Habsburgermonarchie im allgemeinen und für jene des Neoabsolutismus im speziellen interessieren, nur unzureichend kompensiert.

Am schwersten aber könnte etwas anderes wiegen: Der „Ideen" von 1848/49 hat man sich „immer gern" erinnert, wie Miroslav Hroch noch kürzlich zu Recht festgestellt hat[172]. Dagegen wurde der Neoabsolutismus bereits von der liberal ausgerichteten und durch lange Zeit dominierenden Geschichtsschreibung des 19. Jahrhunderts als eine Art dunkle Epoche, als eine „Zeit der politischen ‚Todesruhe'"[173] interpretiert. Genau darauf spielt offensichtlich Brandt an, wenn er „die Verzeichnung der neoabsolutistischen Epoche in der liberalistischen Tendenzliteratur" durch Autoren wie Wilhelm Rogge, Richard Charmatz sowie Viktor Bibl betont[174]. Dem Fortwirken dieser Deutungslinie wäre im einzelnen nachzugehen, sie scheint aber durch relativ lange Zeit wirksam gewesen zu sein. Nachträgliche Verurteilung dieser Epoche mag da vielen Historikern genügt haben, ihre nähere Erforschung hingegen nur bedingt erforderlich erschienen sein. Dabei liegt das Paradoxe einer solchen Einstellung auf der Hand: Denn zahlreiche Historiker beurteilen die Folgewirkungen dieser Epoche ja drastisch negativ. Hätten also nicht gerade sie es als besonders reizvoll und wichtig empfinden müssen zu untersuchen, was damals wo falsch lief und warum dies der Fall war? Und hätten überdies nicht gerade diese Historiker nach entsprechenden Alternativen suchen müssen[175]?

---

171 Dabei profitierten sie von einer „schrankenlosen Eröffnung der staatlichen Archive, welche als die der wissenschaftlichen Erforschung der österreichischen Politik günstigste Folge des Umsturzes von 1918 anzusehen ist" (Redlich, Staats- und Reichsproblem, 1/1, S. XI).
172 Das Bürgertum in den nationalen Bewegungen des 19. Jahrhunderts, S. 215.
173 So unter Bezugnahme auf Rudolf Horvat mit Blick auf Kroatien Ivanišević, Kroatische Politik der Wiener Zentralstellen, S. 1.
174 Neoabsolutismus, 1, S. 246, Anm. 1; s. dazu auch schon Stölzl, Ära Bach, S. 12. Das zeitlich zuerst liegende Werk *Oesterreich von Világos bis zur Gegenwart, 1* von Rogge enthält eine ganze Reihe überzogen formulierter, aber dennoch nicht ganz unzutreffender Thesen.
175 Symptomatisch erscheint im übrigen eine oftmals ausgesprochen stiefmütterliche Behandlung des Neoabsolutismus in zeitlich übergreifenden Darstellungen. Berthold Sutter räumt ihm gerade vier Seiten ein, während er etwa die Zeit der sogenannten *liberalen Vorherrschaft* oder auch die Badeni-Krise v. Jahre 1897 wesentlich intensiver behandelt (s. im Vergleich: Die politische und rechtliche Stellung der Deutschen, S. 178–182, S. 182–208 und S.

In diesem Zusammenhang ist nochmals auf die von Magris analysierte Mythenbildung über die Habsburger und ihr Reich für den Bereich der Literatur zu verweisen: Hier steht man einer angesichts der Ereignisse der ersten Jahrzehnte nach 1918 erklärlichen und zuweilen noch heute spürbaren Verklärung der Verhältnisse in der Monarchie gegenüber, von der auch und gerade Historiker nicht frei geblieben sind. War es da opportun, besondere Aufmerksamkeit ausgerechnet einer durch stark absolutistische Züge gekennzeichneten Epoche zuzuwenden? Einer historischen Phase zudem, die direkt oder indirekt mit den Niederlagen von 1859, dem Verlust der Lombardei und damit dem Ende der Vorherrschaft in Italien verknüpft wurde? War man da nicht besser beraten, die Erinnerung an diese Jahre möglichst ruhen zu lassen, um gleichsam das eigene innere mentale Gleichgewicht zu wahren? Und war dies nicht um so ratsamer, als manche Indizien tatsächlich dafür sprechen, gerade die neoabsolutistische Ära als historische Zäsur, gleichsam als Sündenfall für die weitere Entwicklung der Monarchie zu bewerten?

In der Tat handelt es sich beim Neoabsolutismus um eine „zu verlästerte Zeit", um mit Fellner zu sprechen[176]. Erst in den letzten Jahrzehnten macht sich in dieser dominant negativen Beurteilung durch die Historiographie eine deutlich wahrnehmbare Änderung bemerkbar[177]. Ohne die als problematisch oder negativ eingestuften Elemente des Neoabsolutismus zu verkennen, wurde und wird das Augenmerk verstärkt auf dessen *modernisierende* Aspekte gelenkt, etwa im sozialen und ökonomischen Bereich. Auch der Sektor der öffentlichen Bildung ist hier zu nennen[178]. Dennoch hat diese „Innovationsphase" „in der österreichischen Geschichtsschreibung" zweifellos noch immer „nicht jene Würdigung" erfahren, „die sie zum integralen Bestandteil unseres Geschichtsbewußtseins hätte machen können", um nochmals Fellner zu zitieren[179]. Hiermit spielt er wohl auf eine positive Integration an. Kann es dazu freilich wirklich kommen? Dem Neoabsolutismus haftet nämlich ungeachtet aller etwaigen vermeintlich[180] positiven Erkenntnisse über diese Epoche eben doch das Odium der Repression an. Teilweise hängt dieses allerdings

---

222–240). Diese Beschränkung erscheint jedoch aufgrund seiner eigenen Urteilsfindung nicht gerechtfertigt, da er den Neoabsolutismus äußerst kritisch und zudem als folgenreich beurteilt. Laut ihm waren die durch die damals ausgeübte Herrschaft aufgebrochenen Gräben zwischen den Deutschen und den übrigen Nationalitäten nämlich nur noch „vielleicht" zuzuschütten (ebd., S. 181). Da wäre eine eingehendere Auseinandersetzung mit diesem Zeitraum naheliegend, wenn nicht erforderlich gewesen, um seine übergreifende Bedeutung besser verstehen zu können.

176 Tradition und Innovation aus historischer Perspektive, S. 242.
177 Aber schon Friedjung hat differenziert (s. dazu etwa Oesterreich, 1, S. 484–485).
178 S. auch dazu kurz bei Brandt, Neoabsolutismus, 1, S. 246, Anm. 1.
179 Tradition und Innovation aus historischer Perspektive, S. 241–242.
180 Dasjenige, was uns *innovativ* bzw. *modern* erscheinen mag, muß noch lange nicht *positiv* im Sinne von *besser* gegenüber einem vorhergehenden Zustand sein.

auch mit dem aktuellen Forschungsstand zusammen. Er soll im folgenden näher dargestellt werden[181].

7.2. Der Forschungsstand im einzelnen

7.2.1. Gesamtdarstellungen zur innenpolitischen Entwicklung

Der einzige Versuch einer – nach damaligem Verständnis – Gesamtdarstellung der Innenpolitik des Neoabsolutismus datiert aus den Jahren 1908/12[182]. Dieser Sachverhalt ist – je nach Perspektive – schon an sich bezeichnend oder beklagenswert. Er gewinnt zusätzlich noch dadurch an Gewicht, daß sich ihr Verfasser Friedjung zwar einerseits „zu strenger Wahrhaftigkeit verpflichtet" fühlte[183] (weshalb auch Brandts Abgrenzung dieser Studie von der älteren „liberalistischen Tendenzliteratur" berechtigt erscheint[184]), es andererseits jedoch – und diese Bemerkung hat die Forschung offenbar weitgehend übersehen – ausdrücklich für „unbillig" erklärte, von dem „Schilderer zeitgenössischer Geschichte Parteilosigkeit zu verlangen"[185]. Dabei verwies er insbesondere („zumal") auf „Ereignisse, welche die eigene Heimat betreffen und oft an die innerste Empfindung rühren"[186]. Und so läßt sich von einer „differenzier-

---

181 Hinsichtlich der Berücksichtigung von Forschungsliteratur waren mir in sprachlicher Hinsicht gewisse Grenzen gesetzt. Sie betreffen insb. die slawischen Sprachen und das Ungarische. Insofern aber teilw. Arbeiten v. a. in deutscher, aber auch englischer Übersetzung vorliegen, ließ sich diese Lücke partiell schließen. Mit einem gewissen Informationsverlust ist zu rechnen. Meine sprachlichen Grenzen gelten nur sehr bedingt für die mich interessierenden Quellen. Sie sind hauptsächlich in deutscher Sprache verfaßt (teilweise auch ins Deutsche übersetzt).
182 Friedjung, Oesterreich. Redlich (Staats- und Reichsproblem) widmet sich primär der Frage der Reichseinheit.
183 Oesterreich, 1, S. VIII.
184 Neoabsolutismus, 1, S. 246, Anm. 1.
185 Oesterreich, 1, S. VIII (s. dazu auch folg.)
186 S. in diesem Kontext Bemerkungen von Eric Hobsbawm in seinem Buch *Das Zeitalter der Extreme*: „(...) will ich sagen, daß sich meine Ansichten und Vorurteile eher durch mein Leben als Zeitzeuge denn als Wissenschaftler geprägt haben. Deshalb habe ich auch während meiner ganzen Berufsjahre als Historiker zu vermeiden versucht, über die Ära seit 1914 zu schreiben, (...). Doch mittlerweile halte ich es durchaus für möglich, auch das ‚Kurze 20. Jahrhundert' ... aus einer bestimmten historischen Perspektive [d. h. also wohlgemerkt nicht aus einer *neutralen* Perspektive, was vielleicht allerdings prinzipiell nicht mögl. erscheint] zu betrachten." (S. 7). Friedjung hat noch eine weit. Problematik seiner Studie selbst betont, wenn er meinte: „Bücher über die Ereignisse der Gegenwart oder der jüngsten Vergangenheit können in den Tatsachen noch nicht vollständig sein und veralten deshalb leicht (...), so lebt das Gute in ihnen doch in einer späteren reiferen Geschichtsschreibung ... weiter fort" (Oesterreich, 1, S. IX).

ten und die Kritik nuancierenden Würdigung" der damaligen Vorgänge, wie sie ihm Brandt zuschreibt[187], nur bedingt sprechen, zumal Friedjung zweifellos in der Tradition der liberalen Historiographie steht[188]. Dies gilt auch für die 1928 publizierte, aber bereits „vor dem Kriege begonnene" und in „großen Teilen" schon damals „vollendete", wenn auch „Torso" gebliebene[189] große Arbeit Redlichs über das *Österreichische Staats- und Reichsproblem*: Freilich betrachtete er gerade den „Umstand", daß der Niedergangs„prozeß" des Habsburgerreichs damals bereits „endgültig abgeschlossen" war, als Vorteil; denn dadurch glaubte er weitgehend der ansonsten vermeintlich „unvermeidlichen ... Gefahr" einer Beeinträchtigung in der „Objektivität seiner Darstellung" durch „politische oder nationale Parteigänger(schaft)" entgehen zu können[190]. Aber auch bei diesem, laut Gerald Stourzh „bis heute unübertroffenen und unerreichten Meisterwerk"[191] sind gewisse *nostalgische* Reminiszenzen an die 1918 endgültig zu Ende gegangene Zeit nicht zu übersehen[192].

Freilich ist an diesen beiden Werken unter anderem das Bestreben einer – wiederum nach damaligem Verständnis – „weitestgehend lückenlosen Sachdarstellung" positiv hervorzuheben[193]. Doch angesichts der soeben gemachten Ausführungen sowie infolge des teilweise *positivistischen* Ansatzes beider Studien erscheint es – ohne die grundsätzliche Standortgebundenheit eines jeden Historikers für geschichtswissenschaftliches Forschen leugnen zu wollen[194] –

---

187 Neoabsolutismus, 1, S. 246, Anm. 1.
188 S. dazu auch Helmut Rumpler, Ministerrat, S. 30. Brandt bezieht seine Äußerung auch speziell auf „die verwaltungs- und sozialgeschichtlichen Partien" bei Friedjung (Neoabsolutismus, 1, S. 246, Anm. 1).
189 So zu Recht Fellner, Die Historiographie zur österreichisch-deutschen Problematik als Spiegel der nationalpolitischen Diskussion, S. 40.
190 Ebd., S. XIII.
191 Länderautonomie, S. 44.
192 S. dazu ders., Staats- und Reichsproblem, Vorrede, S. V–VI. Fellner hat u. a. bei Redlich das „kurze Aufflackern des Versuchs einer eigenständigen Sinngebung Österreichs" ausgemacht (Die Historiographie zur österreichisch-deutschen Problematik als Spiegel der nationalpolitischen Diskussion, S. 40). Dazu paßt Fellners an anderer Stelle gemachte Bemerkung, wonach das „primäre ... Problem der Geschichte der österreichischen Geschichtswissenschaft" darin liegt, daß „die österreichische Geschichte von einer Abfolge von Identitätskrisen geprägt ist", welche „die jeweils vorher gültige Sinngebung aus der Geschichte wissenschaftlich wie politisch immer wieder in Frage gestellt haben" (Probleme und Risiken einer Geschichte der österreichischen Geschichtswissenschaft, unveröffentlichtes Manuskript, o. S.).
193 So Rumpler, Ministerrat, S. 16. Wobei es sich selbstverständlich immer nur um eine Fiktion handeln kann.
194 Aber selbst diesen Faktor besonders betonende Autoren behaupten deshalb noch lange nicht die „Beliebigkeit" historischen Urteilens. Wie könnten sie auch, würde doch dadurch auch ihr Argument der Standortgebundenheit *beliebig* (so etwa Markus Reisenleitner, Kulturgeschichte auf der Suche nach dem Sinn, S. 26).

eher problematisch, daß noch neueste innenpolitisch ausgerichtete Studien infolge fehlender Alternativen immer wieder auf sie rekurrieren müssen.

7.2.2. Studien zu Teilbereichen der innenpolitischen Entwicklung

Zu vielen Teilbereichen der Innenpolitik fehlen ebenfalls ausreichende Studien, obgleich Bernhard Unckels vor knapp drei Jahrzehnten wohl zutreffende Feststellung von „einer einseitig biographisch oder außenpolitisch interessierten Geschichtsschreibung"[195] wenigstens in dieser Zuspitzung nicht mehr zutrifft. Hier ist mittlerweile doch einiges geschehen, allerdings auf sehr unterschiedlichem Niveau. Am bedeutendsten ist ohne Frage die in vielerlei Hinsicht instruktive, zweibändige Habilitationsschrift Brandts über *Staatsfinanzen und Politik* im Neoabsolutismus von 1978. Sie wird uns im Zusammenhang mit unseren spezifischen Erkenntnisinteressen immer wieder beschäftigen[196]. Auf einer intensiven Aktenanalyse beruhend, hat sie Richard Kohnen 1995 sehr zu Unrecht „enttäuschend" genannt, weil sie die innere Politik weitgehend ausklammere[197]. Daneben setzte sich zunächst Walter in einem mehrbändigen Werk über die *Österreichische Zentralverwaltung* mit Aspekten des damaligen Herrschaftssystems und damit einer zentralen Pro-

---

195 Österreich und der Krimkrieg, S. 13.
196 Im weit. zit. als *Neoabsolutismus, 1* oder *2*.
197 Kohnen spricht kritisch von einem „quantitativ ... monumentalen Habilitationswerk" (Pressepolitik des Deutschen Bundes, S. 7–8). Offensichtlich hätte er sich eine breite Einbeziehung der Pressepolitik gewünscht. Dazu nur folg.: Er selbst meint unmittelbar anschließend, das „umfangreiche, zweibändige Werk" von Karl Paupié biete hierfür einen „Ausgleich" (ebd.). Hier irrt er gleich in zweifacher Hinsicht. Erstens widmet Paupié in seiner Studie *Handbuch der Österreichischen Pressegeschichte 1848–1859* noch nicht einmal sechzig Seiten der Analyse der Pressepolitik zwischen 1848 und 1860. Und zweitens vergleicht Kohnen hier Äpfel mit Birnen. Hätte sich Paupié mit den Staatsfinanzen zu befassen gehabt, so hätte er wohl kaum ein Buch über Pressepolitik geschrieben. Dies schließt nicht aus, daß man sich bei der Lektüre von Brandts Werk zuweilen allerdings eine etwas größere Einbeziehung allg. innenpolitischer Vorgänge wünschen würde. Aber Kritik fällt hier leicht, es besser zu machen dagegen schwer, zumal wenn man sowohl den inhaltlichen wie quellenmäßigen Umfang von Brandts Studie bedenkt. Und was nun speziell die Staatsfinanzen anbetrifft, so ist Brandts Arbeit allerdings „unentbehrlich" und dürfte es auch weiterhin bleiben. Kohnen aber verleiht nur Paupiés Werk dieses Attribut. *Unentbehrlich* ist sie aber nur deshalb, weil uns keine bessere zur Verfügung steht. Ansonsten kann von einer „erschöpfenden Aufarbeitung" des „österreichischen Propagandaapparates" (ebd.) überhaupt nicht die Rede sein. Dies gilt im übrigen auch für Kohnens Arbeit. Betrachtet man sie sich genauer, so enthält sie in mancherlei Hinsicht kaum etwas Neues. Vieles läßt sich etwa schon bei Siemann nachlesen (Gesellschaft im Aufbruch, S. 165–177). Und völlig anders als Brandt, dafür aber ganz wie Paupié, hat auch er viele in den Wiener Archiven vorhandene Quellen entweder nicht eingesehen oder jedenfalls nicht berücksichtigt. Zuweilen enthalten seine Ausführungen auch problematische Urteile. So schreibt er auf S. 169: „Obwohl sich in Österreich in der Ära des Neu-

blematik auseinander. Diese an sich kenntnisreiche und „materialreiche Aufarbeitung der Behördengeschichte"[198] befriedigt jedoch nur bedingt. So vertritt Walter eine heute naiv anmutende geschichtstheoretische Position, wenn er unkommentiert von „objektiver Forschung" spricht[199]. Vor allem aber beschränkt er sich in der Hauptsache ebenfalls auf das Ziel einer umfangreichen „Sachdarstellung"[200]. Überdies verfällt er nicht zufällig oft ins rein Narrative und auf die langatmige Wiedergabe zeitgenössischer Dokumente[201], worüber die Deutung entschieden zu kurz gerät. Analytischer argumentiert Helmut Rumpler im einleitenden Band zu den noch immer nicht vollständig edierten Ministerratsprotokollen. Gleiches gilt für die lehrreichen Einleitungen Waltraud Heindls zu den einzelnen (noch nicht komplett publizierten) Bänden der Protokolle des Ministeriums Buol-Schauenstein (11. April 1852 bis 17. Mai 1859)[202].

Ansonsten verdienen einige regionalgeschichtlich angelegte Arbeiten größere Beachtung. Dies gilt vor allem für Stölzls Dissertation von 1971 über *Die Ära Bach in Böhmen*. Otto Urban hat sie aus tschechischer Sicht noch mehr als zwei Jahrzehnte später als „die beste moderne Arbeit" über den Neoabsolutismus in Böhmen überhaupt bezeichnet[203]. Er analysiert aus sozialhistorischer Persektive unter anderem die Bedeutung dieser Epoche für die spätere Entwicklung, als „die meisten gegen den Neoabsolutismus vorgebrachten Gravamina längst beseitigt waren"[204]. Daneben ist in jüngerer Zeit insbesondere die 1987 erschienene Arbeit von Mirjana Gross über *Die Anfänge des modernen Kroatien* zu nennen. Sie mußte damals freilich konstatieren, daß über den Neoabsolutismus „noch sehr wenig bekannt war"[205]. Diese Lücke vermag auch ihre Arbeit – selbst lediglich mit Blick auf dieses Kron-

---

oder Neoabsolutismus aufgrund des Verfassungsoktroi keine parlamentarische Opposition bilden konnte, (...)." Die Verkündigung der Märzverfassung und die Rückkehr zum Absolutismus stehen aber in keinem unmittelbaren ursächlichen Zhg. Vielmehr wurde darin gerade die Einberufung eines Reichsrates festgelegt. Zu einer positiven Bewertung der Arbeit von Brandt s. etwa Hans-Peter Ullmann, Rezension.

198 Brandt, Neoabsolutismus, 1, S. 246, Anm. 1.
199 Zentralverwaltung, III/1, S. 403.
200 Rumpler, Ministerrat, S. 16 (erw. Walter ebenfalls in diesem Zhg.).
201 So zit. er etwa aus dem Inhalt einer Denkschrift des damaligen Ministerpräsidenten Felix Fürst zu Schwarzenberg auf insg. fast 12 Seiten (Zentralverwaltung, III/1–4, hier III/1, S. 525–536).
202 Rumpler, Ministerrat; Heindl, Probleme, S. XXVIII–LXIII (s. auch ihre weit. *Einleitungen* in den folg. bisher vier edierten Bänden dieser Jahre).
203 Die tschechische Gesellschaft, 2, S. 1079, Anm. 3. Die Äußerung stammt von 1994. Zur problematischen Gleichsetzung des Neoabsolutismus mit der Person Bachs s. w. u., Kapitel 1, Abschnitt 1.3.1.7.1.
204 Ära Bach, S. 13.
205 Die Anfänge des modernen Kroatien, S. 237.

land – nur teilweise zu schließen, zumal sie ausdrücklich „nicht über ganz Kroatien berichtet"[206]. Besonderes Augenmerk verdient die Habilitationsschrift Brigitte Mazohl-Wallnigs *Österreichischer Verwaltungsstaat und administrative Eliten im Königreich Lombardo-Venetien 1815–1859*. Sie hat also zwar nicht nur den Neoabsolutismus im Blickfeld und beschäftigt sich zudem ebenfalls lediglich mit einer bestimmten Provinz der österreichischen Monarchie: Doch besteht ihr „Grundanliegen" in der Tat auch darin, „zu allgemeingültigen Aussagen zu kommen" sowie „das Typische und Essentielle herauszuarbeiten"[207], nicht nur für die Habsburgermonarchie, wie sich präzisieren ließe. Gerade in dieser Hinsicht unterscheidet sich ihre im übrigen ebenso anregend und originell wie in mancherlei Hinsicht zu Widerspruch anregende Arbeit[208] auch signifikant von der „Tradition der Darstellung der österreichischen Zentralverwaltung" im Sinne Walters. Er sah als seine primäre Aufgabe eben eher die „Sammlung und Vorlage eines erzählten Inhalts" an[209].

Viele andere Studien, die sich Teilaspekten des Neoabsolutismus widmen, befriedigen dagegen wenig bis gar nicht. Dies trägt ebenfalls zur problematischen Forschungslage bei. Zu nennen ist hier besonders Klaus Frommelts erst 1963 veröffentlichte, aber bereits in den 40er Jahren konzipierte Arbeit *Die Sprachenfrage im österreichischen Unterrichtswesen 1848–1859*. In ihrem Zentrum steht zwar die für eine Gesamtbewertung des Neoabsolutismus aus innenpolitischer Sicht sehr wichtige und bis heute kontrovers diskutierte Frage, ob damals – zugespitzt formuliert – tatsächlich der immer wieder behauptete Versuch einer von oben verordneten sogenannten *Germanisierung* unternommen wurde; doch vermag der Autor seine tendenziell deutschfreundliche bis deutschnationale Perspektive auf beinahe keiner Seite zu verleugnen[210]. Willi Oberkrome zufolge trat die Historiographie der Donaumonarchie als „Kombattant im Sprachen- und Nationalitätenkonflikt" auf[211]. Für Frommelt gilt dies gewissermaßen noch *après la lettre*. Kommt letztlich auch ein Forscher wie Rumpler nicht umhin, auf dessen Ausführungen zu rekurrieren[212], so erscheint kaum etwas besser zur Verdeutlichung des prekären

---

206 Es geht nur um „Zivil-Kroatien und -Slawonien" (ebd., S. 7–8).
207 Fritz Fellner, Verwaltungsgeschichte als Verfassungs- und Sozialgeschichte, S. XI.
208 Für eine Rezension s. Harm-Hinrich Brandt, Österreichische Verwaltung.
209 Fellner, Verwaltungsgeschichte als Verfassungs- und Sozialgeschichte, S. XI.
210 S. dazu nur den Schlußsatz seiner Studie: „Cui bono? Die bildungsmäßige Bedeutung, kulturelle Kraft und weitreichende Geltung der deutschen Sprache konnten die Nationalitäten niemals einholen und niemals beseitigen." (S. 138). Seine „Quellensammlung" ist allerdings nach wie vor „wertvoll" (Stourzh, Die Gleichberechtigung der Volksstämme, S. 987, Anm. 48).
211 Aspekte der deutschsprachigen ‚Volksgeschichte', S. 40.
212 Rumpler zit. Frommelt mit einer Äußerung (Eine Chance für Mitteleuropa, S. 335), meint dann aber präzisierend dazu in einer Anm.: „So urteilt Frommelt, (...)." (Ebd., S. 592, Anm.

Forschungsstandes geeignet. Für ausführliche Informationen über das Wirken des um zwei Jahre jüngeren Bruders Franz Josephs (Erzherzog Maximilian) als Generalgouverneur (Februar 1857–April 1859) von Lombardo-Venetien muß man auf Darlegungen Lina Gasparinis aus dem Jahr 1935 zurückgreifen. Die Autorin gelangt jedoch trotz der Verarbeitung beträchtlichen unveröffentlichten Aktenmaterials in weiten Teilen nicht über eine rein narrative Darstellungsweise und das Zitieren langer Dokumentenpassagen – so etwa ganzer Briefe – hinaus[213].

Erzherzog Maximilian war zweifellos ein maßgeblicher, wenn auch in gewissem Sinne tragischer Protagonist der Spätphase des Neoabsolutismus. Generell gilt in dieser Hinsicht nach wie vor eine von Friedrich Engel-Janosi bereits 1975 getroffene Feststellung: Über einen Großteil der damaligen zentralen politischen Persönlichkeiten ist „erstaunlich wenig" bekannt[214]. Dies trifft in weniger scharfer Form auch für den aufgrund seiner politischen Stellung zumindest in formeller Hinsicht betrachtet bedeutendsten Zeitgenossen zu, nämlich für Kaiser Franz Joseph. Freilich sind zu ihm zahlreiche lesenswerte Biographien erschienen, die sich auch mit seinem ersten Herrschaftsjahrzehnt auseinandersetzen[215]. Aber Spezialuntersuchungen, die Einzelaspekte seines damaligen Wirkens erhellen könnten, sind praktisch nicht vorhanden. Gleiches gilt für die meisten anderen wichtigen politischen Zeitgenossen. So herrschte etwa mit Blick auf Franz S. Graf Stadion-Warthausen, der vom 21. November 1848 bis zum 17. Mai 1849[216] als Innenminister amtierte, bis vor kurzem weitgehend forschungsgeschichtliche *tabula rasa*[217]. Dies verwundert schon deshalb, weil dieser Aristokrat zumeist als eine Art konstitutionelle Lichtfigur inmitten dunkler, weil konservativ bis reaktionär oder opportunistisch und machtpolitisch eingestellter Gestalten gezeichnet wird. Immerhin können sein verhältnismäßig kurzes Wirken im politischen Zentrum der Macht sowie das Fehlen eines persönlichen Nachlasses als mildernde Entlastungsgründe angeführt werden.

---

205). Stourzh bezieht sich lediglich auf dessen „wertvolle Quellensammlung" (Die Gleichberechtigung der Volksstämme, S. 987).
213 Massimiliano d'Austria.
214 Einleitung, in: MRP, III/1, S. XXVII. Vgl. ind. ähnlich Brigitte Hamann, Erzherzog Albrecht, S. 62 (1981).
215 Das Interesse an seiner Person scheint in letzter Zeit sogar zugenommen zu haben. S. etwa Steven Beller, Franz Joseph (1997); Jean P. Bled, Franz Joseph (1988); Alan Palmer, Franz Joseph I. (1995).
216 Offiziell endete seine Amtszeit erst am 28. Juli des Jahres, doch führte Bach das Ressort schon seit ungefähr Mitte Mai, da Stadion seit dieser Zeit aus gesundheitlichen Gründen nicht mehr arbeitsfähig war.
217 S. dazu jetzt Ralph Melville, Adel und Revolution in Böhmen.

Für andere wichtige zeitgenössische Akteure wie den Chef der Obersten Polizeibehörde, den erwähnten Kempen, oder den Vorsitzenden des Reichsrates Carl Fr. Freiherr Kübeck v. Kübau gibt es jedoch zahlreiche, auch persönliche Quellen. Letzterer wird, wenn schon nicht als „Wegbereiter des Neoabsolutismus"[218], so doch zumeist als eine für die Durchsetzung des Neoabsolutismus sehr wichtige Persönlichkeit beurteilt: So nennt ihn etwa Walter Goldinger einen Mann, „von dem so bedeutsame Impulse für das Erstarken des Neoabsolutismus ausgingen"[219]. Dabei bieten schon allein die Tagebücher dieser beiden wichtigen Repräsentanten unseres Betrachtungszeitraumes eine wahre und auch allseits fleißig benützte Fundgrube für ein besseres Verständnis ihres Wirkens. Wieso liegt also über sie noch kein biographischer Versuch vor? Und warum ist erst 1996 eine wirklich brauchbare, sich als *politische Biographie* verstehende Studie über Ministerpräsident Felix Fürst zu Schwarzenberg erschienen[220]? Diese Frage ließe sich genauso – trotz erheblicher quellenmäßiger Probleme – auch mit Bezug auf Bach stellen. Ihn hat Engel-Janosi schon 1967 als „einer eingehenden Untersuchung wert" bezeichnet[221], während Kann in dieser Hinsicht noch früher „eine wesentliche Lücke der österreichischen Geschichtsschreibung" ausgemacht hat[222].

Für den Bereich des Pressewesens sieht es ebenfalls nicht gut aus. Abgesehen von zahlreichen ungedruckten Dissertationen, stehen zwar für bestimmte Teilaspekte mehrere Arbeiten zur Verfügung[223]; aber sie befriedigen bei näherer Überprüfung kaum[224]. Dabei ließen sich an Hand einer pressepolitisch ori-

---

218 So Hanns L. Mikoletzky, Österreich, S. 359.
219 Zentralverwaltung, S. 185.
220 Ihr Autor ist Stefan Lippert. Wohlgemerkt stellt sich hinsichtlich Schwarzenbergs die Forschungslage noch vergleichsweise gut dar. Neben der problematischen Arbeit Rudolf Kiszlings (Fürst Felix zu Schwarzenberg, 1952) sind hier v. a. einige Aufsätze von Roy Austensen (Felix Schwarzenberg, 1977) und Lawrence Sondhaus (Prince Felix zu Schwarzenberg and Italy, 1991; Schwarzenberg, 1848–1851, 1991) zu nennen.
221 Der Monarch und seine Ratgeber, S. 15.
222 Nationalitätenproblem, 2, S. 324, Anm. 44; vgl. 1980 Werner Zürrer, Einleitung, S. 51, Anm. 176. Neben einer Arbeit von Minna Falk (Social Forces), einem kurzen Aufsatz Friedjungs aus dem Jahre 1907 über die *Jugend und Bildungsjahre* des gelernten Advokaten sowie einer knappen biographischen Skizze von Richard Charmatz (Lebensbilder aus der Geschichte Österreichs, S. 59–76) stehen für seine Person immer noch fast nur zwei in verschiedener Hinsicht höchst unbefriedigende biographische Versuche zur Verfügung, wobei sich in einem Fall lediglich seinem Wirken *während des Jahres 1848* zugewandt wird (Elisabeth Satzinger, Alexander Bach [1944]). Bei der anderen Studie handelt es sich um eine Dissertation von Hans Loew von 1947 (Alexander Freiherr von Bach).
223 Marianne Lunzer, Der Versuch einer Presselenkung; s. die erw. zweibändige Studie Paupiés; für einen Teilbereich s. Erika Weinzierl-Fischer, Zeitgenössische Polizei- und Diplomatenberichte, S. 277–286.
224 Hier meint Kohnen zu Recht, die Dissertationen könnten nur sehr bedingt heutigen wissen-

entierten Analyse eine Reihe wichtiger innenpolitischer Aspekte des Neoabsolutismus herausarbeiten. Erwähnt seien hier zum einen damals gängige Ablaufmuster politischer Entscheidungsprozesse, zum anderen die wenigstens tendenzielle Ratlosigkeit der Machtträger, wie bestimmte, von ihnen für relevant erachtete Bevölkerungskreise mittels einer geeigneten Pressepolitik beziehungsweise einer geschickten staatlichen Propaganda für das neoabsolutistische Herrschaftssystem gewonnen werden sollten.

Noch schlechter steht es um die Erforschung des Beamtentums: Für die Jahrzehnte vor 1848 schafft eine Studie von Heindl wichtige Voraussetzungen, um die spätere Entwicklung im Neoabsolutismus verstehen zu können[225]. Doch fehlt auch nur annähernd Vergleichbares für diese Epoche selbst. Dabei war die damals durchgeführte „Organisation des nach 1848 so reformbedürftigen Beamtenapparates" zweifellos von großer Bedeutung, auch wenn man sie wohl nicht als „eine der größten historischen Leistungen Altösterreichs überhaupt" und „in ihrer Wirksamkeit weit über 1918 und weit über das heutige Österreich hinaus reichend" bezeichnen muß[226]. Andere bedeutsame Aspekte harren ebenfalls noch ihrer intensiven Erforschung. Dies gilt selbst für die vielleicht zentralste Errungenschaft der Revolution, die Grundentlastung. Wer sich über sie informieren will, muß teilweise nach wie vor auf vor 1900 erschienene Werke rekurrieren[227]. Aber auch das historisch überaus interessante, weil eng mit dem Problem einer *Germanisierung* zusammenhängende Kapitel des Versuchs einer *Kolonisierung* insbesondere Ungarns mit vorwiegend, wenn nicht ausschließlich deutsch-katholischen Zuwanderern ist noch ungeschrieben. Gleiches gilt schließlich für die sogenannte *Nationalanleihe* von 1854. Sie steht im Zentrum dieser Untersuchung (zur spezifischen Forschungslage siehe weiter unten).

---

schaftlichen Ansprüchen Genüge leisten (Pressepolitik des Deutschen Bundes, S. 7; s. dort auch Anm. 31 für eine Übersicht). Auch „entspricht" Lunzers Arbeit in der Tat „kaum heutigem Standard" (ebd.). Was Kohnens eigene sowie Paupiés Arbeit anbetrifft, so sei auf Anm. 197 der Einleitung verwiesen.

225 Gehorsame Rebellen.
226 Alexander Novotny, Der Monarch und seine Ratgeber, S. 90; vgl. ders., Österreichs innere Politik, S. 42. Etwas vorsichtiger urteilt Hantsch: Danach hat das „Verwaltungssystem ... selbst in die Nachfolgerepubliken weiter fortgewirkt" (Geschichte Österreichs, 2, S. 364). Für eine der wenigen Arbeiten, die sich damit ansatzweise befaßt, s. Heindl, Die österreichische Bürokratie, S. 73–91, hier 87–91; speziell für die wirtschaftliche Situation der Beamtenschaft s. auch – auf Böhmen bezogen – Stölzl, Ära Bach, S. 112–119.
227 S. dazu noch immer Brandt, Neoabsolutismus, 1, S. 285–286, Anm. 1.

8. AUFBAU UND ERKENNTNISZIELE DER VORLIEGENDEN STUDIE

Damit komme ich zur Darlegung des Aufbaus und der Erkenntnisziele der vorliegenden Studie. Die Ausführungen des letzten Abschnitts sollten eines deutlich gemacht haben: Angesichts der herrschenden Forschungslage gerät die Vorstellung, es ließe sich momentan eine auch nur einigermaßen zuverlässige Gesamtdarstellung der Innenpolitik der neoabsolutistischen Epoche schreiben, zur Fiktion. Deshalb konnte auch meine Ambition schon aus pragmatischen Erwägungen (Zeit, Arbeitsbewältigung) nicht auf ein Schließen dieser Lücke abzielen. Ein solcher Versuch würde zudem auf bestimmte Erkenntnisschwierigkeiten stoßen, die mit der spezifischen Konstellation der Geschichte der Habsburgermonarchie zusammenhängen. Ernesto Sestan hat auf sie treffend hingewiesen: „Per trattare, appena decentemente, della monarchia asburgica, specialmente nel suo ultimo mezzo secolo di esistenza, bisognerebbe essere poliglotta."[228] Ähnliche Bedenken haben offenbar schon vor Jahrzehnten Jászi lange zögern lassen, ehe er sich doch noch dazu entschloß, eine Geschichte der Habsburgermonarchie in ihrer letzten Phase zu verfassen[229].

Erforderlich ist deshalb zunächst die Formulierung eines begrenzten Erkenntniszieles. Daran haben sich sowohl die inhaltliche Auswahl als auch die Konzentration auf gewisse Teilaspekte der neoabsolutistischen Innenpolitik zu orientieren.

Ich beginne mit dem ersten Punkt. Intendiert ist ein Beitrag zu einem wichtigen, wenn nicht zentralen und darüber hinaus thematisch übergreifenden innenpolitischen Aspekt der neoabsolutistischen Epoche, und zwar zu ihrer Herrschaftsproblematik. Dies geschieht vor dem Hintergrund von drei eng miteinander verbundenen und, wie gezeigt, von Historikern immer wieder aufgeworfenen Fragen: Wie steht es, erstens, mit der Überlebensfähigkeit des Neoabsolutismus? Worin liegen, zweitens, die Gründe für sein Ende? Drittens schließlich geht es um die Frage, ob damals konstruktive Antworten auf die Agenda von 1848 gefunden wurden. Mit anderen Worten: Da im Zuge der Errichtung des Neoabsolutismus ein namhafter Teil der revolutionären Errungenschaften zurückgenommen wurde, mußten die Regierenden eigentlich versuchen, der Bevölkerung beziehungsweise den von ihnen in politischer Hinsicht für besonders maßgeblich erachteten Bevölkerungsschichten (Adel und Bürgertum) das neoabsolutistische Herrschaftssystem gleichsam erträglich, schmackhaft zu machen. Dies berührt das Problem der Systemkonsoli-

---

228 Centralismo, S. 301.
229 S. dazu Fellner, Zerfall, S. 32.

dierung. Letztlich geht es also bei allen drei Fragen um die neoabsolutistischen Zukunftsperspektiven.

Konkret kann eine solchermaßen orientierte Untersuchung neoabsolutistischer Herrschaft an wenigstens zwei Punkten ansetzen: Zum einen an einer Analyse des damaligen Herrschafts*systems*, zum anderen an einer Erforschung zeitgenössischer Herrschafts*praxis* sowohl im Innen- als auch im Außenverhältnis. Mein Hauptaugenmerk richtet sich auf eine Analyse der Herrschaftspraxis im Innenverhältnis, doch untersuche ich auch das Herrschaftssystem näher: Dies geschieht aufgrund der banalen und doch grundlegenden Annahme, daß gewisse Zusammenhänge zwischen einem spezifisch geformten Herrschaftssystem einerseits und einer spezifischen, nach außen geübten Herrschaftspraxis andererseits existieren. Selbst derjenige, für den sich praktische Politik unabhängig vom jeweiligen Herrschaftssystem ausschließlich in machtpolitischen Kategorien abspielt, wird wohl einräumen, daß eine solche Politik in einem demokratisch oder konstitutionell organisierten System wenigstens graduell andere Spielregeln berücksichtigen muß als in einem absolutistisch orientierten Herrschaftssystem, wie in unserem Falle. Politische Akteure gleich welcher Provenienz können hier andere Handlungsspielräume ausschöpfen.

Für eine Analyse neoabsolutistischer Herrschaft unter den soeben genannten Gesichtspunkten hätten sich ganz unterschiedliche inhaltliche Schwerpunktsetzungen angeboten. An erster Stelle ist hier die zeitgenössische Nationalitätenpolitik zu nennen. Denn das nationale Problem beziehungsweise die *force profonde* des Nationalismus[230] bildete spätestens seit 1848 das vielleicht schwierigste Problem, mit dem sich die Regierenden konfrontiert sahen. Ebenso hätte ich regionalgeschichtlich vorgehen können. Dabei wäre eine Konzentration auf Ungarn und Lombardo-Venetien von besonderem Interesse gewesen, handelte es sich hierbei doch um die beiden klassischen Problemregionen des Reiches (in einem anderen Sinne gilt dies auch für Böhmen). Für das Land der heiligen Stephanskrone galt dies schon seit langem, für die beiden oberitalienischen Provinzen hatte sich dies während der Revolution von 1848/49 nur allzu deutlich herausgestellt.

Meine Wahl fiel jedoch auf einen anderen Teilbereich, nämlich auf die bereits erwähnte Nationalanleihe von 1854. Bevor ich dies näher begründe, sei kurz der historische Kontext dieses finanzpolitischen Unternehmens beleuchtet, das sich in der Geschichte des Neoabsolutismus in mehrfacher Hinsicht einzigartig ausnimmt.

---

230 So nennt sie richtig Wolfgang Elz in einer Rezension von Bellers Buch *Franz Joseph* (Haus Österreich über alles.

8.1. Der finanzpolitische Kontext der Nationalanleihe

Mit staatlichen Anleihen hatte man in der Habsburgermonarchie bereits vor 1854 zahlreiche einschlägige Erfahrungen gemacht. Entsprechendes hierzu ist bei Brandt eindrücklich nachzulesen[231]. Aufgelegt wurden sie in verschiedenster Form, wie wir einer Bemerkung Kübecks entnehmen können, der dem Reichsrat seit dessen Gründung im April 1851 bis zu seinem Tod am 11. September 1855 vorsaß, einer Institution, die sowohl eine Art Kontrollorgan der Ministerkonferenz sowie der einzelnen Ministerien als auch ein Beratungsorgan des Kaisers bilden sollte: „Es wurden offene und verlarvte Zwangs-Anleihen gemacht, (...). Es sind schwebende und bleibende Anleihen in Münze und Banknoten in allen Formen im In- und Auslande aufgelegt worden", so Kübeck in einem Vortrag an den Monarchen vom 19. Dezember 1854[232].

Anleihen wurden so oft ausgeschrieben, daß man versucht ist, hierin ein traditionelles Mittel österreichischer Finanzpolitik zu erblicken. Dies hatte nicht zuletzt mit einer gewissen österreichischen „Tradition des Staatsbankrotts" zu tun[233]. Sie „lag auf dem Haus Österreich", wie Heinrich Benedikt einmal plakativ formuliert hat, und machte deshalb immer wieder die Beschaffung außerordentlicher Geldmittel erforderlich. Hierzu sei ebenfalls auf Brandt verwiesen[234]. Auch in den ersten Jahren nach der Revolution von 1848/49 sollten Staatsanleihen zur Überwindung oder doch wenigstens nachhaltigen Verringerung finanzpolitischer Krisen beitragen.

So wurden alleine zwischen 1849 und 1854 insgesamt sechs Anleihen aufgelegt. Sie überschritten niemals einen Betrag von rund 85 Millionen[235], was in Erinnerung zu behalten ist. Hinzu kam im Jahre 1850 eine ausschließlich für Lombardo-Venetien berechnete Anleihe[236]. Insofern scheint es nur bedingt übertrieben, was Karl Marx von seinem Londoner Exil aus am 6. März 1854 unter Anspielung auf eine vom Kaiser am 17. Januar sanktionierte Lotterieanleihe über 50 Millionen Gulden in einer südafrikanischen Zeitung fest-

---

231 S. dazu an vielen Stellen in seinem zweibändigem Werk *Neoabsolutismus*. Allg. zu Anleihen und ihrer Abwicklung s. bei Otto Gandenberger, Öffentliche Verschuldung, S. 480–504.
232 Vortrag v. 19. Dezember 1854, Wien, in: HHStA, RR, Gremial, Krt. 67, Nr. 815/54. Zu den verschiedenen Anleiheformen s. Brandt, Neoabsolutismus, 2, Tab. 67, S. 1104. Zum Reichsrat s. im ersten Kapitel. Ist im weiteren von *Vortrag* die Rede, so handelt es sich (soweit nicht anders vermerkt) immer um einen Vortrag an Franz Joseph, weil dies die offizielle Bezeichnung für Vorlagen an ihn war.
233 Heinrich Benedikt, Die wirtschaftliche Entwicklung, S. 31 (s. dazu auch das folg. Zit.).
234 Neoabsolutismus, 2, S. 624–687.
235 Carl Czoernig, Oesterreichs Neugestaltung, S. 127.
236 Für einen tabellarischen Überblick: Matis, Österreichs Wirtschaft, S. 61, Tabelle 6; Brandt, Neoabsolutismus, 2, S. 1104, Tab. 67.

stellte: Österreich „for the 100th time is moving towards a loan"[237]. Noch näher an der Realität lag der Advokat und Notar Eduard Kafka. Er meinte kurz vor der offiziellen Proklamation der Nationalanleihe, „unsere Jahreszahlen" seien fast alle bloß durch Anleihen „verewigt"[238]. „Anleihen wurden zu Anleihen gefügt", so hat es einmal der Historiker Anton Springer formuliert[239].

Die erwünschten Erfolge wurden mit diesen Operationen freilich nicht erzielt. Und man „geriet" auch nicht erst „seit Mitte der fünfziger Jahre in immer schlimmere Finanznöte", unter anderem aufgrund „einer verfehlten Anleihepolitik"[240]. Daran vermag auch eine Behauptung des vom 26. Dezember 1851 bis 14. Januar 1855 als Finanzminister amtierenden Freiherrn Andreas v. Baumgartner nichts zu ändern: Laut ihm war der „Einfluß" einer im Jahre 1852 aufgelegten und erfolgreich unter Dach und Fach gebrachten Anleihe nicht nur ein „unermeßlicher", sondern er prophezeite zugleich „gewiß bald ersichtliche ... Folgen" positiver Natur[241]. Dennoch läßt sich die Ausschreibung von Anleihen auch nicht einfach als ein „gedankenloses Gebaren und Schuldenmachen" bezeichnen, die „nicht einmal den Namen einer Kredit-Operation verdienten", wie es gegen Ende der neoabsolutistischen Periode einmal hieß[242]. Zwar standen theoretisch alternative Wege zur Lösung der teilweise sehr bedrohlichen finanzpolitischen Zustände offen, so etwa eine Erhöhung bereits bestehender und/oder die Einführung neuer Steuern. Aber diese Wege wurden entweder nur zögerlich beschritten, oder aber man erachtete ihre Realisierung für nicht möglich. Zuweilen erwiesen sie sich zudem als politisch nicht durchsetzbar[243]. Dies scheint wiederum Kafka übersehen oder nicht gewußt zu haben, wenn er in diesem Kontext bereits unmittelbar nach Publikation der für uns im Zentrum stehenden Finanzoperation allgemein von „matten Finanzmaßregeln" sprach und dabei das „leidige Bild" der Monarchie beklagte, weil „eine Geschichte unserer Finanzen ... in der Aufzählung vieler" solcher „Mißgriffe" bestehe[244].

---

237 *The Zuid African*, Kapstadt (London, 14. Januar 1854), in: MEGA, I/13, S. 18. Allg. dazu bei Brandt, Neoabsolutismus, 2, S. 681 f.
238 An Kempen, o. O., und. (aber vor dem 9. Juli 1854), in: AVA, Inneres, OPB, Präs. II, Krt. 26, Nr. 4367/54.
239 Geschichte Oesterreichs, 2, S. 772.
240 So Zöllner, Geschichte Österreichs, S. 400.
241 Vortrag v. 19. September 1852, Wien, MCZ. 3007/52, in: HHStA, KK, Vorträge, 1852, Krt. 16, fol. 545.
242 In einer Art Memorandum über die *oesterr. Finanzausweise* 1850–1858, o. Verf., und., in: Ebd., AM, PA. I, NL Rechberg, Krt. 532, f. *Finanzen-Volkswirthschaft*, fol. 1003.
243 S. dazu bei Brandt, Neoabsolutismus, 2, S. 689–691.
244 An Kempen, o. O., und. (aber OPB 9. Juli 1854), in: AVA, Inneres, OPB, Präs. II, Krt. 26, Nr. 4367/54.

8.2. Aufbau und Ablauf der Nationalanleihe

Was nun speziell die Nationalanleihe angeht, so sei zum besseren Verständnis zunächst einmal in groben Zügen ihr technischer Ablauf beziehungsweise Aufbau skizziert. Ihren offiziellen Beginn bildete ein vom 26. Juni 1854 datierendes kaiserliches Patent, das aber erst am 4. Juli des Jahres im Reichsgesetzblatt und parallel dazu in der *Wiener Zeitung*, dem offiziellen Regierungsorgan, veröffentlicht wurde. Darin rief Franz Joseph I. die Staatsbürger zur wohlgemerkt *freiwilligen* Beteiligung an diesem Unternehmen auf, mit dem „mindestens 350, und höchstens ... 500 Millionen" in die Staatskasse fließen sollten[245]. Jeder Teilnehmer sollte sich durch Unterschrift sogenannter Subskriptionszertifikate dazu bereit erklären, dem Staat Geld zu leihen und dieses innerhalb einer bestimmten zeitlichen Frist ratenweise einzuzahlen. Zu geschehen hatte dies laut Wortlaut des Patentes in Form von jährlich „zehn gleichen und von einander gleich nahe abstehenden Raten"[246]. Die Gesamtdauer der Einzahlungsfrist hing von der Höhe des Gesamterlöses der Operation ab. Sie sollte jedoch mindestens drei, maximal fünf Jahre betragen[247]. Im Gegenzug erhielten die Zeichner Staatsobligationen mit einer vergleichsweise lukrativen Verzinsung von 5 %[248]. Die „geringst" mögliche Zeichnungssumme betrug 20 Gulden[249]. Daneben wurden Anteilscheine zu 50, 100, 500, 1000, 5000 sowie 10.000 Gulden ausgegeben[250], wobei der individuellen Höhe der Subskriptionen wenigstens nach oben hin keine Grenzen gesetzt waren. Als Garantie beziehungsweise als Bürgschaft für die spätere Einzahlung mußte im Zuge der Zeichnung eine Kaution entrichtet werden. Sie machte 5 % der subskribierten Summe aus[251].

---

245 *Wiener Zeitung*, 6. Juli 1854, Nr. 160; vgl. das entsprechende kais. Patent v. 26. Juni 1854, in: Rgbl., 1854, Nr. 158, S. 635–637 (zu den Summen s. S. 635 sowie Punkt 1, S. 636).
246 Ebd., S. 637. Inwiefern damit auch eine juristisch einklagbare *Einzahlungsverpflichtung* eingegangen wurde, wird noch w. u. zu diskutieren sein.
247 S. dazu Punkt 4 des kais. Patentes: „Die Einzahlung soll, wenn der gezeichnete Gesammtbetrag nicht vierhundert Millionen Gulden erreicht hat, auf drei Jahre; wenn dieser Betrag vierhundert bis vierhundert fünfzig Millionen Gulden erreicht, auf vier Jahre; wenn er sich auf die Summe von vierhundert fünfzig bis fünfhundert Millionen Gulden erhebt, auf fünf Jahre in der Art vertheilt werden, (...)" (ebd., S. 637).
248 S. dazu den § 4 eines gemeinschaftlichen Erlasses von Bach u. Baumgartner v. 5. Juli 1854, in: Ebd., Nr. 159, S. 638. Zur relativen Lukrativität s. auch noch w. u., Kapitel 1, Abschnitt 2.7.1.
249 Ebd., § 5.
250 Ebd., § 3.
251 Ebd., § 2: „Die Hinausgabe des Anlehens wird zum Preise von fünf und neunzig Gulden Bank-Valuta für jedes hundert Gulden Staats-Schuldverschreibungen erfolgen." Vgl. bereits im Patent v. 26. Juni, in: Ebd., Nr. 158, Punkt 2, S. 636. Unter Punkt 3 findet sich dort auch schon der Hinweis auf die 5%ige Verzinsung der Obligationen (S. 637).

Der Verlauf der Nationalanleihe läßt sich grob in drei Phasen untergliedern: erstens in eine Beratungs-, Beschluß- sowie Vorbereitungsphase, die von ungefähr Anfang Mai bis Mitte Juli dauerte. Daran schloß sich, zweitens, die Subskriptionsphase an. Sie begann am 20. Juli und endete entgegen der ursprünglichen Absicht nicht schon am 19., sondern wurde vielmehr „bis einschließig 31. August erweitert"[252]. Diese Verlängerung der Zeichnungsfrist machten insbesondere organisatorische Gründe erforderlich, wie noch zu zeigen sein wird[253]. Drittens schließlich kann man die Einzahlungsphase differenzieren: Dabei sahen sich die Subskribenten letztlich fünf Jahre lang – also ungefähr bis zum Ende des Neoabsolutismus – mit Ratenzahlungen konfrontiert, da das finanzielle Maximalziel von 500 Millionen Gulden erreicht wurde.

8.3. Der Forschungsstand über die Nationalanleihe

Über sieben Jahrzehnte nach ihrer Auflegung hat die Nationalanleihe sogar in einem historischen Roman – wenn auch mehr als mittelmäßig und in äußerst entstellter Form – ihren Niederschlag gefunden[254]. Wie aber bereits angedeutet, würde man bei einem Blick auf die Forschungslage über dieses Unternehmen nicht vermuten, daß es sich dabei um ein eventuell wichtiges und ergiebiges Thema für eine Analyse des Neoabsolutismus handeln könnte: Denn es ist weitestgehend unerforscht. Als wohl erster überhaupt hat Rogge der Nationalanleihe einige Seiten gewidmet[255], ein paar Jahre später findet sich eine sehr kurze Passage im Werk Adolf Beers über *Die Finanzen Österreichs im XIX. Jahrhundert*[256]. Aber erst 1978 ist Brandt auf dieses Kapitel der Geschichte des Kaiserreiches im Rahmen seiner Habilitationsschrift ein wenig näher eingegangen. Genaugenommen handelt es sich um rund 21 Seiten[257]. Heindl nennt dies wiederholt eine „ausführliche" Behandlung[258]. Davon kann angesichts des Umfangs und der großen Tragweite der Nationalan-

---

252 S. dazu Erlaß Bachs u. Baumgartners v. 5. Juli 1854, in: Ebd., Nr. 159, § 1, S. 637, sowie Erlaß Bachs u. Baumgartners. v. 19. August 1854, in: Ebd., Nr. 207, S. 839.
253 S. dazu w. u., S. 217.
254 Theodor H. Mayer, Minister Bruck. Darin findet sich etwa die Behauptung, „Brucks Name unter der Ausschreibung" habe Wunder gewirkt (S. 301). Problematisch erscheint dabei nur, daß sich Karl L. Ritter v. Bruck im Sommer 1854 noch fernab in Konstantinopel in dipl. Diensten befand. Er übernahm erst Anfang 1855 das Finanzressort.
255 Oesterreich, 1, S. 345–348.
256 S. 253–255 (1877).
257 Neoabsolutismus, 2, S. 691–712. Außerdem beschäftigt sich Brandt an mehreren anderen Stellen seiner voluminösen Habilitationsschrift ansatzweise mit der hier zur Debatte stehenden Thematik.
258 Einleitung, in: MRP, III/3, S. XXII, Anm. 89; S. 281, Anm. 3.

leihe beim besten Willen nicht gesprochen werden. An dieser historiographisch prekären Situation hat sich bis heute nichts geändert. Denn eine Einzelstudie – in monographischer oder auch nur in Aufsatzform – existiert nach wie vor nicht.

Die Ursachen hierfür dürften teilweise in den schon weiter oben angeführten Gründen zu suchen sein. Hinzu mag eine gewisse Scheu vor der näheren Befassung mit finanztechnisch schwierig anmutenden Details kommen[259]. Dennoch kontrastiert der Forschungsstand stark mit der potentiellen Bedeutung, die der Nationalanleihe für eine Analyse des Neoabsolutismus zugewiesen wird. Historiker, und keineswegs nur Experten der Finanzgeschichte, mußten spätestens seit der Veröffentlichung der Dissertation Stölzls im Jahre 1971 auf diese Operation aufmerksam werden. Denn damals hatte er ihre „Bearbeitung" aus sozialgeschichtlicher Perspektive „sehr reizvoll" genannt, wobei er „zwei Gründe" geltend machte:

„(...) einmal ließe sich daraus ein gutes Bild der finanziellen Struktur der einzelnen Bevölkerungsgruppen der böhmischen Gesellschaft ermitteln, weil der Anleihe eine Bestandsaufnahme der Zahlungsfähigkeit der Bevölkerung vorausging, zum anderen könnte man am Beispiel der Anleihe den Zusammenprall von agrarisch-natural-wirtschaftlichem Denken und der Dynamik eines modernen Kapitalmarktes darstellen."[260]

Noch deutlichere Worte fand einige Jahre später Brandt: Seiner Vermutung nach mochte „eine breite sozialgeschichtliche Erforschung der Nationalanleihe ... zur Aufhellung der Physiognomie und Problematik des Neoabsolutismus Bedeutsames beitragen", während er zugleich ausdrücklich die Ersprießlichkeit „einer eigenen" einschlägigen „Studie" hervorhob[261]. Diese leider nicht näher spezifizierten Bemerkungen haben aber – wie gesagt – bis jetzt keine erkennbare Wirkung gezeitigt. Noch neueste Darstellungen gehen ungeachtet der wenigstens ansatzweisen Behandlung dieser Thematik durch Brandt auf die Nationalanleihe bestenfalls ganz am Rande[262] ein. Dies gilt auch für finanz- beziehungsweise wirtschaftsgeschichtlich orientierte Arbeiten, in denen sich eine gewisse Auseinandersetzung mit der Nationalanleihe noch am ehesten erwarten ließe. So verliert Roman Sandgruber in seiner an sich instruktiven Studie *Ökonomie und Politik. Österreichische Wirtschaftsge-*

---

259 Auch ich bin kein Finanzexperte. Doch scheint eine Analyse der finanztechnischen Aspekte dieser Operation für meine Belange auch nur bedingt erforderlich.
260 Ära Bach, S. 73, Anm. 6. Der erste Punkt trifft nur partiell zu, wie sich zeigen wird, da die *Bestandsaufnahme* schon aus Zeitgründen nur sehr unzureichend erfolgte.
261 Neoabsolutismus, 2, S. 698. Er verweist auch auf Stölzl (ebd., Anm. 2).
262 Immerhin erwähnt sie Rumpler in seinem breit angelegten Werk *Eine Chance für Mitteleuropa* (S. 352).

schichte vom Mittelalter bis zur Gegenwart über dieses Unternehmen ebensowenig ein Wort wie David F. Good im Zuge seiner Analyse des *wirtschaftlichen Aufstiegs des Habsburgerreiches seit 1750*. Nicht umsonst konnte Mazohl-Wallnig die Erforschung der Nationalanleihe noch vor kurzem als „dringendes Desiderat" bezeichnen[263].

8.4. Die mit der Nationalanleihe von offizieller Seite aus proklamierten Zielsetzungen

Die Aussage Mazohl-Wallnigs läßt sich nun auch auf das von mir verfolgte, nur mittelbar sozialgeschichtlich orientierte Erkenntnisinteresse beziehen. Warum dem so ist, gilt es im folgenden darzulegen. Dabei setze ich an den engeren und weiteren, mit der Nationalanleihe verbundenen Zielsetzungen an, welche die für diese Operation verantwortlichen Akteure wenigstens nach außen hin proklamiert haben. Danach sollte die Monarchie – insgesamt gesehen – letztlich nichts weniger als „unangreifbar konsolidirt" werden, wie von offizieller Seite aus öffentlich verkündet wurde[264].

8.4.1. Die finanzpolitische Zielsetzung

Erstens ist eine finanzpolitische Intention zu nennen. Sie ergibt sich unmittelbar aus den zuvor angerissenen finanzpolitischen Problemen: Die Nationalanleihe sollte die vielfältigen, teilweise schwerwiegenden, relativ kontinuierlich gegebenen und sich gerade zur damaligen Zeit bedrohlich zuspitzenden finanziellen Probleme der Monarchie „in einer verhältnismässig kurzen Zeit, gleichsam mit einem Schlage beheben", wie Kübeck schon frühzeitig unschwer erkennen konnte[265]. Entsprechendes hatte auch Baumgartner in einem Vortrag vom 25. Mai 1854 behauptet, mit dem er diesem die Operation wenigstens in schriftlicher Form erstmals präsentierte: Danach bedeutete „die gegenwärtig einzuleitende Operation gewissermaßen" den „Versuch einer Radicalcur unseres Geldwesens" in der „wichtigsten Angelegenheit des Staates"[266].

---

263 Österreichischer Verwaltungsstaat, S. 18, Anm. 46.
264 *Österreichische Korrespondenz*, wiedergegeben in: *Wiener Zeitung*, 6. Juli 1854, Abendblatt, Nr. 152, S. 606.
265 Vortrag v. 18. Juni 1854, Wien, in: HHStA, RR, Gremial, Krt. 54, Nr. 349/54.
266 Wien, Nr. 9451/GP., in: Österreichische Akten zur Geschichte des Krimkriegs (im folg. abg. als: ÖAGK), 2, Nr. 54, S. 173.

Der Öffentlichkeit wurde die Frage, *wie* und *in welcher Richtung* diese finanzpolitische *Radicalcur* konkret erfolgen sollte, durch das Patent vom 26. Juni erläutert. Danach sollten drei Probleme gelöst werden: Zunächst ging es um „eine Behebung der Entwerthung der Landeswährung" beziehungsweise um die erneute „Zurückführung" der Valuta „auf die Metallwährung"[267]. Der ehemalige Ministerpräsident und in finanzpolitischen Angelegenheiten bewanderte Johann Freiherr v. Wessenberg-Ampringen sprach in diesem Zusammenhang von nichts weniger als einer „Lebensfrage"[268], Finanzminister Baumgartner von der „Hauptaufgabe" der zu beschließenden Nationalanleihe[269]. Überdies sollte dem Patent zufolge die „Ordnung im Staatshaushalte" hergestellt werden[270]. In den Worten Baumgartners bedeutete dies soviel wie den Versuch einer Reduzierung der Staatsschulden auf „circa 100 Millionen Gulden"[271]. Schließlich galt es, „Mittel zur Bedeckung der außerordentlichen Staatsbedürfnisse zu schaffen"[272], eine unmißverständliche Anspielung auf eventuell erforderliche Sondermilitärausgaben. Dabei fehlte nicht der explizite Hinweis auf das angespannte Verhältnis zu Rußland, wenn von der „in der neuesten Zeit in den südlichen Gränzländern des Reiches eingetretenen bedrohlichen Gestaltung der politischen Verhältnisse" die Rede war. In der Tat wurden im Zusammenhang mit dem Krimkriegskonflikt „die Finanzkräfte des Staates mit bedeutenden Ausgaben in Anspruch genommen".

Wir stehen hier also einer dreifachen finanzpolitischen Zielsetzung gegenüber, deren Erreichen dem Kaiser durchaus verlockend erscheinen mußte. Vielleicht haben wir es – auch abgesehen vom bloßen Umfang des Unternehmens[273] – mit einem im internationalen Maßstab nicht singulären Unterfangen in der Geschichte des Finanzwesens zu tun. Aber wenigstens ließ es sich wohl wirklich „nicht im Geringsten vergleichen ... mit den Vorkommnissen früherer stürmischer Epochen" der österreichischen Geschichte, wie es am 6. Juli in einem die Publikation des Patentes begleitenden Artikel in der *Wiener Zeitung* hieß[274].

---

267 Rgbl., 1854, Nr. 158, S. 636.
268 *Die NationalAnleihe kaiserliches Patent v. 26. Juny 1854*, in: HHStA, NL Wessenberg, Krt. 13, Inv.nr. 96, fol. 145.
269 2. Prot. einer Besprechung mit sogenannten Vertrauensmännern v. 10. Juni 1854, in: FA, FM, GP, Bog. 2.
270 Kais. Patent v. 26. Juni 1854, in: Rgbl., 1854, Nr. 158, S. 636.
271 Vortrag Baumgartners v. 25. Mai 1854, Wien, Nr. 9451/GP., in: ÖAGK, 2, Nr. 54, S. 174.
272 Kais. Patent v. 26. Juni 1854, in: Rgbl., 1854, Nr. 158, S. 636 (s. dazu auch folg.).
273 S. dazu w. u., Abschnitt 1.1.
274 *Österreichische Korrespondenz*, wiedergegeben in: *Wiener Zeitung*, 6. Juli 1854, Abendblatt, Nr. 152, S. 606.

8.4.2. Die sozialpolitische Zielsetzung

Zweitens wurde eine sozialpolitische Zielsetzung proklamiert. Beabsichtigt war demzufolge eine Verbesserung der sozioökonomisch oft äußerst mißlichen Lage weiter Bevölkerungskreise. Einerseits sollte die recht günstige Verzinsung der Obligationen eine Verbesserung herbeiführen. In diesem Sinne wurde von offizieller Seite aus etwa von einer „umfassenden Sparanstalt"[275] und einer „wohlthätigen Sparkasse"[276] gesprochen. Andererseits aber kam hier der Verwirklichung der finanzpolitischen Zielsetzung eine wichtige Funktion zu. Dies verdeutlicht ein kurz vor dem Beginn der Beschlußfassung über die Nationalanleihe abgefaßter Vortrag von Innenminister Bach, in dem er sich unter anderem mit problematischen Folgen des sogenannten Silberagio beschäftigte[277]. Darunter ist ein Aufgeld zu verstehen, wobei es sich um jene Summe handelt, die über den Nennwert eines Wertpapiers oder die Parität einer Geldsorte hinausgeht. Bach zufolge hatte der „Gewerbsmann" aufgrund „der außerordentlichen Höhe des Silberagio" Rohprodukte „in einem Betrage" zu „bezahlen", der „die daraus erzeugte Ware" zumindest dann „in eine unter dem Drucke des Silberagio ebenfalls leidenden Consumenten unerschwingliche Preisesöhe stellt", wenn der „Erzeuger derselben sein Geschäft nicht mit Verlust betreiben" wollte. Selbst die „Aussichten auf eine günstige Ernte" halfen hier nach Auffassung des vielseitig bewanderten Ministers wenigstens „so lange" nicht weiter, wie „die orientalische Frage nicht gelöst und der Banknotenkurs kein günstiger ist". Bis zu diesem Zeitpunkt nämlich mußte „gewiß" die „den Produzenten, sowie den Consumenten drückende Lage der Verhältnisse andauern", darüber hinaus jedoch auch „die Theuerung der gewöhnlichen Lebensmittel empfindlich bleiben".

Zu dieser Analyse paßt ein Bericht des Polizeidirektors von Triest vom 24. März 1854: Danach „machte" die „empfindliche Erhöhung des Disagio in Verbindung mit der Vertheuerung aller Lebensbedürfniße ... den Handelsverkehr beinahe unmöglich"[278]. Damit nicht genug, „unterwarf" er sämtliche „Bewohner ... fühlbaren Entbehrungen und Nahrungsverlegenheiten". Laut Franz S. Wagner waren hiervon „besonders" die „gering besoldeten Beamten" betroffen.

Unter diesen Voraussetzungen mußte es dem Finanzminister also um die Senkung des Silberagios, des Disagios zu tun sein. Am besten wäre es freilich

---

275 *Österreichische* Korrespondenz, wiedergegeben in: *Wiener Zeitung* v. 9. Juli 1854, Nr. 163, S. 1854.
276 So Bach in seinem Abschlußvortrag über die Subskriptionsphase v. 3. Oktober 1854, Wien, Nr. 11463/MI., in: AVA, Inneres, Präs., Krt. 666, Nr. 11882/54.
277 Wien, 5. April 1854, Nr. 3002/MI., in: Ebd., Krt. 414, Nr. 3144/54 (s. dazu auch folg.).
278 Franz S. Wagner, Triest, Nr. unl., in: Ebd., OPB, Präs. II, Krt. 14, Nr. 1575/54 (s. dazu auch folg.).

gewesen, es ganz aus der Welt zu schaffen. Exakt dies wurde mittels der Nationalanleihe bezweckt. Zugleich ist leicht einsichtig, daß sich das hohe staatliche Defizit ebenfalls indirekt negativ auf die materielle Lage der Bevölkerung auswirken mußte, und sei es auch nur infolge der dadurch für den Staat notwendigen Einführung neuer oder Erhöhung bestehender Steuern. Dabei fügt sich die Absicht einer Verbesserung der allgemeinen sozialen und materiellen Lage überdies nahtlos in die von zahlreichen Verantwortlichen geteilte Vorstellung ein, den Unmut bestimmter Bevölkerungskreise über die nach 1848 erfolgte Verweigerung politischer und/oder nationaler Ansprüche durch eine Modernisierung sozialökonomischer Natur zu kompensieren und auf diese Weise eine Stabilisierung des Herrschaftssystems, ein „haltbares Staatswesen" zu erreichen, wie sich Stölzl ausdrückt[279]. So kam es laut dem Innenminister auf die „Masse der Bevölkerung" an, „welche überhaupt wenig Interesse für politische Angelegenheiten hat, und sich mehr mit der Verbesserung ihrer materiellen Zustände beschäftigt"[280]. Besonders eindrücklich formulierte die dahinter stehende Vorstellung sein Kollege Ferdinand J. Freiherr v. Thinnfeld in einem Schreiben vom 5. September 1849, in dem er die Notwendigkeit einer Kolonisation Ungarns und seiner ehemaligen Nebenländer grundsätzlich erörterte: Die durch eine solche Maßnahme hervorgerufene „innige Verbindung materieller Interessen" werde zum stärksten Bande der politischen Einheit werden[281], womit sich sein Adressat Bach im übrigen sehr einverstanden erklärte[282].

Zu Recht hat denn auch die Forschung das Vorhandensein solcher Modernisierungskonzepte betont. So konstatiert Stölzl einen im „Kreis um *Bach* und *Bruck*" (Karl Baron v. Bruck, Nachfolger Baumgartners) vorhandenen „Glauben" und die „zu Beginn des Jahrzehnts" vertretene „optimistische Annahme", die „nivellierende Kraft des geschlossenen Wirtschaftsraumes werde die Träger der nationalen Bewegungen von der nach Wohlstand strebenden Menge der Bevölkerung isolieren"[283]. Er sieht sogar eine ausgesprochene „Programmatik des Neoabsolutismus" am Werk, der zufolge „die politischen Probleme nur ein zu vernachlässigender Appendix der materiellen Fragen" waren[284].

---

[279] Ära Bach, S. 13.
[280] Zit. nach ebd., S. 58, Anm. 9. Mit der *Masse* meinte er sicher die Bauern, sie bildeten den „Kern der Population", wie es einmal ind. hieß (Johann Schima an Kempen, Karlstadt, 29. August 1854, in: HHStA, IB, BM.-Akten, Krt. 72, Nr. 5062/54, fol. 163).
[281] Wien, Nr. 933/MLB., in: AVA, Inneres, Präs., Krt. 539, Nr. 6942/49.
[282] „Ich erkenne die ganze Bedeutung dieses Gedankens für den materiellen und intellektuellen Aufschwung, und selbst für die staatliche Entwicklung des genannten Kronlandes und der Gesammtmonarchie." (An Thinnfeld, Wien, 17. September 1849, Nr. unl. [aber wohl Nr. 6942/MI.], in: Ebd.).
[283] Ära Bach, S. 58. Vom Optimismus bürgerlicher Kräfte ist immer wieder die Rede (s. als Bsp. Roman Sandgruber, Lebensstandard und wirtschaftliche Entwicklung, S. 394).
[284] Ära Bach, S. 13.

8.4.3. Die außenpolitische Zielsetzung

Drittens wurde offiziell verlautbart, man verfolge eine außenpolitische Zielsetzung: Das Kaiserreich war „keine Insel", wie es in einer undatierten, aus der ersten Jahreshälfte 1852 stammenden Denkschrift heißt[285]. Diese Feststellung traf in vielfacher Hinsicht zu, und nicht zuletzt aufgrund der inneren nationalitätenpolitischen Situation waren die Regierenden in Wien wohl mehr als Machtträger in anderen Staaten zur Rücksichtnahme auf das internationale Renommee des Reiches gezwungen. Denn die innenpolitische Stabilität hing auch von der Haltung insbesondere der anderen europäischen Großmächte gegenüber jenen, teilweise autonomistischen bis sezessionistischen Bestrebungen ab, die bestimmte politische Gruppen einiger in der Monarchie lebender Nationalitäten verfolgten. Dies hatte sich bereits während der Revolution gezeigt, dies sollte sich erneut 1859 zeigen. Dabei befand man sich gegen Mitte der 50er Jahre außenpolitisch in keiner besonders günstigen Lage. Nicht nur ein großer Teil der nichtösterreichischen europäischen öffentlichen Meinung, sondern auch mehrere, und darunter wichtige Regierungen (wie etwa und insbesondere England und Frankreich) standen den innenpolitischen Verhältnissen im Kaiserreich, so wie sie von ihnen wahrgenommen wurden, aus unterschiedlichen Gründen kritisch gegenüber. Sicherlich spielten hier rein machtpolitische Erwägungen eine Rolle. Außerdem aber nahm man vor allem an zwei Dingen Anstoß: einerseits an der spätestens mit dem sogenannten Sylvesterpatent vom 31. Dezember 1851 endgültig sanktionierten Rückkehr zu einem verfassungslosen Zustand. Diese Maßnahme wurde als Errichtung einer Gewaltherrschaft, teilweise aber auch als Anachronismus verurteilt. Andererseits mißbilligte man die gegenüber den nichtdeutschen ethnischen Gruppen praktizierte Nationalitätenpolitik. Vom *Völkerfrühling* des Jahres 1848 zum *Völkerkerker* seit spätestens Ende 1851: Mit diesen beiden Schlagworten beziehungsweise mit dem bereits erwähnten Schlagwort von der *Germanisierung* ließe sich, etwas zugespitzt, die an den inneren Zuständen der Monarchie geübte Kritik auf einen griffigen, wenn auch nur partiell gerechtfertigten Nenner bringen[286]. Daneben wurde zuweilen sogar wenigstens in langfristiger Sicht die Überlebensfähigkeit des Reiches bezweifelt. Manche österreichische Zeitgenossen teilten diese Auffassung durchaus.

Laut der offiziellen Propaganda sollte die erfolgreiche Durchführung der Nationalanleihe die europäische Öffentlichkeit in dieser Hinsicht eines Bes-

---
[285] *Organisirung der Presse*, in: AVA, Inneres, Präs., Krt. 597, Nr. 4027/52.
[286] S. dazu pointierte Überlegungen aus nachträglicher Sicht von Wandruszka, ‚Notwendiger Völkerverein' oder ‚Völkerkerker'?, S. XIII–XVIII; vgl. Mommsen, Die habsburgische Nationalitätenfrage, S. 108–122, insb. S. 108.

seren belehren. Man wollte damit einen eindeutigen und unwiderlegbaren Beweis von der Vitalität und erfolgreichen „Verjüngung" der Monarchie liefern[287]. Dies galt nicht zuletzt bezüglich ihrer Herrschaft in Lombardo-Venetien. Auf den Zustand dieses Reichsteiles – sowie vor allem auch auf Ungarn – waren „die Blicke aller Regierungen" mit „gespannter Aufmerksamkeit ... gerichtet"[288]. Baumgartner meinte in diesem Zusammenhang: „Die Welt müsse die Uiberzeugung gewinnen, daß Österreich seine Verpflichtungen einhalten wolle, dann werde man ihm auch stets creditiren."[289] Und Franz Joseph erklärte er, „der Kaiserstaat" könne allein durch Beseitigung des finanziellen Übels „zu jener Kraft und Stellung gelangen ..., zu der er durch geografische Lage, phisische und geistige Verhältnisse von der Vorsehung bestimmt zu sein scheint"[290]. Vielleicht wählte er solch kräftige Worte nur deshalb, um den Kaiser von der unbedingten Notwendigkeit der Nationalanleihe zu überzeugen. Doch sicherlich sprach er ihm damit aus dem Herzen.

8.4.4. Die innenpolitische Zielsetzung

Von besonderem Interesse im Gesamtkontext des Neoabsolutismus und auch im Zusammenhang mit unserem spezifischen Erkenntnisinteresse erscheint nun die vierte mit der Nationalanleihe proklamierte Zielsetzung: Sie war innenpolitischer Natur und betraf die Frage der Konsolidierung des neoabsolutistischen Herrschaftssystems. In gewisser Hinsicht stellte dieses Anliegen gleichfalls ein Mittel zum außenpolitischen Zweck dar. Denn durch eine innere Festigung wollte man sich auf dem internationalen Parkett eine stärkere Position verschaffen, um dort gegebenenfalls entschiedener auftreten zu können. Eine aufmerksame zeitgenössische Beobachterin wie die Frau des ehemaligen österreichischen Ministerpräsidenten Karl L. Graf Ficquelmont, Gräfin Dorothea Ficquelmont, hat dies nur wenige Monate vor der Beschlußfassung über die Nationalanleihe 1854 klar erkannt:

---

287 Von einem *verjüngten* Österreich bzw. von einer *Verjüngung* der Monarchie sprach sowohl Schwarzenberg in seiner Regierungserklärung v. 27. November 1848 vor dem Kremsierer Reichstag (Verhandlungen des österreichischen Reichstages, 4, 54. Sitzung, S. 14) als auch der Monarch in seinem Thronbesteigungsmanifest v. 2. Dezember 1848 (56. Sitzung, in: Ebd., S. 56).
288 So wohl Grünne an Joseph Graf Radetzky v. Radetz, o. O. (Wien), 7. April 1853, in: HHStA, KK, GD, 1853, 1. Teil, f. *GD I, Nr. 7–830*, fol. 641.
289 2. Prot. der Besprechung mit den Vertrauensmännern v. 10. Juni 1854, in: FA, FM, GP, Bog. 2.
290 Vortrag v. 25. Mai 1854, Wien, Nr. 9451/GP., in: ÖAGK, 2, Nr. 54, S. 175.

„Enfin ce qui est sûr, c'est que nous, en Autriche, nous avons besoin de la paix, toute la monarchie la demande et la veut. Au milieu d'une guerre générale nous serions les plus malheureux: ni les finances, ni l'organisation intérieure encore imparfaite, ni les provinces italiennes, ne nous mettent dans une position assez indépendante pour rendre une guerre possible."[291]

Doch bildete das Streben nach innerer Konsolidierung auch ein eigenständiges Ziel an sich. Vergegenwärtigen wir uns dazu kurz die damals konkret gegebene historische Situation: Die Revolution lag zwar bereits einige Jahre zurück, ihre innenpolitischen Folgen waren aber direkt und indirekt noch zu spüren. Freilich schien die Stabilität der neu errichteten inneren Ordnung gegen Mitte 1854 keiner ernsthaften Gefährdung ausgesetzt, und neue revolutionäre Erhebungen umfassender Natur oder auch nur lokale Aufstände entsprechend dem Mailänder Aufstand von 1853[292] drohten damals schon gar nicht. Doch befand sich die Monarchie noch in einer Art Übergangsphase. Das „autokratische", keineswegs nur von Ministerpräsident Schwarzenberg „entwickelte" Herrschaftssystem des Neoabsolutismus war „immer noch im Stadium der Erprobung", wie es Alan Palmer treffend formuliert hat[293]. Anders ausgedrückt, es war erst auf dem Wege der „Normalisierung", wie es bei Heindl unter Bezugnahme auf das „Bestreben" nach Aufhebung der nach 1848/49 eingeführten „Zwangsmaßnahmen" insbesondere militärischer Natur nicht minder treffend heißt[294].

Die Machthaber waren sich darüber ebenfalls im klaren. Deshalb kann auch Rumplers These, wonach bereits um 1855 „von den Folgen des Revolutionsjahres 1848 ... nichts mehr zu spüren" war und „das System des Neoabsolutismus ... das Stadium seiner inhaltlichen Vollendung erreicht (hatte)"[295], nicht zugestimmt werden. Dies gilt um so mehr, als beispielsweise die Verabschiedung wichtiger gesetzlicher Regelungen wie jene über das Gemeindewesen und die Landesstatuten noch immer auf sich warten ließen. Rumpler selbst gesteht die potentielle Labilität der damaligen innenpolitischen Situation ein, wenn er zugleich eine „trügerische Ruhe" ausmacht[296]. Dafür ist Heindl beizupflichten. Sie stellt noch für die Zeit vom Frühjahr 1856 bis Februar 1857 „das offensichtlich steigende Bedürfnis der Regierung" fest, „das Erbe der Revolution von 1848, das die Regierungstätigkeit der ersten Jahre

---

291 An ihre Schwester Lisa, Wien, 31. Januar 1854, in: Lettres du Comte et de la Comtesse de Ficquelmont, S. 451.
292 Zu ihm: Brigitte Mazohl-Wallnig, ‚Hochverräter', S. 219–231; Eduard Seidl, Mailänder Attentat, S. 295–410.
293 Franz Joseph, S. 127.
294 Diese Feststellung gilt auch für andere Bereiche (Einleitung, in: MRP, III/3, S. XI).
295 Vorwort, in: MRP, III/4, S. VII.
296 Ebd.

der neoabsolutistischen Ära bestimmte, endgültig zu liquidieren"[297], und spricht für diese Zeit zugleich von der „Grundströmung" eines „Versuchs der ‚Normalisierung'"[298].

Dabei sahen sich die Regierenden noch mit einem ganz spezifischen Problem konfrontiert, das sich damaligen Verantwortlichen der meisten anderen zeitgenössischen Staaten zumindest in dieser Schärfe nicht gestellt hat: dem bereits erwähnten Fehlen einer zwingenden Staatsidee. Dieses Problem war im Laufe der Revolution mit einem Male dramatisch zum Ausbruch gelangt, und zwar wiederum bezeichnenderweise insbesondere in Lombardo-Venetien und Ungarn. Vor allem im Ostteil des Kaiserreiches entwickelte sich der mit der ungarischen Revolutionsarmee geführte Krieg zu einem weitgehenden Flächenbrand und brachte die Monarchie fast an den Rand des Zusammenbruchs. Davon hatte sie sich 1854 noch keineswegs vollends erholt. Eher wird man sagen dürfen: Die Verantwortlichen vermochten die entstandenen Flammen allmählich zu löschen. Man schritt jedoch bestenfalls langsam auf dem Wege einer inneren Konsolidierung voran.

Die innenpolitischen Verhältnisse gestalteten sich also um Mitte 1854 herum alles in allem weder besonders beunruhigend noch wirklich zufriedenstellend. Da schien die Suche nach praktikablen Mitteln, mit deren Hilfe die innere Konsolidierung zusätzlich, ja vielleicht sogar entscheidend vorangetrieben werden konnte, nur konsequent. Ein solches Mittel bestand etwa in dem Versuch der Schaffung des vielbeschworenen *österreichischen Menschen* beziehungsweise in dem damit verbundenen Streben nach Förderung des *österreichischen Staatsgedankens*. Erwähnt sei in dieser Hinsicht lediglich die ebenfalls 1854 erfolgte Gründung des *Instituts für österreichische Geschichtsforschung*[299].

Aber wie sich noch erweisen wird, war in dieser Hinsicht auch, ja vielleicht sogar vor allem der Nationalanleihe eine herausragende Rolle zugedacht[300]. Dazu ist zunächst auf zwei Punkte zu verweisen: Zum einen sollten sich an dieser Operation möglichst alle Bevölkerungsschichten beteiligen, zum anderen aber wurde sie – wie schon gesagt – auf *freiwilliger* Basis ausgerufen. Dabei wich man in beiderlei Hinsicht teilweise von der bei solchen Finanzprojekten bisher angewandten Praxis ab. So wurden früher manchmal Zwangsanleihen ausgeschrieben, während kaum jemals zuvor mit einer solchen Operation potentiell die gesamte Einwohnerschaft angesprochen wurde.

---

297 Einleitung, in: MRP, III/5, S. IX.
298 Ebd., S. X.
299 S. dazu kurz bei Rumpler, Ein Chance für Mitteleuropa, S. 339–341.
300 Allerdings wäre es irreführend, von einem wirklichen diesbzgl. *Glauben* zu sprechen, und zwar aufgrund der für Männer wie Bach vorhersehbaren Kontraproduktivität des Unternehmens. S. dazu w. u. ausführlich.

Gerade die Bekundung eines spontan-freiwilligen *Patriotismus* – besonders der Unterschichten – sollte nun (im übrigen auch gegenüber dem Ausland) einen schlagenden Beweis für die Verbundenheit, ja der Identifizierung der *Österreicher* mit *ihrem* Staat, *ihrem* politischen System, nicht zuletzt aber mit *ihrer* Dynastie und *ihrem* momentanen Herrscher, Kaiser Franz Joseph, liefern. Dabei sollte dieser Beweis gerade auch gegenüber jenen Kräften angetreten werden, die nach wie vor an der Überlebensfähigkeit des Herrschaftssystems zweifelten oder wenigstens entsprechende Zweifel anmeldeten und meistens oppositionell eingestellt waren. All dies läßt sich auch mit Worten ausdrücken, die Bach in eventuell primär rhetorischer Absicht gegenüber dem Kaiser gefunden hat: Ziel war die „Stärkung des vaterländischen Gemeingefühles", das Streben, durch einen „Wetteifer aller Nationen der Idee der Reichseinheit den würdigsten Ausdruck zu geben"[301]. Wie schon zuvor Baumgartner, so hatte zweifellos auch der Innenminister ganz im Sinne Franz Josephs gesprochen.

Die hier genannte innenpolitische Zielsetzung wurde bereits in jenem Plan formuliert, der als Grundlage für die schließlich beschlossene Nationalanleihe diente: Sein Verfasser, ein Innsbrucker Kaufmann mit Namen Johann Boscarolli, sprach nicht nur von „einer großartigen National Subscription", sondern zugleich von „freiwilligen patriotischen Opfern"[302]. Schon er verwies auf Frankreich, „das durch solche Anleihen für gewöhnlich seinen finanziellen Kriegsbedarf deckte"[303], wobei er die rhetorische Frage stellte: „Sollte im Kaiserthum Oesterreich das Nationalgefühl in einer so edlen Sache nicht eben so leicht zu wecken, ja zur Begeisterung zu steigern sein?"[304] Nicht zuletzt aber warb er für sein Projekt mit der Fiktion einer Identität von Herrscher und Volk und damit auch von Staat und Gesellschaft: Denn ein Erfolg der von ihm skizzierten Operation würde den kaiserlichen „Wahlspruch ... viribus unitis auf eine so schöne Weise zur vollen Wahrheit" machen. Tatsächlich hatte sich Franz Joseph die Worte *Mit vereinten Kräften* zu seinem Wahlspruch auserkoren. Sie werden uns noch des öfteren begegnen.

In der wohl frühesten eingehenden Beurteilung von Boscarollis Plan durch den Ministerialrat im Finanzministerium Anton J. Freiherr v. Brentano findet diese enthusiastisch klingende Diktion einen noch vergleichsweise geringen Niederschlag. Aber immerhin sprach auch der ehemalige Triestiner

---

301 Vortrag v. 3. Oktober 1854, Wien, Nr. 11463/MI., in: AVA, Inneres, Präs., Krt. 666, Nr. 11882/54.
302 Plan, ohne alles, ad Nr. 8421/FM., in: FA, FM, Präs., Nr. 8421/54, fol. 12. Zur Frage der Urheberschaft Boscarollis vgl. Abschnitt 1.4.2.
303 Heindl, Einleitung, in: MRP, III/3, S. XXII.
304 Plan, ohne alles, ad Nr. 8421/FM., in: FA, FM, Präs., Nr. 8421/54, fol. 12 (s. dazu auch das folg. Zit.).

Großkaufmann von einem „großartigen NationalAnlehen"[305]. Finanzminister Baumgartner hielt sich in seinem erwähnten Vortrag an den Herrscher vom 25. Mai in dieser Hinsicht ebenfalls einigermaßen bedeckt. Aber nur wenige Tage darauf prophezeite sein Kollege vom Inneren in Anwesenheit des Monarchen die „erfolgreiche Wirkung" eines „Appells an den Patriotismus"[306]. In der Folge ließ dann auch Baumgartner jede Zurückhaltung fallen und präzisierte seine „Erwartung" über den „Patriotismus der Mitglieder eines großen Reiches" dahingehend, „daß sie dort einstehen, wo es der entscheidende Moment gebietet, und daß sie für die Ehre und Größe ihres (!) Staates auch ein Opfer zu bringen bereit seien"[307].

Die soeben zitierten Worte äußerte Baumgartner nicht direkt gegenüber dem Monarchen, sondern in einer Sitzung, in der er mit sogenannten *Vertrauensmännern*[308] über Für und Wider der projektierten Nationalanleihe beriet. Doch mußte er davon ausgehen, daß Franz Joseph die Vorlage der entsprechenden Sitzungsprotokolle verlangen würde[309]. Gerade deshalb sind die Darlegungen des Ministers einer näheren Analyse wert: Ein offizieller und zugleich hoher Repräsentant des Staates proklamierte hier offen gegenüber dem Herrscher eine Deckungsgleichheit von Bevölkerung und Staat. Damit behauptete er zugleich insofern eine Identität zwischen Herrscher und Beherrschten, als Franz Joseph nach offizieller Doktrin ja auch noch den Staat symbolisierte, gleichsam mit diesem eins war. Dies läßt sich in anderen Worten bereits bei Stölzl nachlesen. Der Staat, ja der Kaiser sei selbst haftbar gewesen für die finanziellen Interessen breiter Bevölkerungsschichten[310]. Folgt man aber Brandt, so war damals für die Zeitgenossen weder das eine noch das andere denkbar. Im „politisch-rechtlichen Horizont auch des Neoabsolutismus" sei nämlich „die reale und ideelle Identität von Staat und Gesellschaft" nicht vorstellbar gewesen[311]. Offenbar verhielt es sich doch ein wenig anders: Die Folgen der Französischen Revolution waren auch an Österreich nicht spurlos vorübergegangen.

Dies kommt indirekt auch in dem Namen zum Ausdruck, welcher der Nationalanleihe „bezeichnenderweise"[312] schon bald von offizieller Seite aus verliehen wurde: Nicht *Staats*anleihe oder auch nur Anleihe wurde die beschlossene Operation genannt, sondern vielmehr eben *National*anleihe. Die-

---

305 Ohne alles, aber unmittelbar nach dem 1. Juni 1854, in: Ebd., fol. 7.
306 Sitzung v. 31. Mai 1854, ad Nr. 141/RP., in: HHStA, RR, Präs., Krt. 13, Nr. 141/54.
307 1. Besprechung mit den Vertrauensmännern v. 7. Juni 1854, ad Nr. 9511/GP., in: FA, FM, GP, Nr. 9511/54, Bog. 3.
308 Zu ihnen s. w. u., Abschnitt 2.7.3.1.1.
309 Es ist unklar, ob er dies getan hat.
310 Ära Bach, S. 75.
311 Neoabsolutismus, 2, S. 704.
312 Ebd., S. 693.

ser Terminus taucht bereits im Projekt Boscarollis auf, wenn er von einer „großartigen National Subscription" sprach[313], praktisch identisch und in offensichtlicher Anlehnung an Boscarolli konstatierte Brentano ein „großartiges NationalAnlehen"[314].

Brandt zufolge wurde diese Begriffsverwendung „offiziell" erst nach dem „Zeichnungserfolg" übernommen[315]. Dabei verweist er auf eine Tagebuchnotiz Kübecks v. 22. August 1854[316]. Damals war die Subskriptionsphase aber noch nicht beendet, wenn auch das Erreichen der 500 Millionen bereits absehbar war. Und schon am 24. August, also eine Woche vor Zeichnungsschluß, findet sich exakt dieser Begriff erstmals in der *Wiener Zeitung*[317]. Auch wurde der Begriff *National* bereits vor Subskriptionsbeginn gebraucht. So hieß es schon am 7. Juli wiederum in der *Wiener Zeitung*, der Erfolg der Operation werde „unzweifelhaft aller Welt darthun, daß das österreichische Nationalgefühl kein leeres Wort ist"[318]. Am 9. Juli war in derselben Zeitung von einem „großen Nationalwerke" die Rede[319]. Zumindest der Idee nach operierte man mit diesem Begriff propagandistisch also bereits früher[320].

Dabei handelt es sich im übrigen um keine sprachliche Neuschöpfung. Ebensowenig appellierte man 1854 erstmals an die freiwillige Beteiligung „breiter Bevölkerungsschichten"[321]. Vielmehr hatte Baumgartners Vorgänger Philipp Freiherr v. Krauß schon im September 1849 eine von ihm gewünschte und dann auch realisierte Anleihe dem Kaiser gegenüber als „nazionelles Unternehmen" angepriesen[322], während er nach dem Gelingen dieser Operation

---

313 Ohne alles, ad Nr. 8421/FM., in: FA, FM, Präs., Nr. 8421/54, fol. 12.
314 Ohne alles, in: Ebd., fol. 7.
315 Neoabsolutismus, 2, S. 693, Anm. 17.
316 Ebd.; vgl.: Aus dem Nachlaß Kübecks, S. 151
317 Nr. 202, S. 2269; Art. entnommen aus der *Österreichischen Korrespondenz*.
318 Nr. 161, S. 1836, Art. entnommen aus der *Österreichischen Korrespondenz*.
319 Nr. 163, S. 1854, Art. entnommen aus der *Österreichischen Korrespondenz*.
320 Von Interesse erscheint hierbei auch ein Entwurf zu einem Stber. Kempens v. 12. August 1854. In einer dann aus anderen Gründen gestrichenen Passage hatte sein Sekretär Franz Hell explizit von „Nationalanlehen" gesprochen (AVA, Inneres, OPB, Präs. II., Krt. 29, Nr. 4984/54, Bog. 2). Ohne das Wissen über die Zulässigkeit dieses Begriffs hätte er dies eher nicht getan, wohl schon gar nicht in einem Ber., von dem er wissen mußte, daß er auf dem Schreibtisch des Monarchen landen würde. Dazu war der Terminus prinzipiell zu brisant. Im übrigen könnte wohl nur eine intensivere, v. a. publizistisch orientierte Analyse endgültigen Aufschluß über den definitiven Verwendungsbeginn des Begriffs liefern. Gross spricht in Anführungszeichen von „Volksanleihe" (Die Anfänge des modernen Kroatien. Neoabsolutismus, S. 256). Dieser Terminus ist mir im zeitgenössischen Jargon nicht begegnet. Er trifft auch das Spezifikum dieses Unternehmens nicht so exakt.
321 Brandt, Neoabsolutismus, 1, S. 243.
322 S. dazu seinen Vortrag v. 10. September 1849, zit. in: Ebd., 2, S. 629. Im folg. spreche ich immer von *Ph. Krauß*, um ihn von seinem Bruder Karl Freiherr v. Krauß zu unterscheiden, den ich wiederum als *K. Krauß* anführe.

zu Franz Joseph von einem „wahrhaft nationalen Unternehmen" sprach[323]. Schließlich bemühte er dem Herrscher gegenüber am 18. Januar 1850 sogar die Vokabel „National-Anlehen"[324].

Das konnte er offensichtlich ungerügt tun. Primär könnte dies den damals noch konstitutionellen innenpolitischen Tendenzen zuzuschreiben sein. Den damit verbundenen Maßstäben mußte sich zu diesem Zeitpunkt auch noch der Kaiser – nolens volens – unterordnen. Die gleiche Benennung rund viereinhalb Jahre später verwundert aber, da sie unter gänzlich veränderten innenpolitischen Vorzeichen erfolgte. Nicht umsonst rief sie wenigstens bei konservativ eingestellten Gegnern der Operation heftigen Protest hervor. Insbesondere Kübecks Tagebuchaufzeichnungen legen hierüber beredtes Zeugnis ab. Er brandmarkte diese Benennung sogar als eventuelle Konzession an die „abgeschmackte Lehre der Volks-Souverainität"[325]. Weniger die Zustimmung des Kaisers zu dem Unternehmen an sich als vielmehr die von ihm tolerierte Bezeichnung *Nationalanleihe* wirft deshalb die Frage auf, inwiefern wir es bei Franz Joseph wirklich noch mit einem bloßen *Monarchen der alten Schule* zu tun haben, wie immer wieder zu lesen ist[326]. War er nicht doch moderner eingestellt, als man zunächst annehmen könnte? Dachte er im Zusammenhang mit der Nationalanleihe eventuell sogar partiell in plebiszitärbonapartistischen Kategorien[327]?

Schon Zeitgenossen haben das erste Regierungsjahrzehnt des jungen Monarchen auch durch bonapartistische Züge gekennzeichnet gesehen. Indirekt ist das etwa einer Äußerung von Friedrich Engels zu entnehmen, der sich bald nach dem Sylvesterpatent darüber erregte, daß „die Oestreicher den L[ouis] N[apoleon] nachmachen und sofort ihre Constitution auch abschaffen": Das sei eine „doch sehr arge ... Plattheit"[328]. Und der ziemlich am anderen Ende des politischen Spektrums stehende preußische General Leopold Freiherr v. Gerlach schrieb kurz vor dem 31. Dezember an Otto Bismarck-Schönhausen von einem „entschieden für Buonaparte" eingestellten Wien sowie einer „danach dirigirten Presse"[329]. Einige Monate vor Ausrufung der Nationalanleihe erklärte er dann, „ebenfalls an Oestreichischen Bonapartismus und Ultramontanismus zu glauben"[330]. Gegen Ende 1854 schließlich riet

---

323 Vortrag v. 31. Dezember 1849, zit. in: Ebd., S. 633.
324 Zit. in: Ebd., S. 631.
325 Tagebucheintrag v. 6. September 1854, in: Aus dem Nachlaß Kübecks, S. 153.
326 So etwa Bled bereits im Untertitel seiner Biographie (Franz Joseph).
327 Dabei tauchte die plebiszitäre Idee laut Brandt schon bei der Anleihe von 1851 auf (ebd., S. 663–664).
328 An Marx, Manchester, 6. Januar 1852, in: MEGA, III/5, S. 6. Eckige Klammern in der Edition.
329 Charlottenburg, 20. Dezember 1851, in: Briefe des Generals Leopold von Gerlach, Nr. 3, S. 5.
330 O. O. (aber wohl Charlottenburg), und. (aber wohl am 5. Februar 1854), in: Ebd., Nr. 42, S. 80.

er Napoleon III. zu „einer ähnlichen Bonapartistischen Politik", wie sie „der Bonapartistische Felix Schwarzenberg nicht ohne Erfolg von Ollmütz an gegen uns versucht hat"³³¹. Anderenfalls wäre er „ein Thor".

Auch Historiker bemühen die Kategorie des Bonapartismus zur Beschreibung der neoabsolutistischen Herrschaft: So „versuchte" man es laut Golo Mann nach 1848 im Kaiserreich „zunächst mit einem System, das dem bonapartistischen nicht unähnlich ist", womit er nichts anderes als den Neoabsolutismus meint³³². Und findet Thomas Nipperdey wenigstens „ein Stück Bonapartismus" in der zeitgenössischen Herrschaftspraxis Wiens vor³³³, so charakterisiert Jan Křen die Amtszeit Schwarzenbergs ausdrücklich, wenn auch mit Anführungsstrichen versehen, als „bonapartistisches' Regime"³³⁴. Auch Prinz weiß von einem „bonapartistischen" Neoabsolutismus³³⁵.

Wies das neoabsolutistische Herrschaftssystem nun tatsächlich *bonapartistische* Elemente auf? Unser Zeitzeuge Gerlach war sich dessen anscheinend gar nicht so sicher. Wie er nämlich einmal meinte, handelte es sich beim Bonapartismus weder um „Absolutismus" und „nicht einmahl" um „Cesarismus"³³⁶. Deshalb vermochte ihn auch ein von Bismarck angestellter „Vergleich Bonapartes mit den Bourbons, mit dem absolutistischen Oestreich ebensowenig" zu „beruhigen".

Diese Unsicherheit könnte insbesondere mit der damals bestehenden Unsicherheit zu tun haben, was man unter bonapartistischer Herrschaft eigentlich genau zu verstehen hatte. Daran hat sich bis heute wenig geändert. In übertragenem Sinne gilt noch immer, was Elisabeth Fehrenbach bereits vor rund 20 Jahren primär mit Blick auf außenpolitische Belange geäußert hat: Die „Vergleichbarkeit" des „französischen Bonapartismus" etwa „mit der Politik [Camillo Benso Graf] Cavours in Italien" oder aber mit jener „des Fürsten Felix Schwarzenberg in der Habsburgermonarchie" sei zwar angedeutet, „aber noch nirgends nachgewiesen worden"³³⁷. Wiederum Mann hat bonaparti-

---

331 An Bismarck, Charlottenburg, 16. Dezember 1854, in: Ebd., Nr. 62, S. 123 (s. dazu auch das folg. Zit.). Die außenpolitische Komponente betonten Zeitgenossen öfter: So äußerte sich Bismarck Anfang April 1854 kritisch über „den ganzen Oesterreichischen Bonapartismus" (an L. v. Gerlach, Frankfurt, 9. April 1854, in: Briefwechsel des Generals Leopold von Gerlach mit dem Bundestags-Gesandten Otto von Bismarck, S. 152). Laut Ernst v. Gerlach brandmarkte er „den jungen Kaiser" bald darauf als „bonapartistisch" (Tagebucheintrag v. 13. Mai 1854, in: Von der Revolution zum Norddeutschen Bund, 1, S. 350). Damit meinte er offenbar lediglich die Gefahr eines außenpolitischen Zusammengehens Wiens mit Paris.
332 Deutsche Geschichte, S. 257.
333 Deutsche Geschichte 1800–1866, S. 678.
334 Die Konfliktgemeinschaft, S. 109.
335 Auf dem Weg in die Moderne, S. 330 (s. dort auch Anm. 23).
336 An Bismarck, Sanssouci, 5. Juni 1857, in: Briefe des Generals Leopold von Gerlach, Nr. 105, S. 219 (s. dazu auch folg.).
337 Bonapartismus und Konservatismus in Bismarcks Politik, S. 367. Vgl. ind. Wolfgang Wip-

sche Herrschaft als eine „moderne, um Traditionen und Vorurteile unbekümmerte Diktatur" beschrieben[338]. Dies bleibt freilich sehr vage. Nipperdey begreift darunter wenigstens für das Habsburgerreich eine von der „Regierung ... zur Befriedigung der bürgerlichen Gesellschaft unter Leitung des Ministers [Baron Karl] von Bruck betriebene aktive und dynamische Wirtschaftspolitik"[339]. Hier klingt jenes innenpolitisch plebiszitäre Moment schon deutlich an, das so kennzeichnend für bonapartistisches Agieren zu sein scheint. Dafür fehlt es weitgehend bis vollkommen bei Prinz: Er spricht für Österreich von dem „im 19. Jahrhundert ... einzigen und letzten Versuch ..., aus dem historischen Konglomerat der Monarchie einen modernen Zentralverwaltungsstaat zu formen"[340]. Dabei sei die „politische wie die wirtschaftliche Zentralisation" ebenso vorangetrieben worden wie die „bürgerliche Egalisierung".

Prinz deutet Bonapartismus hier offenbar im Sinne einer umfassend angelegten Modernisierungsinitiative *von oben*. Warum bemüht er dann aber nicht die direkt aus der Monarchie stammende Tradition des Josephinismus (in einem weiteren Begriffsverständnis) als Erklärungsvariable? Schließlich bestand ein primäres Anliegen Kaiser Josephs II. doch ebenfalls in der Umwandlung der Monarchie in ein zentralistisches Staatswesen, während er zugleich stark reformorientiert im soeben beschriebenen Sinne war. Nicht umsonst hat Hugo Hantsch das vermeintlich „Bachsche" neoabsolutistische „System" als „moderne Fortsetzung" von dessen „Reformen" beurteilt[341], während Redlich in der Märzverfassung sogar die unmittelbare „Wiederaufnahme der alten, von Josef II. unter viel günstigeren Umständen unternommenen Versuche autokratischer Gründung eines großen Einheitsreiches" erblickt[342]. Hier ist auch an den Herrschernamen Franz Josephs, dieses „Cäsars von 18 Jahren"[343], zu denken. *Joseph* war nicht nur sein zweiter Taufname, sondern er stand eben auch für den „Zauber" des „Reformkaisers"[344], des „Volkskaisers" Joseph II.[345] Seine Übernahme ist um so signifikanter, als der „erste Entwurf"

---

permann in seinem Werk von 1983 über die *Bonapartismustheorie* (S. 11–12). Es hilft hier aber auch nicht weiter.
338 Deutsche Geschichte, S. 257.
339 Deutsche Geschichte 1800–1866, S. 678.
340 Auf dem Weg in die Moderne, S. 330 (s. dazu auch folg.). Vgl. ebd., Anm. 23.
341 Geschichte Österreichs, 2, S. 363.
342 Staats- und Reichsproblem, 1/1, S. 353. Diese Überlegungen verweisen zudem auf die Frage, ob eine bonapartistische Herrschaftsform nicht immer mit der Problematik legitimer beziehungsweise vielmehr illegitimer Herrschaft gekoppelt ist.
343 So nannte ihn der damalige sächsische Legationssekretär in Wien, Graf Karl Fr. Vitzthum v. Eckstädt, am Tag nach Franz Josephs Thronbesteigung in einem Brief an seine Mutter (Wien, 3. Dezember 1848, in: Ders., Berlin und Wien, S. 202).
344 Palmer, Franz Joseph, S. 76.
345 Redlich, Kaiser Franz Joseph, S. 41.

des Thronbesteigungsmanifestes noch lediglich den Namen *Franz II.* enthalten hatte[346].

Grundsätzlich zielführender erscheint die Sichtweise Brandts. Er erkennt im Habsburgerreich ebenfalls „Erscheinungen des Bonapartismus"[347], zielt damit allerdings in eine andere Stoßrichtung als Prinz. Denn er bemüht das auch von Andrew H. Brenman verwendete Konzept[348] einer „progressiven Diktatur", die seiner Meinung nach auf eine „spätere Rekonstitutionalisierung" hinauslaufen sollte[349]. Während freilich gerade er einschränkend das „Fehlen" des „plebiszitären Elementes" betont[350], konstatiert er anderswo und unter direkter Bezugnahme auf die Nationalanleihe das Element „einer propagandistisch auswertbaren Ersatzabstimmung zugunsten der Staatsführung und ihrer Politik"[351]. Hierin erblickt er sogar einen „der bemerkenswertesten Berührungspunkte zwischen Neoabsolutismus und Bonapartismus". Danach „kopierte" die Nationalanleihe „mit dem Verzicht auf die Großbanken und dem Aufruf zur Massensubskription Formen des bonapartistischen Regierungsstils, für den derartige Subskriptionsanleihen als Ersatzplebiszite typisch waren"[352]. Auch neuerdings hat er in diesem Zusammenhang eine „bonapartistische Methode der plebiszitären Massensubskription" ausgemacht[353]. Nun mag man einwenden, daß dieses Unternehmen einen in der Geschichte dieser Epoche singulären Versuch darstellt; aber die mögliche Bedeutung seines plebiszitären Elementes für eine Bewertung des neoabsolutistischen Herrschaftssystems und der uns hier vorrangig interessierenden Einstellung Kaiser Franz Josephs läßt sich dadurch nicht ohne weiteres relativieren: Es wird sich nämlich zeigen, daß nicht zuletzt die durch die Nationalanleihe hervorgerufenen problematischen sozioökonomischen Folgen für die Bevölkerung einen weiteren solchen plebiszitären Versuch verhindert haben.

Insgesamt gesehen scheint es sich hier also um eine jener Fragen zu handeln, deren Beantwortung in besonderem Maße vom heuristisch-theoretischen Ausgangspunkt des jeweiligen Betrachters beziehungsweise von der jeweils gewählten Definition von Bonapartismus abhängig ist. Ungeachtet dessen läßt sich eines festhalten: Franz Joseph wandte sich im Zuge der Na-

---

346 Palmer, Franz Joseph, S. 76.
347 Brandt, Neoabsolutismus, 1, S. 255.
348 So zu Recht Brandt, ebd., S. 260, Anm. 24; vgl. Brenman, Economic Reform, S. 51.
349 Neoabsolutismus, 1, S. 260, in Verb. m. S. 255.
350 Ebd.
351 Ebd., 2, S. 693 (s. dazu auch folg.).
352 Ebd.; vgl. S. 1021. Ein vollkommener *Verzicht auf die* österreichischen *Großbanken* fand allerdings nicht statt.
353 Deutsche Geschichte 1850–1870, S. 25.

tionalanleihe ganz bewußt auf indirekt plebiszitäre Weise an *sein* Volk, um von diesem Zustimmung zu jener Regierungspolitik zu bekommen, die doch die *seine* war.

8.5. Die spezifischen Erkenntnisinteressen bei der Analyse der Nationalanleihe

Die plebiszitäre Komponente bildete die Besonderheit der innenpolitischen Zielsetzung. Daneben aber wiesen alle vier Zielsetzungen wenigstens einen gemeinsamen Nenner auf: Sie waren angesichts der faktischen Verhältnisse überaus ehrgeizig. Dabei hat Kübeck als Essenz einer von ihm am 15. Juli 1854 und also zu Beginn der Subskriptionsphase geführten „Unterredung mit dem Minister Bach" über die Frage der Erreichung der vorgesehenen Zeichnungssumme skeptisch dessen „großsprechende Zuversicht" festgestellt[354]. Diese Äußerung ist prinzipiell mit Vorsicht zu genießen. Der Reichsratsvorsitzende stand dem Projekt nämlich äußerst kritisch gegenüber, weshalb er Boscarolli sogar abschätzig als „Krämer" bezeichnete[355]. Doch trifft sie durchaus den Kern der Sache. Es läßt sich sogar noch weiter gehen: Der Innenminister hatte die Nationalanleihe nämlich gegenüber der Öffentlichkeit – und auch gegenüber dem Herrscher – tatsächlich von vornherein als „Krönung des in seinen weiten Grenzen schon vollendeten Neubau" des Reiches prophezeit[356]: Damit aber kam das Erreichen der proklamierten Ziele quasi einem Versprechen gleich, wodurch Wien bei der Durchführung der Nationalanleihe unter gehörigen Erfolgsdruck geriet.

Im Zusammenhang mit unseren spezifischen, bereits weiter oben manifestierten Erkenntnisinteressen über den Neoabsolutismus interessieren insbesondere die innenpolitische und – soweit damit verbunden – die finanz- und sozialpolitische Zielsetzung. Dabei lassen sich zunächst drei zentrale, eng miteinander verbundene Fragestellungen formulieren. Erstens: Ging das bestehende Herrschaftssystem, gingen die Regierenden, ging der Kaiser und mit ihm seine Dynastie und das Reich gestärkt oder aber geschwächt aus der Nationalanleihe hervor, die im Kontext des Neoabsolutismus in mehrfacher Hinsicht ein singuläres Unternehmen darstellte? Anders formuliert: Gelang die Förderung oder gar Umsetzung der erstrebten Systemkonsolidierung? Wollen wir hierauf auch nur einigermaßen zuverlässige Antworten geben, müssen

---

354 Tagebucheintrag, in: Aus dem Nachlaß Kübecks, S. 147.
355 Tagebucheintrag v. 19. Juli 1854, in: Ebd. Zu Kübecks Einschätzung der Operation s. insb. im 1. Kapitel.
356 *Wiener Zeitung* v. 6. Juli 1854, Nr. 152, Abendblatt, S. 606.

neben dem rein finanziellen Erfolg der Nationalanleihe vor allem auch ihre spezifischen Durchführungsmodalitäten untersucht werden.

Diese Notwendigkeit ergibt sich aus der Tatsache, daß während der Durchführung der Nationalanleihe ungeachtet des proklamierten Prinzips der Freiwilligkeit Druck auf die Bevölkerung ausgeübt wurde. Damit sollte nicht nur die Subskription der 500 Millionen nach aller Möglichkeit garantiert, sondern auch die Sicherstellung der Einzahlung der gezeichneten Beträge gewährleistet werden. Ausgehend von der Hypothese eines mehr oder minder engen Zusammenhangs zwischen den dabei praktizierten Modalitäten einerseits und der öffentlichen Haltung gegenüber dieser Operation andererseits stellt sich hierbei aber nun die Frage, ob daraus nicht kontraproduktive Konsequenzen für das Erreichen der verkündeten innenpolitischen Zielsetzung folgen mußten. Freilich geht es diesbezüglich auch um das Ausmaß des praktizierten Drucks: War er – um den zeitgenössischen Jargon zu benützen – lediglich moralischer oder aber vielleicht sogar physischer Natur? Wurde er zudem permanent und flächendeckend oder nur zeitweise und regional, ja vielleicht nur lokal ausgeübt? Stehen wir bei der Nationalanleihe letztlich trotz allem doch noch einer *freiwilligen* oder aber einer *freiwillig-gezwungenen* Operation gegenüber? Oder handelte es sich am Ende gar um ein Unternehmen, das einen klaren *Zwangs*charakter aufweist?

In dieser Beziehung geht es also primär um die Ermittlung der damaligen Herrschaftspraxis im Außenverhältnis. Dabei lassen sich auch exemplarisch zentrale Merkmale neoabsolutistischer Herrschaftspraxis generell aufzeigen. Letzere findet in der Nationalanleihe infolge der Vielfalt und Komplexität der angewandten Methoden gewissermaßen ihren Kulminationspunkt, ihre historische Verdichtung. Ob sie in dieser Operation auch vielleicht nicht *den*, aber doch einen Höhepunkt ihrer repressiven Bloßstellung fand, wird sich zeigen.

Die zweite Frage betrifft den Zusammenhang zwischen der Nationalanleihe und der mittel- und langfristigen innenpolitischen Entwicklung des Neoabsolutismus. Wie wirkte sich die Nationalanleihe darauf aus? Schon Kübeck hat den Monarchen indirekt auf die möglicherweise nachhaltigen Auswirkungen des Unternehmens hingewiesen, wenn er meinte, es berühre alle gesellschaftlichen Verhältnisse[357]. Historiker haben einen solchen Zusammenhang sogar explizit formuliert. Stölzl etwa erkannte Anfang der 70er Jahre „tiefgreifende Folgen" für das „Verhältnis von Bevölkerung und Staat"[358]. Schon ein halbes Jahrhundert zuvor machte der bisher einzige Biograph von Alfred Fürst Windischgrätz, Paul Müller, „tiefe Spuren" des Neoabsolutismus für den weiteren Verlauf der Geschichte der Monarchie aus. Dabei bezog er

---

357 Vortrag Kübecks v. 18. Juni 1854, Wien, in: HHStA, RR, Gremial, Krt. 54, Nr. 349/54.
358 Ära Bach, S. 74.

sich „gerade auch" auf die „in das materielle Wohl einschneidenden Verfügungen", die durch die Nationalanleihe bewirkt wurden[359]. Die negativ-kritische Konnotation dieser Urteile ist nicht zu übersehen. Sie sind allerdings nicht hinreichend belegt, was im Rahmen der vorliegenden Studie geschehen soll. Dabei ist insbesondere der Auswirkung der Nationalanleihe auf die Überlebenschancen des neoabsolutistischen Herrschaftssystems nachzugehen.

Die dritte Frage betrifft die von Brandt angeführte *Physiognomie* des Neoabsolutismus, wobei ich darunter dessen konkretes Herrschaftssystem verstehe: Welche zentralen Merkmale desselben lassen sich mit Hilfe einer Untersuchung dieser Operation erarbeiten? Dabei geht es vor allem um die Herrschaftspraxis im Innenverhältnis, also den Ablauf damaliger politischer Entscheidungsprozesse. Zugleich ist aber das Verhältnis von Ideologie und Machtpolitik zu untersuchen. Dabei wird auch überlegt, inwiefern der innenpolitische Entscheidungsmechanismus dazu geeignet war, *konstruktive*, das heißt der Systemkonsolidierung förderliche politische Entscheidungen zu treffen beziehungsweise die Wahrscheinlichkeit solch *konstruktiver* politischer Entscheidungen zu erhöhen.

Mit der soeben angeführten Vokabel *Machtpolitik* ist eine Größe genannt, deren Bedeutung zur adäquaten Deutung politischer Abläufe immer wieder unterstrichen wird. Nicht selten wird Machtpolitik sogar als die alles entscheidende Kategorie politischen Handelns herausgestellt. Auch für die Interpretation neoabsolutistischer Herrschaftsverhältnisse und Herrschaftsabläufe und Herrschaftspraxis wurde ihr häufig eine mehr oder minder prominente Rolle zugewiesen. So haben etwa laut Brandt die Verantwortlichen nach der Niederschlagung der Revolution „den Machtgedanken und die ihm entsprechenden Prinzipien militärischer Machtentfaltung zur Basis aller politischen Überlegungen genommen"[360]. Damit sei „für die nachrevolutionäre Gestaltung der österreichischen Monarchie eine wesentliche Vorentscheidung" getroffen worden.

Ob neoabsolutistische Herrschaft tatsächlich ausschließlich oder auch nur vorrangig unter machtpolitischen Kriterien analysiert werden kann, sei dahingestellt. Für unser Erkenntnisinteresse wichtig ist aber, daß damit jedenfalls eine weitere, nämlich fünfte mit der Realisierung der Nationalanleihe verfolgte Zielsetzung angerissen ist: Machtpolitik im Sinne einer individuell

---

359 Feldmarschall Fürst Windischgrätz, S. 279. Die 1992 erschienen Arbeit von Hannes Stekl/ Marija Wakounig (Windisch-Graetz) ist eine Familienbiographie.
360 Neoabsolutismus, 1, S. 247 (s. dazu auch das folg. Zit.). Konkret meint er damit: „(...) militärische Niederwerfung der Revolution in allen Teilen des Reiches und eisern durchzusetzende Sicherung von Ruhe und Ordnung; Aufrichtung einer kräftigen Zentralgewalt; Wahrung der vollen territorialen Integrität des Reiches; Rückgewinnung einer achtunggebietenden Stellung Österreichs unter den Großmächten und insonderheit Sicherung seines Führungsanspruches in Deutschland und Italien." (Ebd.).

angestrebten Festigung beziehungsweise eines Ausbaus der eigenen Machtstellung oder auch nur einer Rückeroberung verlorengegangener Positionen im zeitgenössischen Herrschaftsapparat generell und dabei wiederum im inneren Kreis der obersten Machtträger im besonderen. Sie fand bislang deshalb keine Erwähnung, weil sie im Unterschied zu den anderen innenpolitischen Zielsetzungen aus naheliegenden Gründen nicht öffentlich proklamiert wurde. Die Untersuchung der Nationalanleihe macht dies nur noch spannender: Denn individuelle machtpolitische Bestrebungen der soeben beschriebenen Art bildeten wenigstens für einen Teil der an ihrem Zustandekommen und ihrer Durchführung maßgeblich beteiligten Personen ein wichtiges Motiv für ihren Entschluß, sich auf ein Vorhaben einzulassen, dessen Ausgang durchaus unsicher war und das zudem für Staat, Dynastie und Kaiser möglicherweise mehr oder minder stark negative Folgen nach sich ziehen würde. Vielleicht waren individuelle machtpolitische Bestrebungen für einen solchen Entschluß sogar entscheidend. Dies würde jedoch zugleich zweierlei bedeuten: Zum einen bildeten die nach außen hin proklamierten vier Zielsetzungen dann zumindest teilweise nur Hilfsargumente, die ganz andere – eben machtpolitische – Absichten verschleiern sollten[361]. Zum anderen wären dann Deutungslinien, die andere Zielsetzungen als ausschlaggebend für die Durchführung der Nationalanleihe betonen, zu korrigieren. So hat Brandt noch jüngst den finanzpolitischen „Leistungs"beweis sowie den patriotischen „Vertrauensbeweis" als zentrale Zielsetzung herausgestellt[362]. Werner Zürrer macht die „Erwartung des Kaisers und seines Finanzministers" aus, sowohl die „Ausgleichung des Budgets" als auch die „überfällige Sanierung des Geldwesens" zu erreichen[363]. Wieder anders sieht es Stölzl, wenn er Bach den „Glauben" unterstellt, mittels der „Staatsanleihe-Zertifikate gleichsam ein materielles Bindeglied loyaler Gefühle kreieren zu können"[364]. Daraus leitet sich nun auch eine vierte zentrale Fragestellung ab: Handelt es sich bei der Nationalanleihe aus Sicht ihrer hauptsächlichen Protagonisten tatsächlich um ein Unternehmen mit primär finanzpolitischen, sozialökonomischen, außenpolitischen und innenpolitischen Zielsetzungen, oder aber verfolgten sie damit nicht vielmehr vorrangig machtpolitische Absichten?

---

361 Tatsächlich läßt sich nicht ganz klar entscheiden, an welche Zielsetzungen die Protagonisten des Unternehmens auch wirklich glaubten und welche nur vorgeschobener Natur waren.
362 Deutsche Geschichte 1850–1870, S. 25.
363 Einleitung, S. 27.
364 Ära Bach, S. 74–75.

8.6. Der Aufbau der Studie

Wie schon erörtert, läßt sich die Nationalanleihe in drei Phasen unterteilen: erstens in eine Beratungs-, Beschluß- sowie Vorbereitungsphase, zweitens in eine Subskriptionsphase und drittens schließlich in eine Einzahlungsphase. An dieser Unterteilung orientiert sich über weite Teile auch der Aufbau meiner Studie, wobei es immer auch darum geht, generelle und gegebenenfalls charakteristische Merkmale des Neoabsolutismus aufzuzeigen. Dabei ist das *erste* Kapitel in wiederum zwei Unterabschnitte untergliedert. Zunächst werden als Basis der nachfolgenden Ausführungen allgemeine Kennzeichen des zeitgenössischen Herrschaftssystems herausgearbeitet, im Anschluß daran steht insbesondere der konkrete Beratungs- und Beschlußfassungsprozeß im Vordergrund des Erkenntnisinteresses. Im *zweiten* Kapitel konzentriere ich mich auf die Analyse der während der Subskriptionsphase angewandten Modalitäten und Praktiken. Um solche Modalitäten und Praktiken geht es auch im *dritten* Kapitel, diesmal aber auf die Einzahlungsphase bezogen. Den Abschluß des Hauptteils bildet ein *viertes* Kapitel, in dem ich die Folgen der Nationalanleihe untersuche, und zwar sowohl hinsichtlich der Frage, ob die mit der Nationalanleihe von offizieller Seite aus proklamierten Zielsetzungen realisiert werden konnten, als auch mit Blick auf die persönlichen Auswirkungen des Unternehmens für seine drei Hauptprotagonisten: Innenminister Bach, Finanzminister Baumgartner sowie Kaiser Franz Joseph I. Dabei wird das Augenmerk auch auf die Frage der Folgen der Nationalanleihe für die Stabilität des neoabsolutistischen Herrschaftssystems gerichtet.

8.7. Die Quellenlage

Bevor wir nun *in medias res* einsteigen, gilt es noch zweierlei zu tun: Zum einen muß noch die Quellenlage erörtert werden, zum anderen sind noch einige Formalien zu erläutern. Was die Quellenlage anbetrifft, so „füllte" die Abwicklung der Nationalanleihe laut Brandt „die Aktenregistraturen der beteiligten Behörden auf allen Verwaltungsebenen" und hat „sich damit in umfangreichen Archivbeständen niedergeschlagen"[365]. Dem ist vorbehaltlos beizupflichten. Stölzl hat alleine im Staatsarchiv des damals als Sitz der böhmischen Statthalterei dienenden Prag hundert einschlägige Aktenordner ausfindig gemacht[366]. Ähnliches berichtet Mazohl-Wallnig für Lombardo-Venetien (Venedig, Mailand und Verona als Sitz des Generalgouvernements)[367].

---
365 Neoabsolutismus, S. 698, Anm. 28.
366 Ära Bach, S. 73, Anm. 6.
367 Österreichischer Verwaltungsstaat, S. 18, Anm. 46.

Zu den *beteiligten Behörden* beziehungsweise *Verwaltungsebenen* gehörten aber auch die Zentralbehörden. Ihr einschlägiges Aktenmaterial bildet die Basis der vorliegenden Untersuchung. Insofern konzentriert sich das Erkenntnisinteresse also auf den Blick *von oben*, was zunächst in zweifacher Hinsicht problematisch erscheint: Zum einen erfaßte die Nationalanleihe aufgrund ihres spezifischen Charakters sämtliche gesellschaftlichen und administrativen Ebenen sowie flächendeckend alle Regionen des Reiches. Zum anderen sind durch den bereits erwähnten Brand des Wiener Justizpalastes auch die einschlägigen, im Innenressort befindlichen, ursprünglich umfangreichen Bestände zur Nationalanleihe erheblich dezimiert worden. Dies ist speziell deshalb beklagenswert, weil bei einer Finanzoperation, wie sie eine Staatsanleihe zunächst formal darstellt, zwar zu vermuten ist, daß der amtierende Finanzminister mit ihrer Abwicklung betraut wurde; wie jedoch im ersten Kapitel noch im einzelnen zu erläutern sein wird, wies tatsächlich der Kaiser nicht Baumgartner, sondern seinem Kollegen vom Inneren, Bach, die Oberaufsicht über dieses Unternehmen zu.

Dennoch erweist sich die angeführte Problematik bei näherem Hinsehen von begrenzter Relevanz: Denn einerseits enthalten die vorhandenen Zentralbestände sehr viele einschlägige Dokumente aus den einzelnen Provinzen. Sie ermöglichen immer wieder die mehr oder weniger vollständige Aufklärung regionaler oder auch lokaler Einzelvorgänge. Andererseits lassen sich die durch den Aktenschwund entstandenen Informationsverluste aufgrund von reichen, erhalten gebliebenen Archivbeständen anderer zentraler Institutionen oftmals kompensieren.

Diesbezüglich ist insbesondere das *Finanzarchiv* zu nennen: Zwar wurde hier zahlreiches Material skartiert, fiel also dem Reißwolf zum Opfer[368]. Aber dennoch sind alleine aus den Jahren 1854 und 1855 mehrere tausend Aktennummern zur Nationalanleihe enthalten. Vor allem auf Grundlage dieser Bestände läßt sich teilweise auch der Inhalt der einst im Innenministerium lagernden Akten rekonstruieren. Sie bergen nämlich unter anderem zahlreiche Briefwechsel zwischen dem Finanz- und Innenressort. Der Bestand der *Obersten Polizeibehörde* liefert dem Forscher ebenfalls mannigfaltiges interessantes Material. Das Polizeiwesen unterstand zunächst dem Innenminister, wurde aber im April 1851 – parallel zu der allmählichen Anbahnung der innenpolitischen Wende – aus ihm herausgetrennt und zu einem unabhängigen Organ umgestaltet. Die Oberste Polizeibehörde war also eine Art Polizeiministerium, dessen Leiter Kempen allerdings bis März 1857 keinen Kabinettsrang einnahm[369]. Seiner Leitung oblag unter anderem die regelmäßige Beobachtung der *Volksstimmung*. Dies schlug sich in vielen sogenannten

---
368 Dies gilt jedoch vor allem für Akten des Handelsministeriums.
369 S. dazu w. u. im ersten Kapitel.

periodischen, also regelmäßig aus den einzelnen Provinzen einlaufenden *Stimmungsberichten* sowie in gesonderten Einzelberichten nieder. Auch dieses Material wurde 1927 partiell ein Raub der Flammen, viele Dokumente sind jedoch – zum Teil auch in anderen Beständen lagernd – erhalten geblieben. Aus ihnen erfährt man insbesondere viel über die Reaktion der Bevölkerung auf die Durchführung der Nationalanleihe, wobei die Glaubwürdigkeit der Berichte stets kritisch zu hinterfragen ist[370].

Eine spezielle Erwähnung verdient der Bestand der kaiserlichen *Kabinettskanzlei*, deren Aktenschwund besonders gering ist. Er umfaßt insbesondere die sogenannten an den Kaiser gerichteten Vorträge. In ihnen kommentierten und begründeten die Minister Gesetzesvorlagen, Verordnungen, Eingaben von Bürgern und anderes mehr. Vor allem zahlreiche Stellungnahmen des Innen- beziehungsweise des Finanzministers – inklusive der jeweiligen schließlichen kaiserlichen Entscheidung – zu individuellen Gesuchen um partielle oder aber gar vollständige Befreiung von den Ratenzahlungen sind hier erhalten. Einschlägige Bedeutung weisen überdies die Akten des *Reichsrates* auf: In seiner bereits erwähnten Funktion als eine Art Kontrollorgan der Ministerkonferenz beziehungsweise der einzelnen Minister wurden ihm vom Monarchen immer wieder ministerielle Vorlagen die Nationalanleihe betreffend mit Bitte um Begutachtung vorgelegt. Dies gilt auch für die Nationalanleihe. Dieser Aktenbestand ist weitgehend erhalten.

Überdies waren mit den Vorgängen um die Nationalanleihe auch alle anderen Zentralbehörden – insbesondere Ministerien – mehr oder minder intensiv befaßt. Davon ist ebenfalls – soweit hier nicht gleichfalls skartiert wurde – umfangreiches, für die vorliegende Studie benütztes Material auf uns gekommen. Ausdrücklich zu erwähnen ist, daß die Durchsicht der teilweise noch nicht publizierten Protokolle der Ministerkonferenz – anders, als man es sich vielleicht erwarten könnte – einen vergleichsweise geringen Ertrag abwirft. Dies hängt mit dem spezifischen Entscheidungsprozeß über die Nationalanleihe zusammen, in den das Ministerium als Gesamt*institution* überhaupt nicht einbezogen wurde (siehe dazu weiter unten).

Daneben ist auf unveröffentlichte Nachlässe zu verweisen. Insbesondere zu erwähnen ist der Nachlaß von Wessenberg, seines Zeichens ein besonders aufmerksamer Wegbegleiter der zeitgenössischen politischen Entwicklung im weitesten, aber zugleich der finanzpolitischen Entwicklung im engeren Sinne und damit auch der Nationalanleihe. Die Konsultation publizierten Materials hat sich ebenfalls immer wieder als hilfreich erwiesen. Neben den bereits angeführten Tagebüchern von Kübau und Kempen ist hier noch einmal auf Wessenberg und dessen umfangreichen Briefwechsel mit Georg Freiherr v. Isfordink-Kostnitz zu verweisen.

---

370 Allg. kurze Bemerkungen hierzu bei Stölzl, Ära Bach, S. 13.

Was die zeitgenössische Zeitungslandschaft anbetrifft, so habe ich nur die *Wiener Zeitung*, das offizielle Regierungsorgan, relativ systematisch durchgearbeitet. Dies ist prinzipiell bedauerlich, weil die Presse auch während der neoabsolutistischen Hochphase eine größere Bedeutung hatte, als sich aufgrund des alles in allem repressiven Charakters des Herrschaftssystems annehmen ließe. Für diese Selbstbeschränkung waren jedoch Zeitgründe ausschlaggebend.

Insgesamt gesehen ist die verfügbare Aktenlage so dicht, daß das vorliegende Buch in seiner konkreten inhaltlichen Ausrichtung auch ohne den Gang in die Regionalarchive geschrieben werden konnte. Letzterer hätte freilich aufgrund der für Lombardo-Venetien sowie Böhmen aufgezeigten Fülle an regionalen Dokumenten ohnehin nur exemplarisch angetreten werden können. Freilich sind durch diesen Verzicht der Aussagekraft der folgenden Darlegungen hin und wieder Grenzen gesetzt, auf die gegebenenfalls verwiesen wird. Manches hätte durch Konsultation von Regionalbeständen sicherlich exakter, nuancierter dargestellt werden können. Der Grundtenor der folgenden Ausführungen wäre dadurch jedoch aller Wahrscheinlichkeit nach nicht wesentlich berührt worden.

8.8. Formalien

Wenden wir uns damit formalen Dingen zu: Ausrufungszeichen in Zitaten stammen – soweit nicht anders vermerkt – von mir. Hervorhebungen (Sperrdruck, Unterstreichungen und so weiter) hingegen entsprechen – soweit nicht anders angegeben – dem Original. Einfügungen in eckigen Klammern stammen von mir, soweit nicht anders vermerkt. Zeitgenössische Zitate wurden in der originalen Schreibweise belassen (lediglich Satzzeichen wurden, falls grammatikalisch heute erforderlich, in runden Klammern eingefügt und sind somit ebenso als Zusätze zu erkennen wie ebenfalls in runden Klammern eingefügte Vervollständigungen von Abkürzungen). Die Beibehaltung der originalen Schreibweise entspricht nicht dem in gedruckt vorliegenden Quellen oftmals vorgenommenen Usus einer Aktualisierung der zeitgenössischen Schreibweise. Dies gilt etwa für die Protokolle der Ministerkonferenz. Hierzu sei eine grundsätzliche und über diesen Fall hinausgehende Bemerkung gestattet: Zeitgenössische Quellen sollten im Falle ihrer Edition stets in originaler Schreibweise wiedergegeben werden. Dadurch wird die Fiktion vermieden, als existiere *die* korrekte Schreibweise. Außerdem hat Rumpler in der Einleitung zur Gesamtedition der Kabinettsprotokolle „die mechanische Beibehaltung der Schreibweise der Originalprotokolle" als eine „sachlich nicht zu rechtfertigende Uneinheitlichkeit" bezeichnet[371]. Dies begründet er damit, daß

---
371 Einleitungsband, 113 (s. dazu auch folg.).

sich „nicht nur die verschiedenen Protokollführer zu verschiedenen Zeiten, sondern die gleichen Protokollführer oft in unmittelbar aufeinanderfolgenden Protokollen" verschiedener Schreibweisen bedient hätten. Dies trifft zu und kommt zuweilen sogar innerhalb ein und desselben Dokuments vor. Nun mag die jeweilige Schreibweise „für irgendwelche Interpretationsfragen historisch-textkritischer Art" wirklich „völlig belanglos" sein; doch bildet sie ein Zeichen der Zeit, das immerhin für Kultur- wie Sprachhistoriker von Interesse sein könnte.

Biographische Angaben werden in den meisten Fällen nicht eigens nachgewiesen. Interessierte können hierzu oft auf das *Österreichische Biographische Lexikon*, die *Neue Deutsche Biographie* sowie den sogenannten *Wurzbach* zurückgreifen. Nicht immer war es möglich, Namen und/oder berufliche Funktionen von Zeitgenossen teilweise oder vollständig zu eruieren. Dies gilt auch für Ortsnamen. Wie sicher schon bemerkt, wird bei den Literaturangaben mit Kurztiteln gearbeitet. Sie stehen jeweils auch in den Klammern hinter den einzelnen Literaturangaben im Quellen- und Literaturverzeichnis.

KAPITEL 1

Die Entscheidungsphase der Nationalanleihe

In einem Brief vom 20. März 1854 kommentierte Wessenberg die Anleihepolitik dreier führender europäischer Staaten: England, Frankreich sowie Österreich. Dabei kam nur England beziehungsweise sein Schatzkanzler William Gladstone gut weg. Dieses Mal zeige sich London „am klügsten", wie der mittlerweile recht betagte Freiherr meinte[1]. Der „kluge Gladstone" trage darauf an, „keine Anlehen zur Deckung der Kriegsauslagen zu machen, sondern ganz einfach während sechs Monaten die Einkommensteuer um die Hälfte zu erhöhen, und sein Antrag geht per Akklamazion gleich durch". Wesentlich distanzierter beurteilte er die Politik Frankreichs: Es mache „in seiner Schwindelei gleich 250 Millionen neue Schulden". Freilich müsse man gestehen, „daß Louis Napoleon den Leichtsinn der Franzosen" auszubeuten verstehe, doch wo sei „nun mehr Größe und Macht": „In England oder in dem leichtfertigen Frankreich, wo, bevor sechs Monate herum sind, die Stimmen anders lauten dürften?"

Und Österreich? „Von österreichischen Anlehen will ich gar keine Erwähnung machen", meinte Wessenberg scheinbar enttäuscht, wenn nicht resigniert. Konkret bezog sich diese Äußerung auf die kurz zuvor getroffene und in der Einleitung bereits erwähnte Entscheidung der österreichischen Regierung, eine Anleihe in Form einer Lotterieanleihe über die genannte Summe von 50 Millionen Gulden aufzulegen. Ihre Höhe von „funfzig Millionen" sei „ein Tropfen in das Meer des Defizits und der Schuldenmasse". Letztere habe „sich seit 1848 um 500 Millionen vermehrt", und dann war da ja auch noch „die schlechte Valuta!"

Die damalige finanzpolitische Situation der Habsburgermonarchie nahm sich in der Tat alles andere als rosig aus. Bedenkt man also zum einen die im Laufe der Jahre angehäufte hohe *Schuldenmasse* und berücksichtigt man zum anderen die prekäre Situation der österreichischen Währung[2], dann nehmen sich die 50 Millionen Gulden allerdings sehr bescheiden aus. Wenige Monate später vermochten sich der Auflegung einer Anleihe von ungleich größeren Dimensionen offensichtlich zunehmend auch Verantwortliche in Wien und

---
1 An Isfordink-Kostnitz, Freiburg, in: Briefe Wessenbergs, 2, Nr. 393, S. 242 (s. dazu auch folg.).
2 S. dazu Brandt, Neoabsolutismus, u. a. S. 688 u. S. 1106–1108, Tab. 69–71.

dabei vor allem der Finanzminister nicht zu verschließen. Und so entschied man sich zu dem Versuch, im Rahmen der Nationalanleihe nicht nur 50 Millionen Gulden, sondern das 10fache davon in die Staatskassen zu bringen.

1.1. Die Dimension der Nationalanleihe

Ein Betrag von einer halben Milliarde mutet nach heutigen Maßstäben vielleicht nicht besonders spektakulär an. Gemessen an den damaligen Verhältnissen handelte es sich aber um eine gewaltige Summe. Wiederum Wessenberg hatte im unmittelbaren Vorfeld der offiziellen Proklamation der Nationalanleihe von einem „angeblich bereits ausgeschriebenen neuen Monstre-Anlehen" gesprochen[3]. Dies bedeutet nicht, daß der Freiherr die Summe zur Lösung der finanzpolitischen Krise für uneinbringlich und damit für zu hoch bemessen erachtete: Schon am 31. Mai 1852 – und ganz im Einklang mit seiner kritischen Beurteilung der Höhe der Lotterieanleihe – hatte er eine damals aufgelegte Anleihe über die Höhe von 35 Millionen mit den Worten kritisiert: „Was können 35 Millionen helfen, wenn man 200 braucht?"[4] Wenig später betonte er sogar die Notwendigkeit von „250 Millionen", wollte man „sich aus der Verlegenheit ... helfen"[5]. Dennoch waren seine Worte von einem „emprunt monstre"[6] keineswegs übertrieben, wenigstens gemessen an den damaligen Verhältnissen. Die Operation sprengte nämlich nicht nur im nationalen, sondern auch im internationalen Maßstab alle bisherigen Größenordnungen. Sie war schlicht „die grösste Finanz-Operation aller Zeiten"[7] und erscheint noch heutigen, in Finanzangelegenheiten bewanderten Historikern als „fast unvorstellbar hoch", als „enorm"[8] oder auch als ein „gigantisches Projekt"[9].

Dabei ist zu betonen, daß die im kaiserlichen Patent vorgesehene Marge von 350 beziehungsweise 500 Millionen Gulden nicht wirklich beliebig zur Disposition stand. Schon das Ziel, *lediglich* 350 Millionen zeichnen zu lassen, hätte von einem außergewöhnlichen Ehrgeiz gezeugt, und es wurde vermutet, daß „nicht einmal" diese Summe zu erreichen sein werde[10]. Tatsächlich

---

3   An dens., Freiburg, 2. Juli 1854, in: Briefe Wessenbergs, 2, Nr. 404, S. 263.
4   An Isfordink-Kostnitz, Freiburg, in: Ebd., Nr. 283, S. 77.
5   An dens., Freiburg, 12. Juni 1852, in: Ebd., Nr. 285, S. 80.
6   An dens., Freiburg, 4. Oktober 1854, in: Ebd., Nr. 414, S. 279.
7   Carl Czoernig, Oesterreichs Neugestaltung, S. 127.
8   Wysocki, Finanzpolitik, S. 85. Sein Beurteilungsmaßstab ist allerdings nicht ersichtlich.
9   Brandt, Neoabsolutismus, 1, S. 337. An anderer Stelle konstatiert er eine „unerhörte Höhe" (ebd., S. 277) und noch jüngst eine „gigantische" Summe (Deutsche Geschichte 1850–1870, S. 25).
10 So das Reichsratsmitglied Franz Freiherr Krieg v. Hochfelden, Sitzung des Reichsrats v. 17. Juni 1854, ad Nr. 349/R., in: Ebd., Gremial, Krt. 54, Nr. 349/54.

aber wollte vor allem Finanzminister Baumgartner unbedingt die Obergrenze von einer halben Milliarde Gulden subskribiert bekommen. Schon in seinem ersten einschlägigen Vortrag an den Kaiser meinte Finanzminister Baumgartner: „Das auf dem Wege der Subscription in allen Ländern des Kaiserstaates aufzubringende freiwillige Anlehen soll die Summe von 500 Millionen Gulden umfassen."[11] Besonders aufschlußreich erscheint in dieser Beziehung seine Entgegnung auf eine Frage des Bankiers Georg Freiherr v. Sina: Er fragte im Verlauf einer während der Beschlußphase über dieses Unternehmen einberufenen Sitzung mit *Vertrauensmännern* (s. dazu w. u. mehr), ob die Operation nur „400 Millionen" umfassen sollte[12]. „Vor der Hand (möge) die ursprüngliche Summe von 500 Millionen ... der Erörterung zu Grunde gelegt werden", erwiderte Baumgartner. Nur für den „Fall der Nothwendigkeit" behalte sich die Regierung vor, „ein Minimum auszusprechen". Ebendiese *Nothwendigkeit* sollte aber gar nicht erst eintreten.

Innenminister Bach übertrieb also nicht, wenn er in seinem vom 3. Oktober 1854 datierenden Abschlußvortrag über die Subskriptionsphase die Nationalanleihe als eine „Operation von so großen Dimensionen" bezeichnete, „wie solche zu keiner Zeit und in keinem Staate" gewagt worden sei[13]. Zweifellos war diese Operation wenigstens in finanzpolitischer Hinsicht das „großartigste", in „Österreich jemahls gemachte" Unternehmen, wie der Wiener Bankier Anselm J. Freiherr v. Rothschild meinte[14]. Dies erhellt auch ein Vergleich mit der Höhe der damaligen staatlichen Nettoeinnahmen: Sie betrugen 1854 annähernd 253 Millionen Gulden[15]. Damit machten sie also gerade einmal die Hälfte jener Summe aus, die mittels der Nationalanleihe in die Staatskassen fließen sollte.

Folgerichtig hinterließ das Unternehmen schon bei Zeitgenossen einen tiefen Eindruck. Gleich in zweifacher Hinsicht erscheint hier die Reaktion von Ph. Krauß von Interesse. Zum einen war er als Reichsratmitglied speziell mit einer Beurteilung dieses Projekts befaßt. Zum anderen kann er als eine der „wenigen" im Reichsrat sitzenden „Persönlichkeiten" gelten, die „sich mehr oder weniger in ihren vorausgegangenen Dienstbestimmungen mit Finanzfragen beschäftigt" hatten[16]. Dabei ist vor allem auf seine gut dreijährige Tätigkeit als Finanzminister (21. November 1848–26. Dezember 1851) zu ver-

---

11 Vortrag v. 25. Mai 1854, Wien, Nr. 9451/GP., in: ÖAGK, 2, Nr. 54, S. 174.
12 2. Besprechung v. 10. Juni 1854, ad Nr. 9511/GP., in: FA, FM, GP, Nr. 9511/54, Bog. 1 (s. dazu auch folg.).
13 Wien, Nr. 11463/MI., in: AVA, Inneres, Präs., Krt. 666, Nr. 11882/54.
14 In der 1. Besprechung der Vertrauensmänner mit Baumgartner am 7. Juni 1854 (ad Nr. 9511/GP., in: FA, FM, GP, Nr. 9511/54, Bog. 6).
15 S. dazu Brandt, Neoabsolutismus, 2, Tab. 63, S. 1100.
16 So richtig Kübeck in einem Vortrag v. 25. April 1851, Wien, ad Nr. 28/RP., in: HHStA, RR, Präs., Krt. 1, Nr. 28/51.

weisen. Eine gewisse Sachkompetenz kann man ihm also schwerlich absprechen, zumal er während seiner Amtszeit selbst einige Anleihen auf den Weg gebracht hatte. Er sprach von einer „enormen Ziffer", welche „die große Mehrzahl der Bevölkerung ... in panischen Schrecken" versetzen werde[17], wobei er hier eventuell auch eigenen Gefühlen, die ihn bei Kenntnisnahme des Projekts beschlichen haben mögen, Ausdruck verlieh. Dies galt wohl jedenfalls für seinen in Finanzfragen ebenfalls nicht unerfahrenen Kollegen Franz Freiherr Krieg v. Hochfelden, der vor 1848 unter anderem bei der *Allgemeinen Hofkammer* gedient und sich in Handels- und Zollfragen einen Namen gemacht hatte. Der Plan, eine so hohe Summe aufzubringen, überstieg offenbar seine Vorstellungskraft, wenn er während einer Vorbesprechung über die Opportunität des Unternehmens eine zusätzliche „zwangsweise Umlage" für unumgänglich erklärte: Denn „auf dem Wege der freiwilligen Subscription" konnte die halbe Milliarde Gulden „auf keinen Fall" eingebracht werden[18]. Auch zur Subskription von *lediglich* 350 Millionen bestand laut ihm „in Österreich nicht die Möglichkeit", womit er indirekt auf die im Kaiserreich gegebene Kapitalsituation angespielt haben dürfte[19]. Zwei weitere Reichsratsmitglieder urteilten ganz ähnlich: Hugo C. Reichs- und Altgraf zu Salm-Reifferscheid nannte die Operation „gänzlich unausführbar", während es laut dem magyarischen Magnaten Ladislaus Graf Szögyény v. Magyar-Szögyén zu ihrem „Erfolg" sowohl „an der Möglichkeit" wie auch „an der Geneigtheit" der Bevölkerung fehlte. Und der bereits erwähnte Sina mahnte Finanzminister Baumgartner Anfang Juni 1854 dazu, „nicht zu hoch" zu „spannen"[20]. Selbst Krauß' Nachfolger im Finanzressort, eben der jetzige Finanzminister und somit ein Hauptverantwortlicher für das Zustandekommen der Operation, scheint vorübergehend ein wenig Angst vor der eigenen Courage bekommen zu haben. Denn in relativ vertrautem Kreise gab er zu, „daß eine Summe von 500 Millionen allerdings im ersten Augenblicke etwas erschreckendes habe"[21].

Die bis dato gegebene historische Singularität der Dimensionen dieses Unternehmens artikuliert sich im übrigen auch in der dafür bereits während seiner Planungsphase gefundenen Charakterisierung. Schon der eigentliche Urheber dieses Unternehmens, der angeblich „sehr intelligente und ehren-

---

17 Reichsratssitzung v. 17. Juni 1854, in: Ebd., Gremial, Krt. 54, Nr. 349/54.
18 *Finanzkonferenz* v. 31. Mai 1854, in: Ebd., Präs., Krt. 13, Nr. 141/54; vgl. ders., Sitzung des Reichsrats v. 17. Juni, in: Ebd., RR, Gremial, Krt. 54, Nr. 349/54. Zu der zentralen Frage der *Freiwilligkeit* s. w. u. ausführlich.
19 Sitzung des Reichsrats v. 17. Juni 1854, ad Nr. 349/R., in: Ebd., Gremial, Krt. 54, Nr. 349/54 (s. dazu auch folg.). Zur Kapitalsituation s. w. u., Abschnitt 2.2.
20 Prot. der 1. Besprechung mit Vertrauensmännern v. 7. Juni 1854, ad Nr. 9511/GP., in: FA, FM, GP, Nr. 9511/54, Bog. 7.
21 Baumgartner, in: Ebd., Bog. 4.

werthe" Innsbrucker „Geschäftsmann"[22] Johann Boscarolli, hatte von „einer großartigen National Subscription" gesprochen[23]. Und auch in der Folge war immer wieder von einem „großartigen NationalAnlehen" die Rede[24]. Wendungen wie „großartige Finanzmaßregel"[25] und „großartige Maßregel"[26] bürgerten sich nicht nur im offiziellen Sprachgebrauch ein und blieben damit auch nicht nur propagandistischen Zwecken unmittelbar nach der Publikation des kaiserlichen Patentes vom 26. Juni vorbehalten. Sie gerieten vielmehr zu so etwas wie einer stehenden Redensart. Selbst ausgesprochene Kritiker des Projekts kamen nicht umhin, es als „erstaunenerregend" zu beschreiben[27].

Wie gelang es aber, eine Operation von so „unerhörter" Dimension[28] unter Dach und Fach zu bringen? Welcher Mittel, welcher Methoden bediente man sich hierzu? Sollte es dabei wirklich unvermeidlich zu einer partiell *zwangsweisen Umlage* kommen, wie Krieg gemeint hatte, wäre die proklamierte Freiwilligkeit der Nationalanleihe in ihr Gegenteil verkehrt worden. Hier stellt sich dann die Frage nach den damit verbundenen Folgen für die Einstellung der Öffentlichkeit, mithin vielen von diesem Unternehmen in der einen oder anderen Weise betroffenen Bürgern. Damit sind nur einige Fragen und Überlegungen angesprochen, die sich aufgrund des rein numerischen Umfangs dieses Unternehmens ergeben.

1.2. Die Bedeutung der Nationalanleihe aus zeitgenössischer Sicht

Ähnliche Fragen ergeben sich auch, vergegenwärtigt man sich die große Bedeutung, die bereits Zeitgenossen dem Unternehmen beigemessen haben. Daß dies der Fall war, kann angesichts des immensen Umfangs der Nationalanleihe eigentlich nicht überraschen. Schon in der Planungsphase schätzte

---

22 So der Tiroler Statthalter Bissingen (an Bach, Wien, 2. Mai 1854, in: AVA, Inneres, NL Bach, Krt. 2, f. *Bissingen*, fol. 932).

23 In seinem einschlägigen Plan: Ohne alles, ad Nr. 8421/FM., in: FA, FM, GP, Nr. 9511/54, fol. 12. Zu seiner Rolle s. w. u.

24 So Brentano unmittelbar nach dem 1. Juni (in: Ebd., Präs., Nr. 8421/54, fol. 7).

25 S. etwa Anton Achtschin an Kempen, Fiume 13. Juli 1854, Nr. 363/R., in: AVA, Inneres, OPB, Präs. II, Krt. 27, Nr. 4512/54.

26 So etwa Bach an den Siebenbürger Gouverneur Karl Fürst zu Schwarzenberg, Wien, 6. Juli 1854, Nr. 7099/MI., in: Ebd., Inneres, Präs., Krt. 664, Nr. 7099/54; vgl. ein Zirkular von Handelsminister Baumgartner an die Konsulate, Wien, 15. Juli 1854, Nr. 1715/HM., in: Ebd., Handel, Präs., Krt. 44. Baumgartner vereinigte das Finanz- und das Handelsressort in Personalunion.

27 Unbekannt, *Uiber Oesterreichische Finanz-Politik in Mitte der gesammten Staats-Politik*, in: KA, NL Hilleprandt, B/663, Nr. 12/874, Bog. 3.

28 Brandt, Neoabsolutismus, 1, S. 277.

man die Tragweite als hoch ein, unabhängig von der jeweiligen Beurteilung der Erfolgsaussichten dieser Operation. Die dazu eingenommenen Standpunkte führten allerdings zu ganz unterschiedlichen Bewertungen. So kommentierte etwa Wessenberg die Publikation des Patentes betont zurückhaltend, sah die geplante Operation aber offenbar als nicht unbedingt zum Scheitern verurteilt an. Zwar notierte er in einer ersten Reaktion in seinem Tagebuch, „keine ... Hoffnungen für das Resultat unseres Nazional Anlehens zu hegen"[29], sprach jedoch im Zuge *Schüchterner Bemerkungen über das Oester. Nazional Anlehen 1854* etwas später von einem „außerordentlichen" und zu „keiner Wiederholung" fähigen „Mittel"[30]. Somit scheint er also die Durchführung eines solchen Unternehmens für möglicherweise realisierbar erachtet zu haben. Dramatische Worte fand Kübeck. Dies ist schon deshalb beachtenswert, weil er wenigstens bis Mai 1854 gerade in Finanzfragen der einflußreichste Mann auf der politischen Bühne in Wien war. In seinem Tagebuch lesen wir nicht nur von einem „monströsen Finanzprojekt"[31], sondern es heißt dort auch: „Gott schütze Österreich!"[32] Skeptisch und bewundernd zugleich urteilte der bereits einige Jahre zuvor aus seinem unfreiwilligen Exil nach Wien zurückgekehrte und an der innenpolitisch-neoabsolutistischen Wende wohl nicht ganz unbeteiligte frühere Staatskanzler Clemens W. L. N. Fürst v. Metternich-Winneburg: Ihm zufolge wurde das „Experiment" Nationalanleihe von „Männern" durchgeführt, „denen ein bis zur Tollkühnheit gesteigerter Muth nicht abgeht"[33].

Ganz anders liest es sich im kaiserlichen Patent selbst: Dort war von einer „durchgreifenden und umfassenden Maßregel" die Rede, und es wurde die „Wichtigkeit" der mit ihr „angestrebten Zwecke" betont[34]. Diese Worte verwundern nicht. Im Vergleich zu zwei in der *Wiener Zeitung* erschienenen Artikeln, welche die Öffentlichkeit mit der geplanten Operation näher bekannt machten, nehmen sie sich allerdings noch relativ nüchtern aus. Dieser Unterschied in der Diktion mag damit zusammenhängen, daß der Kaiser nicht zu populistisch erscheinen wollte. Jedenfalls wurde in dem offiziellen Regierungsorgan das Patent ein „Aktenstück von höchster Bedeutung" genannt[35]. Kurz: Die Nationalanleihe war „eine der wichtigsten und folgenreichsten

---

29 *Die NationalAnleihe kaiserliches Patent v. 26. Juny 1854*, in: HHStA, NL Wessenberg, Krt. 13, Inv.nr. 96, fol. 145. Zu seiner weit. Einschätzung s. an mehreren Stellen w. u.
30 Ebd., fol. 149.
31 Tagebucheintrag v. 18. Juli 1854, in: Aus dem Nachlaß Kübecks, S. 145.
32 31. Mai 1854, in: Ebd. Zu seiner Skepsis s. noch wiederholt im weit.
33 Brief an Kübeck, Königswart, 16. Juli 1854, in: Metternich und Kübeck. Ein Briefwechsel, S. 186. Zu seiner eventuellen Beteiligung an der innenpolitischen Wende s. w. u., S. 102.
34 Rgbl., 1854, Nr. 158, S. 636.
35 *Österreichische Korrespondenz*, wiedergegeben in: *Wiener Zeitung*, 6. Juli 1854, Abendblatt, Nr. 152, S. 606.

Die Bedeutung der Nationalanleihe aus zeitgenössischer Sicht　　　　　　　　　　93

Maßregeln, mit denen die k. k. österreichische Regierung jemals hervortrat", wie die Leser diesem „ganz unterm Min.(inister) d.(es) Innern stehenden"[36] Blatt dann am folgenden Tag entnehmen konnten[37].

Zu einer solch enthusiastischen Diktion hatte sich die Staatsverwaltung gegenüber der Bevölkerung seit dem Herrschaftsantritt Franz Josephs – soweit ich sehe – noch niemals hinreißen lassen. Und wenigstens bis zum Ende des Neoabsolutismus sollte dies auch eine Ausnahme bleiben. Nun veröffentlichten die „Organe des Ministeriums" im Vorfeld der Publikation des Patentes zwar nicht wie bei anderen Gelegenheiten „wieder mehrere jener Leitartikel", die „bei gewissen Maßregeln, wie die Möven dem Schiffe, voraus zu ziehen pflegen"[38]. Doch stellen die in der Folge mit der Nationalanleihe verbundenen staatlichen propagandistischen Bemühungen ein einzigartiges Vorkommnis in der neoabsolutistischen Herrschaftspraxis dar. Dies wird sich noch zur Genüge erweisen. Schon hier sei die eventuelle Kehrseite der Medaille angemerkt. Es mochten nämlich negative Konsequenzen für die innenpolitische Situation resultieren, sollte dieses von offizieller Seite aus mit so großen propagandistischen Mitteln verfochtene Unternehmen mehr oder minder kläglich scheitern. Das hiermit verbundene Risiko dürfte auch den für die Realisierung der Nationalanleihe verantwortlichen politischen Kräften nicht entgangen sein.

Die weiteren offiziellen Stellungnahmen zur Nationalanleihe waren ebenfalls voll von teils enthusiastisch, teils dramatisch, jedenfalls aber ungewöhnlich deutlich anmutenden Redewendungen. Zuweilen wurde dabei gar von einer „Lebensfrage aller Interessen im Staate" gesprochen[39], ganz so, als ginge es um Sein oder Nichtsein des Kaiserreiches. Nun stand die Uhr für die Monarchie tatsächlich noch nicht beziehungsweise nicht schon wieder auf fünf vor zwölf; auch wurden solche Formulierungen zuweilen bewußt deshalb verwendet, um die Einwohner von vornherein in besonderem Maße auf ein anstehendes Projekt einzuschwören: Dennoch stehen wir hier nicht bloß rhetorischen Stilübungen gegenüber. Die finanzielle Lage des Staates hatte nämlich mittlerweile – nach einer bestenfalls marginalen vorübergehenden Besserung[40] – eine sehr bedrohliche Gestalt angenommen. Selbst außenstehende Persönlichkeiten wie Wessenberg bezeichneten das Erreichen des mit

---

36　So treffend der Sekretär Kempens Franz Hell in einer Notiz für seinen Chef, Wien, 24. Juni 1856, in: AVA, Inneres, OPB, Präs. II, Krt. 72, Nr. 4184/56.
37　*Österreichische Korrespondenz*, wiedergegeben in: *Wiener Zeitung*, 7. Juli 1854, Nr. 161, S. 1836.
38　So wohl der Journalist August Zang viel früher in einem v. 21. November 1849 (Wien) dat. Art. in seiner Zeitung *Die Presse* (22. November 1849, Nr. 278).
39　*Österreichische Korrespondenz*, wiedergegeben in: *Wiener Zeitung*, 7. Juli 1854, Nr. 161, S. 1836; vgl. dazu insb. auch weit. in diesem Art.
40　S. dazu Brandt, Neoabsolutismus, 2, S. 681–687.

der Nationalanleihe verknüpften finanzpolitischen Zieles als eine „Lebensfrage"[41].

Diese prekäre Situation resultierte nicht zuletzt aus den außerordentlichen militärischen Ausgaben, die infolge der sogenannten *orientalischen Wirren* bereits notwendig geworden waren beziehungsweise eventuell noch notwendig werden mochten. Die Monarchie befand sich während des Krimkriegs zwar in einem Zustand der Neutralität, doch stand ihre Armee auf bewaffnetem Fuß. Schon dies allein kostete das Staatssäckel monatlich etliche Millionen. So erforderte das Zusammenspiel einer „frischen Rekrutierung" mit der „Mobilisierung der Vierten Armee" im Mai 1854 einen „Nachtragshaushalt" von über 63 Millionen Gulden, womit es noch lange nicht sein Bewenden hatte[42]. Außerdem schien ein Kriegseintritt zeitweise durchaus vor der Tür zu stehen. Dies mochte zu einem späteren Zeitpunkt neue, nicht exakt kalkulierbare außerordentliche Militärausgaben erforderlich machen. Vielleicht hat Baumgartner Ende Mai 1854 gegenüber Franz Joseph bewußt ein wenig übertrieben, wenn er aufgrund der „Bedürfniße der Armee" den Zustand der „Staatskaßen" als „so stark angegriffen" bezeichnete, „daß sie als gänzlich erschöpft angesehen werden müssen"[43]. Schließlich lag ihm sehr viel daran, den Kaiser für sein Projekt zu gewinnen, wie noch zu zeigen sein wird: Doch eines konnte weder den Finanzminister noch den Monarchen, noch andere, mit der finanzpolitischen Situation auch nur einigermaßen vertraute Zeitgenossen beruhigen: Daß nämlich das „gesammte monatliche Staats-Einkommen" für den Monat Juli für militärische Aufwendungen ausgegeben werden mußte.

Bei Brandt kann dies eindringlich nachgelesen werden, wobei er sogar „fast unlösbare Finanz- und Währungsprobleme" konstatiert[44]. Hatte man sich also erst einmal zu einer Durchführung der Nationalanleihe entschlossen, so lag es äußerst nahe, unter anderem dem Generalgouverneur von Siebenbürgen „ans Herz" zu legen, die „hochwichtige Angelegenheit" der Nationalanleihe „vorzugsweise, vor allen anderen Geschäften behandeln ... zu wollen"[45].

---

41 So Wessenberg in seinem Tagebuch (*Die NationalAnleihe kaiserliches Patent v. 26. Juny 1854*, in: HHStA, NL Wessenberg, Krt. 13, Inv.nr. 96, fol. 145).
42 Zu den Zit. und allg. dazu s. bei Brandt, Neoabsolutismus, 2, S. 692.
43 Vortrag v. 25. Mai 1854, Wien, Nr. 9451/GP., in: ÖAGK, 2, Nr. 54, S. 172 (s. dazu auch das folg. Zit.).
44 Neoabsolutismus, 2, S. 691, s. generell insb. S. 687–692.
45 Bach an K. Schwarzenberg, Wien, 6. Juli 1854, Nr. 7099/MI., in: AVA, MI, Präs., Krt. 664, Nr. 7099/54.

1.3. Der politische Entscheidungsprozeß über die Nationalanleihe

Die zuletzt zitierten Worte verweisen erneut auf die Mittel, die Methoden, mit denen die Nationalanleihe in die Tat umgesetzt werden sollte. Bevor wir darauf jedoch intensiv eingehen, muß zunächst einmal der politische Entscheidungsprozeß über die Nationalanleihe analysiert werden. Wie kam es also überhaupt zu diesem Unternehmen? Ich komme damit zur Untersuchung der ersten Phase der Nationalanleihe, in der diese Operation beraten, beschlossen und vorbereitet wurde. Man kann sie auch als Phase des Entscheidungsprozesses bezeichnen, und sie dauerte, wie erwähnt, von ungefähr Anfang Mai bis Mitte Juli 1854.

1.3.1. Der Zuschnitt des neoabsolutistischen Herrschaftssystems

Um den Ablauf des Entscheidungsprozesses besser verstehen zu können, soll zunächst vorbereitend der Zuschnitt des neoabsolutistischen Herrschaftssystems ein wenig beleuchtet werden. Dies geschieht eher gerafft: Zum einen ist manches hierzu Notwendige insbesondere von Rumpler und Heindl bereits analysiert worden[46]. Zum anderen werden wir vielen, in dieser Hinsicht relevanten Punkten im Rahmen unserer konkreten Erörterungen zum Entstehungsprozeß der Nationalanleihe näher begegnen. Eingehender dargelegt werden also insbesondere jene Aspekte, wo dies infolge notwendiger historiographischer Korrekturen oder Präzisierungen und/oder für ein besseres Verständnis des Entscheidungsprozesses selbst angebracht erscheint.

Wie in einem als *reine, absolute Monarchie* deklarierten Herrschaftssystem nicht anders zu erwarten, thronte über allen anderen innenpolitischen Kräften der wenigstens der Theorie nach *unverantwortliche* und *allmächtige* Herrscher. Freilich ist hierzu gleich einschränkend auf den in der Forschung neuerdings merkbaren Dissens darüber zu verweisen, ob es in der Praxis überhaupt jemals so etwas wie *Absolutismus* gegeben hat. Vor allem der englische Historiker und Lehrer Nicholas Henshall hat diesbezüglich starke Zweifel angemeldet[47]. Wenn er zumindest tendenziell zu Recht und aus seiner Sicht ironisch feststellte: „Between the 1820s and 1950s everyone knew what ‚absolutism' meant."[48], so vermeinte Ernst Hinrichs gleichzeitig nicht nur die mit absolutistischer Herrschaft gemeinhin verbundenen Vorstellungen ad

---
46 Ministerrat, S. 45–60 (Rumpler); Probleme, S. XXVIII–XLI (Heindl).
47 S. dazu seine Studie *The Myth of Absolutism* aus dem Jahre 1992.
48 Early Modern Absolutism 1550–1700, S. 25.

acta legen zu können, sondern auch den Begriff als solchen[49]. Da jedoch die Auseinandersetzung über die zweifellos „provozierenden Thesen"[50] Henshalls noch nicht zu seinen Gunsten ausgegangen ist, erscheint die weitere Verwendung des Terminus *Absolutismus* legitim.

Ungeachtet des spätestens seit der Aufhebung der Märzverfassung gegebenen verfassungslosen Zustandes vermochte Franz Joseph I. nicht völlig beliebig zu agieren. Auch kam es deshalb zu keiner einfachen Neuauflage vormärzlicher Zustände im Sinne einer „Rückkehr zum reinen Absolutismus"[51]. Und ist sogar von den „Jubeljahren des Absolutismus" die Rede[52], so wird damit fälschlicherweise nicht nur eine mehr oder minder lupenreine Wiederaufnahme, sondern sogar erst die Vollendung der vor dem März 1848 bestehenden Herrschaftsprinzipien behauptet. Überdies waren die eingetretenen Änderungen nicht nur minimaler Natur, wie Mann meint. Für ihn „sank" Österreich „nach dem Tode Schwarzenbergs ... in einen Absolutismus zurück ..., der sich von dem des alten Metternich nur durch eine etwas straffere Wirksamkeit unterschied"[53].

Vielmehr stehen wir einer in mancherlei Hinsicht durchaus „neuen Form des Absolutismus" gegenüber, wie Steinacker schon vor langem festgestellt hat[54]. Damit meint er konkret „die persönliche Herrschaft des Kaisers, gestützt auf die Armee und eine streng zentralisierte, deutsch amtierende Bürokratie, unter bewußter Beseitigung aller ‚autonomischer' Rechte"[55]. Würde man das offiziell zwar erst am 5. November 1855 publizierte, sich für die Öffentlichkeit allerdings schon geraume Zeit zuvor abzeichnende *Bündnis zwischen Thron und Altar* in Form eines Konkordats hinzuzählen[56], so wären damit exakt jene drei Bereiche genannt, die immer wieder als die drei Säulen

---

49 „(...) – ruhe sanft, Absolutismus!" (Abschied vom Absolutismus?, S. 371; s. dazu insg. S. 353–371).
50 So richtig Ronald G. Asch und Heinz Duchhardt. Zugleich schreiben sie aber: „Dennoch fand Henshalls Vorschlag, den Absolutismus-Begriff als Mythos zu entlarven und sich völlig von ihm zu befreien, auf der Konferenz noch keine Mehrheit; vielleicht auch deshalb, weil man sich bewußt war, daß auch Mythen die historische Realität prägen können (...)." (Die Geburt des ‚Absolutismus', S. 24.) Dazu ist gleich zweierlei zu sagen: Erstens ist die *Mehrheits*meinung noch lange nicht unbedingt die richtige Meinung, wie sich auch für die Geschichtswissenschaft immer wieder feststellen läßt. Würde sonst jenes, was einmal als *mehrheitlicher* Forschungskonsens gilt, jemals in Frage gestellt, wie es so oft geschieht? Und zweitens *können Mythen die historische Realität* allerdings *prägen*, was aber noch lange nicht heißt, daß sie deshalb mit dieser *Realität* – sollte es denn eine geben bzw. gegeben haben – übereinstimmen.
51 Klaus Koch, Generaladjutant Graf Crenneville, S. 97.
52 Anton Springer, Verfassungskämpfe, S. XIII.
53 Deutsche Geschichte, S. 259.
54 Die geschichtlichen Voraussetzungen, S. 41.
55 Ebd., S. 54.
56 S. dazu kurz bei Peter Leischning, Die römisch-katholische Kirche in Cisleithanien, S. 25–34.

des Neoabsolutismus beziehungsweise des absolutistisch regierenden Monarchen angeführt werden.

Ebenfalls einen „‚neuen' ... Absolutismus" konstatieren Wilhelm Brauneder und Friedrich Lachmayer[57]. Wie George Barany[58], so sprechen dabei auch sie konkret von einem durch „scheinkonstitutionelle Einrichtungen gemilderten" Absolutismus[59]. In diesem Zusammenhang verweisen sie auf die Beibehaltung einer allerdings „dem Monarchen verantwortlichen Regierung aus Ministern", die – wenn auch „vom Monarchen" ausgehende – „Erlassung von Gesetzen" und die „Gewährung einzelner Grundrechte" – „wenngleich mit verändertem Stellenwert"[60]. Außerdem führen sie das „von den übrigen Staatsgewalten so gut wie getrennte" Justizwesen an, ein verfassungsrechtlich allerdings „nicht garantierter" Zustand.

In der fehlenden „verfassungsrechtlichen Absicherung" der „Errungenschaften" dieser Epoche erblicken die beiden Autoren nun auch das spezifische „verfassungsrechtliche Problem des Neoabsolutismus", wodurch diese Epoche doch wieder stark an vormärzliche verfassungspolitische Gegebenheiten gebunden wurde. Weiteres kam hinzu: Beispielsweise „fehlte eine Kontrolle durch die Öffentlichkeit", und wie schon vor der Revolution, so diente auch nun „wieder die Gesetzgebung als Staatsklammer". Noch manch anderes mehr ließe sich gegen das einschneidend *Neue* der verfassungspolitischen Situation nach 1851 vorbringen[61]. Dennoch sollte deutlich geworden sein, daß *Neo*(absolutismus) nicht als *neu* im Sinne einer völligen Rückkehr zu bereits früher existierenden verfassungspolitischen Zuständen zu verstehen ist. Insofern trifft Alexander Novotnys nicht näher begründete These zu, man könne „mit Recht von ‚Neo-Absolutismus' sprechen"[62]. Gleiches gilt für Redlichs Behauptung eines „verjüngten Absolutismus von 1850"[63]. Mit Verweis auf „powerful, transformational effects of the reformed Verwaltung on Austrian civil society after 1850" macht John W. Boyer sogar einen „very different kind of state from the paralyzed, uncertain bureaucratism of the 1820s and 1830s" aus[64]. Am weitesten geht Hantsch, wenn er von einem „absoluten Liberalismus" schreibt[65].

---

57 Österreichische Verfassungsgeschichte, S. 134; vgl. S. 137.
58 Er konstatiert einen „vom Neoabsolutismus geprägten Scheinkonstitutionalismus" (Ungarns Verwaltung, S. 401).
59 Österreichische Verfassungsgeschichte, S. 134.
60 Ebd., S. 137 (s. dazu auch folg.).
61 S. dazu ebd.
62 Der Monarch und seine Ratgeber, S. 61.
63 Staats- und Reichsproblem, 1/1, S. X.
64 Political Radicalism in Late Imperial Vienna, S. 17.
65 Geschichte Österreichs, 2, S. 369.

Schon in dieser Wendung mögen sich indirekt gewisse Bedenken artikulieren, ob der Begriff *Absolutismus* überhaupt das Wesen des damaligen Herrschaftssystems trifft. Bei anderen Autoren wird dies noch deutlicher. Spricht etwa Mazohl-Wallnig von einem „cosiddetto periodo ‚neoassoluto'"[66], so mögen sich dahinter gewisse Bedenken verbergen, ob der Terminus *neoassoluto* wirklich den Kern der Sache trifft. Gleiches könnte auch für die Charakterisierung der zeitgenössischen „Regierung" als „autoritär-absolutistisch" durch Heindl gelten[67]. Diese Vermutung scheint um so berechtigter, als die Autorin anderswo zum einen von einem „absolutistischen System" schreibt[68], zum anderen jedoch einen „Reformabsolutismus" ausmacht[69]. Sollte sie nämlich den Begriff *Absolutismus* doch für eine adäquate Charakterisierung des damaligen Herrschaftssystems erachten, so könnte sie sich eigentlich auf seine Verwendung beschränken, oder anders formuliert: Was impliziert der Terminus *autoritär* inhaltlich, was nicht schon im Begriff des *Absolutismus* enthalten wäre? Eine ähnliche Frage ist auch an Urban zu richten: Für ihn bildet unser Betrachtungszeitraum zwar „in gewisser Hinsicht" sogar „den Höhepunkt der etatistischen Tendenzen des Neoabsolutismus"[70]; bezeichnet er denselben jedoch zugleich als eine „despotische Diktatur" und als „despotisches System"[71], so ist ihm wenigstens eine gewisse sprachliche Ungenauigkeit vorzuhalten. Denn ein *absolutistisches* kann nicht einfach mit einem *despotisch-diktatorischen* Herrschaftssystem gleichgesetzt werden.

Nicht leichter wird die Sache dadurch, daß Stölzl sogar ein „europäisches System des ‚Neoabsolutismus'" ausmacht[72]: In der Tat gab es eine „ähnliche", im Sinne einer „Rückbildung der politischen Verhältnisse" verlaufende „Entwicklung" auch in Frankreich und Deutschland, wie Hantsch ausgeführt hat[73]. Stölzl selbst nennt in diesem Kontext neben Österreich „die plebiszitäre Diktatur" Napoleons III. sowie den „Scheinkonstitutionalismus" in Preußen[74]. Zudem sind die „Verfassungskämpfe" der franzisko-josephinischen Zeit und damit auch jene zwischen 1848 und 1852 beziehungsweise zwischen 1859 und 1867 mit Friedjung als „Element der allgemeinen Entwicklung Europas" zu betrachten[75]. Doch abgesehen davon, daß der Verweis auf die beiden zunächst wohl größten außenpolitischen Antagonisten des Reiches noch lange kein

---

66 Ordinamento centrale, S. 28; vgl. dies., Österreichischer Verwaltungsstaat, S. 92. Allerdings ist dort auf S. 116 lapidar von „Neoabsolutismus" die Rede.
67 Einleitung, in: MRP, III/3, S. IX.
68 Einleitung, in: MRP, III/2, S. XVII.
69 Ebd., S. XXII.
70 Die tschechische Gesellschaft, 1, S. 166 (s. dazu auch das folg. Zit.).
71 Ebd., S. 197.
72 Stölzl, Ära Bach, S. 56.
73 Geschichte Österreichs, 2, S. 361.
74 Ära Bach, S. 56.
75 Oesterreich, 1, S. V.

europäisches System ausmacht, läuft man bei dieser Gleichsetzung Gefahr, substantielle Unterschiede zu verwischen[76].

Mommsen schließlich konstatiert sogar noch für die Zeit nach 1907 ein „neoabsolutistisches System", das er offensichtlich mit dem „autoritären Regierungssystem des Art. 14" gleichsetzt[77]. Hier drängt sich der Verdacht begrifflicher Willkür insbesondere deshalb auf, weil sich die Abgeordneten die häufige Zuhilfenahme des Notverordnungsparagraphen aufgrund der von ihnen betriebenen Obstruktionspolitik[78] oftmals selbst zuzuschreiben hatten. Freilich wird mit diesem Terminus sogar noch großzügiger umgegangen: So zieht Ernst Hanisch eine Linie „vom Metternichschen Polizeistaat über den Neoabsolutismus bis zum Kriegsabsolutismus während des Ersten Weltkrieges"[79], wobei er Ulrich Kluge zitiert, der dem Ständestaat zwischen 1933/34 und 1938 „Züge eines ‚modernisierten Neoabsolutismus'" zugeschrieben hat[80]. Neoabsolutistische Verantwortliche hätten hier einen kritischen Einwurf gemacht, den sie ihren politischen Gegnern gerne vorhielten: *Begriffsverwirrung*.

Wie dem aber auch sei: Klar ist, daß Kaiser Franz Joseph I. wenigstens prinzipiell über absolute Machtvollkommenheit verfügte. Neben oder besser gesagt unter der Ebene des Herrschers existierten nur zwei mehr oder weniger ständig arbeitende *Institutionen*[81]: zum einen das schon erwähnte, sogenannte *Ministerium*, zum anderen der *Reichsrat*. Salopp formuliert sollten diese beiden Organe die Staatsmaschine für den Kaiser am Laufen halten.

1.3.1.1. Das Ministerium

Wenden wir uns zunächst dem Ministerium zu: Es war „schrittweise"[82] und dabei weitgehend „entmachtet"[83] worden. Die entscheidenden Etappen dieser

---

76 Dies wäre zu analysieren. Hier ist ausdrücklich zu betonen, daß ich weitestgehend nicht international komparativ vorgehe. Dies hätte den Arbeitsaufwand schlicht zu groß gemacht. Allg. zum Vergleich in der Geschichtswissenschaft s. jüngst Hartmut Kaelble, Der historische Vergleich.

77 Die habsburgische Nationalitätenfrage, S. 119; auf das Wilhelminische Kaiserreich bezogen spricht Volker Ulrich von der „monströsen Spätblüte einer neoabsolutistischen Hofkultur unter Wilhelm II." (Zur Lichtgestalt verklärt, S. 16).

78 Dieser Terminus ist hier nicht per se negativ gemeint, da es für die Abgeordneten partiell durchaus nachvollziehbare Gründe gegeben hat, sich einer solchen Politik zu bedienen.

79 Der lange Schatten des Staates. Österreichische Gesellschaftsgeschichte im 20. Jahrhundert, S. 315.

80 Ebd., S. 314. Dabei bezieht er sich auf Kluges Buch *Der österreichische Ständestaat 1934–1938*.

81 Zur begrifflichen Problematik dieses Terminus s. w. u.

82 Heindl, Probleme, S. XXXV.

83 Rumpler, Ministerrat, S. 45 (und an anderen Stellen).

Entwicklung fallen in das Jahr 1851. Deshalb hat Heindl durchaus treffend vom „konstitutionellen Intermezzo von 1848 bis 1851" gesprochen[84]. Auch schon bei einem Mitlebenden wie Kübeck finden wir die „Bewegungsperiode der Jahre 1848, 1849 & 1850" als einen für sich abgeschlossen stehenden, revolutionären Zeitraum beurteilt[85].

Eine erste herausragende „Station" auf dem „Weg zur Wiedereinführung des Absolutismus" bildet zweifellos die allerdings schon in der Märzverfassung vorgesehene[86], am 13. April 1851 sanktionierte „Einsetzung des Reichsrates" als Kontroll- sowie als Beratungsorgan des Kabinetts sowie der einzelnen Ressorts[87]. Des weiteren sind zunächst vor allem die Augusterlässe dieses Jahres (20. August 1851) zu nennen. Mit ihnen wurde insbesondere zum einen die bereits erwähnte „ausschließende Verantwortlichkeit" des Ministerrates „gegenüber dem Monarchen und dem Throne" festgelegt[88]. Dies bedeutete nichts anderes als das Abrücken von „konstitutionellen Grundsätzen"[89]. Zum anderen beauftragte Franz Joseph damals den Ministerpräsidenten damit, „die Frage über den Bestand und die Möglichkeit der Vollziehung der Verfassung vom 4. März 1849 in reife und eindringliche Erwägung zu ziehen"[90].

Diesen Befehl haben schon Zeitgenossen als „eine Art ... Staatsstreich" beurteilt[91]. Allenfalls die Frage seiner vermeintlichen „Unvermeidlichkeit" wurde diskutiert. Auch wurden die Erlässe bereits damals „eigentlich" mit der „Aufhebung" der ohnehin nur in Teilen in das Leben getretenen Märzverfassung gleichgesetzt[92]. Entsprechend sehen es Historiker: So beurteilt Walter Wagner zwar schon ein „Zirkular" des Grafen und hohen Militärs Franz Gyulai v. Maros-Németh u. Nádaska vom 11. Juli 1849 als „recht charakteristisch für die neuen zentralistisch-absolutistischen Tendenzen"[93], weist aber an anderer Stelle explizit auf den 20. August 1851 als den „nunmehrigen Beginn des Neoabsolutismus" hin und betont die „große Bedeutung dieses Schrittes"[94].

---

84 Probleme, S. XXXIII.
85 Vortrag v. 20. Oktober 1853, in: HHStA, KK, RR, Präs., Krt. 12, Nr. 416/53.
86 S. dazu Abschnitt IX der *Reichsverfassung für das Kaisertum Österreich*, abg. in: Die österreichischen Verfassungsgesetze, Nr. 46, S. 118, § 96–98.
87 Heindl, Probleme, S. XXVIII. S. dazu auch w. u.
88 *A.h. Kabinettsschreiben v. 20. August 1851*, abg. in: Die österreichischen Verfassungsgesetze, Nr. 46, S. 176.
89 Brauneder/Lachmayer, Österreichische Verfassungsgeschichte, S. 135.
90 *A.h. Kabinettsschreiben v. 20. August 1851*, abg. in: Die österreichischen Verfassungsgesetze, Nr. 47, S. 177.
91 Tagebucheintrag Joseph A. Freiherr v. Hübners, Paris, 22. Oktober 1851, in: Joseph A. Hübner, Neun Jahre der Erinnerungen, 1, S. 17 (s. dazu auch das folg. Zit.).
92 Tagebucheintrag Hohenwarts v. 29. August 1851, in: AVA, NL Hohenwart-Weingarten, Krt. 14b, Bog. 11.
93 Geschichte des k. k. Kriegsministeriums, S. 37.
94 Ebd., S. 72–73.

Bereits Richard Charmatz sah mit diesem Datum der konstitutionellen „Fiktion" ein Ende bereitet[95], ebenso wie Josef K. Mayr, seines Zeichens Oberstaatsarchivar im *Haus-, Hof und Staatsarchiv* und Herausgeber der Tagebuchaufzeichnungen Kempens[96].

Die Debatten über eine Verfassungsrevision zogen sich den ganzen Herbst 1851 hin, unter der Aufsicht von „Felix dem Großen" und „Kübeck dem Kleinen"[97] und unter Beteiligung der Minister und Reichsräte[98]. An ihrem Ende stand das Sylvesterpatent vom 31. Dezember 1851. Darin führte Kaiser Franz Joseph unter anderem seine „Regentenpflicht" als Begründung dafür an, die „Verfassungs-Urkunde vom 4. März 1849 ... außer Kraft und gesetzlicher Wirksamkeit zu erklären"[99]. Wie schon gehört, wird im allgemeinen mit diesem „kampflosen" Sieg der „Revolution ... von Oben"[100] der Beginn des neoabsolutistischen Herrschaftssystems angesetzt. In der Tat „löschte" er scheinbar „wie mit einem Schwamme die Errungenschaften" des Jahres 1848 aus[101] und „führte alles" wieder „in das alte Gleise zurück"[102]. Bestenfalls diskutiert man darüber, ob das neoabsolutistische Herrschaftssystem durch diesen Schritt lediglich „official" gemacht wurde[103] oder aber ob der Sylvestertag tatsächlich jene „tief einschneidende Zäsur" in der Geschichte der Habsburgermonarchie bildete, als die sie Walter bezeichnet hat[104]. Auch dies wurde bereits ausgeführt.

Die Errichtung des Neoabsolutismus ging also prinzipiell mit einer weitgehenden Entmachtung des Ministeriums einher. Dies ließe sich an verschiedensten Beispielen aufzeigen. So kamen zahlreiche relevante politische Fragen in diesem Gremium überhaupt nicht mehr zur Sprache. Behauptete also Bach dem Monarchen gegenüber noch am 26. Januar 1856, die Ministerkonferenz bilde „jenen Rath der Krone ..., in welchem die wichtigsten und entscheidendsten Staatsangelegenheiten, ohne Unterschied, berathen und aus-

---

95 Adolf Fischhof, S. 125.
96 Tagebuch Kempens, S. 225, Anm. 41, in Verb. mit Kempens Eintrag v. 30. August 1851.
97 So der um scharfzüngige Charakterisierungen und Urteile offenbar nie verlegene Franz L. Freiherr v. Welden an Ferdinand Freiherr v. Langenau, Graz, 9. Oktober 1851, in: KA, NL u. Sammlungen, NL Langenau, B/1150, Nr. 60, fol. 517.
98 Zu ihrem Verlauf s. vor allem Walter, Zentralverwaltung, III/1, S. 536–538.
99 *Kais. Patent v. 31. Dezember 1851*, abg. in: Die österreichischen Verfassungsgesetze, Nr. 48, S. 178.
100 So Adolph Freiherr Pratobevera v. Wiesborn, und., *Oesterreich, Rückblick auf das Jahr 1818 bis 1851*, in: HHStA, NL Pratobevera, Krt. 4, *Aufsätze, Excerpte, Beurtheilungen*.
101 Tagebucheintrag Hohenwarts v. 1. Januar 1852, in: AVA, NL Hohenwart-Weingarten, Krt. 14b, Bog. 13.
102 Tagebucheintrag des Beamten im Außenministerium Carl v. Dilgscron, 1.–12. Januar 1852, in: HHStA, NL Dilgscron, Krt. 3, f. *Buch 1852*, Bog. 1.
103 Kann, History, S. 321.
104 Zentralverwaltung, III/1, S. 544.

getragen werden"¹⁰⁵, so trifft dies – zumindest in diesem Ausmaß – nicht zu. Insbesondere außenpolitische Probleme, die Franz Joseph – zusammen mit Militärangelegenheiten – bekanntlich als seine eigene Domäne, als „Prärogative der Krone" betrachtete¹⁰⁶, wurden dem Kabinett vorenthalten, wenn wohl auch weniger „ausschließlich" als immer wieder behauptet¹⁰⁷. So wollte er etwa die mit den „Punctationen für die Friedens Conferenzen" in Paris von 1856 zusammenhängenden, „für die ganze Zukunft Österreichs so wichtigen Fragen" unverzüglich „mit den Ministern(,) deren Ressort sie berühren(,) besprechen"¹⁰⁸.

Vor allem in innenpolitischer Hinsicht gelangten aber dennoch bedeutende politische Probleme auf die Tagesordnung des Kabinetts. Aber auch in diesen, häufig vorkommenden Fällen sahen sich seine Mitglieder immer wieder mit bereits anderwärts getroffenen Grundsatzentscheidungen konfrontiert, die sie lediglich noch abzusegnen hatten oder bestenfalls noch in Einzelheiten von zumeist eher zweitrangiger Bedeutung zu korrigieren vermochten (und auch dazu mußte der Monarch seine Zustimmung geben).

Am sichtbarsten manifestiert sich die potentielle Ohnmacht des Ministeriums wohl in vier Punkten: Erstens erfuhr der Name dieses Organs eine bedeutsame Änderung, die ganz im Sinne der verfassungspolitisch restaurativ eingestellten Kräfte war: Aus dem Minister*rat* wurde seit Mitte April 1852 die Minister*konferenz*¹⁰⁹. Bereits Metternich hatte in einem kurz zuvor verfaßten Promemoria *über die inneren Fragen Österreichs* (27. März) zwar auf das Erfordernis einer „bleibenden Berührung" zwischen den Ministern hingewiesen, zugleich aber betont, die „Form dieser Berührung" müsse die von „Besprechungen, Konferenzen" sein¹¹⁰. Die Bezeichnung Minister*rat* erinnerte ihn zu sehr an die konstitutionelle, die revolutionäre Zeit, die mit der Errichtung des Neoabsolutismus doch gerade zu Grabe getragen werden sollte. Allerdings wurde – freilich nur sehr sporadisch – die Bezeichnung *Ministerrat* weiterhin verwendet. Bediente sich ihrer ein so entschiedener Gegner konstitutioneller Zustände wie Kempen, so mag er damit eine ironische politische Spitze gegen

---

105 Vortrag, in: HHStA, KK, Vorträge, 1856, Krt. 2, MCZ. 307/56.
106 Walter, Zentralverwaltung, III/3, S. 97.
107 Ebd. So meint István Deák bzgl. militärischer Angelegenheiten: „(…) Strategie interessierte ihn nicht, und er weigerte sich, seine immer größer werdende Marine zu inspizieren, da er, wie er freimütig zugab, nichts von Marineangelegenheiten verstand und sich auch nicht darum kümmerte" (Der K. (u.) K. Offizier, S. 58). S. in diesem Zhg. auch eine grundsätzliche Erwägung von Ana M. Schop Soler, Einleitung, S. 35; vgl. dem Tenor nach Zürrer, Einleitung, S. 47. Darlegungen von Hantsch geben wenig her (Kaiser Franz Joseph, S. 25–40).
108 HHStA, AM, PA. XL, Interna, NL Buol, Krt. 276/277a, f. *Interna, 1. Teile*, s.f. *Franz Joseph*, fol. 13.
109 S. dazu Walter, Zentralverwaltung, III/3, S. 48–49.
110 Wien, in: MKP, III/1, Nr. 1a, S. 7.

das Selbstverständnis wenigstens einiger Kabinettsmitglieder verbunden haben[111]. Aber auch in einer Stellungnahme Außenminister Buols von 1857 heißt es: „Seine Majestät haben in dem Ministerrathe vom 2(.) Mai befohlen, daß sich Allerhöchst ihre Minister mit Beseitigung der in den Preßzuständen der Monarchie vorliegenden Uebelstände zu beschäftigen ... hätten."[112] Das ist deshalb interessant, weil Buol damit rechnen mußte, daß dieses Schriftstück auch Franz Joseph zu Gesicht bekommen könnte. Will man aber eine solche Formulierung nicht einfach als Versehen interpretieren, so bildet dies ein kleines Indiz unter manch anderen dafür, daß auch im Neoabsolutismus selbst hohe politische Repräsentanten des Herrschaftssystems sich politisch unzeitgemäßer Formulierungen bedienen konnten. Vielleicht geschah dies zuweilen sogar in der Absicht, damit indirekt ein wenig politischen Protest zu äußern.

Zweitens wurde nach Schwarzenbergs Ableben am 5. April 1852 die Position eines Ministerpräsidenten nicht mehr neu besetzt. Es kam vielmehr sogar zu ihrer Aufhebung. Zwar schreibt etwa Peter Wozniak von einem „minister president" Buol[113]. Doch tatsächlich fungierte dieser als Außenminister nur noch gleichzeitig als *Vorsitzender* des Kabinetts. Auch auf den zunächst noch im Gespräch befindlichen Titel *Präsident der Ministerkonferenz* mußte Buol verzichten[114]. Deshalb sehen manche Historiker das neoabsolutistische Herrschaftssystem auch erst mit diesem Ereignis beziehungsweise den sich daraus ergebenden Folgen als endgültig etabliert an. So beginnt für Friedrich Engel-Janosi der Neoabsolutismus „recht eigentlich" erst nach dem Ableben des Fürsten[115]. Heindl zufolge wurde der „letzte Schritt zur Vollendung des Neoabsolutismus" sogar erst am 14. April 1852 vollzogen[116]. Damals erklärte der Kaiser gegenüber dem Ministerium, „die Stelle eines Ministerpräsidenten nicht mehr besetzen und den Ministerrat in eine Ministerkonferenz umwandeln zu wollen"[117].

---

111 Tagebucheintrag v. 22. Juni 1857, in: Tagebuch Kempens, S. 435.
112 Und., aber jedenfalls nach dem 2. Mai und vor dem 2. Juni 1857 abgefaßt [o. O. (Wien)], in: MKP v. 2. Juni 1857, MCZ. 2109/57, in: HHStA, MRP, Krt. 24, fol. 274/2, Beil.).
113 Count Leo Thun, S. 68.
114 S. dazu Rumpler, Ministerrat, S. 47–48; vgl. Rumpler, Die rechtlich-organisatorischen und sozialen Rahmenbedingungen, S. 15–16.
115 Einleitung, in: MRP, III/1 S. IX; vgl. auch Unckel, Österreich und der Krimkrieg, S. 23.
116 Probleme, S. XXX.
117 Ebd. Heindls Diktion von einem *letzten Schritt* deutet darauf hin, daß sie die monarchische Willenskundgebung lediglich als Formalie beurteilt, deren Verwirklichung so oder so lediglich eine Frage der Zeit gewesen wäre. Allerdings vermutet sie zugleich „ein heftiges Tauziehen" um „die Frage der Ernennung eines Ministerpräsidenten", wobei „den Feinden" dieser Institution ihre schließliche Abschaffung dadurch „erleichtert" wurde, daß als Nachfolger des Fürsten „die Person Bachs" gehandelt wurde, eine „in der Öffentlichkeit höchst umstrit-

Drittens wurde im Zuge der inneren Ausformung des neoabsolutistischen Herrschaftssystems die „Kollektivverantwortung"[118] des Kabinetts eliminiert: „Seit 1848" waren die einzelnen Ressortchefs „als Mitglieder der Gesamtregierung" gegenüber „dem Kaiser verantwortlich"[119]. Nunmehr aber standen sie „isoliert" für sich „und ihres Rückhalts im Ministerrat beraubt" da. Wie der Sekretär der Kabinettskanzlei, Carl Freiherr v. Ransonnet-Villez, einmal gegenüber Bach bemerkte, konnte „von einem Wirkungskreis der Ministerkonferenz keine Rede seyn"[120]. Sie war nämlich „keine Behörde". Dies bedeutet nicht, daß im Zuge von Sitzungen des Kabinetts keine Beschlüsse mehr in Form von Abstimmungen erfolgten, auch wenn wiederum Ransonnet zufolge „ihre einzige Aufgabe" in der „Berathung" über „a.(ller)u.(ntertänigste) Anträge, oder administrative und legislative Verfügungen der einzelnen Ministerien" bestand. Aus solchen Beschlüssen hervorgehende Gesetzesvorlagen und anderes mehr konnten dem Kaiser aber nur noch als Vorschläge ohne ihn verfassungsrechtlich irgendwie bindenden Charakter vorgelegt werden. Die schon in der Märzverfassung vorgesehene Modalität eines absoluten monarchischen Vetos fand hier ihre extreme Zuspitzung. Zeitweise wurde sogar die Abschaffung der Ministerkonferenz überhaupt als mehr oder minder regelmäßig kollektiv zusammentretendes und auch beschlußfähiges Organ erwogen[121]. Schon mehrfach erwähnt wurde schließlich ein vierter Punkt: Das Kabinett bekam mit dem Reichsrat ein ausgesprochenes Kontrollorgan zur Seite gestellt, das seine Handlungsfreiheit stark einschränkte. Dies soll nun in einem eigenen Abschnitt etwas eingehender erörtert werden.

1.3.1.2. Der Reichsrat

Der Reichsrat bildete die zweite während des Neoabsolutismus existierende *Institution*. Gelegentlich wird sie auch als „Fortsetzung" des vormärzlichen Staatsrates angesehen[122]. Jedenfalls setzte sich dieses Organ aus einem Prä-

---

tene Persönlichkeit" (ebd.). Demnach maßen die involvierten Zeitgenossen dieser Frage eine recht erhebliche Bedeutung bei. Man könnte diesen Gedanken weiterspinnen und fragen, ob Franz Joseph diesen letzten Schritt auch dann gewagt hätte, wenn Schwarzenberg nicht gestorben wäre. Ließe sich dies plausibel bezweifeln, so hätte es der dann bestehen gebliebene Ministerrat eventuell eher geschafft, sich eine stärkere Machtposition zu erhalten.

118 Rumpler, Ministerrat, S. 57.
119 Ebd., S. 50 (s. dazu auch folg.).
120 Wien, 5. Februar 1856, in: HHStA, KK, Vorträge, 1856, Krt. 3, MCZ. 565/56 (s. dazu auch folg.).
121 So wenigstens laut einer Tagebuchnotiz Kempens v. 27. Februar 1855, der sich auf eine entsprechende Äußerung Grünnes beruft (Tagebuch Kempens, S. 357).
122 S. dazu kurz bei Heindl, Probleme, S. XXXIII–XXXIV.

sidenten (bis zu seinem Tod Anfang September 1855 Kübeck) sowie mehreren Reichsräten zusammen und erfüllte prinzipiell eine doppelte Funktion, die doch nur zwei Seiten ein und derselben Medaille bildete. Zum einen hatten seine Mitglieder legislative und sonstige Vorhaben der Ministerkonferenz beziehungsweise einzelner Minister zu kontrollieren. Damit sollten nicht zuletzt eventuelle Bestrebungen nach einer gleichsam ebenso heimlichen wie schleichenden Änderung des bestehenden verfassungslosen Zustandes verhindert werden. In der Ausübung dieser Funktion sollten die Reichsräte aber zum anderen dem Monarchen in seiner Herrschaftsausübung beratend zur Seite stehen. Somit diente dieses Organ gegenüber dem Kabinett auch als „konkurrierender Ratgeber der Krone", wie es Brandt treffend formuliert hat[123]. Genaugenommen bedingten sich die beiden genannten Funktionen gegenseitig. Eine Analyse der Akten zeigt, daß Franz Joseph zumindest in der Anfangszeit des Neoabsolutismus den Vorschlägen des Reichsrates zumeist folgte[124]. Dies war nicht zuletzt dann der Fall, wenn seine Repräsentanten auf substantielle Abänderung oder gar Zurückweisung ministerieller Vorlagen aus verfassungspolitischen Gründen drängten. Insofern verfügte der Reichsrat zumindest während bestimmter Phasen des Neoabsolutismus über eine stärkere Machtposition als die Ministerkonferenz. Dies galt insbesondere für ihren Vorsitzenden. Ihm stand nämlich in Form eines abschließenden Gutachtens über die in diesem Gremium erfolgten Beratungen stets das letzte Urteil zu.

Es handelte sich hierbei aber um keinen verfassungsmäßig abgesicherten Machtvorsprung. Sein Ausmaß war vielmehr prinzipiell allein vom Gutdünken Franz Josephs abhängig. Heindl spricht generell von „völlig willkürlichen Entscheidungen", von der „selbstherrlichen Bevorzugung des einen oder des anderen Beraters" durch den Kaiser[125]. Insbesondere die erste Formulierung erweckt den Eindruck eines wenigstens zeitweise letztlich unbegründeten, ja irrationalen Vorgehens von monarchischer Seite aus. Hier ist Vorsicht geboten. Den Habsburger könnten bei seinen Entscheidungen generell subjektiv oder auch objektiv betrachtet gute Gründe geleitet haben. Auch Heindl würde zum Beispiel wohl nicht abstreiten, daß für Franz Joseph die Aufrechterhaltung und Festigung des neoabsolutistischen Herrschaftssystems ein sehr wichtiges Ziel darstellte. Dann aber mochte er sich konsequent und rational verhalten, wenn er jeweils jenen Stimmen Gehör schenkte, die seiner Ansicht nach diesbezüglich die jeweils geeignetsten Vorschläge machten. Dies gilt es auch mit Blick auf unsere Thematik in Erinnerung zu behalten. Dennoch

---

[123] Neoabsolutismus, 1, S. 262 (vgl. S. 263). S. dazu später noch mehr mit entsprechenden Quellenangaben.
[124] S. dazu bei Heindl, Probleme, S. LV–LIV.
[125] Ebd., S. LVI.

konnte er eben vom Reichsrat gemachte Vorschläge – mehr konnten es ohnehin nicht sein – ebenso jederzeit akzeptieren wie auch abändern, verwerfen oder auch einfach in seinem Arbeitszimmer unerledigt liegen lassen. Zudem dürfte er darauf bedacht gewesen sein, daß sich dieses Gremium nicht quasi unter der Hand in einem schleichenden, sich mehr oder minder verselbständigenden Prozeß zu einer Einrichtung entwickelte, die ihm schließlich über den Kopf wachsen würde. Dies mußte zumindest so lange der Fall sein, solange er an seiner Machtvollkommenheit festzuhalten gewillt war.

In diesem Kontext ist insbesondere festzuhalten, daß Kübeck gegen Ende 1850 bereits der Kommission, die ein Statut für dieses Gremium erstellen sollte, folgende Frage für ihre Arbeit mit auf den Weg gegeben hatte:

„Welche Stellung soll der Reichsrath gegenüber der Krone, dem Ministerium und dem Staate im Allgemeinen einnehmen? damit er dem Zwecke seiner Einsetzung und seiner Bestimmung, insbesondere auch dem öffentlichen Vertrauen zu entsprechen vermag, ohne welchem seine Thätigkeit wesentlich gelähmt seyn würde."[126]

Die damals gefundene beziehungsweise *Allerhöchst* sanktionierte Regelung fiel nicht im Sinne des Freiherrn aus. Dies erweist die Tatsache, daß er bereits am 15. Juni 1851 dem Kaiser gegenüber eine „Ausdehnung des Rechtes des Reichsrathes und seiner Mitglieder in der Initiative für gesetzliche Verfügungen" anregte[127]. Damals hatte der Reichsrat gerade erst einmal zwei Monate seine Arbeit aufgenommen. Daß Kübeck dessen „Stellung" nicht weit genug ging, belegt auch ein Tagebucheintrag vom 24. August 1851, in dem er ihre „Zukunft" als „nicht heiter anzuschauen" bezeichnete[128]. Theoretisch war auch die Möglichkeit einer Ausdehnung der Kompetenzen des Reichsrates vorgesehen. In § 12 des Reichsratsstatutes behielt sich Franz Joseph nämlich ausdrücklich die Möglichkeit vor, es für „gut" zu „finden, dem Reichsrate noch andere Attribute oder Funktionen zuzuweisen"[129]. Doch vermochte Kübeck eine solche Kompetenzerweiterung weder zum damaligen Zeitpunkt noch später durchzusetzen, obgleich Franz Joseph phasenweise offenbar damit liebäugelte, „dem Reichsrate eine höhere, eine überwachende Stellung" zu „geben", weil dies „gegenüber der Willkür der Minister nötig sei"[130]. Und so lag der

---

126 Und. (aber Ende 1850), in: HHStA, KK, RR, Präs., Krt. 1, Nr. 2/RP., Bog. 1.
127 Vortrag, abg. in: Schlitter, Versäumte Gelegenheiten, Anhang Nr. XV, Beil. 1, S. 221.
128 Aus dem Nachlaß Kübecks, S. 76.
129 Kais. Patent v. 13. April 1851, in: abg. Die österreichischen Verfassungsgesetze, 2. Aufl., Nr. 44, S. 203.
130 So will es Kempen am 5. Dezember 1853 von Kübeck „erfahren" haben (Tagebucheintrag, in: Tagebuch Kempens, S. 312). Wahrscheinlich überlegte sich dies Franz Joseph auch infolge entsprechender Anregungen des Reichsratsvorsitzenden. An der grundsätzlichen Glaubwürdigkeit dieser Worte braucht nicht gezweifelt zu werden.

Freiherr noch am 23. November 1854 und damit ein knappes Jahr vor seinem Tod richtig, als er die Haltung des Kaisers dahingehend deutete, dieser scheine nicht dazu geneigt, an dem „dermahligen ... Regierungs-Verfahren Etwas zu ändern": Hinzugefügt sei, daß es der Reichsratsvorsitzende aus nicht ganz uneigennützigen Motiven heraus für „zerfahren" erklärte[131].

1.3.1.3. Das politische Gewicht von Ministerium und Reichsrat

Wichtig für eine adäquate Einschätzung des Zustandekommens politischer Entscheidungen im neoabsolutistischen Herrschaftssystem ist nun eine Bewertung des politischen Gewichtes dieser beiden *Institutionen*. Folgt man der Forschung, so war es damit weder beim Reichsrat noch bei der Ministerkonferenz besonders weit her. Mit Blick auf letztere kann stellvertretend Goldinger zitiert werden. Er sieht „eine bescheidene Ministerkonferenz mit eingeschränkten Kompetenzen" am Werk[132]. Dabei beruft er sich auf Rumpler. Dessen Urteil fällt freilich noch eindeutiger aus: Laut ihm stehen wir „nur noch einer unverbindlichen Versammlung von Ministern" gegenüber, die „bestenfalls die Modalitäten der Befehlsausführung zu koordinieren" hatte[133]. Es „handelte" sich demnach „um nichts anderes ... mehr" als um ein bloßes „Diskussionsforum"[134], das überdies der Monarch prinzipiell jederzeit beseitigen konnte, wie sich ergänzen ließe. Das Kabinett war für Rumpler schlicht zur „Bedeutungslosigkeit" degradiert[135]. Ganz ähnlich schreibt Heindl, der Kaiser und Kübeck hätten in der Ministerkonferenz „ein Organ der Verwaltungskoordination" sehen wollen, „das den Souverän in Wirklichkeit nur mehr informieren sollte"[136].

Auch der Reichsrat kommt zuweilen kaum besser weg: Schlicht falsch ist in diesem Kontext eine These Macartneys, der sich auch Sked anschließt: Danach wurde Kübeck vom Monarchen zwar „oft zur Beratung bestellt, vor allem in finanziellen Fragen", doch soll „der Reichsrat selbst ... nie die gering-

---

131 Insgesamt heißt es: „Der Kaiser forderte mich auf, ob ich schon über die Erweiterung des Reichsraths nachgedacht habe? Ich erwiderte ehrfurchtsvoll, daß diese Frage von einer anderen abhängig sey, von der nämlich, welche Bestimmung Se.(ine) Majest.(ät) dem Reichsrathe geben, wie Sie denselben benützen wollen? Wenn in dieser Hinsicht das dermahlige Verfahren eingehalten wird, sey eine Veränderung nicht angedeutet. (...), aber es schien mir nicht, daß er geneigt sey, in dem dermahligen zerfahrenen Regierungs-Verfahren Etwas zu ändern." (Aus dem Nachlaß Kübecks, S. 163.)
132 Zentralverwaltung, S. 103.
133 Ministerrat, S. 48–49.
134 Ebd., S. 46–47.
135 Ebd., S. 50.
136 Probleme, S. XL.

ste Auswirkung auf die Politik" gehabt haben¹³⁷. Hier scheinen gewisse angelsächsische historiographische Traditionen in etwas gemilderter Form nach- beziehungsweise fortzuwirken. Zumindest behauptete schon A. J. P. Taylor, Franz Joseph habe den Reichsrat „never ... in any important point" um Rat gefragt („consulted")¹³⁸. Dies trifft schon rein formal gesehen nicht zu. Denn der Herrscher legte dieser *Institution* viele Gesetzesvorhaben zur Begutachtung vor. Außerdem griff Kübeck in seinem abschließenden Gutachten oftmals entscheidende Argumente, die zuvor im Plenum vorgebracht worden waren, zustimmend auf, während er sich in anderen Fällen einfach dem einstimmigen oder aber auch Mehrheitsvotum der Plenardebatte anschloß. Hanns L. Mikoletzky kommt dem tatsächlichen Sachverhalt wesentlich näher. Laut ihm sollte diese *Institution* „im Grunde nur ein Gegengewicht gegen den ... allmächtigen Ministerrat" bilden¹³⁹, während sie Rumpler zufolge „die Plenipotenz des Kaisers sichern helfen (sollte)", ihre „Aufgabe war lediglich, die Macht des Ministerrates zu neutralisieren"¹⁴⁰. Gerade deshalb aber konnte das „Votum des Reichsrates über wichtigste Fragen entscheiden"¹⁴¹ oder den Monarchen wenigstens nachhaltig in seiner Entscheidungsfindung beeinflussen.

Mit Blick sowohl auf den Reichsrat als auch auf die Ministerkonferenz fragt sich, ob diese beiden Organe überhaupt noch die Bezeichnung *Institution* verdienen. Dies gilt zumindest dann, wenn man darunter eine staatliche Einrichtung versteht, „in der bestimmte Aufgaben, meist in gesetzlich geregelter Form, wahrgenommen werden"¹⁴², und dabei wiederum in kollektiver Form.

Beschränken wir unsere Überlegungen in dieser Hinsicht auf den Reichsrat als Gesamteinrichtung. Da gewinnt die soeben zitierte Auffassung Macartneys doch wieder an Relevanz, weil der Kaiser seine Entscheidungen – insbesondere bei legislativen Gegenständen – keineswegs immer am abschließenden Votum der Gesamtheit der Mitglieder dieses Gremiums orientierte¹⁴³. Ausschlaggebend war häufig vielmehr das zeitlich danach abgegebene abschließende Gutachten Kübecks, nach seinem Tod vor allem das

---

137 Hier zit. nach Sked (Fall, S. 192); vgl. Macartney, The Habsburg Empire, S. 455–456 („never ... the slightest effect").
138 The Habsburg Monarchy, S. 96.
139 Österreich, S. 365.
140 Ministerrat, S. 39.
141 Ebd., S. 52.
142 So laut *Brockhaus*, S. 578.
143 Bei Verordnungen usw. war die abschließende Plenarberatung nicht zwingend vorgeschrieben, Kübeck konnte auch eine bloße Diskussion in den sog. Sektionen anordnen (s. dazu bei Heindl, Probleme, S. XLIX u. ebd., Anm. 111). Grundsätzlich zum Vorgang der Entscheidungsfindung im Reichsrat w. u.

Gutachten Erzherzog Rainers, eines Vetters des Kaisers[144]. Insofern hatte Kübeck „in dem für den Neoabsolutismus so entscheidenden Verwaltungsapparat" in der Tat „eine wichtige Schlüsselposition inne"[145]. Schon aus diesem Grund mag Statthaltereirat Andreas Hohenwarth zu Gerlachstein, Rabensberg und Rannach bereits am 25. Juli 1851 die Gründung des Reichsrates als „eigentlich" nur einen „Vorwand" bezeichnet haben, um den ehemaligen Präsidenten der Hofkammer „dem verantwortlichen Ministerium ... durch die Kabinetsthüre einschlüpfen zu lassen"[146]. Und vielleicht vermutete Wessenberg deshalb am 20. Juni 1856 den Reichsrat als kommende „Pensionsanstalt"[147]. Damit würde sich auch die nach Ende unserer eigentlichen Betrachtungsperiode vorgenommene Diagnose Friedrich Graf v. Thuns decken, der es während des Neoabsolutismus unter anderem zum Präsidenten des Deutschen Bundestages (1850) und zum Gesandten in St. Petersburg (1857–1859) brachte: Die Aufnahme in diese Einrichtung werde vom Publikum „seit lange" nicht mehr als eine wirkliche Auszeichnung angesehen[148]. Es sei vielmehr daran gewöhnt worden, den Reichsrat „als eine Rumpelkammer für abgetakelte ... Regierungsbeamte und Minister anzusehen". Damals war aber wohl auch schon etwas Weiteres erkennbar geworden: Mitglieder des Reichsrates wurden zuweilen bei Entscheidungsfindungen umgangen, selbst in Angelegenheiten, bei denen sie wenigstens laut Statut gehört werden mußten, nämlich „in allen Fragen der Gesetzgebung"[149]. Allerdings konnte dieses Schicksal auch ihren Vorsitzenden beziehungsweise den Reichsrat als solchen ereilen.

---

144 Rainer wurde dem Reichsrat im November 1856 „vorläufig", aber „mit der Aussicht auf die Präsidentschaft" zugeteilt, wie Kempen richtig erkannte (Tagebucheintrag v. 16. November 1856, in: Tagebuch Kempens, S. 414). In einem a.h. Handschreiben v. selben Tag erklärte der Kaiser, sein älterer Vetter habe „bis zu Meiner weitern Anordnung den reichsräthlichen Sitzungen und Berathungen beizuwohnen", um sich u. a. mit der „Geschäfts und Berufsaufgabe Meines Reichsrathes vollständig bekannt zu machen" (Wien, 16. November 1856, in: HHStA, KK, RR, Präs., Krt. 19, Nr. 234/56). Am 2. Februar 1857 wurde Rainer offiziell Nachfolger Kübecks. Zwischenzeitlich hatte Krieg den interimistischen Vorsitz inne. Im übrigen konstatiert Rumpler einmal versehentlich ein von „1852–1859" andauerndes „Wirken" Kübecks (Die rechtlich-organisatorischen und sozialen Rahmenbedingungen, S. 6).
145 Heindl, Probleme, S. XL. Aber auch seine Machtposition stand und fiel mit dem Vertrauen, der Gunst, die ihm der Kaiser entgegenbrachte. Dies wird sich im folg. noch deutlich erweisen.
146 Tagebucheintrag, in: AVA, NL Hohenwart Weingarten, Krt. 14b, f. *Pensions Periode 1849–54*, Bog. 11.
147 An Isfordink-Kostnitz, Baden bei Zürich, in: Briefe Wessenbergs, 2, Nr. 465, S. 352.
148 An Rechberg, ohne alles (aber nach dem 20. Oktober 1860), in: HHStA, AM, PA. I, Acta Secreta, NL Rechberg, Krt. 527, f. *Privatbriefe Fr. Thun*, fol. 646 (s. dazu auch folg.). Im folg. nenne ich ihn immer Fr. Thun, um ihn von seinem Bruder Leo (L.) Graf Thun zu unterscheiden.
149 So laut § 7 des Reichsratsstatuts (kais. Patent v. 13. April 1851, in: Die österreichischen Verfassungsgesetze, Nr. 44, S. 173).

Sein Mitglied Norbert v. Purkhart konnte sich im Oktober 1855 gegenüber Kempen zu Recht darüber beklagen, „daß im Kabinett des Kaisers die Zuweisungen an den Reichsrat höchst einseitig geschehen"[150]. Er vermutete sogar, der Beurteilung dieses Gremiums würden oft absichtlich die wesentlichsten Verhandlungen entzogen. Gerade im Zusammenhang mit dem Entscheidungsprozeß über die Nationalanleihe werden wir sehen, welche wichtige Rolle ein solches Verhalten des Monarchen spielen sollte.

1.3.1.4. Die sogenannte Konferenz

Neben der Ministerkonferenz und dem Reichsrat existierte aber noch ein weiteres Gremium, die sogenannte *Konferenz*[151]. Sie gilt es scharf von der Ministerkonferenz zu unterscheiden. Explizit war nirgends die Möglichkeit der Einberufung einer Versammlung mit einem solchen Namen festgeschrieben. Allenfalls § 23 des Reichsratsstatutes machte darauf indirekt aufmerksam. Danach blieb es „Uns" – also dem Kaiser – „vorbehalten, den Präsidenten des Reichsrates allein oder mit einzelnen Mitgliedern dem unter Unserem Vorsitze abzuhaltenden Ministerrate beizuziehen"[152].

Auf das Wirken dieser „Art ‚Überinstanz'"[153] kann nicht detailliert eingegangen werden. Sie tagte stets im Beisein einiger beziehungsweise sämtlicher Minister. Dagegen nahmen an ihren Sitzungen nicht immer ausgewählte Reichsräte teil. Außerdem wurden dazu hin und wieder auch außerhalb des Reichsrates und der Ministerkonferenz stehende Persönlichkeiten wie Grünne oder Kempen, selten auch Leiter von Provinzen (hier ist vor allem auf die beiden Erzherzöge Albrecht und Maximilian zu verweisen) hinzugezogen. Einberufen wurde die *Konferenz* von Franz Joseph zur „Behandlung wichtiger Gegenstände"[154]. Darunter sind vor allem außenpolitische Angelegenheiten zu verstehen, weshalb sie während der Zeit des Krimkriegs häufiger als sonst zusammentrat. Rumpler erklärt die Konferenz zum „wichtigsten Werkzeug, das sich der Monarch zu seiner persönlichen Unterstützung schuf", nennt sie das „nun ... eigentliche, vom Kaiser persönlich dirigierte Regie-

---

150 Tagebucheintrag Kempens v. 26. Oktober 1855, in: Tagebuch Kempens, S. 376 (s. dazu auch folg.).
151 Zu ihr s. Rumpler, Ministerrat, S. 51–53.
152 Kais. Patent v. 13. April 1851, abg. in: Die österreichischen Verfassungsgesetze, Nr. 44, S. 174. Heindl weist noch zu Recht auf die sog. *Organisierungskommission* zur Regelung v. a. des künftigen administrativen Aufbaus des Reiches hin. Ihr saß Kübeck vor, und sie war mit Mitgliedern des Reichsrates und der Ministerkonferenz besetzt.
153 Heindl, Einleitung, in: MRP, III/5, S. XXIII.
154 Rumpler, Ministerrat, 51–52.

rungsinstrument" und leitet die Entstehung einer solchen „Instanz" zwingend aus der Entmachtung der „Ministerkonferenz als Regierungshilfe" ab[155].

Zumindest letztere These überzeugt nur bedingt. Schließlich konnte Franz Joseph jederzeit und also auch in der Regel einzelne Minister oder Reichsräte (beziehungsweise Kübeck) sowie außerhalb der Ministerkonferenz oder des Reichsrates stehende Persönlichkeiten im persönlichen Gespräch zu Rate ziehen und im Anschluß daran seine Entscheidungen treffen. Dies kam auch immer wieder vor. Doch scheint der Habsburger eine solche Vorgehensweise als alleinige Grundlage seiner Beschlüsse meistens für nicht opportun erachtet zu haben. Angeratener erschien es ihm offensichtlich – beschritt er schon nicht den *normalen* Instanzenweg, der zunächst über den Ministerrat, dann über den Reichsrat führte –, sich bei gewissen politischen Gegenständen die Meinung von Ministern und/oder Reichsräten anzuhören sowie gegebenenfalls weitere Persönlichkeiten zu konsultieren. Von einem regelrechten Meinungsaustausch zwischen ihm und seinen *Beratern* kann aber nicht die Rede sein, da er sich etwa an den Debatten in der Ministerkonferenz[156] fast immer nur sehr wenig – wenn überhaupt – beteiligte. Dies vertrug sich wohl auch nicht mit seinem Selbstverständnis. Hier liegt im übrigen eine interessante Parallele zu Kübeck vor, der in den Plenardiskussionen des Reichsrates ebenfalls kaum, wenn überhaupt das Wort ergriff, sondern vielmehr im Anschluß daran sein Gutachten über den jeweils betreffenden Gegenstand anfertigte.

1.3.1.5. Das machtpolitische Verhältnis zwischen den Einzelressorts und dem Reichsrat

Ohne Teilnahme von wenigstens zwei Ministern haben Konferenzen, soweit ich sehe, nicht stattgefunden. Wie bereits angedeutet, wurden zu ihnen dagegen keineswegs immer Mitglieder des Reichsrates beigezogen. Selbst Kübeck blieb also des öfteren ausgeschlossen. Insofern könnte Franz Joseph der Meinung einzelner Minister wenigstens manchmal eine größere Bedeutung beigemessen haben. Diese Vermutung läßt sich auch begründen: Schließlich standen hinter den einzelnen Ressortchefs relativ große und seit 1848 teilweise stark ausgebaute bürokratische Apparate. Somit bildete der Reichsrat rein zahlenmäßig zwar in der Tat „einen weit mächtigeren Apparat ... als die

---

155 Ebd., S. 51 („mußte").
156 Der reine Wortlaut vieler Prot. deutet nicht auf eine wirkliche *Debatte*, sondern vielmehr auf eine weitgehende Formalisierung des Diskussionsablaufs hin, und zwar auch bei Nichtanwesenheit des Monarchen. Die Diskussionsteilnehmer trugen demnach der Reihe nach ihre Auffassungen vor. Am Ende stimmte man ab. Nur relativ selten finden sich Abweichungen von dieser Vorgehensweise. Auch längere Debatten bildeten „eine Ausnahme" (s. dazu insb. bei Heindl, Probleme, S. XLIV).

Ministerkonferenz"[157], wie Heindl meint. Denn 1854 standen fünf Ministern immerhin zehn Reichsräte gegenüber. Und es bedarf gleichfalls einer sorgfältigen Erwägung, wenn sie die naheliegende „Frage, ... warum der Kaiser die Ministerkonferenz nicht vollkommen liquidierte", dahingehend beantwortet, daß „Anzeichen" auf sein Bestreben hindeuten würden, „der Ministerkonferenz offiziell den Anstrich von Responsabilität" deshalb „zu belassen, um im Bedarfsfalle auf Mitverantwortliche hinweisen zu können"[158]: Doch abgesehen davon, daß sie selbst meint, der Kaiser habe sich keineswegs an die Vorschläge des Reichsrates gebunden[159], abgesehen auch davon, daß diese Einrichtung laut Hohenwart in öffentlichen Kreisen bereits Anfang Januar 1852 als „Abtritt des Ministeriums gescholten" wurde[160], verfügten hohe Staatsbeamte (und wenigstens mittelbar dadurch auch die Minister) in Sachfragen über zweifellos mehr Einzelwissen und jedenfalls teilweise auch Kompetenz als der Reichsrat. Ihm mangelte es eben am entsprechenden organisatorischen Rückhalt. Niemand Geringerer als Kübeck selbst hatte dies in einem Vortrag vom 20. Dezember 1850 eingeräumt, wenn er schrieb:

> „Ich lege übrigens auf meine kurze Darstellung keinen anderen Werth als den einer erfüllten Pflicht gegen die geheiligte Person ... und bescheide mich gerne, daß der in der Verwaltung stehende und mit allen Einzelheiten der Gegenwart vertraute Minister besseren Rath finden und geben kann, als den ich zu ertheilen vermag."[161]

Die Ressortchefs besaßen gegenüber den Reichsräten also meistens, wenn nicht immer, einen gewissen Informationsvorsprung, was sich auch bei dem Entscheidungsprozeß über die Nationalanleihe bemerkbar machen sollte. Nun konnte sich der Kaiser zwar sowohl zu der Auflösung oder auch *nur* zu einer noch weitergehenden Entmachtung der einzelnen Ministerien bezie-

---

157 Ebd., S. LIV (s. dazu auch folg.).
158 Ebd., S. LX.
159 Ebd., S. LV.
160 Tagebucheintrag v. 9. Januar, in: AVA, NL Hohenwart Weingarten, Krt. 14b, f. *Pensions Periode 1849–54*, Bog. 13. Wer diese Kreise genau waren, sagte er nicht. Franz de Paula Graf Hartig meinte am 20. April 1851 zu Metternich nach seiner Lektüre des § 11 des Reichsratsstatuts, dies seien „Worte, welche entweder zu viel oder zu wenig sind, um dem Glauben an die heißgewünschte Anstrebung des ... Zweckes nicht Zweifel an die Seite zu stellen" (Wien, 20. April 1851, in: Metternich-Hartig. Ein Briefwechsel, S. 94). Dieser Paragraph lautete u. a.: „Das Resultat der Beratung des Reichsrates kann das Ministerium in seinen Anträgen nicht binden" (kais. Patent v. 13. April 1851, in: Die österreichischen Verfassungsgesetze, Nr. 44, S. 173). Hier ging es aber nur um solche *Anträge*, die der Monarch nicht bereits endgültig sanktioniert hatte, nachdem sie ihm Kübeck mit seinem Gutachten zugestellt hatte.
161 Wien, in: HHStA, Depot Kübeck, Müller, fol. 28 u. 37.

hungsweise des Ministeriums durchringen und parallel dazu den Reichsrat gleichsam zu einer Art Ersatzministerkonferenz ausbauen, mit einem entsprechenden bürokratischen Apparat. Solange aber „hierüber" keine „weiteren Bestimmungen erlassen" wurden[162], solange mußten die Fachminister dem Monarchen unentbehrlich sein. Dazu sollte es aber, wie gesagt, bis 1859 nicht kommen. Zu der Erkenntnis, „sich nicht allein auf sich selbst verlassen zu können", war Franz Joseph sicher „klug genug", wie schon Rumpler gemeint hat[163]. Dabei diente ihm unter den Ministern aber wohl nicht nur Bach als Chef des Inneren als „Berater"[164].

Außerdem ergaben sich für Kübeck offenbar erhebliche Probleme bei der Auswahl von geeigneten Persönlichkeiten für diese *Institution*. Schon ihr Alter fällt auf. Im Vergleich zu den Ministern war es oftmals hoch[165]. Bereits ein zeitgenössischer Beobachter wie der im Außenressort als Ministerialrat dienende Beamte Carl Ritter v. Dilgscron meinte im April 1851, der Name „des alten u(nd) ungemein gebrechlichen B(ar)on Krieg" werde nicht unterlassen, „ungemeines Aufsehen zu erregen"[166]. Krieg war damals bereits 76 Jahre alt. Und sein Kollege Purkhart verfügte sicherlich über „sehr genaue Kenntniße von Ungarn und Siebenbürgen", war wohl auch „jeder Parthey fremd" und schließlich auch „der Krone unbedingt ergeben"[167]. Er war aber nur zwei Jahre jünger als sein Kollege. Und Kübeck selbst? Der am 28. Oktober 1780 geborene Freiherr hatte ebenfalls bereits die 70er-Grenze überschritten. Das oftmals relativ hohe Alter der Mitglieder des Reichsrates dürfte jedoch auch Ergebnis einer gezielten Auswahl darstellen. Denn gerade aufgrund der ihm zugedachten, gleichsam *absolutistischen* Kontrollfunktion suchte man als seine Mitglieder besonders erfahrene und schon in vormärzlichen Zeiten in hohen staatlichen Diensten stehende, verläßliche Männer.

Dafür aber mußte Kübeck bereits im Vorfeld der Errichtung des Reichsrates „Schwierigkeiten" bei der „Personenwahl" einräumen[168]. Sie resultierten aber bestenfalls partiell aus von ihm behaupteten „Einwirkungen auf den Kaiser", zur Verhinderung ihm genehmer Kandidaten[169]. So kam er gegenüber Ministerpräsident Schwarzenberg in einem vertraulichen Schreiben nicht

---

162 Kais. Patent v. 13. April 1851, § 12, in: Die österreichischen Verfassungsgesetze, 2. Aufl., Nr. 44, S. 203.
163 Eine Chance für Mitteleuropa, S. 323.
164 So aber Rumpler, in: Ebd.
165 S. dazu Heindl, Probleme, S. LIV–LV.
166 Tagebucheintrag v. 18. April 1851, in: HHStA, NL Dilgscron, Krt. 3, f. *Buch 1850–51*, Bog. 538.
167 Kübeck an Schwarzenberg, Wien, 16. Januar 1851, *vertraulich*, in: Ebd., KK, Vorträge, 1852, Krt. 3, MRZ. 943/51, Beil. 2, fol. 280.
168 Tagebucheintrag v. 2. November 1850, in: Aus dem Nachlaß Kübecks, 54.
169 S. dazu einen Tagebucheintrag Kübecks v. 20. März 1851, in: Ebd., S. 66.

umhin, hinsichtlich der „Wahl der Personen" seine anfängliche „Verlegenheit und Unzureichendheit" zu „bekennen"[170]. Und auch als er später klarer sah, beruhten seine Ernennungsvorschläge teilweise noch völlig auf Informationen von dritter Seite aus[171].

Zudem gab es laut seinem eigenem Eingeständnis „unter den Mitgliedern" des Reichsrates „nur einen einzigen ... praktischen Rechtsgelehrten"[172]. Für andere Bereiche sah es kaum besser aus. Immerhin trat in dieser Beziehung im Laufe der Zeit eine gewisse Besserung ein. Am 31. Oktober 1851 beantragte Kübeck die „Ergänzung" des Reichsrates mit „einigen nicht zureichend oder ganz nicht besetzten Fächern"[173]. Diesem Ansinnen entsprach Franz Joseph am 22. Januar 1852 mit seiner Ernennung von zwei neue Reichsräten[174]. Doch hatte Kübeck „9 bis 10" neue „Mitglieder" angeregt, „wenn nicht sogleich alle, doch mehrere davon"[175]. Tatsächlich aber gab es eben noch Ende 1852 nur insgesamt „zehn"[176]. Nicht umsonst erklärte es sein Nachfolger Erzherzog Rainer am 28. März 1857 für „dringend nothwendig", die „Zahl der Reichsräthe um Einen zu vermehren, dessen Vorbildung und bisherige dienstliche Verwendung der finanziellen und speciel der cameralistischen Sphäre angehören"[177].

Alles in allem verbesserte sich die personelle Situation also nicht entscheidend. Dieses grundsätzliche Problem konnte allenfalls fallweise durch „Einberufung" sogenannter „zeitlicher Teilnehmer ... zur gründlichen Erörterung und Aufklärung einzelner Gesetzesvorschläge und Fragen" behoben werden[178]. Diese Möglichkeit eröffnete § 16 des Statuts des Reichsrates, und davon wurde auch Gebrauch gemacht. Schon alleine dies zeigt, wie schwierig es den Mitgliedern dieser Institution zuweilen fiel, gut fundierte Urteile über ministerielle Angelegenheiten zu fällen. Dabei mußte sich Kübeck bei seiner Suche nach einem weiteren Juristen als Reichsrat ausgerechnet an das Kabinett beziehungsweise an Schwarzenberg mit dem Ersuchen wenden, „den Herrn Justiz-Minister einzuladen, die ihm bekannten vorzüglichen Rechtsgelehrten

---

170 Wien, 16. Januar 1851, *vertraulich*, in: HHStA, KK, Vorträge, 1852, Krt. 3, MRZ. 943/51, fol. 277.
171 „Von (Ferdinand Freiherr v.) Stelzhammer und Bar.(on) Pratobevera wird viel Rühmliches ... gesprochen." (Ebd., Beil. 2, fol. 280.) Sie wurden damals im übrigen nicht in den Reichsrat aufgenommen.
172 An Schwarzenberg, Wien, 17. Juni 1851, Nr. 76/RP., in: Ebd., Krt. 8, MRZ. 2064/51, fol. 210.
173 Vortrag, Wien, in: Ebd., RR, Präs., Krt. 6, Nr. 36/RP.
174 A.h. Handschreiben, Wien, in: Ebd.
175 Vortrag v. 31. Oktober 1851, Wien, in: Ebd.
176 Heindl, Probleme, S. LIV. Auch dies scheint mir ihr weit. oben genanntes Argument nicht gerade zu unterstützen.
177 Vortrag, Wien, in: HHStA, RR, Präs., Krt. 21, Nr. 108/57; Zustimmung des Kaisers, Wien, 17. April 1857, in: Ebd.
178 Kais. Patent v. 13. April 1851, abg. in: Die österreichischen Verfassungsgesetze, Nr. 44, S. 174.

anzudeuten"[179]. Nicht anders verhielt es sich, als die „zu ergreifenden Maßregeln zur Behebung der Schwankungen im Stande der Münzwährung" auf der Tagesordnung standen[180].

Diesbezüglich muß auch erwähnt werden, daß die Minister dem Reichsrat laut den Statuten auf Ansuchen Kübecks mündliche und schriftliche Informationen liefern mußten. In letzterer Hinsicht betraf dies insbesondere die Protokolle der Sitzungen der Ministerkonferenz[181]. Dagegen eröffnete der § 22 des Reichsratsstatutes die Möglichkeit mündlicher Mitteilungen: Danach konnte „zum Behufe von Aufklärungen über Vorlagen von dem ... Reichsrate der Wunsch ausgesprochen" werden, „Mitglieder" des Kabinetts „den Beratungen beizuziehen"[182]. Die potentielle Bedeutung schriftlicher Ansuchen illustriert ein Vortrag Kübecks vom 1. Januar 1852, in dem er den „Staatsvoranschlag für das Verwaltungsjahr 1852" erörterte[183]. Um sich in dieser Hinsicht aber überhaupt kompetent äußern zu können, erachtete er die „Einholung" der „erforderlichen Auskünfte" seitens der „betreffenden Ministerien" für notwendig. Dies verdeutlicht einmal mehr das potentielle Defizit der Reichsräte an Sachwissen, zumal bei rasch zu treffenden Entscheidungen. Die Nationalanleihe war ein Projekt, über das rasch entschieden werden mußte.

Zugespitzt ließe sich die damalige Situation folgendermaßen beschreiben: *Die Minister gingen oder konnten gegangen werden, aber das Amt, der Apparat, den sie zurückließen, blieb.*

Wie wir gleich noch sehen werden, hing der Einfluß eines Ressortleiters im Herrschaftskontext des Neoabsolutismus auch immer von seiner Fähigkeit ab, sich beim Monarchen Gehör zu verschaffen, wenn Anliegen zur Entscheidung anstanden. Aber ungeachtet dessen mochte das Wissen um den soeben zugespitzten Sachverhalt, der beinahe wie ein ehernes Gesetz anmutet, einige Minister, eventuell sogar das „Gesammtministerium", mit dazu bewogen haben, ungeachtet der seinen Mitgliedern größtenteils mißfallenden kaiserlichen Sanktionierung der Institution des Reichsrates mit zumindest auf dem Papier so ausgedehnten Machtbefugnissen doch im Amt zu bleiben[184]. Dieser

---

179 Vortrag Kübecks v. 31. Oktober 1851, Wien, in: HHStA, RR, Präs., Krt. 6, Nr. 36/RP.
180 Kübeck an Schwarzenberg, Wien, 27. April 1851, Nr. 28/RP., in: Ebd., KK, Vorträge, 1851, Krt. 5, MRZ. 1405/51, fol. 619–620 (Zit. fol. 619).
181 S. dazu § 11 des Kais. Patentes v. 13. April 1851, abg. in: Die österreichischen Verfassungsgesetze, Nr. 44, S. 173.
182 Ebd., S. 174.
183 Dies „im Wege des gewöhnlichen Geschäftsganges" zu tun, mußte laut ihm zuviel „Zeit erheischen". Damit meinte er wohl den schriftlichen Weg, weshalb er um die „Ermächtigung bat, die betreffenden Minister ... oder ... Vertreter derselben ... zur Ertheilung der wünschenswerthen Auskünfte beiziehen zu dürfen" (Wien, in: HHStA, RR, Gremial, Krt. 5, Nr. 1/52 (s. dazu auch folg.)).
184 In einem WStber. für den 22.–28. Juni 1851 war von Gerüchten eines „Wechsels" des damals

sozusagen normativen Kraft des Faktischen mag sich auch der Habsburger zuweilen nicht verschlossen haben, ohne deshalb jemals wirklich zu beabsichtigen, „den jetzigen sogenannten Reichsrath unschädlich zu machen", wie es der liberal gesinnte Adolph Freiherr Pratobevera v. Wiesborn im Spätfrühling 1857 für erforderlich erachtete[185]. Dieser Umstand sollte im übrigen gerade im Zusammenhang mit der Beschlußfassung über die Nationalanleihe eine gewisse Rolle spielen. Damit mag es auch zusammenhängen, daß Kübeck noch am 27. Juli 1855 gegenüber dem Monarchen von einer „ministeriellen Macht" sprechen konnte, „die nicht selten mit der Regierung verwechselt wird"[186].

Bei einer Beurteilung des machtpolitischen Verhältnisses zwischen dem Reichsrat auf der einen und den Fachressorts auf der anderen Seite verdient eventuell noch ein weiteres Moment Berücksichtigung. Eines war die Überwachung der von den einzelnen Ministern dem Kaiser vorgelegten legislativen Angelegenheiten, etwas anderes aber die „Kontrolle" darüber, ob die schließlich getroffenen „allerhöchsten Verfügungen" von den Ministern auch wirklich „befolgt" wurden[187]. Kempen wies Grünne offenbar schon am 1. November 1852 auf die „Notwendigkeit" hin, dafür Sorge zu tragen, während Kübeck laut dem Chef der Obersten Polizeibehörde einen Monat darauf „über die geringe Kontrolle (klagte), welcher die Ministerien rücksichtlich des Vollzuges kaiserlicher Anordnungen unterliegen"[188]. Knapp ein Jahr danach notierte sich Kempen in seinem Tagebuch, Kübeck habe wiederholt geäußert, „daß die Gestionen der Minister nicht überwacht sind und daß Minister Bach sich Entscheidungen des Kaisers erschleiche"[189].

---

noch korrekt als Minister*rat* bezeichneten Gremiums die Rede. Sie wurden aus Linz gemeldet, aber auch aus Ofen-Pest, wo anscheinend „stark verbreitete Gerüchte über einen Rücktritt des Ministeriums" zirkulierten (ebd., IB, A.-Akten, Krt. 17, Nr. 6838/1, Bog. 3 u. 5). Dies wäre zu überprüfen.

185 14. Juni 1857, in: Ebd., NL Pratobevera, Krt. 12, *Memoranda, Juni 1855 bis Oktober 1857*.
186 Vortrag, Wien, in: Ebd., KK, RR, Präs., Krt. 25, Nr. 88/58, Bog. 2. Es ist aber nicht ganz sicher, ob er sich hier auf die Einzelminister oder aber auf das gesamte Kabinett bezog. Allerdings wurde der Reichsrat durch die Ernennung Erzherzog Rainers zu seinem Präsidenten zu einem „zentralen Organ des Kaisers ... aufgewertet" (Heindl, Einleitung, in: MRP, III/5, S. XI). Für Heindl „erreiche" die „Bedeutung" der Ministerkonferenz damit „in den Jahren 1857 bis 1859" auch ihren „Tiefpunkt" (ebd., S. XI–XII). Dies kann hier nicht näher verfolgt werden: Betrachtet man jedoch das Schicksal des Gemeindegesetzes und der Landesstatute, so gelang dem Reichsrat hierbei zwar die Verzögerung, wenn nicht gar Verhinderung ihrer Sanktionierung (hier kam es auch auf die Haltung des Monarchen zu diesen Gegenständen an), doch vermochte er gleichzeitig auch seine eigenen diesbzgl. Vorstellungen nicht durchzusetzen.
187 Tagebucheintrag Kempens v. 1. November 1852, in: Tagebuch Kempens, S. 266 (s. dazu auch das folg. Zit.).
188 So Kempen, Tagebucheintrag, in: Ebd., S. 269.
189 Tagebucheintrag v. 16. September 1853, in: Ebd., S. 338.

Handelte es sich hierbei nicht lediglich um Worthülsen? Dies ist keineswegs ausgemacht. Denn laut einem Tagebucheintrag Kempens vom 1. Juli des Jahres „klagte" einmal mehr Kübeck darüber, daß „der Kaiser den Antrag zu einer Kontrolle der Minister seit dem Februarmonate nicht erledige"[190]. Auch kehrte der Reichsratsvorsitzende wenigstens vor den Augusterlässen mit einem „Gefühle" von einer Unterredung mit Schwarzenberg zurück, das ihn sichtlich bedrückte: „E.(uer) M.(ajestät) werden Anträge vorgelegt, welche in dem Reichsrathe bestritten wurden, von dem Finanzminister aufgegeben schienen, und nun gleichwohl wieder erneuert werden!"[191] Immerhin stimmte Erzherzog Albrecht in dieses auch von Kempen geteilte Klagelied nur partiell mit ein: Denn er „lobte" Bach gegenüber dem Chef der Obersten Polizeibehörde, weil er als einziger Minister „des Kaisers Befehle zu vollziehen wisse"[192]. Kempen „enthielt" sich eines „Kommentars zu dieser Behauptung", und dies nicht zu Unrecht, wie sich zeigen ließe. Wahrscheinlich wollte er einem Mitglied des kaiserlichen Hauses nicht widersprechen.

1.3.1.6. Der Vorteil des persönlichen Zugangs zum Monarchen

Die Organe der Ministerkonferenz, des Reichsrates und der *Konferenz* gestalteten also – selbstverständlich neben dem Monarchen – den zeitgenössischen politischen Entscheidungsprozeß mit. Darüber hinaus sind in diesem Kontext insbesondere noch zwei weitere Organe zu nennen, nämlich die Oberste Polizeibehörde und die Generaladjutantur. Auch sie bildeten in einem gewissen Sinne *Institutionen*, verbargen sich hinter ihren Leitern Kempen und Grünne doch ebenfalls militärisch-bürokratische Apparate. Doch begegnete der Kaiser zumindest der Obersten Polizeibehörde lediglich in Form ihres obersten Repräsentanten Kempen[193]. Dies dürfte in den allermeisten Fällen auch für die Generaladjutantur gegolten haben. Insofern handelte es sich also um keine zentralen, den politischen Entscheidungsprozeß beeinflussende *Institutionen*.

Der Leiter der Generaladjutantur war Grünne. Als solcher also hatte er nicht nur „das Hofwesen, den Marstall und die Jagden in Ordnung gebracht", sondern war auch „alleiniger Vortragender im Militaircabinet", wie Herzog Ernst II. v. Sachsen-Coburg-Gotha am 17. Februar 1852 gegenüber seinem

---

190 Ebd., S. 294. Darüber habe ich nichts Näheres finden können.
191 Vortrag Kübecks v. 20. Juni 1851, Wien, in: HHStA, RR, Präs., Krt. 1, Nr. 89/51.
192 So laut einem glaubwürdigen Tagebucheintrag v. 6. September 1853, in: Ebd., S. 302 (s. dazu auch folg.).
193 Wohlgemerkt nahm der Kaiser an den Sitzungen des Reichsrates nicht teil, ihm wurden aber seine Akten zugeleitet und damit also auch die Protokolle der Plenardiskussionen.

Bruder Albert treffend festhielt. Damit machte er diesen indirekt auf den möglicherweise bedeutenden Einfluß des Grafen aufmerksam[194].

Allerdings saß Grünne buchstäblich im Vorzimmer der Macht, und an ihm kam normalerweise wohl niemand vorbei, der Franz Joseph ein mündliches oder schriftliches Anliegen unterbreiten wollte. Nicht umsonst wird diesem „wahrscheinlich treuesten" und „strengsten Haushälter" des „von vielen Unfügen gesäuberten Hofes"[195], der zugleich von einem „unbändigen Machtstreben" beseelt gewesen sein soll[196], eine „Schlüsselstellung"[197] im neoabsolutistischen Herrschaftssystem zugewiesen. Manche Historiker schätzen ihn sogar als „allgewaltig[198] und „allmächtig"[199] ein. Und während der „unerfahrene junge Kaiser" schon vor langem als „willenloses Werkzeug in der Hand seines Generaladjutanten" bezeichnet wurde[200], kritisierten bereits Zeitgenossen nicht nur Grünnes „gefährlichen Einfluß"[201], sondern meinten überdies, er mache mit dem Monarchen, was er wolle[202], und habe im Armeehauptquartier „unumschränkt" geherrscht[203]. Freilich sollte man auch die vermeintliche „Schlüsselposition"[204] dieses Mannes nicht überschätzen. Insbesondere die schwierige Quellenlage gebietet hier Vorsicht. Hier gilt eine Feststellung Redlichs von 1928 in weitem Maße noch heute: Uns fehlt „so gut" wie jede „dokumentarische Kunde" über Grünne[205]. Zahlreiche zeitgenössische Hinweise auf dessen vermeintlich „großen Einfluß auf den Kaiser"[206] helfen uns da nicht weiter. Schon Friedjung hat betont, daß die „öffentliche Meinung ... bezüglich der Schädlichkeit seines Einflusses übertrieben haben (mag)"[207].

---

194 Nicht umsonst enden die zit. Worte mit einem Ausrufungszeichen (Gotha, in: Aus meinem Leben, 2, S. 54).
195 So Hohenwart in seinem Tagebuch (*Die Zustände Ende 8br 1853*, in: AVA, NL Hohenwart-Weingarten, Krt. 14b, f. *Weingarten, Mannigfaltiges aus dem Gedächtnis ausgezeichnet*, Bog. S).
196 Wagner, Geschichte des k. k. Kriegsministeriums, S. 9 (vgl. S. 79).
197 Novotny, Der Monarch und seine Ratgeber, S. 91.
198 Harald Hubatschke, Geheime Briefüberwachung, S. 393.
199 Brandt, Neoabsolutismus, 1, S. 265.
200 Carl Graf Lónyay, in: Benedek, S. 91.
201 So Alfred W. jr. Fürst Windischgrätz, Tagebucheintrag v. 9. April 1855, in: KA, NL u. Sammlungen, NL Windischgrätz, Nr. 6, *Tagebuchabschriften 1854–57*.
202 Franz Freiherr Kuhn v. Kuhnenfeld, Tagebucheintrag v. 27. Februar 1859, in: KA, NL u. Sammlungen, NL Kuhn, B/670, Nr. 3, *Tagebuch 1859*.
203 Franz Baron v. Marenzi, und., in: Ebd., NL Marenzi, B/1506, Nr. 24.
204 Bled, Franz Joseph, S. 94.
205 Kaiser Franz Joseph, S. 54. Die Biographie von Marianna Szápáry (Carl Graf Grünne) ist teilw. in apologetischer Hinsicht geschrieben. Der Privatnachlaß Grünnes war mir leider nicht zugänglich.
206 So stellvertretend für andere ähnlich geartete Aussagen Otto v. Manteuffel an Bismarck, Berlin, 14. Juni 1852, in: Anhang zu den Gedanken und Erinnerungen von Otto Fürst von Bismarck, 2, Nr. 40, S. 67.
207 Oesterreich, 2, S. 264.

Was hingegen die Oberste Polizeibehörde anbetrifft, so habe ich bereits im Zuge der Erörterung der Quellenlage erwähnt, daß ihre Agenden ursprünglich dem Innenministerium zugeordnet waren. Im Zuge der Errichtung des neoabsolutistischen Herrschaftssystems wurden sie aber aus diesem Ressort herausgelöst, was eben mit der Bildung der Obersten Polizeibehörde einherging[208].

Dabei wird ihr Chef Kempen immer wieder als Polizeiminister apostrophiert, nicht nur von Zeitgenossen. So liest man etwa im Tagebuch des Schriftstellers Eduard v. Bauernfeld unter dem 20. Mai 1852 vom „Polizei-Minister" Kempen[209]. Das ist unkorrekt. Der aus Pardubitz (Pardubice) in Böhmen gebürtige Militär nahm nämlich keinen Ministerrang ein. Laut Heindl war dies durchaus intendiert, eine solch eigentümliche Position spiegelte „die Bedeutung seiner persönlichen Position und jener seines Verwaltungszweiges" wider[210]. Man habe Kempen sozusagen über die Ministerkonferenz enthoben. Diese Deutung läßt sich insofern nur bedingt nachvollziehen, als ausgerechnet Kübeck Kempen als „ordentliches Mitglied aller Minister-Conferenzen" eingestuft wissen wollte[211]. Dabei dürfte er an einer besonderen Stellung Kempens eigentlich interessiert gewesen sein, damit dieser in seiner Handlungsfreiheit nicht durch eventuelle Kabinettszwänge beschränkt würde. Vor allem sollte er auch die Tätigkeit der Minister uneingeschränkt kontrollieren können.

Kempen selbst sagte seine eigentümliche Stellung zu. Seine Privatnotizen belegen dies eindeutig. Nur ein Eintrag vom 22. Mai 1852 sei genannt: An diesem Tag erfuhr er von Kübeck persönlich, daß dieser „den Entwurf des mir [als Chef der Obersten Polizeibehörde] vorgezeichneten Wirkungskreises" unter anderem mit der „Bemerkung begleitet" hatte, „ich (hätte) an den Ministerkonferenzen teilzunehmen"[212]. Kempen „schwieg" dazu mit „Vorbedacht", wie er vermerkte, „da ich bereits heute früh den Grafen Grünne auf das Schädliche meines geregelten Verkehrs mit dem Ministerium aufmerksam machte". Dies begründete er exakt mit dem von Heindl geltend gemachten Argument: „(...); ich darf meine Selbständigkeit durch keine Diskussionen gefährden."

Nicht umsonst wehrte er sich während seiner gesamten Amtszeit entschieden gegen eine Änderung seiner diesbezüglichen Stellung. Urban zufolge hat Kempen eine „Teilnahme an den Sitzungen der Ministerkonferenz bis zum Jahre 1857 ... abgelehnt"[213]. Das ist nicht ganz richtig. Zwar mußte er seit dem

---

208 S. dazu Walter, Zentralverwaltung III/1, S. 573–579.
209 Aus Bauernfelds Tagebüchern, 2, S. 25.
210 Probleme, S. XLI (s. dazu auch folg.).
211 Vortrag Kübecks v. 20. Mai 1852, in: HHStA, KK, RR, Gremial, Krt. 11, Nr. 220/52.
212 Tagebuch Kempens, S. 253 (s. dazu auch folg.).
213 Die tschechische Gesellschaft, 1, S. 154.

20. März dieses Jahres „den Ministerberatungen als Mitglied beiwohnen"[214]. Doch bezeichnete er das entsprechende „allerhöchste Handschreiben" als „für mich sehr zeitraubend". Zugleich nannte er es, und darauf kommt es an, „unzweckmäßig". Er hatte seine ursprüngliche Auffassung also nicht verändert. Daß er sich damit „in Gottes Namen!" abfand, verwundert nicht. Was blieb ihm schon anderes übrig, wollte er nicht seinen Dienst quittieren!

Erst für die Zeit nach Ende März 1857 erscheint es also passend, Kempen als Minister zu bezeichnen, auch wenn er weiterhin als *Chef der Obersten Polizeibehörde* tituliert wurde. Für die Jahre davor kann allenfalls von seiner „Gleichrangigkeit" mit den Ministern gesprochen werden, wie es Heindl getan hat[215]. Insofern „erreichte" er also seine „formale Gleichstellung mit den Ministern" nicht erst in der Spätphase des Neoabsolutismus[216].

Gerade seine gewissermaßen extraterritoriale Stellung gestattete ihm bis dahin prinzipiell die Möglichkeit starker Einflußnahme: Denn er mußte seine Anliegen im Normalfall nicht erst in der Ministerkonferenz vortragen, diskutieren und gegebenenfalls auch verändern oder gar zerreden lassen. Vielmehr konnte er sich immer direkt an den Kaiser wenden.

Dies verweist nun auf einen für unsere weiteren Überlegungen wichtigen Aspekt: Der politische Entscheidungsprozeß erfuhr im neoabsolutistischen Herrschaftssystem eine starke Personalisierung. Dies ging mit einem weiteren, die damaligen Verhältnisse kennzeichnenden Faktor einher, nämlich mit der Möglichkeit direkter Einflußnahme auf den Kaiser von offiziellen, aber auch „inoffiziellen Kreisen"[217]. Dabei verstehe ich unter *inoffiziellen* Einflüssen solche von Personen, deren diesbezügliches Wirken nicht auch aus ihrer offiziellen *institutionellen* Stellung resultierte. Dies würde beispielsweise für Bach und Kübeck gelten. Sie trafen in ihrer Funktion als Minister des Inneren beziehungsweise als Vorsitzender des Reichsrates auch unter vier Augen mit dem Kaiser zusammen.

Zu nennen ist hierbei zum einen vor allem die Kaiserinmutter, Erzherzogin Sophie: Sie hat Redlich einst in Anlehnung an einen ungenannten „zeitgenössischen Beobachter" als den vor 1848 „einzigen Mann ... am ganzen Hofe" bezeichnet[218]. An sie „denkt" wenigstens ein mit den damaligen Gegebenheiten einigermaßen Vertrauter tatsächlich „sofort", wie Bled gemeint hat[219]. Dabei soll ihre „echte Herrschernatur" aber vor allem seit der „Thron-

---

214 So er selbst in einem Tagebucheintrag v. 20. März 1857, in: Tagebuch Kempens, S. 424 (s. dazu auch folg.).
215 Probleme, S. LVI.
216 Rumpler, Ministerrat, S. 49–50 (s. dazu auch folg.).
217 Heindl, Probleme, S. XLV.
218 Sie allein besaß für ihn eine „willensstarke Persönlichkeit, die am Hofe den Greisen" der vormärzlichen „Staatskonferenz gegenüberstand" (Kaiser Franz Joseph, S. 25).
219 Franz Joseph, S. 92.

besteigung ihres Sohnes" wirksam geworden sein[220]. Entsprechend berichtet etwa Friedjung, Franz Joseph habe „bei allen Regierungsmaßregeln ... zunächst die Ansicht seiner über alles verehrten Mutter" gehört[221]. Diese von Friedjung anderweitig für die Zeit nach dem Tod Schwarzenbergs noch zugespitzte These[222] hat bis heute kaum etwas an Anziehungskraft eingebüßt: So macht Gottsmann einen „bedeutenden Einfluß" Sophies aus[223], während Klaus Günzel die Erzherzogin als „umtriebige Mutter" charakterisiert, die neben anderen „Leuten von gestern im Schatten des Kaisers ihre Fäden spann"[224]. Und der Untertitel der bislang einzigen ihr gewidmeten Biographie (1993) lautet sogar *Die heimliche Kaiserin*[225], eine Idee, die dem Verfasser Gerd Holler offenbar bei der Lektüre der Biographie Brigitte Hamanns über Kaiserin Elisabeth gekommen ist[226].

Zum anderen wird in diesem Zusammenhang immer wieder auf die vermeintlich *graue Eminenz* des Reiches, den ehemaligen Staatskanzler Metternich, verwiesen. Heindl erklärt ihn zusammen mit Kübeck sogar „zu dem wichtigsten Berater des jungen Monarchen", der „entscheidende Unterstützung bei der Beseitigung des Ministerrates geleistet" haben soll[227]. Auch ein Zeitgenosse wie der vor 1848 als Geheimagent für die österreichische Polizei arbeitende zeitweilige Korrespondent der *Augsburger Allgemeinen Zeitung* Hermann Ebner hat dies so gesehen[228].

Drei, sich gegenseitig nicht ausschließende Gründe werden für das Vorhandensein persönlicher Einflußnahme primär verantwortlich gemacht: erstens eine *charakterlich* bedingte Beeinflußbarkeit Franz Josephs, zweitens seine Jugendlichkeit (und daraus folgend seine Unerfahrenheit) sowie drittens das „Wesen" einer „absolutistischen Regierungsform"[229], also ein *strukturelles* Moment. Alle drei Momente dürften tatsächlich eine Rolle gespielt haben, wobei Heindl von „erschütternden Schwächen der inneren Struktur der österreichischen Regierung im Neoabsolutismus" sowie von ihr „glaub-

---

220 Ebd., S. 26.
221 Österreich von 1848–1860, 1, S. 237. Allerdings nennt er zugleich Schwarzenberg die „maßgebende Persönlichkeit" (ebd., S. 103); vgl. auch ders., ebd., 2, S. 161.
222 „Nach seinem Tode aber rückte sie selbst an die erste Stelle und war die Stütze des absolutistischen Systems, besonders in dessen klerikaler Ausgestaltung." (Ebd., S. 259.)
223 Reichstag, S. 30.
224 „... endlich mit Ehre zugrunde gehen".
225 Sophie.
226 Sie spricht ganz explizit von Sophie als „heimlicher Kaiserin von Österreich in den fünfziger Jahren" (Elisabeth, S. 24). Dabei hat sie anderswo die Notwendigkeit betont, auch Sophie bedürfe „noch einer ausgewogenen historischen Behandlung" (Erzherzog Albrecht, S. 64). Hollers Arbeit schließt diese Lücke nicht.
227 Probleme, S. XXIX.
228 Brief an Engels, Frankfurt am Main, 26. April 1852, in: MEGA, III/5, S. 333.
229 Heindl, Probleme, S. XLV.

haft" erscheinenden „unüberwindlichen Schwierigkeiten für eine gedeihliche Regierungsarbeit" gesprochen hat[230]. Welches Moment wog jedoch am stärksten? Stand der junge Kaiser überhaupt unter so starkem Einfluß, daß er auch Entscheidungen traf, die seinen eigentlichen politischen und sonstigen Vorstellungen zuwiderliefen? Darüber ließe sich um so länger diskutieren, als hierzu einmal mehr eingehende Forschungen fehlen und implizit oder explizit alleine auf teilweise problematische zeitgenössische Urteile rekurriert wird.

Diese beeindrucken nun allerdings teilweise: So erklärte etwa Bismarck im Juni 1855 „ueber die politique occulte in Wien", er habe noch niemals (!) eine andere Version gehört, als daß die „Erzherzogin Sophie die Fäden ... hält, und daß diese Fürstin in der Geistlichkeit ihre Berater, in dem Minister Bach ihr executirendes Instrument hat"[231]. Die Vorstellung einer dominierenden Rolle der Kaiserinmutter war damals weit verbreitet. Dies erhellen Worte, die der in Wien wohnende und als „wichtigster österr. Mitarbeiter der [Augsburger] Allgemeinen Zeitung"[232] fungierende Joseph Chr. Freiherr v. Zedlitz im April 1852 an seinen Standeskollegen Johann Fr. Cotta v. Cottendorf, den Begründer dieses damals so wichtigen Blattes, im Zusammenhang mit der Nachfolge für den am 5. des Monats verstorbenen Schwarzenberg richtete:

„Eine telegraphierte chiffrierte Depesche an die Erzherzogin Sophie hieß sie ihre Reise fortsetzen, und nicht zurückkommen, damit man nicht im Publikum versucht sei zu glauben, ihre Influenz entscheide die Maßregeln des Kaisers."[233]

Es ließe sich nun deutlich machen, daß die angeführten Beurteilungen und andere, auf den ersten Blick nicht minder eindrückliche Bewertungen mehr bei näherer Analyse stark an Überzeugungskraft verlieren. Vor allem Sophies praktisch täglich geführten, äußerst umfangreichen, „nur mit der Lupe lesbaren und kaum zu entziffernden" Tagebuchaufzeichnungen[234] sowie ihre Briefe

---

230 Carl Ferdinand Graf Buol-Schauenstein, S. 117.
231 An L. v. Gerlach, Frankfurt, 11. Juni 1855, in: Briefwechsel des Generals Leopold von Gerlach, S, 264; vgl. 265: „Nach diesen relatis aber ist der eigentliche faiseur die Frau Erzherzogin, (...)."
232 Herbert Schiller (Hrsg.), in: Briefe an Cotta, S. 203, Anm. 1.
233 Und. (aber 1. Hälfte April), in: Ebd., S. 203. Sophie befand sich damals im Venezianischen. Im übrigen blieb sie damals tatsächlich in Görz wegen der „Besorgnis, man könnte glauben, ich wollte mich in die so schwere Wahl eines Nachfolgers ... mischen" (dies. an Franz Joseph, Görz, 8./9. April 1852, zit. in: *Neues Wiener Tagblatt*, Weihnachtsbeilage 1929; auch zit. bei Conte Egon Corti Cäsar, Mensch und Herrscher, S. 91. Im übrigen „dachte" sie demnach an „Rechberg" als Nachfolger für Schwarzenberg (ebd.). Rechbergs große politische Zeit kam aber erst mit dem sich nähernden Ende des Neoabsolutismus.
234 So aufgrund einer Information von E. Feigl zutreffend ausgerechnet Holler (Sophie, S. 13). Dieser selbst hat im Gegensatz zu mir keine Erlaubnis bekommen, sich die Tagebücher an-

– soweit vorhanden – erscheinen in dieser Hinsicht aufschlußreich. Dies kann hier nur an einem Beispiel ausgeführt werden, nämlich an Hand eines Schreibens der Erzherzogin an Erzherzog Ludwig vom 13. Dezember 1848. Darin informierte sie ihren Schwager unter anderem über die ersten Herrschaftstage Franz Josephs: „Gleich am 4ten Tag hatte er eine Conferenz mit seinem Ministerium", heißt es da[235]. Zu Recht bezeichnete sie dies als „wohl sehr ungewohnt für einen 18jährigen Jüngling". Später habe sie ihn auf der Promenade gefunden, und er habe ihr „gar nichts" von dem Inhalte der vorher erlebten Stunden gesagt. Bereits dieser Umstand erscheint für unser Erkenntnisinteresse von Belang. Nicht minder gilt dies für ihre anschließenden Bemerkungen: Zum einen nämlich kommentierte sie dieses Verhalten als zu ihrer „großen Freude" geschehen, „da es mir bewies(,) wie ernst u(nd) wichtig er die Sache nahm"[236]. Zum anderen aber fragte sie ihn „erst bei Tische": „(…) ‚ich bitte Dich(,) sage mir nur: hast Du Deine Meinung gesagt?'"[237] Es besteht wohl kein vernünftiger Grund zu der Annahme, die Kaiserinmutter habe hier den Hergang der Dinge bewußt oder auch nur unbewußt entstellt.

Alles in allem könnte Franz Joseph ein *starker* Herrscher gewesen sein, seine Entscheidungen also ungeachtet möglicher Einflußnahmen offizieller oder inoffizieller Natur letztlich relativ unabhängig getroffen haben. Dennoch konnte es beispielsweise für Minister *prinzipiell* vorteilhaft sein, folgende drei, eng miteinander verbundene Wege zu beschreiten beziehungsweise Ziele zu verfolgen, um ihren politischen Vorstellungen zum Durchbruch zu verhelfen: Erstens war es sicher nicht von Nachteil, sich direkten Zugang beim Kaiser zu verschaffen. Dabei mußte, wie schon angedeutet, insbesondere das Hindernis Grünne überwunden werden. Zweitens galt es, einen einmal gewonnenen Zugang sicherzustellen. Rein formal gesehen konnte dies am besten durch die Erlaubnis geschehen, beim Kaiser regelmäßig und möglichst häufig vorsprechen zu dürfen. In dieser Beziehung hatte wohl prinzipiell Kempen die besten Karten. Nicht nur seine beschriebene Stellung im neoabsolutistischen Machtgefüge und der gemeinsame militärische Karrierehintergrund

---

zuschauen. Ich habe sie für die Zeit von September 1848 bis Ende 1852 konsultiert, er mußte sich an die bereits bekannten Stellen halten.

235 13. Dezember 1848, in: HHStA, NL Sophie, Schachtel 18, Konvolut *Briefe Sophies an Ehg. Ludwig 1828–64* (s. dazu auch folg.).

236 Und sie fügte an: „(…); ich hütete mich auch wohl(,) sie nur leise zu berühren; (…)." (Ebd.)

237 „(…) da sah er mich mit einem so lieben – freudig zuversichtlichen Lächeln an –(,) das mir das ganze Gelingen der ersten Sitzung verkündete(,) u sagte: ‚seyn Sie ruhig(,) ich hab meine Meinung gesagt!'" (Ebd.; auch zit. bei Holler, Sophie, S. 201.) Auch in der Öffentlichkeit wußte man darüber Bescheid, wie ein Schreiben Karl Fr. Graf Vitzthum v. Eckstädts an seine Mutter v. 10. Dezember belegt: „Am erfreulichsten aber ist, dass der junge Monarch gleich in dem ersten Ministerrathe, dem er präsidirte, die glänzendsten Proben seines unläugbaren Herrschertalentes abgelegt hat." (Wien, in: Ders., Berlin und Wien, S. 207.)

sind hier zu bedenken, sondern auch sein alles in allem gutes Verhältnis zu Grünne: „Wie alle Tage(,) so auch heute beim Grafen Grünne", notierte sich der Chef der Obersten Polizeibehörde einmal in seinem Tagebuch[238], während ihn der Generaladjutant seinen „Beichtvater" genannt haben soll, mit dem er über alles reden könne[239].

Drittens schließlich, aber keineswegs zuletzt, mochte es sich als nützlich erweisen, das *Vertrauen* Franz Josephs zu genießen beziehungsweise dasselbe überhaupt erst einmal zu gewinnen. Konnte sich freilich überhaupt irgendwer seines Vertrauens, zumal in uneingeschränkter Form, rühmen? Dies ist fraglich. Engel-Janosi hat vor Jahrzehnten in einem Aufsatz mit dem passenden Titel *Der Monarch und seine Ratgeber* die „Überlieferung" kritisch hinterfragt, laut der das „Vertrauensverhältnis zwischen dem Monarchen und dem Minister sein Ende mit dem Ende von dessen Amtstätigkeit gefunden" haben soll[240]. Alexander Novotny vermutete in einer gleichnamigen Arbeit später zwar die Existenz von „Menschen", die der Kaiser „seines Vertrauens für würdig hielt" und denen er „dieses Vertrauen auch tatsächlich lieh"; doch wäre es ihm zufolge „vielleicht" schon zuviel gesagt, Franz Joseph hätte jemandem sein Vertrauen wirklich „geschenkt"[241]. Und laut seinem Biographen Redlich hat er „einen Favoriten im eigentlichen Sinne des Wortes" nie gehabt[242]. Selbst der ihm im normalen Alltag am nächsten stehende Grünne vermochte demnach kein solches Nahverhältnis zum Herrscher herzustellen.

Eine adäquate Antwort auf diese Frage fällt deshalb besonders schwer, weil wir uns hierbei argumentativ in den Bereich der Individualpsychologie begeben. Wie leicht man sich in dieser Beziehung auf Glatteis begibt, zeigt sich bei Novotny. Denn ungeachtet seiner aufgezeigten Einschränkung konstatiert er anderer Stelle ein „grenzenloses" monarchisches „Vertrauen" zu Schwarzenberg[243]. Und als wäre es damit noch nicht genug, macht er beim Kaiser „Verehrung" und „Bewunderung" für den Fürsten aus. Er weiß sogar, daß er diesen „wirklich liebte und aus dieser seiner Zuneigung heraus seine Intentionen gutheiß"[244].

Dennoch liegen meiner Auffassung nach alles in allem Novotny (und Redlich) richtiger. Allerdings seien auch Äußerungen Buols nicht verschwiegen, die er im Sommer 1859 nach seinem Rücktritt als Außenminister zu Papier

---

238 Eintrag v. 6. März 1853, in: Tagebuch Kempens, S. 282.
239 Tagebucheintrag Kempens v. 7. April 1855, in: Ebd., S. 363.
240 Der Monarch und seine Ratgeber, S. 18; s. auch bis S. 19.
241 Der Monarch und seine Ratgeber, S. 68.
242 Kaiser Franz Joseph, S. 57.
243 Der Monarch und seine Ratgeber, S. 73 (s. dazu auch folg.).
244 Dies impliziert im übrigen die These, daß Schwarzenberg auch den Neoabsolutismus wollte. Und in der Tat verdankte Franz Joseph laut Novotny u. a. „vor allem" Schwarzenbergs „Regie" das Sylvesterpatent (ebd., S. 74).

brachte: Danach „gebrach" es den „hohen Civil-Beamten" zwar am „nöthigen Ansehen", weil man wohl wisse, daß keiner das volle Vertrauen seines Herrn besitze; zugleich aber hatte es sich Franz Joseph laut dem ehemaligen Außenminister scheinbar zum „Grundsatze" gemacht, den Ministern „in dem Bereiche ihres Faches ein ziemlich ausgedehntes Vertrauen zu gewähren"[245]. Dieses Urteil fällte der ehemalige Außenminister auf der Basis einer eigenen, immerhin rund sieben Jahre umfassenden Erfahrung.

Insgesamt gesehen sollte man sich vor endgültigen Schlußfolgerungen hüten, was die Frage des *Vertrauens*grades von Franz Joseph zu Ministern und anderen Personen angeht, die den politischen Entscheidungsprozeß offiziell oder inoffiziell beeinflussen konnten. Deshalb wird der Begriff Vertrauen im folgenden auch lediglich in einem relativen, kaum exakt zu bestimmenden Sinne und deshalb mit großem Vorbehalt verwendet. Wie es sich damit aber auch immer verhalten haben mag: Der Versuch, den Monarchen für sich beziehungsweise für die eigenen politischen Standpunkte einzunehmen, konnte für maßgebende Repräsentanten des neoabsolutistischen Herrschaftssystems jedenfalls kein Fehler sein. Allerdings mußten solche Versuche behutsam ausgeführt werden, damit Franz Joseph keinen Argwohn schöpfte.

*1.3.1.7. Die Bedeutung der Herrschaftskonstellation
für das Zustandekommen der Operation*

Behutsamkeit dürfte überhaupt in mancherlei Hinsicht ein gutes Rezept im Verkehr mit Franz Joseph gewesen sein. Denn aufgrund der gegebenen Herrschaftskonstellation mußten Minister und andere politische Vertreter des Staates grundsätzlich davon ausgehen, daß sie jederzeit in kaiserliche Ungnade fallen und schlimmstenfalls entlassen werden konnten. Dies galt für jeden Dienstrang, und auch hohe beziehungsweise allerhöchste gesellschaftliche Herkunft schützten davor nicht. Dazu bedurfte es prinzipiell noch nicht einmal eines objektiven politischen Versagens. Vielmehr genügte hierzu der subjektive Vertrauensverlust. Sogar eine nur partielle Vertrauenseinbuße konnte ausreichen. Zugleich mußten wenigstens die neben dem Monarchen obersten Repräsentanten der Macht (Minister, Reichsräte, Kempen, Grünne) immer mit Sabotageaktionen ihnen nicht wohl gesinnter Kräfte rechnen. Rein machtpolitische Gründe konnten hier ebenso zum Tragen kommen wie Differenzen in Sachfragen. Nicht zuletzt eine Schlüsselfigur sowohl für den Entscheidungsprozeß als auch für die Abwicklung der Nationalanleihe stand im

---

[245] Memorandum *geschrieben im Monat Juli 1859*, in: HHStA, AM, PA. XL, Interna, Vorträge, Krt. 51, f. *Interna, Vorträge 1859*, fol. 108 u. 110.

Kreuzfeuer der Kritik: Innenminister Alexander Bach. Deshalb gehe ich auf seine Person nun genauer ein.

1.3.1.7.1. Die Stellung Bachs im neoabsolutistischen Herrschaftsgefüge

Folgen wir einem Tagebucheintrag Kübecks vom 17. Dezember 1851, so sprach sich damals die „allgemeine Stimme gegen Bach" aus[246]. Der Vorsitzende des Reichsrates dürfte über die *allgemeine* öffentliche *Stimme* nicht wirklich umfassend informiert gewesen sein. Mit dieser Feststellung traf er aber doch weitgehend in das Schwarze. Dabei sah sich der gelernte Advokat wohlgemerkt spätestens seit Beginn seiner Ministertätigkeit, die ihn zunächst in das Justizressort geführt hatte (21. November 1848–28. Juli 1849[247]), starker öffentlicher Kritik ausgesetzt[248] und hatte es mit bedeutenden innenpolitischen Gegnern zu tun. Dies sollte sich auch bis zu seinem Ausscheiden aus der großen Politik im Hochsommer 1859 nicht ändern. Gewissermaßen saß er zwischen allen politischen Lagern, mißfiel sowohl konservativ als auch liberal sowie demokratisch eingestellten Kreisen. Sein schlechter Ruf ging so weit, daß sich Minna R. Falk schon 1931 in einer allerdings wenig hilfreichen Studie explizit das Ziel der „rehabilitation of a historical figure" setzte[249].

Konservative und dabei häufig adelige Kreise schätzten ihn zweifellos als bürgerlichen „Parvenu" ein, wie noch viel später behauptet wurde[250]. In dieser Beziehung interessiert eine Feststellung des sächsischen Legationssekretärs Karl Fr. Graf Vitzthum v. Eckstädt, wonach der „grosse Grundbesitz" bei seiner „jetzigen Salon-Opposition" den „zufälligen Umstand" ausgebeutet habe, daß „der gegenwärtige Minister des Innern weder Fürst noch Graf, sondern ein junger Advokat ist und einen obscuren bürgerlichen Namen führt"[251]. An Abschätzigkeit kaum zu überbieten ist die bekannte Charakterisierung Bachs als „junger Klugscheißer" durch Windischgrätz[252]. Sie mag mehr über den Fürsten als über Bach aussagen. Ob sie sich aber wirklich als Symptom

---

246 Aus dem Nachlaß Kübecks, S. 84.
247 Aber bereits seit dem 17. Mai 1849 des Jahres fungierte er interimistisch auch als Leiter des Innenministeriums.
248 So ging etwa 1850 eine anonyme Arbeit sehr scharf mit ihm ins Gericht (Dr. Alexander Bach, k. k. österreichischer Minister des Innern).
249 Social Forces, S. 1.
250 So der Physiologe Siegmund Exner u. seine Frau gegenüber Friedjung am 12. November 1899 in einem Gespräch (Geschichte in Gesprächen, 1, S. 282).
251 Brief an seinen Onkel, Wien, 22. April 1850, in: Berlin und Wien, S. 268.
252 An Schwarzenberg, Ofen, 1. April 1849, in: HHStA, AM, PA. I, Acta Secreta, Krt. 451, Nr. 582/A.S., fol. 235 (s. etwa auch zit. bei Walter, Zentralverwaltung, III/1, S. 331).

eines vorhandenen „Hasses" in Kreisen des „hohen Adels" deuten läßt, sei dahingestellt[253].

Bach geriet auch in das Visier des liberal orientierten Bürgertums, also ausgerechnet von Mitgliedern seiner ehemaligen sozialpolitischen Heimat. Ihnen galt er vielfach gleichsam als schwarzes Schaf, erblickten sie in ihm aufgrund seines unleugbaren Arrangements mit der *Reaktion* doch einen Verräter an der guten, gerechten, eben liberal-revolutionären Sache. Freilich „theilte" er in dieser Beziehung grundsätzlich lediglich das „Schicksal vieler der Staatsmänner", die nach ihrem Eintritt in die Regierung „von ihren früheren Freunden angefeindet wurden", wie die Leser des regierungsnahen *Lloyd* am 26. Juli 1849 in der Morgenausgabe erfahren konnten[254]. Zugleich wurde apodiktisch erklärt, daß „wer immer nach einer politischen Umwälzung aus der Mitte der liberalen Partei an das Staatsruder berufen wird, ... bei derselben unpopulär werden (muß)". Dieser vermeintlich kausale Wirkungszusammenhang traf für Bach jedenfalls in starkem Maße zu. Denn in den Märztagen des Jahres 1848 hatte er als besonderer Hoffnungsträger liberal eingestellter Kreise gegolten und deren Erwartungen zunächst auch erfüllt.

Schließlich fiel er auch in Acht und Bann demokratisch gesinnter Persönlichkeiten. So brandmarkte ihn der Studentenpfarrer Anton Füster als einen „Judas der Demokrazie", wie der mit Bach persönlich bekannte Wessenberg dessen Erinnerungen zu Recht entnahm[255]. Und der spätere Botschafter in Paris, Joseph A. Freiherr v. Hübner, notierte sich bereits anläßlich der Wiedereröffnung des nach Kremsier verlegten Reichstags am 22. November 1848 und der dabei erfolgten Wahl des ehemals zum Tode verurteilten Franciszek Smolka zum Präsidenten der Versammlung – dem „Schreckbild einer bösen Abstimmung" – einen „aufgeregten und entmuthigten" Bach, der zusammen mit Bruck und Stadion das „Todtenglöcklein ihres amtlichen Daseins" hatte klingeln hören[256].

Wohl die weitaus überwiegende Mehrzahl von Bachs zeitgenössischen – wie auch späteren – Kritikern, egal welcher politischen Couleur, hielt ihn für einen opportunistischen politischen Wendehals, der seine einstigen politischen Überzeugungen – sollte er denn überhaupt welche besessen haben, was bezweifelt wird – bereitwillig der Versuchung der Macht opferte. Bach sei „tout-à-coup plus absolutiste que Kübeck" geworden, schrieb der russische Gesandte in Wien, Peter Freiherr v. Meyendorff, an seinen Außenminister Karl

---

253 So hat Friedjung die Haltung dieser Schicht Bach gegenüber beurteilt (Freunde und Gegner, S. 42).
254 Nr. 351 (Wien, 25. Juli) (s. dazu auch das folg. Zit.). Zum *Lloyd* s. noch w. u., Abschnitt 2.7.3.2.
255 An Isfordink-Kostnitz, Freiburg, 4. März 1849, in: Briefe Wessenbergs, 1, Nr. 84, S. 102. Vgl. bei Anton Füster, Memoiren vom März 1848 bis Juli 1849, S. 45.
256 Tagebucheintrag v. 22. November 1848, in: Ein Jahr meines Lebens, S. 309–310.

R. Graf Nesselrode: „C'est comme tous les révolutionnaires, un Saturne dévorant ses propres enfants."[257]

Man beurteilte ihn als einen Mann, der im Laufe seiner aktiven politischen Karriere gleichsam die Quadratur des Kreises geschafft hatte: Tatsächlich stand am Beginn sein an vorderster Front geführter Kampf für die Sache der Revolution. Nicht umsonst brachte ihm sein Eintritt in das Kabinett den Ruf eines „Barrikadenministers" ein[258]. Doch anschließend ließ er sich immer mehr mit der *Konterrevolution* ein und endete zuletzt als ein Hauptprotagonist des Neoabsolutismus. Manchem geriet er gar zum primär Verantwortlichen für die neoabsolutistische Wende beziehungsweise zur leibhaftigen Inkarnation des damit verknüpften Herrschaftssystems. Er galt als dessen *Spiritus rector*, als *böser Geist* des Neoabsolutismus und wurde „als das Haupthinderni(s) für jede Reform betra(ch)tet"[259]. Zweifellos war er im Laufe der Zeit in manchen Kreisen auch „einer wahren Verachtung verfallen", wie es der Polizeidirektor von Wien Ignaz Ritter v. Czapka gegen Ende von Bachs Ministerschaft formulierte[260].

Zudem dürfte „früher" die Vorstellung, man könne seine Person mit dem Neoabsolutismus schlicht gleichsetzen, sogar wohl „fast allgemein verbreitet" gewesen sein[261]. So hat etwa Albert E. Schäffle, 1861–1865 württembergischer Abgeordneter und 1871 vorübergehend cisleithanischer Handelsminister, einmal gemeint, der Neoabsolutismus sei „doch nur das absolutistisch-zentralistische Österreich des Dr. Alexander Bach" gewesen[262]. Nun hat freilich L. Gerlach schon am 15. April 1852 gegenüber Bismarck vom „Ministerium Buol-Bach" gesprochen[263], während Kempen die beiden als „siamesische Zwillinge" bezeichnete[264]; doch wurde der Außenminister im allgemeinen als schwacher Politiker und hierbei wiederum zuweilen als Spielball in den Händen seines Kollegen vom Inneren eingeschätzt[265]. Am schärfsten manifestiert sich die Ansicht einer sehr starken Dominanz Bachs während des Neoabsolutismus vielleicht in einem Nekrolog, der anläßlich seines Todes in der damals bedeutenden Wiener Tageszeitung *Neue Freie Presse* erschien[266].

---

257 Wien, 27. November 1851, in: Ein russischer Diplomat, Nr. 404, S. 434.
258 So etwa Ludwig Ritter v. Benedek laut Kempen, Tagebucheintrag v. 9. August 1854, in: Tagebuch Kempens, S. 357; vgl. Edmund Graf Zichy, zit. w. u., Anm. 299.
259 Stber., ohne alles, aber April 1859, in: AVA, Inneres, OPB, Präs. II, Krt. 135, Nr. 2766/59.
260 An Kempen, Wien, 12. April 1859, Nr. unl., in: Ebd., Nr. 2765/59.
261 Jiří Kořalka, Tschechen im Habsburgerreich, S. 26, Anm. 37.
262 Aus meinem Leben, 1, S. 60.
263 Potsdam, in: Briefe des Generals Leopold von Gerlach, Nr. 9, S. 10; vgl. auch S. 9.
264 Tagebucheintrag v. 25. September 1855, in: Tagebuch Kempens, S. 373.
265 S. etwa Metternich in einem Brief an Kübeck v. 9. Dezember 1854: Buol „steht vollkommen unter dem Einfluße Bach's" (o. O., in: Metternich und Kübeck. Ein Briefwechsel, S. 190).
266 Nr. 10500, S. 1–2, uns. Artikel (Wien, 13. November).

Doch auch noch bis heute erfreut sich diese Vorstellung unter Historikern bester Tradition. So macht etwa Hodimir Sirotković unkommentiert einen „Bachschen Absolutismus" aus[267], während Arnošt Klíma vom „neo-absolutism of Alexander Bach"[268] und John F. N. Bradley vom „dictatorial régime of Premier Bach" spricht[269]. Bereits Alfred Fischel kannte ein „Bachsches Reaktionszeitalter"[270]. Damit verband er also ebenso eine ganze Epoche wie beispielsweise vor kurzem Hoke, der die Existenz einer „Bachschen Ära" behauptet[271].

Die mit solchen Einschätzungen vollzogene beziehungsweise verbundene Verzerrung der historischen Realität ließe sich leicht aufzeigen: So führt der gerade zitierte Hoke als Begründung für seine These an, die Regierung sei von dem Innenminister Alexander Bach geleitet worden[272]. Dies bedarf nach unseren obigen Ausführungen über die Stellung und Struktur der Ministerkonferenz keines Kommentars mehr, ohne damit zu leugnen, daß Bach als Chef des Inneren eine wichtige Position im Herrschaftssystem einnahm. Ebenso falsch liegt Theodore S. Hamerow, laut dem die von Schwarzenberg initiierte „conservative policy" mit „determination" durch seine „successors Baron Alexander von Bach and Count Karl von Buol-Schauenstein" fortgeführt worden sein soll[273]. Sowohl Bach als auch Buol wären wohl gerne in die Fußstapfen des Ministerpräsidenten getreten. Aber diese Funktion gab es ja nach seinem Tod bis in die zweite Hälfte des Jahres 1859 gar nicht mehr[274].

Kurzum, Bach wurde – und wird[275] – für ein Individuum mit einem extrem ausgeprägten Sinn für machtpolitischen Opportunismus erachtet und gilt gleichsam als „Prototyp des politischen Überläufers in der österreichischen

---

267 Die Verwaltung im Königreich Kroatien und Slawonien 1848–1918, S. 476.
268 The Czechs, S. 240.
269 Czech Nationalism, S. 16.
270 Der Panslawismus bis zum Weltkrieg, S. 319.
271 Österreichische und Deutsche Rechtsgeschichte, S. 362.
272 Ebd.
273 Restoration, Revolution, Reaction. Economics and Politics in Germany 1815–1871, S. 204.
274 Für weitere schlicht falsche Aussagen über die Position damaliger Politiker: Karl M. Brousek spricht vom „Handelsminister Freiherr von Bruck (1849–1860)" (Die Großindustrie Böhmens, S. 44). Bruck war aber nur bis zum 23. Mai 1851 Handelsminister und trat erst Anfang 1855 wieder in die Regierung ein, diesmal jedoch als Finanzminister. Taylor schreibt, „Kübeck soon retired from his empty dignity as president" des Reichsrates (The Habsburg Monarchy, S. 96). Kübeck starb vielmehr im September 1855 als Präsident dieser Institution. Geradezu grotesk mutet die Passage eines jüngst überarbeiteten *Arbeitsbuchs für österreichische Geschichte* (!) an: „Nach Schwarzenbergs Tod (1852) war *Alexander Freiherr von Bach* Innenminister geworden, (...)." (Zöllner/ Schüssel: Das Werden Österreichs, S. 203.)
275 S. hierzu Erika Weinzierl-Fischer, die im „persönlichen Ehrgeiz" Bachs die „zweifellose ... Haupttriebfeder seines Handelns" sieht, wobei er „in der ... beginnenden Ära des Neoabsolutismus" dann „die Chance höchster persönlicher Machtentfaltung" erblickt haben soll (Die österreichischen Konkordate, S. 39). Vgl. auch Redlich, Kaiser Franz Joseph, S. 48, S. 82, S.

Geschichte"²⁷⁶. Er soll sogar gleichsam freiwillig „zum Sündenbock eines ganzen Systems" geworden sein²⁷⁷. Dabei haben ihm schon Zeitgenossen einen markanten „Mangel an Charakterstärke, an Willensfestigkeit und Ueberzeugung" angekreidet, allesamt Fehler, die auch sein „bedeutendes Talent", das ihm selbst seine Kritiker zubilligten²⁷⁸, nicht zu kompensieren vermochte.

Besonders aufschlußreich mutet in dieser Hinsicht eine kleine zeitgenössische Begebenheit an. Ihre Überlieferung verdanken wir dem prinzipiell liberal gesinnten Joseph Ritter v. Kalchberg beziehungsweise seiner 1881 erschienenen und ebenso Erinnerungs- wie Bekenntnischarakter tragenden Schrift *Mein politisches Glaubensbekenntniß*: Danach begab er sich „zu jener Zeit" mit einem „Stellwagen" in den Wiener Vorort Hietzing²⁷⁹. Der „Rosslenker" sei entsetzlich lahm gefahren, als plötzlich „ein mitfahrendes, wie es schien, von Bosheit nicht ganz freies Fräulein" geseufzt habe: „,Besonnen, aber entschieden vorwärts.'" Warum erachtete Kalchberg, der zunächst in der Paulskirche saß und dann zwischen 1849 und 1853 als Statthalter von Schlesien fungierte und also unter Bach diente, die Wiedergabe dieser an sich unbedeutenden Episode für angebracht? Dies belegen seine weiteren Ausführungen: Denn während die besagte junge Dame nunmehr „schwieg …, lachten (die Mitreisenden) hell auf". Sie nämlich „verstanden den Seufzer als Satyre auf des Ministers Wahlspruch". In der Tat hatte sich Bach das Motto *Besonnen, aber entschieden vorwärts* als eine Art Leitmotiv für sein Wirken als Minister auserkoren²⁸⁰.

An seiner Abstempelung änderte auch die treffende Überlegung Wessenbergs nichts, die „Revolutionen" hätten mehr als einmal zur Folge gehabt, daß ihre „anfangs wärmsten Vertheidiger sich in entgegengesetzter Richtung einen Weg bahnten und sich auf den Trümmern des eigenen Werkes emporhoben"²⁸¹. Freilich nahm er selbst seinen zitierten Worten sofort wieder die

---

88: Danach „genügten" nur „wenige Tage", um ihn „zur schleunigen Annahme" von Kübecks absolutistischem „Programm zu zwingen", was er mit seinem Bewußtsein darüber begründet, daß es für ihn um „die Frage des Seins oder Nichtseins als Inhaber der Macht" ging.

276 Kann, Nationalitätenproblem, 2. S. 90.
277 Gottsmann, Reichstag, S. 33.
278 So Zang am 15. August 1850 in *Die Presse*, Nr. 195 (Wien, 10. August). Auch diesbezüglich fällen heutige Historiker ähnliche Urteile. So rechnet ihn Palmer „zu den fähigsten Männern im schwerfälligen österreichischen Verwaltungsapparat" (Franz Joseph I., S. 75). Mikoletzky erblickt in ihm ein „außerordentliches Verwaltungstalent" (Österreich, S. 349), und Prinz bezeichnet ihn nicht nur als „Verwaltungspraktiker von höchstem Können", sondern auch als „begabten Routinier der Ministerialbürokratie" (Hans Kudlich, S. 98, Anm. 38), der schon früh der „Motor des gesamten Ministeriums" gewesen sein soll (ebd., S. 108, Anm. 3).
279 Mein politisches Glaubensbekenntniß, S. 274 (s. dazu auch folg.).
280 Zit. nach Satzinger, Alexander Bach, S. 10.
281 An Isfordink-Kostnitz, Freiburg, 6. Mai 1854, in: Briefe Wessenbergs, 2, Nr. 399, S. 254 (s. dazu auch folg.).

Spitze, da er zugleich „ein eigenes Temperament" konstatierte, das „natürlich" zu einer solchen Rolle gehöre. Dennoch deutet dies immerhin indirekt darauf hin, daß Bach auch andere als machtpolitische Motive, etwa eine veränderte politische Einstellung, zu seinem Stellungswechsel bewogen haben könnten. So mag es auch Brook-Shepherd sehen, wenn er schreibt, der „lawyer with political ambitions (...) later turned conservative and became Imperial Minister of Interior"[282]. Leider erklärt er uns die möglichen Gründe für diesen Wandel nicht. Dies unterläßt auch Heinrich Drimmel, der Bach als eine Persönlichkeit skizziert, die „es binnen einem halben Jahr von einem Reveluzzer im März zu einem unbedingten Parteigänger der Hofpartei brachte"[283].

Insbesondere vier nicht machtpolitisch motivierte Momente könnten Bachs Wandlung zumindest mit bewirkt haben: Erstens könnte ihn „vor allem das Fehlen einer tragenden Idee auf Seite der Revolutionäre, die eben deswegen in mancher Beziehung über die Stränge schlugen, dazu bewogen" haben, „sich für ein einheitliches Österreich unter einer starken Regierung einzusetzen"[284]. Laut Erika Weinzierl-Fischer stellte dieses Moment sogar ohne „Zweifel" die entscheidende Triebfeder für Bachs Einlassen mit dem absolutistischen Staatsgedanken dar. Allerdings übersieht sie dabei, daß Bach zumindest anfänglich selbst einer der hervorragendsten Vertreter der Revolution gewesen ist.

Zweitens sprechen manche Forscher dem Minister trotz seiner Schwenkung fortwährende liberale Überzeugungen nicht ab. Dabei scheint er für manche Historiker langfristig vielleicht sogar eine Liberalisierung des von ihm selbst mit geschaffenen Neoabsolutismus angestrebt zu haben[285]. Vor allem in dieser Richtung hat sich schon 1931 Minna Falk stark gemacht[286]. Bach betrachtete seinen Pakt mit dem neoabsolutistischen *Teufel* demnach als notwendiges Übel. Er bildete für ihn einen notwendigen Kompromiß, eingegangen in der Hoffnung auf bessere Zeiten, eine These, die nicht ohne weiteres von der Hand zu weisen ist.

---

282 The Austrians, S. 52.
283 Franz Joseph, S. 97.
284 Weinzierl-Fischer, Die österreichischen Konkordate, S. 39 (s. dazu auch das folg. Zit.).
285 S. etwa Kann, Nationalitätenproblem, 2, S. 90; Rumpler, Ministerrat, S. 31; Heindl schreibt – bezogen auf die Situation nach April 1852 –, daß „sogar Bach, der sich als politischer Konvertit sowenig wie möglich exponierte, ... sich nicht (scheute), liberale Achtundvierziger ... als Vertreter seines Ministeriums in die Kommissionen zu delegieren" (Probleme, S. XLVII).
286 „Careful search of the family papers and the state documents proved, ... that he was neither a violent radical before the revolution nor a great conservative as soon as he got into power. He was a moderate liberal at all times and he tried to carry out his theories of constitutionalism in spite of popularity or lack of it." (Social Forces in the Austrian Revolution of 1848 with particular attention to the leadership of Alexander Bach, S. 1–2.)

Drittens ließe sich Bachs „Bekehrung zum Konservatismus"[287] eventuell mit einer von Anfang an gegebenen „durchaus gemäßigt revolutionären" Einstellung erklären[288]. Dann stellte sein Mitwirken am Neoabsolutismus zwar noch immer eine politische Wende dar; sie würde sich jedoch weniger radikal ausnehmen als vielfach angenommen. Schon Prinz hat in Bachs Verhalten während der Oktoberrevolution 1848 einen Beleg dafür gesehen, daß dieser „im Ministerium der Kern jeden konservativen Widerstandes war"[289]. Dagegen war für Bérenger die laut ihm auch durch Bach repräsentierte „Strömung" des „zisleithanischen (...) Zentralismus (...) durchaus mit einem gemäßigten Liberalismus vereinbar"[290]. Deshalb konnten dann auch „in sich selbst konsequente Persönlichkeiten, wie Alexander Bach oder Baron [Karl L. v.] Bruck, ... problemlos das Lager wechseln und dennoch in der Regierung bleiben"[291].

Viertens schließlich ist an die „Angst" des ursprünglich „revolutionären Bürgertums"[292] vor den Folgen eines Sieges des demokratischen politischen Flügels der Revolution zu denken. Diese Furcht wird ja gerade auch als Motiv für das 1848/49 wenigstens vorübergehende Scheitern[293] der liberalen Revolution angeführt, deshalb soll die Bourgeoisie bereits bald „den Frieden mit der alten Ordnung gesucht" haben, deshalb soll ihr ein Bündnis mit der *Reaktion* schlicht als das kleinere Übel erschienen sein.

Dieser Auffassung begegnen wir im übrigen mit Blick auf Bach auch schon bei Zeitgenossen. So „gehörte" er etwa wiederum laut Kalchberg „in den Märztagen unzweifelhaft der liberalen Partei an"[294]. Doch „(hatten ihn) die Erfahrungen des Sommers und insbesondere die Gräuelthaten der Octobertage [1848] ... eingeschüchtert und irre gemacht". Wenigstens aufgrund seiner eigenen Erfahrungen während des letzten großen Aufbäumens der Revolution in Wien hatte er auch allen Grund zu einer Überprüfung seiner ursprünglichen politischen Linie: Zwar bestätigt eine Durchsicht der Akten nicht, daß er wirklich „vielfache Anschläge auf sein Leben" ertragen mußte, wie sein Biograph Hans Loew gemeint hat[295]; doch in den turbulenten Oktobertagen wäre er beinahe selbst in die Hände der Aufständischen gefallen und hätte dann sehr wahrscheinlich ein ähnliches Ende genommen wie sein Ministerkollege

---

287 Kann, Nationalitätenproblem, 2, S. 71.
288 Ebd., S. 90.
289 Hans Kudlich, S. 113.
290 Geschichte, S. 613.
291 Wohlgemerkt eines „neoabsolutistischen Kabinetts" (ebd.).
292 Rumpler, Eine Chance für Mitteleuropa, 305 (s. dazu auch das folg. Zit.).
293 Ob es sich tatsächlich um eine gescheiterte Revolution gehandelt hat, wie traditionell behauptet, ist eine Frage der Perspektive.
294 Mein politisches Glaubensbekenntniß, S. 274 (s. dazu auch das folg. Zit.).
295 Loew, Alexander Freiherr von Bach, S. 57.

Theodor Graf Baillet-Latour, den eine aufgebrachte Menschenmenge lynchte.

Dabei ist freilich ausdrücklich zu erwähnen, daß die besagte Furcht auch aus materiell orientierten Motiven gespeist wurde. Denn im Falle des Triumphes der immer wieder mit dem Sieg der *kommunistischen Doktrin* gleichgesetzten demokratisch-republikanischen Staatsform drohte eine Umwälzung der bestehenden Besitz- und Eigentumsverhältnisse: „(...) allenthalben ist der Besitz jeder Art gefährdet", vermerkte Kempen sehr bald nach Ausbruch der Revolution am 18. März 1848 in seinem Tagebuch, während er tags darauf „das Heiligste bedroht sah"[296]. Zu letzterem rechnete er aber bezeichnenderweise nicht nur „Altar" und „Thron", sondern eben auch das „Eigentum". Den künftigen Chef der Obersten Polizeibehörde und Bach trennte vieles, auch in politischer Hinsicht. Und zu diesem Zeitpunkt mag der damals noch an vorderster Front der Revolution in Erscheinung tretende Advokat Kempens Sorgen als typische Haltung eines Ewiggestrigen belächelt haben. Im Laufe der Revolution dürfte er seine Einstellung aber deutlich revidiert haben.

Dies unterschied Bach nicht von vielen anderen Zeitgenossen, die damals politische Verantwortung trugen. Und in der Tat hat es aus Sicht gewisser Teile des Bürgertums, zu dem sich ja auch Bach zählte, eine gewisse Logik, wenn der damalige Justizminister und spätere Staatsminister Anton Ritter v. Schmerling kurz nach dem endgültigen Ende der Revolution meinte, der „Besitzende" habe „besonderes Interesse an der Aufrechthaltung der Ordnung und der Gesetze"[297].

Zu Bachs Kritikern gehörten schließlich auch all jene, denen der nach 1848 von der Regierung eingeschlagene nationalitätenpolitische Kurs mißfiel. Auch die damit verknüpften Maßnahmen wurden oftmals ausschließlich ihm angekreidet, weil er die Nationalitätenpolitik in seiner Eigenschaft als Minister des Inneren maßgeblich mitgestaltete. Hier traten insbesondere die Magyaren und dabei wiederum vor allem die Altkonservativen als seine Gegner auf den Plan. Sie stellten im damaligen Ungarn (wie auch in Siebenbürgen) die politisch führende magyarische Schicht.

Stellvertretend für viele Beispiele seien hier Äußerungen des Grafen Edmund Zichy genannt. Kempen, der den Aristokraten einmal als einen „tüchtigen Charakter" bezeichnete, in dem er sich geirrt habe[298], gibt sie in seinem Tagebuch teilweise wörtlich wieder, und an ihrer Substanz braucht nicht gezweifelt zu werden: Danach war Franz Graf Zichy, ein Verwandter des magyarischen Magnaten,

---
296 Tagebuch Kempens, S. 87 (s. dazu auch folg.). S. dazu auch noch kurz im Zhg. mit der Nationalanleihe, und zwar mit den Verkäufen von Zertifikaten und Obligationen.
297 Vortrag v. 5. September 1849, Wien, Nr. 6823/ Pr., ad 7016/49, in: AVA, Justiz, Krt. 1524, Nr. 20.
298 Tagebucheintrag v. 26. Januar 1849, in: Tagebuch Kempens, S. 126.

„der einzige Mann, der Statthalter sein könne, allein solange Bach im Ministerium(,) so lange wird er sich nicht verwenden lassen; ,man hat recht, die Honveds [eine Art magyarische, im Sommer 1848 ins Leben gerufene Landwehr] nicht zu Offizieren zu machen. Allein wir können dafür zu einem Barrikadenminister kein Vertrauen haben.'"[299]

Und der ungarische Graf Bethlen dürfte nur wenig übertrieben haben, wenn er Bach am 19. Juni 1850 als „Feind aller Adeligen und aller Ungarn" bezeichnete[300]. Diese magyarische Einstellung änderte sich auch bis zum Ende unseres Betrachtungszeitraums nicht mehr. Die „Oppositionspartei der Ungarn und Altconservativen" hatte „ihre Opposition mit der Person des Ministers des Innern identificirt", wie es Fr. Thun nachträglich formulierte[301]. Bach symbolisierte für die Magyaren den „,Nationalfeind' schlechtweg", wie ihn der politisch einflußreiche ungarische Graf Stephan v. Széchenyi einmal „gebrand-

---

299 Kempen sah darin „vieles Wahre" (Tagebucheintrag v. 15. März 1851, in: Ebd., S. 206–207). György Szabad nennt Zichy einen „collaborator", weil er im Reichsrat gedient habe (Hungarian Political Trends, S. 35). Tatsächlich argumentierte er in diesem Gremium zwar formell systemkonform, trat aber immer wieder für die Verteidigung magyarischer Interessen ein. Dies zeigen die Reichsratsakten klar. Gleiches gilt laut Aktenlage noch mehr für seinen Landsmann und Standeskollegen László Szögyény, der ebenfalls im Reichsrat saß. Szabad selbst schreibt an anderer Stelle, daß die dem Neoabsolutismus gegenüber kritisch eingestellten magyarischen konservativen Hocharistokraten „primarily through the good offices of the Hungarian members of the Imperial Council ... got a glimpse of what was going on behind the scenes" (ebd., S. 40). Bekanntlich lehnten viele magyarische Adelige im Neoabsolutismus die Übernahme staatlicher Funktionen ab. Diese Strategie fiel unter die Kategorie des *passiven Widerstandes*, eine v. a. von den Magyaren oftmals effizient angewandte Methode, um Regierungsmaßnahmen zu torpedieren (s. dazu etwa ebd., S. 45). Die Autoren einer von Péter Hanák hrsg. und mit verfaßten *Geschichte Ungarns* bezeichnen *passiven Widerstand* als „die adäquate Verhaltensform der Anpassung an die schwierigen Bedingungen des Absolutismus" (S. 137). Dabei darf aber nicht übersehen werden, daß dieses erst 1988 erschienene Buch aus einer einseitigen, nämlich magyarischen Sicht der Dinge geschrieben ist. Molnár meint dazu: „Le phénomène le plus original de cette décennie d'oppression consistera à résister à la mise au pas et à la germanisation – par la passivité. La résistance passive est comme un mode de vie et un code éthique." (Histoire de la Hongrie, S. 270.) Für eine zeitgenössische Definition s. w. u., Anm. 631.

300 So laut Ransonnet, dem zufolge der Graf nicht zu beruhigen war, „da er von seiner [Bachs] Antipathie aus guter Quelle unterrichtet seyn will": „So komisch dieß ist, hat es doch auch seine ernste Seite, ... zumal der gute Bethlen wahrscheinlich die kursirenden Verläumdungen in ihrer mildesten Form, gegen mich als einen Fremden, ausgesprochen haben wird." (An Bach, in: AVA, NL Bach, Krt. 9, f. *C. Ransonnet*.) Gemeint ist im übrigen wohl Gregor Bethlen.

301 An Rechberg, Wien, 29. Juni 1860, *höchst confidentiell und vertraulich zur persönlichen Einsichtnahme*, in: HHStA, AM, PA. I, Acta Secreta, NL Rechberg, Krt. 527, f. *Privatbriefe Fr. Thun*, fol. 654. Nach Bachs Rücktritt könnte diese feindliche Stimmung teilw. umgeschlagen sein. Denn „nun" wurde in Ungarn das „Gerücht verbreitet", daß Bach „abgedankt hat, weil seine constitutionellen Ansichten nicht angenommen wurden, – so hat sein Austritt auf

markt" hat³⁰². Und so scheint der von Bach seinen leider nur äußerst bruchstückhaft erhalten gebliebenen Tagebuchnotizen bereits am 1. Januar 1850 anvertraute Plan einer „Anbahnung zum Verständniß mit den gemäßigten Notabilitäten der conservativen und der vormärzl.(ichen) Oppositionsparthei" fast zwangsweise zum Scheitern verurteilt gewesen zu sein³⁰³.

Immerhin erfuhr er wenigstens von liberaler und konservativer Seite aus teilweise Unterstützung. Zu nennen ist hier vor allem Franz Josephs Mutter. Sie soll Bach schon zur Zeit, als der kaiserliche Hof noch in Olmütz verweilte, „auszeichnend" angeredet haben³⁰⁴. Daran stimmt jedenfalls so viel, daß es Sophie ihren eigenen Worten zufolge „lieb" für ihren gerade erst zum Herrscher ernannten, „18jährigen Jüngling" war, daß er Bachs „so junges Gesicht mitten in dem imposanten Kreise" hatte³⁰⁵.

Bereits am 21. März 1849 hatte Hohenwart den Minister allerdings etwas unspezifisch als „Günstling des Hofes" bezeichnet, während ihm Erzherzog Ludwig am 16. Juli des Jahres „gesagt" haben soll, „Bach komme oft zum Thee der Erz.h.(herzogin) Sophie u(nd) benehme sich sehr gut", während „die übrigen Minister nicht erschienen"³⁰⁶. Selbst im fernen Frankfurt hatte Bismarck vernommen, daß der Innenminister in der Kaiserinmutter „den hauptsächlichsten Halt gegen die ihn bitter hassende Aristokratie" besaß und „sich dafür dankbar und abhängig erwies"³⁰⁷. Und Kübeck notierte sich am 8. Mai 1852: „E(rz)h(erzo)gin. Sofie hält Bach"³⁰⁸.

Alles in allem scheint sie Bach also einigermaßen „gewogen" gewesen zu sein³⁰⁹. Von einem wirklichen „Vertrauens"verhältnis zu sprechen, wie es Novotny tut³¹⁰, erscheint freilich gewagt. Doch wie dem auch sei: Der angeb-

---

die constitutionelle Gesinnung der Nation niederschlagend eingewirkt." Diese „aufrichtige und offene", ungefähr von Oktober 1859 stammende „Äußerung" ist die anonyme *Stimme eines getreuen ungarischen Unterthans und Patrioten* (ebd., Krt. 531, f. *Diverse Korresp. o. D.*, fol. 118).

302 So steht es in einem uns. Art. der *Neuen Freien Presse* v. 14. November 1893, Nr. 10500, S. 1 (Wien, 13. November).
303 AVA, NL Bach, Krt. 3, f. *A. Bach*.
304 So laut einer 1899 getätigten Äußerung Josef A. Freiherr v. Helferts (Geschichte in Gesprächen, 1, S. 323).
305 An Erzherzog Ludwig, Olmütz, 13. Dezember 1848, in: HHStA, NL Sophie, Schachtel 18, Konvolut *Briefe Sophies an Ehg. Ludwig 1828–64*. Der Minister zählte damals 35 Jahre.
306 Tagebucheintrag, in: AVA, NL Hohenwart-Weingarten, Krt. 14b, f. *Pensionsperiode 1849–54*, Bog. 3 u. 5.
307 An L. v. Gerlach, Frankfurt, 11. Juni 1855, in: Briefwechsel des Generals Leopold von Gerlach, S. 264.
308 Tagebucheintrag, in: Tagebücher Kübecks, S. 65.
309 Friedjung, Österreich von 1848–1860, 1, S. 161.
310 Der Monarch und seine Ratgeber, S. 89–90; vgl. wiederum Friedjung, Oesterreich, 2, S. 179.

liche „Renegat der liberalen Sache"[311], „charakterlich versagende"[312] und vermeintlich von der „Liebe zur Macht" beseelte[313] Bach stand jedenfalls mehr als seine Kollegen und sonstige Repräsentanten des neoabsolutistischen Herrschaftssystems im Kreuzfeuer der Kritik und durfte es sich zur zweifelhaften Ehre anrechnen, der am wenigsten beliebte, ja eventuell sogar der „zweifellos ... verhaßteste" zeitgenössische Politiker zu sein[314].

Dabei agierten seine Gegner auch im Machtapparat selbst. An dieser Stelle seien nur Grünne, Kempen und Kübeck genannt, also allesamt Repräsentanten konservativ-adeliger Kreise und zugleich bedeutende Vertreter des neoabsolutistischen Herrschaftsgedankens. Der Chef der Obersten Polizeibehörde etwa „hielt" es im April 1859 für seine „besondere Pflicht", den Monarchen – offen – über den „allgemeinen Tadel" zu informieren, der „gegen Bruck und gegen Buol", aber eben auch „gegen den Minister Bach ... sich kundgibt"[315]. Möglicherweise wurde der Innenminister sogar polizeilich, also mittelbar durch Kempen observiert: Jedenfalls informierte der in seinen Diensten stehende und von ihm als sein „Spion"[316] nach Oberitalien entsandte Ministerialrat Eduard v. Lackenbacher seinen Vorgesetzten am 24. Februar 1855 über eine ihm zugegangene Nachricht, wonach der Kaiser „bereits sein Vertrauen zu Buol und Bach verloren (habe)" und beide Männer „überwachen (lasse)"[317].

Für unser spezifisches Erkenntnisinteresse ist vor allem von Belang, daß Kübeck einer seiner größten Widersacher war. Davon konnte Bach schon lange vor Beginn des politischen Entscheidungsprozesses über die Nationalanleihe getrost ausgehen. Ebenso mußte ihm damals bereits die negative Haltung des Reichsratsvorsitzenden gegenüber dieser Operation bewußt sein. Hierfür fehlen zwar direkte Quellenbelege, doch waren dem Innenminister die finanzpolitischen Vorstellungen und Überzeugungen des Reichsratsvorsitzenden zweifellos zur Genüge bekannt. Und noch etwas mußte Bach wis-

---

311 So Schmerling, in seinen *Denkwürdigkeiten* (HHStA, NL Bienerth-Schmerling, Krt. 3, fol. VI/715). Auch Brandt nennt ihn einen „Renegaten" (Neoabsolutismus, 1, S. 247).
312 Walter, Zentralverwaltung, III/1, S. 433.
313 Heinrich Friedjung, Alexander Bachs Jugend, S. 24.
314 Vielleicht hat übrigens letztlich Kann recht, der unter spezieller Bezugnahme auf Bach schon vor Jahrzehnten als „teilweise" Ursache für das „Fehlen einer umfassenden Biographie (...) die merkwürdige und tiefgehende Unbeliebtheit der Männer der neuabsolutistischen Zeit" für „wahrscheinlich" erachtet hat, „unter denen Bach zweifellos der verhaßteste war" (Nationalitätenproblem, 2, S. 324, Anm. 44).
315 Tagebucheintrag v. 12. April 1859, in: Tagebuch Kempens, S. 504.
316 So Kempen in einem Tagebucheintrag v. 6. April 1853, in: Ebd. S. 286.
317 Verona, in: AVA, NL Bach, Krt. 7, f. *E. Lackenbacher*. Fest steht, daß Kempen schon viel früher „die Korrespondenz" von Bachs „auswärtigen Agenten in die Hand ... bekam", was dem Minister „nicht behaget" und worüber sich dieser auch bei Kempen beschwerte (Tagebucheintrag Kempens v. 18. November 1851, in: Tagebuch Kempens, S. 233). Ob dieser Usus daraufhin abgestellt wurde, muß offenbleiben.

sen: Kübeck hatte gerade in Finanzangelegenheiten immer wieder versucht, in das Geschehen aktiv und bestimmend einzugreifen. Damit war er bis dato auch meistens recht erfolgreich gewesen. Auch hierzu läßt sich bei Brandt das Notwendige nachlesen[318].

Diese letzten Überlegungen verweisen uns nun wieder auf die Nationalanleihe zurück. Denn Bach mochte gerade aufgrund von Kübecks kritischer Einstellung darauf spekuliert haben, im Falle der Durchsetzung der Nationalanleihe gegen dessen Willen (und ihrer anschließenden erfolgreichen Durchführung) seine eigene Machtposition im neoabsolutistischen Herrschaftssystem zu festigen oder gar auszubauen. Je mehr er den Reichsratsvorsitzenden im Zuge der Entscheidungsfindung über diese Operation an den Rand drängen würde, um so erfolgreicher mochte er dabei sein.

1.3.1.7.2. Die Stellung Baumgartners im neoabsolutistischen Herrschaftsgefüge

Auf andere Weise trifft das soeben Gesagte auch für seinen Kollegen von den Finanzen zu: Kübeck und Baumgartner waren offenbar recht gut miteinander bekannt. Wenigstens vorübergehend scheint ihr Verhältnis sogar recht ungetrübt gewesen zu sein: So bezeichnete Kübeck den Minister am 1. Januar 1849 als einen „treugebliebenen Freund"[319]. Zudem schlug er ihn im Frühjahr 1851 als Mitglied für den neugegründeten Reichsrat vor[320]. Ebensowenig hatte er etwas dagegen „einzuwenden", daß letzterer alsbald Brucks Nachfolgeschaft als Handelsminister antrat[321].

Auf eine Art *special relationship* deutet schließlich noch eine Tagebuchnotiz Kübecks vom 31. Dezember 1851 hin. Sie schrieb er anläßlich einer von Karl Freiherr v. Hock entwickelten „Idee" nieder: Demnach wollte sich der Ministerialrat im Finanzministerium „unter dem Titel Sections-Chef an die Spitze einer Präsidial-Kommission oder Präsidial-Rathes stellen und für die finanziell-kaufmännischen Revirements den Triester Handelsman Brentano als Ministerial-Rath berufen"[322]. Kübeck war zu Ohren gekommen, daß sich

---

318 S. dazu: Brandt, Neoabsolutismus, 2, S. 688–691.
319 Tagebucheintrag, in: Aus dem Nachlaß Kübecks, S. 18.
320 Dies akzeptierte der Kaiser. S. dazu den Tagebucheintrag Kübecks v. 6. Mai 1851, in: Ebd., S. 68 („Meine Eidesleistung und jene der Reichsräthe").
321 Exakt heißt es da: „Se.(ine) M(ajes)t.(ät) wollen ... Baumgartner zum Handelsminister ernennen und fragen mich, ob ich dagegen eine Einwendung vorzutragen habe, was ich verneinte." Dabei machte Baumgartner die Übernahme des Handelsressorts vom „Vorbehalt" eines eventuellen „Rüktritts in den Reichsrath" abhängig (Tagebucheintrag Kübecks v. 22. Mai 1851, in: Ebd., S. 69).
322 Ebd., S. 85 (s. dazu auch folg.).

Baumgartner zunächst „damit einverstanden erklärt ..., seitdem aber kälter geäussert" hatte: „Mit mir hat er darüber nie gesprochen", kommentierte er dieses Verhalten, ganz so, als habe er darin einen Vertrauensbruch erblickt[323].

Das zeitweise Naheverhältnis der beiden Herren scheint sogar so weit gegangen zu sein, daß sie sich vor anstehenden Debatten über finanzpolitische Maßnahmen genau miteinander absprachen. Dies geschah offenbar in der Absicht, gemeinsamen Standpunkten quasi *mit vereinten Kräften* zum Durchbruch zu verhelfen. Unter Berücksichtigung eines Tagebucheintrages Kübecks vom 31. Oktober 1851 ist man versucht, hierbei von einem wohlverteilten Rollenspiel sprechen: „Sitzung über den Zolltarif und über die Weinsteuer in Ungarn. H.(err) v. Baumgartner übernimmt (!) die Vereitlung des obigen Versuches mit dem besten Erfolge."[324]

Die beiden Männer waren sich in finanzpolitischen Angelegenheiten zuweilen also durchaus einig. Aber im Laufe der Zeit hatte sich wenigstens ihr berufliches Verhältnis merklich abgekühlt. Kübeck torpedierte nämlich in schöner Regelmäßigkeit finanzpolitische Vorhaben seines Protégés. Damit nicht genug, war inzwischen auch Baumgartners Position als Minister stark angeschlagen, was diesem sehr wohl bewußt war: „Klage des Finanz-Ministers über die Vereitlung aller Beschlüße und Berechnungen durch die Armee-Verwaltung", notierte sich Kübeck am 16. November 1853[325].

Wohlgemerkt genoß Baumgartner zu keiner Zeit ein positives Image. Noch kürzlich meinte Rumpler, Baumgartner sei sicher kein Finanzminister gewesen[326]. Aber bereits bei seiner Ressortübernahme im Dezember 1851 äußerte man sich in dieser Hinsicht skeptisch: So beurteilte ihn Dilgscron zwar als einen „Mann" mit einem „großen Ruf", betonte „jedoch" zugleich die ihm „abgehende bureaucratische Routine"[327]. Dadurch aber nehme er eine „ungeheuere Verantwortung" auf sich, der er „kaum gewachsen seyn dürfte". Noch

---

323 Tatsächlich kam es dann zur Berufung Brentanos (Tagebucheintrag v. 2. Februar 1852, in: Ebd., S. 87).
324 Ebd., S. 81.
325 Tagebucheintrag in: Ebd., S. 129. Freilich hätte Baumgartner diesbezüglich dasselbe Lamento Kübeck gegenüber anstimmen können. Zwar meinte dieser nämlich am 2. Dezember 1853, der „Militär-Aufwand" richte „uns" zugrunde (Tagebucheintrag, in: Ebd., S. 130), während er am 28. Mai 1854 die „Anforderungen des Militärs" als „ohne Maß und Ziel" brandmarkte (Tagebucheintrag, in: Ebd., S. 144). Tatsächlich aber hatte er am 9. Oktober 1853 „allein", d. h. als einziger, gegen die von den „rosaroth ... sehenden" Ministern „gerathene Vollziehung der Redukzion" Stellung bezogen (Tagebucheintrag, in: Ebd., S. 127; vgl. schon am 8. Oktober ebd.). Vgl. dazu Protokoll der Konferenz v. 9. Oktober 1853, abg. in: ÖAGK, 1/I, Nr. 187, S. 360.
326 Eine Chance für Mitteleuropa, S. 326.
327 Tagebucheintrag v. 28. Dezember 1851, in: HHStA, NL Dilgscron, Krt. 3, f. *Buch 1850–51*, Bog. 639 (s. dazu auch folg.).

früher qualifizierte ihn Kempen als „Mann der Theorie" ab[328]. Und nachdem Baumgartner sein Amt bereits eine Weile ausgeübt hatte, zweifelten finanzpolitische Kreise seine fachlichen Fähigkeiten an: Von der „Egeria des Finanzministers" sprach offenbar etwa der Wiener Bankier Bernhard Freiherr v. Eskeles am 21. Oktober 1853 gegenüber Kübeck[329]. Genau einen Monat darauf faßte Kempen ihm vom Reichsratsvorsitzenden gelieferte „Notizen" über den Minister dahingehend zusammen, dieser sei unfähig für die Riesenaufgabe[330]. Kurz darauf erging sich Eskeles' Kollege Sina offenbar „über die Unfähigkeit der Finanz-Verwaltung" sowie über jenen – mit Sicherheit – „im Inn- und Auslande zunehmenden Mangel an Vertrauen in dieselbe"[331]. Insofern entsprach Kübecks am 21. Dezember 1853 getroffene Feststellung, Baumgartner habe alles Ansehen und Vertrauen „verlohren"[332], vielleicht sogar weitgehend den Tatsachen.

Aber die zunehmende Schwächung seiner Stellung hing insbesondere damit zusammen, daß unter seiner Ägide – zurückhaltend formuliert – keine Verbesserung der finanziellen Zustände eingetreten war. Dies hatte sogar schon zu einem vom Kaiser freilich nicht angenommenen Rücktrittsgesuch dieses laut Rudolf Kiszling „sachkundigen, konservativ gesinnten Beamten" geführt[333].

Dabei kursierte gerade im unmittelbaren Vorfeld der Entscheidungsfindung über die Nationalanleihe ein „Sagen über die Berufung Brucks zu den Finanzen"[334] und damit also zugleich das Gerücht über die Entlassung Baumgartners. Diese Ondits enthielten mehr als nur einen wahren Kern. Parallel dazu wurde in höchsten Sphären – und bezeichnenderweise unter direkter Beteiligung des damals generell, vor allem jedoch gerade in finanzpolitischen Angelegenheiten überaus einflußreichen Kübeck – eifrig an Baumgartners faktischer Kaltstellung gearbeitet. Auf all dies werden wir noch zurückkommen[335]. Momentan genügt die Feststellung, daß dem Minister diese Vorgänge kaum unbekannt geblieben sein können. Zu klein war das Wiener politische Ambiente, zu gut funktionierte die Gerüchtebörse in diesen Jahren.

Insofern mag Baumgartner in einem finanzpolitischen Erfolg des Unternehmens weniger ein Mittel zum Ausbau oder zur Festigung seiner eigenen

---

328 Tagebucheintrag v. 24. Mai 1851, in: Tagebuch Kempens, S. 214.
329 Tagebucheintrag Kübecks, in: Aus dem Nachlaß Kübecks, S. 127. Es heißt hier ausdrücklich *wie er sich ausdrükte*.
330 Tagebucheintrag v. 21. November 1853, in: Tagebuch Kempens, S. 310.
331 Tagebucheintrag Kübecks v. 2. November 1853, in: Aus dem Nachlaß Kübecks, S. 128.
332 Ebd., S. 131.
333 Fürst Felix zu Schwarzenberg, S. 187. Zu dem Gesuch s. kurz Heindl, Einleitung, in: MRP, III/3, S. XXI.
334 Tagebucheintrag Kübecks v. 7. Mai 1854, in: Aus dem Nachlaß Kübecks, S. 142.
335 S. dazu w. u., Abschnitt 1.4.5.

Machtstellung erblickt haben, als dies für seinen Kollegen vom Inneren gegolten haben mag. Es könnte ihm zunächst vor allem um die eigene politische Rehabilitierung, also um die Rückgewinnung einer schon einmal stärker gewesenen Machtposition zu tun gewesen sein. Dabei mußte er sich aber vor allem vorteilhaft gegenüber Kübeck in Szene setzen. Es ging für ihn darum, dessen stets wie übermächtig über ihm schwebenden dunklen Schatten abzuwälzen. Am Ende mochte er seine Machtstellung gegenüber früher sogar zementieren.

1.3.1.7.3. Das politische Kalkül Bachs und Baumgartners bei der Nationalanleihe

Das soeben für die beiden Minister überlegte machtpolitische Primat im Zusammenhang mit der Nationalanleihe läßt sich nicht unmittelbar aus den damaligen Akten herausarbeiten. In gewisser Beziehung erscheint es sogar wenig plausibel. Dazu sollen vorläufig einige eher allgemein orientierte Bemerkungen genügen. Beide Minister müssen von Anfang ernsthaft und begründetermaßen daran gezweifelt haben, daß die mit der Nationalanleihe von ihnen proklamierten Zielsetzungen auch wirklich zu erreichen sein würden. Deshalb fällt die These, wonach Baumgartner „erwartete", die große Nationalanleihe werde zu einer „Ausgleichung des Budgets und zu der überfälligen Sanierung des Geldwesens führen"[336], viel zu deutlich aus.

Insbesondere mußten Bach und Baumgartner bereits im Planungsstadium der Operation infolge der Krimkriegswirren die Notwendigkeit neuer hoher außerordentlicher Militärausgaben befürchten. Eine solche Entwicklung hätte das Erreichen des finanzpolitischen Zieles jedoch in weite Ferne rücken lassen. Freilich standen in dieser Beziehung nicht alle Zeichen auf Sturm: So hatte Buol im April 1854 mit Preußen und den übrigen deutschen Staaten ein „Verteidigungsbündnis zur Aufrechterhaltung des status quo" abgeschlossen, das der Monarchie Rußland gegenüber eine bessere strategische Position verschaffte[337]. Auch lag dieses *Bündnis* zeitlich vor dem Beschluß über die Durchführung der Nationalanleihe. Überdies zeichnete sich bereits während der Planung zu diesem Unternehmen eine positive Reaktion von Zar Nikolaus I. auf die von Wien am 3. Juni verlangte sofortige russische Räumung der Donaufürstentümer ab. Dies verlieh Österreich „für den Augenblick strategische Sicherheit" und „verlegte den Kriegsschauplatz in die ferne Krim".

---

336 Zürrer, Einleitung, S. 27.
337 Francis R. Bridge, Österreich(-Ungarn) unter den Großmächten, S. 216 (s. dazu auch folg.).

Dennoch benötigten weder Bach noch Baumgartner eine besondere Warnung vor einem „vor der Thür stehenden Krieg", wie sie gegenüber ihnen (und auch dem Kaiser) wiederholt geäußert wurde[338]. Sie vermochten sich selbst leicht auszurechnen, daß diese Eventualität oder wenigstens das Erfordernis neuer Militärausgaben mehr als nur eine Spekulation war.

Dies zeigt sich auch noch zu dem Zeitpunkt, als es für die beiden Herren galt, das Projekt der Nationalanleihe gegenüber seinen Kritikern zu verteidigen. So meinte der Finanzminister in seinem Vortrag vom 25. Mai, „wohl" könne man „gegen ein solches Unternehmen einwenden, daß eine Zeit, wie die gegenwärtige wenig" zur Durchführung einer so gearteten Operation „geeignet sei", weshalb „vor der Hand nur für die dringendst nöthigste Nothdurft gesorgt" werden sollte[339]. Auch sein Kollege vom Inneren gab wenige Tage später zu, niemand habe die zukünftigen Ereignisse „in der Gewalt"[340]. Aber solche Bedenken hielten die beiden Ressortchefs nicht davon ab, sich für die Durchführung der geplanten Nationalanleihe gerade zu diesem Zeitpunkt auszusprechen. Dabei erklärte es Bach für voraussichtlich „besser", „den gegenwärtigen Augenblick zu einer großartigen Maßregel zu benützen, als auf spätere Momente zu warten", *Momente*, so darf man ihn wohl interpretieren, die sich als noch ungünstiger herausstellen mochten. Diese Argumentation erscheint plausibel. Denn das Erreichen der gesteckten finanzpolitischen Zielsetzung hätte sich im Falle eines tatsächlichen Kriegseintrittes der Monarchie und eines daraus resultierenden großen Lochs im Haushalt noch schwieriger gestaltet, als dies ohnehin schon der Fall gewesen wäre. Dennoch spielten Bach und sein Kollege hier mit einigen riskanten Unbekannten.

Bezeichnenderweise liefert auch das von ihnen gemeinsam ausgearbeitete kaiserliche Patent, das die Nationalanleihe sanktionierte, einen klaren Hinweis dafür, daß sie durchaus mit der Möglichkeit eines Kriegseintritts der Monarchie mit dann unschwer kalulierbaren finanzpolitischen Folgen rechneten. Schon der darin enthaltene Hinweis auf die „in der neuesten Zeit in den südlichen Gränzländern des Reiches eingetretene bedrohliche Gestaltung der politischen Verhältnisse" spricht Bände[341]. Außerdem aber wurden die durch diese Entwicklung „zur Wahrung der Ehre und der ernstesten Interessen der Monarchie nöthig gewordenen militärischen Entwicklungen" betont. Der weitere Verlauf dieser *Entwicklungen* ließ sich jedoch alles andere als voraussehen. Hieß es schließlich auf den gegenwärtigen Zustand bezogen weiter, diese beiden Momente würden „die Finanzkräfte des Staates mit bedeuten-

---

338 So Sina gegenüber Baumgartner in der 1. Besprechung der Vertrauensmänner v. 7. Juni 1854 (ad Nr. 9511/GP., in: FA, FM, GP, Nr. 9511/54, Bog. 7).
339 Wien, Nr. 9451/GP., in: ÖAGK, 2, Nr. 54, S. 174.
340 Prot. v. 31. Mai 1854, ad Nr. 141/RP., in: HHStA, RR, Präs., Krt. 13, Nr. 141/54 (s. dazu auch folg.).
341 Rgbl., Nr. 158, S. 636 (s. dazu auch folg.).

den Ausgaben in Anspruch ... nehmen", so mochte dies eben auch künftig der Fall sein. Reichsrat Ph. Krauß interpretierte diese Worte als eine „eröffnete Perspective auf einen bevorstehenden Krieg"[342]. Dies erscheint aus damaliger Perspektive nicht unbedingt übertrieben. Deshalb kann auch Bachs nachträgliche Behauptung von im Hochsommer 1854 „nicht vorhergesehenen, sehr gesteigerten Bedürfnißen für außerordentliche MilitärAuslagen"[343] nur als recht hilfloser, leicht durchschaubarer Versuch einer Rechtfertigung, einer Bemäntelung gelten. Unter Berücksichtigung seiner grundsätzlichen Einstellung gegenüber den *orientalischen Wirren* ließe sich sogar von einer Ausrede sprechen. Spätestens im November 1853 war er nämlich offenbar unter bestimmten Umständen dazu bereit, einen Krieg mit Rußland in Kauf zu nehmen. Er gehörte also selbst zur sogenannten *Kriegspartei* am Wiener Hof[344].

Sicher lag das Mißlingen sämtlicher finanzpolitischer Sanierungsbemühungen Baumgartners auch daran, daß er für sie zwar die „verbale Unterstützung" des Monarchen erhielt, aber „in der Praxis ... ständig das Unvereinbare zu erreichen suchte", nämlich „das Budget auszugleichen, ohne die Armee zu einer Reduktion ihrer Ansprüche zu zwingen"[345]. Ein Mißlingen der finanzpolitischen Zielsetzung mußte Baumgartners machtpolitische Position aber eher noch zusätzlich schwächen. Mittelbar gilt dies aber auch für Bachs Machtposition. Fast meint man, als hätte Baumgartner in vollem Bewußtsein dem ohnehin schon schiefen Stuhl, auf dem er saß, vollends das eine Bein abgesägt. Sein Kollege hingegen sägte kräftig an seinem Ministersessel.

Sollte aber weder die Sanierung der Valuta noch die Beseitigung des Staatsdefizites in wenigstens erheblichem Umfang gelingen, so mußte dies auch negative Folgen für das Erreichen insbesondere der primär von Bach propagierten innenpolitischen Zielsetzung zeitigen. Denn der Bevölkerung würde dieser Mißerfolg nicht zu verheimlichen sein. Zudem müssen die beiden Minister das Scheitern der innenpolitischen Zielsetzung noch aufgrund anderer Erwägungen bereits in der Vorbereitungsphase des Unternehmens für wahrscheinlich erachtet haben. Sie hängen mit den konkreten, für die Abwicklung der Nationalanleihe geplanten (und dann auch umgesetzten) Praktiken zusammen, die später eingehend erörtert werden. Bach und Baumgartner hätten dies nur unter einer Voraussetzung anders sehen können: Es hätte für sie wiederum genügend Grund geben müssen, das Erreichen des finanzpolitischen Ziels nach menschlichem Ermessen für genügend wahrscheinlich zu erachten. In diesem Fall mochten sie berechtigterweise hoffen, daß dieser

---

342 Reichsratssitzung v. 17. Juni 1854, ad Nr. 311/R., in: HHStA, RR, Gremial, Krt. 54, Nr. 349/54.
343 Vortrag v. 7. September 1854, Wien, in: AVA, Inneres, Präs., Krt. 665, Nr. 10285/54.
344 S. dazu etwa bei Friedjung, Krimkrieg, S. 114–115; vgl. etwa Bach in der *Konferenz* v. 22. März 1854, abg. in: ÖAGK, 1, Nr. 395, S. 701.
345 Zürrer, Einleitung, S. 51. Allerdings konnte die Armeeführung dazu bestenfalls durch den Kaiser *gezwungen* werden.

Erfolg das Scheitern der innenpolitischen Zielsetzung in der Öffentlichkeit gleichsam neutralisieren, kompensieren, ja vergessen machen würde. Dann mochten sie aufgrund der nicht nur für den Staat, sondern auch für dessen Bewohner positiven Folgen finanzieller und auch sozioökonomischer Natur zudem mittelbar auf eine innenpolitische Konsolidierung hoffen. Dem sächsischen Regenten Ernst II. soll Bach gesagt haben, er „gebe ... die Hoffnung nicht auf, daß die Finanzen doch noch geordnet und vermittelst des neuen National-Anlehens zu unerwartetem Gedeihen gebracht werden möchten"[346]. Tatsächlich aber besaß er weder viel Anlaß zu solch einer *Hoffnung* noch zu dem von Stölzl bei ihm ausgemachten „Glauben", mittels der „Staatsanleihe-Zertifikate gleichsam ein materielles Bindeglied loyaler Gefühle kreieren zu können"[347]. Und insofern konnte sich auch Bach bei objektiver Abwägung der für ihn persönlich mit diesem Unternehmen eventuell verbundenen Risiken keinen oder doch nur bestenfalls einen vorübergehenden Machtzuwachs versprechen.

Warum also betrieben er und Baumgartner dieses Unternehmen beim Monarchen auf eine so nachhaltige, im folgenden näher zu erläuternde Weise? Man ist geneigt, das eigentliche Motiv zu diesem Unternehmen ganz woanders zu suchen, nämlich schlicht in der von Zeitgenossen und Historikern immer wieder geltend gemachten finanzpolitischen Not-, ja Zwangssituation. Diesen Faktor können wir im Anschluß an bereits gemachte Ausführungen als finanzpolitische *Lebensfrage* etikettieren. Zwar hat Kafka ungefähr Anfang Juli 1854 unter kritischer Bezugnahme auf die hier zur Diskussion stehende Operation gemeint: „Anlehen sollen bloß transitorische Nothsbrücken, aber nicht bleibende Fuhrstraßen sein"[348]; und Karl Marx hätte sein erwähntes skeptisches Urteil über die Lotterieanleihe von Anfang 1854 („manner which promises no success")[349] wohl ebenso auf die Nationalanleihe gemünzt[350]. Nicht zu übersehen ist auch die schon unmittelbar nach Abschluß der Zeichnungen getätigte Feststellung von der „Mißgeburt eines unsinnigen Anleiheplans"[351]. Aber nannte Wessenberg die Nationalanleihe eine Maßnahme der „dringendsten Noth"[352], so mag man ihm darin nur schwer wider-

---

346 So Ernst II., wohl bald nach Anfang Juli 1854, in: Aus meinem Leben, 2, S. 177–178.
347 Ära Bach, S. 74–75.
348 An Kempen, o. O., und. (aber vor dem 9. Juli), in: AVA, Inneres, OPB, Präs. II, Krt. 26, Nr. 4367/54.
349 *The Zuid African*, Kapstadt (London, 14. Januar 1854), in: MEGA, I/13, S. 18.
350 Allg. zu seiner Haltung bzgl. der Nationalanleihe s. bei Hanisch, Der kranke Mann an der Donau, S. 232–233.
351 *Uiber Oesterreichische Finanz-Politik in Mitte der gesammten Staats-Politik*, in: KA, NL Hilleprandt, B/663, Nr. 12/874, Bog. 4.
352 HHStA, NL Wessenberg, Krt. 13, Inv.nr. 96, *Schüchterne Bemerkungen über das Oester. Nazional Anlehen 1854*, fol. 149.

sprechen. Auch Brandt hat mit Blick auf den Finanzminister eine „Flucht nach vorn" ausgemacht[353]. Besonders akzentuiert urteilt Franz Baltzarek in seiner *Geschichte der Wiener Börse*. Ihm zufolge war Baumgartner nichts weniger als zur Emission zunächst der Lotterieanleihe im März 1854 und anschließend der Nationalanleihe im Juni „gezwungen"[354].

Allerdings verweist gerade diese Überlegung auf die mögliche Relevanz des machtpolitischen Kalküls zurück. Denn Baumgartner stand durchaus eine Handlungsalternative zur Verfügung. Er hätte seinen Rücktritt anbieten können. Nun könnte der Vollzug eines solchen Schrittes für ihn allerdings aus einer Art Pflichtgefühl oder Gehorsamsbereitschaft gegenüber dem Monarchen unmöglich gewesen sein. In diesem Zusammenhang interessiert ein Vergleich zum Verhalten von Baumgartners Vorgänger Ph. Krauß im Sommer 1851: Ihn trieben damals aufgrund der bevorstehenden Augusterlässe ernsthafte Rücktrittsgedanken um, doch verharrte er zunächst noch in seinem Amt. Dies schreibt Friedjung einem „in absolutistischen Staaten nicht ungewöhnlichen" Verhalten zu, nämlich der „Übung von Gehorsam, auch wo man Mißbilligung aussprechen mußte"[355]. Auch Brandt führt das damalige Verbleiben des Justizministers in seinem Ressort auf einen „Befehl" des Kaisers zurück[356]. Doch wird diese Behauptung durch die Quellenlage nicht erhärtet[357]. Für eine solchermaßen geartete Erklärung von Baumgartners Verhalten 1854 ist die Quellenlage noch schlechter. Zudem hatte er ja, wie erwähnt, schon mindestens einmal zuvor demissioniert. Freilich hatte der Kaiser seinen Rücktritt abgelehnt. Es ist jedoch nicht erkennbar, warum es Baumgartner deshalb nicht gewagt haben sollte, ein zweites Mal darum anzusuchen.

Außerdem reicht dieses Motiv für Bach keinesfalls als Erklärung aus. Er war Innen-, nicht aber Finanzminister. Somit zeichnete er für die entstandene finanzpolitische Misere nicht verantwortlich. Also konnte er Franz Joseph auch guten Gewissens von der Durchführung einer Operation abraten, die sich wenigstens in ihrer geplanten Form gerade mit Blick auf die Realisierung der innenpolitischen Zielsetzung als höchst problematisch erweisen mußte. Wie sich herausstellen wird, wäre der Kaiser einem solchen negativen Votum wohl auch gefolgt.

Deshalb ist man dazu geneigt, wenigstens Bach hier schlicht eine sehr wenig durchdachte, ja katastrophal konzipierte Politik zu attestieren. Für sie läßt sich auch nur schwer ein subjektives Rationalitätskriterium finden, wenn

---

353 Neoabsolutismus, 2, S. 692.
354 Die Geschichte der Wiener Börse, S. 66; ähnlich Adolf Beer, Die Finanzen Oesterreichs, S. 251; Wysocki, Finanzpolitik, S. 85 (der sich offenbar sehr an Beer angelehnt hat).
355 Oesterreich, 1, S. 476.
356 Neoabsolutismus, 2, S. 662–663.
357 Dies kann ich leider aus Platzgründen nicht näher ausführen. Doch ist hierzu ein Aufsatz in Vorbereitung.

nicht im Sinne einer vagen machtpolitischen Hoffnung. Aber vielleicht folgen Historiker ja zuweilen auch einer falschen Fährte, wenn sie nach objektiv rationalen, also möglicherweise zwar nicht den zielführendsten, aber doch nachvollziehbaren Handlungsmotiven suchen. Wie immer man es auch betrachten will, eines ist jedenfalls sicher: Beide Minister wollten der Nationalanleihe zum Durchbruch verhelfen. Also mußten sie versuchen, den voraussehbaren Widerstand Kübecks (und mit ihm des Reichsrates) zu überwinden. Dies bildete für sie eine *conditio sine qua non*.

1.4. Der politische Entscheidungsprozeß im einzelnen

Damit ist auch schon der konkrete politische Entscheidungsprozeß über die Nationalanleihe angesprochen, dem sich nun ausführlich zugewendet werden soll. Hierüber verfügen wir ebenso wie hinsichtlich der meisten anderen Aspekte dieser Operation nur über wenige und zudem eher ungenaue und teilweise falsche Informationen durch die Forschung. Rogge zufolge hatte Tirols „Landeshauptmann Klebelsberg" zunächst eine „Skizze" verfaßt, die Boscarolli dann lediglich der „Regierung vorlegte"[358]. Doch abgesehen davon, daß damals Bissingen Statthalter war, ist nicht erkennbar, daß eine solche *Skizze* von seiner Seite aus existiert hat. Brandt, der hier ja noch am meisten geleistet hat, schreibt den ursprünglichen „Plan" also ganz offenbar zu Recht Boscarolli zu[359]. Dieser sei „ostentativ" aufgegriffen (Brandt nennt hier keine Namen) worden und „in enger Zusammenarbeit Baumgartners und Brentanos mit Innenminister Bach" zustande gekommen. Letzterer wurde im weiteren laut dem Autor „die eigentliche Seele" des Unternehmens, wobei er dessen angeblich „maßgebliche Rolle" insbesondere mit Tagebuchvermerken Kübecks untermauert[360].

1.4.1. Die vermeintlich besondere Rolle des Innenministers

In der Tat verweisen Eintragungen des Reichsratsvorsitzenden auf ein besonderes Gewicht seines vielleicht größten innenpolitischen Rivalen für das Zustandekommen der Nationalanleihe. Ebenso deuten sie auf Kübecks eigene Marginalisierung hin. So notierte er am 31. Mai über den Verlauf einer auch von Brandt erwähnten „Finanzkonferenz" über die zur Diskussion stehende Operation, Baumgartner habe „als Succurs die Beiziehung des Ministers

---
358 Oesterreich, 1, S. 345.
359 Neoabsolutismus, 2, S. 692–693 (s. dazu auch folg.).
360 Ebd., S. 693, Anm. 15 und 16 (das Zit. in Anm. 15).

Bach" erwirkt[361]. Zudem hielt er aber fest, daß die Konferenz ein „Bild erbärmlicher Intrigue" abgegeben habe: „In treuer Vertheidigung der Vorschläge des Finanzministers" habe Minister Bach mit „Frasen" retardiert, „die auf den unerfahrenen Kaiser sichtbar den Eindruck eines Lieblings machten".

Schon am 26. Mai hatte er eine „auffallend vernachlässigende Behandlung" durch „den Kaiser und den Hof" konstatiert[362]. Damit spielte er offenbar auf Vorgänge während einer Audienz bei Franz Joseph oder darauf an, gerade nicht zu einer erwarteten Unterredung unter vier Augen vorgelassen worden zu sein. Und knapp einen Monat später, am 24. Juni, registrierte er ein „scheinbares ... Grollen" des Monarchen „auf mich"[363]. Denn dieser hatte ihn nicht zu sich gerufen, obwohl er „in der Stadt (war)". Dabei handelte es sich für Kübeck wohl mehr als nur um eine vage Vermutung. Erstens stellte sein direkter häufiger Kontakt mit Franz Joseph eine Normalität dar, sofern davon überhaupt gesprochen werden kann. Dies hängt zunächst mit seiner sehr hohen politischen Position zusammen, entscheidend ist aber seine spezifische Kontrollfunktion des Ministeriums als Reichsratsvorsitzender. Zweitens residierte der Habsburger zu dieser besseren Jahreszeit bereits seltener in der im Wiener Zentrum gelegenen Hofburg, sondern hielt sich meistens in den beiden Sommerschlössern Laxenburg oder Schönbrunn auf. Kontakte zwischen den beiden Männern fanden also weniger regelmäßig als sonst statt. Deshalb mochte es der in der Wiener Innenstadt wohnende Freiherr für um so normaler erachten, zur Audienz beim Kaiser zugelassen zu werden, kam dieser einmal in die Stadt. Drittens aber hatte Kübeck am 20. Juni von Windischgrätz erfahren, daß der Monarch „noch mit mir" über die „ministeriellen Vorschläge" bezüglich der Nationalanleihe „sprechen wolle"[364]. Insofern fiel ihm offensichtlich schon auf, daß Franz Joseph auf der ihm am 22. Juni gewährten „Audienz (...) über das Schiksal des Finanzprojekts (nichts) verlautete"[365]. Und um so mehr dürfte es ihn berührt haben, zwei Tage später (eben am besagten 24. Juni) nicht einmal vom Kaiser empfangen worden zu sein. Entsprechend war seine weitere Auslegung dieses Vorfalls: Er erachtete es für „wahrscheinlich", daß der „Advokat und Professor den jungen Herren gegen mich aufgestachelt (haben), weil ich ihrem monströsen Finanzprojekte entge-

---

361 Tagebucheintrag v. 31. Mai 1854, in: Aus dem Nachlaß Kübecks, S. 144–145 (s. dazu auch folg.) Vgl. bei Brandt, Neoabsolutismus, 2, S. 693, Anm. 15.
362 Tagebucheintrag, in: Aus dem Nachlaß Kübecks, S. 144.
363 Tagebucheintrag, in: Ebd., S. 146 (s. dazu auch das folg. Zit.).
364 Der Fürst bezog sich auf eine „Unterredung mit dem Kaiser" (Tagebucheintrag v. 20. Mai 1854, in: Ebd.)
365 Tagebucheintrag v. 22. Mai 1854, in: Ebd. Der Tenor dieses Vermerks macht es sehr wahrscheinlich, daß Kübeck an diesem Tag vom Kaiser empfangen wurde. In jedem Fall hatte sich Kübeck offensichtlich irgendeine einschlägige Verlautbarung erwartet und war enttäuscht über das kais. Schweigen.

Der politische Entscheidungsprozeß im einzelnen 147

gen trat, und der Kaiser da üblen Willen zu sehen vermeint, wo die Wahrheit streitet"366. Und wiederum drei Tage darauf bestand für ihn kein Zweifel mehr: „Der Advokat und der Professor mit dem Schlepp der Juden haben den Sieg über guten, redlichen Rath davon getragen."367

Die Vokabel *Advokat* wurde damals oftmals pejorativ verwendet. Im vorliegenden Kontext galt dies ganz bestimmt. Daran ändert nichts, daß sie als Berufsbezeichnung zutraf. Hierfür ließen sich viele aussagekräftige Beispiele anführen. Konservativ orientierte Kreise machten Advokaten mitverantwortlich für die Ereignisse von 1848/49, und nicht nur dafür: In allen Revolutionen habe man die Advokaten in den ersten Reihen gesehen, erklärte einmal Reichsrat Franz Ritter v. Wildschgo, als er das Gesuch eines gewissen „Dr. Nikolaus Kánski" um „Nachsicht des seiner Anstellung als Advokat entgegenstehenden Hindernisses der Verurtheilung wegen Verbrechens des Hochverrathes" beurteilen sollte368. Advokaten wurden zudem oft als Verfechter nationalen Denkens kritisiert: K. Krauß zufolge waren etwa die galizisch-polnischen Advokaten, „zum großen Theile dem Polenthume" ergeben, „obgleich" sie „der deutschen Sprache mächtig" waren, wie er hinzufügte369. In unserem Fall meinte Kübeck mit *Advokat* niemand anderen als Bach. Dazu paßt, daß laut Kempen Reichsrat Purkhart einmal „über Bach (sagte), er sei schlecht, ein ‚Advokat'"370. Die von Kübeck ebenfalls negativ intendierte Bezeichnung *Professor* zielte auf Baumgartner ab. Auch hierbei könnten sich bestimmte Ressentiments manifestiert haben, bedenkt man Kübecks kleinbürgerliche Herkunft als Sohn eines Schneiders. Mit *Juden* schließlich spielte er auf einige Bankiers jüdischer Konfession an, die einen gewissen Anteil am Zustandekommen der Nationalanleihe hatten; dabei offenbart sich in diesem Wort ein ganzes Bündel antijüdischer Vorurteile. Vielleicht nannte Kübeck Bach und Juden auch nicht zufällig in einem Atemzug. Dies mag eine eventuell mit Blick auf die Vorgänge bei der Nationalanleihe gemünzte Bemerkung Bismarcks vom 11. Juni 1855 erhellen: Danach „stand" Bach „in einflußreicher Solidarität mit dem ganzen Klüngel von Juden und Judengenos-

---

366 Ebd. Man beachte die hier doch recht deutliche Kritik am Monarchen, die nur durch dessen Jugendlichkeit und Unerfahrenheit eine Milderung, wenn nicht Entschuldigung findet. Es wäre interessant zu wissen, ob diesem der Dynastie treu ergebenen Mann solche Gedanken, die hier ja unzweideutigen Feststellungen gleichkamen, selbst in seinem Tagebuch nur schwer über die Lippen kamen. Im vierten Kapitel werden wir darauf zurückkommen (Abschnitt 4.3.3.2).
367 Tagebucheintrag, in: Ebd., S. 146.
368 S. dazu Vortrag Erzherzog Rainers v. 2. Oktober 1857, Wien, in: HHStA, RR, Gremial, Krt. 181, Nr. 1517/57.
369 Vortrag v. 10. Juli 1852, Wien, MCZ. 2302/52, in: Ebd., KK, Vorträge, 1852, Krt. 12, fol. 13.
370 Tagebucheintrag v. 26. Oktober 1855, in: Tagebuch Kempens, S. 376.

sen, die sich an den kranken Brüsten der Oesterreichischen Finanz vollsaugen"[371].

Auf eine zentrale, ja entscheidende Rolle Bachs bei der Durchsetzung der Nationalanleihe weisen auch andere zeitgenössische Stellungnahmen hin. So lesen wir in einer Privataufzeichnung Hohenwarts vom 7. Juli 1854: „Freywilliges Anlehen gegen Baumgartner u Kübeck durch Bach durchgeführt"[372]. Nun erscheint die Behauptung einer Gegnerschaft des Finanzministers infolge des tatsächlichen Hergangs der Entstehung dieser Operation einerseits wenig glaubwürdig. Wie bereits angedeutet und wie sich noch klar herausstellen wird, trieb er sie vielmehr stark voran. Nicht behagt haben mag ihm allenfalls die gleichfalls noch herauszuarbeitende, freilich praktisch unausweichlich dominante Rolle Bachs bei ihrer Ausführung. Andererseits wurde schon die vehemente Gegnerschaft des Reichsratsvorsitzenden gegen dieses Unternehmen angerissen, der dabei selbst immer wieder Bach als einen maßgeblichen Antagonisten skizzierte.

Dagegen schrieb Emilie, die Schwester des Innenministers, ihrem Bruder am letzten Julitag 1854, sie höre „hin und wieder" seinen Namen: Ihm schreibe man das Zustandekommen dieses großartigen Finanzunternehmens „hauptsächlich" zu[373]. Auch Wessenberg bezeichnete im Dezember 1854 die Operation als dessen „Werk"[374]. Freilich bezog er sich hier lediglich auf ein kursierendes Gerücht und mochte zudem lediglich auf die konkrete Abwicklung der Nationalanleihe während der Subskriptions- und Einzahlungsphase angespielt haben. Und Moritz v. Lucam, der wenige Jahre später zum Generalsekretär der Nationalbank ernannte wurde, bevor er rund fünfzehn Jahre danach den Posten eines Vizegouverneurs dieses 1878 in *Österreichisch-Ungarische Bank* umgetauften Institutes bekleidete, nannte nachträglich in einem Gespräch mit Friedjung die Nationalanleihe ausdrücklich eine „Idee" Bachs[375]. Wie verhielt es sich damit nun im einzelnen?

---

371 An L. v. Gerlach, Frankfurt, in: Briefwechsel des Generals Leopold von Gerlach, S. 264; vgl. S. 265. Bauernfeld notierte sich am 13. März 1856: „Alles ist Speculation, Adel und Juden Hand in Hand, der Crédit mobilier an die Stelle des Liberalismus getreten." (Tagebucheintrag, in: Aus Bauernfelds Tagebüchern, 2, S. 40.) Im übrigen stellte Marx schon zuvor eine steigende Abhängigkeit des Kaisers von „the Jews of the Wiener Bank" fest: „The more Austria has resisted the demands of participation in political power on the part of the middle classes, the more she is forced to undergo the unmitigated despotism of one fraction of those classes – the money lenders." (New York Daily Tribune, Nr. 4033, 22. März 1854, in: MEGA, I/13, S. 95).

372 AVA, NL Hohenwart-Weingarten, Krt. 14b, f. *Pensions Periode 1849–54*, Bog. 22.

373 O. O., in: Ebd., NL Bach, Krt. 3, f. *Emilie Bach*, fol. 556.

374 HHStA, NL Wessenberg, Krt. 17, Inv.nr. 148, fol. 134.

375 Gespräch v. November 1899, in: Geschichte in Gesprächen, S. 292.

1.4.2. Der Erfinder der Nationalanleihe

Betrachten wir zunächst die zuletzt geäußerte Behauptung. Hatte Bach tatsächlich die *Idee* zur Nationalanleihe? Diese Behauptung scheint leicht zu widerlegen. Schließlich handelte es sich bei der Nationalanleihe ja eindeutig um das Projekt des Innsbrucker Kaufmanns Boscarolli. Dennoch könnte sie insofern zugetroffen haben, als wenigstens in Wien der Innenminister offensichtlich als erster davon informiert wurde. Dies geschah durch Cajetan Graf Bissingen: Der damalige Statthalter von Tirol hielt sich von Ende April bis Anfang Mai in Wien auf und hatte am 1. Mai mit Bach über Boscarollis Plan gesprochen[376]. Über den Inhalt dieser Unterhaltung fehlen nähere Informationen. Offensichtlich war es dem Grafen jedoch gelungen, das Interesse seines unmittelbaren Vorgesetzten für das Projekt zu wecken: Denn am folgenden Tag übermittelte er dem Minister unter ausdrücklichem Hinweis („in Folge") auf das „gestrige Gespräch" eine „Abschrift des bewußten Finanz Planes"[377], der kaum über eine grobe Skizze hinausging.

Wahrscheinlich dürfte Bach damals mit Boscarolli, der Bissingen in die Donaustadt begleitet hatte und laut diesem „im Besitze eines nicht unbedeutenden Vermögens ganz unabhängig steht, u(nd) bei der Sache durchaus kein persönliches Interesse hat", persönlich zusammengetroffen sein. Denn der Tiroler Statthalter bat den Minister darum, Boscarolli „eine Stunde zur Ueberreichung des Planes gütigst bestimmen zu wollen". Unklar ist, inwiefern Bach dessen Konvolut selbst studiert hat. Deshalb kann auch nichts über seine Beurteilung des Projekts ausgesagt werden. Allerdings ließ er es dem Finanzministerium rasch zustellen. Schon am 6. Mai gab Brentano nämlich eine erste schriftliche Stellungnahme zu Boscarollis Vorlage ab[378]. Der hohe Finanzbeamte äußerte sich grundsätzlich positiv und regte an, den Verfasser eventuell selbst zu einer Unterredung mit einem Beamten dieses Ministeriums einzuladen[379].

In diesem Kontext sei kurz auf die zeitgenössisch wiederholt vertretene These eingegangen, Baumgartner habe sich im Laufe seiner Ministerschaft ganz in die Arme des Kaufmanns Brentano geworfen. Solches wurde Kübeck schon am 2. Februar 1852 zugetragen[380]. Am 12. April 1853 notierte er sich dann nach einer mit dem Finanzminister geführten „ämtlichen Unterredung"

---

376 Bissingen an Bach, Wien, 2. Mai 1854, in: AVA, NL Bach, Krt. 2, f. *C. Bissingen*, fol. 932.
377 Ebd. (s. dazu auch folg.). Das prinzipielle Interesse wiederum Bissingens geht ebenfalls aus dem Schreiben hervor.
378 Nr. 8421/FM., in: FA, FM, Präs., Nr. 8421/54, fol. 1–6. In diesem Akt findet sich im übrigen auch der vollständige Plan des Tirolers, wobei seine Begründung speziell die fol. 15–17 umfaßt.
379 Ebd., fol. 5–6.
380 Tagebucheintrag, in: Aus dem Nachlaß Kübecks, S. 87; es ist von „angeblich" die Rede.

über ein spezifisches finanzpolitisches „Projekt" („Hinausgabe der Bankaktien"), Baumgartner sei „ganz geleitet von Brentano und Kompagnie"[381]. Als ein gutes halbes Jahr später der Minister dem Kaiser „Besorgniße vor der Judenrache" unterbreitete, schätzte ihn Kübeck als „getrieben von Brentano" ein[382], um sich dann am 21. Oktober über ein Gespräch mit Eskeles zu notieren: „Seine Schilderung über ... Hofrath Brentano, der mit der Miene der Untrüglichkeit eine verunglückte Maßregel nach der anderen provozirt."[383] Und schließlich heißt es am 21. Dezember 1853: „Allerlei Sagen über finanzielle Maßregeln des Herrn Brentano. Der Finanzminister Baumgartner figurirt angeblich nur mehr (...)."[384]

Hielt Brentano tatsächlich die ministeriellen Fäden in der Hand? Wäre dies der Fall gewesen, dann ließe sich eventuell auch Baumgartners praktisch vorbehaltlose Unterstützung der Nationalanleihe dem Einfluß Brentanos zuschreiben. Aufgrund entsprechender Quellenbelege bleibt eine solche Vermutung allerdings mehr oder weniger Spekulation.

Gleichfalls offenbleiben muß, ob es zu der angeführten Unterredung Boscarollis mit einem Ministerialbeamten gekommen ist. Doch traf er jedenfalls mit der höchsten Autorität dieses Ressorts, dem Minister selbst, zusammen. Baumgartner richtete an ihn nämlich anläßlich der Publikation des Patentes vom 26. Juni ein Schreiben, in dem er die „wesentliche Uebereinstimmung" der darin enthaltenen Ausführungen „mit jenen des Planes" feststellte, „den Sie mir ohnlängst in Wien überreicht haben"[385]. Im folgenden verlieren sich in den Wiener Akten zunächst die weiteren Spuren dieses Projekts. Erst gegen Ende Mai begegnen wir ihm erneut, dafür aber in um so massiverer Form.

1.4.3. Die Bedeutung von Baumgartners Vortrag vom 25. Mai 1854

Zunächst erstattete Baumgartner am 25. Mai einen eigenhändig konzipierten Vortrag, in dem er die herrschende Finanzsituation der Monarchie in dramatisch anmutenden Worten beschrieb[386]. Zugleich sprach er sein „ehrfurchtsvolles Dafürhalten" aus, daß „nur ein in allen Provinzen des Reichs aufzulegendes freiwilliges Anlehen" zur „Schaffung der dringend benöthigten Abhülfe" geeignet sei[387]. Den Vortrag Boscarollis, den er seinem Plan beilegte,

---
381 Ebd., S. 111.
382 Tagebucheintrag v. 26. Oktober 1853, in: Ebd., S. 128.
383 Ebd., S. 127.
384 Tagebucheintrag, in: Ebd., S. 131.
385 6. Juli 1854, Nr. 12331/FM., in: FA, FM, Präs., Nr. 12331/54.
386 Wien, Nr. 9451/GP., abg. in: ÖAGK, 2, Nr. 54, 172–176.
387 Ebd., S. 173.

nannte er nicht nur eine der zeitlich jüngsten und „überlegtesten ... Maßregeln", sondern behauptete auch seine „Übereinstimmung" mit seinen eigenen „schon früher gehegten Ansichten in vielen Beziehungen und in vielen Punkten"[388]. Dies könnte allerdings zutreffen, und jedenfalls hat Brandt grundsätzlich richtig festgestellt, Boscarollis Plan sei „wiederholt als Fanal herausgestellt" worden[389]. Ebenso erklärte Baumgartner damals, „B.(oscarolli)'s Projekt verdiene vorzüglich deshalb Beachtung, weil es von einem außerhalb der Staatsverwaltung stehenden Bürger stamme". Zugleich schreibt Brandt die „Heldenrolle" des Tiroler Kaufmanns „zweifellos einer bewußten Manipulation der Regierung" zu: Darin sieht er dessen „politische Funktion in der politischen Propaganda genau bezeichnet". Doch von einer *Heldenrolle* Boscarollis kann schon deshalb keine Rede sein, weil sein Name wenigstens in der einschlägigen publizistischen Propaganda keine Rolle spielte. Wenn schon, hat die Regierung hier in propagandistischer Hinsicht eher etwas versäumt denn ausgeschlachtet.

Schließlich versäumte es Baumgartner nicht, dem Kaiser einen unterschriftsreifen Resolutionsentwurf vorzulegen: Er sollte ihn dazu „ermächtigen",

„fachkundige Männer, die des Vertrauens würdig sind, zu berufen ... und mit denselben zu berathen, in welchem Betrage das Anleihen aufzulegen wäre, auf wie viele Jahre die Einzahlung vertheilt, u(nd) welches Emissionsperzent festgestellt werden solle, damit mit Grund auf sicheren Erfolg gerechnet werden könne"[390].

Diese Diktion wie auch der Inhalt des Vortrags deuten darauf hin, daß der Finanzminister mit Franz Joseph bereits zuvor wenigstens über die groben Umrisse des Anleiheplans konferiert hatte. Außerdem erhielt er bei dieser Gelegenheit offenbar auch schon zumindest das grundsätzliche monarchische Plazet zu diesem Unternehmen. Baumgartner führte hier nämlich eine für Vorträge ungewöhnlich dezidierte Sprache, ganz so, als handele es sich letztlich nicht mehr um das *Ob*, sondern lediglich noch um das *Wie* einer solchen Operation. Vor allem fällt auf, daß er Franz Joseph mit einer Bemerkung gegen Ende seines Vortrags eigentlich beinahe vor vollendete Tatsachen stellte:

„Zum Schluße erlaube ich mir zu bemerken, daß, falls Euere k. k. apostolische Majestaet sich nicht bestimmt finden sollten, einer so umfassenden Maßregel ... die Allerhöchste Genehmigung zu ertheilen, doch zu einem Anlehen geschritten

---
388 Ebd., S. 174.
389 Neoabsolutismus, 2, S. 692, Anm. 14 (s. dazu auch folg.).
390 Abg. in: ÖAGK, 2, Nr. 54, S. 176 (s. dazu auch folg.).

werden müsse, welches für die gegenwärtigen Bedürfnisse des nächsten Jahres berechnet wäre und nicht unter dem Betrage von 200 Millionen Gulden stehen könnte und kaum über einen Emissionspreis von 85 anzubringen wäre. Ein solches würde aber gewiß nicht auf jene Theilnahme rechnen können, auf welche von einem Unternehmen gehofft werden kann, das alle Besorgniße für die Zukunft zu zerstreuen und die langersehnte Ordnung in unser Geldwesen zu bringen bestimmt ist."

Eine Anleihe war demnach so oder so unumgänglich, dessen hatte sich auch der absolutistisch herrschende Habsburger bewußt zu sein. Als weitgehend gesichert kann die Annahme einer mindestens grundsätzlichen Zustimmung des Kaisers aber noch aus einem anderen Grund gelten, der sich ebenfalls aus dem Vortrag ableiten läßt: Denn Baumgartners Skizzierung der weiter einzuhaltenden Vorgehensweise ließ sämtliche, bei ähnlichen Anlässen sonst beobachtete Gepflogenheiten außer acht: Nur wenn die erwähnten, „mit dem Geldwesen vertrauten Männer (...) Ansichten geltend machen" würden, die von seinen (Baumgartners) eigenen Auffassungen „wesentlich abwichen", wollte er die Angelegenheit „noch vorerst" dem Monarchen „zur Entscheidung ... unterbreitet" wissen; dagegen war im anderen Fall „allsogleich die Ausschreibung des Anlehens" in Angriff zu nehmen. Eine solche Argumentation setzte praktisch eine prinzipiell bereits getroffene kaiserliche Vorentscheidung voraus. Mit großer Wahrscheinlichkeit hätte sich nämlich weder ein Minister noch sonstjemand zu solchen Worten verstanden, ohne gewiß zu sein, im Sinne des Monarchen zu handeln. Deshalb ist auch nicht anzunehmen, daß Baumgartner bestimmte Worte oder auch nur Gesten Franz Josephs falsch interpretiert haben könnte.

Sollte dem aber doch so gewesen sein, dann hätte er sich mit großer Sicherheit eine kaiserliche Rüge zugezogen, wie vergleichbare Fälle erweisen. Hier sei nur ein kleines, Bach betreffendes Beispiel angeführt, bei dem es um Abschlagszahlungen in Form von Grundentlastungsobligationen für siebenbürgische Grundbesitzer ging. In dieser Hinsicht gab der Kaiser dem Innenminister am 16. April 1856 seinen „entschiedenen Willen" kund, „daß den Gutsbesitzern ... die ihnen gebührende Urbarial-Entschädigung je eher geleistet werde"[391]. Deshalb „trug" er Bach auf, „für die thunlichst beschleunigte Durchführung der Bestimmungen Meines Patentes vom 1. Jänner ... in geeigneter Weise wirksamst Sorge zu tragen und darüber mit unausgesetzter Aufmerksamkeit zu wachen". Und er schloß mit den bezeichnenden Worten, daß „Meine Anordnung vom 15. Febr(uar 1)853 nicht bis jetzt (hätte) unerfüllt bleiben sollen".

---

391 Wien, in: HHStA, KK, Vorträge, 1856, Krt. 6, MCZ. 1153/56). Vgl. ebd., RR, Gremial, Krt. 114, Nr. 395/56 (s. dazu auch folg.).

Die soeben gemachten Ausführungen sind noch aus einem weiteren Grund bedeutsam: Zwar erteilte Franz Joseph ministeriellen Vorhaben immer wieder vor Anhörung des Reichsrates (und gegebenenfalls auch der Ministerkonferenz) seine Zustimmung. Dies galt aber in aller Regel nicht für Finanzfragen, bei denen Kübeck über besonders viel Einfluß verfügte. Deshalb dürfte der Habsburger bereits zu diesem noch sehr frühen Zeitpunkt der Entscheidungsfindung den Entschluß gefaßt haben, von dem eigentlich vorgesehenen institutionellen Weg Abstand zu nehmen. Laut seinem Statut sollte der Reichsrat jedenfalls „in allen Fragen der Gesetzgebung gehört" werden[392]. Nun bildete Baumgartners Antrag keine regelrechte Gesetzesvorlage. Auch hätte Franz Joseph infolge seiner Machtvollkommenheit selbst dann nicht den einschlägigen Bestimmungen folgen müssen. Doch zog er den Reichsrat wenigstens in Finanzfragen gewöhnlich auch dann zu Rate, wenn ihm der jeweilige Finanzminister lediglich eine Verordnung oder ähnliches unterbreitet hatte. Hier orientierte er sich stark am § 8 des Statutes, in dem es hieß: „Wir behalten Uns vor, die Ansichten und das Gutachten des Reichsrates auch in anderen Angelegenheiten zu vernehmen."[393] Im Falle der Nationalanleihe aber wich er von diesem Weg zumindest vorläufig ab. Dies tat er aufgrund seiner Machtstellung, und niemand konnte ihm dies verwehren.

Demgegenüber erscheinen zwei andere mögliche Erklärungen für Baumgartners entschiedene Sprache bestenfalls von sekundärer Relevanz: Da war erstens die ihm bekannte Gefährdung seiner Position als Minister. So gesehen hatte er ohnehin nur noch wenig zu verlieren. Und so mochte ihm das Risiko, sich einer ungeziemenden Sprache zu bedienen und dadurch den Unmut des Kaisers zu erregen, relativ gering erschienen sein. Hinzu gesellte sich zweitens die von ihm kaum übertrieben dargestellte kritische Lage des Staatshaushaltes und der österreichischen Währung: Diese Verhältnisse könnten ihn auch rein verbal gesehen zur von Brandt behaupteten *Flucht nach vorn* getrieben haben.

Ein dritter Faktor fällt da wohl schon mehr ins Gewicht. Selbst wenn sich Baumgartner noch einigermaßen sicher im Sattel gefühlt haben sollte, mußte er mit der bereits erwähnten Gegnerschaft des Reichsratsvorsitzenden (wie auch anderer Mitglieder dieses Gremiums) rechnen. Diese Gefahr galt es für ihn aber unbedingt zu überwinden oder wenigstens zu neutralisieren. Nun durfte er ja davon ausgehen, daß sich Franz Joseph grundsätzlich bereits zur Durchführung der Nationalanleihe durchgerungen hatte. Doch das konnte den Minister nicht in völliger Sicherheit wiegen: Denn da war ja die beschriebene, bisher sehr dominante Position Kübecks in Finanzfragen. Angesichts

---

392 § 7 des Kais. Patentes v. 13. April 1851, abg. in: Die österreichischen Verfassungsgesetze, Nr. 44, S. 173.
393 Ebd.

dessen mußte er sich fragen, ob der Herrscher den Reichsratsvorsitzenden wirklich ausgerechnet in einer finanzpolitischen Angelegenheit kaltstellen würde, die Baumgartner selbst für so bedeutsam erklärte. Im Falle seiner Konsultation mochte der Reichsratsvorsitzende aber so schlagkräftige Argumente gegen die Nationalanleihe vorbringen, daß es sich der Habsburger doch noch einmal anders überlegen mochte. Baumgartner hatte also Grund genug, sich eine möglichst erfolgversprechende Ausgangsposition für die aus seiner Sicht vernünftigerweise zu erwartende Auseinandersetzung mit jenem Mann zu verschaffen, für den er nach Ansicht des „Publikums" den Worten Hohenwarts zufolge „nur" als ein „Instrument" galt[394]. Die Führung einer entschiedenen Sprache mochte dem Minister hierzu als ebenso geeignetes wie wichtiges Mittel, das Risiko einer möglichen Verärgerung des Kaisers bei der Lektüre des besagten Vortrags demgegenüber als kleineres Übel erscheinen. Trotzdem sollte man den soeben beschriebenen Faktor aufgrund der weiter oben getätigten Ausführungen nicht überbewerten.

Baumgartner mußte jedoch wenigstens vorläufig bald eine beim Kaiser zwischenzeitlich eingetretene Meinungsänderung konstatieren. Von einer Einberufung der beantragten Kommission der Vertrauensmänner war nämlich zumindest vorläufig keine Rede. Damit aber lag auch der von Baumgartner vorgelegte Resolutionsentwurf erst einmal auf Eis. Und im weiteren schlug Franz Joseph einen ganz anderen Weg als jenen ein, den ihm der Minister so resolut vorgezeichnet hatte. Dagegen wagte der Minister verständlicherweise offenbar nichts zu unternehmen.

1.4.4. Das anfängliche Verhalten des Monarchen

Zunächst einmal verblieb Baumgartners Vortrag nach dem 25. Mai einige Tage lang in den Händen des Kaisers. Dann erteilte Franz Joseph am 29. des Monats Kübeck die Weisung, den Vortrag „durchzulesen"[395]. Zugleich sollte er ihn „den beiden Reichsräthen Krauß und Krieg mittheilen", was Kübeck „noch am Abende desselben Tages" tat[396]. Zwei Tage später hatten die drei genannten Herren „zu einer Konferenz in der Hofburg zu erscheinen"[397], an der dann neben Bach und Baumgartner sowie Franz Joseph selbst noch zwei hohe Beamte des Finanzressorts teilnahmen. Hierbei handelte es sich um die besagte Zusammenkunft vom 31. Mai.

---

394 Er verzeichnet damals auch bereits eine „Opposition" Baumgartners gegen seinen „Gönner" (Tagebucheintrag v. 27. Februar 1852, in: AVA, NL Hohenwart-Weingarten, Krt. 14b, f. *Pensions Periode 1849–54*, Bog. 13).
395 Tagebucheintrag v. 29. Mai 1854, in: Aus dem Nachlaß Kübecks, S. 144.
396 Ebd. Vgl. Vortrag Kübecks v. 5. Juni 1854, Wien, in: HHStA, RR, Präs., Krt. 13, Nr. 141/54.
397 Tagebucheintrag Kübecks v. 29. Mai 1854, in: Aus dem Nachlaß Kübecks, S. 144.

Wie ist dieser Meinungsumschwung, diese ausgesprochene Kehrtwendung des Habsburgers plausibel zu machen? Zwei Erklärungsversuche bieten sich vor allem an: Einerseits könnten ihn plötzliche Zweifel über die Opportunität der Nationalanleihe beschlichen haben, sei es aufgrund eigener Überlegungen, sei es aufgrund äußerer *Einflüsterungen*, wie diese Form der Beeinflussung im zeitgenössischen Jargon gerne genannt wurde. Immerhin würde dieses Projekt je nachdem ebenso weitreichende positive wie negative Konsequenzen zeitigen. Dann aber dürfte jedenfalls nicht Kübeck diesen Meinungswandel bewerkstelligt haben. So läßt sich in den Tagen zwischen dem 25. und 29. Mai in seinem Tagebuch nur aus einem Vermerk auf eine kaiserliche Audienz schließen. Er betrifft aber den zitierten Eintrag vom 26. des Monats. Nun mag es Kübeck vergessen oder unterlassen haben, sich ein weiteres Zusammentreffen mit dem Herrscher zu notieren; doch bleibt dann noch immer sein Eintrag zwei Tage später, der unter anderem lautet: „Ob und welche Berathungen oder Arbeiten über die Abhülfe [der finanziellen Misere] stattfinden, unbekannt."[398]

Andererseits könnte dem Kaiser die gänzliche Umgehung des Reichsrates oder zumindest Kübecks in zweifacher Hinsicht plötzlich doch zu riskant erschienen sein: Hier ist zum einen an dessen Stellung als formal gesehen zweiter Mann im Staate zu denken. Im § 3 des Reichsratsstatutes wurde die „Stellung" dieser Institution gegenüber „Unserem Ministerium" zwar ausdrücklich als eine „der Nebenordnung" bezeichnet[399]. Gleichzeitig aber wies § 24 dem Präsidenten des Reichsrates „den Rang unmittelbar nach dem Präsidenten des Ministerrates" zu[400]. Nun gab es aber keinen *Präsidenten* mehr, sondern nur noch einen *Vorsitzenden* des Kabinetts. Insofern schien Kübeck in der Tat „unzweifelhaft" in der Hierarchie vor Buol-Schauenstein zu stehen[401].

Über diese Frage kam es wiederholt zu Problemen[402], wobei auch „Eitelkeitskonflikte" eine Rolle gespielt haben könnten, wie einmal der gemäßigt liberal orientierte Josef Ritter v. Lasser zu Zollheim generell die „zeitweilig zwischen den Behörden ... sich ergebenden Streitigkeiten" kommentierte[403]. Ungeachtet dessen mochte Franz Joseph zum anderen eine gewisse Verlegen-

---

398 Ebd.
399 Kais. Patent v. 13. April 1851, abg. in: Die österreichischen Verfassungsgesetze, Nr. 44, S. 172.
400 Ebd., S. 174.
401 Rumpler, S. 52.
402 Zu interessanten Vorgängen um die Rangfolge im *Hof- und Staatshandbuch 1856 u. 1857* vgl. ebd., S. 52–56. S. auch einen Tagebucheintrag Kübecks v. 21. Mai 1853 anläßlich der „Vorstellung des Reichsraths beim Könige von Preußen": „Die Minister haben dießmahl die Konkurrenz mit dem Reichsrathe vermieden und sind nicht gleichzeitig erschienen." (Aus dem Nachlaß Kübecks, S. 113.)
403 An Handelsminister Baumgartner, Wien, 8. September 1852, in: AVA, Inneres, Präs., Krt. 32, Nr. 2123/52.

heit, wenn nicht ein schlechtes Gewissen darüber empfinden, ausgerechnet jenen Mann so brüsk zur Seite zu stellen, dem er verfassungspolitisch wahrlich viel zu verdanken hatte. Zwar kann man das Sylvesterpatent nicht als „Kübeck Patent" bezeichnen, wie es Taylor getan hat[404], aber zweifellos kam dem Reichsratsvorsitzenden eine wichtige Rolle bei der Errichtung des neoabsolutistischen Herrschaftssystems zu.

Vielleicht wollte ihn der Kaiser dabei allerdings nur noch pro forma in die Entscheidungsfindung einbeziehen. Wahrscheinlich dachte er in diesem Fall auch weniger an dessen Gesichtsverlust gegenüber Baumgartner als vielmehr daran, ihn gegenüber seinem größten politischen Kontrahenten, Bach, nicht zu sehr zu kompromittieren. Wie dem auch sei: Die allerhöchst anbefohlene Konferenz wurde wie vorgesehen am 31. Mai um 2 Uhr nachmittags eröffnet. Der vergleichsweise große Umfang des Sitzungsprotokolls[405] deutet auf eine relativ lange Dauer hin.

1.4.5. Kübeck als Finanz-Vizekaiser

Weiter oben wurde die äußerst negative Beurteilung Kübecks über den Verlauf dieser Sitzung angeführt. Die dabei zitierten Worte manifestieren zugleich das ganze Ausmaß seiner momentanen politischen Ohnmacht. Nun korrespondierte die klare Unterordnung aller Staatsbürger unter den kaiserlichen Willen mit seiner eigenen Auffassung von der rechten Ordnung in einer reinen Monarchie; diese Ordnung war ja nicht zuletzt das Ergebnis der von ihm selbst zielstrebig befürworteten und an vorderer Stelle aktiv mitgestalteten Beseitigung der Märzverfassung. Und doch mochte sich der mittlerweile fast 75 Jahre alte Herr vor allem in diesem Moment selbst als bloße – undankbar behandelte – Marionette in den Händen des Kaisers gefühlt haben.

Bauernfeld, der nicht im Zentrum der Macht agierte beziehungsweise überhaupt unmittelbar politisch nicht tätig war, hat am 27. Dezember 1851 in seinem Tagebuch einen „eigentlich ganz alleine regierenden Kübeck" festgehalten[406]. Noch nach dem Tod Schwarzenbergs stellte er fest, von einem Ministerpräsidentenrang sei nicht mehr die Rede, obwohl Bach als Senior den Vorsitz habe: „Kübeck scheint primo uomo zu seyn."[407] Praktisch gleichlautend hat Rumpler den Reichsratsvorsitzenden vor geraumer Zeit als den „für

---

404 The Habsburg Monarchy, S. 95, S. 96.
405 HHStA, RR, Präs., Krt. 13, Nr. 141/54, Beil. zum Vortrag Kübecks v. 5. Juni 1854. Zur Eröffnung s. Kübecks Tagebucheintrag v. 31. Mai 1854, in: Aus dem Nachlaß Kübecks, S. 144.
406 Tagebucheintrag, in: Aus Bauernfelds Tagebüchern, 2, S. 20.
407 Tagebucheintrag v. 13. April 1852, in: Ebd., S. 24. Diesen Eintrag zit. auch Heindl (Probleme, S. LIII–LIV). Freilich sagt sie dabei nicht, daß es sich lediglich um eine Mutmaßung handelt.

Der politische Entscheidungsprozeß im einzelnen

einige Jahre" nach Schwarzenbergs Tod „ersten Mann im Staate" charakterisiert[408]. Damit schließt er also wohl auch noch den Sommer 1854 ein. Und noch jüngst nannte er ihn den „geheimen Staatsminister des Neoabsolutismus"[409].

Diese Einschätzung zur Beantwortung der „komplizierten" Frage nach einem Einzelaspekt der damaligen Machtverhältnisse und damit Rumplers These über die „Struktur der politischen Willensbildung"[410] wird jedoch keineswegs uneingeschränkt geteilt. So hielt laut Heindl der Monarch die entscheidenden Fäden in der Hand, ungeachtet massiver äußerer Beeinflussungsversuche: Kübeck ist für sie dagegen „im besten Falle" dessen „Handlanger"[411]. Und hätte Rumpler selbst nach bestimmten politischen Einflußphasen differenziert, dann hätte er zweierlei festgestellt: Zum einen erfreute sich der Freiherr zwischenzeitlich – so etwa „in den Jahren 1852/53" – tatsächlich eines großen Einflusses, ja eventuell sogar eines gewissen Vertrauens seitens des Herrschers, wie Heindl meint[412]. Dies mag im übrigen nur partiell auf seine „Sachkenntnisse ... in Gesetzgebung und Verwaltung" zurückzuführen sein[413]. Vielmehr „beherrschte" er „besser [als andere] Stil und Sprache des absolutistisch-monokratischen Systems". Damit wiederum „vermochte" er wohl „dem Selbstgefühl des jungen Herrschers (mehr) zu entsprechen". Zum anderen aber geriet die Machtstellung des Reichsratsvorsitzenden gerade im Zusammenhang mit der Nationalanleihe stark ins Wanken, wenn sie nicht gar obsolet wurde.

Die Vorgänge um die Durchsetzung der Nationalanleihe machen deutlich, daß Kübeck für Franz Joseph keineswegs unersetzbar war. Seine Meinung konnte gegebenenfalls sogar weniger wiegen als die anderer *Berater*. Kübeck vermutete damals offenbar auch gar nicht das erste Mal, in mehr oder minder wichtigen Fragen gegenüber anderen politischen Protagonisten den kürzeren zu ziehen: Laut Metternichs Gemahlin Melanie „beklagte" er sich schon im April 1853 „darüber, daß der Reichsrath vollständig beiseite geschoben sei

---

408 Genau heißt es bei ihm, er sei zwar „weder de jure noch de facto" nach 1852 der Leiter der Politik, aber „der erste Mann im Staate" gewesen, „so wie der Reichsrat dem Thron für einige Jahre näher stand als die Ministerkonferenz" (Ministerrat, S. 52).
409 Eine Chance für Mitteleuropa, S. 341.
410 Brandt, Neoabsolutismus, 1, S. 8; ebd., S. 264, Anm. 28 (wohl in Anlehnung an Heindl, Probleme, S. XLV).
411 Probleme, S. LIX. Auch Engel-Janosi scheint dieser Meinung zu sein (Einleitung, S. XXVII, in: MRP, III/1).
412 Probleme, S. LIII.
413 Ebd. (s. dazu auch folg.). Es fragt sich nur, wie sehr sich dies plausibel machen läßt. Wurde Kübeck 1854 bei der Nationalanleihe ins Abseits gestellt, obwohl er damals *stilistisch* und *sprachlich* ebenfalls Formulierungen fand, die diesem *Selbstgefühl entsprochen* haben müssen, so zeigt sich, daß Franz Joseph dafür also nur in bestimmten Phasen oder Situationen besonders zugänglich war.

und von den Vorgängen nichts wisse"[414]. Anderenorts wurde ähnliches sogar schon früher registriert. So notierte sich Hohenwart am 29. September 1852, „Kübek" verliere Einfluß, während „der angefeindete Bach vom Kaiser gehalten (werde)"[415]. Und rund ein Jahr später notierte er sich einen „selten mehr zum Kaiser gelassenen" Reichsratsvorsitzenden[416]. Bereits beinahe sechs Monate zuvor (3. April 1853) „klagte" Reichsrat Fr. Zichy „über Zurücksetzung des Reichsrats"[417]. Sein Einfluß sei durch Minister Bach verdrängt worden. Vergeblich hätte schon vor einiger Zeit Fürst Metternich in Baron Kübeck gedrungen, durch einen entscheidenden Schritt endlich den Minister Bach abzuschütteln: Doch hatte, „Kübeck" demnach „den rechten Zeitpunkt verpaßt".

All dies mochte wenigstens einigermaßen zutreffen und für den Reichsratsvorsitzenden schon schlimm genug sein: Besonders dürfte ihn aber getroffen, ja gekränkt haben, ausgerechnet in einem Bereich weitgehend kaltgestellt zu werden, in dem er sich offensichtlich für besonders kompetent und jedenfalls für weitaus kompetenter hielt als den Finanzminister. Dabei geht es zwar zu weit, Kübeck – zusammen mit Ph. Krauß – nach 1850/51 als „weiterhin für die Finanzpolitik verantwortlich" zu skizzieren[418]. Aber nicht zu Unrecht hat ihn Friedjung als „Finanz-Vizekaiser" apostrophiert[419]. Dagegen erscheint Gustav Kolmers falsche Wendung vom „Finanzminister Kübeck"[420] nicht nur bezeichnend für die damals tatsächlich herrschenden finanzpolitischen Machtverhältnisse; sie zeigt vielmehr auch, wie leicht Historiker zuweilen Fiktion und Wirklichkeit verwechseln können, wenn diese beiden Phänomene nur weit genug ineinander verschmelzen. Immerhin wäre es fast soweit gekommen. Denn noch im August 1851 trat Franz Joseph an Kübeck scheinbar mit dem „Ansinnen der Übernahme der Finanzen heran"[421]. Gut ein Jahr darauf ließ er dann Baumgartner seinen großen Einfluß beziehungsweise dessen potentielle Machtlosigkeit in Finanzfragen spüren.

---

414 Tagebucheintrag v. April 1853, in: Aus Metternich's nachgelassenen Papieren, 8, Nr. 1705, S. 137.
415 Tagebucheintrag, in: AVA, NL Hohenwart-Weingarten, Krt. 14b, f. *Pensions Periode 1849–54*, Bog. 15. Der Terminus *Anfeindung* bezieht sich wohl auf das öffentliche Renommee des Ministers.
416 Tagebucheintrag v. 26. September 1853, in: Ebd.
417 So laut Tagebucheintrag Kempens v. 3. April 1853, in: Tagebuch Kempens, S. 285 (s. dazu auch folg.).
418 Rumpler, Eine Chance für Mitteleuropa, S. 324.
419 Dabei meinte er auch, das Amt des Finanz- und Handelsministers sei in den „schwachen Händen" Baumgartners vereinigt gewesen (Oesterreich, 2, S. 178; vgl. S. 208).
420 Parlament und Verfassung, 1, S. 15.
421 Tagebucheintrag Kübecks v. 19. August 1851, in: Tagebücher Kübecks, S. 58–59. Weiter heißt es: „Er will ... Baumgartner damit betrauen, (...)." Dies mutet angesichts der späteren Entwicklung fast wie eine Ironie des Schicksals an.

Der politische Entscheidungsprozeß im einzelnen 159

Damals stand ein Vortrag des Finanzministers vom 22. August 1852 über die Erhöhung der Grund- und Hauszinssteuer zur Debatte. Nach einer „genauen Würdigung" dieser Angelegenheit teilte ihm Kübeck *vertraulich* seine „Überzeugung" mit, daß „dagegen" in der Gremialberatung des Reichsrats „alle Anstände und Bedenken erhoben werden, die sich mir aufgedrungen haben"[422]. Zudem gab er seiner „Gewißheit" Ausdruck, daß keine Aussicht vorhanden sei, „im Rathe für die Anträge ... eine Zustimmung zu erwarten". Darum würde er – Kübeck – es „im Interesse der Finanzverwaltung vorziehen, daß der vorliegende Vorschlag(,) ohne der reichsräthl.(ichen) Berathung unterzogen zu werden, in irgend einer entsprechenden Form zurückgenommen werde"[423].

Diese Formulierungen bilden wenigstens in schriftlicher Form eine seltene, wenn nicht absolute Ausnahme und belegen einmal mehr das besondere Verhältnis dieser zwei Männer. Kübeck wollte dem Minister wohl eine peinliche Niederlage ersparen. Sie belegen aber ebenso die damals beachtliche Machtstellung des Reichsratsvorsitzenden. Denn sonst hätte er sich ein solches, schriftlich dokumentiertes Vorgehen nicht erlauben können. Baumgartner erwiderte im übrigen zwar „einiges" gegen die „Bedenken"[424], reagierte aber (wie kaum anders zu erwarten?) letztlich wie gewünscht. Was mochte er dabei empfunden haben[425]? Kübeck scheint sogar bis praktisch unmittelbar vor Beschlußfassung über die Nationalanleihe die Finanzpolitik dominiert zu haben. Um die Tragweite der ihm dabei zugefügten Niederlage ermessen zu können, soll dies nun noch näher ausgeführt werden.

Zunächst einmal sind zunehmende Zweifel an der Kompetenz, vielleicht sogar an der Aufrichtigkeit Baumgartners festzuhalten (was das beiderseitige Verhältnis zusätzlich getrübt haben dürfte). Dafür spricht auf den ersten Blick bereits Kübecks Tagebuchnotiz vom 26. Oktober 1852, die nicht näher erläuterte „Bekenntniße des Finanzministers über unsere finanziellen Zustände" vermerkte[426]. Doch könnte Kübeck mit dem Wort *Bekenntniße* einerseits das Offenlegen rein finanzpolitischer Fakten, andererseits aber das Eingeständnis eigenen finanzpolitischen Fehlverhaltens gemeint haben. Wenig schmeichelhaft nimmt sich seine am 19. Juni des folgenden Jahres getroffene Behauptung aus, die im Zusammenhang mit der „türkisch-russischen Frage" stehen dürfte: Von „Umtrieben des Ministers Bach im Verein mit Baumgartner" lesen wir da[427]. Und am 7. Dezember 1853 notierte er sich die „Kopflosig-

---

422 8. September 1852, o. O. (aber Wien), Nr. 246/Pr., in: HHStA, RR, Präs., Krt. 8, Nr. 246/52, Bog. 1 (s. dazu auch folg.).
423 Ebd., Bog. 3.
424 An Kübeck, 11. September 1852, in: Ebd., Nr. 253/52.
425 In Kübecks Tagebuch findet sich über den Vorgang nichts, was vielleicht kein Zufall ist.
426 Aus dem Nachlaß Kübecks, S. 100.
427 Tagebucheintrag, in: Ebd., S. 115.

keit" des Finanzministers: Er verkünde ohne „Rüksicht" auf Zeit, Ort und Personen den „Bank-Bruch" (also die Insolvenz der Nationalbank) und beschwöre dadurch wirklich eine höchst bedenkliche Lage des Staatskredits herauf[428]. Hieran erkennt man übrigens auch, daß Baumgartner mehr war als nur ein williges *Instrument* in Kübecks Händen. Man könnte auch von seiner wenigstens graduell vollzogenen Emanzipation sprechen. Anderenfalls hätte er vor einem solch drastischen Schritt wohl wenigstens Rücksprache mit Kübeck gehalten. Sie erfolgte aber offensichtlich nicht. Hohenwart hat bereits Ende Februar 1852 eine „Opposition" Baumgartners gegen seinen „Gönner" verzeichnet[429].

Dann kam das Jahr 1854. Schon am 2. Januar, nach einer „Unterredung" mit Baumgartner, stellte Kübeck „nicht ganz einleuchtende … Pläne" des Ministers fest[430]. Und während er „in der Finanzfrage" kurz darauf wenigstens vorübergehend „ein wenig" mehr Licht zu verspüren meinte[431] und am 5. des folgenden Monats sogar die Akzeptanz seiner „Rathschläge" durch Baumgartner vermerkte[432], konstatierte er Ende März „eine Hauptursache unserer Geldniederlage" an der Börse in dem „schwankenden Gang des Finanzministers"[433]. Dieser lasse sich die unter seiner eigenen Firma „proponirten Maßregeln" bald rechts, bald links eingeben, „ohne den Zusammenhang und die Tragweite derselben zu verstehen". Dies sei der „Gang im ‚Robert dem Teufel'", womit er auf die auch in einer Oper Giacomo Meyerbeers verewigte Gestalt der französischen Volkssage *Robert le Diable* anspielte, deren älteste überlieferte Fassung bis in die 1. Hälfte des 13. Jahrhunderts zurückreicht[434].

Anfang April unterrichtete ihn Fr. Zichy über vermeintlich „gegen mich gerichtete Umtriebe" Baumgartners[435]. Nun hoffte der magyarische Aristokrat

---

428 Tagebucheintrag, in: Ebd., S. 131. S. zum konkreten Anlaß mehr bei Brandt, Neoabsolutismus, 2, S. 680–681.
429 Tagebucheintrag, in: AVA, NL Hohenwart-Weingarten, Krt. 14b, f. *Pensions Periode 1849–54*, Bog. 13.
430 Tagebucheintrag, in: Aus dem Nachlaß Kübecks, S. 132.
431 Tagebucheintrag v. 13. Januar 1855, in: Ebd., S. 133 („fängt es ein wenig zu tagen an"). Dann aber kam die Notiz v. 19. Januar: „Unsere Geldkurse gehen inzwischen durch wie scheue Pferde und werfen den Karren um." (Ebd., S. 134); s. v. a. auch den Tagebucheintrag v. 29. März 1854, in: Ebd. S. 140.
432 Tagebucheintrag, in: Ebd., S. 136; dazu am 24. Februar: „Die neue Finanzmaßregel wurde … allseitig mit großem Beifalle aufgenommen." (Ebd.) Es handelte sich um den Beschluß, „der Bank das gesamte umlaufende Staatspapiergeld … zu übertragen und gegen Banknoten niederer Kategorie einzulösen" (Brandt, Neoabsolutismus, 2, S. 682).
433 Tagebucheintrag v. 29. März 1854, in: Aus dem Nachlaß Kübecks, S. 140 (s. dazu auch folg.).
434 Robert wurde – der Sage nach – von seiner Mutter aus Verzweiflung dem Teufel verschrieben.
435 Tagebucheintrag v. 1. April 1854, in: Ebd.

wohl schon seit geraumer Zeit auf eine Entfernung Baumgartners aus seinem Amt, weil er dessen Nachfolge antreten wollte[436]. Deshalb bildet seine Behauptung kein unbedingt glaubwürdiges Indiz für ein mittlerweile angespannter gewordenes Verhältnis zwischen dem Minister und dem Reichsratsvorsitzenden; aber immerhin erschien sie offenbar Kempen glaubhaft genug, um Grünne aus diesem Anlaß „die Notwendigkeit eines neuen Finanzministers" vor Augen zu halten[437]. Kübeck dagegen blieb bei seinem harten Urteil über den alten: Er sei seiner Aufgabe, die er nicht genug verstehe, nicht gewachsen[438]. Und die Metternich zugetragene „Mittheilung", wonach niemand anderes als er, Kübeck, selbst „frondierte"[439], indem er „Stöhrungen und Hindernißse ... in den Gang des Finanzministers legte", kommentierte er als Ausfluß von Baumgartners „Bedürfniß, seine Mißgriffe einem Anderen in die Schuhe zu schieben"[440]. Dies „bewies" Kübeck zufolge nur, „daß seine naturphilosophische Seele eine stoffige(,) und zwar aus gemeinem Stoffe entnommen ist".

Wer hier gegen wen und auf wessen Veranlassung hin *frondierte*, intrigierte? Baumgartner jedenfalls schob nach seinem Rücktritt Anfang 1855 dem Reichsrat den Schwarzen Peter zu. Dessen Einmischungen hätten seine Entwürfe gelähmt[441]. Tatsächlich hatten sich wohl weder Kübeck noch Baumgartner in dieser Beziehung besonders viel vorzuwerfen, auch wenn sich der Reichsratsvorsitzende einmal ein „ruhiges Gewissen" attestierte[442]. Dabei war ein nicht unwesentlicher Teil dieser „Agitazionen"[443] nicht nur machtpolitisch fundiert. Sie resultierten auch aus unterschiedlichen finanzpolitischen Vorstellungen, ja Überzeugungen[444]. Wichtig ist die Feststellung einer mittlerweile offenbar doch arg zerrütteten, durch gegenseitige Konflikte gekennzeichneten beiderseitigen Beziehung. Insofern bedeutete der von Baumgartner mit der Durchsetzung der Nationalanleihe erzielte Sieg gewissermaßen

---

436 S. dazu etwa folg. Tagebucheintrag Kübecks v. 6. Juli 1851: „Meldung des Grafen Zichy wegen seiner Berufung zum Finanz-Minister." (Ebd., S. 74.)
437 Tagebucheintrag v. 5. April 1854, in: Tagebuch Kempens, S. 324; vgl. Tagebuchnotiz v. 1. April: „Franz Zichy ... klagte, daß ... Bach und Baumgartner alles Verfehlte ihrer Maßregeln dem Baron Kübeck und dem Staatsrate (sic) in die Schuhe schieben; (...). Ich dachte mir, wäre denn Zichy kein Finanzminister?" (Ebd.)
438 Tagebucheintrag v. 2. April 1854, in: Aus dem Nachlaß Kübecks, S. 140 (s. dazu auch folg.).
439 So Kempen (Tagebucheintrag v. 12. April 1854, in: Tagebuch Kempens, S. 325).
440 Tagebucheintrag v. 2. April 1854, in: Aus dem Nachlaß Kübecks, S. 140 (s. dazu auch folg.).
441 Tagebucheintrag Kempens v. 1. Februar 1855, in: Tagebuch Kempens, S. 354.
442 Tagebucheintrag v. 6. April 1854, in: Aus dem Nachlaß Kübecks, S. 140.
443 So Kübeck über Baumgartner und die „Juden", da er der „Versetzung der Staatsgüter an die Bank wiederriet" (Tagebucheintrag v. 6. April 1854, in: Ebd.).
444 Wie gesagt, sind die beiden Aspekte voneinander nur schwer zu trennen. Denn die Durchsetzung eigener finanzpolitischer Vorstellungen bedeutete oftmals auch eine Stärkung eigener machtpolitischer Positionen und umgekehrt.

den Höhepunkt dieser Entwicklung. Er sollte sich für den Minister freilich schon bald als Pyrrhussieg erweisen.

Insgesamt gesehen läßt sich bei Kübeck ein nachhaltiges Interesse an der Entfernung seines einstigen Schützlings annehmen. Dies gilt um so mehr, deuten wir ihn als jenen treuen Diener seines obersten Herrn (und damit auch des Staates), als den er sich selbst immer gerne skizziert hat. Denn als solcher konnte er unmöglich eine „Verworrenheit in den von der Finanzverwaltung vorgebrachten Ideen" tolerieren, die sich ihm zufolge „nur mit dem zerfahrenen Zustande des orientalischen Wirrwars ... vergleichen" ließ[445]. Und es gibt auch glaubwürdige Hinweise für sein Bestreben, eine Ablösung Baumgartners zu bewirken. Aus dem am 20. April 1854 in seinem Tagebuch im Anschluß an eine mit Franz Joseph geführte Unterredung getroffenen Vermerk, der Kaiser wolle Baumgartner entfernen[446], läßt sich darauf freilich noch nicht schließen. Auch sein Eintrag vom 19. des folgenden Monats gibt in dieser Hinsicht nichts her: Da notierte er sich nach einem Treffen mit Kempen als Gesprächsinhalt lediglich „das herrschende Mißtrauen in den Finanzminister und das Treiben der Banquiers, namentlich des Baron Eskeles für Bruck"[447].

Der Chef der Obersten Polizeibehörde machte sich in diesen Tagen aber ebenfalls einschlägige Notizen. Die erste datiert vom 12. Mai und betrifft eine Unterhaltung mit Zichy. Danach „erzählte" ihm der Reichsrat,

> „heute oder morgen werde Baron Kübeck dem Kaiser eine Vorstellung unterbreiten, in welcher er die Mißgriffe des Finanzministers erläutern und dartun will, daß seine Stellung gegenüber der des Finanzministers eine unhaltbare sei, da letzterer ganz in den Klauen Rothschilds und überhaupt der Juden sich befinde"[448].

Die zweite Notiz enthält nähere Darlegungen über eine „Besprechung" mit Kübeck vom 18. Mai. Sie „betraf größtenteils unsere finanziellen Verhältnisse" und war allerdings „bemerkenswert": Aus ihr geht nämlich hervor, daß Kempens Gesprächspartner dem Monarchen bereits „14 Tage" zuvor „eine Vorstellung über die Notwendigkeit gemacht" hatte, „eine Änderung eintreten zu lassen"[449]. Und schlägt man in Kübecks Privatnotizen unter dem Datum des 5. Mai nach, so findet man darin folgenden Eintrag: „Ruf zu dem Kaiser über

---

445 Tagebucheintrag v. 17. April 1854, in: Ebd., S. 141. Für ein weit. abwertendes Urteil über Baumgartner s. den Tagebucheintrag v. 12. Mai 1854, in: Ebd., S. 143.
446 Ebd., S. 141.
447 Ebd., S. 144.
448 Tagebuch Kempens, S. 330. Zur vermeintlichen Rolle Rothschilds s. auch schon Tagebucheintrag Kübecks v. 2. April 1854, in: Aus dem Nachlaß Kübecks, S. 140.
449 Tagebuch Kempens, S. 331.

unsere Finanzen. Diese Angelegenheit ist eine wahrhaft peinliche für mich."⁴⁵⁰

Deuten diese drei Äußerungen klar darauf hin, daß der Reichsratsvorsitzende auf eine Entmachtung, wenn nicht Entlassung Baumgartners hinarbeitete? Aufgrund weiterer Ausführungen Kempens vom 5. Mai, deren grundsätzliche Richtigkeit nicht bezweifelt werden muß⁴⁵¹, erscheinen wenigstens entsprechende Absichten äußerst wahrscheinlich. Ihnen zufolge „erfolgte" damals zwar „noch ... keine Entscheidung". Vielmehr sollte der Finanzminister „noch aufrechtstehen" bleiben. Zugleich aber sollte „eine Kommission zur Leitung der Finanzen unter ihm gebildet werden". Ihr „Präses" konnte dann „seinerzeit zum Finanzminister ernannt" werden, sollte er das „Vertrauen des Kaisers" erfüllen⁴⁵².

Der Reichsratsvorsitzende war damals also offensichtlich an einer mittelfristigen Entfernung oder wenigstens dauerhaft gesicherten starken Kontrolle Baumgartners interessiert. Eigentlich konnte Kübeck eine solche Entwicklung sowohl in finanzpolitischer als auch in machtpolitischer Hinsicht alles andere als willkommen sein. Denn aller Wahrscheinlichkeit nach würde Bruck neuer Finanzminister werden⁴⁵³. Seine finanzpolitischen Ansichten divergierten aber noch mehr von denen Kübecks als jene Baumgartners. Zudem würde der einstige Leiter des Handelsressorts und vermeintliche *Vorkämpfer Mitteleuropas*⁴⁵⁴ vermutlich weniger beeinflußbar sein als der amtierende Ressortchef und bei Hofe vermutlich über eine stärkere Stellung verfügen als sein Vorgänger. Mithin mochte er dem Reichsratsvorsitzenden als ein „armer", weil sich laut ihm wohl überschätzender „Mann" erscheinen, wie er unter Beifügung eines Ausrufungszeichens bereits am 8. November 1853 schrieb⁴⁵⁵; aber dennoch dürfte er Baumgartner immer noch als kleineres Übel vorgezogen haben.

Nicht völlig auszuschließen ist, daß Kübeck selbst die Übernahme des Finanzressorts anvisierte. Immerhin hatte er noch im August 1851 eine Anfrage des Kaisers, im Falle einer Demission von Ph. Krauß dieses Ministerium

---

450 Aus dem Nachlaß Kübecks, S. 142.
451 Ein entsprechendes Interesse Kempens ist nicht erkennbar. Sein Vermerk über seine *heutige* Unterredung datiert ja übrigens schon v. 18. Mai, während für den 19. Mai ein Eintrag fehlt. In Kübecks Notizen über den Verlauf des 18. Mai findet sich dagegen kein Hinweis auf ein Zusammentreffen mit Kempen. Einer der beiden – beziehungsweise einer der beiden Herausgeber der Tagebücher – könnte sich also geirrt haben.
452 Ansonsten aber „könnte er ... ohne Aufsehen ausgetauscht werden" (ebd.).
453 S. dazu noch w. u. in Kapitel 4, Abschnitt 4.5.2.
454 So der programmatische Untertitel einer Biographie von Richard Charmatz (Minister Freiherr von Bruck).
455 Tagebucheintrag, in: Aus dem Nachlaß Kübecks, S. 129. Die Vermutung, er habe damit auch auf eine Selbstüberschätzung Brucks angespielt, ergibt sich aus dem Kontext. Daneben beneidete er ihn wohl auch nicht um seine Aufgabe.

zu übernehmen, mit den Worten kommentiert: „In diesem kritischen Momente kann ich dem Kaiser keinen möglichen Dienst verweigern."[456] Vorausgesetzt, er schrieb diese Worte nicht nur in der Gewißheit nieder, daß dieser Fall nie eintreten würde, ist für die gegen Ende 1853 gegebene Situation folgendes zu bedenken: Erstens war er nunmehr zwei Jahre älter geworden und seine Gesundheit noch stärker angegriffen als ohnehin schon zuvor[457]. Und zweitens hatte sich die Finanzkrise des Staates inzwischen noch mehr zugespitzt. Am 26. Dezember 1853 hatte Kübeck Metternich einen „Besuch" abgestattet[458]. Bei dieser Gelegenheit „beschäftigte" sich der Fürst „mit den Fragen unserer Finanzzustände". Zwar hielt der Reichsratsvorsitzende in seinem Tagebuch fest, daß der ehemalige Staatskanzler „die Zweke, welche zu erstreben sind, ganz richtig ... (analisirte)", meinte aber zugleich: „(...) wenn die Mittel dazu so leicht zu erhalten und anzuwenden wären, als der Fürst voraussetzt, so wären die Zweke auch bald erreicht."[459] Als Leiter des Finanzministeriums konnte man um die Jahreswende 1853/54 an Renommee praktisch nur verlieren, nicht gewinnen. Und insofern dürfte Kübeck die Übernahme dieses Ressorts selbst dann kaum mehr opportun erscheinen sein, sollte er tatsächlich über jenen „Berufsoptimismus" verfügt haben, den Rumpler klischeehaft bei Finanzministern ausmacht[460]. Auch deshalb darf man seiner Behauptung von Mitte November 1853 Glauben schenken, das vom Handelsmann Anton Falkbeer an ihn – indirekt oder direkt – herangetragene Angebot, bei „einer angesponnenen Intrigue gegen den Finanzminister" mitzumachen, als „Zumuthung ... abgewiesen" zu haben[461].

Hatten sich seine Prioritäten bis gegen Mitte des Jahres 1854 so sehr verändert, daß er nun auch das Risiko Bruck in Kauf zu nehmen bereit war? Ganz abwegig ist eine solche Vermutung nicht. Tatsächlich jedoch mußte er im Falle der Realisierung der dargelegten, von ihm gemeinsam mit dem Kaiser anvisierten institutionellen Konstruktion Brucks Eintritt in das Ministerium kaum befürchten. Dem ehemaligen Handelsminister wäre dann der Vorsitz in besagter Kommission zugefallen. Dafür aber hätte er sich wohl kaum hergegeben, weil ihn dies in seinen Kompetenzen deutlich beschnitten hätte. Wenn schon, dann wollte er Finanzminister werden. Davon konnte Kübeck relativ beruhigt ausgehen. Letztlich scheint er also auch hier sehr wohl machtpolitisch agiert zu haben, ohne deshalb die finanziellen Interessen des Staates einfach zu vergessen. Doch vermochte er seine Ziele nicht mehr durchzusetzen. Schon am 20. Mai meinte Kempen im Anschluß an ein

---

456 Tagebucheintrag v. 21. August 1851, in: Ebd., S. 75.
457 S. dazu mehrere Tagebucheinträge Kübecks aus dieser Zeit.
458 Tagebucheintrag v. 26. Dezember 1853, in: Ebd., S. 132.
459 Ebd. Vgl. dazu eventuell auch Tagebucheintrag v. 8. März 1852, in: Ebd., S. 137.
460 Eine Chance für Mitteleuropa, S. 324.
461 Tagebucheintrag v. 14. November 1853, in: Aus dem Nachlaß Kübecks, S. 129.

Gespräch mit Grünne, scheinbar würden Kübecks Finanzvorschläge nicht beachtet[462]. Und da sich der Kaiser bald darauf zur Durchführung der Nationalanleihe entschloß, kann man eine Überlegung des Herausgebers von Kempens Tagebüchern Josef K. Mayr sogar noch weiter fassen: Nicht nur „offenbar", sondern mit Sicherheit „wollte Franz Joseph Baumgartner noch nicht fallen lassen"[463]. Gerade die Vorlage der Nationalanleihe dürfte den Freiherrn wenigstens momentan gerettet haben.

1.4.6. Der weitere Verlauf des Entscheidungsprozesses

Wie sehr hatte sich die Situation für Kübeck also mit einem Male geändert, scheinbar aus fast heiterem Himmel! Kaum einen Monat nach dem 5. Mai blieb ihm nichts anderes übrig, als das Projekt der Nationalanleihe mit den bereits angeführten Worten *Gott schütze Österreich!* zu kommentieren. Laut Heindl setzte „seit dem Sommer 1854" sogar eine „allgemeine vollkommene Abkehr" von Kübecks finanzpolitischen Vorstellungen ein[464]. Dabei mag sie einen von Kübeck am 28. November 1854 an seine Tochter Lina gerichteten Brief im Auge gehabt haben. Darin beschrieb er Bach, ohne ihn beim Namen zu nennen, als einen Mann, „der sich des Einflusses ganz und gar bemächtiget hat"[465]. Aber ganz so weit war es nun doch noch nicht gekommen. Denn nach wie vor vermochte sich der Vorsitzende des Reichsrates in vielen politischen Angelegenheiten durchzusetzen, was hier nicht näher ausgeführt werden kann. In Finanzangelegenheiten wurde allerdings bereits seit Frühjahr 1854 ein grundsätzlich neuer Kurs eingeschlagen, der mit den Kübeck kongenialen „konservativen Prinzipien vormärzlicher Kreditpolitik" nur noch wenig gemein hatte[466]. Ob es auch ein besserer Weg war? Jedenfalls „endete" im Zuge der Entscheidungsfindung über die Nationalanleihe Kübecks zuvor „beherrschender Einfluß auf die Finanzpolitik ... für immer". Vielleicht liegt hier auch tatsächlich ein Zusammenhang mit seinem fehlenden „Gewicht" in der Krimkriegspolitik vor[467]. Was die Nationalanleihe anbetrifft, so können wir

---

462 Tagebucheintrag, in: Tagebuch Kempens, S. 331; s. aber auch schon seinen Eintrag v. 18. Mai, in: Ebd.
463 Ebd., S. 331, Anm. 32.
464 Einleitung, in: MRP, III/3, S. XXIII.
465 Aus dem Nachlaß Kübecks, S. 201.
466 Brandt, Neoabsolutismus, 2, S. 696 (s. dazu auch folg.).
467 Ihn sieht Zürrer: „Die scharfe Ablehnung der Nationalanleihe und seine Kritik an der nächsten Umgebung des Kaisers ließen ihn als Sonderling erscheinen, der sich in der Rolle der Kassandra gefiel." (Einleitung, S. 51–52; vgl. dazu auch ebd., Anm. 181, wo er aus interessanten *Bemerkungen zur gelegentlichen mündlichen Ausführung[,] wenn der Kaiser die Geduld haben will* zit.)

diesen Einflußverlust auch bei Kübeck selbst nachlesen. Denn unter dem Datum des 26. Mai 1855 notierte er sich in seinem Tagebuch eine ihm „übrigens bekannte Mitteilung" eines gewissen Grafen Mollien „von der freudigen Äußerung des Baron [Heinrich v.] Heß bei Gelegenheit der National-Anleihe, als der Kaiser solche gegen die Einsprache des Reichsrates genehmigte: ‚Endlich ist es gelungen, den Finanzkaiser (darunter meinte er mich) zu stürzen.'"[468]

1.4.6.1. Die Bedeutung der Finanzkonferenz vom 31. Mai 1854

Wie wir wissen, handelte es sich bei dem gerade zitierten, ebenso resigniert wie flehentlich anmutenden Hilferuf Kübecks an *Gott* um einen frommen Wunsch. Denn dieser meinte es mit der weiteren Entwicklung *Österreichs* weder bezüglich der Nationalanleihe noch sonst besonders gut. Dagegen sollte Kübeck recht behalten, wenn er im Anschluß an die Sitzung vom 31. Mai ebenfalls seinem Tagebuch anvertraute: „Der Kaiser hob die Sitzung ohne Beschluß auf und rief Bach und Baumgartner zu sich in sein Kabinet, wahrscheinlich, um mit ihnen einen Schluß zu fassen."[469]

Die Sitzung selbst ging ohne eine vom Kaiser verkündete Entscheidung zu Ende. Dies geht aus dem dazu vorliegenden Protokoll ebenfalls indirekt hervor. Bedenkt man die aus der Mitschrift deutlich zu entnehmenden verhärteten Fronten zwischen den ministeriellen Vertretern einerseits und Kübeck und seinen beiden Kollegen andererseits, so verwundert dies nicht. Franz Joseph mag es schon aus einem gewissen Taktgefühl heraus vorgezogen haben, sich nach außen hin zunächst einmal bedeckt zu halten. Was hingegen der Reichsratsvorsitzende empfunden haben muß, als sich die Tür zu Franz Josephs Arbeitszimmer schloß, ist unschwer vorstellbar. Denn er erwartete sich eindeutig einen positiven, also die Nationalanleihe mehr oder weniger sanktionierenden *Schluß*.

Ein gutes halbes Jahr später befürchtete er anläßlich einer wichtigen Konferenz über die Frage des Abschlusses des Konkordats mit Rom eine ganz ähnliche Entwicklung. Auch bei dieser Gelegenheit hatte der Monarch „keinen Beschluß ausgesprochen, aber nach aufgehobener Sitzung den Minister Bach in sein Kabinet gerufen"[470]. Kübeck vermutete damals ein „Abgemacht'" und eine „Verfügung" im Sinne des Innenministers[471]. Zu seiner „Verwunderung" kam es jedoch anders. Denn „die kaiserliche Entscheidung erfolgte beinahe wörtlich nach meinem Antrage".

---

468 Tagebücher Kübecks, S. 105. Heß war damals Chef des Generalquartiermeisterstabs.
469 Tagebucheintrag v. 31. Mai 1854, in: Aus dem Nachlaß Kübecks, S. 145.
470 Tagebucheintrag v. 4. Januar 1855, in: Tagebücher Kübecks, S. 70 (s. dazu auch folg.).
471 Tagebucheintrag v. 22. Januar 1855, in: Ebd., S. 75 (s. dazu auch folg.).

Nun aber, bei der Nationalanleihe, nahm die Entwicklung einen gänzlich anderen Verlauf. Zunächst unterzeichnete Franz Joseph schon am darauffolgenden Tag (1. Juni) den ihm von Baumgartner am 25. Mai unterbreiteten Resolutionsentwurf, ohne denselben abzuändern[472]. Bedeutete dies die kaiserliche Zustimmung zu dem Projekt? Orientieren wir uns nur an dem Wortlaut der Resolution, so war dies nicht der Fall. Sie enthielt ja lediglich die *Ermächtigung* zur Einberufung einer Kommission *fachkundiger* und des *Vertrauens würdiger* Personen, mit denen Baumgartner über die Modalitäten der Nationalanleihe *berathen* sollte.

Rufen wir uns dagegen die oben gemachte Beurteilung von Baumgartners Diktion in seinem Vortrag vom 25. Mai in das Gedächtnis zurück, so spricht doch einiges für eine Sanktionierung der Nationalanleihe durch den Habsburger. Zwar rief der Finanzminister am Schluß der am 7. und 10. Juni tagenden Konferenz der Vertrauensmänner „sämtliche Berathungsglieder" indirekt unter anderem deshalb zur Bewahrung „sorgfältigsten Stillschweigens" auf, weil der „Gegenstand überhaupt erst erwogen, und der allerhöchsten Entschließung ... unterzogen werden müsse"[473]. Auch nannte er dies „eine heilige Pflicht in einer so wichtigen Sache". Doch ist zum einen zu berücksichtigen, daß Franz Joseph den Resolutionsentwurf überhaupt unterzeichnet hatte. Dadurch gab er auch sein Einverständnis zur Einberufung einer Besprechung mit Vertrauensmännern. Dazu hätte er sich kaum verstanden, ohne bereits zuvor eine grundsätzliche Vorentscheidung getroffen zu haben. Dies verlieh der ganzen Angelegenheit schon so etwas wie einen offiziellen Anstrich.

Zum anderen muß in diesem Zusammenhang in zweierlei Beziehung nochmals eingehender auf die Sitzung vom 31. Mai eingegangen werden: Da ist erstens der einzig nennenswerte, aktenmäßig dokumentierte Diskussionsbeitrag des Kaisers sowohl während der damaligen *Debatte* als auch während der gesamten Vorbereitungsphase des Unternehmens. In ihm erging er sich über den öffentlichen, von ihm als „eigen" bezeichneten „Eindruck", sollte „in derselben Kundmachung, in welcher der Patriotismus zur freiwilligen Subscription aufgerufen wird, hinterher die Drohung mit der Execution der Zwangsanleihe folgen"[474].

Diese Überlegung traf zweifellos zu und mutet banal an. Aus dem Munde eines vermeintlich ganz absolutistischen Denkmustern verhafteten Herrschers gewinnt sie freilich an Bedeutung, was uns noch später beschäftigen wird. In diesem Moment ist für uns einerseits von Relevanz, daß diese Be-

---

472 Wien, 1. Juni 1854, abg. in: ÖAGK, 2, Nr. 54, S. 176.
473 FA, FM, GP, Nr. 9511/54, Bog. 5 (s. dazu auch das folg. Zit.); s. dort auch das andere, 8 Bögen umfassende Prot. Der Inhalt wird auch von Brandt kurz zusammengefaßt (Neoabsolutismus, 2, S. 695, Anm. 21). S. dazu auch noch mehrmals im folg.
474 Prot. der Sitzung v. 31. Mai 1854, ad Nr. 141/RP., in: HHStA, RR, Präs., Krt. 13, Nr. 141/54.

merkung am Schluß der Beratung fiel. Wie eine vergleichende Analyse ergibt, pflegte Franz Joseph in solchen Momenten seinen Standpunkt klarzumachen oder seinen Entschluß über das weitere zu beobachtende Vorgehen bekanntzugeben. So gesehen wirkt seine Äußerung aber eher als Bestätigung denn als Ablehnung des Projekts. Sie vermittelt einmal mehr den Eindruck, als drehe es sich mehr um das *Wie* als um das *Ob* der ganzen Operation. Baumgartner ging auch unverzüglich auf Franz Josephs Argument ein und „erklärte sich ... zu einer Trennung dieser beiden Maßregeln bereit"[475]. Andererseits aber kam der Monarch mit keiner Silbe auf die während der Sitzung von Kübeck und seinen beiden Kollegen erhobenen sachlichen Einwände gegen das Unternehmen zu sprechen. Dies mochte ihm unangenehm bis peinlich gewesen sein; aber auch politische Opportunitätserwägungen mögen eine Rolle gespielt haben: Denn an einer offenen Brüskierung Kübecks und damit auch des gesamten Reichsrates vor den beiden Ministern konnte dem Herrscher nicht gelegen sein. Wäre er aber in diesem Moment noch unschlüssig gewesen, hätte er entweder eine weitere Sitzung anberaumt oder hinhaltend argumentiert. Dies tat er gerade nicht.

Zweitens ist in diesem Kontext der gesamte Sitzungsverlauf zu berücksichtigen. Sekundiert von Bach – und wie schon in seinem Vortrag vom 25. Mai – skizzierte der Finanzminister die herrschende finanzielle Lage in den dunkelsten Farbtönen und beschrieb die Realisierung einer großangelegten Anleihe sogar als letzten Ausweg aus der vermeintlich hoffnungslos verfahrenen Situation[476]. Dagegen begnügten sich die Reichsratsvertreter Krieg und Krauß damit, die mit einem solchen Unternehmen eventuell verbundenen Gefahren zu schildern beziehungsweise die Notwendigkeit einer Zwangsanleihe zu behaupten, sollte die halbe Milliarde Gulden überhaupt aufgebracht werden.

Vor allem Ph. Krauß machte eine unglückliche Figur: Zunächst „erkannte" er „die Richtung des Antrags, daß sich die Staatsverwaltung ... unmittelbar an die Völker des Kaiserstaates wende, für erprobt und angemessen". Dies war ganz im Sinne Baumgartners und Bachs gesprochen. Da er ja aber gegen die Nationalanleihe eingestellt war, wäre nunmehr eine überzeugende Widerlegung dieses Projekts zu erwarten gewesen. Doch argumentierte er so ungeschickt gegen die geplante Maßnahme, daß ihm Bach die Absicht unterstellen konnte, die bestehende Krise durch neue Papiergeldemissionen unter Inkaufnahme einer Verschärfung der ohnehin schon relativ hohen Inflation lösen zu wollen. Ph. Krauß sprach zwar von einem „Mißverständniß", doch fiel dem Innenminister die Warnung leicht, daß diese „Alternative ... noch weit üblere Verhältnisse(,) als gegenwärtig sind, hervorrufen ... und das Vertrauen

---

[475] Ebd.
[476] Ebd. (s. dazu auch folg.).

[der Bevölkerung] in noch höherem Grade gefährden würde". Alles in allem ging Bach aus diesem Scharmützel als klarer Punktsieger hervor. Denn im weiteren beschränkte sich Krauß darauf, die Ausgabe weiteren Papiergeldes als keine „Alternative" zu erklären.

Besonders wichtig erscheint, daß weder Krauß noch Krieg dem Kaiser eigene alternative Lösungsvorschläge präsentierten. Dies konnte einer Verhinderung des Unternehmens nicht dienlich sein. Bach nützte dies auch geschickt aus, indem er feststellte, daß man sich aufgrund des Dranges der Ereignisse nicht mit Negativem begnügen dürfe. Vielmehr bestand „die Nothwendigkeit positiver Bestimmungen", da die Staatsverwaltung wissen müsse, „was im nächsten Augenblicke einzuleiten sey"[477].

Kübeck hatte bisher geschwiegen, was jedoch formale Gründe haben dürfte. Da er von seinem Rang her der zweite Mann im Staate war, gebührte ihm – abgesehen vom Herrscher – das letzte Wort. Auf die Einhaltung von Formalien legte Franz Joseph bekanntlich viel Wert. Unmittelbar vor dem Kaiser sprechen zu dürfen, konnte aber auch einen strategischen Vorteil darstellen. Und das Wort ergreifen mußte der Vorsitzende des Reichsrates so oder so, wollte er die kaum verhohlene Attacke des Innenministers nicht insbesondere auf Ph. Krauß sitzen lassen. Er mußte überdies danach trachten, das Ansehen der von ihm, Kübeck, repräsentierten Institution und damit nicht zuletzt sein eigenes Prestige zu retten. Also versuchte er den Standpunkt von Ph. Krauß (und Krieg) zu rechtfertigen. Dabei argumentierte er rein sachlich korrekt, wie er es kurze Zeit später erneut tun sollte. Mit Blick auf seine wenigstens noch im Hintergrund vorhandene Zielvorstellung einer Verhinderung der Nationalanleihe erscheinen seine Ausführungen aber nicht gerade geschickt.

Zunächst erklärte er die soeben zitierte „Bemerkung" Bachs für „ohne Zweifel richtig"[478]. Allerdings dürfe „Seine Majestät nicht bloß eine Kritik, sondern auch Vorschläge erwarten". Hiermit traf er ins Schwarze, doch hätte er den Einwurf des Innenministers wohl besser einfach übergehen sollen, anstatt seinem Rivalen auf diese Weise einen Punktsieg zu gönnen. Dann meinte er, der Reichsrat sei aufgrund der ihm fehlenden „genauen Kenntniß aller Thatsachen und Umstände (nicht in der Lage), um aus sich praktische Vorschläge machen zu können". Auch dies war zutreffend, wie bereits im Zusammenhang mit der Erörterung des machtpolitischen Verhältnisses zwischen dem Reichsrat auf der einen und dem Kabinett auf der anderen Seite gezeigt werden konnte[479]. War es aber wirklich notwendig, ausgerechnet in diesem Moment

---

477 Ebd.
478 Ebd. (s. dazu auch folg.).
479 S. dazu auch schon in seinem Vortrag vom 20. Dezember 1850, in: HHStA, Depot Kübeck, Müller, fol. 28 und 37.

eines der tatsächlichen Mankos dieser Institution offen einzugestehen und gleichzeitig zuzugeben, selbst über keine eigenen Lösungskonzepte zu verfügen? Wie mußte dies auf den Monarchen wirken, zumal Baumgartner die Sanierung der Staatsfinanzen und der österreichischen Währung zutreffend als eine in der Tat „dringliche", also als eine baldige, ja sofortige entschiedene Antwort erheischende Angelegenheit bezeichnet hatte[480]? Und wieviel Zeit wäre verstrichen, ehe Kübeck und seine Kollegen – sei es allein oder in Zusammenarbeit mit der Ministerkonferenz – die ihnen notwendig erscheinenden Informationen erhalten, verarbeitet und schließlich zu einem eigenen alternativen Maßnahmenpaket ausgearbeitet hätten? Zu lange, viel zu lange. Die Zeit drängte nämlich auch deshalb, weil eine Operation wie die Nationalanleihe nur in der nunmehr anstehenden sommerlichen Jahreszeit durchgeführt werden konnte[481].

Kübeck wies überdies indirekt noch auf ein weiteres Manko des Reichsrates hin, nämlich auf die ihm „angewiesene" institutionelle „Stellung". Was er damit konkret meinte, erhellt sein am 18. Juni in Sachen Nationalanleihe an den Kaiser gerichteter Vortrag: Danach hatte dieses Gremium lediglich die „Pflicht", die „Vorträge der Ministerien nach seiner besten Einsicht ... zu würdigen, und ganz rücksichtslos sein Gutachten" abzugeben[482]. Dagegen sei ihm das „Recht zu ganz neuen Vorschlägen ausdrücklich entzogen", es sei denn, der Kaiser würde hierzu „einen speciellen Auftrag" erteilen. Auch dies kann an und für sich nicht abgestritten werden und bildete vielleicht sogar Kübecks stärkstes Argument. Denn ein solcher Auftrag lag ja nicht vor.

Schon bei früheren Anlässen hatte er sein Verhalten so gerechtfertigt. Von Interesse erscheint hier vor allem ein Schreiben an Wessenberg vom 24. Juni 1851, das im Zusammenhang mit der Frage der „legalen [also auf Gesetzbasis erfolgten] Spoliazion der Gläubiger zu Gunsten der Schuldner" steht[483]. Kübeck forderte seinen Adressaten dazu auf, „von meiner Persönlichkeit gerechterweise vorauszusetzen", daß er diesen Vorgang „eben so wenig als viele andere Eigenthums Verletzungen zu billigen" vermöge. Auch besorgte er „aus diesen Verletzungen nur soziale Gefahren ernster Art und die größten Erschwernisse für die Regierung in ihrer Politik und ihrer Verwaltung". Aber dennoch behauptete er unter Verweis auf die „mir zu Theil gewordene ämtliche Stellung", daß ihm in dieser Beziehung die Hände gebunden waren. Ihm sei „nur" ein „Urtheil"

---

480 So Baumgartner in der Sitzung v. 31. Mai 1854, ad Nr. 141/RP., in: HHStA, RR, Präs., Krt. 13, Nr. 141/54.
481 S. dazu w. u., Abschnitt 2.1.2.
482 Wien, in: Ebd., Gremial, Krt. 54, Nr. 348/54 (s. dazu auch folg.).
483 Wien, in: NB, Handschriften-, Autographen- und Nachlaß-Sammlung, Autograph Nr. 56/39–8 (s. dazu auch folg.). Der Brief ist nur mit *Freiherr* überschrieben. Doch ergibt sich der Name Wessenbergs ind., da sich Kübeck auf ein Schreiben v. „19. d(e)s M(onats)" aus Diettenitz bezieht, wo er sich damals aufhielt.

und ein „Rath" in den vom Kaiser an den Reichsrat weitergegebenen „Gegenständen" gestattet. Dagegen sei ihm das Recht zu einer „unmittelbaren Iniziative oder irgend einer Wirksamkeit nach Aussen" entzogen.

Indirekt bezog er sich dabei auf § 10 des Reichsratsstatutes. Sein Wortlaut ließ ihm „keinerlei" Recht auf „Initiative in Vorlegung von Gesetzes- oder Verordnungsvorschlägen"[484], worin im übrigen schon während der Diskussionen um die Ausarbeitung des Statutes ein entscheidender Mangel erblickt wurde. Altgraf Salm sprach in diesem Zusammenhang in einem einschlägigen Gutachten vom 26. März 1851 sogar von einer „Paralisirung"[485]. Zugleich bezeichnete er eine entsprechende „Befugniß" zugleich als „von einer so entscheidenden Wichtigkeit", daß ihm zufolge „nur" dann „der Reichsrath seine Bestimmung erfüllen" konnte.

Kommen wir zurück auf Kübecks Argumentation während der Konferenz vom 31. Mai: Rein *rechtlich* gesehen, schilderte er die Sachlage durchaus korrekt. Er mußte diesen Sachverhalt eigentlich auch anmerken, selbst wenn sich dies als kontraproduktiv erweisen mochte. Sonst hätte er sich nämlich eventuell vom Kaiser – oder sogar ausgerechnet von Baumgartner und Bach – über die ihm zustehenden Kompetenzen belehren lassen müssen. Trotzdem zeugt seine Argumentation in der konkreten Situation von einer gewissen Hilflosigkeit. Dies gilt auch für seinen weiteren Hinweis, eine „Conferenzberathung" könne sich „unter dem Vorsitze Seiner Majestät nur auf die Discussion einer Vorlage ... beschränken"[486]. Zwar waren ihm in institutioneller Hinsicht Handlungsrestriktionen auferlegt. Konnte er aber nicht wenigstens indirekt gewisse alternative Denkelemente in die Debatte einstreuen?

Diese Frage stellt sich um so mehr, als er über die Grundzüge der geplanten Operation ja bereits zuvor informiert worden war. Er hatte also Zeit, über Modifikationen nachzudenken. Durch ihre Vorlage wäre insbesondere Baumgartner gezwungen gewesen, die innere Konsistenz seines Plans unter Beweis zu stellen. Dies mochte ihn um so nervöser machen, als das Vertrauen des Monarchen in seine finanzpolitischen Fähigkeiten damals ja bereits stark erschüttert war. Kübeck wußte dies besser als die meisten anderen zeitgenössischen Machtträger.

Darüber hinaus erachtete er das Projekt für ausgesprochen schädlich, ja für gefährlich. Nun verstand er sich aber als Ratgeber des Monarchen (und fungierte ja auch als solcher); auch durfte der Reichsrat statutenmäßig „nur das Heil der Krone und des Staates vor Augen" haben, wobei er zu nichts weniger „verpflichtet" war als dazu, „wahr und offen sein Gutachten auszusprechen"[487]. Nicht zuletzt aber hatte Franz Joseph bis zu diesem Zeitpunkt

---

484 Kais. Patent v. 13. April 1851, abg. in: Die österreichischen Verfassungsgesetze, Nr. 44, S. 173.
485 Ad Nr. 3/RP., in: HHStA, RR, Präs., Krt. 1, Nr. 3/51 (s. dazu auch folg.).
486 Prot. der Sitzung v. 31. Mai 1854, ad Nr. 141/RP., in: Ebd., Krt. 13, Nr. 141/54.
487 Kais. Patent v. 13. April 1851, § 18, abg. in: Die österreichischen Verfassungsgesetze, Nr. 44, S. 174.

in finanzpolitischen Belangen ja im allgemeinen auf seinen Rat gehört. Da hätte er es wohl wagen können, vielleicht etwas weiter zu gehen, als es ihm sein Wirkungskreis eigentlich erlaubte. Wollte er eventuell doch noch eine Abwendung dieser Operation bewirken, hätte er dieses Wagnis sogar unbedingt eingehen müssen. Eine Rüge seines obersten Herrn hätte er sicherlich riskiert, mehr aber kaum. War es nicht wert, dieses verhältnismäßig kleine Risiko einzugehen, angesichts der unendlich viel größeren Gefahren, die Kübeck zufolge bei einer Realisierung der Nationalanleihe dem Land, dem Staat, der Monarchie, der Dynastie und damit nicht zuletzt dem regierenden Herrscher drohten?

Dabei muß dem Reichsratsvorsitzenden der aller Wahrscheinlichkeit nach präjudizierende Charakter der Sitzung vom 31. Mai klar gewesen sein. Franz Joseph hatte nämlich durch die Einberufung der *Finanzkonferenz* den für gewöhnlich eingeschlagenen institutionellen Weg[488] außer Kraft gesetzt. Dieser war wesentlich umständlicher: Da gingen die ministeriellen Vorlagen zunächst den Weg über den Monarchen an den Reichsrat. Dort wurden sie zuerst von einem oder mehreren Referenten beziehungsweise von einer unter mehreren Sektionen begutachtet und anschließend im Plenum diskutiert, bevor sie mit einem abschließenden Gutachten Kübecks versehen wieder an den Kaiser zurückgelangten, der dann eine Entscheidung traf. So wie die Dinge aber im vorliegenden Fall verlaufen waren, konnte Kübeck nicht mehr mit einer Vorlage von Baumgartners Vorschlag zur Begutachtung vor dem Reichsrat rechnen. Sollte es wider Erwarten doch dazu kommen, war davon auszugehen, daß der Monarch hiermit lediglich den formellen Gepflogenheiten Genüge leisten wollte. Vielleicht wagte er es auch ganz einfach nicht beziehungsweise hielt es aus persönlichen Rücksichten für unangebracht, Kübeck vor allem gegenüber den Ministern so bloßzustellen. Jedenfalls aber würde sich voraussichtlich an diesem Tag in der Hofburg und zu keinem anderen Zeitpunkt, an keinem anderen Ort das Schicksal des projektierten Unternehmens entscheiden. Warum also versuchte Kübeck nicht alles, um es doch noch zu Fall zu bringen?

Er könnte ganz einfach über keine überzeugenden und damit erfolgversprechend erscheinenden Alternativkonzepte verfügt haben. Im Frühjahr 1851 hatte er selbst die Idee „einer großen Anleihe zur Papiergeldabschöpfung" propagiert[489]. Sie sollte zwischen 120 und 150 Millionen Gulden umfassen, jedoch nicht im Subskriptions-, sondern im Wege der Submission aufgelegt werden. Dabei wäre „die Übernahme der Anleihequoten zu einem Festpreis und die vertragliche Festlegung der Ratenzahlungen … den betei-

---

488 Im einzelnen konnte er aber ganz anders aussehen, was hier nicht dargelegt werden kann. S. dazu grundsätzlich richtig bei Heindl, Probleme, S. XLV–LIII.
489 Brandt, Neoabsolutismus, 2, S. 657; vgl. bis S. 660.

ligten Firmen" überlassen worden, was „der Finanzverwaltung das damit verbundene Risiko (nahm) und (ihr) ... ein regelmäßiges Einkommen (sicherte)"[490]. Warum erneuerte Kübeck diesen Vorschlag in modifizierter Weise nicht versuchsweise 1854? Wahrscheinlich bezweifelte er, daß ein so großer wie der anvisierte und wohl auch von ihm für nicht übertrieben hoch erachteter Betrag von 500 Millionen auf diesem Wege einzubringen sein würde.

Und insofern er also vielleicht tatsächlich keine anderen Alternativen parat hatte, mag Bachs Kritik durchaus in das Schwarze getroffen und der Kaiser aufgrund der finanziellen Notlage nur allzugut daran getan haben, den Plan des Finanzministers zu genehmigen. Möglicherweise vermochte Kübeck auch rein rhetorisch vor allem nicht mit Bach mitzuhalten, der in dieser Hinsicht offenbar über beachtliche Fähigkeiten verfügte. Doch könnte es auch ganz anders gewesen sein: Vielleicht glaubte Kübeck schon vor der Sitzung fest daran, daß die Zusammenkunft vom 31. Mai für den Kaiser nur noch eine Formalität darstellte. Die Quellen liefern uns hierfür keinen eindeutigen Anhaltspunkt. Doch mag ihn bei aufmerksamer Lektüre von Baumgartners Vortrag vom 25. Mai bereits ein ernsthafter Argwohn in dieser Richtung beschlichen haben. Endgültiger Aufschluß über die Motive für sein Verhalten läßt sich nicht geben. Der Historiker stößt hier an Grenzen seiner Erkenntnismöglichkeiten. Dabei scheint sich im übrigen die Notwendigkeit der Einbeziehung individueller psychischer Komponenten in die Geschichtsschreibung zu erweisen, mit allen damit verbundenen Schwierigkeiten der Bewertung[491].

Kübecks unglücklich erscheinendes Verhalten könnte nämlich auch aus einem bestimmten Charakterzug resultiert sein. Vielleicht gab er in ähnlichen Situationen wenigstens in der Regel voreilig auf: In einem am 20. September 1854 verfaßten Tagebucheintrag, als sein Einfluß bereits im Sinken begriffen war, meinte er, „weder in der Liebe noch im öffentlichen Leben ... Eifersucht" zu kennen[492]. Dies erachtete er wohl prinzipiell für einen Vorzug. Doch verkannte er gleichzeitig nicht einen damit potentiell verbundenen „großen Fehler": Er konnte nämlich „in keine Rivalität treten, mit keinem kämpfen". Und am 31. März 1855 reflektierte er über „Frauen", die „einen Mann zum Gemahl wünschen", der „gegen die ganze Welt einen bramarbasierenden Kampfesmut äußert, der Frau aber in allen Dingen fein gehorsam ist"[493].

---

490 Ebd., 1, S. 120.
491 S. dazu generell das interessante, wenn auch an historischer Schärfe zu wünschen übriglassende Buch von Thomas Kornbichler *Adolf-Hitler-Psychogramme*. Die Versuche, Adolf Hitler psychologisch, psychoanalytisch usw. zu deuten, sind ja in der Tat Legion. Verwiesen sei hier auch auf wichtige Überlegungen von Lyndal Roper (Ödipus und der Teufel. Körper und Psyche in der Frühen Neuzeit, v. a. S. 47).
492 Aus dem Nachlaß Kübecks, S. 154 (s. dazu auch folg.).
493 Tagebucheintrag, in: Tagebücher Kübecks, S. 93. Diese Worte dürften mit einem Vorfall v. Vortag zusammenhängen, als es Kübeck nicht gelungen war, sich „ohne auffallende Un-

War Kübeck wirklich keine *Kämpfer*natur? Hilfreich erscheint hier ein Blick in Kempens Tagebuch. Darin finden sich mehrere Klagen von Personen über ein zu wenig forsches, energisches, eben *kämpferisches* Auftreten des Reichsratsvorsitzenden in politischen Konfliktlagen. Sie waren mit Kübeck teilweise gut bekannt: Grünne, Fr. Zichy und Kempen selbst sind hier in erster Linie zu nennen. So soll Zichy gegenüber Kempen am 3. April 1853 „über Zurücksetzung des Reichsrats geklagt" haben, dessen Einfluß durch Minister Bach verdrängt worden sei: „Vergeblich hätte schon vor einiger Zeit Fürst Metternich in Baron Kübeck gedrungen, durch einen entscheidenden Schritt endlich den Minister Bach abzuschütteln, allein Kübeck habe den rechten Zeitpunkt verpaßt."[494] Besonders bezeichnend erscheint eine Bemerkung des Generaladjutanten vom 24. November 1854: Danach war es „tief zu bedauern ..., daß ein Mann wie Kübeck seine staatsmännischen Ansichten über die Lage unserer Gegenwart dem Kaiser offen vorzutragen nicht den Mut hat'"[495]. Er wolle gefragt sein, und der Kaiser, der wenig spreche, meide es, dort zu fragen, wo unerwünschte Antwort erfolgen könne. Am 11. September 1855 starb Kübeck an Cholera. Elf Tage darauf meinte Metternich, er habe an ihm nur einen „Fehler" gekannt[496]. Dieser bestand in „einer übertriebenen Bescheidenheit", woraus „der Anschein eines Mangels an Entschlossenheit" resultierte. Er habe zuweilen „schädlich" gewirkt. Sollte es sich wirklich so verhalten haben, so mag dabei Kübecks fortgeschrittenes Alter eine Rolle gespielt haben: Hohenwart wenigstens bezweifelte in diesem Zusammenhang in einer Art Memorandum über die *Zustände Ende 8br [Oktober] 1853*, daß dieser „mehr als siebenzigjährige genius" dazu „berufen" sein könne, „für eine persönliche (...) Grundfeste der Monarchie" zu gelten[497].

Wie auch immer, am Ende der *Finanzkonferenz* vom 31. Mai stand Meinung gegen Meinung: die der beiden Minister gegen jene der beiden Reichsräte und des Reichsratsvorsitzenden. Freilich gab es einen signifikanten und wohl entscheidenden Unterschied: Bach und Baumgartner hatten einen konkreten Vorschlag auf den Tisch gelegt. Der wenn nicht größte, so doch potentiell einflußreichste Widersacher des geplanten Projekts brachte hingegen

---

schicklichkeit" von einem „Ostergottesdienst (...) willkürlich" zu „entfernen". Dazu notierte er sich u. a.: „Wäre ich entschiedener umgekehrt, wären die Qualen meiner geliebten Frau erspart." (Tagebucheintrag v. 30. März 1855, in: Ebd., S. 92–93.)

494 Tagebucheintrag Kempens, in: Tagebuch Kempens, S. 285.
495 Tagebucheintrag Kempens, in: Ebd., S. 345 (s. dazu auch folg.). Kempen zit. hier wörtlich. Es gibt keinen Grund, daran zu zweifeln, daß er wenigstens den Kern der Aussage Grünnes zutreffend wiedergibt.
496 An seine Tochter Leontine, o. O. (Wien), 22. September 1855, in: Aus Metternich's nachgelassenen Papieren, 8, Nr. 1826, S. 271 (s. dazu auch das folg. Zit.).
497 AVA, NL Hohenwart-Weingarten, Krt. 14b, f. *Weingarten, Mannigfaltiges aus dem Gedächtnis aufgezeichnet, 1854*, Bog. S.

nicht viel anderes vor als das Eingeständnis, „die Schwierigkeiten, mit welchen die Finanzverwaltung zu kämpfen hat, und die unverschiebliche Dringlichkeit, zu einem planmäßigen Entschlusse zu kommen, ganz zu erkennen"[498].

In der Tat, die Zeichen standen auf Sturm. Es mußte unbedingt etwas Durchgreifendes zur Lösung der in mehrfacher Hinsicht bedrohlichen finanziellen Schieflage geschehen. Selbst der Reichsratsvorsitzende räumte dies ein. Doch dachte er noch nicht einmal eine Alternative laut an. Verhielt sich Franz Joseph da nicht nur konsequent, wenn er die Nationalanleihe sanktionierte?

1.4.6.2. Die Entwicklung nach dem 31. Mai 1854

Bach und Baumgartner hatten damals allen Grund, sich bereits wie die sicheren Sieger zu fühlen. Vielleicht noch nicht nach ihrem Einzelgespräch mit dem Kaiser, das im Anschluß an die Sitzung vom 31. Mai stattfand, aber spätestens, als Franz Joseph tags darauf die ihm unterbreitete Resolution unterzeichnete, müssen sie davon ausgegangen sein, das Projekt Nationalanleihe unter Dach und Fach gebracht zu haben. Davon zeugt die Interpretation der kaiserlichen Resolution vom 1. Juni durch den Finanzminister: Franz Joseph habe ihn durch seine Unterschrift zur Auflegung einer „freiwilligen, inländischen" Anleihe ermächtigt[499]. Nun mußte er (und sein Kollege) scheinbar lediglich noch den Verlauf der Besprechungen mit den Vertrauensmännern abwarten.

Brandt zufolge wollte sich der Finanzminister „zunächst der Zustimmung der Wiener Haute Finance versichern", um so die „regierungsinternen Widerstände gegen das Projekt zu unterlaufen"[500]. Dies mag Baumgartners ursprüngliche Intention gewesen sein. Nach den bisherigen Darlegungen scheint aber klar, daß diese Kommission für ihn lediglich noch absegnenden Charakter haben sollte. Und er konnte den anstehenden Besprechungen auch gelassen entgegensehen. So blieb ihm die Auswahl der dafür zu berufenden Personen vorbehalten. Betrachtet man sich die Zusammensetzung der Kommission, so scheint er dabei zwar gewissen sachlichen Erfordernissen Rechnung getragen zu haben: Alle ihre Mitglieder waren in Finanzsachen bewanderte Personen. Zugleich aber waren sie alle maßgebliche Repräsentanten wirtschaftlich-finanzieller Kreise, die zudem in ihrer jeweiligen Branche über

---

498 Prot. der Sitzung v. 31. Mai 1854, ad Nr. 141/RP., in: HHStA, RR, Präs., Krt. 13, Nr. 141/54.
499 Vortrag v. 12. Juni 1854, Wien, in: FA, FM, GP, Nr. 9511/54, Bog. 1.
500 Neoabsolutismus, 2, S. 694–695.

Einfluß verfügten[501]. Und gerade der zuletzt genannte Punkt dürfte für Baumgartner wichtig gewesen sein: Denn er wollte wohl einflußreiche Personen für die Nationalanleihe gewinnen, um deren direktes oder indirektes Einwirken auf die von ihnen repräsentierten Berufsgruppen in Richtung auf eine Beteiligung der Bevölkerung sicherzustellen. Wie sich nämlich erweisen wird, sollte – ja mußte – bei der Abwicklung der Nationalanleihe die Mithilfe nichtstaatlicher Kräfte stark in Anspruch genommen werden.

Dabei konnte er bei ihrer Auswahl wohl auch das Kriterium ihrer voraussichtlichen Einstellung gegenüber der geplanten Operation berücksichtigen, obgleich ohnehin nicht allzu viele Namen auf seiner Liste gestanden haben können, da es beispielsweise nicht allzu viele Bankiers in Wien gab. Eine ihm geeignet erscheinende Auswahl mußte ihm um so leichter fallen, als er mit den meisten der in Frage kommenden, allesamt in Wien residierenden Persönlichkeiten zweifellos bekannt war. Außerdem hatte Ph. Krauß schon in der Konferenz vom 31. Mai bemerkt:

„Die wichtige Klasse der Banquiers und Handeltreibenden, durch deren Hände jede Anlehensoperation läuft, würde sich vielleicht, um nicht unpatriotisch zu erscheinen, vorhinein dafür aussprechen, (...)."[502]

Der Reichsrat wollte dies als Warnung an die Adresse des Kaisers verstanden wissen, eine Warnung, die er wenig später nochmals in anderen Worten wiederholte[503]. Baumgartner hingegen mochte dies gerade recht sein. Er dürfte von vornherein einen solchen Verhaltensmechanismus einkalkuliert haben.

Außerdem mochte wenigstens ein Teil der Kommissionsmitglieder das Auflegen einer großen Anleihe aus Spekulationsgründen grundsätzlich begrüßen. Wessenberg hatte mit Bezug auf die Nationalanleihe für Spekulanten „allerseits günstige Elemente" ausgemacht[504]. Und schon am 22. Februar 1852 hatte er es „quant aux banquiers" als notwendigen „Grundsatz" bezeichnet, „de les écouter, mais non de les consulter": Sie seien zu sehr gewohnt, „ihre Ansichten auf Partikularinteressen zu basieren"[505].

Auf den Kern dieser *Partikularinteressen* verweist ein Bericht vom 18. Juli 1854, als die Nationalanleihe seit kurzem angelaufen war. Er stammt aus der Feder des österreichischen Konsuls in Leipzig, Joseph Grüner: Danach „fehlte es ... nicht an böswilligen Stimmen, welche die lebhafte Theilnahme an demselben zu schwächen bemüht sind": Zu diesen, von Grüner als „Agitatoren"

---

501 Die Teilnehmer sind aufgeführt bei Brandt (ebd., S. 695, Anm. 21).
502 Prot. v. 31 Mai 1854, ad Nr. 141/RP., in: FA, FM, Präs., Krt. 13, Nr. 141/54.
503 Reichsratssitzung v. 17. Juni 1854, ad Nr. 311/R., in: HHStA, RR, Gremial, Krt. 54, Nr. 349/54.
504 *Schüchterne Bemerkungen über das Oesterr. Nazional Anlehen 1854*, in: Ebd., NL Wessenberg, Krt. 13, Inv.nr. 96, fol. 149.
505 An Isfordink-Kostnitz, Freiburg, in: Briefe Wessenbergs, 2, Nr. 249, S. 24.

bezeichneten Persönlichkeiten rechnete er „vorerst diejenigen österreichischen Banquiers, welche sich seither durch die Schwankungen der Kourse bereichert haben und deren Interessen die endliche Regelung der Valutaverhältnisse nicht zusagt"[506]. Diese „unpatriotischen Geldmänner" schickten „Mittheilungen ... an ihre Geschäftsfreunde im Auslande". Sie sollten das „Gelingen" der Nationalanleihe „in Zweifel ziehen und darauf hinweisen", daß dadurch

„die Valutaverhältnisse vorerst nicht geordnet werden dürften, weil die enormen kriegerischen Rüstungen Oesterreichs ... jetzt schon den größten Theil der Staatseinnahmen verschlingen und das immer wahrscheinlichere Vorrücken der kaiserlichen Truppen nach den Donaufürstenthümern und deren dortige Verpflegung so viele Millionen ... in Anspruch nehmen werden (...)".

Es dürfte sich wenigstens teilweise auch um jene Bankiers gehandelt haben, die Baumgartner zum Projekt geraten hatten. Dem Minister muß dies eigentlich schon vorher klar gewesen sein, zumal ihn (und den Monarchen) am 31. Mai 1854 bereits der Vorgänger Baumgartners auf diese Eventualität wenigstens indirekt hingewiesen hatte[507]. Doch mochte ihm dies zum damaligen Zeitpunkt einmal mehr gerade recht gewesen sein. Die mit den Folgen einer solchen Bankenspekulation möglicherweise verbundenen negativen Effekte für den Gesamtausgang der Nationalanleihe scheinen ihn dabei momentan wenig gestört zu haben. Seine vorläufige Zielpriorität sah anders aus: Zunächst ging es um die Durchsetzung des Projekts.

Die Vertrauensmänner erfüllten die Erwartungen und/oder Hoffnungen Baumgartners fast völlig. Immerhin vorgebrachte Einwände beschränkten sich im wesentlichen auf einzelne Modalitäten des geplanten Unternehmens. Allerdings beurteilte Eskeles das Erreichen der vorhergesehenen Summe von 500 Millionen ohne Ausübung von direktem Zwang skeptisch. Doch übte er ebenfalls keine grundsätzliche Kritik an der Idee einer Anleihe von solchen Dimensionen. Zwar erklärte sich Kübeck mit der von Ph. Krauß kurze Zeit darauf geäußerten Auffassung, das „Gutachten" der geladenen Männer „(scheine) im Gewande der Zustimmung vielmehr abzurathen"[508], „vollkommen einverstanden"[509]. Doch scheint diese Bewertung zu sehr von Voreingenommenheit gegen das Unternehmen Nationalanleihe beziehungsweise durch das Verlangen geprägt, den Monarchen zu sehr später Stunde doch

---

506 An Baumgartner, Leipzig, Nr. 47, in: FA, FM, Präs., Nr. 13370/54 (s. dazu auch folg.).
507 Prot. v. 31 Mai 1854, ad Nr. 141/RP., in: HHStA, KK, RR, Präs., Krt. 13, Nr. 141/54.
508 Reichsratssitzung v. 17. Juni 1854, ad Nr. 311/R., in: Ebd., Gremial, Krt. 54, Nr. 349/54.
509 Vortrag Kübecks v. 18. Juni 1854, Wien, in: Ebd. (hier bezog er sich auf die gesamte Reichsratsberatung und damit auch auf die Meinung des ehemaligen Finanzministers).

noch umzustimmen. Schon Brandt hat zu Recht von einer „warmen Befürwortung" gesprochen[510]. Die Kraußsche Bemerkung ist bestenfalls als eine „polemische"[511] Attacke von zweifelhaftem Wirkungsgrad zu bewerten.

Die Beratungen verliefen für Baumgartner also durchaus erfreulich. Selbst der erwähnte Hinweis von Eskeles paßte ihm wohl in das Konzept, da er selbst der Meinung war, man müsse, man solle Zwang anwenden[512]. Angesichts dessen dürfte er seinen an den Herrscher gerichteten Vortrag vom 12. Juni über die Kommissionsberatungen, deren Fortgang er im übrigen als sehr zufriedenstellend skizzierte, voll Optimismus signiert haben[513].

Noch einmal hatte er freilich die Rechnung ohne den Wirt gemacht. Franz Joseph entschloß sich nämlich zu einem aufgrund der bisherigen Deutung der Dinge überraschenden Schritt: Er legte Baumgartners Projekt doch noch dem Reichsrat zur Prüfung vor. Beschlichen ihn auf einmal Zweifel an der Opportunität der Nationalanleihe? Bewog ihn das erwähnte schlechte Gewissen zu diesem Schritt?

Jedenfalls ging von nun an alles sehr schnell. Am 15. Juni wurde der Vortrag des Ministers zusammen mit den Beratungsprotokollen der Besprechung mit den Vertrauensmännern vom Direktor der Kabinettskanzlei Franz Thiel „im Auftrage S(eine)r. Majestät" an Kübeck übersandt[514]. Dabei bemerkte Thiel ausdrücklich, „Allerhöchstderselbe" habe Baumgartners Vortrag „als <u>höchst dringend</u> bezeichnet", weshalb er „<u>schleunigst</u>" im Reichsrat zu „vergutachten" sei. Damit war Kübeck eine Option, ein Strohhalm genommen, den er sonst eventuell ergriffen hätte: Er konnte das Projekt nicht ganz einfach zunächst einmal zu den Akten legen, wollte er nicht den ernsten Unmut des Monarchen riskieren. Sollte dieser wiederum tatsächlich „niemals" ein Mann der starken Initiative gewesen sein, wie Heinrich v. Srbik gemeint hat, sollte er tatsächlich eine bereits in seiner „Jugend" wahrnehmbare „Scheu vor letzten Entschlüssen" gehabt haben[515], so hatte er diese *Scheu* mit Blick auf die Nationalanleihe spätestens gegen Mitte Juni überwunden.

Wie Heindl richtig schreibt, kam es bei der Erledigung ministerieller Vorlagen immer wieder zu „langen Verzögerungen von A(ller)h.(öchsten) Entschließungen und Gesetzespublikationen"[516]. Dies „erklärt" sie „vor allem" mit dem „permanent schwelenden Konflikt zwischen Ministerkonferenz und

---

510 Neoabsolutismus, 2, S. 695.
511 Ebd., Anm. 22.
512 S. dazu w. u. mehr.
513 Es ist nicht bekannt, ob Franz Joseph das Prot. der beiden Besprechungen selbst gelesen hat. Baumgartner berichtete ihm darüber auch schriftlich (Vortrag v. 12. Juni 1854, Wien, in: FA, FM, GP, Nr. 9511/54, 3 Bögen); vgl. bei Brandt, Neoabsolutismus, 2, S. 695, Anm. 22.
514 15. Juni 1854, Wien, in: HHStA, RR, Präs., Krt. 13, Nr. 134/54 (s. dazu auch folg.).
515 Franz Joseph I., S. 227.
516 Probleme, S. XLVIII (s. dazu auch folg.).

Der politische Entscheidungsprozeß im einzelnen

Reichsrat". Im Anschluß an eine genaue Darlegung des Entscheidungsprozesses führt sie solche Verzögerungen jedoch auf „den umständlichen Geschäftsgang" zurück, „der seinerseits wieder die komplizierte Regierungsstruktur zeigt"[517]. Tatsächlich dürften oftmals machtpolitische und/oder sachliche beziehungsweise strukturelle Aspekte eine Rolle gespielt haben, auch wenn „die Arbeitsweise des Reichsrates" oftmals weniger „schwerfällig und langwierig" war, als die Autorin annimmt[518]. Im uns hier interessierenden Fall wäre es Kübeck zweifellos darum gegangen, die Verwirklichung des ihm sehr unliebsamen ministeriellen Vorhabens zu verzögern und es dadurch vielleicht gar zu Fall zu bringen.

Einer Verzögerung schob aber der Kaiser durch seine Diktion einen Riegel vor. Und so tagte der Reichsrat bereits am 16. Juni[519] und dann wieder tags darauf[520]. Wieder einen Tag später saß Kübeck an seiner „Vortragsarbeit", schloß diese ab und ließ sie dem Kaiser wahrscheinlich noch am 18. übermitteln[521]. Dies bildete für ihn zugleich die allerletzte Chance, die Nationalanleihe doch noch zu stoppen oder wenigstens für einschneidende Modifikationen in der Ausführung zu sorgen. Das mußte auch ihm klar sein.

Erneut argumentierte er jedoch ähnlich ungeschickt wie am 31. Mai. Und da er zudem weithin identisch argumentierte, müssen seine Ausführungen nicht detailliert dargelegt werden. Einiges verdient aber doch Erwähnung: Erstens riet er von einer Lösung der Finanzprobleme „mit einem Schlage" ab, „wenn auch die Möglichkeit dazu vorhanden seyn sollte"[522]. Dies erscheint taktisch unklug, denn das damit verbundene Eingeständnis, daß eine solche Möglichkeit eventuell bestand, mochte Franz Joseph in seinem Willen zur Realisierung der Nationalanleihe nur noch zusätzlich bestärken. Zweitens betonte er nachdrücklich die etwaigen negativen Folgen eines Mißlingens der Operation. Nun waren aber so oder so rigorose Maßnahmen angesagt. Also handelte es sich hier gewissermaßen um ein akademisches Problem. Es dürfte den Habsburger angesichts der prekären finanziellen Lage des Staates nicht allzusehr irritiert haben. Der Reichsratsvorsitzende ging dabei über zwei

---

517 Ebd., S. XLIX.
518 Ebd. So wurde etwa „ein Gutachten" nicht „meist erst nach monatelanger Arbeit ... erstellt" (ebd.). Und kam dies vor, so war dies z. T. eben Folge der Kompliziertheit der Gegenstände. Freilich mochte der Kaiser oftmals selbst kein Interesse an allzu raschen Entscheidungen gehabt haben.
519 Über diese als Vorberatung dienende Zusammenkunft s. das Prot. der Sitzung des Reichsrats v. 17. Juni 1854 (ad Nr. 311/R.), in: HHStA, RR, Gremial, Krt. 54, Nr. 349/54. S. auch den Tagebucheintrag Kübecks v. 16. Juni 1854, in: Aus dem Nachlaß Kübecks, S. 145.
520 S. dazu die vorangegangene Anm.
521 Tagebucheintrag v. 18. Juni 1854, in: Ebd.; Vortrag Kübecks v. 18. Juni 1854, Wien, in: HHStA, RR, Gremial, Krt. 54, Nr. 349/54.
522 Ebd. (s. dazu auch folg.).

Momente völlig hinweg: Zum einen hatte in der Vergangenheit nicht zuletzt er dem Kaiser die Dramatik der entstandenen Finanzsituation immer wieder beschwörend vor Augen geführt. Zum anderen aber hatte er ja bis unmittelbar vor der Vorlage des Unternehmens Nationalanleihe fast alle anderen von Baumgartner vorgeschlagenen Projekte zur Linderung der finanzpolitisch immer prekärer werdenden Lage der Monarchie torpediert.

Drittens erscheint seine Kritik an einer Auffassung Baumgartners unglücklich. Diesem zufolge hätte die „Bevölkerung" im Falle eines Scheiterns „dann nur den Beweis gegeben ..., daß sie das drückende Übel zu beseitigen nicht den Willen habe, und sich daher die Folgen selbst zuschreiben möge": Kübeck übersah offenbar vollkommen, daß der Minister hier lediglich gemäß der offiziellen monarchischen Herrschaftsauffassung argumentierte. Dabei kommt es nicht darauf an, ob Franz Joseph auch voll an diese Herrschaftsauffassung glaubte. Wichtig ist vielmehr, daß er sie sich zunutze machen konnte, wenn es ihm opportun erschien. Zudem bezeichnete es Kübeck an anderer Stelle als „volles Recht" des Kaisers, die Eintreibung der geforderten Summe per „Befehl" zu erwirken. So etwas konnte aber nur durch Erhebung von Sonderabgaben, durch Einführung neuer beziehungsweise Erhöhung bereits bestehender Steuern oder aber eben durch Ausrufung einer Zwangsanleihe geschehen. Insofern war es also egal, auf welche Weise vorgegangen wurde. Wichtig war nur, daß sich die schließlich beschlossene Maßnahme ökonomisch als sinnvoll herausstellte.

Diesbezüglich brachte Kübeck nun allerdings einige treffende Bedenken vor, die sich auf längere Sicht als weitsichtig erweisen sollten; doch wie schon am 31. Mai, so unterbreitete er auch nunmehr nicht einmal andeutungsweise eigene Lösungsvorschläge. Dabei berief er sich erneut und diesmal explizit auf die „dem Reichsrath zugewiesene Stellung". Auf die taktische Schwäche dieses Arguments ist nicht mehr einzugehen. Trotzdem stand ihm noch eine letzte Handlungsalternative zur Verfügung: Er hätte Franz Joseph nämlich einen Resolutionsentwurf zur Unterschrift vorlegen können, der Baumgartner das Vorschlagen anderer Maßregeln auferlegt hätte. Dies wäre um so konsequenter gewesen, als er ausdrücklich erklärte, „(den vorliegenden Anträgen) weder aus dem finanziellen noch aus dem politischen Standpunkte ... das Wort führen" zu können. Auch diese Option ergriff er jedoch nicht. Seine Begründung erscheint bezeichnend: Er habe der kaiserlichen Entschließung vom 1. Juni entnehmen zu sollen geglaubt, „daß Euere Majestät in dieser Angelegenheit bereits eine Ansicht und einen vorläufigen Beschluß gefaßt haben dürften".

Dazu ist zweierlei zu bemerken: Einerseits lautete die eigentliche Botschaft von Kübecks Worten, daß seiner Meinung nach die Entscheidung des Monarchen bereits unwiderruflich feststand. Dies konnte er jedoch nicht offen schreiben. Denn dadurch hätte er dem Kaiser indirekt vorgeworfen, den

Reichsrat nur noch pro forma in die Urteilsfindung einzubeziehen. Er mußte aber die Fiktion aufrechterhalten, als falle die Stimme des von ihm geleiteten Gremiums eventuell doch noch ins Gewicht. Gerade deshalb aber hätte er eine den Antrag Baumgartners ablehnende Resolution vorschlagen können.

Andererseits sprachen gute Gründe dafür, der kaiserlichen Resolution eine verbindliche Deutung zu verleihen. Doch war eine solche Deutung nicht zwingend. Für Kübeck mag sich dies anders dargestellt haben. Doch wird man zumindest sagen dürfen, daß sein mehr oder weniger passives Ergeben in den Lauf der Dinge der Gefahr, die er selbst der Nationalanleihe beimaß, nicht gerecht wird. Sein Verhalten läßt hier ebenfalls jede Spur von Kampfgeist vermissen. Dafür zeugt es von einem hohen Grad an vorauseilendem Gehorsam. Vielleicht obsiegten letztlich auch persönliche über staatspolitische Erwägungen: Möglicherweise wollte Kübeck vor allem sein direktes, persönliches Abkanzeln durch den Monarchen – wie es die Minister in der Vergangenheit des öfteren hatten hinnehmen und akzeptieren müssen – verhindern, sei es, weil ihn dies zu sehr getroffen hätte, sei es auch, weil er es sich als unbedingt ergebener Staatsdiener zur Ehre[523] anrechnete, den Wünschen seines Herrn und Meisters auch im Zweifelsfall und sogar wider besseres Wissen ebenso unbedingt nachzukommen. Jedenfalls aber erscheint der gesamte Vortrag Kübecks lediglich als unangenehme Erledigung einer Pflichtübung, um nicht von einer bloßen Farce zu sprechen.

Damit war zugleich das letzte Hindernis aus dem Wege geräumt, das der Umsetzung der Nationalanleihe eventuell noch im Wege hätte stehen können. Nur neun Tage später sanktionierte der Kaiser dieses Projekt dann endgültig durch die Unterzeichnung des Patentes vom 26. Juni, das Baumgartner und Bach in der Zwischenzeit zusammen ausformuliert hatten[524].

Die vorangegangenen Ausführungen haben gezeigt, wie brüchig die Machtstellung des Reichsrates war. Gerade in einer Angelegenheit, deren große Bedeutung für die weitere innen-, aber auch außenpolitische Entwicklung der Monarchie zweifellos auch der Kaiser von Anfang an erkannte, wurde seine Rolle durch den monarchischen Willen praktisch auf Null reduziert.

Bedeutsam ist dieser Vorgang vor allem deshalb, weil er gleichsam schlaglichtartig auf zwei große Schwachstellen des damaligen Herrschaftssystems verweist: Da war zum einen die absolute Machtvollkommenheit Franz Josephs. Auf ihrer Basis konnte er kompetente oder wenigstens doch institutionell eigentlich zuständige Ratgeber aus politischen Entscheidungsprozessen ausschalten, wann immer es ihm beliebte. Zugleich bedurfte es auch eines gewissen Maßes an Zivilcourage, um an einem solchen Vorgehen offene Kritik

---

523 Zur Bedeutung des Ehrbegriffs auch noch in unserer heutigen Zeit s. Ludgera Vogt/Arnold Zingerle, Einleitung, S. 9–34.
524 S. dazu: Vortrag Baumgartners v. 24. Juni 1854, Wien, in: FA, FM, GP, Nr. 9511/54.

zu üben. Da war zum anderen – und damit verbunden – die Fiktion der vollkommenen monarchischen Kompetenz. Ihr erlag Franz Joseph gerade bei der Nationalanleihe: Freilich hatte er teilweise sehr wohl Grund, Kübecks Argumente als unqualifiziert abzutun. Doch hatte er sich unnötig schnell auf die eine Seite geschlagen und damit indirekt auch ein fachliches Urteil in Finanzfragen abgegeben.

Dies hat nicht unbedingt etwas mit mangelnder Intelligenz des Monarchen zu tun. Sie mochte „keineswegs so begrenzt" gewesen sein, „wie von manchen Autoren behauptet wird"[525]. Brook-Shepherd zufolge war dem Kaiser „only a well-stocked mind" zu eigen[526]. Bérenger verfällt in diesem Zusammenhang sogar in einen polemischen Ton: Denn Franz Josephs erwähnten angeblichen „Traum" von der „Begründung" einer „Autokratie nach russischem Muster" kommentiert er mit den Worten:

> „Dies nur zur politischen Intelligenz und Erziehung des neuen Herrschers, da der Absolutismus der politischen Tradition einer Monarchie entgegenlief, welche die Stände immer an der Macht beteiligt hatte."[527]

Da bewiesen dann allerdings noch manch andere prominente Zeitgenossen einen Mangel an *politischer Intelligenz*. Allerdings hatte es Wessenberg im Sommer 1852 als „gut" bezeichnet, würde „dem jungen, gewiß wißbegierigen Monarchen eine Uebersicht der guten praktischen Grundsätze der Finanzwissenschaft, mit Hinweisung auf ihre bisherige Anwendung in verschiedenen Ländern, ohne pedantische Schulformen vorgetragen"[528]. Ob dies geschehen ist, muß offenbleiben, aber einige solche Lehrstunden wären sicherlich sinnvoll gewesen. Und da die Annahme gerechtfertigt erscheint, daß der Monarch komplizierte finanzielle Zusammenhänge nicht ohne weiteres durchschauen konnte, mutet die Passage eines Erlasses besonders signifikant an, den er infolge eines Vortrags von Baumgartner vom 14. Februar 1854 unterfertigt hatte: Er, der Kaiser, habe die „Vorschläge" des Ministers „gehörig geprüft", hieß es da[529]. Es fragt sich nur, ob er an seine einschlägige Kompetenz wirklich glaubte oder nicht vielmehr versuchte, eine von ihm nach außen für notwendig befundene Fiktion aufrechtzuerhalten. In gewissem Sinne ging auch Ph. Krauß auf diese Problematik in seiner Bewertung der Nationalanleihe ein. Ausgehend von der Feststellung, daß „mehrere Hauptfragen gar nicht erörtert worden seyen", meinte er: „Diese Fragen hätten" vor der „aller-

---

525 So richtig Palmer, Franz Joseph, S. 12.
526 The Austrians, S. 70.
527 Geschichte, S. 610.
528 An Isfordink-Kostnitz, Bad Ragatz, 11. Juli 1852, in: Briefe Wessenbergs, 2, Nr. 290, S. 87.
529 Wien, 20. Februar 1854, in: FA, FM, Präs., Nr. 9160/54.

höchsten Schlußfassung" analysiert werden sollen, „da Seine Majestät ohne vorausgegangene Beantwortung dieser Fragen gar nicht in der Lage wären, die Ausführbarkeit(,) geschweige denn die Räthlichkeit ... zu beurtheilen."[530]

Wirkliches oder zumindest größeres einschlägiges Sachverständnis hätte Franz Joseph deshalb im Mai/Juni 1854 bei einer anderen Vorgehensweise unter Beweis gestellt: Er hätte Kübeck zunächst anordnen können, einen eigenen Vorschlag zu unterbreiten beziehungsweise Baumgartners Vorhaben in eventueller – kommissioneller – Kooperation mit diesem und anderen zu modifizieren, um dann – nach gehöriger Prüfung der jeweiligen Pro und Contra – zu entscheiden. Dies mochte einige Tage mehr Zeit in Anspruch nehmen. Nun bedurfte es ja einer raschen Entscheidung, doch hätte dies die Durchführung der Nationalanleihe im Jahre 1854 noch nicht vereitelt[531].

Der Kaiser mag sich damals also zwar wirklich jenen „in die Arme geworfen" haben, die „ihm eine ‚dynamische' Lösung der mit der Aufrichtung des Militärstaates entstandenen Finanzprobleme anboten"[532]. Auch mochte sich die Entstehung der Nationalanleihe zumindest aus seiner Perspektive eventuell tatsächlich allein aus „der gefährlichen finanziellen Lage, die im Mai 1854 entstanden war", erklären. Doch trotz dieser subjektiv vielleicht vorhandenen Zwangslage hätte am Ende Besseres herauskommen *können* (nicht müssen). Dazu aber hätte Franz Joseph etwas weniger überstürzt handeln und den Reichsrat also stärker in die diesbezügliche Entscheidungsfindung einbeziehen müssen.

Kübeck dagegen wurde hier letztlich Opfer eines nicht zuletzt von ihm selbst mitzuverantwortenden Herrschaftssystems, das den Monarchen eben nicht dazu zwang, einen bestimmten institutionellen Gang, der den Reichsrat immer gehörig berücksichtigte, einzuhalten. Daß er die Möglichkeit einer solchen Entwicklung vorausgesehen beziehungsweise befürchtet hat, bezeugt indirekt sein allerdings vergeblicher Versuch, die Befugnisse dieser Institution auszudehnen.

1.4.7. Die tatsächliche Rolle des Innenministers

Für Kübeck mag es ein schwacher Trost gewesen sein, daß die Ministerkonferenz als *Gesamtinstitution* noch weniger in die Entscheidungsfindung über die Nationalanleihe einbezogen wurde als der Reichsrat. Genaugenommen

---

530 Reichsratssitzung v. 17. Juni 1854, in: HHStA, RR, Gremial, Krt. 54, Nr. 349/54.
531 Allerdings mochte er daran denken, daß Kübeck die diversen Vorschläge Baumgartners zur Verbesserung der finanzpolitischen Lage des Reiches in schöner Regelmäßigkeit verhindert hatte.
532 So Brandt, Neoabsolutismus, 2, S. 696 (s. dazu auch das folg. Zit.).

überging der Kaiser das Kabinett sogar völlig. Wie Heindl zu Recht festgestellt hat, wurden „solche Wege" – gerade in Finanzfragen – „schon längst – bereits seit Sommer 1853 – beschritten"[533]. Dies liefert ebenfalls ein „aufschlußreiches" Indiz „für die damalige Stellung der Ministerkonferenz im Regierungsapparat", wie sie weiter meint.

Baumgartner hingegen fiel in Sachen Pro und Kontra Nationalanleihe quasi von selbst ein gewichtiges Wort zu. Schließlich war er ja Minister der Finanzen. Wie stand es in dieser Hinsicht nun mit Bach? Seine Rolle bei ihrem Zustandekommen muß nun genau untersucht werden. Schon Zeitgenossen haben sie ja als ausschlaggebend beurteilt. Zudem stand von vornherein fest – und damit greife ich etwas voraus –, daß bei der Durchführung dieses Projekts die Tätigkeit des Innenministeriums beziehungsweise der ihm unterstehenden sogenannten *politischen Behörden* überaus stark gefordert sein würde. Deshalb mochte Bachs Einstellung gegenüber dem geplanten Unternehmen eine wichtige Rolle im Verlauf des Entscheidungsprozesses zukommen. Überdies lassen sich im Rahmen einer solchen Analyse eventuell auch wertvolle Aufschlüsse über seine damalige Machtposition gewinnen.

Setzen wir bei den zu Beginn dieses Abschnitts aufgezeigten zeitgenössischen Stellungnahmen an. Sie sind nur bedingt aussagekräftig. So waren ihre Exponenten mit Ausnahme Kübecks meist nicht in den Entscheidungsprozeß selbst einbezogen. Partiell befanden sie sich noch nicht einmal am Ort des Geschehens. Auch weist der Tenor ihrer Äußerungen zum Teil reinen Vermutungscharakter auf. Und wie steht es mit der Glaubwürdigkeit der Darlegungen des Reichsratsvorsitzenden? Er war allerdings vor Ort, erlebte die Dinge partiell hautnah mit und verfügte über mannigfache einschlägige Informationskanäle verschiedenster Natur. Auch seine Beurteilungen sind nicht über jeden Verdacht erhaben. Insbesondere persönliche Ressentiments gegenüber Bach könnten sein Urteil gefärbt haben. Sein Gedankengang mag dabei – für ihn teilweise unbewußt – folgender gewesen sein: *Bei der Nationalanleihe handelt es sich um ein in jeglicher Hinsicht gefährliches Unternehmen. Bach befürwortet diese Operation nachweislich. Er ist aber eine besonders suspekte Persönlichkeit. Also kann nur er, der „Advokat", den Monarchen von der Unumgänglichkeit der Nationalanleihe überzeugt, ihn gleichsam zu ihrer Sanktion verführt haben.*

Doch auch Brandt weist dem Innenminister eine entscheidende Rolle für das Zustandekommen der Nationalanleihe zu. Weniger seine beiden weiter oben angeführten Behauptungen fallen hier ins Gewicht[534]. Entscheidend ist vielmehr seine These, die „massive Einschaltung des Innenministers Bach"

---

533 Einleitung, in: MRP, III/3, S. XXI (s. dazu auch folg.).
534 S. dazu w. o., S. 145.

habe „der Finanzpolitik ... vorläufig eine andere Richtung" gegeben[535]. Damit stellt er einen klaren Kausalzusammenhang her.

Quellenmäßig belegt Brandt seine These nur unzureichend. Einmal bezieht er sich auf den zitierten Tagebucheintrag Kübecks vom 31. Mai, aus dem ihm zufolge „Bachs maßgebliche Rolle, die Beeindruckung des Kaisers und Kübecks Ausschaltung ... deutlich hervorgehen"[536]. Dabei nimmt er dessen Notizen aber zu wörtlich. Des weiteren verweist Brandt auf einen Tagebuchvermerk Kübecks vom 29. des Monats, aus dem dazu aber nichts zu entnehmen ist[537]. Dennoch läßt sich Brandts These aufgrund allgemeiner Überlegungen und unter Heranziehung des von ihm nicht berücksichtigten Protokolls der Sitzung vom 31. Mai plausibel machen: Zunächst ist von einer zumindest relativ rasch erfolgten Unterstützung Bachs für die Nationalanleihe auszugehen. Hinzu kommt seine erwähnte, das Projekt befürwortende Stellungnahme in der besagten Sitzung. Außerdem spielte Baumgartner wiederholt auf die starke Inanspruchnahme der Verwaltungsbehörden bei der Durchführung des Unternehmens an. Dies macht eine vorherige diesbezügliche Einvernahme des Finanzministers mit seinem Kollegen sehr wahrscheinlich. Überhaupt dürften die beiden über das geplante Projekt in jenen Tagen vielleicht sogar mehr als einmal gemeinsam oder auch mittels Vertretern konferiert haben, so wie dann auch für die Zeichnungsphase ein enger, wenn auch zusehends angespannter Kontakt zwischen den beiden Ministern (und Ministerien) nachzuweisen ist[538]. Denn in einer internen Notiz im Finanzressort werden „täglich" stattfindende Besprechungen zwischen Brentano und dem Ministerialrat im Inneren Cajetan Edler v. Mayer festgehalten[539]. Zudem dürfte der Innenminister damals mehrfach in direktem Kontakt mit Franz Joseph gestanden sein, wobei er laut Friedjung überhaupt generell „regelmäßigen Vortrag beim Kaiser" hatte[540]. Dies stellte aufgrund der ihm zugewiesenen eminent wichtigen politischen Funktion sehr wahrscheinlich einen „Vorteil" dar, wie der Autor gleichfalls schreibt. Schließlich wurde dieses Privileg ja nur wenigen Persönlichkeiten des Machtapparates zuteil[541]. Es erscheint äußerst unwahrscheinlich, daß im Laufe solcher Unterredungen nicht auch ein so wichtiges Thema wie die Nationalanleihe zur Sprache gekommen sein sollte. Und da der Habsburger wußte, daß Boscarollis

---

535 Ebd., S. 691.
536 Ebd., S. 693, Anm. 15.
537 Ebd.; vgl. Aus dem Nachlaß Kübecks, S. 144–145.
538 S. dazu mehrfach w. u.
539 Notiz v. 8. August 1854, in: FA, FM, Präs., Nr. 14403/54.
540 Oesterreich, 2, S. 179 (s. dazu auch das folg. Zit.).
541 Allerdings dürfte v. a. sein großer Antagonist Kübeck – aber auch Grünne und Kempen – wohl noch *regelmäßiger* vom Herrscher empfangen worden sein.

Vorschlag Baumgartner durch Bach übermittelt wurde, dürfte er sich für dessen Meinung über dieses Projekt interessiert haben.

Stärker wiegen jedoch drei andere Momente: Erstens übertrieb Bach keineswegs, wenn er die Angelegenheit am 11. Juli 1854 als von „höchster Dringlichkeit" bezeichnete[542]. Schon deshalb galt es, alle Kräfte weitgehend in einer Hand zu konzentrieren. Nur so waren Zeitverluste – etwa aufgrund entstandener Meinungsverschiedenheiten zwischen einzelnen Ressorts – nach Möglichkeit zu verhindern. Zweitens war eine Operation solchen Ausmaßes nur unter der Voraussetzung eines entsprechenden „organisatorischen Rückhaltes" zu realisieren[543]. Zwar verfügte die Finanzverwaltung, in deren Domäne finanzielle Maßnahmen eigentlich fielen, in Form der vor allem mit steuerlichen Angelegenheiten befaßten sogenannten Finanzbehörden über eigene Vollzugsorgane[544], die auch bei der Abwicklung dieses Unternehmens eingesetzt wurden. Doch reichten weder ihr Personalstand noch die ihnen zustehenden Kompetenzen annähernd zur Überwachung beziehungsweise Leitung einer Operation von so großem Zuschnitt in ihren einzelnen Phasen aus. Baumgartner fehlten dazu schlicht die notwendigen „Mittel", wie Wessenberg aus der Ferne feststellte[545]. Anders verhielt es sich mit dem Innenministerium: Mit Ausnahme eben der Finanzbehörden sowie des im Frühjahr 1852 von diesem Ressort abgetrennten Polizeiwesens[546] unterstand ihm beinahe der gesamte sonstige Verwaltungsapparat der Monarchie. Zwar mochte auch seine Inanspruchnahme für die Umsetzung der Nationalanleihe nicht genügen[547], doch stand jedenfalls eines fest: Ohne Bachs Beamtenapparat und das damit verbundene institutionelle Netz konnte die Nationalanleihe in keinem Falle realisiert werden.

Somit mußte Bach gleichsam von selbst die federführende Rolle bei der Umsetzung der Nationalanleihe zufallen. Nun hätte man zumindest die Oberhoheit über die Operation dem Finanzminister belassen können. Doch wäre dies zu umständlich gewesen, da Bachs Ressort den Großteil der organisatorischen Arbeit leisten mußte. Ständige Rücksprachen mit Baumgartner hätten den Ablauf zu sehr kompliziert und verzögert. Deshalb geht auch die von Charmatz geäußerte Feststellung, nicht Baumgartner, sondern Bach, der

---

542 An Baumgartner, 11. Juli 1854, Nr. 7080/MI., in: FA, FM, Präs., Nr. 12730/54.
543 So richtig Brandt, Neoabsolutismus, 2, S. 694.
544 Zu ihnen s. Franz v. Myrbach, Finanzbehörden, in: Oesterreichisches Staatswörterbuch, 1, S. 472–473. Vgl. ansatzweise Goldinger, Zentralverwaltung, S. 128–130; s. aber insb. Brandt, Neoabsolutismus, 1 u. 2, passim.
545 *Schüchterne Bemerkungen über das Oester. Nazional Anlehen 1854*, in: HHStA, NL Wessenberg, Krt. 13, Inv.nr. 96, fol. 149.
546 Zentralverwaltung, S. 127; dort auch kurz zu ihrer Organisation; s. aber auch Heindl, Gehorsame Rebellen, passim.
547 S. dazu w. u. mehr.

energische Minister des Innern, habe die Leitung des Geschäftes übernommen⁵⁴⁸, letztlich am Kern der Sache vorbei, erweckt sie doch den Eindruck einer dazu bestehenden Alternative. Gleiches gilt für die im nachhinein geäußerte Verwunderung des Finanzpräfekten von Mailand darüber, daß die „disposizioni relative ad un prestito" nicht vom „Ministero delle Finanze", sondern vielmehr und „particolarmente nei primi stadi" von der „Suprema Autorità politica" ausgingen⁵⁴⁹. Dies gilt unabhängig davon, ob Bach durch diese „Einmischung in Finanzsachen" die finanzpolitische Lage des Staates „noch mehr verwirrt" haben mochte, wie Kübeck am 23. November gegenüber Kempen meinte⁵⁵⁰.

Drittens wurden mit der projektierten Nationalanleihe nicht zuletzt eminent *innen*politische Ziele verfolgt. Auch deshalb dürfte der Einstellung des Innenministers zu diesem Unternehmen eine hohe, ja sogar ausschlaggebende Relevanz zugekommen sein. Hätte er sich nämlich entschieden gegen die Chance einer organisatorischen Durchführung ausgesprochen oder das damit eingegangene innenpolitische Risiko als zu hoch beurteilt, wie wäre die Reaktion Franz Josephs darauf ausgefallen? Freilich hätte er Bach einfach befehlen können, sein Möglichstes zu tun. Dem aber wären die mit einem Fehlschlag eventuell verbundenen und dem Kaiser geläufigen negativen Folgen gegenübergestanden. Deshalb hätte er in diesem Fall kaum die Genehmigung des Projekts riskiert. Es bedeutet deshalb nichts, wenn Bach in den damaligen einschlägigen Verhandlungen aktenmäßig fast nur in der *Finanzkonferenz* vom 31. Mai direkt in Erscheinung tritt. Bei dieser Gelegenheit versprach er aber bezeichnenderweise, „gewiß alles einzuleiten", damit „die Maßregel bei den politischen Organen die kräftigste Förderung finde"⁵⁵¹.

Die tragende und in Sachen Anleihen neuartige Rolle Bachs brachte übrigens einen beträchtlichen Mehraufwand an Arbeit für die ihm in Wien direkt unterstellten Beamten mit sich. Bereits im Oktober 1854 beantragte er neue „Manipulationsbeamten": Die „Summe der Geschäftszahlen" übertraf nämlich „jene des entsprechenden Monats Oktober v.(origen) J.(ahres) bisher bereits um mehr als 4000"⁵⁵². Dies machte insgesamt rund 20 % des jährlichen Gesamtaufkommens aus, der Minister hatte aber nur einen Mann mehr zur Verfügung. Als Begründung für diesen erhöhten Arbeitsaufwand führte er

---

548 Minister Freiherr von Bruck, S. 124.
549 Giovanni Cappellari della Colomba an Bruck, Mailand, 9. April 1855, Nr. 23/Pr., in: FA, FM, Präs., Nr. 6456/55, S. 18.
550 Tagebucheintrag, in: Tagebuch Kempens, S. 345. Dabei erwähnt Kempen nichts von der Nationalanleihe, doch muß Kübeck zum damaligen Zeitpunkt auch und gerade sie im Hinterkopf gehabt haben.
551 HHStA, RR, Präs., Krt. 13, Nr. 141/54.
552 Bach an Baumgartner, Wien, 19. Oktober 1854, in: FA, FM, Präs., Nr. 19348/54 (s. dazu auch das folg. Zit.).

nun unter anderem die „Durchführung des großen National-Anlehens" an. Über wieviel mehr Personen er letztlich zusätzlich disponieren konnte, ist ungewiß. Doch so oder so dürfte der Mehraufwand aufgrund des generell „streng kalkulierten" und „im allgemeinen ... sehr knapp bemessenen ... Personalstandes"[553] in den normalen Arbeitsstunden schwer zu meistern gewesen sein. Wohl nicht nur in Böhmen opferten Beamte und Diurnisten „Nachtstunden" für die Durchführung der Nationalanleihe[554].

Daneben ging die tragende Rolle Bachs zwangsläufig mit der – gelinde gesagt – Zurücksetzung seines Kollegen von den Finanzen einher. Der Innenminister mag darüber innerlich triumphiert haben. Letztlich aber vermerkte er in einem nach Abschluß der Zeichnungsphase an den Kaiser formulierten einschlägigen Vortrag eine Selbstverständlichkeit: Die politischen Behörden hätten „die ganze Verantwortung für das Gelingen der Operation" getragen[555]. Es handelte sich auch um keine Anmaßung, wenn er die Nationalanleihe in einer Instruktion als eine „mir von Seiner Majestät ... ganz besonders empfohlene Maßregel" bezeichnete[556].

Schließlich trug noch ein viertes, nicht gering zu veranschlagendes Moment zu Bachs Dominanz bei. Wiederum Wessenberg meinte Anfang Juli, diese Anleihe könne „nicht als eine Maasregel der Finanzverwaltung angesehen werden"[557]. Damit traf er einmal mehr den Nagel auf den Kopf: Denn dazu hatte „wohl" in der Tat kein Finanzminister „in keinem Staate ... die Befugniß". Vielmehr handelte es sich um „eine Staats oder Regierungsgewalt-Maasregel", wie er hinzufügte. Dies dürfte auch der Kaiser spätestens seit seiner Lektüre von Baumgartners Vortrag vom 25. Mai erkannt haben. Indem er die Nationalanleihe nun unter die Schirmherrschaft des Innenministers stellte, machte er der Bevölkerung zwei Dinge klar: Zum einen, daß diese Maßnahme mit herkömmlichen Anleihen und sonstigen Finanzmaßregeln in keiner Weise zu vergleichen war. Zum anderen, wie ernst es ihm selbst mit diesem Unternehmen war. Nach Abschluß der Subskriptionsphase stellte Wessenberg noch etwas anderes fest: Bekanntlich könne dieses Anlehen „nicht als eine reine Finanz Maasregel betrachtet werden", vielmehr sei es „ein Aufruf an die Nation" gewesen, „sich selbst zu helfen"[558]. Ein solcher *Aufruf* war es allerdings,

---

553 So richtig Heindl, Einleitung, in: MRP, III/2, S. XL (s. dort auch allg. S. XLIX–LI).
554 Bach an Baumgartner, Wien, 26. Oktober 1854, Nr. 11932/MI., in: FA, FM, Präs., Nr. 19888/54.
555 Vortrag v. 3. Oktober 1854, Wien, Nr. 11463/MI., in: AVA, Inneres, Präs., Krt. 666, Nr. 11882/54.
556 Bach an Carl Fürst zu Schwarzenberg, Wien, 6. Juli 1854, Nr. 7099/MI., in: Ebd., Krt. 664, Nr. 7099/54.
557 *Schüchterne Bemerkungen über das Oester. Nazional Anlehen 1854*, in: HHStA, NL Wessenberg, Krt. 13, Inv.nr. 96, fol. 149 (s. dazu auch folg.).
558 Offenbar Abschrift eines Briefes, in: Ebd., fol. 161.

Der politische Entscheidungsprozeß im einzelnen

und mittels des an die politischen Behörden ergangenen Auftrags, ihn durchzuführen, verlieh man ihm sozusagen die höhere politische Weihe. Nicht umsonst hieß es denn auch am 9. Juli in der *Wiener Zeitung*: „Bei den hochwichtigen, gemeinnützigen Zwecken des neuen Anlehens haben Se.(ine) ... Majestät anzuordnen geruht, daß die einleitenden Maßnahmen ... von den politischen Behörden ausgehe (...)."[559]

Die tragende Rolle Bachs äußerte sich nach der kaiserlichen Sanktionierung des Unternehmens unmittelbar und in verschiedenster Hinsicht. So „brachte" er, nicht aber Baumgartner am 1. Juli in der Ministerkonferenz diejenigen finanztechnischen „Maßregeln in Vorschlag", die zu einem Gelingen des Unternehmens beitragen sollten[560]. Nicht anders verhielt es sich in der nächsten Sitzung dieses Gremiums. Damals standen „Begünstigungen" für subskriptions*willige* Beamte auf der Tagesordnung[561]. Der Finanzminister trat erst in der Ministerkonferenz vom 8. Juli aktiv in Erscheinung. Doch argumentativ übernahm auch hier Bach die führende Rolle[562]. Dabei erörterte er schwierige, zuvor immerhin vielleicht mit seinem Kollegen abgesprochene finanzielle Probleme. Und während der Durchführung der Nationalanleihe sah sich Baumgartner mehr als einmal genötigt, einschlägige Anfragen, die ihn von verschiedenen Stellen erreichten, an Bach weiterzuleiten. Wieder andere ließ er dem Adressaten mit der Begründung zurückstellen, die darin zur Sprache gebrachten Gegenstände „berührten" nicht seinen, sondern den „Wirkungskreis" Bachs: Dieser sei vom Kaiser „mit den Maßregeln" zur Realisierung der Operation „betraut" worden, heißt es etwa in einem Schreiben an den Präsidenten der Wiener Handels- und Gewerbekammer, Anton v. Dück, vom 21. Juli 1854[563]. Nicht zuletzt erkennt man die Dominanz des Innenministers daran, daß er und nicht etwa Baumgartner das Privileg genoß, den Abschlußvortrag an den Kaiser über den Verlauf der Zeichnungen richten zu dürfen[564].

---

559 *Österreichische Korrespondenz*, wiedergegeben in: *Wiener Zeitung*, 9. Juli 1854, Nr. 163, S. 1584. So lautet auch ein a.h. Handschreiben an Bach (Wien, 26. Juni 1854, in: HHStA, RR, Gremial, Krt. 53, Nr. 311/54).
560 MKP v. 1. Juli 1854, MCZ. 2119/54, in: MRP, III/3, S. 281 (s. dort bis 284).
561 MKP v. 4. Juli 1854, MCZ. 2155/54, in: Ebd., S. 286–287 (Zit. auf S. 286). Wie sich zeigen wird, kann von *wollen* insofern keine Rede sein, als sie sich beteiligen *mußten*.
562 MCZ. 2198/54, in: Ebd., S. 293.
563 Nr. 12962/FM., in: FA, FM, Präs., Nr. 12962/54.
564 Vortrag v. 3. Oktober 1854, Wien, Nr. 11463/MI., in: AVA, Inneres, Präs., Krt. 666, Nr. 11882/54.

1.4.8. Baumgartners Zurücksetzung in das zweite Glied

Wie aber empfand der Finanzminister die Dominanz seines Kollegen? Grundsätzlich dürfte sie ihm eher unwillkommen gewesen sein. Freilich wies die Nationalanleihe einen stark politischen Charakter auf. Doch handelte es sich zunächst noch immer um eine Operation zur Sanierung der Staatsfinanzen. Auch hatte ursprünglich er dem Kaiser den entsprechenden Plan unterbreitet. Im Patent vom 26. Juni trug Franz Joseph dem auch noch Rechnung. Darin wurde nämlich „Unser Minister der Finanzen ... im Einvernehmen mit Unserem Minister des Innern mit der Ausführung dieser Maßregel beauftragt"[565]. Da wurde Baumgartner also zuerst genannt. Scheinbar war ihm die bestimmende Rolle zugedacht.

Faktisch aber wurde er in das zweite Glied zurückgedrängt. Immerhin könnte ihm diese Tatsache durch einige Überlegungen gewissermaßen versüßt worden sein: So ging es ihm primär – wenn auch vielleicht insbesondere aus persönlichen Motiven – um den positiven Ausgang der Operation. War es da nicht zweitrangig, wem ihre Federführung oblag? Von den im Erfolgsfall zu erwartenden kaiserlichen Lorbeeren würde jedenfalls auch etwas auf ihn abfallen. Seine schwer angeschlagene Machtstellung würde auch so gestärkt werden. Vielleicht kam ihm Bachs Dominanz partiell sogar gelegen: Sollten die 500 Millionen Gulden nämlich nicht subskribiert werden, würde die politische Verantwortung hierfür dann nicht in erster Linie bei seinem Kollegen liegen? Vor allem aber mußte auch er sich die zwingende Notwendigkeit einer eindeutigen Vorrangstellung seines Kollegen eingestehen. Diese Erkenntnis schimmert bereits in seinem Vortrag vom 25. Mai durch, in dem er die Einberufung „einer Kommißion in jedem Kronlande der Monarchie ... unter der Leitung des Statthalters" anregte, die „das Geschäft der Subskription leiten, die Staatsangehörigen dazu aneifern sollte, und wo nöthig(,) selbst in den größeren Städten des Reiches Subkommißionen zu bilden hätte"[566]. Und in der 1. Besprechung mit den Vertrauensmännern vom 7. Juni meinte er: „Jetzt würde man sich nicht mit einer einfachen Ausschreibung begnügen, sondern jeder Statthalter, jedes Kreisamt müßten mitwirken."[567] Die Statthalter und Kreishauptleute aber unterstanden Bach.

Später behauptete Baumgartner allgemein, er habe das Eindrängen „anderer" – hiermit war „offenbar Bach gemeint" – deshalb gelten lassen, „um die Spaltung der Regierungsorgane nicht zur Schau zu stellen"[568]. Zumindest mit

---
565 Rgbl., 1854, Nr. 158, S. 637.
566 Wien, Nr. 9451/GP., abg. in: ÖAGK, 2, Nr. 54, S. 175.
567 Ad Nr. 9511/GP., in: FA, FM, GP, Nr. 9511/54, Bog. 6; vgl. ders. in der 2. Besprechung v. 10. Juni (ebd., Bog. 5).
568 So interpretiert Kempen eine offenbar nicht konkretisierte Äußerung Baumgartners (Tagebucheintrag v. 1. Februar 1855, in: Tagebuch Kempens, S. 354).

Blick auf die Nationalanleihe erscheint dies als ein wenig überzeugender Rechtfertigungsversuch: Denn in dieser Beziehung muß ihm die Einmischung des Innenministers als geradezu unabdingbare Voraussetzung für eine erfolgreiche Abwicklung des Vorhabens erschienen sein. Allenfalls mag er gehofft haben, Bach würde dabei sozusagen auf ihn hören. Aber dies wäre recht naiv gewesen.

Bach schrieb ihm am 11. Juli, „die höchste Dringlichkeit und die wünschenswerthe Einheit in der Durchführung" habe die Ausdehnung der „Ingerenz" der politischen Länderchefs auf die Provinzialbehörden aller Dienstzweige – und damit auch auf die nicht ohnehin schon von einem Statthalter präsidierten „Finanzlandes-Directionen" – „unvermeidlich gemacht"[569]. Damit gab er unmißverständlich seine Vormachtstellung zu verstehen. Doch dürfte Baumgartner dies in der damaligen Situation eben als das kleinere und zugleich als notwendiges Übel erschienen sein.

1.4.8.1. Baumgartners wachsende Unzufriedenheit über die Dominanz Bachs

Schon bald nach Beginn der Zeichnungsphase scheint sich allerdings sowohl bei Baumgartner als auch bei hohen Beamten des Finanzressorts ein gewisser Unmut über einige Methoden breitgemacht zu haben, die von Bach und den ihm unterstehenden Behörden bei der Durchführung der Nationalanleihe praktiziert wurden. Die damit verbundenen Vorgehensweisen erachteten diese Staatsdiener offenbar immer wieder als einen ebenso eigenmächtigen wie ungebührlichen Eingriff in den doch wenigstens in Teilbereichen gewahrten Zuständigkeitsbereich des Finanzressorts. Zwar greife ich zeitlich nun ebenfalls etwas voraus, dennoch erscheint es aus Gründen der Systematik sinnvoll, diesen Punkt hier inhaltlich abzuhandeln.

Da war etwa ein Vorgang in Oberungarn. Josef v. Russegger, seines Zeichens Ministerialrat und Direktor der Montanbehörde in Schemnitz (Selmecbánya, Banská Štiavnica), hatte am 17. Juli 1854 ein Zirkular an die in seinem Wirkungsbereich tätigen Finanzbeamten erlassen. Darin forderte er die regionalen Amtsvorstände zur persönlichen Subskription und dazu auf, „mit größter Beschleunigung auch die unterstehenden Beamten ... zum Beytritte aufzufordern"[570]. Dem Präsidenten der Preßburger Statthaltereiabteilung, Ignaz M. Graf Attems, blieb das nicht verborgen, Anlaß genug für ihn, sich in dieser Angelegenheit neun Tage später an Russegger zu wenden: Es sei ihm „zur Kenntniß gekommen", daß sein Adressat „in Beziehung auf die Betheiligung der Montanämter, deren Beamten und Diener an dem Staatsanlehen

---
569 Wien, Nr. 7080/MI., in: FA, FM, Präs., Nr. 12730/54.
570 Schemnitz, Nr. 358/Pr., in: Ebd., Nr. 14082/54.

jede Ingerenz der politischen Verwaltungsorgane" auszuschließen gedenke[571]. Ob sich dies wirklich so verhielt, wollte er wissen. Dies ist verständlich. Schließlich oblag ja den politischen Behörden die Durchführung der Operation, worauf der Graf auch explizit verwies. Sein Adressat antwortete noch am selben Tag. Dabei begründete er sein Handeln mit dem Umstand an ihn gelangter „sehr widersprechender Zuschriften" und der „Dringlichkeit" der Angelegenheit[572]. Drei Tage danach äußerte er in einem Schreiben an Baumgartner sein „Befremden" über Attems[573]. Erneut betonte er das unkoordinierte Vorgehen der politischen Behörden. Auf deren „Verfahren ... allein" habe er sich nicht verlassen können.

In der Sache hatte Russegger offensichtlich recht. Denn Attems lenkte am 31. Juli ein[574]. Damit war der Fall eigentlich erledigt. Doch ein Ministerialbeamter im Finanzressort verfaßte darüber am 1. August noch eine interne Notiz. Darin nannte er den ganzen Vorgang zwar ein „bloßes Mißverständniß". In der Sache aber gab er Russegger recht. Dieser sei

„von der ganz richtigen Voraussetzung ausgegangen, daß sich die Montanbeamten in ausgedehnterem Maße ... betheiligen werden, wenn sie von ihrer vorgesetzten Behörde hierzu die Aufforderung erhalten"[575].

War dies eine bloße beiläufige Feststellung? Oder aber haben wir es hier mit dem indirekten Versuch einer Festschreibung der Kompetenzen der Finanzbehörden gegenüber den politischen Behörden zu tun, resultierend aus einer gewissen Verärgerung?

Dies läßt sich nicht entscheiden, letzteres erscheint aber nicht nur angesichts der zeitgenössischen notorischen Rivalitäten zwischen einzelnen Ministern und Ministerien möglich. Andere Vorfälle, die sich nicht zuletzt auf Kompetenzfragen erstreckten, bezeugen eine solche Verstimmung in Baumgartners Ressort deutlicher. So findet sich anläßlich der ministeriellen Beurteilung eines Falles im Großwardeiner Distrikt die von einem Ministerialbeamten gemachte „gehorsamste Bemerkung", es „(möge) eine entschiedenere Sprache gegen die ... von mehreren Seiten vorkommenden Uibergriffe der politischen Behörden geführt werden"[576]. Freilich bezog sich diese Feststellung auf einen konkreten Anlaß. Aus der Perspektive der Schilderung des Vizepräsidenten der ungarischen Finanzlandesdirektion stellte sich die betreffende Angelegenheit als bewußte Verschleppung einer von den Finanzorganen ge-

---

571 Preßburg, 26. Juli 1854, Nr. 3839 et 3844/Pr., in: Ebd.
572 Schemnitz, Nr. 411/Pr., in: Ebd.
573 Schemnitz, 29. Juli 1854, Nr. 449/Pr., in: Ebd. (s. dazu auch folg.).
574 An Russegger, Preßburg, Nr. 3936/Pr., in: Ebd.
575 Nr. 14082/FM., in: Ebd.
576 Uns. Notiz v. 7. Oktober 1854, in: Ebd., Nr. 18115/54.

forderten Verfügung durch die örtlichen politischen Behörden dar[577]. Wie immer es sich aber auch verhalten haben mag, wohnte ihr wohl jedoch eine grundsätzliche Bedeutung inne, obgleich besagte *Uibergriffe* keineswegs überall vorgekommen sein müssen. Gerade weil nämlich die Finanzorgane bei der Durchführung der Nationalanleihe zu weitgehenden Erfüllungsgehilfen des Innenministeriums degradiert wurden, dürften sie darauf Wert gelegt haben, daß die ihnen noch verbliebenen geringen Kompetenzen nicht geschmälert wurden, und sei es auch nur, um das Gesicht zu wahren.

Besonders aussagekräftig erscheint diesbezüglich ein direkt ausgetragener Disput zwischen Baumgartner und Bach. Konkret ging es um einen auf Antrag L. Thuns herausgegebenen Erlaß des Finanzministeriums. Er machte „alle aus den Religions-(,) Studien-(,) Schulfonden erklärte Anlehenszeichnungen ohne Unterschied" gegenstandslos[578]. Bach wies bei dieser Gelegenheit unmißverständlich auf die ihm in diesem Fall angeblich gebührende Entscheidungskompetenz hin. Der Erlaß sei ohne sein „Einverständniß" getroffen und ihm „erst als eine vollbrachte Thatsache" mitgeteilt worden, kritisierte er. Zugleich erklärte er:

„Ich treffe daher wegen Aufrechthaltung der Anlehenszeichnungen ... die nöthige Verfügung und ersuche Euer Excellenz(,) in dieser Weise die an die Finanzlandesdirektionen erlassenen Weisungen modifiziren zu wollen."

Damit stand Anordnung gegen Anordnung. Wer würde nachgeben? Baumgartner jedenfalls war vorläufig nicht zum Einlenken bereit. Vielmehr machte er nun seinerseits Bach unzweideutig auf die ihm als Finanzminister vermeintlich zustehenden Befugnisse aufmerksam: Er habe „sich auch bei jener Verfügung strenge innerhalb der Gränzen seines Wirkungskreises gehalten"[579]. Deshalb habe für ihn auch „in keiner Richtung ... Anlaß" bestanden, sich die „erleuchtete ... Ansicht" Bachs „zu erbitten".

Bereits diese Worte zeugen nicht gerade von einer harmonischen Zusammenarbeit der beiden Minister. Noch weniger gilt dies für die folgenden Darlegungen Baumgartners. Besonders sie tragen prinzipiellen Charakter und muten belehrend, aber auch mahnend und vorwurfsvoll an: Zunächst stellte er – aus seiner Sicht der Dinge folgerichtig – fest, ohne eine „überzeugende Nachweisung" seine „Verfügung aufrecht erhalten" zu müssen. Dann artikulierte er sein „lebhaftes Bedauern darüber", daß sich Bach „bestimmt" gefunden habe, „meinen, im Einverständnisse mit dem H(e)r(r)n. Minister des Cul-

---

577 An Baumgartner, Ofen, 26. September 1854, Nr. 4047/Pr., in: Ebd.
578 So Bach an Baumgartner, 3. Oktober 1854, Nr. 11443/MI., in: Ebd., Nr. 18425/54 (s. dazu auch folg.).
579 An Bach, 10. Oktober 1854, Nr. 18425/FM., in: Ebd., Bog. 2 (s. dazu auch folg.).

tus u.(nd) Unterrichts ergangenen Erlaß ... ohne weiters zu sistiren". Dies mißfiel ihm offenbar um so mehr, als seiner Auffassung nach „in der Sache selbst gar kein Grund gelegen war". Es handelte sich ihm zufolge eben um eine „ausschließlich in den Wirkungskreise" des Finanz- und Unterrichts- beziehungsweise Kultusressorts fallende „Angelegenheit". Schließlich hielt er es noch für angebracht, seinem Kollegen Nachhilfeunterricht in Sachen korrekter Regierungspolitik zu geben: „Ein gedeihliches Wirken der Ministerien" sei nicht möglich, „wenn sie nicht innerhalb des ihnen a.(ller)h.(öchsten) Orts vorgezeichneten Bereiches und im wechselseitigen Einklange" vorgingen.

Vor allem diese letzte Formulierung scheint an Deutlichkeit kaum zu überbieten. Hätte sich der Finanzminister bei einem besseren Verhältnis zu seinem Kollegen nicht zu etwas verbindlicheren Formulierungen beziehungsweise dazu verstanden, voraussehbare Meinungsverschiedenheiten nach Möglichkeit im Vorfeld zu bereinigen?

Immerhin könnte eine solche Interpretation dem nüchternen, kalten Ton bürokratischer Sprachgepflogenheiten aufsitzen. Sie mögen darüber hinwegtäuschen, daß es letztlich mehr auf das Geschehnis hinter den Kulissen und damit in diesem Fall auf den persönlichen Kontakt zwischen den Ministern ankam. Im vertrauten Gespräch unter vier Augen mochten sie ganz anders, gar freundschaftlich miteinander umgehen, nach außen hin jedoch einem gewissen bürokratischen Ritual Genüge tun. Schließlich trachteten sie vielleicht auch danach, einer bestimmten Erwartungshaltung ihrer Untergebenen zu entsprechen: Die eigenen Kompetenzen mußten mehr oder minder vehement verteidigt werden. So gesehen wäre es also auch um die Bewahrung des jeweils eigenen Prestiges gegangen. Dabei tut es nichts zur Sache, daß im allgemeinen nicht die Minister selbst, sondern höhere Beamte zunächst Entwürfe für abzuschickende Schreiben verfaßten. Sie wurden dann nämlich oft von ihren obersten Chefs gelesen, fast immer selbst signiert und gegebenenfalls abgeändert[580].

War Baumgartners Erregung also nur inszeniert? Und gilt dies dann ebenfalls für wiederholte schriftliche Dispute, die sich zwischen beiden Ministern auch in Folge über die Nationalanleihe entspannten, von denen wir später noch Kostproben begegnen werden und bei denen Bach seinem Kollegen übrigens in nichts an Deutlichkeit nachstand? Tatsächlich dürfte es sich kaum so verhalten haben. Denn des öfteren konnte bei solchen Auseinandersetzungen kein Kompromiß mehr gefunden werden. Es ging immer wieder hart auf hart. Auch eventuelle Unterredungen unter vier Augen halfen da nichts mehr. Nur die eine Seite konnte also zuweilen den Sieg davontragen, es sei denn, man vertagte die Entscheidung, was gleichfalls vorkam.

---

580 Insb. der Unterrichtsminister scheint freilich verhältnismäßig oft selbst zur Feder gegriffen zu haben. Wenigstens finden sich vergleichsweise zahlreiche eigenhändig verfaßte Entwürfe zu Schreiben, nicht nur an Kollegen.

1.4.8.2. Schlußfolgerungen aus den Streitigkeiten zwischen den beiden Ministern

Deshalb erscheint der soeben geschilderte Vorgang um L. Thun in mehrfacher Hinsicht signifikant für die in der Ministerkonferenz – und nicht nur auf dieser Ebene des zentralen Machtapparates – insgesamt herrschende Situation: Erstens liefert er einen Beleg für die unter den Ressortchefs potentiell angespannte Stimmung. Was speziell die Nationalanleihe anbetrifft, so gilt dies um so mehr, als Bach und Baumgartner beim Entscheidungsprozeß über die Nationalanleihe ja noch an einem Strang gezogen hatten. Hierbei waren sie jedoch lediglich eine Koalition auf Zeit eingegangen. Sie bildeten eine Zweckgemeinschaft, die nur so lange anhielt, wie ihre Interessen mehr oder weniger zusammenfielen. Wir werden darauf ebenso noch zurückkommen wie auf die Ursachen dieser Uneinigkeit, die aus machtpolitischen Erwägungen sowie aus Differenzen in der Sache resultierte. Hingegen muß dahingestellt bleiben, inwiefern dabei persönliche Antipathien hinzukamen.

Zweitens zeigt der Vorfall, wie geradezu peinlich bedacht die Ressortchefs auf der Wahrung des ihnen konzedierten Wirkungskreises bestanden. Prinzipiell verwundert dies nicht weiter. Anderenfalls hätte ihr Prestige Schaden genommen. Zudem wäre ihre ohnehin institutionell schon stark limitierte Machtposition noch weiter eingeschränkt worden. Dennoch läßt sich die Deutlichkeit von Baumgartners gerade zitierten Worten nicht übersehen: Minister, die auch persönlich ein gutes Verhältnis hatten und vor allem gemeinsam für ein und dieselbe Sache kämpften – vereinfacht gesagt, für die Stärkung des Kaiserreiches –, hätten nämlich gar manche anfallende Meinungsverschiedenheit eben wohl auf anderem Wege und dabei insbesondere schon im Vorfeld zu bereinigen vermocht.

Drittens erklären die Spannungen zu einem gewissen Teil auch die relative Machtlosigkeit der Ministerkonferenz als Gesamtinstitution. Ein in seinen Zielen einiges und solidarisch agierendes Gremium hätte sich wahrscheinlich mehr faktische Macht sichern können, als ihm aufgrund der Modalitäten des Herrschaftssystems eigentlich zustand. Wir haben dies bereits weiter oben kurz erörtert.

Heindl nimmt offenbar sogar an, daß ein einmütiges Auftreten der Minister auch noch zu später Stunde (gegen Ende April 1852) die institutionelle Stellung der Ministerkonferenz etwas zu stärken vermocht hätte: Denn sie spricht sowohl von der „letzten Möglichkeit zu einem wirksamen geschlossenen Widerstand" als auch von „einer recht schwachen Demonstration, die sich dementsprechend auch als nutzlos erweisen sollte"[581]. Dabei konstatiert sie eine „Resignation" der Minister[582], deren Ausmaß aber individuell doch sehr verschieden gewesen sein dürfte.

---

581 Probleme, S. XXXVI–XXXVII.
582 Ebd., S. XLI.

Nun einmal angenommen, die Minister wären nach 1851 etwa im Falle von Meinungsverschiedenheiten mit dem Reichsrat oder sogar dem Kaiser vor allem in wichtigen Fragen einmütig aufgetreten – was oftmals nicht der Fall war (Uneinigkeiten bei sekundären Fragen wären dann wohl nicht sosehr ins Gewicht gefallen): Dann hätte sich Franz Joseph schwierig, ja unangenehm zu beantwortende Fragen vorlegen müssen: *Soll ich alle Minister auf einmal entlassen und durch neue ersetzen? Soll ich das Ministerium als Organ auflösen und die Regierungsfunktionen dem Reichsrat oder gar einem anderen, neu zu schaffenden Organ übertragen?* Rein theoretisch mochte ihm die Bejahung beider Fragen leichtfallen. Sie aber in die Tat umzusetzen war schwierig. Wer sollte diese Männer ersetzen? Waren die Mitglieder des Reichsrates überhaupt fähig zur Übernahme ministerieller Aufgaben? Wer würde wiederum diese Einrichtung kontrollieren, damit sie sich gegenüber dem Kaiser nicht gleichsam verselbständigte? Und wie sollte ein anderes, neues Organ gleichsam einfach aus dem Boden gestampft werden? Angesichts dieser Probleme hätte Franz Joseph vielleicht hin und wieder nachgeben müssen, was wiederum die Stellung der Ministerkonferenz aufgewertet hätte. So aber wurde ihm eine Politik des *divide et impera* wesentlich erleichtert. Ob eine solche Politik von ihm auch beabsichtigt war, sei dahingestellt.

Kommen wir damit zum vierten und letzten hier erwähnenswerten Punkt: Baumgartners zitierte, indirekte Bezugnahme auf den Monarchen *(a.h. Orts)* enthält aller Wahrscheinlichkeit nach eine bewußt eingestreute versteckte Mahnung. Man kann sogar von einer Warnung sprechen. Einem mit der damaligen Herrschaftspraxis unvertrauten Leser kann sie leicht entgehen. Bach dagegen muß sie sehr genau wahrgenommen haben. Denn Baumgartner bediente sich einer nur allzu beliebten und nicht zuletzt von seinem Kollegen selbst praktizierten Taktik, die speziell bei unüberbrückbar erscheinenden Meinungsdifferenzen zur Anwendung kam: Zunächst wollte ihm Baumgartner klarmachen, daß er dem kaiserlichen Willen zuwider agierte; daneben enthält sie die verschlüsselte und doch unverhüllte Botschaft, daß sich der Finanzminister in dieser Angelegenheit zur Einforderung seines scheinbar guten Rechtes gegebenenfalls direkt an Franz Joseph wenden würde. Schließlich jedoch, und aus den zwei ersten Momenten resultierend, sollte der Innenminister so auf die unliebsamen Konsequenzen aufmerksam gemacht werden, die aus einem solchen Schritt für ihn möglicherweise resultieren würden. Eine zu seinen Ungunsten ausfallende kaiserliche Entscheidung war noch das mindeste, was ihm drohte. Aber auch eine monarchische Rüge ließ sich nicht ausschließen.

Dabei stellte Baumgartners Vorgehen die beinahe logisch erscheinende Folge eines Herrschaftssystems dar, das streng hierarchisch organisiert war und letztlich ganz auf die alleinige Entscheidungsmacht des Herrschers hinauslief. Eine Ministerkonferenz als zunächst verbindlich anzurufendes Entscheidungsgremium bei interministeriellen Meinungsverschiedenheiten, die nicht anderweitig einvernehmlich beizulegen waren, existierte ja nicht mehr. Und da sich die Ressortchefs eben nicht zu einem gemeinsamen Vorgehen durchringen konnten, blieb gegebenenfalls praktisch nichts anderes als die Drohung mit dem Gang zum Herrscher. Es mag wenig wissenschaftlich klingen, und doch erinnert das Verhalten der Minister hier stark an die Reaktion eines Kindes, dem ein anderes Kind sein Spielzeug wegnimmt und das daraufhin droht, es seinen Eltern zu sagen. Die Minister waren in dieser ihrer Eigenschaft in der Tat wie Kinder sorgfältig auf Wahrung ihrer tatsächlichen oder auch nur vermeintlichen Zuständigkeiten bedacht. Solange sie am Spiel um Macht und Einfluß teilnehmen wollten, solange sie sich nicht auf gemeinsame Spielregeln einigen wollten oder konnten und solange sie schließlich daran interessiert waren, ihren eigenen Vorstellungen zum Durchbruch zu verhelfen, blieb ihnen auch wenig anderes übrig.

1.4.9. Rivalitäten zwischen Bach und Kempen als Beispiel für Konflikte auf Regierungsebene

Besonders deutlich ließen sich die schwelenden und offenen Konflikte an Hand einer Analyse des Verhältnisses zwischen Bach und dem Chef der Obersten Polizeibehörde aufzeigen. Wie gesagt, war Kempen kein Minister; auch forderte ihn der Kaiser durch lange Zeit nur sehr punktuell zur Teilnahme an den Sitzungen der Ministerkonferenz auf: Doch hatten die beiden trotzdem fast andauernd miteinander zu tun. Dies lag gewissermaßen in der Natur der Sache, da im neoabsolutistischen Herrschaftssystem auch der Polizei sowie der ebenfalls Kempen unterstehenden Gendarmerie eine eminent politische Funktion zukam.

Folgt man der Literatur, so erhält man zuweilen den Eindruck, Bach und Kempen hätten sich bis aufs Messer bekämpft. So soll Kempen laut Heindl „in ständigem Konflikt mit den Ministern gelebt" haben, „besonders" jedoch „mit Bach"[583]. Wesentlich krasser hat es Friedjung formuliert. Er spricht von „einer Art ... fortgesetzt" geführtem „unterirdischem Krieg" zwischen diesen beiden Männern[584]. Kempen sei mit Bach schon deshalb „stets" in Fehde gelegen, „weil der Minister des Innern immer bemüht war, eine geordnete bürgerliche Verwaltung an die Stelle militärischer Willkür zu setzen"[585].

Bei näherem Hinsehen muß diese These insbesondere für die Frühzeit differenziert werden. So hielt Kempen nach dem offenbar ersten direkten Zu-

---

583 Probleme, S. LVI.
584 Oesterreich, 1, 322.
585 Ebd., 2, S. 174.

sammentreffen dieser beiden Männer am 3. November 1849 in seinem Tagebuch eine „interessante ... Konversation" mit „Minister Bach" fest[586]. Dabei teilte ihm dieser nicht nur „viel Schmeichelhaftes" mit, was sich unterschiedlich deuten läßt, sondern beschrieb die „ungarischen Verhältnisse" auch völlig „treffend". Dieses letztere Urteil ist um so aussagekräftiger, als Kempen selbst die Lage in Ungarn aus eigener Anschauung kannte[587]. Fast genau ein Jahr später vermerkte er die „besondere Klarheit und Präzision", mit der ihm Bach „die serbischen Verhältnisse und die Gliederung der Parteien alldort ... auseinandersetzte"[588]. Auch in dieser Beziehung erkannte Kempen also gewisse Qualitäten des Ministers an, ungeachtet möglicher Vorbehalte gegen dessen Person und/oder gegen dessen Einstellungen in politischen Angelegenheiten oder in Sachfragen. Und am 26. Mai 1851, als er ihn bereits recht gut kannte, notierte er, Bach sei ihm heute in Feinheit, Festigkeit und Energie seines Postens würdig erschienen, „obgleich ihn das Polizeiliche mehr als das Administrative zu beschäftigen scheint"[589]. Befürchtete er damals offensichtlich eine Einmischung Bachs in seine eigenen Angelegenheiten, so gestand er ihm doch rund eine Woche danach „viel loyalen Sinn und viel Energie" zu[590].

Mit zunehmender Dauer – und dabei wiederum insbesondere nach Herauslösung der Polizeiagenden aus dem Kompetenzbereich des Innenressorts – lagen beide Männer aber tatsächlich häufig in schweren Fehden miteinander. Es spielt letztlich nur eine untergeordnete Rolle, ob hierfür primär rein machtpolitische oder aber sachliche und/oder ideologische Gründe verantwortlich zeichneten.

1.4.9.1. Streitigkeiten zwischen Bach und Kempen auf niedriger Flamme

Eine genaue Untersuchung dieser Auseinandersetzungen würde uns zu weit vom Thema wegführen. Zur Verdeutlichung gleichsam ihrer Struktur möchte ich aber stellvertretend für andere zwei Fälle schildern. Der erste betrifft direkt die Nationalanleihe, wobei inhaltlich und zeitlich wiederum etwas vorgegriffen wird. Am 16. August 1854, also noch vor Abschluß der Subskriptionsphase, erbat sich der Innenminister von Kempen Aufklärung über die Richtigkeit einer „dienstlichen Anzeige" des Präsidenten der Statthaltereiabteilung von Ofen-Pest, Kaspar Baron v. Augusz[591]. Sie datierte vom 9. des

---

586 Tagebuch Kempens, S. 158 (s. dazu auch folg.).
587 Dort hatte er sich als Militär 1849 aufgehalten.
588 4. November 1850, in: Ebd., S. 193.
589 Ebd., S. 214.
590 Tagebucheintrag v. 2. Juni 1851, in: Ebd.
591 Wien, Nr. 9140/MI., in: AVA, Inneres, Präs., Krt. 665, Nr. 9141/54, in Verb. m. 9140/54 (s. dazu auch das folg. Zit.).

Monats und betraf gewisse Vorgänge im Komitat Stuhlweißenburg (Székesfehérvár). Laut Bach war sie „vollkommen glaubwürdig".

Augusz war Magyare, stellte aufgrund seiner *Kollaboration* mit der neoabsolutistischen Staatsmacht aber eine „Zielscheibe oppositioneller Kräfte" in Ungarn dar[592]. Dies führte sogar zu einem „Duell" mit seinem „einst" wohl „guten Freund" Josef Graf Ürmenyi, einem der „eifrigsten Altkonservativen"[593]. In seiner Anzeige mutmaßte Augusz unter anderem über den „bedauerlichen" Umstand, daß es sich gerade „Regierungsorgane" – in diesem Fall Mitglieder der Gendarmerie – augenscheinlich „zur Aufgabe gemacht ... haben", die von den „politischen Behörden ohne ihr Zuthun getroffenen, von dem schönsten Erfolge gekrönten Maßregeln zu verdächtigen"[594]. Sie „arbeiteten" denselben laut Augusz sogar „geradezu entgegen".

Seine Anschuldigungen richteten sich speziell gegen das im Komitat Gran (Esztergom) stationierte Gendarmerieflügelkommando. Worauf er konkret anspielte, geht aus einem vom Innenminister eine Woche danach an Kempen gerichteten Schreiben hervor: Danach „machten" es sich nämlich nicht nur die soeben genannten, sondern auch die Gendarmerieorgane von Stuhlweißenburg

„zur besonderen Aufgabe ..., das Landvolk über die freiwillige Natur des Anlehens zu belehren ... und ihm den pflichtgemäßen Vorgang der politischen Behörden als einen dem a.(ller)h.(öchsten) Willen S.(einer) M.(ajestät) zuwiderlaufenden Zwang darzustellen"[595].

Dabei kam es angeblich zur „Vorladung der Gemeindeinsassen ohne alle Veranlassung von Amtswegen zu den Gemeindevorstehern und dort auf eine inquisitorische Weise zur protokollarischen Einvernahme über den Vorgang der politischen Behörden". Angehörige der Gendarmerie forschten also angeblich nach, inwieweit der Beamtenapparat Zwang zur Realisierung der Zeichnungen angewandt hatte. Überdies wurde demnach

---
592 Oskar Sashegyi, Ungarns politische Verwaltung in der Ära Bach, S. 111.
593 So richtig am 13. Januar 1858 Josef Ritter Protmann v. Ostenegg gegenüber Kempen (Pest, Nr. unl., in: AVA, Inneres, OPB, Präs. II, Krt. 102, Nr. 578/58). Kempen selbst nannte ihn unter anderem einen „gefährlichen Leiter der Altkonservativen" (Tagebucheintrag v. 28. September 1856, in: Tagebuch Kempens, S. 411). Angeblich hatte Augusz, „als er die politische Administration des Pester Comitats annahm", Ürmenyi „öffentlich beschimpft", woraus dann ein Duell entstanden sei (ohne Verf., Wien, 17. Oktober 1856, Nr. 2776/BM., in: HHStA, IB, BM.-Akten, Krt. 98, fol. 653).
594 Augusz an Bach, Ofen, 9. August 1854, Nr. 3662/Pr., in: AVA, Inneres, Präs., Krt. 665, Nr. 9141/54 in Verb. m. 9140/54 (s. dazu auch das folg. Zit.); vgl. ders. an Bach, Ofen, 11. August 1854, Nr. 3712/Pr., in: Ebd.
595 Bach an Kempen, Wien, 16. August 1854, Nr. 9140/MI., in: Ebd., Nr. 9141/54 (s. dazu auch folg.).

„durch die Herr(en) Offiziere und durch die unterstehende Mannschaft die irrige Meinung verbreitet(,) daß die Gemeindinsassen keineswegs verpflichtet seien, im Wege der Umlage zu jene(n) Anlehensbeträgen zu konkurriren [also *beizusteuern*], welche von der Gemein(de)vorstehung im Namen der Gemeinde gezeichnet worden sind".

Ob diese Annahme tatsächlich irrig war, wird sich später zeigen. Jedenfalls warf Bach der Gendarmerie bei ihrem Vorgehen die für Kempen „nicht zu verkennende ... Absicht" vor, „das moralische Ansehen der politischen Behörden zu untergraben und die Erfolge des Staats Anlehens zu gefährden"[596].

Der Chef der Obersten Polizeibehörde ließ diesen Vorwurf nicht auf sich sitzen. In seiner Erwiderung bewertete er das Vorgehen der Gendarmerie zunächst als „kein selbständiges": Es sei vielmehr auf einen Erlaß des ungarischen Generalgouvernements zurückgegangen[597]. Dieses habe eine „wöchentliche Berichterstattung" über den Fortgang der Operation „anbefohlen". Danach hatten also weder Kempen selbst noch der verantwortliche Gendarmeriekommandant vor Ort diesen Vorgang initiiert. Dies dürfte auch zutreffen. Denn Kempen verhielt einige Gendarmerieregimenter erst am 4. September des Jahres dazu, „in sehr gedrängter Form, und mit möglichster Beschleunigung" unter anderem über die „Aufnahme" des „Staats-Anlehens" und über die „Maßregeln" zu berichten, die bei seiner „Durchführung" die dazu „berufenen Behörden anwendeten"[598]. Auch wollte Kempen wissen, ob sich „allenfalls wahrgenommene Unstatthaftigkeiten" anführen ließen. Und selbst wenn die Gendarmen ihre „Ingerenz auf die Anlehensoperation" tatsächlich „über die von dem kk. Mil.(itär)-Gouvernement bezeichneten Grenzen ausgedehnt" haben sollten, wie Bach einige Zeit später feststellte[599], kann daraus nicht ohne weiteres auf die von ihm den Gendarmerieorganen unterstellte *Absicht* geschlossen werden.

Wie dem auch sei, der Innenminister appellierte an „Eurer Exzellenz erleuchtete Einsicht"[600]. Dieser werde es nicht entgehen,

---

596 An Kempen, Wien, 16. September 1854, Nr. 10649/MI., in: Ebd., OPB, Präs. II., Krt. 32, Nr. 6187/54.
597 Kempen an Bach, Wien, 29. Oktober 1854, Nr. 7098/Pr. II., in: Ebd., Inneres, Präs., Nr. 12609/54 (s. dazu auch folg.).
598 Erlaß, Wien, Nr. 3160/Pr. I., in: Ebd., OPB, Präs. I, Krt. 7, Nr. 3160/54 (s. dazu auch das folg. Zit.).
599 An Kempen, Wien, 1. Dezember 1854, Nr. 12609/MI., in: Ebd., Inneres, Präs., Krt. 666, Nr. 12609/54.
600 An Kempen, Wien, 16. September 1854, Nr. 10649/MI., in: Ebd., OPB, Präs. II., Krt. 32, Nr. 6187/54 (s. dazu auch das folg. Zit.).

„daß in den vorliegenden eklatanten Fällen ... dem verlezten behördlichen Ansehen die gebührende Genugthuung ... und der Abwiklung des Anlehens-Geschäftes der geregelte Fortgang nur durch ein schleuniges exemplarisches Verfahren gegen die Schuldtragenden ... gesichert werden kann".

Wie reagierte Kempen auf die von Bach geforderte Wiedergutmachung? Er ersuchte den Minister mehrfach um „Beweisstücke" für diese „schweren Anschuldigungen", wie er sie nicht zu Unrecht nannte[601]. Dieser hatte ihm aber lediglich die einschlägige Zuschrift von Augusz übermittelt, die laut Kempen „bloße Verdächtigungen" enthielt. Für sie verlangte er nun seinerseits „Genugthuung", außer es würden doch noch „dokumentirte Behelfe" vorliegen und beigebracht. Zugleich leitete er die „strengste Untersuchung" ein, um „ein schleuniges Verfahren gegen die Schuldtragenden zum Behuf der dem verlezten behördlichen Ansehen gebührenden Genugthuung in Anspruch zu nehmen"[602]. Dabei hatten sich die seinen Organen unterstellten Beschuldigungen aber als ungerechtfertigt erwiesen, wie er gegenüber Bach unmißverständlich erklärte.

Im einzelnen führte er aus, daß die betreffenden Gendarmen ihrem von Albrecht erhaltenen Auftrag nur nachkommen konnten, wenn sie vorab eine „Erhebung" unternahmen. Sie mußten also „Besprechungen" mit Menschen vor Ort pflegen: Dabei war es aber unvermeidlich („mußte"), „das Gespräch zwischen Gendarmen und Ortsrichtern oder sonstigen Bewohnern des flachen Landes auf das Anlehen wiederholt zu lenken". Dies habe sich aus der Natur der Sache von selbst ergeben. Dem wird man in der Tat zustimmen können. Ebenso „sehr leicht erklärlich" waren Kempen zufolge zwei andere Umstände: Erstens wurde den betreffenden Gendarmen „von mehreren Seiten ... mitgetheilt: den einzelnen Gemeindemitgliedern würden die Quoten des Beitrages <u>anrepartirt</u>", also von offizieller Seite aus und zwangsweise zugewiesen. Darüber „mußten" sie allerdings „stutzig" werden, sollte die Beteiligung an der Nationalanleihe doch auf freiwilliger Basis erfolgen. Zweitens aber, und daraus folgend, verstand es sich gewissermaßen von selbst, daß die Gendarmen „die Gemeindeglieder über die [freiwillige] Natur des Anlehens ... aufzuklären suchten".

Bezüglich des ersten Punktes vermag man Kempen vielleicht nur teilweise zu folgen. Sollte es sich nämlich tatsächlich so verhalten haben, wie er behauptete, so könnten die Gendarmen bereits zuvor Informationen darüber er-

---

[601] An Bach, Wien, 17. September 1854, Nr. 6187/Pr. II., in: Ebd. (s. dazu auch folg.). Eines dieser Ansuchen dat. v. 31. August (Wien, Nr. 5833/Pr. II., in: Ebd., Krt. 30), das andere v. 17. des Monats (Nr. 5386/Pr. II.; s. dazu ebd.).

[602] An Bach, Wien, 29. Oktober 1854, Nr. 7098/Pr. II., in: Ebd., Inneres, Präs., Krt. 666, Nr. 12609/54 (s. dazu auch folg.).

halten haben, daß eine zwangsweise Zuweisung von Zeichnungsbeträgen geplant war. Schließlich lebten sie ja vor Ort. Mit Blick auf den zweiten Punkt könnten die Gendarmen ihren Auftrag dagegen doch überschritten haben. Denn dieser bestand ja lediglich in der Sammlung von Informationen für das Generalgouvernement über den Verlauf des Subskriptionsvorgangs.

Dies muß auch Kempen bewußt gewesen sein. Warum verteidigte er also das Vorgehen seiner Untergebenen in Gran und Stuhlweißenburg so entschieden? Eventuell wollte er die Reputation seiner eigenen Organe zumindest so lange schützen, wie ihnen nicht unwiderlegbare Fehlgriffe nachzuweisen waren. Dieses Bestreben läßt sich im zeitgenössischen Kontext oft wahrnehmen und wurde schon im Zusammenhang mit der Erörterung der Konflikte zwischen Bach und Baumgartner berührt. Ein solcher Fehlgriff mochte aus Kempens Sicht hier nicht vorgelegen haben. Oder negierte er ihn bewußt? Zudem stand Kempen der Nationalanleihe äußerst kritisch gegenüber, wie sich noch zeigen wird. Aufgrund der kaiserlichen Sanktionierung mußte er jedoch im allgemeinen gewissermaßen gute Miene zum bösen Spiel machen. Hier nun mochte er – endlich einmal – die Gelegenheit erblickt haben, sein Mißfallen über das Unternehmen Bach gegenüber indirekt zu artikulieren.

Jedenfalls zeigte er sich über eines „gewiß": Der Minister werde seine Ansicht teilen, wie sehr bei den gegen die Gendarmerie erhobenen „Beschuldigungen ... Leidenschaftlichkeit im Spiele war". Zudem forderte er nunmehr seinerseits die „gebührende Genugthuung" für das „in ungerechter Weise angegriffene Institut der Gendarmerie". Konkret schwebte ihm eine „entsprechende Ahndung des Graner Komitats-Vorstehers und des Neudorfer Notars" vor. Dies erklärte er für um so mehr am Platz, als die Gendarmerie ihm zufolge „in vielen Fällen ... mit größter Bereitwilligkeit eingeschritten" war, wenn es galt, „bei vorgekommenen Renitenzen oder mißliebigen Äußerungen über das Anlehen ... vermittelnd und aufklärend" aufzutreten beziehungsweise „überhaupt die Maßregeln der politischen Behörden zu unterstützen und zu fördern".

Doch Bach, dem an einem möglichst reibungslosen Ablauf der Nationalanleihe in höchstem Maße gelegen sein mußte, wich keinen Fußbreit von der Stelle: Ihm zufolge „bestätigten" Kempens Informationen „im Wesentlichen" die von ihm behaupteten Vorkommnisse[603]. Es handelte sich schlicht um „Thatsachen". Dabei kritisierte er nach wie vor „eine Kontrolle" von „einzelnen Gliedern der kk. Gendarmerie". Sie „schmälerten in den Augen des Landmanns das Ansehen der politischen Behörden" und „gefährdeten" überdies „den Fortgang der Operation in dem Stadium der Einzahlung". Und er be-

---

603 An Kempen, Wien, 1. Dezember 1854, Nr. 12609/MI., in: Ebd. (s. dazu auch folg.).

hauptete ein „ganz inkompetentes und höchst gefährliches" Vorgehen[604]. Trotz dieser klaren Worte sprach er sich jedoch gegen eine weitere „Verfolgung" dieser „Angelegenheit in ihren Einzelheiten" aus und nannte sie als „in der Wesenheit bereits abgemacht", also geklärt.

Welche Gründe bewogen ihn zum Einlenken? Erstens würden seinem eigenen Eingeständnis nach die politischen Behörden – in diesem Fall der „Komitatsvorsteher" von Gran – kaum ganz unbescholten aus einer eingehenderen Untersuchung der beschriebenen Vorfälle hervorgehen. Warum, bleibt unklar. Wäre Bach aber tatsächlich im „Disziplinarwege ... eingeschritten", wie er es für möglich erklärte, hätte er sein eigentliches Ziel der völligen Rehabilitierung des Beamtenapparates beziehungsweise der Bloßstellung der Gendarmerieorgane nicht erreicht. Am Ende wäre er nicht als klarer Sieger aus der Auseinandersetzung hervorgegangen. Lohnte sich da der ganze Aufwand?

Mit dieser ersten Überlegung ist eine zweite eng verbunden: Hier „standen" sich laut ihm nämlich „zwei ämtliche Akte" mit „gleichem Anspruch auf Glaubwürdigkeit ... gegenüber". Außerdem „differirten" sie „von einander nur quantitativ". Insofern war die Wahrscheinlichkeit noch größer, daß bei einer Untersuchung nichts für ihn herausspringen würde. Allerdings hatte er ja eingangs seines Schreibens noch das Gegenteil behauptet. Dieser Widerspruch erhöht nicht gerade die Glaubwürdigkeit seiner Darlegungen.

Dazu würde indirekt auch eine weitere Feststellung Bachs passen: Die von Kempen „eingeleitete Untersuchung" sei zu einer neuerlichen Kompromittierung der politischen Behörden „ausgebeutet" worden. Denn man habe unter dem Landvolke die Ansicht verbreitet, „daß die Einzahlungen auf das Staats-Anleihen nicht zu leisten sind, weil sonst eine Revolution im Lande entstehen müßte"[605].

Letztlich könnte den Innenminister aber ein dritter Grund davon abgehalten haben, auf weitere Nachforschungen zu drängen. Er selbst führte nämlich „Konsequenzen" eines solchen Verfahrens in das Feld. Worauf er damit konkret anspielte, erläuterte er an dieser Stelle nicht näher[606]. Aber er dürfte damit die mögliche und fast sicher eher negative Außenwirkung gemeint haben: Denn entsprechende Untersuchungen wären der Öffentlichkeit kaum verborgen geblieben.

---

604 An Kempen, Wien, 16. September 1854, Nr. 10649/MI., in: Ebd., OPB, Präs. II, Krt. 32, Nr. 6187/54 (s. dazu auch folg.).

605 Ebd. Bach sagte im übrigen nicht die Wahrheit, wenn er Kempen erklärte, er habe ihn noch „nie um eine Genugthuung angesucht", sondern „stets nur das ... Moment der öffentlichen Interessen im Auge gehalt(en) und daher auch vollkommen ungegründete Beschuldigungen nie als eine persönliche (Be)leidigung der Beamten oder als einen prinzipiellen Angriff auf die politischen Dienstesbrauche aufgaßt" (ebd.).

606 Dies geschah freilich in einer mir nicht zugänglichen Zuschrift an Kempen v. 21. September 1854 mit der Aktennummer 10981/MI. (ebd.).

Auch „der für Eingriffe in seine Befugniße" angeblich „so eifernde ... Kempen"[607] ließ die Sache damit auf sich beruhen. Keiner der beiden Männer trieb die Sache also auf die Spitze. Dazu hätten sie sich direkt an den Monarchen wenden müssen, um von diesem ihr vermeintlich gutes Recht einzufordern.

1.4.9.2. Streitigkeiten zwischen Bach und Kempen auf hoher Flamme

Auch so etwas kam aber vor (im übrigen nicht nur bei Kempen und Bach). Dies verdeutlicht unser zweites Beispiel. Dabei geht es um einen Vorgang, der sich weit bis in die Einzahlungsphase hinzog. Sein Ausgangspunkt liegt aber noch vor der Beschlußfassung über die Nationalanleihe[608]. Am 7. März 1854 fragte Kempen bei allen Leitern der Polizeidirektionen an, ob die Statthalter der einzelnen Kronländer dem Inhalt des Paragraphen 32 der 1850 „All(er)h.(öchsten) Sanktionirten Grundzüge für die Organisirung der k.k. Polizeibehörden" nachkamen[609]. Laut dieser Bestimmung hatten „die politischen Behörden jedes Kronlandes alle in polizeilicher Hinsicht wichtigen Vorkommnisse sogleich unter der Adresse des Stadthauptmannes (:Polizei-Direktors:) ... anzuzeigen". Dieser wiederum hatte sie „mit seinem Vidi zu versehen ... und allfällige Bemerkungen beizufügen"[610]. Alles zusammen war dann dem jeweiligen „Landeschef ... anzuzeigen".

Die Ursache für diese Verfügung lag in dem institutionell noch ungenügend ausgebildeten Polizeiwesen begründet. Dies läßt sich einem kaiserlichen Vortrag Kempens vom 14. Februar 1855 entnehmen: Abgesehen von Lombardo-Venetien existierten „landesfürstliche Polizei-Direktionen" bisher nämlich „nur in den Hauptstädten der Kronländer"[611]. Und nur „in einigen wichtigeren Punkten" waren „exponirte Polizei-Kommissariate" eingerichtet. Darüber hinaus „erstreckte sich der Rayon der Polizei-Direktionen nicht über das Weichbild des betreffenden Ortes ... oder nur in die nächste Umgebung". Deshalb wurde die „Polizey auf dem flachen Lande ... nur von den politischen Behörden ... gehandhabt". Und in „lezter Instanz" waren hierbei die „Gemeinde-Vorstände" zuständig. Also „war es nothwendig, den Polizey-Direktor von dem polizeilichen Zustande auch außerhalb des ihm unterstehenden Rayons in fortlaufender Kenntniß zu erhalten". Dies galt um so mehr, als die

---

607 Parrot an Erzherzog Albrecht, Krakau, 17. April 1855, in: HHStA, NL Albrecht, Mikrofilm (Budapest), Nr. 23, Blatt 866.
608 S. dazu generell AVA, Inneres, OPB, Präs. II, Krt. 15, Nr. 1727/54.
609 So Maschek an Kempen, Großwardein, 17. März 1854, Nr. 141/Pr. Kempens Anfrage trägt die Nr. 1171/Pr. II. (beide in: Ebd.).
610 Vortrag Kempens v. 14. Februar 1855, Wien, Nr. 471/Pr. II., in: Ebd., Krt. 107, Nr. 2854/58, fol. 93 (s. dazu auch das folg. Zit.).
611 Ebd. (s. dazu auch folg.).

von ihm „in dem Bezirke seines Amtssitzes zu treffenden Verfügungen wesentlich bedingt" waren „von jenen Wahrnehmungen und Verfügungen", die „von den politischen Behörden ... gemacht und getroffen wurden".

Die nicht ganz vollständig vorliegenden Antworten auf Kempens Anfrage fielen unterschiedlich aus. Ihr Tenor war aber alles in allem eher negativ. Uneingeschränkt positiv äußerte sich lediglich Joseph Strobach, der Polizeidirektor von Linz. Ihm zufolge verfolgten die politischen Organe die einschlägige Bestimmung „schon seit längerer Zeit genau"[612]. Ansonsten aber konnte Kempen höchstens noch das Urteil des Mailänder Polizeidirektors Agosto Martinez zufriedenstellen. Er glaubte die Anfrage seines Vorgesetzten „im Allgemeinen" bejahen zu können[613]. Allerdings wollte er sich nicht völlig darauf festlegen, daß „die Maßregel auch in vollem Umfange ausgeführt" wurde. Der Grund hierfür war ebenso einfach wie einleuchtend: Schließlich konnte er ja „auch in Unkenntniß" von „Berichten" sein.

Weniger zufriedenstellend nahm sich die aus Prag einlaufende Mitteilung aus. Der dortige Polizeidirektor berichtete über die „wiederholt" stattgefundene, von Statthalter Carl Freiherr v. Mecséry de Tsóor an „die Kreispräsidenten und Bezirkshauptmänner ... über meine diesfalls erstatteten Anzeigen" ergangene Aufforderung, „alle in polizeilicher Beziehung intereßanten Anzeigen unter meiner Adreße einzusenden"[614]. Tatsächlich aber komme man dieser Weisung nur höchst ungenügend nach. Aus diesem Grund „erfuhr" er „mitunter die wichtigsten polizeilichen Vorfälle gar nicht, oder doch verspätet, und nur zufällig"[615]. Und laut dem Polizeidirektor von Innsbruck war die Information zwar in einigen Fällen erfolgt, aber seiner „vollsten Ueberzeugung" nach wurden „in den meisten Fällen und von den meisten Behörden ... solche Anzeigen unmittelbar an den Herrn Statthalter eingesendet"[616].

Ganz Nachteiliges mußte Kempen über die im Amtsbereich des Polizeidirektors von Klausenburg herrschende Situation zur Kenntnis nehmen: Der Paragraph 32 werde „durchaus nicht beobachtet"[617]. Denn die untergeordneten politischen Behörden schickten ihre „in polizeilicher Hinsicht wichtigen" Berichte „directe dem hohen Gouvernement oder dem zuständigen Militär Districts Commando" ein. Erst von dort aus erfolgte die „Verständigung" der Polizeidirektion und die Bekanntgabe der „weitern Weisungen". Und aus Kronstadt [Brassó, Brașov] meldete man sogar „vielfache Beirrungen" und „Amtshandlungen" des dortigen Magistrats, deren „Vornahme" infolge des

---

612 An Kempen, Linz, 12. März 1854, Nr. 14/Pr., in: Ebd., Krt. 15, Nr. 1727/54.
613 An Kempen, Mailand, 2. März 1854, Nr. 3987/Pr., in: Ebd. (s. dazu auch folg.).
614 An Kempen, 11. März 1854, Nr. 915/Pr., in: Ebd.
615 Ebd.
616 An Kempen, Innsbruck, 22. März 1854, Nr. 331/Pr., in: Ebd.
617 An Kempen, 22. März 1854, Nr. 110/Pr., in: Ebd. (s. dazu auch folg.).

"Allerhöchsten Orts genehmigten Wirkungskreises für die kk: Polizei-Behörden der Wirksamkeit dieser Behörden zugewiesen sind"[618]. Um schließlich noch ein Beispiel zu nennen: In Wien waren solche Berichte zwar „in der ersten Zeit" eingelaufen, mittlerweile hatte der damalige Vorstand der dortigen Polizeidirektion, Karl Freiherr Maltz v. Maltenau, aber schon „seit mehr als einem Jahr" keine solchen mehr erhalten[619].

Kempen faßte das Resultat sämtlicher Berichte in seinem bereits erwähnten Vortrag durchaus treffend dahingehend zusammen: Sie hätten ihn belehrt, daß „nur in den wenigsten Kronländern ... regelmäßig Berichte der politischen Behörden ... durch den Polizey-Direktor ihren Weg zum Statthalter nahmen"[620]. Meistens war dies „nur sehr spärlich" der Fall. Also scheint seine am 31. März 1854 an Bach ergangene Aufforderung begreiflich, den ihm unterstehenden Organen die Einhaltung der Bestimmung des Paragraphen 32 einzuschärfen[621].

Wie aber kam es nun zu dieser aus der Perspektive Kempens eher mißlichen Lage der Dinge? Die vorhandenen Beurteilungen der Polizeichefs liefern uns darüber keinen klaren Aufschluß. Jener aus Czernowitz [Černivci, Cernăuți] erklärte die ihn im übrigen angeblich „gar nicht befremdend vorkommende" Tatsache, daß ihm noch kein einziger Bericht zugekommen sei, mit der „allgemein bekannten Lässigkeit und Unthätigkeit der meisten Bukowinaer Mandatare"[622], also der behördlichen Vertreter des Innenministeriums. Ähnlich „glaubte" sein Prager Kollege „den Grund der erwähnten Vernachläßigung nur" in einem Umstand „suchen zu müssen": Die „politischen Organe am flachen Lande (erfassen) ihre polizeilichen Aufgaben nur unvollkommen". Sie „betrachten das Polizeigeschäft nur als ein ihrer eigentlichen Bestimmung heterogenes und unangenehmes Nebengeschäft". Des weiteren waren sie ihm zufolge „in einzelnen Fällen wohl auch gar nicht befähigt ..., die Wichtigkeit irgend einer Erscheinung vom polizeilichen Standpunkte aus gehörig zu beurtheilen"[623].

Laut Vermutung des Polizeidirektors Maschek in Großwardein mochte der Mißstand hingegen aus einer Frage der Hierarchie resultieren, wie er Kempen am 17. März 1854 wissen ließ[624]. Denn der „Rang des Polizeidirektors" war jenem der „zunächst dem Statthalter untergeordneten Comitats-Vorstände nicht equiparirt". Es wolle somit der Rangordnung nicht recht zusagen, „wenn

---

618 An Kempen, 18. März 1854, Nr. 67/Pr., in: Ebd.
619 Ders. an Kempen, 11. März 1854, Nr. 581/Pr., in: Ebd.
620 Vortrag v. 14. Februar 1855, Wien, Nr. 471/Pr. II., in: Ebd., Krt. 107, Nr. 2845/58, fol. 95 (s. dazu auch das folg. Zit.).
621 Wien, Nr. 1727/Pr. II., in: Ebd.
622 An Kempen, Czernowitz, 17. März 1854, Nr. 86/Pr., in: Ebd., Krt. 15, Nr. 1727/54.
623 An Kempen, Prag, 11. März 1854, Nr. 915/Pr., in: Ebd.
624 An Kempen, 17. März 1854, Nr. 141/Pr., in: Ebd. (s. dazu auch folg.).

er seine dem Statthalter zu unterbreitenden Berichte von einem im Range niederer gestellten Beamten" einsehen lassen solle. Und noch mehr entstand hier ein Mißverhältnis, wenn diese Berichte „sogar mit Bemerkungen" zu „begleiten" waren.

Ähnlich scheint es sein Innsbrucker Kollege gesehen zu haben, wenn er die „bisherige Stellung der politischen Behörden" als „Grund" anführte[625]. Immerhin berichtete er Kempen auch von seiner „Hoffnung", die „neue Organisirung" der Behörden könne auch eine „genauere Befolgung der in Rede stehenden Vorschrift" herbeiführen. Seiner Auffassung nach mochten die Dinge im Laufe der Zeit also eventuell doch noch in das rechte Lot kommen.

Ob Kempen diese Einschätzungen wenigstens partiell teilte? Diesbezüglich müssen wir uns wiederum Passagen des Vortrags vom 14. Februar 1855 vergegenwärtigen. Danach hatte Bach die „genaue Durchführung" des besagten Paragraphen „im Auge behalten ..., so lange die Polizeiverwaltung mit dem Ressort des Ministeriums des Innern vereiniget war"[626]. In der Tat mußte der Minister unter diesen Verhältnissen sehr daran interessiert sein. Nach der Trennung des Polizeiwesens vom Innenministerium änderten sich nach Angabe Kempens die Dinge aber „bald": Da habe er die Erfahrung machen müssen, daß die besagte Bestimmung „von den politischen Behörden nicht genau befolgt wurde". Es hätten sich Klagen der „Polizey-Direktoren" gemehrt, daß sie, „in ihrer Stellung ganz isolirt, von den polizeilichen Zuständen des Flachlandes nur mangelhafte oder gar keine Kenntniß erlangten". Kempen mag hier ein wenig übertrieben haben. Die grundsätzliche Richtigkeit seiner Behauptung steht jedoch außer Zweifel. Schließlich konnte Franz Joseph die entsprechenden Unterlagen zur persönlichen Einsicht einfordern und sie eventuell sogar an den Reichsrat zur Überprüfung weiterleiten[627]. Dabei hatte Kempen an Bach „schon unterm 30. Juni 1852", also sehr bald nach seiner Amtsübernahme, darum ersucht, „den politischen Behörden die genaue Befolgung der im § 32 enthaltenen Anordnung zur strengsten Pflicht zu machen"[628].

Der Innenminister reagierte damals positiv und „eröffnete" seinem Gegenüber am 6. Juli des darauffolgenden Jahres, die Statthalter zu einer Re-

---

625 An Kempen, Innsbruck, 22. März 1854, Nr. 331/Pr., in: Ebd. (s. dazu auch folg.).
626 Wien, Nr. 471/Pr. II., in: Ebd., Krt. 107, Nr. 2845/58, fol. 94 (s. dazu auch folg.).
627 Kübeck und Kempen standen offensichtlich recht gut miteinander, sowohl privat als auch politisch. Dennoch votierte Kübeck bei Konflikten Kempens mit Bach nicht immer zu dessen Gunsten. Dies zeigte sich schon bei der Abgrenzung von Kempens Kompetenzen als Leiter der OPB. S. dazu etwa Tagebucheintrag Kübecks v. 21. April 1852, in: Aus dem Nachlaß Kübecks, S. 93.
628 Vortrag Kempens v. 14. Februar 1855, Wien, Nr. 471/Pr. II., in: AVA, Inneres, OPB, Präs. II, Krt. 107, Nr. 2845/58, fol. 94–95. Dieses Ansuchen erfolgte also wohl noch vor der *Mehrung der Klagen*.

aktion in diesem Sinne „aufgefordert" zu haben⁶²⁹. Dennoch sah sich Kempen rund acht Monate später „durch spezielle Anlässe" zu seiner einschlägigen Anfrage vom 7. März „an sämmtliche Polizey-Direktoren ... bestimmt". Demnach handelte es sich weiterhin um Einzelfälle: War hierfür also Bach noch nicht einmal indirekt verantwortlich zu machen? Lagen die Gründe für diese Vorkommnisse also doch in den von den Polizeidirektoren geltend gemachten Momenten, die den Innenminister wenigstens nicht unmittelbar belasteten⁶³⁰?

Schon zum Zeitpunkt seines Schreibens vom 31. März an Bach dürfte dies Kempen anders gesehen haben, vermutlich berechtigterweise, wie hinzugefügt werden kann. Denn der Tenor der bei ihm einlaufenden Berichte weist stark darauf hin, daß der Innenminister von sich aus die ihm unterstehenden Organe in nur unzureichender Weise zu einem Einhalten der in Frage stehenden Bestimmung angehalten hatte. Sonst hätten ihr die Zivilbeamten vor Ort nämlich nur unter Inkaufnahme eines hohen persönlichen Risikos zuwiderhandeln können. Wandte Bach hier also gewissermaßen selbst eine Taktik an, die er etwa am Verhalten des magyarischen Hochadels so vehement kritisierte und die Zeitgenossen und auch er selbst gemeinhin als *passiven Widerstand* charakterisierten⁶³¹? Zuweilen könnte man auch von Aussitzen sprechen: Würden die politischen Behörden dabei dem Inhalt des besagten Paragraphen von sich aus in zureichendem Maße nachkommen, so mochte Bach dies zwar insgeheim eher stören. Seine Strategie hätte sich dann ja als erfolglos herausgestellt. Aber er wäre gleichzeitig immerhin der Gefahr einer kaiserlichen Rüge entgangen. Im gegenteiligen Fall mußte er mit einem Einschreiten Kempens rechnen: Doch war dieses Risiko kalkulierbar, selbst wenn sich dieser sofort direkt bei Franz Joseph beschwert hätte. Bach hätte sich dann beispielsweise auf die Laxheit der Statthalter herausreden und sein künftiges energisches Einschreiten zusichern können.

Kempen dürften also Zweifel an der Aufrichtigkeit des Innenministers beschlichen haben. Sie mußten sich in der Folge verstärken. So blieb seine

---

629 S. dazu ebd., fol. 95 (s. dazu auch folg.). Es handelt sich hier um den mir nicht verfügbaren Akt Nr. 4312/53.
630 Allerdings mag vielen Polizeidirektoren eine dir. Kritik des Ministers nicht leichtgefallen sein.
631 So kritisierte er am 9. März 1850 den „passiven Widerstand" von Beamten (Zirkular an alle Statthalter, Wien, Nr. 1382/MI., in: Ebd., Inneres, Präs., Krt. 32, Nr. 1382/50). Eine schöne Definition von *passiver Widerstand* – bezogen auf die magyarischen Altkonservativen – findet sich in einem einschlägigen Memorandum: Darin ist von ihrem „sogenannten passiven Widerstand" die Rede, „d. h. sie zogen sich von jeder Theilnahme an dem Wirken der kaiserlichen Regierung zurück, und suchten, so weit es ihnen möglich war, ihre Gesinnungsgenossen zu gleicher Theilnahmslosigkeit zu bewegen" (o. Verf., Wien, 24. März 1857, in: HHStA, IB, BM.-Akten, Krt. 102, Nr. 246/57).

dienstliche Anfrage „unerwidert"⁶³². Auffallen mußte ihm auch der große Zeitraum, der zwischen seiner Anfrage vom 30. Juni 1852 und der Antwort Bachs lag. Mit ihr ließ sich der Innenminister bis zum 6. Juli 1853, also über ein Jahr lang Zeit. Schwerer wog aber wohl die Tatsache „einiger" ihm „bekannt gewordener ... einschlägiger Erlässe" des Innenressorts. Auf welchen Wegen er von ihnen erfahren hatte, ist ungewiß. Jedenfalls „drängten" sie ihm seinen eigenen Worten zufolge „beinahe die Überzeugung auf, daß die in der Organisirung der Obersten Polizeileitung eingetretene Änderung" den Minister „wenigstens zum Theile bestimmt haben dürfte, die genaue Befolgung" des besagten Paragraphen „nicht so lebhaft zu wünschen, und so warm zu vertreten", wie dies bei dem zentralen Leiter des Polizeiwesens „schon mit Rücksicht auf die durch seine Stellung bedingte schwere Verantwortlichkeit ... der Fall sein muß"⁶³³. Diese *Verantwortlichkeit* wog in der Tat nicht leicht: Denn immerhin hatte Kempen „für die öffentliche Ruhe, Ordnung und Sicherheit im ganzen Bereiche der österreichischen Monarchie Sorge zu tragen". Oder, wie es gleich der erste Paragraph seines „Wirkungskreises" festschrieb: Ihm oblag die „Leitung und Handhabung der Staats- und Sicherheitspolizey"⁶³⁴.

Demnach hegte Kempen damals den – legitimen – Verdacht einer bewußt vollzogenen Obstruktion seitens des Innenministers. Doch scheint er die partielle Nichtbeachtung der einschlägigen Vorschriften noch nicht mit einer direkten, unmißverständlichen Weisung Bachs in Verbindung gebracht zu haben. Damit hätte der Minister auch sehr hoch gespielt, weil dies auf Dauer kaum geheimzuhalten gewesen wäre. Dabei ging es weniger um die Frage der Rechtfertigung einer solchen Anweisung gegenüber Kempen. Aber gegenüber dem Monarchen wäre er hier in schwere Beweisnöte geraten. Schließlich hatte dieser Kempens Wirkungskreis eigenhändig genehmigt und unterzeichnet. Außerdem wurden die Berichte ja wenigstens partiell reibungslos an den jeweiligen Polizeidirektor weitergeleitet. Und da sich die Verantwortlichen vor Ort aller Wahrscheinlichkeit nach nicht bewußt über eine explizit gegenteilig lautende Weisung Bachs hinweggesetzt hätten, deutet alles darauf hin, daß er bewußt Sand in das Getriebe streute. Zu hoch pokern wollte er jedoch wohl nach Möglichkeit nicht.

Schon vor Mitte Oktober 1854 hatte Kempen aber auf „ämtlichem" Wege Informationen erhalten⁶³⁵, die ihn doch an eine mittlerweile recht systematisch praktizierte Obstruktion seines Kontrahenten glauben lassen mußten. Da-

---

632 Vortrag Kempens v. 14. Februar 1855, Wien, Nr. 471/Pr. II., in: AVA, Inneres, OPB, Präs. II, Krt. 107, Nr. 2845/58, fol. 95 (s. dazu auch folg.).
633 Ebd., fol. 95–96 (s. dazu auch das folg. Zit.).
634 *Wirkungskreis der Obersten Polizei-Behörde*, Note Kempens an Kübeck v. 1. Juni 1852, in: Walter, Zentralverwaltung, III/4, Nr. 19, S. 49.
635 Ebd., fol. 96 (s. dazu auch folg.).

nach hatte der Minister „in einigen Kronländern die politischen Behörden bestimmt angewiesen ..., es von der Meldung polizeilicher Vorfälle im Wege des Polizey-Direktors abkommen zu lassen". Konkret sollten seine Untergebenen demnach „die Berichte über polizeiliche Vorkommnisse direkt dem Statthalter ... einsenden, <u>lezterer aber sie dem Polizey-Direktor zur Einsicht mittheilen</u>"[636]. Riskierte Bach hier also nicht doch ein allzu gewagtes Spiel?

Für Kempen waren diese Mitteilungen jedenfalls Anlaß genug, dem Minister am 13. Oktober das Einmaleins politisch korrekten Verhaltens in einer *reinen Monarchie* vor Augen zu halten. Ganz ähnlich hatte dies ja auch Baumgartner in etwa um dieselbe Zeit getan. Bachs Vorgehen war „nicht zulässig", da es sich beim Paragraphen 32 um eine „allerhöchst sanctionirte" Bestimmung handelte. Also bedurfte es zur „Anordnung prinzipieller Abweichungen" davon auch zunächst der „vorläufigen Einholung der Allerhöchsten Genehmigung". Um sie hatte sich der Innenminister aber nicht bemüht. Immerhin eröffnete Kempen seinem Gegenspieler noch einen gütlichen Ausweg: Er bot Bach gemeinsam geführte Verhandlungen über diesen Gegenstand an[637]. Dieser aber reagierte ein weiteres Mal nicht und ließ dieses und auch ein „späteres" Schreiben vom 28. November des Jahres „ganz ähnlichen Inhaltes" unbeantwortet[638].

Die Lage scheint zunehmend den Charakter eines verdeckt, ja offen geführten Machtkampfes angenommen zu haben. Wollte Kempen in dieser Situation nicht das Gesicht verlieren, so blieb ihm nur noch eine Möglichkeit, um „die Sache ... zu einem gedeihlichen Ende zu bringen": Er mußte den Monarchen um Unterstützung ersuchen. Offenbar zu einer letzten Vergewisserung hatte er am 31. Dezember 1854 noch einmal eine „Umfrage" an die Polizeidirektoren gerichtet. Ihre „Berichte" ergaben jedoch „dasselbe ungünstige Verhältniß" wie zuvor. Dann wandte er sich am besagten 14. Februar 1855 an Franz Joseph.

Zunächst erklärte er ihm gegenüber, es „der Stellung, welche der Statthalter zum Polizey-Direktor einnimmt, nicht ganz entsprechend zu finden", wenn der erste dem letzteren Berichte „zur Einsicht gibt". Damit warf er sich aber nur scheinbar zum Verteidiger der Interessen seines Antagonisten auf. Denn im weiteren holte er zu einer umfassenden Kritik Bachs aus. Vor allem zwei Punkte sind dabei erwähnenswert: Da war zum einen die aus der Anweisung des Ministers vermeintlich resultierende „dienstabträgliche Verzögerung". Damit spielte Kempen offenbar auf die Hauptaufgabe der von ihm geleiteten Einrichtung an. Sie lag in der Überwachung der innenpolitischen Zustände. Insofern mußten die höheren Organe der Polizeibehörde also vor allen ande-

---

636 Ebd., fol. 97.
637 Ebd., fol. 96–97.
638 Ebd., fol. 97 (s. dazu auch folg.).

Der politische Entscheidungsprozeß im einzelnen

ren Instanzen von polizeilich relevanten Agenden erfahren. Nicht umsonst erklärte er wenig später, die ihm in dieser Hinsicht „obliegende Pflicht" werde ihm ansonsten „bedeutend erschwert"[639]. Er behauptete sogar eine „theilweise ... Paralisirung". Dabei brachte er auch die Person des Kaisers in das Spiel, indem er die ihm, Kempen, auferlegte „Verpflichtung" betonte, „Euerer Majestät täglich die wichtigeren polizeilichen Vorkommnisse in der ganzen Monarchie mittels Allerunterthänigsten Vortrages zur ... Kenntniß zu bringen"[640]. Zum anderen nannte er es relativ wahrscheinlich, „daß ein Statthalter einen oder den anderen, ihm durch die politischen Behörden berichteten polizeilichen Vorgang nicht für wichtig genug halten wird". Dies begründete er mit dem von ihm schon weiter oben angeführten Faktor einer „Isolirtheit" der Polizeidirektoren.

Dagegen spielte er eine andere Eventualität herunter. Schließlich konnten die Polizeidirektoren einzelne Berichte der politischen Behörden ja auch der Einsicht des Statthalters entziehen: Diese „Besorgniß" sei eine sehr geringe, da dies ein „Polizey-Direktor schon mit Rücksicht auf seine dienstliche Stellung zum Statthalter nicht leicht wagen" werde[641].

Kempens Argumente sind nur schwer zu widerlegen. Jedenfalls war er aber tatsächlich „weit entfernt, in der Stellung des Polizey-Direktors zu den politischen Behörden des betreffenden Kronlandes etwas alteriren" zu wollen[642]. Insofern tat er also hier scheinbar mit gutem Grund, was er in unserem zuerst dargelegten Beispiel unterlassen hatte: Er forderte beim Kaiser sein gutes Recht ein.

Franz Joseph reagierte prompt: Zunächst hatte Bach umgehend zu der Angelegenheit Stellung zu nehmen[643]. Dabei sprach der Minister von einem mit Kempen bereits gepflogenen „Einvernehmen"[644]. Dies veranlaßte wiederum den Kaiser dazu, in einer schon am 2. März 1855 an den Innenminister gerichteten, aber auch dem anderen Hauptbeteiligten in dieser Sache mitgeteilten[645] Entschließung von der „Voraussetzung" auszugehen, das hier angezeigte Einvernehmen mit „Meiner Obersten Polizeibehörde" habe bereits stattgefunden oder werde doch ohne Verzögerung stattfinden. Dann traf er eine scheinbar salomonische Entscheidung: Er „ordnete" nämlich eine weitere „Berathung" zwischen Kempen und Bach an. Er entschied also überhaupt nicht,

---

639 Ebd., fol. 100 (s. dazu auch das folg. Zit.).
640 Ebd., fol. 99.
641 Ebd., fol. 98. Dafür führte er auch ein konkretes Bsp. an (ebd., fol. 98–99).
642 Ebd., fol. 100.
643 S. dazu am Rande zu Kempens Vortrag v. 14. Februar 1855, vermerkt von Franz Joseph (Wien, 2. März 1855, in: Ebd., fol. 100).
644 S. dazu ind. die kais. Entschließung v. 2. März 1855, Wien, in: Ebd., fol. 101 (s. dazu auch folg.).
645 S. dazu ebd.

was keinen Einzelfall darstellt. Für Bach mochte dies einen Zeitgewinn bedeuten. Kempen dagegen konnte darüber nicht gerade glücklich sein, obwohl sich der Tenor von Franz Josephs Handschreiben für ihn eher günstig ausnahm.

Zudem mußte der Feldmarschalleutnant bald erkennen, daß sich Bach noch lange nicht geschlagen gab. Denn einen ihm von Kempen übermittelten „Entwurf der revidirten Grundzüge der Polizei-Verwaltung" nannte der Minister unzureichend: Er habe „weder die Wirksamkeit und die Stellung der politischen und Polizeibehörden mit der zur Vermeidung von Competenz-Conflikten vollkommen ausreichenden Schärfe abgegränzt, noch in allen Punkten die erwähnten allerhöchsten Normen als unumstößliche Grundlagen festgehalten"[646].

Dabei sah dieser Entwurf speziell mit Blick auf den § 32 offenbar eine mehr oder minder einschneidende Veränderung gegenüber der Bestimmung von 1850 vor: Von nun an sollten nach Kempens Vorstellung sämtliche an die Landeschefs gerichteten Berichte zunächst durch die Hände der regional zuständigen Polizeiorgane gehen. Bach war nicht gewillt, diesem Ansinnen seine Zustimmung zu erteilen, wobei er zwischenzeitlich nicht untätig geblieben war und seinerseits Erkundigungen eingeholt hatte[647]. Zu seinen Gunsten führte er zunächst die Auffassung des Generalgouvernements in Ungarn, dann der „Länderchefs von Siebenbürgen, Kärnthen und der Bukowina" an. Schließlich verwies er noch auf Statthalter Agenor Graf Goluchowski aus Galizien[648]. Alle erwähnten Instanzen beziehungsweise Personen hatten sich gegen eine solche Formulierung „ausgesprochen"[649].

Dabei gaben sie vor allem zweierlei zu bedenken. Einerseits hatten die „meisten, über belangreichere Vorkommnisse einlangenden Berichte ... Verfügungen zur Folge", die „nicht zum Wirkungskreise der nur auf den Ortspolizei-Rayon beschränkten Polizeibehörden gehören". Andererseits „mußten" diese *Verfügungen* „mit Vermeidung jedes, wenn auch geringen(,) aber häufig sehr ungeeigneten Zeitverlustes unmittelbar vom Landeschef getroffen werden". Denn zu seinem „Wirkungskreis gehörte die oberste Leitung der Polizei im Kronlande".

Ein Teil dieser Argumentation hört sich bekannt an und läßt sich nicht leicht entkräften. Wie Kempen, so betonten auch die genannten Statthalter den Faktor *Zeit*. Und die Behauptung, „von den gleich oder selbst höher gestellten politischen Behörden" sei die Vorlage ihrer Berichte an die Polizei-

---

646 An Kempen, Wien, 21. Juni 1855, Nr. 6728/MI., in: Ebd., fol. 149.
647 Dies muß aber aufgrund des dafür notwendigen Zeitaufwandes aller Wahrscheinlichkeit nach bereits vor der kais. Entschließung v. 2. März geschehen sein.
648 Ebd., fol. 163–165.
649 Ebd., fol. 164 (s. dazu auch folg.).

Der politische Entscheidungsprozeß im einzelnen

behörde nicht zu verlangen, erinnert ebenfalls stark an die Argumentation des Chefs der Obersten Polizeibehörde. Dementsprechend sollte ihnen zufolge alles beim alten bleiben: Die Statthalter sollten nach wie vor die ihnen „unmittelbar zukommenden Berich(te) über polizeiliche Vorkommnisse dem Polizei Direktor zur Einsicht mittheilen"[650].

Bachs Kommentar dazu fiel erwartungsgemäß aus: Er erklärte, sich „dieser Ansicht ... nur vollkommen anschließen" zu können. Zusätzlich untermauerte er seinen Standpunkt aber noch mit einigen weiteren grundsätzlichen Überlegungen. So verwies er auf die institutionelle Stellung eines Statthalters: Er hatte „die Polizei im ganzen Kronlande zu leiten", ihm oblag die „Verantwortlichkeit für die Aufrechthaltung der öffentlichen Ruhe und Sicherheit im ganzen Kronlande"[651]. Auch waren die Polizeidirektoren seiner Vermutung nach[652] „nicht immer" zu einem adäquaten „Urtheil" über die „in concreten Fällen" zu treffenden „zweckmäßigen" Maßnahmen „in der Lage". Und die beabsichtigte „Controlle" durch die Polizeidirektoren nannte er „überflüssig". Schließlich gab es ja noch die „nebenher laufenden Rapporte der Gendármerie".

Zuletzt nahm er noch den Kaiser persönlich in die Pflicht: „Se(ine) Majestät" hatten „auf den wichtigen Posten eines Landeschefs ... nur Männer berufen", die bereits „bewährte Proben" ihrer „Pflichttreue" und ihres „regen Diensteifers" abgelegt hatten. Bachs daraus gezogene Schlußfolgerung scheint auf den ersten Blick schwer verständlich: Selbst wenn nämlich die besagte Kontrolle „Vortheile" mit sich bringen sollte, so überwogen doch „weit" die „Nachtheile", die „aus einer verspäteten Maßregel für die öffentliche Sicherheit, Ruhe und Ordnung entspringen können". Damit wollte er offenbar sagen, daß im Falle eines Falles doch die Statthalter besagte *Maßregeln* erlassen mußten. Sie mochten aber zu *spät* kommen, weil die Berichte zunächst den Polizeidirektoren zur Kontrolle vorzulegen waren. Abgesehen davon begegnen wir hier aber einem weiteren strategisch-argumentativen Hilfsmittel: Denn indirekt sollte der Kaiser beim Lesen dieser Zeilen exakt jenes denken, was auch uns bei ihrer Lektüre in den Sinn kommt: *Ich, Bach, habe nur absolut verläßliche, mir treuergebene Persönlichkeiten zu Statthaltern gemacht.*

Bach blieb also hart. Wieder ist zu fragen, ob er hoch, ja nicht vielleicht zu hoch pokerte? Oder aber hatte er aus der Reaktion Franz Josephs auf Kempens Vorstoß den Schluß gezogen, in dieser Angelegenheit noch einen beträchtlichen Einsatz wagen zu können? Der Wortlaut des Paragraphen 32 von 1850 deutet auf eine andere *Wahrheit* hin: Darin war ja niemals von sämt-

---
650 Ebd., fol. 164–165.
651 Ebd., fol. 165–166.
652 Er sprach hier von „zu sein scheint" (ebd., fol. 169; s. dazu auch folg.): Auch dies läßt sich als eine aus taktischen Gründen gewählte Formulierung betrachten.

lichen, sondern eben nur von den *wichtigen* Vorfällen die Rede. Was aber war bedeutsam und was nicht? Darüber ließ sich unterschiedlicher Meinung sein. Es fehlten exakte Maßstäbe, um dies einschätzen zu können.

Dabei handelte es sich im übrigen um keinen Einzelfall. Bestehende sprachliche Uneindeutigkeiten dürften dabei keineswegs nur aus der Unmöglichkeit genauer textlicher Formulierungen oder aus sprachlicher Nachlässigkeit entsprungen sein. Gezielte Absicht beziehungsweise die Notwendigkeit, sich auf Kompromißformeln zu verständigen, spielte hierbei wohl ebenfalls eine Rolle. Dies ließe sich etwa im Zusammenhang mit der Frage nachweisen, inwieweit Erzherzog Maximilian als Generalgouverneur von Lombardo-Venetien durch Außenminister Buol über außenpolitische Vorgänge zu informieren war oder nicht[653]. Bach mochte also bewußte Obstruktionspolitik betrieben haben. Doch wie wollte ihm Kempen dies aufgrund des unklaren Wortlautes des 32er genau nachweisen? Der Innenminister war also einmal mehr ein einigermaßen kalkulierbares Risiko eingegangen. Und so erscheint seine Beurteilung von Kempens Anliegen nur folgerichtig: Wie bisher sollten die Landeschefs den Polizeidirektoren nur von den „wichtigeren" Dingen Anzeige erstatten[654].

1.5. Abschließende Bemerkungen

Auf den ersten Blick resultierte der soeben beschriebene Konflikt also lediglich aus einer uneindeutigen Formulierung. Doch bildete diese gewissermaßen nur den – je nach Perspektive willkommenen oder auch mißlichen – Auslöser für die Auseinandersetzung. Die wahren Gründe hierfür lagen tiefer. Da spielte zunächst einmal eine persönliche Rivalität zwischen Bach und Kempen eine Rolle. Solche Rivalitäten hochgestellter Persönlichkeiten auf Regierungsebene gab es noch mehr, wobei jede von ihnen ihre Besonderheiten aufwies. Doch der Rivalität zwischen dem Innenminister und dem Chef der Obersten Polizeibehörde wohnten ganz spezifische Züge inne. Dafür spricht ihre Kontinuität und die Härte, mit der sie oftmals ausgetragen wurden. Beide Seiten schenkten sich immer wieder nichts.

Aber nur in dieser Hinsicht stehen wir einer Ausnahme gegenüber. Ansonsten erscheinen die zwei soeben dargestellten Konflikte durchaus repräsentativ, was die Frage der damaligen Zusammenarbeit auf Regierungsebene anbelangt. Ähnliche Konfliktmuster ergaben sich auch bei der Nationalanleihe,

---

653 S. dazu u. a. ein und. Memorandum Maximilians, in: Ebd., NL Bach, Krt. 17, f. *Verwaltung II*, s.f. *Generalgouverneur*.
654 Vortrag Kempens v. 14. Februar 1855, Wien, Nr. 471/Pr. II., in: Ebd., Inneres, OPB, Präs. II, Krt. 107, Nr. 2845/58, fol. 169.

wie wir bereits sehen konnten. In diesem Fall betrafen sie vorrangig Bach und Baumgartner. Sie sollten kein Einzelfall bleiben.

Abschließend sei nochmals kurz der Entscheidungsprozeß über dieses Unternehmen resümiert. Der Innsbrucker Kaufmann Boscarolli hatte die ursprüngliche Idee dazu. Er spielte im Entscheidungsprozeß aber keine maßgebliche Rolle. Ihm kam bestenfalls die Funktion eines Auslösers zu. Brentanos Bedeutung für das Zustandekommen des Unternehmens ist nur schwer einzuschätzen. Sie liegt aber wohl allenfalls in seiner Einflußnahme auf den Finanzminister im Vorfeld der offiziellen Debatten über dieses Projekt, während er im Verlauf des Entscheidungsprozesses nicht mehr besonders in Erscheinung getreten zu sein scheint. Die Beschlußfassung selbst dominierten drei Persönlichkeiten: der Kaiser, Bach und Baumgartner. Sie entschieden mehr oder weniger alleine über Für und Wider der Nationalanleihe. Das Gewicht der Vertrauensmänner, die damals wenigstens indirekt ebenfalls noch in den Entscheidungsprozeß mit einbezogen wurden, ist hingegen gering zu veranschlagen. Und die Vertreter des Reichsrats hatten es versäumt, ihrer wohl hauptsächlich aus formalen Gründen erfolgten Konsultation mittels einer geschickten Argumentation vielleicht doch noch mehr und eventuell sogar ausschlaggebendes Gewicht zu verleihen. Die Hauptverantwortung hierfür trägt Kübeck. Ungeachtet dieser eventuellen partiellen Selbstausschaltung erscheint die festgestellte Beschränkung auf einen so kleinen Personenkreis bemerkenswert. Schließlich wohnte dem anvisierten Unternehmen ja eine enorme Tragweite inne, sowohl für den Fall seiner erfolgreichen Realisierung, wohl aber noch mehr für den Fall seines Scheiterns.

Je nach Phase des Entscheidungsprozesses ließe sich die Wahl der Reihenfolge der Namen auch variieren. Zunächst kam Baumgartner (und eventuell Brentano) eine entscheidende Rolle zu, da er das Projekt Boscarollis nicht von vornherein ablehnte, es vielmehr gewissermaßen zu seinem eigenen machte und als solches dem Monarchen präsentierte. Daran ändert auch nichts, daß er infolge der entstandenen großen finanziellen Schwierigkeiten und der Tatsache, daß er wegen Kübecks Widerstand mit anderen Projekten *oben* nicht durchgedrungen war, früher oder später vielleicht eigenhändig ein ähnliches Projekt präsentiert hätte. Nachdem er sich aber zu einer offiziellen Vorlage entschlossen hatte, mußte praktisch zwangsläufig Bach in den Vordergrund rücken. Von seinem positiven Votum über das geplante Projekt hing viel, wenn nicht alles ab.

Franz Joseph schließlich mußte das Projekt sanktionieren. Man kann lange darüber streiten, ob er für die Realisierung der Nationalanleihe mehr als *nur* die berühmte *politische* Verantwortung trug, worüber heutige Politiker ja so oft zu Fall kommen. Letzteres konnte dem Habsburger kaum passieren. Er war ja kein normaler Politiker, sondern ein absolut herrschender und keiner wie auch immer gearteten Instanz verantwortlicher Monarch. Zumindest gab er vor, ein solcher zu sein. Und somit brauchte ihn die Frage nach so etwas wie politischer Verantwortung eigentlich nicht weiter zu kümmern. Diese Kategorie der Beurteilung politischen Handelns existierte für ihn scheinbar schlicht nicht. Ob es sich damit tatsächlich so einfach verhalten hat? Wir werden darauf zurückkommen. Dabei ist schon an dieser Stelle an die großen Versprechungen zu erinnern, die der Öffentlichkeit im Zuge der Verkündigung der Nationalanleihe gemacht wurden. Sie erfolgten nicht nur im Namen Franz Josephs, sondern auch durch ihn persönlich. Schließlich hatte er ja seine Unterschrift unter das Patent vom 26. Juni 1854 gesetzt.

KAPITEL 2

Die Subskriptionsphase der Nationalanleihe

Damit sind wir bei der Durchführung der Nationalanleihe angekommen. Zunächst sei an die im vorherigen Kapitel zuletzt angestellten Überlegungen betreffend die vom Herrscher gemachten Versprechungen angeknüpft. Die erste dieser Versprechungen bestand einfach darin, die anvisierte halbe Milliarde Gulden zu erreichen. Wie einführend dargelegt, lassen sich hierbei zeitlich gesehen zwei Phasen unterscheiden: erstens die Subskriptionsphase, in der eben vor allem die 500 Millionen gezeichnet werden mußten. Darauf folgte zweitens die Einzahlungsphase. Hier ging es für die Verantwortlichen darum, die gezeichnete Summe auch möglichst zur Gänze der Staatskasse zuzuführen.

Uns interessiert zunächst die Subskriptionsphase. Sie begann – wie gesagt – am 20. Juli und sollte am 19. August enden[1]. Tatsächlich aber wurde sie bis „einschließig" 31. des Monats „erweitert"[2]. Offiziell rechtfertigte man dies mit dem „großen Andrang" sowie mit „in örtlichen Verhältnissen begründeten Hindernissen". Beide Gründe klingen plausibel. Doch nur der erste läßt sich ohne weiteres aufschlüsseln: Offenbar waren die zuständigen Stellen mit der Entgegennahme und Bearbeitung der Zeichnungen organisatorisch oftmals schlicht überfordert. Warum dies der Fall war, darauf wird später noch einzugehen sein[3]. Der zweite Grund ist dagegen so vage gehalten, daß wir ihn näher erörtern müssen.

Konkret wurde damit offenbar auf Bedenken abgehoben, ob die vorgesehene Frist zur ausreichenden Mobilisierung vor allem der unteren Bevölkerungsschichten genügen würde. Entsprechende Zweifel gab es von Anfang an. Schon am 12. Juli erachtete die niederösterreichische Handels- und Gewerbekammer die Subskriptionsphase voraussichtlich als zu kurz, um im „Flachland" alle „Zweifel" über den Sinn und Zweck der Operation zu „beseitigen"[4]. Auch Wiens Polizeidirektor berichtete in diesem Sinne an Kempen: Die Frist werde in der Bevölkerung „als zu kurz bemessen" erachtet[5]. Kurz darauf rich-

---

1 Erlaß Bachs u. Baumgartners v. 5. Juli 1854, in: Rgbl., 1854, Nr. 159, § 1, S. 637.
2 Erlaß Bachs u. Baumgartners v. 19. August 1854, in: Ebd., Nr. 207, S. 839 (s. dazu auch folg.).
3 S. dazu w. u., Abschnitt 3.1.1.2.
4 Protokoll der Sitzung v. 12. Juli 1854, abg. in: *Wiener Zeitung*, 2. September 1854, Nr. 210, S. 2347.
5 Wien, Nr. 1376/Pr., in: AVA, Inneres, OPB, Präs. II, Krt. 27, Nr. 4549/54.

tete der Präsident der erwähnten Handels- und Gewerbekammer, Dück, einen entsprechenden Brief an Baumgartner[6]. Und ein gewisser Dengelmaier betonte gegenüber dem Chef der Obersten Polizeibehörde zwar die für die Anleiheoperation bestehende „günstige Stimmung"; doch machte er die erfolgreiche „Einzeichnung binnen Monatsfrist" zumindest von einer Bedingung abhängig: Das „Publikum" müsse durch alle Behörden, Ortsvorstände und die Geistlichkeit hierzu angespornt werden[7]. Konnte aber eine solchermaßen konzentrierte, konzertierte Aktion genügend rasch auf die Beine gestellt werden?

Beileibe nicht nur in Wien und Umgebung wurden in dieser Hinsicht Zweifel laut. So informierte Kempen den Innenminister in einem als *dringend* etikettierten Schreiben über den in Siebenbürgen laut gewordenen „Wunsch" nach einer „Verlängerung". Es sei kaum möglich, „bis 20. August der großen Masse ... die Tragweite u(nd) Ersprießlichkeit dieser Finanz-Maßregel begreiflich zu machen"[8]. Ähnliche Gründe führte Erzherzog Albrecht an, um für die ihm unterstehenden Offiziere einen Subskriptionsaufschub zu erreichen: Es mangele fast an der „physischen Zeit", die im Patent enthaltenen „Verlautbarungen ... bis zum gedachten Termin veranlaßt und en detail dem Einzelnen bekannt zu geben"[9]. Und Radetzky erklärte am 11. August eine „Terminsverlängerung allerdings" für „nothwendig": Das „Anlehen" fange erst jetzt an, „etwas Leben und Rührigkeit unter die Leute zu bringen, und einiges Verständniß zu finden"[10]. Alles in allem war es für die verschiedenen verantwortlichen Stellen offensichtlich nicht leicht, das erwünschte große Ausmaß an öffentlicher Mobilisierung sicherzustellen.

2.1. Die Mobilisierung der politischen und sonstigen Behörden

Bestand für Bach[11] aber überhaupt eine Chance, die Zeichnung von 500 Millionen Gulden zu erreichen? Damit eine solche Chance gegeben war, mußte er vor allem anderen eine ebenso umfassende wie verläßliche Mitwirkung der ihm unterstehenden Organe auf allen administrativen Ebenen veranlassen und so weit wie möglich sicherstellen. Der Minister war sich über diese

---

6 Wien, 15. Juli 1854, in: FA, FM, Präs., Nr. 12962/54.
7 O. O. (aber Wien), 8. Juli 1854, in: AVA, OPB, Präs. II, Krt. 26, Nr. 4354/54.
8 Wien, 27. Juli 1854, Nr. 4579/Pr. II, in: Ebd., Krt. 28, Nr. 4759/54.
9 An Grünne, Hauptquartier Bistritz, 6. August 1854, Nr. 188/Generaladjutantur, in: KA, MKSM, Nr. 3006/54
10 An Bach, Verona, Nr. 2393/R., in: AVA, Inneres, OPB, Präs., Krt. 665, Nr. 9317/54.
11 Im Folg. wird oft nur von ihm die Rede sein. Dies geschieht aus Gründen der Einfachheit und infolge seiner federführenden Rolle. Die Person Baumgartners muß bei der Lektüre aber häufig im Hinterkopf behalten werden.

Grundvoraussetzung offenbar im klaren. Denn er leitete dazu wohl alles ihm mögliche in die Wege.

2.1.1. Die Instruktion Bachs an die Verwaltungsorgane

Den Ausgangspunkt bildete eine von ihm erlassene „umfassende Instruktion" an die politischen Behörden, wie er selbst es nachträglich formulierte[12]. Sie sollte den Beamten unter anderem den „Standpunkt klar ... machen", den sie bei der Abwicklung des geplanten Unternehmens zu befolgen hatten. Auf ihre detaillierte inhaltliche Erläuterung verzichte ich an dieser Stelle, da sie uns bei der Erörterung der verschiedenen Durchführungsmodalitäten der Nationalanleihe immer wieder begegnen wird. Eines verdient jedoch festgehalten zu werden: Sie war insgesamt gesehen eher allgemein gehalten. Bach begnügte sich – wie er es formulierte – mit der Hervorhebung „einiger Momente" als Richtlinien[13]. Den an der Durchführung beteiligten unter- und nebengeordneten Behörden – in diesem Fall insbesondere den übrigen Ministerien und der Obersten Polizeibehörde – wurde ihre Vorgehensweise also nicht in allen Einzelheiten vorgeschrieben.

Ein solches Vorgehen stand wohlgemerkt grundsätzlich nicht im Einklang mit dem im Neoabsolutismus zur Regierungsmaxime erhobenen zentralistischen Herrschaftsprinzip. Viele Zeitgenossen erblickten in einer zentralistischen Politik die alleinige Garantie für eine Aufrechterhaltung des Reiches, wobei nicht zuletzt auf die unmittelbare historische Erfahrung der Revolution von 1848/49 rekurriert wurde. So hatte etwa der einstige österreichische Bundeskommissar in Hessen, Christian F. Graf Leiningen-Westerburg, bis März 1852 die „feste Ueberzeugung gewonnen", daß das eigentlich schon seit dem Verfassungsoktroi vom März 1848, spätestens aber seit Erlaß des Sylvesterpatentes „befolgte System einer einheitlichen Verbindung der verschiedenen Theile der Monarchie ... das Beste ist", was „den Bestand und die Macht Oesterreichs für die Zukunft sicherstellt"[14]. Zugleich erklärte er es für das „einzige" System, das diesen Zweck erfüllen konnte. Laut Kempen soll Bach selbst das „Prinzipe der Zentralisation" einmal als *conditio sine qua non* für ein Überleben des Reiches bezeichnet haben, indem er meinte: „,Ab jenem

---

12 Vortrag v. 3. Oktober 1854, Wien, Nr. 11463/MI., in: Ebd., Inneres, Präs., Krt. 666, Nr. 11882/54 (s. dazu auch das folg. Zit.). Es gab mehrere Instruktionen, die aber inhaltlich kaum voneinander abwichen (berücksichtigt wurden hin und wieder unterschiedliche Verhältnisse in einzelnen Reichsteilen). Deshalb behandele ich sie hier prinzipiell als ein Ganzes.
13 Bach an K. Schwarzenberg, Wien, 6. Juli 1854, Nr. 7099/MI., in: Ebd., Krt. 664, Nr. 7099/54.
14 An Rechberg, Schloß Grainberg, 4. März 1852, in: HHStA, PA. I, NL Rechberg, Krt. 533a, f. *Briefe 1852* (s. dazu auch das folg. Zit.).

Tage, an welchem der Kaiser dieses Prinzip aufgibt, zerbricht er seinen Thron.'"[15] Exakt diese Worte könnte der Innenminister durchaus gebraucht haben, trat er doch nachweislich für eine Orientierung an diesem Prinzip ein, wann immer dies ihm opportun beziehungsweise möglich erschien. Nicht umsonst bezeichnete sein Mitarbeiter Lackenbacher kurz nach der Entlassung Bachs im Sommer 1859 die „Centralisazion" als jenes „oberstes Regierungsprinzip", an dem der Minister „festgehalten haben"[16]. Aber auch Kempen, der den recht engen Vertrauten Bachs nicht nur wegen seiner „israelitischen und plebeischen Abstammung" wenig schätzte[17], „gab" ihm in dieser Beziehung „recht": Ein „Abgehen vom Zentralisationsprinzip" bedeutete nämlich laut ihm, „eine neue Revolution aussprechen"[18].

Bei der Durchführung der Nationalanleihe erwies sich aber recht eindringlich die „Unmöglichkeit der vollkommenen Zentralisazion", die Wessenberg einmal generell konstatiert hatte[19]. Dafür waren sowohl taktische Gründe als auch faktische Notwendigkeiten ausschlaggebend, wobei nochmals explizit zu vermerken ist, daß es sich bei der zentralistischen Maxime nur um ein, wenn auch zentrales *Prinzip*, nicht aber um ein bedingungslos zu verfolgendes Dogma handelte, was zuweilen übersehen wird.

2.1.2. Der Tenor der Instruktion

In taktischer Hinsicht galt es insbesondere die Stellung des Generalgouverneurs von Ungarn zu bedenken: Erzherzog Albrecht war habsburgischen Geblüts. Zwar stellte er tatsächlich „nicht sehr viel mehr als eine Galionsfigur" des – vermeintlichen – „Bach'schen Systems" dar, wie Johann Chr. Allmayer-Beck meint[20]; und er dürfte deshalb auch „nach Emanzipation des ungarischen Gouvernements gestrebt" haben[21]. Aber gerade weil er als Mitglied der kaiserlichen Dynastie bei der Abwicklung der Nationalanleihe eine reine Statistenrolle als Demütigung empfinden mochte, mußte Bach mit der Möglichkeit eines Protests des Erzherzogs bei seinem Vetter Franz Joseph gegen eine solche Degradierung rechnen. Aus formalen beziehungsweise aus Gründen des Taktgefühls könnte es der Minister also darauf abgesehen haben, dem

---

15 Tagebucheintrag v. 2. Juni 1851, in: Tagebuch Kempens, S. 217.
16 An Bach, Constantinopel, 1. September 1859, in: AVA, NL Bach, Krt. 7, f. *Lackenbacher*.
17 Kempen an Grünne, Wien, 20. September 1854, Nr. 3390/Pr. I, in: HHStA, KK, GD, 1854, f. *GD II, Nr. 733–1205*, fol. 471.
18 Tagebucheintrag v. 6. Oktober 1851, in: Tagebuch Kempens, S. 228.
19 An Isfordink-Kostnitz, Vevey, 19. Dezember 1849, in: Briefe Wessenbergs, 1, Nr. 75, S. 87.
20 Der stumme Reiter, S. 90.
21 So Grünne laut Kempen, Tagebuchnotiz Kempens v. 18. Februar 1855, in: Tagebuch Kempens, S. 388.

Habsburger das Gefühl zu vermitteln, die Durchführung der Nationalanleihe für seinen Amtsbereich auf eine ihm effizient erscheinende Weise teilweise selbständig organisieren zu können.

Zudem scheint Albrecht wenigstens damals noch gewisse Stücke auf Bach gehalten zu haben. Als es um seine Instruktionen als Generalgouverneur ging, hatte er es laut einer Tagebuchnotiz Melanie Metternichs zwar „abgelehnt", dieselben aus der Feder Bachs zu erhalten[22]; und er mag gegenüber dem Innenminister aufgrund dessen revolutionärer Vergangenheit in der Tat von Anfang an gewisse Vorbehalte gehegt haben[23]. Aber wenigstens zwischenzeitlich scheint sich Albrecht ihm angenähert zu haben. So hielt Kempen nach einer persönlichen Unterredung mit dem Generalgouverneur fest, dieser habe „von den Ministern nur Bach gelobt"[24]. Er „(wisse) des Kaisers Befehle zu vollziehen ..., die anderen nicht". Kempen will sich einer „Kommentierung dieser Behauptung ... enthalten" haben[25], was aufgrund seiner weiter oben dargelegten Gegnerschaft zum Innenminister begreiflich erscheint. Bach hingegen mag das – später freilich abnehmende[26] – Wohlwollen Albrechts nicht ganz unbekannt gewesen sein. Zugleich aber hatte er ja viele mächtige innenpolitische Gegner. Und insbesondere in den Augen der meisten magyarischen Altkonservativen, deren Repräsentanten dem neoabsolutistischen System in verschiedenster Hinsicht kritisch bis feindlich gesinnt gegenüberstanden, galt er ja als eine Art *persona non grata*. Insofern dürfte er bestrebt gewesen sein, es sich mit dem Erzherzog nicht zu verscherzen.

Entschieden schwerer ins Gewicht fallen für eine plausible Beurteilung des moderaten Tons der Instruktion sachliche Momente: So fehlte es dem Minister und seinem Wiener Beamtenstab an der notwendigen Vertrautheit mit den lokalen Verhältnissen in den einzelnen Kronländern. Bach war sich dessen offenbar bewußt. Denn in seiner Instruktion an den siebenbürgischen Gouverneur betonte er, „die Wahl der Mittel und Wege ... dem geschäftskun-

---

22 Aus Metternich's nachgelassenen Papieren, 8, S. 114.
23 Vgl. dazu Allmayer-Beck, Der stumme Reiter, S. 89–91.
24 Tagebucheintrag v. 6. September 1853, in: Tagebuch Kempens, S. 302 (s. dazu auch folg.). Vgl. dazu kurz bei Matthias Stickler, Erzherzog Albrecht, S. 148.
25 Tagebucheintrag v. 6. September 1853, in: Tagebuch Kempens, S. 302.
26 Noch am 14. Mai 1857 wurde Kempen mitgeteilt, man habe zu Albrecht „gar kein Vertrauen ..., weil ihm Minister Bach wert zu sein scheint" (Tagebucheintrag, in: Ebd., S. 430). Aber schon am 4. Juni des Jahres „tadelte" der Habsburger laut Kempen den Minister, der „sich erlaubt, die telegraphischen Depeschen des Erzherzogs über die Kaiserreise willkürlich abzuändern, und der, obgleich den Altkonservativen abhold, ihnen doch schon ... Konzessionen gemacht" (Tagebucheintrag, in: Ebd., S. 432). Dieser *Tadel* scheint im weit. zugenommen zu haben (vgl. dazu Tagebucheintrag Kempens v. 2. Juli 1859, in: Ebd., S. 521: Danach war Bach laut Albrecht „nie" zu „trauen"). Für ein allg. Urteil s. auch Eduard Hellers unveröffentlichtes Manuskript zu einer Biographie über Albrecht: Danach „sympathisierte" er „zweifellos mehr mit Bach als mit Kempen" (Erzherzog Albrecht, S. 117).

digen Ermessen Hochderselben anheimgeben" zu müssen[27]. Dies erklärte er für „um so mehr" notwendig, „als dabei die genaueste Kenntniß der Landesverhältnisse im Ganzen und im Einzelnen wesentlich maßgebend ist". Zudem verfügte er in seinem Hause ja nicht über das für eine ausgefeilte zentrale Planung erforderliche Personal. Eine bedeutende Rolle kam außerdem dem Faktor Zeit zu. Die Operation mußte rasch realisiert werden, vor, während, beziehungsweise unmittelbar nach der Erntezeit, wenn die Bauern und damit die große Masse jener, die sich an der Nationalanleihe beteiligen sollten, materiell vergleichsweise besser dastanden. Ihre allzu exakte Vorbereitung im Innenressort hätte aber – auch aufgrund personeller Probleme – aller Wahrscheinlichkeit nach zu beträchtlichen Verzögerungen geführt beziehungsweise eine Verschiebung des ganzen Unternehmens um ein Jahr erfordert. So hätte man zunächst einmal einschlägige Informationen über den Vermögensstand der Bevölkerung aus den einzelnen Kronländern anfordern müssen. Damit wäre die Nationalanleihe bereits zu Grabe getragen worden, ehe sie überhaupt so richtig das Licht der Welt erblickt hatte. Die vorhandene Eile barg im übrigen mindestens die Gefahr einer mehr oder minder überstürzten Vorbereitung der Operation, mit ungünstigen Auswirkungen auf ihren Erfolg. Dieses Risiko scheinen Bach und Baumgartner bewußt in Kauf genommen zu haben. Dabei konstatierte Kempen einmal nicht ohne Grund „sich widersprechende Verfügungen"[28].

Es verstand sich also letztlich weitgehend von selbst, daß Bach den politischen Behörden vor Ort einen relativ freien Aktionsradius überließ. Dabei setzte sich diese Linie, die trotz aller Zentralisierungsbemühungen auch bei anderen Gelegenheiten verfolgt wurde beziehungsweise verfolgt werden mußte, notwendigerweise auch nach weiter unten hin fort. Der uns schon bekannte Präsident der Ofen-Pester Statthaltereiabteilung, Baron Augusz, äußerte sich Bach gegenüber in dieser Hinsicht sehr treffend: Bei der „schnellen u.(nd) energischen Durchführung einer so großartigen Maßregel" liege die absolute Unmöglichkeit, „jedem Organe oder Vorsteher einer Körperschaft eine detaillirte Instruktion zu ertheilen", in der Natur der Sache[29]. Anderenfalls werde nämlich „eine zu große Einschränkung der individuellen Thätigkeit ein ungünstiges Resultat beinahe mit Gewißheit" hervorrufen. Immerhin war den politischen Landesorganen insbesondere die Art und Weise der Erfassung der Subskriptionen inhaltlich präzise und verbindlich vorgeschrieben. Dies galt auch für die Modalitäten über den Rückfluß der entsprechen-

---

27 Bach an K. Schwarzenberg, Wien, 6. Juli 1854, Nr. 7099/MI., in: AVA, Inneres, Präs., Krt. 664, Nr. 7099/54 (s. dazu auch das folg. Zit.).
28 Tagebucheintrag v. 3. November 1854, in: Kempens Tagebuch, S. 344.
29 Ofen, 9. August 1854, Nr. 3662/Pr., in: AVA, Inneres, Präs., Krt. 665, Nr. 9141/54 (s. dazu auch folg.).

den Daten an das Innenministerium. Beides lag auch nahe, wollte sich Wien wenigstens einigermaßen einen umfassenden, auf einer vergleichbaren Datenbasis beruhenden Überblick über den Ablauf der Zeichnungsphase verschaffen.

Diese scheinbar relativ lockere Handhabe barg prinzipiell ein gewisses Risiko für ein Gelingen der Operation: Die politischen Behörden mochten Bachs Intentionen entgegenhandeln oder doch wenigstens nicht ganz in ihrem Sinne agieren. Dabei mußte noch nicht einmal Absicht im Spiel sein. Der Inhalt der Instruktion konnte vielmehr ganz einfach mißverstanden werden. Tatsächlich jedoch mußte der Innenminister eine solche Gefahr aus mehreren Gründen nicht befürchten.

Da war zunächst die materielle Lage eines Großteils des Staatsbeamtentums: Laut Erich Zöllner war es in „den fünfziger Jahren wesentlich besser gestellt als jenes des Vormärz"[30]. Eher das Gegenteil traf zu. Dabei könnte es angesichts der herrschenden Zustände in vielen Fällen noch als Schönfärberei ausgelegt werden, wollte man die materielle Situation wenigstens der „mittleren und schon gar der unteren Beamtenschaft"[31] lediglich als problematisch bezeichnen. Sie war in den meisten Fällen „wirklich schlecht", wie Heindl schon vor längerem festgestellt hat[32].

Angesichts solcher Verhältnisse läßt sich mit Brandt sogar von einer „wirklichen Verelendung ... insbesondere der kleinen und mittleren Beamten" sprechen[33]. Denn die Staatsbediensteten waren zumeist völlig auf ihren ohnehin nur kargen beruflichen Lohn angewiesen. Nur sehr wenige bezogen zusätzliche Einkünfte, noch weniger verfügten über eigenes Vermögen. Wieder anderen Beamten wurde ihre Tätigkeit überhaupt nicht entgolten. Dies galt etwa für einen Teil der sogenannten „Konzeptspraktikanten" und für die als „Auskultanten" bezeichneten Aushilfen[34]. All dies mag sich gerade in der damaligen wirtschaftlichen Situation gravierend ausgewirkt haben. Vielleicht wurde nämlich wirklich keine andere „Klasse der Konsumenten" von der „Kalamität" der „Entwerthung der Valuta" und der „Theuerung in allen Lebensbedürfnissen" so „schwer ... getroffen" wie der „auf ein fixes Einkommen beschränkte Beamtenstand"[35].

Würden die Beamten die vom Innenminister in seiner Instruktion vorgezeichneten Richtlinien auf die leichte Schulter nehmen, so setzte sie das also

---

30 Geschichte Österreichs, S. 400.
31 Heindl, Einleitung, in: MRP, III/2, S. LI.
32 Ebd. Dort auch entsprechende Zahlenbeispiele (S. LI–LII). S. im übrigen auch ihre bereits erw. interessante Studie *Gehorsame Rebellen*.
33 Neoabsolutismus, 2, S. 614; vgl. S. 601.
34 Heindl, Einleitung, in: MRP, III/2, S. LII.
35 So ein zeitgenössischer Polizeibeamter, Notiz v. 16. Juni 1854, Wien, MCZ. 1822/54, in: HHStA, KK, Vorträge, 1854, Krt. 9.

einer sehr konkreten Gefahr aus: materiell noch prekärer oder aber gar völlig mittellos dazustehen. Denn dann mochten sie bei einer anstehenden Beförderung übergangen werden. Sie riskierten vielleicht sogar ihre Degradierung oder vorzeitige Pensionierung. Wer unter ihnen würde ein solches Risiko bewußt in Kauf nehmen?

Damit mache ich mir nicht Mazohl-Wallnigs These zu eigen, wonach das „Amt" eines Staatsbediensteten „jede Obstruktion (paralysierte)": „Würde er sich selbst jemals in Frage stellen? Welche Revolution beginnt mit der Vernichtung der eigenen Existenz?"[36] Denn die Bereitschaft von Beamten, die eigene politische Einstellung oder andere, den Obrigkeiten mißfallende Auffassungen (und eventuell auch Verhaltensweisen) offen an den Tag zu legen, hing sicherlich auch von der jeweils gegebenen historischen Konstellation ab. In einer innenpolitisch prinzipiell ruhigen Zeit dürfte sie geringer sein als in Zeiten einer ausgebrochenen oder vor der Tür stehenden und für den einzelnen wahrnehmbaren Revolution.

Solche unruhigen Zeiten waren aber zu Beginn der zweiten Jahreshälfte 1854 nicht gegeben. In diesem Zusammenhang wäre übrigens einmal systematisch zu untersuchen, inwiefern die geringe Gehaltszumessung – sie befand sich teilweise auf einem niedrigeren Stand als ungefähr 1815[37] – wenigstens partiell die Folge einer bewußt praktizierten Disziplinierungsstrategie der Machthaber darstellte (mit freilich möglicherweise erheblichen Folgekosten, was ihre normalerweise an den Tag gelegte Arbeitsmoral[38] und die von offizieller Seite aus „anfangs gehegte Hoffnung" anbetrifft, „durch das Beam-

---

36 Österreichischer Verwaltungsstaat, S. 66; s. dazu insg. S. 43–66.
37 S. dazu ansatzweise bei Heindl, Gehorsame Rebellen, S. 170.
38 Hier ist auch das aktenmäßig belegte Phänomen der Beamtenbestechung zu erw. Wie weit es verbreitet war, ist schwer zu sagen. Heindl zufolge waren unmittelbar vor März 1848 „Bestechungen und Korruption … an der Tagesordnung", was sie mit der „ab den dreißiger Jahren verschlechterten Lage der Beamten" begründet (ebd., S. 265–266). Laut Zöllner war das neoabsolutistische Beamtentum „pflichtbewußt, arbeitsam und unbestechlich" (Geschichte Österreichs, S. 400). Wie aber Wandruszka – bezogen auf die gesamte Regierungszeit Franz Josephs – gemeint hat, konnte das „Gebot der Unbestechlichkeit" unter anderem „durch die bescheidene Bezahlung … ins Wanken geraten" (Ein vorbildlicher Rechtsstaat?, S. XIV). In den Quellen habe ich hierfür nur wenige Hinweise gefunden: So heißt es in einem Stber. für das zweite Quartal 1857 und speziell auf Ödenburg bezogen, das Bestechungswesen und Schuldenmachen „selbst höher gestellter Beamten" greife immer mehr um sich. Jedoch wolle aus Furcht vor Unannehmlichkeiten und Verfolgungen niemand zum Zeugen sich hergeben, „weßhalb positive Daten nicht geliefert werden konnten" (4–6 57, SH/LP/PD, in: AVA, Inneres, OPB, Präs. II, Krt. 94, Nr. 5310/57, Bog. 8). Identisches meldete wieder für Ödenburg im Januar 1858 der dortige Polizeidirektor „nach achtbaren Quellen". Da war auch von „Parteilichkeit" die Rede, und es hieß: „Obwohl die öffentliche Meinung (unver)holen sich darüber ausspricht, und achtbare Männer der Ueberzeu(gung) sind, daß die Corruption unter (den) Notaren und öffentlichen Beamten bedeutend um sich gegriffen hat, so scheut sich doch Jedermann, zur Beseitigung dieses in Ungarn seit jeher betriebenen, in den Augen der Einge-

tentum eine integrierende Wirkung auf die national so heterogenen Kräfte zu erzielen"[39]). Dies vermutet auch Karl Megner, wenn er von einem „wirksamen beamtenbezogenen sozialen Steuerungsinstrument" spricht[40]. Allerdings macht der Wirtschafts- und Sozialhistoriker noch ein weiteres Moment geltend. Danach meinte Bach, „Gehaltserhöhungen der Beamten könnten andere notleidende Bevölkerungsgruppen gegen den Staat aufbringen"[41]. Auszuschließen ist dies nicht.

Daneben ist hier der innere Aufbau des Verwaltungsapparates zu nennen: Er war stark hierarchisch organisiert. So wie der Herrscher von *seinen* Ministern Gehorsam einforderte, so verlangten dies auch die Chefs der Zentralbehörden von den ihnen unterstehenden Organen. Im vorliegenden Fall betraf dies also den Innenminister und die Verwaltungsbeamten. Dabei führte indirektes oder sogar offenes Zuwiderhandeln nicht automatisch zu disziplinarisch-beruflichen Maßnahmen wie etwa zu einer Versetzung. Aber schon das Wissen um eine solche Eventualität oder auch nur die Gewißheit, sich jedenfalls den Unmut des Innenministers, ja unter Umständen des Kaisers höchstpersönlich zuzuziehen, dürfte die Beamten in normalen Zeiten sozusagen auf Kurs gehalten beziehungsweise rasch wieder zur Räson gebracht haben. Und Bach hatte schon seit seiner Übernahme des Inneren keinen Zweifel daran gelassen, daß er ein starker Ressortleiter zu sein gedachte[42].

Zwei für die Realisierung seiner Intentionen hilfreiche Faktoren fand Bach also bereits bei seinem Amtsantritt vor: den streng hierarchischen Verwaltungsaufbau sowie die spezifische sozial-materielle Lage der Beamten. Doch verfügte er außerdem über eine ganze Reihe indirekter Mittel, um ein Vorge-

---

borenen nicht einmal so stra(f)bar erscheinenden Unwesens beizutragen. Höchstens wird eine oder die andere Persönlichkeit als im Rufe der Bestechlichkeit stehend bezeichnet, (...).“ (An Kempen, Ödenburg, Dat. unl., in: Ebd., Krt. 102, Nr. 577/58.) Und am 18. September 1857 meldete der Polizeidirektor von Temesvar: „Die Klagen über die Bestechlichkeit vieler Beamten und der meisten Orts-Notäre dieser Provinz ... sind häufig, und, wie die Erfahrung lehrt, leider nicht ungegründet." (An Kempen, Nr. 526/Pr., in: Ebd., Krt. 124, Nr. 8065/58.) Heindl begründet die von ihr schon für die Zeit vor 1848 für das Beamtenwesen generell als „merkwürdig" bezeichnete „ärmliche Quellenlage" (Gehorsame Rebellen, S. 15) mit dem „Amtsgeheimnis", die Beamten hätten „sorgsam" die Spuren ihrer Geschichte getilgt (ebd.). Dies dürfte dann wohl insb. für den Aspekt der Bestechlichkeit und ähnliche, die Bürokratie in Mißkredit bringende Erscheinungen gegolten haben. Eingehende Archivforschungen könnten hier doch noch einiges zutage fördern. Oberst Friedrich M. Freiherr Kellner v. Köllenstein erklärte einmal mit Blick auf die Publizistik: „(...); eine rührige Redaction, die kein Geld scheut(,) sich Quellen zu öffnen, wird immer einer schläfrigen und geldkargen den Vorrang ablaufen." (Ohne alles [aber nach dem 19. Dezember 1852], in: KA, MKSM, SR, Nr. 4/4–16.)
39 Heindl, Einleitung, in: MRP, III/2, S. LIII (s. auch S. LIII–LIV).
40 Beamte, S. 89.
41 Ebd., S. 92.
42 S. dazu sein Zirkular v. 15. August 1849 (abg. in: Walter, Zentralverwaltung, III/2, Nr. 19, S. 105–110).

hen in seinem Sinne möglichst weitgehend sicherzustellen. Sie waren rhetorischer oder – wie es im zeitgenössischen Jargon hieß – *moralischer* Natur und finden sich ebenfalls in seiner Weisung. Deshalb ist auch die dort getroffene Feststellung, „jede das freie Handeln beengende Instruktion" sei „dem Zwecke eher ab- als zuträglich", nicht wörtlich zu nehmen[43]. Vielmehr wußte er mit verschiedenen Methoden weitestgehend eine Vorgehensweise „im Sinne" der von ihm „ertheilten Weisungen" zu garantieren[44]. Nur die markantesten dieser Methoden können hier angeführt werden. Sie wurden keineswegs nur bei dieser Gelegenheit angewandt und waren auch keine Spezialität des Innenministers, sondern vielmehr durchaus gängige Praxis.

Da war beispielsweise der häufige und einem Stereotyp nahekommende Hinweis auf die „Pflicht"erfüllung und den „Diensteifer der politischen Beamten" jeglicher Rangstufe[45]. Sehr deutlich findet dieses Prinzip seine Artikulation in einer Instruktion, die speziell für das Vorgehen der politisch nur partiell als zuverlässig angesehenen ungarischen Behörden herausgegeben wurde: Da wurde die „verantwortliche Pflicht" der Staatsdiener unterstrichen, der Operation zu einem Erfolg zu verhelfen[46]. Daneben betonte Bach wiederholt die große Bedeutung der Nationalanleihe[47] und nannte ihre Realisierung eine „eben so wichtige als ehrenvolle Aufgabe"[48].

Sicherlich sollte etwa der Rückgriff auf die Kategorie der *Pflicht* die Beamten auch lediglich an damals hoch im Kurs stehende Prinzipien ihres Berufsstandes erinnern. Insofern sagt diese Formulierung für sich genommen nur wenig aus. Sie mag nur deshalb auffallen, weil sie heutzutage als eine zumindest partiell veraltete, wenn nicht fragwürdige Sekundärtugend erscheint. Und ließ sich ernsthaft bestreiten, daß die Nationalanleihe eine *wichtige* Maßnahme war, deren Förderung für jeden seinen Beruf ernstnehmenden Beamten eine *ehrenvolle Aufgabe* darstellte? Im Rahmen des streng hierarchisch-autoritär aufgebauten zeitgenössischen Herrschaftssystems beinhalteten solche Worte jedoch eine versteckte Mahnung. Vielleicht wäre sogar von einer ausgesprochenen Warnung, wenn nicht gar Drohung zu sprechen. Wer den in der Instruktion vorgezeichneten Richtlinien nicht in der gehörigen Weise nachkam, verstieß eben gegen seine Beamten*pflicht*. Im Grunde genommen

---

43 Bach an K. Schwarzenberg, Wien, 6. Juli 1854, Nr. 7099/MI., in: AVA, Inneres, Präs., Krt. 664, Nr. 7099/54.
44 Dies getan zu haben, schreibt etwa ausdrücklich der Stellvertreter des Generalgouverneurs von Siebenbürgen an Grünne (Hermannstadt, 17. Oktober 1854, Nr. 7249/MCG., in: KA, MKSM., Nr. 3942/54).
45 Bach an K. Schwarzenberg, Wien, 6. Juli 1854, Nr. 7099/MI., in: AVA, Inneres, Präs., Krt. 664, Nr 7099/54.
46 Instruktion, Wien, 6. Juli 1854, Nr. 7099/MI., in: Ebd.
47 S. dazu insb. am Anfang seiner Instruktionen.
48 Bach an K. Schwarzenberg, Wien, 6. Juli 1854, Nr. 7099/MI., in: Ebd.

verletzte er nichts weniger als seinen gewissermaßen in die Hände des Kaisers geleisteten Diensteid⁴⁹. Damit aber riskierte er offenen Auges eine Ahndung dieses unverzeihlichen Fehlverhaltens. Ein Beamter, der sich in seinem Amtsbereich nicht nach Kräften für ein Gelingen der Nationalanleihe einsetzte, verkannte schlicht vollkommen die ihm zugewiesene Stellung in der staatlichen Hierarchie. Ein schlimmeres Vergehen konnte er kaum begehen. Aufgrund des hohen Stellenwertes der Nationalanleihe für Bach wollte er bei seinen Untergebenen zweifellos exakt diese Überlegungen hervorrufen.

Sein stärkstes Druckmittel bildete sein ebenfalls stereotyp wirkender Hinweis auf den „allerhöchsten Willen", der hinter dieser Operation stand. Charakterisierte Bach die Nationalanleihe als eine „mir von Seiner Majestät dem Kaiser ganz besonders empfohlene Maßregel"⁵⁰, so bedurfte dies keiner weiteren Erläuterung mehr. Für jeden Staatsdiener konnte es in so einem Fall nur eine Option geben: soviel wie möglich zu dem Gelingen des Unternehmens beizutragen. Dies war gerade auch auf jene Beamten gemünzt, die dem neoabsolutistischen Herrschaftssystem und/oder der Nationalanleihe kritisch bis ablehnend gegenüberstanden.

Wer diese Maxime nicht strikt befolgte, konnte leicht in den Geruch kommen, dem von Bach wiederholt streng gerügten Beamten*schlendrian* zu huldigen: So wandte er sich zum Beispiel am 14. Mai 1849 entschieden gegen den vermeintlichen „Glauben" des einzelnen Staatsdieners, man „habe seine Schuldigkeit schon gethan, wenn man Zweifel u(nd) Anstände erhebe, wenn man die höhern Behörden mit Anfragen belästige"⁵¹. Dies beweise nur, daß man die „Anforderungen der Neuzeit" nicht verstehe und sich aus dem „allgewohnten leidigen Schlendrian der früheren Zeit" nicht zu erheben vermöge. Der unheilvolle Fehler der „frühern Zeit" sei ja eben der „Wahn" der „meisten Beamten" gewesen, daß es ihr „Beruf" sei, die „höhern Verfügungen zu bekritteln". Und am 25. Februar 1850 schrieb er dem Salzburger Landespräsidenten Friedrich Graf Herberstein über das Erfordernis, „dem Volke Vertrauen zu den neu organisirten politischen Behörden einzuflößen"⁵². Dazu aber war es notwendig, „ihm jeden Anlaß zur Furcht zu benehmen, daß die neue Verwaltung nur die Nahmen geändert(,) nicht auch den alten Schlendrian mit allen seinen Folgen abgestreift habe". Dann würde es auch „zweifellos" gelingen, der „Regierung" jenes „Ansehen zu vindiciren, das sie in früherer Zeit aus eigenem (!) Verschulden verloren hat".

---

49 Zur Eidesleistung s. bei Walter, Zentralverwaltung, III/1, S. 514–517.
50 Bach an K. Schwarzenberg, Wien, 6. Juli 1854, Nr. 7099/MI., in: AVA, Inneres, Präs., Krt. 664, Nr. 7099/54.
51 An Leopold Graf Weserheimb, Wien, Nr. 3500/MI., in: Ebd., Krt. 429, Nr. 3500/49 (s. dazu auch folg.).
52 Wien, Nr. 804/MI., in: Ebd., Krt. 769, Nr. 804/50 (s. dazu auch folg.).

Energisches Vorgehen war also angesagt. Wer anders handelte, riskierte den Unmut des Innenministers und daraus möglicherweise resultierende berufliche Konsequenzen. Er riskierte aber noch weit mehr: Nämlich den kaiserlichen Unwillen. Dies galt insbesondere für jene Beamte, die es wagen sollten, einer erfolgreichen Durchführung der Nationalanleihe geradezu entgegenzuarbeiten.

Die letzten Erwägungen sind keineswegs bloße theoretische Konstrukte, fernab von der zeitgenössischen Praxis. Sie waren also auch den damaligen Beamten bewußt. Dies zeigt ein Vergleich mit anderen Fällen, in denen das Mittel einer expliziten Bezugnahme auf den Kaiser eingesetzt wurde. Dabei bestanden oder drohten in diesen Fällen zumeist grundlegende und nicht kompromißfähige Meinungsverschiedenheiten.

Nehmen wir beispielsweise die Vorgänge gegen Ende 1849 um die Enthebung von Generalmajor Johann Freiherr v. Susan, der damals in Ungarn diente. Im Ministerrat hatte man sich sicher nicht leichten Herzens zum Entschluß seiner Ablösung durchgerungen. Doch wie sollte sein Vorgesetzter Feldzeugmeister Julius Freiherr v. Haynau zu einer Umsetzung dieses Beschlusses bewogen werden? Die schwierige Persönlichkeit, die Neigung zu eigenmächtigem Handeln sowie die „Eigen Liebe"[53] des ungarischen Militär- und Zivilgouverneurs waren nur allzu bekannt[54]. Er brachte es sogar fertig, „weder dem Ministerrate, noch dem Kaiser zu gehorchen"[55] und wurde nicht zuletzt deshalb bald darauf seinerseits auf recht unsanfte Weise des Dienstes enthoben[56]. Zudem stand Haynau jedenfalls laut Kempen unter einem „nachtheiligen Einfluß" Susans[57]. Ministerpräsident Schwarzenberg rechnete offensichtlich mit Widerstand Haynaus, wenn auch vielleicht zu Unrecht, da der hohe Militär inzwischen Susans „Anmaßungen schon überdrüssig" geworden sein könnte[58]. Jedenfalls begnügte er sich nicht damit, die berüchtigte *Hyäne von Brescia*[59] auf seine eigene und die „Uiberzeugung" seiner „Kollegen" hinzuweisen, Susans „längeres Verbleiben" könne „nur Schaden bringen"[60]. Viel-

---

53 So einmal Radetzky in einem Schreiben an seine Tochter Friederike, ohne alles, aber wohl 1854, in: KA, NL u. Sammlungen, NL Radetzky, B/1151, D, Nr. 35, S. 40.
54 S. allg. zu ihm Regina Forstner, Julius Freiherr von Haynau.
55 So der damalige Vertreter Bachs in Ungarn, Karl Freiherr Geringer v. Oedenberg, laut Kempen (Tagebucheintrag Kempens v. 28. Mai 1850, in: Tagebuch Kempens, S. 178).
56 S. dazu kurz bei Corti, Mensch und Herrscher, S. 60–61.
57 Tagebucheintrag v. 2. September 1849, in: Tagebuch Kempens, S. 152.
58 So Kempen, der sich dabei auf Äußerungen Liechtensteins bezog (Tagebucheintrag v. 1. Dezember 1849, in: Ebd., S. 161).
59 S. dazu kurz bei Lippert, Felix Fürst zu Schwarzenberg, S. 238–239.
60 An Haynau, Wien, 4. November 1849, *geheim*, in: HHStA, KK, GH, NL Schwarzenberg, Krt. 10, f. *III*, Nr. 151, Blatt 53–54 (s. dazu auch folg.). Schwarzenberg soll Susan auch „ein ‚gescheites L …' genannt" haben (Tagebucheintrag v. 1. Dezember 1849, in: Tagebuch Kempens, S. 161). Das soll wohl *Luder* heißen.

mehr behauptete er „gute Gründe", daß „der Kaiser die hier ausgesprochenen Meinungen theilt". Dieser Hinweis erfolgte bestimmt nicht zufällig. Worauf aber sollte er mit diesen Worten abgezielt haben? Ganz offensichtlich wollte er mit ihnen Haynau unter moralischen, psychischen Druck setzen[61].

Weniger Umschweife machte geraume Zeit später Kempen gegenüber dem Tiroler Statthalter Bissingen. Anlaß zu deutlichen Worten bot ihm der angeblich „leidenschaftliche, keineswegs innerhalb der Gränzen der Dezenz bleibende" Stil der Berichte des Kreispräsidenten von Brixen[62]. Er verletze den amtlichen Anstand in hohem Grade. Der Chef der Obersten Polizeibehörde teilte Bissingen sein „Befremden" darüber mit, daß eine solche Sprache „ungerügt" bleibe, ja sogar noch gutgeheißen werde. Seine Schlußfolgerung kam einer offenen Drohung gleich: Er würde sich bei weiteren solchen Vorkommnissen „in die unangenehme Lage versetzt sehen", das „Allerhöchste Augenmerk ... auf diese ... Unzukömmlichkeit zu lenken".

Das indirekte Druckmittel mit dem Kaiser mußte auf die Betroffenen gleichsam körperlich wirken. Zudem trachtete Bach im Zuge der Durchführung der Nationalanleihe danach, sich des ausreichenden Engagements der Behörden noch mit anderen Mitteln zu versichern. Sie tauchen ebenfalls in seiner Instruktion auf. Insbesondere die Versprechung von „Anerkennungen" durch den Herrscher ist hier zu erwähnen. Sie wurden nicht nur Beamten in Aussicht gestellt, sondern allen, die sich beispielsweise „durch eine aufopfernde und erfolgreiche Betheiligung" an der Vorbereitung „oder bei Erwirkung der Subskriptions-Erklärungen" verdient gemacht hatten[63]. Entsprechende „Bemühungen durften der lebhaftesten Anerkennung und Würdigung versichert sein", handelte es sich hierbei doch um ein „Verdienst um den Thron", wie am 9. Juli 1854 in der *Wiener Zeitung* nachgelesen werden konnte[64].

Mit *Anerkennungen* waren beispielsweise einmalige materielle Vergünstigungen oder Ordensverleihungen gemeint. Es konnte sich aber auch um eine unmittelbar vom Kaiser oder für seine Person durch den Innenminister aus-

---

61 Übrigens wollte man Susan seine Entfernung offenbar versüßen: Jedenfalls scheint Grünne Kempen „im Vertrauen" erklärt zu haben, „dem FML. Susan eine dieser Oberinspektionen [bei der Gendarmerie] zu übertragen, und zwar jene in Italien, um ihn aus Ungarn wegzubringen" (Tagebucheintrag v. 4. November 1849, in: Ebd., S. 158–159). So kam es für diesen angeblich „von allen unbemitleidesten Mann" dann auch (Tagebucheintrag v. 1. Dezember 1849, in: Ebd., S. 161).

62 Kempen an Bissingen, Wien, 30. April 1853, Nr. 1648/BM., in: HHStA, IB, BM.-Akten, Krt. 45, Nr. 92, fol. 952–953 (s. dazu auch folg.).

63 Bach an K. Schwarzenberg, Wien, 6. Juli 1854, Nr. 7099/MI., in: AVA, Inneres, Präs., Krt. 664, Nr. 7099/54.

64 *Österreichische Korrespondenz*, wiedergegeben in: *Wiener Zeitung*, 9. Juli 1854, Nr. 163, S. 1854. Die zuletzt zitierten Ausführungen waren zwar nicht auf die Beamtenschaft gemünzt, können aber auch auf sie bezogen werden.

gehende schriftliche Benachrichtigung über die *allerhöchste Zufriedenheit* der für die Monarchie geleisteten Dienste handeln.

Die bereits zu Beginn der Subskriptionsphase unter anderem in der *Wiener Zeitung* verkündete Zusage solcher *Anerkennungen* sollte zweifellos anspornende Wirkung zeitigen[65]. Wenigstens teilweise dürfte dieser Effekt auch eingetreten sein. Denn *Anerkennungen* stellten angesichts der oftmals ausgesprochen unerfreulichen Lebenswirklichkeit der Beamten eine Art ideellen Ersatz für materiellen Wohlstand dar. Zudem waren sie mit einem „hohen Sozialprestige" verbunden[66], zumal wenn sie direkt vom Herrscher erteilt wurden. Nicht umsonst berichtete der Agramer Polizeidirektor bereits am 26. Juli 1854 über ein von der Bevölkerung behauptetes „Jagen" der Beamten „nach Orden"[67]. Er selbst beurteilte diesen Vorgang deutlich kritisch. Wahrscheinlich erblickte er darin eine Art von Anbiedern, wobei er freilich von seinem eigenen Verhalten abstrahieren mochte. Bach konnte dies gleichgültig sein. Er dürfte diesen Mechanismus sogar vorausberechnet haben, zumal auch hochgestellte Staatsbeamte nach Ordensverleihungen strebten.

Exemplarisch kann dies für Kempen gezeigt werden: Am 29. März 1850 beklagte er sich gegenüber Bach, „daß ungeachtet meiner Leistungen des vorigen Jahres [damit spielte er auf sein militärisches Engagement im ungarischen Feldzug an] für mich gar nichts geschehen sei"[68]. Nachträglich will er das „zufällige Entschlüpfen" dieser Worte „bedauert" haben. Dies darf jedoch bezweifelt werden. Dazu sei zunächst einmal aus einem Schreiben des hohen Militärs Edmund Fürst Schwarzenberg an Kempen vom 12. Juni 1850 zitiert: Darin gab er zunächst seiner „Hoffnung" Ausdruck, „Sie in der Liste der von S.(einer) M.(ajestät) decorirten, od.(er) wenigstens mit einer A.(ller)h.(öchsten) Zufriedenheit Begnadigten zu erblicken"[69]. Seine eigenen diesfälligen Bemühungen im Hauptquartier seien leider vergebens gewesen. Am 5. Januar 1852 meinte Kempen, es werde ihm „peinlich" bleiben, daß ihm keine un-

---

65 Man darf auch nicht die folg. ind. Drohung hineindeuten: *Wer für eine Anerkennung nicht vorgeschlagen wird, hat sich offensichtlich nicht genug bemüht und muß die entsprechenden Konsequenzen tragen.*
66 So Wandruszka. Generell auf die Lage der Beamten vor 1918 bezogen meint er: „Die angesichts der ständigen Finanznot des Staates recht bescheidene Bezahlung wurde durch ein hohes Sozialprestige und, als Lohn für untadelige und treue Dienste, durch die Nobilitierung kompensiert, (…)." (Ein vorbildlicher Rechtsstaat?, S. XIII.) Letzteres galt aber nur für höhere oder höchste Beamtenstellen. Für ein intensives Engagement bei der Durchführung der Nationalanleihe allein kamen solche *Nobilitierungen* sicher nicht in Betracht.
67 An Kempen, Agram, 25. Juli 1854, Nr. 283/Pr., in: AVA, Inneres, OPB, Präs. II, Krt. 28, Nr. 4876/54.
68 Tagebucheintrag, in: Tagebuch Kempens, S. 171 (s. dazu auch folg.).
69 Mailand, Nr. 85, *reserviert*, in: NB, Handschriften-, Autographen- und Nachlaß-Sammlung, Autograph Nr. 448/23–3 (s. dazu auch folg.).

aufgeforderte Anerkennung zuteil werde[70]. Und am 13. Mai des Jahres notierte er sich offenbar verbittert: „Zu Sorgen und Mühen weiß man mich zu finden, bei Anerkennungen vergißt man auf mich."[71] Dies erklärte er sogar für „echt habsburgisch!" Schon am 25. Februar waren ihm diesbezüglich „aus [Friedrich] Schillers Wallenstein die Worte des Obersten Buttler eingefallen: ‚Dank, und vom Haus Österreich?'"[72] Vor allem mißfiel ihm wohl, daß andere hochrangige Persönlichkeiten, die sich seiner Meinung nach während der Revolutionszeit nicht mehr, ja in geringerem Maße als er für die Integrität des Reiches und die Dynastie eingesetzt hatten, bereits sehr wohl ausgezeichnet worden waren. Daß dies auch für Bach zutraf[73], mußte ihm wohl besonders aufstoßen. Schließlich erhielt er am 22. Oktober doch noch „ein allerhöchstes Schreiben des Kaisers", mit dem ihm der *Eiserne Kronenorden 1. Klasse* „verliehen" wurde[74].

2.1.3. Die konkrete Umsetzung der Instruktion

Die vorhandenen Akten belegen, daß die Anweisungen des Innenministers zur Umsetzung der Nationalanleihe ernstgenommen wurden. Dies gilt, obgleich die Instruktion nur an einen geringen Teil der Beamtenschaft erging: Außer den Ministern und Kempen und vielleicht noch einigen wenigen Instanzen mehr erhielten sie lediglich die Leiter der Statthaltereien. Würden Bachs *Wünsche* aber auch in entsprechender Form nach unten weitergegeben? Aufgrund des erwähnten Herrschaftsmechanismus konnte er sich dessen sicher sein. Teilweise geschah dies sogar wörtlich. Dabei handelte es sich um eine verbreitete Praxis. Dies zeigt ebenfalls, wie begrenzt der Ermessensspielraum des einzelnen Staatsdieners in einem so stark hierarchisch organisierten Herrschaftssystem war.

Zwei konkret auf die Nationalanleihe bezogene Beispiele sollen dies verdeutlichen. Zum einen wollte Bach eine Beteiligung auch jener „Oesterreicher" erreichen, die "auf eine kürzere oder längere Zeit außerhalb der Monarchie" weilten[75]. Da war sein Kollege vom Handelsressort, Georg Ritter v. Toggenburg, gefragt. Ihn bat Bach um Aufklärung der Konsulate über „die hohe Wichtigkeit" des Unternehmens. Außerdem sollten sie innerhalb der gegebenen „Umstände ... zu einer möglichst zahlreichen und ausgiebigen Theil-

---

70 Tagebucheintrag, in: Tagebuch Kempens, S. 239.
71 Tagebucheintrag, in: Ebd., S. 252 (s. dazu auch das folg. Zit.)
72 Tagebucheintrag, in: Ebd., S. 243.
73 Er erhielt den Leopoldsorden.
74 Tagebucheintrag v. 22. Oktober 1852, in: Tagebuch Kempens, S. 265.
75 Wien, 7. Juli 1854, Nr. 7099/MI., in: AVA, Handel, Präs., Krt. 44, Nr. 1715/54 (s. dazu auch folg.).

nahme" bestimmt werden. Über die persönliche Einstellung Toggenburgs zur Nationalanleihe kann nichts ausgesagt werden. Jedenfalls reagierte er prompt im Sinne seines Kollegen und erklärte sich gegenüber den „Vorstehern" der Konsulate „für überzeugt", diese würden ihrer „Aufgabe ... in der wirksamsten Weise nachkommen" (auch dies übrigens eine für die Adressaten nicht mißzuverstehende Wendung). Bach konnte zufrieden sein.

Lehrreich erscheint zum anderen das Beispiel Kempens. Er lehnte die Nationalanleihe zwar klar ab und war auch kein Beamter im klassischen Sinne; als er aber Bachs Instruktion erhalten hatte, gab er dem ihm unterstehenden Apparat am 17. Juli folgende „Überzeugung" zum besten: Das „Bewußtsein" der „Pflicht" zu einer „ausreichenden Beteiligung" an dieser Operation werde „die Herrn Beamten durchdringen"[76]. Wohlgemerkt hätte er sich aufgrund anderweitiger Überlegungen und ungeachtet seiner Gegnerschaft vielleicht auch ohne dem im Hintergrund lauernden kaiserlichen Druck zu einer solchen Erklärung verstanden. Aber dieser Druck war nun einmal gegeben. Deshalb hätte er sich eine zweideutige, vage Ausdeutung von Bachs Instruktion, die seinen Untergebenen große Handlungsspielräume offenließ, nur unter dem Risiko persönlich nachteiliger Folgen leisten können.

Noch etwas Weiteres deutet darauf hin, daß der Bachsche Beamtenapparat den Anweisungen des Innenministers reibungslos nachkam: In den Akten sucht man vergebens nach Beschwerden über ein zu laxes Vorgehen der politischen Behörden. Auch Bach scheint diesbezüglich keinen Grund zur Klage gehabt zu haben[77]. Dafür aber läßt sich wiederholt das Gegenteil konstatieren. Mehrfach artikulierte der Innenminister sein Unbehagen, ja seine offene Unzufriedenheit über eine zu rigorose Auslegung der Instruktionsbestimmungen. Sogar hochgestellte Staatsdiener schossen über das von ihm eigentlich anvisierte Maß an Strenge hinaus, wie sich noch zeigen wird. Solche Vorgänge stellten jedoch – im Zusammenhang mit dem autoritären Zuschnitt der Befehlshierarchie – eine wohl unvermeidliche Konsequenz der eher unpräzise stilisierten Anweisungen dar. Denn im Zweifelsfalle neigten viele Beamte eben wohl eher zu einer engeren denn großzügigeren Auslegung derselben.

Eigentlich lag dies nicht im Interesse Bachs. Denn daraus mochte eine eventuell sogar nachhaltige Verschlechterung der Volksstimmung resultieren. Sie konnte sich kontraproduktiv ausgerechnet auf jene innenpolitische Zielsetzung auswirken, die der Minister mit der Nationalanleihe primär zu verfolgen erklärte: eine Konsolidierung des Herrschaftssystems. Bach muß dies gewußt haben. Deswegen läßt sich hier auch nicht von unbeabsichtigten

---

76 Zirkular, Wien, 17. Juli 1854, Nr. 4447/Pr. II., in: Ebd., Inneres, OPB, Präs. II, Krt. 26, Nr. 4447/54.
77 Der diesbzgl. stark dezimierte Aktenbestand im Innenressort scheint mir hier nicht gegenteilig ins Gewicht zu fallen.

Nebenfolgen eines ursprünglich anders intendierten Handelns sprechen. Möglicherweise maß er diesem Faktor anfänglich keine besondere Bedeutung bei. Später wurde er darüber aber jedenfalls zweifellos eines Besseren belehrt. Vielleicht erachtete er diesen Faktor aber auch für das kleinere Übel. Überhaupt sollte bereits deutlich geworden sein, daß es für viele im Zusammenhang mit der Nationalanleihe auftauchende Probleme keine Ideallösungen gab.

Aus staatspolitischer Perspektive betrachtet, gemessen an der *raison d'état*, erscheint die bewußte Inkaufnahme möglicher negativer Folgen nicht gerade verantwortungsbewußt. Dies gilt um so mehr, als letztlich auch Bach nur Diener seines Kaisers war. Als solcher mußte er eigentlich alles vermeiden, was diesem unmittelbar oder mittelbar zum Schaden gereichen konnte. Und zumindest langfristig gesehen mag die Inkaufnahme kontraproduktiver Auswirkungen sogar Bachs Absicht entgegengelaufen sein, mit Hilfe der Nationalanleihe auch seine eigene Machtposition zu festigen. Kurzfristig betrachtet stellte sich dies für ihn aber wohl anders dar. Da strebte er zunächst einmal primär die Subskription der 500 Millionen Gulden an. Das Erreichen dieses Zieles allein mochte ihm in den Augen des Kaisers einen beachtlichen Prestigegewinn eintragen. Eventuell würde es ihm sogar bereits den erwünschten Machtzuwachs bescheren.

Grundsätzlich ist im Zusammenhang mit der Nationalanleihe überhaupt zwischen kurz-, mittel- und langfristigen Zielvorstellungen der maßgeblichen Akteure zu differenzieren. Man könnte es auch etwas unfreundlicher formulieren: Bach, aber auch Baumgartner (sowie der Kaiser) betrieben primär eine Art Kirchturmpolitik. Sie dachten in erster Linie bis zur nächsten Ecke. Zu vorausschauendem Planen und Handeln waren sie hingegen nicht willens oder nicht fähig. Schon weiter oben war von einer eventuell schlecht konzipierten, unzureichend durchdachten Vorbereitung der Nationalanleihe die Rede. Im Laufe der weiteren Ausführungen wird sich dieses momentan vielleicht noch eher vage Gefühl zur Gewißheit verfestigen.

2.2. Risiken für das Gelingen einer Nationalanleihe auf freiwilliger Basis

Nun bildete die zweckmäßige Einstimmung der Behörden zwar eine notwendige Voraussetzung für das Gelingen des Unternehmens. Sie war jedoch bei weitem nicht hinreichend. Dabei hatte das Risiko eines Mißerfolges primär mit dem besonderen Zuschnitt der Operation zu tun: Man hatte sie ja als freiwillige Anleihe proklamiert. So war es zwar bereits früher geschehen. Doch positive Schlußfolgerungen für den Verlauf des nunmehrigen Subskriptionsverhaltens der Bürger konnten die Verantwortlichen daraus nicht ableiten. Zum Beispiel hatte man in der Vergangenheit damit keineswegs nur günstige Erfahrungen gemacht, wie wir für Lombardo-Venetien noch sehen werden. Überdies ging es 1854 um eine unvergleichlich höhere Summe als um jene 80 Millionen Gulden, die etwa zwei Jahre zuvor auf freiwilligem Wege in die Staatskassen geflossen waren. Damals wurde der angestrebte Betrag sogar überschritten, was „eine Reduktion" erforderlich machte[78]. Dabei hatte allerdings das Bankhaus Rothschild „allein" einen „Betrag von 31 Millionen" gezeichnet. Dies entsprach mehr als einem Drittel der ausgeschriebenen Summe. Auch andere Bankiers beteiligten sich in großem Zuge[79]. Nunmehr hoffte man zwar sicherlich erneut auf die ausgiebige Beteiligung von Finanzkreisen: Aber rund 30 Millionen fielen angesichts einer angestrebten Summe von einer halben Milliarde nicht sehr ins Gewicht. Und deshalb konnte auch eine im Herbst 1849 aufgelegte Anleihe, bei der auf die Beteiligung nicht nur finanzkräftiger Kreise Wert gelegt wurde, kein Vorbild für das nunmehr zur Debatte stehende Projekt abgeben: Ihr Umfang betrug nur 70 Millionen Gulden[80].

Auch die bereits mehrfach erwähnte, Anfang 1854 „zu sehr onerösen Bedingungen" ausgerufene Lotterieanleihe konnte nicht als Vorbild dienen[81]. Freilich fand es nicht nur laut Aussage des Polizeidirektors von Ofen-Pest, Joseph Protmann (Ritter v. Ostenegg), eben „wegen seiner lukrativen Bestimmungen ... lebhafte Betheiligung"[82]; auch mochte es dieser berechtigterweise als einen „Probierstein des Vertrauens" bezeichnen, das „man in den Bestand und die Quellen des großen Kaiserstaates setzt". Als positives Omen könnte den Verfechtern der Nationalanleihe außerdem erschienen sein, daß die festgesetzte Summe ohne Schwierigkeiten nicht nur erreicht, sondern – wie schon 1852 – sogar überschritten worden war[83]. Selbst der dieser Operation skeptisch gegenüberstehende Wessenberg leugnete nicht den „Jubel" über ihren Erfolg[84], während Baumgartner „den hoffnungsvollen Beginn der Subskrip-

---

78 Vortrag Baumgartners v. 19. September 1852, Wien, MCZ. 3007/52, Wien, in: HHStA, KK, Vorträge, 1852, Krt. 16, fol. 545 (s. dazu auch folg.); vgl. Brandt, Neoabsolutismus, 2, S. 673.
79 Am 10. Juni 1854 sprach Sina von „1/4" der 80 Millionen, die „er und Eskeles" damals subskribiert hätten (Prot. der 2. Sitzung der Vertrauensmänner v. 10. Juni 1854, ad Nr. 9511/GP., in: FA, FM, GP, Nr. 9511/54, Bog. 3).
80 Zu den einzelnen Beteiligungssummen von 1849 s. die Tabelle bei Brandt (Neoabsolutismus, 2, S. 630).
81 Wessenberg an Isfordink-Kostnitz, Freiburg, 12. März 1854, in: Briefe Wessenbergs, 2, Nr. 392, S. 239. Allgemein dazu Brandt, Neoabsolutismus, 2, S. 681–682 u. S. 688.
82 An Kempen, Pest, 10. März 1854, Nr. 54/Pr., *reserviert*, in: AVA, Inneres, OPB, Präs. II, Krt. 13, Nr. 1245/54 (s. dazu auch folg.); vgl. aus Salzburg (unl. an Kempen, Salzburg, 13. März 1854, Nr. 77/G., in: Ebd., Nr. 1329/54).
83 Brandt, Neoabsolutismus, 2, S. 688, Anm. 3.
84 HHStA, NL Wessenberg, Krt. 17, Inv.nr. 146.

tion" vermerkte[85]. Doch war da zugleich mehreres zu bedenken: erstens, wie er hinzufügte, „für den Spekulanten günstige" Konditionen; zweitens blieb es in seinen Auswirkungen offensichtlich „unwirksam"[86]; und drittens war es lediglich auf verhältnismäßig bescheidene 40 Millionen ausgelegt[87]. Woher sollten im Sommer 1854 die restlichen 460 Millionen kommen? Diese Frage mußten sich die Verantwortlichen noch aus einem ganz anderen Grund vorlegen: In der Monarchie lebten nur wenige finanzkräftige Persönlichkeiten.

Damit ist bereits ein weiteres wichtiges Moment angesprochen: Anders als beispielsweise in Frankreich ermangelte es der Habsburgermonarchie – insbesondere bedingt durch ihren bisher vergleichsweise geringen Industrialisierungsgrad – an einer wirklich kapitalkräftigen *Klasse*. Es fehlte eine „breite Schicht bürgerlicher Rentiers, denen die sichere Geldanlage in öffentlichen Fonds eine traditionelle Gewohnheit war"[88]. Auch war nicht klar, ob überhaupt genügend liquide Mittel im Umlauf waren: Die Behauptung Rothschilds, es „sei noch Geld in Österreich vorhanden"[89], klang in Baumgartners Ohren sicher gut. Vor allem für Wien mochte dies auch zutreffen. Denn hier „concentrirte sich die meiste disponible Geldkraft", so Ph. Krauß in der Finanzkonferenz vom 31. Mai 1854[90]. In den „Provinzen" sah es jedoch anders aus, wie er gleich hinzufügte: Hier „lag die Kraft mehr im Grund und Boden". Aber es ging eben um eine sehr hohe Summe.

Bereits am 14. März 1852 hatte Wessenberg gefragt: „Warum gedeihen die Anlehen in England und Frankreich?"[91] Seine Antwort lautete denkbar einfach: In diesen beiden Ländern konnte man Staatsanleihen „im Inlande machen". Denn dort gab es „Kapitalisten genug", die ihr „Geld nicht besser zu verwerthen finden". Mit der Habsburgermonarchie verhielt es sich anders. Sie war „zur Zeit (noch) eines der an Kapitalien ärmsten Länder". Davon nahm er lediglich Wien, zum anderen die Lombardei aus. In der Tat war in Oberitalien „eine große Masse von Kapitalien" vorhanden[92]. Doch bezweifelte er die

---

85 So laut Brandt, einen Vortrag Baumgartners v. 8. März 1854 resümierend (Neoabsolutismus, 2, S. 690, Anm. 8).
86 Ebd., S. 688. Für einen zeitgenössischen Beleg s. Polizeidirektor Wagner an Kempen, Triest, 24. März 1854, in: AVA, Inneres, OPB, Präs. II, Krt. 14, Nr. 1575/54.
87 Brandt, Neoabsolutismus, 2, S. 681–682, S. 688.
88 Ebd., S. 693: Zugleich meint Brandt, diese hätten durch eine solche Geldanlage „ein hohes Maß an Vertrauen in die Sicherheit der staatlichen Institutionen und Verhältnisse" bekundet (ebd.). Wie stark dieses *Vertrauen* der in der Monarchie immerhin auch vorhandenen *Rentiers* ausgeprägt war, wäre zu analysieren. S. bei ihm auch noch einige weit. Punkte (ebd., S. 693–694).
89 1. Besprechung Baumgartners mit den Vertrauensmännern v. 7. Juni 1854, ad Nr. 9511/GP., in: FA, FM, GP, Nr. 9511/54, Bog. 4.
90 Prot., ad Nr. 141/RP., in: HHStA, RR, Präs., Krt. 13, Nr. 141/54 (s. dazu auch folg.).
91 An Isfordink-Kostnitz, Freiburg, in: Briefe Wessenbergs, 2, Nr. 255, S. 35 (s. dazu auch folg.).
92 S. dazu Brandt, Neoabsolutismus, 2, Tab. 44, Nr. 2, S. 1081.

rege Teilnahme der Lombarden an Staatsanleihen: Sie hätten sich „verschworen, kein österreichisches Papier annehmen zu wollen". Auch dies traf alles in allem zu, wie sich zeigen wird[93]. Und so konnte sich Wessenberg zufolge alleine Wien „namhaft an einem Anlehen betheiligen"[94], eine von ihm ganz ähnlich bereits am Jahresende 1852 vertretene Ansicht[95]. An den geschilderten strukturellen Problemen und Unwägbarkeiten ändert auch die Höhe des Bargeldumlaufs im Jahre 1854 nichts. Er belief sich auf immerhin rund 375 Millionen Gulden[96].

Bleiben wir noch einen Moment bei der geringen Zahlungsbereitschaft der Einwohner Lombardo-Venetiens. Dies allein hätte bereits das Verfehlen der 500 Millionen bewirken können. Denn nach dem Willen der Verantwortlichen sollte jedes Kronland eine ganz bestimmte Summe zum Erreichen des angestrebten Gesamtbetrags beisteuern. Auf Niederösterreich inklusive Wien wurden beinahe 108 Millionen veranschlagt, auf ganz Ungarn – wo man ebenfalls mit Problemen rechnete – hingegen nur rund 104 Millionen, während auf Böhmen fast 71 Millionen entfielen. Dann aber kamen schon die beiden oberitalienischen Provinzen: Aus ihnen sollten rund 62,5 Millionen in die Staatskassen fließen. Dies entsprach immerhin ungefähr 12% der Gesamtsumme.

Der Zeitraum, in dem die Nationalanleihe durchgeführt wurde, stellt ihren Erfolgsaussichten ebenfalls kein unbedingt günstiges Zeugnis aus: Damals befanden sich weite Bevölkerungskreise in einer besonders diffizilen materiellen Lage. Dies hatte sowohl mit den *orientalischen Wirren* als auch mit der „starken Belastung" zu tun, die im Zuge der „Abwicklung der Grundentlastung" entstanden war[97]. Ph. Krauß wies richtig darauf hin, „daß gerade die zahlreichste Klasse der Bevölkerung, die agricole(,) großen Mangel an Geldmitteln habe"[98]. Auch wirklich patriotisch gesinnte Bevölkerungsteile mochten deshalb von einer wenigstens nennenswerten Beteiligung absehen. Darauf hatte der ehemalige Finanzminister den Monarchen schon Ende Mai aufmerksam gemacht: Der „Patriotismus ... in Geldsachen" finde dort die „nothwendige Grenze", wo man das Geld nicht mehr habe oder durch „größere Betheiligung den Bestand und die Zukunft der eigenen Familie ruinirt"[99]. Und in der Besprechung der Vertrauensmänner vom 7. Juni hatte Rothschild un-

---

93 S. dazu Abschnitt 2.9.5.1 in diesem Kapitel.
94 An Isfordink-Kostnitz, Freiburg, in: Briefe Wessenbergs, 2, Nr. 255, S. 35.
95 Ders. an dens., Freiburg, 31. Dezember 1852, in: Ebd., Nr. 331, S. 146.
96 Good, Der wirtschaftliche Aufstieg des Habsburgerreiches, Tab. 12, S. 84.
97 Brandt, Neoabsolutismus, 2, S. 694.
98 Prot. der Reichsratssitzung v. 17. Juni 1854, ad Nr. 311/R., in: HHStA, RR, GR, Krt. 54, Nr. 349/54.
99 Prot. d. Finanzkonferenz v. 31. Mai 1854, in: Ebd., Präs., Krt. 13, Nr. 141/54; vgl. auch in der Reichsratssitzung v. 17. Juni (s. dazu den Quellenbeleg in der vorangegangenen Anm.).

ter Beipflichtung seines Berufskollegen Sina ganz ähnlich gemeint: „Für Geldsachen gibt es keinen Patriotismus."[100]

Gerade Bach war dies wohl bewußt. Dies zeigt eine zeitgenössische, im Innenministerium ausgearbeitete Übersicht, die sich unter anderem damit befaßte, wie der für jedes einzelne Kronland vorgesehene Subskriptionsbetrag zustande kommen sollte[101]. Die Voraussetzungen hierfür wurden teilweise als – gelinde gesagt – nicht besonders gut eingeschätzt. So wurde für die Bukowina auf die problematischen „internationalen Verhältnisse" sowie auf den „durch die Truppenkonzentrirungen alterirten Wohlstand" verwiesen. Diese Provinz war Grenzland nach Osten und damit potentielles Aufmarschgebiet oder auch möglicher Kriegsschauplatz im Krimkrieg. Und die „ungünstigen Verhältnisse" Krakaus und Galiziens mußten der „Anlehensbeteiligung ... engere Grenzen" anlegen, wie es weiter hieß. In Kärnten wiederum rechnete man von vornherein mit dem „Zusammenwirken mehrerer ungünstiger Potenzen". Für die Krain wurde ein „günstiges Resultat" für „sehr zweifelhaft" erachtet. Und sprach man mit Blick auf die Steiermark von ökonomischen „Schwierigkeiten", so wurde für Triest und das Küstenland „nur ein sehr beschränktes Resultat" erwartet.

Freilich darf der Anlaß für die Erstellung dieser Übersicht nicht übersehen werden: Es handelte sich hier offenbar um eine Vorlage für Bachs bereits erwähnten Abschlußvortrag vom 3. Oktober an den Kaiser über den Verlauf der Subskriptionen. Der Minister mochte die Situation also mit Absicht in Grautönen schildern lassen, um Franz Joseph am Ende um so triumphierender das Erreichen der 500 Millionen verkünden und dafür um so mehr kaiserliches Lob einheimsen zu können. Doch besteht kein Grund zur Annahme eines solch falschen Spiels. Denn die angeführten Angaben entsprachen durchaus in etwa den gegebenen Verhältnissen. Vielleicht hatte sie Bach sogar etwas schönfärben lassen. So würde der Monarch nicht den Verdacht hegen, man verlange von der Bevölkerung Unerfüllbares.

Immerhin mochten die eher problematischen inneren Voraussetzungen für eine ausreichende Beteiligung der österreichischen Bevölkerung durch entsprechende Subskriptionen des Auslands mehr als aufgewogen werden. Aber das Unternehmen war als eine „freiwillige inländische"[102] Anleihe konzipiert und ausgerufen worden. Dies schloß eine indirekte Beteiligung finanziell betuchter ausländischer Persönlichkeiten oder Institutionen wohlgemerkt nicht aus. Dabei ging es vor allem um die „in Wien" – oder an anderen Orten der

---

100 1. Prot., ad Nr. 9511/GP., in: FA, FM, GP, Nr. 9511/54, Bog. 6 (Sinas Äußerung findet sich auf Bog. 7).
101 Und. (aber wohl gegen Ende September 1854), in: AVA, Inneres, Präs., Krt. 664, Nr. 7099/54 (s. dazu auch folg.).
102 Vortrag Baumgartners v. 12. Juni 1854, Wien, in: FA, FM, GP, Nr. 9511/54, Bog. 1.

Monarchie – befindlichen „disponiblen Gelder" in ausländischem Besitz[103]. Und „unter den Handelsleuten" Preßburgs kursierten nicht nur Gerüchte über eine „bedeutende ... Betheiligung des Auslands an diesem Anlehen"; vielmehr waren „dießfällige Aufträge" laut dem dortigen Polizeidirektor „bereits eingelaufen"[104]. Doch darf darüber eines nicht vergessen werden: Man begab sich nicht direkt auf fremde Kapitalmärkte. Dafür gab es auch mindestens zwei gute Gründe.

Der erste war finanzieller Natur. Würden sich ausländische Finanzkräfte überhaupt namhaft beteiligen? Diesbezüglich herrschte Skepsis. Freilich meinte Baumgartner in diesem Zusammenhang, bei einem „inländischen" Handeln „mit genügender Kraft ... werde auch das Ausland Vertrauen fassen ... und seine Kapitalien zufließen" lassen[105]. Doch hatte er dabei erst die Zeit nach einem erfolgreichen Abschluß der Nationalanleihe im Auge. Zugleich sprach er die „Hoffnung" aus, eine derartige Operation zu der „Regelung der Geldzuschüße Österreichs im Ganzen" werde auch im Auslande „Theilnehmer" finden[106]. Aber damit war noch nichts über die Höhe einer solchen Beteiligung ausgesagt.

Immerhin wurde punktuell offenbar eine „zahlreiche Subscribirung" von Persönlichkeiten außerhalb des Reiches aufgrund der nicht unvorteilhaften Anleihenskonditionen erwartet[107]. Dies könnte nicht zuletzt für Bayern gegolten haben. In einem Bericht aus München war vom „vielfachen Anklang" dieser Operation „sowohl bei den Bankiers als auch bei Privaten" die Rede[108]. Aber wie dem österreichischen Gesandten in Karlsruhe, Joseph Freiherr Philippović v. Philippsberg, von „einem der ersten hier und in Baden-Baden etablierten Kaufleute" erklärt wurde, gab es bereits „seit mehr als einem

---

103 So Österreichs Gesandter in Karlsruhe Eugen Freiherr Philippović v. Philippsberg an Buol, Karlsruhe, 10. August 1854, Nr. LXII.B., in: HHStA, AM, Adm. Registratur, F 23, Krt. 7, f. *ohne alles, aber 1854*. Vgl. die „Anzeige" der Gesandtschaft in Frankfurt: Danach hatten „hiesige", also in Wien befindliche „Handelshäuser" angeblich nach der Stadt am Main „Aufträge gegeben ..., Antheile an dem gegenwärtigen österr.(eichischen) Anlehen unter dem Emissionspreise auszubieten" (Werner an Baumgartner, Wien, 10. August 1854, Nr. 10308/D., in: FA, FM, Präs., Nr. 14939/54). Dies „bekräftigten" zwei weit. Gesandtschaftsberichte aus Frankfurt und aus Karlsruhe (ders. an dens., Wien, 24. August 1854, Nr. 10946 et 10950/D., in: Ebd., Nr. 15899/54).
104 Polizeidirektor Podolski an Kempen, Preßburg, 18. Juli 1854, Nr. 1489/Pr., in: AVA, Inneres, OPB, Präs. II, Krt. 28, Nr. 4724/54.
105 1. Prot. der Besprechung mit den Vertrauensmännern v. 7. Juni 1854, ad Nr. 9511/GP., in: FA, FM, GP, Nr. 9511/54, Bog. 3.
106 Ebd., Bog. 7–8.
107 Dies meldete Dengelmaier in einem Ber. an Kempen über den Eindruck des kais. Patentes in Wien: Dabei führte er den Umstand von „in Silber bezahlten Zinsen" an, „um so mehr(,) da das Ausland mit 67 fl eintritt und hiefür 8 p Zinsen beköm̄t" (Wien, 8. Juli 1854, in: AVA, Inneres, OPB, Präs. II, Krt. 26, Nr. 4354/54).
108 Edmund Graf Hartig an Buol, München, 1. August 1854, Nr. XXXV, in: HHStA, AM, Adm. Registratur, F 23, Krt. 7, f. *ohne alles, aber 1854*.

Jahre ... durchaus keine Anfrage nach österreichischen Papieren und daher auch nicht nach den neuesten"[109], womit nun ebenjene der Nationalanleihe gemeint waren. Dies verwundert nicht. Denn das ausländische *Vertrauen* bestand ja selbst laut Baumgartner noch gar nicht, und nicht zuletzt deshalb waren „die ausländischen Märkte für Österreich weitgehend verschlossen"[110]. Und so mochte der Minister gleichsam zur Beruhigung der Skeptiker in der *Finanzkonferenz* erklärt haben, auf die „Theilnahme des Auslandes" sei „bei dem ganzen Vorschlage nicht sehr gerechnet worden"[111].

In dieser Hinsicht war man auch gut beraten: So wurde schon in der ersten Hälfte August im Finanzressort eine auf einer Zuschrift des Generalkonsuls in Amsterdam beruhende Aktennotiz angefertigt, der zufolge „die Theilnahme der holländ.(ischen) Kapitalisten für dieses Anlehen gering" war[112]. Zwei Gründe wurden dabei angeführt: Zum einen „erschien es ihnen gegen den Preis der alten öst.(erreichischen) SilberOblig.(ationen)" nicht „vortheilhaft", zum anderen waren sie nicht dazu „geneigt", den „Vortheil aus dem Gelingen des Anlehens für die Werthverbeßerung der österr.(eichischen) Fonds überhaupt ... zu würdigen".

Auch Josef A. Grüner wußte am siebenten des Monats aus Leipzig wenig Erfreuliches zu berichten. Es wuchere das Mißtrauen fort,

> „daß die kaiserliche Regierung genöthigt sein werde, vorerst an die Deckung der Kosten für Kriegsrüstungen, für das Defizit etc. zu denken(,) und somit die Erfüllung ihrer Verpflichtungen gegen die Bank und beziehungsweise die Regelung der Valuta ... um so mehr auf fernere Zeiten verschoben werden müsse, als sie mittelst der ganzen großen Finanzoperation doch nur Papier für Papier erhält und die rasche Beischaffung von Metallgeld ... ohne enormen Opfern nicht ermöglichen könne"[113].

Wenig Erfreuliches vermeldete auch der ehemalige interimistische Ministerpräsident Anton Freiherr v. Doblhoff-Dier tags zuvor aus dem Haag unter Bezugnahme auf die im Ausland lebenden *Österreicher:* Für jene unter ihnen, „die nicht von Vaterlandsliebe, sondern lediglich von Spekulation geleitet" waren, hatte diese Operation „vorläufig noch wenig Anziehendes"[114]. Schuld

---

109 An Buol, Karlsruhe, 10. August 1854, Nr. LXIII.B., in: Ebd. (wörtlich wiedergegeben).
110 Brandt, Neoabsolutismus, 2, S. 688 (vgl. S. 701 und ind. S. 673–675).
111 Prot. v. 31. Mai, ad Nr. 141/RP., in: HHStA, RR, Präs., Krt. 13, Nr. 141/54. Das tatsächliche Ausmaß an ausländischer Beteiligung läßt sich nur schwer feststellen.
112 FA, FM, Präs., Nr. 14974/54 (s. dazu auch folg.).
113 An Baumgartner, Leipzig, 7. August 1854, Nr. 55, in: Ebd., Nr. 14940/54; im Tenor ähnlich ders. an dens., Leipzig, 30. August 1854, Nr. 57, in: Ebd., Nr. 16401/54.
114 An Buol, 6. August 1854, Nr. XII, in: HHStA, AM, Adm. Registratur, F 23, Krt. 7, f. *ohne alles, aber 1854* (s. dazu auch folg.).

daran trugen die „gegenwärtige Kursverhältniße". So komme die Anleihe noch höher zu stehen „als das letzt hier eröffnete Silber-Anlehen".

Der Entschluß zur Auflegung einer bloßen Inlandsanleihe dürfte aber noch durch eine weitere Überlegung motiviert gewesen sein. Sie hatte mit propagandistischen Erwägungen zu tun: Je größer nämlich der Anteil der durch die inländische Bevölkerung gezeichneten Summe, desto schlagender der aller Welt gelieferte Beweis für die Existenz eines in der Monarchie weitverbreiteten und mehr oder minder stark verwurzelten *österreichischen* Patriotismus. Dieses Motiv kann man in den Akten nicht direkt festmachen. Es ergibt sich aber fast zwingend aus der proklamierten innenpolitischen Zielsetzung.

Insgesamt gesehen wurde das Zustandebringen der 500 Millionen auf freiwilligem Wege also als ein alles andere als leichtes Unterfangen betrachtet. Daß dies primär für Kritiker des Projekts galt, erstaunt nicht. Ihren teilweise scharf formulierten Einwänden sind wir bereits weiter oben im Zusammenhang mit der Darlegung der rein zahlenmäßigen Dimension der Nationalanleihe begegnet. Noch einmal sei Kübeck mit seiner gegenüber dem Kaiser getätigten Feststellung zitiert, er könne „das Gelingen der vorgeschlagenen patriotischen Anleihe in der angenommenen Summe und Zeit nicht entfernt für wahrscheinlich halten"[115]. Die – neben dem Monarchen – prominentesten Verfechter der Nationalanleihe erachteten die Erreichung des angestrebten Betrags auf freiwilliger Basis aber gleichfalls als problematisch. Dies ist auch deshalb von größerer Relevanz, weil sie besser über die finanziellen Verhältnisse der Bevölkerung Bescheid wußten.

Für Bach können wir dabei auf eine bereits von Anfang 1853 datierende Äußerung zurückgreifen. Danach „pflegten freywillige Beyträge zu Gunsten der Staatskaßa nach den gemachten Erfahrungen nur einen beschränkten Ertrag abzuwerfen, der mit dem Zwecke der Reglung der Staatsfinanzen in keinem Verhältniße steht"[116]. Zudem wiesen sie ihm zufolge einen besonderen „Nachtheil" auf: Sie „ließen den Zustand der Finanzen eines Landes, das zu solchen Mitteln greift(,) in einem ungünstigen Lichte erscheinen". Gemäß dieser Logik konnte er eine freiwillige Anleihe eigentlich nicht befürworten, schon gar nicht von solchen Dimensionen, wie sie nun einmal die Nationalanleihe darstellte. Eine solche Operation war riskant, mit der Gefahr des Scheiterns behaftet und mußte in diesem Fall zudem propagandistisch nachteilig wirken. Griff man also schon zu einem solchen Mittel, dann galt es bestimmte Vorkehrungen zu treffen, um eine ausreichende Erfolgsgarantie sicherzustellen. Dies müssen wir uns in Erinnerung behalten.

---

115 Vortrag v. 18. Juni 1854, Wien, in: Ebd., RR, Gremial, Krt. 54, Nr. 349/54.
116 An Franz J. Fürst Colloredo-Mannsfeld, Wien, 13. März 1853, Nr. 1465/MI., in: AVA, Inneres, Präs., Krt. 1200b, Nr. 1465/1853 (s. dazu auch folg.).

Wie sahen es Brentano und Baumgartner, die beiden Repräsentanten des Finanzministeriums? Der enge Mitarbeiter des Ministers hatte es schon in der ersten offiziellen Stellungnahme zum Plan von Boscarolli überhaupt unter anderem als „schwer" bezeichnet, „im Voraus darüber zu entscheiden, ob ein Anleihen von 400 oder 500 Millionen durch freiwillige Subskription aufgebracht werden könne"[117]. Auch sein Vorgesetzter hielt dies für nicht selbstverständlich. Sonst hätte er wohl kaum die Koppelung der freiwilligen Nationalanleihe mit einem „Zwangsanlehen" vorgeschlagen, und zwar unter schlechteren Verzinsungsbedingungen[118]. Damit sollte jener Teilbetrag der 500 Millionen „aufgebracht" werden, der „nicht auf dem Wege freiwilliger Subscriptionen" in die Staatskasse fließen würde. Dazu könnten ihn auch frühere Erfahrungen bewogen haben. Denn Brandt zufolge hatten bereits die „Zahlenverhältnisse" bei der Anleihe von Herbst 1849 eines „deutlich demonstriert": „Eine wirklich große Abschöpfungsmaßregel" war nur unter Zuhilfenahme von „Zwangsmaßnahmen zu verwirklichen"[119].

2.3. Die Alternative einer Zwangsanleihe

Baumgartner erwog auch nicht erstmals die Ausschreibung einer Operation mit Zwangscharakter. Vielmehr hatte er bereits bald nach seiner Amtsübernahme zur Linderung der finanziellen Misere an „eine Art Zwangsanleihe" gedacht[120]. Sie sollte mit nur 20 Millionen freilich ungleich geringer bemessen und zu ganz anderen Bedingungen ausgeschrieben sein[121]. Nun aber, 1854, wollte er die Option auf Anwendung von Zwang – bezeichnend genug – bereits im kaiserlichen Patent vom 26. Juni festgehalten wissen. Die dahinterstehende Absicht war klar. Intern formulierte er sie auch unzweideutig. Vor allem jene Bürger, die sich nicht „freiwillig der Subscription in angemessener Weise unterzogen", sollten von Anfang an wissen, was ihnen gegebenenfalls drohte: Sie waren nicht „zu schonen"[122]. Mußten sie zu ihrem vermeintlichen eigenen individuellen Glück genötigt werden, so waren sie mithin selbst schuld. Genauso hatte bereits Jahre zuvor sein Vorgänger Ph. Krauß argumentiert. Am 17. März 1850 nannte er die Alternative eines „Zwangsanlehens" zwar „eine sehr gehäßige Maßregel", meinte aber zugleich:

---
117 Bemerkungen zu Boscarollis Plan, 6. Mai 1854, in: FA, FM, Präs., Nr. 8421/54, fol. 5.
118 Vortrag v. 25. Mai 1854, Wien, Nr. 9451/GP., abg. in: ÖAGK, 2, Nr. 54, S. 174 (s. dazu auch folg.).
119 Neoabsolutismus, 2, S. 630.
120 S. dazu: Heindl (Probleme, S. XIII–XXIV) sowie die entsprechende Passage im MKP v. 17. April 1852 (MCZ. 1198/52, in: MRP, III/1, Nr. 3, S. 16).
121 Ebd.
122 Vortrag Baumgartners v. 25. Mai 1854, Wien, Nr. 9451/GP., abg. in: ÖAGK, 2, Nr. 54, S. 174.

„Sollte aber auch der Versuch eines freywilligen Anlehens nicht gelingen, so hätte man wenigstens kein Mittel unversucht gelaßen, um den Zwang zu vermeiden, und die Härten eines Zwangsanlehens werden dann auf diejenigen zurückfallen, die das mildere Mittel unbenützt ließen."[123]

Warum also fehlte im kaiserlichen Patent vom 26. Juni 1854 die von Baumgartner geforderte Koppelung von Freiwilligkeit und Androhung? Angesichts der zuvor gemachten Ausführungen müssen dafür gute Gründe vorgelegen haben.

Ein erster, zugleich der unmittelbarste wie auch letztlich entscheidende Grund liegt in der Einstellung Franz Josephs zu der anvisierten Koppelung. Damit kommen wir auch auf den schon erwähnten einzigen bemerkenswerten Diskussionsbeitrag des Herrschers in der Sitzung vom 31. Mai zurück, in dem er auf den „eigenen Eindruck" einer unmittelbaren Verknüpfung von *Freiwilligkeit* und *Zwang* „in derselben Kundmachung" verwiesen hatte[124].

Diese Feststellung traf zweifellos ins Schwarze. Baumgartners Vorschlag führte nämlich das Prinzip der Freiwilligkeit geradezu ad absurdum. Das muß auch dem Minister bewußt gewesen sein. Die kaiserlichen Worte behagten ihm aber trotzdem nicht, wie indirekt ein Vortrag vom 12. Juni erhellt, in dem er Franz Joseph „in Ehrfurcht" auf ein „Schreiben des Baron Eskeles" aufmerksam machte[125]. Sein Inhalt sollte den Kaiser offenbar davon überzeugen, daß „die Zweckmäßigkeit" der „Androhung eines Zwanges … auch von anderen erwartet werde". Doch obwohl er damit nicht den erhofften Erfolg erzielte, fügte er sich letztlich dennoch bereits am 31. Mai widerspruchslos dem kaiserlichen Willen, indem er seine Bereitschaft erklärte, „diese beiden Maßregeln zu trennen, und bei dem freiwilligen Anlehen jede Zwangsandrohung wegzulassen"[126].

Dieses Verhalten erscheint auf den ersten Blick erklärungsbedürftig. Wenigstens hätte er dem Monarchen deutlich machen können, das Gelingen des Unternehmens in diesem Fall für unwahrscheinlich zu erachten. Vielleicht wagte er dem Herrscher gegenüber einfach keinen offenen Widerspruch. Dessen zitierte Feststellung bedeutete nämlich mehr als einen bloßen Diskussionsbeitrag: Sie stellte eine Kritik an Baumgartners geplanter Vorgehensweise dar und kam deshalb praktisch ihrer Ablehnung gleich.

---

123 Vortrag, Wien, MRZ. 1107/50, in: HHStA, KK, 1850, Krt. 3, fol. 1054/2.
124 Prot. v. 31. Mai 1854, in: Ebd., RR, Präs., Krt. 13, Nr.141/54; vgl. dazu für das gesamte Zit. w. o., S. 167.
125 Wien, in: FA, FM, GP, Nr. 9511/54, Bog. 3 (s. dazu auch folg.). Dieses Schreiben liegt den Akten nicht bei, Baumgartner übermittelte es jedoch Franz Joseph, wie aus seinem Vortrag hervorgeht. Eskeles hatte sich auch schon in der Besprechung der Vertrauensmänner entsprechend geäußert.
126 Prot. v. 31. Mai 1854, ad Nr. 141/RP., in: HHStA, RR, Präs., Krt, 13, Nr. 141/54.

Die Alternative einer Zwangsanleihe

Immerhin mochte dem Minister sein Schweigen erleichtert worden sein. In gewissem Sinne hatte er ja doch bekommen, was er wollte, implizieren seine soeben zitierten Worte doch das kaiserliche Einverständnis, erforderlichenfalls zu einer zweiten Ausschreibung schreiten zu dürfen. Sie konnte dann eben in Form einer Zwangsanleihe erfolgen[127]. Hier argumentierte und dachte er ganz aus seiner Position als (Finanz-)Minister, der sich in starker Bedrängnis befand. Als solcher interessierte ihn in diesem Moment beispielsweise der innenpolitische Erfolg der Operation bestenfalls sekundär: Denn eine Zwangsanleihe mochten zwar jene Subskribenten, die ausreichend gezeichnet hatten, gleichsam zur *Bestrafung* der Zeichnungssäumigen für gerechtfertigt erachten. Aber aufgrund der proklamierten Freiwilligkeit mußte sich Baumgartner eigentlich damit abfinden, sollte weniger Geld als nötig in die Staatskasse gelangen. Wollte er dagegen in diesem Fall bestimmte Bevölkerungskreise später zwangsweise zur Kasse bitten, würde spätestens dann aller Welt klarwerden: Er sowie die Regierung einschließlich des Monarchen hatten es mit dem Prinzip der Freiwilligkeit nicht ganz so ernst gemeint. Dadurch aber mußte das Erreichen der innenpolitischen Zielsetzung stark in Frage gestellt, wenn nicht hinfällig werden. Doch ausgerechnet der Innenminister zog in dieser Hinsicht mit seinem Kollegen mit: Sollte nämlich „bei aller Umsicht der Versuch mißlingen", so stellte sich ihm zufolge „die Sache ... nicht schlechter" dar[128]. Schließlich standen ja „noch immer" die „sonstigen Einleitungen ... zu Gebothe". Damit aber meinte er nichts anderes als ein alternatives Vorgehen in Form der Ausrufung einer Zwangsanleihe.

Im übrigen bedeutet die kaiserliche Ablehnung der Verknüpfung von Freiwilligkeit und Zwang im kaiserlichen Patent keineswegs, daß Franz Joseph grundsätzlich gegen Zwangsmaßnahmen eingestellt war. Ihm ging es am 31. Mai lediglich um sein eigenes Prestige. Er sprach hier nur in seinem eigenen Interesse. Sein unauflöslich mit dem geplanten Unternehmen verknüpfter Name sollte nicht dem Odium der Doppelzüngigkeit ausgesetzt sein. Hier bewies er ein Gespür für politische, für machtpolitische Opportunitäten, das sich auch in anderer Hinsicht nachweisen ließe. Freilich mag er dabei im Falle der Nationalanleihe einem grundlegenden Irrtum, einer Illusion aufgesessen sein: Denn aufgrund seiner absoluten Machtvollkommenheit in der Staatshierarchie mußte jeder Staatsbürger eigentlich so oder so auch eine später eventuell ausgeschriebene Zwangsanleihe auf ein monarchisches Plazet zurückführen, gleichgültig, ob unter der entsprechenden Proklamation seine Unterschrift stand oder nicht.

---

127 Wysocki schreibt, ohne solche Überlegungen anzustellen: „Gelang es nicht, diesen enormen Betrag über den Kapitalmarkt aufzubringen, dann sollte er in der Gestalt einer Zwangsanleihe eingetrieben werden." (Finanzpolitik, S. 85.) Wäre es soweit gekommen, dann dürfte es sich allerdings so abgespielt haben, doch vom Kaiser sanktioniert war dies damals noch nicht.

128 S. dazu in der Sitzung v. 31. Mai, in: HHStA, RR, Präs., Krt. 13, Nr. 141/54 (s. dazu auch folg.).

2.4. Motive für die Ausrufung einer freiwilligen Anleihe

Doch kehren wir zu Baumgartner zurück: Sein Nachgeben wurde ihm durch die verbliebene Option einer Zwangsanleihe zweifellos erleichtert. Doch dürften dazu auch noch mindestens fünf weitere Überlegungen beigetragen haben, die offenbar auch weitgehend von Bach geteilt wurden[129].

Erstens wußten beide Minister um die Unbeliebtheit von Zwangsanleihen eben aufgrund ihres inquisitorischen Charakters. Lediglich in Finanzgeschäften tätige Personen im weitesten Sinne mochten sich daran solange nicht stören, wie ihnen eine Beteiligung an einer solchermaßen ausgerichteten Operation nur ausreichend lukrativ erschien. Nicht zu vergessen ist, zweitens, die erwähnte schwierige ökonomisch-materielle Situation weiter Teile der Bevölkerung. Insofern war der Verzicht auf die offizielle Verkündigung der etwaigen Anwendung von Zwang durchaus angeraten. Damit konnte überdies Mißstimmung vermieden beziehungsweise in Grenzen gehalten werden. Zwar fehlen hierfür konkrete Aktenbelege, aber die Verantwortlichen besaßen wohl Realitätssinn genug, um dies zu begreifen. Noch etwas anderes müssen sie gewußt haben: Sie würden eventuell bald erneut auf den guten Willen des *österreichischen* Volkes angewiesen sein. Schließlich konnte das Kaiserreich ja doch noch unmittelbar in den Krimkrieg oder gar in eine sich daraus entwickelnde große militärische Auseinandersetzung auf unmittelbar europäischem Boden mit hineingezogen werden. Dafür aber benötigte man viel, viel Geld.

Dazu paßt auch eine von etwas späterer Zeit datierende Feststellung Bachs. Im Spätherbst wurde in engem Kreis unter Vorsitz des Monarchen eben die Frage eines möglichen Kriegseintritts des Reiches diskutiert. Damals räumte der Minister zwar die in einem solchen Falle „großen Schwierigkeiten" hinsichtlich der „finanziellen Seite der Frage" ein; gleichzeitig aber gab er seiner angeblichen „Überzeug(un)g" Ausdruck,

> „daß S(eine) M(ajestät) d(er) Kaiser ... auch in dem Falle, wenn die äußerste Nothwendigk(ei)t zum Kriege drängen würde, in allen seinen Völkern die sicherste Opferwilligk(ei)t beggenen(,) u(nd) daß gewiß jeder Oestreicher die thätigste Hingebung beweisen würde, wenn sie zur Wahr(un)g der wahren Würde u(nd) Ehre des Reiches von seinem kaiserlichen Herrn in Anspruch genommen würde"[130].

Drittens wünschten, ja erwarteten weite Teile der Einwohnerschaft des Reiches von Wien ohnehin ungeduldig eine durchgreifende Lösung der bestehen-

---

129 Gegenteilige Hinweise habe ich nicht gefunden.
130 *Konferenz* v. 20. November 1854, abg. in: ÖAGK, 2, Nr. 263, S. 575.

den finanziell-wirtschaftlichen Probleme. Dies gilt wohlgemerkt unabhängig von ihrer Einstellung in politisch-nationaler Hinsicht. Die im Vorfeld der Ausrufung der Nationalanleihe in Wien eintreffenden Stimmungsberichte sind voll von solchen, durchaus glaubwürdigen Meldungen. Zwei Beispiele unter vielen sollen hier genügen: Zum einen wurde Kempen über das erwähnte Lotterieanlehen aus Linz berichtet, man habe es „als eine sehr zeit- und zweckmäßige Regierungsmaßnahme" begrüßt[131]. Zum anderen meldete man ihm kurz darauf aus dem Süden der Monarchie, alle Klassen der Bevölkerung Österreichs würden es vorziehen, „zur Erzielung eines geordneten Finanz-Zustandes die möglichsten Opfer zu bringen, als nachgerade der unvermeidlichen Verarmung entgegen zu gehen"[132].

Diese Äußerung spiegelt mit Sicherheit recht exakt eine damals bei vielen Staatsbürgern existente Gefühlslage wieder. Überspitzt ausgedrückt gab es wenigstens in dieser Hinsicht wohl fast nur *wahre Österreicher*, jene homogene Nation also, deren Entwicklung eines der wichtigsten proklamierten Ziele der neoabsolutistischen Politiker darstellte.

Wohlgemerkt hatte die Erwartung einer nachhaltigen Verbesserung der finanziellen Verhältnisse bereits Tradition. Denn schon lange „litt" der „Konsument" unter den obwaltenden „Valuta-Verhältnißen"[133]. Und das steigende staatliche Finanzdefizit erforderte die Einführung neuer, die Erhöhung alter Steuern und anderes mehr[134]. Dies führte nicht nur in Oberösterreich und in Triest, sondern überall in der Monarchie zu einem auch noch aus heutiger Sicht nachvollziehbaren „Wunsche": Man wollte „bald die Zeit erleben ..., die eine Verminderung der Staatsausgaben und daher auch der Steuern ermöglichen werde"[135].

Dabei mochte für „Ungarn und Croatien" der Begriff „‚Steuerzahler!'" in der Tat in besonderem Maße einem „Schimpfnamen" gleichkommen, wie der Dichter Friedrich Hebbel am 6. September 1850 seinem Tagebuch anvertraut hatte[136]. Denn die dortige Bevölkerung – wie die Bevölkerung in den östlichen Kronländern überhaupt – mußte im Zuge der nach 1849 durchgeführten zentralistischen Reformen mit für sie völlig neuen Steuern Bekanntschaft machen[137]. Aber auch für andere Regionen bedarf es wohl keiner eigenen Be-

---

131 Polizeidirektor Joseph Strobach an Kempen, 11. März 1854, Nr. 145/Pr., in: AVA, Inneres, OPB, Präs. II., Krt. 13, Nr. 1281/54; vgl.: Unl. an Kempen, Salzburg, 13. März 1854, Nr. 77/G., in: Ebd., Nr. 1329/54.
132 Polizeidirektor Wagner an Kempen, Triest, 24. März 1854, in: Ebd., Krt. 14, Nr. 1575/54.
133 PWStber. v. 4.–10. April 1851, in: HHStA, KK, GD, 1852, f. *GD. II 1851/1*, fol. 28.
134 S. dazu im einzelnen bei Brandt, Neoabsolutismus, 1 u. 2.
135 Zustandsbericht über das Jahr 1852, verfaßt nach dem 24. März 1853 (AVA, Inneres, Präs., Krt. 82, Nr. 6456/1853). Dies ist nur eine von vielen beinahe identischen Äußerungen.
136 Tagebücher, 2, S. 330.
137 S. dazu bei Brandt, Neoabsolutismus, 1, etwa S. 493–496.

gründung für die relativ geringe Beliebtheit der Leistung von Abgaben verschiedenster Art an den Staat.

Und hinsichtlich der Finanzlage generell sind die Akten schon vor der endgültigen Niederschlagung der Revolution mit Klagen gefüllt. So wurden in einem Stimmungsbericht des Wiener Stadthauptmanns Karl G. Ritter Noé v. Nordberg vom 5. Juni 1849 an Bach die „österreichischen Finanzverhältnisse" in Anbetracht der „Bedrängniß" des Staatshaushalts als ein in der öffentlichen Meinung „wunder Fleck" beurteilt[138]. Eine Woche darauf berichtete der Freund Hebbels und von Kempen als „schlecht" bezeichnete Stadthauptmann[139] erneut über „das täglich steigende Mißtrauen in unsere Finanzlage"[140]. Darin vermutete er die „Achillesferse unserer Verhältniße" und den „einzigen Punkt", bei dem der Monarchie eine „Lebensgefahr" drohte. Weniger dramatisch – aber darum nicht minder eindeutig – liest es sich in einem auf den 2. Februar 1852 datierten Bericht über die Stimmung in Böhmen: Immer lauter würden „die Wünsche nach einer Reglung der finanziellen Verhältniße", wobei man auf einen „Machtspruch" von oben hoffte. Denn „nur von einer energischen Maßregel" sei in dieser Beziehung „Heil" zu erwarten[141].

Von Interesse ist ein Rapport aus der ersten Hälfte April 1852 über die in Triest herrschende Stimmung. Danach vermochte man sich keinen Reim darauf zu machen, warum „sich in unserer Geldwährung noch immer keine Besserung bemerkbar mache"[142]. Die „politischen Verhältniße Europas gestalteten" sich doch „friedlich", und die „Tendenz aller ausländischen Börsen" war „steigend". Überdies hatten die „Einnahmen unserer Finanzverwaltung zugenommen" und sich das „kursirende Staatspapiergeld bedeutend vermindert".

Gerade eine Meldung solchen Tenors aus der adriatischen Hafenstadt konnte die Verantwortlichen nicht gleichgültig lassen: Denn Triest bildete eines der wichtigsten Handelszentren der Monarchie. Der dortigen Stimmungslage kam also gerade in finanzpolitischer Hinsicht besondere Bedeutung zu. Wenig Beruhigendes war auch einem bereits aus dem Vorfeld der Nationalanleihe (8. April 1854) stammenden Leitartikel der in der Hafenstadt erscheinenden *Triester Zeitung* zu entnehmen. Sie war die offizielle Landeszeitung, und ihr kam eine nicht unwichtige, ja „notwendige Funktion" im Zu-

---

138 Wien, Nr. 1208/Pr., in: AVA, Inneres, Präs., Krt. 873, f. *22/2*, Nr. 4104/49, fol.70.
139 Tagebucheintrag v. 27. September 1850, in: Tagebuch Kempens, S. 190.
140 Noé an Bach, Wien, 13. Juni 1849, Nr. 1257/Pr., in: AVA, Inneres, Präs., Krt. 873, f. *22/2*, Nr. 4334/49, fol. 66 (s. dazu auch folg.).
141 PWStber. 18.–24. Januar 1852, Bach, 2. Februar 1852, Nr. 114/A., in: HHStA, IB, BM.-Akten, Krt. 35, Nr. 114/52, fol. 273.
142 PWStber. v. 4.–10. April 1852, in: Ebd., KK, GD, 1852, f. *GD 1851/1*, fol. 39 (s. dazu auch folg.).

sammenhang mit der Fortentwicklung des „Wirtschaftslebens" zu[143]. In dem besagten Artikel wurde nun „Ungeduld" über die noch immer ausstehende Regelung der Geldverhältnisse im Kaiserreich geäußert und diese Frage zu einer Angelegenheit erklärt, die „um jeden Preis" gelöst werden mußte[144]. Dagegen sprach Hohenwart gegen Ende Oktober 1853 in seinem Tagebuch nicht nur von den Finanzen als der „Grundlage der Monarchie", sondern ebenfalls von einer „Ferse des Achilles"[145]. Dies sah auch Wessenberg nicht anders. Seine einschlägigen tagebuchartigen Aufzeichnungen sind ebenso aufschlußreich wie seine Äußerungen, die er in diesem Zusammenhang insbesondere gegenüber seinem Briefpartner Isfordink-Kostnitz machte[146].

Solche Einschätzungen wurden auch Franz Joseph nicht vorenthalten. Er erfuhr von ihnen etwa regelmäßig bei der Lektüre von Berichten über die Stimmung in der Gesamtmonarchie. Er muß also ebenfalls gewußt haben, daß seine Regierung, daß auch er persönlich gefordert war, möglichst etwas Entscheidendes in Richtung einer Sanierung der Staatsfinanzen zu unternehmen. Insbesondere Bach und Baumgartner konnten nun versuchen, diese Konstellation für ihre Zwecke auszunützen. Bereits Boscarolli hatte davon gesprochen, daß alle eine Sanierung anstrebten und dabei sogar eine Beteiligung auch der „nicht bemittelten Klassen" (womit er „jene" meinte, „die vom Ertrage ihrer Arbeit leben") mit „allseitiger Bereitwilligkeit" als „gewiß" bezeichnet[147]. Denn gerade für diese Schichten „lag" laut ihm „der Nachtheil der Papierentwerthung am Offensten zu Tage". Ausdrücklich verwies er dabei auf die „enorme Theuerung" und fügte hinzu, gerade diesen Schichten werde es am meisten einleuchten, „daß man gewinnt, wenn man durch ein kleines Opfer die Silberwährung mit ihren niederen Preißen zurückführen wird".

Auf diesen Punkt hoben dann auch Brentano und Baumgartner ab. Brentano hatte schon in seiner ersten Beurteilung des Projekts von Boscarolli von der sich „immer mehr Geltung" verschaffenden „Meinung" gesprochen, „daß durchgreifende Maßregeln von großem Umfange nötig seien"[148]. Nur so war „dem in so vielen Richtungen höchst schädlichen und noch mit größerem Unglücke drohenden Zustande des Geldwesens ein Ende zu machen". Dagegen ließ sich seinem Chef zufolge „eine lebendige Theilnahme des Publikums an

---

143 Hubert Lengauer, Ästhetik und liberale Opposition, S. 190.
144 Früher wurde dies „unter weit ungünstigeren Umständen" versäumt (*Triester Zeitung*, Nr. 82).
145 *Die Zustände Ende 8br 1853*, in: AVA, NL Hohenwart, Krt. 14b, f. *Weingarten, Mannigfaltiges ..., 1854*, Bog. Q.
146 Darauf gehe ich an dieser Stelle nicht näher ein, weil seine Haltung immer wieder skizziert wird.
147 Dazu rechnete er beispielsweise die Beamtenschaft (ohne alles, ad Nr. 8421/FM., in: FA, FM, Präs., Nr. 8421/54, fol. 16; s. dazu auch folg.).
148 Bemerkungen zu Boscarollis Plan, 6. Mai 1854, in: Ebd., fol. 1 (s. dazu auch folg.).

einem Anlehen in einer so düstern Zeit, wie die gegenwärtige ist, vernünftiger Weise erwarten", geschehe dadurch auch etwas zur Verminderung des Papiergeldes[149]. Nicht nur hier rekurrierte er also explizit auf das Eigeninteresse der Bevölkerung. Zugleich bekräftigte er das Vorhandensein „unzähliger Stimmen", die „im Laufe dieses Jahres ... die Staatsverwaltung zur Ergreifung umfaßender und eingreifender Maßregeln aufgefordert" hätten[150]. Diese Behauptung war natürlich übertrieben. Einen wahren Kern wies sie aber doch auf. So hatte etwa der Brünner Großhändler und Fabrikant Theodor Bauer einen entsprechenden „Finanzplan" eingereicht[151], den „Fachmänner" freilich „als nicht ausführbar" beurteilten[152].

Aber nicht nur die beiden Finanzexperten äußerten sich in diesem Sinne, sondern auch Bach. Zwar „befand" er sich bezüglich der „eigentlichen finanziellen Würdigung" der Operation seinem eigenen Eingeständnis nach „auf fremden Boden"[153]. Als Innenminister war er aber zusammen mit dem Chef der Obersten Polizeibehörde zuständig für die Volksstimmung. Über sie wurde er insbesondere durch periodisch einlaufende Berichte der Statthalter auf dem laufenden gehalten. Und aus diesem „seinem Standpunkte" erklärte er Franz Joseph mit Nachdruck, wie schwer der „Druck der Valuta in allen Klassen" empfunden werde. Zudem glaubte er an die „allseitig" vorhandene „Bereitwilligkeit selbst zu großen Geldopfern", sollte „man wirklich dahin gelangen, das Papiergeld los zu werden, um das Deficit zu decken". Die *Bereitwilligkeit* dazu muß in der Tat erheblich gewesen sein.

Wie sah es nun Kempen? Schließlich war er zumindest theoretisch noch am besten über die herrschende Stimmung der Einwohner informiert. Denn neben den periodischen Berichten der Statthalter landeten unter anderem noch regelmäßige Berichte der Polizeidirektoren und Gendarmeriekommandanten auf seinem Schreibtisch. Auch er hätte Bach ungeachtet seiner Gegnerschaft gegen das Projekt Nationalanleihe in diesem Punkt nicht widersprochen. Der Innenminister verwechselte aber – bewußt oder unbewußt – Anspruch und Wirklichkeit. Denn es stand vorläufig noch in den Sternen, ob man der Geldentwertung wirklich Herr werden würde. Dies konnte sich erst nach Abschluß der Nationalanleihe herausstellen. Aber das kümmerte Bach offenbar augenblicklich nicht. Gemäß seiner Prioritätenliste ging es für ihn vorerst lediglich darum, den Kaiser von der unbedingten Notwendigkeit der Nationalanleihe zu überzeugen.

---

149 Vortrag Baumgartners v. 25. Mai 1854, Wien, Nr. 9451/GP., abg. in: ÖAGK, 2, Nr. 54, S. 173.
150 Ebd., S. 174.
151 An unb., Brünn, 16. März 1854, in: AVA, Inneres, OPB, Präs. II, Krt. 26, Nr. 4368/54.
152 Randbemerkung am Ende eines an Kempen gerichteten Schreibens v. 15. März 1854 (Brünn, in: Ebd.).
153 Prot. der *Finanzkonferenz* v. 31. Mai 1854, in: HHStA, RR, Präs., Krt. 13, Nr. 141/54 (s. dazu auch folg.).

Noch aus einem weiteren, vierten Grund konnten die Machthaber eine relativ große Beteiligungsbereitschaft der Bevölkerung auf freiwilliger Basis einkalkulieren. Denn einerseits erachteten manche öffentlichen Kreise eine Zwangsanleihe als notwendig. Andererseits – und wichtiger – kursierten in der Öffentlichkeit Gerüchte über die Beschäftigung der Regierung „mit energischen Maßregeln zur dauernden Regelung unserer mißlichen Valutaverhältnisse", wie es am 10. Juni 1854 in der *Triester Zeitung* hieß[154]. Auf solche auch schon zuvor umgehende Gerüchte mochte indirekt im März 1854 auch Bauer in seinem erwähnten, unter anderem Kübeck vorgelegten *Finanzplan* angespielt haben, wenn er meinte, sein Vorhaben würde eine neue Anleihe unnötig machen[155].

Auch war „die Ausschreibung eines Zwangsanlehens von 200 oder 300 Millionen" laut Boscarolli für die „steuerpflichtigen Klassen ... stets ... einer der hervorragendsten Vorschläge"[156]. Und Generalgouverneur Joseph Graf Radetzky v. Radetz – beziehungsweise seine unmittelbare Umgebung – hatte in der ersten Jahreshälfte 1854 über „eine Appellation des Herrn u(nd) Kaisers an sein Volk" nachgedacht[157]. Sie sollte „binnen eines Jahres ... 300 Millionen" einbringen. Schließlich erzählte Windischgrätz Kübeck noch kurz vor Verabschiedung der Nationalanleihe (am 11. Juni) über „das verbreitete Gerücht einer Zwangsanleihe und die Unruhe darüber"[158].

Solche *Gerüchte* sind auch für andere Teile der Monarchie nachweisbar[159]. Noch unmittelbar vor Kundmachung des Patents über die Nationalanleihe waren sie im Umlauf, wobei nicht immer von der Ausrufung einer Zwangsanleihe ausgegangen wurde. So meldete man Bach am 27. Juni ein von dem „großen Publikum besprochenes großes Anlehen", das „zur Abhilfe der bestehenden Zustände und Staatsbedürfnisse zu gewärtigen sein soll"[160]. Und in einem Bericht des Ödenburger (Sopron) Polizeidirektors Cihlarz vom 30. Juni heißt es: Die „Mehrzahl der unteren und mittleren Volksklassen" sei der Meinung, daß die „orientalischen Ereigniße ... die h.(ohe) Regierung in die Lage drängen" könnten, „nothwendiger Weise neue und größere Staatsanlehen zu kontrahiren"[161]. Außerhalb des Reiches gingen ebenfalls Ondits über ein „bereits ausgeschriebenes ... neues Monstre-Anlehen" um[162].

---

154 Nr. 134.
155 An unb., Brünn, 16. März 1854, in: AVA, Inneres, OPB, Präs. II, Krt. 26, Nr. 4368/54.
156 Ohne alles, ad Nr. 8421/FM, in: FA, FM, Präs., Nr. 8421, fol. 12.
157 *Aufbeßerung der Finanzen Österreichs ... 1854*, in: KA, NL Radetzky, B/1151, C, Nr. 6 (s. dazu auch das folg. Zit.).
158 Tagebucheintrag Kübecks, in: Aus dem Nachlaß Kübecks, S. 145.
159 S. dazu etwa Stber. Podolskis (dazu gleich mehr).
160 Unl. (aber wohl Eminger), Wien, Nr. 2257/Pr., in: AVA, Inneres, Präs., Krt. 664, Nr. 6757/54.
161 Ödenburg, Nr. 118/Pr., in: Ebd., OPB, Präs. II, Krt. 29, Nr. 4986/54.
162 Wessenberg an Isfordink-Kostnitz, Freiburg, 2. Juli 1854, in: Briefe Wessenbergs, 2, Nr. 404, S. 263.

Sehr wahrscheinlich bezogen sich alle diese Gerüchte auf Nachrichten, die über die in Wien in Vorbereitung befindliche Nationalanleihe nach außen gedrungen waren. Möglicherweise wurden sie sogar absichtlich *von oben* ausgestreut. Denn damit ließ sich die bald anstehende Proklamation einer großen freiwilligen Anleihe um so effektvoller propagandistisch verwerten. Eine exakte Analyse der offiziellen sowie der Regierung nahestehenden Zeitungen könnte hier nähere Anhaltspunkte erbringen. Jedenfalls scheinen recht viele Staatsbürger zu Subskriptionen bereit gewesen zu sein, um der für sie unangenehmeren Alternative einer Zwangsanleihe zu entgehen. Davon legen etwa zwei Berichte des Polizeidirektors von Preßburg Zeugnis ab: Am 3. Juli 1854 informierte Podolski Kempen über eine „bange Erwartung" der hiesigen „Population" betreffend die „über ein projektiertes Zwangsanlehen entstandenen Gerüchte"[163]. Gut zwei Wochen danach kam er erneut darauf zurück. Danach hatte sich in der ehemaligen Krönungsstadt der ungarischen Könige schon vor Bekanntwerden des Patentes vom 26. Juni „das Gerücht von der Ausschreibung eines Zwangsanlehens" verbreitet[164]. Die damit verbundenen „Besorgniße" seien jedoch „allmählig geschwunden" und dem „guten Eindruck" der verkündeten Freiwilligkeit gewichen. Ähnliches meldete Podolskis Amtskollege Cihlarz: Die Anleihe mache „im Allgemeinen keinen ungünstigen Eindruck", auch weil „vor dem Erscheinen des Patentes das Gerücht einer Zwangsanleihe eine allgemeine Ängstlichkeit erregte"[165].

Im übrigen befürchtete man in der Bevölkerung auch noch etwas anderes, nämlich die Erhöhung alter beziehungsweise die Festsetzung neuer Steuern. Baumgartner sprach sich zwar im Zuge der ersten Besprechung der Vertrauensmänner vehement gegen solche Maßnahmen aus; auch erklärte er unter Verweis auf die „schon ausgedrückte schonende Absicht ... Seiner Majestät", alle entgegengesetzten Gerüchte in den öffentlichen Blättern seien als niedergeschlagen anzusehen[166]. Ganz unwillkommen mochten sie ihm aber dennoch nicht kommen: „Erfuhr" man nämlich, „daß keine Steuererhöhung eintreten wird", dann würde dies eventuell tatsächlich „nur eine vortreffliche Wirkung haben". Dück erklärte dies in der besagten Sitzung sogar für gewiß[167].

Abschließend sei noch ein fünftes Moment genannt, das zu Zeichnungen motivieren mochte: Gemeint ist die Einstellung der Öffentlichkeit zu den *orientalischen Wirren*. Rußland „verliert mehr und mehr die Sympathien", heißt es in einem Bericht, der unter anderem die im Kaisertum herrschende Ein-

---

163 Preßburg, Nr. 110/Pr., *reserviert*, in: AVA, Inneres, OPB, Präs. II, 1854, Krt. 29, Nr. 4987/54.
164 Preßburg, 18. Juli 1854, Nr. 1489/Pr., in: Ebd., Krt. 28, Nr. 4725/54 (s. dazu auch folg.).
165 An Kempen, Tagesrapport, Ödenburg, 9. Juli 1854, Nr. 2232/E., in: Ebd., Krt. 26, Nr. 4396/54.
166 Sitzung v. 7. Juni 1854, ad Nr. 9511/GP., in: FA, FM, GP, Nr. 9511/54, Bog. 3; vgl. dazu Brandt, Neoabsolutismus, 2, S. 689–690.
167 Sitzung v. 7. Juni 1854, ad Nr. 9511/GP., in: FA, FM, GP, Nr. 9511/54, Bog. 6.

stellung im Mai und Juni gegenüber dieser Frage behandelte[168]. Selbst die dem Zarenreich „bisher günstigst Gesinnten" rückten demnach von St. Petersburg ab. Man wurde aber auch konkreter: So sollen in Galizien die polnischen „Sympathien" in der „türkisch-russischen Differenz ... unverkennbar den Türken zugewendet" gewesen sein[169]. Wenigstens in einem Landkreis manifestierte sich diese Haltung wohl auch dadurch, daß „manche" Bewohner den „türkischen Fez" trugen. Dies erscheint durchaus glaubhaft. Schließlich wurden oppositionelle politische Einstellungen mittels bestimmter Kopfbedeckungen wie auch spezifischer Kleidungsstücke generell immer wieder zur Schau gestellt, wobei man durchaus erfinderisch war[170]. Erwähnt sei hier neben den in Lombardo-Venetien in Gebrauch befindlichen „Mazzini-Mänteln" der „sogenannte Kossuthhut"[171]. Er war nach Niederschlagung der Revolution in Ungarn in Umlauf und sein Verbot wurde zumindest erwogen.

Jedoch darf die antirussische Stimmung nicht verallgemeinert werden. Nehmen wir etwa jene Ruthenen, die mit der Revolution von 1848 „zu einem Selbstbewußtsein erwacht" waren und in dem russischen Nachbarn ein „religionsverwandtes Reich" erblickten[172]. Sie dürften noch gegen Mitte 1855 tatsächlich prorussisch eingestellt gewesen sein. Auch unter der serbischen Bevölkerung dürfte sich zumindest „hie und da" eine „mißbilligende Verwunderung über die Rüstungen Österreichs gegen Rußland" kundgetan haben, wie es in einem damaligen Stimmungsbericht hieß[173]. Und man kann auch Galiziens Statthalter Goluchowski darin folgen, daß ein nicht näher zu quantifizierender, von ihm aber als „überwiegend" bezeichneter „Theil der Bevölkerung" des von ihm geleiteten Kronlandes tatsächlich noch „auf einer zu niederen politischen Empfindung (stand)", um sich allzusehr für die schwelenden außenpolitischen Konflikte zu interessieren[174]. Seine Einschätzung be-

---

168 Stber. GM, 4-6 57, SH/LP/PD, 5-6 54, in: AVA, OPB, Präs. II, Krt. 29, Nr. 4984/54, Bog. 2 (s. dazu auch das folg. Zit.).
169 Stber. GM, 1-2 54, SH/LP/PD, in: Ebd., Krt. 14, Nr. 1470/54 (s. dazu auch das folg. Zit.).
170 S. dazu aus einem Polizeiwochenbericht über die Stimmung in der Monarchie vom 1.–7. Februar 1852, bezogen auf Großwardein (Oradea, Nagyvárad) und sein umliegendes Gebiet: „Nachdem das Tragen politischer Abzeichen ... durch strenge Maßregeln unterdrückt worden, gefällt sich nunmehr die Mehrzahl der jüngeren Leute darin, an den Hüten rückwärts Hutbänder, wie in Ungarn gewöhnlich die Kutscher zu tragen pflegen, als Symbol der Trauer für das geknechtete Vaterland herabwallen zu lassen." (In: HHStA, AM, IB, BM-Akten, Krt. 36, Nr. 157/52, fol. 642–643.)
171 Kempen an Rottée, Wien, 15. März 1853, Nr. 389/Pr. I, in: AVA, Inneres, OPB, Präs. I, Nr. 389/53 (s. dazu auch folg.).
172 Ber. J. Schima an Kempen, Czernowitz, 24. Mai 1855, o. Nr. (Brief), in: Ebd., Präs. I, Krt. 15, Nr. 2084/55, Bog. 3.
173 Stber. GM, 5-6 54, SH/LP/PD, in: AVA, OPB, Präs. II, Krt. 29, Nr. 4984/54, Bog. 9
174 Stber., Lemberg, 30. April 1854, Nr. 735/AV., in: Ebd., Präs. II, Krt. 20, Nr. 3026/54 (s. dazu auch folg.).

gründete er freilich auch mit der „materiellen Lebenslage" der meisten Bewohner, gleich ob polnischer oder ruthenischer Herkunft: Sie hatten so sehr „zu kämpfen", daß sie „zufrieden" waren, wenn sie „nur zu leben" hatten. Dabei könnte Goluchowski eines übersehen haben: Manch einer mag durchaus den Zusammenhang zwischen in der damaligen Zeit bestehenden Exportschwierigkeiten insbesondere bei Getreide und der angespannten außenpolitischen Situation erkannt haben[175]. Dies mochte zu einer gewissen Solidarisierung ansonsten eher unpolitischer Schichten mit den Interessen und Zielen des Kaisers beitragen.

Aber wohl vor allem dem russischen Reich grundsätzlich kritisch bis stark negativ gegenüberstehende Bevölkerungskreise mochten indirekt die militärische Abwehrkraft der Habsburgermonarchie durch Subskriptionen zu stärken versuchen.

Dies könnte nicht zuletzt für deutsche, aber auch slawische und hierbei wiederum nicht zuletzt tschechische und polnische Bevölkerungskreise gegolten haben. Dabei dürfte freilich eine jeweils andere Rechnung aufgemacht worden sein. Für deutschliberale Kreise bildete Rußland „einen reaktionären, slawischen und expansiven Machtstaat", wie Thomas Kletečka treffend festgestellt hat[176]. Viele Tschechen standen diesem Reich ebenfalls ebenso argwöhnisch gegenüber. Sie lehnten unter anderem den „Zarismus" in der von Nikolaus I. repräsentierten Form ab[177]. Allerdings mögen sich noch im Frühjahr 1854 insbesondere Mitglieder der „czechischen Parthei" von St. Petersburg „allein Unterstützung ihrer nationalslavischen Tendenzen" erhofft haben[178]. Doch könnte auch hier im Laufe der Zeit ein gewisser Meinungswandel eingetreten sein. Denn schon für die beiden Folgemonate wurden vorhandene „Sympathien für Rußland … vorwiegend nur noch bei der ultraslavischen Parthei" ausgemacht[179]. Dagegen erblickten national orientierte Polen im Krimkrieg die willkommene „Gelegenheit, für ihre Sache, und noch dazu international, in Erscheinung zu treten", wie wiederum Kletečka meint[180]. In zeitgenössischen Stimmungsberichten wurden schon im Sommer 1853 „stille … Vorbereitungen" von Polen „auf die von ihnen erwarteten Ereignisse" konstatiert[181], während man im Frühjahr 1854 die „Hoffnung" der „höhern

---

175 Auch Bauern konnten ausreichend Kombinationsgabe besitzen.
176 Und zwar unter Bezugnahme auf Thomas Kletečka (Aussenpolitische Vorstellungen, S. 400; vgl. Heppner, Russlandbild, S. 94 [s. dort auch allg. zur öffentlichen Meinung in der Monarchie]).
177 Kletečka, Aussenpolitische Vorstellungen, S. 413 (s. auch bis 414).
178 Stber. GM, 3-4 54, SH/LP/PD, in: AVA, OPB, Präs. II, Krt. 23, Nr. 3583/54, Bog. 4–5.
179 Stber. GM, 5-6 54, SH/LP/PD, in: Ebd., Krt. 29, Nr. 4984/54, Bog. 3.
180 Aussenpolitische Vorstellungen, S. 427.
181 Stber. GM, 7-8 53, SH/LP/PD, in: HHStA, KK, GD, 1853, 2. Teil, f. *GD II, Nr. 1081–1199*, fol. 527–528.

Stände" ausmachte, „der Krieg mit Rußland werde zur Wiederherstellung Polens führen"[182]. Oder: Die in Galizien und Krakau vorhandene „rein polnische ... Parthei" wurde die „eigentlich vorherrschende Kriegsparthei" genannt[183]. Dabei scheute man sich ebensowenig vor Verwendung nationaler Klischees wie davor, diese Haltung als Folge eines „höheren Einflusses" von außen, sprich der in Paris sitzenden polnischen Emigration, zu vermuten.

Selbst eigentlich oppositionell gesinnte Magyaren könnte die Vorstellung einer nachhaltigen Schwächung Rußlands zu erhöhten Subskriptionen veranlaßt haben. Freilich wurde behauptet, „namentlich" die „ohnehin von jeher" mit „Abneigung gegen das bestehende Regirungssistem" eingestellte und „nach einer Republik lechzende protestantische Partei" sei „unzweifelhaft für die Sache des Umsturzes gestimmt", weshalb sie angeblich auch für die Türkei Partei ergriff[184]. Aber dennoch mag sowohl für „Kossuthianer" wie für Mitglieder der „Altkonservativen" der Wunsch nach einer Niederlage des Zarenreiches dominiert haben, wie in einem Stimmungsbericht vom Frühjahr 1854 festgehalten wurde[185]. Schließlich hatte man die russische Intervention von 1849 noch keineswegs vergessen, um es zurückhaltend auszudrücken. Von den Verantwortlichen wurde dies zuweilen wohl vorschnell als Ausdruck eines *österreich*spezifischen „Patriotismus" gedeutet[186]: Denn sicherlich „hofften" gerade mit dem herrschenden politischen System „unzufriedene" Altkonservative auf eine „Kriegsteilnahme" der Monarchie. Dann ließen sich nämlich aufgrund ihrer Unterstützung der von Wien aus geführten Politik „Zugeständniße" erhoffen.

Lediglich aus Lombardo-Venetien sind keine Meldungen zu verzeichnen, aus denen sich eine wenigstens partielle Zustimmung zu der in Wien verfolgten Außenpolitik ablesen ließe. Diese Besonderheit scheint auch Kempen nicht entgangen zu sein. Jedenfalls erachtete er die aus den beiden oberitalienischen Provinzen bei ihm einlaufenden einschlägigen „Wahrnehmungen" Radetzkys für so „bemerkenswerth", daß er es für seine „Pflicht" hielt, bei der Vorlage seiner einschlägigen periodischen Stimmungsberichte an Franz Joseph von einer ansonsten in den allermeisten Fällen beobachteten Gepflogenheit abzuweichen: In der Regel übersandte er dem Kaiser einen einzigen Bericht, in dem die ermittelte Stimmungslage aller Kronländer dargelegt

---

182 Stber. GM, 3-4 54, SH/LP/PD, in: AVA, OPB, Präs. II, Krt. 23, Nr. 3583/54, Bog. 7.
183 „Wer die leichte Erregbarkeit der Polen kennt, die sonst nach jedem Irrlicht haschen, (...)." (Ber. J. Schima an Kempen, Czernowitz, 24. Mai 1855, o. Nr. [Brief], in: Ebd., Präs. I, Krt. 15, Nr. 2084/55, Bog. 3; s. dazu auch folg.)
184 Stber. GM, 1-2 54, SH/LP/PD, in: Ebd., Krt. 14, Nr. 1470/54.
185 Stber. GM, 7-8 53, SH/LP/PD, in: HHStA, KK, GD, 1853, 2. Teil, f. *GD II, Nr. 1081–1199*, fol. 528.
186 So im erw. Stber. GM, 5-6 54, SH/LP/PD, in: AVA, Inneres, OPB, Präs. II, Krt. 29, Nr. 4984/54, Bog. 2.

wurde. Im vorliegenden Fall ließ er aber extra für Lombardo-Venetien einen gesonderten Stimmungsbericht verfassen[187]. Wohl keineswegs nur dort nahm die „Entwicklung der orientalischen Frage ... den ersten Platz" des allgemeinen politischen Interesses ein, wie am 10. März 1854 aus Venedig an Kempen berichtet wurde[188]. Aber schon im Herbst 1853 war unter indirekter Anspielung auf das „revolutionäre Element" von einem dort vorhandenen „Hoffnungsschimmer" auf eine „Aenderung der bestehenden Ordnung" die Rede[189]. Und für das Jahresende wurde für diese beiden Provinzen sogar eine „Verschlimmerung" der „öffentlichen Stimmung" beziehungsweise die „Hoffnung" vermutet, die außenpolitische Lage würde zu einem „Konflikt zwischen Österreich und Frankreich" führen, gefolgt von einer „Erhebung Piemonts und der Revolutions-Parthei aller italienischen Staaten"[190]. An deren Ende würde dann schließlich die „Vertreibung der Österreicher aus Italien" stehen. Also war es auch nur natürlich, daß „jedes den türkischen Truppen nur halbwegs günstige Ereigniß ... die große Menge der italienisch Gesinnten mit Hoffnungen (erfüllte)"[191].

Aber hierbei handelte es sich, wie gesagt, um eine Ausnahme von der Regel. Deshalb konnte Bach in der Sitzung vom 31. Mai zu Recht von der „günstigen Stimmung" sprechen, „welche für die Interessen des Reiches gegenwärtig vorherrscht"[192]. Daraus schlußfolgerte er, daß ein „Appell an den Patriotismus und an die Capitalskraft des Inlandes doch von erfolgreicher Wirkung wäre". Auch dies erscheint nicht ganz unbegründet, und zwar wiederum prinzipiell unabhängig von der Einstellung der entsprechenden Bevölkerungskreise in politisch-nationaler Hinsicht.

---

187 Vortrag Kempens v. 31. Dezember 1853, Nr. 5656, Pr. II, in: HHStA, KK, GD, 1853, 2. Teil, f. *GD II, Nr. 1202–1271*, fol. 902.
188 Stber. für Venedig, 1–2 54, Venedig, Nr. 2734/Pr., in: AVA, Inneres, OPB, Präs. II, Krt. 15, Nr. 1796/54.
189 Stber. GM, 9-10 53, SH/LP/PD, in: HHStA, KK, GD, 1853, 2. Teil, f. *GD II, Nr. 1202–1271*, fol. 876.
190 Stber. GM, 11-12 54, SH/LP/PD, Vortrag Kempens, Wien, 26. Februar 1854, Nr. 752/Pr. II, in: AVA, Inneres, OPB, Präs. II, Krt. 11, Nr. 752/54. Vgl. Vortrag Kempens v. 31. Dezember 1853, Nr. 5656, Pr. II, in: HHStA, KK, GD, 1853, 2. Teil, f. *GD II, Nr. 1202–1271*, fol. 902–905 (s. dazu auch das folg. Zit.).
191 Regierungsdirektor an Kempen, Venedig, Dat. unl., Anlage zu Nr. 133/Pr., in: AVA, Inneres, OPB, Präs. II, Krt. 11, Nr. 756/54. Vgl. überdies Stber. für Venedig, März-April 1854, Emil Blumfeld an Kempen, Venedig, 6. Mai 1854, Nr. 5106/Pr., in: Ebd., Krt. 21, Nr. 3079/54.
192 Prot. der *Finanzkonferenz*, ad Nr. 141/RP., in: HHStA, RR, Präs., Krt. 13, Nr. 141/54 (s. dazu auch das folg. Zit.).

2.5. Die öffentliche Resonanz auf die Proklamation der Nationalanleihe

Im allgemeinen scheint die Publikation des kaiserlichen Patentes in der Bevölkerung auch auf positive Resonanz gestoßen zu sein. Darauf deuten insbesondere zahlreiche entsprechende Stellungnahmen hin, die damals aus den verschiedenen Reichsteilen bei der Obersten Polizeibehörde einliefen, deren Präsidialbestände gerade für die erste Phase nach Ausrufung der Operation vergleichsweise umfangreich erhalten sind.

Eine gewisse Zurückhaltung spricht aus einer Äußerung des angeblich „gänzlich" von einem ihm untergebenen Polizeikommissar „beherrschten"[193] Polizeidirektors von Kaschau vom 21. Juli: Danach ließen sich nämlich nur „hin und wieder" „Stimmen" vernehmen, „die da meinen, daß man schon lange eine so großartige Maßregel erwartet und gewünscht hat"[194]. Immerhin betonte Marx zugleich „mit Bestimmtheit" den „guten Anklang" des „neuen Anlehens" bei „der Mehrheit". Deutlicher urteilte sein Ödenburger Kollege: „Jedermann" sehe die „dringende Nothwendigkeit und Ersprießlichkeit" dieser Maßnahme ein[195]. Man hätte sogar ihr „früheres Erscheinen gewünscht". Von besonderem Interesse erscheint die Reaktion an der Wiener Börse. Schließlich wurden Kursbewegungen nach oben oder unten schon zu damaligen Zeiten als aufschlußreiches, zuweilen sogar als verläßliches Stimmungsbarometer eingeschätzt und beachtet. Auf diesem Parkett zeitigte das Erscheinen des Patentes vom 26. Juni „keine nachteiligen Folgen und keinen Rückgang" der Notierungen[196]. Im Gegenteil: Die Valuten „besserten" sich sogar gegenüber dem Vortag.

Demgegenüber finden sich kaum Meldungen über eine negative Aufnahme der Operation. Immerhin „besprach" sie ein in Wien zirkulierendes „gedrucktes Handelscirculare" nach Meinung des Vizepolizeidirektors von Wien, Carl Nischer, offenbar „in hämisch persiflirender Weise"[197]. Ob die „ausländische Provenienz" dieses Dokuments tatsächlich „unzweifelhaft" war, wie der stellvertretende Polizeidirektor der Reichshauptstadt ebenfalls meinte, muß offenbleiben. Er mochte ja finsteren ausländischen Kräften das in die Schuhe zu schieben versuchen, was zu Hause einfach nicht geschehen konnte, weil es

---

193 Im Auftrag Kempens an die Generalprokuratur, Wien, 19. Mai 1855, Nr. 1909/Pr. I, in: AVA, Inneres, OPB, Präs. I, Krt. 14, Nr. 1909/54.
194 Marx an Kempen, Kaschau, Nr. 281/Pr., in: Ebd, Präs. II, Krt. 28, Nr. 4807/54 (s. dazu auch folg.).
195 Tagesrapport Cihlarz, Ödenburg, 9. Juli 854, Nr. 2232/E., in: Ebd., Krt. 26, Nr. 4396/54 (s. dazu auch das folg. Zit.).
196 Dengelmaier an OPB, Wien, 8. Juli 1854, in: Ebd., Nr. 4354/54 (s. dazu auch das folg. Zit.).
197 An Kempen, Wien, 22. Juli 1854, Nr. 1523/Pr., in: Ebd., Krt. 28, Nr. 4811/54 (s. dazu auch folg.).

nicht geschehen durfte. Eindeutig hausgemacht war dagegen ein Fall aus Linz. Ein dortiger Juwelenhändler hatte unter anderem „Kapitalisten", die sich an der Nationalanleihe beteiligen würden, als „Narren" bezeichnet[198]. Es gab noch weitere ähnliche Vorkommnisse: So war es auch in Wien zu einer Festnahme „wegen Verbreitung böswilliger Gesinnungen … über das neue Staatsanlehen" gekommen[199]. Und „die Landsleute um St. Pölten herum" wurden laut einem gewissen Hinkl „durch Hetzer" von einer Beteiligung „in größerem Maßstabe (abgehalten)"[200]. Für Kempen war dies Grund genug zur Einleitung von „Erhebungen", über deren Ergebnis nichts ausgesagt werden kann[201]. Laut polizeilichem Tagesrapport vom 23. Juli 1854 schließlich hatte sich „die Bürgerschaft" in Bregenz „bisher noch ziemlich lau" beteiligt[202]. Doch wie gesagt: Meldungen dieses Tenors sind alles andere als repräsentativ.

Vielmehr wurde insbesondere immer wieder die „Nothwendigkeit" dieser Maßregel[203] und die durch ihre Publikation hervorgerufene günstige Stimmung unterstrichen[204]. Aus Schlesien lief am 16. Juli die Meldung ein, Zeichnungen seien deshalb „mit vollem Grunde" zu „erwarten"[205]. Schon tags zuvor hieß es aus der Steiermark, „für die lebhafteste Theilnahme" lasse sich „schon jetzt der günstigste Schluß ziehen"[206]. Allerdings stellte man die Opportunität einzelner Beteiligungsmodalitäten in Frage und machte diesbezüglich auch Änderungsvorschläge. Dies galt etwa für die zuweilen als zu kurz erachtete Subskriptionsfrist[207]. Sie erwies sich ja in der Tat als zu knapp bemessen. Überdies wurden Zweifel laut, ob eine so hohe Summe ohne Anwendung „indirecter Nöthigung" einzubringen war[208]. Allerdings finden sich auch anderslautende Mitteilungen: So sollen etwa „Kaufleute" aus dem ungarischen Distrikt Ödenburg gemeint haben, daß „selbst 500 Millionen früher als in den

---

[198] Tagesrapport, Linz, 12. Juli 1854, Nr. 8791, in: Ebd., Krt. 27, Nr. 4470/54; vgl. wieder für Linz: Tagesrapport, Linz, 22. Juli 1854, Nr. 9334, in: Ebd., Krt. 28, Nr. 4774/54.
[199] Tagesrapport, Wien, 28. Juli 1854, Nr. 209, in: Ebd., Departmentregistratur, Krt. 58.
[200] Ebd., Präs. I, Krt. 7, Nr. 2930/54.
[201] An Mangelberger, Wien, 18. August 1854, Nr. 2930/Pr. I., in: Ebd.
[202] Bregenz, Nr. 929/Pr., in: Ebd., Nr. 4847/54.
[203] S. etwa Dengelmaier an OPB, Wien, 8. Juli 1854, in: Ebd., Präs. II, Krt. 26, Nr. 4354/54.
[204] S. etwa Nischer an Kempen, Wien, 14. Juli 1854, Nr. 1376/Pr., in: Ebd., Krt. 27, Nr. 4549/54.
[205] Polizeidirektor an Kempen, Troppau (Opava, Opawa), 16. Juli 1854, Nr. 900/Pr., in: Ebd., Nr. 4607/54.
[206] Polizeidirektor Anton Freiherr v. Päumann an Kempen, Graz, 15. Juli 1854, Nr. 160/Pr., in: Ebd., Nr. 4562/54.
[207] S. etwa Nischer an Kempen, Wien, 14. Juli 1854, Nr. 1376/Pr., in: Ebd., Nr. 4549/54.
[208] S. dazu etwa die beiden soeben angeführten Ber. Das Zit. stammt aus dem ersten; vgl.: Polizeidirektor an Kempen, Troppau, 16. Juli 1854, Nr. 900/Pr., in: AVA, Inneres, OPB, Präs. II, Krt. 27, Nr. 4607/54; Goluchowski an Bach, Lemberg, 15. Juli 1854, Nr. 1321/Pr., in: Ebd., Inneres, Präs., Krt. 665, Nr. 9317/54; s. auch eine Affäre um die *Triester Zeitung* (s. dazu w. u., Abschnitt 2.4) und: Podolski an Kempen, Preßburg, 18. Juli 1854, Nr. 1489/Pr., in: Ebd., OPB, Präs. II, Krt. 28, Nr. 4725/54.

festgesetzten Terminen aufgebracht werden dürften"[209]. Und andere nannten das Unternehmen zwar „noch immer eine Art Zwangsanlehen", weil durch die „energisch getroffenen Einleitungen alle Stände mehr oder weniger in Anspruch genommen werden"; doch leugneten auch sie die „Nothwendigkeit dieser Finanzmaßregel" scheinbar nicht[210].

Freilich muß eines ausdrücklich festgehalten werden: Wendungen wie *positive* Aufnahme oder auch „freudige Begrüßung"[211] dürfen nicht überinterpretiert werden. Denn ungeachtet aller sonstigen Erwägungen waren da ja nach wie vor die mißlichen materiell-ökonomischen Verhältnisse vieler Bewohner des Reiches. Darum dürfte den meisten unter ihnen die Beteiligung an der Nationalanleihe lediglich als kleineres Übel etwa gegenüber einer Zwangsanleihe oder einer merklichen Steuererhöhung erschienen sein.

2.6. Abschließende Bemerkungen

Zusammenfassend läßt sich sagen: Das Erreichen der eingangs dargestellten, mit der Nationalanleihe öffentlich proklamierten Zielvorstellungen ließ die Ausrufung einer freiwilligen Anleihe selbst von solch großen Dimensionen als in hohem Maße opportun erscheinen. Dennoch plädierten der Finanz- und Innenminister für eine Koppelung von freiwilliger Anleihe mit der Drohung einer Zwangsanleihe für den Fall des Falles. Dafür gab es plausible Gründe. Aber unterschied sich ein solchermaßen zugeschnittenes Unternehmen dann noch qualitativ von einer Zwangsanleihe? Franz Joseph bezweifelte dies offensichtlich und stellte sich – wenn auch nicht aus Rücksicht gegenüber seinen Untertanen, sondern aus eigennützigen Überlegungen – quer, womit dieses Vorhaben scheinbar vom Tisch war. Immerhin gab es für Baumgartner und Bach dennoch Grund genug, um deshalb nicht einfach das Abblasen der ganzen Operation anzuraten. Dabei dürften letztlich ihre mit der Nationalanleihe verfolgten Ziele den Ausschlag gegeben haben.

---

209 Tagesrapport Cihlarz, Ödenburg, 9. Juli 1854, Nr. 2232/Pr., in: Ebd., Krt. 26, Nr. 4396/54.
210 Podolski an Kempen, Preßburg, 18. Juli 1854, Nr. 1489/Pr., in: Ebd., Krt. 28, Nr. 4725/54. Hier ist eine gewisse Vorsicht angebracht, tendenziell dürfte diese Mitteilung aber zugetroffen haben.
211 Tagesrapport, Linz, 12. Juli 1854, Nr. 8791, in: Ebd., Krt. 27, Nr. 4470/54.

2.7. Flankierende Maßnahmen zur Mobilisierung der Bevölkerung

Nun hatten die meisten der bislang beschriebenen Zeichnungsmotive zunächst einmal nichts mit einem wirklich patriotischen *Österreichertum* zu tun, dafür aber um so mehr mit wohlverstandenem Eigeninteresse. Wie bereits zu erkennen, war dies auch den Befürwortern der Nationalanleihe bewußt. Nicht umsonst appellierte Bach im Zuge seiner propagandistischen Bemühungen zur Popularisierung der Nationalanleihe[212] nicht nur an staatsbürgerlichen Patriotismus. Vielmehr betonte er mindestens ebensosehr die persönlichen Vorteile, die ein Gelingen des Unternehmens für jeden einzelnen Subskribenten zeitigen würde.

Was aber, wenn sich die Operation als Mißerfolg erweisen sollte? Dann barg eine solche Strategie langfristig eine gewisse Gefahr: Wirklich aus Patriotismus subskribierende Einwohner würden ein Scheitern vielleicht eher fatalistisch hinnehmen; jene aber, die bei ihren Zeichnungen primär oder ausschließlich ihr Eigeninteresse vor Augen hatten, mochten dann aufgrund der falschen beziehungsweise nicht eingelösten offiziellen Versprechungen noch stärker über *die da oben* mißgestimmt sein, als dies eventuell ohnehin schon der Fall war. Auch diese mögliche Konsequenz mußte Bach – und Baumgartner – präsent sein. Solange das Eigeninteresse der Bürger das Erreichen der halben Milliarde Gulden erleichterte, dürfte dies jedoch vor allem den Innenminister gemäß seiner eigenen Prioritäten zunächst relativ wenig beunruhigt haben.

Erleichtern ist das richtige Wort. Denn der Faktor Eigeninteresse garantierte noch lange nicht die Zeichnung einer solch enorm hohen Zeichnungssumme, die aus Bachs und aus Sicht Baumgartners schlechtestenfalls knapp unterschritten werden durfte. Das Problem mit diesem Faktor bestand sozusagen darin, daß er sich nicht in konkret gezeichnete 500 Millionen umrechnen ließ. Also genügte auch die Proklamation der Freiwilligkeit nicht, um die Bevölkerung mit annähernder Sicherheit ausreichend zu mobilisieren. Vielmehr war es „unerläßlich", noch weitere „zweckentsprechende", gewissermaßen flankierende „Einleitungen" zur „systematischen Leitung der großartigen Thätigkeit der Nation" zu treffen[213]. Bach und Baumgartner selbst ließen diese hehren Worte wenige Tage nach Veröffentlichung des Patents in

---

212 Partiell arbeitete er hier eng mit Baumgartner zusammen. Auf diesen bzw. auf dessen Mitarbeiter gingen insb. die Art. in der *Österreichischen Korrespondenz* zurück. Aber abgesehen davon, daß sie Bach in die *Wiener Zeitung* und zumindest auszugsweise in die offiziellen Landeszeitungen aufnehmen ließ, oblag ihm prinzipiell die propagandistische Vermarktung des Unternehmens. Wie er dabei im einzelnen vorging, werden wir noch sehen.

213 *Österreichische Korrespondenz*, wiedergegeben in: *Wiener Zeitung*, 9. Juli 1854, Nr. 163, S. 1854.

der *Österreichischen Korrespondenz* verkünden. Manchem Leser mochten sie freilich wie ein böses Omen erscheinen.

2.7.1. Beteiligungserleichterungen und günstige Anleihekonditionen

Was ist nun unter diesen *Einleitungen* im einzelnen zu verstehen? Zunächst ging es dabei um die bereits erwähnte und auch von Brandt angeführte Gewährung „nicht schlechter", ja ausgesprochen recht günstiger Anleihekonditionen[214]. Dazu zählt insbesondere die 5%-Verzinsung der Obligationen. Feldzeugmeister Heß zufolge widersprachen „jährliche Intressen" zwar dem Prinzip der Freiwilligkeit „im höhern Sinne", weil die mittels der Zeichnungen erbrachten „Geldopfer" nun eigentlich „vom Staat erkauft" waren[215]. Aber auch dürfte man sich wohl keiner Illusion darüber hingegeben haben, daß eine zinslos ausgeschriebene Anleihe die Bereitschaft zu freiwilligen Zeichnungen noch wesentlich mehr reduziert hätte, als es vielleicht ohnehin schon der Fall war. Hinzu kamen gewisse Beteiligungserleichterungen: Da war etwa die „Aufteilung der Anteilseinzahlungen in 5 Jahresraten"[216], also „längere Zahlungs Termine" als üblich, so Wessenberg bereits unmittelbar nach Publikation des Patentes[217]. Dies „ermöglichte" in der Tat auch „die Beteiligung des Kleinkapitals"[218], wenn auch nur partiell, wie sich zeigen wird. Außerdem konnte man bereits mit einer Summe von nur 20 Gulden subskribieren[219]. Freilich, auch *nur* 20 Gulden stellten für viele Einwohnerkreise viel Geld dar. Und doch war die Mindestbeteiligungssumme ansonsten oft höher angesetzt. Schließlich sei die wiederum Wessenberg vorteilhaft erscheinende Möglichkeit der „Einzahlung in Bank Valuta" angeführt[220].

Wessenberg stand dem Unternehmen durchaus mit einer gewissen Skepsis gegenüber. Aber auch er leugnete eben das Faktum der günstigen Anleihekonditionen nicht. Insgesamt gesehen gestalteten sich laut ihm die „Bedingungen ... für die Theilnehmer günstiger" als bei jener „unlängst in Frankreich" vorgenommenen Anleihe[221]. Letztere aber hatte nicht nur „große

---

214 Neoabsolutismus, 2, S. 699.
215 *Höhere Staats- und Finanz-Vorschläge*, o. O., und. (aber September 1854), in: ÖAGK, 2, Nr. 198, S. 438.
216 So richtig Stölzl, Ära Bach, S. 73.
217 Und. (aber unmittelbar nach dem 4. Juli 1854), in: HHStA, NL Wessenberg, Krt. 13, Inv.nr. 96, fol. 145.
218 Stölzl, Ära Bach, S. 73.
219 Erlaß Innen- und Finanzministerium v. 5. Juli 1854, Wien, in: Rgbl., Nr. 159, 6. Juli 1854, § 3, S. 638.
220 Und. (aber unmittelbar nach dem 4. Juli 1854), in: HHStA, NL Wessenberg, Krt. 13, Inv.nr. 96, fol. 145.
221 Ebd. (s. dazu auch folg.).

Aehnlichkeit" mit dem nunmehr in der Monarchie beschlossenen Unternehmen aufgewiesen, sondern überdies einen „so großen Erfolg" gezeitigt. Allerdings: Die in Österreich „geforderte Summe" war „um das doppelte oder gar dreifache größer". Und bezweifelte Kübeck gegenüber dem Monarchen, daß die Staatsverwaltung das erforderliche Geld für die Auszahlung einer so hohen Zinssumme „aufbringen" konnte[222], so räumte selbst er zumindest indirekt die Vorteilhaftigkeit der 5%igen Verzinsung ein.

Was nun speziell die Beteiligungsbegünstigungen anbetrifft, war in der *Wiener Zeitung* bereits am 12. Juli von einer „Vorsorge" für solche „Erleichterungen" die Rede, welche die „Betheiligung gründlich ermöglichen"[223]. Zu Recht wurde dabei in einem gemeinsamen Erlaß des Innen- und Finanzressorts ein „zusammenhängendes System diesfälliger Anordnungen" behauptet. Teilweise erfreuten sich solcher Vergünstigungen alle Bürger, teilweise auch nur bestimmte Bevölkerungs- beziehungsweise Berufsgruppen. Sie wurden Grundbesitzern, „Vormündern und Curatoren der Pflegebefohlenen" in gleichem Maße bewilligt wie „Gemeinden und Corporationen", „endlich allen Personen", die „Genüße aus öffentlichen Cassen beziehen"[224]. Dies zielte insbesondere auf die Beamtenschaft ab. Insgesamt kamen viele potentielle Zeichner in den Genuß von Teilnahmeerleichterungen. Zum einen sollte auf diese Weise die Gesamtsumme der Subskriptionen möglichst hochgeschraubt werden. Zum anderen – und mit dem ersten Punkt eng verbunden – wurde dadurch eine gewisse Rücksicht auf die finanziell prekäre Lage vieler potentieller Zeichner genommen.

An dieser Stelle ist nun etwas intensiver auf die von den Verantwortlichen potentiell zur Zeichnung ausersehenen Beteiligungskreise einzugehen. Wie schon aufgezeigt, sollten ja prinzipiell sämtliche Schichten das Ihrige zum Gelingen der Operation beitragen. Oder, wie die Öffentlichkeit schon am 14. Juli in der *Wiener Zeitung* mit einem eindrücklichen Bild informiert wurde: „Jeder Nerv der Nation" war gefordert[225]. Diese Worte erscheinen aufgrund des vermeintlich patriotischen Charakters der Nationalanleihe durchaus folgerichtig.

Für manche Bevölkerungsgruppen mußte aber selbst die offiziell festgesetzte Mindestbeteiligung von 20 Gulden eine unerschwinglich hohe Hürde darstellen. Darüber herrschte auch bei den Verantwortlichen Klarheit. So betonte etwa der Krainer Statthalter Gustav Graf Chorinsky die „gänzliche Zahlungsunfähigkeit eines sehr bedeutenden Theiles der bäuerlichen Bevölke-

---

222 Vortrag v. 18. Juni 1854, Wien, in: Ebd., RR, Gremial, Krt. 54, Nr. 349/54.
223 Nr. 165, S. 1873 (Art. wiedergegeben aus der *Österreichischen Korrespondenz*).
224 5. Juli 1854, Wien, in: Rgbl., Nr. 159, 6. Juli 1854, S. 639–640.
225 *Österreichische Korrespondenz*, wiedergegeben in: *Wiener Zeitung* v. 14. Juli 1854, Nr. 167, S. 1897.

rung und der übrigen ärmeren Volksklassen"[226]. Selbst öffentlich wurde von offizieller Seite aus der zu erwartende „(Ausfall) ganz unvermöglicher Steuerholden" eingestanden[227]. Dies verstehe sich von selbst, hieß es dazu am 9. Juli in der *Wiener Zeitung*. Demnach verstand sich aber auch noch etwas anderes von selbst: Die „vermöglichen Klassen mußten um so mehr bestrebt sein", den entstandenen „Ausfall ... zu decken". Welche Kreise waren nun mit der „sehr zahlreichen Klasse" von zur Subskription unfähigen Staatsbürgern gemeint? Bachs Instruktion erläuterte dies recht genau: Es handelte sich insbesondere um „Besitzer sehr gering bestifteter Bauernwirthschaften, ... Kleinhändler, kleine Gewerbsleute"[228]. Und in der Instruktion für die Statthaltereien in Ungarn bezog sich der Minister *nur*[229] auf die Teilnahme der „überwiegenden Mehrzahl der Landbevölkerung". Insofern konnte das Ziel der Heranziehung aller Einwohner bestenfalls eine Richtschnur bilden.

Wir stehen hier offensichtlich einem Widerspruch gegenüber: Einerseits wurde das Ziel verfochten, alle Bevölkerungsgruppen zu erreichen. Andererseits war man nüchtern genug, um zu erkennen, daß dies faktisch nicht zu realisieren sein würde. Dies mag auch eine gewisse Unbestimmtheit erklären, mit der dieser Punkt in den Instruktionen zur technischen Abwicklung der Nationalanleihe abgehandelt wurde. Da war zwar zum einen von „allseitiger Betheiligung" die Rede, und es sollten „alle Klassen der Bevölkerung" über die negativen Folgen eines Scheiterns aufgeklärt werden; zugleich wurde die Beteiligung von „allen" angemahnt, „welche unter dem Schutze des Staates was immer für ein Einkommen beziehen"[230]. Zum anderen jedoch sollten lediglich „alle besitzenden Klassen der Bevölkerung" mit diesem Unternehmen erreicht werden, wobei vor allem auf die „Größe des durch die direkten Steuern repräsentirten verschiedenartigen Besitzes" verwiesen wurde. Somit wollte man also nur an diejenigen herantreten, von denen dies „vermöge ihres Besitzes und Erwerbes erwartet ... werden kann".

Dennoch ist eines klar: Die Verantwortlichen vor Ort sollten die aufgezeigte Richtschnur eher enger als weiter auslegen. Dies illustriert besonders klar die Art und Weise, wie Bach dem Kaiser abschließend den Ablauf der Zeichnungsphase schilderte: Danach galt es, die „innere Ueberzeugung" zur Beteiligung „in den weitesten Kreisen zu wecken" und dieselbe „allen Klassen" zu

---

226 Chorinsky an Hohenwart, Laibach, 11. Juli 1854, in: AVA, NL Hohenwart-Weingarten, Krt. 13.
227 *Österreichische Korrespondenz*, wiedergegeben in: *Wiener Zeitung* v. 9. Juli 1854, Nr. 163, S. 1854 (s. dazu auch folg.).
228 An K. Schwarzenberg, Wien, 6. Juli 1854, Nr. 7099/MI., in: AVA, Inneres, Präs., Krt. 664, Nr. 7099/54.
229 Faktisch war dies noch immer ein bedeutender Teil.
230 wie Anm. 228. (s. dazu auch folg.).

einer „Ehrenpflicht" gegenüber dem Kaiser zu machen[231]. Die ihm unterbeziehungsweise nebengeordneten Behörden faßten seine Ausführungen richtig auf. So teilte etwa der Wiener Gemeinderat der Bevölkerung mit, der Mindestbetrag von 20 Gulden lasse „die Betheiligung selbst in den Klassen der beinahe auf dem geringsten Erwerbe stehenden Personen zu"[232]. Und Chorinsky zufolge sollten „alle, welche unter dem Schutze des Staates, was immer für ein Einkommen beziehen, in der ausgedehntesten Weise sich an dieser Maßregel betheiligen"[233]. Damit hatte er die entsprechende Passage von Bachs Instruktion wörtlich übernommen. Besonders eindringliche Worte fand der schlesische Landespräsident: In einem öffentlichen Aufruf sprach er nicht nur von einer „unabweislichen", sondern geradezu von einer „heiligen Verpflichtung" für alle „Klassen"[234].

Wie sah es nun mit den Beteiligungskreisen tatsächlich aus? Laut Bachs Abschlußvortrag an den Kaiser hatte man in dieser Richtung einen vollen Erfolg erzielt. Danach hatte nämlich „namentlich" die Bauernschaft, „in einem noch höheren Grade" aber die „anwerbende Volksklasse" („Hilfsarbeiter und Taglöhner") einen „Akt der thätigen Vaterlandsliebe" unter Beweis gestellt[235]. Tatsächlich ist diese Darstellung geschönt. Die Beteiligung vor allem der Tagelöhner machte nämlich sowohl in absoluten Zahlen als auch proportional berechnet offensichtlich einen nur geringen Anteil am Gesamtaufkommen aus. Wie sehr Bach übertrieb, verdeutlicht schon ein Blick auf die damaligen Grundeigentumsverhältnisse in Ungarn: 20 % der Einwohner waren damals „besitzlose Häusler", während „45 % der Bauernschaft" im Zuge der Grundentlastung „nur Bruchgrundstücke und ein Haus" besaßen[236].

Trotzdem geht die Behauptung des Ministers nicht völlig an der Sache vorbei. So berichtete etwa das siebenbürgische Generalgouvernement nach Abschluß der Operation, es sei „die Betheiligung auch der untersten (mit)tellosen Schichten ... des armen Häuslers wie des Taglöhners ... hie und da in wirklich überraschender Weise gelungen"[237]. Dies konnte nicht einfach erfunden

---

231 Vortrag v. 3. Oktober 1854, Wien, Nr. 11463/MI., in: Ebd., Krt. 666, Nr. 11882/54. Die auch vorkommende Wendung von „jedem Beitragsfähigen" kann in diesem Kontext als irrelevant angesehen werden.
232 *Wiener Zeitung*, 16. Juli 1854, Nr. 169, S. 1912. In diesem Blatt wurden viele regionale Aufrufe dieser Art veröffentlicht. Dies verhielt sich in den offiziellen Landeszeitungen sicher nicht anders.
233 An Hohenwart, Laibach, 11. Juli 1854, in: AVA, NL Hohenwart-Weingarten, Krt. 13.
234 Anton Halbhuber Freiherr v. Festwill, Troppau, 10. Juli 1854, in: *Wiener Zeitung*, 16. Juli 1854, Nr. 169, S. 1912–1913.
235 Vortrag v. 3. Oktober 1854, Wien, Nr. 11463/MI., in: AVA, Inneres, Präs., Krt. 666, Nr. 11882/54.
236 Elisabeth Molnár, Auf dem Wege der mühevollen Verbürgerlichung.
237 In Abwesenheit an Bach, Temesvar, 7. September 1854, Nr. 1582/CG., in: Ebd., Krt. 665, Nr. 10619/54.

sein. Denn Fürst K. Schwarzenberg mußte regelmäßig umfassende Subskriptionslisten nach Wien übermitteln[238].

Als in sozialgeschichtlicher Hinsicht besonders aufschlußreich könnte sich hierbei eine systematische, von mir nicht geleistete Durchsicht der *Wiener Zeitung* erweisen: In dem Regierungsblatt wurden nämlich während der Subskriptionsphase nicht nur täglich die von Bewohnern der Residenzstadt gezeichneten Summen publiziert, sondern auch ihre Namen und Berufe aufgeführt. Solche Listen dürften auch in den offiziellen Landeszeitungen erschienen sein.

Die soeben angeführten Zitate sollten allerdings nicht zu der Annahme verleiten, die Mehrzahl der Einwohner der Monarchie habe sich an der Operation beteiligt. Und die Meldung des Linzer Polizeidirektors in einem Tagesrapport vom 20. Juli 1854 über „viele Beiträge von Dienstbothen und Fabriksarbeitern"[239] nach Wien, ist relativ zu verstehen. Ein in den Präsidialakten des Innenressorts liegendes statistisches Tableau gibt hierüber einigermaßen verläßlich Aufschluß. Alles in allem subskribierten demnach knapp 1,8 Millionen „Parteien"[240]. Dieser Faktor muß aufgrund des damaligen Kinderreichtums und des damals anders, nämlich weiter gefaßten Konzepts von der Familie mehrfach multipliziert werden[241]. Schließlich ist zu berücksichtigen, daß es noch nach Abschluß der Zeichnungsphase zu zahlreichen Subskriptionen kam, die in der angeführten Aufstellung noch nicht enthalten sind. Ungeachtet dessen kämen wir angesichts einer ungefähren Anzahl der Gesamtbevölkerung von rund 37,8 Millionen (diese Zahl bezieht sich auf das Jahr 1857) auf eine nicht sehr hohe Prozentzahl. Allerdings sind in den genannten 1,8 Millionen wohl nicht jene Subskriptionen enthalten, die in *korporativer,* also nicht in *individueller* Form erfolgten, worauf noch einzugehen sein wird. Wie dem auch sei: Brandts Feststellung, die Anleihe sei „bis in die Hütten der Bauern getragen" worden[242], trifft grundsätzlich zu.

Dies zeigt sich beispielsweise für Kroatien: Dort lebten 1850 rund 870.000 Menschen[243]. Davon subskribierten insgesamt 42.597 *Parteien*, von denen

---

238 S. dazu in der Instruktion Bachs (Wien, 6. Juli 1854, Nr. 7099/MI., in: Ebd., Krt. 664, Nr. 7099/54).
239 Tagesrapport, Linz, 20. Juli 1854, Nr. 9211, in: Ebd., OPB, Präs. II, Krt. 28, Nr. 4691/54.
240 Exakt waren es 1.796.364 Teilnehmer (ebd., Inneres, Krt. 666, Nr. 11992/54). Vgl. Art. der *Österreichischen Korrespondenz,* wiedergegeben in: *Wiener Zeitung* v. 21. November 1854, Nr. 278, S. 3198.
241 Man denke nur an Gesinde, das bei Bauern wohnte. S. dazu etwa Bruckmüller, Sozialgeschichte Österreichs, S. 376. Ob Tagelöhner zu den Familien zählten oder nicht, war offensichtlich situationsabhängig.
242 Neoabsolutismus, 2, S. 697. Weit. Bsp. hierfür finden sich in den Akten: Auch die „gesammte Geistlichkeit" erhielt eine diesbzgl. Aufforderung (Erlaß L. Thuns an alle Länderchefs, Wien, 17. Juli 1854, Nr. 803/CUM., in: AVA, CUM, Präs., Krt. 24, Nr. 803/54).
243 S. dazu Arnold Suppan, Kroaten, S. 627, Tab. 65.

„21.541" – also mehr als die Hälfte – „die Minimalzeichnung von 20 f. abgegeben" hatten, wie es in einer am Ende der Zeichnungsphase im Innenministerium erstellten Übersichtsliste hieß[244]. Ganz ähnlich hatte sich in Krakau von insgesamt 43.224 Subskribenten die knappe Hälfte (20.121) mit 20 Gulden beteiligt. Insgesamt gesehen kommt man auf fast 690.000 Subskriptionen mit dem Mindestbetrag. Nicht ganz so viele (657.000) beteiligten sich mit einer Geldsumme, die zwischen 20 und 100 Gulden lag[245]. Wenigstens ein Teil der Teilnehmer der ersten Kategorie kann den untersten gesellschaftlichen Schichten zugerechnet werden.

Und hierbei halfen nun Beteiligungserleichterungen der verschiedensten Art zweifellos nach. Allerdings läßt sich gerade an diesem Beispiel gut illustrieren, wie unzureichend die Planung der Operation war. Am 22. Juli erklärte Baumgartner gegenüber dem Monarchen speziell mit Blick auf die besondere Lage des Grundbesitzes in Galizien eine „Begünstigung der dortigen ständischen Kreditsbriefe" für „unvermeidlich"[246]. Und Bach hatte Franz Joseph bereits am 3. Juli die „unabweisbare dringende Nothwendigkeit von Anordnungen" zu „beweisen" versucht, die dem „großen Grundbesitze" generell Subskriptionen „nach Verhältniß seines Besitzes" ermöglichen würden[247]. Denn von dieser Bevölkerungsgruppe konnte aufgrund der „vor allem im Osten" großen „Illiquidität"[248] nur so eine nach seinem Verständnis angemessene Zeichnung überhaupt verlangt werden.

Zu diesem Zeitpunkt hatten den Minister aber schon Meldungen über die „Bestürzung" von „vielen diesem Stande angehörigen Personen" erreicht, die aufgrund ihrer Vermögenslage und trotz „aller Bereitwilligkeit zu Opfern" eine „namhafte Betheiligung" für „unmöglich" erklärten[249]. Und noch nach Anlauf der Subskriptionsphase bat er seinen Kollegen von den Finanzen um Modifikationen bezüglich dieser Schicht[250]. Für die Beamtenschaft ersuchte Bach den Monarchen ebenfalls „um a.(ller)h.(öchste) Genehmigung und Verfügung mehrerer zur Erzielung einer lebhaften Betheiligung ... unerläßlicher Anordnungen"[251]. Denn die „überwiegende Mehrzahl" dieser Berufsgruppe

---

244 Ohne alles, in: Ebd., Inneres, Präs., Krt. 664, Nr. 7099/54 (s. dazu auch folg.).
245 Art. der *Österreichischen Korrespondenz*, wiedergegeben in: *Wiener Zeitung* v. 21. November 1854, Nr. 278, S. 3198.
246 Vortrag v. 22. Juli 1854, Wien, MCZ. 2389/54, *sehr dringend*, in: Ebd., KK, Vorträge, 1854, Krt. 12.
247 Vortrag, Wien, Nr. 6986/MI., in: AVA, Inneres, Präs., Krt. 664, Nr. 7081/54.
248 Brandt, Neoabsolutismus, 2, S. 694.
249 Vortrag v. 3. Juli 1854, Wien, Nr. 6986/MI., in: AVA, Inneres, Präs., Krt. 664, Nr. 7081/54.
250 Wien, 24. Juli 1854, Nr. 7954/MI., in: Ebd., Krt. 665, Nr. 9317/54. Diese Bitte erfolgte offenbar u. a. als Reaktion auf ein Schreiben Goluchowskis v. 15. Juli (Lemberg, Nr. 1321/Pr., in: Ebd., Nr. 9317/54); s. dazu auch den Vortrag Baumgartners v. 22. Juli 1854, Wien, MCZ. 2389/54, *sehr dringend*, in: HHStA, KK, Vorträge, 1854, Krt. 12.
251 Vortrag v. 3. Juli 1854, MCZ. 2180/54, Wien, in: Ebd., Krt. 11.

schien ihm „nicht in der Lage, den für die Subskribenten im Allgemeinen vorgeschriebenen Kautionsbetrag in Barem oder in Werthseffekten zu hinterlegen"[252]. Dabei verwies er unter anderem auf die beschwerlichen „Lebensverhältnisse" der Staatsdiener. Entscheidend ist nun, daß sich weder Bach noch Baumgartner schon seit langem nicht mehr irgendwelchen Illusionen über die prekäre Lage weitester Teile der Bürokratie wie über die mißlichen Verhältnisse vieler Grundbesitzer hingeben konnten[253]. Noch anderen Gruppen wurden Erleichterungen erst nach Eröffnung der Subskriptionsphase konzediert, obgleich deren Notwendigkeit von vornherein feststand.

Freilich wiesen solch – späte – Reaktionen auf aufgetretene Subskriptionsschwierigkeiten auch einen Vorteil auf. Sie ließen sich propagandistisch gut ausbeuten: Die Verantwortlichen konnten damit vorgeben, als würden sie auf unmittelbar artikulierte Bedürfnisse der Bevölkerung umgehend reagieren und die erforderliche Rücksicht nehmen. Aber keine Dokumente deuten darauf hin, daß man von Anfang an die Gewährung entsprechender Beteiligungserleichterungen erst zu einem späteren Zeitpunkt vorhatte, um exakt diesen Effekt zu erzielen. Ausschließen läßt es sich deshalb freilich noch lange nicht.

2.7.2. Öffentliche Aufklärung über Notwendigkeit und Vorteilhaftigkeit der Operation

Mit der Zubilligung recht günstiger Anleihekonditionen und bestimmter Beteiligungserleichterungen war es aber bei weitem noch nicht getan. Die „bei weitem zahlreichsten Volksklassen" waren nämlich „unvertraut mit dem Wesen" von Finanzoperationen solcher und anderer Natur, wie Bach in seinem Abschlußbericht über den Subskriptionsverlauf dem Kaiser treffend erklärte[254]. Wie er ebenso richtig beifügte, wurden sie damals „zum erstenmale in den Kreis eines Staats-Anlehens gezogen" und waren bislang mit solchen Operationen bestenfalls vom Hörensagen in Berührung gekommen. Sie mußten also überhaupt erst einmal über den Funktions- und Wirkungsmechanismus von Anleihen aufgeklärt werden.

Manche Einwohner oder sogar ganze Bevölkerungsschichten könnten auch gewisse mentale Vorbehalte, ja Ängste vor einer Beteiligung an der Nationalanleihe gehabt haben. Der Innenminister machte jedenfalls eine solche Hemmschwelle geltend, wenn er von „ungünstigen Vorurtheilen" sprach. Sie

---

252 Vortrag v. 4. Juli 1854, Wien, MCZ. 2178/54, in: Ebd. (s. dazu auch das folg. Zit.).
253 Überdies wurde etwa den Diurnisten, also den sog. Tagschreibern der Hofbuchhaltung, die Beteiligung gemäß den Begünstigungen für Beamte gewährt (Vortrag Bachs v. 29. Juli 1854, Wien, MCZ. 2499/54, in: Ebd., Krt. 13).
254 Vortrag v. 3. Oktober 1854, Wien, Nr. 11463/MI., in: AVA, Inneres, Präs., Krt. 666, Nr. 11882/54 (s. dazu auch folg.).

führte er auf die Erinnerung an die „Traditionen des Jahres 1811" zurück, eine indirekte Anspielung auf die Folgen des damals eingetretenen *Staatsbankerotts*[255]. Dieser Vorgang machte den Versuch einer durchgreifenden Sanierung der Währung erforderlich, was unter anderem mittels Zwangsumtausch bewerkstelligt werden sollte. Die damit verbundenen Eingriffe in privates Vermögen scheinen bei den „Miterlebenden" allerdings „einen tiefen und bleibenden Eindruck hinterlassen" zu haben, „der über viele Jahrzehnte vorhielt"[256]. Er dürfte um so größer gewesen sein, als das damalige kaiserliche Patent „seinen Zweck total verfehlte", wie Rumpler gemeint hat[257]. Bewohner des Reiches mochten es sich deshalb zweimal überlegen, ob sie nun – 1854 – dem Staat ohne ausreichende Erfolgsgarantien ihr Geld für eine Währungs- und Haushaltssanierung zur Verfügung stellen sollten.

Was nun die Frage der öffentlichen Aufklärung anbetrifft, so berichtete in einem Stimmungsbericht aus dem Jahre 1853 der Leiter des siebten, in Ungarn stationierten Gendarmerieregiments an Kempen, das Landvolk finde sich „mitunter" mit den Regierungsmaßregeln zufriedengestellt; doch fehle es gewöhnlich beim Erscheinen einer neuen Anordnung an der „nöthigen Auseinandersetzung des hieraus für's allgemein Wohl erwachsenden Nutzens"[258]. Einen solchen Vorwurf kann man den Verantwortlichen im Falle der Nationalanleihe nicht machen, obgleich ihnen nur wenig Zeit zu entsprechenden *Auseinandersetzungen* zur Verfügung stand. Denn das kaiserliche Patent wurde ja erst am 4. Juli publiziert, die Subskriptionsphase jedoch schon knapp zwei Wochen danach eröffnet.

Es wurde offensichtlich vieles, wenn nicht alles in der Kürze der Zeit mögliche getan, um für Aufklärung zu sorgen. Genauer gesagt, man bemühte sich sehr intensiv darum, allseits die Überzeugung zu wecken, daß es sich bei der Nationalanleihe sowohl für die Gesamtheit als auch für die einzelnen Staatsbürger in jeder Beziehung um ein fruchtbringendes Unternehmen handelte. Ob dies freilich mit durchschlagendem Erfolg geschah, darf allerdings wenigstens partiell bezweifelt werden. So konstatierte die Finanzlandesdirektion Siebenbürgens mit Blick auf den ihr unterstehenden Verwaltungsbereich ein „ohnehin im Durchschnitte ... geringes Verständniß der Anlehensoperation"[259]. Diese Feststellung datiert vom 13. Dezember 1854, wurde also ge-

---

255 S. dazu kurz bei Brandt, Neoabsolutismus, 1, S. 103–106 (dort auch diese zeitgenössische Bezeichnung); vgl. Franz v. Mensi, Finanzpatent v. 20. Februar 1811, in: Oesterreichisches Staatswörterbuch, 1, S. 492–496.
256 Brandt, Neoabsolutismus, 1, S. 105. Eine eingehende Untersuchung wäre von Interesse (s. dazu auch ebd., S. 106, Anm. 6 u. 7).
257 Eine Chance für Mitteleuropa, S. 123.
258 Stber. 9–10 53, GD, in: HHStA, KK, GD, 1853, 2. Teil, f. *GD II, Nr. 1202–1271*, fol. 863.
259 An Baumgartner, Hermannstadt, 13. Dezember 1854, Nr. 1868/Pr., in: FA, FM, Präs., Nr. 23225/54.

raume Zeit nach Ende der Zeichnungsphase sowie nach mehr oder minder eindringlicher aufklärerisch-propagandistischer Bearbeitung gemacht. Offensichtlich brauchte es wenigstens bei den „unteren Volksschichten" seine Zeit, bis sie dieses *Verständniß* durch„drungen" hatte[260]. Aber noch ein halbes Jahr nach Abschluß der Zeichnungsphase sprach Bach einmal selbst von „jenem Theil der Landbevölkerung, welcher überhaupt (!) für eine richtige Ansicht über das Wesen eines Creditpapiers empfänglich ist"[261].

Zur Aufklärung verfügte er nun über eine ganz bestimmte Methode. Im zeitgenössischen Jargon wurde sie *Belehrung* genannt, die prinzipiell entweder von staatlicher oder aber von privater Seite aus erfolgen konnte. Setzen wir bei *Belehrungen* durch Staatsorgane an.

Sie stellten ein ebenso beliebtes wie traditionelles und bereits vielfach erprobtes, wenn auch sicher nicht immer erfolgreich eingesetztes Instrument dar. Dabei ging es zunächst lediglich darum, der Bevölkerung staatliche Anliegen verschiedenster Natur (Gesetze, Gesetzesvorhaben, Verordnungen und so weiter) näher zu erläutern, verständlich zu machen. Daneben aber wurden solchermaßen geartete Belehrungen nicht selten für staatliche Eigenwerbung und damit in einem *propagandistischen* Sinne eingesetzt. Dies war auch bei der Nationalanleihe der Fall.

Grundsätzlich gewannen im Zuge der politischen Emanzipation, die mit der Revolution von 1848/49 vorübergehend eingetreten war, gerade propagandistisch motivierte Belehrungen wenigstens graduell an Bedeutung: Schon im Vormärz konnte der Herrscherwille nicht immer einfach gleichsam *wortlos* von oben dekretiert werden, bereits vor der am 15. März feierlich verkündeten Pressefreiheit mußte die Staatsmacht der öffentlichen – in gewissem Maß auch der veröffentlichten – Meinung im weitesten Sinne Tribut zollen. Zwar verhinderte vor 1848 die herrschende Zensur das Entstehen einer veröffentlichten Meinung im Sinne eines gewissen Meinungspluralismus. Doch wurde der Zufluß ausländischer Blätter nur teilweise behindert beziehungsweise konnte nur teilweise behindert werden[262]. Und so zirkulierten schon vor der Revolution in der Monarchie Zeitungen, deren politische Tendenz den innenpolitischen Verhältnissen widersprach. Im Zuge des Völkerfrühlings gewann die öffentliche beziehungsweise veröffentlichte Meinung aber zunächst sehr stark an Bedeutung: Nunmehr standen der Regierung vorübergehend politisch für mündig erklärte, sich teilweise auch mündig fühlende und dementsprechend agierende Staatsbürger gegenüber. Sie bildeten nun nicht mehr primär ein weithin beliebig beherrschbares und lenkbares

---

260 Cihlarz, Tagesrapport an Kempen, o. O. (Ödenburg), 9. Juli 1854, Nr. 2232/E., in: AVA, Inneres, OPB, Präs. II, Krt. 26, Nr. 4396/54.
261 An Bruck, Wien, 15. März 1855, Nr. 2022/MI., in: FA, FM, Präs., Nr. 4534/55.
262 Rumpler, Eine Chance für Mitteleuropa, S. 274.

Objekt, sondern waren partiell (man denke hier etwa an Einschränkungen im Wahlrecht) zu aktiven politischen Subjekten avanciert. Die Regierenden mußten also mehr als früher ihre an die Bevölkerung gerichteten Wünsche, Forderungen, die von ihnen erlassenen Gesetze und anderes mehr *vermarkten*, um es salopp zu formulieren. Sie mußten für sie eben Propaganda betreiben. Im Zuge der *reaktionären* Wende ließ sich diese Entwicklung nicht einfach durch Maßnahmen wie das Sylvesterpatent wieder aus der Welt schaffen. Man denke nur an die bereits spätestens in der zweiten Jahreshälfte 1849 auftauchende Idee der Übernahme der „französischen Erfindung des *bureau d'esprit public*"[263]. Dieser Gedanke wurde unter neoabsolutistischen Verhältnissen nicht zu den Akten gelegt, sondern vielmehr überhaupt erst dann realisiert[264], wobei außen-, aber eben auch innenpolitische Erwägungen eine Rolle spielen.

Insofern geht auch Redlichs These zu weit, man habe bereits kurze Zeit nach der Niederwerfung der Revolution „schon wieder allen Respekt vor der Heiligkeit des eigenen Wortes und jede Scheu vor der 1848 so gefährlich aufgetretenen öffentlichen Meinung" verlernt[265]. Die *Heiligkeit des Wortes* wurde wohl in der Tat nicht mehr besonders respektiert. Davon zeugt nicht zuletzt das kaiserliche Verhalten bei der Rücknahme der Märzverfassung: Das Wort des Monarchen sei „schwer compromittirt" worden, ja man habe ihn selbst der „Wortbrüchigkeit" ausgesetzt, hielt Dilgscron anläßlich der Publikation der Augusterlässe in seinem Tagebuch fest[266]. Aber die öffentliche Meinung wurde doch weiterhin aufmerksam registriert, auch wenn man sie unter anderem infolge verschärfter Pressegesetze besser kontrollieren zu können meinte. Und obwohl es insbesondere der „persönlichen Überzeugung" Franz Josephs „widersprechen" mußte, der „Volksmeinung' ... wirklichen Einfluß auf innen- oder außenpolitische Entscheidungen zu geben", so hatte „die Revolution von 1848" eben doch die „Notwendigkeit ... gelehrt", die „Stimmung der Untertanen zu beachten"[267]. Die im März 1848 explosiv aufgebrochene Entwicklung war eben bestenfalls um einige Windungen zurückzuschrauben.

Vor dem Glauben, die Zeit ganz zurückdrehen zu können, wurde schon im Oktober 1849 in einer *Denkschrift* mit dem Titel *Über die Vertretung der Rechte und Interessen Österreich's durch die Tages-Presse* recht eindringlich

---

263 So stand es am 22. November 1849 in der Nr. 278 der Zeitung *Die Presse* (Wien, 21. November). Vgl. dazu Überlegungen bzgl. der Außenpolitik nach 1848 bei Leopold Kammerhofer, Diplomatie und Pressepolitik, S. 459: „Pressepolitik und Diplomatie werden zu ‚korrespondierenden Elementen der Außenpolitik'".
264 Am 24. Oktober 1852 erfolgte die Bildung eines *Presseleitungskomitees* (zu seiner Geschichte s. kurz bei Paupié, Handbuch der Österreichischen Pressegeschichte, 2, S. 12–16).
265 Staats- und Reichsproblem, 1/1, S. 353.
266 Tagebucheintrag, in: HHStA, NL Dilgscron, Krt. 3, Buch 1850–51, Bog. 594.
267 Weinzierl-Fischer, Zeitgenössische Polizei- und Diplomatenberichte, S. 281.

gewarnt²⁶⁸. Danach war die „öffentliche Meinung ... in unserer Zeit ... zu einer Macht geworden", und zwar „mehr als ... in irgend einer früheren" Zeit. Dabei wurde sie laut Ansicht des unbekannten, aber offensichtlich konservativ orientierten Autors

> „entschiedener als je ... durch eine Tagespresse beherrscht, deren Organe(,) mit wenigen ehrenvollen Ausnahmen, den Feinden der geselligen Ordnung dienstbar sind ... oder schnöden Gelderwerbes halber, den gefährlichen Leidenschaften der Massen huldigen".

Zwar sollten die „Regierungen" deshalb nicht in den Fehler verfallen, sich „von der leider nur zu oft irregeführten öffentlichen Meinung gegen ihre bessere Überzeugung bestimmen" zu „lassen"; dies wäre „verderblich"; doch war es „eben so bedenklich", die „Macht" der Publizistik „zu verkennen" und „in Folge dessen zu mißachten". Das Gebot der Stunde bestand vielmehr in der „Aufklärung und Leitung" der Presse. Dies bezeichnete der Verfasser als „ein so dringendes Gebot der Staatsklugheit, daß dessen Erfüllung eine Pflicht ist".

Ein kleines, nettes und zudem frappierend an heutige Verhältnisse erinnerndes Bonmot Erzherzog Ludwigs verdeutlicht, wie sehr sich in dieser Hinsicht die Zeiten verändert hatten:

> „Ich las es in ... Zeitungen, als eine neue Erfindung(,) es stand nämlich darin ‚alle Sonntage ist Familientafel bey Hof, an diesen Tagen speisen die dienstthuenden Adjutanten in der Antikommune, der Graf Grünne aber auf seinem Zimmer &. Ich hoffe(,) wir werden es noch dahin bringen, daß in die Zeitungen kommen wird, (was) der Kaiser ... für einen Schlafrock ... anhatte u.s.w. (...)."²⁶⁹

Nun stammt diese Bemerkung zwar vom Dezember 1849; und ähnliche Meldungen mochten bereits einige Zeit später nicht mehr ungeahndet Aufnahme in öffentliche Blätter finden, obgleich grundsätzlich mit Norbert Bachleitner zu sagen ist, daß die „regulations issued in the era of neoabsolutism did, however, create a legal framework for handling press matters that offered some protection from the arbitrariness of censors"²⁷⁰. Dennoch mußten die damaligen Machtträger selbst unter den repressiven Bedingungen des neoabsolutistischen Herrschaftssystems dem Faktor öffentliche Meinung mittels propagandistischer Maßnahmen Rechnung tragen²⁷¹. Bezeichnend erscheinen

---

268 Ohne alles, in: HHStA, PA. I, Krt. 679, f. *Varia Generalia*, fol. 242 (s. dazu auch folg.).
269 An Sophie, Salzburg, 14. Dezember 1849, in: Ebd., NL Sophie, Schachtel 8, fol. 206–207. „&" bedeutet wohl soviel wie *und so weiter*.
270 The Politics of the Book Trade in Nineteenth-Century Austria, S. 105.
271 Auch in dieser Beziehung bewirkte die Revolution einen *Modernisierungs*schub, dem der

Überlegungen von Reichsrat Krieg aus dem Jahre 1859. Sie gingen von einer schon an und für sich bemerkenswerten Feststellung aus, die auf das pentarchische Großmachtsystem anspielte: Die „sogenannte öffentliche Meinung" werde „in mehreren auswärtigen Journalen als die sechste Großmacht" bezeichnet[272]. Freilich versuchte Krieg diese Auffassung gleich wieder dadurch zu entkräften, daß er diese *sogenannte öffentliche Meinung* als „eigentlich immer nur" gleichbedeutend mit der „tendenziellen Ansicht" des „Verfassers" eines jeweiligen Artikels gleichsetzte. Auch meinte er, dieser müsse sich um die Gunst und um den Beifall der Leser in seinem Interesse bewerben und „auf jede Art bestrebt" sein, seiner Meinung die „thunlichste Geltung zu verschaffen". Doch wer sich um diese *Gunst* und diesen *Beifall* bemühte, der hegte offenbar eine konkrete Hoffnung: Nämlich mit bestimmten, auf bestimmte Weise schriftlich artikulierten Inhalten, Meinungen, Überzeugungen auf positive Resonanz zu stoßen. So weit mochte Krieg nicht gedacht haben. Erklärte er diese *öffentliche Meinung* jedoch zugleich für „bereits bearbeitet und vorbereitet" und „mit jedem Tag" für „mehr bearbeitet und vorbereitet", so erkannte auch er die Bedeutung dieses Faktors an.

2.7.3. Belehrungen

Nun konnten *Belehrungen* grundsätzlich entweder durch individuelle oder aber durch publizistische Einwirkung im weitesten Sinne des Wortes erfolgen. Beide Varianten hatte offenbar auch schon Stadion im Auge gehabt, als er sich bezüglich der praktischen Umsetzung des am 17. März 1849 verabschiedeten

---

Neoabsolutismus wohl nicht genug entgegenzusetzen hatte. Ind. erhellen dies die zuweilen verzweifelt anmutenden Bemühungen, der offiziellen Regierungszeitung und ihren Pendants in den Kronländern durch Reformmaßnahmen rein technischer (Layout), aber auch inhaltlicher Natur mehr Absatz zu verschaffen. Auf diesen äußerst interessanten Aspekt neoabsolutistischer Geschichte, der die Machtträger aber schon seit wenigstens Ende 1848 intensiv beschäftigte, kann leider nicht eingegangen werden. Allg. dazu s. etwa vor kurzem Wolfgang Piereth, Die Anfänge aktiver staatlicher Pressepolitik in Deutschland, S. 21–43 (unter Einbeziehung der Habsburgermonarchie). S. auch zwei interessante Aufsätze, die 1996 in der *Schweizerischen Zeitschrift für Geschichte* erschienen sind: Kurt Imhof, ‚Öffentlichkeit' als historische Kategorie und als Kategorie der Historie und Hans U. Jost, Zum Konzept der Öffentlichkeit. Diese Entwicklung könnte im übrigen gerade auch mit einem indirekt mit der Nationalanleihe zusammenhängenden Moment zu tun haben, nämlich mit der für den Fortgang des schon erwähnten „Wirtschaftslebens notwendigen Funktion der Presse". So Lengauer, der überdies meint, die Presse habe die mit dem ökonomischen Aufschwung zunehmend solider werdende Basis dargestellt, „auf der das ideologische und politische Räsonnement fortgeführt werden konnte" (Ästhetik und liberale Opposition, S. 190). Dies wäre intensiver zu überprüfen. Richtig ist, daß viele Tageszeitungen voll von Nachrichten aus dem Wirtschafts- und Finanzbereich waren.

272 Ohne alles, in: HHStA, RR, Präs., Krt. 33, Nr. 121/59 (s. dazu auch folg.).

provisorischen Gemeindegesetzes an den damaligen Landeschef der Krain, Leopold Graf Welsersheimb, wandte[273]. Obgleich er die damit verbundenen, von Welsersheimb beklagten „Schwierigkeiten" nicht leugnete, wollte er „die Aufgabe der Behörden" nicht darauf beschränkt wissen, „mit aller Thätigkeit und Umsicht die Durchführung" der einschlägigen Bestimmungen „anzubahnen"; vielmehr „empfahl" er auch die Anwendung „aller Mittel der Volksbelehrung". Auf diese Weise sollte „im Volke" die „Empfänglichkeit" für das provisorische Gesetz „in angemessener Weise geweckt" und seine „bevorstehende Einführung ... erleichtert" werden[274]. Hinsichtlich der Nationalanleihe hat dagegen schon Stölzl richtig einen „Propagandafeldzug ganz großen Stils" beobachtet[275]. Innenminister Bach formulierte es folgendermaßen: Es „mußte der ganze Apparat der populären Belehrung erschöpft" werden[276]. Dieses Erfordernis konnten die ihm untergeordneten Stellen schon dem Tenor seiner Instruktion entnehmen. Laut Kübeck mußte dies die „unheilvollsten Plackereyen" der „unteren Organe" gegenüber der Bevölkerung nach sich ziehen[277]: Sein Kollege Fr. Zichy prophezeite ein „Denuntiations-Wesen ohne Gleichen, Drohungen" als „voraussichtliche Begleiter"[278]. Zugleich mutmaßte er, daß „die subalternen(,) weit von den Centralbehörden entfernten Organe ... auch unlautere Mittel anwenden (dürften)", um „ein möglichst günstiges Ergebniß zu erzielen". Ob dies tatsächlich der Fall war, wird im weiteren zu untersuchen sein.

2.7.3.1. Belehrungen auf individueller Basis

Beginnen wir mit Einwirkungen auf individueller Basis. Darunter ist zunächst das persönlich geführte Gespräch staatlicher Funktionsträger mit Einzelpersonen oder Gruppen zu verstehen, die als potentielle Subskribenten in Frage kamen. In dieser Beziehung war zunächst die Aktivität der Beamten vor Ort gefragt. Dies soll ein zeitlich zwar früher liegendes, dafür aber sehr anschauliches Beispiel verdeutlichen: Anfang 1849 wurde auf dem Reichstag von Kremsier über die Frage einer Teilung Tirols in zwei Regionen disku-

---

273 Wien, 11. April 1849, Nr. 2560/MI., in: AVA, Inneres, Präs., Krt. 429, Nr. 2560/49 (s. dazu auch folg.).
274 Ungehalten reagierte Stadion, als Welsersheimb kurze Zeit später erneut auf *Schwierigkeiten* hinwies (Stadion an dens., Wien, 14. Mai 1849, Nr. 3500/MI, in: Ebd., Nr. 3500/49).
275 Ära Bach, S. 73.
276 Vortrag v. 3. Oktober 1854, Wien, Nr. 11463/MI., in: AVA, Inneres, Präs., Krt. 666, Nr. 11882/54.
277 Vortrag v. 18. Juni 1854, Wien, in: HHStA, RR, Gremial, Krt. 54, Nr. 349/54.
278 Reichsratssitzung v. 17. Juni 1854, in: Ebd. (s. dazu auch folg.).

tiert[279]. In diesem Zusammenhang hatte Stadion im Februar des Jahres den Tiroler Statthalter dringend darum gebeten, „selbst die beiden Kreise Trient u Rovere(do) so bald als nur immer thunlich zu bereisen": Denn es galt, die vorwiegend italienischstämmige Südtiroler Bevölkerung „über ihre (wah)ren Interessen" mittels „persönlicher Einfluß"nahme aufzuklären[280]. Insbesondere war ihr klarzumachen, daß nach dem Willen der Regierung „Tirolsgränzen [sic] ungeschmälert erhalten werden" sollten.

Stadion mögen damals auch noch andere Formen individueller Einflußnahme als nur die eines staatlichen Funktionsträgers vorgeschwebt haben. 1854, bei der Nationalanleihe, galt dies jedenfalls für Bach. Er wollte es im Falle der Belehrungen nicht mit der Inanspruchnahme von Staatsdienern bewenden lassen. Vielmehr versuchte er, auch verschiedenste nichtstaatliche Instanzen (teilweise auch in Form ganzer Organe) für die Realisierung der Operation zu mobilisieren. Dabei handelte es sich gleichfalls um ein traditionelles Mittel.

Dazu dürfte ihn, neben den uns schon bekannten Gründen, insbesondere zweierlei bewogen haben: Da war zum einen ein taktisches und deshalb gewissermaßen ebenfalls wieder propagandistisches Kalkül. Die Bevölkerung mochte eine Anleihe lediglich als eine andere Form der Besteuerung betrachten. Solche Ansichten wurden auch vertreten. So meinte etwa Karl Marx, daß die Nationalanleihe „in point of fact ... amounts to the raising of an additional sum of taxes at once, with the promise that this particular sum shall be repaid"[281]. Aber wohl nicht nur Außenstehende setzten damals die Nationalanleihe mit einer neuen, wenn auch nur vorübergehend erhobenen Steuer gleich, wie sich leicht zeigen ließe. Diese Auffassung mußte nach Möglichkeit neutralisiert werden. Hinzu kam einmal mehr die schwierige materielle Lage gerade der zur Zeichnung ausersehenen unteren Schichten. Schon diese beiden Momente mochten die Bereitschaft der Staatsbürger zu einer „ausgiebigen", das heißt aus Bachs und Baumgartners Sicht ausreichenden „Betheiligung"[282] allzusehr reduzieren. Staatlichen Funktionsträgern mochte es jedoch schwerfallen, einer solchen Haltung durch verbale Überzeugungsarbeit effektiv entgegenzuwirken. Denn sie erschienen der Öffentlichkeit wohl oftmals von vornherein lediglich als willfährige Vollstreckungsorgane der Staatsmacht. Für private Instanzen oder Personen mochte dies weniger gelten. Und je mehr sie das Vertrauen der Bevölkerung besaßen und/oder einflußreiche

---

279 S. dazu kurz bei Gottsmann, Reichstag, S. 119.
280 An Bissingen, Wien, 16. Februar 1849, Nr. 864/MI., in: AVA, Inneres, Präs., Krt. 66, Nr. 864/49 (s. dazu auch das folg. Zit.).
281 *New York Daily Tribune*, Nr. 4136, 21. Juli 1854, London, 7. Juli 1854, in: MEGA, I/13, S. 327.
282 Vortrag Bachs v. 3. Oktober 1854, Wien, Nr. 11463/MI., in: AVA, Inneres, Präs., Krt. 666, Nr. 11882/54.

und angesehene gesellschaftliche Positionen einnahmen, desto weniger mochte ihre einschlägige Wirksamkeit auf Mißtrauen stoßen.

Zum anderen aber forderte hier die schlichte Notwendigkeit ihr Recht. Denn die politischen Behörden konnten aus logistischen Gründen die erforderliche Aufklärungsarbeit nicht alleine leisten. Dazu stand zuwenig Zeit zur Verfügung. Außerdem herrschte der bereits erwähnte Personalmangel. Überhaupt reichten die Arme des Staates damals weniger weit als heute (allerdings mit regionalen Verschiedenheiten; so gab es in manchen Gegenden keine Polizeiorgane). All dies muß vor allem auch Bach bewußt gewesen sein. Schließlich war ja ihm die Leitung der inneren Verwaltung anvertraut.

Bei seinem Versuch der Inanspruchnahme nichtstaatlicher Kräfte für seine Zwecke kam ihm nun ein wichtiges Moment zu Hilfe: Er konnte ihre Mithilfe als quasi selbstverständlich behaupten. Denn die Nationalanleihe war ja vom Kaiser höchstpersönlich unterzeichnet worden. Freilich hätte sie auch im entgegengesetzten Fall von der Öffentlichkeit aufgrund des absolutistischen Herrschaftszuschnitts als eine vom Monarchen gutgeheißene Operation aufgefaßt werden müssen. Aber dessen eigenhändige Unterschrift verlieh dem Unternehmen gewissermaßen eine zusätzliche Qualität. Es handelte sich somit um einen unmittelbaren kaiserlichen Befehl, auch wenn er scheinbar gut gemeint und väterlichen, patriarchalischen Zuschnitts war. Welche Privatperson (oder Instanz), die *von oben* dazu ausersehen war, potentielle Zeichner aufzuklären, wollte sich ernstlich verweigern, ihren ganz persönlichen Beitrag zur erfolgreichen Verwirklichung des angestrebten *gemeinsamen* Ziels beizutragen?

An welche privaten Personenkreise (oder privaten Instanzen) aber dachte Bach nun überhaupt konkret? Eine präzise Antwort liefert uns dazu sein Vortrag an den Kaiser vom 3. Oktober 1854. Da war insbesondere von der „Mitwirkung" der „Gemeindevorsteher", des „Curatklerus" sowie „anderer einflußreicher Vertrauensmänner" und der „Presse" die Rede[283]. Im folgenden wende ich mich zunächst nur den drei zuletzt genannten Gruppen zu. Auf die Gemeindeorgane komme ich später zu sprechen.

2.7.3.1.1. Die Vertrauensmänner

Beginnen wir mit den sogenannten *Vertrauensmännern*. Wie gezeigt, spielten sie bereits im Zuge des Entscheidungsprozesses über die Nationalanleihe eine gewisse Rolle. Dabei handelte es sich um mehr oder minder hochgestellte und einflußreiche Personen des damaligen öffentlichen Lebens. Aber grundsätzlich gab es nach zeitgenössischem Verständnis Vertrauensmänner in allen Ge-

---

283 Ebd.

sellschaftsschichten, auch wenn sich die Mithilfe aufgrund der Unvertrautheit weiter Bevölkerungskreise mit finanztechnischen Angelegenheiten wohl hauptsächlich auf sozial bessergestellte Individuen konzentriert haben dürfte. Vertrauensmänner konnten „den verschiedenen Klassen der Bevölkerung" entstammen, wie sich Bach ausdrückte[284]. Dies belegt auch der folgende Passus eines am 9. Juli in der offiziellen Regierungszeitung abgedruckten Artikels der *Österreichischen Korrespondenz,* diesem vermeintlichen „Haupt-Vehikel zur Influenzierung"[285]. Danach sollten „alle diejenigen, welche das Verständniß der zu lösenden Aufgabe, eine hervorragende Stelle, oder besonderer Einfluß auf ihre Mitbürger ... dazu befähigt, nicht säumen(,) durch Wort und That zur Förderung ... beizutragen"[286]. Dabei wurde ausdrücklich hinzugefügt, daß es gleichgültig war, ob dies für „größere oder kleinere, höhere oder niederere Kreise" galt.

Es gab keine absolut verläßlichen Kriterien, um einer Person das Etikett *Vertrauensmann* verleihen zu können. Dies kommt sehr deutlich in einschlägigen, grundsätzlichen Charakter tragenden Überlegungen zum Ausdruck, die Kärntens Statthalter Johann Freiherr v. Schloissnigg im April 1854 gegenüber Kempen äußerte. Sie bezogen sich zwar nur auf dieses Kronland, trafen aber sicher auch weitestgehend auf die übrigen Reichsteile zu. Danach ließen „einzeln dastehende Handlungen oder Äußerungen ... keine sicheren Schlüße" auf die „Gesinnungstüchtigkeit und Vertrauenswürdigkeit des Handelnden" zu[287]. Dennoch waren im allgemeinen wohl solche Individuen am meisten gefragt, die ihre treue Haltung gegenüber Regierung und Dynastie bereits unter Beweis gestellt hatten: „Bewährte treue Anhänger der Regierung", wie einmal ein Mitglied der Obersten Polizeibehörde in einem Aktenvermerk festhielt[288]. Um so stärker fiel ins Gewicht, wenn sie sich auch in schweren, mithin revolutionären Zeiten regierungstreu verhalten hatten. Genossen diese Individuen zudem noch das Vertrauen der Bevölkerung, so konnte dies der ihnen zugedachten Tätigkeit nur förderlich sein. Insofern weist der Terminus *Vertrauensmann* eine zweifache Bedeutungsrichtung auf: Ein solches Individuum sollte im Idealfall sowohl das Vertrauen der Regierung als auch jenes der Bevölkerung besitzen.

---

284 Instruktion an K. Schwarzenberg, Wien, 6. Juli 1854, Nr. 7099/MI., in: Ebd., Krt. 664, Nr. 7099/54.
285 Hell, Wien, o. D. (aber um den 18. August 1855), o. Nr., in: Ebd., OPB, Präs. II, Krt. 45, Nr. 5243/55.
286 *Wiener Zeitung,* Nr. 163, S. 1854 (s. dazu auch das folg. Zit.).
287 An Kempen Klagenfurt, 15. April 1854, Nr. 12/S., in: AVA, Inneres, OPB, Präs. II, Krt. 17, Nr. 2246/54. Diesem Akt liegen auch Ber. der dortigen Bezirkshauptmänner sowie des Klagenfurter Polizeidirektors bei.
288 O.O. (Wien), 27. April 1854, in: AVA, Inneres, OPB, Präs. II, Krt. 17, Nr. 2246/54 (auf der Rückseite zu dem Akt mit derselben Nummer).

Über den faktischen Nutzen der Mitwirkung von Vertrauensmännern bei der Popularisierung von Regierungsmaßnahmen läßt sich aufgrund der mir verfügbaren Aktenbasis kein hinreichender Aufschluß gewinnen. Über die Bedeutung, die speziell der Innenminister ihrer Tätigkeit generell beimaß, läßt sich gleichfalls nur wenig aussagen. Für unerheblich scheint er sie aber nicht erachtet zu haben. Sonst hätte er kaum so eindringlich ihr Engagement eingefordert.

Auch andere drängten darauf. So erklärte Johann B. Graf Rechberg und Rothenlöwen am 2. November 1859 im Zusammenhang mit der Frage der Ausarbeitung und anschließenden Oktroyierung von Landesverfassungen die nicht näher erläuterte Behauptung seines Briefpartners von „Nachtheilen der Berathungen mit den Vertrauensmännern" zwar für „vollkommen begründet"[289]; zugleich ließ sich laut ihm in der Monarchie jedoch nur „schwer" auf dieses Mittel verzichten: Da gab es „die Verschiedenheit der Interessen", der „Gewohnheiten" und „Lokalbedürfniße" der einzelnen Reichsteile. Da gab es auch gegenseitige „Eifersucht". All dies mache ein „Octroyiren von Seiten der Regierung bedenklich", weshalb „in den einzelnen Kronländern eine octroyirte Provinzial-Verfaßung" nie den Anklang finden werde, „der einer Verfaßung zu Theil werden wird, die aus den Berathungen mit angesehenen Männern des Kronlandes hervorgegangen ist".

Brandt sieht eine „Vertrauensmännerpolitik" sogar als „für den Neoabsolutismus charakteristisch" an: Sie sei immer dann bemüht worden, „wenn prekäre Situationen es geraten erscheinen ließen, den Kontakt von Regierung zu den Regierten zu suchen"[290]. Die finanzpolitische Situation des Reiches zum Zeitpunkt der Ausrufung der Nationalanleihe verdient jedenfalls die Bezeichnung *prekär*. Insofern verhielten sich die Machtträger nur adäquat, wenn sie sich des Dienstes von Vertrauenspersonen zu vergewissern suchten.

Immerhin könnte deren Wirken um die Mitte der fünfziger Jahre problematischer beurteilt worden sein als in früheren Zeiten. Auf eine diesbezüglich vorhandene Skepsis deuten Bemerkungen in der zweiten Besprechung des von Baumgartner zusammengerufenen Gremiums „patriotisch gesinnter und mit dem Geldwesen vertrauter Männer"[291] am 10. Juni 1854 hin. Damals äußerte Eskeles „einige Besorgniß" über die von Boscarolli in seinem Plan „empfohlene Ingerenz von Vertrauensmännern" in den direkten Durchführungsprozeß der Nationalanleihe „in den Provinzen"[292]. Dies „scheine" ihm „nicht der richtige Weg", sondern „eher" dazu geeignet, „Mißtrauen und viel-

---

289 Brief an Lerchenfeld, Wien, in: HHStA, AM, PA. I, NL Rechberg, Krt. 532, f. *Österreichische Innenpolitik*, fol. 633.
290 Neoabsolutismus, 1, S. 425.
291 So nannte er sie in seinem Vortrag v. 25. Mai (Wien, in: ÖAGK, 2, Nr. 54, S. 175).
292 Ad Nr. 9511/GP., in: FA, FM, GP, Nr. 9511/54, Bog. 5 (s. dazu auch folg.).

leicht Unordnung zu erzeugen". Offenbar nahm er an, man würde ihre Tätigkeit auf behördlichen Druck zurückführen. Bezeichnend erscheint die „beruhigende" Erwiderung des Finanzministers: Die „zu ergreifenden Maßregeln (hätten) ohnehin den angedeuteten Weg niehmals eingeschlagen". Und er fügte hinzu: „Das, was man sonst mit dem Worte Vertrauensmänner zu bezeichnen pflegte, habe ohnehin in neuester Zeit an Cours verloren." Zwar wollte er trotzdem nach wie vor „ausgezeichnete Männer", die „durch ihr Ansehen und ihre bewährte Einsicht und Ergebenheit den guten Erfolg zu fördern im Stande" waren, zur Popularisierung der Nationalanleihe heranziehen. Aber sie sollten nicht mehr „als eigentliche Organe der Ausführung" in Erscheinung treten. Wenigstens zum Teil scheinen Vertrauensmänner seiner Meinung nach nunmehr also eine Art Anachronismus dargestellt zu haben.

Hing seine Skepsis einfach damit zusammen, daß die Arme des Staates nun doch schon weiter reichten als noch vor einigen Jahren? Oder aber traute Baumgartner Vertrauensmännern eben weniger als einst? Gab es also seiner Meinung nach mittlerweile ganz einfach nicht mehr genug politisch vollkommen vertrauenswürdige Personen? Letzteres scheint ein gewisser Wilhelm Mühlberg geglaubt zu haben. Er schrieb Jahre später Kempens rechter Hand sinngemäß, man müsse in Wien hinsichtlich der Anstellung von Beamten in Oberitalien „auf den Rath wirklicher (!) Vertrauensmänner achten"[293].

In diesem Kontext könnten die mit der Revolution von 1848/49 verknüpften Folgen einmal mehr einen gewissen Einschnitt dargestellt haben. Denn viele der Dynastie zwar ergebene, politisch aber gemäßigt fortschrittlich denkende Männer mochten von der Wiedereinführung absolutistischer Verhältnisse enttäuscht sein. Dies könnte wiederum ihre Bereitschaft geschmälert haben, ihre Dienste den Regierenden in altgewohnter, das heißt engagierter Weise zur Verfügung zu stellen. Aber auch für stark restaurativ eingestellte Personen mag es sich ähnlich verhalten haben. So mußten sie zur Kenntnis nehmen, daß mit dem Sylvesterpatent keineswegs eine umfassende *Restauration* einherging, ungeachtet der Tatsache, daß ein prominentes Mitglied des Hochadels damals als Ministerpräsident fungierte, der freilich selbst keine allzu hohe Meinung von den Qualitäten seiner Standesgenossen gehabt zu haben scheint[294]. Die bereits während der Revolution in die Wege geleitete Zurückdrängung des feudalen Elements im Staat setzte sich während des Neoabsolutismus fort. Nicht umsonst konnte der aus kleinbürgerlichen Ver-

---

293 An Hell, Mailand, 11. Dezember 1858, in: AVA, Inneres, OPB, Präs. II, Krt. 127, Nr. 9374/58.
294 S. dazu seinen bekannten Ausspruch gegenüber seinem Schwager Windischgrätz: „Ich kenne in der Monarchie nicht 12 Männer unseres Standes, die unter den gegenwärtigen Zeitverhältnissen mit Nutzen in einem Oberhause Platz nehmen könnten (…). Ich muß leider auf meiner Ansicht beharren, daß von unserer Aristokratie als solcher (!) nichts zu erwarten ist (…)." (Zit. nach Rumpler, Eine Chance für Mitteleuropa, 309.)

hältnissen stammende, aufgrund seiner Verdienste um *Vaterland und Thron* aber immerhin zum Freiherrn nobilitierte Kübeck am 15. März 1852 in seinem Tagebuch das „Ende" der „Herrschaft der Kasten" konstatieren und hinzufügen, der Adel solle sich heute „das Licht der Tugend und des Wissens" erwerben. Dann werde er „im edleren Sinne gewinnen, was er an Privilegien und materiellen Gütern verlohren hat"[295]. Und hatte er bereits rund eineinhalb Jahre früher festgestellt, die „Revoluzion" habe den Adel „verschlungen"[296], so kann man sich lebhaft vorstellen, wie viele Mitglieder dieser Gesellschaftsschicht über diesen Vorgang dachten und wem sie die Schuld dafür anlasteten. Überdies war auf den ungarischen und lombardo-venezianischen Adel schon vor der Revolution aus anderen Gründen kein voller Verlaß mehr gewesen. Was nun wiederum den Finanzminister anbetrifft, so könnten bei seiner Skepsis auch beide Aspekte zusammengespielt haben: Der zunehmende Ausbau des bürokratischen Apparates erforderte die Verwendung von Vertrauensmännern weniger als früher, während gewisse Zweifel an ihrer politischen Verläßlichkeit ihre Inanspruchnahme auch bedenklicher erscheinen ließen.

Gerade am Beispiel Lombardo-Venetiens kann man noch Weiteres aufzeigen: Anfang 1849, als die Zeichen der Zeit noch stark auf konstitutionellem Kurs standen, sollten dortige „Vertrauensmänner" nach Wien „abgesendet" werden[297]. Die Minister wollten mit ihnen die künftige Entwicklung in den beiden oberitalienischen Provinzen besprechen. Schon damals war dieser Plan nur schwer, wenn überhaupt zu realisieren, was im übrigen auf „Vereitelung" der „lombardischen Emigrazion" zurückgeführt wurde. So prophezeite man, daß „die Absendung von Vertrauensmännern ... große(n) Schwierigkeiten begegnen" werde. Bis jetzt hätten „nur zwei Individuen ... angenommen", offenbar weit weniger als erwünscht. Auch wurde die „Renitenz der Provinzial Kongregazionen" betont, „Deputirte nach Wien abzusenden". Ob es dazu überhaupt kam, ist zweifelhaft[298].

Ein Jahr danach muß wenigstens zudem ein Teil jener für solche Gespräche potentiell in Frage kommenden und dafür auch bereiten Persönlichkeiten über das Verhalten Wiens enttäuscht, um nicht zu sagen frustriert gewesen sein: Bach hatte italienische *Vertrauensmänner* für das späte Frühjahr 1850

---

295 Aus dem Nachlaß Kübecks, S. 90.
296 Tagebucheintrag v. 10. Juni 1850, in: Tagebücher Kübecks, S. 51.
297 Freiherr Johann v. Metzburg an Schwarzenberg v. 17. Januar 1849, Mailand, Nr. 35, in: HHStA, AM, PA. XL, Interna, Krt. 62, f. *Korrespondenz mit Radetzky und Metzburg*, fol. 83 (s. dazu auch folg.).
298 Mailand, 29. Januar 1849, Nr. 38, in: Ebd., fol. 101. S. dazu auch *Wiener Zeitung* v. 1. Februar 1849 (Nr. 28, Abendblatt, S. 109–110) sowie v. a. zwei Stellungnahmen Stadions im Ministerrat v. 16. u. 19. Dezember 1848 (MRZ. 2886/48 u. 2985/48, in: HHStA, MRP, Krt. 4, fol. 317–318 u. fol. 326–327).

in die Residenzstadt einberufen, um mit ihnen über die künftige Umsetzung der in der Märzverfassung vorgesehenen konstitutionellen Einrichtungen für Lombardo-Venetien zu beraten[299]. Dazu kam es auch unter seinem persönlichen Vorsitz in „molte e lunghe conferenze", wie einer der Anwesenden, Antonio Conte Beretta, dem Innenminister am Ende der Sitzungen schrieb[300]. Damals mochte er dem Minister auch noch völlig aufrichtig seine „più sentita estimazione" manifestieren. Schließlich hatte es Bach anscheinend wirklich geschafft, jene „temenza" zu beruhigen („Voi colmaste"),

> „nella quale eravamo al nostro giungere in Vienna che la nostra missione avesse uno scopo di sola apparenza ..., abituati pur troppo nel passato a veder sempre deluse le nostre più care speranze e ripulsate le giuste nostre demande"[301].

Bald jedoch könnte der aus Udine angereiste Adelige diese Worte bereut und sich Blauäugigkeit vorgeworfen haben. Denn er mußte feststellen, daß er sich seine Reise im Grunde genommen hätte ersparen können. Gleiches galt für seine mitgereisten Landsleute. Aus der ihnen damals noch einigermaßen verbindlich in Aussicht gestellten konstitutionellen Entwicklung und nationalen Liberalisierung wurde faktisch nämlich nichts, ganz im Gegenteil: Die *Reaktion* trat immer deutlicher auf den Plan. Mit einigem Recht konnte man sich zunehmend als verraten und verkauft vorkommen, und schon am 10. August 1850 läßt sich für ein nach Oberitalien zurückgekehrtes Mitglied der Kommission eine gewisse Ernüchterung konstatieren[302]. Dies dürfte die Bereitschaft zur weiteren *vertrauens*vollen Zusammenarbeit mit der Regierung erheblich eingeschränkt haben.

Für Oberitalien läßt sich noch Weiteres zeigen: Es war dort nicht immer einfach, politisch wirklich für zuverlässig erachtete Vertrauensmänner zu finden. So konnte Michael Graf Strassoldo-Grafenberg seinen eigenen Angaben zufolge im Herbst 1851 „nur mit Vorsicht" an die „Auswahl" jener „Vertrauensmänner" herangehen, die ihm Unterrichtsminister L. Thun zur Erörterung von Bildungsangelegenheiten „bezeichnet" hatte: Manche schienen „weder eine besondere Berechtigung zu Urtheil und Rath noch die dazu nöthige Kenntniß der Verhältnisse oder Personen zu besizen"[303]. Bei „mehreren" an-

---

299 Eine Liste mit den entsprechenden Namen findet sich in: AVA, NL Bach, Krt. 17, f. *Verwaltung II*, s.f. *Gemeindeautonomie*.
300 Wien, 5. Juli 1850, in: Ebd., Krt. 2, f. *A. Beretta*, fol. 804.
301 Ebd., fol. 804–805.
302 Dabei handelt es sich um einen an Bach gerichteten Brief, der von einem gewissen Nicolò Binli stammen könnte (Venedig, in: Ebd., Krt. 2, f. *N. Binli (?)*, fol. 887–888; der Name ist nicht genau identifizierbar); vgl. dazu in Bachs Nachlaß auch weit. Schreiben.
303 Strassoldo an Thun, Mailand, 16. Oktober 1851, Nr. 2309/R., in: AVA, CUM, Präs., Krt. 11, Nr. 536/51 (s. dazu auch folg.); vgl. dazu den dort in Krt. 13 liegenden Akt mit der Nr. 91/52.

deren fehlte hingegen „die Bedingung politischer Unbescholtenheit und Verläßlichkeit entweder gänzlich" oder aber sie war „doch sehr zweifelhaft". Waren diese Personen wirklich politisch unzuverlässig? Jedenfalls wurden sie so eingeschätzt.

Auf ein weiteres, in diesem Kontext eventuell relevantes Moment verweist uns die Reaktion des Gouverneurs von Wien, Ludwig Freiherr v. Welden, auf eine Zuschrift Bachs. Am 4. März 1850 hatte der Innenminister die Gefahr einer möglicherweise bevorstehenden neuen „Schilderhebung" in Europa an die Wand gemalt und von seinem Adressaten „während der kommenden Monate doppelte Aufmerksamkeit und Wachsamkeit" gefordert[304]. Diese Worte waren Wasser auf die Mühlen des Wiener Gouverneurs, sollte er wirklich geglaubt haben, daß der „öffentliche Geist" in der Residenzstadt „beinahe schlimmer geworden" war als früher[305]. Doch war laut ihm auch auf „die sogenannten Gutdenkenden" kein unbedingter Verlaß mehr. Dazu zählte Welden nun aber auch das „Institut[306] der Vertrauensmänner": Von ihnen „(war) so manches zu erwarten", doch hatten sie sich – „von der Presse in den Koth gezogen, vielleicht von der Regierung nicht gehörig ausgezeichnet beachtet" – aus der „Aktivität ... zurückgezogen". Dafür mochte es eine Reihe von Gründen geben. Welden aber nannte nur einen einzigen, Furcht: Die Vertrauensmänner meinten nämlich ihm zufolge, „wenn wir uns jetzt voranstellen, wer wird uns vor dem Volke schützen, wenn der Belagerungszustand nicht mehr existirt"[307].

Freilich wurden Vertrauensmänner vor allem nach Aufhebung der Märzverfassung gewissermaßen vom Staat geschützt. Dies galt auch noch nach der Aufhebung des Belagerungszustandes in Wien, zu der es am 19. August 1853 vor allem auf Betreiben Bachs, aber eher zum Leidwesen Kempens kam[308]. Aber wenigstens ein Teil von ihnen könnte insgeheim an der Stabilität des neuen Regimes gezweifelt und deshalb befürchtet haben, sich eines Tages, nach dem Ende des neoabsolutistischen Herrschaftssystems, dem Unwillen der Bevölkerung ausgesetzt zu sehen. Also mochte man es zuweilen für opportuner erachten, sich nicht zu sehr zu exponieren, sich nicht zu offen mit der Staatsmacht einzulassen. Für die beiden österreichischen Problemprovinzen par excellence (Lombardo-Venetien und Ungarn) lassen sich solche Befürchtungen jedenfalls hinreichend belegen, wie schon angedeutet wurde.

---

304 Wien, 2. März 1850, in: HHStA, KK, ZMG-Wien, Präs., Krt. 2, f. *1850*, fol. 165.
305 So er an Bach, Wien, 4. März 1850, Nr. 219/Pr., in: Ebd., fol. 167 (s. dazu auch folg.).
306 *Institut* darf hier nicht im Sinne von Institution verstanden werden.
307 Am 7. April 1849 hatte er nach einer „Besprechung" mit den „hiesigen", von ihm als „allerdings wohldenkend" bezeichneten „VertrauensMännern" gemeint, diese hätten zwar eine „Besserung" der hiesigen Stimmung zu bekräftigen versucht, aber „am Ende" doch eingestehen müssen, „daß Niemand von ihnen als Bürge dafür einstehen würde" (an Schwarzenberg, Wien, Nr. 681, in: HHStA, KK, GH, Krt. 12, f. *VI*, s.f. *1*, Nr. 352, fol. 100).
308 S. dazu bei Walter, Zentralverwaltung, III/3, S. 62–66.

Wie dem auch sei: Bezüglich der Nationalanleihe wurde die Inanspruchnahme von Vertrauensmännern jedenfalls als erforderlich erachtet. Den Betroffenen mußte auch rasch klarwerden, daß man ihre Mithilfe erwartete. Mit kaiserlicher Zustimmung hatte Baumgartner ja bereits in der Vorbereitungsphase den Rat solcher Personen zur Präzisierung der Modalitäten des Unternehmens gesucht. Daß Kübeck diesbezüglich in seinem Vortrag vom 18. Juni 1854 mit einem deutlich kritischen Unterton von „so genannten Vertrauensmännern" sprach[309], ändert daran nichts. Schon am 9. Juli stand dann in der *Wiener Zeitung* und in anderen Blättern zu lesen, der „redliche Beistand" von Vertrauensmännern werde „von vorneherein in Anspruch genommen"[310]. Diese unmißverständlichen Worte erscheinen bezeichnend für die damalige Herrschaftspraxis beziehungsweise für das herrschende innenpolitische Klima.

Die Einbindung von Vertrauensmännern erfolgte aber nicht nur mittels amtlich unzweideutiger Verlautbarungen. Man ging hier auch subtiler und dabei wiederum auf unterschiedliche Weise vor. So lud der Statthalter von Galizien „die einflußreichsten von den gegenwärtig in Lemberg anwesenden adeligen Gutsbesitzern" unter anderem deshalb „zur Besprechung" zu sich ein, um sich ihrer „möglichsten Einflußnahme" auf Standesgenossen zu „versichern"[311]. Goluchowski versuchte sie also persönlich auf eine Mitarbeit einzuschwören. Dies barg jedoch den Nachteil, daß sich ihr späteres praktisches Wirken nur schwer überprüfen ließ, da es *von oben* nicht mehr direkt kontrollierbar war.

Da mochte sich ein zweites Verfahren, auf das in Kärnten zurückgegriffen wurde, als effektiver erweisen. Dieses bestand in der behördlichen Überwachung der einschlägigen Tätigkeit der Vertrauensmänner durch staatliche Organe. Konkret sollten die zur Teilnahme an der Anleihe berufenen Bürger von den jeweiligen Amtsleitern „persönlich zur Subskription" eingeladen werden, und zwar unter Beisein „eines Beirathes und der Mitwirkung besonders vertrauenswürdiger und einflußreicher Männer"[312]. Hierbei handelte es sich also um eine Art konzertierte, freilich mit ungleichen Kräften geführte Aktion. Sie sollte zumindest in den „wichtigsten Orten" durchgeführt werden[313]. Eine dritte Methode kam etwa in Wien zur Anwendung: Dort wurden sogenannte

---

309 Wien, in: HHStA, RR, GR, Krt. 54, Nr. 349/54.
310 Nr. 163, S. 1854 (Art. wiedergegeben aus der *Österreichischen Korrespondenz*).
311 Goluchowski an Bach, Lemberg, 15. Juli 1854, Nr. 1321/Pr., in: AVA, Inneres, Präs., Krt. 665, Nr. 9317/54.
312 Dies schlug Schloissnigg in einem Erlaß an die ihm untergeordneten Organe vor (Klagenfurt, 14. Juli 1854, Nr. 648/Pr., in: Ebd., Krt. 664, Nr. 8007/54).
313 Ebd. Wahrscheinlich war dabei nicht geplant, sämtliche zeichnungswilligen oder auch -unwilligen Bürger aus der jeweiligen Umgebung in diesen *Orten* auf einen bestimmten Termin zusammenzurufen.

Bürgerkomités gebildet. Sie waren dazu ausersehen, „nach allen Richtungen hin auf das vollständige Gelingen" einzuwirken[314]. Während allerdings die Initiative hierzu anscheinend nicht unmittelbar von der Obrigkeit ausging, ernannte Statthalter Chorinsky in der Krain „nach Andeutung des Herrn Ministers des Innern ein eigenes Landes-Komité", das die adäquate Einwirkung auf die Bevölkerung organisieren sollte[315].

2.7.3.1.2. Der Curatklerus

Neben den Vertrauensmännern wurde auch die Geistlichkeit zur Erteilung von Belehrungen herangezogen. Der Grund hierfür lag in ihrem angeblichen Einfluß auf die Landbevölkerung. Nicht umsonst hat Kempen dem Kaiser einmal zu bedenken gegeben:

> „Es wäre für die Regierung wie für das Volk von entschieden größerem Nutzen, wenn das Reichsgesetz- und Regierungsblatt, dann das Landesgesetzblatt, entweder bei dem sonntäglichen Gottesdienste, oder auf eine sonst Erfolg versprechende Art, dem Publikum durch entsprechende Auseinandersetzung bekannt gegeben würden; (…) weil die Ortsvorstände diesen Dienstzweig gänzlich vernachlässigen."[316]

Ob entsprechende Schritte in die Wege geleitet wurden, könnten Nachforschungen in Regionalarchiven erweisen. Wie groß der Einfluß der Geistlichkeit tatsächlich war, darüber scheinen Zeitgenossen geteilter Meinung gewesen zu sein. Exemplarisch sei dies für Siebenbürgen aufgezeigt: Nicht nur für diese Provinz – sondern beispielsweise auch für Regionen Ungarns[317] – wurde einerseits beklagt, die „großen Massen" seien „dem geistlichen Einflusse großentheils entrückt" und zugleich der „vulgär gewordene Mangel an Vertrauen zu dem österr. hohen und niedern Clerus" gebrandmarkt[318]; ande-

---

314 *Wiener Zeitung*, 16. Juli 1854, Nr. 169, S. 1912.
315 An Hohenwart, Laibach, 8. Juli 1854, Nr. 2501/Pr., in: Ebd., NL Hohenwart, Krt. 13.
316 Dabei machte er sich offensichtlich die Feststellung der böhmischen Gendarmeriekommandantur zu eigen (Stber. 7–8 52, GD, Wien, Nr. 730/Pr. II., in: HHStA, KK, GD, 1852, 2. Teil, f. *GD II, Nr. 271–400*, fol. 242).
317 Stber. für den Ofen-Pester-Distrikt. Bei der „Masse" der dortigen Bevölkerung sei „eine eigentliche Wärme des religiösen Gefühls … nicht vorhanden", was „durch die Leere der Gotteshäuser und durch die gänzliche Vernachlässigung des Gottesdienstes von Seite des Volkes sattsam" bekundet werde (Kopie, uns., o. O., 6. April 1855, in: AVA, Inneres, OPB, Präs. I, Krt. 13, Nr. 1298/55).
318 In einem internen Memorandum der OPB über die Haltung der katholischen Presse zum Konkordat (Verf. Hartmann [?], um den 21. April 1856, Nr. 2664/Pr. II, in: Ebd., Präs. II, Krt. 66, Nr. 2664/56).

rerseits jedoch gilt es eine Aussage des dortigen Generalgouverneurs vom Sommer 1853 zu bedenken: Er schrieb das „in der letzten Zeit" scheinbar „wirklich" gestiegene „Vertrauen" des „magyarischen Landvolks ... in die Regierungsmaßregeln"[319] unter anderem dem Verdienst des „so sehr kompromittirten"[320], weil „ganz magyarisch" eingestellten[321] Bischofs Lajos v. Haynald zu, der in Kalocsa residierte: Dieser hatte die Bevölkerung nämlich von der Kanzel aus „zur standhaften Treue und Anhänglichkeit an das ... Kaiserhaus ... ermahnt". Daran anknüpfend, schlug Fürst K. Schwarzenberg überhaupt eine diesbezüglich größere kirchliche Aktivität vor, wobei er den Klerus der Siebenbürger Sachsen freilich als das Gegenteil von „gehorsam, willig und fügsam" bezeichnete. Und schon gut zwei Jahre zuvor hatte sein Stellvertreter darauf aufmerksam gemacht, daß für die Regierung im örtlichen Klerus ein eventuell „einflußreiches Moment auf die Bevölkerung selbst" zu „gewinnen" war[322]. In einem anderen Bericht wurde der „entschiedene Einfluß" der „wallachischen Geistlichkeit" auf das Volk betont[323].

Die hier nur ansatzweise dargelegten, partiell widersprüchlichen Einschätzungen wären im einzelnen zu überprüfen. Dennoch läßt sich zweierlei sagen: Erstens überwiegen in den Akten die Beispiele für die Behauptung eines klerikalen Einflusses insbesondere auf die niederen Bevölkerungsschichten bei weitem. Zuweilen erklärte man ihn sogar für „unbedingt"[324] und bewertete ihn „in politischer Hinsicht" als „höchst bedeutungsvoll"[325], und zwar auch in einem der Regierung alles andere als genehmen Sinne: So übte die ungarische Geistlichkeit laut Wessenberg während der Revolution „einen mächtigen Einfluß auf die unwißende Volksmaße" aus und riß diese „zur Theilnahme an ihrem Plane fort"[326]. Doch für Galizien wurde aufgrund solchen Einflusses sogar der „Erfolg" einer „Fanatisierung" der Bauernschaft „im

---

319 K. Schwarzenberg an Bach, Hermannstadt, 15. Juli 1853, in: Ebd., Inneres, Präs., Krt. 874, Nr. 5276/53 (s. dazu auch folg.). Über die vermeintlich loyale Haltung des dortigen Klerus zur Regierung s. auch einen Tagebucheintrag Kempens v. 15. April 1856, in: Tagebuch Kempens, S. 393–394.
320 Auszug aus einem Bericht des Polizeidirektors Friedrich Schelker, Hermannstadt, 20. April 1856, Nr. 66/P.D., in: AVA, Inneres, OPB, Präs. II, Krt. 67, Nr. 2832/56.
321 Notiz v. Hell f. Kempen, Wien, 14. Mai 1856, o. Nr., in: Ebd., Krt. 68, Nr. 3271/56.
322 Joseph Freiherr v. Kalliany an Bach, Hermannstadt, 10. Mai 1851, Nr. 7218/MCG., in: Ebd., Inneres, Präs., Krt. 67, Nr. 2784/51
323 Stber. v. März 1853, Marosvásárhely, in: Ebd., NL Bach, Krt. 35, f. *Siebenbürgen*, s.f. *Polit. Berichte*, fol. 95.
324 Stber. 5–6 52, GD, Wien, 27. August 1852, in: HHStA, KK, GD, 1851, 1. Teil, f. *GD II/1, Nr. 2–470*, fol. 40.
325 So etwa mit Bezug auf Dalmatien (unl. an Kempen, Zara, 6. August 1854, Nr. 240/R., in: AVA, Inneres, OPB, Präs. I, Krt. 6, Nr. 2917/54).
326 Und. (aber wohl August 1849), in: HHStA, NL Wessenberg, Krt. 13, Inv.nr. 112, fol. 72–73.

regierungsfeindlichen Sinne" explizit ausgeschlossen[327], während man quasi umgekehrt die „Säuberung" des „größtentheils feindlich gesinnten" Klerus Lombardo-Venetiens aufgrund des „bigotten, unter dem Einfluße der Geistlichkeit stehenden Volkes" anregte[328].

Zweitens scheinen einige politisch einflußreiche Zeitgenossen an diesen Einfluß tatsächlich geglaubt zu haben. Erst dies erklärt auch, warum sie so sehr auf seiner entsprechenden Ausnützung beharrten. Zudem bediente man sich der Kanzel häufig als Mittel der Beeinflussung, und zwar keineswegs nur zur Popularisierung und öffentlichen Erläuterung von Regierungsmaßnahmen wie der Nationalanleihe; vielmehr sollten Kirchenvertreter auch aktive Politik im Regierungssinne betreiben, um etwa ethnisch motivierte Auseinandersetzungen zu schlichten. Auch diese Funktion hatte Tradition und wurde noch gegen Ende des Neoabsolutismus praktiziert. So ersuchte L. Thun seinen Kollegen Buol vom Äußeren etwa am 15. Mai 1859 mit Blick auf Siebenbürgen,

> „die griechisch-katholischen und griechisch nicht unirten Ordinariate in Siebenbürgen einzuladen, den zu befürchtenden Agitazionen unter der rumänischen Bevölkerung des Landes in geeigneter Weise kräftigst entgegen zu wirken"[329].

Der Außenminister selbst hatte Jahre zuvor bezüglich Oberitaliens das „aufrichtige und einmüthige Zusammenwirken des Clerus" zur Versöhnung der Bewohner mit der Monarchie als „eine eben so nothwendige als lohnende Aufgabe der kaiserlichen Regierung" bezeichnet und sogar die „Einwirkung des päbstlichen Stuhles" angemahnt[330]. Bach maß diesem Faktor offenbar ebenfalls Bedeutung bei: So konstatierte er etwa im Jahre 1849 hinsichtlich Tirols einen „im Allgemeinen für das Religiöse empfänglichen Sinn des Landvolkes": Dies erleichtere „den Regierungsmaßregeln die Durchsetzung"[331]. Dagegen erklärte er ungefähr zur gleichen Zeit in einem Entwurf über die provisorische Organisation der politischen Administration in Ungarn die „Mitwirkung des (Cle)rus ... zur Beruhigung der Bevölkerung" für unerläßlich: Sie wollte er in dieser Hinsicht sogar „ganz besonders" in Anspruch genommen wissen[332].

---

327 PWStber. 29. Juni – 5. Juli 1851, in: Ebd., KK, GD, 1848–51, f. *GD 1851/1*, fol. 109.
328 Stber. 9–10 1852, GD, Wien, 28. Dezember 1852, in: Ebd., 1852, 2. Teil, f. *GD II, Nr. 401–527*, fol. 1079.
329 Nr. 647/CUM., in: HHStA, MA, PA. XL, Interna, Krt. 99, f. *Korrespondenz mit CUM*.
330 Instruktion an Rechberg, Wien, 22. April 1853, o. Nr., in: Ebd., Krt. 74, f. *Korrespondenz mit Rechberg*, fol. 48–49; s. als weit. Bsp. Goluchowski an Kempen, Lemberg, 18. Juni 1854, Nr. 193/G., in: AVA, Inneres, OPB, Präs. II, Krt. 25, Nr. 3971/54.
331 An Bissingen, Wien, 18. Juni 1849, Nr. 4386/MI, in: Ebd., Inneres, Präs., Krt. 436, Nr. 4386/49.
332 Ohne alles, in: Ebd., Krt. 67, Nr. 6502/49, § 27, fol. 107.

Und noch gegen Ende seiner Amtszeit, als ihm die politische Lage in Ungarn wieder bedrohlich zu werden schien, gab er seiner „Erwartung" Ausdruck, „daß die hohe Geistlichkeit auch ohne förmliche Einladung gerne bereit sein wird, die Iniciative zu ergreifen"[333]. Unter anderem durch „Hirtenbriefe" sollte „der patriotische Sinn der Bevölkerung geweckt und in werkthätiger Richtung wach gehalten" werden.

Dabei versuchte er, Geistliche sogar unter Ausübung eines gewissen Drucks für seine Ziele zu instrumentalisieren. So ordnete er den ihm untergebenen Organen im soeben erwähnten Entwurf nicht nur die „sorgfältige Beobachtung" des „Verhaltens und Wirkens" des Klerus an; vielmehr sollten sie seinen Mitgliedern auch „bemerklich … mach(en)", daß die „in Aussicht gestellten Maßregeln zur Verbeßerung" ihrer „materiellen Lage vor Allem von der Rückkehr d(es) gesetzlichen Zustandes abhängen"[334].

Was speziell die Nationalanleihe anbetrifft, so ersuchte er Erzherzog Albrecht darum, die „hohen kirchlichen Würdenträger" in Ungarn „zur Mitwirkung" aufzufordern[335]. Dies war eine scheinbar unverdächtige Bitte. Doch warum richtete er sie nicht an die fünf Leiter der Statthaltereien? Entsprach er hier gewissermaßen nur protokollarischen Anforderungen, weil insbesondere dem Primas nicht zuzumuten war, eine solche Aufforderung von seiten eines bloßen *Vizepräsidenten* zu erhalten? Bach mochte dabei primär eine andere Überlegung geleitet haben: Der ungarische Primas Lajos Graf Scitovszky v. Nágy-Ker und die anderen, hierzu in Frage kommenden klerikalen Persönlichkeiten mochten sich einer Aufforderung schwerer entziehen können, ging sie vom höchsten staatlichen Repräsentanten des Reiches in Ungarn aus. Dies mochte um so mehr aufgrund der Verwandtschaft Albrechts mit dem Kaiser gelten.

Dabei ergibt sich für das Unternehmen Nationalanleihe generell folgendes Bild: Während der Subskriptionsphase sollte der Klerus die Bevölkerung insbesondere über die Notwendigkeit und *Wohlthätigkeit* der Nationalanleihe aufklären. Abgezielt wurde auch hier primär auf die niederen Schichten[336]. Insofern unterscheidet sich die der Geistlichkeit zugewiesene Funktion also nicht grundsätzlich von jener der Vertrauensmänner.

Im allgemeinen versperrten sich kirchliche Funktionsträger der propagandistischen Förderung des Unternehmens wohl nicht. Diese Annahme erscheint schon deshalb berechtigt, weil über gegenteilige Vorkommnisse nur wenig Unterlagen vorliegen[337]. So hatte sich etwa in der Krain ein gewisser

---
333 Vortrag v. 27. Juni 1859, Wien, Nr. 7103/MI., in: Ebd., Krt. 817, Nr. 7103/59 (s. dazu auch folg.).
334 Ohne alles, in: Ebd., Krt. 67, Nr. 6502/49, § 27, fol. 107.
335 Instruktion, Wien, 6. Juli 1854, Nr. 7099/MI., in: Ebd., Krt. 664, Nr. 7099/54.
336 S. dazu Vortrag Bachs v. 3. Oktober 1854, Wien, Nr. 11463/MI., in: Ebd., Krt. 666, Nr. 11882/54.
337 Hierbei induziere ich nicht, sondern argumentiere vor dem Hintergrund der sich bei einem Studium v. a. der Stber. generell ergebenden Erkenntnis, daß über solche Vorkommnisse

Flankierende Maßnahmen zur Mobilisierung der Bevölkerung

Pfarrer Primus Kossez geweigert, seine ihm verfügbaren liquiden Barschaften für die Anleihe einzubringen. Dies brachte ihm eine „Zurechtweisung" vom zuständigen Fürstbischof ein[338]. Auch das Domkapitel zu Agram scheint eine „renitente Haltung" eingenommen zu haben[339]. So jedenfalls berichtete es der zuständige Gendarmeriekommandant Anfang August Kempen.

Außerdem gestaltete sich das Verhältnis zwischen Klerus und Regierung wenigstens teilweise relativ unproblematisch, obschon hier nach nationaler und konfessioneller Provenienz der Würdenträger zu differenzieren ist. Dabei könnten aktuelle tages- beziehungsweise kirchenpolitische Vorgänge die Bereitschaft des höheren katholischen Klerus zur Zusammenarbeit erhöht haben. Schließlich liefen gerade die Verhandlungen über das Konkordat. Von seinem Abschluß erhoffte sich Rom – und mit ihm ein namhafter Teil der höheren Geistlichkeit im Kaiserreich – eine nachhaltige Stärkung der Stellung der österreichischen katholischen Kirche. Hätte man sich nun in einer Angelegenheit wie der Nationalanleihe einer Mithilfe nur zögernd zugänglich gezeigt oder gar widersetzt, mochte sich das kontraproduktiv auswirken.

Ausgangspunkt für die Kanzelaktivität in Sachen Nationalanleihe bildete grundsätzlich wohl ein Hirtenbrief des für eine Diözese zuständigen Bischofs: Er konnte entweder an die ihm unterstehenden Geistlichen oder aber an die Gemeindemitglieder gerichtet sein. Der Grazer Fürstbischof Ottokar M. Graf Attems forderte beispielsweise in einem Hirtenbrief die Bevölkerung „zur eifrigsten Betheiligung" auf und „mahnte" die Gläubigen unter anderem dazu, „Euer Möglichstes zu thun"[340]. Dem stand auch der bei Hofe recht einflußreiche Wiener Erzbischof Joseph O. Ritter v. Rauscher, den der Wiener Polizeidirektor als „eigentlichen Urheber des Abschlußes" des Konkordats bezeichnete[341], nicht nach. In einem an die „gesammte ehrwürdige Geistlichkeit der Erzdiöcese Wien" gerichteten Rundschreiben forderte er seine „Freunde und Mitbrüder" dazu auf, den „Gemeinden bei schicklicher Gelegenheit die Bedeutung der Anleihe" zu erklären. Dabei sollten die Bürger auf den „Lohn am Tage der Vergeltung" hingewiesen werden[342].

---

sonst häufiger berichtet würde. Daß freilich hier gleichsam *zufällig* Informationsverluste eingetreten sein könnten, läßt sich nicht völlig ausschließen.

338 Chorinsky an Bach, Laibach, 31. August 1854, Nr. 3821/Pr., in: AVA, Inneres, Präs., Krt. 665, Nr. 10134/54; zum gesamten Vorgang s. insb. die Akten in: Ebd., OPB, Präs. II, Krt. 30, Nr. 5945/54.
339 An Kempen, Agram, 2. August 1854, Nr. 135/Pr., *reserviert*, in: Ebd., Präs. I, Krt. 6, Nr. 2825/54.
340 Päumann an Kempen, Graz, 15. Juli 1854, Nr. 160/Pr., in: Ebd., OPB, Präs. II, Krt. 27, Nr. 4562/54. Ein Exemplar des Hirtenbriefes liegt bei. Es dat. v. 12. Juli (Graz) und trägt die Nr. 1747/8.
341 Ignaz Czapka Ritter v. Winstetten an Kempen, Wien, 12. April 1859, in: Ebd., Krt. 135, Nr. 2765/59. Auch laut „Erzherzog Max" hatte der Kardinal „den größten Anteil an dem Konkordate" (Tagebucheintrag Kempens v. 29. Mai 1856, in: Tagebuch Kempens, S. 399).
342 Wien, 16. Juli 1854, in: AVA, Inneres, OPB, Präs. II, Krt. 28, Nr. 4717/54.

Mit dem Verhalten des hohen Prälaten, der für seine „langen Predigten" scheinbar berühmt-berüchtigt war und von Erzherzog Maximilian deswegen einmal „Kardinal ‚Plauscher'" genannt wurde[343], konnte Bach zufrieden sein. Gleiches galt für den Aufruf zur Beteiligung des Fürstbischofs von Seckau vom 12. Juli[344], während in einem Resümee über den Operationsverlauf auch die Tätigkeit des griechisch nichtunierten Pfarrers Paul Rodan im Banat positiv hervorgehoben wurde: Danach „reiste" er nämlich „mit dem Bezirks-Vorsteher von Ort zu Ort, um seine Stammgenossen" (Rumänen) zur Subskription „aufzumuntern"[345]. Seiner „eindringlichen Beredsamkeit" sei es zu verdanken, „daß beinahe 200.000 fl. gänzlich und von 300.000 fl. die Interessen dem Staate geschenkt wurden", wie es weiter hieß. Andere – auch Mitglieder der katholischen Geistlichkeit – verhielten sich dagegen nicht immer gemäß den an sie gerichteten Erwartungen. Dies zeigt etwa ein Hirtenbrief des Bischofs von Bergamo vom 3. August 1854, der in der prinzipiell einen „exclusiv kirchlichen Standpunkt" vertretenden lombardischen Zeitung *La Bilancia* publiziert wurde[346]. Zwar hielt der hohe Prälat, der auch in anderer Hinsicht für Aufregung sorgte[347], darin seine Gemeindemitglieder zur Leistung ihres „obolo" bezüglich der Nationalanleihe an; aber dies war auch schon das einzige, was den Innenminister an dem Hirtenbrief inhaltlich zufriedenstellen konnte: Denn alles in allem spricht aus seinen Zeilen ein deutlicher Unmut über die Lasten, die das Unternehmen der Bevölkerung auferlegte. So war von dem „anno calamitoso" die Rede, in dem man nicht nur den „poveri" helfen, sondern auch noch die „bisogni dello stato" unterstützen mußte. Mochte dies noch eher als bloße Tatsachenfeststellung durchgehen denn als indirekte Kritik, so galt das nicht mehr für die Feststellung, die meisten Einwohner seien „esausti dai sacrifizj". Nicht umsonst berichtete die Mailänder Polizeidirektion über die „bedeutende Sensation" dieses Beteiligungsaufrufes[348]. Dabei war die drastischste Passage – wohl auf amtliches Verlangen – ohnehin dem Rotstift zum Opfer gefallen[349]: In ihr verwahrte sich der geistliche Würdenträger gegen die „usurpazioni" des Staates.

---

343 Dies soll Grünne Kempen erzählt haben (Tagebucheintrag Kempens v. 29. Mai 1856, in: Tagebuch Kempens, S. 399).
344 Dazu in *Wiener Zeitung*, 23. Juli 1854, Nr. 175, S. 1972.
345 Ohne alles, in: AVA, Inneres, Präs. Krt. 664, Nr. 7099/54.
346 So Radetzky zu Recht gegenüber Kempen (Verona, 12. Juni 1854, Nr. 1055/R., in: Ebd., OPB, Präs. I, Krt. 24, Nr. 3888/54, fol. 6). Aus seinem Munde bedeutete dies kein Kompliment. Ein Exemplar dieses Hirtenbriefes befindet sich in: Ebd., Präs. II, Krt. 6, Nr. 2942/54 (s. dazu auch folg.).
347 Gemeint sind die Konflikte, die Wien mit ihm und anderen oberitalienischen Bischöfen im Zuge des Konkordats hatte.
348 In Stellvertretung Greipel an Kempen, Mailand, 11. August 1854, in: Ebd., Präs. I, Krt. 6, Nr. 2942/54.
349 S. dazu ind.: Ebd. Für einen weit., allerdings offenbar übertrieben dargestellten Fall in Triest s. in: Ebd., Präs. II, Krt. 27, Nr. 4650/54.

Greifen wir nun zeitlich kurz voraus auf das Verhalten des Klerus während der Einzahlungsphase: Während ihres Verlaufs sollten Geistliche ebenfalls aufklärend tätig sein. In Böhmen kam den dortigen „Consistorien" in dieser Beziehung offenbar sogar eine entscheidende Rolle zu[350]. Manchmal wurde ihnen auch die sogenannte *Eintreibung* der anstehenden Ratenzahlungen anvertraut. Dieses Phänomen wird uns später noch genau beschäftigen. Hier liefert es zunächst einen weiteren Beleg für die teilweise enge Zusammenarbeit von Kirche und Staatsgewalt. Zugleich stehen wir einem zusätzlichen Indiz für die Notwendigkeit gegenüber, nichtstaatliche Organe um Mithilfe bei der Erfüllung von eigentlich in die Domäne des Staates fallenden Aufgaben anzugehen. In früheren Zeiten wurden sie erforderlichenfalls sogar ganz in die „Hände" des Klerus „gelegt"[351]. Bei der Nationalanleihe rechnete man aber vielleicht auch damit, daß zahlungsunwillige Subskribenten ihre Raten nach einer Ermahnung von geistlicher Seite eher bezahlen würden. In diesem Fall hatte man freilich zuweilen die Rechnung ohne den Wirt gemacht. So wurde laut einem Bericht des steiermärkischen Gendarmeriekommandanten der zuständige Pfarrer für den Amtsbezirk Tüffer „von dem dortigen Bezirks-Amte mit der Einhebung der partiellen Raten zum Staatsanlehen betraut"[352]. Dies nahmen die betroffenen Bauern aufgrund ihrer kritischen Haltung gegenüber den Einzahlungen offenbar nicht positiv auf.

Schließlich war den Verantwortlichen auch die Mitwirkung von Personen bei der Propagierung der Nationalanleihe höchst willkommen, die weder dem Klerus angehörten noch *Vertrauensmänner* im traditionellen Sinne waren, worauf nicht weiter eingegangen werden soll. Für das persönliche Engagement aller erwähnten Kreise wurden sogar Auszeichnungen in Aussicht gestellt, einmal mehr ein herkömmlicher Usus. Als Beleg sei etwa ein Vortrag Bachs vom 25. Juni 1850 angeführt. Darin schlug er einige Kärntner für Auszeichnungen vor, die ihm zufolge staatliche Anliegen mehr oder minder nachdrücklich gefördert hatten: So hatte sich der Grundbesitzer Vinzenz Weber „bei Einführung des neuen Rekrutenlosungs Patentes durch Belehrung der aufgeregten Bevölkerung anerkennungswerthe Verdienste" erworben[353]. Und der Realitäten- und Gewerbeeigentümer Thomas Nowak hatte „durch angemessene Belehrung während der letzten Ereignisse einen sehr nützlichen Einfluß auf das Landvolk genommen". Allerdings sollte im Falle der Nationalanleihe gar mancher, der sich eine Auszeichnung erhofft haben mochte be-

---

350 Mecséry an Kempen, Prag, 6. November 1854, Nr. 12067/Pr., in: Ebd., Krt. 32, Nr. 7795/54.
351 So Baumgartner in der 2. Besprechung mit den Vertrauensmännern v. 10. Juni 1854 (ad Nr. 9511/GP., in: FA, FM, GP, Nr. 9511/54, Bog. 5). Die These ergibt sich indirekt aus seiner Äußerung.
352 Heinrich Martiny an Kempen, Graz, 3. Dezember 1855, Nr. unl., in: AVA, Inneres, OPB, Präs. I, Krt. 21, Nr. H7/55 (s. dazu auch folg.).
353 Wien, MRZ. 2553/50, in: HHStA, KK, Vorträge, Krt. 7 (s. dazu auch das folg. Zit.).

ziehungsweise der überhaupt aufgrund einer solchen Hoffnung im Regierungssinne tätig geworden war, am Ende leer ausgehen.

2.7.3.2. Belehrungen auf publizistischer Basis

Volks*belehrungen* konnten aber auch auf publizistischem Wege erfolgen: Und dabei stand der Regierung insbesondere die sogenannte *periodische Presse* zur Verfügung: Die Anwendung dieses Mittels während des Neoabsolutismus wäre einer eigenen Untersuchung wert, die hier nicht geleistet werden kann. Es wies ebenfalls Tradition auf und dürfte im Zuge der wachsenden Literarisierung sowie der steigenden Bedeutung des Faktors öffentliche Meinung zunehmend an Wichtigkeit gewonnen haben. Dabei ist allerdings etwa der noch immer weitverbreitete Analphabetismus zu berücksichtigen[354].

Dies gilt es etwa zu bedenken, wenn Bissingen Anfang 1850 die Benützung der Presse in Tirol für „absolut nothwendig" behauptete, um „den Bauern einen richtigen Begriff über Gesetze zu geben": Dabei regte er die Abfassung populär, also inhaltlich einfach und verständlich gehaltener Aufsätze an, die er in Form von „Ansprachen" unter das „Landvolk" gebracht wissen wollte[355]. Der Graf hatte hierbei also die mündliche Weitergabe von gelesenem Stoff sowie Vorlesen im Auge. Daran könnte auch Krieg in seiner Eigenschaft als interimistischer Präsident des Reichsrats gedacht haben, als er es rund sechs Jahre später „am sichersten" nannte, auf die des Lesens und Schreibens kundige „ländliche Bevölkerung" „durch populäre Aufsätze in Kalendern und anderen Volksschriften" einzuwirken[356]. Erklärte er sich in diesem Zusammenhang zugleich gegen die Einwirkung „durch wissenschaftliche Discussionen", so geschah dies offensichtlich in der Annahme, sie würden diesen Kreisen unverständlich sein.

Was nun Bach anbetrifft, so scheint er die Bedeutung der Presse zur Beeinflussung der öffentlichen Meinung für prinzipiell hoch erachtet zu haben. Diese Einschätzung teilte er wohl mit allen damals politisch Verantwortlichen: Außenminister Buol etwa erklärte mit seiner Zustimmung, die inländische Presse biete „für die Regierung ein sehr ausreichendes Mittel(,) alle Schichten der Bevölkerung ... über den Gang der Regierung und einzelne Acte derselben aufzuklären, zu belehren" sowie „überall zu einer klaren An-

---

354 S. dazu allgemein Urbanitsch, Die Deutschen, S. 73–78. Außerdem kursierten zur damaligen Zeit publizistische Erzeugnisse vorwiegend in städtisch strukturierten Regionen, die verglichen mit heute sehr kleine Auflagen hatten.
355 An Bach, Innsbruck, 20. Jänner 1850, Nr. 2773/Pr., in: AVA, Inneres, Präs., Krt. 436, Nr. 510/49.
356 Vortrag v. 12. Februar 1856, Wien, in: HHStA, RR, Gremial, Krt. 108, Nr. 138/56 (s. dazu auch das folg. Zit.).

schauung zu bringen"³⁵⁷. Warum er diese Auffassung vertrat, muß aufgrund früher gemachter Ausführungen nicht detailliert erörtert werden. Bachs Äußerungen sind Legion und bilden mehr als nur rhetorische Gemeinplätze. Folgerichtig wies er der Kooperation der „öffentlichen Presse"³⁵⁸ auch für die Popularisierung der Nationalanleihe einen wichtigen Stellenwert zu. Wie er nachträglich behauptete, konnte sogar „(erst) im Wege der Presse durch die Verbreitung leichtfaßlicher Abhandlungen der fruchtbare Boden" für die „ganz fremdartige Operation ... gewonnen werden"³⁵⁹.

Er blieb denn in dieser Richtung auch nicht untätig³⁶⁰. Dabei konnte er sich insbesondere der offiziellen, also der Regierungspresse bedienen. Dazu zählte wiederum vor allem anderen das schon wiederholt erwähnte offizielle Regierungsorgan, die *Wiener Zeitung*. Daneben sind die offiziellen Landeszeitungen zu nennen. Sie unterstanden zunächst den Leitern der einzelnen Kronländer, auch wenn das Innenministerium in diesen Blättern unter seiner Federführung verfaßte Artikel erscheinen ließ und letztlich auch über ihre Redakteure entschied. Bei der *Wiener Zeitung* konnte Bach die Tendenz der zu verfassenden Artikel aber besonders stark beeinflussen. Sie stand nämlich „ganz unterm Min.(isterium) d.(es) Innern"³⁶¹ und damit also ganz seiner direkten oder aber zumindest indirekten Lenkung offen.

Wie eine Durchsicht des Regierungsblattes erweist, setzte die publizistische Verarbeitung der Nationalanleihe bereits unmittelbar mit der Veröffentlichung des Patentes vom 26. Juni ein: „Im heutigen Morgenblatte haben wir ein Aktenstück von höchster Bedeutung mitgetheilt", ließ er in der Abendausgabe des 6. Juli verlautbaren³⁶². Dies war an sich noch keine Besonderheit. Ähnliches konnte man auch im Zuge der Verkündigung anderer innen- beziehungsweise außenpolitischer Maßnahmen lesen. Doch war es „in der Regel" tatsächlich eher so, daß man im weiteren „über die wichtigen inneren und äusseren Fragen schwieg" und sich „auf Abdruck von Tagesneuigkeiten be-

---

357 Bemerkungen Buols/Bachs zu einer Separatmeinung Kempens, und. (aber 16. Juli 1856), in: Ebd., KK, Vorträge, Krt. 21, MCZ. 4138/55.
358 Instruktion Bachs an K. Schwarzenberg, Wien, 6. Juli 1854, Nr. 7099/MI., in: AVA, Inneres, Präs., Krt. 664, Nr. 7099/54.
359 Vortrag Bachs v. 3. Oktober 1854, Wien, Nr. 11463/MI., in: Ebd., Krt. 666, Nr. 11882/54. Ein nicht unerheblicher Teil jener, die überhaupt regelmäßig Zeitung lasen, begriff wohl auch so einigermaßen den Mechanismus von Anleihen. Doch sollten diese Aufsätze sicher auch als Anleitung dafür dienen, wie Sinn und Zweck der Nationalanleihe nach unten zu vermitteln war.
360 Allerdings könnte Bachs Auffassung im Laufe der Zeit eine gewisse Wandlung erfahren haben. Er scheint nämlich zunehmend erkannt zu haben, daß zumindest die offizielle Regierungspresse von der Bevölkerung mit Argwohn betrachtet wurde.
361 So in einer Notiz von Kempens Sekretär Hell v. 24. Juni 1856 (Wien, in: Ebd., OPB, Präs. II, Krt. 72, Nr. 4184/56).
362 Nr. 152, S. 606.

schränkte", wie Bernhard v. Meyer, einer der engsten Mitarbeiter des Ministers, der zu diesem wohl tatsächlich in „freundschaftlichen Beziehungen" stand[363], einmal meinte[364].

Fast täglich erschienen in den folgenden Tagen und Wochen Aufsätze einschlägigen Inhalts, kürzeren und längeren Umfangs. Dabei wurden nicht nur die technischen Einzelheiten der Operation erläutert, sondern insbesondere auch versucht, die Leser auf dieselbe patriotisch einzuschwören[365]. Man konzentrierte sich auf die Wiedergabe von zuvor in der *Österreichischen Korrespondenz* erschienenen Artikeln. Dies darf als taktischer Schachzug gedeutet werden, da dieses Blatt nach außen hin keinen unmittelbar offiziellen Charakter trug und sein Inhalt also scheinbar nicht aus Regierungskreisen stammte. Da die Artikel aber ganz im Sinne der Regierung verfaßt waren, sollte offensichtlich dem Eindruck vorgebeugt werden, man betreibe ausschließlich Eigenpropaganda. Letzteres mochte Lesern nicht nur deshalb aufstoßen, weil sie in der *Wiener Zeitung* „den Ausdruck der Regierungsansichten erblickten", wie Bachs Vorgänger Stadion bereits am 26. Dezember 1848 erklärt hatte[366]; vielmehr war laut Meyer in der Öffentlichkeit auch „eine gewisse Angewöhnung vorhanden, ein Regierungsorgan als eine Art von mundtodtem Geschöpf anzusehen ... und zu behandeln"[367]. Er mußte es als rechte Hand Bachs in Presseangelegenheiten schließlich wissen.

Freilich war dies eine letztlich ungeeignete Strategie. Sie erscheint allerdings charakteristisch für eine offizielle Pressepolitik, der während des gesamten Neoabsolutismus nicht gerade ein Erfolgszeugnis ausgestellt werden kann: So mußte es auffallen, daß damals praktisch lediglich aus einem Organ, eben der *Österreichischen Korrespondenz*, fremde Artikel in die offizielle Regierungszeitung übernommen wurden. Vor allem aber „erkannte" in ihnen „Jedermann ... die Sprache der Regierung", wie es die Mitglieder des Presseleitungskomitees im Jahresabschlußbericht über ihre Tätigkeit für das Jahr 1854 generell formulierten[368]. Drastisch brachte die Dinge einmal ausgerechnet der verantwortliche Redakteur des Blattes, Josef Tuvora, in einem

---

363 So Meyer selbst am 3. November 1859 in einem Brief an Bach (Wien, in: Ebd., NL Bach, Krt. 9, fol. 114). In seinen Memoiren spricht er von der „aufrichtigsten Freundschaft" (Erlebnisse des Bernhard Ritter von Meyer, S. 342).

364 Protokoll der Besprechung des Presseleitungskomitees v. 14. November 1855, in: AVA, Inneres, Präs., Krt. 612, f. *1856,* Nr. 5761/MI., fol. 60.

365 Ich habe in dieser Hinsicht von den offiziellen Zeitungen nur das soeben genannte Blatt durchgesehen. Man darf aber annehmen, daß ihre Art. wenigstens teilweise auch in den Landeszeitungen abgedruckt wurden.

366 Schreiben an alle Minister, Wien, Nr. 436/RMI., in: Ebd., Nr. 436/48, fol. 32.

367 Prot. der Sitzung des Komitees zur Presseleitung v. 14. November 1855, in: Ebd., Nr. 5761/MI., fol. 61.

368 Vortrag an Bach/Buol/Kempen, Wien, 4. Mai 1855, in: HHSTA, KK, Vorträge, 1855, Krt. 21, MCZ. 4137/55.

eigenhändig abgefaßten und von Bach befürworteten Gesuch an den Monarchen „um taxfreie Verleihung des kaiserlichen Rathstitels" auf den Punkt: Das „Verhältniß der oesterreichischen Correspondenz zur Regierung" sei „notorisch"[369]; es war sogar „so notorisch", daß seiner Behauptung eine gewisse Plausibilität innewohnt, wonach die Geltung und Wirksamkeit der Unternehmung nur gewinnen könne, „wenn ein Strahl der Allerhöchsten Gnade dem Bittsteller zufällt".

Ausgerechnet Bach führte diesen „Umstand" selbst als Hauptgrund dafür an, daß die „Wirksamkeit" der Zeitung „in den ersten Jahren ihres Bestandes eine viel größere war, als in den lezten Jahren"[370]: „Anfänglich" galt das Blatt nämlich als „bloß offiziös". „Nach und nach" aber wurde es „in der öffentlichen Meinung als ein offizielles" Organ „angesehen", was seinem Ansehen offensichtlich schadete. Diese Feststellungen wirken entwaffnend, mit ihnen hatte der Innenminister den Finger auf eine offene Wunde neoabsolutistischer offizieller Pressepolitik gelegt. Große, als regierungsunabhängig geltende Tagesblätter konnten im Laufe des Neoabsolutismus teilweise erhebliche Vergrößerungen ihrer Auflage verbuchen. Dagegen scheinen Blätter, die auch nur in den Geruch eines gewissen offiziösen Charakters kamen, auf immer größere Absatzschwierigkeiten gestoßen zu sein. Dies galt nicht zuletzt für die *Wiener Zeitung:* Die Zahl ihrer Abonnenten ging von 8.000 im Jahre 1848[371] über „nicht volle 6.000 Exemplare"[372] drei Jahre später auf knapp 5.000 im ersten Quartal 1854 zurück[373]. Später sank sie sogar noch weiter[374]. Dies verminderte die öffentliche *Wirksamkeit* des Blattes in zunehmendem Maße. Offenbar fand es primär nur noch deshalb Käufer oder Leser, weil es offizielle Regierungsmitteilungen enthielt. Bereits am 16. Oktober 1849 meinte ein Zeitgenosse zu Bach, „unsere Wiener Zeitung" sei schon lange nichts als „WasserSuppe"[375]. Daran hat sich bis zum Ende der neoabsolutistischen Epoche trotz mancher Reformversuche nichts Entscheidendes geändert.

---

369 Dabei erklärte er auch, alle Aufsätze „selbst verfasst" zu haben (Wien, 24. Juni 1856, in: Ebd., NL Bach, Krt. 20., f. *Personalien,* s.f. *Tuvora*; s. dazu auch folg.).

370 Bach sprach von „eher", erörterte aber mögliche andere Gründe – etwa ein mangelhaftes Wirken Tuvoras – gar nicht; im Gegenteil lobte er dessen Tätigkeit (Vortragsentwurf, und., in: Ebd.; s. dazu auch folg.).

371 Vortrag Baumgartners v. 3. Februar 1853, Wien, MCZ. 539/53, in: HHStA, KK, Vorträge, 1853, Krt. 3.

372 Ebd.

373 S. dazu ein Schreiben der sog. Ghelen'schen Erben, der Eigentümer des Blattes, v. 18. April 1854 (an Ph. Krauß, Wien, in: FA, FM, Präs., Nr. 7042//54). Ende März 1856 betrug die Abonnentenzahl dann 4.489 für das Morgen- und 2.844 für das Abendblatt (Bach an Kempen, Wien, und. [aber Juli 1856], in: AVA, Inneres, Präs., Krt. 612, Nr. 5761/MI, fol. 18–19).

374 S. dazu kurz bei Paupié, Handbuch der Österreichischen Pressegeschichte 1848–1859, 1, S. 119.

375 Dore an Bach, o. O. (aber wohl Wien), in: AVA, NL Bach, Krt. 4, fol. 798.

Ein Vergleich zwischen der publizistischen Verwertung der Nationalanleihe und anderer wichtiger innenpolitischer Vorkommnisse während des Neoabsolutismus bringt folgendes Ergebnis zutage: Zu keinem anderen Zeitpunkt, bei keinem anderen wichtigen innenpolitischen oder sonstigen Ereignis wurde die Öffentlichkeit auch nur annähernd so intensiv publizistisch-propagandistisch bearbeitet. Dies gilt insbesondere im Vergleich zum Abschluß des Konkordats. Dabei handelte es sich um jenes innenpolitische Großprojekt des Neoabsolutismus, mit dem „das Herrschertum des katholischen Hauses Habsburg" nach offizieller Lesart seine „ideologische Untermauerung" erhalten sollte[376]. Schon deshalb könnte man sich große staatliche Popularisierungsbemühungen erwarten. Dies gilt um so mehr, als es nicht nur in akatholischen Kreisen auf heftige Kritik stieß[377].

Einiges in dieser Richtung wurde auch getan. So hatte Bach „in Uibereinstimmung mit einer im Schooße des Preßleitungs-Comites gemachten Anregung ... bereits Einleitungen getroffen", um „denjenigen Organen der Öffentlichkeit, welchen an einer richtigen Besprechung der Konkordatsangelegenheit gelegen war, das erforderliche Material hiezu zu liefern"[378]. Zudem sollte eine damals noch in „Arbeit" befindliche, hieraus ergangene „Flugschrift" diese „Angelegenheit mit Sachkenntniß, wissenschaftlicher Gründlichkeit und Schärfe besprechen"; und er ließ „schon gegenwärtig eine Instruktion" nur „an die hierseitigen Preßleitungs-Organe im Auslande hinausgeben", die zugleich „einer Anzahl von Landeschefs" zur Verwertung in den Landeszeitungen mitgeteilt wurde[379].

Aber im Vergleich zu den im Zuge der Nationalanleihe unternommenen propagandistischen Anstrengungen nehmen sich diese und einige andere damalige Bemühungen doch zaghaft aus. Warum setzte Wien hier nicht ebenfalls alle publizistischen Hebel zur Beeinflussung der öffentlichen Meinung im Regierungssinne in Bewegung? Freilich handelte es sich bei der Vorstellung von *Österreich als katholischer Großmacht* um einen bloßen *Traum zwischen Revolution und liberaler Ära*[380]: Sollte man aber an die Realisierung dieses Traumes von vornherein nicht geglaubt haben, wäre es sinnvoller ge-

---

376 So richtig Rumpler, Eine Chance für Mitteleuropa, S. 347. Ein vergleichsweise ähnlicher publizistischer Aufwand wurde in außenpolitischer Hinsicht den *orientalischen Wirren* gewidmet.
377 S. hierzu kurz bei Weinzierl-Fischer, Zeitgenössische Polizei- und Diplomatenberichte, S. 277–286.
378 So am 13. Dezember in einem Brief an Buol (Wien, in: HHStA, AM, Adm. Reg., F26, Krt. 9, f. *Politisches Archiv. Konkordat 1855* [s. dazu auch folg.]).
379 Sie befindet sich u. a. in: AVA, Inneres, Präs., Krt. 598; ebd., NL Bach, Krt. 33. Darin wurde gefordert, den „Kampf" gegen die „Gegner" des katholischen Österreichs „mit der größten Entschiedenheit durchzufechten". Zu ihrem Inhalt s. bei Weinzierl-Fischer, Zeitgenössische Polizei- und Diplomatenberichte, S. 285–286 (dort auch für weit. Archivfundstellen).
380 So der Titel eines Buches von Gottfried Mayer.

wesen, ihm erst gar nicht nachzuhängen. Dann hätte man auch keine Übereinkunft treffen sollen, von der man wissen mußte, daß sie dauerhaften „Angriffen von allen Seiten" ausgesetzt sein würde[381]. Glaubte oder hoffte man dagegen in Regierungskreisen tatsächlich auf die Verwirklichung dieses *Traums*, dann hätte man ihn auch in massiver Weise publizistisch unterstützen und sich nicht fast nur auf entsprechende Aktivitäten von der Kanzel aus verlassen sollen, wie es offensichtlich der Fall war.

Merkwürdig untätig blieb die Regierung in propagandistischer Hinsicht auch bei zwei Maßnahmen, die in die zweite Hälfte des Jahres 1858 fielen: Sie betreffen eine Währungsreform einerseits und ein neues Rekrutierungsgesetz andererseits. Die skeptische bis äußerst kritische Reaktion breiter Bevölkerungskreise auf die Realisierung dieser beiden Projekte (vor allem in Lombardo-Venetien) bildete bereits im vorhinein ein offenes Geheimnis[382]. Dies war um so bedenklicher, als die innere Volksstimmung nach offizieller Auffassung ohnehin eine merkliche Verschlechterung erfahren hatte, ganz zu schweigen von der – wiederum speziell in Oberitalien – sich immer brisanter gestaltenden außenpolitischen Situation. Hätte angesichts dessen die Aufgabe, ja geradezu die Pflicht einer verantwortungsbewußten Regierungspolitik nicht darin bestanden, diese beiden unpopulären Maßnahmen soweit wie möglich belehrend zu erläutern, um gewissermaßen zu retten, was noch zu retten blieb?

Warum Wien in diesen beiden und anderen Fällen vergleichsweise in Untätigkeit verharrte, kann lediglich vermutet werden. Wiederum mit Blick auf das Konkordat könnte dies damit zu tun haben, daß seine Kritiker auch in höchsten Regierungskreisen saßen. In dieser Hinsicht sei lediglich auf Kempen verwiesen. Ihn nennt Weinzierl-Fischer in ihrer Arbeit über *Die österreichischen Konkordate von 1855 und 1933* berechtigterweise „einen der prominentesten Vertreter der josephinisch-konservativen Antikonkordatspartei", der „in seiner Amtstätigkeit keine Gelegenheit vorübergehen (ließ), um gegen das Konkordat Stellung zu nehmen"[383]. Noch Jahrzehnte danach meinte man sich daran erinnern zu können, daß „Kempen ein abgesagter Feind der Geistlichkeit war und diese ärgerte, wo er konnte"[384].

Prinzipiell könnte die propagandistische Zurückhaltung auch mit dem absolutistischen Zuschnitt des Herrschaftssystems zusammenhängen. Danach hatten die Untertanen einmal von der Regierung beschlossene Maßnahmen schlicht und einfach ohne Wenn und Aber hinzunehmen. Doch überzeugt

---

381 Ebd., S. 209.
382 S. hierzu entsprechende Akten in verschiedenen Wiener Beständen.
383 S. 86.
384 So der Journalist Zacharias K. Lecher gegenüber Friedjung, Gespräch v. 7. Dezember 1899, in: Geschichte in Gesprächen, 1, S. 203.

diese Überlegung ebensowenig wie die damit eng verknüpfte These, Franz Joseph habe es aus seinem Selbstverständnis heraus für unter seiner Würde befunden, um die Gunst der Bevölkerung zu buhlen. Denn bei der Nationalanleihe tat er dies durchaus, und zwar ganz bewußt. Stehen wir hier einer Ausnahme von der Regel oder einem weiteren Indiz für den 1848/49 erfolgten historischen Bruch gegenüber? Zu berücksichtigen ist auch das starke persönliche Interesse der Protagonisten an einem Erfolg des Unternehmens. Für Baumgartner, für Bach, aber auch für den *unverantwortlichen* Monarchen ging es hier um sehr viel. Es scheint, als habe die Staatsmacht anläßlich der Nationalanleihe gezielt alle ihr zur Verfügung stehende *propagandistische Energie* gebündelt und sei später vor allem beim Konkordat nicht mehr in der Lage gewesen, sich nochmals zu einer so großen Kraftanstrengung aufzuraffen.

Bei der Nationalanleihe nun eröffnete sich nach Ansicht der Regierenden neben der offiziellen Presse auch der nichtoffiziellen „vaterländischen Presse ein Feld der nutzbringendsten Thätigkeit"[385]. Solche offiziell verkündeten Worte, die einer expliziten Aufforderung gleichkamen, zirkulierten nicht etwa nur hinter den Kulissen, wie dies zuweilen der Fall war. Sie wurden vielmehr auch in aller Öffentlichkeit verkündet. Es fiel den Verantwortlichen nicht schwer, die entsprechenden Blätter auf Kurs zu bringen.

Nicht umsonst wurden einzelne Journale mehrfach für ihr Wirken gelobt. Kempen etwa vermerkte ein Lob für die „Innsbrucker Journale"[386]. Und ein enger Mitarbeiter Erzherzog Albrechts, Major Eduard v. Rottée, lobte die Bereitschaft des Redakteurs des *Pesti Napló*, auf seine Anregung hin „Leitartikel" zu verfassen, welche die Nationalanleihe in einem positiven Licht darstellten[387]. Den deshalb gestellten Antrag auf ein Honorar befürwortete auch der Generalgouverneur. Dies ist um so bemerkenswerter, als dieser Journalist in moralischer und politischer Hinsicht als keineswegs verläßlich galt[388]. Nicht zu Unrecht wurde der *Pesti Napló* in einem anonymen Brief aus Pest vom 30. Januar 1860 als das „wichtigste Oppositionsblatt der Monarchie" bezeichnet[389]. Dabei hoben sich die in dieser Zeitung verfaßten Artikel offenbar sogar positiv von jenen in den amtlichen – getrennt auf deutsch und magyarisch erscheinenden – Landeszeitungen ab, die sich „allein" auf einen Nachdruck von Aufsätzen aus der *Österreichischen Korrespondenz* „be-

---

385 *Österreichische Korrespondenz*, wiedergegeben in: *Wiener Zeitung*, 9. Juli 1854, Nr. 163, S. 1854.
386 An Bach, Wien, 30. Juli 1854, Nr. 4876/Pr. II., in: AVA, Inneres, OPB, Präs. II, Krt. 28, Nr. 4876/54); vgl. dazu Tagesrapport, Innsbruck, 24. Juli 1854, Nr. 931/Pr., in: Ebd.
387 An Kempen, Ofen, 26. Juli 1854, Nr. 70, in: HHStA, IB, BM.-Akten, Krt. 62, Nr. 4106/54, fol. 516 (s. dazu auch folg.).
388 S. dazu etwa ebd.
389 Das Konkordat und die k. k. Germanisirung in Ungarn, S. 51.

schränkten". Hier ist vor allem das offizielle magyarische Blatt – der *Pesti Hirlap* – zu nennen. Sein Chefredakteur Franz Szilagy hatte „namentlich über die Frage in Betreff des National-Anlehens gar keine Leitartikel erscheinen laßen, vielmehr öfters die Spalten seines Blattes oppositionellen Artikeln geöffnet"[390].

Die Willfährigkeit von Redakteuren beruhte freilich auch auf einem einfachen Sachverhalt: Manche von ihnen standen ebenfalls in einer mehr oder minder ausgedehnten Abhängigkeit von bestimmten Zentralstellen. So erhielten sie sowohl finanzielle Unterstützung als auch einen Teil ihrer Informationen von Ministerien. Zugespitzt formuliert: Praktisch jeder Ressortchef verfügte über eine von ihm wenigstens partiell gelenkte oder aber wenigstens von seinem Wohlwollen abhängige Zeitung beziehungsweise über einen ihm nahestehenden Redakteur[391].

Selbst Kempen, und damit ausgerechnet jene Persönlichkeit, die als Chef der Obersten Polizeibehörde für die Überwachung der Zeitungslandschaft zuständig war, machte hiervon keine Ausnahme. Er nahm den Herausgeber der Zeitung *Die Presse*, August Zang, zu dem die „Verbindung" bereits „im Jahre 1849 ... ausgebaut" war, unter seine Fittiche[392]. Walter Pasteyrik hat in dieser Beziehung Kempen einst treffend „als einflussreichsten und zugleich wohlwollendsten Mann" bezeichnet[393]. Daß der hochkonservative Militär dabei einer Persönlichkeit, deren liberale Tendenzen ihm kein Geheimnis sein konnten, seine allerdings weniger finanzielle als vielmehr gleichsam moralische Unterstützung angedeihen ließ[394], verleiht der Angelegenheit eine zusätzliche Würze[395].

Die geeignet erscheinende Inanspruchnahme der wirklich unabhängigen Zeitungsredaktionen stellte für Bach aber ebenfalls kein wirkliches Problem dar. Manche darunter mochten dem Unternehmen ohnehin positiv gegen-

---

390 Präsidialerinnerung der OPB, Wien, 3. April 1857, Nr. 2164/Pr. II., in: AVA, Inneres, OPB, Präs. II, Krt. 92, Nr. 2164/57. Die überhaupt „vielfach" gemachten „Wahrnehmungen" über die „Untauglichkeit" Szilagys führten dann 1856 zu einem radikalen Schnitt, als er infolge eines „Antrags" des Gouvernements, den Bach genehmigte, „von der Redaktion des amtlichen Blattes enthoben" wurde (Bach an Kempen, Wien, 16. November 1856, Nr. 10562/MI., in: Ebd.).
391 S. dazu in den einschlägigen Akten.
392 Adam Wandruszka, Geschichte einer Zeitung, S. 36.
393 Die alte ‚Presse', S. 221 (vgl. ebd., S. 222).
394 Kempen sah sich immer wieder Forderungen seitens einiger Minister und anderer Zeitgenossen ausgesetzt, das Blatt völlig zu verbieten.
395 Trotz des Schutzes von Blättern durch Unterstützung *von oben* wurden aber auch sie manchmal Opfer der strengen Vorschriften des Pressegesetzes bis hin zur zeitlichen Suspendierung. Dies folgte insb. den Beschwerden anderer Minister über ihre Haltung (Verwarnungen trafen etwa des öfteren ausgerechnet die von Kempen protegierte *Presse*). Diese Beschwerden waren zuweilen sogar stichhaltig, teilweise aber auch ein Mosaikstein im

überstehen. Aber auch aus grundsätzlichen Erwägungen konnten sie kaum eine kritische Linie verfolgen. Dazu trug etwa der plebiszitäre Zuschnitt der Nationalanleihe und der erwähnte Umstand der öffentlichen Aufforderung zur Mitwirkung bei. Auch wurde damals generell eine oppositionell oder auch nur betont kritisch eingestellte Presse durch die Regierung nicht toleriert. Um so weniger würde Kritik bei der Nationalanleihe hingenommen werden, hatte sich hier doch der Kaiser höchstpersönlich an die Bevölkerung des Reiches gewandt. Und so hatte Bach durchaus Grund, die „Journalpresse" schon bald nach Beginn der Zeichnungsphase in der *Wiener Zeitung* für ihre „anerkennenswerthe Thätigkeit" öffentlich loben zu lassen[396]. Auch das nachträgliche Urteil des sogenannten *Presseleitungskomitees*, dem ja formell die Einflußnahme auf die in- und ausländische Presse oblag, fiel in dieser Hinsicht positiv aus: Danach war „der unterstützende Einfluß unverkennbar, den bei wichtigen Maßregeln, namentlich bei den großen finanziellen Operationen, z.(um)B.(eispiel) jener des National-Anlehens, die inländische nicht offizielle Presse thatsächlich geübt hat"[397].

Großen Wert legte man in publizistischer Hinsicht zudem auf die Publikation von Schriften durch Privatpersonen. Sie sollten das Wesen des geplanten Unternehmens einer unkundigen Öffentlichkeit in allgemeinverständlichen Worten erläutern. Solche Aktivitäten wurden bei anderen Gelegenheiten ebenfalls gewünscht und teilweise umgesetzt. Als gegen Ende 1858 die erwähnte Währungsreform das „Tagesgespräch" bildete, bestand beispielsweise in Böhmen ein „massenhafter Bedarf an Schriften über den neuen Münzfuß"[398]. Dem kam man durch „ein tüchtiges Kontingent von belehrenden Schriften" nach. Wie der zuständige Polizeidirektor nach Wien berichtete, hatte sich die Presse „dieser Angelegenheit" nämlich rasch „bemächtigt" und „sich in der Veröffentlichung populärer Büchlein, welche das Volk über den eigentlichen Sachverhalt … zu belehren suchen", nichts weniger als „überboten"[399].

---

machtpolitischen Spiel. Man wollte mit ihnen in mancherlei Hinsicht ungeliebte Kollegen treffen, von denen man wußte, daß sie die eigentlichen Schutzengel dieser Zeitungen darstellten. Diese Vorgänge gehörten gewissermaßen zum täglichen Kleinkrieg zwischen höchsten Staatsorganen, wobei sogenannte *persönliche Eifersüchteleien*, also Antipathien mitspielten, die wiederum mit dem spezifischen Charakter des Regimes und die ideologische Heterogenität seiner Träger zu tun hatten. Dazu kann an dieser Stelle leider nicht mehr gesagt werden.

396 *Österreichische Korrespondenz*, wiedergegeben in: *Wiener Zeitung*, 22. Juli 1854, Nr. 174, S. 1967.
397 Vortrag des Komitees an Buol/Bach/Kempen, Wien, 4. Mai 1855, in: HHStA, KK, Vorträge, Krt. 21, MCZ. 4137/55.
398 So ein Korrespondent aus Prag (24. Oktober) in der *Wiener Zeitung* v. 26. Oktober 1858, Nr. 246, S. 4097 (s. dazu auch das folg. Zit.).
399 Stber., Päumann an Kempen, Prag, 1. Juli 1858, Nr. 2024/Pr., in: AVA, Inneres, OPB, Präs. I, Krt. 46, Nr. 2527/58.

Die Herausgabe solcher Schriften dürfte partiell wirklich freiwillig erfolgt sein. Vor allem dürften ihre Verfasser oder andere dahinter stehende Personen auf einen gewissen finanziellen Profit durch den Verkauf dieser Schriften spekuliert haben. Bezogen auf die Nationalanleihe vermittelt die Feststellung Kübecks, es regne „Brochuren"[400], allerdings ebenso einen etwas mißverständlichen Eindruck wie Brandts Worte von der „Flut von Broschüren"[401]. Denn deren Anzahl scheint sich doch in Grenzen gehalten zu haben. So habe ich etwa für Wien vier Schriften ausmachen können[402]. Richtig ist aber, daß einzelne Druckerzeugnisse dieser Art „in mehreren Hunderttausenden von Exemplaren" erschienen und zum Teil in andere, ja in alle anderen „Landessprachen" übersetzt wurden[403]. Sie umfaßten generell offenbar meistens nur wenige Seiten und entstanden teilweise sogar ohne höhere Weisungen und auf Kosten des Verfassers. Manchmal wurden sie sogar „in der Staatsdruckerei" vervielfältigt. Zwar standen wohl nur hier die geeigneten Maschinen zur Herstellung einer so hohen Auflagenzahl zur Verfügung. Doch zeugt dies einmal mehr vom teilweise engen Zusammenspiel zwischen der Staatsmacht und der öffentlichen Publizistik. Populär gehaltene Schriften erschienen in vielen Teilen des Reiches: So etwa in Fiume (Rijeka) oder auch in Ödenburg (Sopron)[404]. Hauptsächlicher Publikationsort war jedoch Wien. Immerhin handelte es sich um die Haupt- und zugleich die bevölkerungsreichste Stadt des Reiches, hier befand sich zudem die höchste Konzentration an drucktechnischen und intellektuellen Kapazitäten.

Der Nutzen dieser Veröffentlichungen – wie überhaupt der Nutzen publizistischer Propaganda – bleibt ein wenig im dunkeln. So konnten in der Monarchie einerseits ausländische Blätter gekauft beziehungsweise in Cafés gelesen werden, die beileibe nicht nur vorteilhaft über das Unternehmen berichteten. Nimmt man dagegen andererseits ein Schreiben des schlesischen Advokaten und ehemaligen Reichstagsabgeordneten Franz Hein an Bach von Anfang 1855 für bare Münze, so hatten die von ihm „theils unmittelbar ausgegangenen, theils für die hiesige Gemeinde redigirten" Schriften „einen gewiß nicht unwesentlichen Impuls für die rege Betheiligung am Nationalan-

---

400 Tagebucheintrag v. 19. Juli 1854, in: Aus dem Nachlaß Kübecks, S. 147.
401 Neoabsolutismus, 2, S. 696–697.
402 Zudem forderten auch Annoncen zur Teilnahme auf, die partiell sogar an die Arbeiterschicht gerichtet waren (s. dazu in der *Wiener Zeitung*).
403 S. dazu wieder Tuvora in seinem Gesuch an den Kaiser um eine Auszeichnung für seine eigene Broschüre (Wien, 24. Juni 1856, in: AVA, NL Bach, Krt. 20., f. *Personalien*, s.f. *Tuvora*; s. dazu auch das folg. Zit.).
404 S. etwa für Fiume (Rijeka): Polizeidirektor Achtschin an Kempen, Fiume, 21. Juli 1854, Nr. 374/Pr., in: Ebd., Inneres, OPB, Präs. II, Krt. 28, Nr. 4764/54; für Ödenburg: Tagesrapport Cihlarz, Ödenburg, 12. Juli 1854, Nr. 2263, in: Ebd., Krt. 27, Nr. 4473/54.

leihen" gegeben. Dabei bezog er sich auf jene „Kreise ..., wo mein Name noch immer guten Ruf genießt"[405].

Damit mag es seine Richtigkeit haben. Doch ist bei solchem Eigenlob manchmal Vorsicht am Platz. Dies erweist das Beispiel des Wiener Arztes Franz S. Hügel: Er hatte auf eigene Kosten eine Broschüre „zur Gratisvertheilung" verfaßt[406], die sich an die „arbeitende Volksklasse" richtete[407]. Dies wollte er als „Ausdruck meiner stettigen patriotischen Gesinnungen" gewertet wissen[408]. Als unmittelbares Motiv für seinen Entschluß verwies er auf seine „Erfahrung": Viele Menschen hätten ihm auf seine Frage: „ob sie sich ... betheiligen werden"' mit einem „kurzen ‚Nein' geantwortet". Habe er sich aber in eine „populäre Erläuterung" eingelassen, habe er stets die Antwort erhalten: „‚ja wenn sich die Dinge so verhalten, da werde ich mit wahrem Vergnügen subscribiren.'"

Der örtliche Statthalter Joseph Freiherr v. Eminger vermutete nun weniger dessen vermeintliche *patriotische* Ader als vielmehr „Ehrgeiz" als mögliche „Triebfeder" hinter Hügels Tatendrang[409]. Dagegen „veranschlagte" Bach infolge von ihm veranlaßter „magistratischer und polizeilicher Erhebungen" die „Wirkung dieser Belehrung nur mit sehr untergeordnetem Werthe"[410]. Entsprechend trug er auf Ablehnung des Gesuchs von Hügel um die Verleihung des Franz-Josephs-Ordens an, das dieser nicht nur mit der Abfassung der Broschüre, sondern auch der eigenen Zeichnung von 10.000 Gulden motiviert hatte.

In diesem Zusammenhang gewinnt ein Vorgang um Eduard Warrens besondere Signifikanz. Er fungierte als verantwortlicher Redakteur des *Österreichischen Lloyd*. Von diesem Blatt wurde zwar noch im Sommer 1854 behauptet, daß es kein „halbofficielles Organ" sei[411]; tatsächlich aber stand Warrens ebenfalls in Kontakt mit dem Innenminister, und er hatte – wahrscheinlich ebenso auf Anregung Bachs wie Tuvora[412] – eine Broschüre über die Nationalanleihe auf den Markt geworfen: Ihr Inhalt wie auch ihr Verfasser wurden in der *Österreichischen Korrespondenz* am 21. oder 22. Juli 1854 mit begeistert klingenden Worten gefeiert, wenn von der „kraftvollen und bered-

---

405 Troppau, 28. Januar 1855, in: Ebd., NL Bach, Krt. 6, fol. 13.
406 Ohne alles, in: Ebd., Inneres, OPB, Präs. II, Krt. 27, Nr. 4627/54; die Broschüre liegt bei. Ein Exemplar liegt noch in den Akten der OPB.
407 Vortrag Bachs v. 9. Juni 1855, Wien, MCZ. 1745/55, in: HHStA, KK, Vorträge, 1855, Krt. 9.
408 Ohne alles, in: Ebd., Inneres, OPB, Präs. II, Krt. 27, Nr. 4627/54 (s. dazu auch folg.).
409 So gibt Bach seinen Standpunkt in einem Vortrag v. 9. Juni 1855 wieder (Wien, MCZ. 1745/55, in: HHStA, KK, Vorträge, 1855, Krt. 9, s. dazu auch folg.).
410 Resolution v. 12. Juni 1855, Wien, in: Ebd. (s. dazu auch folg.).
411 Artikel in der *Triester Zeitung* (Aus Wien, 3. Juli), 5. Juli 1854, Nr. 153.
412 S. dazu: Bach an Baumgartner, 30. August 1854, Nr. 10962/MI., in: FA, FM, Präs., Nr. 16345/54.

Flankierende Maßnahmen zur Mobilisierung der Bevölkerung

ten Weise dieses hervorragenden publizistischen Schriftstellers" die Rede war[413]. Nur eine Woche danach erhielt Warrens aufgrund eines Beitrages über die *orientalische Frage* auf ausdrücklichen Befehl des Monarchen eine „strenge Rüge"[414]. Sie wurde wiederum drei Tage später und erneut „auf Allerhöchsten Befehl" zu einer Verwarnung gesteigert[415]. Im Dezember schließlich verfügte man die zeitlich unbestimmte Suspension des *Lloyd*[416], nicht zuletzt aufgrund dessen fortwährend „leidenschaftlicher Artikel gegen Rußland"[417].

Nun war die Haltung des Journals in außenpolitischer Hinsicht und speziell auf den Krimkrieg bezogen auch hohen Persönlichkeiten schon lange ein Dorn im Auge. Nicht umsonst hatte man bereits Anfang April 1854 ernsthaft die „gänzliche Einstellung", also sein Verbot erwogen[418]. Dies kann auch Bach nicht entgangen sein. Insofern zeugt das Warrens von Tuvora erteilte Lob wenigstens in dieser Überschwenglichkeit nicht gerade von politischem Weitblick, sollte es nicht ohne vorherige Rücksprache mit Bach erfolgt sein, was nicht unwahrscheinlich ist. Gerade noch hatte ein staatliches Organ diesen Journalisten über alle Maßen gelobt. Nun aber, unmittelbar darauf, fiel er den Bestimmungen des Pressegesetzes zum Opfer. Was sollte da die Bevölkerung denken? Jedoch könnte diese Sichtweise die für Bach geltenden Prioritäten verzerren. Denn dieser erblickte im *Lloyd* nicht nur ein Mittel, um seinen Vorstellungen über die im Krimkrieg zu befolgende, innerhalb der Regierung äußerst umstrittene Außenpolitik der Monarchie auch öffentlich Ausdruck zu verleihen; vielmehr wollte er auf diese Weise vermutlich zudem die öffentliche Meinung in seinem Sinne manipulieren und dadurch eventuell wiederum ihm genehme außenpolitische Entscheidungen fördern. Darum ging es ihm mehr als um den eventuell negativen öffentlichen Eindruck gewisser Formulierungen. Und insofern könnte dieses Lob gerade auch deshalb so eindeutig ausgefallen sein, um die seinem Schützling Warrens drohende Gefahr einer Suspendierung oder gar eines definitiven Verbots des *Lloyd* zu verhindern. Vollends auflösen läßt sich dieser Erkenntnisknoten wohl nicht mehr.

---

413 Wiedergegeben in: *Wiener Zeitung*, 22. Juli 1854, Nr. 174, S. 1967.
414 Kempen an Hartmann, Baden, 29. Juli 1854, Nr. 2729/Pr. I., in: AVA, Inneres, OPB, Präs. II, Krt. 28, Nr. 4856/54.
415 Kempen an Buol, Wien, 31. Juli 1854, Nr. 4886/Pr. II, in: HHStA, AM, PA. XL, Krt. 77, f. *Kempen 1854*, fol. 155.
416 S. dazu u. a. mehrere Tagebucheinträge Kempens, zuletzt am 6. Januar 1855 (Tagebuch Kempens, S. 351–352).
417 So Ernst II. v. Sachsen-Coburg-Gotha, Aus meinem Leben, 2, S. 177. Er schreibt zu Recht, daß diese Art. „in ganz Deutschland großes Aufsehen verursacht" hätten (ebd.).
418 S. dazu: Kempen an Buol, 4. April 1854, Nr. 1782/Pr. II., in: HHStA, AM, PA. XL, Interna Krt. 77, f. *Kempen 1854*, fol. 80 (s. dort auch die Antwort Buols v. 6. April 1854, fol. 84–85).

2.7.4. Abschließende Bemerkungen

Als Fazit zu dem weiten Feld der flankierenden Maßnahmen läßt sich festhalten, daß ihnen aus Sicht der Regierenden generell immer auch ein taktisch-strategischer Zug innewohnte. Sie sollten mittels einer entsprechenden Einstimmung zur Mobilisierung der Bevölkerung zum Erreichen der 500 Millionen Gulden beitragen. Dies gilt für die *Belehrungen*, dies gilt aber auch für die verhältnismäßig günstigen Anleihekonditionen sowie für die gewährten Beteiligungserleichterungen. Die beiden letzteren Bereiche schufen allerdings überhaupt erst die unabdingbare Voraussetzung dafür, beispielsweise Grundbesitzer zu ausgiebigen Subskriptionen auf freiwilligem Wege zu bewegen. Eine Mobilisierungsfunktion hatte zudem die Einwirkung auf publizistischer Basis wie die auf individueller oder auch sonstiger Grundlage vorgenommene Aufklärung über Sinn und Zweck der Nationalanleihe, nicht zuletzt aber über die Vorteilhaftigkeit dieses Unternehmens für die gesamte *Nation* wie auch für jeden einzelnen Subskribenten. Dabei konnten sich, theoretisch gesehen, zumindest nichtstaatliche Organe und Personen einer aktiven Propaganda zugunsten der Nationalanleihe verweigern, die Bach sowie die ihm unterstehenden politischen Behörden vor Ort dazu ausersehen hatten.

Wie gezeigt, stellte sich die Realität freilich komplexer dar: Denn dann mußten nämlich etwa Redakteure oder auch Herausgeber mit eventuellen Nachteilen rechnen. Sollte zum Beispiel eine Zeitung später einmal Bach durch unliebsame Artikel auffallen, so mochte sich der Innenminister ihres einst renitenten Verhaltens erinnern und eventuell eher zu einer Sanktion geneigt sein. Es ließe sich generell leicht zeigen, daß bei einem Einschreiten gegen sogenannte *Preßvergehen* eines bestimmten Blattes auch dessen frühere Haltung eine Rolle spielte[419]. Denkbar ist freilich auch der umgekehrte Fall: Kooperierte eine bestimmte Zeitung bei der Popularisierung der Nationalanleihe bereitwillig, mochte sie in der Gunst des Ministers noch steigen. Deshalb muß die Veröffentlichung einschlägiger Broschüren nicht immer im Bewußtsein eines direkt oder auch indirekt vorhandenen Zwangs von oben erfolgt sein. Gleiches gilt auch für von der Kanzel aus unternommene Werbung für die Nationalanleihe und anderes mehr. Doch bekam schon hier das so hochgehaltene, eherne Prinzip der Freiwilligkeit in der Praxis einige Kratzer ab. Sie sollten sich noch zu regelrechten Schürfwunden vertiefen. Dies werden die folgenden Ausführungen erweisen.

---

[419] Was dabei den *Lloyd* anbetrifft, hatte er bereits in früheren Tagen viel Ärger erregt. Außerdem wirkte bei seinem Verbot der Monarch direkt mit.

2.8. Die Anwendung von Zwang während der Subskriptionsphase

Die zuletzt gemachte Bemerkung mag einerseits etwas ungerecht erscheinen. Man könnte sogar meinen, sie gehe am Kern der Sache vorbei. Denn jedenfalls unmittelbar wurde der Charakter der Nationalanleihe als eine *freiwillige* Operation nicht tangiert, wenn indirekt oder direkt Zwang auf die Presse zugunsten ihrer publizistischen Förderung ausgeübt wurde. Das Prinzip der Freiwilligkeit des Unternehmens stand und fiel ja vielmehr damit, daß die Zeichnungen der einzelnen Subskribenten ohne Ausübung von Zwang erfolgten. Und hier hatte der Kaiser mit seiner anbefohlenen Streichung der Koppelung von *Freiwilligkeit* und *Zwang* in seinem Patent vom 6. Juli ein offenbar unmißverständliches Machtwort gesprochen. Daran gab es scheinbar weder für Bach noch für Baumgartner etwas zu deuten. Deshalb mutet auch die jüngst von Franz Adlgasser und Margret Friedrich vertretene These, das Unternehmen sei bereits „als Zwangsanleihe konzipiert" worden[420], zunächst problematisch an. Allerdings habe ich bereits angedeutet, daß der Freiwilligkeitscharakter auch in dieser Beziehung nicht völlig gewahrt, daß also ein gewisser Zwang ausgeübt wurde: Könnte er aber nicht eher die Ausnahme – vielleicht sogar die große Ausnahme – von der Regel dargestellt haben und deshalb im Zuge einer Gesamtbewertung der Operation nicht sonderlich ins Gewicht fallen?

Damit sind wir bei einer zentralen Frage unserer Untersuchung angelangt: Inwiefern wurde das bei der Proklamation der Nationalanleihe verkündete Prinzip der Freiwilligkeit faktisch gewahrt? Standen die Zeitgenossen also wirklich einer *freiwilligen Anleihe* gegenüber, oder aber hatten sie es in Wahrheit lediglich mit einem „prestito sedicente volontario", also mit einer *vorgeblich freiwilligen Anleihe* zu tun, wie Sardiniens Premier Camillo Benso di Cavour im September 1854 meinte[421]? Der genauen Beantwortung dieser Fragen ist der folgende Abschnitt gewidmet.

2.8.1. Urteile von Zeitgenossen

Bleiben wir zunächst noch einen Moment bei Cavour. Als politischer Gegner der Habsburgermonarchie ist er für uns kein ohne weiteres zuverlässiger Gewährsmann. Aber auch Wessenberg sprach schon am 25. Juli 1854 von einer „freiwilligen" Operation „in der Art ..., daß man sich derselben nicht wohl ent-

---

420 Geschichte in Gesprächen, 1, S. 292, Anm. 174.
421 An Francesco Arese, Turin, 30. August 1854, in: Camillo Cavour. Epistolario, S. 277, Nr. 266.

ziehen kann"⁴²². Gut zwei Monate später konstatierte er sogar eine „gezwungene Freiwilligkeit"⁴²³. Dies klingt noch eine Spur deutlicher, kritischer. Ähnliche Äußerungen sind noch vielfach und dabei von unterschiedlichster Seite aus nachweisbar. Zuweilen fielen sie moderater, teilweise jedoch auch wesentlich drastischer aus.

Verhältnismäßig vorsichtig drückte sich Wildschgo aus, den der Kaiser im April 1857 als Fachmann für Finanzangelegenheiten im Alter von 66 Jahren in den Reichsrat berufen hatte. Dort leitete er zusammen mit Ph. Krauß „das Referat der Finanzangelegenheiten"⁴²⁴: Das Unternehmen sei „thatsächlich nur theilweise ein freiwilliges Anlehen" gewesen, wie er im September des Jahres gegenüber dem Reichsratsvorsitzenden Erzherzog Rainer – und damit prinzipiell auch an die Adresse des Monarchen gerichtet – meinte⁴²⁵. Viel entschiedener nimmt sich die von Karl Marx in der *New York Daily Tribune* bereits am 3. August 1854 getroffene Feststellung aus, die „Austrian loan" sei eine „forced contribution"⁴²⁶. Dagegen charakterisierte Radetzky die „Operation" am 26. des Monats gegenüber seiner Tochter Friederike „als ein quasi gezwungenes freiwilliges Darlehen"⁴²⁷. Dieses Urteil erscheint bedeutsam. Denn immerhin war Radetzky als Generalgouverneur Lombardo-Venetiens an der Umsetzung der Nationalanleihe in Oberitalien an vorderster Front beteiligt. Mußte er also nicht ganz genau wissen, wovon er sprach? Und galt dies nicht auch für L. Thun als Mitglied des Kabinetts? Noch am 19. Mai 1859 behauptete er einen „nicht selten" vorkommenden, „mehr oder weniger verhüllten Zwange" am Werk⁴²⁸. Hatte dann aber nicht auch Kübeck recht, wenn er dem Kaiser im nachhinein – wahrscheinlich nicht ohne Bitterkeit zu empfinden – ins Gewissen schrieb, daß es sich bei der Nationalanleihe nicht nur um eine „verlarvte", sondern sogar um eine „offene" Zwangsanleihe handelte⁴²⁹?

Andere hätten das Stellen einer solchen Frage als rein rhetorische Übung betrachtet, über eventuelle Zweifel an ihrer bejahenden Beantwortung wohl lediglich den Kopf geschüttelt und sie ohne zu zögern als haarspalterisch, ja schlicht als lächerlich abgetan. Dazu zählte mit Sicherheit der altkonservativ eingestellte magyarische Graf István Széchenyi. Eindrucksvoll belegen dies Passagen seines 1859 anonym in London erschienenen Büchleins, das er zwar

---

422 An Isfordink-Kostnitz, Freiburg, in: Briefe Wessenbergs, 2, Nr. 406, S. 267.
423 An dens., Freiburg, 4. Oktober 1854, in: Ebd., Nr. 414, S. 279.
424 Brandt, Neoabsolutismus, 1, S. 448, Anm. 13.
425 S. dazu Vortrag Erzherzog Rainers v. 18. September 1857, Wien, in: HHStA, RR, Gremial, Krt. 178, Nr. 1367/57.
426 Nr. 4147 (London, 18. Juli), in: MEGA, I/13, S. 345.
427 O. O. (aber wohl Verona), 26. August 1854, in: Briefe des Feldmarschalls Radetzky an seine Tochter Friederike, S. 136.
428 MKP, MCZ. 113/59, in: HHStA, MRP, Krt. 27, fol. 428.
429 Vortrag v. 19. Dezember 1854, Wien, in: Ebd., RR, Gremial, Krt. 67, Nr. 815/54.

im „Irrenhaus in Döbling", aber offensichtlich dennoch bei vollem Bewußtsein verfaßt hatte[430]. Darin rechnete er primär mit Blick auf Ungarn scharf mit dem neoabsolutistischen Herrschaftssystem insgesamt ab, wobei seine oft sehr polemisch gehaltenen Ausführungen in der Tat einem „wahrhaft vernichtenden Schlachtruf" gleichkamen[431]. Aufgrund seiner generellen politischen Einstellung verwundert es nicht, wenn er dabei mit Bach insbesondere den vermeintlich starken Mann dieser Zeit ins Visier genommen hatte. Zeitgenossen konnten dies schon aus der bloßen Lektüre des Titels erahnen: Er lautete *Ein Blick auf den anonymen Rückblick*. Diese Worte lassen zwar bestenfalls die Vermutung zu, daß der Altkonservative mit seinen Darlegungen auf ein bereits zuvor veröffentlichtes Werk reagierte. Wer aber das politische Zeitgeschehen aufmerksam verfolgte und zudem Gelegenheit zum Studium ausländischer Zeitungen besaß, dem konnte unmittelbar klar sein, daß der Hocharistokrat auf eine zwar gleichfalls anonym erschienene, aber eindeutig aus unmittelbarer Nähe des Innenministers stammende „halboffizielle Broschüre"[432] aus dem Jahre 1857 anspielte. Sie nannte sich nämlich *Rückblick auf die jüngste Entwicklungs-Periode Ungarns* und war tatsächlich „nach dem Bach'schen Concepte" von der rechten Hand des Ministers, Bernhard Meyer, verfaßt worden[433]. Dies stellte schon bald kein Geheimnis mehr dar[434], zumal die Schrift zwar „niemals im Buchhandel" erschien, dafür aber „doch mitunter in falsche Hände, wie in jene Szecheny's (kam)"[435].

Was nun die hier zur Debatte stehende Operation anbetrifft, so versah Széchenyi seine Worte vom „freiwilligen ... National-Anlehen" nicht nur mit den vielsagenden Satzzeichen „?!"[436], sondern meinte auch:

---

430 So Teutsch, Die Geschichte der Siebenbürger Sachsen, 3, S. 323.
431 Wertheimer, Graf Julius Andrássy, 1, S. 107.
432 Vortrag Kempens v. 31. Mai 1858, Wien, Nr. 1696/BM., in: HHStA, IB, BM.-Akten, Krt. 108, Nr. 4/58.
433 Springer, Geschichte Oesterreichs, 2, S. 769, Anm. **.
434 So war in einem uns. Schreiben des ungarischen Generalgouvernements v. 24. November ganz direkt von „der Bernhard Meyer'schen Broschüre ... zu Gunsten des Bach'schen Ministeriums" die Rede (o. O. [aber wohl Pest], in: HHStA, IB, BM.-Akten, Krt. 102, Nr. 246/57). In politischer Hinsicht handelte es sich hier wohl um ein großes Eigentor, ungeachtet des von Bach dem Kaiser gegenüber betonten, damit verfolgten Zwecks: „Der Minister ... hat, namentlich zur Orientirung und Abwehr gegenüber den mannigfachen Entstellungen in der in- (!) und ausländischen Presse, eine ... auf amtlichen Daten beruhende Brochure ... als Manuscript in Druck legen lassen." (Vortrag v. 26. September 1857, Wien, MCZ. 3850/57, in: Ebd., KK, Vorträge.) Vgl. zu dem kontraproduktiven Effekt im zuvor zit. Schreiben; s. auch Vortrag Kempens v. 31. Mai 1858, in dem er einen „üblen Eindruck" sowie „von allen Seiten Proteste ... und Widerlegungen" feststellte (Wien, Nr. 1696/BM., in: Ebd., IB, BM.-Akten, Krt. 108, Nr. 4/58).
435 Springer, Geschichte Oesterreichs, 2, S. 769, Anm. **.
436 Ein Blick auf den anonymen Rückblick, S. 84.

„Was die berüchtigte Anleihe anbelangt, so kann man wohl behaupten, dass das Wort ‚freiwillig' noch nie in einem so grossen Maasstabe und so impudent, gebraucht worden ist – man könnte die verdienstvollen Gebrüder Grimm hierüber fragen – als bei der nun citirten Geld-Extorquirung in den Gauen Neuösterreichs (…)."[437]

Deutlicher läßt es sich wohl kaum formulieren, weshalb man versucht sein mag, damit unsere Anfangsfrage bereits für beantwortet zu erklären. Wer wollte schon zu so einer grotesken Übertreibung fähig sein? Historiker können es sich aber nicht ganz so einfach machen. Sie haben den damaligen Ereignissen nicht beigewohnt, was freilich entgegen einer auch unter ihnen verbreiteten Vorstellung[438] durchaus vorteilhaft sein kann. Zudem dürfen sie nicht übersehen, daß Széchenyis, aber auch Kübecks Urteil zu einem guten Teil aus ihrer starken Antipathie gegenüber Bach sowie anderen Voreingenommenheiten resultieren könnte. Hinsichtlich des Reichsratsvorsitzenden werden wir darauf noch zu sprechen kommen. Und beim Grafen ist vor allem seine altkonservative Einstellung zu bedenken. Bei den Urteilen der anderen angeführten Zeitgenossen sind ebenfalls quellenkritische Vorbehalte angebracht. Wildschgo etwa muß als prinzipieller Gegner der Nationalanleihe gelten. Dies könnte sein Urteilsvermögen getrübt haben. Gleiches gilt für den Minister für Kultus und Unterricht, ungeachtet der erwähnten Tatsache, daß L. Thun nicht in den unmittelbaren Entscheidungsprozeß über die Nationalanleihe einbezogen wurde und nach der Publikation des Patentes ebenso wie seine Kollegen dafür Sorge trug, daß seine Untergebenen gebührend subskribierten. Und auch Radetzkys Einschätzung ist nicht von vornherein über alle Zweifel erhaben. Vielleicht wollte er seine persönliche Veranwortung für Anwendung von Zwang in Lombardo-Venetien ganz einfach auf andere, auf Wien abwälzen.

Mit besonderer Vorsicht ist das Urteil von Karl Marx zu genießen. Schließlich war er weit vom Ort des Geschehens entfernt: Wie verhält es sich also mit der Genauigkeit beziehungsweise Verläßlichkeit der Informationen, die ihn in seinem Londoner Exil erreichten? Wie steht es schließlich mit Wessenberg? Ebenso wie Széchenyi, war auch er – obgleich aus anderen, gleichsam entgegengesetzten politischen Erwägungen – kein Freund des nach 1848 allmäh-

---

437 Ebd., S. 226.
438 So hat Joseph Rovan einmal gemeint: „Es ist wirklich faszinierend, sich vorzustellen, in welchem Ausmaß all das falsch sein muß, was wir unseren Studenten berichten oder bei unseren eigenen Recherchen finden. Denn, sobald sich Historiker und Zeitzeugen gegenüberstehen, wird deutlich, daß die Historiker wie die nachfolgenden Generationen überhaupt immer ein Stück an der Wahrheit vorbei gehen müssen, die sie nicht erlebt haben. Wie muß das erst aussehen, wenn wir … über Dinge erzählen, die sich zur Zeit Karls des Großen oder zur Zeit Luthers ereigneten?" (Diskussionsbeitrag, S. 43).

lich einsetzenden innenpolitischen Umschwungs. Dennoch mögen seine Äußerungen zunächst einmal insofern grundsätzlich mehr Glauben verdienen, als er insgesamt gesehen differenzierter argumentierte. Allerdings hielt er sich schon seit Jahren nur noch vorübergehend, meistens zur Sommerzeit, in der Monarchie auf. Somit mag es um die Jahresmitte 1854 mit seinen Kenntnissen der innerösterreichischen Verhältnisse generell nicht zum besten gestanden haben. Und was die Geschehnisse um die Nationalanleihe im speziellen anbetrifft: Ausgerechnet in diesem Sommer war er nicht nach dem böhmischen Diettenitz gereist, wo er „einen nicht unbeträchtlichen Grundbesitz"[439] sein eigen nannte.

2.8.2. Urteile der Forschung

Suchen wir nach soviel quellenkritisch motivierten Zweifeln also Rat bei der Forschung. Beim Wirtschaftshistoriker Herbert Matis lesen wir nichts von Zwang. Er konstatiert lediglich einen „starken Appell an das patriotische Bewußtsein"[440]. Sonstige Bewertungen decken sich aber zumindest tendenziell mit den genannten zeitgenössischen Urteilen. Dabei ermangelt es auch ihnen nicht an Klarheit: Schon Rogge hat 1872 und noch aus eigener Anschauung von einem „furchtbaren Druck" gesprochen und gemeint, die Nationalanleihe sei mit „reinen Zwangsmitteln" eingetrieben worden[441]. 1934 lesen wir in der minutiösen Biographie Paul Müllers über Feldmarschall Windischgrätz von einer „mit vieler Härte" realisierten Operation[442]. Stölzl sieht bei der Nationalanleihe „nicht zuletzt die Anwendung eines teils subtilen, teils brutalen Zwanges" am Werk[443]. Eduard März und Karl Socher haben „äußerst rigorose Methoden" festgestellt[444]. Etwas moderater urteilt Brandt: Jüngst meinte er, „Propaganda und administrativer Druck" hätten die Anleihe zum Erfolg gebracht[445]. Deutlicher liest es sich in seiner Habilitationsschrift: Danach konnte „eine derart gewaltige Operation" unter den gegebenen „Umständen" sogar „von vornherein … nur unter starker propagandistischer Einwirkung erfolgreich sein"[446]. Diese aber „(mußte) mehr oder weniger die Form massiver Pressionen annehmen" und das Unternehmen deshalb „einer Zwangsanleihe tendenziell nahekommen".

---

439 Alfred Arneth, Johann Freiherr von Wessenberg, 2, S. 205.
440 Österreichs Wirtschaft, S. 56 (vgl. S. 113).
441 Oesterreich, 1, S. 345.
442 Feldmarschall Fürst Windischgrätz, S. 279.
443 Ära Bach, S. 74.
444 Währung und Banken, S. 326.
445 Deutsche Geschichte 1850–1870, S. 25.
446 Neoabsolutismus, 2, S. 694 (s. dazu auch folg.).

In einen langen historiographischen Traditionsstrang bettet sich schließlich das Urteil Urbans ein: Wie schon vor ihm Charmatz und Friedjung, so spricht auch er unmißverständlich von einer „Zwangsanleihe"[447]. Ob die Operation seiner Meinung nach bereits von vornherein so angelegt war, bleibt unklar. Ebenfalls kraß und dabei nicht ohne einen Schuß an Ironie hat bereits vor weit mehr als einem Jahrhundert Anton Springer im *Schlußwort* seiner nach wie vor lesenswerten *Geschichte Oesterreichs* geurteilt: Er behauptete die „Natur" der „nach französischem Muster" durchgeführten Nationalanleihe durch „jenen böhmischen Bauern am besten charakterisirt, welcher seine Quote im Gefängnisse absitzen wollte"[448]. Mit am vorsichtigsten formuliert noch Heindl: Kübeck habe diese Kreditoperation „nicht zu Unrecht als ‚freiwillige Zwangsanleihe'" bezeichnet, heißt es bei ihr, was sie aber nicht näher begründet[449].

2.8.3. Die Beurteilung dieser Einschätzung am Beispiel von Brandts Ausführungen

Bei dem Versuch einer korrekten Beurteilung dieser Urteile ergeben sich gewisse Probleme: Zunächst einmal wird hier teilweise munter voneinander abgeschrieben. Das weitestgehende Fehlen einschlägiger eingehender Recherchen schlägt hier voll durch. Nun verlassen sich Historiker immer wieder auf die Forschungsergebnisse von Kollegen. Dies mag bedauerlich sein, läßt sich jedoch oftmals insbesondere aus Zeitgründen ebensowenig völlig umgehen wie die daraus resultierende Gefahr, Fehlbewertungen zu übernehmen und teilweise durch lange Zeit hindurch zu tradieren. Im konkret vorliegenden Fall bilden für die angeführten Urteile jüngerer Natur naheliegenderweise Brandts Ausführungen den Haupt-, ja zumeist sogar den ausschließlichen Bezugspunkt. Schließlich hat er sich der Nationalanleihe bislang am intensivsten gewidmet. Angesichts der inhaltlichen Bandbreite seiner Analyse ist es begreiflich, daß auch er über eine ansatzweise Beschäftigung mit diesem Unternehmen nicht hinausgelangt ist. Allerdings weisen seine Darlegungen gewisse argumentative Ungereimtheiten und faktische Fehlbehauptungen auf. Hinzu kommt eine hin und wieder etwas unkritische Beurteilung der Quellen. Da Brandt bis heute als *der* Experte in Sachen Nationalanleihe gelten kann, soll hierauf etwas genauer eingegangen werden.

---

447 Die tschechische Gesellschaft, 1, S. 199. Vgl. Charmatz, Minister Freiherr von Bruck, S. 124 („Die Nationalanleihe war also eine Zwangsanleihe."); Friedjung, Oesterreich, 2, S. 206 („Zwangsanleihe").
448 2, S. 772.
449 Einleitung, in: MRP, III/3, S. XXIII.

Angesetzt sei an den Fehlbehauptungen: Dem Würzburger Historiker zufolge „(mußten) die Beamten und Soldaten ... in der Zeichnungsbereitschaft mit gutem Beispiel vorangehen"[450]. Hierzu ist gleich zweierlei anzumerken. Zum einen könnte man diese Feststellung so deuten, als ob diese beiden Gruppen auch zeitlich gesehen zuerst zur Subskription verhalten wurden. Dies traf jedoch bestenfalls für die Beamten zu. Sie hatten zumeist recht schnell die ausgegebenen Subskriptionsbögen unterschrieben. Ob dabei auch Zwang im Spiel war, wird sich zeigen. Zum anderen jedoch und wichtiger: Einfache Soldaten waren keineswegs grundsätzlich zu einer Beteiligung an diesem Unternehmen verpflichtet. Dies erhellt eine Reaktion Kempens vom 31. Dezember 1854 auf Zeichnungen, zu denen es bei der Abteilung des Militärpolizeiwachkorps zu Fiume gekommen war: Danach waren Subskriptionen von dieser Seite aus „nicht gewünscht"[451]. Nach den „bestehenden Armee-Vorschriften" durften nämlich „von der Löhnung der Mannschaft mit Ausname eines gerichtlichen Erkenntnißes auf Schadenersatz keine Abzüge stattfinden". Für Soldaten wurde das Prinzip der Freiwilligkeit also wenigstens teilweise gewahrt.

Dies illustriert auch das Vorgehen von Generalmajor Joseph Freiherr v. Bamberg, dem seit etwa Mitte Februar 1853 die Leitung der Militärverwaltung oblag. In einem am 8. Juli 1854 an den Monarchen gerichteten Vortrag betonte er, auch die „ganze Armee" werde sich die Teilnahme an „einer so wichtigen Staatsangelegenheit nach individuellen Kräften zur Ehre rechnen"[452]. Anschließend bat er den Kaiser, zu „bestimmen", ob „nun die Aufforderung zur Theilnahme ... auch an die Armee geschehen dürfe", wobei er für ihre einzelnen Glieder immerhin die den „Beamten" gewährten „Erleichterungen" geltend gemacht wissen wollte[453]. Franz Joseph kam am 14. des Monats der an ihn gerichteten Bitte nach und sprach dabei ausdrücklich nicht nur von „Offizieren", sondern auch von „Militär-Partheien"[454]. Nur einen Tag später ließ Bamberg einen entsprechenden Runderlaß verschicken[455]. Darin war allerdings praktisch ausschließlich von Offizieren die Rede. Eine Ausnahme bildeten lediglich die „Gränzhauscommunionen". Dabei handelte es sich um die Gemeinschaften in der seit dem 16. Jahrhundert mehr oder minder systematisch gegen die Türken angelegten Militärgrenze.

---

450 Neoabsolutismus, 2, S. 697.
451 An Baumgartner, o. O. (Wien), Nr. 17174/4077-V., in: FA, FM, Präs., Nr. 240/55 (s. dazu auch folg.). Zu vorgekommenen Subskriptionen s. ein Oberstleutnant May an Kempen, Agram, 26. Dezember 1854, Nr. 707, in: Ebd. Vgl. dazu Akt Nr. 4665/54, in: AVA, Inneres, OPB, Präs. II, Krt. 27.
452 Vortrag, Wien, Nr. 118/III, in: KA, KM, AOK, Präs., Krt. 120, Nr. 199 (s. dazu auch folg.).
453 Dazu siehe w. u.
454 A.h. Entschließung, Laxenburg, 14. Juli 1854, in: Ebd.
455 Wien, 15. Juli 1854, in: Ebd. (s. dazu auch folg.).

Überdies differierte der Tenor von Bambergs Anweisung markant von Bachs Instruktionen. Darin hieß es normalerweise, daß sich „aus den Gehaltsstufen" ein „Maßstab für die Betheiligung des Einzelnen expectativ voraussetzen" ließ[456]. Für die Mitglieder des Heeres galt dies freilich nicht, „da hierin mannigfaltige Familien- und Vermögensverhältnisse wesentlichen Einfluß üben". Zudem war in diesem Zusammenhang von der „freien Selbstbestimmung des Einzelnen" die Rede. Dies unterscheidet sich ebenfalls von Bachs Anweisungen. Selbst das Offizierskorps genoß in dieser Hinsicht offensichtlich eine relative Handlungsfreiheit.

Kommen wir damit zu Brandts Behandlung der Quellen. Seine These vom *tendenziellen* Zwangscharakter der Operation untermauert er ausschließlich mit Tagebuchvermerken Kempens und Kübecks[457]. Dabei fällt zunächst der Zeitpunkt dieser Eintragungen auf. Mit einer einzigen Ausnahme (Kübeck, 12. August 1854) datieren sie alle aus der Zeit nach dem Abschluß der Subskriptionsphase. Sie könnten sich also eventuell erst auf Vorkommnisse während der Einzahlungsphase beziehen.

Was speziell den Reichsratsvorsitzenden angeht, so stehen die Belege Brandts teilweise in keinem erkennbaren Zusammenhang mit seiner These. Unter dem 29. September notierte sich der betagte Freiherr beispielsweise: „Ungünstige Nachrichten über die steigenden Verlegenheiten in Ungarn zur Einzahlung der subskribirten Anleihe und die dortige bedenkliche Stimmung."[458] Von Zwangsmaßnahmen irgendeiner Art ist hier nichts zu lesen. Einwände anderer Natur erregt dagegen Brandts Verweis auf einen Vermerk vom 17. des Monats: Es scheine der Regierung nicht bekannt zu sein, „wie in allen Klassen der Bevölkerung von den Mitteln der Subskripzions-Ergebniße gesprochen wird"[459]. In der Tat spielte Kübeck hier eindeutig auf die Anwendung von Zwangsmaßnahmen an. Doch kam er mit *allen Klassen* überhaupt so sehr in Berührung, um über die in dieser Hinsicht in der Bevölkerung herrschende Einschätzung ein annähernd objektives Urteil fällen zu können? Und woher weiß Brandt so genau, daß Kübeck seine Bewertungen „aufgrund eigener Beobachtungen" fällte[460]? Aus den vom Autor angeführten Stellen geht dies jedenfalls nicht hervor. Nur auf an den Freiherrn fließende und von Brandt auch erwähnte „Berichte" kann man schließen[461].

Brandt führt noch einen weiteren Tagebucheintrag Kübecks an. Danach machte ihm Reichsrat Fr. Zichy am 8. November über das Vorgehen in Lombardo-Venetien eine „Mittheilung" über das „bei der Anleihe ... im Auftrage

---

456 Ebd. (s. dazu auch folg.).
457 Neoabsolutismus, 2, S. 697, Anm. 26.
458 Tagebucheintrag, in: Aus dem Nachlaß Kübecks, S. 154.
459 Ebd., S. 153.
460 Neoabsolutismus, 2, S. 697, Anm. 26.
461 Ebd.

Die Anwendung von Zwang während der Subskriptionsphase

des Ministers eingeschlagene Verfahren"[462]. Im weiteren erfolgt eine Beschreibung dieses *Verfahrens*. War es dem Reichsratsvorsitzenden also unbekannt? Wußte er wenigstens von einem Teil möglicher Zwangsmaßnahmen bis zu diesem Zeitpunkt überhaupt nichts? Noch zwei andere Momente sind dabei zu bedenken: Erstens dauerte alleine die Zeichnungsphase rund sechs Wochen, zweitens war seit ihrem Ende bis zum 8. November fast nochmals so viel Zeit verflossen. Nimmt man all dies zusammen, so scheinen eher Zweifel an Kübecks damaligem Informationsstand über die konkreten Durchführungsmodalitäten angebracht. Bestenfalls die von Brandt, aber auch von Stölzl erwähnte Tagebuchnotiz vom 2. September über eine Klage Metternichs belegt Kübecks Kenntnis der Anwendung offenen Drucks: Danach wurde der ehemalige Staatskanzler durch den böhmischen Statthalter Mecséry „zu größerer Zeichnung" als der bisher Geleisteten „aufgefordert"[463]. Aber ein solcher Vorgang mochte weder in der Praxis oft vorkommen (wobei im übrigen Stölzl lediglich ein weiteres Beispiel bringt[464]) noch von Bach gerne gesehen werden. Vor allem aber könnten die meisten Subskribenten dennoch freiwillig ausreichend subskribiert haben.

Weiteres kommt hinzu. Wie nämlich bereits angeführt, ist gegenüber Beurteilungen Kübecks über den Charakter der Nationalanleihe grundsätzlich eine gewisse Skepsis angebracht. Dabei kommt seine Gegnerschaft gegen Bach ebenso zum Tragen wie seine grundsätzliche Ablehnung gegen groß, ja aus seiner Sicht übergroß dimensionierte Finanzmaßregeln, wie sie die Nationalanleihe nun einmal darstellte. Gerade Brandt hat überzeugend ausgeführt, daß die Opposition des Freiherrn auch aus seiner „Befangenheit in den finanzpolitischen Maximen der Vormärzzeit" resultierte[465]. Als Befürworter „konservativer Prinzipien vormärzlicher Kreditpolitik"[466] habe ihn diese Befangenheit in der Situation des Jahres 1854 in die „Obstruktion" gedrängt[467]. Läßt sich aber von einem Mann, dem die Nationalanleihe als finanzpolitisches Hasardspiel erscheinen mußte, ohne weiteres ein auch nur annähernd gerechtes Urteil über die bei der Nationalanleihe angewandten staatlichen Methoden erwarten? Nimmt man dies jedoch weiterhin an, dann

---

462 Aus dem Nachlaß Kübecks, S. 160.
463 Ebd., S. 152 (vgl. auch Tagebucheintrag v. 5. September, in: Ebd.); vgl. bei Stölzl, Ära Bach, S. 74 , Anm. 8. Er bezieht sich hier auf Müllers Arbeit über Windischgrätz (Feldmarschall Fürst Windischgrätz, S. 280). Doch handelt es sich dabei um die im übrigen etwas ungenaue Wiedergabe von Kübecks Eintragung.
464 Dabei handelt es sich um eine Darlegung von Richard Ritter v. Dotzauer „in seinen Memoiren" (Stölzl, Ära Bach, S. 74, Anm. 8; vgl. Emil Schebek, Richard Ritter von Dotzauer, S. 70).
465 Neoabsolutismus, 2, S. 703.
466 Ebd., S. 696.
467 Ebd., S. 703.

wäre er gleichzeitig beim Wort zu nehmen, wenn er das Zustandekommen der Zeichnungen als eine „Mischung aus ‚Überredungen, Täuschungen und Drohungen'" bezeichnete[468]. Die beiden Worte *Überredung* und *Täuschung* deuten eher nicht auf einen nötigenden Charakter hin. Und über Kübecks Gewichtung der gesamten drei Momente ist damit noch gar nichts ausgesagt. Dies gilt auch für eine Äußerung ähnlichen Tenors vom 10. Oktober 1854: Danach lebte „in ganz Österreich" kein einziger Mensch, „dem nicht die Versprechungen, Drohungen und Pressungen bekannt wären, durch welche die Subskripzionen erwirkt wurden"[469]. Aber auch diese Äußerung läßt keine klare Deutung zu. Denn die *Versprechungen* mögen weitaus überwogen haben.

Wenden wir uns nun den Tagebuchnotizen Kempens zu: Als Polizeichef verfügte er mit großer Sicherheit über einen besseren Kenntnisstand als Kübeck, zumal seit Beginn der Anleihe eine Fülle einschlägiger Notizen und Berichte aus erster und zweiter Hand auf seinen Schreibtisch gelangte. Aber abgesehen davon, daß der früheste Eintrag vom 31. Oktober stammt, weisen seine Vermerke, soweit sie Brandt anführt, nicht ohne weiteres auf die Ausübung von Druck in der Zeichnungsphase hin. So heißt es unter dem 16. November:

„Graf Grünne forderte mich dringend auf, S.(einer)M.(ajestät) ohne Rückhalt, und zwar sogleich(,) alle Anstände vorzutragen, welche der ruhigen Durchführung des Nationalanlehens sich entgegenstellen; er hält es für gewissenlos, den Kaiser durch Gewaltmaßregeln bloßzustellen, welche die ganze Operation zu einem Zwangsanlehen machen."[470]

Diese Worte beziehen sich lediglich auf die Einzahlungsphase. Demnach stellte die konkrete Handhabe des Unternehmens erst nach Abschluß der Subskriptionen das Prinzip der Freiwilligkeit in Frage, ja auf den Kopf. Auch der folgende, vom nächsten Tag stammende Vermerk handelt nur von der Einzahlungsphase. Nachdem Kempen Franz Joseph offensichtlich „ganz offen und umfassend" im Sinne Grünnes berichtet hatte, zeigte er sich „beruhigt" darüber, „daß der Kaiser jede Überstürzung bei Behandlung der Anlehensrenitenzen beseitigt wissen wollte"[471].

Und die bereits erwähnte Notiz vom 31. Oktober bezieht sich ebenfalls nur auf die „Eintreibung der Raten"[472]. Nach einem weiteren, von Brandt ebenfalls erwähnten Tagebuchvermerk vom 3. Januar 1855 bezeichnete Grünne

---

468 Ebd., S. 697 (vgl. Tagebucheintrag Kübecks v. 12. August 1854, in: Aus dem Nachlaß Kübecks, S. 149); Brandt zit. hier etwas ungenau.
469 Tagebucheintrag, in: Ebd., S. 156
470 Tagebuch Kempens, S. 344.
471 17. November 1854, in: Ebd.
472 Ebd., S. 343.

Die Anwendung von Zwang während der Subskriptionsphase

die Nationalanleihe wörtlich als „entweder das Produkt der krassesten Beschränktheit" oder aber „perfider Schlechtigkeit"[473]. Darauf soll der Polizeichef „beides" erwidert haben. Diese Worte stellen Baumgartner und Bach zwar ein alles andere als vorteilhaftes Zeugnis aus, geben aber lediglich ein Urteil Grünnes und Kempens über die Operation als solche wieder. Eine andere Notiz Kempens vom 16. September führt Brandt nicht an. Darin ist – ganz ähnlich wie schon zuvor bei Kübeck – zu lesen, die Anleihe scheine einen guten Fortgang zu nehmen,

> „indem von den politischen Ämtern, Bezirksvorstehern usw. alle Hebel angewendet wurden, die Bevölkerung zur Zeichnung auf das Anlehen zu vermögen; Überredung und Schmeicheleien, hie und da sogar Drohungen und Verdächtigungen kamen zum Vorschein, um die Subskription zu erlangen"[474].

Zwangsmaßnahmen der einen oder anderen Art waren demzufolge nicht die Regel. Sie bildeten vielmehr die Ausnahme.

Kommen wir schließlich zu gewissen argumentativen Ungereimtheiten in Brandts Darlegungen. Laut ihm war die „Aufbringung" von 500 Millionen Gulden „nur über den Appell an die Zeichnungswilligkeit breitester Bevölkerungsschichten möglich"[475]. Als „Vorbild" verweist er zu Recht auf den französischen „Stil der plebiszitären Massensubskription". Demnach stellte die freiwillige Teilnahmebereitschaft der Staatsbürger beziehungsweise der entsprechende *Appell* also zumindest das entscheidende Moment für eine erfolgreiche Durchführung der Operation dar. Unmittelbar darauf begründet der Autor jedoch seine These von einer *tendenziellen* Zwangsanleihe und legt plausibel dar, weshalb „für ein derartiges System der Massenanleihe" auf freiwilliger Basis „die wirtschaftlichen und sozialen Voraussetzungen in Österreich durchaus nicht in derselben Weise gegeben (waren) wie in Frankreich"[476].

Diesen Gedankengang spitzt Brandt im weiteren aber noch zu: Die „Verwaltung" sollte sich „unter Verzicht auf Zwangsmittel in der Mobilisierung des Patriotismus bewähren"[477]. Wie kann sich aber im Rahmen einer *Mobilisierung* auf *patriotischer* Basis *unter Verzicht auf Zwangsmittel* ein *tendenzieller* Zwangscharakter bemerkbar machen? Anschließend wählt er eine unmißverständliche Diktion zur Beschreibung der tatsächlich ergriffenen *Mobilisierungs*maßnahmen: „Die Beamten und Soldaten mußten" eben „mit gutem Beispiel vorangehen", während die Gemeinden „in zahlreichen Fällen Sub-

---

473 Ebd., S. 351 (s. dazu auch das folg. Zit.).
474 Ebd., S. 338.
475 Neoabsolutismus, 2, S. 693 (s. dazu auch folg.).
476 Ebd., S. 693–694.
477 Ebd., S. 694.

skriptionsquoten zudiktiert (bekamen), für deren Unterbringung sie zu sorgen hatten"[478]. Dabei handelte es sich ihm zufolge also nicht mehr um reine *Drohungen* (Kübeck). Über sie hätte man sich eventuell noch hinwegzusetzen vermocht. Vielmehr geht es hier eindeutig um die Anwendung offenen Zwangs. Folgerichtig erklärt er denn auch an anderer Stelle, auf alle „Kommunen" seien „die Zeichnungen quotenweise ... umgelegt" worden[479]. Dazu passen schließlich seine Worte von der „Aufbietung aller Mittel der Pression"[480]. Warum er freilich zugleich nur einen „mehr oder minder verdeckten Zwang" ausmacht, wird nicht ganz ersichtlich[481].

Als vorläufiges Fazit bleibt: Brandts Darlegungen helfen für eine adäquate Beurteilung der These eines wie auch immer gearteten Zwangscharakters der Nationalanleihe nur bedingt weiter. Eine intensivere Erörterung dieser Problematik erscheint mithin notwendig, was nun im folgenden geschehen wird.

2.8.4. Die Definition von Zwang

Dabei verweisen insbesondere die am Schluß zitierten Ausführungen Brandts auf ein grundsätzliches Problem bei dem Versuch, den Charakter der Nationalanleihe adäquat einzuschätzen: Was ist nämlich überhaupt unter – staatlich ausgeübtem – Zwang zu verstehen? Wie steht es etwa mit den von Brandt betonten „patriotischen Pflichten", die den „ehemaligen Gutsherren" durch eine „amtliche Belehrung" klargemacht werden sollten[482]? Wohnte einer solchen *Belehrung* zumindest teilweise ein drohender Charakter inne? Und wenn dies der Fall war, konnte man ihn ignorieren, ohne nachhaltige persönliche Konsequenzen befürchten zu müssen, wie etwa eine von behördlicher Seite aus verfügte Zeichnung?

Für ein besseres Verständnis erscheint es am naheliegendsten, den Duden heranzuziehen. Hier wird *Zwang* als „unabweisliche" und „‚zwingende' Notwendigkeit" definiert[483]. Demnach haben wir es bei der Ausübung von Zwang also mit einem Druck zu tun, dem man sich keinesfalls entziehen kann. Zugleich wird Zwang aber auch als „gebieterische Forderung" beschrieben: Dies scheint die Möglichkeit, sich zu widersetzen, offenzulassen, allerdings wohl nur unter wahrscheinlicher Inkaufnahme von Sanktionen. Somit wären grundsätzlich zwei unterschiedliche Formen – staatlich – praktizierten

---

478 Ebd., S. 697.
479 Ebd., 1, S. 277. Zu diesem Problem noch ausführlich im nächsten Abschnitt.
480 Ebd., S. 337.
481 Ebd., S. 277.
482 Ebd., 2, S. 694.
483 Siehe dazu auch das folg. Zit.

Zwangs zu unterscheiden: Zum einen eine unbedingte Form, die ich als *direkte Zwangsausübung* bezeichne. Zum anderen eine bedingte Form, die *indirekte Zwangsausübung* genannt sei. Die zweite Kategorie erfordert noch eine zusätzliche Differenzierung, je nachdem, ob bei Widerstand mit Sanktionen oder nicht zu rechnen war. Stölzl differenziert in der notwendigen Richtung, wenn er, wie gesagt, die „Anwendung eines teils subtilen, teils brutalen Zwanges" behauptet. Doch begründet er dies kaum. Brandts Darlegungen dagegen beinhalten die verschiedenen Grade von Zwang durchaus. Er hält sie aber argumentativ nicht genau auseinander. Nur wenn dies jedoch gelingt, kann der spezifische Charakter der Nationalanleihe eventuell genau erfaßt werden. Dieser Versuch sei nunmehr unternommen.

2.8.5. Die Anwendung moralischen Zwangs

Ich beginne mit dem Aspekt der indirekten staatlichen Ausübung von Zwang. Zeitgenossen sprachen in diesem Zusammenhang ja auch von *moralischem Zwang*. Hier gilt zunächst: Solcher Zwang gehörte in der neoabsolutistischen Periode zur alltäglichen Herrschaftspraxis. Er wurde in allen Bereichen angewendet, sämtliche gesellschaftlichen Ebenen konnten von seiner Ausübung potentiell und tatsächlich betroffen sein. Insofern sei zunächst vorsichtig vermutet, daß es sich auch im Falle der Nationalanleihe so verhalten haben könnte.

2.8.5.1. Allgemeine Überlegungen

Bevor ich darauf näher eingehe, soll diese Problematik an einigen anderen zeitgenössischen Beispielen vergegenwärtigt werden. Besonders anbieten würde sich hierfür die Reise des kaiserlichen Ehepaares nach Lombardo-Venetien um die Jahreswende 1856/57. Dort läßt sich nämlich sehr genau das Bestreben der Verantwortlichen nachweisen, mittels einer genauen Planung der Reise einen indirekten, *moralischen* Zwang auf die Bevölkerung auszuüben. Dabei ging es ihnen insbesondere darum, adelige und dabei wiederum in erster Linie hochadelige Kreise, deren regierungskritische Haltung ein offenes und auch immer wieder privat und öffentlich zur Schau gestelltes Geheimnis darstellte, durch bestimmte Maßnahmen zu einem Erscheinen bei Hofe während der kaiserlichen Anwesenheit zu bewegen, um nicht zu sagen zu drängen oder eben gar sanft zu zwingen. Insgesamt gesehen sollte auf diese Weise ein würdiger Empfang für den Herrscher und seine Gemahlin sichergestellt werden[484].

---
484 Ein Aufsatz über diese Problematik wird demnächst in den *Quellen und Forschungen aus italienischen Archiven und Bibliotheken* erscheinen.

Dazu paßt eine Bemerkung des Mailänder Polizeidirektors über die in der lombardischen Hauptstadt anläßlich der kaiserlichen Vermählung 1854 begangenen Feierlichkeiten: „Das Aushängen von Teppichen auf dem Domplatze ist von der Municipalität nicht angeordnet, wohl aber die Hauseigenthümer auf die Convenienz desselben ... aufmerksam gemacht worden."[485] Dieser *Ratschlag* mochte die betroffenen Hausbesitzer zwar verärgern; sie konnten sich ihm aber offenbar nicht leicht entziehen. Denn „am Domplatze, wo es avisirt worden war", wurden die Fenster auch tatsächlich „mit Teppichen geschmückt"[486]. Anders verhielt es sich an jenen Orten, „wo es dem Willen der Einwohner frei gelaßen wurde": Dort „geschah nichts".

Veranschaulichen wir uns die Problematik an einem anderen Beispiel. Dabei geht es um das Abonnement gewisser Zeitungen durch die Gemeindeorgane. Wie der damalige Zivíadlatus Radetzkys, Fr. Thun, bezüglich Lombardo-Venetiens 1855 ausdrücklich erklärte, „bestand" dazu nur für das „Landesgesetzblatt" eine „förmliche Verpflichtung"[487]. Zugleich aber bezeichnete er die „thunlichste Verbreitung der offiziellen Zeitungen der Regierung" als „sehr wünschenswerth", wobei es konkret um die *Gazzetta di Milano* (für die Lombardei) beziehungsweise die *Gazzetta di Venezia* (für Venetien) ging. Wie ließ sich „in dieser Richtung" nun etwas erreichen? Thun erlaubte den „Distriktskommissären, diesbezüglich ihren Einfluß" geltend zu machen. Dabei hatten sie „aber innerhalb der Grenzen des Decorums zu bleiben und förmliche Nöthigung nicht anzuwenden". Schon der ausdrückliche Hinweis auf die Unterlassung *förmlicher Nöthigung* fällt auf, weil er den Eindruck erweckt, als habe es sich hierbei um ein anderweitig durchaus praktiziertes Mittel gehandelt. Abgesehen davon schwebte dem Grafen offensichtlich eine *Einfluß*-nahme vor, die irgendwo oberhalb der Schwelle einer bloß unverbindlichen Anregung, jedoch unterhalb der Schwelle der Anwendung offenen Zwangs liegen sollte: Vom Versuch *moralischer* Zwangsanwendung zu sprechen, erscheint hier berechtigt. Dabei wäre freilich dreierlei zu klären: Wie haben, erstens, Thuns Adressaten dessen Worte konkret umgesetzt? Zweitens: Welche Wirkung zeitigte ihr entsprechendes Handeln bei den Gemeindeorganen? Und drittens: Verweigerten sich letztere hartnäckig einem Abonnement der offiziellen Landeszeitungen, hatten sie dann nicht letztlich doch mit Sanktionen zu rechnen, und zwar in der Form eines Zwangsabonnements?

Noch ein weiteres, direkt den Monarchen involvierendes Beispiel sei in dieser Beziehung erwähnt. Am 8. April 1854 richtete Franz Joseph ein Schreiben

---

485 Martinez an Kempen, Mailand, 18. Mai 1854, Nr. 6861/Pr., in: AVA, Inneres, OPB, Präs. II, Krt. 21, Nr. 3244/54.

486 Aus einem Ber. v. Polizeidirektor Mathias Schroth v. Rohrberg v. 25. April 1854, in: Ebd., Krt. 19, Nr. 2664/54 (s. dazu auch folg.).

487 An alle Delegaten, Verona, 20. Oktober 1855, Nr. 1735, in: Ebd., Krt. 61, Nr. 1594/54 (s. dazu auch folg.).

an Bach, in dem er ihm von der „in mehreren Provinzialstädten bestehenden Absicht" berichtete, „den Tag Meiner bevorstehenden Vermählung [sie war für den 24. des Monats anberaumt] durch verschiedene Festlichkeiten, namentlich durch öffentliche Beleuchtungen feyerlich zu begehen"[488]. Allerdings freue ihn „jede Darlegung froher Theilnahme bei diesem Anlasse", doch war da auch „die in vielen Orten herrschende Theuerung". Dieser Umstand ließ ihn „dringend wünschen", die „auf ähnliche Freudenbezeugungen verausgabten Mittel den Werken der Mildthätigkeit zur Linderung unverschuldeten Nothstands zuzuwenden".

Dieser *Wunsch* ist durchaus nachvollziehbar, und es verstand sich aufgrund der festgelegten ministeriellen Wirkungskreise gleichsam von selbst, daß der Monarch mit dessen „Verlautbarung" den Innenminister „beauftragte". Bach wiederum muß es als Selbstverständlichkeit erachtet haben, den kaiserlichen „Erwartungen" zu entsprechen. Aber da war noch mehr: Franz Joseph erklärte sich gegenüber seinem Minister nämlich überdies davon „uiberzeugt", daß „somit dieser Tag auch für die Ärmsten ein Tag der Freude werde", wie er „es aus vollster Seele wünschte". Damit aber nahm er Bach besonders in die Pflicht, was diesen wiederum in die Notwendigkeit versetzte, die ihm unterstehenden Behörden entsprechend klar zu instruieren. Einschlägige Akten hierzu dürften noch in manchen Regionalarchiven liegen. Doch auch ohne ihre Konsultation scheint klar, daß die betroffenen Kommunalorgane nun nicht einfach die mit den geplanten *öffentlichen Beleuchtungen* verbundene Summe einsparen oder für andere Zwecke verwenden konnten. Sie mußten diese vielmehr den *Ärmsten* der Armen zugute kommen lassen.

Moralischer Zwang wurde jedoch selbst dort ausgeübt, wo man ausdrücklich den Freiwilligkeitscharakter einer propagierten Maßnahme betonte. Dies erscheint nun für unseren Betrachtungsgegenstand besonders wichtig.

Ich möchte dies an einem politisch eher unbedeutenden sowie an einem eindeutig unpolitischen Vorgang illustrieren. Der erste betrifft eine von Erzherzog Maximilian für den Bau der Wiener Votivkirche gestartete Spendenaktion, nachdem sein älterer Bruder das auf ihn verübte Attentat vom 18. Februar 1853 überlebt hatte. Der dazu ergangene Aufruf war vergleichsweise neutral gehalten. Wie Wessenberg konstatierte, war er auch „gut begründet"[489]. Dennoch wies er ihm zufolge „auch wieder seine bedenkliche Seite" auf. Denn während manch einer nur spenden würde, „pour faire bonne mine und um seine Gesinnungen zu vertuschen", würde den Aufruf manch anderer für einen „Prüfstein der Gewissen und Meinungen" halten. Seine Befürch-

---
[488] Wien, Nr. 1148/CK., in: KA, MKSM, Krt. 101, Nr. 1148/54 (s. dazu auch folg.).
[489] An Isfordink-Kostnitz, Freiburg, 17. März 1853, in: Briefe Wessenbergs, 2, Nr. 350, S. 176 (s. dazu auch folg.).

tung, dies könne „in unserer noch halb revoluzionären Zeit aufregend wirken", darf hinterfragt werden, weil die innenpolitische Situation damals wohl relativ stabil war. Aber seine Vermutung, manche Zeitgenossen würden den Aufruf als moralische Zwangsausübung betrachten, mochte durchaus berechtigt sein. Und eine solche Reaktion dürfte sich der spätere Gouverneur von Lombardo-Venetien und Kaiser von Mexiko auch durchaus erhofft haben.

Der zweite Vorgang hat wie die Nationalanleihe mit Geld zu tun. Doch nicht nur deshalb ist er für uns aufschlußreich, auch wenn sich seine Dimensionen gegen dieses Unternehmen fast lächerlich klein ausnehmen. Am 5. Oktober 1858 erging von der Obersten Polizeibehörde ein Zirkular an alle Beamten dieser Zentralstelle, an die Polizeidirektoren in den einzelnen Kronländern sowie an die Kommandanten in der Militärgrenze[490]. Sein Verfasser war Franz Hell, Präsidialsekretär Kempens und zugleich dessen engster Vertrauter in diesem Ressort (heute würde man ihn wohl *persönlichen Referenten* nennen). Anlaß zu dem Rundschreiben bot ihm das bevorstehende 50jährige militärische Dienstjubiläum seines Chefs, dem er offensichtlich tief verbunden war[491]. Dazu wollte er ihm eine Medaille widmen und erklärte es als seine „Absicht, allen ... Beamten die Gelegenheit zu biethen", sich daran zu „betheiligen". Und wie stand es mit den „pekuniär" schlecht bestellten Bediensteten? Auch sie sollten sich „ungeachtet" ihrer prekären finanziellen Lage vor einer Beteiligung nicht „scheuen", wenn sie dennoch den „Wunsch" dazu fühlten, und sei es auch nur „mit dem kleinsten, ihren Vermögensumständen entsprechenden Betrage". Freilich sollte generell „nicht der mindeste Zwang" herrschen und Kempen „der Umstand der Nichtbetheiligung" eines Untergebenen „nicht im Entferntesten" angezeigt werden.

Durch diese Worte scheint das Kriterium der Freiwilligkeit auf den ersten Blick völlig gewahrt. Analysiert man sie jedoch näher und berücksichtigt dabei den herrschenden *Zeitgeist*, eine damals durchaus gängige Vokabel[492], so wird dieser Eindruck erheblich relativiert. Ausgangspunkt hierfür bildet die Überlegung, daß Kempen selbst aller Wahrscheinlichkeit nach von dieser Aktion nichts wußte. Dann aber konnte außer vielleicht noch dem einzigen

---

490 Nr. 7531/Pr. II., in: AVA, Inneres, OPB, Präs. II, Krt. 122, Nr. 7531/58 (s. dazu auch folg.).

491 Nach Ende seiner Amtszeit schrieb Kempen in seinem Tagebuch von einer gewissen „Baronin J.", die ihm gesagt haben soll, „daß Regierungsrat H. unaufrichtig, ja falsch gegen mich handelt, und sie behauptete mit großem Nachdruck, er habe mich hintergangen und maskiere seine böse Gesinnung mit Freundlichkeit". Kempen dazu: „Wäre dies möglich, darf ich es glauben? Die Warnung über H. kam mir noch von anderer Seite zu." (Eintrag v. 6. September 1859, in: Tagebuch Kempens, S. 534.) Hell war damals allerdings nicht *Regierungsrat*, sondern eben Präsidialsekretär. Dagegen gab es zwei *Regierungsräte*, deren Name mit *H* begann.

492 So sprach etwa Baumgartner in einem Memorandum v. 12. März 1854 vom „Zeitgeiste" (MRP, III/3, Nr. 205a, S. 175).

Sektionschef Georg Hartmann[493] nur Hell eine solche Ehrerbietung für seinen Vorgesetzten in die Wege leiten. Dies hing mit seiner spezifischen Position in der Hierarchie der Obersten Polizeibehörde zusammen. Dabei mußte er jedoch – gelinde gesagt – recht stark an einem Erfolg seines Vorhabens interessiert sein. Denn Ehrungen gehörten bei solchen Gelegenheiten zum normalen zeitgenössischen Ritual einer patriarchalisch organisierten Instanz, deren Vorsitzender quasi den Rang eines väterlichen Herrn einnahm. Dies galt auch für den Fall, daß Kempen selbst, der anläßlich seines Jubiläums wie ein Mann von „antiker Selbstverleugnung" gehandelt haben soll[494], gar keinen besonderen Wert auf eine Auszeichnung gelegt und er dies Hell im vorhinein zu verstehen gegeben haben sollte. Außerdem mag es letzterem peinlich gewesen sein, sein Vorhaben erst gegenüber der Beamtenschaft publik gemacht zu haben, um dann später direkt oder indirekt sein Scheitern aufgrund zu geringer Beiträge eingestehen zu müssen[495].

Angesichts all dessen dürfte der Sekretär darauf bedacht gewesen sein, das Zirkular so zu formulieren, daß ein Zustandekommen der Widmung nach Möglichkeit gewährleistet sein würde. Dies war ihm auch gelungen. Besonders fällt seine Unterstreichung des Wortes *allen* ins Auge. Dies bedeutete eine unverblümte Aufforderung zur Teilnahme, wodurch er auch der Wendung *Gelegenheit* ihre fakultative Konnotation nahm. Wie steht es dagegen mit Hells Versicherung, Kempen würde von Personen, die von einer Beteiligung absehen würden, nichts erfahren? In dieser Hinsicht konnte er zum einen annehmen, daß potentielle Nichtunterzeichner es sich kaum mit der rechten Hand des Polizeichefs verscherzen wollten; zum anderen jedoch wirkte auch hier die Hervorhebung von *allen* stark relativierend. Zudem mochten wenigstens einige Polizeibedienstete bezweifeln, daß dem einerseits für seine „Humanität" und für sein „mildes Regiment ... gerühmten"[496], andererseits aber wohl unbeliebten, weil angeblich „unmenschlich streng" eingestellten Kempen[497] tatsächlich keine Namen genannt würden.

---

493 Immerhin könnte er dieses Unternehmen angeregt haben (s. dazu ind. die übernächste Anm.).

494 So Lackenbacher in einem interzepierten Brief an einen F. W. Schulze in Köln (wiedergegeben von Mayr, in: Tagebuch Kempens, S. 492, Anm. 72).

495 Man könnte ketzerisch weiterfragen, ob Hell selbst nicht Opfer eines ind. Zwangs war, d. h.: Mußte er sich nicht in die moralische Pflicht genommen fühlen, für seinen Chef etwas zu organisieren?

496 Alphons Freiherr De Pont an Maximilian, Wien, 23. August 1859, in: HHStA, NL Maximilian, Krt. 92, Bogen 2.

497 So in einem langen Bericht über den Zustand der Beamtenschaft, in diesem Fall über die Einschätzung Kempens durch die dortigen Polizeibeamten (ohne alles, aber wohl 8. März 1854, in: AVA, Inneres, OPB, Präs. II, Krt. 32, Nr. H14/54).

Signifikant erscheint die Vokabel *Wunsch*. Welcher treue Untergebene würde nicht den aufrichtigen *Wunsch* nach Beteiligung fühlen und also nicht unbedingt an der Sammlung teilnehmen wollen? Umgekehrt: Würde nicht jeder Nichtteilnehmer ein deutliches Zeugnis mangelnder Anhänglichkeit und Verehrung gegenüber seinem obersten Chef liefern? Dazu kam schließlich noch die Option einer Beteiligung mit *Kleinst*beträgen: Freilich war dieses Zugeständnis angesichts der materiellen Lage insbesondere der niederen Beamten notwendig; faktisch aber wurde dadurch das eventuelle Vorhaben, sich der Teilnahme gänzlich zu entziehen, noch zusätzlich erschwert beziehungsweise die Verwirklichung des angeblich allseits gefühlten *Wunsches* nach Teilnahme vereinfacht. Insgesamt gesehen stehen wir hier einem in ähnlicher Form vielfach nachweisbaren Beispiel für die damalige Anwendung *moralischen* Zwangs gegenüber. Hell konnte sich sehr sicher sein, daß die von ihm gewünschte Widmung zustande kommen würde, obgleich dies auch sonst hätte geschehen können. Tatsächlich erhielt Kempen am 1. Mai 1859 aus der Hand Hartmanns „eine goldene Denkmünze mit meinem Bilde und ein Album", wie er selbst in seinem Tagebuch notierte[498].

Noch eine letzte Bemerkung zu diesem an und für sich kleinen Vorkommnis: Hells Zirkular bildet eine Mischung aus gut zuredenden und eher drohenden Formulierungen. Dies war ebenfalls kennzeichnend für damalige Schreiben dieser Art. Man könnte hier von einer Strategie aus Zuckerbrot und Peitsche sprechen. Für die Empfänger dürfte dabei aber das drohende Moment zumeist als maßgebend im Vordergrund gestanden haben. Dieser Tatsache werden wir im Zusammenhang mit der Nationalanleihe ebenfalls begegnen.

2.8.5.2. Die Anwendung moralischen Zwangs bei der Nationalanleihe

Gehen wir damit auch zur Nationalanleihe über. Zunächst sind zwei Fragen zu beantworten. Erstens: Wie stand es hier mit der Motivation der Verantwortlichen nach Ausübung eines gewissen indirekten Zwangs? Die Beantwortung dieser Frage fällt angesichts der bisherigen Darlegungen relativ leicht und kann deshalb kurz ausfallen. Einerseits waren ja insbesondere Bach und Baumgartner sehr stark daran interessiert, die Obergrenze der anvisierten Summe von 500 Millionen Gulden zu erreichen. Andererseits konnte gezeigt werden, daß der Appell an den Patriotismus, die gewährten Beteiligungserleichterungen, die günstigen Konditionen der Operation, die Hinzuziehung von Vertrauensmännern und der Geistlichkeit sowie die publizistische Propaganda und andere Maßnahmen mehr das Erreichen dieser Summe aus ihrer

---
498 Tagebucheintrag Kempens v. 1. Mai 1859, in: Tagebuch Kempens, S. 508.

Sicht nicht garantierten beziehungsweise ausreichend wahrscheinlich machten. Daraus resultierte für sie ein weiteres zwingendes Erfordernis: Sie mußten im Zuge der Durchführung des Unternehmens auf Methoden zurückgreifen, die wenigstens indirekten Zwangscharakter aufwiesen, und zwar teilweise unter expliziter Drohung mit Sanktionen für den Fall, daß diese Methoden alleine nicht das gewünschte Resultat bringen würden. Die zweite Frage, die es zu beantworten gilt, ergibt sich aus der Beantwortung der ersten und lautet: Wie äußerte sich dieser indirekte Zwang konkret? Hierzu sind nun eingehende Ausführungen erforderlich.

2.8.5.2.1. Die Drohung mit der Alternative einer Zwangsanleihe

Erstens drohte man mit der Alternative einer Zwangsanleihe, sollte die angestrebte Summe während der Subskriptionsphase nicht gezeichnet werden. Allerdings ließen sich die Verantwortlichen hierbei wohl einen gewissen Spielraum offen. Vielleicht hätten es aus ihrer Sicht auch 480 Millionen getan. Doch konnten sie sich eben nicht mit 350 oder 400 Millionen zufriedengeben. Folgen wir einer Äußerung des Polizeidirektors von Ofen-Pest vom 14. Juli 1854, so subskribierten „viele" aus „Besorgnis", daß es „im Falle der Nichtrealisirung" der Nationalanleihe „zu einem Zwangsanlehen kommen dürfte", und zwar unter „ungünstigeren Bedingungen als gegenwärtig"[499]. Diese Worte treffen grundsätzlich zu. Sie sind jedoch in einem entscheidenden Punkt zu präzisieren: Tatsächlich nämlich mußte es sich bei der vermeintlichen *Besorgnis* um eine *Gewißheit* handeln. Vielleicht scheute Protmann, der im Ruf stand, seinem Vorgesetzten „alles, selbst die kleinste Kleinigkeit ... zu Ohren zu bringen"[500], davor zurück, dies klipp und klar zu sagen.

Die Regierung ließ die Öffentlichkeit über das Ergreifen dieser Alternativoption im Falle eines Falles nämlich keineswegs im Zweifel. In gewissem Sinne offenbarte dies schon der Inhalt des Patents vom 26. Juni. Zwar wurde darin ja nicht offen auf eine möglicherweise noch folgende Zwangsanleihe angespielt. Aber indirekt war eine solche Botschaft durchaus zu entnehmen. Da wurde etwa die mißliche Finanzlage des Staates in sehr deutlichen Worten beschrieben, weshalb „unter diesen Verhältnissen" eine „durchgreifende und umfassende Maßregel ... geboten" war[501]. Zumal aufmerksame Leser moch-

---

[499] Protmann an Kempen, Pest, Nr. 146/Pr, *reserviert*, in: AVA, Inneres, OPB, Präs. II, Krt. 27, Nr. 4546/54; vgl. Podolski an Kempen, Preßburg, 18. Juli 1854, Nr. 1489/Pr., in: Ebd., Krt. 28, Nr. 4725/54.

[500] So in einem langen Bericht über den Zustand der Beamtenschaft (ohne alles, aber wohl 8. März 1854, in: AVA, Inneres, OPB, Präs. II, Krt. 32, Nr. H14/54).

[501] Rgbl., Nr. 156, 1854, S. 636.

ten sich da fragen, was im Falle eines Scheiterns dieses Unternehmens geschehen würde. Auch war im Patent kein „fest" vorgegebener Gesamtbetrag angegeben, wie es in einem Leitartikel der *Triester Zeitung* in einer ersten Reaktion auf die Publikation des Patents hieß[502]. Dies erregte den Verdacht des Verfassers, „es werde dieses Anlehen noch nicht den Schluß machen"[503]. Den Ärger, die „unangenehme Berührung"[504], den solche Bemerkungen bei offiziellen Organen hervorriefen, kann man sich leicht ausmalen. Der angeblich „reizbare"[505] Statthalter Franz Graf Wimpffen soll sogar das Ergreifen „preßpolizeilicher" Maßnahmen erwogen haben[506]. Seine Verärgerung mußte um so größer sein, als in dem erwähnten Organ zugleich „eine ergänzende Verfügung" für den Fall gefordert wurde, daß „noch ein Zwangsanlehen ... nöthig werden'" sollte. Besonders aufstoßen mochte, daß die *Triester Zeitung* ein „subv(entio)nirtes Blatt" war[507], das im übrigen 1858 wieder Regierungsmaßnahmen kritisieren sollte, vor allem solche, die in Zusammenhang mit der damals in die Wege geleiteten Währungsreform standen[508]. Dies zeigt, daß die Verantwortlichen ihre eigenen Blätter nicht immer voll im Griff hatten[509].

Immerhin könnte sich insbesondere Bachs und Baumgartners Unwille über solche Vorkommnisse in Grenzen gehalten haben. Speziell die Stellungnahme der *Triester Zeitung* mag ihnen sogar nicht ganz unrecht gekommen sein. Denn schon zuvor hatten sie beide damit begonnen, hinsichtlich der Eventualität einer eventuellen Zwangsanleihe den Vorhang fallen zu lassen. Dies erweist die Durchsicht einschlägiger Artikel in der offiziellen *Wiener Zeitung*. Im Abendblatt des 6. Juli hielten sie sich diesbezüglich noch relativ

---

502 10. Juli 1854, Nr. 157.
503 „(...) so können wir doch nicht leugnen, daß wir lieber eine feste Summe gesehen hätten. Genügen 350, so scheint kein Grund vorhanden, 500 Mill. anzunehmen. Sind aber 500 Mill.(ionen) nöthig, so mußten, meinen wir, doch wohl diese und nicht weniger verlangt werden." (Ebd.) Ind. hegte wohl auch Kübeck diesen Verdacht: Denn aufgrund mangelnder Berechnungen hielt er es für „unmöglich, ... die Begründung abzuleiten, warum 350, warum 400, warum 500 die wahre Ziffer seyen, (...)" (Vortrag v. 18. Juni 1854, Wien, o. Nr., in: HHStA, RR, Gremial, Krt. 54, Nr. 349/54).
504 Statthalter Wimpffen an Bach u. Kempen, Triest, 11. Juli 1854, Nr. 2143/Pr., in: AVA, Inneres, OPB, Präs. II, Krt. 27, Nr. 4479/54 (diesem Akt liegt auch ein Exemplar der Zeitung bei). Man sah sich sogar dazu veranlaßt, in der *Österreichischen Korrespondenz* dir. dazu Stellung zu nehmen (Art. wiedergegeben in: *Wiener Zeitung* v. 14. Juli 1854, Nr. 167, S. 1897–1898; s. dazu noch w. u.).
505 So laut Kübeck (Tagebucheintrag v. 20. Juli 1853, in: Aus dem Nachlaß Kübecks, S. 117).
506 S. Aktenangabe in der vorletzten Anm.
507 So Wimpffen Jahre später an den örtlichen Polizeidirektor, Triest, 29. Juli 1858, Nr. 1561/Pr., in: AVA, Inneres, OPB, Präs. II, Krt. 117, Nr. 5967/58.
508 Polizeidirektor an Kempen, Triest, 2. August 1858, Nr. 1572/Pr., in: Ebd.
509 Nicht völlig auszuschließen ist immerhin, daß wir bei diesem Art. einer gezielten Aktion seitens Baumgartners oder Bachs gegenüberstehen, um das Publikum mit der Alternative einer Zwangsanleihe vertraut zu machen.

zurück⁵¹⁰. Aber bereits tags darauf wurde der kaiserliche Aufruf als ein „Akt der unerläßlichen Nothwendigkeit" und als eine „Lebensfrage aller Interessen im Staate" bezeichnet⁵¹¹. Zugleich war von einem „Appell an die Einsicht der österreichischen Völker" und einer „Mahnung … zu ihrem eigenen Besten" die Rede. Mußte schon dies aufhorchen lassen, so konnte noch etwas Weiteres nicht unbemerkt bleiben: Die Operation wurde „das bequemste, verhältnißmäßig vortheilhafteste und jedenfalls am wenigsten drückende Mittel gründlicher Abhilfe" genannt, das „den Völkern Österreichs … dargeboten wurde". Und wiederum 48 Stunden später wurde in vagen, aber gerade deshalb eventuell Böses verheißenden Worten über die „nachtheiligen Folgen des Mißlingens" spekuliert⁵¹². Am 14. Juli aber, also noch vor Eröffnung der Subskriptionsphase, mußte endgültig jeder Zweifel über die etwaigen Absichten der Machthaber beseitigt sein: Der Staat könne „wider alles Erwarten aus dem Grund unzureichender Theilnahme" zu „anderweitigen Hilfsmaßregeln genöthigt werden", stand da schwarz auf weiß zu lesen⁵¹³. Das war freilich kein ganz freiwilliges Eingeständnis. Man reagierte damit nämlich auf den oben angeführten Artikel in der *Triester Zeitung*. An der Bedeutung dieser Worte ändert dies aber nichts. Schließlich hätte man die darin artikulierten Besorgnisse ja auch als journalistische Hirngespinste abtun können, ein Mittel, zu dem in anderen Fällen des öfteren gegriffen wurde⁵¹⁴.

Auch Bach sprach sich in seiner Instruktion an die politischen Behörden unmißverständlich über die Alternativen aus, die im Falle eines Scheiterns zu ergreifen waren: Dann mußte entweder „zur Einhebung außerordentlicher Steuern oder zu einem Zwangs-Anlehen" geschritten werden⁵¹⁵. Diese Worte finden sich bezeichnenderweise genau in jenem Abschnitt, in dem dargelegt wurde, wie den Einwohnern „das richtige Verständniß des Zweckes dieses Anlehens" zu vermitteln war. Zugleich galt es, den Bürgern die „absolute Nothwendigkeit" der Maßnahme vor Augen zu führen. Und als sei dies noch nicht ausreichend deutlich, erklärte der Innenminister noch etwas Weiteres für „unerläßlich": Die „unausbleiblichen nachtheiligen Wirkungen des Miß-

---

510 Nr. 152, S. 606.
511 *Österreichische Korrespondenz*, wiedergegeben in: *Wiener Zeitung* v. 7. Juli 1854, Nr. 161, S. 1836 (s. dazu auch folg.).
512 *Österreichische Korrespondenz*, wiedergegeben in: *Wiener Zeitung* v. 9. Juli 1854, Nr. 163, S. 1854.
513 *Österreichische Korrespondenz*, wiedergegeben in: *Wiener Zeitung* v. 14. Juli 1854, Nr. 167, S. 1897.
514 S. etwa eine sog. *Punktation* über die Haltung Preußens und Österreichs in der Orientkrise, in der es heißt: „Unsere politische Stellung … ist von der Preußens durchaus nicht verschieden, und es sind alle Einstreuungen im entgegengesetzten Sinne ohne weiters als falsch zurückzuweisen." (AVA, Inneres, Präs., Krt. 598, Nr. ad 10766/MI. ex 1855.)
515 An K. Schwarzenberg, Wien, 6. Juli 1854, Nr. 7099/MI., in: Ebd., Krt. 664, Nr. 7099/54 (s. dazu auch folg.).

lingens" sollte „alle Klassen der Bevölkerung durchdringen". Aufgrund der weiter oben gewonnenen Kenntnisse über die an die Beamten gerichtete Instruktion ist davon auszugehen, daß dies in der Regel auch in der entsprechenden Form geschehen ist.

Das Studium der Akten bestätigt diese Vermutung. Klare Worte fand etwa Augusz. Wie wohl alle seine Kollegen, so erließ er ebenfalls einen Aufruf (12. Juli) an die in seinem Verwaltungsdistrikt (Ofen) beheimateten Einwohner. Darin bezeichnete er sich als „Dolmetsch des Kaisers" und verkündete zudem:

„Um diese außerordentlichen Mittel herbeizuschaffen, wäre ein naheliegender Weg die Erhöhung der Steuern, die Auflage von Kriegssteuern oder die Anwendung von Zwangsdarlehen gewesen. Aber nicht zu solchen Mitteln haben Se.(ine) Majestät ... zu schreiten Sich entschlossen."[516]

Ganz ähnlich formulierte es Mecséry gegenüber der böhmischen Bevölkerung: „Zwei Wege" standen demnach „zur Erreichung" des finanziellen, mit der Nationalanleihe angestrebten „Doppelzweckes" offen: Entweder man entschloß sich zur „Ausschreibung eines Zwangsanlehens" beziehungsweise zur „Erhebung außerordentlicher Steuern"; oder aber man „legte ein freiwilliges Anlehen auf", wie es geschehen war[517]. Dies nannte der Statthalter einen „Appell ... an den Patriotismus".

Weitere Aufrufe sind ganz ähnlichen Tenors, so etwa jener des Ödenburger Gemeinderats und Magistrats „an sämmtliche Bewohner der k.(oeniglichen) Freistadt"[518]. Dabei ist ihnen zumeist eines gemein: Fast nie drohten staatliche Funktionäre in ihren öffentlichen Proklamationen völlig unzweideutig mit der Alternative einer Zwangsanleihe. Vielmehr beschränkten sie sich auf lediglich indirekte, teilweise allerdings sehr unverhohlene Anspielungen. Dieser Sachverhalt erscheint signifikant für die damalige durch die Regierung praktizierte politische Rhetorik der Macht. So fügte etwa Mecséry seinen zuvor zitierten Worten lediglich hinzu, Seine Majestät habe „den letzteren Weg – einer freiwilligen Anleihe – gewählt", um schließlich zu bemerken: „Dieses Vertrauen wird sicher gerechtfertigt werden, (...)."[519] Das waren keine unschuldigen Worte. Die Zeitgenossen konnten ihre eigentliche Botschaft kaum

---

516 Ofen, in: *Wiener Zeitung* v. 15. Juli 1854, Nr. 168, S. 1901–1902.
517 O. O. (aber Prag), und., in: *Wiener Zeitung* v. 21. Juli 1854, Nr. 173, S. 1953 (s. dazu auch das folg. Zit.).
518 Ödenburg, 14. Juli 1854, in: AVA, Inneres, OPB, Präs. II, Krt. 28, Nr. 4731/54. Im übrigen konnten auch die Broschüren einen solchen Eindruck vermitteln (s. dazu die erw. Broschüre Hügels; s. auch eine Broschüre, sign. mit *B. C. v. G*, in: HHStA, RR, Gremial, Krt. 53, Nr. 311/54).
519 O. O. (aber Prag), und., in: *Wiener Zeitung* v. 21. Juli 1854, Nr. 173, S. 1953.

überlesen: *Und bist Du nicht willig, so brauch' ich Gewalt!*[520] Diese Botschaft liefert uns zugleich einen Anhaltspunkt dafür, daß sich die Verantwortlichen Mitte der 50er Jahre noch sicher im Sattel fühlten. Sie glaubten sich offenbar ungestraft solcher Drohungen bedienen zu dürfen. Noch betrachteten sie das Volk als relativ beliebige Verfügungsmasse. Dabei war es angesichts der gegebenen innenpolitischen Verhältnisse oftmals weder für Bach noch für Mecséry oder andere nötig, ganz unmißverständlich zu werden, um der Öffentlichkeit den eigentlichen Gehalt ihrer Ausführungen zu übermitteln. Ob dies ein auf Dauer zukunftsweisender Umgang mit den Staatsbürgern war, steht allerdings ebenso auf einem anderen Blatt wie die Frage, ob die Verantwortlichen selbst ein solches Verhalten als zukunftsweisend erachteten.

An dieser Stelle erscheint nun auch ein Kompliment an die Adresse Bachs und jener seiner Beamten angebracht, die an der Abfassung der Instruktion beteiligt waren: Denn schließlich mochten die Leiter der unter- und nebengeordneten politischen Behörden die darin enthaltenen Anweisungen übereifrig interpretieren. Entsprechend drastische Aufrufe an die Öffentlichkeit wären die wahrscheinliche Folge gewesen. Genau dazu scheint es aber laut Wiener Aktenlage nur ganz ausnahmsweise gekommen zu sein.

Ich habe nur einen solchen Vorgang gefunden. Er betrifft die im mährischen gelegene Ortschaft Nimlau (Bezirk Olmütz): Die dortigen Gemeindeinsassen hatten ein Gesuch um „Annullirung ihrer angeblich im imperativen [also zwangsweisen] Wege erzielten und uneinbringlichen Anlehens-Subskription" gestellt[521]. Der laut dem Kaiser anscheinend „dumme"[522] lokale Statthalter Leopold Graf Lažanský trug beim Innenminister auf Ablehnung dieses Gesuchs an: Zwar hätten die „mit der Leitung der Verhandlungen betrauten Beamten" den „Insaßen von Nimlau die Nothwendigkeit" des Unternehmens „eindringlicher und energischer zu Gemüthe geführt", als es normalerweise der Fall war; aber dies war nur geschehen, weil „sie ihrer Seits weniger Theilnahme hiefür an den Tag" legten; zudem „beschränkten" sich „die angeblichen Drohungen" dem Grafen zufolge „blos auf die Vorstellung", daß „im Falle des Mißlingens der Operation kein anderer Ausweg übrig sein würde, als zur Einhebung außerordentlicher Steuern oder zu einem Zwangsanlehen zu schreiten"[523]. Lažanský erblickte in solchen *Vorstellungen* also weder eine *Drohung* noch sonst etwas, was eine Kritik gerechtfertigt hätte. Bach schloß sich dieser Logik an. Hierbei ist jedoch der Zeitpunkt des Annullierungsgesuchs zu bedenken. Man schrieb inzwischen Ende November, ja Ende

---

520 *Gewalt* ist hier nicht im physischen Sinne gemeint.
521 Bach an Baumgartner, 20. Dezember 1854, Nr. 14657/MI., in: FA, FM, Präs., Nr. 23126/54.
522 So gemäß einem Tagebucheintrag Kempens v. 13. Januar 1855, in: Tagebuch Kempens, S. 352.
523 An Bach, Brünn, 23. November 1854, Nr. 9766/Pr., in: FA, FM, Präs., Nr. 23126/54.

Dezember 1854, befand sich also bereits mitten in der Einzahlungsphase. Damit aber hatten sich für Bach die Prioritäten verschoben, wie wir noch sehen werden[524].

Grundsätzlich bleibt nochmals festzuhalten, daß man im Innenministerium offensichtlich exakt die passenden Worte gefunden hatte, um den einzelnen Provinzchefs zu verdeutlichen, welche Stimmlage maximal anzuschlagen war. Daraus folgt jedoch auch: All jenen, die den enthaltenen Aufrufen dennoch nötigenden Charakter beilegen mochten, konnte scheinbar überzeugend entgegengehalten werden, daß davon an keiner Stelle offen die Rede war. Der einzelne Zeichner war sozusagen selbst schuld, wenn er die gefundenen Formulierungen so interpretierte und deshalb mehr zeichnete, als er eigentlich beabsichtigt hatte.

Man sollte sich vor der Annahme hüten, solche Überlegungen könnten für Bach keine Rolle gespielt haben. Die Aufrechterhaltung der Fiktion einer freiwilligen Anleihe war für ihn durchaus erforderlich. Nur so konnte er sich gegen den Vorwurf eines falschen politischen Spiels mit der Bevölkerung nach Möglichkeit immunisieren. Dies war für ihn wichtig, weil er um seine zahlreichen politischen Gegner wußte. Aus seiner Perspektive mußte etwa Kübeck jede Gelegenheit zupaß kommen, seinen wenig gelittenen Kontrahenten beim Monarchen anzuschwärzen, um seine Machtposition zu erschüttern oder ihn gar zu entmachten. Bereits am 17. Februar 1852 hatte Herzog Ernst II. v. Sachsen-Coburg-Gotha seinem Bruder Albert aus Wien berichtet, von allen Seiten werde am „Sturz" des Innenministers gearbeitet[525]. Die Anklage, eine als *freiwillig* proklamierte Anleihe faktisch von Anfang an zu einer *Zwangs*veranstaltung umfunktioniert zu haben, hätte zweifellos besonders schwer gewogen. Denn sie beinhaltete nichts weniger als den Vorwurf eines offenen Betrugs an der Bevölkerung. Wesentlich schlimmer für Bach: Man hätte ihm damit auch Verrat am kaiserlichen Willen vorhalten können. Schließlich hatte Franz Joseph mit seiner Unterschrift unter das Patent vom 26. Juni der Bevölkerung die Auflegung einer freiwilligen Anleihe versprochen. Daß er in Wahrheit Komplize in diesem Spiel war, liegt auf der Hand. Doch konnte er sich immer hinter seiner Unverantwortlichkeit verstecken.

Wie sich zeigen wird, konnte Bach in anderer Hinsicht die beschriebene Fiktion nicht durchhalten. Dies ist ein weiteres Indiz für widersprüchliches, wenig durchdachtes politisches Planen und Handeln. Doch war die schmale Gratwanderung zwischen offizieller Propaganda und tatsächlichen Absichten, zwischen behaupteter Freiwilligkeit auf der einen und verkündetem indirekten oder direkten Zwang auf der anderen Seite so oder so nicht durchzuhalten. Immer wieder drohte Bach nach einer Seite hin abzustürzen oder zumin-

---

524 S. dazu insb. Abschnitt 3.3.
525 Gotha, in: Aus meinem Leben, S. 52.

dest gefährlich ins Stolpern zu kommen. Gelegentlich stürzte er auch tatsächlich die Böschung hinab, wobei er durchaus Schrammen davontrug. Aber dies ließ sich wohl nicht umgehen. Dafür stand für ihn zuviel auf dem Spiel. Er konnte nichts dem Zufall überlassen. Warum er dabei am Ende nicht den – politischen – Tod erlitt, warum es ihm stets gelang, den Abhang wieder einigermaßen unversehrt zu erklimmen, wird zu untersuchen sein.

2.8.5.2.2. Die Instrumentalisierung
der gewährten Beteiligungserleichterungen

Die bereits erwähnten Beteiligungserleichterungen übten ebenfalls einen indirekten Zwang auf die Öffentlichkeit aus. Das ist das zweite Moment, das es im Zusammenhang mit der Fragestellung dieses Abschnitts zu betrachten gilt. Es bildete gleichsam einen willkommenen Nebeneffekt der faktischen Unumgänglichkeit von solchen Erleichterungen. Zudem bezeugte man mit ihnen – wie schon erwähnt – Verständnis für die schwierige Lage des Volkes und die Bereitschaft, dieser Situation entsprechend Rechnung zu tragen. Gleich zwei Fliegen mit einer Klappe ließen sich dabei also schlagen.

Die Absicht, mittels der Beteiligungserleichterungen indirekten Zwang auszuüben, ist leicht nachzuweisen. So „mußten" die Beamten in den ihnen gewährten Erleichterungen laut dem Innenminister „eine neue Aufforderung zur lebhaften Betheiligung erblicken"[526]. Außerdem erklärte er sich im „voraus" davon „überzeugt", daß die ihm unter- und nebengeordneten Organe dies gegenüber ihren Untergebenen „mit allem Nachdrucke" deutlich machen würden[527]. Selbst Kempen würde dem ohne Zweifel widerspruchslos Folge leisten, und bezeichnenderweise wollte dieser einmal erfahren, ob mit Zeichnungsverweigerungen „eine politische Demonstration" bezweckt würde[528], was er zweifellos nur ungern geduldet hätte. Und wie wirkten sich jene Beteiligungs„vortheile", die den ehemaligen siebenbürgischen Grundbesitzern „eröffnet" wurden[529], auf ihre Zeichnungsmöglichkeiten aus? Laut Bach gab es hier nichts zu deuten: Es lag ihm zufolge nunmehr „klar am Tage", daß sie sich in ihrem „eigenen wohlverstandenen Interesse" an der Anleihe „in einer ergiebigen Weise zu betheiligen" hatten. Dies würde „unter den Motiven für eine Betheiligung ... schwer in die Waagschale fallen", schrieb er am 11. Juli an die Statthalterei in Hermannstadt. Zugleich erklärte er dies für seine „Überzeu-

---

526 Vortrag v. 4. Juli 1854, Wien, Nr. 7038/MI., in: AVA, Inneres, Präs., Krt. 664, Nr. 7080/54. Speziell zu den Beamten s. noch w. u., Abschnitt 2.9.6.
527 An Kempen, Wien, 10. Juli 1854, Nr. 7080/MI., in: Ebd., OPB, Präs. II, Krt. 26, Nr. 4447/54.
528 Kempen an Garing, Wien, 30. Juli 1854, Nr. 4822/Pr. II, in: Ebd., Krt. 28, Nr. 4822/54.
529 Nr. 7078/MI., in: Ebd., Inneres, Präs., Krt. 664, Nr. 7078/54 (s. dazu auch folg.).

gung". Für den dortigen Gouverneur K. Fürst Schwarzenberg konnte das nur eines bedeuten: Er *mußte* diese Botschaft der besagten *Klasse* von Bürgern unbedingt klarmachen. Im übrigen gab Bach die Erwartungen Wiens auch bezüglich der Beteiligung der Grundbesitzer generell – nicht nur in Siebenbürgen – am 12. Juli in der *Wiener Zeitung* öffentlich kund[530]. Und mit Blick auf die Gemeinden war bei dieser Gelegenheit von den für sie „getroffenen geeigneten Einleitungen" die Rede, „welche die lebhafteste Betheiligung von ihrer Seite mit vollem Rechte erwarten lassen".

2.8.5.2.3. Die Rhetorik der Macht

Schon dies verweist auf ein drittes Moment. Auch öffentlich wandte Bach gekonnt jene Rhetorik an, die er gegenüber den politischen Behörden so virtuos gehandhabt hatte. So hieß es etwa in der *Wiener Zeitung*, „jeder gute Oesterreicher" werde „es sich selbst zur Pflicht machen und zur Ehre rechnen, der Einladung zur Betheiligung ... nach seinen vollen Kräften auf das Willfährigste zu entsprechen"[531]. Der Zusatz *ungeachtet das Anlehen ein durchaus freiwilliges ist* erscheint hier ebenso bezeichnend wie verräterisch. Zweifellos war es auch alles andere als ratsam, sich jener „Ehrensache", jener „Staatsbürgerpflicht" völlig oder weitgehend zu entziehen, von der Chorinsky in einem öffentlichen Aufruf für die Krain sprach[532]. Am wirkungsvollsten dürfte der in Varianten immer wieder auftauchende Verweis auf das „hohe Vertrauen" gewesen sein, „mit welchem Se.(ine) kaiserliche Majestät auf die treue Hingebung Oesterreichs blicken"[533]. Dieses Vertrauen zu mißbrauchen, bildete neben dem Delikt der Majestätsbeleidigung eines der schlimmsten Vergehen in einem absolutistischen Staatswesen, das auf der Fiktion des Gottesgnadentums beruhte.

2.8.5.2.4. Die Propagierung des Unternehmens vor Ort

Ein viertes erwähnenswertes Moment betrifft die Art und Weise, mit der die Nationalanleihe vor Ort an die Staatsbürger, Korporationen und so weiter herangetragen wurde. Die dabei beteiligten Kräfte staatlicher und gesellschaftlicher Natur wurden bereits analysiert. Wie aber sahen die Belehrun-

---

530 *Österreichische Korrespondenz*, wiedergegeben in: *Wiener Zeitung*, Nr. 165, S. 1873 (s. dazu auch folg.).
531 *Österreichische Korrespondenz*, wiedergegeben in: *Wiener Zeitung* v. 9. Juli 1854, Nr. 163, S. 1854 (s. dazu auch folg.). Weit. Bsp. hierfür ebenfalls in diesem Blatt.
532 Laibach, 11. Juli 1854, in: *Wiener Zeitung* v. 20. Juli 1854, Nr. 172, S. 1944.
533 *Wiener Zeitung* v. 6. Juli 1854, Abendblatt, Nr. 152, S. 606.

gen konkret aus? Bei der Erörterung dieses Punktes beschränke ich mich im folgenden weitgehend auf das Vorgehen der Behörden. Private Instanzen übten aber ebenso indirekten Zwang aus. Bezeichnend erscheint etwa das beabsichtigte Vorgehen der Wiener Handels- und Gewerbekammer. Ihr Präsident Dück wollte ihre „Glieder", also ihre Mitglieder

„zum persönlichen Erscheinen einladen, durch Voranstellung von Subscribenten aus verschiedenen Vermögens-Cathegorien ... zur Nachahmung des von diesen gegebenen würdigen Beispiels anspornen und den Minderbemittelten dieses Geschäft durch eine discretionäre Rücksicht somit erleichtern"[534].

Dies nannte er ein „collegialisches Verfahren". Wie würde es aber jenen ergehen, die der *persönlichen* Einladung keine Folge leisteten? Aber vielleicht muß die Frage anders lauten: Wer würde es überhaupt wagen, weniger zu zeichnen, als von ihm erwartet?

Wenden wir uns hiermit den staatlichen Organen zu: Ihnen lieferte für ihr Vorgehen einmal mehr Bachs Instruktion wertvolle Anhaltspunkte. Darin wurde zwischen der „persönlichen Einladung zur Subskription" und einer „mündlichen oder schriftlichen Aufforderung" unterschieden[535]. Insofern scheint die Beurteilung Wessenbergs der Operation als „inquisitorisch", da „jeder Steuerfähige unmittelbar um die Theilnahme angesprochen wird", überdenkenswert[536].

Die untergeordneten Organe maßen der von Bach getroffenen Differenzierung nämlich offenbar eine gewisse Bedeutung bei. Eine *Einladung* trug demnach eher anregenden, eine *Aufforderung* dagegen förmlichen und daher entschiedeneren Charakter. Diese Deutung findet Unterstützung durch ein Schreiben des damaligen österreichischen Geschäftsträgers in Frankfurt, Alois Freiherr v. Dumreicher, an seinen Vorgesetzten Buol-Schauenstein: Der Freiherr wollte für seinen Wirkungsbereich von einer „förmlichen Aufforderung" absehen, weil dies „als ein moralischer Zwang ausgelegt werden" mochte[537]. Auch Goluchowski erließ für die „(ehema)ligen Gutsbesitzer" keine „Aufforderungen zu Subscriptionen", dafür aber eine „individuell schriftliche ... Einladung"[538]. Was ihn dazu bewog, bleibt unklar. Eventuell spielte hier

---

534 An Baumgartner, Wien, 15. Juli 1854, in: FA, FM, Präs., Nr. 12962/54 (s. dazu auch das folg. Zit.).
535 An K. Schwarzenberg, Wien, 6. Juli 1854, Nr. 7099/MI., in: AVA, Inneres, Präs., Krt. 664, Nr. 7099/54.
536 Tagebuch, *Schüchterne Bemerkungen über das Oester. Nazional Anlehen 1854*, in: HHStA, NL Wessenberg, Krt. 13, Inv.nr. 96, fol. 149.
537 An Buol, Frankfurt, 3. August 1854, Nr. XLVII/Adm. Geschäfte: in: Ebd., MA, Adm. Reg., f. 23, Krt. 7, o. Nr. (aber 1854).
538 An Bach, Lemberg, 15. Juli 1854, Nr. 1321/Pr., in: AVA, Inneres, Präs., Krt. 665, Nr. 9317/54.

seine Einschätzung der Stimmung dieser Bevölkerungsgruppe gegenüber der Nationalanleihe herein. Sie dürfte dieser Operation aufgrund ihrer schwierigen ökonomischen Lage nicht besonders positiv gegenübergestanden sein, auch wenn sie politisch-national antirussisch eingestellt war. Zu bedenken ist überdies die Zugehörigkeit des Statthalters zum selben sozialen und nationalen Umfeld: Er könnte für die Lage seines Standes also sowohl einiges Verständnis aufgebracht als auch eine gewisse Solidarität mit seinen Mitgliedern empfunden haben. Eine regelrechte *Aufforderung* mochte ihm da ein wenig unpassend erscheinen.

Wie aber sahen die Einwirkungen der politischen Behörden auf die potentiellen Teilnehmer nun genau aus? Die Wiener Zentralakten lassen in dieser Beziehung oft keinen eindeutigen Schluß zu. So wurde etwa für die östlich von Prag gelegene Gemeinde Chrudim lapidar von dem positiven Resultat der „persönlichen Einwirkung auf jeden Einzelnen" berichtet[539]. Und laut der Polizeidirektion von Troppau (Opava, Opawa) hatte Schlesiens Statthalter Anton Halbhuber Freiherr v. Festwill „alle ihm zu Gebote stehenden Mittel und Wege" eingesetzt[540]. Aus solchen Belegen läßt sich ebensowenig unmittelbar eine indirekte oder gar direkte Zwangsausübung ableiten, wie wenn von der Einsetzung „aller Mittel der Belehrung, Überzeugung und Aneiferung" die Rede war. Die Abschlußberichte der Landeschefs an Bach über den Subskriptionsverlauf helfen hier gleichfalls nicht immer weiter. So sprach etwa besagter Halbhuber vage von der „sorgfältigsten Benützung einer jeden Quelle und der thunlichsten Anspannung aller Kräfte des Landes" sowie der „rastlosen Thätigkeit" der „Unterbehörden"[541]. Umgekehrt gilt freilich dasselbe: Manche Schriftstücke deuten auf die Wahrung des Prinzips der Freiwilligkeit hin, ohne daß man dies ausreichend plausibel machen könnte.

Dies illustriert ein Fall aus Böhmen. Im Februar 1855 richtete Bach einen Vortrag an den Kaiser über ein Majestätsgesuch der im böhmischen Bezirk Braunau (Broumov) gelegenen Gemeinde Märzdorf (Martinkovice). Ihre Vertreter hatten um die „Sistirung der exekutiven Einbringung der fälligen Raten" angesucht[542]. Der Minister wollte dies ablehnen. Seine Begründung wird später zu diskutieren sein[543]. Momentan interessieren uns lediglich seine Ausführungen über den Subskriptionsverlauf in diesem, seinen Worten nach „sehr wohlhabenden Bezirke": Danach hatten die Zeichnungen „den Er-

---

539 Prag, 15. August, in: *Wiener Zeitung* v. 18. August 1854, Nr. 197, S. 2212.
540 An Kempen, Troppau, 16. Juli 1854, Nr. 900/Pr., in: AVA, Inneres, OPB, Präs. II, Krt. 27, Nr. 4607/54.
541 Troppau, 9. September 1854, Nr. 2581/Pr., in: Ebd., Inneres, Präs., Krt. 665, Nr. 10681/54.
542 Wien, 20. Februar 1855, MCZ. 495/55, in: HHStA, KK, Vorträge, 1855, Krt. 3 (s. dazu auch folg.). Vgl. einen ganz ähnlich gelagerten Fall einer „benachbarten Gemeinde" (Vortrag Bachs v. 11. Dezember 1855, Wien, MCZ. 4124/55, in: Ebd., Krt. 21).
543 S. dazu w. u., Abschnitt 2.9.1.

wartungen nicht entsprochen". Also „mußte ... die Reassumirung der Subskriptions-Verhandlung eingeleitet werden". Folgt man Bach, so hatten die betreffenden Beamten aber „ohne allen imperativen Einfluß, bloß durch überzeugende Belehrung", schließlich „beynahe in allen Gemeinden" des Bezirks die „Deckung ... der präliminirten[544] Anlehenssummen" erreicht. Demnach kam es „sogar" zur „Ueberschreitung" der vorgeschriebenen Beteiligungssummen. Drei Gemeinden (Märzdorf zählte nicht zu ihnen) setzten diesem Vorgang aber „eine passive Renitenz" entgegen und verweigerten „die Darlehenszeichnung beharrlich". Diesem Verhalten wurde jedoch nicht „mit Zwangsmaßregeln entgegengetreten", laut Bach ein „klarer Beweis" dafür, „wie sehr dem Anlehen der Karakter der Spontanität gewahrt" wurde.

Nun lassen die bisherigen Ausführungen vermuten, daß die behaupteten *überzeugenden Belehrungen* einen doch recht massiven Charakter angenommen haben. Ein gewisses Maß überschritten sie jedoch wohl nicht. Sonst hätten die verantwortlichen Organe jener drei Gemeinden eine Erhöhung des von ihnen ursprünglich gezeichneten Betrags kaum erfolgreich zu verhindern gewußt. Allem Anschein nach wurde das Prinzip der Freiwilligkeit hier also klar befolgt. Doch kommt es einmal mehr auf die hierfür ausschlaggebenden Beweggründe an. Über sie läßt sich jedoch nichts Genaues sagen. Vielleicht hatten sie gar nichts mit der Aufrechterhaltung dieses Prinzips zu tun. Beispielsweise könnte die dem Gesamtbezirk Braunau zugewiesene Summe auch so schon erreicht worden sein. Nach dem Kriterium der Gerechtigkeit durfte dies zwar nicht zu Sonderbegünstigungen einiger weniger Gemeinden führen. Aber andererseits ließen sich solche besonderen Konditionen eben propagandistisch gut als Zeugnis für die Nachsicht der Regierung verwerten. Zwar dürften wenigstens die anderen Gemeinden des Bezirks wenig über diese Sonderbehandlung erfreut gewesen sein. Aber dies meinte Bach vielleicht leicht verschmerzen zu können. Eine ideale Lösung gab es ohnehin nicht. Oder hatte er einsehen müssen, daß wenigstens die besagten drei Gemeinden zur Leistung der erwünschten Zahlung zu arm waren? Aufgrund all dieser Überlegungen läßt sich noch nicht einmal folgendes ausschließen: Die *Belehrungen* könnten sehr wohl zunächst einen offen drohenden Charakter angenommen haben, im weiteren aber Opportunitätserwägungen beziehungsweise der normativen Kraft des Faktischen geopfert worden sein[545]. Schließlich könnte den Beamten vor Ort schlicht der genügende Mut zur Überwindung des Widerstands gefehlt haben, was ihren Vorgesetzten allerdings negativ aufge-

---
544 Zu diesem im zeitgenössischen Jargon *Anrepartierung* genannten Usus s. w. u. Zu bedenken ist auch, daß diese Nachsicht vielleicht gar nicht auf Bachs Zustimmung gestoßen, ihm aber zu spät bekannt geworden war.
545 Dies erscheint aufgrund der Sorge vor sog. *Exemplifikationen* wenig wahrscheinlich (auch dazu s. w. u. mehr).

fallen wäre. Auch hier wären weitere Nachforschungen in Regionalarchiven unter Umständen hilfreich.

Andere Dokumente belegen hingegen, daß vielfach doch *persönlich eingewirkt* wurde. Schon Bach hatte dies in seiner Instruktion „zweckförderlich" genannt[546]. Beispielsweise in Niederösterreich setzte man diese *Anregung* recht drastisch um: Dort „luden" die Beamten „abtheilungsweise sämmtliche (Guts-/Grund)besitzer und Insassen zur Sub(scription) vor", erklärten „ihnen den Zweck (und) die Vortheile" der Operation und forderten sie „sofort zu den Zeichnungen" auf[547]. Bedenkzeit wurde den Betroffenen also offenbar nicht gewährt, während „begriffsstutzigen" Bauern „bei mancher Gelegenheit" sogar die „dringlichsten ... Belehrungen" erteilt werden mußten.

Die zuletzt zitierten Worte bedürfen grundsätzlich keines weiteren Kommentars. Eines verdient immerhin festgehalten zu werden: Potentiellen Subskribenten wurde durch das beschriebene Vorgehen die Gelegenheit genommen, selbst an den Staat heranzutreten, um ihren eventuell aufrichtig empfundenen Patriotismus durch eine freiwillige Zeichnung zu bekunden. Auch jene Zeitgenossen, die aus freien Stücken zeichnen wollten, sahen sich also spätestens seit Beginn der Zeichnungsphase direkt mit einer unverhüllt an sie gerichteten Erwartung der Staatsmacht konfrontiert. Mit Blick auf die plebiszitäre Zielsetzung des Unternehmens erscheint dieser Mechanismus kontraproduktiv. Dennoch entbehrt er nicht einer gewissen, uns nunmehr bereits geläufigen Logik beziehungsweise Zwangsläufigkeit. Einerseits entsprach er dem Herrschaftsverständnis der Machthaber (beziehungsweise Bach konnte sich der damit verbundenen Ideologie bedienen). Andererseits mußte der Innenminister auch hier wieder eine Abwägung der Prioritäten vornehmen: Dem Vorteil des Beweises der Spontanität stand der Nachteil eines aus propagandistischer Sicht zu schleppenden Zeichnungsverlaufs gegenüber. Was für Bach von vornherein schwerer wog, liegt auf der Hand.

2.8.5.2.5. Die Macht des aufmunternden Beispiels

Eine fünfte Methode zur Ausübung *moralischen*, indirekten Zwangs bestand in der sogenannten „Macht des aufmunternden Beispiels", wie es Bach in seinem Vortrag vom 3. Oktober prägnant formulierte[548]. Darunter sind absolut oder im Verhältnis zur jeweiligen Vermögenssituation besonders namhafte

---

546 Instruktion an die Statthaltereiabteilungen in Ungarn, Wien, 6. Juli 1854, Nr. 7099/MI., in: AVA, Inneres, Präs., Krt. 664, Nr. 7099/54.
547 Unl. an Kempen, Wien, 13. Oktober 1854, Nr. 248, *reserviert*, in: Ebd., OPB, Präs. I, Krt. 9, Nr. H70/54 (s. dazu auch folg.).
548 Wien, Nr. 11463/MI., in: Ebd., Inneres, Präs., Krt. 666, Nr. 11882/54.

Die Anwendung von Zwang während der Subskriptionsphase

Zeichnungen zu Beginn der Subskriptionsphase zu verstehen. Sie sollten andere Bürger zu einer möglichst ausgiebigen Beteiligung an der Nationalanleihe ermutigen. Bereits in seiner Instruktion hatte der Minister die Bedeutung dieses Punktes nachdrücklich hervorgehoben: „Hochdieselben dürften meine Uiberzeugung theilen, daß ein besonderes Gewicht" darauf „gelegt werden sollte", hielt er etwa gegenüber dem Siebenbürger Gouverneur fest[549]. Wie wichtig es ihm war, auf diese Weise möglichst eine Art Kettenreaktion in Gang zu setzen, unterstreicht seine Bitte an den Kaiser, dem Primas von Ungarn einen sogenannten „Rentenvorschuß von 450.000f." zu gewähren[550]. Er sollte Scitovszky die Zeichnung „im ausgedehnten Maße" ermöglichen. Grund für sein Ersuchen waren die – laut Bach offensichtlich eher prekären – „polit.(ischen) und finanziellen Verhältnisse" im Land der Stephanskrone. Sie ließen es „sehr wünschenswerth" erscheinen, „daß der besagte Kardinal sich ... mit einem nahmhaften Betrage betheilige und mit aufopferndem Beispiel vorangehe". Dann – so die offensichtliche Überlegung – würden sich auch andere Magyaren hohen Zeichnungen nicht verweigern können. Wie eine allerhöchste Entschließung vom 26. Juli 1854 zeigt, verschloß sich Franz Joseph dieser Logik nicht[551].

Der Höhe der Subskription des Erzbischofs von Esztergom (Gran), aufgrund seiner religiösen Bedeutung für magyarische gläubige Katholiken eine Art „ungarisches Sion'"[552], mochte vor allem aufgrund der in Ungarn herrschenden innenpolitischen Lage ein erhöhter Stellenwert zukommen. Schließlich war Scitovszky einer der hervorragendsten, wenn auch vergleichsweise gemäßigter Vertreter der *Altkonservativen Partei*. Doch kann er deshalb noch lange nicht ohne weiteres als „Garant des Neoabsolutismus in Ungarn" angesehen werden, wie Moritz Csáky meint[553]. Vielmehr trat der Primas durchaus aktiv für altkonservative Interessen ein. Dies ließe sich etwa am Beispiel der Reise des Kaiserpaares nach Ungarn im Frühjahr 1857 demonstrieren. Damals hatten ihn seine Parteigänger dazu ausersehen, dem Monarchen eine Petition des magyarischen Hochadels zu überreichen. Sie enthielt unter an-

---

549 An K. Schwarzenberg, Wien, 6. Juli 1854, Nr. 7099/MI., in: Ebd., Krt. 664, Nr. 7099/54.
550 Vortrag v. 24. Juli 1854, Wien, MCZ. 2392/54, in: HHStA, KK, Vorträge, 1854, Krt. 12 (s. dazu auch folg.). Unklar ist dabei, inwiefern der Primas ohne jegliche amtliche Aufforderung „beabsichtigte", ganze „1 Million Gulden" zu zeichnen, wie Protmann „im vertraulichen Wege in Erfahrung gebracht" haben will (an Kempen, Pest, 15. Juli 1854, Nr. 148/Pr., *reserviert*, in: AVA, Inneres, OPB., Präs. II, Krt. 27, Nr. 4565/54); vgl. dazu auch den Fall des griechisch unierten Bischofs Joseph Gaganetz, der nach eigenen Angaben „aus Patriotismus und zur Aneiferung des Clerus seiner Diözese ... 5000f subscribirt" hatte, was ihm offenbar abgenommen wurde (Vortrag Kübecks v. 25. Juli 1855, Wien, in: HHStA, RR, Gremial, Krt. 89, Nr. 736/55).
551 Laxenburg, in: Ebd., KK, Vorträge, 1854, Krt. 12, MCZ. 2392/54.
552 Moritz Csáky, Die römisch-katholische Kirche in Ungarn, S. 264.
553 Ebd.

derem zahlreiche Forderungen national-kultureller Natur[554], deren Realisierung eine merkliche Revision der in Ungarn nach Niederschlagung der Revolution eingeführten innenpolitischen Verhältnisse zur Folge gehabt hätte. Franz Joseph äußerte später gegenüber Kempen, daß der Primas „die bewußte Adelspetition in der Tasche hatte, welche jedoch S.(eine)M.(ajestät) ihm nicht abnahm"[555]. Und am 7. September 1857 „bedauerte" er wiederum Kempen zufolge, „daß Ungarn keinen anderen Primas besitze"[556].

Würde Scitovszky nun aber eine große Summe zeichnen, stand wohl mit einigem Recht zu hoffen, daß selbst jene seiner politischen Glaubensgenossen, die dem herrschenden politischen System gegenüber noch kritischer als er selbst eingestellt waren, keinen schlechten Eindruck beim Kaiser hinterlassen wollten[557].

Auch Baumgartner mag auf die anstoßende Wirkung von Zeichnungen gehofft haben. Diese Vermutung ergibt sich aus seinem Schreiben an Bach vom 3. August 1854. Dabei ging es um den Zeichnungsbetrag der Mitglieder eines institutionellen Überbleibsels aus napoleonischen Tagen, der lombardisch-venezianischen Montepräfektur. Die Höhe ihrer Subskription stellte den Finanzminister offensichtlich nicht zufrieden. Wichtig ist dabei seine Feststellung, er wolle über den Umstand hinausgehen, „daß für einen so großen Körper ... die Gesammtbetheiligung vielleicht eine ergiebigere hätte sein können, wenn die Leiter mit einem besseren Beispiele vorausgegangen wären"[558]. Untergeordnete Organe bedienten sich ganz ähnlicher Argumente wie Bach. So erklärte es der Kärntner Statthalter für erforderlich, „jeweils zunächst besonders hohe Beiträge zu bekommen": Gedacht waren sie als „Beispiel"[559].

Nicht zu vergessen ist schließlich der Kaiser. Er ging in Wien nämlich gewissermaßen mit gutem Beispiel voran, indem er als erster zeichnete beziehungsweise seine Subskription von immerhin 1,2 Millionen an die erste Stelle der in der *Wiener Zeitung* veröffentlichten Beteiligungslisten gesetzt wurde. Konnte es einen deutlicheren Beleg dafür geben, daß er sich Boscarollis Hinweis auf den kaiserlichen Wahlspruch *viribus unitis* zu Herzen genommen hatte? Bei der zur Debatte stehenden Finanzoperation handelte sich eben um ein wahrhaft *nationales* Unternehmen, das den Namen *Nationalanleihe* ungeachtet aller daran geübten Kritik scheinbar völlig zu Recht trug. Zu seinem Gelingen hatten alle beizutragen, ohne jegliche Rücksicht auf Standes- oder

---

554 Zu ihrem Inhalt s. in: AVA, NL Bach, Krt. 37, f. *Pol. Betrachtungen*.
555 Tagebucheintrag Kempens v. 4. Dezember 1857, in: Tagebuch Kempens, S. 453.
556 Tagebucheintrag, in: Ebd., S. 441.
557 In der Einzahlungsphase wurde dann die „Renitenz des Adels als ein sehr gefährliches Beispiel für den Bauer" erklärt (Notiz, 1. Dezember 1854, in: FA, FM, Präs., Nr. 20478/54).
558 Nr. 14276/FM., in: Ebd., Nr. 14276/54 (auf diesen Fall kommen wir noch w. u. zurück).
559 Erlaß Strassoldos, Klagenfurt, 14. Juli 1854, Nr. 648/Pr., in: AVA, Inneres, Präs., Krt. 664, Nr. 8007/54.

sonstige Unterschiede. Auch der Herrscher war in dieser Hinsicht nichts anderes als ein normaler Staatsbürger. Staat und Gesellschaft waren somit indirekt identisch geworden. Daß dies nur für einen kurzen Augenblick der Fall war, erscheint hierbei von sekundärer Natur. Die Zeiten hatten sich gegenüber dem Vormärz eben doch entscheidend verändert.

Zeitigte *die Macht des aufmunternden Beispiels* nun auch die erwünschte Wirkung? Zumindest Kübeck behauptete dies – bezogen auf Ungarn – mit Blick auf die namhafte Beteiligung des Fürsten Anton Pálffy: Ihm zufolge „mußte" die „Betheiligung" dieser „Persönlichkeit" an der Anleihe „für eine große und sehr wichtige Klasse der Bevölkerung" dieses Landes „maßgeblich seyn"[560]. Dabei scheinen hohe Zeichnungen die Betroffenen zuweilen in nicht unbeträchtliche finanzielle Verlegenheiten gestürzt[561] oder bereits bestehende finanzielle Schwierigkeiten noch zusätzlich erhöht zu haben: Dies galt „bezeichnenderweise" wiederum für Pálffy[562], aber auch für den Grafen Philipp L. Saintgenois d'Aneaucourt: Er bat um die Ausgabe einer „Verlosungsanleihe" infolge seiner „nahmhaften Betheiligung" an der Nationalanleihe[563]. Der Kaiser kam dieser Bitte „aus besonderer Gnade" nach[564]. So heißt es in seiner Resolution. Tatsächlich blieb ihm wohl wenig anderes übrig. Denn sonst wären der Graf und andere Persönlichkeiten möglicherweise sogar im finanziellen Ruin geendet. Selbst der als wohlhabend bekannte magyarische Fürst Paul Esterházy wurde um eine finanzielle Unterstützung vorstellig[565].

Sicher ist, daß man den angeblichen oder tatsächlichen Vorbildcharakter bedeutender Zeichnungen propagandistisch auszunützen versuchte. So hieß es etwa in einer kaum zufällig in der *Wiener Zeitung* abgedruckten Notiz aus Prag vom 15. August: „Durch das vorleuchtende Beispiel der Bewohner Chrudims" sei auch der „Wetteifer" anderer Gemeinden geweckt worden[566].

---

560 Vortrag Kübecks v. 20. Oktober 1854, Wien, in: HHStA, RR, Präs., Krt. 14, Nr. 203/54.
561 S. dazu eine Notiz im Finanzressort über einen Fall in der nordöstlich von Olmütz gelegenen Gemeinde Hradek (ohne alles, in: FA, FM, Präs., Nr. 22674 & 22675/54).
562 S. dazu bei Brandt, Neoabsolutismus, 2, S. 694, Anm. 19.
563 Vortrag Brucks v. 22. März 1855, Wien, MCZ. 822/55, in: HHStA, KK, Vorträge, 1855, Krt. 5, fol. 860–861.
564 Wien, 12. April 1855, in: Ebd., fol. 861.
565 Vortrag Brucks v. 26. Mai 1855, Wien, *dringend*, MCZ. 1590/55, in: Ebd., Krt. 8.
566 *Wiener Zeitung* v. 18. August 1854, Nr. 197, S. 2212–2213.

2.8.5.2.6. Die regelmäßige Publikation von Listen mit den Zeichnungsbeträgen

Zur soeben genannten Methode paßt sechstens die uns schon geläufige regelmäßige Publikation von Listen mit den Zeichnungsbeträgen der einzelnen Subskribenten. Dies war in Sachen Anleihe keine neue Idee, wie eine am 23. August 1849 im Ministerrat getätigte Bemerkung des damaligen Finanzministers Ph. Krauß zeigt:

> „Wenn die Sache vom patriotischen Gesichtspunkte gehörig dargestellt wird, so dürften die vorauszusehenden Bemühungen der Contremine erfolglos bleiben, besonders wenn auch die Namen der Subskribenten veröffentlicht werden."[567]

Was den Baron zu dieser Behauptung bewog, bleibt unklar. Vielleicht spekulierte auch er auf die *Macht des aufmunternden Beispiels*. Rund fünf Jahre später bei der Nationalanleihe zeigen die vorliegenden Akten deutlich, warum man sich zur namentlichen Bekanntmachung der Zeichnungssummen entschloß. Der unmittelbare Anstoß dazu dürfte von Dück ausgegangen sein, doch hätte man sich zu einem solchen Verfahren vielleicht auch sonst entschlossen. Jedenfalls erklärte er im Verlaufe der von Baumgartner einberufenen Besprechung der Vertrauensmänner, „insbesondere in der periodischen Publikation der Subscribenten … mit Namen und Betrag einen mächtigen Hebel der Betheiligung zu erkennen"[568]. Ungefähr zum Zeitpunkt des Zeichnungsbeginns wiederholte er gegenüber dem Finanzminister diesen Vorschlag und sprach wiederum ganz ähnlich von einer dadurch erwirkten „mächtigen Förderung und Anregung"[569]. Doch ging er diesmal zugleich konkreter auf Vorteile ein, die ihm zufolge aus einer „präcisen täglichen Veröffentlichung" resultierten: Dies würde nämlich „eine größere Beschleunigung von Seite der noch zögernden Mitglieder einer Corporation behufs ihrer Betheiligung bewirken"[570]. Denn „sobald sie die Namen ihrer bereits schon subscribirten Collegen lesen", würden sie diesen nicht „nachstehen wollen". Überdies verwies Dück noch auf einen weiteren Vorzug einer solchen Handhabe: „Täglich verlautbarte Verzeichnisse" waren schlicht „kleiner" und deshalb „von Seite der Vorsteher [der Einzahlungsorgane] leichter zu übersehen". Auf diese Weise aber konnte man „die Säumigen um so sicherer an die Erfüllung ihrer Bürgerpflicht … mahnen".

---

567 MRP, MRZ. 2883/49, in: HHStA, MRP, 1849, Krt. 7, fol. 343.
568 2. Besprechung mit den Vertrauensmännern v. 10. Juni 1854, ad Nr. 9511/GP., in: FA, FM, GP, Nr. 9511/54, Bog. 5.
569 Wien, 15. Juli 1854, in: Ebd., Präs., Nr. 12962/54 (s. dazu auch folg.).
570 An Dück, 21. Juli 1854, Nr. 12962/FM., in: Ebd. (s. dazu auch folg.).

Baumgartners Antwort beschränkte sich zwar auf die Bemerkung, diese Maßnahme berühre den „Wirkungskreis" Bachs. Doch war die zur Debatte stehende Maßnahme zu diesem Zeitpunkt wohl schon beschlossene Sache. Dies läßt ein am 5. Juli von den beiden Ministern gemeinschaftlich herausgegebener Erlaß über die „Modalitäten" der Zeichnung erkennen[571]. Darin wurde nicht nur eine Selbstverständlichkeit, nämlich das Abgeben einer schriftlichen „Erklärung" seitens der Zeichner festgelegt, sondern auch die „Veröffentlichung" der „Resultate der Subscription ... sowohl im Ganzen als im Einzelnen" angekündigt[572]. Von einer regelmäßigen Veröffentlichung war dabei nicht explizit die Rede; da es jedoch von Anfang an dazu kam, war ein solches Vorgehen offensichtlich von vornherein beabsichtigt. Von einer unmißverständlichen Ankündigung sah man wahrscheinlich mit Absicht ab. Dies hätte den Verantwortlichen nämlich als Ausübung von Zwang ausgelegt werden können. So aber waren die Einwohner einmal mehr gewissermaßen selbst schuld, wenn sie solche Vermutungen anstellten und sich dadurch unter Druck setzen ließen[573]. Und sie mußten jedenfalls damit rechnen, daß dies geschehen würde.

Manch einem mochte diese Ankündigung auf den ersten Blick als erfreuliches Zeichen einer ungeahnten Bereitschaft zur Transparenz seitens der Machtträger erscheinen: Denn sie riskierten damit das öffentliche Eingeständnis eines Scheiterns oder nur zögerlichen Fortgangs des Unternehmens. Bei näherem Überlegen mußte jedoch Ernüchterung Platz greifen. Denn stand man hier nicht vielmehr einem weiteren eindeutigen Hinweis für den Willen der Regierung zur Ausübung indirekten oder aber sogar direkten Drucks gegenüber, sollte sich tatsächlich ein Mißerfolg abzeichnen? Schließlich dürfte sich auch jeder Zeitgenosse außerhalb des Machtapparats keiner Illusion darüber hingegeben haben, daß sich Wien ein Scheitern unmöglich leisten konnte. Dabei wurde im übrigen auch mit der Weitergabe derjenigen Namen an offizielle Stellen gedroht, die „sich <u>gar nicht</u>, oder nicht in ihrem Verhältniße betheiligen wollten". So formulierte es der Vorsteher der israelitischen Gemeinde in Ofen gegenüber einem Mitglied mit Namen Boscovitz[574]. Dabei erklärte er sein großes „Bedauern", sollte er in diese „Nothwendigkeit versetzt" werden. Dieses *Bedauern* ist dadurch begreiflich, reagierte er mit seiner Zuschrift doch lediglich auf einen Aufruf von Augusz[575]. Im übrigen waren solche Drohungen durch den Inhalt von Bachs Instruktion mehr als ge-

---

571 Rgbl., 5. Juli 1854, Nr. 159, § 6, S. 638 (s. dazu auch folg.).
572 § 20, in: Ebd., S. 641.
573 Dabei machte es einen gewissen Unterschied aus, ob die Listen während der Subskriptionsphase oder aber erst an ihrem Ende publiziert wurden. Dies wird sich gleich indirekt erweisen.
574 HHStA, KK, GD, 1854, f. *GD II, Nr. 733–1205*, fol. 856 (vgl. dazu w. u., Abschnitt 2.9.3).
575 Ebd.

deckt. Denn laut ihr hatten die Verantwortlichen vor Ort in den „Subscriptionslisten ... bei jeder Partei entweder das erhobene Resultat des ... subskribirten Betrages, oder die Erklärung, daß sie nicht subskribire ...(,) anzumerken"[576]. Hin und wieder dürfte schon die Veröffentlichung der Subskriptionslisten ausgereicht haben, um *freiwillige* Zeichnungen zu bewirken.

Dies hatte ja auch Dück prophezeit. Dabei berief er sich aber lediglich auf das Eintreten eines auch aus anderen Zeiten und Herrschaftssystemen gut bekannten, aber zuweilen wohl noch wesentlich konsequenter eingesetzten Mechanismus als im Neoabsolutismus, nämlich einem durch gegenseitige Verhaltenskontrolle der Bürger ausgeübten sozialen Druck nach etwa folgendem Motto: *Wenn ich, wenn wir alle zeichnen müssen, dann mußt auch du dich beteiligen (und zwar in angemessener Weise)*. Bedenkt man nun die damals für den weitaus größten Teil der Bevölkerung noch relativ gegebene Überschaubarkeit ihres sozialen Umfelds, dann darf vermutet werden: So etwas wie *Gemeinschaft* im Sinne von Ferdinand Tönnies[577] existierte damals noch. Insofern dürfte dem beschriebenen Mechanismus eine gewisse Wirkungskraft innegewohnt haben. In den von mir konsultierten Akten deuten nur zwei Fälle unmittelbar darauf hin. In Zara (Zadar) bewirkte laut einem Bericht „die entschiedene Ablehnung zweyer vermöglicher", auch namentlich genannter „Grundbesitzer", sich an der Nationalanleihe zu beteiligen, „große Entrüstung"[578]. Diese waren „ungeachtet der ... Vorstellungen des Kreishauptmanns zu keiner Subscription zu bewegen"[579]. Und die Pester Großhändler „hielten" am 13. Juli eine „Besprechung" ab, bei der „festgesetzt" wurde, „daß keiner der ... Großhändler einen geringeren Betrag zeichnen dürfe als 1000"[580].

Auch von Kritik an der ergriffenen Maßnahme findet sich praktisch keine Spur. Dies besagt aufgrund des repressiven Charakters des Regimes freilich wenig. Lediglich Erzherzog Albrecht hegte offenbar gewisse Bedenken. Der Generalgouverneur, der anläßlich der Wirren des Krimkriegs mit Truppen in Siebenbürgen gegen die Russen aufmarschiert war[581], bat im August 1854 Grünne darum, für die seinem Kommando unterstehenden Offiziere von einer

---

576 Bach an K. Schwarzenberg, Wien, 6. Juli 1854, Nr. 7099/MI., in: AVA, Inneres, Präs., Krt. 664, Nr. 7099/54.
577 Gemeinschaft und Gesellschaft, passim.
578 Garing an Kempen, Zara, 22. Juli 1854, o. Nr., in: AVA, Inneres, OPB, Präs. II, Krt. 28, Nr. 4822/54 (s. dazu auch folg.).
579 Es ist unklar, wie dieser Fall ausging. Es wird sich allerdings zeigen, daß sie so oder so um eine Beteiligung an der Nationalanleihe nicht umhinkamen.
580 Protmann an Kempen, Pest, 14. Juli 1854, Nr. 146/Pr, *reserviert*, in: Ebd., Krt. 27, Nr. 4546/54.
581 S. dazu jüngst Allmayer-Beck, Der stumme Reiter, S. 103–115.

"Veröffentlichung der einzelnen Subscribenten" absehen zu dürfen[582]. Ein solcher Vorgang widerstrebe nämlich "dem Kameradschafts-Gefühl" und könne "vielleicht ein Anlaß werden", je nach Zeichnungshöhe "die größere oder geringere Hingebung des Offiziers für seinen Monarchen abzuwägen". Seinem Ersuchen wurde "bis auf Weiteres" entsprochen[583], und zwar ganz offenbar nach Rücksprache mit dem Kaiser. Zu dieser Konzession dürften Franz Joseph freilich weniger verwandtschaftliche Rücksichten bewogen haben. Ausschlaggebend war wohl vielmehr, daß er für soldatische Anliegen fast stets ein Ohr hatte[584].

2.8.5.2.7. Die Unterdrückung offener Kritik an der Operation

Siebtens schließlich wurde offene Kritik an der Nationalanleihe unterdrückt. Dabei ging man jedoch sowohl regional und lokal als auch je nach konkretem Fall unterschiedlich vor. Die laut einem Konfidentenbericht "boshafte Bemerkung" des Wiener Buchhändlers Lechner *"wenn man nur wüßte(,) wohin das Geld komme und warum nicht in der Publication gesagt wurde, die Freigebung der Donaufürstenthümer werde den Handel heben"*[585] zog offenbar keine nachteiligen persönlichen Konsequenzen nach sich. Dies verwundert auf den ersten Blick. Doch war den Herrschenden sogar unter neoabsolutistischen Verhältnissen ein gewisses Maß an Toleranz bezüglich öffentlicher Äußerungen über Regierungsmaßnahmen nicht immer völlig unerwünscht. Die schon am 30. November 1850 im damals noch bestehenden Minister*rat* getätigte Feststellung, daß es "ein Bedürfniß für die Minister" sei, die "Wahrheit" zu "erfahren"[586], galt auch noch für spätere Zeiten: So erklärte ausgerechnet der generell konservativ gesinnte Minister L. Thun in einer Sitzung der Minister*konferenz* vom 13. Juni 1857, das Bestehen "oppositioneller Zeitungen" für "nothwendig", solange "öffentl.(iche) Zustände und Verwaltungsmaßregeln nur mit Ernst und Anstand" besprochen würden[587]. Dieser Meinung schloß sich Ph. Krauß im Reichsrat ausdrücklich an. Dabei definierte er das "Wesen" von "Oppositionsblättern" auf zweifache Weise: Einerseits sollten sie nicht ge-

---

582 An Grünne, Hauptquartier Bistritz, 6. August 1854, Nr. 188/GA., in: MKSM, Nr. 3066/54 (s. dazu auch folg.).
583 Grünne an AOK, Schönbrunn, 16. August 1854, Nr. 3066/CK., in: Ebd.
584 Der Topos vom Monarchen als Persönlichkeit, die sich primär als Militär verstand, mutet klischeehaft an, entspricht jedoch wohl in weiten Teilen der Realität (s. dazu auch w. u., Kapitel 4, Abschnitt 4.3.5).
585 So laut Dengelmaier, Wien, 8. Juli 1854, in: AVA, Inneres, OPB, Präs. II., Krt. 26, Nr. 4354/54.
586 MRP, MCZ. 4795/50, in: HHStA, MRP, Krt. 12, fol. 210.
587 MKP, MCZ. 2316/57, in: HHStA, MRP, Krt. 24, fol. 314.

gen das Pressegesetz verstoßen, andererseits aber „einer Richtung folgen, die von jener der Ministerien und Centralstellen verschieden, ja derselben wohl auch geradezu entgegengesetzt ist"[588].

Das tiefere Motiv für diese scheinbar so tolerante Auffassung liegt auf der Hand: Nicht zuletzt auf diese Weise hatten offizielle Stellen die Chance, etwas über die im Reich, in einzelnen Kronländern sowie bei den verschiedenen gesellschaftlichen Gruppen beziehungsweise Individuen vertretenen „Ansichten" in Erfahrung zu bringen, „die einmal thatsächlich in der Bevölkerung verbreitet sind"[589].

Eine eindrucksvolle Bestätigung hierfür finden wir im Zusammenhang mit dem im August 1855 beschlossenen und im November des Jahres veröffentlichten Konkordat. Von Anfang an erntete es in der österreichischen Publizistik sowohl enthusiastische Zustimmung als auch herbe Kritik. Für Wien ging es darum, einen einmütigen Standpunkt gegenüber dieser oftmals polemisch geführten Debatte zu finden. Zunächst aber mußte entschieden werden, ob sie überhaupt zugelassen werden sollte, und wenn ja, in welchem Umfang? Als Minister für Kultus war L. Thun in dieser Angelegenheit besonders gefragt. Er unterschied gegenüber dem für die Aufsicht über die Presse zuständigen Kempen zwei Fälle von Journalismus: Zum einen gab es „Zeitungsschreiber", die aus „Gewinnsucht oder an(deren un)reinen Motiven" versuchten, „die öffentliche Meinu(ng) ... irre zu leiten"[590]. Gegen sie mußte streng vorgegangen werden. „Beschäftigte" dagegen eine „wichtige Angelegenheit die (Ge)müther wirklich", und „fanden die darüb(er) in weiten Kreisen verbrei(tet)en Ansichten in den öffentlichen Blätte(rn) ihren Ausdruck", verhielt es sich „anders": Dann vermochte der Graf „keinen Nachtheil darin zu erblicke(n)", wurde „in solchen Fällen der Publizistik innerhalb der gesetzlichen Schranken freie Bewegung gegönnt". Dies erklärte er „vielmehr" – und ganz ähnlich wie später 1857 – „für einen heilsamen Läuterungsprozeß". Erst dieser biete der Regierung die Möglichkeit, „auf positivem Wege irrige Auffassungen und Ansichten zu berichtigen und dadurch die Wahrheit zu fördern". Das traf ihm zufolge nun auch „in Beziehung auf die wichtige Angelegenheit des Konkordates" zu. Da nämlich diese „großartige und heilsame Maßregel" so sehr in der „Wahrheit" und in dem „moralischen Bedürfnisse Oesterreichs" gegründet sei, könne man vollkommen beruhigt sein, daß sich diese Ansicht mit der Zeit volle Anerkennung verschaffen werde. Ebenso gewiß sei es aber,

---

588 Vortrag Erzherzog Rainers, Wien, 3. November 1857, in: Ebd., KK, RR, Präs., Krt. 35, Nr. 322/59.
589 L. Thun in der Ministerkonferenz, 13. Juni 1857, MCZ. 2316/57, in: Ebd., MRP, Krt. 24, fol. 314.
590 An Kempen, Wien, Nr. 436/CUM., in: AVA, Inneres, OPB, Präs. II, Krt. 65, Nr. 2305/56 (s. dazu auch folg.).

daß das Konkordat „gegenwärtig von einem sehr großen Theile des Publikums mit Mißfallen und Besorgnissen" aufgenommen werde.

Kempen geriet hierüber mit L. Thun in eine heftige, teilweise von Weinzierl-Fischer nachgezeichnete „Fehde"[591]. Wahrscheinlich hatte dies auch mit seiner konservativen politischen Einstellung zu tun. Doch jedenfalls als Chef der Obersten Polizeibehörde konnte er sich die Logik des Ministers nicht zu eigen machen. Dies dürfte in gleichem Maße für den Kaiser gegolten haben. Grundsätzlich aber mußte Franz Joseph ebenfalls daran interessiert sein, über die in seinem Reiche bestehende Stimmung wie auch über die sonstigen Verhältnisse „stets die ungeschminkte objective Wahrheit berichtet" zu bekommen[592].

Von ganz wenigen Ausnahmen abgesehen (zu erinnern ist hier vor allem an einen Entwurf zum Gewerbegesetz, der Ende 1855, Anfang 1856 in relativ breiter und dabei auch freier Form in öffentlichen Blättern diskutiert wurde, wobei freilich auch hier Kritik nicht in „Regierungsfeindlichkeit" umschlagen durfte, wie ausdrücklich betont wurde[593]), waren wirklich freie öffentliche Debatten jedoch weder erwünscht noch erlaubt. Wer hier die presserechtlich nur vage gezogenen Schranken übertrat, riskierte bewußt, zur Rechenschaft gezogen zu werden. Dies galt auch für die Nationalanleihe. Insofern fallen Verhaftungen bei Kritik an dieser Operation zunächst eher in den Bereich einer Einschüchterungsstrategie als in jenen der Anwendung indirekter Zwangsmittel. Doch gab die Staatsmacht dadurch der Öffentlichkeit einmal mehr kund, welch hohe Bedeutung sie einem Gelingen des Unternehmens zuwies. Deshalb dürfte ihr repressives Auftreten in dieser Beziehung ebenfalls eine gewisse Wirkung auf die allgemeine Zeichnungsbereitschaft gezeigt haben, wobei sich die Bevölkerung ein solches Auftreten freilich ohnehin ausrechnen konnte. Zugleich wurde dadurch der Bildung einer nennenswerten *oppositionellen* spontanen oder organisierten Bewegung gegen die Nationalanleihe vorgebeugt. Also bedeutet es auch nur wenig, wurde das damalige Fehlen „einer auffälligen Opposition" selbst in Ungarn als „eine nicht zu übersehende Erscheinung" für ein möglicherweise gestiegenes „Vertrauen" in die Regierung und die Dynastie gedeutet[594].

Oft scheinen Verhaftungen nicht notwendig gewesen zu sein: Gegen den uns bereits bekannten Linzer Juwelenhändler ging man vor, weil er in einem

---

591 Die österreichischen Konkordate, S. 87–89 (das Zit. auf S. 87).
592 So steht es in § 16 eines grundsätzlichen Charakter tragenden *Entwurfs der Instruktion für die Polizei Commissariate in der MilitärGrenze* (und. [aber um den 28. Oktober 1853], ad Nr. 4658/BM., in: HHStA, IB, BM.-Akten, Krt. 56, Nr. 2270/53, fol. 595).
593 OPB-Aktennotiz mit Bleistift, gez. Hell (ohne alles, aber wohl 4. Januar 1856, in: AVA, Inneres, OPB, Präs. II, Krt. 56, Nr. 86/56).
594 Maschek an Kempen, Großwardein, 26. Juli 1854, Nr. 469/Pr., in: Ebd., Krt. 29, Nr. 4906/54.

„Wirthshause" die Nationalanleihe als Mittel bezeichnet hatte, das lediglich zur „Eruirung des Vermögensstandes" diene, „um darnach die Einkommenssteuer erhöhen zu können"[595]. Nicht besser erging es dem ebenfalls in Oberösterreich lebenden Tagelöhner Michael Piesel, nachdem er sich gegen das Anlehen „ausgesprochen" hatte[596]. Immerhin kam bei ihm erschwerend hinzu, daß er zugleich von einem „verfluchten" Vaterland gesprochen hatte. Dies kam offener Majestätsbeleidigung gleich. Aber auch die bloße Vermutung, die aufgebrachte Summe „dürfte" ausschließlich für Anforderungen des Militärs „verwendet" werden[597], konnte zur polizeilichen Festnahme und gerichtlichen Untersuchung führen: Sie wurde nämlich als „böswillige", daher zu verfolgende und „nach Vorschrift des Gesetzes" abzuurteilende ‚Verbreitung beunruhigender Gerüchte' gedeutet. Tatsächlich handelte es sich angesichts der internationalen Lage um eine keineswegs aus der Luft gegriffene Behauptung.

Offensichtlich taten die Zeitgenossen gut daran, ihre Zunge zu hüten und jedes für die Öffentlichkeit gedachte Wort, das auch nur entfernt als Kritik an Regierungsmaßnahmen gedeutet werden konnte, auf die Goldwaage zu legen. Die einschlägigen strafrechtlichen Bestimmungen ließen den Behörden genügend Spielraum offen, um jegliche Kritik an öffentlichen Zuständen oder an Regierungsmaßnahmen mit Sanktionen zu ahnden. Daran scheint sich auch nach dem Ende des Neoabsolutismus vorerst nur wenig geändert zu haben[598].

2.8.6. Abschließende Bemerkungen

Die soeben angeführten sieben Methoden zur Mobilisierung der Bevölkerung lassen sich als gezielte Maßnahmen strategischer Natur charakterisieren. Beabsichtigt war dabei die Ausübung sanften bis starken *moralischen* Zwangs. Das jeweilige Ausmaß hing insbesondere davon ab, wie nachdrücklich im Zuge der praktizierten Belehrungen beispielsweise auf die Notwendigkeit verwiesen wurde, der *Macht des aufmunternden Beispiels* zu folgen. Insofern dürfte die Grenze zwischen Zwang und Freiwilligkeit oftmals verwischt worden sein. Deshalb darf man die Dinge auch nicht über einen Kamm scheren. Grundsätzlich von wirklicher Ausübung von Zwang zu sprechen, wäre nicht nur voreilig, sondern würde auch dem tatsächlichen Hergang der Dinge nicht gerecht. Teilweise kamen die ergriffenen Maßnahmen in ihrer praktischen

---

595 Tagesrapport Polizeidirektor, Linz, 12. Juli 1854, Nr. 8791, in: Ebd., Krt. 27, Nr. 4470/54.
596 Tagesrapport Polizeidirektor, Linz, 22. Juli 1854, Nr. 9334, in: Ebd., Krt. 28, Nr. 4774/54 (s. dazu auch folg.).
597 Tagesrapport Polizeidirektor, Innsbruck, 28. Juli 1854, Nr. 958/Pr., in: Ebd., Krt. 29, Nr. 4972/54 (s. dazu auch folg.).
598 Dazu ansatzweise bei Ogris, Die Rechtsentwicklung in Cisleithanien, S. 566–567.

Wirkung für die Betroffenen jedoch offenem Zwang durchaus gleich, dessen Ausmaß freilich individuell sicherlich unterschiedlich empfunden wurde.

Wichtig sind dabei für unser Erkenntnisinteresse zwei Momente, auf die bereits hingewiesen wurde: Zum einen hatten die Verantwortlichen diesen Wirkungsmechanismus durchaus erhofft. Zum anderen muß er der Bevölkerung bewußt gewesen sein. Was aber Bach anbetrifft, so konnte er sich zumindest gegenüber dem Monarchen im Zweifelsfall immer darauf herauszureden versuchen, es sei – wie im Falle der *Belehrungen* – lediglich um Aufklärung oder – wie bei der Listenveröffentlichung – nur darum gegangen, das Publikum über den Fortgang der Operation auf dem laufenden zu halten. Wie steht es nun aber mit einer relativ zu Beginn der Subskriptionsphase geäußerten Vorhersage des Kaschauer Polizeidirektors Marx? Danach würden es die Beamten bei „dem allseits vorhandenen Gehorsam" nicht „nöthig" haben, „zu Gunsten des Anlehens die immer zu lockende Regierungsautorität auch nur einigermaßen preis zu geben"[599]? Der Beantwortung dieser Frage beziehungsweise der Untersuchung dieser Problematik müssen wir uns nunmehr zuwenden.

2.9. Die Anwendung offenen Zwangs während der Subskriptionsphase

Es ist klar, worauf Marx mit seinen soeben zitierten Worten von der *auch nur einigermaßen Preisgabe der immer lockenden Regierungsautorität* anspielte: auf die Anwendung offenen Zwangs. Vielleicht hätte er mit seiner soeben zitierten Vermutung sogar recht behalten. Genau läßt sich dies im nachhinein allerdings nicht mehr überprüfen. Da nämlich Bach und Baumgartner auch in den bislang beschriebenen Mitteln noch keine genügende Garantie für das Erreichen der 500 Millionen erblickten, wandten sie in der Subskriptionsphase noch eine weitere Methode an: Mit ihr wurde nicht nur die Grenze zwischen indirekter und direkter Zwangsausübung noch mehr verwischt, sondern der gesamten Operation ein offen zwanghafter Stempel aufgedrückt, was den ständigen offiziellen Beteuerungen der Freiwilligkeit geradezu entgegenlief. Nun hat Langewiesche vor kurzem die „erhebliche Erweiterung" des „Gewaltbegriffes" durch die Historiker „in den letzten Jahrzehnten" festgestellt und zugleich eine „Alltagsgewalt" konstatiert, die damals „von vielen" nicht als solche erkannt worden sei[600]. In diesem Zusammenhang ist auch von „symbolischer oder ‚sanfter' Gewalt" die Rede, welche die direkte Gewalt ab-

---
599 An Kempen, Kaschau, 21. Juli 1854, Nr. 281/Pr., in: AVA, Inneres, OPB, Präs. II, Krt. 28, Nr. 4807/54.
600 Gewalt und Politik, S. 234–235.

gelöst habe⁶⁰¹. Ein solchermaßen ausgedehntes Verständnis von Gewalt stößt zwar auch auf Kritik⁶⁰². Übernehmen wir es jedoch für unsere Belange und fassen Gewaltanwendung also nicht nur als rein physisches Phänomen auf, läßt sich sogar durchaus von einem partiell gewaltsamen Charakter der Nationalanleihe während der Subskriptionsphase reden.

2.9.1. Die Anrepartierung von Zeichnungssummen

Der hier in Rede stehenden Methode sind wir bereits im Zusammenhang mit dem Fall der böhmischen Gemeinde Märzdorf begegnet: Dabei stand ja unter anderem auch die obligatorische Zuweisung von Subskriptionssummen an Einzelbürger oder Korporativkörper quasi von Amts wegen zur Debatte, ein vom zeitgenössischen Jargon als *Anrepartierung* bezeichnetes Vorgehen. Im Zuge der Erörterung von Brandts Darlegungen über den Zwangscharakter des Unternehmens haben wir für die Gemeinden davon bereits gehört. Überdies erfolgte die Anrepartierung auch systematisch: Deshalb greift es zu kurz, wenn Brandt zugleich nur von „zahlreichen Fällen" spricht⁶⁰³.

Anfangs konnte die Bevölkerung noch hoffen, daß sich die Regierung nicht zu *Anrepartierungen* verstehen würde. Denn in einem von der *Österreichischen Korrespondenz* in die *Wiener Zeitung* übernommenen Artikel wurde die Festlegung des jeweiligen Betrags scheinbar dem persönlichen Ermessen des einzelnen Zeichners anheimgestellt. Nur in allgemeinen Worten war von der „Größe" seines „durch die direkten Steuern repräsentirten verschiedenartigen Besitzes, Einkommens, Erwerbes und überhaupt seiner Verhältnisse" die Rede⁶⁰⁴. Tatsächlich jedoch mußten die Behörden in der gesamten Monarchie bereits vor Beginn der Operation den individuellen „Maßstab" der Beteiligung „klar und richtig" stellen, wie es in Bachs Instruktion hieß⁶⁰⁵. Als allgemeine Richtschnur sollte dazu insbesondere die Höhe der jährlich gezahlten „direkten Steuern" herhalten. Damit waren die „Grund-(,) Häuser-(,) Erwerb(s)-(,) und Einkommensteuer" gemeint. Konkret ging es grundsätzlich um das Sechsfache des steuerlichen Jahresbetrags. Dies stand zwar nicht in der In-

---

601 Pierre Bourdieu, Entwurf einer Theorie der Praxis, S. 369–370, S. 376.
602 Zu einer offensichtlichen Kritik an einem solchermaßen erweiterten Gewaltbegriff s. Thomas Lindenberger/Alf Lüdtke in ihrer mit *Physische Gewalt – eine Kontinuität der Moderne* unterbetitelten *Einleitung* zu einem Sammelband über das Problem der physischen Gewalt in der Neuzeit (S. 7–38).
603 Neoabsolutismus, 2, S. 697.
604 *Wiener Zeitung* v. 9. Juli 1854, Nr. 163, S. 1854. Allerdings mochte auch dies nicht gerade den Eindruck der Freiwilligkeit im Volk verstärken.
605 An K. Schwarzenberg, Wien, 6. Juli 1854, Nr. 7099/MI., in: AVA, Inneres, Präs., Krt. 664, Nr. 7099/54 (s. dazu auch folg.).

struktion – hier war etwa nur vage vom „Mehrfachen der einjährigen Steuer" die Rede[606] –, wurde in der Praxis aber meistens so gehalten, und zwar auch flächendeckend für ganze Kronländer. Nicht umsonst konnte Anfang 1855 im Finanzressort konstatiert werden, „die meisten Gemeinden des Kaiserstaates" hätten sich in dieser Höhe an der Nationalanleihe „betheiligt"[607]. Wurden zuweilen Abweichungen nach unten toleriert, so erwartetete man parallel dazu partiell sogar „mit Zuversicht" darüber hinausgehende Beteiligungen, wie Statthalter Chorinsky den ihm untergeordneten Stellen in der Krain zu verstehen gab: Nur so glaubte man, die anvisierte Gesamtsumme erzielen zu können[608]. Schon Bach hatte in diesem Zusammenhang von „Zuverläßigkeit" gesprochen[609].

Offizielle Stellen nahmen die daraus resultierende „Unzufriedenheit" durchaus wahr[610]. Sie wiesen auch auf damit verbundene Effekte hin, die dem patriotisch-plebiszitären Anliegen Bachs offen zuwiderliefen: Denn wie der Agramer Polizeidirektor treffend feststellte, „benahm" man dadurch den „loyal Gesinnten" nichts weniger als die „Gelegenheit", sich als „freywillige" und „ungezwungene Theilnehmer" und „Patrioten zu zeigen". Dies traf zweifellos zu, und einem ähnlich kontraproduktiven Wirkungsmechanismus sind wir bereits in anderem Zusammenhang begegnet. Aber solche Überlegungen wogen für den Innenminister nicht schwer genug, um von der Anrepartierung Abstand zu nehmen. Dies offenbart einmal mehr das mit der gesamten Planung des Operationsablaufs verbundene Dilemma.

2.9.2. Nötigung im Falle der Verweigerung von Subskriptionen

Hin und wieder aber weigerten sich Personen oder Körperschaften, die ihnen zugewiesenen Beträge zu zeichnen, beziehungsweise sie subskribierten nach Auffassung und/oder nach Berechnung der Lokalbehörde eine zu geringe Summe. Dies sollte nach dem Willen der Verantwortlichen möglichst nicht hingenommen werden. Nehmen wir etwa das Beispiel der Montepräfektur in Lombardo-Venetien. Wie gezeigt, fiel die „gesammte" Beteiligung dieser Kör-

---

606 Instruktion Bachs an die Leiter der ungarischen Statthaltereiabteilungen, Wien und. (aber wohl 6. Juli 1854), in: Ebd.
607 Notiz v. 4. März 1855, Wien, Nr. 896/FM., in: FA, FM, Präs., Nr. 896/55.
608 An Hohenwart (und andere Notabilitäten der Krain), Laibach, 11. Juli 1854, o. Nr., in: AVA, NL Hohenwart-Weingarten, Krt. 13.
609 Instruktion an die Statthaltereiabteilungen in Ungarn, Wien, 6. Juli 1854, Nr. 7099/MI., in: Ebd., Inneres, Präs., Krt. 664, Nr. 7099/54.
610 An Kempen, Agram 25. (?) Juli 1854, in: Ebd., OPB, Präs. II, Krt. 28, Nr. 4876/54 (s. dazu auch folg.). Kempen teilte dies Bach mit (Wien, 30. Juli 1854, Nr. 4876/Pr. II, in: Ebd.).

perschaft laut Baumgartner zu niedrig aus⁶¹¹. Gegenüber Bach wurde er diesbezüglich auch konkret: Der Leiter dieser Behörde selbst, ein gewisser Bennati, hatte 1.000 Gulden gezeichnet, während sich die Subskription seines Vizesekretärs Dottore Scotti auf 200 Gulden belief. Diese Summen standen dem Finanzminister zufolge mit den „Vermögenskräften" der beiden Herren „nicht in dem geringsten Verhältnisse". War Bennati wirklich so „notorisch wohlhabend", wie dem Finanzminister „zufällig bekannt" war, und der Dottore tatsächlich so „notorisch reich", wie ihm Informanten zugetragen hatten, so könnte dies zugetroffen haben. Jedenfalls sollte sich Baumgartners Kollege überlegen, „ob und welche Einleitungen od.(er) Erhebungen aus diesem Anlasse etwa zu verfügen wären". Dies nimmt sich einigermaßen moderat aus, wobei über den weiteren Verlauf dieses Vorgangs nichts herauszufinden war. Dafür liefern uns andere Beispiele klaren Aufschluß darüber, wie in solchen Fällen normalerweise verfahren wurde.

Erwähnt sei hier zunächst der Fall der ehemaligen Freistadt Krakau. Der dortige Subskriptionsverlauf hatte den zuständigen Statthalter Franz Graf Mercandin offenbar grundsätzlich befriedigt. Wie er dem Innenminister am 12. September 1854 berichtete, sei „im Allgemeinen" der Grundsatz der „freiwilligen Betheiligung" auf das gewissenhafteste befolgt worden⁶¹². Lediglich „alle Mittel der Belehrung, Überzeugung und Aneiferung" seien zur Erreichung des angestrebten Ziels eingesetzt worden. Doch einige in dieser Region liegende Gemeinden hatten nicht gezeichnet. Durfte man dies tolerieren? Mercandin zufolge – der offensichtlich zu „allen möglichen Invectiven" nicht nur speziell „gegen den polnischen Adel", sondern auch „gegen die polnische Nation überhaupt" neigte, weshalb er „Erbitterung erregte"⁶¹³ und auch vom Kaiser „getadelt" worden zu sein scheint⁶¹⁴ – ging dies nicht an. Vielmehr bezeichnete es der spätere kroatisch-slawonische Hofkanzler als „eine strenge Pflicht der Billigkeit und Gerechtigkeit" gegenüber den Zeichnungswilligen, „die Lässigen und Übelwollenden durch wohlerwogene(,) ihrer Leistungsfähigkeit genau angepaßte Nöthigung (!) zur gemeinsamen Betheiligung heranzuziehen". So geschah es auch, wie sich aus seiner Zuschrift ergibt.

---

611 Baumgartner an Bach, Wien, 3. August 1854, Nr. 14276/FM., in: FA, FM, Präs., Nr. 12476/54 (s. dazu auch folg.).
612 Krakau, Nr. 4612/Pr., in: AVA, Inneres, Präs., Krt. 665, Nr. 10561/54 (s. dazu auch folg.).
613 So der Krakauer Polizeidirektor Karl Neußer an Kempen, Krakau, 23. Juni 1855, o. Nr., in: HHStA, IB, BM.-Akten, Krt. 88, Nr. 2752, fol. 761. Vgl. dazu ein Bericht *Uiber galizische Zustände nach den Vorlagen der Krakauer Loge und anderen amtlichen Acten*, Wien, „im Anfange September 1855", Nr. II/Pr. I, in: AVA, Inneres, OPB, Präs. I, Krt. 16, Nr. 3874/55. Vgl. auch Tagebucheintrag Kempens v. 10. Januar 1855, in: Tagebuch Kempens, S. 352.
614 Tagebucheintrag Kempens v. 12. Juli 1855, in: Ebd., S. 370 (vgl. ind. bereits Tagebucheintrag v. 29. Januar 1855, in: Ebd., S. 354).

Die Anwendung offenen Zwangs während der Subskriptionsphase   345

Ein anderer Fall betraf die böhmische Gemeinde Lažic. Sie hatte ursprünglich 1.200 Gulden subskribiert[615]. Doch stellte sich heraus, daß dieser Betrag die „bestimmte [also anrepartierte] Anlehenssumme" nicht erreichen werde. Dies veranlaßte „die hohen Landesfürstlichen Behörden" zu einem „Abbruch der ersten Subskriptions-Verhandlungen" sowie zur „Anknüpfung" von „Zwangs-Verhandlungen". Dabei wurde sogar der „siebenjährige Steuerbetrag der direkten landesfürstlichen Abgaben zu Grunde gelegt". Bach rechtfertigte dieses Vorgehen auch noch, nachdem ihn sein Kollege von den Finanzen von einem Gesuch in Kenntnis gesetzt hatte, in dem die Gemeindevertretung ihre Zahlungsunfähigkeit beklagte[616]. Er behauptete nämlich „Umtriebe eines Winkelschreibers" am Werk[617]. Damit meinte er „des Schreibens kundige" Männer, die politisch oftmals als suspekt angesehen wurden und nach offizieller und stereotyper Lesart nichts anderes taten, als „die Unwissenheit und Einfalt der unteren Volksklassen" zu ihren Gunsten „auszubeuten"[618]. Laut Bach richteten sie vor allem auf dem „flachen Lande" den größten „Unfug" an[619]. Im konkreten Fall hatte ein Winkelschreiber angeblich bereits „im prachatischen Bezirke von Gemeinde zu Gemeinde ähnliche Beschwerden provozirt", weshalb man gegen ihn auch „eruirte"[620]. Überhaupt wurden Bach zufolge die meisten Gesuche um Zahlungsverminderung „nur durch den bösen Willen der Subscribenten und durch die Umtriebe der Winkelschreiber hervorgerufen"[621].

Weitere Vorkommnisse dieser Art ließen sich anführen. Doch geschahen sie offenbar eher selten. Aufgrund der bereits beschriebenen flankierenden *Einleitungen* erstaunt dies nicht. Hinzu kommt ein gewisser Patriotismus mancher Zeichner. Bedenkt man nun noch das geschilderte, häufig freilich gerade durch solche *Einleitungen* gleichsam erst mahnend geweckte Eigeninteresse an einer Subskription, war für die Autoritäten massiv repressives Auftreten oftmals gar nicht vonnöten. Die den Teilnehmern gleich welcher Art zugewie-

---

615 Gesuch v. 25. September 1854, in: FA, FM, Präs., Nr. 19081/54 (s. dazu auch folg.).
616 Baumgartner an Bach, Wien, Dat. unl., Nr. 19081/FM., in: Ebd.
617 An Baumgartner, Wien, 26. Dezember 1854, Nr. 15032/MI., in: Ebd., Nr. 23329/54.
618 So Ph. Krauß: „Gegenwärtig sind die Länder, in denen keine Notare bestehen, mit Winkelschreibern und andern des Schreibens kundigen Menschen bedeckt, welche die Unwissenheit und Einfalt der unteren Volksklassen ausbeuten, und deren Treiben die Regierung zu hindern, oder auch nur mit Erfolg zu überwachen nicht vermag." (Sitzungsprotokoll des Reichsrats v. 3. Juni 1852, Beil. zu einem Vortrag Kübecks v. 10. Juni 1852, Wien, in: HHStA, RR, Gremial, Krt. 18, Nr. 417/52, Bog. 7.)
619 Deshalb „dürfte" sich „dort ... das Bedürfniß der Notare ... nicht selten als sehr dringend darstellen" (ebd., Bog. 8). U. a. deshalb wurde vielleicht auch eine 1857 verabschiedete „Verordnung in Betreff der Winkelschreiberei" in der Öffentlichkeit angeblich „günstig beurtheilt" (Stber. GM 4–6 57, SH/LP/PD, in: AVA, Inneres, OPB, Präs. II, Krt. 94, Bog. 1).
620 An Baumgartner, Wien, 26. Dezember 1854, Nr. 15032/MI., in: FA, FM, Präs., Nr. 23329/54.
621 An Baumgartner, Wien, 10. November 1854, Nr. 12900/MI., in: Ebd., Nr. 20796/54.

senen Beträge wurden in diesen Fällen auch so subskribiert. Insofern konnte es sich Bach also leisten, in seinem Abschlußbericht an den Kaiser über die Zeichnungsphase einerseits die „Möglichkeit" einzuräumen, daß „einzelne Unterorgane ihren Eifer für den Erfolg bis nahe an die Grenze eines imperativen Einschreitens ausgedehnt haben konnten", solche Geschehnisse aber andererseits als „einzelne Fehlgriffe" zu bezeichnen[622]. Zugleich muß ihm klar gewesen sein, daß Franz Joseph von solchen Vorgängen ohnehin teilweise Kenntnis bekommen hatte und über sie nicht erfreut sein würde. Deshalb dürfte er mit ihrem offenen Eingeständnis noch den weiteren Zweck verfolgt haben, eventueller kaiserlicher Kritik von Anbeginn an möglichst den Wind aus den Segeln zu nehmen. Sein Versuch der Relativierung, ja Minimierung der Relevanz solcher Vorkommnisse mochte ihm nicht geschadet haben.

2.9.3. Bachs Einstellung zu solchen Vorkommnissen

Bereits bei der Erörterung der Umsetzung von Bachs Instruktion durch die Behörden wurde jedoch angedeutet, daß etwaige *Fehlgriffe* wenigstens teilweise seinen eigenen Absichten zuwidergelaufen sein dürften. Dafür spricht insbesondere, daß sie wenigstens partiell seine offene Kritik hervorriefen. Da war beispielsweise der Fall der Gemeinde Pisek, einer rund 60 Kilometer südlich von Prag gelegenen Stadt. Als den Minister eine „Anzeige" über die „rücksichtslose Derbheit" des örtlichen Bezirkskommissars erreicht hatte, verlangte er von Statthalter Mecséry „eine eindringliche Erhebung" über ihren Wahrheitsgehalt[623]. Dessen Untergebener hatte die „Verhandlung über die Anlehens-Subskription" angeblich mit den Worten begonnen, jede Weigerung werde „augenblicklich mit Arrest bestraft". Er drohte demnach gar mit der Hinzuziehung von „Gensdarmerie-Assistenz". Dies kam zumindest einer Drohung der etwaigen Anwendung physischer Gewalt gleich. Keine der vorliegenden Akten – einschließlich Bachs Instruktion – deutet darauf hin, daß er in der Zeichnungsphase so weit gehen wollte.

Er mußte sich in seinen Intentionen also falsch verstanden fühlen. Auch das oben angeführte Verhalten Mercandins dürfte ihn nicht völlig befriedigt haben. Dessen Darstellung kommentierte er mit den knappen Worten, die ihm erstatteten „Aufklärungen zur Kenntniß" genommen zu haben[624]. Diese Formulierung mutet recht vielsagend an. Denn meistens scheint man sich ihr (exakt so oder auch in verwandter Form) immer dann bedient zu haben, wenn

---

622 Vortrag v. 3. Oktober 1854, Wien, Nr. 11463/MI., in: AVA, Inneres, Präs., Krt. 666, Nr. 11882/54.
623 Wien, 4. September 1854, Nr. 10114/MI., in: Ebd., Krt. 665, Nr. 10114/54 (s. dazu auch folg.).
624 An Mercandin, Wien, 15. September 1854, Nr. 10561/MI., in: Ebd.

Aufschlüsse, die auf entsprechende Nachfragen geliefert wurden (und eine solche Nachfrage hatte Bach auch im vorliegenden Fall gestellt[625]), zwar nicht befriedigten, man aber weitere Recherchen aus unterschiedlichen Gründen nicht für angemessen hielt. Bach könnte also die vom Krakauer Landeschef ausdrücklich als „gerechtfertigt" betonte direkte Zwangsanwendung[626] eher mißbilligend zur Kenntnis genommen haben.

Fehlgriffe mögen sehr selten vorgekommen sein. Dennoch resultierten sie einmal mehr fast unvermeidlich aus den vage gehaltenen Anweisungen in der Instruktion Bachs. Zwar läßt sich aus ihr, wie gesagt, insbesondere nicht die Absicht herauslesen, Gendarmerie zur Erzielung ausreichender Zeichnungen einzusetzen. Doch wurde eine solche Praxis auch nicht ausdrücklich untersagt. Dies mag manche Beamte vor Ort veranlaßt haben, im Falle auftretender *Renitenz* zu diesem und anderen extremen Mitteln mehr zu greifen, um den ihnen gestellten Auftrag zu erfüllen. Auch stellte der Einsatz solcher Mittel durch die politischen Behörden nur die auch für den Innenminister sowohl aus prinzipiellen wie auch aus propagandistischen Erwägungen unangenehme Spitze des Eisbergs dar. Darunter befand sich jedoch – um im Bild zu bleiben – ein massiver Eisblock. Er war aus vielen einzelnen Kristallen zusammengesetzt. Sie bildeten gleichsam die jeweiligen Normalfälle. Hier hatten ebenfalls direkte Einwirkungen unterschiedlicher Natur stattgefunden. Entweder sie hielten sich im Rahmen dessen, was Bach sowohl für legitim als auch für notwendig hielt beziehungsweise behauptete. Oder er orientierte sich hier an bestimmten politischen Zweckmäßigkeitsüberlegungen. Deshalb konnte er in einem Fall ein bestimmtes Vorgehen sehr wohl für angemessen halten, ihm in einem anderen Fall jedoch kritisch gegenüberstehen.

In letzterer Hinsicht erscheint sein Verhalten bezeichnend, das er bezüglich des Vorgehens der Gemeindeverwaltung von Triest beziehungsweise des dortigen Statthalters an den Tag legte. Dieser Stadt, die zusammen mit ihrer unmittelbaren Umgebung zugleich einem ganzen Kronland ihren Namen gab, hatte man die Summe von 20 Millionen Gulden auferlegt. Bei dem Versuch ihrer Aufbringung ergaben sich jedoch große Schwierigkeiten. Waren am 22. August noch rund „3 1/2 Millionen" Gulden abgängig[627], so fehlten sechs Tage darauf nur deshalb „kaum mehr 2 Millionen", weil sich die Kommune dazu entschlossen hatte, „neuerdings" eine Million Gulden zu subskribieren[628]. Zweifellos hatte man den ursprünglich „anrepartirten Betrag zu 20 Millionen

---

625 Er hatte Mercandin gefragt, inwiefern es zur Anwendung von Zwang gekommen war (s. dazu ind. ebd.).
626 Mercandin an Bach, Krakau, 12. September 1854, Nr. 4612/Pr., in: Ebd.
627 Tagesrapport, Polizeidirektion Triest, 22. August 1854, o. Nr., in: Ebd., OPB, Präs. II, Krt. 29, Nr. 5643/54.
628 Tagesrapport, Polizeidirektion Triest, 28. August 1854, o. Nr., in: Ebd., Krt. 30, Nr. 5812/54 (s. dazu auch das folg. Zit.).

... zu hoch ausgemessen", wie der lokale Polizeidirektor in diesem Zusammenhang konstatierte. Aber solche Überlegungen waren unzeitgemäß. Vielmehr hatte sich die Gemeindeführung auf Drängen von Statthalter Wimpffen dazu entschlossen, genauer gesagt, dazu entschließen müssen, die schließlich noch fehlende eine Million Gulden per Verordnung auf Bewohner Triests umzulegen. Betroffen waren von diesem Beschluß jene Bürger, die sich bisher als zeichnungsunwillig erwiesen oder sich nach offizieller Ansicht nur unangemessen beteiligt hatten[629]. Als Bach davon Kenntnis erhielt, ersuchte er den laut Kübeck „reizbaren"[630] Wimpffen Anfang September 1854 inständig darum, das Freiwilligkeitsprinzip nicht in sein Gegenteil zu verkehren[631]. Er erwog sogar die „Zurücknahme", also die Streichung der von der Gemeindeführung zusätzlich gezeichneten Summe von einer Million Gulden, eine vergleichsweise durchaus außergewöhnliche Überlegung.

Auf die Problematik der zwangsweisen Umlage von Subskriptionen kommen wir noch zurück. Momentan ist von Relevanz, daß für die zuletzt erwähnte Überlegung des Innenministers keine prinzipiellen Erwägungen ausschlaggebend zeichneten, die den Freiwilligkeitscharakter der Nationalanleihe betroffen hätten; entscheidend war vielmehr ein sogenannter *höherer*, mithin wichtiger politischer Standpunkt. Bach wollte den negativen Eindruck vermeiden, der aus der Ausübung „direkten Zwangs" in der Hafenstadt resultiert wäre. Dies rechtfertigte er „insbesondere" mit den dortigen spezifischen „Verhältnissen": Denn die Stimmung von Triest finde in allen Handelsplätzen Europas ihren „Wiederhall" und gebe für die „Beurtheilung der ganzen Finanzoperation den Maßstab". Bach besorgte also die negative Außenwirkung einer solchen Zwangsmaßnahme, was infolge der damaligen ökonomischen Bedeutung Triests für die Monarchie durchaus berechtigt erscheint.

Schließlich erklärte er sich aber doch mit Wimpffens Vorgehen einverstanden. Hierfür war gleichfalls eine politische Opportunitätserwägung entscheidend, wie der Entwurf eines Schreibens an den Statthalter erweist. Ursprünglich befürwortete der Minister darin eine moderate Linie: Auf die „Einbringung der gezeichneten Summe" sollte Wimpffen „nur insoweit Rücksicht nehmen", als die „Nichteinbringung zu Exemplifikationen im lombardisch-venetianischen Königreiche führen müßte"[632]. Dann aber wurde diese Passage aus dem Entwurf gestrichen. In dem Schreiben, das den Grafen statt dessen aus Wien erreichte, hob Bach seine „Besorgniß" hervor, daß ein ku-

---

629 S. dazu etwa Bach an Baumgartner, Wien, 13. November 1854, Nr. 13020/MI., in: FA, FM, Präs., Nr. 20958/54.
630 Tagebucheintrag v. 20. Juli 1853, in: Aus dem Nachlaß Kübecks, S. 117.
631 Wien, 8. September 1854, Nr. 12063/MI., in: AVA, Inneres, Präs., Krt. 665, Nr. 10263/54 (s. dazu auch folg.).
632 Ebd. (s. dazu auch folg.).

lantes Vorgehen in Lombardo-Venetien „neuen nachtheiligsten Rückschlag äußern könnte". Denn dort waren „unter ganz verschiedenen Verhältnissen und bei einer theilweise hervorgetretenen passiven Renitenz die Gemeinden für ihre Glieder eingestanden", wie es weiter hieß. Angesichts dessen war seiner Auffassung nach in Triest keine Nachsicht angebracht, weil dies für Unruhe in Oberitalien gesorgt hätte.

Dies bildete das eigentliche Motiv für Bachs Ablehnung einer „Annullirung dieser Zeichnung von Amtswegen"[633]. Hieran zeigt sich zum einen erneut, daß er in seinem Abschlußvortrag gegenüber dem Kaiser die Dinge beschönigte. Denn dort schrieb er „der Gemeindevertretung sowie insbesondere dem Handelsstande von Triest" das „Verdienst" zu,

„sich in dieser hochwichtigen Angelegenheit an die Spitze gestellt und sowohl durch das aufmunternde Beispiel der eigenen Zeichnung als auch durch die Einflußnahme auf die Bewohner der Hafenstadt den Impuls zur allgemeinen Theilnahme in allen Schichten der Bevölkerung gegeben zu haben"[634].

Von einem *Verdienst* kann zwar gesprochen werden. Doch wurden sowohl die offiziellen Repräsentanten der Kommune als auch die Handeltreibenden durch Ausübung direkten und indirekten Zwangs gleichsam zu ihrem Glück genötigt.

Zum anderen aber erkennt man auch an diesem Beispiel, daß den Verantwortlichen kein idealer Weg für eine erfolgreiche Abwicklung des Subskriptionsvorgangs zur Verfügung stand. Immer wieder mußten sie zwischen einem kleineren und größeren Übel wählen. Im vorliegenden Fall stufte der Minister die nachteiligen Auswirkungen auf Lombardo-Venetien bei einem *milden* Vorgehen offensichtlich höher ein als die negative Wirkung auf *Europas Handelsplätze*, die mit einer zwangsweisen Umlage verbunden sein mochten. Ein solcher Standpunkt läßt sich durchaus nachvollziehen. Immerhin sollte sich Oberitalien (ohne Triest) ja mit rund 62 Millionen Gulden am Gesamtaufkommen beteiligen. Würde von dieser erheblichen Summe ein mehr oder minder namhafter Betrag nicht *freiwillig* gezeichnet, stand entweder das ganze Unternehmen auf dem Spiel oder aber man hätte scharfe Maßnahmen anwenden müssen. Dies aber hätte wiederum das ohnehin schon nicht gerade beruhigende politische Klima in dieser Provinz nur noch mehr verschlechtert.

Kein Kopfzerbrechen scheint Bach dagegen das Verhalten der politischen Behörden in Ofen-Pest bereitet zu haben. Noch kurz vor Beginn der Subskriptionsphase, am 12. Juli, hatte der dortige Polizeidirektor Protmann sei-

---

[633] Bach an Baumgartner, 13. November 1854, Nr. 13020/MI., in: FA, FM, Präs., Nr. 20958/54.
[634] Vortrag v. 3. Oktober 1854, Wien, Nr. 11463/MI., in: AVA, Inneres, Präs., Krt. 666, Nr. 11882/54.

nem Vorgesetzten Kempen von „ziemlicher Gleichgültigkeit" der örtlichen Bevölkerung gegenüber der Nationalanleihe berichtet[635]. Aber nur zwei Tage danach und also ebenfalls noch vor Zeichnungsbeginn gab er sich optimistischer: Da konstatierte er eine „nicht ungünstige" Stimmung und schloß daraus sogar auf eine scheinbare „Consolidirung" des „Vertrauens zur Regierung"[636]. Am 20. Juli betonte Protmann den „günstigen" Stimmungs„umschlag" erneut[637]. Ihn führte er zwar auf die „neueste Politik Österreichs" in außenpolitischen Angelegenheiten zurück, doch war auch bezüglich der Anleihe „der beste Wille" zu erkennen[638]. Auch stand angeblich „mit Grund zu erwarten", daß „sich fast Jedermann" an der Operation „betheiligen dürfte". Er mußte „nur in Rücksicht seiner pekuniären Verhältnisse irgend" dazu „in der Lage" sein. Dies begründete der Polizeibeamte sowohl mit dem Einsichtsvermögen als auch mit einer gewissen Erwartungshaltung der Bevölkerung: Man nehme das Anlehen allgemein als eine von der „Nothwendigkeit gebotene Maßregel" hin. Zudem werde die Hoffnung genährt, daß „bei der voraussichtlichen Realisirung" dieser Operation „dem bedauerlichen Valutenstande ein Ende gemacht werden dürfte". Eine gewisse Sorge bereitete freilich, daß „besonders ungünstige Zwischenfälle" einen Strich durch diesw Rechnung machen könnten.

Sechs Tage später unterzog Protmann seine bisherige positive Bilanz einer grundlegenden Revision: „Bei einem nicht unbedeutenden Theile" der Ofen-Pester Bevölkerung sei „der Anfangs bethätigte Eifer in der Subskription auf das Staatsanlehen herabgestimmt"[639]. Als „Ursache" hierfür machte er „den übelwollenden Diensteifer der Vorsteher einzelner Körperschaften, ja selbst von Behörden" aus. Sie „glaubten" zur Erwirkung „höherer Beiträge ... eine förmliche Nöthigung der Parteien am Platze", womit sie nach Ansicht der Betroffenen das freiwillige „gleichsam in ein Zwangsanlehen" umgestalteten. Im weiteren sprach Protmann sogar ausdrücklich von „Mißstimmung"[640]. Damit war für den Chef der Obersten Polizeibehörde das Faß wohl zum Überlaufen gebracht. Jedenfalls intervenierte er zunächst am 29. Juli, dann wieder am 3. August bei Bach[641]. Dessen Reaktion ist aufschlußreich: Aus Kempens Schreiben leuchte „E.(uer) Exc.(ellenz) warme Theilnahme für das

---

635 An Kempen, Pest, Nr. 143/Pr., *reserviert*, in: Ebd., OPB, Präs. II, Krt. 27, Nr. 4518/54.
636 An Kempen, Pest, 14. Juli 1854, Nr. 146/Pr., *reserviert*, in: Ebd., Nr. 4546/54.
637 An Kempen, Pest, Nr. 153/Pr., *reserviert*, in: Ebd., Krt. 28, Nr. 4711/54.
638 Beides konnte miteinander zusammenhängen.
639 An Kempen, Pest, 26. Juli 1854, Nr. 155/Pr., *reserviert*, in: Ebd., Nr. 4832/54 (s. dazu auch folg.).
640 An Kempen, Pest, 30. Juli 1854, Nr. 160/Pr., *reserviert*, in: Ebd., Krt. 29, Nr. 4963/54.
641 Wien, Nr. 4963/Pr. II., in: Ebd. Aus dem Schreiben geht auch das Datum der Zuschrift v. 29. Juli hervor.

Gelingen der Finanzoperation" hervor, meinte er[642]. Diese Äußerung dürfte bei seinem Rivalen einen zwiespältigen Eindruck hinterlassen haben, war sie doch wohl weniger als Lob, sondern vielmehr ironisch gemeint. Dann erklärte Bach, die „Mittheilung" Kempens „zum Anhaltspunkt einer eindringlichen Erhebung genommen" zu haben. Dies sei „umsomehr" der Fall, als er nicht „zugeben", also nicht hinnehmen wollte, „daß der Erfolg einer mir von S.(einer) apost.(olischen) Majestät dringend empfohlenen Maßregel durch einen zu weit gehenden Eifer einzelner Organe geschmälert werde".

Die Resultate dieser Nachforschung zeitigten Bach zufolge nun ein äußerst befriedigendes Resultat. Er war „in der angenehmen Lage", Kempen eine „alle Erwartungen übertreffende Intensität" der Subskriptionen zu vermelden. Dieses „erfreuliche Zeugnis" des „Umschwungs der politischen Stimmung der magyarischen Bevölkerung" war „gerade in einem Verwaltungsgebiethe, wo die Regierung mit widerstrebenden Elementen zu kämpfen hat, nicht hoch genug anzuschlagen". Im weiteren überging er die von Protmann gegenüber dem Vorgehen der politischen Behörden in Ofen-Pest erhobenen Vorwürfe. Dafür aber machte er einige grundsätzliche „Erörterungen" über die Rolle jener Behörden: Aufgrund des „a.(ller)h.(öchsten) Willens" galt es, das Unternehmen „durch die Ingerenz der politischen Behörden zum erwünschten Ziele zu leiten". Um dies aber „vollständig" zu erreichen, „konnten sich die politischen Behörden unmöglich auf eine bloß passive Haltung beschränken". Notwendig war „vielmehr ihr werkthätiges Einschreiten". Hierbei hatten sie sich jedoch seiner Behauptung nach immer in den durch die Freiwilligkeit vorgeschriebenen „Grenzen" (sowie an seine Anweisungen) gehalten.

Was er Kempen verschwieg, was dieser aber ohnehin von Protmann erfuhr, war, wie dieses *Einschreiten* konkret aussah: In einigen „Fällen" wurde Personen, „die bereits subskribirt hatten, die Zeichnung eines höheren Betrages unter Androhung übler Folgen anbefohlen"[643]. An hervorragender Stelle wirkte hier der in Ungarn ungeliebte, laut Kempen sogar nichts weniger als der „Verachtung anheimgefallene"[644] und wohl auch deshalb Anfang 1859 „pensionierte"[645] Augusz mit. Sein problematischer Beteiligungsaufruf vom 12. Juli ist uns noch in Erinnerung. Hinzu kam seine einige Zeit später herausgegebene Kundmachung an den Vorsteher der israelitischen Gemeinde. Darin erklärte sich Augusz „äußerst unangenehm durch den Umstand

---
642 16. August 1854, Nr. 9140/MI., in: Ebd., Inneres, Präs., Krt. 665, Nr. 9141/54 (s. dazu auch folg.).
643 Protmann an Kempen, 26. Juli 1854, Nr. 155/Pr., *reserviert*, in: Ebd., OPB, Präs. II, Krt. 28, Nr. 4832/54.
644 Tagebucheintrag v. 15. März 1851, in: Tagebuch Kempens, S. 207.
645 Tagebucheintrag Kempens v. 17. Januar 1859, in: Ebd., S. 496. Darauf hatten sowohl Erzherzog Albrecht (Tagebucheintrag Kempens v. 1. November 1858, in: Ebd., S. 486) als auch Kempen offenbar schon seit einiger Zeit gedrängt (Tagebucheintrag Kempens v. 29. April 1858, in: Ebd., S. 473).

berührt", daß „die Pester Israeliten bis zur Stunde noch immer nicht zur energischen Äußerung ihres von ihnen erwarteten patriotischen Sinnes gelangt sind"⁶⁴⁶. Dem allerhöchsten Ruf dürfe sich „niemand – <u>aber Niemand … entziehen</u>". Deshalb war „jedes" Mitglied der jüdischen Gemeinde „persönlich vorzurufen", um es „zur freiwilligen Zeichnung aufzufordern". All jene aber, die „sich lau benahmen – oder sich gar der Betheiligung entziehen zu können vermeinten", sollten ihm, Augusz, „<u>namentlich einzeln</u> aufgezeichnet" werden.

Gegenüber Bach führte er einen „besten Beleg" für das Fehlen „einer Nöthigung" an: „Einzelne sehr begüterte Bürger u.(nd) Hauseigenthümer" hatten sich nämlich „entweder gar nicht, oder mit unverhältnißmäßig geringen Beträgen betheiligt"⁶⁴⁷. Angesichts des soeben Dargelegten muß dieses Verhalten aber wohl eher einem gewissen Maß an Bereitschaft zur Renitenz oder Zivilcourage zugeschrieben werden. So verwundert deshalb auch nicht, daß der damalige oberste Verwaltungsbeamte im Distrikt Kaschau, Anton Graf Forgách, der es 1859 zum Sektionschef im Innenressort und noch später zum Statthalter Mährens und Böhmens bringen sollte, der „Aufforderung" von Augusz einen „guten Erfolg" attestierte⁶⁴⁸. Ebensowenig erstaunt die Feststellung des angeblich „ultra konservativ" eingestellten „Salon-Mannes"⁶⁴⁹ und sich „unverhohlen zu den Ansichten der Altkonservativen bekennenden" Adeligen⁶⁵⁰, der „begüterte Adel" sei „über die Anlehens-Operation übel zu sprechen und namentlich über die unzarte Weise, wie selbe zum Beitrite aufgefordert wurden"⁶⁵¹.

In späteren Vorträgen an den Kaiser führte der Innenminister als angeblichen „Beweis"⁶⁵² für den in der Zeichnungsphase gewahrten Freiwilligkeitscharakter ganz ähnliche Momente an: So verwies er auf die ungleichen Zeichnungsbeträge mehrerer in unmittelbarer Nähe angesiedelter Kommunen. Außerdem hatten ihm zufolge in manchen Gemeinden nicht alle Bürger gezeichnet, andere wiederum weniger als eigentlich vorgesehen. All dies traf zu,

---

646 Und. Beil. zu einem Schreiben von Graf Anton v. Forgách an Kempen: Pest, 13. November 1854, Nr. 1905/Pr., in: HHStA, KK, GD, 1854, f. *GD II, Nr. 733–1205*, fol. 856 (s. dazu auch folg.; vgl. dazu w. o., Abschnitt 2.8.5.2.6).

647 An Bach, Pest, 9. August 1854, Nr. 3662/Pr. in: AVA, Inneres, Präs., Krt. 665, Nr. 9141/54.

648 An Kempen, Pest, 13. November 1854, Nr. 1905/Pr., in: HHStA, KK, GD, 1854, f. *GD II, Nr. 733–1205*, fol. 854 (s. dazu auch folg.).

649 Stber., Vortrag Kempens v. 28. Dezember 1851, Wien, in: Ebd., 1852, 2. Teil, f. *GD II, Nr. 401–527*, fol. 1065.

650 PWB v. 3.–9. August 1851, in: Ebd., 1848–51, f. *GD II 1851/1*, fol. 542.

651 Zudem darf nicht vergessen werden, daß die Betreffenden ja ind. durch die korporative Gemeindezeichnung (s. dazu allg. gleich noch mehr) doch mit einbezogen wurden, was Bach in seinem erw. Schreiben auch zugab. Insofern war eine direkte Zwangsausübung gar nicht notwendig.

652 Wien, 13. November 1854, Nr. 12765/MI., in: AVA, Inneres, Präs., Krt. 666, Nr. 12765/54 (s. dazu auch folg.).

wie partiell bereits gezeigt wurde. Wie aber ebenfalls schon angedeutet, fand in weiten Teilen der Monarchie zunächst auch hier die Anrepartierung statt. Dies galt etwa für den südungarischen, nicht weit von Fünfkirchen (Pécs) gelegenen Bezirk Sellye: Dort hielten sich die Behörden an den „Grundsatz", die „5fache Steuer als Anleihe" subskribieren zu lassen[653]. Bezeichnend ist auch der am 12. Juli am Ende einer „Berathung" über diese Frage in Kaschau gefaßte Beschluß der Komitatsvorstände „unter dem Vorsitze" des „Statthalterei-Abtheilungs-Vizepräsidenten": Man entschied, auf diese Stadt und alle Komitate des gleichnamigen Verwaltungsdistrikts „je nach Verhältnis des Reichthums" acht Millionen Gulden zu „repartieren"[654].

Insbesondere für die zwei klassischen Problemprovinzen der Monarchie – Ungarn und Lombardo-Venetien – erachtete Bach die lückenlose Umsetzung dieses Prinzips für selbstverständlich[655]. Konkret ging man dabei pyramidenförmig von oben nach unten vor: So wurden in Ungarn zuerst die Summen für die einzelnen Komitate, dann für die Stuhlrichterbezirke/Gemeinden ermittelt. Grundlage bildeten die gezahlten „direkten Steuern" sowie das „Verhältnis des Reichthums"[656]. Wie später einmal ganz im Sinne Bachs formuliert wurde, sollte die Anrepartierung die dort erwartete „offene Renitenz ... gegen die so wichtige Finanzmaßregel" brechen[657]. Wir können diese Absicht freilich ebenso Worten entnehmen, die der Minister selbst in seinem Abschlußvortrag an den Kaiser gefunden hatte: „Gerade in Ungarn" lag es „im Interesse der Regierung und in jenem der öffentlichen Moral", die „gemeindeweisen Subskriptionen zur überwiegenden Regel" zu machen; denn dadurch konnte der „passive Widerstand" der „altkonservativen Parthei" neutralisiert werden. Gerade ihre Mitglieder aber waren laut dem Baron „durch ihre sozialen und finanziellen Verhältnisse in erster Linie zu einer ausgiebigen Betheiligung berufen"[658]. Im nachhinein schrieb der Innenminister der einschlägigen „Wirksamkeit der <u>Gemeinden</u>" in Ungarn auch noch die Hauptursache „für den Erfolg der Operation" zu[659]. Sie waren dabei „der wichtigste Faktor"[660].

---

653 Steueramt Sellye an Baumgartner, Sellye, 3. Oktober 1854, Nr. 731, in: FA, FM, Präs., Nr. 18678/54.
654 Tagesrapport Marx, Kaschau, 12. Juli 1854, o. Nr., in: AVA, Inneres, OPB, Präs. II, Krt. 27, Nr. 4531/54 (s. dazu auch das folg. Zit.).
655 S. dazu etwa seine Instruktion an die ungarischen Statthaltereiabteilungen (Wien, 6. Juli 1854, Nr. 7099/MI., in: Ebd., Inneres, Präs., Krt. 664, Nr. 7099/54; s. dazu auch das folg. Zit.).
656 Tagesrapport, Marx, Kaschau, 12. Juli 1854, o. Nr., in: Ebd., OPB, Präs. II, Krt. 27, Nr. 4531/54.
657 Präsidium der Statthalterei, Kaschau, 10. Juni 1855, Nr. 3741/Pr., in: Ebd., OPB, Präs. II, Krt. 55, Nr. H4/55.
658 Vortrag v. 3. Oktober 1854, Wien, Nr. 11463/MI., in: Ebd., Inneres, Präs., Krt. 666, Nr. 11882/54 (s. dazu auch folg.).
659 Vortrag v. 5. März 1855, Wien, MCZ. 4131/55, in: HHStA, KK, Vorträge, 1855, Krt. 21.
660 Vortrag an den Kaiser speziell bzgl. Ungarn, in: AVA, Inneres, Präs., Krt. 666, Nr. 11882/54.

Eher noch eindeutiger stellte sich die Sachlage in Lombardo-Venetien dar: Dort mußte der „Schwerpunkt der Operation" von vornherein „in die Betheiligung der Gemeinden" gelegt werden[661]. Dies begründete Bach zum einen mit den Mißernten des Jahres 1853. Sie hatten einzelne Individuen schwer getroffen, weshalb ihre Zahlungsfähigkeit stark eingeschränkt, wenn nicht überhaupt verunmöglicht war. Die Kommunen sollten dafür in die Bresche springen. Zum anderen verwies er auf zwei politische Momente, nämlich die „Natur der dortigen Zustände" und „die lichtscheuen Werkzeuge der Umsturzpartei". Sie würden „alle ihre unlauteren und gewissenlosen Machinationen in Anwendung" bringen, um die Einwohner von Zeichnungen abzuhalten[662].

Für das oberitalienische Kronland wird darauf noch näher einzugehen sein. Doch auch in anderen Regionen kam es wenigstens teilweise zu einer lückenlosen Anwendung dieser Maßregel. So befahl etwa Kärntens Statthalter Strassoldo seinen Untergebenen, „alle unter öffentlicher Aufsicht und Controlle stehenden" Organe „so wie alle Gemeinden und Corporationen etc.(etera)" zu einer „Betheiligung" an der Nationalanleihe „anzuweisen und zu verhalten"[663]. Den Maßstab hierfür sollte die „Größe der in den nächsten drei bis vier Jahren voraussichtlich disponiblen Barschaften oder sonstigen verfügbaren oder aufzubringenden Vermögenschaften" bilden.

Bach behinderte solche Maßnahmen nicht, ganz im Gegenteil. Dies sei nur an einem einzigen Beispiel verdeutlicht. Es reicht zeitlich schon weit in die Einzahlungsphase hinein: Die „Singular-Subscriptionen" der Gemeindemitglieder der kleinen niederösterreichischen Gemeinde Rust im Tullnerfeld waren zu niedrig ausgefallen, wie er den Kaiser in einem Vortrag vom 25. März 1855 informierte[664]. Dies brachte die „Nothwendigkeit" mit sich, die „SubscriptionsVerhandlung mit der Gemeinde, als Corporation, wieder aufzunehmen" und den Gemeinderat „zur Abgabe einer SubscriptionsErklärung auf den Betrag von 20.000 f" zu „bestimmen". Dieses Organ hatte nun die Summe „nach dem Maßstabe der Steuer ... auf die Insassen repartirt", was der Minister aufgrund der „a.(ller)h.(öchsten) Entschließung vom 5. Juli 1854" als „vollkommen berechtigt" verteidigte. Ob letzteres zutraf, wird sich noch erweisen: Das Wort *bestimmen* zeigt jedenfalls, daß man der Gemeindevertretung auch keine andere Wahl ließ. Dies dürfte zumeist der Fall gewesen

---

661 Vortrag v. 3. Oktober 1854, Wien, Nr. 11463/MI., in: Ebd.
662 Problematisch war dabei, daß die Gemeinden die ihnen anrepartierten Summen teilw. wieder auf die Gemeindemitglieder, also die durch Mißernten und anderes mehr Betroffenen umlegten, was Bach verschwieg (s. dazu w. u. mehr).
663 Erlaß, Klagenfurt, 14. Juli 1854, Nr. 648/Pr., in: Ebd., Krt. 664, Nr. 8007/54 (s. dazu auch das folg. Zit.).
664 Vortrag Bachs v. 25. März 1855, Wien, MCZ. 843/55, in: HHStA, KK, Vorträge, 1855, Krt. 5 (s. dazu auch folg.).

sein und läßt die von Reichsrat Zichy geäußerte und von seinem Kollegen Salm unterstützte Kritik, „viele Gemeinden" seien „auf das Ungerechteste belegt" worden, gerechtfertigt erscheinen[665].

Ziehen wir an dieser Stelle ein kurzes Zwischenresümee. Es gab Zeichnungssummen ungleicher Höhe in einer Region oder in einem Ort. Zugleich vermochten sich eigentlich zur Subskription ausersehene Individuen oder Korporativkörper dieser Obliegenheit gänzlich oder auch partiell zu entziehen. All dies belegt aber keineswegs die Aufrechterhaltung des Prinzips der Freiwilligkeit. Es verhält sich eher umgekehrt. Denn solche Vorkommnisse bildeten lediglich oder zumindest eher die Ausnahme von der Regel. Und kamen sie regional oder örtlich häufiger vor, so lag dies insbesondere an der unbestreitbaren Armut mancher potentieller Subskribenten. Dabei ist nicht zu vergessen, daß letztere allesamt ohnehin oftmals noch Steuern und sonstige Abgaben leisten mußten. Mehr aus ihnen herauszupressen, war schlicht nicht möglich. Daran vermochten auch die Repräsentanten der Staatsmacht nicht stur vorüberzugehen. Dem mußte also auch Bach Rechnung tragen.

2.9.4. Die Anrepartierung am Beispiel der Gemeinden

Wie aber brachten die Subskribenten generell die geforderten Summen auf? Mit der Beantwortung dieser Frage greifen wir teilweise ein wenig der Analyse der Einzahlungsphase vor. Sie soll nur am Beispiel der Gemeinden – insgesamt gab es zur damaligen Zeit fast 65.000 – analysiert werden. Denn einerseits offenbart sich bei ihnen der flächendeckende und zwanghafte Charakter der Anrepartierung besonders deutlich. Zum anderen aber machten etwa in der Bukowina die Gemeindezeichnungen rund 50 % der insgesamt subskribierten Summe aus. Für das Krakauer Gebiet lag der entsprechende Prozentsatz sogar deutlich darüber[666].

Die naheliegendste Option zur Aufbringung der geforderten Summe bestand für Kommunen im Einsatz ihres Barvermögens sowie sogenannter „Reservefonds", die jedoch nur „hie und da" vorhanden waren[667]. Dabei „benöthigten" die Gemeindorgane zur „Verwendung von Capitalien" eigentlich „eine behördliche oder die Allerhöchste Bewilligung Seiner k. k. Apostolischen Majestät nach den bestehenden Gesetzen"[668]. Sie wurde ihnen durch Paragraph 4 eines Erlasses vom 6. Juli 1854 „ertheilt". Die Sache hatte allerdings zwei kleine Haken. Erstens sollte die „Sorge" der Regierungsbehörden darauf

---

665 Vortrag Kübecks, 5. Oktober 1855, Wien, in: Ebd., RR, Gremial, Krt. 97, Nr. 1024/55.
666 S. dazu eine Übersicht, in: AVA, Inneres, Präs., Krt. 664, Nr. 7099/54.
667 Bach an Baumgartner, 14. Januar 1855, Nr. 388/MI., in: FA, FM, Präs., Nr. 821/55.
668 Erlaß Bachs, in: Rgbl., 1854, Nr. 166, S. 710 (s. dazu auch das folg. Zit.).

gerichtet sein, „daß die Gemeinden ihr Vermögen nicht anders als zu Gemeinde-Zwecken verwenden", wie es in einem bereits 1853 verfaßten unsignierten Memorandum hieß[669]. Dies war eine weise Überlegung, weil es um die finanzielle Situation wohl der allermeisten Kommunen eher schlecht bestellt war. Dies leitet auch über zum zweiten Punkt: Vielen Kommunen fehlte es an ausreichendem „disponiblen Gemeindevermögen". Diese Feststellung traf Bach zwar erst nachträglich[670], doch waren sich er und Baumgartner dessen zweifellos bereits von Anfang an bewußt.

Der zuerst genannte Punkt spielte bei ihren anfänglichen Überlegungen zur Abwicklung der Nationalanleihe offenbar keine oder doch nur eine sehr untergeordnete Rolle. Dagegen mußten sie der Kapitalarmut bereits im Zuge der Planung der Operation Rechnung tragen. Dies geschah folgendermaßen: Zum einen gestattete der gerade genannte Paragraph 4 den Kommunen auch die Erlaubnis zur Aufnahme von Krediten sowie zur „Veräußerung des beweglichen oder Verpfändung ihres unbeweglichen Vermögens"[671], also von Gemeinde- oder Liegenschaftsgrundstücken. Solche Verkäufe sahen die Behörden allerdings prinzipiell ebenso ungern wie die grundsätzlich ebenso mögliche Verpfändung von Gemeindebesitz. So versuchte man, während der Einzahlungsphase gegen den Verkauf von Gemeindegrundstücken zur Aufbringung der Ratenzahlungen vorzugehen. Die Statthalterei Böhmen beispielsweise erließ am 3. Februar 1855 eine Verordnung, daß solchen Verkäufen „Bewilligungen … der Statthalterei" vorauszugehen hatten[672]. Daß diese dann aber teilweise offenbar relativ großzügig erteilt wurden[673], überrascht nicht. Denn schließlich war von der Ratenleistung ja der ohnehin gefährdete finanzielle Erfolg der Operation abhängig.

Zum anderen gewährte der Paragraph die im Zusammenhang mit dem Fall der Gemeinde Rust bereits angeschnittene Möglichkeit sogenannter korporativer Gemeindezeichnungen[674]. Kommunen konnten also wenigstens einen Teil des ihnen zudiktierten Betrages auf die einzelnen Gemeindemitglieder oder Teile von ihnen „umlegen"[675]. Dies wirft umgehend die Frage nach der Rechtfertigung einer solchen Konzession auf. Aus den mir verfügbaren Akten läßt sie sich nicht direkt ableiten. Die Verantwortlichen dürften aber ungefähr

---

669 Ohne alles (aber 1853), in: HHStA, KK, GD, 1853, 2. Teil, f. *GD II, Nr. 1202–1271*, fol. 961.
670 An Baumgartner, 14. Januar 1855, Nr. 388/MI., in: FA, FM, Präs., Nr. 821/FM.
671 Erlaß Bachs, in: Rgbl., 1854, Nr. 166, S. 710.
672 Entnommen aus einem Art. in der *Wiener Zeitung* v. 2. März 1855, Nr. 52, S. 559–560 (Kronländer, Prag, 25. Februar 1855).
673 S. dazu Kronenberg an Kempen, Prag, 10. Juni 1855, Nr. 272/Pr., *reserviert*, in: AVA, Inneres, OPB, Präs. I, Krt. 15, Nr. 2173/55.
674 Bach an Kempen, Wien, 16. August 1854, Nr. 9140/MI., in: Ebd., Inneres, Präs., Krt. 665, Nr. 9141/54.
675 Rgbl. v. 6. Juli 1854, Nr. 166, § 4, S. 710.

von folgender Vorstellung ausgegangen sein: *Die Gemeinden leisten den in ihrem Territorium lebenden Menschen bestimmte Dienste. Daraus erwachsen ihnen gewisse Anspruchsrechte gegenüber der Allgemeinheit.* Welches der beiden Mittel – Selbstaufbringung durch Verkäufe oder Verpfändung oder Umlage – und in welchem Verhältnis sie angewendet wurden, dies blieb den Vertretern der Gemeinden offenbar weitgehend selbst überlassen.

Allerdings wurde im Falle der geplanten Veräußerung von Gemeindegut die mancherorts erhobene Forderung abgelehnt, die subskribierte Summe nur im Falle einer gelungenen Veräußerung zahlen zu müssen. So wollten die Organe der böhmischen Stadt Lobositz (Lovosice) die gezeichneten 760 Gulden nur unter der Bedingung des Verkaufs der „National Garde Gewehre" an das „h.(ohe) Aerar" einzahlen[676], was Baumgartner jedoch nicht akzeptierte[677]. Ironie der Geschichte: Am 20. September kam er einem Ersuchen seines Kollegen vom Inneren um „Annullirung" dieses Betrags nach, da ihn die Gemeinde nicht „ohne eine empfindliche Gemeindeumlage" zusammenbringen konnte[678].

Am Beispiel von Triest war bereits zu sehen, daß sich die dortige Gemeindevertretung bei der von ihr vorgenommenen Umlage keine besondere Zurückhaltung auferlegt hatte, um es vorsichtig zu formulieren. Es ging ja immerhin um einen Betrag von 1.000.000 Gulden. Nicht anders verhielt es sich in Agram: Zwei Wochen nach Eröffnung der Anleihe (2. August) wurde Kempen vom dortigen Polizeidirektor über den Beschluß des Gemeinderates informiert, für die dortige „Einwohnerschaft" eine „Repartizion zu verfassen" und ihr entsprechend „die für jeden Einzelnen entfallenden Beträge ohne alle Rücksicht einzufordern"[679]. In seiner *reservierten* Zuschrift brandmarkte er dies unverhüllt als „Fehlgriff". Damit hatte er nur allzu recht. Denn tatsächlich wurde dadurch nicht nur „<u>die freiwillige ... schon im Vorhinein ... in eine Zwangs-Anleihe verwandelt</u>". Vielmehr geschah dies auch „ohne allen Grund". Denn zu diesem Zeitpunkt war noch gar nicht abzusehen, ob die der Stadt zugewiesene Summe nicht auf anderem Wege zu erreichen sein würde.

Anderenorts ging man anfangs eher moderat vor. Aber auch dort gebärdeten sich die Gemeindeorgane zuweilen autoritär. Dies illustriert der Fall der in der Nähe von Wels gelegenen oberösterreichischen Ortschaft Steinerkirchen an der Traun. Dieser Kommune „wurde bei der Veranschlagung der Anlehensbeträge der einzelnen Gemeinden" laut Bericht des Stellvertreters des zuständigen Statthalters vom 18. November 1854 „ein Betrag von 59.100fl

---

676 Kreditshofbuchhaltung an Baumgartner, Wien, 1. August 1854, o. Nr., in: FA, FM, Präs., Nr. 14256/54; s. in diesem Bestand auch die Nummern: 14716/54, 14791/54 und andere mehr.
677 Baumgartner an die Kreditshofbuchhaltung, Wien, 4. August 1854, Nr. 14256/54, in: Ebd.
678 Nr. 10720/MI., in: Ebd., Nr. 17587/54; Baumgartner an FLD Böhmen, 7. Oktober 1854, Nr. 17587/FM., in: Ebd.
679 Agram, 2. August 1854, Nr. 135, in: AVA, Inneres, OPB, Präs. I, Krt. 6, Nr. 2825/54 (s. dazu auch folg.).

angesprochen"⁶⁸⁰. Gegen die Leistung einer so hohen Summe sperrte sich die Gemeindevertretung ursprünglich offenbar. Wie es nämlich weiter hieß, „ließ" sie sich erst nach „wiederholter Verhandlung" – mit anderen Worten also nach höchstwahrscheinlich steigender Ausübung offiziellen Drucks – „zur Übernahme dieses Gesammtbetrags herbei". Dabei bediente sie sich aber nun einer „Umlage auf ihre Mitglieder". Zuerst beschritt sie hierzu „den Weg der freiwilligen Subskription", was – wie das Triestiner Beispiel zeigt – nicht immer so gehandhabt wurde (allerdings dürfte schon dabei ein gewisser moralischer Druck ausgeübt worden sein); dann aber „legte" sie den noch „verbleibenden Abgang auf die einzelnen Gemeindeglieder um"; immerhin geschah dies „nur" in jenen Fällen, in denen sich die Einwohner „nicht ohnehin freiwillig entsprechend betheiligt hatten". Tatsächlich wäre die Gemeindeführung auch zu einer einfachen „Umlage" ohne Berücksichtigung der Beteiligung der einzelnen „berechtigt gewesen", wie der Berichterstatter ausdrücklich hinzufügte.

2.9.4.1. Die finanziellen Folgen kommunaler Subskriptionen

Wie die Gemeinden nun aber auch immer für die Subskriptionen sorgen mochten: Aus der Anrepartierung resultierten für sie zum Teil ähnlich gravierende nachteilige finanzielle Folgen, wie wir ihnen vor allem im Zusammenhang mit Triest begegnet sind. So hatte die Nationalanleihe „alle disponiblen Geldmittel" des siebenbürgisch-sächsischen Zentrums Hermannstadt (Nagyszeben, Sibiu) „in Anspruch genommen"⁶⁸¹. Und machte Bach in einem Vortrag ausdrücklich auf „die äußerst zerrütteten Vermögens und Administrations-Verhältnisse der Gemeinde Mailand" aufmerksam, so hatte die beträchtliche, von der lombardischen Stadt auf die Nationalanleihe gezeichnete Summe das Ihrige zu dieser mißlichen Situation beigetragen⁶⁸². Gleiches dürfte gelten, sollte der „Schuldenstand" der Stadt Prag tatsächlich „von Jahr zu Jahr" angestiegen sein, wie der örtliche, vom Kaiser im übrigen offenbar nicht wohl gelittene⁶⁸³ Polizeidirektor Leopold Ritter v. Sacher-Masoch am 21. Dezember 1852 feststellte⁶⁸⁴. Dabei wurde die Option der Veräußerung von Grundstücken oder Liegenschaften schon relativ früh als ein „bereits vielseitig

---

680 An Baumgartner, Linz, Nr. 5718 et 5719/Pr., in: FA, FM, Präs., Nr. 21530/54 (s. dazu auch folg.).
681 Vortrag Baumgartners (sowohl in seiner Eigenschaft als Handels- wie auch als Finanzminister) v. 27. August 1854, Wien, MCZ. 2802/54, in: HHStA, KK, Vorträge, 1854, Krt. 14 (dazu auch w. u.).
682 Vortrag Bachs v. 22. November 1856, Wien, MCZ. 4160/56, in: Ebd., 1856, Krt. 20.
683 S. dazu Tagebucheintrag Kempens v. 14. Juni 1854, in: Tagebuch Kempens, S. 334.
684 An Kempen, Prag, Nr. 97/GP., ad Nr. 1541/BM.-I, in: HHStA, AM, IB, BM.-Akten, Krt. 33, Nr. 21/52, fol. 831.

in Anwendung gekomenes Auskunftsmittel" bezeichnet, um den durch die Subskriptionen auf die Nationalanleihe entstandenen finanziellen Engpässen Herr zu werden[685]. Dies verwundert ebensowenig wie die Voraussage, daß „viele Gemeinden bei spätern Raten-Einzahlungen" zu diesem Mittel greifen würden. Von einer gewissen Weltfremdheit zeugt es jedoch, dieses Mittel auch einen „guten" Ausweg zu nennen. Denn damit verkannte man die möglichen mittel- und langfristigen Konsequenzen dieser Verkäufe. Möglicherweise aber gab man sich hier auch unbewußt absichtlich weltfremd: Denn Selbsttäuschung mochte hin und wieder über Gewissensnöte hinweghelfen.

Verkäufe oder auch die Verwendung vorhandener liquider Mittel bildeten keineswegs immer den einzigen Grund für finanzielle Kalamitäten. Anders formuliert: Die Vorgänge um die Nationalanleihe vergrößerten nur ohnehin schon bestehende Probleme, wie Mißwirtschaft oder auch wirtschaftliche Notlagen. Auf letztere wies Radetzky Ende 1854 speziell für Lombardo-Venetien hin, mit ihnen aber hatten insbesondere Bauern und Gewerbetreibende damals in ganz ähnlicher Form auch in anderen Regionen der Monarchie zu kämpfen: Denn oftmals waren „die Hilfsquellen der Gemeinden zur Versorgung und Beschäftigung der Nothleidenden durch die Opfer des vergangenen Jahres(,) durch die abermals mißrathene Weinerndte, durch die Geschäftsstockung und durch das Nationalanlehen gleichsam erschöpft"[686].

Generell stellten die Veräußerungen jedenfalls kein geeignetes Mittel zur Verbesserung der sich allgemein als eher prekär darstellenden finanziellen Lagen vieler Kommunen dar. Teilweise waren diese sogar „zur Aufnahme eines Anlehens" gezwungen, um den ihnen zudiktierten Betrag zeichnen beziehungsweise später entrichten zu können[687]. Besonders pikant war dabei, daß sich der Monarch häufig zu einer Sanktionierung dieser Darlehen gezwungen sah. So hatte etwa Bozen Ende August 1854 die allerhöchste Ermächtigung erhalten, sich „zum Zwecke der Betheiligung" mit 65.000 Gulden zu verschulden[688].

Aufschlußreich erscheint hier abermals der Fall Triest. Infolge der Aufbringung der allerdings „namhaften Betheiligung"[689] von 20 Millionen Gulden sah sich die dortige Stadtverwaltung (wie gleichfalls einzelne ihrer Institutionen und Gemeindemitglieder) schon bald mit ernsthaften Finanzproblemen konfrontiert. Noch präziser ausgedrückt: Bereits vorhandene finanzielle Komplikationen wurden dadurch erheblich vergrößert. Denn schon vor der Ausru-

---

685 Kronenberg an Kempen, Prag, 31. März 1855, Nr. 79/Pr., in: AVA, Inneres, OPB, Präs. I, Krt. 13, Nr. 1217/55 (s. dazu auch folg.).
686 Verona, 3. Dezember 1854, Nr. 3417/R., in: FA, FM, Präs., Nr. 22821/54.
687 Vortrag Bachs v. 25. August 1854, Wien, MCZ. 4001/54, in: HHStA, KK, Vorträge, 1854, Krt. 20 (s. dazu auch folg.).
688 Ischl, 29. August 1854, in: Ebd.
689 Vortrag Bachs v. 26. Januar 1855, Wien, MCZ. 73/55, in: Ebd., 1855, Krt. 1, fol. 291.

fung der Nationalanleihe hatte man ein staatliches Darlehen von 1,35 Millionen Gulden aufgenommen, um anfallende Ausgaben bestreiten zu können[690]. Doch nach erfolgter Subskription erwies sich diese Finanzspritze bald als unzureichend: Bereits am 26. Oktober 1854 bat der Innenminister seinen Kollegen von den Finanzen unter Verweis auf die „große Dringlichkeit" der Angelegenheit um die Genehmigung der von der Stadtgemeinde gestellten Bitte wegen Erhöhung dieser verzinsten Leihgabe auf beinahe den doppelten Betrag (2,4 Millionen). Dieses Ansuchen konnte ihm zufolge „keineswegs befremden". Baumgartner stimmte zu, beharrte allerdings auf einer kaiserlichen Sanktion[691]. Und so bat Bach Anfang Januar Franz Joseph, der schon die ursprüngliche Darlehenssumme genehmigt hatte, erfolgreich um das kaiserliche Plazet. Zudem ging er ihn aber noch um eine „zeitweise Nachwartung der fälligen Anlehensraten" an[692]. Dies begründete er mit einer „Störung im städtischen Haushalten", die aufgrund der „namhaften Beteiligung der Comune (…) schon jetzt" eingetreten war und die sich auf anderem Wege offenbar nicht mehr lösen ließ. Der Monarch stand nicht an, auch dieses Ersuchen zu sanktionieren[693].

Die nun einmal eingetretene *Störung* hielt jedoch in den folgenden Jahren an: Im Sommer 1859 versuchte Baumgartners Nachfolger Bruck der Ministerkonferenz die Notwendigkeit einer neuen großzügig bemessenen Staatsanleihe zur Deckung der Militärausgaben klarzumachen, worauf noch im letzten Kapitel einzugehen sein wird. Damals wies ihn sein Kollege vom Inneren dezidiert darauf hin, daß sich „von der Stadt Triest, welche zum Nationalanlehen 20 Millionen subskribirt hatte", momentan nichts „erwarten (lasse)"[694]. Dem ist wohl nichts mehr hinzuzufügen.

2.9.4.2. *Motive für die Heranziehung von Gemeinden*

Auch mit den soeben beschriebenen Folgen der korporativen Gemeindezeichnung mußte Bach schon rechnen, bevor über die Zuweisung von Quoten an die Kommunen entschieden wurde. Dies scheint ihn jedoch nicht sonderlich gestört zu haben. Der Grund hierfür lag zunächst wiederum in der für ihn bestehenden unbedingten Notwendigkeit eines Erfolgs der Operation. Daneben

---
690 Bach an Baumgartner, 26. Oktober 1854, Nr. 25172/1376, in: FA, FM, Präs., Nr. 19829/54 (s. dazu auch folg.).
691 An Bach, 4. November 1854, Nr. 19829/FM., in: Ebd., Bog. 1–2.
692 Vortrag v. 6. Januar 1855, Wien, MCZ. 73/55, in: HHStA, KK, Vorträge, 1855, Krt. 1 (s. dazu auch folg.). Bach gab hier die von ihm (und auch von Wimpffen und Baumgartner) geteilte Darstellung der Stadtverwaltung wieder.
693 A.h. Entschließung v. 23. Januar 1855, Wien, in: Ebd.
694 MKP v. 5./7. Juli 1859, MCZ. 144/59, in: Ebd., MRP, Krt. 28, fol. 581.

dürften noch vier weitere Motive relevant gewesen sein: Erstens waren vereinzelt beziehungsweise in gewissen Teilen der Monarchie auch schon zuvor die „Gemeindevorstände" mit der „Einbringung" von dem Staate zustehenden Geld beauftragt, was insbesondere in Ungarn Steuerrückstände betraf[695].

Zweitens erreichte Bach durch die Genehmigung von Gemeindeumlagen automatisch alle zu einer Beteiligung ausersehenen Individuen. Genau darauf spielte mit kaum zu überbietender Offenheit auch Baumgartner in seiner Eigenschaft als Handels-, nicht als Finanzminister[696] kurz nach Eröffnung der Subskriptionsphase in einem Schreiben an, das sich mit der Frage der adäquaten Einbeziehung der nichtbeamteten Postmeister in die Anleihe auseinandersetzte. Ihre Subskription auf ministeriellem Wege sicherzustellen, erschien ihm aus einem ebenso einfachen wie entwaffnenden Grund gar nicht nötig: Sie würden sich „ohnehin der Betheiligung an dem Anlehen bei den Gemeinden nicht entziehen können"[697]. Generell war aber wohl der Gedanke entscheidend, daß dieser Mechanismus auch für jene Individuen eintreten würde, die sich einer individuellen Subskription überhaupt oder aber in ausreichendem Maße verweigerten, trotz aller Belehrungen, Mahnungen und ähnlichem mehr[698].

Drittens wurden die Gemeindeführungen durch dieses Vorgehen von Anfang an in die Pflicht genommen, ja dazu genötigt, gegenüber den Einwohnern tatkräftig zum Gelingen des Unternehmens beizutragen. Damit übernahmen sie vorübergehend gleichsam die Funktion staatlicher Organe. Die Machtträger wiederum entledigten sich auf diese Weise partiell einer unangenehmen Bürde: Sie mußten nunmehr etwaige Problemfälle nicht mehr immer selbst lösen und damit gegebenenfalls für jeden ersichtlich repressiv auftreten (was aber, wie wir gesehen haben, dennoch immer wieder geschah).

Das vierte Motiv betrifft den durch ein solches Vorgehen eventuell hervorgerufenen Unmut der Bevölkerung. Er mochte sich nunmehr zuweilen primär

---

695 Erlaß Albrechts v. 11. Oktober 1853 (s. dazu FLD Ofen an Generalgouvernement, Ofen, 27. Oktober 1857, Nr. 1796/Pr., in: FA, FM, Präs., Nr. 4304/57, fol. 12–13). Dieser ganze Bereich wäre eingehender zu untersuchen.
696 Er leitete damals beide Ressorts sozusagen in Personalunion.
697 An Bach, Wien, 25. Juli 1854, Nr. 1825/HM., in: AVA, Handel, Präs., Krt. 44, f. *10*, Nr. 1825/54.
698 Dies betraf aber auch Fälle, die „zahlungsfähig, jedoch mit den zur Kautionsleistung erforderlichen Geldmitteln nicht versehen" waren (*Österreichische Korrespondenz*, wiedergegeben in: *Wiener Zeitung* v. 19. Juli 1854, Nr. 171, S. 1938). Besonders kennzeichnend für das diesbzgl. Denken Bachs s. seinen Erlaß an Mecséry v. 6. August 1854. Dort schrieb er, die Bezirkshauptmannschaft Neuhaus (Jindřichův Hradec) hätte „den Mißgriff begangen ..., die Gemeinde Vertretungen zu Subskriptions-Erklärungen für einzelne Gemeindeglieder zu veranlassen. Es ist sehr wohl wünschenswerth, daß sich die Gemeinden als solche ... recht ausgiebig ... betheiligen; die von den Gemeinde-Vertretungen ausgehende Zeichnung kann aber nur im Namen der Gemeinde erfolgen." (Nr. 8624/MI., in: FA, FM, Präs., Nr. 14403/54.)

oder gar ausschließlich gegen die Gemeindeorgane, nicht aber sosehr gegen die politischen Behörden, die Regierung und damit möglicherweise sogar den Monarchen richten. Solche Überlegungen spielten bei dem gegen Ende der 50er Jahre von Bruck verfolgten Plan zur Realisierung eines ähnlichen Verfahrens auf großer Basis in Sachen Steuerveranlagung eine nicht unerhebliche Rolle[699]. Hierbei entstehende „steuertechnische und besteuerungspsychologische (...) Querelen" wollte der Baron „weitgehend auf Organe der regionalen Selbstverwaltung abgewälzt und damit politisch erträglicher gemacht" wissen. Dabei kam es jedoch zu einer „Fülle materieller Interessengegensätze", und zwar „vor allem ... zwischen ehemaligen Gutsherren und bäuerlichen Gemeinden". Hauptsächlich deshalb scheint das vermeintliche Finanzgenie mit seinem Vorhaben auch nicht durchgedrungen zu sein.

Aus den Quellen läßt sich nicht entnehmen, ob Bach im Sommer 1854 von vornherein erhofft oder gar beabsichtigt hatte, wenigstens einen Teil des öffentlichen Ärgers auf die Repräsentanten der Kommunen gleichsam umzulenken. Gegen diese Annahme spricht aber nichts, während ein solcher Effekt direkt und indirekt nachweisbar ist. Nehmen wir etwa den uns schon bekannten Fall der Stadt Agram: Dort rief die „Art und Weise", wie die „hiesige Comunal- und Comitats-Behörde" den ihr anrepartierten Betrag einzubringen versuchte, „allgemeine Unzufriedenheit" hervor[700]. Nichts anderes geht aus dem an Franz Joseph gerichteten Gesuch von Mitgliedern mehrerer Südtiroler Kommunen „um Nichtigkeitserklärung der von den betreffenden Gemeindevorstehungen für die Gemeindeinsassen ausgestellten Subscriptions-Erklärungen zum Nationalanlehen" hervor[701]. Die Bittsteller deuteten dies als Zwangsausübung und begründeten ihre Auffassung unter anderem folgendermaßen:

> „Tale collettiva obbligazione venne assunta dalle suddette Deputazioni senza il preventivo necessario voto del Comunale Consiglio o Convocato, il quale soltanto per le vigenti discipline amministrative può costituire una legale deliberazione."[702]

Das „Majestätsgesuch" wurde im Finanzministerium „ad acta" gelegt[703]. Schließlich würde darüber „ohnehin ... das geszliche Amt gehandelt werden". Immerhin mochte sich in diesem Fall der Unmut nur gegen die Bürgermei-

---

699 S. dazu Brandt, Neoabsolutismus, 1, S. 588 (s. dazu auch folg.); ausführlich dazu ebd., S. 552–566.
700 Polizeidirektor an Kempen, Agram, 25. Juli 1854, Nr. 283/Pr., in: AVA, Inneres, OPB, Präs. II, Krt. 28, Nr. 4876/54.
701 Notiz im Finanzressort, Oktober 1854, in: FA, FM, Präs., Nr. 16634/54.
702 So im Gesuch, in: Ebd.
703 So lautet eine Notiz v. 13. Oktober 1854, in: Ebd. (s. dazu auch das folg. Zit.).

ster richten. Dagegen wurde aus Kronstadt eine gegen den gesamten „Gemeinde-Ausschuß" herrschende „Mißstimmung" gemeldet[704]. Dieses bekannte, nicht zuletzt von Siebenbürger Sachsen bewohnte Zentrum mußte insgesamt 800.000 Gulden aufbringen. Davon kamen aber nur 480.000 „durch freiwillige Einzeichnung" zustande. Da hatte die „Comune" den abgängigen Differenzbetrag „auf den Steuergulden repartirt", worauf sich freilich „diejenigen Partheien", die „ohnehin viel freiwillig gezeichnet" hatten, „bebürdet fühlten". Gleiches galt demnach aber auch für „jene, die nichts zeichneten", wie der dortige Polizeidirektor geraume Zeit danach Kempen berichtete. Sie dürften sich auf das Prinzip der Freiwilligkeit berufen haben.

Nicht gerade zimperlich in der Wahl der Mittel war auch die Gemeindeadministration Badens bei Wien, ein schon damals als Kurort beliebter Ort, der im übrigen vor allem im Sommer altkonservativen Magnaten als ein Treffpunkt auch zu gleichsam *subversiven* Zwecken diente[705]: Die von der Kommune gezeichnete Summe wurde nach Beschluß der dort „versammelten Gemeinde-Repräsentanten" auf die „Gemeindeglieder" teilweise umgelegt[706]. Dies erregte „eine Stimmung des Unwillens", was mehr als verständlich erscheint. Denn jene, die bereits persönlich subskribiert hatten, wurden auf diese Weise doppelt herangezogen. Dennoch kam es im weiteren zu „Drohungen" durch die „Gemeinde-Verwaltung". Und mehrere „Gemeindeinsassen" der in Nordböhmen gelegenen Gemeinde Barzdorf (Božanov) „beschwerten" sich „wegen Ueberbürdung bei der Anlehens Repartirung" und baten um eine „kommissionelle Erhebung des vom Gemeinde-Vorsteher bei der Subscription … beobachteten Vorganges"[707].

Sogenannte Doppelzeichnungen kamen im übrigen teilweise häufig vor, obgleich sie eigentlich nicht rechtens waren. Deshalb wurden Bürger, die bereits als Privatpersonen gezeichnet hatten, auch immer wieder von einer ihnen zudiktierten Gemeindesubskription entbunden. So wußte das Präsidium der Finanzlandesdirektion in Ungarn über die „in mehreren Komitaten" herrschende „Nothwendigkeit" der nachträglichen „Ausscheidung" von Grundbesitzern zu berichten, die selbst subskribiert hatten, daneben aber noch zu den

---

704 Riebel an Kempen, Hermannstadt, 4. April 1855, Nr. 2014/Pr., in: AVA, Inneres, OPB, Präs. I, Krt. 13, Nr. 1325/54 (s. dazu auch folg.).

705 So „lebte" etwa Albert Graf Apponyi „anscheinend still und zurückgezogen in Baden bei Wien", hieß es in einem Ber. über altkonservative Größen v. 8. Februar 1857. Dabei habe er in letzter Zeit Besuche von den „Führern der Conservativen" erhalten (HHStA, IB, BM.-Akten, Krt. 102, Nr. 246/BM.).

706 Polizeikommissar Ferdinand Zawadil an Kempen, Baden, 11. März 1855, Nr. 652, in: AVA, Inneres, OPB, Präs. II, Krt. 36, Nr. 2507/55 (s. dazu auch folg.).

707 Vortrag Bachs v. 31. Dezember 1855, Wien, MCZ. 4124/55, in: HHStA, KK, Vorträge, 1855, Krt. 21.

Gemeindezeichnungen herangezogen wurden[708]. Allein für Pest machte dies die stattliche Summe von 335.152 Gulden aus: In sechs weiteren Komitaten dieses Verwaltungsdistrikts kamen dadurch 519.387 Gulden zusammen.

Selbst im Innenministerium sorgte man sich über den Unmut, den Doppelzeichnungen hervorriefen. Dabei war in einem Resümee über die Abwicklung der Anleihe in Krakau von „vielen … Fällen" die Rede, in denen „die von den Gemeinde-Vertretungen" angeblich „freiwillig votirten Subscriptionen als ein mit dem Wesen der Operazion unverträglicher Zwang gegen die einzelnen Insassen ausgelegt" wurden[709]. Auch dem Kaiser gegenüber verschwieg Bach dieses Faktum nicht. Freilich versuchte er daraus auch wieder sofort politisches Kapital zu schlagen, indem er die entstandene Unzufriedenheit „namentlich … einigen Gliedern der altkonservativen Parthei" in Ungarn zuschrieb[710]. Dabei muß zu seinen und zugunsten Baumgartners eines ausdrücklich bemerkt werden: Sie hatten Doppelzeichnungen ebensowenig beabsichtigt, wie sie im allgemeinen zu ihrer Tolerierung bereit waren. Damit ist zugleich angedeutet, daß es doch Subskribenten gab, die zweifach zeichneten. So hatte sich etwa Philipp Graf Cavriani bereits in seiner „Eigenschaft als kais.(erlicher) Beamter … mit einem Jahresgehalte" beteiligt; doch wollte er „zugleich" noch „die nöthigen Anstalten treffen", überdies „mit einer, meinem in Böhmen befindlichen Privatvermögen entsprechenden Summe … beizutragen"[711]. Tatsächlich erfolgten Doppelzeichnungen dieser Art nicht unbedingt aus freien Stücken, sondern wurden vielmehr von Staatsdienern, die neben ihrem regulären staatlichen Einkommen noch über *Privatvermögen* verfügten, durchaus gerne gesehen, wenn nicht erwartet. Abgesehen davon finden sich im Finanzarchiv jedoch zahlreiche Geschäftsvorgänge über die Widerrufung vorgekommener sonstiger Doppelzeichnungen[712]. Soweit sich das aufgrund der Aktenlage sagen läßt, wurden – nach gehöriger Überprüfung – wenigstens alle jene Bitten um Rücknahme tatsächlich vorgefallener Doppelzeichnungen genehmigt, die nach Wien gelangten. Was für ein Betrag der Regierung dabei von den ursprünglichen rund 500 Millionen entging, kann nicht gesagt werden. Die für den Verwaltungsdistrikt Pest erwähnten Summen lassen jedoch erahnen, daß er nicht gerade gering gewesen sein dürfte.

---

708 An Baumgartner, Ofen, 21. September 1854, Nr. 3043/Pr., in: FA, FM, Präs., Nr. 17718/54 (s. dazu auch folg.); vgl. auch etwa das Steueramt Sellye an Baumgartner, Sellye, 3. Oktober 1854, Nr. 731, in: Ebd., Nr. 18678/54.
709 Ohne alles, in: AVA, Inneres, Präs., Krt. 664, Nr. 7099/54.
710 Vortrag v. 3. Oktober 1854, Wien, Nr. 11463/MI., in: Ebd., Krt. 666, Nr. 11882/54.
711 Präsidialvermerk für Buol v. 27. Juli 1854, in: HHStA, AM, Adm. Reg., F 23, Krt. 7, f. *1854*.
712 Für zwei konkrete Fälle: Bach an Baumgartner, 9. Oktober 1854, Nr. 11733/MI., in: FA, FM, Präs., Nr. 18845/54; ders. an dens., 11. Dezember 1854, Nr. 14221/MI., in: Ebd.

2.9.4.3. Die Gemeinden als eventuelle Sündenböcke

Eigentlich sollte für den einzelnen Gemeindebewohner leicht zu durchschauen gewesen sein, daß die Lokalverwaltungen ihrerseits ein Opfer höherer Gewalt waren. Dies gilt um so mehr, als die Vorstände einer Kommune zuweilen sozusagen zu ihrem Glück angehalten werden mußten. So hatte sich bei „einigen Ortschaften der Wojwodina" ein gewisser „Wiederstand ... rücksichtlich der Repartition" bemerkbar gemacht, wie Johann Schima, ein Vertrauensmann Kempens, an die Oberste Polizeibehörde berichtete[713]. Dieser habe „sich jedoch bei vernünftiger Auffassung der Beamten beigelegt", fügte er hinzu. Man kann erahnen, wie sich diese *vernünftige Auffassung* gegenüber den betroffenen Gemeinden konkret artikuliert haben mag. Was Bach anbetrifft, so stritt er dem Monarchen gegenüber im gerade geschilderten Fall des Ortes Barzdorf die Existenz eines „imperativen Einflusses" durch den Staat mit der Begründung ab, es habe sich hierbei um ein „freies Votum der Gemeinde" gehandelt[714]. Diesem müsse sich jedes Mitglied der Gemeinde ohne Rücksicht auf die „politische Partheistellung" fügen. Zugleich behauptete er, in dem Verhalten der Beschwerdeführer „nur den fortgesetzten Ausdruck äußerster Renitenz" zu erblicken. Und noch Monate später nannte er die in Ungarn erfolgende Gemeindeumlage auf „renitente einzelne Gemeindeglieder" einen „freien Beschluß der Gemeindevertretungen"[715]. Leuchteten diese Argumente dem Kaiser ein? Er mag es vermieden haben, sie genauer zu hinterfragen. Und darauf kam es für den Chef des Inneren zunächst hauptsächlich an.

Die Bevölkerung dagegen hatte wohl in der Regel allen Grund, die offizielle Begründung für gemeindeweise erfolgte Umlagen kritisch zu beurteilen. Dabei kam erschwerend hinzu, daß die kommunalen Vertretungen in vielen Bereichen in direkter Abhängigkeit von den politischen Behörden standen. Doch könnte ausgerechnet dies erklären, warum sie von den Gemeindeinsassen manchmal als verlängerter Arm der Staatsmacht, als eine Art willfähriger Erfüllungsgehilfe der Regierung betrachtet wurden und dies auch zu spüren bekamen, nicht nur bei der Nationalanleihe.

Damit mag im übrigen auch partiell der vielfache, während der gesamten neoabsolutistischen Epoche vernehmbare Wunsch von Bürgermeistern aus allen Teilen des Reiches zusammenhängen, möglichst rasch ihres Amtes ent-

---

[713] An Kempen, Semlin, 17. September 1854, in: HHStA, IB, BM.-Akten, Krt. 73, Nr. 5426/1754 (s. dazu auch das folg. Zit.).

[714] Vortrag v. 31. Dezember 1855, Wien, MCZ. 4124/55, in: Ebd., KK, Vorträge, 1855, Krt. 21 (s. dazu auch folg.); vgl. ders. an Kempen, 16. August 1854, Nr. 9140/MI., in: AVA, Inneres, Präs., Krt. 665, Nr. 9141/54.

[715] Vortrag Bachs v. 5. März 1855, Wien, MCZ. 4131/55, in: HHStA, KK, Vorträge, 1855, Krt. 21.

bunden zu wurden. Dazu muß man wissen, daß die einmal gewählten Bürgermeister ihre Funktion länger auszuüben hatten, als es ihr Mandat eigentlich vorsah. Ursache hierfür war die immer wieder hinausgeschobene Ersetzung des provisorischen Gemeindegesetzes vom 17. März 1849 durch eine definitive Gemeindeordnung, weshalb keine Neuwahlen stattfinden konnten[716]. Was nun den erwähnten, oft in Klagen gekleideten Wunsch anbetrifft, so sei hier nur ein Bericht Bissingens an Bach vom 26. Juli 1853 erwähnt: Danach „drangen ... viele Gemeindevorsteher" im Kreis Innsbruck „zum Theil mit Ungestüm auf die Entlassung von ihrem Amte"[717]. Und obgleich „von anderen Kreispräsidenten ähnliche Anzeigen nicht" auf Bissingens Schreibtisch lagen, so konnten ihm zufolge doch „auch anderwärts die Gemeinde-Vorsteher den Zeitpunkt ihrer Enthebung ... kaum erwarten". Noch kurz vor Proklamation der Nationalanleihe wurde der Monarch in diesem Sinne mit Blick auf Böhmen informiert: Dort sollen die „gegenwärtigen Gemeindevorsteher dem Zeitpunkte ihrer Abberufung vom Amte mit Ungeduld entgegengeblickt" haben[718]. Es ließe sich leicht belegen, daß dies – auch in vielen anderen Kronländern – tatsächlich der Fall war[719].

Zuweilen kamen Vorwürfe, die Leiter der Kommunen würden sich der Staatsmacht geradezu andienen, der Wahrheit auch sehr nahe. Beispielhaft soll dies am Verhalten des 1849 zum Ritter, 11 Jahre danach zum Freiherrn ernannten Johann K. v. Seiller geschildert werden. Er fungierte seit dem 26. Januar 1851 als Bürgermeister von Wien und hatte dieses Amt während der gesamten neoabsolutistischen Epoche inne[720]. Schon am 15. Juli schilderte er den Residenzbewohnern die Nationalanleihe als „das wichtigste, ja einzige Mittel für die Regelung unserer gesammten Kredits und Verkehrsverhältnisse"[721]. Nur einen Tag später nannte der lokale Gemeinderat – sicher nicht ohne Seillers Mitwirkung – die geplante „großartige Abhilfe" einen neuen Beweis für die „humane Rücksichtnahme" des Monarchen[722]. Nun muß der

---

716 S. dazu Jiří Klabouch, Gemeindeselbstverwaltung in Österreich, S. 48–51.
717 Innsbruck, Nr. 7608, in: AVA, Inneres, Präs., Krt. 436, Nr. 5421/53.
718 Stber. GM 5-6 54, SH/LP/PD, Vortrag Kempens v. 12. Juni 1854, Wien, Nr. 3583/Pr.II., in: Ebd., OPB, Präs. II, Krt. 23, Nr. 3583/54, Bog. 5.
719 Dabei wurde der „sich sehr lebhaft wiederholende Wunsch nach baldiger Regelung des Gemeindewesens" betont (ebd.), während es Bissingen „unverkennbar ... höchst erwünscht" nannte, „daß das neue Gemeinde-Gesetz bald möglichst erscheine" (an Bach, Innsbruck, Nr. 7608, in: Ebd., Inneres, Präs., Krt. 436, Nr. 5421/53). Bach zerstörte seine diesbzgl. Hoffnung (an Bissingen, Wien, 13. August 1853, Nr. 5421/MI., in: Ebd.).
720 S. dazu kurz bei Felix Czeike, Wiener Bürgermeister, S. 68.
721 *Wiener Zeitung* v. 15. Juli 1854, Abendblatt, Nr. 160, S. 638.
722 *Wiener Zeitung*, Nr., 169, S. 1911. Dabei lag angesichts der angeblich so unbedingten Dringlichkeit einer einschneidenden Bereinigung der finanziell bedrohlichen Situation für die Leser dieser Zeilen sicher die Überlegung nahe, welche Wendung das *humanitäre* kais. Verhalten bei einem Mißlingen der Operation nehmen würde.

Inhalt des Patents vom 26. Juni auch dem gelernten Rechtsanwalt klar vor Augen geführt haben, welch große Bedeutung Franz Joseph einem Gelingen der Nationalanleihe beimaß. Insofern wußte er, was von ihm in der Hofburg erwartet wurde. Freilich scheint er sogar mehr getan zu haben, als offiziellerseits zunächst von ihm verlangt wurde.

Am 8. August hatte ihm der laut dem Kaiser „dumme"[723] und im Sommer 1858 an einem „Brustkrampf verschiedene"[724] niederösterreichische Statthalter Eminger als „Richtschnur" bei der Abwicklung der Operation unter anderem „empfohlen", die auch als „Hausbögen" bezeichneten individuellen Subskriptionsformulare auf anderem Wege als bisher „in die Häuser" zu schicken[725]. Bislang hatten dies „größtentheils" die Hausmeister erledigt, nun aber sollten „sachkundige Personen" dazu eingesetzt werden. Dabei war neben „Lokalkenntniß" auch die Fähigkeit gefragt, „die Leistungsfähigkeit eines Jeden so ziemlich … beurtheilen" zu können. Konkret wurden die „Partheien mit Auseinandersetzung des Sachverhaltes und Aufklärung der Bedeutung des Anlehens zur Subscription aufgefordert".

Seiller kommentierte diesen „Vorschlag" in ungewöhnlich deutlicher, ja fast überheblich anmutender Manier, bedenkt man die vergleichsweise hohe Position seines Adressaten im staatlichen Verwaltungsapparat: Er nannte ihn „für mich einigermassen überraschend" und betonte zugleich, „nichts Neues" in ihm sehen zu können. Dies traf wohl auch zu. Denn hierüber war es bereits zu „mündlichen Besprechungen" zwischen ihm und Eminger gekommen. Freilich hatte der Bürgermeister dessen dabei „angeregte Idee" nicht nur „bereits vor Allem Anderen in's Werk gesetzt"; er hatte sie vielmehr von sich aus „noch weit mehr ausgebildet" sowie „als Grundlage meiner nachfolgenden Schritte angesehen und in's Leben gerufen". Insgesamt „386 Personen" hatten demnach nur eine einzige „Bestimmung": „Mit Uibergehung der Hausmeister auf die Hauseigenthümer und Partheien … entsprechend einzuwirken." Dies wurde seiner Behauptung nach „auch wirklich im Allgemeinen … genau eingehalten", und zwar „so genau", daß die „Comité-Mitglieder besonders der innern Stadt die Hauspartheyen sogar paarweise begingen". Damit nicht genug, wußte er auch über „nicht seltene Fälle" zu berichten, in denen „Hausbögen … den Komitégliedern zur nochmahligen Besorgung an Ort und Stelle übergeben werden". Bezeichnenderweise handelte es sich dabei um „die bei der Komité-Berathung" noch „unvollständig oder überhaupt ungenügend ausgefüllten" Bögen.

---

723 So laut Tagebucheintrag Kempens v. 13. August 1855, in: Tagebuch Kempens, S. 371.
724 Tagebucheintrag Kempens v. 4. August 1858, in: Ebd., S. 480.
725 So Seiller an Eminger, Wien, 10. August 1854, Nr. 654, in: FA, FM, Präs., Nr. 15177/54 (s. dazu auch folg.). Das Schreiben Emingers habe ich nicht gefunden. Doch gab Seiller dessen Inhalt zweifellos zutreffend wieder.

Anschließend erklärte er, die „Komitéglieder" hätten „die ihnen gewordene Aufgabe richtig aufgefaßt" und „größtentheils auch schon in der beabsichtigten Tendenz vollführt". Dem darf getrost Glauben geschenkt werden. Dies erweist eine Übersicht, die Seiller am 10. Dezember 1854 über die erfolgten Beteiligungen Baumgartner übermittelte: Danach subskribierten in Wien bei einer Einwohnerzahl von insgesamt gesehen rund 430.000 insgesamt 43.000 Personen, davon 37.000 bei dem städtischen Oberkammeramte[726]. Zugleich bezeichnete der Bürgermeister seine Behauptung als „stadtkundig"[727]. Auch dies trifft zu, wie eine am 16. Juli in der *Wiener Zeitung* veröffentlichte Notiz über das einzuschlagende Procedere bezeugt[728]. Danach sollte sich das „Magistratspräsidium mit den Vorständen der Vorstadtgemeinden, der Gremien, Innungen und der sonstigen gewerblichen Korporationen sowohl schriftlich als mündlich in das Einvernehmen setzen" und zugleich „die Bildung von Komité's in den Vorstädten aus Bürgern der Residenz veranlassen". Dabei ging es stets darum, „nach allen Richtungen hin auf das vollständige Gelingen ... hinzuwirken".

Wie wurde aber ein solches Vorgehen seitens der Gemeindeführung von Teilen der Bevölkerung gedeutet? Man kann es wohl keinem verdenken, wenn er es auch als Beispiel für vorauseilenden Gehorsam deutete.

2.9.5. Der offene Zwangscharakter am Beispiel Lombardo-Venetiens

Wie bereits angedeutet, manifestierte sich der offene Zwangscharakter der Nationalanleihe am deutlichsten in Ungarn und Lombardo-Venetien. Dies soll im folgenden näher analysiert werden, wobei ich mich allerdings auf die beiden oberitalienischen Provinzen der Monarchie konzentriere: Es war nämlich „unschwer vorauszusehen", daß in diesem „Königreiche die Operation ihren Glanzpunkt nicht finden wird", so Bach im nachhinein zutreffend gegenüber Franz Joseph[729]. Und in der Tat rechnete der Leiter des Innenressorts in Oberitalien bei ihrer Realisierung von Anfang an mit „ungleich größeren Schwierigkeiten ... als in allen übrigen Provinzen", wie indirekt ein an ihn gerichtetes Schreiben Rechbergs erhellt: Denn darin erklärte der damals noch als Ziviladlatus an der Seite Radetzkys unter „schwierigen"[730] Bedingungen

---

[726] Davon wiederum hatten rund 35.000 Beträge von bis zu 100 fl gezeichnet (Nr. 1014/Pr., in: Ebd., Nr. 22563/54). Auch hier ist wiederum der Multiplikatoreffekt zu bedenken.
[727] Seiller an Eminger, Nr. 654, in: Ebd., Nr. 15177/54.
[728] Nr. 169, S. 1912 (s. dazu auch folg.).
[729] Vortrag v. 3. Oktober 1854, Wien, Nr. 11463/MI., in: AVA, Inneres, Präs., Krt. 666, Nr. 11882/54.
[730] Rechberg an Buol, Monza, 22. Juni 1853, in: HHStA, PA. XL, Krt. 74, f. *Korresp. m. Rechberg*, fol. 16.

arbeitende Graf, „Eure Excellenz" hätten dies „selbst vorausgesehen"[731]. Aber auch hohe und höchste Stellen vor Ort urteilten nicht anders: So unterstrichen etwa die lombardo-venezianischen Provinzialbehörden die „kaum" vermeidbare Notwendigkeit „eines mehr oder weniger scharf ausgesprochenen Zwanges"[732]. Und kein Geringerer als Radetzky kündigte in seinem Veroneser Hauptquartier noch vor Eröffnung der Subskriptionen die „zwangsweise Einhebung" für den Fall an, daß „im freiwilligen Wege die volle Bedeckung des Anlehens nicht gefunden werden (sollte)"[733].

2.9.5.1. Motive für besonders starke Zweifel an einem Gelingen auf freiwilliger Basis

In der Vorbereitungsphase versuchte man jedoch nach außen hin die Planung von Zwangsmaßnahmen zu verschleiern. Man wollte wohl vor allem dem Reichsrat nicht zusätzliche Argumente gegen die Operation liefern. Ph. Krauß kritisierte in der Reichsratssitzung vom 17. Juni 1854 zu Recht, es werde nicht gesagt, „in welcher Weise" Lombardo-Venetien „an der Anleihe Theil zu nehmen hätte"[734]. Und ebenfalls richtig „vermuthete" er die „Absicht", die Operation für Oberitalien „zu einem Zwangsanlehen zu machen."

Die tatsächlich ergriffenen Zwangsmittel werden uns gleich noch näher beschäftigen. Zuvor ist nach den Gründen für die weitverbreitete Skepsis hinsichtlich der erfolgreichen Realisierung einer Anleihe auf freiwilliger Basis gerade in Lombardo-Venetien zu fragen. Mehreres kam hierbei zusammen. Erstens wurde der dort „herrschende Mangel an Patriotismus" betont[735]. Andere konstatierten in diesem Kontext einen „fehlenden regen Sinn für die Gesammtintereßen des Reiches"[736]. Bei gehöriger Differenzierung nach einzelnen Bevölkerungsschichten ist die Berechtigung solcher Klagen nicht abzustreiten.

---

731 Ohne alles (aber wohl Verona), Nr. 2705/Pr., in: AVA, Inneres, Präs., Krt. 665, Nr. 10674/54.
732 Stber. GM 5–6 54, SH/LP/PD, in: Ebd., OPB, Präs. II, Krt. 29, Nr. 4984/54, Bog. 11–12. Diese Passage wurde aus dem Konzept gestrichen. Das Motiv ist unklar. Vielleicht sollte dem Monarchen dies vorenthalten werden; wahrscheinlicher ist aber, daß die Streichung deshalb erfolgte, weil sich der erst am 12. August fertiggestellte Stber. lediglich auf die Monate Mai u. Juni bezog, hier also inhaltlich vorgegriffen wurde.
733 Radetzky an Bach, Verona, 19. Juli 1854, Nr. 2126/R., in: Ebd., Inneres, Präs., Krt. 665, Nr. 9317/54.
734 HHStA, RR, Gremial, Krt. 54, Nr. 349/54, Beil. 3 (s. dazu auch folg.).
735 Stber. GM 5–6 1854, SH/LP/PD, in: AVA, Inneres, OPB, Präs. II, Krt. 29, Nr. 4984/54, Bog. 12.
736 So Radetzky an Bach, Verona, 28. August 1854, Nr. 2567/R., in: Ebd., Inneres, Präs., Krt. 665, Nr. 10112/54.

Zweitens bestand eine schon von Brandt registrierte „notorische Ablehnung von Papiergeld seitens der Italiener"[737]. Aufgrund bestimmter historischer Erfahrungen scheint sie im *kollektiven Gedächtnis* recht tief verankert gewesen zu sein und wurde von offiziellen Organen bereits lange vor Sommer 1854 als wichtiges Problem erkannt. So setzte etwa Finanzminister Ph. Krauß im März 1850 den „Widerwillen" der italienischen Bevölkerung gegen Papiergeld als „bekannt" voraus[738]. Wessenberg stellte im März 1852 fest, die Lombarden hätten sich gegen die „Annahme österreichischen Papiers ... verschworen"[739], während er am Jahresende meinte, die Lombardei wolle „nichts" mit unseren Geschäften zu tun haben[740]. Und als das Projekt der Nationalanleihe zur Debatte stand, erklärte wiederum Krauß die „Italiener" zu „abgesagten Feinden des Papiergeldes"[741]. Hierbei befand sich das nunmehrige Mitglied des Reichsrats in seltener Übereinstimmung mit Bach. Er machte in dieser Hinsicht in seinem Abschlußvortrag an den Kaiser vom 3. Oktober 1854 sogar einen „nationellen Charakterzug" geltend[742], wie er übrigens im Zuge der „Abwicklung" generell „überall die nationellen Charaktere offen zu Tage" treten sah[743].

Drittens hatte man bereits einschlägige Erfahrungen mit der Zeichnungsbereitschaft der Italiener gemacht. Sie ließen es wenig ratsam erscheinen, diesmal besonders auf die freiwillige Subskription der für Lombardo-Venetien vorgesehenen Summe zu hoffen. Insbesondere die im Jahre 1850 nur für dieses Königreich auf freiwilliger Basis ausgerufene Anleihe über 120 Millionen Lire diente als Menetekel: Schon im Vorfeld hatte Finanzminister Ph. Krauß auf vorhandene „Bedenken gegen das Gelingen einer freywilligen Subscription" in Oberitalien verwiesen[744], und so kam es dann auch[745]: Die Operation wollte „Nichtfortschreiten"[746]. Dies machte zum einen Zwangsmaßnahmen und zum anderen eine Herabsetzung des eigentlich anvisierten Betrags auf 100 Millionen erforderlich[747]. Dies erklärt auch zum Teil die wiederum von

---

737 Neoabsolutismus, 1, S. 203 (s. dazu auch S. 210–212).
738 Vortrag v. 17. März 1850, Wien, MRZ. 1107/50, in: HHStA, KK, 1850, Krt. 3, fol. 1054/2.
739 An Isfordink-Kostnitz, Freiburg, 14. März 1852, in: Briefe Wessenbergs, 2, Nr. 255, S. 35 (vgl. an dens., Freiburg, 18. April 1852, in: Ebd., Nr. 268, S. 53).
740 An dens., Freiburg, 31. Dezember 1852, in: Ebd., Nr. 331, S. 146.
741 *Finanzkonferenz* v. 31. Mai 1854, in: HHStA, RR, Präs., Krt. 13, Nr. 141/54.
742 Wien, Nr. 11463/MI., in: AVA, Inneres, Präs., Krt. 666, Nr. 11882/54.
743 Ebd.; s. allg. zu dieser Problematik bzgl. des Art. in der *Triester Zeitung*: Österreichische Korrespondenz, wiedergegeben in: *Wiener Zeitung* v. 14. Juli 1854, Nr. 167, S. 1897.
744 Vortrag Ph. Krauß' v. 17. März 1850, Wien, MRZ. 1107/50, in: HHStA, KK, 1850, Krt. 3, fol. 1054/2.
745 S. dazu bei Brandt, Neoabsolutismus, 2, S. 646–651.
746 Radetzky an Schwarzenberg, Verona, 27. Mai 1850, Nr. 493/MS., *separiert*, in: HHStA, PA. XL, Krt. 65, f. *Interna*, s.f. Korresp. m. Radetzky, fol. 145.
747 S. dazu auch kurz Walter Schwingel, Die österreichische Verwaltung, S. 88. Laut Mazohl-Wallnig waren die „Widerstände und Schwierigkeiten" wohl „weniger groß", als Brandt meint

Krauß (allerdings als Reichsrat) am 17. Juni 1854 geäußerte Behauptung, eine „freiwillige Betheiligung" sei nach den daselbst gemachten Erfahrungen in keiner Weise zu erwarten"[748]. Diese sehr kategorische Voraussage sollte sich als einigermaßen zutreffend erweisen. Speziell der durch den Sequester, also die Beschlagnahme des Vermögens, wegen seiner tatsächlichen oder auch nur vermuteten Teilnahme an den revolutionären Ereignissen von 1848/49 belastete[749], nach Piemont emigrierte Adel erachtete die Operation für noch „più grave e più odiosa"[750], als er es ohnehin schon getan hätte. Denn auch die „sequestrati" mußten an ihr teilnehmen, wie der aus Brescia stammende und in Verwaltungsdiensten der piemontesischen Regierung stehende Ercole Oldofredi Tadini am 30. August 1854 sichtlich erbost und mit der Aufforderung zum Ergreifen diplomatischer Gegenmaßnahmen an den Ministerpräsident Cavour schrieb[751], der diese Maßnahme seinerseits heftig kritisierte, ihr letztlich aber aus politischen Erwägungen praktisch tatenlos zusah[752]. Schon Walter Schwingel hat aber richtig geschrieben, daß die Nationalanleihe von der oberitalienischen Bevölkerung generell „mit großer Zurückhaltung aufgenommen" wurde[753].

Hierzu könnte schließlich viertens noch beigetragen haben, daß fraglich war, ob sich die Einbeziehung der oberitalienischen Bevölkerung in das Unternehmen finanzpolitisch überhaupt rechtfertigen ließ. Schließlich war Lombardo-Venetien „an den Währungsschwierigkeiten unbeteiligt", weil dort kein Papiergeld zirkulierte[754]. Möglicherweise schloß Boscarolli das Königreich deshalb auch nicht in sein ursprüngliches Projekt mit ein. Brentano, der ja als erster dazu schriftlich Stellung genommen zu haben scheint, berücksichtigte

---

(Österreichischer Verwaltungsstaat, S. 264, Anm. 78). Doch spricht sie selbst von einem „Zwangsanlehen". Dies wurde ja aber erst durch das angeführte *Nichtfortschreiten* erforderlich. Vgl. einen Brief K. Schwarzenbergs an Bach v. 17. November 1850, in dem er vor den „unseligen Folgen eines gezwungenen Anlehens" warnte, aber zugleich seine Behauptung vom Erfolg einer freiwilligen Anleihe damit begründete, daß die Bewohner „der zwangsweisen Eintreibung … entgehen" wollten (Mailand, in: AVA, NL Bach, Krt. 10, f. *K. Schwarzenberg*, fol. 9–11). Zit. also Mazohl-Wallnig aus einem überaus positiv lautenden Brief des Statthalters Strassoldo (Österreichischer Verwaltungsstaat, S. 264, Anm. 78), so sollte das immer mitbedacht werden. Zu dem zwangsweisen Vorgang s. auch noch Jahre danach in: HHStA, RR, Gremial, Krt. 138, Nr. 1355/56.

748 Reichsratssitzung, in: Ebd., Krt. 54, Nr. 349.
749 Allg. dazu s. Brigitte Mazohl-Wallnig, ‚Hochverräter'.
750 Cavour an Francesco Arese, Turin, 30. August 1854, in: Camillo Cavour. Epistolario, Vol. 11, Nr. 266, S. 277.
751 Loëche, in: Ebda., Nr. 267, S. 279; vgl. ders. an dens., Loëche, 9. September (1854), in: Ebd., Nr. 284, S. 293–294.
752 S. dazu Cavour an Tadini, o. O. (Turin), 5. September (1854), in: Ebd., Nr. 276, S. 286; vgl. ders. schon am 30. August 1854 an Arese (Turin, in: Ebd., Nr. 266, S. 277–278).
753 Die österreichische Verwaltung, S. 88.
754 Brandt, Neoabsolutismus, 2, S. 692, Anm. 13.

es dagegen bereits[755]. Allerdings verwies er zur Begründung nicht nur auf die erforderliche „Stützung des Metallhaushaltes", wie Brandt schreibt[756]. Vielmehr bezog er sich auch auf die „doch" gegebene „Betheiligung" der dort lebenden Einwohner „bei der Bedeckung der StaatsErfordernße"[757]. Etwas pointiert formuliert, wurde hier also mit der Vorstellung einer verpflichtenden Gesamtsolidarität argumentiert. Man ist geneigt, an den kaiserlichen Wahlspruch *viribus unitis* zu denken. Baumgartner führte in der zweiten Besprechung mit den Vertrauensmännern noch zwei weitere Argumente an, weshalb „in Betreff der Betheiligung" Lombardo-Venetiens „nicht der geringste Zweifel" bestehen konnte: Zum einen „(wäre) ihnen die Wiederherstellung Einer Valuta im Reiche eine merkantile Erleichterung", zum anderen, „(kränkelt) stets der einzelne Theil …, wenn das Ganze krank ist"[758].

Diese beiden Argumente erinnern ebenfalls stark an die Vorstellung von *viribus unitis*. Prinzipiell erscheinen sie auch nachvollziehbar. Dennoch überzeugen sie nicht ganz, weil in obersten Finanzkreisen keine Einigkeit darüber herrschte, warum Lombardo-Venetien nun eigentlich seinen Obolus zur Realisierung des Unternehmens zu leisten hatte[759]. Dies erhellt eine von Brentano gleich im Anschluß an die angeführte Stellungnahme Baumgartners gemachte Bemerkung: Die „Operation (beziele) nicht bloß die Valutafrage, sondern auch die Deckung des Defizits"[760]. Deshalb habe „für diesen zweiten Theil" das Königreich „ohne Frage mit in Concurrenz" zu treten. Dies bildet einen gewissen Widerspruch zur Aussage seines Chefs. Offenbar beurteilte Brentano die *Valutafrage* nicht als ein wirklich tragfähiges Argument zur Einbeziehung der oberitalienischen habsburgischen Provinzen in die Nationalanleihe. Partiell könnten wir also konstruierten Hilfsargumenten gegenüberstehen. Die Hinzuziehung der Bevölkerung Lombardo-Venetiens könnte also nicht nur in finanzpolitischer, sondern auch in finanzrechtlicher Hinsicht problematisch gewesen sein.

---

755 Bemerkungen zum Plan Boscarollis, 6. Mai 1854, in: FA, FM, Präs., Nr. 8421/54, fol. 5.
756 Neoabsolutismus, 2, S. 692, Anm. 13. Zu Brentano s. die 2. Besprechung mit den Vertrauensmännern v. 10. Juni 1854, ad Nr. 9511/GP., in: FA, FM, GP, Nr. 9511/54, Bog. 4.
757 S. dazu seine Bemerkungen, 6. Mai 1854, in: Ebd., Präs., Nr. 8421/54, fol. 5.
758 10. Juni, ad Nr. 9511/GP., in: Ebd., GP, Nr. 9511/54, Bog. 5 (s. dazu auch folg.).
759 Dies erinnert im übrigen stark an Begründungen, warum es angeblich unabdingbar war, die deutsche Sprache als vorherrschende Unterrichtssprache an den Oberstufen der Gymnasien einzusetzen (mit Ausnahme der jeweiligen Muttersprache und teilw. des Religionsunterrichtes). Hier argumentierte man u. a. einmal mit dem Fehlen der erforderlichen Schulbücher etwa im Magyarischen oder aber mit fehlenden Lehrern. Eine kohärente Argumentationslinie wurde dabei nicht durchgehalten, was auffallen mußte. Diesem höchst interessanten Kap. neoabsolutistischer Geschichte kann ich mich leider nicht zuwenden.
760 Ebd. (s. dazu auch folg.).

2.9.5.2. Das konkrete Vorgehen

Zumindest für Bach und Baumgartner waren solche Überlegungen aber bestenfalls zweitrangig. Ihnen mußte das Erreichen der halben Milliarde ohne eine genügende Beteiligung Lombardo-Venetiens in jedem Fall äußerst fraglich erscheinen. Die ausreichende Teilnahme dieser beiden Provinzen mochte man sogar als entscheidend für einen erfolgreichen Subskriptionsverlauf erachten. Schließlich sollten auf sie von der projektierten Gesamtsumme ja 62 Millionen Gulden, also mehr als 12 % entfallen. Außerdem war dort eben nur Metallgeld im Umlauf, das aber zur Sanierung der Währung unbedingt benötigt wurde, wie Brentano indirekt zugab[761]. Das Bestreben nach Sicherstellung einer ausgiebigen Beteiligung der oberitalienischen Provinzen war also nur folgerichtig.

Vielen dort lebenden Italienern mochte dies freilich nur ein geringer Trost sein. Da nützte es auch nichts, wenn Radetzky die angeführte „Abneigung gegen Anlegung von Kapitalien" intern als „Vorurtheil" bemäntelte[762]. Und der publizistisch unternommene Versuch, die besagte *Abneigung* als bloße Folge einer „Unkunde"' über „die Beschaffenheit einer Staatsanlehensoperation" herunterzuspielen[763], dürfte gleichfalls auf wenig Verständnis gestoßen sein. Positive öffentliche Resonanz hätte dagegen eine allerdings lediglich intern geübte Kritik des Generalgouverneurs am vermeintlichen Vorhaben des Mailänder Statthalters hervorgerufen: Er plante anscheinend, „seine Hauptaktion dem künftigen Zwangsanlehen aufzusparen"[764]. Zweifellos lag Radetzky richtig, wenn er die „Vollendung des Anlehens in freiwilliger Form" ein Ereignis „von höchster politischer Wichtigkeit" nannte[765].

Freilich standen theoretischer Anspruch und praktisches Verhalten des alten und bereits im September 1852 als „abgelebt" bezeichneten und daher „des Oberbefehls zu enthebenden"[766] Herrn nicht nur in dieser Beziehung in einem recht ungünstigen Verhältnis zueinander. Schwingel zufolge war

---

761 Ebd., Bog. 4. Ph. Krauß hatte darauf verwiesen, „daß keine Andeutungen über die wichtige Frage vorlägen, in welcher Währung in Lombardo-Venetien die Einzahlungen zu geschehen hätten (Reichsratssitzung v. 17. Juni 1854, in: HHStA, RR, Gremial, Krt. 54, Nr. 349/54, Beil. 3). Allerdings war infolge des zentralistischen Prinzips und der patriotisch-plebiszitären Absicht der Operation prinzipiell keinem Kronland eine Sonderstellung einzuräumen.

762 An Bach, Verona, 28. August 1854, Nr. 2567/R., in: AVA, Inneres, Präs., Krt. 665, Nr. 10112/54.

763 *Wiener Zeitung* v. 14. Juli 1854, Nr. 167, S. 1897. Diese Behauptung war zunächst generell gemünzt, im folg. wurde dann aber speziell auf Lombardo-Venetien eingegangen.

764 An Bach, Verona, 11. August 1854, Nr. 2393/R., in: AVA, Inneres, Präs., Krt. 665, f. 9317/54, Nr. 10112/54.

765 Erlaß an den Statthalter v. Venedig, Verona, 11. August 1854, Nr. 2393/R., in: Ebd.

766 So General Ludwig Ritter v. Benedek laut Kempen (Tagebucheintrag v. 13. September 1852, in: Tagebuch Kempens, S. 261).

Radetzky zwar „entschieden" gegen Zwangsmaßnahmen im Sinne einer obligatorischen Quotenzuweisung eingestellt[767]. Der dazu angeführte Beleg eines Briefes an seine Tochter vom 26. August 1854[768] widerspricht freilich anderen, aussagekräftigeren Belegen. Denn ausgerechnet er beließ es keineswegs bei neutral gehaltenen „geeigneten Anregungen"[769]. Vielmehr bewahrheitete sich die von Ph. Krauß bereits in der Reichsratssitzung vom 17. Juni sinngemäß geäußerte Vermutung, es werde zur Anwendung von Zwang kommen[770]. Radetzky ordnete die „Repartition" nämlich von vornherein „in der Art" an, „daß wenn im freiwilligen Wege die volle Bedeckung des Anlehens nicht gefunden werden sollte", die „zwangsweise Einhebung ... wird stattfinden können"[771]. Dazu bewog ihn auch ein außenpolitisches Motiv. Wie er am 11. August dem Statthalter von Venedig erklärte, war es „auch vom politischen Standpunkte von größter Bedeutung, daß die italienischen Provinzen sich an diesem Tage in keiner exceptionellen Lage befinden"[772]. Dies würde nämlich das Ausland zu ungünstigen Schlüssen über die vergleichsweise ungünstige Lage der österreichischen Regierung in diesen Teilen des Reiches berechtigen.

Für Radetzky stand also außer Frage, die Zeichnungsunwilligen nötigenfalls „im obligatorischen Wege" zu Subskriptionen zu „verhalten"[773]. Dieser von Bach „vollkommen gebilligte"[774] Standpunkt bedeutete in der Praxis letztlich nichts anderes als gegebenenfalls exekutive, von Staats wegen vorgenommene „Verhaltung zur Theilnahme"[775]. Zwar wurde zu einem solchen Ausweg auch in den übrigen Kronländern gegriffen, aber vergleichsweise betrachtet, erreichte der zwanghafte Charakter der Nationalanleihe in Oberitalien dadurch gleich in zweifacher Hinsicht eine neue Qualität: Zum einen wurde mit Ausnahme Ungarns offenbar nirgendwo sonst von vornherein ein solcher Schritt so klar einkalkuliert, ausgesprochen und teilweise auch schon geplant; zum anderen jedoch drohte man bereits während der Subskriptionsphase offen mit der flächendeckenden Anwendung dieses Mittels. Gerade in diesem letzten Punkt liegt die eigentliche Besonderheit der Abwicklung des

---

767 Österreichische Verwaltung, S. 88.
768 O. O. (aber wohl Verona), 26. August 1854, in: Briefe des Feldmarschalls Radetzky an seine Tochter Friederike, S. 136.
769 So noch in der *Wiener Zeitung* v. 14. Juli 1854, Nr. 167, S. 1897.
770 Reichsratssitzung v. 17. Juni 1854, ad Nr. 311/R., Beil. 3, in: HHStA, RR, Gremial, Krt. 54, Nr. 349/54.
771 Radetzky an Bach, Verona, 19. Juli 1854, Nr. 2126/R., in: AVA, Inneres, Präs., Krt. 665, Nr. 9317/54.
772 Verona, 11. August 1854, Nr. 2393/Pr., in: Ebd.
773 Erlaß an Statthalter v. Venedig, Verona, 11. August 1854, Nr. 2393/R., in: Ebd., f. *9317/54*, Nr. 10112/54.
774 An Radetzky, Wien, 24. Juli 1854, Nr. 7931/54, in: Ebd.
775 Martinez an Kempen, Mailand, 21. August 1854, Nr. 3688/Pr., in: Ebd., OPB, Präs. II, 1854, Krt. 29, Nr. 5698/54.

Die Anwendung offenen Zwangs während der Subskriptionsphase 375

Unternehmens in Oberitalien (und Ungarn). Man sieht, für wie problematisch die Lage in diesen beiden Kronländern eingeschätzt wurde. Dies gilt um so mehr, als es den Machtträgern an konstruktiven Konzepten zur Integration der dortigen Bevölkerungen ermangelte, beziehungsweise jene wenigen Konzepte, die wenigstens partiell einen konstruktiven Charakter getragen haben, griffen infolge der gegebenen Verhältnisse nicht. Hierauf kann leider nicht näher eingegangen werden.

2.9.5.2.1. Das Vorgehen in der Lombardei

Im Zuge der nun folgenden näheren Betrachtung für Lombardo-Venetien wende ich mich zunächst der Lombardei zu, für die man rund 37 Millionen veranschlagt hatte. Bereits in einer frühen öffentlichen Kundmachung hatte der dortige Statthalter Friedrich Freiherr v. Burger – ohne vorherige Absprache mit Bach[776], aber wohl ganz in dessen Sinne[777] – recht unverhohlen mit der Eventualität einer flächendeckenden Anwendung von Zwang gedroht: Denn er legte den Einwohnern nahe, genügend „assennatezza", also Einsicht oder auch Weisheit, in die Notwendigkeit der Nationalanleihe zu zeigen[778]. Ungeachtet dessen stellte sich jedoch bald darauf heraus, daß die „Antheilsnahme an der neuen patriotischen Staatsanleihe" auf „zähe Zurückhaltung" stieß[779]. Dies veranlaßte den von der „stolzen" lombardischen Aristokratie abschätzig als „Baron avvocato" charakterisierten Burger[780], dessen „Scheitern" als Statthalter Mazohl-Wallnig wohl zu Recht als „vorhersehbar" bezeichnet[781], ein Zirkular an die Delegaten dieser Provinz – also an die Vertreter „der übergeordneten", von Regierungsorganen weitgehend abhängigen städtischen Behörden[782] – „zur weiteren Kundgebung an die Gemeinden" herauszugeben: Darin wurden „die bedeutenden Vortheile" einer „freiwilligen Betheiligung" dargelegt[783]. Doch ging Burger noch einen Schritt weiter und legte seinem Rundschreiben „einen auf den Steuerfuß, die Einwohnerzahl und sonstige

---

776 Vgl. Radetzky an Bach, Verona, 11. August 1854, Nr. 2393/R., in: Ebd., Inneres, Präs., Krt. 665, Nr. 9317/54.
777 Darauf deutet ein Schreiben des Innenministers v. 24. Juli 1854 an Radetzky hin (Nr. 7931/MI., in: Ebd.).
778 S. dazu Polizeidirektor Schroth an Kempen, Verona, 2. August 1854, Nr. 142/Pr., in: Ebd., OPB, Präs. I, Krt. 6, Nr. 2824/54.
779 Martinez an Kempen, Mailand, 21. August 1854, Nr. 3688/PS., in: Ebd., Präs. II, Krt. 29, Nr. 5698/54.
780 Fr. Thun an Grünne, Mailand, 27. Oktober 1856, o. Nr., in: KA, MKSM, Nr. 3673/56, Bog. 3.
781 Österreichischer Verwaltungsstaat, S. 215.
782 Grundsätzlich dazu Mazohl-Wallnig, ebd., S. 67–152; Zit. S. 69.
783 Martinez an Kempen, Mailand, 21. August 1854, Nr. 3688/PS., in: AVA, Inneres, Präs. II, Krt. 29, Nr. 5698/54 (s. dazu auch folg.).

dießfalls maßgebende Daten verfaßten Entwurf bei". Darin waren im Falle der Notwendigkeit einer „zwangsweisen Durchführung" der Operation „Einzelsummen ... angeführt", die „bei Repartirung der Anleihe auf die einzelnen Gemeinden entfallen würden".

Dabei hatte der Statthalter allen Eventualitäten vorgebaut. Sollten sich die Gemeindeorgane nämlich verweigern, „so ist von mir ... dafür gesorgt, daß die Ufficii comunali [also die *Kommunalämter*] für die Kontribuenten die Zeichnung vornehmen"[784]. Faktisch mußte er nicht zu diesem „letzten Mittel" greifen, das Bach im übrigen im Schnellverfahren „voll genehmigte"[785]. Denn nur kurze Zeit nach Publikation des Zirkulars war die bisher subskribierte Summe von lediglich 8 Millionen so sehr angestiegen, daß „die auf dieses Kronland entfallende Summe ... gänzlich gedeckt" war[786]. Einige lombardische Provinzen hatten sogar mehr als vorgesehen gezeichnet. Der lombardische Polizeidirektor Martinez bezeichnete diese erhöhte „Anteilsnahme an der neuen patriotischen Staatsanleihe" als einen „erfreulichen Umschwung". So konnte man es freilich sehen. Der eigentlichen Ursache dieser Entwicklung war sich allerdings auch der vermeintlich „vollkommene Büreaubeamte"[787] bewußt. Denn gleich im Anschluß erwähnte er das „Circolare an sämmtliche Delegaten", zu dem sich „seine Excellenz der Herr Statthalter ... durch den anfänglich langsamen Gang der Anleihe veranlaßt" gesehen hatte[788]. Auch Burger selbst traf den Kern der Sache sehr klar: Er hatte schon die alleinige Drohung mit dem zwangsweisen Diktat des Subskriptionsbetrags zur Erzielung des beabsichtigten Erfolges als „unfehlbar" zielführend vorausgesagt[789]. Zugleich erklärte er, „der ohne Erfolg gebliebene Gebrauch aller Mittel der Presse und des moralischen Einwirkens" habe „die Anlehensfrage in diesem Lande von vorherin (zur) Sache einer faktischen Durchführung unter Wahrung der Form der Freiwilligkeit durch das Medium der Gemeinden gemacht". Dies bedarf keines weiteren Kommentars.

Bereits in dieser Hinsicht konnte von *Freiwilligkeit* nicht mehr die Rede sein. Noch weniger galt dies für den Extremfall des Einschreitens der besagten *Ufficii comunali*. Freilich beharrte Burger dabei noch immer darauf, das

---

784 Telegraphische Depesche an Bach, Mailand, 13. August 1854, Nr. 1223/54, in: Ebd., Krt. 665, Nr. 9134/54 (s. dazu auch das folg. Zit.).
785 Telegraphische Depesche an Burger, 15. August 1854, Nr. 9134/MI., in: Ebd.
786 S. dazu Martinez an Kempen, Mailand, 21. August 1854, Nr. unl., in: Ebd., OPB, Präs. II, Krt. 29, Nr. 5698/54 (s. dazu auch folg.).
787 *Summarischer Auszug aus den über das Inland eingesendeten Notizen*, o. Verf., Wien, 9. Mai 1856, in: HHStA, IB, BM.-Akten, Krt. 96, Nr. 838/56, fol. 24.
788 Martinez an Kempen, Mailand, 21. August 1854, Nr. unl., in: AVA, OPB, Präs. II, Krt. 29, Nr. 5698/54.
789 Telegraphische Depesche an Bach, Mailand, 13. August 1854, Nr. 1223/54, in: Ebd., Inneres, Präs., Krt. 665, Nr. 9134/54 (s. dazu auch folg.).

Prinzip der „Freiwilligkeit" bewahrt zu haben. Aber die betroffene Bevölkerung hätte diese argumentativen Feinheiten, wären sie denn publik geworden, mit Sicherheit nicht nachzuvollziehen vermocht. Und für den vielleicht auch deshalb „nicht beliebten"[790] Statthalter selbst war eine solche Argumentation nur durch seinen Rückzug auf einen rein formalen Standpunkt möglich. Denn – wie auch im Falle der Gemeinden in anderen Kronländern – die Staatsmacht trat hier nicht direkt als Zwangsvollstrecker in Erscheinung.

Freilich dürfte Burger selbst gewußt haben, daß es sich hierbei nur noch um eine völlig realitätsferne Fiktion handelte. Nicht umsonst sprach er von „Freiwilligkeit in ihrer untersten Abstufung". Es erscheint nicht übertrieben, hier eine Art kollektive Verdrängung des wahren Sachverhalts der für die Vorbereitung und den reibungslosen Ablauf der Nationalanleihe in der Lombardei (letztlich aber in der ganzen Monarchie) verantwortlichen Akteure auf allen Ebenen zu konstatieren. Doch mußte jeder einzelne von ihnen sehr genau wissen, was mit der Bevölkerung tatsächlich gespielt wurde. Funktionieren konnte dieser Mechanismus nur deshalb, weil sich alle Beteiligten an die gleichsam *virtuell* vorgegebenen Spielregeln hielten. Letztere gipfelten in einer von niemandem gleichsam offiziell verordneten, aber praktisch rigoros eingehaltenen Sprachregelung.

Dabei ist allerdings zu differenzieren. Nicht nur für den kleinen Beamten vor Ort bedurfte es infolge seiner mehr oder minder vollkommenen ökonomisch-sozialen Abhängigkeit von seinem staatlichen Brötchengeber eines beachtlichen Maßes an Zivilcourage, wollte er aus dem beschriebenen Kreislauf ausbrechen. Einen Mann wie Radetzky trieben hingegen keine materiellen Nöte zur strikten Befolgung der Spielregeln. Er hätte sich aus dem politischen Geschäft zurückziehen können, nicht nur aufgrund der Vorgänge bei der Nationalanleihe. Sollte er freilich entgegen aller Wahrscheinlichkeit doch an die Rechtmäßigkeit seines Vorgehens bei dieser Operation geglaubt haben, so würde das die Sache nicht besser machen. Dann wäre höchstens an dem von Wessenberg gezeichneten Bild seiner „Mildheit, Humanität und Liebenswürdigkeit" zu zweifeln[791]. Freilich haftete dem Militär laut dem ehemaligen Ministerpräsidenten dieser „Ruf" an. Vorstellung und Wirklichkeit mochten diesbezüglich also nicht übereinstimmen. Und tatsächlich gerät bei einer aufmerksamen Analyse der Akten das bis heute auch von der Forschung propagierte, soeben skizzierte Bild[792] ins Wanken. So ersuchte er schon am 13. April

---

[790] Privatschreiben aus Mailand (o. Verf.), 18. Dezember 1858, in: Ebd., OPB, Präs. II, Krt. 130, Nr. 9762/58 (Abschrift).
[791] Eintrag v. 8. Juli 1850, in: HHStA, NL Wessenberg, Krt. 13, Inv.nr. 117, fol. 92 (s. dazu auch das folg. Zit.).
[792] Ich erwähne hier nur Oskar Regele, der dem Generalgouverneur eine „humane Gesinnung" attestiert (Feldmarschall Radetzky, S. 345; vgl. S. 489).

1849 Ministerpräsident Schwarzenberg, „jede unnütze Milde zu beseitigen und der Gerechtigkeit vollen Lauf zu lassen", wobei er „namentlich" den „reichen Adel" und die „großen Städte" hervorhob[793]. Genau zwei Jahre darauf stellte er es im Zusammenhang mit oppositionellen Vorkommnissen „dem weisen Ermessen des Ministerrathes" anheim, ob sich nicht „ein momentanes Abgehen von der ... sonst geübten Milde rechtfertigen" ließ[794].

Noch schwerer fällt es, Baumgartner und Bach (aber auch den Monarchen) vor Kritik zu bewahren. Freilich müssen sich Historiker um *einfühlendes Verstehen* bemühen. Würde man dieses Bestreben jedoch auch auf diese zwei beziehungsweise drei Herren anwenden und sie beispielsweise als Opfer des von ihnen selbst inszenierten, teilweise ebenso komikhafte wie tragödienhafte Züge tragenden Theaterstücks *Nationalanleihe* deuten, dann würde man dieses Prinzip bis in sein Extrem treiben. Schon gar nicht sind sie als Opfer eines bürokratisch-absolutistischen Herrschaftssystems einzustufen, das ihnen gewisse Zwänge auferlegte, aus denen sie sich nicht zu befreien vermochten. Freilich agierten sie im gegebenen Fall ganz gemäß den Spielregeln dieses Systems. Auch mag es für sie nicht leicht gewesen sein, sich aus der selbstgestrickten Lage herauszuwinden und plötzlich auf Distanz zu einem Unternehmen zu gehen, das sie ursprünglich selbst so euphorisch propagiert hatten. Entscheidend ist aber ihr von Anfang an gegebenes Wissen, was es mit der *freiwilligen* Anleihe in Wirklichkeit auf sich hatte. Sie mußten diese Operation nicht so planen, wie sie es getan hatten. Taten sie es dennoch, so resultierte dies aus ihren machtpolitischen Zielsetzungen. Bach, Baumgartner und Franz Joseph trugen die unmittelbare politische Verantwortung für die bei der Abwicklung der Nationalanleihe angewendeten Methoden.

2.9.5.2.2. Das Vorgehen in Venetien

Noch schwieriger als in der Lombardei gestaltete sich das Erreichen der angestrebten Summe offenbar in Venetien: Laut Radetzky war der Zeichnungserfolg in dieser Provinz auf den „ungewöhnlichen Nachdruck" zurückzuführen, mit dem „die Regierung seit mehreren Jahren ... ihren Willen zur unbedingten Geltung brachte"[795]. Dieses repressive Verhalten hatte seiner Angabe nach „jeden Anschein des Widerstandes, jeden Versuch einer Demonstration durch die strengsten Repressivmaßregeln" niedergehalten. Demnach bedurfte es momentan also im allgemeinen keiner Ausübung unmittelbaren

---

793 Mailand, Nr. 911/Pr., in: HHStA, AM, PA. XXL, f. *Korresp. m. Radetzky 1849*, Krt. 64, fol. 180.
794 An Schwarzenberg, Verona, 12. April 1851, Nr. 275/MS., sep., in: Ebd., f. *Korresp. m. Radetzky 1851*, Krt. 69, fol. 136–137.
795 An Bach, Verona, 28. August 1854, Nr. 2567/R., in: AVA, Inneres Präs., Krt. 665, Nr. 10112/54.

Drucks. Doch handelte es sich hier lediglich um selbstzufriedene Rhetorik, wie der sogenannte Held von Solferino indirekt selbst eingestehen mußte: Tatsächlich nämlich „ermannten" sich „so viele Gemeinden und mehrere Provinzialvertretungen ... zu der Kühnheit", dem „persönlichen Auftreten des Statthalters" entgegenzutreten (für ihn im übrigen „ein schlagender Beweis des Ueberhandnehmens der schlechten Stimmung")[796]. Deshalb waren die Staatsorgane ihm zufolge während der Operation bis zur „äußersten Spannkraft" gefordert. Zugleich räumte er ein gewisses Maß an „Nöthigung" ein. Seine dabei aufgestellte Behauptung, die Wahrung der freiwilligen „Natur der Maßregel" werde nach wie vor beibehalten, erstaunt mittlerweile nicht mehr.

Dagegen belegt Radetzkys Äußerung, man sei in „der Bevormundung ohnedieß weit genug gegangen", nicht seine grundsätzlich tendenziell milde Haltung. Zwar verwahrte er sich einerseits gegen einen Vorschlag des mittlerweile als Statthalter von Venetien fungierenden Toggenburg, wonach die von Radetzky einmal als „stabile Werkzeuge der Regierung" eingestuften[797] Delegaten, deren Wirken anderenorts freilich trotz ihnen zugestandener „loyaler Treue" auch kritisiert wurde[798], im Namen der „renitenten Gemeinden" zeichnen sollten[799]. Doch die hierdurch erreichte neue Dimension von Zwang wäre wohl selbst Radetzky fragwürdig erschienen: Denn solange nur die Kommunalorgane für ihre säumigen Mitglieder beziehungsweise die Provinzialkongregationen für die sich verweigernden Gemeinden einsprangen beziehungsweise einspringen mußten[800], war wenigstens der formale Schein noch gewahrt. Schließlich handelte es sich hier um keine unmittelbar staatlichen Institutionen. Bei den Delegaten aber ließ sich nicht einmal mehr mit diesem, allerdings mehr als fadenscheinigen Vorwand argumentieren. Andererseits jedoch hinderte Radetzky seine entwaffnende Erkenntnis, daß auch den anderen „Repräsentanzen", also den Kongregationen und Gemeinden, strenggenommen zu dem beschriebenen Vorgehen ein gesetzliches Mandat

---

796 Ebd. (s. dazu auch folg.). Laut Mazohl-Wallnig waren „durchschnittlich ... pro Distrikt zwischen 3 und 5 Gemeinden nicht bereit, die ihnen zugewiesenen Quoten zu bezahlen" (Österreichischer Verwaltungsstaat, S. 18, Anm. 46). „(...) im Durchschnitt je 20 lombardische und je 10 venetianische" Gemeinden „bildeten einen Distrikt" (Andreas Gottsmann/Stefan Malfèr, Vertretungskörperschaften, S. 1626).

797 An Schwarzenberg, Monza, 28. Juni 1851, o. Nr., in: HHStA, KK, Vorträge, 1851, Krt. 9, MRZ. 2239/51, fol. 948.

798 So warf man ihnen zugleich „Mangel an Energie" vor (so der General und Gesandte in Neapel Anton St. Ritter v. Martiny in einer Art Memorandum *[Was wäre für die Lombardie zu thun]*, Mailand, 3. Juli 1851, in: Ebd., PA. I, NL Rechberg, Krt. 533b, f. *Schriften aus Verona und Akzen, Briefe Radetzky*, s.f. *Briefe Radetzky 1853–56*, ss.f. *Briefe 1853*, Bog. 1).

799 S. dazu auch Toggenburg an Radetzky, 27. August 1854, Nr. 520/Pr., in: AVA, Inneres, OPB, Präs. II, Krt. 30, Nr. 5934/54.

800 Dazu auch Mazohl-Wallnig, Österreichischer Verwaltungsstaat, S. 19.

fehlte, keineswegs daran, sich dennoch für den Weg insbesondere über die Kommunen stark zu machen.

Außerdem wollte der Feldmarschall zahlungsunwillige Gemeinden auf keinen Fall ungeschoren davonkommen lassen. Vielmehr beantragte er beim Innenminister die „Allerhöchste ... Ermächtigung" zur Zwangseintreibung. Bach wurde in dieser Hinsicht wohl nur deshalb nicht bei Franz Joseph vorstellig, weil die Provinzialkongregationen ersatzweise (und zwangsweise) eingesprungen waren[801]. Ein solcher Schritt wäre offenbar genau durchdacht gewesen: Denn dadurch wäre zum einen die von Radetzky erwünschte „gesetzliche Grundlage" geschaffen[802] worden. Schließlich bildete die Abdeckung politischer Maßnahmen durch gesetzliche Vorschriften auch im neoabsolutistischen Staat im allgemeinen ein wichtiges Prinzip. Zum anderen jedoch wäre ein solcher kaiserlicher Entschluß einer Willenskundgebung gleichgekommen, die sich nicht mehr hinterfragen und nicht mehr kritisieren ließ. Ihr zuwiderzuhandeln, wäre also auch „strafbar" gewesen[803]. Damit hätte der Generalgouverneur sozusagen die Quadratur des Kreises geschafft: Denn nunmehr hätte sich für ihn gar nicht mehr die Notwendigkeit einer öffentlichen Rechtfertigung der Zwangseintreibung gestellt. Die betroffene Bevölkerung hätte sich diese Logik aber wohl kaum zu eigen gemacht. Denn die Ursache dieses letzten Schrittes wäre ja offensichtlich gewesen. Nur streng monarchisch-österreichisch gesinnte Untertanen hätten hierin nichts Befremdendes erblicken beziehungsweise den Kaiser als Opfer seiner hinter seinem Rücken agierenden Regierung ansehen können, wie dies in anderen Fällen offenbar des öfteren vorkam. Darauf wird noch im letzten Kapitel eingegangen.

Bach wiederum mochte sich über all diese scheinbaren argumentativen Feinheiten insgeheim schon lange amüsieren oder sie verdrängen. Nicht umsonst erkannte er sehr wohl Unterschiede zwischen dem seiner Meinung nach „bereitwilligsten Entgegenkommen der Bevölkerung" in den anderen Reichsteilen und der Lage in Lombardo-Venetien: Dort „(konnte) das Anlehen nur durch einen energischen Vorgang der Behörden erzielt werden", wie er Radetzky bestätigte[804].

Worin bestand aber für den Innenminister der besagte *energische Vorgang* speziell in Venetien? Sicherlich meinte er damit auch den zwar unermüdlichen, so doch rein aufklärerischen Einsatz der Provinzbehörden. Doch

---

801 Bach an Radetzky, Wien, D. unl. (aber nach dem 28. August 1854), in: AVA, Inneres, Präs., Krt. 665, Nr. 10112/54.
802 Radetzky an Bach, Verona, 28. August 1854, Nr. 2567/R., in: Ebd.
803 Vgl. Radetzky an Toggenburg, Verona, 28. August 1854, Nr. 2567/R., in: Ebd., OPB, Präs. II, Krt. 30, Nr. 5934/54.
804 Bach an Radetzky, Wien, D. unl. (aber nach dem 28. August 1854), in: Ebd., Inneres, Präs., Krt. 665, Nr. 10112/54. Wohlgemerkt kann von *Bereitwilligkeit* im Sinne von wirklicher *Freiwilligkeit* auch dort nur partiell gesprochen werden.

dachte er hierbei offensichtlich ebenso an Zwangsmaßnahmen. So hatte er den Delegaten die „gemessene Weisung" erteilt, „unter persönlicher Haftung für den Erfolg der Zeichnung" zu sorgen[805]. Überdies war er bei der Formulierung der soeben zitierten Zeilen im Besitz eines von Toggenburg an den Generalgouverneur gerichteten Schreibens[806]. Darin sprach der Statthalter einen Gedanken explizit aus, der wenigstens in Oberitalien Allgemeingut gewesen sein dürfte: Man dürfe sich über „die Freiwilligkeit der Betheiligung von Seite der Gemeinden ... keine Täuschung machen": Sie hätten „im Kampfe mit ihrer Nothlage nur dem Drängen der Behörde nachgegeben". Dies bezog der Graf nur auf jene Gemeinden, die ohnehin relativ frühzeitig subskribiert hatten. Wie mag es sich erst für die restlichen verhalten haben? Dafür spricht schließlich, daß der Minister dieses materielle, auch von Radetzky ins Spiel gebrachte Argument[807] nur teilweise gelten ließ. Wollte schon der Generalgouverneur „von den nationalen und politischen Leidenschaften ganz abstrahirt" wissen[808], so fanden die angetroffenen Schwierigkeiten auch zufolge des Innenministers „in den materiellen Zuständen ... keine genügende Erklärung"[809]. Schließlich gab es ähnliche „Kalamitäten" in anderen Kronländern „im gleichen und mitunter in einem noch höhern Grade". Bach machte vielmehr noch politische Gründe verantwortlich. Dem braucht nichts mehr hinzugefügt werden.

---

805 Unl. an Kempen, Verona, 27. Mai 1855, Nr. unl., in: Ebd., OPB, Präs. II, Krt. 41, Nr. 3778/54: An der Richtigkeit dieser Aussage ist nicht zu zweifeln, da der Berichterstatter mit einer Anfrage Kempens beim Innenministerium oder dem Generalgouvernement rechnen mußte. Es hatten also im übrigen nicht nur die Distriktskommissäre die den Gemeinden anrepartierten „Quoten einzutreiben" (Mazohl-Wallnig, Österreichischer Verwaltungsstaat, S. 18). Über die negativen Folgewirkungen dieses Vorgangs s. ebenfalls den zit. Ber.

806 7. August 1854, Nr. 520/Pr., in: AVA, Inneres, OPB, Präs. II, Krt. 30, Nr. 5934/54. Obwohl sich dieses Schreiben nicht in den Akten des Inneren wiederfindet, geht Bachs Kenntnis aus einer Zuschrift Radetzkys an ihn hervor (Verona, 28. August 1854, Nr. 2567/R., in: Ebd., Inneres, Präs., Krt. 665, Nr. 10112/54).

807 Ebd.

808 Ebd.

809 An Radetzky, Wien, Dat. unl. (aber nach dem 28. August), Nr. 10112/MI., in: Ebd.; vgl. Vortrag Bachs v. 3. Oktober 1854, Wien, Nr. 11463/MI., in: Ebd., Krt. 666, Nr. 11882/54 (s. dazu auch folg.).

2.9.5.3. Die Abwicklung der Operation in Lombardo-Venetien im Gesamtüberblick

Ein kurzes Fazit über die Abwicklung der Operation in Lombardo-Venetien erscheint aber doch am Platz. Laut Statthalter Burger versuchten „die radikalen Journale Piemonts", die Zeichnungsphase „mit besonderer Bezugnahme der italienischen Provinzen als eine mit einer Zwangsoperation sehr ähnliche Maßregel darzustellen"[810]. Eine Analyse der entsprechenden Journale habe ich nicht vorgenommen. Aber auch so darf infolge des politischen Antagonismus zwischen der Habsburgermonarchie und dem Königreich Sardinien davon ausgegangen werden, daß es sich weitgehend tatsächlich so verhalten hat. Auch die weitere Behauptung Burgers von einer „Darstellung ... in dem gehäßigsten Lichte" dürfte nicht völlig aus der Luft gegriffen sein. Dies „nahm" ihm zufolge auch „nicht Wunder", konnten die besagten Blätter doch „die Fortschritte (und) das Gelingen der großen Anlehens-Operation ... nicht in Abrede stellen", wobei er von „fast allen Theilen des Reiches" sprach. Rein faktisch hatte er hiermit recht: Denn auch in Oberitalien wurde die anvisierte Summe erreicht. Seiner deshalb gemachten Charakterisierung der erhobenen Kritik als „Kunstgriffe" ist aber nicht mehr zu folgen. Als problematisch an der ganzen Operation erwies sich ja vielmehr nicht zuletzt, daß die öffentliche Kritik an der praktischen Umsetzung der Nationalanleihe den tatsächlichen Hergang der Dinge durchaus traf, eine Kritik, die im übrigen sowohl innerhalb als auch außerhalb des Reiches in vielfacher Weise und auch von moderater, ja ausgesprochen konservativer Seite aus laut wurde.

Schon deshalb wirkt Bachs Zwischenbericht an den Monarchen über den Subskriptionsverlauf in Oberitalien geschönt, um es verhalten zu formulieren: „Auch in der Lombardie und Venedig ist das Subscriptionsgeschäft dermal im erfreulichen Gange", ließ er ihn am 18. August 1854 wissen[811]. Nicht den Tatsachen entsprechend ist auch sein Franz Joseph eineinhalb Monate später unterbreitetes Resümee über die Zeichnungsphase. Darin begnügte er sich weitgehend mit drei Feststellungen: Der Ausfall der privaten wurde durch die „gemeindeweisen Subskriptionen" ersetzt. Zudem hatte es keinen „allgemeinen passiven" Widerstand gegeben[812]. Schließlich gab er seiner „Überzeugung" Ausdruck, daß die ganze Operation in Lombardo-Venetien „einen großen Erfolg" der Regierung darstellte, weil sie „trotz der Ungunst der Verhältnisse" auch dort „nicht als eine mißlungene bezeichnet werden kann".

---

810 An Radetzky, Mailand, 27. August 1854, Nr. 8938/Pr., in: Ebd., OPB, Präs. I, Krt. 7, Nr. 3174/54 (s. dazu auch folg.).
811 Vortrag, Wien, MCZ. 2742/54, in: HHStA, KK, Vorträge, 1854, Krt. 14.
812 Vortrag v. 3. Oktober 1854, Wien, Nr. 11463/MI., in: AVA, Inneres, Präs., Krt. 666, Nr. 11882/54 (s. dazu auch folg.).

Sicherlich waren die diesbezüglichen Erwartungen des Ressortchefs mit Blick auf Oberitalien ohnehin niedriger gesteckt als anderswo. Offensichtlich war mehr Geld vorhanden, als man erhoffen konnte. Dennoch dürfte er weniger zufrieden gewesen sein als behauptet. Denn ihm konnte die Anwendung von direktem oder auch nur indirektem Zwang bei einer Bevölkerung, deren Tendenz er teilweise ohnehin eher monarchiefeindlich einschätzte, kaum als das geeignete Mittel erscheinen, um das mit der Nationalanleihe primär verfolgte außen- und vor allem innenpolitische Ziel zu erreichen. Aber vorrangig ging es ihm auch hier zunächst einmal lediglich um die Zeichnung von 500 Millionen Gulden.

2.9.6. Abschließende Bemerkungen

Es ist Zeit für einige abschließende Bemerkungen über die Frage des Zwangscharakters der Nationalanleihe während der Subskriptionsphase. Da es sich hierbei im Zusammenhang mit dem Erkenntnisinteresse dieser Studie um einen entscheidenden Aspekt handelt, hole ich nochmals etwas weiter aus.

Wie gesagt stellte das Vorgehen der politischen Behörden in Lombardo-Venetien (und Ungarn) in gewisser Hinsicht einen Sonderfall dar. Bei ihm treten also nicht nur graduelle, sondern auch qualitative Unterschiede gegenüber dem Vorgehen in den übrigen Kronländern zutage. Jedoch wurde das Kriterium der Freiwilligkeit überall nachhaltig verletzt, oftmals auch geradezu in sein Gegenteil, ja ad absurdum geführt. Zumeist reduzierte es sich für Zeichnungsunwillige oder jene, deren Subskriptionsbereitschaft nach Auffassung der Machthaber zu wünschen übrigließ, aufgrund der Option korporativer Gemeindezeichnungen letztlich auf eine wenig erfreuliche Alternative: Entweder freiwillig-gezwungenermaßen oder aber gezwungenermaßen zu subskribieren. Insbesondere den Beamten – grundsätzlich aber auch den „sonstigen Bediensteten" des Staates[813] – stand noch nicht einmal diese Scheinalternative offen. Die Mitglieder der Bürokratie, von denen es 1846 rund 140.000 gab[814], wurden von vornherein unmißverständlich zu einer Beteiligung aufgefordert und konnten sich diesem gebieterischen Verlangen auch nicht entziehen.

Deutlich wird dies schon alleine daran, daß in Bachs Instruktionen jegliche Hinweise, und sei es auch nur in versteckter Form, auf die Gewährung möglicher Befreiungen für Beamte fehlten. Vielmehr war in ihnen von „jedem

---

813 Russegger an Baumgartner, Schemnitz (Selmecbánya, Banská Štiavnica), 11. August 1854, Nr. 397/MI., in: FA, FM, Präs., Nr. 15059/54.
814 Heindl, Gehorsame Rebellen, S. 141, Tab. 2.

Beamten" und „dem Beamtenstand" als solchem die Rede[815]. Dabei lag die vollständige Beteiligung der Bürokratie ganz in der Logik eines bürokratisch-zentralistisch ausgerichteten Herrschaftssystems und geriet zugleich zu einer politischen Notwendigkeit. Ungenügende oder gar zur Gänze ausbleibende Zeichnungen ausgerechnet der *Diener* des Staates wären einer ideologischen Bankrotterklärung der Machtträger gleichgekommen. Insofern wurden die Beamten Opfer der besonderen politischen Funktion, die sie im neoabsolutistischen Machtapparat einnahmen, freiwillig oder auch unfreiwillig. Letzteres darf wenigstens für jene Staatsdiener angenommen werden, die den herrschenden innenpolitischen Verhältnissen skeptisch bis ablehnend gegenüberstanden. Aber auch unter regierungstreuen Beamten dürfte sich aufgrund ihrer oftmals mißlichen ökonomischen Lage partiell ein gewisser Unmut geregt haben. Dabei mußten sämtliche Mitglieder der Bürokratie schon zum Zeitpunkt der Veröffentlichung des Patents vom 26. Juni erkennen, daß sie um eine Subskription nicht umhinkommen würden. Daran änderte auch die Vermutung des im Außenministerium arbeitenden Dilgscron nichts, der von den Beamten zu erwartende Betrag werde „mit Rücksicht auf die Größe des ... Anlehens von geringer Bedeutung" sein[816].

Bezüglich der Beamtenschaft nahm Bach seine Kollegen und Kempen denn auch gleichsam in die moralische Pflicht, wenn er sich „im voraus überzeugt" erklärte, die Staatsdiener würde das „Bewußtseyn dieser doppelten Pflicht ... lebhaft" durchdringen[817]. Und „je höher" das „Resultat", desto richtiger werde der Beamtenstand die ihm obliegende Ehrenpflicht auffassen und desto umfassender „den a.(ller)h.(öchsten) Absichten unseres Kaisers und Herrn" entsprechen. Dabei erwartete sich Bach bezeichnenderweise ausgerechnet beziehungsweise gerade von jenen Beamten mit einem geringen Einkommen eine vergleichsweise hohe Beteiligung. Auf den ersten Blick zeugt dies von besonderer propagandistischer Raffinesse. Denn offensichtlich wollte er dadurch gegenüber der Öffentlichkeit den besonders hohen Patriotismus der Bürokratie unter Beweis stellen. Daran dürfte ihm schon deshalb gelegen gewesen sein, weil ihm ja größtenteils das Beamtentum unterstand. Zum anderen aber stellte die Bürokratie nach dem Selbstverständnis der damaligen Machtträger neben Armee und (katholischer) Kirche die dritte große Stütze des neoabsolutistischen Herrschaftssystems dar. Bei näherem Hinsehen erweist sich die Strategie des Innenministers freilich weniger überzeugend. Denn sie belegt in drastischem Maße seine Bereitschaft, von gegebenen materiell-ökono-

---

815 Bach an alle Minister und Kempen, Wien, 10. Juli 1854, Nr. 7080/MI., in: AVA, Inneres, OPB, Präs. II, Krt. 26, Nr. 4447/54.
816 Tagebucheintrag v. 7. Juli 1854, in: HHStA, NL Dilgscron, Krt. 3, f. *Buch 1854*, Bog. 231.
817 Bach an alle Minister und Kempen, Wien, 10. Juli 1854, Nr. 7080/MI., in: AVA, Inneres, OPB, Präs. II, Krt. 26, Nr. 4447/54 (s. dazu auch folg.).

mischen Verhältnissen aus politisch-taktischen Erwägungen nötigenfalls völlig zu abstrahieren.

Überdies hatte er mit seinen diesmal äußerst präzisen Äußerungen dafür gesorgt, daß seine Kollegen, daß Kempen nach menschlichem Ermessen keinesfalls einen passiven oder gar aktiven Widerstand üben würden. Denn dies hätte dem Kaiser gegenüber zu Recht jederzeit als Vertrauensbruch dargestellt werden können. Ob es freilich dieser indirekten Mahnung wirklich bedurfte, kann bezweifelt werden. Auch Kempen fügte sich nämlich monarchischen Anordnungen selbst dann, wenn er gegenüber seinem Rivalen dabei den kürzeren zog. Aber Bach wollte auf Nummer Sicher gehen. Jedenfalls nimmt es nicht wunder, daß selbst seine größten Gegner versuchten, seinen Anweisungen so getreu wie möglich nachzukommen.

Dabei wandten nicht nur sie ebenfalls exakt jene Mittel an, die schon Bach eingesetzt hatte: Die untergeordneten Organe wurden in die moralische Pflicht genommen. So erklärte sich der Handelsminister „für überzeugt, daß die Vorsteher" der Konsularämter „dieser Aufgabe in der wirksamsten Weise nachkommen" würden[818]. Dabei sollten sie wiederum ein positives Vorbild „durch Ihre eigene Theilnahme" abgeben, wie in einem im Außenministerium verfaßten Zusatz für einige Konsulate vermerkt wurde. Zudem machte man von vornherein explizit klar, daß die „ausnahmslose Theilnahme" aller Beamten erwünscht war[819]. Dabei bediente sich Außenminister Buol im übrigen eines vielsagenden Vergleiches:

„(…) denn so wie der günstige Ausgang einer Schlacht davon abhängt, daß jeder Soldat Stand halte … und nicht ausreiße, so hängt auch das Gelingen der fraglichen Maßregel davon ab, daß – mehr oder weniger – aber jeder Staats Angehörige sein Schärflein dazu beytrage, indem nur durch das Zusammen Wirken Aller das Allen zum Vortheile dienende Ziel erreicht zu werden mag."

Der durch Bachs angewandte *moralische* Mittel sowie durch weitere *flankierende Maßnahmen*[820] eigentlich von vornherein garantierte Erfolg blieb nicht aus: Wie etwa Buol bereits am 25. Juli mitteilte, hatten sich in seinem Ressort

---
818 Zirkular Baumgartners an die Konsulate, Wien, 15. Juli 1854, Nr. 1715/HM., in: Ebd., Handel, Präs., Krt. 44, Nr. 1715/54 (s. dazu auch folg.).
819 Zirkular Buols, Wien, 13. Juli 1854, ad Nr. 9123/A., in: HHStA, MA, Adm. Reg., F23, Krt. 6, f. *1854 das Nationalanlehen betreffend* (s. dazu auch das folg. Zit.); vgl. Goluchowski an Kreisvorsteher, Lemberg, 15. Juli 1854: „Von sämmtlichen Beamten wird erwartet, daß sie sich … möglichst reichlich betheiligen werden (…)." (Nr. 1321/Pr., Abschrift, in: AVA, Inneres, Präs., Krt. 665, Nr. 9317/54.)
820 So mußten die ausführenden Organe einen „Ausweis über alle Beamten und Diener" erstellen und darin das individuelle „Resultat der Subskription … ersichtlich machen" (Bach an alle Statthalter, Wien, 10. Juli 1854, Nr. 7080/MI., in: Ebd.). Auch die Summen wurden vor-

„alle, an welche diese Einladung bisher gelangen konnte, bis zum letzten Diener herab, mit Bereitwilligkeit" der Subskription unterzogen[821]. Dabei konnte gerade die Teilnahme selbst der untersten *Diener* als besonderer Erfolg betrachtet werden. Denn der Innenminister war eigentlich dazu bereit, wenigstens ihnen eine Nichtbeteiligung zuzugestehen[822].

Allerdings wurde dies insgesamt betrachtet offenbar nur ganz selten gewährt. Das zeigt ein Schreiben des uns schon bekannten Montanbeamten Russegger an Baumgartner aus Schemnitz: Es hätten „alle Beamten und beynahe alle sonstigen Bediensteten" subskribiert[823]. Aufgrund des im Vergleich zu den Beamten noch geringeren Verdienstes etwa von Diurnisten mußte man hier wohl in Einzelfällen Nachsicht üben. Auch einige „Pensionisten" – also pensionierte Beamte – beziehungsweise deren Witwen, „deren Lage gar zu drückend ist", wurden nicht zur Zeichnung gezwungen.

Alles in allem meldete Bach dem Kaiser aber wohl nicht ganz zu Unrecht, die Subskriptionen der Beamten hätten „alle Erwartung" übertroffen[824]. An-

---

geschrieben. Dabei mag die Überlegung eine Rolle gespielt haben, daß ansonsten die Operation scheitern könnte (s. aber Handelsministerium an Verschiedene, Wien, 18. Juli 1854: Dort heißt es: „[…] als selbst ohne empfindliche Einschränkungen von Seite der Beamten sich wesentliche Resultate für das Anlehen erzielen laßen" [Nr. 1801/MH., in: Ebd., Handel, Präs., Krt. 14, Nr. 1801/54]). Zudem wurden präzise Richtlinien für die Höhe der jeweiligen Beteiligung vorgezeichnet. Dabei bediente sich Bach eines weitverbreiteten Argumentationsmusters, um eventuellen Einwänden einen Riegel vorzuschieben: Zunächst erklärte er scheinbar tolerant, es lasse sich „ein Maßstab für die individuelle Betheiligung der Beamten nach den einzelnen Gehaltsstufen … im Allgemeinen nicht bestimmen", wobei er ausdrücklich „auf die Natur eines freiwilligen Anlehens, dann auf die mannigfachen Momente, welche auf die individuelle Betheiligung einwirken", abhob. Freilich betonte er zugleich „das eigene rege Pflichtgefühl" des einzelnen Beamten und stellte im folgenden Berechnungen über die jeweilige Beteiligungshöhe an, wobei er die Bedeutung der herrschenden „Theuerungs Verhältniße" relativierte und mahnend meinte: „Je höher sich das Resultat … herausstellen wird, desto richtiger wird der Beamtenstand die ihm bei diesem hochwichtigen Anlasse obliegende Ehrenpflicht aufgefaßt, und desto umfassender wird derselbe den a.h. Absichten unseres Kaisers und Herrn entsprochen haben." Dabei ließ er keinen Zweifel daran, daß er sich v. a. „eine zahlreiche und ausgiebige Betheiligung" der unteren „Beamtenkathegorien" erwartete. Konkret bedeutete dies, „daß die Höhe der subkribirten Summe mit der Höhe der Jahresbezüge das richtige progressive Verhältniß halten wird". Dieser „so mäßige Gehaltsabzug" werde „im Allgemeinen in den Haushalt der Beamten nicht störend eingreifen" (Bach an Kempen, Wien, 10. Juli 1854, Nr. 7080/MI., in: Ebd., Inneres, OPB, Präs. II, Krt. 26, Nr. 4447/54).

821 An Bach, Wien, 25. Juli 1854, in: HHStA, MA, Adm. Reg., F23, Krt. 6, f. *1854 das Nationalanlehen betreffend.*
822 Bach an Kempen, Wien, 10. Juli 1854, Nr. 7080/MI., in: AVA, Inneres, OPB, Präs. II, Krt. 26, Nr. 4447/54.
823 11. August 1854, Nr. 397/MI., in: FA, FM, Präs., Nr. 15059/54 (s. dazu auch folg.).
824 Vortrag Bachs v. 3. Oktober 1854, Wien, Nr. 11463/MI., in: AVA, Inneres, Präs., Krt. 666, Nr. 11882/54.

Die Anwendung offenen Zwangs während der Subskriptionsphase

gesichts der mit Blick auf diese und auch mit Blick auf andere Gruppen angewandten Praktiken fällt dabei allerdings der Tagebucheintrag des „vieux commissaire de police"[825], mittlerweile aber zum österreichischen Botschafter in Paris avancierten Freiherrn Joseph A. Freiherr v. Hübner vom 27. Juli 1854 wenig ins Gewicht, wenn es darum geht, nach Indizien für ein großes Ausmaß an freiwillig erfolgten Subskriptionen zu suchen: „Die österreichische Nationalanleihe schreitet gut vorwärts."[826] Und stellte Wessenberg ungefähr zeitgleich fest, mit dem Anlehen gehe es „numerisch gut"[827], so bedeutet dies ebensowenig, wie wenn ihm „bereits" am 28. Juli allein für Wien „für 120 Millionen Unterzeichnungen bekannt (waren)"[828]. Umgekehrt tut es nichts zur Sache, daß etwa der Großwardeiner Polizeidirektor am 26. August die „fast allgemein" vernehmbaren Klagen, die Leute seien angeblich „förmlich" gezwungen worden, „so und so viel zu unterzeichnen", nicht aus eigener Beobachtung, sondern lediglich teilweise vom Hörensagen und aus einer „ziemlich glaubwürdigen Quelle" bezog[829]. Wie Kübeck am 7. Juli 1854 in seinem Tagebuch durchaus treffend prophezeit hatte, geriet „die ganze Maßregel" zu einer „Art Razzia"[830].

In diesem Zusammenhang haben wir uns abschließend mit einer Argumentation Brandts auseinanderzusetzen. Ihm zufolge stellte nach damaliger Auffassung „rigorose Besteuerung ... eine Gewaltmaßnahme" dar[831]. Anders verhielt es sich seiner Meinung nach bei einer Anleihe, und zwar „selbst bei Anwendung von Zwangsmitteln". Diese These wird mit zwei Argumenten gerechtfertigt: Zum einen verweist Brandt darauf, daß mit der Nationalanleihe nach zeitgenössischer Ansicht ein „Schuldverhältnis" des Staates gegenüber dem Bürger „begründet" wurde. Zum anderen erachtet er – und dieser These sind wir bereits im ersten Kapitel begegnet[832] – „die reale und ideelle Identität von Staat und Gesellschaft ... im politisch-rechtlichen Horizont auch des Neoabsolutismus" als für die Zeitgenossen „nicht vorstellbar"[833].

---

825 So Cavour an Conte Salvatore Pes di Villamarina, o. O., 25. Januar (1855), in: Camillo Cavour, Epistolario, Vol. 12/1, Nr. 29, S. 42.
826 Tagebucheintrag, Paris, in: Neun Jahre der Erinnerungen, 1, S. 151.
827 An Isfordink-Kostnitz, Freiburg, 8. August 1854, in: Briefe Wessenbergs, 2, Nr. 409, S. 270.
828 An dens., Freiburg, 3. August 1854, in: Ebd., Nr. 407, S. 268.
829 An Kempen, Großwardein, 26. August 1854, Nr. 545/Pr., in: AVA, Inneres, OPB, Präs. II, Krt. 30, Nr. 5789/54 (s. dazu auch das folg. Zit.).
830 Aus dem Nachlaß Kübecks, S. 147.
831 Neoabsolutismus, 2, S. 704 (s. dazu auch folg.).
832 S. w. o., Abschnitt 8.4.4.
833 Deshalb glaubt er auch, daß sich die Zeitgenossen nicht „vorstellen" konnten, „daß eine breite, zum Zweck elementarer Staatssicherung aufgelegte Massenanleihe zu einer Schuld des Volkes gegenüber sich selbst wird" (ebd.). Wie Gandenberger feststellt, ist der Satz „,we owe it to ourselves'" bekannt „aus der englischsprachigen Literatur" (Öffentliche Verschuldung, S. 488).

Hierzu erscheinen mehrere Bemerkungen erforderlich. Erstens: Wo liegt für Brandt der genaue Unterschied zwischen *Zwang* und *Gewalt?* Zweitens proklamierte der Innenminister sehr wohl die *Identität von Staat und Gesellschaft*. So erläuterte er dem Kaiser in seinem Abschlußbericht über den Verlauf der Subskriptionen die zu Beginn der Operation bestandene Notwendigkeit, „allen Klassen" die „innige Verbundenheit" der „Staatsinteressen mit den Privatinteressen" klarzumachen[834]. Überdies konnte ihm zufolge „der Einzelne seinen eigenen wohlverstandenen Vortheil nicht besser wahren ..., als indem er durch eine ausgiebige Zeichnung für die Interessen der Gesammtmonarchie einstehe": Schließlich proklamierte er noch eine Verbindung zwischen der „thätigen Vaterlandsliebe" des einzelnen und dem „Wohl der Gesamtheit". Und gegenüber Kempen meinte er, dem „kaiserlichen Aufruf" könne sich „kein (!) Unterthan" nach Maßgabe seiner Vermögensverhältnisse entschlagen, „ohne eine auffallende Theilnahmslosigkeit an den heiligsten Interessen der Gesammtheit zu manifestiren"[835]. Insofern schließlich der Kaiser nach offizieller Doktrin mit dem Staat identisch war, diesen verkörperte, kam es während der Nationalanleihe auch in dieser Hinsicht zur *Identität von Staat und Gesellschaft*. Am Beispiel der kaiserlichen Zeichnung von 1,2 Millionen war dies zu sehen.

Drittens fragt sich, ob Brandt der Auffassung ist, die für die Nationalanleihe politisch Verantwortlichen hätten die Verwandlung einer als freiwillig proklamierten in eine Zwangsoperation in moralischer Hinsicht für legitim erachtet? Oder anders formuliert: Schätzt er Bach und Baumgartner wirklich als so sehr theoretischen beziehungsweise althergebrachten Denkmustern verhaftet an, um den klaffenden Widerspruch zwischen Theorie und Praxis nicht erkennen zu können? Zumindest Bach legte sich darüber sehr wohl Rechenschaft ab. Einmal mehr läßt sich dies an Hand seines Abschlußberichts belegen: Darin meinte er zwar, „festhaltend an der freiwilligen Natur des Anlehens" habe er bei der ganzen Operation „jeden Zwang unbedingt ausschließen" müssen; doch zugleich erklärte er es bezüglich der Magyaren für „eine höchst gefährliche Präcedenz für die Durchführung künftiger politischer Maßregeln",

„wenn diese Renitenz durch Stillschweigen sanktionirt und wenn dem pflichttreuen Unterthan die Überzeugung beigebracht worden wäre, daß bei Personen, welche durch ihre sozialen und finanziellen Verhältnisse in erster Linie zu einer ausgiebigen Betheiligung berufen sind, der passive Widerstand hinreiche, um die Verpflichtung auf die Schultern der ärmeren Volksklassen zu wälzen, (...)."[836]

---

[834] Vortrag v. 3. Oktober 1854, Wien, Nr. 11463/MI., in: AVA, Inneres, Präs., Krt. 666, Nr. 11882/54 (s. dazu auch folg.).
[835] Wien, 16. August, Nr. 9140/MI., in: Ebd., Krt. 665, Nr. 9141/54.
[836] Vortrag v. 3. Oktober 1854, Wien, Nr. 11463/MI., in: Ebd., Krt. 666, Nr. 11882/54.

Rein formal betrachtet fügt sich diese Differenzierung exakt in Brandts Gedankengang ein. Denn scheinbar unterschied Bach hier strikt zwischen *Zwang* auf der einen und einer berechtigten, nicht den Charakter einer Zwangsmaßnahme tragenden Reaktion auf *Renitenz* auf der anderen Seite. Doch ist eine solche Interpretation zu oberflächlich. Zum einen darf der Adressat von Bachs Worten nicht übersehen werden: Sie waren für den Kaiser gedacht. Franz Joseph mochte hierfür – vielleicht – ein offenes Ohr haben, Bach deshalb seine Formulierungen bewußt so und nicht anders gewählt haben. Dabei muß in diesem Kontext einmal mehr sein machtpolitisches Kalkül bedacht werden. Er mußte die ergriffenen Zwangsmaßnahmen als rechtmäßig behaupten, um vom Monarchen nicht möglicherweise zur Rede gestellt zu werden. Zum anderen gilt es, die konkrete Erfahrung und Wahrnehmung der Subskribenten zu berücksichtigen. Für sie ging es ja darum, ob *unter Anwendung von Zwangsmitteln* gegen ihren Willen *ein Schuldverhältnis begründet wurde*, zumindest was das Ausmaß dieses *Schuldverhältnisses* anbetrifft. Viele von ihnen hätten sich mit Sicherheit sowohl gegen Bachs Überlegung als auch gegen den Gedankengang Brandts heftig gewehrt. Dies gilt um so mehr, als bei der Charakterisierung des sehr weiten, bislang nur für die Subskriptionsphase dargestellten Spektrums der praktizierten Zwangsmittel zuweilen durchaus von „Gewaltmaßregeln" die Rede war[837]. Selbst offizielle Kreise bedienten sich dieses Terminus.

Bachs Angaben beziehungsweise Rechtfertigungsversuche gegenüber dem Kaiser waren also bewußt falsch. Sie resultierten nicht aus einer vermeintlichen spezifischen zeitgenössischen mentalen Befangenheit. Will man großzügig sein, so wird man ihm allenfalls eine machtpolitische Falle zugute halten können, in die er sich – ohne freilich dazu genötigt zu sein – durch die enge Verknüpfung seines politischen Schicksals mit einem Gelingen der Operation begeben hatte. Deshalb hielt er an der Fiktion von der Freiwilligkeit auch dann noch fest, als sich niemand mehr, vielleicht noch nicht einmal Franz Joseph, über den faktischen Zwangscharakter des Unternehmens hinwegzutäuschen vermochte.

In seinem Abschlußbericht an den Kaiser erklärte er in einer triumphierend anmutenden Art und Weise bezüglich der sogar noch um einiges übertroffenen 500-Millionen-Marke: „Die Macht der Ueberzeugung und ein thatkräftiger, alle Nebeninteressen bewältigender Patriotismus, hat die Nationalkraft zu dieser imposanten Entwicklung gebracht."[838] Zugleich prokla-

---

837 Kronenberg an Kempen, Prag, 31. März 1855, Nr. 79/Pr., in: Ebd., OPB, Präs. I, Krt. 13, Nr. 1217/55.
838 Vortrag v. 3. Oktober 1854, Wien, Nr. 11463/MI., in: Ebd., Inneres, Präs., Krt. 666, Nr. 11882/54 (s. dazu auch das folg. Zit.).

mierte er den „Glanz des von der Regierung errungenen Sieges", den „einzelne Fehlgriffe ... nicht" zu „trüben" vermochten.

Wie stand es in dieser Hinsicht mit seinem Kollegen Baumgartner, dessen verantwortliche Rolle bei diesen ganzen Vorgängen keinesfalls vergessen werden darf? Er blies bereits gut einen Monat zuvor in dieses Horn, als er die „Vaterlandsliebe der Oesterreicher" unterstrich[839]. Die beiden Minister müssen angesichts solcher Rhetorik innerlich gelächelt haben, wozu sich freilich, wie gesagt, ein besonders gut ausgeprägter Verdrängungsmechanismus gesellt haben könnte.

Wie verhält es sich schließlich mit Franz Joseph? Schließlich hatte ja seine Unterschrift unter das kaiserliche Patent vom 26. Juni 1854 das ganze Unternehmen überhaupt erst ermöglicht. Er gab nach der Lektüre von Bachs Ausführungen diesem seine „volle Zufriedenheit über die thatkräftige und umsichtige Art" kund, „mit welcher Sie Meinen Befehlen nachgekommen sind"[840]. Wollte er die Wahrheit ganz einfach nicht wissen, oder war er grenzenlos naiv? Vielleicht ist die Antwort woanders zu suchen: Der Habsburger *behauptete* ein von Gott eingesetzter Herrscher zu sein, da schienen langwierige Haarspaltereien über Freiwilligkeit ebenso müßig wie fehl am Platz.

---

839 Vortrag v. 1. September 1854, Wien, Nr. 16280/FM., in: FA, FM, Präs., Nr. 16280/54, Bog. 4.
840 Schönbrunn, 11. Oktober 1854, in: AVA, Inneres, Präs., Krt. 666, Nr. 11882/54.

KAPITEL 3

Die Einzahlungsphase der Nationalanleihe

Damit sind wir auch bei der Einzahlungsphase angelangt, während der die subskribierten Summen ratenweise bar an den Staat entrichtet werden sollten. Diese dritte und letzte Etappe der Nationalanleihe begann aufgrund der verlängerten Zeichnungsfrist nicht schon am 20. August, wie ursprünglich vorgesehen, sondern erst am 1. September 1854. Wie angedeutet, war es den Verantwortlichen nicht nur gelungen, die 500-Millionen-Marke zu erreichen. Sie hatten sie vielmehr sogar noch um ein Erkleckliches übertroffen. War dabei zunächst *nur* von 506.788.477 Gulden die Rede[1], so korrigierte man diesen Betrag letztlich sogar noch nach oben: Rund 511,7 Millionen waren gezeichnet worden, wie es in einem undatierten, im Finanzressort erstellten *Nachweis des rektifizierten Standes der ursprünglichen Subskriptionen auf das National Anlehen* heißt[2]. Gemäß der für den Fall der Zeichnung von einer halben Milliarde Gulden im kaiserlichen Patent vom 26. Juni festgelegten Fristen sollten sich die Ratenzahlungen über einen Zeitraum von insgesamt fünf Jahren erstrecken. Dabei waren jährlich grundsätzlich zehn Einzahlungstermine vorgesehen. Es handelt sich also um die zeitlich gesehen weitaus längste Phase unseres gesamten Betrachtungszeitraums. Mit staatlicher Repression war es auch nunmehr noch nicht vorbei, ganz im Gegenteil: Partiell erreichte sie erst jetzt ihren Höhepunkt.

3.1. Der anfängliche Verlauf der Einzahlungen

Zumindest anfangs, genauer gesagt bis in das Jahr 1855 hinein, nahm der Verlauf der Einzahlungen im ganzen genommen „einen geregelten Fortgang", wie einmal die Finanzlandesdirektion Ofen nach Wien berichtete[3]. Solche und ganz ähnlich gehaltene Meldungen erreichten Wien immer wieder aus den einzelnen Kronländern[4]. Selbst noch für Juni dieses Jahres wurde aus Böh-

---
1 Erlaß des Innen- und Finanzressorts v. 15. September 1854, in: Rgbl., 1854, Nr. 235, S. 937.
2 S. dazu Brandt, Neoabsolutismus, 2, S. 697. Der Differenzbetrag dürfte sich u. a. aus den erw. Zeichnungen ergeben, die noch nach Subskriptionsschluß akzeptiert wurden.
3 An Baumgartner, Ofen, 10. November 1854, Nr. 4873/Pr., in: FA, FM, Präs., Nr. 20858/54.
4 S. etwa: FLD Preßburg an Baumgartner, Preßburg, 22. November 1854, Nr. 10235/197, in:

men von der „befriedigenden Weise" berichtet, mit der die Einzahlungen erfolgten[5].

3.1.1. Das Phänomen der Überzahlungen

Zunächst kam es sogar häufig zu sogenannten „Uiberzahlungen"[6]. Subskribenten trugen also bei Fälligkeit einer Rate mehr Geld als eigentlich vorgeschrieben zu den sogenannten, insgesamt rund 1.500 *Anlehenskassen*[7], die sowohl für die Entgegennahme der Einzahlungen als auch für die Ausgabe der Obligationen zu sorgen hatten. Eine solche Entwicklung dürfte Baumgartner aufgrund historischer Erfahrungswerte von vornherein einkalkuliert haben: Wie er nämlich in der zweiten Besprechung mit den Vertrauensmännern erklärte, waren schon bei früheren Anleihen „die Einzahlungen immer etwas schneller geschehen"[8]. Speziell bezüglich der Nationalanleihe nannte er es überdies „wahrscheinlich", daß die Einzahlungen „(schon) mit dem Beginne des 4. Jahres ... beendet sein" würden.

Die *Uiberzahlungen* setzten früher ein, als man erwarten könnte, nämlich schon unmittelbar nach Eröffnung der Subskriptionsphase. Bereits am 22. August 1854 vermerkte Kübeck in seinem Tagebuch: „Es sollen viele kleinere Summen gleich vollständig eingezahlt worden ... seyn."[9] Wir stehen also einer gewissen Überschneidung zwischen Subskriptionsphase einerseits und Einzahlungsphase andererseits gegenüber. Schon am 25. Juli berichtete der Kommandant des Militärdistrikts von Bistritz (Beszterce, Bistrita) an die Siebenbürger Statthalterei über solche Vorkommnisse, die ihm zufolge sogar ausnahmslosen Charakter aufwiesen: Danach waren Subskribenten nach ihrer Zeichnung „auch gleich in die hierortige Steuerkasse gegangen", um neben der „Kaution ... auch bedeutende Ratenvorauszahlungen in Baarem zu erlegen"[10]. Sie wurden aber „zurückgewiesen", wie der Militär weiter meldete.

Ebd., Nr. 21825/54; für Mähren: Lažanský an Baumgartner, Brünn, 26. Dezember 1854, Nr. 2099/Pr., in: Ebd., Nr. 92/55; für die Krain: Präsidialerinnerung, Wien, 5. Jänner 1855, Nr. 109/Pr. II., in: AVA, Inneres, OPB, Präs. II, Krt. 33, Nr. 109/55; und als letztes Bsp. für Böhmen ein Ber. Kronenbergs an Kempen v. 31. März 1855, Nr. 79/Pr., in: Ebd., Präs. I, Krt. 13, Nr. 1217/55.

5   Kronenberg an Kempen, Prag, 10. Juni 1855, Nr. 272/Pr., *reserviert*, in: Ebd., Krt. 15, Nr. 2173/55.
6   Kronenberg an Kempen, Prag, 31. März 1855, Nr. 79/Pr., in: Ebd., Krt. 13, Nr. 1217/55; vgl. ders. an Kempen, Prag, 10. Juni 1855, Nr. 272/Pr., *reserviert*, in: Ebd., Krt. 15, Nr. 2173/55.
7   So Baumgartner an Bach, Wien, 15. Dezember 1854, Nr. 22641/FM., in: FA, FM, Präs., Nr. 22641/54, Bog. 1.
8   Sitzung v. 10. Juni 1854, ad Nr. 9511/GP., in: Ebd., GP, Nr. 9511/54, Bog. 2 (s. dazu auch folg.).
9   Aus dem Nachlaß Kübecks, S. 151.
10 Bistritz, Nr. 4836/Pr., in: FA, FM, Präs., Nr. 14727/54 (s. dazu auch das folg. Zit.).

Was es mit diesem Vorkommnis, das alles andere als einen Einzelfall darstellte, auf sich hat, wird noch weiter unten erörtert.

Und bereits zwei Tage zuvor machte eine als „sehr dringend" bezeichnete *Amtserinnerung* des Finanzministeriums die *Anlehenskassen* auf das „nirgends" vorhandene „Verbot" der Annahme von Barbeträgen aufmerksam, mochten „sie nun eine, mehrere oder gleich alle Ratenzahlungen umfassen"[11]. Zugleich wurden Ablehnungen von Mehreinzahlungen kritisiert: Sie seien „(schon) unbegreiflicher Weise" und „sogar häufig" vorgekommen. Am 25. September – zwei Wochen nach Beginn der „Versendung" der „Instructionen über die Behandlung der Anlehens-Einzahlungen"[12] – bezog das Finanzressort in einem an sämtliche Finanzlandes- und Steuerdirektionen gerichteten Erlaß erneut Stellung zu dem „Drängen ... vieler Parteien auf die Anname von Voraus- oder Volleinzalungen": Diese dürften „natürlich" nicht zurückgewiesen werden[13]. Und die Tiroler Finanzlandesdirektion führte Ende Oktober als vorrangigen Beleg für den bisherigen guten Einzahlungsverlauf stattgehabte „Voreinzahlungen und gänzliche Abstattungen in reichlichem Umfange" an[14].

Die Akten enthalten nur vereinzelt konkrete numerische Angaben über den Umfang dieses Phänomens. Aber schon die bisher gemachten Angaben lassen sein teilweise beträchtliches Ausmaß erahnen. Tatsächlich schritten beispielsweise in Mähren immerhin 32.270 von insgesamt rund 140.000 Parteien im Zuge der ersten Ratenerstattung zu Überzahlungen[15]. Dies waren beinahe 25 %. Dagegen hatten Anfang 1855 in der Krain offenbar „viele" Subskribenten „bereits die ganze von ihnen eingezeichnete Summe erlegt"[16]. Bleibt hier der Vergleichsmaßstab unklar (was sollte *viele* heißen?), so waren bei den zuständigen Stellen in Oberösterreich zehn Monate danach „bereits mehr als zwei Drittel" der gezeichneten Summe bei den Anleihekassen eingegangen[17]. Und in Böhmen war schon relativ zu Beginn der Einzahlungsphase „nicht nur die erste fällige Anlehensrate gedeckt", sondern insgesamt „bereits mehr als der zehnte Theil ... eingezahlt"[18]. Nicht umsonst nahm man einige Zeit später an, daß die diesem Kronland „anrepartirte (!) Summe ... früher" in die Staatskassen fließen würde, „als der 5jährige Termin es vor-

---

11 Wien, 23. Juli 1854, in: Ebd., Nr. 13511/54 (s. dazu auch folg.).
12 Die Instruktion befindet sich in: Ebd., Nr. 16813/54.
13 In: Ebd., Nr. 17271/54.
14 An Baumgartner, Wien, 25. Oktober 1854, Nr. 14224/I/2669, in: Ebd., Nr. 20115/54.
15 Lažanský an Baumgartner, Brünn, 30. Oktober 1854, Nr. 1756/Pr., in: Ebd., Nr. 20329/54.
16 Präsidialerinnerung, Wien, 5. Jänner 1855, Nr. 109/Pr. II., in: AVA, Inneres, OPB, Präs. II, Krt. 33, Nr. 109/55 (Wiedergabe eines Ber. des Gendarmeriekommandos für die Krain).
17 Stber. GM, 7–9 1855, SH/LP/PD, Nr. 8391/Pr. II., in: Ebd., Krt. 48, Nr. 8391/55, fol. 6–7.
18 FLD Böhmen an Baumgartner, Prag, 4. November 1854, Nr. 45591, in: FA, FM, Präs., Nr. 20667/54.

schreibt"[19]. Auf die Gesamtmonarchie bezogen läßt sich folgendes sagen: Bis 18. November 1854 erfolgten Einzahlungen in Höhe von rund 72 Millionen Gulden. Dies entsprach rund einem Siebtel der Gesamtsumme[20]. Dabei hätten es bis zu diesem Zeitpunkt eigentlich nur 10 % sein müssen.

3.1.1.1. Die Reaktion der Verantwortlichen in Wien auf die Überzahlungen

In Wien sah man diese Entwicklung offensichtlich nicht ungern. Jedenfalls wurden sie aber für hinnehmbar beziehungsweise für das kleinere Übel gehalten. Sonst hätte man Überzahlungen wohl kaum von Anbeginn an öffentlich für rechtmäßig erklärt, wie es schon in einem am 5. Juli publizierten Erlaß im Reichsgesetzblatt geschehen war. Danach „stand es ... den Parteien frei, Eine oder mehrere Raten zugleich schon vor ihrer Verfallszeit zu bezahlen"[21]. Für diese Haltung zeichneten wenigstens vier Gründe verantwortlich: Erstens „mußte" ein Verbot von Überzahlungen „den Partheien eine lebhafte Theilnahme in der That verleiden", wie bereits am 25. Juli wiederum in Bistritz vermerkt wurde[22]. Nicht anders sah es fünf Tage zuvor Schmerling speziell mit Blick auf die Beamten: Wie er Baumgartner mitteilte, konnte mit einer „viel ergiebigeren" Subskriptionsteilnahme gerechnet werden,

> „wenn der von Mehreren angeregte Zweifel gelöset wäre, ob nämlich den Beamten eben so wie den anderen Subscribenten gestattet sei, mehrere Raten, oder gar den ganzen gezeichneten Betrag auf einmal zu erlegen"[23].

Nun hatte der erwähnte Erlaß vom 5. Juli diese *Zweifel* schon *gelöst*. Entsprechende Aufklärungen waren also – wenn überhaupt – offensichtlich deshalb notwendig, weil sein Inhalt nicht genau gelesen wurde. Doch abgesehen davon, lassen sich diese Stellungnahmen dahingehend deuten, daß die Zeichner, wenn sie sich denn schon an der Operation beteiligten (beziehungsweise beteiligen mußten), wenigstens selbst über den Zeitpunkt entscheiden wollten, an dem sie einzahlten. Voraussetzung war lediglich, daß sie nicht mit Ratenzahlungen im Verzug blieben.

---

[19] Kronenberg an Kempen, Prag, 10. Juni 1855, Nr. 272/Pr. *reserviert*, in: AVA, Inneres, OPB, Präs. I, Krt. 15, Nr. 2173/55.
[20] S. dazu Baumgartner an Kempen, Wien, 2. Dezember 1854, Nr. 21763/FM., in: FA, FM, Präs., Nr. 21763/54, Bog. 1.
[21] Rgbl., 1854, Nr. 159, § 16, Abs. 3, S. 641.
[22] Kommando des Militärdistrikts Bistritz an Generalgouvernement Siebenbürgen, Bistritz, Nr. 4836/Pr. in: FA, FM, Präs., Nr. 14727/54.
[23] Wien, 20. Juli 1854, Nr. 265/Pr., in: Ebd., Nr. 13302/54.

Dies leitet auch über zum zweiten Punkt, der hier Berücksichtigung verdient: Baumgartner beschied Schmerlings Schreiben nämlich vor allem deshalb positiv[24], weil voraussichtlich viele Subskribenten versuchen würden, sich der eingegangenen Ratenzahlungsverpflichtungen so schnell wie möglich wieder zu entledigen. Dieses Bestreben mußte nicht unbedingt aus einer überhaupt nur widerwillig vollzogenen Zeichnung resultieren. Vielmehr befanden sich vor allem Beteiligte aus der bäuerlichen Schicht im Sommer und Herbst aufgrund der Ernte beziehungsweise infolge der durch ihre Verkäufe gewonnenen Erlöse in einer noch vergleichsweise günstigen ökonomisch-finanziellen Situation. Sie würde sich während der Wintermonate voraussichtlich zunehmend kritischer gestalten, mit absehbaren Folgen für die Liquidität. So führte Forgách das von ihm erwartete Übertreffen der ersten Rate auf die „Voraus"zahlung durch „wohlhabendere Private und Gemeinden" zurück, sprach aber zugleich seine „Besorgnis" aus, daß sich die „Schwierigkeiten bei Einzahlung späterer Raten ... noch steigern dürften"[25]. Denn dann werde der kleinere Besitzer und namentlich der Bauer seine diesjährige „Fechsung", also seine Weinlese, bereits veräußert haben. Somit lag es also nur im staatlichen Eigeninteresse, Mehrfachzahlungen oder auch der Leistung der ganzen subskribierten Summe auf einmal kein zusätzliches Hindernis in den Weg zu legen.

Drittens gab es für die Verantwortlichen keine hinreichende Veranlassung, die weitere wirtschaftliche Entwicklung des Landes in einem rosigen Licht zu sehen. Die fristgemäße Leistung der Einzahlung mochte vielen Subskribenten also im weiteren eher noch schwerer fallen, ja zur schieren Unmöglichkeit geraten. Dies hätte die Administration zur Genehmigung vieler Ermäßigungen oder gar völliger Zahlungsnachlässe gezwungen, wodurch namhafte Beträge für die Staatskasse als unwiederbringlicher Verlust abzuschreiben gewesen wären. Die negativen Auswirkungen etwa auf die angestrebte Senkung, ja Beseitigung des Haushaltsdefizits waren dabei leicht absehbar.

Viertens schließlich würde durch anfänglich starke Überzahlungen viel Geld auf einmal in die Staatskassen fließen. Eine solche Entwicklung konnte Baumgartner aufgrund der großen momentanen Haushaltsprobleme, aber auch infolge der Währungsschwierigkeiten jedenfalls nicht ungelegen kommen. Ein direkter Beleg dafür findet sich im Protokoll der Sitzung der Vertrauensmänner vom 10. Juni 1854: Damals erklärte Eskeles „die unbedingte Gestattung von Anticipationen" bei gleichzeitiger Emission der Obligationen für „bedenklich"[26]. Darauf reagierte der Minister mit der Bemerkung, man

---

24 Wien, 22. Juli 1854, Nr. 13302/FM., in: Ebd.
25 An Kempen, Pest, 13. November 1854, Nr. 1905/Pr., in: HHStA, KK, GD, 1854, f. *GD II., Nr. 733–1205*, fol. 853–854 (s. dazu auch folg.).
26 2. Besprechung, ad Nr. 9511/GP., in: FA, FM, GP, Nr. 9511/54, Bog. 2 (s. dazu auch folg.).

könne den „Voreinzahlungen" noch immer „durch nachträgliche Verfügungen Einhalt thun", sollten diese „zu rasch" geschehen. Gleichzeitig hob er ausdrücklich auf die „Grundlage", also die erwähnte finanzielle „Hauptaufgabe" der Nationalanleihe ab, die „Regelung der Valuta". Deshalb wollte er den Zufluß der dafür notwendigen „Geldmittel" wenigstens zunächst „in keiner Weise beschränkt" wissen[27].

Insgesamt betrachtet darf aus den aus Sicht der Finanzverwaltung „erfreulichen"[28] Überzahlungen nicht voreilig auf einen vielfach vorhandenen Patriotismus geschlossen werden. Dies gilt um so mehr, als auch hier wieder wenigstens lokal praktizierte behördliche Einwirkungen das Ihrige zum Auftreten dieses Phänomens beigetragen haben dürften. So kam es in Böhmen zwar sogar „größtentheils" zu Überzahlungen, doch stand dabei anscheinend „fast in jedem Bezirke Militär-Execution in Verwendung", worauf generell noch einzugehen sein wird[29]. Dagegen meinte Eminger für Niederösterreich, der „freie Wille" und die „persönliche Einwirkung der politischen und Steuerbehörden" würden für den „gewünschten Fortgang" der Einzahlungen sorgen[30]. Hier schlagen angesichts der uns bekannten offiziellen *Einwirkungsmethoden* in der Zeichnungsphase die Alarmglocken. Nicht zu vergessen sind die von der Nationalbank an Subskribenten geleisteten Vorschüsse „gegen bei ihr deponirte andere Staatspapiere"[31]. Der einzelne Zeichner durfte also Geld abheben, um die Einzahlungen fortführen oder überhaupt erst leisten zu können. Laut Wessenberg bewirkte diese Erleichterung überhaupt erst „einen großen Theil dieser Einzahlungen". Rein numerisch mag dies zutreffen. Doch darf dabei eines nicht vergessen werden: Nur eine verschwindend geringe Minderheit der Zeichner besaß überhaupt *Staatspapiere*.

---

27 Vgl. in diesem Zhg. auch seine Feststellung v. 23. August 1854: „Für Zahlungen an die Nationalbank im Interesse der Valuta, ist dabei nur mit 10 Millionen Gulden vorgesehen, und nur durch bedeutende Voreinzahlungen auf das National-Anlehen wird es möglich seyn, dießfalls etwas Namhafteres zu leisten." (Vortrag, Wien, abg. in: ÖAGK, 2, Nr. 169, S. 378–381.)

28 So die FLD Preßburg an Baumgartner (Preßburg, 22. November 1854, Nr. 10235/197, in: FA, FM, Präs., Nr. 21825/54).

29 Kronenberg an Kempen, Prag, 31. März 1855, Nr. 79/Pr., in: AVA, Inneres, OPB, Präs. I, Krt. 13, Nr. 1217/55.

30 An Bach, Wien, 11. Oktober 1854, Nr. 675/Pr., in: Ebd., Inneres, Präs. Krt. 666, Nr. 11929/54.

31 Wessenberg, in: HHStA, NL Wessenberg, Krt. 13, Nr. 96, *Das Oest. NationalAnlehen und seine Wirkungen*, fol. 161–162 (s. dazu auch das folg. Zit.).

3.1.1.2. Organisatorische Probleme mit den Überzahlungen

Die Überzahlungen führten im übrigen anfänglich zu bemerkenswerten Schwierigkeiten organisatorischer Natur. Denn man wurde der Flut von Einzahlungen nicht Herr. Zu ihrer reibungslosen Entgegennahme fehlte es den Anleihekassen teilweise schlicht an Personal und/oder an den hierfür notwendigen Formularen. Auch gab es zu wenige Annahmestellen. Dieser Aspekt soll hier nicht in allen Einzelheiten dargelegt werden. Einige Hinweise scheinen dennoch am Platz: Denn erstens sorgte er – nicht zuletzt unter den Verantwortlichen – für beträchtliche Aufregung. Zweitens liefert er einmal mehr Indizien für gespannte Beziehungen innerhalb des Machtapparates. Drittens schließlich verweist er auf die mangelnde Vorbereitung der Operation.

Beispielhaft soll dies wiederum am Fall Lombardo-Venetien erörtert werden. Über die dort auftretenden Probleme bei der Abwicklung der Einzahlungen schickte Radetzky am 22. September eine Meldung an Bach[32]. Der Generalgouverneur benützte dazu die relativ neue und zuweilen als gefährlich[33] beurteilte Errungenschaft des „fast jede Entfernung verschwinden machenden" Telegraphen[34] und damit den damals schnellstmöglichen Weg. Dieses Mittels bedient man sich meistens wohl nur in dringenden Angelegenheiten, was auf das Ausmaß der Schwierigkeiten hindeutet, mit denen sich die verantwortlichen Stellen vor Ort konfrontiert sahen. Damit korrespondiert auch der Inhalt von Radetzkys Meldung. Danach stellten sich die „von der Finanzbehörde behufs der prompten Einkassirung der Raten" getätigten „Maßregeln" als derart „ungenügend" dar, „daß täglich bei der hierortigen Finanzkasse ein übermäßiger Andrang vom Volke entsteht". Dabei müsse „der bei weitem größte Theil der Subscribenten nach stundenlangem Warten unabgefertigt" entlassen werden. Dieser Faktor darf keineswegs unterschätzt werden. Es gab nämlich nicht überall Anleihekassen, bei denen man gewissermaßen zwischendurch kurz einmal vorbeischauen konnte. Zur Erledigung ihres Anliegens mußten Einzahlungswillige also teilweise ein unterschiedlich großes Maß an Zeit investieren und dabei teilweise erhebliche Reisewege in Kauf nehmen, möglicherweise inklusive einer Übernachtung, was wiederum häufig mit finanziellen Ausgaben verbunden gewesen sein dürfte.

Ein solcher Aufwand mußte jedenfalls lästig fallen, die Betroffenen dürften damit in den allermeisten Fällen auch kaum gerechnet haben. Radetzky zufolge war an eine Annahme der Raten ohnehin „nicht zu denken", würden

---
32 Verona, Nr. 2023/403, in: FA, FM, Präs., Nr. 17926/54 (s. dazu auch folg.).
33 Siehe dazu etwa Vortrag Kübecks v. 20. Mai 1852, Wien, in: HHStA, KK, RR, Gremial, Krt. 11, Nr. 220/52
34 Vortrag Kempens v. 15. Juni 1852, Wien, Nr. 29/BM.I., in: Ebd., KK, GD, 1852, 1. Teil, f. *GD II 1851/1 1/2*, fol. 427.

"nicht ... sogleich umfassende Vorkehrungen angeordnet". Nach dieser eher düsteren Beschreibung übte er offene Kritik an der Finanzadministration: Man habe sich wiederholt an sie „um Abhülfe gewendet", doch verstreiche mit den diesbezüglichen „Vorbereitungen die Zeit zur Einzahlung". Damit wiederum steige „mit jedem Tage der Mißmuth und Unwille" der Bevölkerung. Zudem machte er auf eine Konsequenz aufmerksam, die uns noch ausführlich beschäftigen wird: Die Subskribenten – „des langen Wartens müde, und um sich nicht Geldverlusten und Unannehmlichkeiten auszusetzen" – zogen es nämlich vor, „ihre Einschreibungs-Zertifikate hintanzugeben", also zu verkaufen.

Diese Angelegenheit fiel in den Zuständigkeitsbereich des Finanzministers, weshalb ihm der Innenminister diese Zuschrift übermittelte. Baumgartner reagierte am 26. September unmißverständlich. In einem Antwortentwurf rügte er, „daß eine Behörde der anderen Mängel und Ausstellungen zum Vorwurfe macht"[35]. In seinem schließlich abgeschickten Schreiben finden sich diese Worte nicht mehr. Trotzdem bekam Radetzky Baumgartners Verärgerung noch immer deutlich genug zu spüren, wenn es hieß, „eine so große Aufgabe der Administration" könne nur durch ein aufrichtiges Zusammenwirken „aller Kräfte und Behörden" dem Ziele näher gebracht werden. Damit hatte der Finanzminister zweifellos recht. Zugleich hatte er jedoch den Finger auf eine schon erwähnte offene Wunde des neoabsolutistischen Herrschaftssystems gelegt. Dennoch vermochte er die Berechtigung von Radetzkys Beschwerden nicht ganz zu leugnen, da er noch nicht „völlig" beseitigte „Störungen" konzedierte. Der „Grund" hierfür lag laut ihm jedoch „nicht mehr bei den Behörden". Er war „lediglich in der Sache selbst" begründet. Damit hob er also auf die normative Kraft des Faktischen, sprich auf den „ganz abnormen Umfange" und die „Schwierigkeit des Geschäftes" ab, während er an anderer Stelle „über menschliche Kräfte" hinausgehende Anstrengungen feststellte[36].

Ganz ähnlich sprach Baumgartner wenig später von einer „Angelegenheit", deren „Durchführung ohnehin mit so vielen Schwierigkeiten verbunden ist"[37]. Ganz überzeugt dieses Argument freilich nicht. Denn die von Radetzky geschilderten, auch anderenorts vorkommenden Komplikationen[38] waren durchaus voraussehbar. Es hätten also eigentlich bereits im Vorfeld der Einzahlungs-, ja der Subskriptionsphase umfangreichere Vorbereitungen getroffen

---

35 An Radetzky, 26. September 1854, Nr. 17926/54, in: FA, FM, Präs., Nr. 17926/54 (s. dazu auch folg.).
36 An Bach, Wien, 15. Dezember 1854, Nr. 22641/FM., in: Ebd., Nr. 22641/54, Bog. 1.
37 An Bach, Wien, 10. Oktober 1854, Nr. 18425/FM., in: Ebd., Nr. 18425/54.
38 Für die Krain berichtete Statthalter Chorinsky über den zu großen „Andrang der Partheien" bei dem „Steueramte" (an Baumgartner, Laibach, 21. September 1854, Nr. 6593/Pr., in: Ebd., Nr. 18173/54). „4000 Partheien" mußten „befriedigt" werden (Leiter des Steueramtes für Laibach und Umgebung an Chorinsky, 20. September 1854, Nr. 2610, in: Ebd.).

werden müssen. Die Planung der Operation erfolgte freilich in so kurzer Zeit, daß unmöglich allen absehbaren Schwierigkeiten bei der Abwicklung vorgebeugt werden konnte. Dazu kam noch der vielerorts bestehende „Mangel an Obligationen"[39], weshalb die Subskribenten immer wieder mit leeren Händen umkehren mußten. Man begreift, warum Bach für „die verderblichen Konsequenzen", die sich aus der „Nichteinhaltung der Verbindlichkeit von Seite der Finanzverwaltung" ergaben (hier ging es um die ungenügende Ausfolgung der Obligationen), „in vorhinein jede Verantwortung ablehnen" wollte, auch wenn solche Vorfälle weniger „unbegreiflich" waren, als er behauptete[40].

Noch am 1. Dezember waren für Lombardo-Venetien von insgesamt eingezahlten 6.771.186 Gulden „nur" 1.250.260 mit Obligationen „bedeckt"[41]. Da nützte es auch nichts, daß sich der Finanzminister tags darauf gegenüber Kempen indirekt erneut auf die Macht der Verhältnisse berief: Es werde „ohnehin alles Aufgebothen, um die Ausfertigung" der Obligationen „nach allen Theilen der Monarchie in möglichst ergiebiger und beschleunigter Weise zu Stande zu bringen"[42]. Baumgartner stand diesen Vorkommnissen, die im übrigen von den „Uibelgesinnten" zu ihren Gunsten ausgeschlachtet werden mochten[43], zunächst offenbar recht ohnmächtig gegenüber[44]. So erließ er an die „Staatsschuldenkasse" im Dezember 1854 „den wiederholten (!) Auftrag, für die möglichst beschleunigte und ergiebige Dotirung der Anlehenskaßen ... Sorge zu tragen"[45]. Und Mecséry klagte gegenüber Bach noch im Februar des folgenden Jahres über den „Mangel an Anlehensobligationen": Dies versetze die „hierländigen Anlehenskassen" in die Verlegenheit, „dem Andrange der Subskribenten nicht entsprechen zu können", was wiederum „hemmend auf das Einzahlungsgeschäft wirkte"[46].

---

39 Lažanský an Baumgartner, Brünn, 30. Oktober 1854, Nr. 1756/Pr., in: Ebd., Nr. 20329/54; vgl. Leiningen (in Vertr. Albrechts) an Baumgartner, Ofen, 17. Dezember 1854, Nr. 24215/G.Pr., in: Ebd., Nr. 22947/54; s. auch die Antwort Baumgartners (23. Jänner 1855, Nr. 22947/FM., in: Ebd., 2 Bögen).
40 An Baumgartner, Wien, 11. Dezember 1854, Nr. 14417/MI., in: Ebd., Nr. 22641/54.
41 Notiz im Finanzressort, Wien, in: Ebd., Nr. 21829/54.
42 Wien, 2. Dezember 1854, Nr. 21763/FM., in: Ebd., Nr. 21763/54, Bog. 1.
43 Kempen hatte gemeint, für den Fall eines weiteren derartigen Zustandes würden „die Übelgesinnten ... allerlei erdichtete unlautere Absichten der Staats-Verwaltung ... unterschieben" (an Baumgartner, Wien, 25. November, Nr. 7774/Pr. II., in: Ebd.).
44 S. dazu auch einen Erlaß des Finanzressorts an alle Finanzlandes- und Steuerdirektionen v. 25. September 1854, Nr. 17271/FM., in: Ebd., Nr. 17271/54.
45 Wien, und., Nr. 21852/FM., in: Ebd., Nr. 21852/54.
46 Prag, 6. Februar 1855, Nr. 1329/Pr., in: Ebd., Nr. 2666/55.

3.2. Der weitere Verlauf der Einzahlungen

Die bisherigen Darlegungen lassen vermuten, daß die Einzahlungen – abgesehen von den erwähnten organisatorischen Problemen – anfangs überall mehr oder minder unproblematisch erfolgten. Tatsächlich muß hier aber differenziert werden. So hatten sich laut Forgách „schon ... bei Einzahlung der ersten Anlehens-Rate nicht unbedeutende Schwierigkeiten ergeben"[47]. Und gerade das weiter oben angeführte Beispiel Mährens erweist das Erfordernis einer sorgfältigen Beurteilung. Wie gehört, hatten dort im Zuge der ersten Ratenerstattung insgesamt fast 25 % der Zeichner Überzahlungen geleistet[48]. Und mit rund 87.700 Parteien hatte eine deutliche Mehrheit die auf sie entfallende Rate immerhin vollständig eingezahlt. Zugleich waren allerdings fast 21.000 Parteien mit ihrer ersten Ratenzahlung ganz oder teilweise im Rückstand geblieben. Dies wurde als „kein günstiges Resultat" bezeichnet[49]. Für den Bereich Laibach machte man im Dezember 1854 „ungefähr 20 % ... rückständige Subskribenten" aus[50]. Statthalter Lažanský berichtete zwar wiederum für Mähren noch am Jahresende von einem „im Allgemeinen" zufriedenstellenden Einzahlungsfortgang[51], im Finanzressort bezeichnete man das in diesem Kronland erzielte „Resultat" aber als „unerfreulich"[52]. Und aus Triest berichtete die lokale Steuerdirektion ebenfalls nachdenklich stimmende Dinge nach Wien: Nicht nur waren „bei den meisten Anlehenskassen viele Subscribenten ... mit den schon fällig gewordenen drei ersten Anlehensraten im Rückstande verblieben"[53]. Es wurde zudem vermutet, daß sie „wahrscheinlich mit den spätern Raten auch rückständig bleiben" würden.

Auf die Gesamtmonarchie bezogen traf diese Prognose zu. Die weiteren Ratenzahlungen gestalteten sich nämlich im Laufe der Zeit vielerorts deutlich schwieriger. Dabei dürften manche, prinzipiell durchaus zur Einzahlung

---

47 An Kempen, Pest, 13. November 1854, Nr. 1905/Pr., in: HHStA, KK, GD, 1854, f. *GD II, Nr. 733–1205*.
48 Vgl. *Summarischer Auszug* Lažanskýs für Baumgartner, Brünn, 30. Oktober 1854, ad Nr. 1756/Pr., in: FA, FM, Präs., Nr. 23029/54 (s. dazu auch folg.).
49 Ebd. Bei dieser Statistik ergibt sich insofern ein Problem, als es in Mähren laut Bach knapp 170.000 Subskribenten gab (AVA, Inneres, Präs., Krt. 664, Nr. 7099/54). Die hier also bestehende Differenz von rund 30.000 Zeichnern, die nach einer Notiz des Finanzministeriums sogar noch größer ausfällt (Dezember 1854, in: FA, FM, Präs., Nr. 21794/54: Danach gab es insg. 135.162 Zeichner), könnte sich durch inzwischen stattgehabte Zertifikatsverkäufe erklären (worauf noch einzugehen sein wird).
50 Notiz, und., in: Ebd., Nr. 21873/54.
51 An Baumgartner, Brünn, 26. Dezember 1854, Nr. 2099/Pr., in: Ebd., Nr. 92/55.
52 Notiz, und., in: Ebd., Nr. 21873/54.
53 An das Finanzministerium, Triest, 16. Januar 1855, Nr. 51, in: Ebd., Nr. 1378/55 (s. dazu auch folg.).

fähige Subskribenten von vornherein aus reinem Widerwillen oder auch aufgrund des verkündeten Prinzips der Freiwilligkeit nicht zum Entrichten ihrer Raten gewillt gewesen sein. Diese Vermutung ergibt sich vor allem aus einer Analyse der insbesondere bei Kempen einlaufenden einschlägigen Berichte aus verschiedenen Reichsteilen. Sie differenzierten in dieser Hinsicht durchaus: So unterschied Forgách „theils Mangel an gutem Willen, theils wirklichen Mangel an Gelde"[54]. Und die „Landedelleute im Borsoder Comitate" (bei Miskolcz) ließen es ihm zufolge „vorsetzlich auf ... Zwangsmaßregeln ankommen"[55]. Demnach lag der bei ihnen eingetretene Rückstand an Einzahlungen „nicht" an ihrer „Zahlungs-Unfähigkeit". Vielmehr zeichnete dafür „allem Anscheine nach die Absicht" einer „öffentlichen Manifestation" verantwortlich: Sie wollten „den Regierungsmaßregeln nur unter Execution Folge geben".

Zuweilen scheint die beobachtete Widerspenstigkeit auch Folge eines ungeschickten Vorgehens der politischen Behörden gewesen zu sein: Illustriert sei dies für den im oberungarischen Komitat Lipótvár (Leopoldstadt, Leopoldov) gelegenen Ort Palugya. Der in Preßburg stationierte und damit auch für Palugya zuständige Kommandeur der Gendarmerie, Mangelberger, informierte Anfang 1856 seinen Chef über eine dort stattgehabte „Renitenz"[56]. Sie wurde ihm zufolge „durch willkührliches Benehmen des Stuhlrichteraktuars"[57] Lanyi hervorgerufen, als er „beim Grundbesitzer Farkas ... eine rückständige Anlehenszahlung ein(fordern)" wollte. Dieser bat zwar „um eine Zahlungsfrist von wenigen Tagen", doch „schritt" der Beamte „sofort zur Pfändung", wobei „er beim Hornvieh anfing". Laut Mangelberger war dies ein „willkührlicher Fürgang", zumal der „Eigenthümer" der Kühe „dem Beamten einige Truthühner ... als Abschlagszahlung" anbot[58]. Während über den weiteren Fortgang dieser Angelegenheit ungarische Archive zu konsultieren wären, förderte amtliches Verhalten auch in anderer Hinsicht offenbar Widerstand gegen die Ratenzahlungen. Dies hing wiederum mit den zuvor an-

---

54 An Kempen, Pest, 13. November 1854, Nr. 1905/Pr., in: HHStA, KK, GD, 1854, f. *GD II., Nr. 733–1205*, fol. 853.

55 An Kempen, Pest, 15. April 1855, Nr. 254, *reserviert.*, in: AVA, Inneres, OPB, Präs. I, Krt. 14, Nr. 1387/54 (s. dazu auch folg.).

56 Preßburg, 23. Januar 1856, Nr. 23, *reserviert*, in: Ebd., Krt. 23, Nr. 221/56 (s. dazu auch folg.).

57 Unter *Stuhlrichtern* haben wir regional zuständige Richter in Ungarn zu verstehen. Ein Stuhlrichter war der Leiter eines Bezirksamtes, ein *Aktuar* war ein Protokollführer.

58 Kempen wandte sich an die Preßburger Statthaltereiabteilung mit der Bitte um Klärung (28. Januar 1856, Nr. 774/Pr. II., in: Ebd., Präs. II, Krt. 58, Nr. 714/56). Diese stritt die Anschuldigungen ab: Lanyi habe sich sogar als „zu nachsichtig" gezeigt (an Kempen, Preßburg, 27. März 1856, Nr. 1071/Pr., in: Ebd., Krt. 65, Nr. 2348/54). Ganz traute Kempen dieser Behauptung offenbar nicht, da er dazu auch einen Ber. des Generalgouvernements anforderte und den Fall nur „vorläufig ... ad acta" legte (Hell, 9. April 1856, am Ende des Aktes am Rand, in: Ebd.). Der Ber. lag mir leider nicht vor. Farkas erstattete übrigens auch Anzeige gegen Lanyi.

geführten organisatorischen Problemen zusammen, wie ein Schreiben Lažanskýs an Baumgartner vom 30. Oktober 1854 zeigt: Danach waren „Rückstände", die sich bei den einzelnen Bezirkshauptmannschaften anhäuften, „theils der Saumseligkeit vieler und der Renitenz einzelner Subskribenten zuzuschreiben"[59]. Dabei sah der Statthalter die *Saumseligkeit* wiederum als Folge des „Mangels an Obligationen" bei den Anleihekassen an. Dies vermindere das Vertrauen des Landvolkes zu dieser „FinanzOperation".

Im allgemeinen zeichnete für den sich schleppend vollziehenden Einzahlungsfortgang jedoch nicht ein „Geist von Auflehnung und Widersetzlichkeit aus Anlaß der Zahlung" verantwortlich, wie Lažanský behauptete[60]. Ausschlaggebend war vielmehr die materielle Lage der Subskribenten. Darauf zielte schon eine Bemerkung Wessenbergs vom 9. September 1854 ab, als die Operation gerade „geschlossen" war: Zeichnen und zahlen seien zwei verschiedene Dinge[61]. Viele hätten mit der Absicht gezeichnet, die Obligationen gleich nach ihrem „Erhalt wieder zu verkaufen, um nicht durch ihren Patriotismus selbst in Schulden zu gerathen". Schon hier dürfte der Freiherr im übrigen die Vokabel *Patriotismus* in einem ironischen Sinn verwendet haben. Dies scheint aber jedenfalls für eine Äußerung zu gelten, die er knapp einen Monat später tätigte: „Manche haben aus Eigenliebe mehr unterzeichnet, als ihre Kräfte erlaubten und kratzen sich schon bei Zahlung der ersten Rate hinter den Ohren."[62] Denn unter *Eigenliebe* verstand er wohl den Wunsch, gegenüber den Behörden als besonders *patriotischer* Staatsbürger dazustehen, nicht zuletzt in der Erwartung, hierfür eventuell mit einem Orden belohnt zu werden. Wir kommen darauf noch zurück.

Auch offizielle Stellen hatten Beurteilungen, welche die materiell schwierige Lage von Teilnehmern an der Nationalanleihe betonten, manchmal nur wenig entgegenzusetzen. Ganz im Gegenteil: So führte ausgerechnet Lažanský in seinem gerade zitierten Schreiben auch materielle Hindernisse als Grund für die angelaufenen „Rückstände" an[63]. Dabei hob er für seinen Amtsbereich konkret auf die Folgen sogenannter „Elementar-Ereignisse" ab. Darunter sind Naturkatastrophen zu verstehen. Sie hatten sich beispielsweise Anfang 1855 im Distrikt Großwardein in Form schwerer Überschwemmungen nachteilig auf die Zahlungsfähigkeit der Subskribenten ausgewirkt[64].

---

59 Brünn, Nr. 1756/Pr., in: FA, FM, Präs., Nr. 20329/54 (s. dazu auch folg.).
60 Ebd.
61 An Isfordink-Kostnitz, Freiburg, in: Briefwechsel Wessenbergs, 2, Nr. 412, S. 277 (s. dazu auch folg.). Zum Verkauf von Obligationen s. w. u., Abschnitt 3.7.
62 An dens., Freiburg, 4. Oktober 1854, in: Ebd., Nr. 414, S. 279.
63 An Baumgartner, Brünn, 30. Oktober 1854, Nr. 1756/Pr., in: FA, FM, Präs., Nr. 20329/54 (s. dazu auch das folg. Zit.).
64 Maschek an Kempen, Großwardein, 27. Mai 1855, Nr. 86/Pr., in: AVA, Inneres, OPB, Präs. I, Krt. 14, Nr. 2000/55. S. auch den zuvor zit. Akt.

Und für Kaschau machte Gendarmeriekommandant Wölfel gegen Ende des Jahres ebenfalls nicht näher präzisierte „Elementarereignisse" geltend[65], wobei schon knapp sechs Monate zuvor aus dieser Region gemeldet wurde, viele Gemeinden hätten wegen der herrschenden Notstände um „Zuwartung" ihrer Ratenzahlungen gebeten[66]. Dabei spielten auch die jeweiligen Ernteergebnisse und die Preisentwicklung für geerntete Früchte und Gemüse eine Rolle, was sich wiederum auf die Ernährungslage auswirkte. Hinzu kamen speziell in Galizien erhebliche Absatzprobleme für Getreide aufgrund der außenpolitischen Konfliktlage mit Rußland.

Aufschlußreich erscheint eine Bewertung für die Region Preßburg: Mangelberger konstatierte Anfang 1855 einen „ohne merkliche Störung" verlaufenden Einzahlungsfortgang „in den wohlhabenderen Gemeinden"[67]. Dagegen stellte er „in den oberen Comitaten" bei der „Mehrzahl der Bewohner" Zahlungsunfähigkeit wegen des „herrschenden Mangels an Geld" fest. Und laut dem Polizeidirektor von Hermannstadt mehrten sich gegen Ende 1855 „in einzelnen Bezirken ... die Rückstände in den Ratenzahlungen"[68]. Dies führte er indirekt auf die „Armuth der Subskribenten" zurück.

3.3. Die Einstellung Bachs zu den Einzahlungsschwierigkeiten

Besonders signifikant erscheint, wie Bach mit auftretenden Einzahlungsschwierigkeiten umzugehen gedachte. Seine diesbezügliche Haltung läßt sich am besten am Beispiel des lombardo-venezianischen Königreichs aufzeigen. Greifen wir dazu zunächst ein wenig zurück. Wie gehört wurde ja auch im Jahre 1850 eine Anleihe für Oberitalien aufgelegt. Damals war es zu sogenannten *premio perduto-Geschäften* gekommen, Anteilscheine der Anleihe

---

65 An Kempen, Kaschau, 27. November 1855, Nr. 758/Pr., in: Ebd., Krt. 18, Nr. 4145/55.
66 Statthaltereipräsidium an Kempen, Kaschau, 10. Juni 1855, Nr. 3741/Pr., in: Ebd., Präs. II, Krt. 55, Nr. H4/55. Hierbei ging es offenbar insb. um Gemeinden in der Máramaros (s. dazu Kempen an Statthaltereipräsidium Kaschau, Wien, 27. Oktober 1855, Nr. 8427/Pr. II., in: Ebd., Krt. 47, Nr. 8247/55; Statthaltereipräsidium an Kempen, Kaschau, 23. Januar 1856, Nr. 196/Pr., in: Ebd., Krt. 59, Nr. 859/56; Wölfel an Kempen, Kaschau, 14. Februar 1856, Nr. unl., in: Ebd., Präs. I, Krt. 25, Nr. 460/56; ders. an dens., Kaschau, 31. März 1856, Nr. 111/Pr., in: Ebd., Krt. 28, Nr. 948/56).
67 An Kempen, Preßburg, 9. März 1855, Nr. unl., in: Ebd., Krt. 21, Nr. H22/55 (s. dazu auch folg.); vgl. ders. an Kempen, Preßburg, 23. Januar 1856, Nr. 23, *reserviert*, in: Ebd., Krt. 23, Nr. 221/56.
68 Janovsky an Kempen, Hermannstadt, 27. November 1855, Nr. 2014/Pr., in: Ebd., Krt. 19, Nr. 4176/55 (s. dazu auch das folg. Zit.). Sprach er kurze Zeit später von „ziemlich regelmäßigen" Zahlungseingängen, dann erklärte er dies „mit dem Erlös der heurigen Ernte" (an dens., Hermannstadt, 3. Jänner 1856, Nr. 2014/Pr., in: Ebd., Krt. 22, Nr. 70/56). Etwas später konstatierte auch der Stellvertreter von Gouverneur K. Schwarzenberg, Freiherr Heinrich v.

wurden also unter Wert an spekulationsbereite Persönlichkeiten verkauft. Dadurch waren „die Antheile ganzer Provinzen oder Gemeinden en masse verschleudert und künftige noch unerfüllte Verpflichtungen gegen schwere, dem Lande auferlegte Opfer an Spekulanten übertragen" worden, wie Radetzky im Sommer 1854 in einem Erlaß an Venetiens Statthalter Toggenburg erklärte[69]. Aus dieser in ökonomischer Hinsicht problematischen Erfahrung hatte man scheinbar den einzig richtigen Schluß gezogen: Man hatte solche Verkäufe untersagt, wie der Generalgouverneur beifügte.

Als nunmehr 1854 die Subskriptionen für die Nationalanleihe bereits angelaufen waren, wollte Bach in dieser Beziehung eine Änderung eintreten lassen: Auch Radetzky erachtete dies inzwischen für „nothwendig"[70], doch „ersuchte" ihn der Innenminister ausdrücklich, „allen berufenen Organen die möglichste Hintanhaltung solcher Kontrakte zur besonderen Pflicht zu machen"[71]. Dabei stand ihm eben wohl die unangenehme Erfahrung vor Augen, die mit der Genehmigung von *premio perduto-Geschäften* 1850 gemacht worden war.

Schon bald nach Eröffnung der Einzahlungsphase trat bei ihm jedoch ein Meinungswandel ein. Erstmals manifestierte er sich wohl Anfang Dezember 1854 gegenüber Baumgartner. Dabei ging es um die ihm vom Venediger Statthalter übermittelten „Gesuche mehrerer Gemeinden der Provinz Vicenza" über „Kontrahirung ihrer Anlehenszahlungen a premio perduto"[72]. Insgesamt handelte es sich um einen Gesamtbetrag von immerhin fast 988.000 Gulden.

Sowohl die Provinzialkongregationen als auch die Delegaten und die Statthalterei unterstützten dieses Anliegen. Bezeichnend genug, werteten sie eine Genehmigung durch Wien nicht nur „als eine Erleichterung(,) sondern als die unerläßliche Bedingung der sicheren Einzahlung". Bach machte sich diesen Standpunkt nun ebenfalls indirekt zu eigen: Zwar lehnte er solche Geschäfte einerseits „im Prinzipe" weiterhin ab; andererseits aber „verhele" er gegenüber seinem Kollegen nicht, daß in einzelnen besonders „berücksichtigungs-

---

Lebzeltern, „namhafte Anlehens-Einzahlungen". Dies führte er aber auf bedeutende Zertifikatsverkäufe an „fremde Speculanten" zurück (an Bruck, Hermannstadt, 20. April 1856, Nr. 3427, in: Ebd., Präs. II, Krt. 67, Nr. 2901/56), was noch w. u. zu besprechen ist. Gleiches tat der Gendarmeriechef von Kaschau: „Seit dem ein großer Theil der Gemeinden … ihre Anlehens-Schuldigkeiten mit Verlust der bereits hierauf geleisteten Zahlungen … an Speculanten übertragen hat, nehmen auch die Einzahlungen der fälligen Raten den erwünschten Fortgang." (Wölfel an Kempen, Kaschau, 27. November 1855, Nr. 758/Pr., in: Ebd., Präs. I, Krt. 18, Nr. 4145/55).

69 Verona, 11. August 1854, Nr. 2393/R., in: Ebd., Inneres, Präs., Krt. 665, Nr. 9317/54 (s. dazu auch das folg. Zit.).
70 Radetzky an Bach, Verona, 19. Juli 1854, Nr. 2126/R., in: Ebd.
71 An Radetzky, Wien, 24. Juli 1854, Nr. 7931/MI., in: Ebd.
72 Bach an Baumgartner, Wien, 4. Dezember 1854, Nr. 1463/MI., in: FA, FM, Präs., Nr. 22215/54 (s. dazu auch folg.).

würdigen Fällen" eine Ausnahme gestattet werden müsse. Anders ließ sich ihm zufolge weder die „Steuerfähigkeit" beibehalten noch das „richtige Einfließen der Anlehensraten" sichern. Dabei verwies er unter anderem auf die stattgefundene „Mißernte" und die „Traubenkrankheit". Zusätzlich zum Befall der Seidenzüchtungen durch Raupen grassierten diese Plagen damals tatsächlich, mit ernsthaft nachteiligen Auswirkungen auf die materielle Lage vor allem der ländlichen Bevölkerung[73]. Die einschlägigen Berichte Radetzkys an Bach, aber auch die Stimmungsberichte Kempens an den Monarchen darüber sind Legion. An dieser Stelle sei nur aus einem Schreiben des Generalgouverneurs zitiert:

> „Drei auf einander folgende(,) durch die Traubenkrankheit ruinirte Weinerndten haben die Grundbesitzer zum mindesten des Drittheiles ihrer Einkünfte, und die ohnedieß äußerst beschränkt lebenden unteren Klaßen eines gewohnten(,) ihnen beinahe unentbehrlichen Genußmittels beraubt. Die Seide ist in den letzten Jahren ebenfalls nur mittelmäßig ausgefallen, und in Folge der gedrückten Zeitverhältniße hat die Seide einen schlechten Preis, es stockt der Absatz, so wie überhaupt Handel und Verkehr sehr darnieder liegen (…)."[74]

Im Finanzressort ahnte man offenbar den Pferdefuß von Bachs Begründung. Denn in einer nur für den eigenen Gebrauch bestimmten Notiz wurde festgestellt, das „Argument" der „Traubenfäule" und „Mißernte" lasse sich „auf alle Gemeinden" Oberitaliens „anwenden"[75]. Gab man Bach also in diesem einen Fall nach, drohte letztlich die Genehmigung der Kontrakte *a premio perduto* für das gesamte Kronland. Dies aber konnte fraglos nicht in Baumgartners Interesse liegen. Warum dies so war, wird noch zu erläutern sein. Nicht umsonst weist sein Antwortschreiben vom 4. Januar 1855 an seinen Kollegen eher ablehnenden Charakter auf[76]. Damit band er seinen Kollegen aber bestenfalls in moralischer Hinsicht, da er sich zugleich für nicht zuständig erklärte[77].

Schon einige Tage darauf sah sich Baumgartner mit einer erneuten einschlägigen Anfrage Bachs konfrontiert. Sie betraf wieder Venetien. Diesmal

---

73 S. dazu allg. Brandt, Neoabsolutismus, 1, S. 390–393.
74 Verona, 28. August 1854, Nr. 2567/R., in: AVA, Inneres, Präs., Krt. 665, Nr. 10112/54.
75 Dezember 1854, in: FA, FM, Präs., Nr. 22215/54, Bog. 1 (s. dazu auch folg.).
76 Baumgartner an Bach, Wien, Nr. 22215/FM., in: Ebd., Bog. 1.
77 Intern wurde dies damit begründet, daß solche Kontrakte „eigentlich Nichts anderes als die Bewilligung zum Verkaufe der … Obligationen" darstellten (Notiz, in: Ebd., Bog. 1). Dies überrascht, da Bach in seinem Schreiben an Baumgartner ausdrücklich erklärt hatte, solche Gesuche sollten „von Fall zu Fall zur einverständlichen Prüfung und Entscheidung der beiden Ministerien vorgelegt" werden (4. Dezember 1854, Nr. 1463/MI., in: Ebd.). Hatte der Finanzminister hier voreilig eine Trumpfkarte aus der Hand gegeben?

ging es um mehr als eine halbe Million Gulden[78]. Erneut verwies Bach auf die mit einer Gewährung verbundenen „Nachtheile", nannte sie aber zugleich explizit „das geringere Uibel"[79]. Und auch im weiteren erreichten den Finanzminister zahlreiche Schreiben aus dem Innenressort mit einem ganz ähnlichen Tenor. Da war etwa der Fall der Gemeinde Cividale in Friaul. Sie stand mit rund 45.000 Gulden in der Kreide: Der örtliche Magistrat war „um die Genehmigung eingeschritten", den nicht auf „freiwilliger Subskription", sondern auf Zwangsumlage basierenden Teil der Zeichnungssumme (was mehr als 50 % ausmachte) „gegen eine angemessene Prämie kontrahiren zu dürfen"[80]. Diesmal sprach sich Bach nicht direkt zugunsten einer Gewährung dieses Gesuchs aus, sondern bat unter Verweis auf „die Traubenkrankheit und auf den geringen Ertrag der Seidenzucht" lediglich um Baumgartners „Wohlmeinung". Freilich ging es hier um einen vergleichsweise geringen Betrag. Der Finanzminister war jedoch wohl ernsthaft besorgt, solche Anträge könnten zur Regel werden. Denn in seiner Antwort verwies er ausdrücklich auf seinen Wunsch vom 4. Januar „wegen möglichster Beschränkung von derlei Verkaufsgeschäften"[81].

Aber bereits drei Tage zuvor war der Innenminister ebenfalls einschlägig vorstellig geworden. Diesmal lag ihm ein wiederum von allen dafür kompetenten Gremien unterstützter Antrag von „101 Gemeinden der venezianischen Provinz Vicenza" vor[82]. Danach sollte ihnen die Erlaubnis erteilt werden, „Einzahlungen auf ihre durch freiwillige Subskriptionen nicht bedeckten Anlehensquoten im Gesammtbetrage von 1,186,597fl 49xr [Kreuzer] mit der Ditta [Firma] Giuseppe Vittorelli ... kontrasigniren zu dürfen". Dies sollte „zu handen eines Frankfurter Banquierhauses" gegen eine bestimmte „Veräußerungsprämie" geschehen.

Der ohnehin nur geringe Widerstand des Finanzministers gegen diese Form der „indirekten Auslandsverschuldung"[83] war nun scheinbar gebrochen. Jedenfalls segnete er den Antrag seines Kollegen praktisch kommentarlos ab[84]. Immerhin mochte er ein wenig beruhigt sein: Denn am 10. Januar betonte Bach die „Nothwendigkeit", von „einer allgemeinen Ermächtigung zum Beschluße der Kontrakte á premio perduto für eine ganze Provinz abzusehen"[85]. Damit votierte er gegen ein einvernehmlich mit der zuständigen Pro-

---

78 Wien, 11. Dezember 1854, Nr. 14371/MI., in: Ebd., Nr. 22569/54 (s. dazu auch folg.).
79 Baumgartners Antwort: Wien, 4. Januar 1854, in: Ebd., Nr. 22215/54.
80 Wien, 23. Dezember 1854, Nr. 14905/MI., in: Ebd., Nr. 23329/54 (s. dazu auch folg.).
81 Wien, 10. Januar 1855, Nr. 23329/FM., in: Ebd.
82 Wien, 7. Januar 1855, Nr. 137/MI., in: Ebd., Nr. 372/55 (s. dazu auch folg.).
83 Gandenberger, Öffentliche Verschuldung, S. 482.
84 An Bach, Wien, 11. Januar 1855, Nr. 372/FM., in: FA, FM, Präs., Nr. 372/55, Bog. 2.
85 An Baumgartner, Wien, 10. Januar 1855, Nr. 15373/MI., in: Ebd., Nr. 569/55 (s. dazu auch folg.).

vinzialkongregation formuliertes Gesuch von Statthalter Toggenburg, das für die Provinz Rovigo exakt darauf abzielte, obwohl nur einige Gemeinden um die Ermächtigung zur Kontrahierung eingeschritten waren. Abgesehen davon, daß dies einiges über die nach Ansicht des Grafen vor Ort herrschende materiell-soziale Lage aussagt, wollte Bach solche Anträge „zur Vermeidung von Exemplifikationen" wie bisher „von Fall zu Fall" entschieden wissen. Baumgartner gab dazu sein Einverständnis[86], und an dieser Maxime orientierte man sich auch im weiteren[87]. Allerdings war die Ausnahme faktisch schon längst zur Regel avanciert.

Baumgartner jedenfalls behielt seine defensive Position zunächst bei. Erst nach Rücktritt von seinem Posten Ende Januar 1855, als er nur noch interimistisch bis zur Ankunft Brucks aus Konstantinopel als Minister agierte, vollzog er einen gewissen Kurswechsel: Als Bach ein einschlägiges Gesuch der Gemeinde Guidizzoli unterstützte[88], verwies er am 22. des Monats vorsichtig auf „jene allgemeinen", in seinem Schreiben vom 4. Januar enthaltenen „Bedenken"[89]. Wenig später ging es unter anderem um drei Kommunen im Lombardischen[90]. Da bezog er schon deutlicher Stellung: Er könne „abermals nur den Wunsch nach möglichster Beschränkung dieser Verkäufe aus finanziellen Rücksichten wiederhohlen"[91]. Würden sie schon nicht „ganz verweigert", so dürften sie doch wenigstens nur „auf Theilbeträge" zugestanden werden. Dies sollte „insbesondere" für „namhaftere Summen" gelten.

Nur bei „überwiegenden Gründen" erachtete Baumgartner „eine Ausnahme" von diesem Prinzip für „räthlich". Solche Gründe lagen ihm zufolge im konkreten Fall allerdings nicht vor. Praktisch zur gleichen Zeit machte Bach sogar Anstalten, doch noch von seiner bisherigen Linie abzurücken und faktisch die Kontrahierung *a premio perduto* flächendeckend für ganze Provinzen zu befürworten. Dabei stand zunächst nur das Gesuch von „33 Gemeinden der Provinz Treviso" auf der Tagesordnung[92]. Der Statthalter aber äußerte seine „Zuversicht", daß „nach und nach alle Trevisaner-Gemeinden dieses Ansuchen stellen werden". Deshalb „empfahl" er Bach die generelle „Genehmigung" solcher Anliegen. Der Minister erkundigte sich bei seinem Kollegen kommentarlos nach dessen Meinung, während er früher ja ausdrücklich eine Entscheidung von Fall zu Fall befürwortet hatte. Da hielt

---

86 Wien, 21. Januar, Nr. 569/FM., in: Ebd., Bog. 2.
87 S. etwa: Ebd., Nr. 568/55 (neun Gemeinden der Provinz Mantua betreffend), Nr. 622/55, Nr. 820/55.
88 Wien, 14. Januar 1855, Nr. 238/MI., in: Ebd.
89 An Bach, Wien, Nr. 820/FM., in: Ebd., Nr. 820/55.
90 S. dazu Bach an Baumgartner, Wien, 1. Februar 1855, Nr. 924/MI., in: Ebd., Nr. 1980/55.
91 An Bach, Wien, 9. Februar 1855, Nr. 1980/FM., in: Ebd., Bog. 2 (s. dazu auch folg).
92 An Baumgartner, Wien, 10. Februar 1855, Nr. 1432/MI., in: Ebd., Nr. 2546/55 (s. dazu auch folg.).

Baumgartner offenkundig den passenden Moment für einige grundsätzliche finanzpolitische Erwägungen gekommen: Es werde der „weisen Einsicht" Bachs „nicht entgehen", daß die Veräußerungen „so bedeutender Partien von Obligationen des Nationalanlehens auf den ohnedieß sehr gedrückten Cursstand dieses und aller österreichischen Staatspapiere an den Börsen des Inn- und Auslandes nur nachtheilig einwirken können"[93]. Deshalb seien „Verkaufs Bewilligungen ... in so großartigem Maßstabe nicht wünschenswerth". In der Tat zeitigten sie in der Summe negative Konsequenzen für das Erreichen der mit der Nationalanleihe anvisierten finanzpolitischen Zielsetzung[94]. Freilich beließ es Baumgartner auch diesmal bei Ausführungen von letztlich akademischem Charakter. Er erklärte sich nämlich „gern" bereit, „die finanziellen Rücksichten" den von Bach geltend gemachten „wichtigen politischen Gründen ... unterzuordnen". Um welche *Gründe* es sich hierbei offensichtlich handelte, ist rasch erklärt: Der Innenminister fürchtete eine weitere Verschlechterung der herrschenden Stimmung.

Wie erklärt sich nun diese recht unterwürfig anmutende Haltung? War Baumgartner ähnlich wenig kämpferisch veranlagt, wie es für Kübeck nicht unplausibel erscheint? Entsprechende Hinweise ließen sich nicht finden. Vielleicht wirkte sich aber seine nunmehr unmittelbar bevorstehende Amtsübergabe an Bruck aus: Sollte sein Nachfolger doch selbst sehen, wie er mit dem zur Debatte stehenden Problem beziehungsweise mit Bachs Haltung zurechtkam. Die weiter oben dargelegte primäre Zuständigkeit des Innenressorts belegt Baumgartners Verhalten jedenfalls nicht ausreichend. Vor allem hätte er die ganze Angelegenheit vor den Thron bringen können. Möglicherweise wurde er aber auch von einer anderen Überlegung geleitet: Wäre er hart geblieben, dann hätte der Finanzverwaltung aufgrund der offensichtlichen Zahlungsunfähigkeit von Subskribenten der vollständige Verlust ihrer Einzahlungen gedroht. Da dürfte ihm der von Bach skizzierte Weg noch immer als kleineres Übel erschienen sein. Ein wesentliches Übel blieb es dennoch aufgrund der damit verbundenen finanzpolitischen Problematik. Anders formuliert: Es war ein schlechter Kompromiß, was überhaupt für viele Aspekte der Nationalanleihe gilt.

---

93 Wien, 15. Februar 1855, Nr. 2546/FM., in: Ebd., Bog. 2 (s. dazu auch folg.).
94 S. dazu w. u. mehr, Abschnitt 3.7.1.

3.4. Die Überforderung der Subskribenten in der Einzahlungsphase

Die bisherigen Ausführungen dürften zur Genüge illustriert haben, wie sehr nicht nur einzelne Individuen, sondern auch Körperschaften über ihre Verhältnisse subskribiert hatten. Dafür zeichnete nun aber nicht zuletzt die staatliche Vorgehensweise bei Anrepartierung der Subskriptionsbeträge verantwortlich. Dies wurde bezüglich der Gemeinden bereits im vorherigen Kapitel festgestellt. Niemand anderes als Bach selbst sprach diesen Sachverhalt indirekt klar und deutlich aus, wenn er Baumgartner schrieb, aufgrund der „Dringlichkeit des Vorgangs bei der Subscriptions-Verhandlung" sei eine „ins Detail gehende Würdigung der individuellen Vermögens-Verhältniße" nicht möglich gewesen[95]. Vielmehr „mußte die Summe im Ganzen votirt und nach der Steuer auf die einzelnen umgelegt werden". Auch sein Kollege „bezweifelte keineswegs", daß im „Drange" der raschen Durchführung der Operation „eine ins Detail gehende Würdigung ... sehr häufig nicht habe stattfinden können"[96].

Dieses klare Eingeständnis einer nicht gerade genauen Planung der Nationalanleihe wird zusätzlich noch durch ein weiteres Moment unterstrichen: Denn niemand Geringerer als Bach befürwortete über die ohnehin schon gewährten Beteiligungserleichterungen hinausgehende Konzessionen. Da war beispielsweise der Fall des Zisterzienserstiftes Zircz [Zirc, bei Veszprém] in Ungarn. Der dortige Abt Ferdinand Villax hatte um Erstattung der verfallenen Renten von diesem „Dominium" gebeten, um weiterhin die Ratenzahlungen „pünktlich leisten" zu können[97]. Bach machte sich dafür erfolgreich beim Kaiser stark[98]. Er ging jedoch noch wesentlich weiter, indem er die Gewährung ähnlicher Hilfsmaßnahmen hinsichtlich ganzer Gruppen von Subskribenten befürwortete: Dies gilt etwa für das Gesuch aller „bezugsberechtigten" siebenbürgischen Grundbesitzer „um Bewilligung eines weiteren Urbarial-Entschädigungsvorschusses"[99]. Hier argumentierte er mit der „sonst unmöglichen Zuhaltung der Einzahlungsraten für das National-Anlehen". Deutlicher ließen sich die Schwierigkeiten vieler Subskribenten, die Raten zu entrichten, wohl kaum ausdrücken. Und vor dieser Tatsache konnten auch

---

[95] Wien, 14. Januar 1855, Nr. 388/MI., in: FA, FM, Präs., Nr. 821/55. Wie er hinzufügte, waren „ohnehin alle Gemeindeglieder bereits mit der ursprünglichen Auflage sehr in Anspruch genommen" (s. dazu auch das folg. Zit.).
[96] Wien, 31. Januar 1855, Nr. 821/FM., in: Ebd., Bog. 1.
[97] So Bach in einem Vortrag v. 9. August 1855, Wien, MCZ. 2540/55, in: HHStA, KK, Vorträge, 1855, Krt. 13.
[98] Die entsprechende a. h. Entschließung datiert v. 26. August 1855 (Laxenburg, in: Ebd.).
[99] Vortrag v. 5. Juli 1855, Wien, MCZ. 2091/55, in: Ebd., Krt. 10 (s. dazu auch das folg. Zit.).

weder der in dieser Angelegenheit einvernommene Kübeck noch Franz Joseph die Augen verschließen[100].

Dabei muß vor allem der Innenminister von vornherein mit solchen Zahlungsproblemen gerechnet haben. Bezüglich etwa Lombardo-Venetiens war ihm die dort bestehende Seidenraupenkrankheit kein Geheimnis. Lediglich ihr Ausmaß mochte er falsch eingeschätzt haben. Anders verhielt es sich mit an Sicherheit grenzender Wahrscheinlichkeit im Falle des als Oberleutnant in „k.k." Diensten stehenden Grafen Franz Spaur[101]. Er wollte von insgesamt 50.000 subskribierten Gulden etwas mehr als die Hälfte (26.000) erlassen bekommen. Bach unterstützte diese Bitte gegenüber dem Kaiser. Dies begründete er mit stattgefundenen „Aufklärungen" über die prekären „VermögensVerhältnisse" des Adeligen. Sie hätten zutage gefördert, „daß die AnlehensBetheilung ... seine Vermögenskräfte weit überschreitet". Dem Minister dürfte die spezielle Situation Spaurs vorher in der Tat unbekannt gewesen sein. Kein Geheimnis konnte für ihn jedoch sein, daß sich gerade viele Adelige aufgrund der Folgen der Bauernbefreiung in mehr oder weniger ähnlichen mißlichen pekuniären Verhältnissen befanden, zumal wenn sie bislang nur einen Teil oder noch gar keine Entschädigung erhalten hatten. Hier sei nur nochmals an die Situation des Grafen Pálffy erinnert[102].

3.5. Die offizielle Behandlung von Gesuchen um Befreiung von Einzahlungen

Die Verantwortlichen waren sogar gezwungen, Gesuche um gänzliche Annullierung beziehungsweise teilweise Herabsetzung der subskribierten Beträge positiv zu erledigen. Gleiches galt für Bitten um eine Verlängerung der Einzahlungsfristen. Von massenhaft bei den politischen Behörden einlaufenden einschlägigen Anträgen kann aufgrund der Aktenlage allerdings keine Rede sein. So wurden etwa in ganz Siebenbürgen, Kroatien-Slavonien und den beiden ungarischen Distrikten Großwardein und Ödenburg bis Anfang März 1855 offensichtlich „nur insgesamt 6 Gesuche um Enthebung oder Ermässigung" gestellt[103]. Doch darf dies nicht zu dem Schluß verleiten, daß nur ein verhältnismäßig geringer Teil der Subskribenten ernsthafte Zahlungsschwierigkeiten hatte.

---

100 A.h. Entschließung v. 25. Juli 1855, Laxenburg, in: Ebd.; Vortrag Kübecks v. 22. Juli 1855, Wien, in: Ebd., RR, Gremial, Krt. 89, Nr. 723/55.
101 Vortrag v. 25. August 1856, Wien, MCZ. 3015/56, in: Ebd., KK, Vorträge, 1856, Krt. 15 (s. dazu auch folg.).
102 Vgl. w. o. Abschnitt 2.8.5.2.5.
103 Vortrag Bachs, Wien, 5. März 1855, MCZ. 4131/55, in: Ebd., 1855, Krt. 21.

3.5.1. Das Beispiel der Beamtenschaft

Besonders deutlich läßt sich dies an Hand der Bürokratie aufzeigen. Wir konnten sehen, daß die Beamten fast ausnahmslos Anteilscheine zeichnen mußten. Wurde hierbei unleugbar moralischer Druck bis offener Zwang ausgeübt, so agierten die Verantwortlichen bezüglich der Einzahlung der anstehenden Raten spätestens seit Ende Frühjahr 1855 äußerst nachsichtig. Am 10. Juni teilte Baumgartners Nachfolger Bruck seinem Kollegen Buol die „allergnädigste Ermächtigung" des Kaisers mit, „in berücksichtigungswürdigen Fällen" die Beamten- und Dienerschaft sowie die Offiziere „von der ferneren Theilnahme an dem Nationalanlehen loszuzälen"[104]. In der Tat hatte Franz Joseph am 5. Juni eine entsprechende Resolution unterzeichnet[105]. Später kamen sogar noch weitere Kategorien in den Genuß der Befreiung von zusätzlichen Einzahlungen, so etwa „die mit Ruhegnüssen oder Gnadengaben betheilten Personen"[106]. Die dabei festgelegten „Modalitäten"[107] scheinen in der Praxis sogar einem Blankoscheck für Befreiungsanfragen gleichgekommen zu sein.

Bruck zufolge sollten Subskribenten „Entbehrungen", also ihre materiell-soziale Situation belastende Ratenzahlungen, zumindest so lange „nicht zugemuthet" werden, wie dies „den wichtigen Zwecks des National-Anlehens nicht beirrte"[108]. Dies mutet noch ebenso zurückhaltend an wie die Tatsache, daß er von einer „förmlichen Kundmachung" des kaiserlichen Beschlusses absehen wollte. Seine weiteren Ausführungen deuten auf die Befürchtung hin, die Öffentlichkeit könnte einem solchen Schritt einen zu offiziellen Anstrich beimessen. Deshalb sollte auch die Resolution so „zur Kenntniß der Beamten und Diener" gebracht werden, daß sie nicht „zu dem Einschreiten um die Enthebung aufgemuntert werden". Dies stellte aber einen untauglichen Versuch dar, die Anzahl der Befreiungen möglichst zu beschränken. Die ökonomische Lage vieler Beamten war nämlich mehr oder minder gleich prekär. Genehmigte man also ein Gesuch in einem bestimmten Amtsbereich, konnte ein ähnlich gelagertes Gesuch einem dort tätigen Kollegen, der sich in einer vergleichbaren Lage befand, kaum mit einer plausiblen Rechtfertigung abgeschlagen werden. Ein Schneeballeffekt war die logische und voraussehbare

---

104 Wien, Nr. 10061/FM., in: Ebd., AM, Adm. Reg., F 23, f. *F 23/1, Enthebung von fernerer Betheiligung am National-Anlehen 1855–60*, fol. 22. Der einschlägige Vortrag Brucks dat. v. 27. Mai 1855 (Wien, MCZ. 1609/55, in: Ebd., KK, Vorträge, 1855, Krt. 9).
105 A.h. Entschließung, Wien, 5. Juni, in: Ebd.
106 S. dazu Bruck an Toggenburg, Wien, 25. Juli 1855, Nr. 12204/FM., in: AVA, Handel, Krt. 53, Nr. 2223/55.
107 Wien, Nr. 10061/FM., in: HHStA, AM, Adm. Reg., F 23, f. *F 23/1, Enthebung von fernerer Betheiligung am National-Anlehen 1855–60*, fol. 22.
108 Ebd.

Folge. Da half auch der Hinweis nichts, jedes Gesuch sei „glaubwürdig" zu „begründen" und mit einer „Stempelmarke" zu versehen. Denn zum einen wollte Bruck hiermit wohl weniger die psychologische Hürde erhöhen (da die Stempelmarke weniger kostete als die noch zu leistenden Einzahlungen), als vielmehr dem Staat noch einige Einnahmen retten[109]. Zum anderen gab es diese *Gründe* ja, und niemand vermochte sich ihnen zu verschließen.

Besonders aufschlußreich ist in dieser Hinsicht ein Vortrag Brucks vom 27. Mai 1855, mit dem er erstmals auf Befreiungen antrug. Ihm zufolge konnte „ausnahmslos" jeder „Diener und … gering besoldete Beamte" der „von ihnen eingegangenen Verpflichtung nur mit großer Anstrengung genügen", wobei er auf die „seither immer gesteigerte Theuerung aller Lebensmittel" verwies[110]. Und als er sein Anliegen in der Ministerkonferenz vom 2. Juni vortrug, begründete er es mit dem Erfordernis, den „minder besoldeten Staatsbeamten bei der herrschenden Teuerung eine Erleichterung zuzuwenden"[111]. Zu beachten ist überdies jene Passage des Sitzungsprotokolls, wonach „der Konferenz (dieses Mittel) für die bestehenden Verhältnisse nicht ausgiebig genug zu sein (schien)". Deshalb erachteten die Minister „eine Gehaltsaufbesserung" für „angezeigt", sollte sie „ohne" Aufbringung „zu großer finanziellen Opfer möglich" sein.

Zu alledem paßt sehr gut eine Notiz Hells über ein Gespräch mit Heinrich Edlem v. Hayek: Dieser Hofsekretär bei der Obersten Polizeibehörde hatte Kempens rechter Hand erzählt, im Finanzministerium würden „beinahe alle Beamte … ihre Subscription … zurücknehmen"[112]. Dies galt demnach „selbst" für „Hofräthe", die – wie die anderen auch – „erfahren" hatten, „daß der Herr Fin(anz)Min.(ister) es sogar wünsche". Wie sehr dies zutraf, belegt Brucks Haltung gegenüber der Frage, ob die „Besoldungsbogen als Beleg der Gesuche abgefordert" werden sollten[113]. Er erklärte sich gegen eine solche Auflage und nannte sie „in so ferne drückend", als die Beamten ihre Gehaltslisten „gerade bei den Terminen der Fälligkeit die Bezüge nicht in Händen haben könnten". Er wollte Bedingungen beseitigt wissen, die „Manchen abhalten könnten(,) von der Allerhöchst zugestandenen Enthebung Gebrauch zu machen".

So sucht man auch vergeblich nach Belegen für Abweisungen von Befreiungsgesuchen bei der niederen und mittleren Beamtenhierarchie. Und wurde in Preßburg gegen Ende 1855 „der Mehrzahl" der dort fungierenden Staats-

---

109 Dies vermutete wenigstens Hell gegenüber Kempen (Notiz, Wien, 8. Juli 1855, in: AVA, Inneres, OPB, Präs. II, Krt. 43, Nr. 4908/55).
110 Wien, MCZ. 1609/55, in: HHStA, KK, Vorträge, 1855, Krt. 9.
111 MCZ. 1669/55, in: MRP III/4, Nr. 289, S. 76 (s. dazu auch folg.).
112 Notiz, Wien, 8. Juli 1855, in: AVA, Inneres, OPB, Präs. II., Krt. 43, Nr. 4908/55 (s. dazu auch folg.).
113 An Toggenburg, Wien, 8. Juli 1855, Nr. 11325/FM., in: Ebd., Handel, Krt. 52, Nr. 1710/55 (s. dazu auch folg.).

diener „in Berücksichtigung der herrschenden Theuerung die Zahlung des Restes ... nachgesehen"[114], so bedeutet dies lediglich, daß bislang noch nicht alle lokalen Beamten niederen und mittleren Ranges um eine Enthebung nachgesucht hatten. Allerdings müssen deshalb noch lange nicht alle um eine Befreiung eingekommen sein.

Lediglich bei höheren Bürokraten kam es offenbar zu Ablehnungen. Da war etwa der Fall des mittlerweile pensionierten Hofrats Karl Ritter v. Kesaer. Er war im Außenamt tätig gewesen und hatte „ursprünglich 5000" Gulden gezeichnet, wie sein Kollege Franz X. Freiherr v. Menßhengen am 7. April 1856 feststellte[115]. Von dieser vergleichsweise recht hohen Summe hatte er bis Anfang April 1856 bereits „beyläufig 2/5 eingezahlt". In einem Gesuch vom 6. April des Jahres bat er nun um Befreiung von den noch anstehenden Ratenzahlungen[116]. Darüber konnte „nur" sein ehemaliger Vorgesetzter Buol befinden, wie dessen Unterstaatssekretär Joseph Freiherr v. Werner einen Tag später festhielt[117]. Als dem Außenminister jedoch Kesaers Anliegen „zur hohen Entscheidung ... unterbreitet" wurde[118], wollte er dem „Gesuche" nicht „willfahren"[119]. Der ehemalige Staatsdiener mußte sich mit der Begründung begnügen, derlei Enthebungen würden „in der Regel" nur untergeordneten, mit geringen Gehalten beteiligten Beamten zugestanden[120].

Doch zeigen die zuletzt zitierten Worte zugleich, daß diese *Regel* eben nur eine Richtschnur darstellte. Sie schloß gegenteilige Entscheidungen keineswegs aus, zu denen es vereinzelt sogar bei noch wesentlich höheren Summen kam als im soeben geschilderten Fall. Angeführt sei hier das Beispiel von Freiherr Philipp v. Koerber, der als Direktor der *Orientalischen Akademie* ebenfalls dem Außenminister unterstand. Er hatte weit mehr als doppelt soviel gezeichnet wie Kesaer, nämlich 12.000 Gulden[121]. Davon war bis etwa Mitte 1855 beinahe die Hälfte in Form von 24 „Raten à 237 fl 30 k" eingezahlt. Wie der Leiter der „ersten und heute ältesten Institution zur Vorbereitung auf den Auswärtigen Dienst"[122] aber seine vorgesetzte Behörde am 4. Juli 1855 wissen

---

114 Mangelberger an Kempen, Preßburg, 31. Dezember 1855, Nr. 33/Pr., *reserviert*, in: Ebd., Inneres, OPB, Präs. I., Krt. 22, Nr. 13/56.
115 O. O. (Wien), in: HHStA, AM, Adm. Reg., F 23, Krt. 7, f. *F 23/1*, fol. 157 (s. dazu auch das folg. Zit.).
116 An das Außenministerium, Wien, in: Ebd.
117 Notiz, o. O. (Wien), 7. April 1856, in: Ebd., fol. 157.
118 Menßhengen, o. O. (Wien), 7. April 1856, in: Ebd.
119 Werner, 28. April 1856, in: Ebd.
120 Außenministerium an Kesaer, Wien, 30. April 1856, in: Ebd., ad Nr. 4476/a, fol. 158. Für einen ähnlichen Fall s. die Nr. 8700/a, in: Ebd.
121 Ders. an das Außenministerium, Wien, 4. Juli 1855, in: Ebd., fol. 36 (s. dazu auch das folg. Zit.).
122 Heinrich Pfusterschmid-Hardtenstein, Von der Orientalischen Akademie zur k. u. k. Konsularakademie, S. 138.

ließ, machte ihm inzwischen die „täglich steigende Theuerung in Wien" zu schaffen[123]. Dabei meinte er, sich einer „weiteren Darstellung jener schweren Opfer" enthalten zu dürfen, die ihm „bei seiner großen Familie" sowie „bei dem Verluste in den Cours-Schwankungen der Staatsobligationen, unter den gegenwärtigen theuren Lebensverhältnißen in Wien, aus der ferneren Einzahlung erwachsen". Diesmal stellte sich Buol nicht quer und „bewilligte" Koerbers Gesuch sehr rasch[124].

Selbst hoch positionierte Beamte, die gemäß der herrschenden neoabsolutistischen Staatsdoktrin eine besondere Rolle im damaligen Herrschaftssystem einzunehmen und nach außen hin zu repräsentieren hatten, suchten also um Befreiung nach. Wie oft sie ihnen zugestanden wurde, läßt sich wohl nicht mehr genau eruieren. Jedenfalls belegt auch dies die tatsächlich schwierige materielle Lage der Beamtenschaft an sich. Hell nahm als Sekretär Kempens ebenfalls eine relativ hohe Beamtenstelle ein, und auch er stellte ein Befreiungsgesuch[125]. Dieser Schritt könnte ihn infolge seines besonderen Verhältnisses zu Kempen einige Überwindung gekostet haben. Insofern dürften seine vorgebrachten Motive – ein Gehalt von nur 1.800 Gulden jährlich, seine sonstige Vermögenslosigkeit sowie der Umstand, daß er „nunmehr die Kosten eines Haushaltes ... tragen" mußte – wenigstens einigermaßen den Tatsachen entsprochen haben. Sein Chef gewährte ihm denn auch einen Erlaß von weiteren Ratenzahlungen[126].

Dilgscron gab bereits am 7. Juli 1854 seiner „Überzeugung" Ausdruck, die „ganze Maßregel" werde „sehr vielen" Staatsbediensteten „sehr drückend u lästig ... seyn"[127]. Damit hatte er insgesamt gesehen recht. Ihn selbst dürfte der Erhalt eines Kuverts seiner Mutter Caroline vom 20. Juli 1854 anläßlich seines Geburtstags mehr als sonst erfreut haben: Es enthielt neben einem Brief auch ein wenig Geld als Geschenk. Seine Mutter „glaubte" nämlich, „daß man durch das freiwillige Anlehen ... und die theuren Zeiten ... mehr Vergnügen an ein paar Gulden gewinnt, als es sonst der Fall war"[128]. Auch für Pratobevera und seine Familie brachte die Subskription gewisse materielle Unannehmlichkeiten mit sich. Dies belegen entsprechende Tagebuchnotizen, obwohl ein Vergleich der jeweiligen Eintragungen ergibt, daß es dem künftigen Justizminister, der einstweilen als Rat am Obersten Gerichtshof arbeitete, finanziell besser ging als seinem Beamtenkollegen Dilgscron. Er „mußte" (!)

---

123 An das Außenministerium, Wien, 4. Juli 1855, in: HHStA, AM, Adm. Reg., F 23, Krt. 7, f. *F 23/1*, fol. 36 (s. dazu auch folg.).
124 Schon am 5. Juli 1855 findet sich ein entsprechender Randvermerk Werners (Ebd.).
125 Hell an Präs. der OPB, Wien, 2. November 1855, in: AVA, Inneres, OPB, Präs. II, Krt. 49, Nr. 8720/54. (s. dazu auch folg.).
126 Kempen an Polizeihauptkassa, Wien, 10. November 1855, Nr. 8720/Pr. II., in: Ebd.
127 Tagebucheintrag Dilgscron, in: HHStA, NL Dilgscron, Krt. 3, f. *Buch 1854*, Bog. 231.
128 Ebd., in Bog. 237 eingelegt. Man beachte die Unterstreichung des Wortes *freiwillig*.

3.500 Gulden zeichnen, wie er gleichfalls am 20. Juli vermerkte[129]. Schon damals scheint für ihn festgestanden zu haben, „bei steigender Noth" werde es „im Winter sparen heißen", und zwar „ungeachtet" der vorhergesagten „guten Ernte". Und er dachte bereits daran, „vielleicht" seinen „Schimmel abzuschaffen". Knapp zwei Monate später war der Verkauf dann beschlossene Sache[130]. Freilich dürfte es sich hierbei um ein vergleichsweise geringes Notopfer gehandelt haben. Ein Pferd war für ihn nicht lebensnotwendig. Dennoch stimmte sicher auch er in den laut Kempen „überall" erschallenden „Beifall" ein[131], als die Beamten aufgrund der kaiserlichen Entschließung vom 5. Juni Anträge auf Befreiung von weiteren Rateneinzahlungen stellen durften.

3.5.2. Die generelle Behandlung von Befreiungsgesuchen

Nach diesem speziellen Blick auf die Beamtenschaft wende ich mich nun wieder der Frage nach dem numerischen Ausmaß der Befreiungsgesuche generell zu. Dabei ist erstens das wenigstens regional kursierende und offenbar positiv aufgenommene Gerücht einer generellen Befreiung von den weiteren Zahlungen zu berücksichtigen[132]. Insofern mochte es manchen Subskribenten zeitweise nicht erforderlich erschienen sein, persönlich in Form eines Gesuchs aktiv zu werden. Zweitens gingen entsprechende Anträge stets durch die Hände der politischen Behörden vor Ort, und damit auch der Statthalter. Sie dürften nur jene Gesuche nach Wien weitergeleitet haben, die sie einer Erörterung für würdig erachteten. Immerhin blieb den Bittstellern hier noch der Weg über ein direkt an den Monarchen gerichtetes Majestätsgesuch. So beschloß etwa der Gemeindeausschuß von Kronstadt, seine durch die Statthalterei „abweislich beschiedene ... Bitte" direkt „Seiner Majestät ... vorzutragen"[133]. Dieser Fall zeigt aber noch etwas Weiteres: Nicht alle Majestätsgesuche wurden auch wirklich an den kaiserlichen Hof abgeschickt. Den „rastlosen Bemühungen" eines Buchdruckers namens Gott gelang es nämlich, „die Comune von diesem Vorhaben abzubringen", wie der örtliche Gendarmeriechef an Kempen berichtete. Ob hierbei auch moralischer Druck im Spiel war, muß dahingestellt bleiben.

---

129 Maria Enzersdorf, in: Ebd., NL Pratobevera, Krt. 12, *Memoranda November 1853–Mai 1855* (s. dazu auch das folg. Zit.).
130 Tagebucheintrag v. 10. September 1854, Maria Enzersdorf, in: Ebd.
131 Stber. 7–9 1855, SH/LP/PD, in: AVA, Inneres, Präs. II, Krt. 48, Nr. 8391/55, fol. 4.
132 Stber. für die Steiermark, 4–6 1855, Pacher an Kempen, Graz, 1. Juli 1855, in: Ebd., Krt. 44, Nr. 5168/55 (schlecht leserlich, aber in diesem Sinne).
133 Oberst Riebel an Kempen, Hermannstadt, 4. April 1855, Nr. 2014/Pr. II., in: Ebd., Präs. I., Krt. 13, Nr. 1325/55 (s. dazu auch folg.).

Die letzte Bemerkung verweist nun aber auf den dritten und hauptsächlichen Grund, warum Gesuche um teilweise oder völlige Befreiung von den Einzahlungen nur relativ selten vorkamen. Er ist eben in der Anwendung des uns bereits zur Genüge bekannten moralischen Drucks zu suchen. Dazu reicht es, sich eine weitere Instruktion Bachs vom 6. September 1854 an alle Statthalter vor Augen zu führen, die seinen Untergebenen Richtlinien für ihr Verhalten während der Einzahlungsphase vorzeichnete[134]. Schon „auf die Förderung des Subskriptionsgeschäftes" hätten die politischen Behörden „den wirksamsten Einfluß genommen", heißt es da. Nunmehr hätten sie „dafür Sorge zu tragen", daß auch das „Einzahlungsgeschäft ohne Anstand vor sich gehe". Unter anderem war dabei der Landbevölkerung „mit Rath und That" zur Hand zu gehen. Denn „die Verfallsfristen" sollten nicht überschritten werden. Und von einer Sache erklärte sich der Minister „im voraus überzeugt": Die untergeordneten behördlichen „Organe (werden) dem Anlehensgeschäfte auch in diesem neuen Stadium ihre volle Aufmerksamkeit widmen und durch ihre fortgesetzte Thätigkeit den Erfolg sichern".

Anderenorts war in dieser Beziehung von Einwirkung „im gütlichen Wege" und von „Ermahnungen" die Rede[135]. Wir vermögen uns mittlerweile unschwer vorzustellen, welche Form diese *Ermahnungen* zumeist angenommen haben dürften. Verräterisch erscheint hierbei der einschlägige Kommentar des Polizeidirektors von Laibach (Ljubljana): Die politischen Behörden würden dabei „stets auf die möglichst schonendste Weise" vorgehen, „meistens genügt die bloße Androhung der Execution"[136]. *Execution* bedeutete aber nichts anderes als die zwangsweise, nötigenfalls gewaltsame Eintreibung der Raten, worauf noch zurückzukommen sein wird.

Von massenhaft vorkommenden Gesuchen läßt sich also nicht sprechen. Dennoch finden sich in den Präsidialakten des Finanzarchivs zahlreiche entsprechende Zuschriften. Dabei enthält dieser vergleichsweise gut erhaltene Bestand insbesondere zahlreiche einschlägige Schriftwechsel zwischen dem Innen- und dem Finanzminister. Schließlich hatten sie gemeinsam über die Entscheidung in solchen Fällen zu befinden. Erörtert sei dabei zunächst die Frage der von Bach beispielsweise für den Zipser [Szepes, Spiš] Bischof Ladislaus Zaboysky beantragten Verlängerung der „vorgeschriebenen Zahlungsfristen"[137]. Sie sollte lediglich „ausnahmsweise" und im Falle von – nach Ansicht der Behörden – eindeutig vorliegenden Härtefällen genehmigt werden.

---

134 Wien, Nr. 10170/MI., in: Ebd., Inneres, Präs., Krt. 665, Nr. 10170/54 (s. dazu auch folg.).
135 Präsidialerinnerung, Wien, 5. Jänner 1855, Nr. 109/Pr. II., in: Ebd., OPB, Präs. II, Krt. 33, Nr. 109/55: Wiedergabe eines Ber. des örtlichen Gendarmerieregimentskommandos über Vorkommnisse im Bezirk Tolmein bzw. in Oberkärnten (Gailtal).
136 Wölfel, Laibach, 7. Jänner 1856, Nr. 9/Pr., in: Ebd., Präs. I, Krt. 22, Nr. 67/56.
137 An Baumgartner, Wien, 9. Oktober 1854, Nr. 11495/MI., in: FA, FM, Präs., Nr. 18842/54 (s. dazu auch folg.).

Im gerade zitierten Fall lag ein solcher Härtefall nach offizieller Sicht vor[138]. Doch dehnte man dieses Zugeständnis auch auf ganze Gruppen von Subskribenten aus. Dies galt insbesondere für die galizischen Bauern: Für sie ordnete Baumgartner schon im November 1854 an, „stets bei der III.(,) am 8. Mai fälligen QuartalsRate ... von der Strenge des Gesetzes bei Säumnissen Umgang zu nehmen"[139]. So sollte aber immer „nur" bei der jeweils dritten Jahresrate verfahren werden, und auch dann nur unter der Voraussetzung der „Abstattung" des ausstehenden Betrages „im Laufe des nächsten Quartals".

Damit folgte der Finanzminister einer Anregung Bachs, der wiederum einen entsprechenden Antrag des galizischen Statthalters Goluchowski unterstützte. Allerdings wollten die beiden zuletzt genannten Herren wesentlich weiter gehen. Ihnen lag grundsätzlich an der „Einführung von quartalweisen Einzahlungsraten ... für die bäuerliche Bevölkerung". Diesem Ansinnen verweigerte sich der Finanzminister jedoch[140].

Wenigstens für ein ganzes Kronland, nämlich für Dalmatien, entschloß man sich sogar zu einer sogenannten „Zuwartung", also Aufschiebung der zwangsweisen Eintreibung der rückständigen Raten: Dort wurden die herrschenden „Verhältnisse" offenkundig als zu mißlich eingeschätzt, um an einem solchen Modus „Anstand nehmen" zu können[141]. In der Tat scheint etwa die „Nahrungslosigkeit ... immer mehr" um sich „gegriffen" zu haben, wie es in einem Stimmungsbericht von Anfang 1854 hieß[142]. Zwischenzeitlich wurde die unter anderem durch eine „Traubenkrankheit" hervorgerufene „Noth" nach amtlichen Angaben zwar infolge kaiserlicher „Gnadenspenden" und der „Sorgfalt der Behörden sehr gemildert"; doch war die besagte *Krankheit* noch nicht beseitigt, während auch in anderer Hinsicht Grund zur „Besorgniß" bestand[143]. Künstliche Hemmnisse, wie die „noch fortbestehenden Zollschranken zwischen Dalmatien und den übrigen Kronländern", verbesserten die Lage ebenfalls nicht[144].

---

138 Baumgartner an die FLD Ungarn, 15. Oktober 1854, Nr. 18842/FM., in: Ebd.
139 An die Kreditshofbuchhaltung, Wien, 14. November 1854, Nr. 20338/FM., in: Ebd., Nr. 20338/54, Bog. 1 (s. dazu auch folg.).
140 Bach an Baumgartner, Wien, 3. November 1854, Nr. 11603 et 12594/MI., in: Ebd.
141 S. dazu: Bach an Baumgartner, Wien, 27. November 1854, Nr. 12600/MI., in: Ebd., Nr. 21796/54 (s. dazu auch folg.); Baumgartner an dens., 6. Dezember 1854, Nr. 21796/FM., in: Ebd.
142 Stber. GD 3–4 1854, Vortrag Kempens, Wien, 23. Mai 1854, Nr. 1708/GI., in: AVA, Inneres, OPB, Präs. II, Krt. 22a, Nr. 3314/54, fol. 19.
143 Stber. LP 5–6 1854, Vortrag Kempens, v. 12. August 1854, Wien, Nr. 4984/Pr. II., *sehr dringend*, in: Ebd., Krt. 29, Nr. 4984/54, Bog. 12.
144 Stber. GM, 1–3 1856, SH/LP/PD Vortrag Kempens v. 31. April 1856, Wien, Nr. 2918/Pr. II., in: Ebd., Krt. 67, Nr. 2918/56.

Die Annullierung oder Herabsetzung von Zeichnungen sollte nach Vorstellung Bachs ebenfalls nur „ausnahmsweise" gestattet werden[145]. „Höchst berücksichtigungswürdige Gründe" waren hierbei geltend zu machen. Sein Kollege von den Finanzen teilte diese Auffassung. Laut ihm mußte dazu nichts weniger als die „Uiberzeugung gewonnen" werden, daß der Subskribent zu einer Einzahlung „geradezu außer Stande sey"[146]. Diese Formulierung ist grundsätzlich wörtlich zu nehmen, wie sich am Fall von drei Gemeinden aus dem böhmischen Steuerbezirk Tábor zeigen läßt: Sie waren bis Ende März 1855 „ihrer Verpflichtung noch gar nicht nachgekommen"[147], hatten also noch überhaupt keine Rate eingezahlt. Dabei stellte die „politische Behörde hinsichtlich einer ... wirklich armen Kommune den Antrag" auf „Befreiung" derselben „von der Zahlung". Dagegen hatten die „beiden andern günstiger gestellten Orte" ihrer „Verpflichtung nachzukommen". *Zahlungsfähigkeit* bildet aber einen ebenso dehnbaren Begriff wie *günstiger gestellt:* Auch erst die Leistung der Zahlungen konnte ja zu mehr oder minder völliger Illiquidität führen.

Behördliche Organe gingen dennoch sicher zu Recht davon aus, daß manche Teilnehmer an der Nationalanleihe ihre wirkliche materielle Lage absichtlich in einem ungünstigen Licht schilderten, um weiteren Einzahlungen oder Einzahlungen überhaupt zu entgehen. Ungeachtet dessen konnte ein Entgegenkommen auf breiter Basis aus drei Erwägungen prinzipieller Natur weder Bach noch Baumgartner opportun erscheinen: Erstens hätte eine relativ tolerante Handhabung in einigen Fällen eine Lawine gleichlautender Anträge nach sich gezogen. Sie wären aus Gründen der Gleichbehandlung nur schwer abzuschlagen gewesen, was wiederum problematische Konsequenzen für die Realisierung der mit der Nationalanleihe verknüpften finanzpolitischen Zielsetzung gezeitigt hätte. Deshalb verfochten selbst offene Kritiker der Operation hier eine eher harte Linie. Dies kommt etwa in der Stellungnahme eines von Kübeck eingesetzten Komitees des Reichsrates zum Ausdruck, das aus Ph. Krauß, Wildschgo und Anton Freiherr v. Salvotti bestand, letzterer laut Kübeck „sowohl in Beziehung auf seine tiefe Rechtsgelehrtheit, als seinen Eifer und seine politischen Grundsätze eines der ausgezeichnetsten Mitglieder" dieser Institution[148], weshalb er vielleicht tatsächlich als Nachfolger von Justizminister K. Krauß im Gespräch war[149]. Zumindest Krauß und

---

145 An Baumgartner, Wien, 28. November 1854, Nr. 12757/MI, in: FA, FM, Präs., Nr. 21851/54 (s. dazu auch das folg. Zit.).
146 An Bach, Wien, 8. November 1854, Nr. 19065/FM., in: Ebd., Nr. 19065/54.
147 Kronenberg an Kempen, Prag, 31. März 1855, Nr. 79/Pr., in: AVA, Inneres, OPB, Präs. I., Krt. 13, Nr. 1217/55 (s. dazu auch folg.).
148 Brief an seine Tochter Lina, Wien, 25. September 1851, in: Aus dem Nachlaß Kübecks, S. 196.
149 Wenigstens kursierte ein solches Gerücht. S. dazu Aktennotiz Hell, Wien, 26. März 1856, o. Nr., in: AVA, Inneres, OPB, Präs. II, Krt. 64, Nr. 2173/56.

Wildschgo waren ausgemachte Gegner der Nationalanleihe: Dennoch „rechneten" auch ihrer Auffassung nach die „Zuflüsse aus dem Nationalanleihen ... zu den ergiebigsten Hilfsmitteln", auf denen „gegenwärtig noch die Solvenz der Staatskassen beruhe". Deshalb erschien ihnen eine „Schmälerung" derselben „nicht wohl zulässig"[150]. Gedrängt von diesem Bedürfnisse habe man selbst in den ärmeren Kronländern, wie Kroatien, Galizien und Siebenbürgen, die Einzahlungen nur in Fällen „offenbarer Zahlungsunfähigkeit" oder einer zu „verderblichen Verschuldung der Gemeinden" erlassen. Vor allem Baumgartner wurde nicht müde, immer wieder auf die Gefahr sogenannter *Exemplifikazionen* hinzuweisen, wie sich zeigen wird.

Zweitens hätte die Staatsverwaltung damit öffentlich eine Überbürdung der Bevölkerung mit den ihr zudiktierten Summen eingestanden. Aber entscheidend war aufgrund der von den beiden Ministern persönlich mit der Nationalanleihe verfolgten machtpolitischen Motive wohl ein drittes Moment: Dann wäre nämlich auch dem Kaiser nicht mehr die weithin stattgefundene zu große Beanspruchung der Staatsbürger mit Zeichnungen beziehungsweise Einzahlungen zu verbergen gewesen. Franz Joseph jedoch konnte aufgrund seiner unverantwortlichen Stellung die Schuld hierfür ganz auf die beiden Minister abladen. Er konnte sich als Betrogener und als ein Mann darstellen, der mit dieser ganzen Angelegenheit nichts zu tun hatte. Die Vokabel *darstellen* deutet darauf hin, daß er daran eventuell selbst nicht – ganz – zu glauben vermocht hätte. Warum dies der Fall gewesen sein könnte, wurde bereits erörtert.

3.6. Die sogenannte Exekution

Eine grundsätzlich rigorose Vorgehensweise entsprach also der machtpolitischen Interessenlage der beiden Minister. Allerdings dürften auch in dieser Phase der Nationalanleihe speziell Bach manche Maßnahmen ihm unterstehender Behörden Kopfschmerzen bereitet haben. Zu denken wäre hierbei etwa an ein *dringendes*, auf den lokalen Stuhlrichter Mikolas Jureczky zurückgehendes *Rundschreiben* vom 16. November 1854 an die Ortsvorstände des im Komitat Borsod gelegenen Ortes Edelény: „Mit Schmerz" habe er, Jureczky, erfahren müssen, „daß die Rückstände der Staats-Anleihe ... von Tag zu Tag sich vermehren"[151]. Einen möglichen Nexus mit individuellen „Nothständen" ließ er nicht gelten. Vielmehr forderte er die „<u>schonungslose</u>

---

150 Vortrag Erzherzog Rainers v. 18. September 1857, Wien, in: HHStA, RR, Gremial, Krt. 178, Nr. 1367/57 (s. dazu auch folg.).
151 Nr. 445/Pr. (in der GI vorgenommene Übersetzung aus dem Ungarischen), in: Ebd., KK, GD, 1854, f. *GD II, Nr. 733–1205*, fol. 859 (s. dazu auch folg.).

Execution" gegenüber Subskribenten, die mit der Zahlung in Verzug waren. Dies hatte „unter der strengsten persönlichen Verantwortlichkeit" der Ortsrichter zu geschehen. Zudem wollte Jureczky „besonders bei den größeren Besitzthümern ... jede Schonung und Rücksicht bei Seite gelegt" wissen. Dies darf freilich nicht als Freibrief für Nachsicht in anderen Fällen gedeutet werden. Vielmehr sollten bei ihnen nur noch rigorosere Maßstäbe angelegt werden. Ob hierbei sozial bedingte Ressentiments – so etwas wie *Sozialneid* – im Spiel waren, oder ob er wirklich glaubte, diese Grundbesitzer würden über genügend finanzielle Mittel verfügen, sei dahingestellt. Und jene Teilnehmer, welche die erste Rate bis Ende November nicht vollständig eingebracht haben sollten, waren sogar „als alleinige schuldhafte Vernachlässiger ... bis zur betreffenden Summe zu exequiren", also persönlich haftbar zu machen. Drohender ließ es sich kaum noch formulieren.

Diese Angelegenheit dürfte nicht ohne Folgen geblieben sein. Es wäre reizvoll, ihrem weiteren Fortgang in Archiven des heutigen Ungarn nachzuspüren. Jureczky zufolge hatten sich die *Eintreiber* durch ihr kompromißloses Vorgehen „auf die Erkenntlichkeit der Obrigkeit ... Werth gemacht". Bach dürfte dies freilich anders gesehen haben. Doch hatte er selbst solchen Praktiken, die Spielräume für differenzierendes Vorgehen weitgehend ausschlossen, einmal mehr durch den Tenor seiner Anweisungen Tür und Tor geöffnet.

Immerhin erfolgten zuweilen auch Bestrafungen offizieller Stellen oder offiziöser Organe, deren sich die Staatsmacht in manchen Gegenden als Vollstreckungswerkzeuge bediente. Diese Erfahrung mußte beispielsweise der Notar der Gemeinde Szalánk im Distrikt Kaschau machen. Er wurde auch deshalb „entlassen", weil er die Gemeindeinsassen „gelegentlich der Anlehenseinhebung mit Geldstrafen belegte" und „pfändete"[152]. Doch hatte er zudem „das für die Pfänder eingelöste Geld für sich behalten". Ob allerdings dies der eigentliche Entlassungsgrund war, ist unklar: Denn die Bewohner Szalánks „beklagten" sich etwa zur gleichen Zeit über ihre Zahlungsunfähigkeit[153].

---

152 Statthaltereiabteilung an Kempen, Kaschau, 3. März /56, Nr. 2732/6367, in: AVA, Inneres, OPB, Präs. II, Krt. 63, Nr. 1938/56 (s. dazu auch folg.).
153 Wölfel an Kempen, Kaschau, 31. März 1856, Nr. 111/Pr., in: Ebd., Präs. I, Krt. 28, Nr. 948/56. Übrigens verweist dies auf den örtlich noch ungenügend ausgebauten Verwaltungsapparat. Man benötigte also außerbehördliche Hilfe. Fast wie eine Ironie des Schicksals erscheint, daß dabei ausgerechnet auf die oft als politisch unzuverlässig kritisierten Notare zurückgegriffen werden mußte. So wurden sie etwa in einer OPB-Notiz als „das unwissende Volk ... aussaugende ... Blutegel" bezeichnet (Wien, 6. Januar 1858, ad Nr. 5/Pr. I., in: HHStA, KK, GD, 1857–58, f. *1858*, fol. 66). Allg. z. Geschichte des Notariats in Österreich s. Christian Neschwara, Geschichte des österreichischen Notariats, 1.

3.6.1. Die Exekution in der Praxis

Manche Personen verweigerten sich der Zahlung ungeachtet der Ablehnung ihrer Gesuche um Herabsetzung, vollkommene Streichung der Zeichnungssumme oder aber um Verlängerung der Einzahlungsfristen. Sie mußten mit dem entschiedenen Auftreten der Staatsmacht rechnen, und zwar in Form der bereits mehrfach angesprochenen *Execution*.

Bereits Boscarolli hatte dieses Verfahren, mit dem Staatsbürger auch in Form der sogenannten *Steuerexecution* unliebsame Erfahrungen machten[154], für rechtens erklärt, wenn er in seiner Projektskizze schrieb, zwar enthalte die Zeichnung nur freiwillige patriotische Opfer, doch erwachse dem Staat daraus ein förmliches Recht, „die gezeichnete Summe durch Zwangsmittel beizutreiben"[155]. Konkret ging es um die Rateneintreibung gegen Zahlungssäumige beziehungsweise Zahlungsunwillige. Freilich war in diesen Fällen oftmals kein bares Geld aufzutreiben. Dies hatte wohl größtenteils mit tatsächlicher Illiquidität zu tun. Zuweilen aber wollten die von der Zwangsvollstreckung betroffenen Personen auch ganz einfach nicht mit ihrem Geld herausrücken[156]. Jedenfalls begnügten sich die Verantwortlichen vor Ort bei ausstehenden Ratenzahlungen normalerweise offenbar vorerst mit der Androhung der sogenannten *executiven Pfändung* von Privatbesitz. Dieser Methode sind wir bereits im Zusammenhang mit dem Fall des Stuhlrichteraktuars Lanyi begegnet. Sie wurde aber etwa auch im böhmischen Diwischowitz (Divišovice, Steuerbezirk Sedlec) angewandt. Laut einem glaubwürdigen Bericht des für diese Ortschaft zuständigen Kommandanten der Gendarmerie war die „Execution" bei „vielen" dortigen Bewohnern, die sich „schon Anfangs ... Zahlungen" verweigert hatten, „fruchtlos" geblieben[157]. Also mußten sie zu ihrem Glück „genöthigt" werden. Zu diesem Zweck schickte die zuständige Bezirkshauptmannschaft (Mühlhausen) den Bezirkskommissar Kwiczek „an Ort und Stelle". Versehen war er mit der „Vollmacht" zur „Vornahme der executiven Pfändung". Doch sollte er zu diesem Mittel nur „nöthigenfalls" greifen, zeitigte eine bloße Drohung also nicht die erwünschte Wirkung.

Kam es nun tatsächlich zur faktischen Pfändung von Privatbesitz, so wurde der damit erzielte „Erlös zur Tilgung der Anlehensrate verwendet"[158]. So erging es etwa dem ohne Grundbesitz lebenden Häusler Josef Kubat und dem Grundbesitzer Franz Krech aus Wodochod an der Eger (Vodochody, Steu-

---

154 S. dazu allg. Ferdinand Wimmer, in: Oesterreichisches Staatswörterbuch, 2, S. 1151–1158.
155 Boscarollis Plan, ohne alles, ad Nr. 8421/FM., in: FA, FM, Präs., Nr. 8421/54, fol. 12.
156 Untersuchungen darüber, in welchem Ausmaß damals Geld zu Hause gewissermaßen im Sparstrumpf lag, sind mir unbekannt.
157 Kronenberg an Kempen, Prag, 31. März 1855, Nr. 79/Pr., in: AVA, Inneres, OPB, Präs. I., Krt. 13, Nr. 1217/55 (s. dazu auch folg.).
158 Ebd. (s. dazu auch folg.).

erbezirk Raudnitz/Roudnice). Die von solchen Aktionen Betroffenen waren primär Bauern. Also ging es oft um Vieh. Beispielhaft erweist dies der Fall von zwei mit den Zahlungen der „ersten 4 Raten" im „Rückstand" befindlichen Landwirten in Oppolz (Böhmen, Steuerbezirk Kaplitz)[159]. Ihnen wurde je „ein Ochse gepfändet", hatten sie doch „trotz der Execution die Zahlung verweigert". Eine solche Maßnahme genügte manchmal schon, um das Geld doch noch in die Staatskassen zu bringen. Auch dies vermag der soeben beschriebene Fall zu illustrieren. Denn die vorgenommene Pfändung zeigte die „beste Wirkung", erfolgte doch sogleich die „Leistung aller rückständigen Beträge". Die Zahlungsunfähigkeit mag hier also lediglich vorgetäuscht gewesen sein. Eventuell hatten sich die Betroffenen aber auch Geld ausgeliehen. Freunde oder auch damals in allen Teilen der Monarchie tätige Geldverleiher mochten hier eingesprungen sein. Insbesondere die dabei zumindest im letzteren Fall zu leistenden Zinsen dürften die ökonomische Situation der Betroffenen kaum verbessert haben. Wie es sich auch verhalten haben mag: Ochsen stellten neben dem bewirtschafteten Boden das kostbarste, manchmal sogar das einzige eigene Gut dar, das man besaß. Man wollte es ganz offensichtlich keinesfalls verlieren, kam es doch zuweilen einer Art Lebensversicherung gleich.

Von einer Vorspiegelung falscher Tatsachen kann wohl bei dem Baron Nikolaus v. Vay gesprochen werden: Der im Pest-Ofener Distrikt lebende Magyare war kein Geringerer als das „geistig hervorragende Oberhaupt der ungarischen Protestanten"[160]. Den Verantwortlichen war er spätestens seit 1848 als „bösgesinnt bekannt"[161], und aufgrund seiner revolutionären Vergangenheit wurde gegen Ende 1851 sogar „eine ernste Untersuchung" gegen ihn angestrengt, wie sich Kempen ausdrückte[162]. Im August 1852 wurde er infolgedessen sogar zum Tode verurteilt, „eine Strafe, die vom Kaiser in vierjährige Festungshaft ohne Eisen umgewandelt wurde"[163]. Bald darauf wurde er begnadigt[164], und nach 1859 brachte er es sogar zum ungarischen Hofkanzler. Schon 1855 aber geriet er erneut ins Visier der Staatsmacht, eben im Zusammenhang mit der Nationalanleihe. Zunächst war gegen ihn eine „gerichtliche Untersuchung im Zuge"[165]. Er hatte sich nämlich „eine drohende Äußerung gegen den Stuhlrichter erlaubt". Zudem wurden ihm 4 Pferde „exequirirt", da er seinen Ratenzahlungen nicht nachgekommen war. Ihre „executive Licita-

---

159 Ebd. (s. dazu auch folg.).
160 Eduard v. Wertheimer, Graf Julius Andrássy, S. 131.
161 Rosenzweig an Kempen, Pest, 29. Mai 1855, Nr. 368, *reserviert*, in: AVA, Inneres, OPB, Präs. I., Krt. 15, Nr. 2002/55 (s. dazu auch folg.).
162 Tagebucheintrag v. 18. November 1851, in: Tagebuch Kempens, S. 233.
163 Wertheimer, Graf Julius Andrássy, S. 131.
164 Ebd., Anm. 5.
165 Rosenzweig an Kempen, Pest, 29. Mai 1855, Nr. 368, *reserviert*, in: AVA, Inneres, OPB, Präs. I, Krt. 15, Nr. 2002/55 (s. dazu auch folg.).

tion", also Versteigerung, blieb allerdings „erfolglos", worauf Vay seine Tiere „wieder zurücknahm" und „die rückständige Staatsanlehens-Rate sogleich" beglich. So berichtete es der zuständige Gendarmeriekommandant Rosenzweig an Kempen, hinter dem gesamten Vorgang eine „unbezweifelt mit Vorbedacht ... herbeigeführte Demonstration" mit klarer „politischer Tendenz" vermutend. Dies begründete er mit der angeblich „an den Tag gelegten einhelligen Theilnahme des Publikums". In der Tat fand sich offenbar niemand bereit, wenigstens eines der zur Versteigerung freigegebenen Pferde zu erstehen. Verfügte der Baron in seiner Gegend über einen so starken Einfluß, um dies verhindern zu können? Oder aber waren die materiellen Verhältnisse der dortigen Bewohner so schlecht, daß ihnen eine Beteiligung an der *Licitation* unmöglich war?

Sogenannte *Böswilligkeit* – vielleicht aber auch nur Schlauheit – könnte auch beim Fall eines im Preßburger Gebiet ansässigen Grundbesitzers mitgespielt haben: Ihm wurden „6 Kühe gerichtlich" requiriert[166]. Als es jedoch zur „Versteigerung" kam, „brachte" er sie „durch einen Unterhändler wieder an sich". Woher aber trieb er das dazu erforderliche Geld auf? Diese Frage dürften sich auch die lokalen Verwaltungsorgane gestellt haben. Da sie jedoch durch die Auktion möglicherweise sogar den vollen Ersatz für die nicht geleisteten Rateneinzahlungen eingebracht hatten, mochten sie von weiteren Nachforschungen absehen. Immerhin könnte nicht nur hier eine bewußte Irreführung der Staatsmacht vorgelegen haben. Dies leitet zu einer anderen wichtigen Frage über: Traf man mit den Exekutionsmaßnahmen mehrheitlich die Richtigen?

Die konsultierten Akten liefern hierüber selbst bei einigermaßen detaillierten Informationen über Einzelfälle teilweise nur partielle Antworten. Nehmen wir etwa einen interessanten Bericht der Lemberger Oberstaatsanwaltschaft. Er bezieht sich auf einen Vorfall in der nicht weit nordöstlich der Hauptstadt der Bukowina, Czernowitz, gelegenen Gemeinde Niezwiska (Kreis Kołomyja)[167]. Rückständige Raten sollten dort durch einen „vom Bezirksamte dazu beorderten" Kommissar „zwangsweise eingehoben" werden. Dabei manifestierte sich aber „in einem hohen Grade" Widerstand. Denn sowohl die Gemeinde als auch der ansässige Ortsrichter verweigerten ihre Hilfeleistungen. Der Repräsentant der Staatsmacht stand diesem Auftreten sichtlich hilflos beziehungsweise ohnmächtig gegenüber. Er zog nämlich zunächst unverrichteter Dinge ab und kehrte erst in das Dorf zurück, als er sich der Unterstützung von vier Gendarmen versichert hatte. Da aber trat

---

166 Mangelberger an Kempen, Preßburg, 31. Dezember 1855, Nr. 33, *reserviert*, in: Ebd., Krt. 22, Nr. 13/56 (s. dazu auch folg.).
167 An K. Krauß, Lemberg, 13. Dezember 1855, Nr. 291, in: Ebd., Inneres, Präs., Krt. 56, Nr. 163/56 (s. dazu auch folg.).

ihm „eine Menge von etwa 100 Personen mit 5 Rädelsführern an der Spitze … entgegen". Sie wollten „sich nicht pfänden lassen" und verweigerten zugleich jegliche Zahlung. Daraufhin wurden vier dieser fünf Männer verhaftet, während im Anschluß daran bei fünfzehn Bauern die „anstandslose" Pfändung erfolgte. Letzeres hat allerdings nichts zu besagen. Denn keiner von ihnen hielt sich auf seinem Hof auf. Anders erging es einem sechzehnten Bauern, der zu Hause war: Als er sich der Pfändung widersetzte, wurde er gefesselt. Da eilten ihm Umstehende zu Hilfe und umzingelten den Kommissar und die Gendarmen, worauf diese offensichtlich abrückten. Am Ende wurde dann eine gerichtliche Untersuchung eingeleitet. Über ihren Ausgang liegen in Wien allerdings keine Dokumente.

Die mögliche sozialpolitische Bedeutung solcher Vorkommnisse kann hier nicht im Detail erörtert werden. Sie kratzen aber ein wenig an einer bereits von Zeitgenossen vielbeschworenen und von der Forschung immer wieder aufgenommenen Vorstellung: Daß nämlich die bäuerliche Bevölkerung im allgemeinen und die traditionell als besonders kaisertreu geltende ostgalizische (ruthenische) im besonderen eine ebenso willige wie beliebige Verfügungsmasse für die staatliche Obrigkeit bildete. Die Problematik solcher Pauschalurteile erweisen gerade weitere Beispiele im Zusammenhang mit der Nationalanleihe: So leisteten zum Beispiel in der Krain zwei Bauern gegen die zwangsweise Zahlung „gewaltthätige Widersetzlichkeit", weshalb sie „arretirt" werden mußten[168]. Dem Kaiser mögen auch sie die Treue gehalten haben: Auf die Regierung, die Beamten und ihre militärischen Pendants dürften sie jedoch oftmals alles andere als gut zu sprechen gewesen sein. Nicht umsonst befürchtete man im Armeeoberkommando, daß „der in Galizien vorhandenen schlecht gesinnten Parthei durch zwangsweise Eintreibung … das Mittel gebothen werde, auf die im Allgemeinen gut gesinnte Bevölkerung nachtheilig" einzuwirken[169].

3.6.2. Ein Fall aus Oberösterreich

Die tieferen Motive für das widerspenstige Verhalten zahlreicher Einwohner von Niezwiska bleiben im dunkeln. Und wie verhält es sich mit einem Vorgang, der uns noch einmal nach Steinerkirchen in Oberösterreich führt? Der dort lebende Schmied Simon Gruber hatte ursprünglich 50 Gulden subskribiert[170]. Dieser Betrag entsprach zwar seinen eigenen Worten zufolge nicht

---

168 Unl. an Kempen, Laibach, 10. April 1855, Nr. 34/18, in: Ebd., OPB, Präs. I., Krt. 13, Nr. 1353/55.
169 I. AOK-Sektion, Schreiben an Grünne (Wien, 30. Dezember 1854, Nr. 10198, in: KA, MKSM, Nr. 3/55).
170 So Gruber in einer Zuschrift an Baumgartner (Steinerkirchen, 13. Oktober 1854, in: FA, FM, Präs., Nr. 19248/54; s. dazu auch folg.).

dem „ganzen Triebe seines Patriotismus", überschritt aber aufgrund seiner mißlichen finanziellen Verhältnisse angeblich ohnehin bereits seine „Kräfte". Dies begründete er am 13. Oktober 1854 gegenüber dem Finanzressort mit seiner sich auf 2.800 fl. CMZ belaufenden Verschuldung. Auch verwies er auf die „Unbedeutendheit" seines „Anwesens" sowie auf die damals tatsächlich allgemein fühlbare „Stokung" der Geschäfte. Noch durch einen weiteren Umstand erklärte er sich „arg benachtheiliget": Er saß nämlich „unverschuldet ... wegen eines gemeinen Verbrechens durch 281 Tage in Untersuchungshaft", bis sich „die Grundlosigkeit und das Lügenhafte der gegen mich vorgebrachten Anzeigungen und Gerüchte herausstellte". Damit hatte es jedoch noch nicht sein Bewenden. Denn Gruber führte auch noch seinen seit 1845 bestehenden Status als „Witwer" mit „2 Töchtern von 20 und 16 Jahren" sowie einen achtzehnjährigen Sohn zu seinen Gunsten an. Dabei hatte er seiner einen Tochter, Theresia, „wegen ihrer Verehelichung" sogar schon „ihr mütterliches Erbgut p(e)r 200f CMZ auszahlen" müssen.

Verantwortliche Stellen bestritten nicht, daß Gruber seine materiellen Verhältnisse korrekt beschrieb. Dennoch wurde ihm zum einen – „ich weiß nicht von wem und auf welche Art" – „während seiner Abwesenheit nebst obigen von ihm gezeichneten 50f CMZ ein weiterer Betrag p(e)r 90f CMZ ... subscribirt"; zum anderen hatte man ihn „mit einer Militair Execution ... belegt". Nunmehr bat er um ihre „Aufhebung", wobei er sich ausdrücklich auf das bei der Proklamation der Nationalanleihe verkündete Prinzip der „Freiwilligkeit" bezog.

Auch im Finanzministerium schenkte man Grubers Darstellung offenbar Glauben: Das zuständige Steueramt in Lambach wurde nämlich umgehend (18. Oktober) auf telegraphischem Wege angewiesen, die gegen ihn verfügte Zwangseintreibung ohne weiteres „zu sistiren"[171], im übrigen kein singulärer Fall[172]. Zugleich verlangte man näheren Aufschluß über die genauen Umstände dieses Vorgangs. Die Diktion des hierzu vom Stellvertreter des Statthalters verfaßten Berichts erscheint bezeichnend für ein spezifisches bürokratisches Denken. Zunächst handelte es sich demnach bei der „nachträglichen" Zuweisung der 90 fl. „nur" um den „Vollzug eines rechtsgültigen Gemeindebeschlußes"[173]. Deshalb sei „die Beschwerde dagegen unbedingt zur

---

171 Nr. 19248/FM., in: Ebd.
172 Für einen weit. Fall, in dem Baumgartner die „einstweilige ... Einstellung" der „Executions-Maßregeln" – hier aber nur u. U. – verfügte, s. sein Schreiben an die Statthalterei Preßburg v. 5. Dezember 1854 (ebd., Nr. 21979/54). Die Motive für solche *Sistirungen* konnten unterschiedlich sein: So sah sich Baumgartner dazu auch im Falle einer „vorzeitig eingeleiteten Militär Execution und Pfändung" veranlaßt (s. dazu ind. ders. an Bach, 13. Dezember 1854, Nr. 22484/54, in: Ebd., Nr. 22484/54). Dazu s. gleich noch mehr.
173 In Vertretung des Statthalters, Linz, 18. November 1854, Nr. 5718 et 5719/Pr., in: Ebd., Nr. 21530/54 (s. dazu auch folg.).

Abweisung geeignet". Auch hatte Gruber angeblich „um so weniger einen Grund zur Beschwerde", als er aufgrund seines jährlichen Steuersatzes eigentlich zur Übernahme von „mindestens 200fl" verpflichtet gewesen wäre. Denn während er etwas über 32 Gulden jährlich an Steuern zahlte, hatte man für Oberösterreich das 6⅓fache der Besteuerung als Zeichnungsbetrag ermittelt. Dies ließ sich in der Tat ebensowenig bestreiten wie die *Rechtsgültigkeit* der Gemeindeverfügung. Die in diesem Bericht weiter enthaltene Charakterisierung Grubers als „renitent" entsprach dagegen durchaus der Logik einer Bürokratie, die rein formalistisch dachte (oder zumindest argumentierte) und sich also nur an dem Wortlaut der bestehenden Paragraphen orientierte. Die tatsächlichen Lebensverhältnisse des kleinen Handwerkers fanden hierbei überhaupt keine Berücksichtigung und kamen auch sonst mit keinem Wort zur Sprache.

Aufgrund anderweitig vorliegender einschlägiger Akten erscheint dies kennzeichnend für die Behandlung solcher Fälle überhaupt. Fast nie wurde die konkrete sozioökonomische Situation der Betroffenen näher beleuchtet. Kam dies aber doch einmal vor, wurde der Wahrheitscharakter von Notlagen zumeist kurzerhand in Abrede gestellt. Damit entledigte man sich zugleich der Bürde, eingehend die Zahlungsfähigkeit der Betroffenen nachzuweisen. Dies wäre oftmals wohl auch kaum möglich gewesen. Neben der erwähnten, hierbei zutage tretenden *bürokratischen Logik* spielte hierbei wiederum der allgemeine Tenor der Bachschen Instruktion eine Rolle, die freilich ihrerseits einem bestimmten bürokratisch-staatlichen Denken entspringt. Das Argumentationsmuster muß also nicht als Folge ganz spezifischer Anweisungen von oben gedeutet werden. Hinzu kommt schließlich, daß man bei der Durchführung der Nationalanleihe gewissermaßen zum Erfolg verdammt war. Von diesem Bewußtsein waren wohl nicht nur die oberen Chargen, sondern auch viele untere, vor Ort eingesetzte Beamte erfüllt.

Das Finanzministerium billigte die Ablehnung von Grubers Antrag. Wie der letzte Abschnitt des Schreibens der oberösterreichischen Statthalterei verdeutlicht, könnte hierzu außerdem noch folgendes, vielleicht mindestens gleichgewichtiges Motiv beigetragen haben. Ein Nachgeben gegenüber der „ganz muthwilligen Beschwerde" des Schmieds „mußte" nämlich „die nachtheiligste Einwirkung" auf die „ganz willigen Gemeinden" zur Folge haben. *Willfährigkeit* bedeutete noch lange nicht wirkliche Zahlungsfähigkeit. Baumgartner befürchtete aber offenbar wiederum eine Kettenreaktion: Denn konnte der einen Gemeinde verweigert werden, was man der anderen konzediert hatte? Von der damit eventuell verbundenen finanzpolitischen Gefahr haben wir schon gehört. Gab man Anträgen wie jenen des Witwers keine Folge, bestand allerdings zugleich das Risiko einer merklichen Verschlechterung der öffentlichen Stimmung.

3.6.3. Der Zusammenhang zwischen der Eintreibung der Raten und dem Erfolg der Nationalanleihe

Die zwei Seiten dieser Medaille traten in aller Klarheit Anfang 1855 zutage. Damals mußte in Wien über ein Gesuch von Sigmund Graf Bengovsky entschieden werden. Der aus der südlich von Budapest, ganz nahe bei der Donau gelegenen Gemeinde Solt stammende Adelige hatte die „Abschreibung" der auf ihn „aus der corporativen Anlehens-Zeichnung" dieser Kommune „entfallenden Tangente p(e)r 1220fl" beantragt[174]. Bach befürwortete dieses Gesuch, sein Kollege von den Finanzen dagegen beschied es abschlägig. Dabei berief er sich auf den spezifischen Charakter solcher Subskriptionen: Bei ihnen trat dem „Aerar" nämlich „nicht das einzelne Gemeindeglied", sondern die Kommune „als solche" gegenüber. Sie war daher „darlehenspflichtig". Und da es sich somit um ihre „innere Angelegenheit" handelte, mußte sie sich um die „anderweitige Deckung des durch die Zahlungsunfähigkeit einzelner Glieder entstehenden Ausfalls" selbst kümmern.

Bach blieb am 14. Januar nichts anderes übrig, als Baumgartner, der gerade an diesem Tag sein Ministeramt verlor und es im weiteren nur noch auf Abruf ausübte, „vom streng rechtlichen Standpunkte aus" recht zu geben. Aber wieder einmal wollte er „höhern politischen Rücksichten" Rechnung getragen wissen. Sie ließen es ihm zufolge „unbedingt nothwendig" erscheinen, „neben den Rücksichten des Rechtes auch jene der Billigkeit walten zu laßen". Und letzteres erklärte er für wichtiger. Konkret befürchtete er die durch eine harte Gangart hervorgerufene „mißliche Stimmung". Baumgartner dagegen „besorgte" in diesem Fall „die unliebsamsten Exemplificationen"[175], also das Eintreten der gerade beschriebenen Kettenreaktion.

Sein Motiv ist unmittelbar einsichtig. Er wollte einem mehr oder weniger großen Verlust für die Staatskasse vorbeugen. Dazu hatte er auch allen Anlaß: Denn das Scheitern zumindest des Strebens nach möglichster Beseitigung des staatlichen Defizits zeichnete sich bereits zu diesem Zeitpunkt, der gerade einmal vier Monate nach dem Ende der Zeichnungsphase lag, ab: Inzwischen waren nämlich neue außerordentliche Militäraufwendungen fällig geworden[176]. Dagegen kann Bachs Haltung nicht losgelöst von dem zeitlichen Abschnitt, in den das Unternehmen Nationalanleihe inzwischen eingetreten war, betrachtet werden: Die Subskriptionsphase war rein numerisch erfolgreich abgeschlossen worden, der Innenminister hatte dem Kaiser sogar eine

---

[174] S. dazu Bach an Baumgartner, Wien, 14. Januar 1855, Nr. 388/MI., in: Ebd., Nr. 821/55 (s. dazu auch folg.).

[175] An Bach, 31. Januar 1855, Nr. 821/FM., in: Ebd., Bog. 2 (s. dazu auch folg.).

[176] S. dazu v. a. Vortrag Bachs v. 7. September 1854, Wien, Nr. 10285/MI., in: AVA, Inneres, Präs., Krt. 664, Nr. 10285/54.

Überzeichnung melden können. Nunmehr aber, in der Einzahlungsphase, wollte er offenbar vorrangig verhindern, daß der angesichts des Zwangscharakters der Operation ohnehin schon in Frage gestellte innenpolitische Effekt zu einem völligen Bumerang geriet. Dabei hatte er sicher nicht nur die von indirekten oder direkten Zwangsmaßnahmen betroffenen Bevölkerungsteile im Auge. Auch die restlichen Einwohner standen auf seiner Rechnung. Sie bekamen ja ebenfalls mit, was um sie herum geschah. Je rigoroser Subskribenten (seien es Individuen oder Korporativkörper), die sich materiell eindeutig in einer prekären Situation befanden, die Zahlung der Raten abverlangt wurde, desto mehr mußte sich die Nationalanleihe im *kollektiven Gedächtnis* der Bevölkerung als ein Paradebeispiel für ein unbarmherziges Verhalten der Staatsmacht einprägen.

Vielleicht mußte Baumgartner seinen Kollegen auch deshalb noch am 15. Februar 1855 „zu wiederholten Malen" darum angehen, damit er endlich dessen „Ansicht über die Anwendung der politischen Execution" erfuhr[177]. Auch wußte der Finanzminister damals noch immer nicht, „ob und welche Weisungen" Bach diesbezüglich den „politischen Behörden" gegeben hatte. Der Innenminister dürfte die Erteilung seiner *Weisungen* aus taktischen Erwägungen hinausgezögert haben. Schließlich stand er ja gewissermaßen selbst zwischen zwei Stühlen. Denn auch ihn konnte das drohende finanzpolitische Scheitern der Nationalanleihe aufgrund der engen Verquickung der finanzpolitischen mit der innenpolitischen Zielsetzung nicht völlig ruhig lassen. In diesem Fall standen ebenfalls kontraproduktive Folgen für das Erreichen der innenpolitischen Zielsetzung zu befürchten. Und je weniger Geld in die Kassen des Staates floß, desto stärker würde dieser Faktor ins Gewicht fallen. Also mußte Bach der finanzpolitischen Komponente nach wie vor Rechnung tragen. Bis zu einem gewissem Grade tat er dies auch[178]. Konnte man aber überhaupt durch längere Zeit gleichzeitig auf zwei Hochzeiten tanzen, ohne hierfür in der einen oder anderen Form einmal die Quittung präsentiert zu bekommen?

Hier ist nun der richtige Moment, kurz an den Fall des Simon Gruber zu erinnern. Die Einschätzung seiner *Beschwerde* als *ganz muthwillig* ist nach dem soeben Gesagten mit Vorsicht aufzunehmen. Andere Akten sprechen in dieser Hinsicht eine deutlichere Sprache. Auch in dieser Beziehung erscheint ein Rückblick auf zwei uns bereits bekannte Fälle hilfreich, jene von Kubat und Krech aus Wodochod. Zufolge den von Gendarmeriekommandant Kronenberg gegenüber Kempen gemachten Darlegungen befanden sich beide in echten Zahlungsschwierigkeiten, wenn auch aus unterschiedlichen, ja entgegengesetzten Gründen: Krech war demnach als „unordentlich liederlich" und

---

177 Wien, Nr. 2414/FM., in: FA, FM, Präs., Nr. 2414/54 (s. dazu auch folg.).
178 Dazu ansatzweise bereits w. o.; vgl. Bach an Baumgartner, Wien, 28. November 1854, Nr. 12757/MI., in: Ebd., Nr. 21851/54.

als „verschwenderisch bekannt"[179]. Kubat dagegen wurde als „ein im besten Rufe stehender Mann" geschildert, der „armuthshalber die Zahlung nicht leisten" konnte. Diese Bewertung gewinnt noch durch folgende Bemerkung an Gewicht: Bezüglich der „Gewaltmaßregel" gegen Kubat herrschte nämlich angeblich „allgemein" die „Ansicht, den Mann in Rücksicht seiner Vermögensverhältnisse und der Tendenz des Anlehens glimpflicher zu behandeln".

3.6.4. Direkte und indirekte Kritik an den Exekutionen

Die *Tendenz des Anlehens:* Diese Worte beinhalten eine eindeutige Anspielung auf den verkündeten freiwilligen Charakter der Nationalanleihe. Zugleich stehen wir hier aber wohl auch einer – allerdings noch sehr vorsichtig – vorgetragenen Kritik an Exekutionsmaßnahmen gegenüber. Sie standen mit dieser *Tendenz* nach Auffassung Kronenbergs in einem gewissen Widerspruch. Bemerkenswert erscheint dabei, daß darauf eine in staatlichen Diensten stehende Persönlichkeit aufmerksam machte. Freilich war der Gendarmeriekommandant ein Militär und kein Beamter. Er konnte sich deshalb recht sicher sein, daß Kempen wenigstens diese Passage seines Berichts nicht an gleichsam falsche Stellen weiterleiten würde. Aber auch Staatsbeamte artikulierten ihren Unmut, teilweise sogar offener als der Gendarmerieoffizier: „Selbst gegen Private, die freiwillig gezeichnet haben, wird mit Exekution vorgegangen", konstatierte der Polizeidirektor von Hermannstadt am 27. November 1855[180]. Dagegen wies sein für die Krain zuständiger Kollege darauf hin, „viele der Einzeichner geringer Beträge" hätten „der ärmsten Volksklasse" angehört und „bei der Subskription mehr ihren guten Willen, als die ihnen zu Gebothe stehenden Mittel" berechnet[181]. Deshalb stehe für die Folge leider ein „zwangsweises Eintreiben der Raten" in Aussicht.

Ob es dazu im vorliegenden Fall tatsächlich kam, muß offenbleiben. Fest steht jedoch, daß auf Grundlage des statistischen Nachweises über den Verlauf der ersten Einzahlungsrate in der Krain im Finanzministerium schon zuvor „die Zahl der rückständigen Subskribenten" auf „ungefähr 20%" geschätzt wurde[182]. Dies nannte der betreffende Referent „ein unerfreuliches Resultat".

---

179 Prag, 31. März 1855, Nr. 79/Pr., in: AVA, Inneres, OPB, Präs. I., Krt. 13, Nr. 1217/55 (s. dazu auch folg.).
180 Janovsky an Kempen, Hermannstadt, Nr. 2014/Pr. II., in: Ebd., Krt. 19, Nr. 4176/55: *Freiwillig* bedeutet dabei zunächst nur, daß sie nicht erst aufgrund einer Gemeindeumlage in die Operation mit einbezogen werden mußten.
181 Präsidialerinnerung, Wien, 5. Jänner 1855, Nr. 109/Pr. II., in: Ebd., Präs. II, Krt. 33, Nr. 109/55 (s. dazu das auch folg. Zit.).
182 Dezember 1854, in: FA, FM, Präs., Nr. 21873/54 (s. dazu auch das folg. Zit.). Dort auch der *Ausweis* der Rechnungskanzlei Laibach v. 21. November 1854, ad Nr. 8194/54.

Laut Bach ließ sich ein solches Ergebnis sogar von vornherein voraussehen: Wie er nämlich nach Abschluß der Subskriptionsphase dem Kaiser schrieb, war ein „günstiges Resultat" in diesem Kronland „sehr zweifelhaft"[183].

Zuweilen manifestierte sich der Unmut hoher politischer, Bach unterstehender Funktionsträger über die Exekutionen sogar recht unverhohlen. Da war etwa der von Lažanský hervorgehobene „negative" Eindruck der exekutiven Eintreibungen „auf die Bevölkerung" in Mähren[184]. Diese Beurteilung dürfte durchaus der Auffassung des Statthalters entsprochen haben, zumal er sogar die „allgemeine Auffassung" betonte, der diese rigorose Vorgehensweise von staatlicher Seite „ganz zuwider" war. Zu solch klaren Worten hätte sich der Bach anscheinend ohnehin kritisch gegenüberstehende Statthalter[185] wohl kaum verstanden, wäre sein Bericht auch an seinen Vorgesetzten und nicht lediglich an Kempen gegangen, was für die davor zitierten Berichte der zwei Polizeidirektoren ebenfalls zutrifft. Besonders aussagekräftig erscheint ein Schreiben des Präsidiums der Statthaltereiabteilung von Kaschau an Kempen über den Einzahlungsverlauf in der Máramaros: Man habe zwar die „gemeßene Weisung" ergehen lassen, bei den verantwortlichen Stuhlrichterämtern „mit aller Kraft" auf die Einbringung der Rückstände „einzuwirken"; doch könne „nicht unbemerkt gelassen werden", daß bei den „so ungünstigen Bodenkulturs und Produktionsverhältnißen" in Oberungarn sowie „der sehr großen Armuth" eine „strengere Eintreibung als die bisherige ... wohl nur sehr schwer möglich ist"[186]. Ebensowenig lag es demnach an „irgend einer Renitenz", wenn Steuern und Ratenzahlungen „dermalen dorten noch (!) schwerer eingehen, als in anderen Theilen dieses Verwaltungsgebiethes".

Hier wurden also objektiv herrschende mißliche Umstände für Zahlungsversäumnisse verantwortlich gemacht. Zudem wehrte man sich ausdrücklich gegen den etwaigen Vorwurf einer „Läßigkeit der Behörden". All dies erklärte ausgerechnet jene Autorität, die selbst die besagte, auf energisches Vorgehen drängende Weisung erlassen hatte, obwohl ihr die in der oberungarischen Region herrschenden widrigen Lebensverhältnisse auch schon vorher bekannt gewesen sein müssen. Nun, dieser Beamte war bis zu einem gewissen Grad

---

183 Weiter heißt es: „Unter diesen Umständen erscheint die Gesamtzeichnung von 4.699.260fl als ein überraschend günstiger Erfolg, wie solcher nur durch den patriotischen Aufschwung aller Klassen der Bevölkerung und durch die rastlose Anstrengung und Belehrung von Seite der politischen Behörden ermöglicht werden konnte." Was aber wog hier mehr? Der vermeintliche *Patriotismus* oder die *Belehrungen?* 50 % der Zeichner hatten sich mit der Minimalsumme beteiligt (AVA, Inneres, Präs., Krt. 664, Nr. 7099/54).
184 An Kempen, Brünn, 23. April 1855, Nr. unl., in: Ebd., OPB, Präs. II., Krt. 37, Nr. 2872/55 (s. dazu auch folg.).
185 S. dazu einen Tagebuchvermerk Kempens v. 28. Mai 1859, in: Tagebuch Kempens, S. 514–515.
186 An Kempen, Kaschau, 23. Januar 1856, Nr. 196/Pr., in: AVA, Inneres, OPB, Krt. 59, Nr. 859/56 (s. dazu auch folg.).

eben Opfer und Täter zugleich in einer streng hierarchisch organisierten Befehlsstruktur.

3.6.5. Die Beihilfe von Gendarmerie (und Militär) zur Vollziehung der Exekution

Die Staatsmacht verfügte noch über ein weiteres Druckmittel, um ausstehende Zahlungen zu erhalten. Die politischen Behörden konnten nämlich auch Gendarmerie zu ihrer Unterstützung heranziehen. Am Beispiel von Niezwiska war dies bereits kurz zu sehen. Da es sich hierbei um bewaffnete Kräfte handelte, bildete dies das wohl stärkste Druckmittel überhaupt. Hier war der Chef der Obersten Polizeibehörde direkt involviert. Denn neben der Polizei unterstand ihm auch die Gendarmerie. Er sah ihre Inanspruchnahme offenbar so ungern, daß er seine einschlägigen „Bedenken" am 31. Oktober sogar direkt „in Schönbrunn beim Kaiser" im Rahmen einer Audienz vorbrachte[187]. Kempens Vorbehalt, „die Gendarmerie teilnehmen zu lassen an der Eintreibung der Anlehensraten", erscheint leicht begreiflich. Schließlich mußte er nicht zuletzt aufgrund solcher Aktivitäten um den – ohnehin schon ramponierten – *guten* Ruf dieses vielfach grundsätzlich als „ungeheuer nothwendig" beurteilten Organs[188] fürchten. Nicht zu Unrecht unterstellt Brandt der Gendarmerie „Gesinnungsschnüffelei" und meint, sie sei „verhaßt" gewesen[189]. Ursprünglich soll Franz Joseph Kempens erwähnte „Bedenken geteilt" und ihm „gesagt" haben, „er wolle noch heute mit Minister Bach darüber sprechen". Schließlich jedoch genehmigte der Monarch die Verwendung von Mitgliedern der Gendarmerie.

Von diesem Mittel wurde regional sehr unterschiedlich Gebrauch gemacht. Hier kam es nicht zuletzt auf die Vorgehensweise der Lokalbehörden an. Einmal mehr dürften dabei oftmals bereits im Vorfeld geäußerte eindeutige Worte beziehungsweise die Drohung mit der Staatsmacht ihre *heilsame* Wirkung gezeigt haben. Viele Subskribenten dürften also Einzahlungen aus Angst vor dem Auftreten der Staatsmacht in extremer Form gar nicht mehr verweigert haben, sofern sie das dafür erforderliche Geld nur irgendwie auftreiben konn-

---

187 Tagebucheintrag, in: Tagebuch Kempens, S. 343 (s. dazu auch das folg. Zit.).
188 So Wessenberg bereits am 29. September 1849, als ihre Einrichtung erst debattiert wurde (an Isfordink-Kostnitz, Diettenitz, in: Briefe Wessenbergs, 1, Nr. 60, S. 69). Schon am 23. August 1848 nannte Bach im Ministerrat ein solches Institut „dringend notwendig" (MRP, I, MRZ. 2059/48, Nr. 110, S. 594).
189 Brandt, Neoabsolutismus, 2, S. 840. Schon am 15. Februar 1851 malte Bach selbst mit Blick auf Kroatien die Gefahr einer „gänzlichen Untergrabung des Ansehens" der Gendarmerie „bei dem Volke" an die Wand (an Joseph Graf Jellačić de Bužim, Wien, Nr. 806/MI., in: AVA, Inneres, Präs., Krt. 713, Nr. 806/51.

ten. Indirekt mag darauf ein Schreiben von Gendarmeriekommandant Mangelberger an Kempen vom 31. Dezember 1855 hindeuten: Danach wurde Gendarmerieassistenz „äußerst selten" verlangt, „da die Amtshandlungen der Behörden auf keinen Widerstand stoßen"[190].

Zuweilen zwangen die konkreten Lebensumstände – und hierbei vor allem „große Armuth" und „Nothstand"[191] – die behördlichen Vertreter auch zur Aufgabe ihres ursprünglichen Vorhabens der Exekution. Zudem wurden Kräfte der Gendarmerie oftmals bestenfalls gegen „einzelne Subscribenten" eingesetzt[192]. Und in Kaschau soll die „Einhebung der 7ten Ratenzahlung" zwar „meistens im Executionswege" erfolgt sein, jedoch in den „wenigsten Fällen … unter Gendarmerie Assistenz"[193]. Strikte „Renitenzfälle"[194] kamen in weiten Teilen des Reiches eben nur recht selten vor. So wurde etwa im September und Oktober 1854 in Ober- und Niederösterreich nur über ein solches Vorkommnis nach Wien berichtet. Noch Besseres wußte Gendarmeriekommandant Martiny aus der Steiermark Ende 1855 in die Reichshauptstadt zu melden: Zwar kam es im Zusammenhang mit den Einzahlungen zu „ungebührlichen Reden" durch Bauern, doch gingen die Einzahlungen weiterhin „ordentlich von Statten"[195]. Nach wie vor galt also, was er bereits Ende Oktober vermerkt hatte: Es waren „bisher noch nirgends" irgendwelche „Zwangsmaßregeln" erforderlich geworden[196].

Anderswo bediente man sich dieser Methode teilweise „nicht selten"[197]. Dabei wurden vereinzelt sogar Soldaten, also Vertreter der *bewaffneten Macht* par excellence, eingesetzt. Alles in allem finden sich für die einzelnen Kronländer diesbezüglich jedoch nicht viele und dabei wiederum nur wenig aussagekräftige Belege: So wurde etwa in Siebenbürgen „in einzelnen Bezirken (…) im Nothfalle Militär Exekution in Anwendung gebracht"[198]. Eine interessante Ausnahme stellt allerdings Galizien dar. Als das dort stationierte

---

190 Preßburg, Nr. 33, *reserviert*, in: AVA, Inneres, OPB, Präs. I, Krt. 22, Nr. 13/56; vgl. ders. an Kempen, Preßburg, 23. Januar 1856, Nr. 23, *reserviert*, in: Ebd., Krt. 23, Nr. 221/56.
191 So Gabler an Kempen, Kaschau, 30. Mai 1855, Nr. 363/Pr., in: Ebd., Krt. 15, Nr. 2964/55.
192 Kronenberg an Kempen, Prag, 10. Juni 1855, Nr. 272/Pr., *reserviert*, in: Ebd., Nr. 2173/55.
193 Gendarmeriekommandant Gabler an Kempen, Kaschau, 30. Mai 1855, Nr. 363/Pr., in: Ebd., Nr. 2964/55.
194 Stber. GI, ohne alles, in: HHStA, KK, GD, f. *GD II, Nr. 733–1205*, fol. 945 (s. dazu auch folg.).
195 An Kempen, Graz, 3. Dezember 1855, Nr. unl., in: AVA, Inneres, OPB, Präs. I, Krt. 21, Nr. H7.
196 Martiny an Kempen, Graz, 28. Oktober 1855, Nr. 128/PR. II., in: Ebd., Krt. 16, Nr. 3761/55. Dies hatte aber nicht zuletzt damit zu tun, daß viele Subscribenten ihre Zertifikate schnell verkauft hatten (dazu ausführlich w. u.).
197 Janovsky an Kempen, Hermannstadt, 3. Jänner 1856, Nr. 2014/Pr. II., in: Ebd., Krt. 22, Nr. 70/56.
198 Janovsky an Kempen, Hermannstadt, 27. November 1855, Nr. 2014/Pr. II., in: Ebd., Krt. 19, Nr. 4176/55.

IV. Armeekommando die unverzügliche Einberufung „aller" noch „ausstehenden Assistenz-Commanden" angeordnet hatte, nannte Innenminister Bach die etwaige Zuhilfenahme militärischer Organe geradezu unumgänglich. Ansonsten würde in diesem Kronland „der ganze Erfolg der Anlehensoperation in Frage gestellt"[199]. Sein erklärtes Ziel war dabei die „Überwindung" der „vorherrschenden Indolenz der galizischen Bevölkerung", wobei ihm zufolge „selbst bei Steuereinzahlungen regelmäßig" Militäreinsatz erforderlich war[200]. Aber es ging ihm noch um etwas anderes: Ein Verzicht auf militärische Hilfe in Galizien würde „ohne Zweifel auch auf die übrigen Provinzen, vorzüglich Ungarn nachteilig einwirken". Hier befürchtete er also einmal mehr eine Kettenreaktion. Außerdem wurde die „Annahme" für gerechtfertigt behauptet, „daß nur in wirklich renitenten Fällen [was in Galizien demnach aber oft vorgekommen sein muß] die Militär-Assistenz gefordert wird"[201]. Schon früher machte Baumgartner mit dem „geringen Bildungsgrad der dortigen Gemeinden" beziehungsweise ihrer Einwohner ein weiteres Motiv geltend[202]. Er mache es „häufig zur gebietherischen Nothwendigkeit", dieselben „durch koerzitive Maßregeln zu Handlungen zu zwingen, deren wohlthätige Folgen im Voraus zu erfaßen, sie außer Stande sind".

Nun überzeugt schon die These von der spezifischen *Indolenz*, die im übrigen anscheinend insbesondere zur Charakterisierung der galizischen Bauernschaft herangezogen wurde, wenig. Eigentlich verstanden die Zeitgenossen darunter so etwas wie mentale Trägheit, Gleichgültigkeit, auch Desinteresse. Aber selbst wenn sich die „notorische Indolenz des galizischen Landmanns" nicht nur „bei der Steuerzahlung", sondern auch bei „Entrichtung der Ratenzahlungen" bemerkbar gemacht haben sollte: Begründete Bach damit „die Nothwendigkeit eines exekutiven Verfahrens", so überging er einen von ihm selbst durchaus anerkannten Aspekt, nämlich die „notorische Armuth"[203] der galizischen Bauernschaft. Als mindestens ebenso problematisch erweist sich deshalb auch die Argumentation des Finanzministers: Tatsächlich nämlich dürften wenigstens bei der Nationalanleihe die Bauern aufgrund ihrer prekären materiellen Lage besser gewußt haben, was für sie *wohlthätig* war und was nicht.

---

199 So die I. AOK-Sektion in einem Schreiben an Grünne (Wien, 30. Dezember 1854, Nr. 10198, in: KA, MKSM, Nr. 3/55). Das entsprechende Schreiben Bachs fehlt hier (s. dazu auch folg.).
200 Ebd. (s. dazu auch folg.). Allg. dazu kurz Stefan Malfèr, Steuerwiderstand und Steuerexekution in Ungarn 1860 bis 1862, S. 317; dort auch ein tab. Verzeichnis der Steuerrückstände in den Jahren 1857–1863 (Tab. 1, S. 320).
201 Diese beiden Gründe werden ebenfalls im erw. Schreiben aufgezählt. Es ist nicht sicher, ob sie auch Bach angeführt hatte.
202 An die Kreditshofbuchhaltung, Wien, 14. November 1854, Nr. 20338/FM., in: FA, FM, Präs., Nr. 20338/54, Bog. 1 (s. dazu auch folg.).
203 Vortrag, ohne alles, in: AVA, Inneres, Präs., Krt. 664, Nr. 7099/54.

3.6.6. Die juristische Problematik der Exekution

Zusätzlich kompliziert wurde das zwangsweise-exekutive Vorgehen noch durch einen weiteren Faktor. Die Staatsgewalt bewegte sich diesbezüglich nämlich auf juristisch lockerem Boden, dessen Festigkeit niemals zweifelsfrei geklärt wurde. Dies bildete im übrigen keinen Einzelfall, wobei vor allem der im Zusammenhang mit dem Aufstand von Mailand Anfang 1853 verhängte Sequester zu erwähnen ist[204]. Und wie schon damals, so kam es auch diesmal innerhalb der Regierung zu Kontroversen. Wie Reichsrat Ph. Krauß anläßlich eines konkreten Falles zwei Jahre später treffend erklärte, herrschte dabei schon „seit dem Jahre 1854", also seit Ausarbeitung der Modalitäten der Nationalanleihe, eine „Verschiedenheit der Meinungen" über die „wichtige Frage", ob

> „mit Executions-Maßregeln rechtmäßig vorgegangen werden könne, oder ob kein anderes Zwangsmittel gegen die saumseligen Subscribenten als der Verfall der erlegten Caution gestattet sey (...)"[205].

Dabei trat laut Philipp sein Bruder Karl, der momentan als Justizminister waltete, für „letztere Ansicht" ein, während dessen zwei Kollegen Bach und Bruck „die Anwendung des Executions-Verfahrens für zuläßig" erklärt haben sollen.

So verhielt es sich in der Tat, obgleich sich insbesondere die Position von K. Krauß zunächst nur indirekt erschließen läßt. Ausgangspunkt der Meinungsdifferenzen bildeten Passagen des noch unter der Ägide Baumgartners zusammen mit Bach herausgegebenen Erlasses vom 5. Juli 1854, der die Modalitäten der Nationalanleihe näher erläuterte. Konkret ging es um den Wortlaut der Paragraphen 14 und 19. Sie verfügten den sogenannten Kautionsverfall für jene Zeichner, die ihre Zahlungen nicht innerhalb eines gewissen Zeitraums leisteten[206]. Die Möglichkeit oder gar Legitimität exekutiven Vorgehens wurde dabei mit keinem Wort erwähnt.

Nun schwebte den beiden Ministern die etwaige Anwendung dieses Mittels prinzipiell aber sicher bereits damals vor. Denn anderenfalls mußten sie sich über die möglichen negativen Folgen für den Erfolg der Nationalanleihe im klaren sein. Warum manifestierten sie also nicht von vornherein klar und deutlich ihre Absicht, davon nötigenfalls Gebrauch zu machen? Diese Frage stellt sich um so mehr, als sie gleichfalls wissen mußten, daß der große, auf

---

204 S. dazu einen in Vorbereitung befindlichen Aufsatz von mir.
205 Vortrag Purkharts v. 21. November 1856, Wien, in: HHStA, RR, Gremial, Krt. 138, Nr. 1337/56 (s. dazu auch folg.).
206 Rgbl., 1854, Nr. 159, S. 640 und 641.

ihnen lastende Erfolgsdruck für die Bevölkerung kein Geheimnis bildete. Mußten viele Einwohner also nicht ohnehin den Verdacht hegen, daß auch nach der Zeichnungsphase alles versucht würde, um die Operation *erfolgreich* fortzuführen? Hinzu gesellten sich die bisherigen Erfahrungen der Öffentlichkeit mit dem repressiven Charakter des neoabsolutistischen Herrschaftssystems. Die im Zuge der Nationalanleihe praktizierten Subskriptionsmodalitäten lieferten dafür lediglich ein weiteres Beispiel. Und außerdem bildete Militärexekution für manche Steuerzahler keine neue Erfahrung.

Schließlich war da der besondere Zuschnitt des Paragraphen 14. Er nahm lediglich auf die ersten beiden Raten Bezug. Wie man staatlicherseits aber vorzugehen gedachte, wenn es nicht zur fristgemäßen Einzahlung darauffolgender Teilbeträge kommen sollte, darüber verlautete nichts. Dies mochte bei genauer Lektüre wie ein böses Omen erscheinen. Wären Bach und Baumgartner, gemessen an ihren politischen Zielsetzungen, also nicht besser beraten gewesen, der Bevölkerung sofort reinen Wein einzuschenken? Dann hätten sie später – eventuell auch vom Kaiser – wenigstens in dieser Hinsicht nicht der Unaufrichtigkeit, nicht eines falschen Spiels bezichtigt werden können.

Vielleicht wäre dann auch die öffentliche „Mißbilligung" eines Zirkulars des Badener Bezirksamtes vom 20. Februar 1855 geringer ausgefallen[207]. Darin wurden die mit der Einzahlung „rückständigen Partheien" darauf „aufmerksam" gemacht, daß „bei Nichteinzahlung von 2 Raten" nicht nur „die Kaution verfällt", sondern zugleich „die exekutive Eintreibung der Rückstände veranlaßt werden muß". Der örtliche Polizeikommissar kommentierte diese „Verfügung" prägnant mit den Worten, sie treffe manchen bei den gegenwärtigen Zeitverhältnissen hart, zumal anfänglich „blos der Verfall der Kaution festgesetzt" gewesen sei. „Verfügungen" wie diese müssen es auch gewesen sein, die Kempen schon früher als „hart" bezeichnen zu können meinte[208].

Die Prioritäten Bachs und Baumgartners, deren Interessen damals noch weitgehend konform gingen, lagen während der Vorbereitung der Nationalanleihe aber offenkundig woanders. Ihnen erschien die Gefahr öffentlichen Unmuts als das vorläufig kleinere Übel. Gegen ein Offenlegen ihrer eigentlichen Intentionen sprach für sie insbesondere der dadurch zwar nicht erst hervorgerufene, aber doch unweigerlich zu erwartende, noch zusätzlich gesteigerte öffentliche Mißmut während der Zeichnungsphase. Gar manche Subskribenten würden dann in dem Bewußtsein beziehungsweise in der Sorge über die negativen persönlichen Konsequenzen zeichnen, sollten sie ihre Einzahlungen einst aufgrund materieller Schwierigkeiten nicht pünkt-

---

207 Polizeikommissar Zawadil an Kempen, Baden, 11. März 1855, Nr. 652, in: AVA, Inneres, OPB, Präs. II., Krt. 36, Nr. 2507/55 (s. dazu auch folg.).
208 Tagebucheintrag v. 3. November 1854, in: Tagebuch Kempens, S. 344.

lich oder überhaupt nicht leisten können. Welchen Eindruck hätte dies gemacht? Vor allem aber wäre das proklamierte Prinzip der Freiwilligkeit des Unternehmens ad absurdum geführt worden, hätte man es von vornherein lediglich auf die Zeichnungsphase bezogen.

Auch dies erklärt, warum aus der Einzahlungsphase immer wieder Akten erhalten sind, in denen Subskribenten die Entrichtung ihrer Ratenzahlungen mit dem Argument verweigerten, es habe sich ja um eine freiwillige Anleihe gehandelt. Danach stellte die Subskription eines, die Zahlung der Raten aber etwas anderes dar. Anders formuliert: Man meinte oder behauptete, mit den Zeichnungen keine verbindlichen Verpflichtungen eingegangen zu sein. Eine solche Einstellung sah Bach bei den „Landmännern" Krakaus, aber wohl auch Galiziens sogar als generell gegeben an, wenn er in einem Resümee an den Kaiser ihre generelle „Neigung" konstatierte, die „Anlehensbetheiligung auch (!) in dem weiteren Stadium der Einzahlungen als eine freiwillige aufzufassen"[209]. Dabei würden sie „in dieser Auffassung durch die Umtriebe der Winkelschreiber" unterstützt, „gegen welche die nachdrücklichsten Maßnahmen ergriffen werden mußten".

Diese Passage verweist deutlich auf die Haltung des Innenministers in dieser Frage. Er war nicht gewillt, sich den bäuerlichen Standpunkt zu eigen zu machen. Besonders aufschlußreich erscheint in dieser Hinsicht seine Reaktion auf eine Zuschrift Baumgartners vom 5. Dezember 1854. Darin bezeichnete der Finanzminister unter ausdrücklicher Berufung auf die beiden Paragraphen 14 und 19 eines nichts weniger als „gewiß": „Mit dem bloßen Ablaufe eines Zahlungstermines (sei) nicht sofort das Recht begründet ..., gegen den Säumigen mit der Execution vorzugehen."[210] Vielmehr könne ein solches Recht erst dann behauptet werden, „wenn die rückständige Rate bei Verfall der nächstfolgenden noch immer unberichtigt geblieben ist".

Bachs Reaktion mündete in eine, wie er es nannte, „prinzipielle Beleuchtung der Exekutionsfrage"[211]. Dabei zeigte er sich von der rechtlichen Zulässigkeit von Exekutivmaßnahmen zunächst völlig überzeugt. Und was die „Ansicht" seines Kollegen anging, die Exekution sei erst bei Nichtberichtigung von zwei Raten anzuordnen, so behauptete er, noch nicht einmal hierfür „in den Anlehensbestimmungen" einen „absolut sicheren Anhaltspunkt" finden zu können (dazu weiter unten mehr). Dies wollte er „nur als eine allgemeine Regel" definiert wissen. In „zwei Fällen" stellte er unter unausgesprochener Bezugnahme auf die Paragraphen 14 und 19 sogar ausdrücklich eine „Ausnahme" davon fest. Sie sollte zum einen für die Subskriptionen der „bäuerlichen Grundbesitzer", zum anderen für die „korporativen Gemeinde Zeich-

---

209 Ohne alles, in: AVA, Inneres, Präs., Krt. 664, Nr. 7099/54 (s. dazu auch folg.).
210 Wien, Nr. 20796/FM., in: FA, FM, Präs., Nr. 20796/54 (s. dazu auch das folg. Zit.).
211 Wien, 15. Dezember 1854, Nr. 14501/MI., in: Ebd., Nr. 22828/54 (s. dazu auch folg.).

nungen" gelten²¹². Auch Kärntens Statthalter Schloissnig erklärte die Rechtmäßigkeit der Exekution in einigen Fällen unter ausdrücklicher Bezugnahme auf den § 19 für „ganz deutlich ausgesprochen"²¹³.

Im Finanzministerium sah man es offenbar differenzierter. Verstärkt wird dieser Eindruck durch einen einschlägigen, nur für den internen Gebrauch bestimmten Kommentar²¹⁴. Darin wurde der juristischen Auslegung der besagten Paragraphen durch den Innenminister hinsichtlich der beiden Ausnahmefälle indirekt scheinbar recht klar widersprochen. Die „Verantwortlichkeit" für ein früher eintretendes Exekutionsverfahren „in den angeführten Ausnahmfällen" sollte nämlich „nur das Ministerium des Innern … tragen". Man wollte für eine solche Maßnahme also nicht mit in Haft genommen werden, ein neuerliches Zeugnis für die Uneinigkeit beziehungsweise für das gespannte Verhältnis zwischen den beiden Ministern. Allerdings erhob der Verfasser keine prinzipiellen Einwände gegen das exekutive Vorgehen. Vielmehr nannte er „die schnellere Eintreibung der Rückstände und die pünktliche Erfüllung der Anlehensverpflichtung der Subscribenten … vom Standpunkte der Finanz-Verwaltung … nur erwünscht".

Unter anderem aus finanzpolitischen Erwägungen kam Baumgartner das konkrete Vorgehen seines Kollegen in dieser Frage mithin nicht ungelegen²¹⁵. Außerdem konnte er Bach dadurch auf die grundsätzliche Berechtigung des Exekutionsverfahrens festschreiben. Da war der Finanzminister scheinbar schon einmal bereit, vorhandene Bedenken juristischer Natur hintanzustellen. Wohl deshalb erachtete er auch eine „weitere Verfügung" in Form einer Erwiderung an Bach für nicht opportun²¹⁶. Es ließe sich aber auch anders argumentieren. Tatsächlich nämlich könnte Baumgartner sogar grundsätzlich von der Rechtmäßigkeit exekutiven Vorgehens überzeugt gewesen sein. Für Bach mag dies ebenfalls gegolten haben. Darauf deutet zunächst ein von Baumgartner schon am 25. September herausgegebener Erlaß an sämtliche Finanzlandes- und Steuerdirektionen hin²¹⁷. Die Kaution bezeichnete er darin als „ein Angeld, aber kein Reuegeld".

Unter *Reuegeld* ist laut Campes *Woerterbuch der Deutschen Sprache* von 1809 eine „Summe Geldes" zu verstehen, die „nach einem geschlossenen Handel oder Kaufe derjenige Theil", der den „Handel, … Kauf oder Verkauf reut und der ihn rückgängig machen will", dem „andern Theile zur Schadloshal-

---

212 Ebd. Für die Grundbesitzer vgl. Bach an Baumgartner, Wien, 4. November 1854, Nr. 12642/MI., in: Ebd., Nr. 20329/54.
213 Schloissnigg an Baumgartner, Klagenfurt, 30. Januar 1855, Nr. 821/Pr., in: Ebd., Nr. 2414/54.
214 Notiz, in: Ebd., Nr. 22828/54 (s. dazu auch folg.).
215 S. dazu Baumgartner an Bach, Wien, 8. November 1854, Nr. 19065/FM., in: Ebd., Nr. 19065/54, Bog. 2.
216 Notiz, Januar 1855, in: Ebd., Nr. 22828/54.
217 Wien, in: Ebd., Nr. 17271/54 (s. dazu auch das folg. Zit.).

tung zu geben verbunden ist"[218]. Dagegen bezeichnet *Angeld* denjenigen Betrag, der „zum Zeichen eines geschlossenen Handels, Vertrages daran oder vorausgegeben wird; das Handgeld"[219]. Deshalb „entband" Baumgartner zufolge der Verlust den „Einzeichner" auch „nur seiner Ansprüche", während „seine Verbindlichkeiten bezüglich der noch nicht verfallenen Raten gegen das Ärar" bestehen blieben[220]. Dennoch beharrte er in dieser Hinsicht keineswegs auf dem Einhalten einer rigorosen Linie, wofür er aber rein finanzpolitische Gründe geltend machte: Es werde „stets von der Staatsverwaltung und beziehungsweise von dem jeweiligen Stande der Börsekurse abhängen", ob „von dem aus der Subscriptionserklärung fließenden Rechte gegen den säumigen Subscribenten Gebrauch" gemacht würde.

Besonders deutlich bezog er dann gut sechs Wochen später gegenüber Bach Position, es war der 8. November 1854[221]. Anlaß hierzu bot ihm ein „uiber Anregung der Bezirkshauptmannschaft Turnau" (Turnov) gestellter „Antrag" der böhmischen Finanzlandesdirektion. Darin wurde nichts weniger als die „Bewilligung des zur Eintreibung rückständiger Steuern vorgeschriebenen Executions-Verfahrens" auch bei „Hereinbringung der rückständigen Raten des National-Anlehens" gefordert. Baumgartner schloß sich diesem Verlangen scheinbar vorbehaltlos an. Es sei für die sichere Einbringung der einzelnen Raten „unendlich wichtig", einen „anderen als den gerichtlichen Weg vorzuzeichnen". Und er bezeichnete es als „wohl nicht nöthig, E(ue)r. E.(xzellenz) geneigteste Aufmerksamkeit darauf zu lenken".

Uns interessiert vor allem seine Begründung: Da war der aus Gerichtsverfahren für den Staat entstehende „außerordentliche Kostenaufwand". Außerdem führte er drei Erwägungen juristischer Natur zu seinen Gunsten an: Erstens würden Gerichtsverfahren „jedenfalls erst nach längerer Zeit zum Ziele" führen. Zweitens war die besondere rechtliche Natur der „Finanz-Operationen des Staates" zu berücksichtigen: Sie „unterlagen nach den Bestimmungen des a.(ller)h.(öchsten) Kundmachungs-Patentes zum allg.(emeinen) bürgerlichen Gesetzbuche nicht den privatrechtlichen Normen". Und da die Nationalanleihe zunächst „unläugbar" eine Finanzoperation war, traf dies auch für sie zu. Drittens schließlich verwies Baumgartner auf die mit einer gerichtlichen Prozedur verbundenen „Förmlichkeiten": Sie konnten den „Parteyen den Anlaß" geben, „selbst die Einzahlungsverpflichtung in Frage zu stellen". All dies nannte er „einleuchtende Gründe", um „den Weg der politischen Execution" zu beantragen.

---

218 3, S. 820.
219 Ebd., 1, S. 143.
220 Erlaß an sämtliche Finanzlandes- und Steuerdirektionen, Wien, 25. September 1854, in: FA, FM, Präs., Nr. 17271/54 (s. dazu auch folg.).
221 Wien, Nr. 19065/FM., in: Ebd., Nr. 19065/54, Bog. 2 (s. dazu auch das folg. Zit.).

Dabei hatte er das dritte rechtliche Moment ohne Zweifel mit Bedacht angeführt: Schon ein einziges Gerichtsurteil hätte das exekutive Vorgehen generell als rechtswidrig abstempeln und damit obsolet machen können. Deshalb mußte Baumgartner wenigstens in seiner Eigenschaft als Finanzminister auf seiner Position beharren. Denn damit mochte das weitere finanzpolitische Schicksal der Nationalanleihe stehen und fallen, das sich infolge der erwähnten neuen Militärausgaben ohnehin schon immer problematischer gestaltete. Für den Innenminister verhielt es sich – wie schon weiter oben dargelegt, aus ganz ähnlichen Erwägungen – ein wenig anders. Einerseits drohte dem Unternehmen bei einer Ablehnung des Mittels der Exekution endgültig das finanzpolitische Fiasko, mit entsprechenden Folgen für das proklamierte innenpolitische Ziel. Andererseits mochten sich die innenpolitischen Folgen als noch heikler erweisen, sollte exekutivem Vorgehen kein Einhalt geboten werden. Insofern mußte Bach für einen Mittelweg plädieren. Damit begab er sich auf eine schwierige, ja letztlich unmögliche Gratwanderung. Denn bis zum letzten hielt er an der These von der Rechtmäßigkeit der Verpflichtung zur Rateneinzahlung fest.

Waren die beiden Minister nun aber wirklich von der Rechtmäßigkeit der politischen Exekution überzeugt, wie weiter oben zunächst als mögliche Hypothese in den Raum gestellt? Dies erscheint alles andere als ausgemacht. Schon mit seinem Hinweis auf *Förmlichkeiten* könnte Baumgartner handfeste bestehende juristische Zweifel umschrieben haben. Diese Vermutung gewinnt unter Berücksichtigung eines für den Kaiser bestimmten Vortrags des Justizministers an Wahrscheinlichkeit. Er stammt vom Oktober 1854, als erste „Beschwerden" über „die Eintreibung der Anlehensquote" von denjenigen einliefen, die „zum Anlehen entweder gar nicht, oder nicht nach Maß ihres Vermögens subskribirt" hatten[222]. Damals machte K. Krauß seinen beiden Kollegen unmißverständlich deutlich, die Meinung der Zulässigkeit exekutiver Maßnahmen „in keiner Weise zu theilen"[223]. Allerdings schloß er seine Zustimmung zu einem solchen Verfahren auch nicht strikt aus, sondern machte sie von der Erlassung eines „ausdrücklichen a.(ller)h.(öchsten) Gesetzes" abhängig.

Wie reagierten Bach und Baumgartner auf diese Bemerkung, die einer offenen Herausforderung gleichkam? Zunächst scheint es, als hätten sie gar nicht dagegengehalten. Denn sie „ließen den Gegenstand ... ohne weitere Erwiderung auf sich beruhen". Doch stellte ja auch dies eine Reaktion dar.

---

222 S. dazu eine Notiz des Finanzressorts v. 14. Oktober 1854 über eine entsprechende Eingabe des Advokaten Giacomo Berti aus Padua (ebd., Nr. 19078/54).

223 S. dazu in seinem Vortrag v. 25. Oktober 1856, Wien, MCZ. 3837/56, in: HHStA, KK, Vorträge, 1856, Krt. 18 (s. dazu auch folg.). Den Vortrag vom Herbst 1854 habe ich nicht gefunden.

Offensichtlich wollten sie auf diese Weise eine definitive Entscheidung über die Angelegenheit hinauszögern. Warum aber drängten sie nicht auf das Zustandekommen eines solchen Gesetzes, um dadurch ihren Standpunkt auf einen juristisch völlig sicheren Boden zu stellen? Möglicherweise war es mit ihrer vermeintlichen und zumindest von Bach zur Schau getragenen Überzeugung von der Rechtmäßigkeit exekutiven Einschreitens eben doch nicht so weit her. Vielleicht wollten es die beiden Minister aber auch nicht auf einen vor dem Kaiser ausgetragenen Konflikt mit ihrem Kollegen von der Justiz ankommen lassen. Schließlich hätte Franz Joseph ungeachtet der möglichen Stichhaltigkeit ihrer Argumente zu ihren Ungunsten entscheiden können. Tatsache ist jedenfalls, daß K. Krauß daraufhin in dieser Angelegenheit ebenfalls nichts mehr unternahm. So aber konnten Bach und Baumgartner für gut zwei Jahre auf ihrem bisher eingeschlagenen Weg weiter fortfahren. Dies muß man sich auf der Zunge zergehen lassen: Mehr als 24 Monate lang wurde immer wieder zu einem Mittel gegriffen, das zumindest nach Ansicht des für Rechtsfragen primär kompetenten und verantwortlichen Ministers schlicht ungesetzlich war.

Warum unterwarf sich der vom Kaiser einmal als zwar „langsam", aber „redlich" bezeichnete[224] Chef der Justiz der von Bach und Baumgartner vertretenen Logik? Vielleicht besorgte auch er, in einem durch kaiserlichen Richtspruch entschiedenen Konflikt den kürzeren zu ziehen. Wahrscheinlich dürfte sein Verhalten jedoch mit gewissen institutionellen Gepflogenheiten während des Neoabsolutismus zusammenhängen. Aus eigener Initiative heraus war es für ihn nämlich schwierig, hier klärend tätig zu werden. Es hätte eines geeigneten Anlasses in Form eines konkreten Einzelfalls bedurft, um die Dinge in seinem Sinne einer monarchischen Entscheidung zuzuführen. Und diesen Anlaß konnten ihm nur Bach oder Baumgartner bieten, wenn sie ein entsprechendes Gesuch eines Subskribenten in der Ministerkonferenz zur Sprache brachten.

Im Spätsommer 1856 taten sie K. Krauß diesen Gefallen, und nunmehr griff er die Sache wieder auf und legte sie Franz Joseph zur prinzipiellen Entscheidung vor. Ausgangspunkt bildete ein als *allerhöchst* bezeichnetes „Gesuch" eines gewissen Philipp Halama aus Prokopsdorf in Mähren (Bezirk Budwitz, Moravské Budějovice)[225]. Halama war sogenannter *Viertellehner* (oder *Viertellohner*). Anders als ein *Halblohner*, der über zwei Pferde oder Ochsen verfügte, und ein *Ganzlohner*, der sogar vier Pferde oder Ochsen sein eigen nannte, leistete Halama als Bauer also nur Hand- und Frondienste. Er hatte um Aufhebung einiger ihn direkt oder indirekt betreffender, im Zusammen-

---

224 So wenigstens laut Tagebucheintrag Kempens v. 5. April 1851, in: Tagebuch Kempens, S. 209.
225 Vortrag v. 22. September 1856, Wien, MCZ. 3429/56, in: HHStA, KK, Vorträge, 1856, Krt. 17 (s. dazu auch folg.).

hang mit der Nationalanleihe stehender Verfügungen gebeten. Auf diese Weise gelangte „jene Frage zum ersten Mahle" direkt vor den Thron, so wiederum Ph. Krauß in seinem einschlägigen reichsrätlichen Gutachten[226]. Hier war nun endlich die Stunde seines Bruders Karl gekommen.

Einzelheiten über diesen Fall verdanken wir auch seiner Schilderung: Halama war „wegen Nichtzuhaltung der Ratenzahlungen zum NationalAnlehen mit dem subskribirten Betrage von 240f. ... exequirt" worden[227]. Doch es kam für ihn noch wesentlich schlimmer. Denn seine Ehegattin Katharina hatte den für die „Abschätzung der gepfändeten Effekten" verantwortlichen Mathias Nesweda „öffentlich und im Beisein mehrerer Leute" mit „Schimpfnamen belegt". Als wäre dies noch nicht genug, hatte sie ihn überdies „beschuldigt, seinen Vater umgebracht zu haben". Daraufhin wurde sie „zu einer 30tägigen Arreststrafe verurtheilt", wozu auch ihr „Nichterscheinen bei der Strafverhandlung" beigetragen haben mag. Sowohl das zuständige Oberlandesgericht[228] als auch der mährische Statthalter und Bach votierten für eine unbedingte Zurückweisung des nunmehrigen Gesuchs[229]. Sie behaupteten im Verhalten Halamas lediglich „böswillige Renitenz" am Werk, was sie relativ detailliert begründeten.

K. Krauß leugnete das „Ungünstige" der geschilderten Darstellungen keineswegs. Dennoch erklärte er „das wider Halama eingeleitete Exekutionsverfahren" für „im Gesetze nicht gegründet". Und deshalb hatte der „Staatsschatz" ihm zufolge auch „kein Recht" dazu, „wegen der in der Folge verfallenen Raten zu einer zwangsweisen Eintreibung zu schreiten".

Sowohl Bach und Baumgartner als auch K. Krauß rechtfertigten ihre jeweilige Position unter Berufung auf die erwähnten Paragraphen 14 und 19. Dies spricht für deren Mehrdeutigkeit. Dabei waren die Subskribenten laut dem Justizminister ausschließlich jenen „Bedingungen und Rechtsfolgen zu unterwerfen", die ihnen bereits „vor der Leistung der Subskription bekannt" waren. Mithin konnten sie zwar „alle Ansprüche auf die fernere Theilnahme an dem Anlehen" sowie ihre hinterlegte „Kaution" verlieren; aber von einer „persönlichen Haftung" konnte nicht die Rede sein. In seinem schließlich gestellten Antrag liest es sich zwar etwas moderater, doch dürften dafür taktische Gründe verantwortlich gezeichnet haben. Es mußte ein Kompromiß gefunden werden.

Franz Joseph überwies diese Angelegenheit an den Reichsrat: Dort hatte man schon im Oktober 1855 kategorisch gegen die Exekutionsmaßnahmen

---

226 Vortrag Purkharts v. 21. November 1856, Wien, in: Ebd., RR, Gremial, Krt. 138, Nr. 1337/56.
227 Vortrag v. 22. September 1856, Wien, MCZ. 3429/56, in: Ebd., KK, Vorträge, 1856, Krt. 17 (s. dazu auch folg.).
228 S. dazu ebd.
229 Vortrag Krauß' v. 25. Oktober 1856, Wien, MCZ. 3837/56, in: Ebd., Krt. 18 (s. dazu auch folg.).

Stellung bezogen. Einmal mehr fand dabei Baumgartners Vorgänger offene Worte. Unter Hinweis auf die „bei Subscriptions-Anleihen stets beobachteten Grundsätze" – sowie unter expliziter Bezugnahme auf den „Inhalt" der gegenwärtigen „Subscriptionsbedingungen" – betonte er, daß der Staat „bei der Nichtzuhaltung der Einzahlungen auf das National-Anlehen nur das Recht" zur Einziehung der Kaution habe[230]. Damit sprach Ph. Krauß wohl nur laut aus, was unter seinen Kollegen ohnehin als *common sense* galt. Gut ein Jahr danach verfaßte er dann das Referat des Reichsrats über die Causa Halama. Dabei bezeichnete er es als ein wesentliches Defizit der „gegenwärtigen Verhandlung", daß sie „keine Spur" über eine bisher stattgefundene „Conferenzberathung" enthalte[231]. Eine solche Erörterung anzuberaumen, hielt er jedoch für alles andere als „entbehrlich", zumal der Justizminister „Weisungen" des Innenressorts „nicht als gesetzmäßig erkennt". Damit warf er seinem ehemaligen Kollegen Bach – gelinde gesagt – unkorrektes Verhalten vor. Nicht anders sah dies zweifellos der interimistische Reichsratsvorsitzende Purkhart, der den entsprechenden kaiserlichen Vortrag anzufertigen hatte. Hatte Kübeck in ähnlich gelagerten Fällen eine Art kaiserliche Abmahnung des Innenministers angeregt, so verstand sich Purkhart nicht dazu. Vielleicht dachte er an die letztlich gegebene Komplizenschaft des Monarchen. Jedenfalls beantragte er nur eine Sitzung der Ministerkonferenz, deren Zusammentritt Franz Joseph am 27. November 1856 auch umgehend anordnete[232].

Sie fand freilich erst eineinhalb Jahre später statt. Warum der Kaiser die Dinge so lange laufen ließ und erst am 23. Juni 1858 diesbezüglich bei Buol urgierte[233], muß offenbleiben. Letzterer rechtfertigte die eingetretene Verzögerung jedenfalls unter anderem mit dem am 5. Mai des Vorjahres erfolgten Wechsel in der Führung des Justizressorts[234]. Außerdem betonte er neue einschlägige „Erhebungen" des Magyaren Ferencz Graf Nádasdy, der inzwischen – ein mögliches Zugeständnis an dessen Landsleute[235] – als Nachfolger von K. Krauß Einzug in das Justizministerium gehalten hatte. Doch mag die bedeutende Zeitdifferenz auch aus einer geschickten Hinhaltetaktik des Innenministers resultieren. Darauf deutet eine Zuschrift hin, die Ransonnet am 25. Juni 1858 an Bach richtete. Darin erklärte der Sekretär der Kabinettskanzlei unter Verweis auf das erwähnte, mittlerweile bereits mehr als zwei Jahre

---

230 Vortrag Purkharts v. 5. Oktober 1855, Wien, in: Ebd., RR, Gremial, Krt. 97, Nr. 1024/55.
231 Vortrag Purkharts v. 21. November 1856, Wien, in: Ebd., Krt. 138, Nr. 1337/56 (s. dazu auch folg.).
232 A.h. Handschreiben an Buol v. 27. November 1856, Venedig, in: Ebd., KK, Vorträge, 1856, Krt. 18, MCZ. 3887/56.
233 A.h. Handschreiben, Laxenburg, in: Ebd., 1858, Krt. 11, MCZ. 2189/58.
234 Vortrag Buols v. 8. Juli 1858, Wien, MCZ. 2189/58, in: Ebd. (s. dazu auch das folg. Zit.).
235 S. dazu zwei Tagebucheinträge Kempens: 23. Juni 1857 u. 2. Dezember 1857, in: Tagebuch Kempens, S. 435 u. 453.

zurückliegende allerhöchste Handschreiben, K. Krauß habe sich über eine Konferenzberatung „mit E.(urer) Exzellenz ins Einvernehmen" gesetzt, es sei jedoch nicht dazu gekommen[236]. Wie dem auch sei: Bach konnte an einer raschen Behandlung dieser Frage nach wie vor nicht sonderlich interessiert sein. Und da er bisher noch keine Abmahnung des Monarchen erhalten hatte, konnte er sich dilatorisches Taktieren auch leisten.

Im konkreten Fall kam jedoch noch hinzu, daß sich Nádasdy, der laut anonymen, aus dem Bereich der Obersten Polizeibehörde stammenden Notizen „noch nie eine eigene Meinung gehabt" hatte[237], „mit dem Gutachten Seines Herrn Amtsvorgängers völlig vereinigte"[238]. Auch würde eine Abstimmung über diese Angelegenheit in der Ministerkonferenz nicht unbedingt in seinem, Bachs Sinne ausfallen. Dies wußte er aufgrund einer in diesem Gremium am 16. Mai 1857 abgehaltenen Debatte über das Gesuch des bei St. Florian in Oberösterreich ansässigen Grundeigentümers Florian Althuber „um Ermäßigung des ihm von seiner Gemeinde anrepartirten Subscriptionsbetrags zum NationalAnleihen"[239]. Bruck plädierte damals entschieden gegen dessen Gewährung. Dies begründete er zum einen mit der „notorischen Wohlhabenheit des Bittstellers". Zum anderen verwies er auf das „böse Beyspiel", das gegeben würde, sollte sich Althuber „mit einer Allergnädigsten Nachsicht als Preis seiner Renitenz ... rühmen" können. Seine beiden Kollegen von der Justiz und vom Kultus, K. Krauß und L. Thun, traten dennoch für einen „Nachlaß" ein. Genau darauf hatte in diesem speziellen Fall bereits zu einem früheren Zeitpunkt auch der bei dieser Sitzung abwesende Bach „eingerathen": Althuber habe nämlich „durch Brand u.(nd) Pferdefall eine wesentliche Verschlimmerung seiner Vermögensverhältniße" erlitten und deshalb „den Weg der Gnade" betreten, und schließlich liege der „Anlehensschuldigkeit eine offiziose Subscription der Gemeinden zum Grunde"[240]. Aber die Argumentation seiner beiden Kollegen mußte Bruck dennoch aus grundsätzlichen Erwägungen beunruhigen. Denn sie begründeten ihren Standpunkt mit der „freywilligen" Natur der Nationalanleihe. Deshalb könne Althuber nicht verpflichtet werden, „mehr einzuzahlen, als wozu er sich freywillig herbeygelassen hat". Dabei beriefen sie sich ausdrücklich auf den Wortlaut des Erlasses vom 5. Juli 1854[241].

---

236 Vortrag Buols v. 8. Juli 1858, Wien, MCZ. 2189/58, in: HHStA, KK, Vorträge, 1858, Krt. 11.
237 8. Februar 1857, in: HHStA, IB, BM.-Akten, Krt. 102, Nr. 246/57.
238 So ebenfalls Ransonnet, in: Vortrag Buols v. 8. Juli 1858, Wien, MCZ. 2189/58 (Ebd., KK, Vorträge, 1858, Krt. 11, MCZ. 2189/58).
239 MKP, MCZ. 1837/57, in: Ebd., MRP, Krt. 24, fol. 198 (s. dazu auch folg.); vgl. Bachs Vortrag v. 9. Mai 1857, Wien, MCZ. 1766/57, in: Ebd., KK, Vorträge, 1857, Krt. 9.
240 Ebd.
241 Tatsächlich hoben sie auf ein „allerhöchstes Patent" ab (MKP v. 16. Mai 1857, MCZ. 1837/57, in: Ebd., MRP, Krt. 24, fol. 198), wobei es sich allerdings um eine Verwechslung handeln dürfte.

Aus ihm ging ihnen zufolge klar hervor, daß Althuber „selbst" bei „Unterlassung der Einzahlung der Raten ... nur den Anspruch auf die noch nicht verfallenen Raten" verlieren würde[242].

Kehren wir damit wieder zum Fall Halama zurück: Ihm widmete sich die Ministerkonferenz erst am 1. Juli 1858. Dabei war man sich über die Ablehnung seines Gesuchs einig[243]. Dies überrascht angesichts der angeführten Dissonanzen. Aber der erste Blick täuscht hier. Zugleich wurde nämlich auf das „itzt Unzeitgemäße" einer Beschäftigung mit der „principiellen Frage" verwiesen. So gesehen verwundert die angeführte Einmütigkeit nicht mehr. Wie nämlich eine tabellarische *Übersicht der Einzahlungs-Resultate* erweist, waren bis Juni des Jahres durchschnittlich bereits rund 80 % der gesamten Zeichnungssumme in die Staatskassen geflossen. Insofern hätte eine nunmehrige *prinzipielle* Entscheidung für die Subskribenten kaum noch etwas zu ändern vermocht. Sie wäre schlicht zu spät gekommen. Nicht mehr *zeitgemäß* wäre sie jedoch noch in ganz anderer Hinsicht gewesen: Welchen Eindruck hätte nämlich eine Entscheidung zugunsten Halamas bei all jenen hinterlassen, die der Ratenzahlungspflicht – egal aus welchen Motiven – bisher nachgekommen waren? Und drohte für diesen Fall nicht auch eine wahre Flut von Gesuchen um Rückerstattung einmal geleisteter Einzahlungen? Genau diese Gefahr und das damit verbundene Risiko einer Flut von Prozessen malte indirekt der Innenminister 1858 in einer grundsätzlichen Beurteilung der Haltung des Justizministers zum Gesuch Halamas an die Wand: Aufgrund der bereits „bar eingezahlten" Gesamtsumme erschien ihm „eine prinzipielle Entscheidung ... nicht nur als entbehrlich" und „als nicht zeitgemäß", sondern „sogar als bedenklich"[244]. Sie würde nämlich „eine vollendete Finanz-Operation theilweise in Frage stellen". Damit nicht genug, hätte ihm zufolge ein Nachgeben auch „einen die freie Thätigkeit der Finanz-Verwaltung für alle Zukunft beschränkenden Preacedenz-Fall statuirt".

Eine Analyse der weiteren Ausführungen Bachs zeigt, wie sehr seine damalige Argumentation von politisch-finanziellen Opportunitätserwägungen bestimmt war: So wies er auf die „wichtigen Gründe" hin, dem „A.(ller)-h.(öchsten) beschlossenen National-Anlehen den vollen Erfolg zu sichern". Sie „durften" bei der „Entscheidung der angeregten principiellen Frage nicht ganz zur Seite gesetzt" werden. Im folgenden unternahm er dann eine findige Interpretation der Paragraphen 14 und 19: Die Zeichner seien nicht, wie 1849 und 1851, ausdrücklich „von der Haftung für die Einzahlung ... entbunden"

---

242 Der sich damals auf Kaiserreise in Ungarn befindliche Franz Joseph entschied zugunsten Bachs Antrag (Jaszbeney, 23. Mai 1857, in: Ebd.), vielleicht, weil ihn Bach nach Ungarn begleitet und ihn beeinflußt hatte.
243 MKP, MCZ. 2317/58, in: Ebd., MRP, Krt. 25 (s. dazu auch folg.).
244 Und., in: Ebd. (s. dazu auch folg.).

Die sogenannte Exekution

worden. Also sei auch ihre Haftung nicht erloschen. Dies sei „auch von den Subskribenten" nicht in Zweifel gezogen worden, während das große Publikum und die „gesammte Finanz-Welt" die „Haftungsverbindlichkeit ... durch den mittlerweiligen Verlauf von vollen 4 Jahren zweifellos gefunden" hätten.

Das nächste Wort stand dem Reichsrat zu. Ihm legte der Kaiser diesen Gegenstand anschließend nämlich zur erneuten Begutachtung vor. Wie kaum anders zu erwarten, war man in diesem Gremium entschieden anderer Auffassung. Diesmal übernahm Thaddäus Freiherr Peithner v. Lichtenfels – unter Zustimmung der beiden Koreferenten Franz Graf Mercandin und wiederum Ph. Krauß – die Rolle des Advocatus Diaboli. Der einige Zeit nach Kübecks Tod in den Reichsrat berufene und von letzterem dazu bereits von Anfang an vorgeschlagene[245] gelernte Jurist, der dem Kaiser einst Vorlesungen in Privatrecht gehalten hatte und später nicht nur einige hohe Ämter im Justizwesen bekleidete[246], sondern als mehrjähriger Staatsratsvorsitzender nach 1859 noch eine „wesentliche Rolle" in Österreichs „innerer Politik" spielen sollte[247], widersprach Bachs „Ansicht" ohne Wenn und Aber[248]. Dabei bezog er sich – bezeichnend genug – ebenfalls auf den Wortlaut der beiden besagten Paragraphen: „Die nächste Quelle zur Entscheidung sey der Wortlaut der Bedingungen, unter welchen das Anleihen eröffnet wurde." Sah er in denselben aber „<u>nur</u>" den Kautionsverfall „festgesetzt", so lag er richtig. Ebenso bestritt er Bachs Gegenüberstellung „mit den früheren Subscriptionsanleihen": Denn keiner „Parthei" könne „zugemuthet" werden, „sich bei der Leistung der Subscription über den Sinn und die Folgen der angebothenen Bedingungen erst durch die Vergleichung mit anderen Anleihenspropositionen ... Rathes zu erholen". In seinem abschließenden Gutachten bekräftigte der Vorsitzende des Reichsrats, Erzherzog Rainer, diese Argumente. Auch der Kaiser machte sie sich zu eigen und erließ am 6. August 1858 eine Verfügung in diesem Sinne[249].

Dies erscheint nach den vorhergehenden Darlegungen insgesamt gesehen auch gerechtfertigt, ungeachtet der zweifelsohne gegebenen Dehnbarkeit der beiden Paragraphen 14 und 19 im Erlaß vom 5. Juli 1854. Selbst hohe Verwaltungsorgane hegten gewisse Zweifel an der Rechtmäßigkeit des Vorgehens. So meinte Lažanský einmal, „vielleicht" lasse sich „vom streng juridischen Standpunkte oder bei elastischer (!) advocatischer Auslegung ... dem Wortlaute des

---

245 S. dazu Tagebucheintrag Kübecks v. 16. Januar 1851, in: Aus dem Nachlaß Kübecks, S. 60.
246 Er wurde u. a. 1841 zum Hofrat beim Obersten Gerichtshof, 1850 zum Generalprokurator und 1853 zum Sektionschef im Justizministerium ernannt.
247 Redlich, Kaiser Franz Joseph, S. 35.
248 Vortrag Rainers v. 4. August 1858, Wien, in: HHStA, KK, Gremial, Krt. 220, Nr. 993/58 (s. dazu auch folg.). Warum keine Plenarberatung im Reichsrat erfolgte, ist nicht ganz ersichtlich.
249 Laxenburg, in: Ebd.

§ 14 dieses Erlasses eine ... Deutung" im Sinne seines Vorgesetzten Bach entringen[250]. Insbesondere ist zu bedenken, daß sich immerhin mehrere voll ausgebildete Juristen, nämlich K. Krauß, Nádasdy und Lichtenfels, gegen die Argumentation des Innenministers aussprachen. Nun war Bach ja gleichfalls gelernter Jurist. Als solcher hatte er ja auch einst immerhin das Justizressort geleitet. Aber für ihn ging es hier um mehr als nur um die adäquate Auslegung von Paragraphen. Für ihn ging es hier um die Verfechtung von Interessen, nicht zuletzt von Machtinteressen. In dieser Hinsicht aber mußte er an einer prinzipiellen Beibehaltung der Haftungspflicht interessiert und auch bereit sein, dafür zu kämpfen.

3.7. Der Verkauf von Zertifikaten

Die Bevölkerung bekam das staatliche Machtpotential also auch während der Einzahlungsphase direkt zu spüren beziehungsweise indirekt vor Augen geführt. Dies galt insbesondere für die politische, sprich behördliche Exekution, zumal wenn sie mit Hilfe militärischer oder paramilitärischer Organe forciert wurde. Bei versuchtem Widerstand kam es zuweilen sogar zu Verhaftungen. Darüber darf jedoch eines nicht vergessen werden: Allen Teilnehmern an der Nationalanleihe stand eine Option offen, sich der Zahlungsverpflichtung zumeist relativ problemlos und ungestraft zu entledigen. Sie konnten ihre Zertifikate verkaufen, und zwar an „Individuen", die, wie Lažanský kurz und bündig an Kempen schrieb, zu diesem Zweck entweder auf „eigene Rechnung oder als angebliche Agenten von Handlungshäusern im Lande" herumreisten[251]. Wir haben damit bereits im Zuge unserer Erörterungen über den Einzahlungsverlauf in Lombardo-Venetien Bekanntschaft gemacht[252]. Ihre für bereits geleistete Einzahlungen erhaltenen Obligationen konnten sie auf gleiche Weise veräußern. Laut Aktenlage wurden die Zertifikate vorrangig an Agenten abgegeben, also an Personen mit „verschiedenartigen Erwerbsthätigkeiten", deren „gemeinsames Merkmal in einer Vermittlung von Geschäften oder in einer bevollmächtigten Geschäftsthätigkeit für andere besteht"[253]. Diese Agenten operierten oftmals im Auftrag von zumeist in Wien befindlichen Handlungshäusern. Aber auch ebenfalls hauptsächlich in Wien ansässige Bankinstitute ließen Zertifikate aufkaufen.

---

250 An Kempen, Brünn, 23. April 1855, Nr. unl., in: AVA, Inneres, OPB, Präs. II., Krt. 37, Nr. 2872/55.
251 Brünn, 16. November 1854, Nr. 9939, in: Ebd., Krt, 32, Nr. 7829/54.
252 S. dazu w. o., Abschnitt 3.3.
253 Josef Ulbrich, Agenten, in: *Oesterreichisches Staatswörterbuch*, 1, S. 35.

Die Eigentümer solcher Bankinstitute beziehungsweise Handlungshäuser verfolgten spekulative Ziele mit ihren Aufkäufen, versprachen sich von ihnen also finanziell lukrative Gewinne. So hatte das Wiener Handlungshaus *Loewenstein et Sohn* ebenso wie die in Pest ansässigen Häuser *Herschler et Comp.* sowie *Moritz Hanover* im Komitat Gömör nach einem amtlichen Bericht den „meisten Gemeinden ihre Anlehens-Certificate und Obligationen" abgekauft[254]. Auch die von Baumgartner während der Vorbereitung der Nationalanleihe als Vertrauensmänner herangezogenen Wiener Bankiers und Großhändler sind hier zu nennen. Männer wie Eskeles und Sina wußten somit also zumindest anfänglich besser als andere öffentliche Kreise über Einzelheiten des Unternehmens Bescheid. An dieser Stelle sei lediglich ein Beispiel für ihre Beteiligung an solchen Geschäften angeführt. Im südöstlich von Budapest gelegenen Komitat Csongrád waren Ende September 1855 laut einer Meldung des Kommandanten des 6. Gendarmerieregiments „bereits die meisten National-Anlehens-Obligationen in der Gemeinde Horgos" von Agenten „aufgekauft worden", und zwar im Auftrag des „Wiener Großhandlungshauses Eskeles"[255]. In den beiden Ortschaften Kistelek und Algyo hingegen geschah dies im Auftrag der „Häuser Sina und Wodjaner".

3.7.1. Umfang und Ausmaß der Zertifikatsverkäufe

Dabei wurde der Verkauf der Zertifikate (und Obligationen[256]) bereits in der Planungsphase der Nationalanleihe als unausweichlich eintretend vorausgesagt. Dies geschah wohlgemerkt unter explizitem Verweis auf das damit verbundene Risiko für den finanzpolitischen Erfolg des Unternehmens. Wie nämlich Ph. Krauß in der Sitzung vom 31. Mai 1854 meinte, mußten sich die „Umstände ... nothwendig so gestalten, daß diese Handeltreibenden die Papiere von den Partheien zu sehr gedrückten Preisen übernehmen würden"[257]. Dadurch aber würde die „Operation selbst ... sehr gefährdet".

Hinter dieser Warnung verbarg sich eine simple Überlegung: Viele Subskribenten, die feststellten, daß sie sich mit ihrer Beteiligung an der Nationalanleihe finanziell übernommen hatten oder übernehmen hatten müssen, würden sich ihrer Zertifikate zu entledigen versuchen. Nur so würden sie allen weiteren Einzahlungsproblemen und damit möglicherweise verbunde-

---

254 Wölfel an Kempen, Kaschau, 30. April 1856, Nr. unl., in: AVA, Inneres, OPB, Präs. I, Krt. 31, Nr. 1303/56.
255 O. O., 7. Oktober 1855, ad Nr. 651, *reserviert*, in: Ebd., Präs. II, Krt. 46, Nr. 7886/55 (s. dazu auch das folg. Zit.).
256 Der Einfachheit halber ist im folg. zumeist nur von Zertifikatsverkäufen die Rede.
257 HHStA, RR, Präs., Krt. 13, Nr. 141/54 (s. dazu auch das folg. Zit.).

nen persönlichen nachteiligen Konsequenzen entgehen. Dabei würden sie eine Abgabe ihrer Anteilsscheine gegebenenfalls auch unter Wert bewußt in Kauf nehmen, ungeachtet des damit für sie verbundenen finanziellen Verlustgeschäfts.

Nun war der ehemalige Leiter des Finanzressorts ja ein scharfer Kritiker der Nationalanleihe. Doch selbst Befürworter der Operation verstanden sich in diesem Kontext zu eindeutigen Prognosen. Dazu zählte auch Sina, der sich nachher selber eifrig an solchen Transaktionen beteiligte: Ihm zufolge handelte es sich „nicht um das Subscribiren, sondern um das Einzahlen": Wo aber der Verlust durch „Uiberspannung" klar zutage liege, zahle man lieber die Differenz und kaufe sich los[258]. Rothschild kommentierte diese Äußerung unter Verweis auf „frühere Anlehen" mit den Worten, dies könne man „in keinem Falle verhindern". Ob er mit seiner Voraussage recht behalten sollte, wird sich zeigen. Jedenfalls konnten sich die Verantwortlichen nachträglich nicht darauf berufen, eine solche Entwicklung sei nicht rechtzeitig prophezeit worden oder im Zuge der Planung der Nationalanleihe nicht denkbar gewesen.

Die frühen Mahnungen waren durchaus angebracht: „In einzelnen Fällen" setzte der Verkauf der Zertifikate sogar „schon" während der „Subskriptionen" ein, wie der von Grünne einmal als „übersprudelnd"' und von „beschränkten Fähigkeiten"' charakterisierte[259] Salzburger Landespräsident Karl J. Fürst Lobkowitz konstatierte[260]. In diesem Kronland ereignete sich also exakt das, was schon mit Blick auf die Überzahlungen festgestellt wurde, von denen Subskribenten ja teilweise ebenfalls bereits im Verlaufe der Zeichnungsphase Gebrauch gemacht hatten. Tatsächlich handelte es sich dabei offenbar noch nicht einmal um *Einzelfälle*. Laut Lobkowitz kam dieser Vorgang in einigen Bezirken Salzburgs nämlich im „größeren Umfange" vor. Immerhin läßt sich dieses Phänomen für diese frühe Phase laut den mir verfügbaren Dokumenten nur für dieses Kronland nachweisen. In den anderen Provinzen des Reiches begann es jedoch spätestens kurz darauf, mit Beginn der Ratenzahlungen[261]. In Kärnten etwa datierten die „ersten Spuren des Handels mit den Anlehenspapieren" laut Angabe des dortigen Polizeidirektors Anton Achtschin vom Dezember 1854[262]. Was Mähren anbetrifft, so fingen sie laut Lažanský

---

258 1. Besprechung der Vertrauensmänner v. 7. Juni 1854, ad Nr. 9511/GP, in: FA, FM, GP, Nr. 9511/54, Bog. 7 (s. dazu auch folg.).

259 So wörtliche Wiedergabe einer Äußerung Grünnes durch Kempen (Tagebucheintrag v. 8. Februar 1859, in: Tagebuch Kempens, S. 498).

260 An Kempen, Salzburg, 10. November 1854, in: AVA, Inneres, OPB, Präs. II, Krt. 32, Nr. 7795/54 (s. dazu auch folg.).

261 S. dazu auch den Akt Nr. 11929/54 im Innenministerium, in: Ebd., Inneres, Krt. 666.

262 Achtschin an Schloissnigg, Klagenfurt, 27. März 1855, Nr. 104/Pr., in: Ebd., OPB, Präs. II, Krt. 36, Nr. 2662/55.

erst Anfang November an²⁶³. Faktisch wurden dort aber bereits im Oktober Zertifikate verkauft²⁶⁴, in Lombardo-Venetien sogar noch früher²⁶⁵. Und schon am 17. dieses Monats berichtete das Bankhaus Arnstein & Eskeles dem Finanzminister über eine „strömende ... Masse" von „in den verschiedenen Kronländern subscribirten Certificaten"²⁶⁶, eine Behauptung, die aufgrund der soeben geschilderten Entwicklung in Kärnten etwas übertrieben erscheint. Kempen schließlich machte Baumgartner wenige Tage danach konkrete Mitteilung über mit Ankäufen von Zertifikaten beschäftigte „Personen"²⁶⁷. Dabei berief er sich auf „eingelangte Berichte der betreffenden Gendarmerie-Regiments-Commanden", an deren Glaubwürdigkeit nicht zu zweifeln ist.

Das Ausmaß der Verkäufe gestaltete sich je nach Kronland unterschiedlich. So wurden in der Steiermark bis Ende Oktober 1855 nur „hie und da von Einzelnen ... Certificate gekauft"²⁶⁸. Kurze Zeit später könnte sich dies freilich bereits geändert haben. Denn am 3. Dezember berichtete Polizeidirektor Martiny, im 1. und 2. Flügelbezirk seines Zuständigkeitsbereichs würden „sich mehrere Individuen" mit dem Ankauf „beschäftigen"²⁶⁹. Auch in Wien scheinen sich nur „wenig Abgeber" gefunden zu haben²⁷⁰. Mehrheitlich lauteten die Nachrichten jedoch anders.

Schon am 9. November meldete der Linzer Polizeidirektor für Oberösterreich einen „sehr schwunghaft" verlaufenden „Ankauf" von Zertifikaten²⁷¹. Er erfolgte „meistens auf Rechnung auswärtiger Häuser". In Kärnten dagegen wurde der „Handel" laut Aussage Achtschins relativ rasch „so allgemein", daß mehrere dortige „Kaufleute" sogar „nahmhafte Capitalien auf diese Spekulation verwendeten"²⁷². Folgt man den Darlegungen dieses laut Erzherzog Maximilian bedenkliche „Schattenseiten" aufweisenden²⁷³ Beamten weiter, so

---

263 An Kempen, Brünn, 16. November 1854, Nr. 9939/Pr., in: Ebd., Krt. 32, Nr. 7829/54.
264 S. dazu Bach an Baumgartner, Wien 29. Oktober 1854, Nr. 12281/MI., in: FA, FM, Präs., Nr. 20086/54.
265 S. dazu Radetzky an Baumgartner, Verona, 14. September 1854, Nr. 2724/R., in: Ebd., Nr. 20128/54.
266 An Baumgartner, Wien, 17. Oktober 1854, in: Ebd., Nr. 19285/54.
267 Wien, 26. Oktober 1854, Nr. 7127/Pr. II., in: Ebd., Nr. 20090/54 (s. dazu auch das folg. Zit.).
268 Martiny an Kempen, Graz, 25. Oktober 1855, Nr. 128/Pr. II., in: AVA, Inneres, OPB, Präs. I, Krt. 16, Nr. 3761/55.
269 An Kempen, Graz, Nr. unl., in: Ebd., Krt. 21, Nr. H7/55.
270 So Arnstein & Eskeles in einem Schreiben an Baumgartner, Wien, 17. Oktober 1854, in: FA, FM, Präs., Nr. 19285/54.
271 S. dazu Kempen an Baumgartner, Wien, 9. November 1854, Nr. 7522/Pr. II., in: Ebd., Nr. 20799/54 (s. dazu auch das folg. Zit.).
272 An Schloissnigg, Klagenfurt, 27. März 1855, Nr. 104/Pr., in: AVA, Inneres, OPB, Präs. II, Krt. 36, Nr. 2662/55 (s. dazu auch folg.).
273 Vortrag an Franz Joseph, Mailand, 18. Dezember 1857, Nr. 861/A., in: HHStA, NL Maximi-

kam es sogar zu einer „förmlichen Jagd nach diesen Papieren". Bereits für Ende März 1855 vermutete Achtschin den „Aufkauf" von „einem Drittel der Certificate". Besonders krasse Formen scheinen die Entäußerungen in Siebenbürgen angenommen zu haben: Laut einem Bericht von Ende 1856 konnte mit Anteilscheinen kein „Wucher" mehr getrieben werden. Der Grund hierfür war einfach: „Die Leute (haben) keine mehr."[274] Aber auch anderswo verhielt es sich wenigstens mit Blick auf niedrige Bevölkerungsschichten offenbar kaum anders. So hatte die „ärmere Volksklasse" in Istrien und in weiten Teilen der Krain laut dem für diese Region zuständigen Polizeidirektor bis April 1855 „ihre Anlehenszertifikate großentheils schon veräußert ... und daher auch keine Raten mehr zu entrichten"[275].

Auch Bach mußte den teilweise großflächigen Charakter dieser Vorkommnisse eingestehen. Mit Blick auf Siebenbürgen konstatierte er das „überhaupt bei der romänischen Bevölkerung" vorhandene „Bestreben", die „aus Anlaß des National-Anlehens eingegangene Verpflichtung contractmäßig auf dritte Personen zu übertragen"[276]. Und die beiden großen Problemprovinzen des Reiches blieben von Verkäufen in großem Maßstab ebenfalls nicht verschont. Während dies für Lombardo-Venetien schon gezeigt wurde, hatte das ungarische Militär- und Zivilgouvernement für das Pest-Ofner Verwaltungsgebiet noch am 20. November 1854 „nur zwei" ihm bekannt gewordene einschlägige Fälle an Kempen gemeldet[277]. Das war wahrlich wenig. Aber schon ein halbes Jahr später wurden für die an Siebenbürgen angrenzenden Gebiete „großartige", sich auch auf andere Gegenden auszudehnen beginnende „Ankäufe" durch „Emissäre" vermutet[278]. Alles in allem verwundert es nicht, wenn sich die Schätzungen über in Ungarn getätigte Ankäufe einzelner Handlungshäuser bereits im Oktober 1855 auf teilweise „mehrere Millionen" beliefen[279].

---

lian, Krt. 72, f. *Concepte an Kaiser Franz Joseph*, fol. 207. Zum Motiv für diese kritische Beurteilung s. vielleicht folg. OPB-Akt: AVA, Inneres, OPB, Präs. I, Krt. 16, Nr. 3751/55.

274 Der Vorwurf des *Wuchers* bezog sich auf „Grundherrn und Juden" (Vertrauter der OPB, Wien, 18. Dezember 1856, in: Ebd., Krt. 37, Nr. 3780/56, fol. 7).

275 Wölfel an Kempen, Laibach, 10. April 1855, Nr. 34/18, in: Ebd., Krt. 13, Nr. 1353/55; vgl. ders. an Kempen, Kaschau, 30. April 1856, in: Ebd., Krt. 31, Nr. 1303/56.

276 An Bruck, Wien, 10. Juni 1855, Nr. 6202/MI., Abschrift, in: HHStA, IB, BM.-Akten, Krt. 84, Nr. 1423/55, fol. 530.

277 Ofen, 20. November 1854, Nr. 21677/G/43888, in: AVA, Inneres, OPB, Präs. II, Krt. 32, Nr. 7857/54.

278 Gouvernement Siebenbürgen an Kempen, Hermannstadt, 6. Juli 1855, Nr. 5930/Pr., in: Ebd., Krt. 43, Nr. 5052/55 (s. dazu auch den gesamten Akt).

279 Kommandant des 1. GR an Kempen, o. O., 10. Oktober 1855, Nr. 288, *reserviert*, in: Ebd., Krt. 46, Nr. 8025/55.

3.7.2. Die Motive für die Verkäufe

Warum aber haben Subskribenten ihre oftmals gerade erst erworbenen Zertifikate und teilweise auch ihre Obligationen wieder abgestoßen? Und weshalb verzichteten sie auf diese Weise freiwillig auf den durch die immerhin günstige Verzinsung in Aussicht stehenden Gewinn? Hierfür zeichnete beispielsweise der sich bald bemerkbar machende Verlust an „Vertrauen" in den finanzpolitisch positiven Ausgang der Nationalanleihe verantwortlich[280]. Zwar wurde in einem für den Kaiser bestimmten Bericht der Obersten Polizeibehörde über die öffentliche Stimmung in der Gesamtmonarchie vom Herbst 1855 das in der „finanziellen Welt einigermaßen gehobene Vertrauen auf eine Stärkung der öffentlichen finanziellen Verhältniße" betont[281]. Und aus Böhmen berichtete Kronenberg schon im Juni des Jahres über eine Abnahme der Zertifikatsverkäufe aufgrund des „von Tag zu Tag größeren Vertrauens" der Bevölkerung in diese „Finanzmaßregel"[282]. Doch dürfte das *Vertrauen* in dieser Hinsicht bestenfalls zeitweise gestiegen sein.

Ausschlaggebend für Verkäufe aber dürften zumeist materielle Überlegungen gewesen sein. Dies läßt sich indirekt aus dem regional unterschiedlichen Ausmaß an Verkäufen ablesen. Den Einwohnern der Residenzstadt Wien ging es wirtschaftlich gesehen häufig vergleichsweise gut. Hier hielten sich die Veräußerungen auch in Grenzen. Doch in ökonomisch traditionell rückständigen Kronländern wie Ungarn und Siebenbürgen sah dies eben anders aus. Um nur auf Siebenbürgen einzugehen: Es war laut Justizminister Nádasdy die „ärmste ... Provinz" des ganzen Reiches[283], was den tatsächlichen Verhältnissen einigermaßen entsprochen haben dürfte. Insofern verwundert es zunächst, daß ausgerechnet dieses Kronland mit 93 % geleisteten Einzahlungen an der Spitze aller Reichsteile stand[284]. Doch hing dies primär damit zusammen, daß in diesem Kronland besonders viele Subskribenten ihre Anleihezertifikate an – im weitesten Sinne – Spekulanten veräußert hatten.

Zu berücksichtigen sind überdies die wirtschaftlichen Folgen des Krimkriegs. Von ihnen wurden wenigstens regional einige Provinzen hart getroffen, die etwa keinen Absatz mehr für ihr geerntetes Getreide fanden. Freilich erfolgten Verkäufe in großer Dimension auch in dem von den Auswirkungen der *orientalischen Wirren* weniger betroffenen und ökonomisch prinzipiell besser dastehenden Lombardo-Venetien. Hier dürfen aber die erwähnten Mißern-

---

280 Gabler an Kempen, Kaschau, 30. Mai 1855, Nr. 363/Pr., in: Ebd., Präs. I, Krt. 15, Nr. 2964/55.
281 Stber. GM 7–9 55, SH/LP/PD, in: Ebd., Präs. II, Krt. 48, Nr. 8391/55.
282 An Kempen, Prag, 10. Juni 1855, Nr. 272/Pr., *reserviert*, in: Ebd., Präs. I, Krt. 15, Nr. 2173/55.
283 MKP v. 23. September 1857, MCZ. 3763/57, in: HHStA, MRP, Krt. 24, fol. 455.
284 Beil. zu Vortrag Buols v. 8. Juli 1858, Wien, MCZ. 2189/58, in: Ebd., KK, Vorträge, 1858, Krt. 11.

ten nicht vergessen werden. Und auch die dargelegte *notorische Abneigung von Papiergeld seitens der Italiener* wird eine gewisse Rolle gespielt haben.

Mitunter wurde auch die „Unwissenheit des Landvolkes" als Grund für stattgefundene Verkäufe angeführt, so etwa von Statthalter Schloissnigg für einige Gemeinden Kärntens[285]. Demnach hatte die bäuerliche Bevölkerung also oftmals nicht begriffen, daß sie von der 5%igen Verzinsung der Obligationen langfristig finanziell profitieren würde. Aber wie weit trägt dieses Argument tatsächlich, zumal unter Berücksichtigung der auch in Kärnten massiv unternommenen Belehrungen über die Vorteilhaftigkeit des Unternehmens für jeden einzelnen? Prinzipiell könnte auch eine Behauptung des Polizeidirektors dieses Kronlandes zutreffen: Achtschin wollte bei solchen Vorfällen der materiellen „Noth" lediglich sekundäre Bedeutung beigemessen wissen[286]. Als vorrangigen Beweggrund zum Verkauf gab er statt dessen „insbesonders die Bequemlichkeit" an, „mit der sich der Subscribent von jeder weiteren Einzahlung befreite". Doch bilden seine Darlegungen eine fast absolute Ausnahme. Zudem spricht gegen seine Auslegung folgende, von ihm selbst angefügte Bemerkung: Die in Kärnten lebenden Bauern hätten „den Schluß mit Leichtigkeit" aufgegriffen, „daß diese Papiere einen ... Werth haben müssen, weil die Kaufleute so gierig darnach haschen". Insofern mußten sie aus Eigeninteresse eigentlich eher am Besitz der Zertifikate interessiert sein. Warum also, wenn nicht aus materiellen Gründen, versuchten sie sich dann trotzdem ihrer zu entledigen?

Materielle Überlegungen dürften den Entschluß zur Veräußerung der Anteilscheine auch deshalb beeinflußt haben, weil dabei automatisch die geleistete Kaution verlorenging: So meldete Kempen beispielsweise die „gänzliche Verzichtleistung auf die erlegte Kaution" durch die „Verkäufer" aus einer Gemeinde in der Nähe des im Waldviertel gelegenen Gmünd[287]. Hier verstießen Subskribenten also ebensosehr gegen ihr finanzielles Interesse wie durch die wohl durchweg unter ihrem eigentlichen Preis stattfindende Abgabe der Zertifikate an die Händler. Dabei wußte Polizeidirektor Maschek aus Großwardein am 27. Mai 1855 über „Verluste von 12 bis 14%" zu berichten[288]. Aus Siebenbürgen wurden im April des darauffolgenden Jahres „sehr fühlbare Geldverluste" gemeldet[289]. Wenigstens „kleine Verluste" hatte für Salzburg

---

[285] An Bach, Klagenfurt, 25. März 1855, Nr. 402/Pr., in: AVA, Inneres, OPB, Präs. II, Krt. 35, Nr. 2231/55.

[286] Achtschin an Schloissnigg, Klagenfurt, 27. März 1855, Nr. 104/Pr., in: Ebd., Krt. 36, Nr. 2662/55 (s. dazu auch folg.).

[287] Kempen an Baumgartner, 15. Oktober 1854, Nr. 6864/Präs. II, in: FA, FM, Präs., Nr. 19223/54. Für weit. Einschlägige Beispiele s. im folg.

[288] An Kempen, Nr. 86/Pr., in: AVA, Inneres, Präs. I, Krt. 14, Nr. 2000/55.

[289] Lebzeltern an Bruck, Hermannstadt, 20. April 1856, Nr. 3427, in: Ebd., Präs. II, Krt. 67, Nr. 2901/56.

Lobkowitz schon rund eineinhalb Jahre zuvor als Regel vermutet[290], und nichts anderes berichtete fast zeitgleich sein Kollege Mecséry aus Böhmen[291]. Und Bach vermerkte für Mähren gegen Ende Oktober 1854 Verkäufe „auf Rechnung von Wiener Handlungshäusern"[292]. Dabei zahlten „die Parteien auf das Zertifikat" sogar „noch einen, der Kaution gleichkommenden Betrag" auf.

Subskribenten nahmen also durch Verkäufe eingetretene finanzielle Einbußen in Kauf. Sie zogen es offenbar vor, sich der leidigen Zahlungsverpflichtung vermeintlich ein für allemal zu entledigen, ganz so, wie es Ph. Krauß bereits am 31. Mai 1854 prognostiziert hatte. Hierzu paßt nun auch eine aus Kaschau bei Kempen einlaufende Feststellung. Danach trachteten durch solche Verkäufe nicht nur „einzelne Private und Adelige" danach, „sich ferneren Sorgen zu überheben ... und insbesondere ... den zu gewärtigenden Executionen auszuweichen"; vielmehr strebten dies auch „Gemeinden" an[293].

Das materielle Motiv dominierte wohl vor allem dann, wenn Subskribenten über ihre Verhältnisse gezeichnet hatten. Wie oft dies geschah, läßt sich nicht exakt quantifizieren. Doch schon früh meinte etwa Wessenberg, ein bei einigen vielleicht mit etwas Eitelkeit verwischter Patriotismus habe offenbar manchen dazu verleitet, „mehr zu unterzeichnen, als er im Stande ist zu zahlen"[294]. Daraus ergab sich aber eine „natürliche" Konsequenz: Es „mußte bald ein Theil der Obligationen dieses Anlehens zu gedrückten Preisen auf den Markt kommen".

Offizielle Stellen leugneten ebenfalls nicht einen direkten Zusammenhang zwischen dem sehr früh einsetzenden Verkauf der Zertifikate und einer wie auch immer bewirkten zu hohen Zeichnung. So erhielt Kempen am 13. Oktober 1854 einen Bericht, in dem für Wien und Niederösterreich darauf verwiesen wurde, „daß viele ... weit über ihre Lei(h)fähigkeit gezeichnet haben dü(rften)"[295]. Und laut Lobkowitz erfolgten Verkäufe durch jene Zeichner, die sich „zur Einhaltung der verfallenen Termine nicht in der Lage sehen"[296]. Auch Freiherr Heinrich v. Lebzeltern, Stellvertreter des siebenbürgischen Gouverneurs, anerkannte geraume Zeit später einen Nexus zwischen nicht mehr „pünktlich" eingehaltenen „Ratenzahlungen", dem diesbezüglichen „Drängen" der Bezirksorgane und dem daraus resultierenden „Wunsch", sich „um jeden

---

290 An Kempen, Salzburg, 10. November 1854, in: Ebd., Krt. 32, Nr. 7795/54.
291 An Kempen, Prag, 6. November 1854, Nr. 12067/Pr., in: Ebd.
292 An Baumgartner, Wien, 29. Oktober 1854, Nr. 12281/MI., in: FA, FM, Präs., Nr. 20086/54 (s. dazu auch folg.).
293 Gabler an Kempen, Kaschau, 30. Mai 1855, Nr. 363/Pr., in: AVA, Inneres, OPB, Präs. I, Krt. 15, Nr. 2964/55.
294 HHStA, NL Wessenberg, Krt. 13, Inv.nr. 96, *Das Oest NationalAnlehen und seine Wirkungen*, fol. 161 (s. dazu auch folg.).
295 Unl., Wien, Nr. 248, *reserviert*, in: AVA, Inneres, OPB, Präs. I, Krt. 9, Nr. H70/54.
296 An Kempen, Salzburg, 10. November 1854, in: Ebd., Präs. II, Krt. 32, Nr. 7795/54.

Preis von der Einzahlungsverpflichtung ... zu befreien"[297]. Anderenorts verwies man auf das fehlende „baare Geld" und die damit verbundene Notwendigkeit, im Falle weiterer Einzahlungen „Darlehen" aufnehmen zu müssen[298].

Außerdem fielen für viele Bürger ja nach wie vor steuerliche Belastungen an. Durch Zertifikatsverkäufe konnte zumindest ein Teil der hierfür erforderlichen baren Mittel aufgebracht werden. Auf diese Wechselwirkung machte beispielsweise ein Vertrauter Kempens wiederum bezüglich Siebenbürgens aufmerksam[299]. Am 9. März 1855 betonte dies aber etwa für die Statthaltereiabteilung von Preßburg auch Mangelberger: Danach waren die Bewohner mehrerer dortiger Gemeinden mit dem Verkauf ihrer Zertifikate trotz der für sie damit entstandenen finanziellen Einbußen „zufrieden"[300]. Gleich vier Gründe machte er dafür geltend: Erstens wurden sie auf diese Weise „jeder weiteren Verpflichtung überhoben". Zweitens „mußten" sie nunmehr auch nicht mehr „mit den direkten Steuern ... im Rückstande bleiben". Drittens konnten sie sich so „für die kommende Aussaatzeit die nöthigen Getreidequantitäten ... verschaffen". Viertens schließlich hätten sie so „von den Plackereien der mit der Rateneinhebung betrauten Notäre nichts zu besorgen"[301].

Auf den wachsenden Steuerdruck wurde mehrfach hingewiesen. Wichtig ist, daß er gerade nach 1854 stetig zunahm. Dies führte zwar auch zu verstärkten Beschwerden von „Personen", die „wegen ihrer mindern Sympathien für die kk. Regierung bekannt waren"[302]; doch zufolge behördlicher Angaben äußerten „selbst Gutgesinnte" ihre diesbezügliche „Besorgniß". Dies schmälerte wiederum die Bereitschaft, den durch die Zeichnungen auf die Nationalanleihe anstehenden Einzahlungen nachzukommen: Sie wurden als zusätzliche Belastung empfunden. Freilich gestaltete sich umgekehrt wenigstens regional auch „die Ausführung der Finanz-Behördlichen Anordnungen", sprich die Eintreibung der Steuern, schwieriger: Im Raum Preßburg hatte sie infolge der „durch die Anlehens-Zahlungen stark beanspruchten Steuerkräfte – zurückzustehen"[303].

Dabei erreichten Kempen im übrigen Schilderungen über die mancherorts herrschende materielle Lage, die er nichts weniger als „gräßlich" nannte und

---

297 An Bruck, Hermannstadt, 20. April 1856, Nr. 3427, in: Ebd., Krt. 67, Nr. 2901/56.
298 Podolski an Kempen, Preßburg, 13. März 1855, Nr. 30, *reserviert*, in: Ebd., Krt. 34, Nr. 1969/54.
299 Wien, 18. Dezember 1856, in: Ebd., Krt. 37, Nr. 3780/56, fol. 7.
300 An Kempen, Preßburg, 9. März 1855, Nr. unl., in: Ebd., Präs. I, Krt. 21, Nr. H22/55 (s. dazu auch folg.).
301 Ebd.
302 Polizeidirektor Chominsky an Kempen, Lemberg, 8. September 1856, Nr. 1234/AV., in: Ebd., Präs. II, Krt. 79, Nr. 6067/56 (s. dazu auch folg.)
303 Unb. an Bruck, Preßburg, 2. Mai 1855, Nr. 487/VP., in: FA, FM, Präs., Nr. 7949/55.

die ihn sogar zu einer Berichterstattung an Grünne bewogen[304]. Hierzu mag ihn weniger das „Interesse der Humanität" veranlaßt haben, das er einmal in einem anderen Zusammenhang betonte[305]. Aber politische Erwägungen spielten eindeutig mit. Trafen die ihm zugehenden Informationen nämlich wirklich zu, dann konnten die bestehenden Verhältnisse allerdings „leicht in regierungsfeindlicher Absicht von den Malkontenten ausgebeutet" werden[306]. Offenkundig hoffte Kempen, der Generaladjutant würde Franz Joseph gegebenenfalls dazu bewegen können, den von einer solchen Situation Betroffenen Zahlungsminderungen oder gänzliche Befreiung von der Einzahlung zu gewähren. Konkret ging es um Zustände in Teilen des Kaschauer Verwaltungsgebiets. Auf die dort zu erwartenden Schwierigkeiten hatte auch schon Bach den Kaiser aufmerksam gemacht. Nach Darstellung des örtlichen Polizeidirektors war die „<u>erste</u> Einzahlungs-Rate" wegen „großer Noth" und „Geldmangel" nicht entrichtet worden. Die Illiquidität aber hatte augenscheinlich bereits

> „einen so hohen Grad erreicht ..., daß ein Theil der Landbevölkerung bereits genöthiget ist, mit einem bloßen Brot-Surrogate, bestehend aus Haferstrohhäckling, gemischt mit Hanfhülsenmehl, sich zu ernähren, nur um die gewöhnlichen Steuern entrichten zu können".

Zuweilen erfolgten Verkäufe von Obligationen offenbar sogar, um über die notwendigen pekuniären „Mittel" zur Leistung der „bevorstehenden Rateneinzahlungen" für noch im Besitz verbliebene Zertifikate zu verfügen[307]. Darauf hatte Reichsrat Ph. Krauß den Monarchen bereits im April 1855 aufmerksam gemacht[308]. An Absurdität erscheint dieser Vorgang kaum zu über-

---

304 Wien, 21. Dezember 1854, Nr. 4497/Pr. I., in: HHStA, KK, GD, 1854, f. *GD II., Nr. 733–1205*, fol. 1094.
305 Vgl. den in seinem Namen ergangenen Erlaß Hartmanns an alle Landeschefs v. 19. Dezember 1853, in dem er das „Interesse der Humanität" beschwor, „Alles aufzubiethen, um durch eine sorgsame Überwachung der Märkte, Abstellung der vorfindigen Unzukömmlichkeiten u.s.w. den, aus der Theuerung hervorgehenden Übelständen, so weit es in ihren Kräften steht [jenen der Polizeidirektoren], thunlichst zu begegnen" (Wien, Nr. 5793/Pr. II., in: AVA, Inneres, OPB, Präs. II, Krt. 8, Nr. 5793/53). Dennoch kann man ihm nicht einfach *humanitäres* Mitgefühl absprechen.
306 An Grünne, Wien, 21. Dezember 1854, Nr. 4497/Pr. I., in: HHStA, KK, GD, 1854, f. *GD II., Nr. 733–1205*, fol. 1094 (s. dazu auch folg.).
307 Gendarmeriekommandant Pest an GI, Pest, 7. August 1855, Nr. 515, *reserviert*, in: AVA, Inneres, OPB, Präs. II, Krt. 45, Nr. 6184/55.
308 S. dazu Vortrag Kübecks v. 8. April 1855: „(...) müssen diejenigen, welche am National Anlehen sich mit Zeichnungen über die Kräfte ihres baaren Einkommens betheiligten, Geld zu den Einzahlungen aufzubringen suchen, und daher die kaum erworbenen Staatsschuldverschreibungen oder Grundentlastungs-Obligationen hintangeben, (...)." Die von Krauß skiz-

bieten: Auch der Habsburger hatte die Obligationen der Bevölkerung ursprünglich als *wohltätige Sparkasse*, als ersten Grundstein für die Bildung eines wenigstens bescheidenen Wohlstands nachhaltig propagandistisch angepriesen. Kaum waren Subskribenten in ihren Besitz gelangt, sahen sie sich teilweise wieder zu ihrer Abstoßung gezwungen, um noch ausstehende Raten entrichten zu können. Was mag sich Franz Joseph bei der Lektüre solcher Nachrichten gedacht haben? Beschlich ihn irgendwann so etwas wie ein schlechtes Gewissen? Wie dem auch sei: Sina, Rothschild und Ph. Krauß lagen mit ihren im Zuge der Vorbereitung der Nationalanleihe getätigten Vorhersagen völlig richtig. Viele Personen hatten sich bei ihren Zeichnungen schlicht übernommen und waren deshalb zu einem Verkauf ihrer Zertifikate bezichungsweise Obligationen geschritten.

3.7.3. Die Reaktion der Verantwortlichen auf die Verkäufe

Wie reagierten die Verantwortlichen auf diese Verkäufe? Insbesondere Baumgartner stand hier vor einem Dilemma: Einerseits lag ein Verbot solcher Vorgänge nicht im „eigenen Interesse des Staates"[309] und also auch nicht im *eigenen Interesse* des Finanzministers. Andererseits aber konnten Zertifikatsverkäufe negative Folgen für die finanzpolitischen Zielsetzungen der Nationalanleihe nach sich ziehen.

3.7.3.1. Das finanzpolitische Dilemma Baumgartners

Beginnen wir mit dem zweiten Punkt, also mit der Frage, warum sich die Entäußerungen in finanzpolitischer Hinsicht nachteilig auswirkten. Eine Antwort hierauf hat uns mit Blick auf Lombardo-Venetien schon weiter oben jemand gegeben, der es wissen mußte, nämlich der Finanzminister selbst[310]. Vergegenwärtigen wir uns seine diesbezügliche Sorge nochmals an einer anderen zeitgenössischen Aussage: Durch die Verkäufe würden „die Papiere unter ihrem Preise auf den Markt geschleudert, und so die Börse Curse von vornherein verschlechtert", wie es in einer sogenannten amtlichen und als *sehr dringend* bezeichneten *Erinnerung* an die Finanzpräfekten von Mailand

---

zierte Alternative der „Inanspruchnahme der Nationalbank" war kaum besser. Wie er nämlich zu Recht sagte, „führte sie zu fortwährender Vemehrung des Papiergeldes" (Wien, in: HHStA, RR, Gremial, Krt. 78, Nr. 289/55). Das aber sollte ja eigentlich eliminiert werden.
309 So Lobkowitz an Kempen, Salzburg, 10. November 1854, in: AVA, Inneres, OPB, Präs. II, Krt. 32, Nr. 7795/54.
310 S. dazu w. o., Abschnitt 3.3.

und Venedig bereits am 23. Juli 1854 hieß³¹¹. Damals war die Subskriptionsphase gerade erst angelaufen. Nur wenige Tage darauf wurde zu dieser Frage auch in der *Österreichischen Korrespondenz* Stellung genommen: Danach war der Besitz der „emittirten Papiere" in den Gemeinden „von besonderem Werthe"³¹². Denn dadurch würden sie „ferne von dem Fondsmarkte in eigentlich festen (!) Händen gehalten".

Grundsätzlich und ausführlich behandelte der Finanzminister diese Problematik in einem Schreiben an Bach vom 27. Dezember 1854. Es gibt einen sehr guten Einblick in den dabei oftmals in Gang gesetzten finanzpolitischen Mechanismus: Von ausländischer Seite finde eine starke Nachfrage um Obligationen an der hiesigen Börse statt, gab Baumgartner seinem Kollegen zu bedenken³¹³. Um dieser Nachfrage Genüge zu tun, würden sich österreichische „Wechselhäuser" auf „Rechnung ihrer auswärtigen Abnehmer ... große Partien von Anlehens-Zertifikaten (verschaffen)". Diese wiederum würden „durch Zwischenhändler auf den hiesigen Markt gebracht" und daraufhin „zur Einzalung auf Wien überwiesen". Infolgedessen erhielten sie dann die ihnen zustehenden Obligationen. „So lange das Geschäft sich innerhalb" von „Grenzen des reellen ... Bedarfes bewegt", war daran laut dem Minister prinzipiell nichts auszusetzen. Im Gegenteil, erklärte er es in diesem Fall „vom finanziellen Standpunkte aus sogar" für „wünschenswerth". Doch galt es dabei auch noch das „spekulative" Moment zu berücksichtigen. Dieses aber „überflügelte ... rasch das reelle Bedürfniß". Deshalb würden „viele AnlehensZertifikate", die „schon durch mehrere Zwischenhändler gingen, bevor sie an die Börse gelangten, ... von da wieder in die Portefeuilles bloßer Spekulanten" kommen. Letzteren aber lag „gar nichts" an der „Einzahlung" beziehungsweise an dem „Bezug der Obligationen". Ihnen ging es vielmehr „bloß um die ... Differenz" zwischen dem Emissionskurs und dem Börsenkurs (auch *Kaufschilling* genannt). Tatsächlich war es „in dem vorliegenden(,) ganz eigenthümlichen Fall häufig" sogar noch „nicht einmal um diese (Differenz) zu thun".

Hierin lag nun laut Baumgartner das eigentlich „Gefährliche der Sache" begründet, wobei er sogar von einem „abnormen Umstande" sprach: Infolge der ungünstigen Kursverhältnisse empfange der Käufer eines Anleihescheines oder Zertifikates, statt einen Kaufschilling zu geben, noch einen. Zugleich agierten an der Börse „viele, völlig kraftlose Spekulanten". Sie erstanden Zertifikate nur deshalb, „um Geld zu bekommen". Erhöhte sich der Kurs später wieder, so stellte dies nicht unbedingt ein Problem dar: Sie würden nämlich „vielleicht einzalen". Erhöhte er sich aber nicht, „so behalten sie einfach den Kaufschilling (die damalige Differenz zwischen dem Emissionspreise und dem

---

311 Nr. 13511/FM., in: FA, FM, Präs., Nr. 13511/54.
312 Art. wiedergegeben in: *Wiener Zeitung*, Nr. 178, S. 2011 (s. dazu auch das folg. Zit.).
313 Wien, Nr. 23130/FM., in: FA, FM, Präs., Nr. 23130/54, Bog. 3-4 (s. dazu auch folg.).

Börsenkursen) und ignoriren den Besitz des AnlehensDokumentes". Kam dieses nun zum festgesetzten Termin nicht zur Ratenzahlung, „wendete sich die Behörde an den ursprünglichen Subskribenten ... und verhielt diesen zur Einzalung". Dieser aber besaß ja nun gar keine Anteilscheine mehr. Also mußte man sich an die „Zwischenhändler" wenden. Von ihnen gab es aber teilweise „viele", was es „schwer" machte, die richtigen „ausfindig zu machen". Als „noch schwieriger" stellte sich jedoch heraus, „von ihnen die Schadloshaltung zu bekommen".

Man kann sich leicht vorstellen, daß der soeben skizzierte Mechanismus Baumgartner in seiner Funktion als Finanzminister nicht gefallen konnte. Besonders mußte ihm aufstoßen, wenn die Verkäufe so große Dimensionen anzunehmen drohten, wie sich dies für Lombardo-Venetien eben schon sehr früh abzeichnete. Wie nämlich in der weiter oben angeführten *Erinnerung* unter Bezugnahme auf eine gemachte „Wahrnehmung" zugleich erklärt wurde, versuchte man in Oberitalien „bereits wieder", dem „Gedanken Raum zu verschaffen", wie „Einleitungen getroffen werden könnten, um die Verbindlichkeiten durch Contracte mit Banquiers ... abzuwälzen"[314]. Verantwortlich zeichneten hierfür demnach „einzelne, sich mit Wechselgeschäften befassende Handlungshäuser".

Es handelte sich also um Verkaufsprojekte großen Stils. Baumgartner sprach völlig zu Recht von „Vertragsabfindungen ganzer Provinzen mit Banquiers". Zwar konnte er sich über das Auftreten dieses Phänomens gerade in Lombardo-Venetien nicht wundern. Schließlich war ihm die in diesem Kontext von Radetzky erneut hervorgehobene „Abneigung ... gegen den Besitz von Staatspapieren"[315] nur allzu bekannt. Aber aus seiner Perspektive erscheint seine kategorische Erklärung, „nicht geneigt" zu sein, solche Vorgänge „zuzugeben", nur allzu begreiflich[316]. Er sprach sich damit also indirekt für ein Verbot solcher Entäußerungen aus.

Aber da war noch die andere Seite der Medaille: Denn selbst bei Verkäufen in der von ihm skizzierten Form würden mehr oder minder viele Zertifikate von den Zweit- beziehungsweise Letzterwerbern früher oder später doch noch eingezahlt. Schließlich wollten sie die verzinsten Obligationen erhalten. Dagegen drohte die Finanzverwaltung bei einer Untersagung von Verkäufen infolge faktischer Zahlungsunfähigkeit von Subskribenten völlig leer auszugehen. Auf diese Gefahr mußte der Minister gleichfalls ein Auge haben. Mecséry sprach sie als Statthalter von Böhmen offen aus: Ein „unbedingtes",

---

314 Wie eben schon bei den Anleihen von 1850 und 1851 (Erinnerung an die Finanzpräfekten von Mailand und Venedig, 23. Juli 1854, Nr. 13511/FM., in: Ebd., Nr. 13511/54; s. dazu auch das folg. Zit.).
315 An Kempen, Verona, 25. Oktober 1854, Nr. 3111/R., in: Ebd., Nr. 20128/54.
316 Erinnerung an die Finanzpräfekten von Mailand und Venedig, 23. Juli 1854, Nr. 13511/FM., in: Ebd., Nr. 13511/54.

das heißt „gesetzliches Verboth" dieser Verkäufe lag nicht „im Interesse der Durchführung der Finanzoperation"[317]. Dadurch „müßten" nämlich „Beträge" von „inzwischen zahlungsunfähig gewordenen Subskribenten ... als uneinbringlich abgeschrieben werden".

Indirekt läßt sich diese Überlegung auch schon Baumgartners Worten über Lombardo-Venetien entnehmen. Denn explizit wandte er sich nur gegen *Vertragsabfindungen ganzer Provinzen*. Von individuell vorkommenden Entäußerungen war bei ihm nicht die Rede. Es war ihm also bewußt, daß sonst der soeben beschriebene Fall eintreten würde. In einem Punkt irrte er freilich oder tat vielleicht auch nur so, als wollte er ihn nicht wahrhaben: Solche individuellen Fälle standen zumindest auf regionaler Ebene durchaus nur pars pro toto.

3.7.3.2. Radetzkys Vorschlag für einen Ausweg aus diesem Dilemma

Angesichts dieser ambivalenten Situation lag es nahe, hier nach einer Art goldenem Mittelweg Ausschau zu halten. Vermeintlich zeichnete ihn Radetzky am 25. Oktober 1854 in einem Schreiben an Kempen vor. Darin propagierte er zum einen „strenge Vorkehrungen gegen alle Umtriebe", die zum Ziel hatten, „das Vertrauen der Bevölkerung in das Nationalanlehen zu erschüttern, und mithin deßen Kurs zu drücken"[318]. Zum anderen jedoch plädierte er für ein „vollkommenes Freigeben des gesetzlich gestatteten Handels" und die „möglichste Beförderung der Konkurrenz". Ausschließlich darauf wollte er jene „Vorschläge reducirt" wissen, die er – „auf die bisherigen Erfahrungen gestützt" – sich „für verpflichtet hielt, dem Herrn Finanzminister zu machen".

Die Darlegungen des Generalgouverneurs bezogen sich lediglich auf Lombardo-Venetien. Sie weisen aber grundsätzlichen Charakter auf und lassen sich somit auf die ganze Monarchie übertragen. Bildete sein Vorschlag tatsächlich den Königsweg? Im Finanzressort herrschten diesbezüglich Zweifel. Darauf deutet schon jenes Fragezeichen hin, mit dem ein dortiger Beamter Radetzkys Äußerungen kommentierte. Hinzu kommen die zuvor geschilderten Überlegungen Baumgartners. Verkäufe umfangreicher Natur mußten ihm prinzipiell suspekt erscheinen. Dies galt um so mehr, wenn sich solche Zertifikate in großer Zahl in einer Hand beziehungsweise in einigen wenigen Händen befanden, wie es tatsächlich der Fall war.

---

317 An Kempen, Prag, 6. November 1854, Nr. 12067/Pr., in: AVA, Inneres, OPB, Präs. II, Nr. 7795/54 (s. dazu auch folg.).
318 Verona, 25. Oktober 1854, Nr. 3111/R., in: FA, FM, Präs., Nr. 20128/54 (s. dazu auch folg.).

3.7.3.3. Radetzkys Vorschlag in der Praxis

Tatsächlich jedoch ließ sich der Finanzminister exakt auf die von Radetzky skizzierte Linie ein. Bei näherer Betrachtung blieb ihm auch gar nichts anderes übrig. Denn was schon für die Frage der Zahlungsverpflichtung der Erstzeichner gegolten haben dürfte, traf hier eindeutig zu: Es fehlte die erforderliche gesetzliche Handhabe, um solchen Verkäufen Einhalt zu gebieten. Der *Handel* mit solchen Papieren war eben *gesetzlich gestattet*, wie Radetzky erklärt hatte. Also kam man im Finanzressort auch nicht umhin, „grundsätzlich auszusprechen", daß dem „aufrechten Handel … keinerlei Hinderniß in den Weg gelegt" werden sollte[319]. Nur gegen die vom Feldmarschall angesprochenen *Umtriebe* beziehungsweise gegen *unaufrichtigen Handel* konnte von staatlicher Seite aus vorgegangen werden. Was aber hat man unter solchen Vorgängen zu verstehen?

Nach der persönlichen „Ansicht" von Lobkowitz handelte es sich dabei um „jene Fälle", in denen „Käufe mit Anwendung unerlaubter Vorspieglungen bezüglich des Kredites des Staates oder des Werthes der Effekten … abgeschlossen werden"[320]. Staatliche Eingriffe nannte er aber noch unter der weiteren Voraussetzung legitim, daß solche Käufe „unter grellen, offenbar wucherischen, nur durch die Ignoranz des Landvolkes ermöglichten Bedingungen" erfolgten. Dem konnte die Staatsmacht „energisch entgegentreten", wie er sich ausdrückte. Ansonsten aber blieb laut ihm nur die „Belehrung des Landvolkes". Dem hätte auch Baumgartner nichts Substantielles entgegenzusetzen gewußt. Nicht umsonst fand Radetzky in Wien die, wie er sie nannte, „vollkommene Billigung" seiner „Vorschläge"[321]. Der Minister dagegen mußte den Aufkäufen mehr oder weniger tatenlos zusehen, mochten sie auch noch so „unlauter" und für den „Kredit" der Anleihe nachteilig erachtet werden[322], mochte die dadurch hervorgerufene „Beschädigung der öffentlichen Meinung" auch noch so „wahrhaft und arg" gewesen sein[323]. Baumgartners Nachfolger Bruck war gleichfalls dazu verurteilt, sich an diese Linie zu halten. Damit nicht genug, mußten die beiden Finanzminister dem mehr oder minder systematischen Ankauf von Zertifikaten sogar ihre ausdrückliche Billigung verleihen. So hatte Baumgartner im Oktober 1854 von dem Bankhaus Arnstein & Eskeles einen Brief mit der Bitte erhalten, eine „Masse" von in den verschie-

---

319 Notiz v. 27. Dezember 1854, Bog. 1, in: Ebd., Nr. 23130/1854.
320 An Kempen, Salzburg, in: AVA, Inneres, OPB, Präs. II, Krt. 32, Nr. 7795/54 (s. dazu auch folg.).
321 An Kempen, Verona, 25. Oktober 1854, Nr. 3111/R., in: FA, FM, Präs., Nr. 20128/54.
322 Tagesrapport des Polizeidirektors, Innsbruck, 26. August 1854, Nr. 1102/Pr., in: AVA, Inneres, OPB, Präs. II, Krt. 30, Nr. 5813/54.
323 Achtschin an Schloissnigg, Klagenfurt, 27. März 1855, Nr. 104/Pr., in: Ebd., Krt. 36, Nr. 2662/55.

denen Kronländern „subscribirten Certificaten meist sehr kleinen Betrages" bei der Anlehenskasse in Wien „anzumelden" und an im „Auslande" befindliche „Auftraggeber" weiterzuleiten[324]. Laut dem Minister „unterlag" dies „keinem Anstande"[325]. Immerhin mochte er froh sein, daß sich die Spuren dieser Zertifikate nicht im Sande verlaufen hatten. Im weiteren finden sich in den Akten viele solche, praktisch immer genehmigte Anfragen[326].

Allenfalls bei Kommunen wurde versucht, Verkäufen einen gewissen Riegel vorzuschieben. Sie sollten von der „Bewilligung der vorgesetzten Behörden" abhängig sein[327]. Als Argument führte man an, daß es hierbei um „Gemeindegut" ging. Ganz ähnlich wie in Lombardo-Venetien kam es jedoch auch in dieser Hinsicht eher selten zu negativen amtlichen Bescheiden. So differenzierte Wölfel gegenüber Kempen einen „großen Theil der Gemeinden", die verkauft hatten, von denen, „welche keine Abkäufer fanden, oder welchen der Verkauf nicht gestattet wurde"[328]. In den Akten finden sich sogar Entäußerungsbewilligungen von teilweise recht umfangreicher Natur: Einer verläßlichen Angabe zufolge hatten beispielsweise „sämmtliche Gemeinden" des in der Nähe von Eger (Erlau) gelegenen „Stuhlbezirkes Mezökövesd ... die Obligationen mit Ermächtigung ... der Behörde" abgestoßen[329].

Führen wir uns das damalige Dilemma eines Finanzministers noch ein wenig näher vor Augen, diesmal am Beispiel Brucks. Er ließ seinem Kollegen vom Inneren etwa Anfang April 1855 Informationen über die „Ausbeutung" der „ländlichen Bevölkerung" durch „Geld-Spekulanten" in der siebenbürgischen, im Banat gelegenen Gemeinde Kustely und über die den Betroffenen dadurch angeblich entstehenden „Nachteile" zukommen[330]. Aus dem Tenor seines Schreibens geht eindeutig hervor, wie unangenehm ihm dies aufstieß. Faktisch aber legte er Bach lediglich die Notwendigkeit „der Belehrung durch die politischen Behörden" nahe. Letzterer reagierte zurückhaltend bis ablehnend: Laut ihm war es schlicht nicht möglich, der Entäußerung von „Singular-Subscriptionen ... in imperativer Weise" zu begegnen[331].

---

324 Wien, in: FA, FM, Präs., Nr. 19285/54.
325 An Bankhaus Arnstein & Eskeles, 19. Oktober 1854, Nr. 19285/FM., in: Ebd.
326 S. etwa Josef Epstein an Baumgartner, Wien, 18. Oktober 1854, in: Ebd., Nr. 19288/54; Baumgartner an dens., 22. Oktober 1854, Nr. 19288/54, in: Ebd.
327 Verordnung des Kreisvorstehers zu Somlyo (Csíkomlyó, Şumuleu-Ciuc), Gustav Grois, an alle Bezirksvorsteher, außer Tasnád (Tasnad), und. (aber wohl 27. Juni 1855), in: AVA, Inneres, OPB, Präs. II, Krt. 43, Nr. 5052/55 (s. dazu auch das folg. Zit.).
328 Kaschau, 27. November 1855, Nr. 758/Pr., in: Ebd., Präs. I, Krt. 18, Nr. 4145/55.
329 6. Gendarmerieregiment an GI, o. O. (aber wohl Pest), 14. August 1855, Nr. 572, *reserviert*, in: Ebd., Krt. 45, Nr. 6223/55).
330 Wien, 8. April 1855, Nr. 5675/FM., in: HHStA, IB, BM.-Akten, Krt. 84, Nr. 1423/55, fol. 536 (s. dazu auch folg.).
331 An Bruck, Wien, 10. Juni 1855, Nr. 6202/MI., in: Ebd., fol. 530. Zu diesem Fall gibt es auch eine Liste mit Namen und Beträgen der Verkäufer. Bach sprach dabei von „mehreren". Dies

Vielleicht wandte sich Bruck mit seinem Anliegen deshalb einige Zeit später, wenn auch bereits zum „wiederholten" Male, an Kempen, weil er sich von diesem mehr Unterstützung erhoffte[332]. Er bat ihn um „gütige Einwirkung" zur „unverweilten Ergreifung energischer Maßnahmen", um dem „gefährlichen Treiben" der in Südungarn umherziehenden Agenten „auf die Spur zu kommen". Zudem wollte er „Anhaltspunkte ... gewinnen", mit deren Hilfe „die Schuldigen zur Verantwortung und gesetzlichen Ahndung gezogen" werden konnten. Kempen reagierte umgehend, indem er rasch an alle Statthalter ein entsprechendes Zirkular erließ[333]. Es erzeugte aber offensichtlich nicht die gewünschte Wirkung. Symptomatisch erscheint dabei ein in seiner unmittelbaren Umgebung vorgenommener Aktenvermerk, der sich mit angeblich im Preßburger Distrikt vorgefallenen unlauteren Verkaufspraktiken beschäftigte, die er extra hatte überprüfen lassen[334]: „Zur Wissenschaft u.(nd) nachdem keine sträfliche Handlung vorkam, ad acta"[335], lautet lapidar der Eintrag. Etwas später wurde wiederum aus Preßburg von „Juden" berichtet, die dieses Geschäft angeblich in „Schaaren" betrieben[336]. Als, wie es weiter hieß, „geübte Wucherer" praktizierten sie es „mit einer solchen Routine ..., daß deshalb keine Klage lautgeworden ist"[337]. Dabei wurde von „Vorspiegelung einer wahrscheinlichen Zinsen-Insolvenz" gesprochen, wodurch der „Preis jener Papiere bis auf 51% der Bankvaluta" herabgesunken sei[338]. Daraufhin seien die Juden dann selbst als Käufer aufgetreten, „welchen Unfug sie seitdem forttreiben". Hier hätte sich vielleicht ein konkreter Ansatzpunkt für gesetzliche Ahndung ergeben, zumal Kempen diese Notiz als „verläßlich" bezeichnete. Da jedoch Beschwerden seitens der ursprünglichen Subskribenten fehlten, gestaltete sich die etwaige rechtliche Verfolgung offenbar zu schwierig.

Zuweilen kam es sogar zur Verhaftung von Personen. Davon zeugt der unsignierte Reisebericht eines Vertrauten der Obersten Polizeibehörde durch Siebenbürgen. Konkret schrieb der Verfasser über „einzelne Juden", die da-

---

klingt sehr beschönigend, da dort 395 Parteien ihre Zertifikate verkauften (ebd., Beil., fol. 530/2-534/1). Laut Brucks Schreiben klingt es so, als hätten alle „Insassen" ihre Scheine abgestoßen (an Bach, Wien, 8. April 1855, Nr. 5675/FM., in: Ebd., fol. 536).

332 Wien, 5. Juli 1855, Nr. 11823/FM., in: AVA, Inneres, OPB, Präs. II, Krt. 42, Nr. 4809/55 (s. dazu auch folg.).
333 Ebd. Es dat. v. 14. Juli 1855, Wien, Nr. 4809/Pr. II., in: Ebd.
334 Kempen an Podolski, Wien, 12. Februar 1855, Nr. 1968/Pr. II., in: Ebd., Nr. 1968/55.
335 Wien, 18. März 1855, in: Ebd., Krt. 34, Nr. 1969/55.
336 So in einer OPB-Notiz v. 28. Juli 1855, Wien, in: HHStA, KK, GD, 1855–56, f. *GD 1855*, fol. 743. Vgl. an Grünne, 28. Juli 1855, Nr. 3268/BM., in: Ebd., fol. 733.
337 Cihlarz an GI, Preßburg, 11. August 1855, Nr. 33, *reserviert*, in: AVA, Inneres, OPB, Präs. II, Krt. 45, Nr. 6184/55.
338 OPB-Notiz v. 28. Juli 1855, Wien, in: HHStA, KK, GD, 1855–56, f. *GD 1855*, fol. 743 (s. dazu auch folg.).

von betroffen waren[339]. Doch „mußten" sie „(wieder) entlassen" werden. Es ließen sich nämlich „keine betrügerischen Vorspieglungen zur Verleitung zum Verkauf erweisen", wohingegen „die Verfügung über das Eigenthum in gesetzlichen Gränzen nicht gehindert werden" konnte. Ähnliche Fälle gab es auch anderswo. Da war zum Beispiel der Fall des „Israeliten Sigmund Fried" in Mezökövesd: Ihn hatte man zunächst arretiert und „dem dortigen Stuhlrichteramte zur Amtshandlung übergeben"[340]. Doch hatte er sich bei seinen Ankäufen „keines unerlaubten Mittels bedient". Also mußte er „wieder auf freien Fuß gesetzt" werden. Besonders unerfreulich dürfte für die Staatsgewalt der Ausgang der zunächst polizeilichen und dann auch gerichtlichen Untersuchung gegen drei „wegen Ankaufes der National-Anlehenseffekten ... herumziehende Agenten und Hausierer" in Kärnten gewesen sein[341]. Wie aus den erhalten gebliebenen Verhörprotokollen hervorgeht, erklärten alle drei Männer sinngemäß, sich keiner Schuld bewußt zu sein. Einer von ihnen, ein gewisser J. Baptist Collidani, verkündete sogar seine „volle Überzeugung", daß „ein solches Kaufgeschäft erlaubt sei"[342]. Auch wollte er sich „niemals eine hinterlistige Vorspieglung gegen die Besitzer ... erlaubt" haben. Nicht anders argumentierten seine beiden vermeintlichen Mittäter. Die wahre Sachlage mochte anders aussehen. Den Behörden waren jedoch weitgehend die Hände gebunden, da den Verhafteten nichts Strafbares nachgewiesen werden konnte, wie Landeschef Schloissnigg vermerkte[343]. Ihm blieb deshalb nur übrig, eine Überschreitung der „Hausirbefugniß" anzunehmen („offenbar") und den Betreffenden das Hausieren „in Hinkunft ... in Kärnten" zu verbieten[344]. Zu diesem Mittel schritt etwa auch Lažanský in Mähren[345]. Zumeist mußte den beschriebenen Vorgängen jedoch mehr oder minder ebenso hilflos wie tatenlos zugesehen werden[346].

---

339 Wien, 18. Dezember 1856, in: AVA, Inneres, Präs. I, Krt. 37, Nr. 3780/56, fol. 7 (s. dazu auch folg.).
340 6. Gendarmeriekommando an GI, o. O. (aber wohl Pest), 14. August 1855, Nr. 572, *reserviert*, in: Ebd., Präs. II, Krt. 45, Nr. 6223/55 (s. dazu auch folg.).
341 Schloissnigg an Kempen, Klagenfurt, 25. März 1855, Nr. 402/Pr., in: Ebd., Krt. 35, Nr. 2231/55.
342 Prot., aufgenommen im Bezirksamt von Eberndorf, 20. März 1855 (ebd.; s. dazu auch das folg. Zit.).
343 An Bach, Klagenfurt, 25. März 1855, Nr. 402/Pr., in: Ebd.
344 Ebd.
345 Weisung, Brünn, 16. November 1854, Nr. 9939, in: Ebd., Krt. 32, Nr. 7829/54. Allg. zum Hausieren s. Ritter Georg v. Thaa, Hausierhandel, in: Oesterreichisches Staatswörterbuch, 2, S. 18–19. Daraus geht hervor, daß im Gegensatz zu „andern Ländern" in der Monarchie laut einem kais. Patent v. 4. September 1852 darunter „nicht ... sämmtliche oder doch mehrere im Umherziehen betriebene Beschäftigungen verstanden" werden, „sondern ... nur ‚der Handel mit Waren, im Umherziehen von Ort zu Ort und von Haus zu Haus, ohne bestimmte Verkaufsstelle'" (ebd., S. 18).
346 Daß in dieser Hinsicht „laut Rapport des Polizei Commissariats in Bregenz" insb. „die Juden in Vorarlberg auf dem Lande sehr thätig" waren und „unter allerlei Vorspiegelungen die

3.7.3.4. Der Versuch von Belehrungen

Was also blieb da für die Vertreter der Staatsgewalt zu tun? Sie konnten mittels der schon erwähnten *Belehrungen* zu wirken versuchen. Dies taten sie auch. Wie schon während der Subskriptionsphase, so wurde auch hierbei die Vermeidung einer „imperativen Einflußnahme"[347] betont. Wie haben gesehen, wie wenig Glauben solchen Behauptungen grundsätzlich zu schenken ist. Im hier nunmehr vorliegenden Fall verhält es sich jedoch anders: Erstens bestand eben überhaupt kein wie auch immer gearteter Zweifel über die Legalität des Verkaufs. Zweitens erhielten die Unterbehörden von der Wiener Zentrale aus mehr oder minder grünes Licht, die Verkäufe nicht künstlich zu behindern. Und drittens schließlich förderten offizielle Stellen solche Verkäufe teilweise. Auf diese paradox anmutende Tatsache wird noch einzugehen sein.

Dabei sorgte Statthalter Mecséry schon vor November 1854 in Böhmen für zweierlei: Zum einen sollten die ihm unterstehende Organe „den Umtrieben gewinnsüchtiger Spekulanten, welche die Unkenntniß der Landbevölkerung ausbeuten, ... wirksam entgegentreten", waren dabei „betrügliche Vorgänge" im Spiele[348]. Zum anderen leitete er die „aufklärende Belehrung des Landvolkes ... durch die Geistlichkeit" in die Wege. Und für Mähren forderte sein Kollege Lažanský die Bezirksvorsteher dazu auf, „die Landbevölkerung wiederholt ... über das Wesen der neuen Staatsanleihe zu belehren"[349]. Dies sollte „bei jeder sich darbiethenden Gelegenheit" geschehen. Zugleich wollte er die Bevölkerung „vor wucherischen Umtrieben gewinnsüchtiger Spekulanten gewarnt" wissen. Im Falle derartiger Vorkommnisse sollte „die strafgerichtliche Amtshandlung eingeleitet" werden. Auch in die *Wiener Zeitung* wurden solche *Belehrungen* aufgenommen, so etwa am 29. Oktober 1854 eine Bekanntmachung der Pest-Ofner Statthaltereiabteilung: In ihr war von „Vorspiegelung"

Leute zu bewegen (suchten), ihnen die Anlehens-Certificate ... zu verkaufen" (Tagesrapport des Polizeidirektors, Innsbruck, 26. August 1854, Nr. 1102/Pr., in: AVA, Inneres, OPB, Präs. II, Krt. 30, Nr. 5813/54), mochte stimmen. Ob es sich hierbei freilich tatsächlich um ein „unlauteres Treiben der Juden" handelte, wie gleichfalls betont wurde, ist eine ganz andere Frage, ganz abgesehen von sich in solchen Ber. mehr oder minder intensiv manifestierenden antijüdischen Vorurteilen. Helfert erzählte Friedjung im übrigen 1899 folg.: „Als" er „einmal aus Böhmen zurückkehrte und über Wunsch eines einsichtigen Bezirkshauptmanns ihm [Bach] mitteilte, daß mit den Scheinen des Nationalanlehens seitens der Juden ein Geschäft gemacht, die Scheine den Bauern billig abgenommen würden, war Bach unwillig und sagte: ‚O, dieser (Namen habe ich vergessen) mischt sich stets in Dinge, die ihn nichts angehen.'" (Gespräch mit Friedjung, und. [aber Dezember 1899], in: Geschichte in Gesprächen, 1, S. 323.)

347 Bericht Komitatsvorstand Heves, 13. Februar 1856, Nr. 155/256/Pr., in: AVA, Inneres, OPB, Präs. II, Krt. 63, Nr. 1949/56.
348 An Kempen, Prag, 6. November 1854, Nr. 12067/Pr., in: Ebd., Krt. 32, Nr. 7795/54 (s. dazu auch das folg. Zit.).
349 Brünn, 16. November 1854, Nr. 9939/Pr., in: Ebd., Nr. 7829/54 (s. dazu auch folg.).

und „Ablockung" die Rede³⁵⁰. Außerdem wurde vor „Uebervortheilung" gewarnt; ihr liege „nur die niedrigste Gewinnsucht" zugrunde. Aber schon die Ausgabe vom 1. September des offiziellen Regierungsorgans hatte eine auf Oberösterreich berechnete „Warnung" der Linzer Handels- und Gewerbekammer über „hie und da" vorkommende „Versuche" enthalten, „der Landbevölkerung die ... Certifikate unter verschiedenen Vorspiegelungen zu so geringen Preisen abzulocken, daß hierbei die Subskribenten in hohem Grade benachtheiligt werden"³⁵¹.

Viel scheinen solche Bemühungen freilich nicht geholfen zu haben. Dieser Auffassung war jedenfalls anscheinend Bach. Er machte Anfang 1855 Baumgartner gegenüber „Mangel an Einsicht, Leichtsinn und Mißtrauen" für solche Verkäufe verantwortlich³⁵². Und die von der Wiener Börsekammer „vorgeschlagene ... Publicirung der wöchentlichen Durchschnittskurse der Obligationen des National-Anlehens in den einzelnen Gemeinden" konnte ihm zufolge „kaum mehr ... fruchten" als die damals ohnehin schon stattfindenden „mündlichen und schriftlichen Belehrungen". Immerhin muß hierbei eventuell eine gewisse Reserve des Innenministers gegenüber Bemühungen aufklärerischer Natur berücksichtigt werden. Wie sich nämlich noch zeigen wird, waren ihm Verkäufe von Zertifikaten durchaus nicht unwillkommen. Berücksichtigt man jedoch zusätzlich noch das für solche Verkäufe wohl vorherrschende materielle Moment, so lag er offenbar einigermaßen richtig. So hatten beispielsweise in Böhmen „ungeachtet" der erteilten „Belehrung ... viele Subscribenten ihre Anlehenszertifikate mit Verlust der Caution, ja mit noch weitern Aufzahlungen veräußert", wie wiederum Mecséry nach Wien meldete³⁵³. Dabei bezeichnete der Statthalter den „moralischen Einfluß der Behörde" zugleich nichts weniger als „wirkungslos". Denn der Zeichner sah sich „durch anderweitige Zahlungsverpflichtungen" zum Verkauf „gedrängt". Für den ungenügenden Erfolg der *Belehrungen* spricht auch der erwähnte, teilweise hohe prozentuale Verkauf von Zertifikaten.

Eine gewisse Rolle, die sich freilich nicht näher gewichten läßt, dürfte dabei nun auch die angedeutete Begünstigung solcher Entäußerungen durch behördliche Stellen gespielt haben. Lebzeltern „schien" es mit Blick auf Ungarn im Frühling 1856 so, „daß selbst von Seiten vieler Behörden solche Verkäufe nicht ungern gesehen werden"³⁵⁴. Zwei Gründe führte er für diesen seinen Eindruck an: Erstens entfiel dadurch „(mit einem Male) ... die Uiber-

---

350 Ofen, 26. Oktober 1854, in: *Wiener Zeitung*, Nr. 259, S. 2947 (s. dazu auch folg.).
351 Linz, 29. August, in: *Wiener Zeitung*, Nr. 209, S. 2338.
352 Wien, Nr. 2022/MI., in: FA, FM, Präs., Nr. 4534/55 (s. dazu auch folg.).
353 An Kempen, Prag, 6. November 1854, Nr. 12067/Pr., in: AVA, Inneres, OPB, Präs. II, Krt. 32, Nr. 7795/54 (s. dazu auch folg.).
354 An Bruck, Hermannstadt, 20. April 1856, Nr. 3427, in: Ebd., Krt. 67, Nr. 2901/56 (s. dazu auch folg.).

wachung der Raten-Einzahlungen" und somit ein „ein lästiges Agendum";
zweitens wurde „bei dem meisten geldarmen Volke ein Hinderniß in der Aufbringung der ordentlichen Steuerschuld beseitigt".

Wenigstens das zuerst genannte Motiv war insbesondere für Vertreter einer Staatsideologie, die in der Pflichterfüllung der Bürokratie eine Grundfeste des neoabsolutistischen Herrschaftssystems erblickten, kaum akzeptabel. Dagegen hielt Bruck eine behördliche Mithilfe schon fast genau ein Jahr zuvor für einen erwiesenen Tatbestand, als er das siebenbürgische, südlich von Temesvar gelegende Bezirksamt Werschetz (Versecz, Vršac) „seiner Stellung als politische Titularbehörde" als wenig angemessen bezeichnete[355]. Und bereits gegen Ende 1854 wußte sein Vorgänger über einen „Fall" zu berichten, wonach sich ein „Steueramtsbeamter wirklich zum Handel ... hergegeben hat"[356]. Dies hatte seine „Dienstes-Entlassung" zur Folge. Konkret bedeutete diese „Strafe" offenbar die Versetzung „an einen anderen Ort".

In Ungarn wurde die Mitwirkung von Beamten im Sommer 1855 nicht nur behauptet[357], sondern auch amtlich festgestellt[358]. Dabei erklärte man die „Vernichtung" des „Ansehens der politischen Behörden ... durch sie selbst" für nichts weniger als gewiß[359]. Ein größerer Vorwurf ließ sich kaum erheben. Freilich muß offenbleiben, ob es deshalb zu einem amtlichen Einschreiten kam. Immerhin wurde angesichts solcher Einschätzungen hinsichtlich des Verhaltens der Beamten ein allgemein normierter, für alle Gegenden des Reiches „gleicher Fürgang" für „wünschenswerth" erklärt[360]. Dies gilt um so mehr, als sogar hinter solchen Verkäufen (in diesem Fall von Gemeinden) die Bewilligung „des hohen Ministeriums" vermutet wurde[361]. Damit war niemand anderer als Bach gemeint.

---

355 Wien, 8. April 1855, Nr. 5675/FM., in: HHStA, IB, BM.-Akten, Krt. 84, Nr. 1423/55, fol. 536.
356 Notiz im Finanzressort, 27. Dezember 1854, in: FA, FM, Präs., Nr. 23130/54, Bog. 1 (s. dazu auch das folg. Zit.). Dabei handelte es sich wohl um einen Fall aus Schlesien (s. dazu einen Entlassungsbescheid der Steuerdirektion Troppau: Troppau, 14. November 1854, Nr. 120/AV., in: Ebd., Nr. 21610/2854; s. dazu auch folg.).
357 So etwa Kommandant des 6. Gendarmerieregiments an Kempen, o. O. (aber wohl Pest) 14. August 1855, Nr. 572/res., in: AVA, Inneres, OPB, Präs. II, Krt. 45, Nr. 6223/54.
358 S. dazu den Akt Nr. 6184/55 in: Ebd.
359 Cihlarz an GI, Preßburg, 11. August 1855, Nr. 33, *reserviert*, in: Ebd.
360 Protmann an GI, o. O. (aber wohl Pest), 14. August 1855, Nr. 572, *reserviert*, in: Ebd., Nr. 6223/55.
361 Protmann an Kempen, Pest, 26. Oktober 1855, Nr. 715, *reserviert*, in: Ebd., Krt. 48, Nr. 8405/55.

3.7.3.5. Die Einstellung Bachs zu den Verkäufen

Wir haben uns bisher vor allem der Perspektive des Finanzministers gewidmet. Wie verhielt es sich diesbezüglich nun mit seinem Kollegen vom Inneren? Auch Bach waren die potentiell problematischen finanzpolitischen Folgen von Verkäufen in großer Zahl zweifellos bewußt. Und so nannte er das erwähnte „Bestreben" der Rumänen in Siebenbürgen nach Entäußerung ihrer Zertifikate nur folgerichtig „sehr ... bedauerlich"[362]. Dennoch vertrat er eine etwas andere Linie als Baumgartner. Dies ist schon daran erkennbar, daß er sich von vornherein gegen die Behinderung des „freien Verkaufs der Anlehenszertifikate" wandte[363]. Die diesbezügliche Wirksamkeit der Behörden wollte er lediglich auf die „Überwachung" sowie die „Hintanhaltung von Umtrieben" beschränkt wissen, „durch welche das Anlehen diskreditirt werden könnte". Woraus erklärt sich diese Differenz in den Anschauungen gegenüber Baumgartner?

Schon mehrmals wurden Reibungen, Konflikte erörtert, die im Zuge der Abwicklung der Nationalanleihe zwischen diesen beiden Ministern auftraten. Es kam eben immer auch darauf an, ob und inwieweit sie in ihrer Interessenlage konform gingen. Dies gilt ebenfalls für die Frage der Zertifikatsverkäufe. In dieser Beziehung waren die Interessen Bachs anders gelagert als jene Baumgartners. Freilich ging es auch hierbei für beide nicht zuletzt um die Sicherung ihrer eigenen Machtstellung (für Bach zudem um den Ausbau derselben). Doch in der Wahl der hierzu geeignetsten Mittel klafften die Ansichten teilweise auseinander.

Für Baumgartner war, wie bereits aufgezeigt, auch in der Zeichnungsphase der finanzpolitische Erfolg der Nationalanleihe das Maß aller Dinge. Dieses Ziel hatten jedoch die erwähnten neuen Militärausgaben stark in Frage gestellt. Um so mehr mußte ihm daran gelegen sein, hier alle möglicherweise noch zusätzlich gefährdend wirkenden Entwicklungen zu unterbinden. Exakt dies traf aber eben nun für Zertifikatsverkäufe zumal größeren Stils zu, insbesondere wegen des damit verbundenen Kursverfalls.

Für Bach stellte sich die Situation anders dar: Für ihn bildete der finanzpolitische Erfolg der Operation nur die eine Seite der Medaille. Zwar verlor er diesen Aspekt auch nach Abschluß der Zeichnungsphase nicht aus den Augen; und daran tat er auch gut, weil er sonst die Chance auf Realisierung seiner machtpolitischen Aspiration aufs Spiel gesetzt hätte. Aber da war eben überdies noch die von ihm mit der Nationalanleihe so vehement propagierte in-

---

362 An Bruck, Wien, 10. Juni 1855, Nr. 6202/MI., in: HHStA, IB, BM.-Akten, Krt. 84, Nr. 1423/55, fol. 530.
363 An Eminger, Wien, 18. Oktober 1854, Nr. 11929/MI., in: AVA, Inneres, Präs., Krt. 666, Nr. 11929/54 (s. dazu auch folg.).

nenpolitische Zielsetzung. Ihre Realisierung war infolge der schon während der Subskriptionsphase angewandten Methoden ebenfalls in weite Ferne gerückt. Das kann ihm nicht entgangen sein. Er hatte jedoch zudem genügend Grund zu der Annahme, daß dies auch Franz Joseph auf Dauer erkennen würde. Also dürfte er sich unsicher gewesen sein, ob ihm der Ausbau seiner Machtposition wirklich schon nachhaltig gelungen war oder noch gelingen würde. Und insofern mußte es ihm um persönliche Schadensbegrenzung zu tun sein. Er strebte also in seinem eigenen Interesse danach, dem Unternehmen Nationalanleihe in der Einzahlungsphase und also auch bei den Zertifikatsverkäufen das Odium des Zwanghaften wenigstens überall dort zu nehmen, wo ihm die Anwendung von direktem oder indirektem Zwang nicht unbedingt erforderlich erschien. Nur so war auch eine zusätzliche „Diskreditirung" der „Regierungsmaßregeln" zu verhindern[364].

Hier mag sich Widerspruch erheben: Schließlich wurde ja weiter oben Bach eine tendenziell eher harte Linie zugesprochen, was die Einhaltung der Ratenzahlungen durch die Subskribenten anbetrifft. Hier nahm er also bewußt in Kauf, daß die Vorgangsweise der Behörden von der Bevölkerung als drückend, ja sogar als rechtswidrig empfunden wurde. Denn er wußte, daß das Erreichen der innenpolitischen Zielsetzung eng mit der Realisierung der finanzpolitischen Vorgaben zusammenhing. Insofern scheint seine bezüglich der Zertifikatsverkäufe eingenommene Haltung damit wenig konform zu gehen. Doch wußte er noch etwas anderes: Auch auf diese Weise würde viel Geld in die Staatskasse gelangen. Darauf kam es ihm offensichtlich vor allem an. Trotzdem scheint seine Haltung objektiven Rationalitätskriterien nicht ganz zu genügen. Denn die Deckung des Staatsdefizits bildete ja nur die eine Seite der mit der Anleihe verfolgten finanzpolitischen Zielsetzung. Zugleich stand die Sanierung der Staatsvaluta ganz oben auf der Tagesordnung. In dieser Hinsicht aber bewirkten die Verkäufe aufgrund der sich dadurch ergebenden Kursschwankungen potentiell negative Auswirkungen. Sie konnten ebenfalls Konsequenzen für die von Bach beschworene *Schaffung des österreichischen Menschen* zeitigen. Die neoabsolutistischen Herrschaftsträger hätten dann nämlich eben die finanziellen Schwierigkeiten nicht, wie versprochen, gemeistert. Insofern hätte der Minister konsequenterweise solchen Verkäufen nach Möglichkeit einen Riegel vorschieben müssen. Doch mochten ihm diese finanziell negativen Folgen als kleineres Übel erschienen sein. Schwerer wo-

---

364 So diesbzgl. der Leiter der Statthalterei in Kaschau an Kempen (Kaschau, 10. Juni 1855, Nr. 3741/Pr., in: Ebd., OPB, Präs. II, Krt. 55, Nr. H4/55): Dieses Argument wurde ausgerechnet von einem hohen Beamten vorgebracht, der zugleich die Eintreibung der Raten mit der Brechung des „passiven Widerstandes" rechtfertigte, obwohl er den *Widerstand* gegen die Einzahlung durchaus begreiflich fand; hierin spiegelt sich ein weit. Mal die bereits w. o. angesprochene Opfer- und Täterrolle in ein und derselben Person.

gen für ihn wohl die mit dem Bestreben nach Untersagung von Entäußerungen verknüpften problematischen innenpolitischen Folgen. Jedenfalls zeigt sich wieder einmal, daß es auch in dieser Hinsicht keinen idealen Weg gab und angesichts all der bislang geschilderten Umstände auch nicht einmal annähernd geben konnte.

Die strenge strafrechtliche oder sonstige Verfolgung der Zertifikatsverkäufe hätte überdies einen Eckpfeiler bürgerlichen Denkens in Frage gestellt, an dem auch während des Neoabsolutismus nicht gerüttelt wurde. Gemeint ist die Sicherheit und der Schutz des persönlichen Eigentums. Innerhalb der bestehenden gesetzlichen Grenzen durfte jeder frei über sein Hab und Gut verfügen. Dieser Punkt dürfte generell im Kalkül eines Großteils der Führungsschicht eine wesentliche Rolle gespielt haben. Für Bach gilt dies jedenfalls: Einerseits gehörte er selbst dem besitzenden Bürgertum an. Andererseits mußte ihm als Innenminister aus innenpolitischen Erwägungen an der Bewahrung dieses Prinzips sogar besonders viel gelegen sein. Hätte man nämlich – beispielsweise durch eine Untersagung von Zertifikatsverkäufen – daran ernsthaft gerüttelt, so wäre der ohnehin bestenfalls teilweise bestehende Konsens insbesondere des Besitzbürgertums mit dem neoabsolutistischen Herrschaftssystem noch zusätzlich in Frage gestellt worden. Prinz hält es in diesem Kontext sogar für „irreführend", von einer „‚Omnipotenz' des neoabsolutistischen Regimes zu sprechen"[365]. Ihm zufolge war dieses „vielmehr ... im Grunde nichts anderes als der entschiedene Verteidiger eines liberal-bürgerlichen Eigentumsprinzipes ohne jegliche Sozialbindung der Kapitaleigner".

Dabei findet sich sogar die These, der Neoabsolutismus sei aufgrund seiner strikten Orientierung an diesem Prinzip in die Krise geraten. So „konnte" man laut Stölzl in den fünfziger Jahren deshalb „aus Österreich keinen ‚Nationalstaat' machen", weil „der sozialpolitisch passive Staat ... die Gesellschaft den Eigengesetzlichkeiten der Wirtschaft (überließ)"[366]. Dies führt er aber primär auf die „stete Verteidigung des engen liberal-bürgerlichen Eigentumsprinzips" zurück[367]. Es soll einen „Haupthemmschuh einer aktiven staatlichen Sozialpolitik" gebildet haben, eine in der Tat bedenkenswerte These. Dieser gesamte Bereich würde eine eigene Untersuchung verdienen, die hier nicht geleistet werden kann.

Angeführt seien allerdings Äußerungen aus einer kurzen Denkschrift vom 17. März 1859 mit dem angesichts der damaligen inneren und äußeren Situation durchaus programmatisch zu verstehenden Titel *Uiber den Standpunkt,*

---

365 Auf dem Weg in die Moderne, S. 332 (s. dazu auch das folg. Zit.).
366 Ära Bach, S. 313; vgl. S. 311–312.
367 Ebd., S. 311 (s. dazu auch das folg. Zit.).

*den die politische Lage bis Heute erreicht hat*³⁶⁸. Ihr unbekannter Autor forderte darin unter anderem einen „stets" vorhandenen „Schutz" der „Staatsbürger" für ihre „Person" sowie ihr „Vermögen"³⁶⁹. Dies könnten sie erwarten. Wie die weiteren Ausführungen erweisen, ließ sich nach Ansicht des Verfassers so, aber auch nur so die „Bewahrung des guten Geistes durch alle Klassen der Gesellschaft" realisieren. Dann konnten auch „alle unläugbar Heutzutage vorkommenden Anfechtungen" überstanden werden. Diesen Worten ist um so mehr Bedeutung beizulegen, als sie in einer außenpolitisch zugespitzten Situation formuliert wurden. Denn knapp vor Frühlingsanfang 1859 rechnete man in Wien mit der Möglichkeit eines unmittelbar bevorstehenden Kriegs. Nicht umsonst nahm der Verfasser diese Situation zum Ausgangspunkt seiner Darlegungen, wenn er einleitend die „unverschämte Sprache" der „officiellen" französischen Zeitung *Le Moniteur* brandmarkte. Sie „gab" ihm zufolge „hinlänglich den Maßstab … zu den Tendenzen des Herrschers der Franzosen"³⁷⁰. Freilich erblickte er in einem Waffengang „namentlich für Oesterreich" ein großes Risiko, aber er konnte eben unvermeidlich sein. Gerade deshalb war es notwendig, sich der Solidarität der Staatsbürger zu versichern, zumal auch nunmehr wieder ihre finanzielle Unterstützung gefragt sein mochte. Dem *Schutz* ihres Eigentums kam hierbei eine wesentliche Bedeutung zu.

3.7.3.6. Konflikte zwischen den beiden Ministern

Diese Einschätzung hätte mit Sicherheit auch Baumgartner und sein Kollege vom Inneren geteilt. Ihre angesprochene unterschiedliche Interessenlage hinsichtlich der Verkäufe der Zertifikate (und Obligationen) kommt dagegen deutlich in einer Meinungsverschiedenheit zum Ausdruck, die sich zwischen ihnen im Herbst 1854 entspann. Sie betraf die Frage der fortdauernden Haftung der Subskribenten im Falle des Verkaufs von Zertifikaten. Erstmals kam darauf wohl Bach am 29. Oktober 1854 im Zusammenhang mit der ihm mitgeteilten „Wahrnehmung" zu sprechen, „mehrere Handelsleute in Mähren" würden „die Uibernahme von Anlehenszertifikaten von Privaten und Gemeinden zu einem besonderen Geschäfte machen"³⁷¹. Diesbezüglich wurden „gerichtliche Erhebungen" eingeleitet. Es sollte überprüft werden, inwiefern rechtlich zu ahndende *Umtriebe* im Spiele waren. Bach zufolge legte das Justizressort „den Schwerpunkt dieser Angelegenheit" auf „die Frage, ob mit

---

368 Unt. unl., o. O. (aber wohl Wien), in: HHStA, KK, GD, 1859–60, f. *1859*, fol. 149–151.
369 Ebd., fol. 151 (s. dazu auch folg.).
370 Ebd., fol. 149 (s. dazu auch folg.).
371 An Baumgartner, Wien, Nr. 12281/MI., in: FA, FM, Präs., Nr. 20086/54 (s. dazu auch folg.).

dem Verfalle der Kaution auch die Haftungspflicht des Subskribenten erlischt". K. Krauß erachtete darüber eine definitive „Lösung" sowie eine verneinende „Kundmachung ... im Reichs-Gesetzblatte für nothwendig"[372]. Bach dagegen erklärte, sich „dieser Auffassung nicht anschließen" zu können.

Dabei verwies er auf eine „frühere ... gemeinschaftliche Berathung der Abgeordneten der Ministerien der Finanzen und des Innern". Sie hatte offensichtlich während der Vorbereitung der Operation stattgefunden. Damals wurde eine „besondere Kundmachung" dieses Tenors für „bedenklich befunden", und zwar „in Uibereinstimmung mit Eurer Excellenz", wie er Baumgartner schrieb. Zugleich behauptete er ein nunmehriges Abgehen von dieser Linie für weder „nothwendig" noch „räthlich". Warum er dies tat, liegt auf der Hand, und sprach er vage von „sich auf den ungestörten Fortgang der Einzahlungen beziehenden Gründen", so artikulierte er sein Motiv auch indirekt. Es war also nur konsequent, wenn er dem „freien Verkehre in den Anlehens-Effekten" nur in einem Fall eine „Schranke gesetzt" wissen wollte: Es mußten „ausreichende" Indizien entweder für „eine betrügerische Spekulation" oder aber für eine auf die „Diskreditierung des Anlehens gerichtete Absicht vorliegen".

Im Finanzressort sah man die Dinge grundsätzlich anders. Zwar scheint Bachs Schreiben nicht erwidert worden zu sein; laut einer internen Aktennotiz aber gab es „keinen Zweifel", daß „ungeachtet" des „Verfalls der Anlehenskaution" die „persönliche Haftung ... nicht erlösche"[373]. Danach hatte man ursprünglich auch „geglaubt", diesen „Grundsatz ... ganz offen und deutlich aussprechen zu sollen", vor allem aufgrund ehemaliger Gepflogenheiten: „Bei den <u>früheren</u> Anlehen" galt nämlich als „(Grundsatz) stets das <u>Gegentheil</u>", das „große Publikum" war also „gerade das Umgekehrte gewohnt"[374]. Da Bach hiermit jedoch „<u>nicht einverstanden</u>" war, „willigte" Baumgartner „in die Weglassung" ein[375].

Allzu glücklich war man im Finanzministerium darüber also offenbar nicht. Alles andere würde auch verwundern. Schließlich stand für Baumgartner ganz einfach zuviel auf dem Spiel: Eine entsprechende Kundmachung sollte nach seinen Vorstellungen den von Bach als so wichtig betonten *freien Verkehr* zwar nicht zur Gänze verhindern; er sollte dadurch aber doch in geregeltere Bahnen gelenkt werden, um die valutamäßig schädliche Überflutung der Geldmärkte mit Anleihezertifikaten wenigstens nennenswert einzudämmen. Denn die ursprünglichen Zeichner würden sich nunmehr den

---

[372] Seine ablehnende Haltung ergibt sich aus dem Kontext von Bachs Schreiben (ebd.).
[373] Notiz, 9. November 1854, in: Ebd., Bog. 2. Prinzipiell könnte dies Bach ähnlich gesehen haben. Aber hier waren für ihn andere Überlegungen vorrangig.
[374] Ebd., Bog. 2–3.
[375] Ebd., Bog. 3.

Verkauf ihrer Anteilsscheine an auftauchende *Agenten* genauer überlegen. Es konnte sich bei ihnen ja möglicherweise um unseriöse Geschäftemacher handeln, welche die erworbenen Zertifikate ihrerseits gar nicht einzahlen würden, sei es aus spekulativen Gründen, sei es aus Mangel an entsprechenden liquiden Mitteln. Dann aber würden eines Tages die Staatsbehörden an die Tür der Erstzeichner anklopfen, um sie für das entgangene Geld haftbar zu machen. Die ursprünglichen Subskribenten hätten sich in diesem Fall zwar noch an die Aufkäufer wenden können. Da aber, wie weiter oben ausgeführt, bei Zertifikatsverkäufen partiell Zwischenhändler im Spiel waren, wäre es zuweilen sehr schwer geworden, diese „wieder ausfindig zu machen"[376]. Dadurch geriet der Verkauf von Zertifikaten allerdings zu einer „sehr gefährlichen Spekulation" für die „Landbevölkerung": Die Staatsverwaltung würde sich nämlich dann eben an die Zeichner wenden und Ersatz verlangen. Diesem Ansinnen hätten sie sich dann nicht mehr zu entziehen vermocht. So aber mußte Baumgartner befürchten, daß die Käufer der Zertifikate ihrerseits nicht oder nur teilweise zahlungsfähig sein würden, mit entsprechend negativen Konsequenzen für den Gesamterfolg des Unternehmens. Davon abgesehen stellte sich überdies das Problem etwaiger Kursschwankungen.

Warum bestand der Finanzminister damals also nicht auf einer solchen Kundmachung? Zwei Erwägungen mögen dafür zunächst verantwortlich gewesen sein: Zum einen war er auf Bachs Mitarbeit bei der Durchführung der Nationalanleihe angewiesen. Zum anderen mochte er damals noch hoffen, daß die Zertifikatsverkäufe keine übergroßen Ausmaße annehmen würden. Außerdem stellte sich eben die Frage nach der Legalität der Haftungspflicht. Exakt diese Problematik mag ihn noch Anfang November dazu bewogen haben, „wenigstens jetzt noch" von der vom Justizminister „beantragten Publikation" abzusehen[377].

Gegen Monatsende hatte sich seine Position aber offenbar geändert: Am 30. November gab er nämlich einen Erlaß an die Finanzlandesbehörden heraus, in dem die „fortgesetzte Haftung des ersten Subskribenten" festgeschrieben wurde[378]. Dabei ging er ohne vorherige Rücksprache mit Bach vor, was dieser ihm nach Kenntnisnahme des Erlasses vorhielt. Doch Baumgartner hatte sich seinen Alleingang sicher gut überlegt. Nach den zuvor gemachten Erfahrungen war klar, daß sein Kollege Einwände gegen eine solche Verfügung erhoben hätte. Nunmehr aber vermochte Bach nur noch nachträglich darüber zu klagen, ihm sei nicht die „Gelegenheit" geboten worden, seine dagegen ob-

---

376 So in einem weit. Schreiben Baumgartners an Bach, Wien, 27. Dezember 1854, Nr. 23130/FM., in: Ebd., Nr. 23130, Bog. 3–4 (s. dazu auch folg.).

377 Notiz, 9. November 1854, in: Ebd., Nr. 20086/54; vgl. Baumgartner an K. Krauß, Wien, 9. November 1854, in: Ebd., Bog. 3–4.

378 So Bach an Baumgartner, Wien, 26. Dezember 1854, Nr. 14578/MI., in: Ebd., Nr. 23499/54 (s. dazu auch folg.).

waltenden „Bedenken" vorzubringen[379]. Dies tat er auch in deutlicher Form am 26. Dezember 1854: Er könne sich mit „den bereits an die Finanzlandesbehörden erflossenen und jetzt öffentlich zu verlautbarenden Bestimmungen ... nicht einverstanden erklären". Dabei machte er „wichtigste Bedenken" geltend. Unter anderem aus zwei „Gründen" bezeichnete er die „fortgesetzte Haftung" als „nicht räthlich": Erstens würde „hiedurch der freie Verkehr in den Anlehenseffekten gehemmt", und zweitens malte er das Szenario einer „zwecklos verfielfältigten Exekutionsführung" an die Wand.

Beide Entwicklungen konnten ihm nicht genehm sein. Denn sie würden sich wahrscheinlich negativ auf die öffentliche Stimmung auswirken. Wie sehr Bach das einseitige Vorgehen seines Kollegen ablehnte, erweist die Alternative, vor die er ihn stellte: Entweder Baumgartner sollte für eine von ihm nicht näher präzisierte „Modifizierung" der Weisung sorgen oder sich aber „bei der Festhaltung des ausgesprochenen Grundsatzes" in künftig „vorkommenden Fällen" dazu verstehen, „die Verfügung als eine bloß vom Finanzministerium ausgehende" zu „bezeichnen". Er, der Innenminister, wollte mit den etwaigen Folgen des Erlasses also nichts zu tun haben. Anders ausgedrückt: Nur Baumgartner sollte dafür gegebenenfalls vom Kaiser zur Rechenschaft gezogen werden können.

Stand deshalb aber ernsthaft zu erwarten, daß sich Baumgartner zu den gewünschten *Modifizierungen* verstehen würde? Dies läßt sich wohl nicht endgültig entscheiden. Auf der einen Seite mußte ihm die Vorstellung unlieb sein, sich möglicherweise vor dem Monarchen für seine Maßnahme beziehungsweise für die aus ihr potentiell erwachsenden Folgen verantworten zu müssen. Auf der anderen Seite hätte er mit einem Nachgeben seine ohnehin schon recht angeschlagene Autorität noch zusätzlich ramponiert: Mit Sicherheit gegenüber Bach, wohl aber auch gegenüber den seiner Leitung anvertrauten Finanzbehörden. War ihm zuzumuten, an seiner Selbstdemontage gewissermaßen freiwillig mitzuarbeiten? Konnte man von ihm verlangen, an dem ohnehin schon dünnen Ast, auf dem er saß, die Säge selbst anzusetzen?

Hinzu kommt ein damals offenbar schon recht tiefes Zerwürfnis zwischen den beiden Hauptverantwortlichen für das Unternehmen Nationalanleihe. Davon zeugt nicht zuletzt das einseitige Vorgehen Baumgartners, aber auch die Reaktion Bachs in der hier zur Debatte stehenden Frage. Erinnert sei auch an die weiter oben beschriebenen Zwistigkeiten[380]. Zwar finden sich in den Akten aus dieser Zeit auch zahlreiche versöhnlich gehaltene Schriftwechsel in den verschiedensten Angelegenheiten. Sie können aber nicht darüber hinwegtäuschen, daß die beiden Männer kaum mehr in der Lage waren, bei unterschiedlichen Standpunkten eine auf Konsens abzielende Politik zu

---

379 Ebd. (s. dazu auch folg.).
380 S. dazu w. o., Abschnitt 1.4.8.

betreiben, zu Kompromissen zu finden. Denn diese Schriftwechsel enthalten lediglich damals allgemein übliche Floskeln. Über das persönliche Verhältnis zwischen den zwei Ministern ist damit noch nichts ausgesagt. Baumgartner mochte angesichts dieser Atmosphäre zu keinem Entgegenkommen gewillt sein, zumal ja auch sein *Kollege* nicht gerade freundlich reagiert hatte. Nicht zuletzt ist einmal mehr auf die finanzpolitische Zielsetzung der Anleihe zu verweisen: Von Franz Joseph dahingehend zur Rede gestellt zu werden, daß eine seiner Maßnahmen für öffentliche Verstimmung gesorgt hatte, mochte ihm da weniger problematisch erschienen sein, als die Schuld dafür aufgebürdet zu bekommen, daß das ohnehin schon stark gefährdete finanzpolitische Ziel vollends zu einem Fiasko ausarten würde.

Wie seine Überlegungen im einzelnen auch ausgesehen haben mögen: Bach hatte seinen Kollegen durch seine vielleicht voraussehbare Reaktion in eine nicht leicht zu meisternde Situation manövriert. Er hatte seinen Standpunkt nämlich formal unmißverständlich klargemacht. Damit lag sozusagen der Schwarze Peter nun bei Baumgartner.

Der Finanzminister blieb eine Replik nicht schuldig[381]. Allerdings verging bis dahin geraume Zeit. Sein Antwortschreiben trägt erst das Datum des 8. Februar 1855. Schon deshalb könnte Bach vor Beginn seiner Lektüre von einer kritischen Erwiderung ausgegangen sein. Denn häufig ließen sich hohe Staatsfunktionäre mit ihren Stellungnahmen gerade dann lange Zeit, wenn sie mit der Position ihrer Kollegen nicht einverstanden waren, es sei denn, es handelte sich um äußerst dringende Angelegenheiten[382].

Tatsächlich sparte der Finanzminister nicht mit Kritik: Dabei leugnete er die von Bach skizzierte „Hemmung" der Verkäufe als Folge des Erlasses vom 30. November keineswegs, erklärte sie jedoch „im wohlverstandenen Interesse der Subscribenten" als „wahrhaft wünschenswert". Überdies proklamierte er ihre „schon dringend gewordene Nothwendigkeit aus finanziellen, wie aus politischen Rücksichten".

Faktisch kam es ihm aber weder besonders auf dieses *Eigeninteresse* der Zeichner noch auf die von ihm als „sehr wichtig" bezeichneten „politischen Rücksichten" an[383]. Ihm war es eben vor allem um den finanzpolitischen Aspekt der Angelegenheit zu tun. Dieser stand denn auch im Zentrum seiner Zuschrift an Bach. Dabei erklärte es Baumgartner zunächst für „höchst erwünscht", daß „durch jene Hemmung des Verkehrs der Börsenmarkt nicht mit jenen Effecten überfluthet und der Werth derselben nicht noch mehr (!) herabgedrückt werde". Also hatte diese Entwicklung schon damals eingesetzt.

---

381 An Bach, Wien, 8. Februar 1855, Nr. 23499/FM., in: Ebd., Bog. 3 (s. dazu auch folg.).
382 Dies kann hier nicht näher dargelegt werden.
383 Immerhin ließ er sich darüber näher aus, ging aber auf das *Eigeninteresse* der Erstsubskribenten gar nicht ein.

Daneben wies er auf die Gefahr hin, „einen zahlungsfähigen Schuldner gegen einen zahlungsunfähigen vertauscht zu haben". Schließlich nannte er noch einen weiteren Grund, weshalb „ich" das „Prinzip der fortdauernden Haftung des ursprünglichen Subscribenten gar nicht aufgeben <u>könnte</u>"[384]: „Im Interesse des Aerars" müsse „auf die sichere Einzahlung der subscribirten Beträge" gerechnet werden. Damit ließ er die Katze endgültig aus dem Sack. Zugleich gestand er aber seine Zwangslage, seinen fehlenden Handlungsspielraum ein. Seine abschließenden Worte entsprachen dem voll und ganz. Sollte Bach seiner „Ansicht nicht beizustimmen finden", würde er, Baumgartner, „es wohl bedauern". Er käme aber dennoch „nicht umhin", weiter so vorzugehen wie bisher. Im Klartext gesprochen, bedeutete dies: Er würde „auf die fortdauernde Haftung" auch künftig „ausdrücklich aufmerksam machen"[385]. Deutliche Worte! Sie dürften bei Bach entsprechend angekommen sein.

3.8. Abschließende Bemerkungen

Eine weitere Reaktion des Innenministers auf die Zuschrift Baumgartners ließ sich nicht auffinden. Dies mag dem Aktenschwund zuzuschreiben sein. Er muß sich dann aber gerade bei dieser Frage besonders drastisch ausgewirkt haben. Denn zum einen ist der Bestand der Präsidialakten des Finanzministeriums gerade für die damalige Zeit sehr dicht. Zum anderen sucht man vergebens nach Hinweisen dafür, daß Baumgartner respektive sein Nachfolger Bruck die ausgesprochene Drohung wahr gemacht hätten. Insofern erscheint die Annahme plausibler, daß man die Sache ganz einfach auf sich beruhen ließ. Dies wiederum dürfte mit dem bald vollzogenen Wechsel in der Leitung des Finanzressorts zusammenhängen. Denn Bruck stand dem Unternehmen Nationalanleihe ohnehin skeptisch gegenüber, wie wir noch sehen werden. Er war wohl eher froh, die mit den Ratenzahlungen im weitesten Sinne verbundenen Probleme so rasch wie möglich ad acta legen zu können.

Das wäre vielleicht auch die beste Lösung gewesen. Wie die Ausführungen dieses Kapitels erwiesen haben, standen beispielsweise die Einzahlungen auf die Nationalanleihe von Anfang an nur bedingt unter einem guten Stern. Gar mancher Gulden mußte im Finanzressort aufgrund der Zahlungsunfähigkeit von Subscribenten unwiderruflich abgeschrieben werden. Hinzu kamen die offiziell gewährten Befreiungen von Ratenzahlungen, wobei keineswegs nur die Beamten zu nennen sind. Welcher Gesamtbetrag hier im Laufe der Zeit zusammenkam, war nicht zu eruieren. Entsprechend systematische Unterlagen, etwa in Form von Listen, fehlen beziehungsweise liegen nur vereinzelt

---

384 Ebd., Bog. 3–4 (s. dazu auch folg.).
385 Ebd., Bog. 4.

vor. Also müßte man die einzelnen Vorgänge zur Hand nehmen, auf diese Weise die einzelnen Befreiungsbeträge feststellen und addieren. Dies wäre jedoch ein äußerst mühsames und überaus langwieriges Verfahren. Zudem könnte es wenigstens auf Basis der in Wien liegenden Akten kein endgültiges Ergebnis zeitigen, da eben doch ein gewisser Aktenschwund vorliegt. Nicht anders dürfte es sich in den Regionalarchiven verhalten. Jedenfalls haben wir es aber mit einem nicht ganz unerheblichen Betrag zu tun. Einen Anhaltspunkt liefert uns eine Aussage Brucks. Danach flossen insgesamt 475 Millionen Gulden in die Staatskassen[386]. Allerdings ist die Differenz zur Gesamtsumme von weit über 500 Millionen Gulden nicht allein auf Befreiungen zurückzuführen. So wurden ja die von *Händlern meist auf Rechnung auswärtiger Häuser* aufgekauften Zertifikate gar nicht alle bei den *Anlehenskassen* eingezahlt.

In Hinsicht auf das Ziel der Verminderung des staatlichen Defizits machte dies nicht viel mehr als den berühmten Tropfen auf den heißen Stein aus. Eindeutig negativ wirkten sich hier dagegen die zusätzlich notwendig gewordenen Militärausgaben aus. Bedenklich waren auch die Folgen der teilweise *massenhaft* vorkommenden Zertifikatsverkäufe. Dies betrifft vor allem die zweite große finanzpolitische Zielsetzung, die mit der Nationalanleihe verknüpft war: die Sanierung der Währung.

---

386 Vgl. bei Brandt, Neoabsolutismus, S. 705, Anm. 38.

KAPITEL 4

Die Auswirkungen der Nationalanleihe auf die Entwicklung des Neoabsolutismus bis 1859

Wir sind damit am Ende unserer Betrachtungen zur Planung und zum Verlauf der Nationalanleihe angelangt. Nunmehr wollen wir uns in einem vierten und zugleich abschließenden Kapitel noch den Auswirkungen dieser Operation zuwenden. Dies soll zunächst in einem etwas kleineren Abschnitt geschehen, wobei ich mich vorwiegend an den mit ihr proklamierten Zielsetzungen orientiere. Im Anschluß daran untersuche ich die Folgen der Nationalanleihe für die drei Hauptprotagonisten des Unternehmens: Finanzminister Baumgartner, Innenminister Bach sowie Kaiser Franz Joseph. In einem letzten Schritt steht schließlich die Frage nach der Stabilität des Neoabsolutismus beziehungsweise des neoabsolutistischen Herrschaftssystems im Zentrum des Interesses.

4.1. Die Auswirkungen der Nationalanleihe auf die mit dieser Operation proklamierten Zielsetzungen

Setzen wir an den mit der Ausrufung der Nationalanleihe proklamierten Zielsetzungen an. Wie in der Einleitung dargelegt, sollte dieses Unternehmen gleichsam per allerhöchstem Dekret in verschiedenster Hinsicht die teilweise schwerwiegenden Probleme der Habsburgermonarchie lösen oder wenigstens stark verringern. So lautete nicht nur der offizielle, sowohl intern wie öffentlich verkündete Anspruch. So wurde es auch dem *Publikum* versprochen. Man kann es sogar noch deutlicher formulieren: Die mit der Nationalanleihe verbundenen Zielsetzungen wurden sogar schon öffentlich für erreicht erklärt, und zwar bereits vor Abschluß der Subskriptionsphase. Denn bereits am 24. August 1854 stand in der *Wiener Zeitung* zu lesen: „Österreichs Völker (könnten jetzt) unter der Aegyde ihres Monarchen allen, wie immer gearteten Wechselfällen der Zukunft ruhig entgegensehen."[1]

Mit dieser Prognose hatten sich die Verantwortlichen sehr weit, gefährlich weit aus dem Fenster gewagt. Freilich ließ sich für sie zu diesem Zeitpunkt

---

1 *Österreichische Korrespondenz*, wiedergegeben in: *Wiener Zeitung*, Nr. 202, S. 2268.

bereits absehen, daß die halbe Milliarde Gulden subskribiert würde. Aber damit war ja lediglich die erste Etappe in Richtung auf die anvisierte, weit entfernt und bestenfalls in sehr vagen Umrissen zu erahnende und hochliegende Zielankunft erreicht. Bis dahin war noch ein steiler Weg zurückzulegen.

Unter Berücksichtigung eines anderen Moments erscheint die soeben zitierte, von Bach und Baumgartner zu verantwortende Äußerung sogar geradezu unverständlich. Denn nur einen Tag vor Publikation des Artikels hatte der Finanzminister den Monarchen in einem Vortrag hinsichtlich des Staatshaushalts für das kommende Jahr indirekt ausdrücklich vor einer Erhöhung der Militärausgaben gewarnt, indem er erklärte, sich nach den momentanen „Erfahrungen" und bei „Fortdauer" der dermaligen gespannten außenpolitischen Situation nicht zu „getrauen, … einen geringeren Erfolg des Militär-Aufwandes … in Voraussicht zu nehmen"[2]. Dabei verwies er auf die „Extraordinarien für das Serbische Armeekorps … und die übrigen Korps in Siebenbürgen und Galizien". Kübeck erstellte in dieser Hinsicht nach Lektüre des Vortrags seines Sorgenkinds eine ebenso nüchterne wie für sich sprechende Bilanz: Danach „wies" Baumgartner dem Kaiser „einen Abgang für das Jahr 1855 mit 159,342.423 fl. nach"[3]. Nun ließen sich „aus der so betitelten Nazionalanleihe" aber für dieses Jahr nach dessen „eigenen Berechnungen nur 109,652,500 fl. im günstigsten Falle beziehen". Also war die Kalkulation recht einfach: „Es bleiben daher 49,689.923 fl. unbedeckt."

Wußte im Finanzministerium die rechte Hand nicht, was die linke tat? Ließ die eine Abteilung jubelnd klingende Presseaufsätze verfassen, während anderswo, auch im Dienstzimmer des Ressortchefs, höchst beunruhigende Kalkulationen aufgestellt wurden, die eine solche triumphale Tonart durch nichts rechtfertigten? Dies erscheint fraglich. Bezweifelt werden darf auch eine These Beers, der zufolge sich Baumgartner, aber auch Bach noch Anfang September 1854 dem „Wahn hingegeben" hatten, als könnte durch die Nationalanleihe die Valuta wiederhergestellt werden[4].

Selbst wenn es sich aber so verhalten haben sollte, muß diese irreale Vorstellung binnen nur weniger Tage ernster Besorgnis gewichen sein. Denn in einem Schreiben an Grünne vom 12. September des Jahres erklärte Baumgartner ungeschminkt „auch die reichlich erwarteten Mittel des Anlehens … im vorhinein" für „geschwächt und bald erschöpft", sollte der „Militäraufwand … in seiner dermaligen Höhe fortdauern"[5]. Schon jetzt müsse zu seiner Be-

---

2   Vortrag v. 23. August 1854, Wien, abg. in: ÖAGK, 2, Nr. 169, S. 380 (s. dazu auch das folg. Zit.).
3   Tagebucheintrag v. 2. September 1854, in: Aus dem Nachlaß Kübecks, S. 152 (s. dazu auch folg.).
4   Die Finanzen Österreichs im XIX. Jahrhundert, S. 255.
5   Wien, in: ÖAGK, 2, Nr. 186, S. 411 (s. dazu auch folg.); vgl. die Verteidigung Grünnes: Vortrag v. 25. September 1854, Schönbrunn, in: Ebd., Nr. 204, S. 451–458.

streitung „beinahe ein Zehntel des ganzen Anlehens anticipirt" werden. Dabei sei die erste Ratenzahlung noch „nicht fällig".

Es trifft deshalb zumindest tendenziell den Kern der Sache, wenn 1895 im *Oesterreichischen Staatswörterbuch* das „Zunichtemachen" des „Plans" der Beseitigung des Defizits durch „neue Inanspruchnahmen des B.(ank)-Credites seitens des Staates infolge der orientalischen Ereignisse" festgestellt wurde[6]. Wie gesagt handelte es sich hierbei aber um eine durchaus vorhersehbare Entwicklung. Deswegen hätte die Realisierung des *Plans* bei einer außenpolitisch ruhigeren Entwicklung noch lange nicht gelingen müssen. Am Ende unserer bisherigen Betrachtungen ist jedoch letztlich ebenso schwer zu verstehen wie zu Anfang derselben, warum Baumgartner und Bach dieses Moment nicht gebührend berücksichtigt haben.

Dabei war die Nationalanleihe in gewissem Sinne durchaus „kein Traum" und auch „kein Hirngespinst"[7]. Denn die 500 Millionen wurden ja nicht nur gezeichnet, sondern sogar noch übertroffen. Wie wir bereits zu Anfang des ersten Kapitels feststellen konnten, hatten dies wohl viele Zeitgenossen nicht für möglich gehalten. Kritisierte Feldzeugmeister Heß diese Einstellung im September 1854, so ist zu bedenken, daß zu den Skeptikern beileibe nicht nur „mittelmäßige Köpfe" zählten, wie er sich auszudrücken beliebte. Aber dies war beinahe schon der einzige Aspekt, bei dem im Zusammenhang mit diesem Unternehmen Anspruch und Wirklichkeit miteinander übereinstimmten und wenigstens „äußerlich" ein „glänzender ... Erfolg" zu verzeichnen war[8]. Daran vermag auch die prinzipiell berechtigte „Vermutung" Brandts nichts Wesentliches zu ändern, daß zwischen ungefähr 1853 und 1858 die „außerordentlichen Verhältnisse" – mit bedingt durch die Nationalanleihe – die „Geldakkumulation begünstigten" und „wichtige Voraussetzungen für die industriekapitalistische Gründerwelle der nachfolgenden Bruckära geschaffen wurden"[9].

Denn von dieser Entwicklung profitierte eben nicht die übergroße Mehrzahl der Zeichner. Die Masse der Subskribenten, der man eine segensreiche Auswirkung ihres Engagements bei der Nationalanleihe versprochen hatte, zog keinen Nutzen aus ihren Zeichnungen. Oftmals war vielmehr das genaue Gegenteil der Fall. Als aus offizieller Sicht „positiv" kann höchstens noch fol-

---

6   Albin Bráf, Bank, österr.-ung., in: Oesterreichisches Staatswörterbuch, 1, S. 100; vgl. fast identisch Karl v. Ernst, Geld: Geschichte des Münzwesens bis zum Jahre 1857, in: Ebd., S. 664–665.
7   So Heß in seinem bereits erw. Memorandum *Höhere Staats- und Finanz-Vorschläge* v. September 1854, in: ÖAGK, 2, Nr. 198, S. 441 (s. dazu auch folg.).
8   Rogge, Oesterreich, 1, S. 346.
9   Neoabsolutismus, 2, S. 700; vgl. dazu ebd., 1, S. 358–359. Diese *Akkumulation* war eben auch Folge der aus den systematischen Aufkäufen von Zertifikaten und Obligationen entstandenen Spekulationsgewinne.

gendes vermerkt werden: Entgegen teilweise geäußerten Vermutungen, waren in der Monarchie „Finanzierungsmittel in ansehnlicher Größenordnung offensichtlich" doch „aufzubringen"[10]. Aber auch dieser Sachverhalt wies eine bedenkliche Kehrseite auf: Hatte man das Volksvermögen durch die Nationalanleihe nicht so sehr ausgebeutet, daß sich ein solches Unternehmen selbst in etwas kleineren Dimensionen in absehbarer Zukunft nicht noch einmal wiederholen ließ? Was sollte die Staatsführung tun, sollte wieder einmal Geld, viel Geld benötigt werden? Ich komme darauf zurück.

Schließlich mag man noch anführen, daß sich Kübeck verkalkuliert hatte: Es kam nicht zu jener von ihm für den Fall des Scheiterns der Nationalanleihe befürchteten innenpolitischen Katastrophe. Wenigstens in dieser Hinsicht hatte *Gott Österreich* doch *geschützt!* Angesichts des weitgehenden Fiaskos, das die Verantwortlichen mit dieser Operation erlitten, ließe sich schon dies eventuell als eine Art Erfolg bewerten. Die öffentliche Stimmung in der Monarchie war nicht wieder revolutionär.

Aber konnte dies genügend Grund für Selbstzufriedenheit der Verantwortlichen sein? Aus der Tatsache, daß keine erneute Revolution drohte, darf man in keinerlei Weise auf eine indirekte Billigung der Methoden schließen, deren sich die Staatsmacht bei der Abwicklung der Nationalanleihe in ihren verschiedenen Phasen bedient hatte. Und zweifellos hatte sich die öffentliche Stimmung dadurch nicht gebessert, sondern verschlechtert. Dies hängt auch damit zusammen, daß keine der mit dem Unternehmen angestrebten beziehungsweise zumindest propagandistisch proklamierten Zielsetzungen erreicht wurde. Vielmehr ist in jeder Hinsicht von einem beeindruckenden Mißerfolg zu sprechen[11]. Bereits 1872 hat Wilhelm Rogge richtig gemeint, von den „Erwartungen", welche die Bevölkerung an diese „Riesenanstrengung" geknüpft habe, habe sich „auch nicht Eine im entferntesten" erfüllt[12]. Hinzuzufügen ist nur, daß besagte *Erwartungen* von der Regierung aufgrund der mit der Nationalanleihe offiziell proklamierten Zielsetzungen teils erst geweckt, teils kräftigst gefördert wurden, indem Wien die Realisierung der einzelnen Zielsetzungen mehr oder weniger garantiert, ihr Erreichen regelrecht versprochen hatte.

All dies blieb weder der inländischen Bevölkerung noch dem Ausland verborgen. Das Scheitern der finanzpolitischen Zielsetzung wurde der Öffentlichkeit täglich vor Augen geführt. Die Börsekurse der österreichischen Staatspapiere sprachen für sich: Trotz einer zeitweiligen Kurssteigerung stan-

---

10 Ebd., 2, S. 703.
11 Auf das Scheitern der außenpolitischen Zielsetzung gehe ich nicht mehr eigens ein. Sie folgt gewissermaßen automatisch aus dem Mißerfolg bei den drei anderen Zielsetzungen.
12 Oesterreich, 1, S. 346.

den sie „unter bleibendem Druck"[13]. Noch etwas anderes fiel auf: Bruck überzog die Nationalanleihe mit Genehmigung des Monarchen seit Beginn des Jahres 1858, weil das staatliche Haushaltsloch nicht geschlossen werden konnte. Dieser Vorgang vollzog sich zwar naheliegenderweise heimlich, war er doch zumindest „formwidrig"[14]. Er blieb aber zumindest „Börsenkreisen" nicht verborgen und mußte auf längere Sicht auch öffentlich eingestanden werden[15]. Und schließlich gab es finanzpolitisch gesehen noch „einen weiteren Grund des Mißbehagens"[16]. Kempen präsentierte ihn dem Monarchen in seinem Stimmungsbericht für die Gesamtmonarchie vom dritten Quartal 1858: Er lag „in der Veröffentlichung des Staatshaushaltes vom Jahre 1857". Er wies „immer noch" ein „sehr nahmhaftes Defizit" auf. Dadurch jedoch „(erscheint) die Aussicht auf eine Erleichterung der schon aufs Höchste angespannten Steuerkraft in weite Ferne gerückt", wie es Kempen formulierte.

Wie sah es dagegen mit den versprochenen sozialpolitischen Wohltaten aus? Weite Teile der Bevölkerung hatten am eigenen Leib erfahren müssen, daß sie zu ihrem Glück im wahrsten Sinne des Wortes *gezwungen* werden mußten. Doch stellte sich dieses Glück für sie in der Realität oft als ambivalent, wenn nicht verhängnisvoll heraus. Denn von der verheißenen *wohlthätigen Sparkassenbildung* konnte für viele Subskribenten keine Rede sein. Aus wirtschaftstheoretischer Sicht formuliert: Die Anleihe bedeutete eine „Nutzeneinbuße für die Mitglieder der Gesellschaft"[17], und es bleibt zu untersuchen, inwiefern das „Ausleiben" eines wirtschaftspolitischen „Booms" in den fünfziger Jahren auch durch die im Zuge der Durchführung der Nationalanleihe entstandenen Probleme zu erklären ist[18].

Und die innenpolitische Zielsetzung? Bach war durchaus dazu berechtigt, am 3. Oktober dem Kaiser in seinem Abschlußbericht zu schreiben, daß es mit der Nationalanleihe „zum Erstenmal" gelungen war, „Hunderttausende" aus ihrer „nur passiven Stellung, die sie bisher im Staatsorganismus ... eingenommen hatten", herauszulocken[19]. Und daß sich darunter selbst „Hilfsarbeiter und Taglöhner" befanden, war alles andere als selbstverständlich. Wäre nun sozusagen alles nach Plan gegangen, dann hätten sich gerade diese unteren Schichten „hier" eventuell wirklich „zum Erstenmal durch das stolze Selbstgefühl gehoben (finden)" können, indem sie „einen freiwilligen Akt der

---

13   S. dazu Brandt, Neoabsolutismus, 2, S. 750; s. dort auch insb. ein *Kursdiagramm* (Tab. 71, S. 1108).
14   Ebd., S. 751.
15   Ebd. (s. dazu insb. S. 746–752 und an anderen Stellen). S. dazu auch noch w. u.
16   Stber. GM, 7–9 58, LH/SP/PD, in: AVA, Inneres, OPB, Präs. II, Krt. 124, Nr. 8068/54 (s. dazu auch folg.).
17   Gandenberger, Öffentliche Verschuldung, S. 489.
18   Sandgruber, Ökonomie und Politik, S. 238.
19   Wien, Nr. 11463/MI., in: AVA, Inneres, Präs., Krt. 666, Nr. 11882/54.

thätigen Vaterlandsliebe geübt" und „für das Wohl der Gesamtheit selbstwirkend beigetragen" hatten, wie der um Beredsamkeit selten verlegene Minister beifügte. Aber von einem effektiven Nutzen für dieses *Gesamtwohl* kann eben keine Rede sein. Dies mußte bald allseitig klarwerden, und deshalb war man nunmehr letztlich auch von der prophezeiten Schaffung des *wahren Österreichers* weiter denn je entfernt. Und da die Nationalanleihe ohne die nachdrückliche Befürwortung Bachs aller Wahrscheinlichkeit nach nicht zustande gekommen wäre, hatte er gar keinen Grund, in Triumphalismus zu verfallen, weder gegenüber Franz Joseph noch gegenüber der Öffentlichkeit.

Der Zuschnitt der offiziellen Propaganda vergrößerte sogar eher noch die bestehende Kluft zwischen Bevölkerung einerseits und Staatsbürger und neoabsolutistischem Machtapparat andererseits. Dies erhellt eine Bemerkung von Ende 1854 in einem Schreiben an Kempen: Sie bezog sich auf die Tatsache, daß in der *Österreichischen Korrespondenz* „sich erneuert", also wieder einmal, „über das ungeschmälerte Vertrauen der Bevölkerung ergangen wird, mit welcher der baldigen Realisirung der Zwecke des Anlehens entgegengesehen wird"[20]. Diese Diktion rief die scharfe Kritik des unbekannten Verfassers dieser Zeilen hervor. Solche Artikel würden „gerade den gegentheiligen Eindruck machen, den sie machen sollen", nämlich in der Bevölkerung „entweder ein der Würde der Regierung nicht anpassendes Belächeln oder Unmuth" erregen. Dies vermag man sich allerdings lebhaft vorzustellen. Danach erfolgte eine ungewöhnlich scharfe Generalabrechnung mit der Abwicklung dieser Operation: Die neue Anleihe habe in allen Klassen „den unangenehmsten Eindruck gemacht". Seinem Gelingen sei „weder das Vertrauen zur Erreichung des Zweckes noch zu der Politik" günstig gewesen. Demnach bewirkte alleine ein Umstand die Subskribierung der 500 Millionen: „Der sonst zu befürchtende Zwang".

Mißmut mußte zweifelsohne auch hervorrufen, wenn „der Minister B. [womit nur Bach gemeint sein konnte] in seinen Zeitungen den Lobgesang der Bevölkerung [also ihrer patriotischen Hingabe] verkündete", während zugleich etwa der aus Böhmen angereiste Metternich „beunruhigende Schilderungen der dortigen bäuerlichen Stimmung über die Anleihens-Erpressungen" von einem dortigen Aufenthalt nach Wien mitbrachte[21]. Oder, um es nochmals mit dem selbst unter dem Zwangscharakter der Nationalanleihe lei-

---

20 O. Verf., o. O., und., Nr. 36/GG., in: HHStA, KK, GD, 1854, f. *GD II, Nr. 773–1025*, fol. 156 (s. dazu auch folg.).

21 Metternich zu Kübeck, 6. Oktober 1854, Tagebucheintrag Kübecks, in: Aus dem Nachlaß Kübecks, S. 155. An der Glaubwürdigkeit dieser Mitteilung braucht nicht gezweifelt zu werden, und insofern erscheint auch klar, daß die Reaktion auf diesen *Lobgesang* auch vor Ort nicht auf Zustimmung stoßen konnte. Ebenfalls darf angenommen werden, daß er mittelbar zu Ohren der des Lesens unkundigen Bevölkerung drang.

denden Metternich[22] zu formulieren: „Mit der Dichtung des Enthusiasmus, welcher die Contribuenten zur Staatsanleihe belebt", sei „wahrlich nichts gewonnen"[23]. Denn die „Darleiher" seien „befähigt(,) ihre Gefühle zu kennen und bedürfen hierzu keiner fremden Beihilfe".

Dazu waren sie wohl in der Tat in der Lage. Entsprechenden zeitgenössischen Bemerkungen sind wir immer wieder begegnet. Deshalb zitiere ich hierzu nur zwei Äußerungen, die allerdings für sich sprechen. Sie stammen nämlich von Personen, zu deren ausdrücklichen Pflichten es gehörte, die öffentliche Stimmung zu beobachten und nach Wien zu melden. Da proklamierte zum einen Mährens Statthalter Lažanský gegen Ende April 1855 nachträglich die „Unliebsamkeit ... des Anlehe(ns) überhaupt"[24]. Damit traf er für den Bereich der gesamten Monarchie und für die übergroße Mehrheit der Subskribenten ins Schwarze. Und zum anderen teilte der Polizeidirektor von Preßburg schon am 18. Juli des Vorjahres Kempen mit, die „Mittelklasse" nenne die Operation „noch immer eine Art Zwangsanlehen": Denn durch die energisch getroffenen Einleitungen würden alle Stände mehr oder weniger in Anspruch genommen[25]. Dieser Eindruck mußte sich nicht nur in dieser gesellschaftlichen Schicht im Laufe der Zeit zunehmend zur Gewißheit verdichten.

Je mehr die Regierung nun das bevorstehende Gelingen der Operation öffentlich betonte, desto mehr mußte die Glaubwürdigkeit solcher Behauptungen bezweifelt werden. Und je mehr „ruhmredige Artikel" Wien in dieser Angelegenheit veröffentlichte[26], desto weniger dürfte man ihnen Glauben geschenkt haben. Denn die Wirklichkeit stimmte mit der Realität so gar nicht überein. Dies gilt um so mehr, als die Verantwortlichen in dieser Hinsicht sogar eine Art Zickzacklinie verfolgten: „Noch vor 4 Wochen", also um Anfang Februar 1855, hatte man die Nationalanleihe als „größtes und ruhmreichstes Werk aller Zeiten" gepriesen, wie Kübeck am 21. März des Jahres in seinem Tagebuch festhielt[27]. Mit der zwischenzeitlich erfolgten Amtsübernahme Brucks war die Operation jedoch plötzlich frei zum „Tadel" gegeben worden, während sie nur wenig später wieder in einem „ruhmredigen Artikel" in höch-

---

22 Vgl. dazu w. o., Abschnitt 2.8.3.
23 An Kübeck, o. O., 2. Dezember 1854, *zu verbrennen*, in: Metternich und Kübeck. Ein Briefwechsel, S. 189 (s. dazu auch folg).
24 An Kempen, Brünn, 23. April 1855, Nr. unl., in: AVA, Inneres, OPB, Präs. II, Krt. 37, Nr. 2872/55.
25 Preßburg, 18. Juli 1854, Nr. 1489/Pr., in: Ebd., Krt. 28, Nr. 4725/54.
26 Einen solchen machte Kübeck am 4. April 1855 in der *Wiener Zeitung* aus. Dabei wurde er ihm zufolge „als eine versöhnende Verständigung der beiden Minister Bach und Bruck ausgelegt" (Tagebucheintrag, in: Tagebücher Kübecks, S. 94).
27 Tagebucheintrag v. 21. März 1855, in: Ebd., S. 90 (s. dazu auch das folg. Zit.).

sten Tönen gelobt wurde[28]. Für dieses Hin und Her gab es zwar konkrete Gründe, die mit internen Meinungsverschiedenheiten zusammenhängen[29]. In der Öffentlichkeit mußte man sich aber fragen, ob in der Wiener Zentrale ein taktisch-strategisches Durcheinander herrschte.

Außerdem war, wie gesagt, mittlerweile etwa an den Börsenkursen der Stand, besser der Zustand der österreichischen Valuta deutlich abzulesen: Das Silberagio sei seit dem „Schluß" der Anleihe „wieder von 115 … auf 126 gestiegen" und drohe noch mehr zu steigen, notierte sich Wessenberg im Oktober 1854[30]. Gustav Höfken, der als Nationalökonom und engster Mitarbeiter Brucks wissen mußte, wovon er sprach, beklagte später einmal – völlig zu Recht – einen „sprunghaft wieder höheren" Disagio[31]. Und auch die Tatsache, daß die „Entfernung vom Pari … größer als vor dem Anlehen" war und eine „Vermehrung der Banknoten" nach sich zog, hat wiederum unser oftmals verläßlicher Gewährsmann Wessenberg unschwer feststellen können[32]. Aber offenbar bereits zuvor hatte er lapidar bemerkt, die Anleihe habe „noch nichts bezweckt"[33]. Dagegen wurde Kempen schon Ende August 1854 aus Fiume berichtet, man befürchte die „Entwerthung der neuen Staatspapiere, wenn zu viele auf den Markt kommen"[34]. Und aus der Region Trient wurde am 28. Juli des Jahres die Befürchtung gemeldet, die durch die Nationalanleihe beschafften Geldmittel könnten „ganz zu Kriegszwecken" ausgegeben werden[35]. Da war die Subskriptionsphase gerade erst einmal eine Woche angelaufen.

Besonders aufschlußreich erscheint in diesem Kontext ein Schreiben der Börsendeputation von Triest an Baumgartner vom 23. Dezember 1854: Darin wurde das Projekt eines gewissen, dort offenbar beheimateten Masino Levi positiv beurteilt, „avente per iscopo di ripristinare il corso della carta moneta della Banca nazionale al pari della moneta metallica"[36]. Im Finanzministerium stand man solchen Vorhaben, die auf Eigeninitiative einfacher Staats-

---

28 S. dazu Kübecks Tagebucheintrag v. 4. April 1855, in: Ebd., S. 94.
29 S. dazu w. u. mehr, S. 505.
30 *Das Oesterreichische Anlehen*, und. (aber Oktober), in: HHStA, NL Wessenberg, Krt. 17, Inv.nr. 148, fol. 105.
31 Und., in: Ebd., NL Höfken, f. *Münzcataloge*, s.f. *Leben und Freiheit. Gedenkbücher von Gustav Höfken*, 5. Bd., 1. Buch, *Meine 18jährige Beamtenschaft*, fol. 25. Allg. zu ihm s. Ursula Machoczek, Gustav Höfken.
32 *Das Oesterreichische Anlehen*, und. (aber Oktober), in: Ebd., NL Wessenberg, Krt. 17, Inv.nr. 148, fol. 105.
33 Und. (aber wohl noch September), in: Ebd., Krt. 13, Inv.nr. 96, *Das Oest NationalAnlehen und seine Wirkungen*, fol. 161.
34 Schima, Karlstadt, 29. August 1854, in: Ebd., IB, BM.-Akten, Krt. 172, Nr. 5062/54, fol 168. In Kempens Auftrag hatte er eine Erkundungsreise dahin unternommen, befand sich aber mittlerweile bereits in Siebenbürgen.
35 Tagesrapport, Innsbruck, Nr. 958/Pr., in: AVA, Inneres, OPB, Präs. II, Krt. 29, Nr. 4972/54.
36 Nr. 4576, in: FA, FM, Präs., Nr. 23411/1854, fol. 2–7 u. 12–13, hier fol. 2 (s. dazu auch folg.).

bürger basierten, grundsätzlich aufgeschlossen gegenüber und überprüfte wenigstens partiell ihre Umsetzbarkeit. Auch die Idee beziehungsweise der Anstoß zur Nationalanleihe stammte ja von einem Privatmann. Die Begründung der Vorlage des nun hier angeregten Plans zur finanziellen Sanierung dürfte Baumgartner freilich zu denken gegeben haben. Es sei

> „certamente fenomeno sconfortevole e molto penoso che dopo diversi imprestiti (e) diverse misure per ripristinare la valuta ... lo scorgere che la valuta continui in una oscilazione minacciosa di peggioramento anzi – che di miglioria".

Dabei verwiesen die Verfasser insbesondere auf den „grande impresitto nazionale", also auf die Nationalanleihe, obwohl bei diesem Unternehmen sogar die „ciffra massima" übertroffen und bereits „tanti milioni oltre le rate stabilite" eingezahlt worden seien. Die Enttäuschung über die ausgebliebenen positiven Folgen des Einzahlungsergebnisses geht aus diesen Zeilen deutlich hervor.

Wie bereits zu sehen, übten zuweilen auch Staatsbedienstete auf die eine oder andere Weise offene Kritik an den Methoden, mit denen die Operation realisiert wurde. Nicht anders verhielt es sich mit Blick auf das Nichterreichen der mit ihr verknüpften und nach außen hin propagierten finanzpolitischen Zielsetzungen. So erklärte etwa Polizeidirektor Martiny anläßlich der Ernennung Brucks zum Nachfolger Baumgartners, der „Finanzhaushalt" sei „immer mehr als ein zur Trostlosigkeit gesteigertes Wehe des Gesammtorganismus hervorgetreten" und das „Vertrauen nach den letzten Operationen immer tiefer" gesunken[37]. Um so mehr „Hoffnungen und Erwartungen" knüpfe man nun an den neuen Finanzminister, dessen Berufung im übrigen, wenn schon, dann eine durchaus in der Luft liegende „Sensation" darstellte[38]. Nun war Martiny zwar sozusagen supra partes, da er beruflich weder vom Finanz- noch vom Innenressort abhing. Dennoch war die so unverhohlen vorgetragene Beanstandung staatlicher, vom Kaiser sanktionierter Unternehmen keineswegs eine Selbstverständlichkeit. Erklären ließe sich dies mit einer Unvorsichtigkeit seitens des Polizeibeamten. Plausibler erscheinen mir jedoch zwei andere Erklärungen: Entweder er wußte sich mit Kempen einig, oder aber die Formulierung offener Kritik an der Nationalanleihe stellte um diese Zeit – wir schreiben den 1. April 1855 – kein Risiko mehr dar: Sie war sozusagen gesellschaftsfähig geworden. Von besonderer Relevanz erscheint hierbei, daß Martiny sich die von ihm wahrgenommene Stimmungslage zu eigen machte, er berichtete also auch seine eigene Einschätzung nach Wien.

---

37 An Kempen, Graz, 1. April 1855, Nr. 183/Pr., in: AVA, Inneres, OPB, Präs. II, Krt. 36, Nr. 2608/55 (s. dazu auch das folg. Zit.).

38 Hier vermag ich mich Rumpler (Eine Chance für Mitteleuropa, S. 351) nicht anzuschließen.

Und so leuchtet denn auch der Ratschlag ein, den schon Ende 1854 der weiter oben zitierte unbekannte Verfasser gegeben hatte: „Es wäre daher am besten, wenn sich die Zeitungsschreiber jeder weitern Lobhudelei ... enthielten."[39] Dazu riet er „umsomehr, als das Anlehen selbst noch von Niemanden als das Produkt einer besonders talentierten und geistreichen Finanzoperation erkannt wird". Anders sahen es demnach allein diejenigen, die „es vorgeschlagen haben".

Genaugenommen mußten auch Bach und Baumgartner öffentlich spätestens am Jahresende 1854 einräumen, daß sich die Dinge in finanzpolitischer Hinsicht anders entwickelten als versprochen. Am 2. Dezember, einem Samstag, erschien in der *Wiener Zeitung* ein weiterer jener seit Anfang Juli so zahlreich aus der *Österreichischen Korrespondenz* übernommenen Artikel[40]. Im Unterschied zu früher wurden nun aber mit einem Male Klagen artikuliert. So war von einem „uns zu nieder scheinenden Koursstand des Nationalanlehens" die Rede. Und die „neuerliche bemerkbare Hinaufschraubung der Valutenkourse" ließ sich nach Ansicht des ministeriellen Kreisen zuzurechnenden Verfassers gleichfalls „nicht rechtfertigen". Auch war demnach „bis jetzt" die Zurückführung „des Notenumlaufs auf ein dem thatsächlichen Circulationsbedürfnisse entsprechendes Maß" ausgeblieben. Was schließlich die „Vermehrung des Bankbarfondes" anging, so „dauerten" die entsprechenden „Bemühungen der Regierung" zwar „unausgesetzt und eifrig fort"; aber man sah sich bereits dazu genötigt, offen zu Bedenken Stellung zu nehmen, denen zufolge die Erfüllung der beiden zuletzt genannten „Aufgaben" eventuell nicht gelingen würde. Freilich verwahrte man sich entschieden gegen Überlegungen solcher „Zweifler": Sie „kannten die unermeßlichen, natürlichen Ressourcen dieses Reiches nicht", ihre Stimmen würden „wohl bald" unbeachtet und wirkungslos verklingen. War sich der Verfasser diesbezüglich seiner Sache wirklich so sicher? Immerhin äußerte er letztlich lediglich eine Vermutung. Fast scheint es, als wollten sie damit von vornherein dem Vorwurf vorbauen, erneut falsche Versprechungen gemacht zu haben.

Vor dem soeben geschilderten Hintergrund sowie insbesondere vor dem Hintergrund der realen weiteren finanzpolitischen Entwicklung in der Habsburgermonarchie verwundert es zunächst, wenn noch Jahre später von offizieller Seite aus versucht wurde, diese Operation zugunsten der Regierung propagandistisch auszuschlachten.

Dabei ist insbesondere ein 1858 erschienenes Werk des Sektionschefs Czoernig vom Handelsministerium mit dem vielversprechenden Titel *Oesterreichs Neugestaltung 1848–1858* zu nennen: Von Bach wenigstens inspiriert,

---
39 O. O., und., Nr. 36/GG., in: HHStA, KK, GD, 1854, f. *GD II, Nr. 773–1025*, fol. 156 (s. dazu auch folg.).
40 Nr. 288, S. 3316 (s. dazu auch folg.).

war es zweifellos von „hoher Bedeutung", wie Handelsminister Toggenburg gegenüber dem Herrscher feststellte[41]. Dies hat auch mit der noch heute zutreffenden Voraussage zu tun, „daß der künftige Geschichtsschreiber dieser Periode sich nothgedrungen an dieses Werk ... als Quelle werde halten müssen, weil kein anderes ähnliches Werk bestehe", wie der Graf zugleich meinte[42]. Außerdem stehen wir hier einer umfassenden und im neoabsolutistischen Kontext herausragenden umfassenden Selbstinterpretation eines Teils[43] der damaligen Machtträger gegenüber[44].

Der laut Kempen „gebildete, geschmeidige"[45] Czoernig, den bereits Bachs Vorgänger Stadion als „vollkommen geeignet" gelobt[46] und der auch in der Paulskirche gesessen hatte, sprach in seinen Ausführungen unter anderem vom „großartigen National-Anlehen"[47] und betonte dessen positive, wenn auch durch die Militäraufwendungen verzögerte „Wirkung"[48]. Zudem verwies er auf den „in der Geschichte einzig ... stehenden Erfolg", den „der Aufruf Seiner Majestät des Kaisers an seine treuen Unterthanen ... nach sich zog". Ganz grundlos war diese positive Beurteilung nicht. Denn um 1858 herum schien wenigstens ein Teil der im Frühsommer 1854 angestellten und wenig durchdachten, ja waghalsigen Rechnung doch noch aufzugehen. Vorübergehend (1856–1858) war nämlich zumindest das Silberagio „faktisch verschwunden", was nun tatsächlich mit den Einkünften aus der Nationalanleihe zusammenhing[49]. Trotzdem erscheinen Czoernigs enthusiastisch anmutende Auslassungen sehr überzogen. In anderer Hinsicht sah es nämlich äußerst problematisch aus: So ergab sich beispielsweise für den Staatshaushalt für 1855 die „beunruhigende Wahrnehmung einer fortschreitenden nahmhaften Verschlimmerung der finanziellen Zustände des Reiches", wie Reichsrat Krieg

---

41 Vortrag v. 8. September 1857, Wien, in: HHStA, KK, Vorträge, 1857, Krt. 18, MCZ. 3556/57.
42 Ebd. Toggenburg verfaßte einen Resolutionsentwurf, wonach der Kaiser Czoernig „Meine Wohlmeinung" aussprechen sollte (ebd.). Dem schloß sich auch ein Reichsratskomitee an. Reichsratspräsident Erzherzog Rainer sprach sich aber dagegen aus, weil er Czoernig konstitutionelle Tendenzen unterstellte (Vortrag Rainers v. 3. November 1857, Wien, in: Ebd., RR, Präs., Krt. 26, Nr. 92/57). Dies war wohl berechtigt, da er 1848 einen Platz in der Frankfurter Nationalversammlung eingenommen hatte (Heindl, Probleme, S. XLVII).
43 Dieses Werk ging v. Handelsressort aus und stellte also keine konzertierte Aktion aller Mitglieder des Kabinetts dar, die Czoernig freilich viel Material an die Hand gegeben haben müssen. Dabei ist insb. an Bach zu denken.
44 Damit ist noch nichts darüber ausgesagt, wie ernst sie gemeint war.
45 Tagebucheintrag v. 10. August 1852, in: Tagebuch Kempens, S. 258.
46 An Bruck, Wien, 12. März 1849, in: AVA, Inneres, Präs., Krt. 984, Nr. 1515/49.
47 Czoernig, Oesterreichs Neugestaltung 1848–1858, S. 126.
48 Ebd., S. 128 (s. dazu auch folg.).
49 S. dazu eine Übersicht bei Matis, Österreichs Wirtschaft, S. 51, Tabelle 2. Das Zit. in ders., Leitlinien, S. 33.

dem Kaiser im März 1856 treffend ins Stammbuch schrieb[50]. Czoernig berücksichtigte somit nur einen finanzpolitischen Teilaspekt. Zudem überging er völlig den mit der Nationalanleihe verbundenen Zwangscharakter. Dies zeugt nicht gerade von propagandistischer Raffinesse. Letztere zählte freilich ohnehin nicht gerade zu den Stärken der neoabsolutistischen Machtträger.

Immerhin hätte man nach 1854 wenigstens mit Blick auf das Scheitern der finanzpolitischen Zielsetzung die internationale Lage als Argument anführen und die Regierung sozusagen als Opfer unvorhersehbarer Ereignisse darstellen können. Denn so zutreffend Höfken einerseits meinte, die „große Nationalanleihe" sei zugunsten militärischer Ausgaben „ihrem Zweck entfremdet" worden, so berechtigt ist doch andererseits die Frage, ob dies zu umgehen war[51]. Wieviel eine solche Strategie freilich an der kritischen Einstellung der Bevölkerung geändert hätte, steht auf einem anderen Blatt. Jedenfalls dürften Czoernigs Ausführungen eher kontraproduktive Wirkung erzeugt haben. Was im übrigen das Silberagio angeht, handelte es sich lediglich um einen relativen, um einen vorübergehenden Erfolg. Die Vorgänge von 1859 machten ihn schon bald zunichte.

Kehren wir abschließend zu den Überlegungen dieses Abschnitts nochmals zu zwei in der Einleitung erwähnten, aber unbelegten Thesen zurück: Zum einen hat Stölzl *tiefgreifende Folgen*, zum anderen Müller *tiefe Spuren* behauptet, die das Projekt Nationalanleihe in der Öffentlichkeit beziehungsweise im *Verhältnis von Bevölkerung und Staat* (so wiederum Stölzl) hinterlassen haben soll: Diese Thesen können nunmehr prinzipiell bestätigt werden. Wie *tiefgreifend* diese *Folgen* beziehungsweise wie *tief* diese *Spuren* tatsächlich waren, wird sich allerdings nicht exakt bestimmen lassen. Doch dürften sie dem erstrebten Ziel einer Systemkonsolidierung alles andere als förderlich gewesen sein. Dabei ist noch zu berücksichtigen, daß die Nationalanleihe im öffentlichen kollektiven Bewußtsein aufgrund der fünfjährigen Dauer der Ratenzahlungspflicht lange präsent blieb: Nur mittelbar für diejenigen, die sich dieser juristisch wohl fragwürdigen Obliegenheit durch Abstoßen ihrer Zertifikate und/oder durch sofortige Einzahlung ihrer Raten schon vor Ablauf dieser Frist entledigt hatten; ganz unmittelbar aber beispielsweise für jene, bei denen noch immer „namhafte Rückstände" zu Buche standen[52]. Dies war etwa in Großwardein noch in den ersten Monaten des Jahres 1859 der Fall: Die Zahlungen „(scheinen) bei dem herrschenden Geldmangel über die Zah-

---

50 Vortrag v. 24. März 1856, Wien, in: HHStA, RR, Gremial, Krt. 112, Nr. 300/56.
51 Höfken zufolge wurden die Subskriptionen allerdings „auf grossentheils überflüßige Festungsbauten, auf Rüstung, Mobilisirung und Occupation verschwendet" (ebd., NL Höfken, f. *Münzcataloge*, s.f. *Leben und Freiheit. Gedenkbücher von Gustav Höfken*, 5. Bd., 1. Buch, *Mein 18jährige Beamtenschaft*, fol. 25).
52 S. dazu Stber. GM, 1–3 59, GI, in: Ebd., KK, GD, 1859–60, f. *1859*, fol. 546 (s. dazu auch folg.).

lungskräfte der Betreffenden zu gehen", wie Kempen dem Monarchen am 30. April des Jahres mitteilte.

Zu diesem Zeitpunkt befinden wir uns bereits in der Spätphase des Neoabsolutismus. Damals war ein militärischer Konflikt in Oberitalien schon beschlossene Sache, und bald wurden Österreich bei Magenta und Solferino zwei empfindliche Niederlagen mit nun zweifellos äußerst *tiefgreifenden Folgen* zugefügt, mündeten sie doch in den Waffenstillstand von Villafranca und mittelbar in den Frieden von Zürich und damit in den Verlust der Lombardei. Noch in einer anderen Beziehung geriet die Nationalanleihe zu dieser recht späten Stunde erneut in den Blickpunkt des öffentlichen Interesses. Dabei ging es um die Frage, ob die 5%ige Silberverzinsung der Obligationen fortgesetzt werden sollte. Bruck beantragte in einer Ministerkonferenz vom 19. Mai 1859 ihre Einstellung für die „Dauer des Krieges"[53]. Für ein solches Ansinnen brachte er plausible Gründe finanzpolitischer Natur vor, stieß jedoch bei seinen „Ministerkollegen" auf einhelligen Widerstand, wie Brandt richtig geschrieben hat[54]. Bach erklärte eine solche Maßnahme für „äußerst bedenklich"[55], während Nádasdy meinte, es „sehr bedauern zu müssen, wenn den Subskribenten des patriotischen Anlehens ... das vor 5 Jahren bei der Emission gegebene Wort nicht gehalten werden könnte"[56].

Damit warf er einen zentralen Gesichtspunkt in die Debatte ein, vielleicht gerade auch angesichts der Tatsache, daß die Regierung und mit ihr der Herrscher im Zusammenhang mit der Nationalanleihe gegenüber der Bevölkerung ohnehin schon Wortbruch begangen hatten. Am eindeutigsten äußerte sich laut Protokoll der auch bei anderen Gelegenheiten klare Worte nicht scheuende[57] Minister für Kultus und Unterricht L. Thun: Er betonte den „üblen Eindruck", den eine solche „Maßregel überall" und also „bis in die untersten Schichten der Gesellschaft und in die abgelegensten Dörfer hervorbringen werde". Wie Brandt deshalb ebenfalls zu Recht bemerkt hat, „schreckten" Brucks Ressortkollegen aus „Rücksichtnahme" auf „die Stimmung breiter Bevölkerungsschichten" vor einer solchen Maßnahme „zurück"[58]. Schließlich einigte man sich auf einen Kompromiß: Die Auszahlung der Zinsen sollte beibehalten werden, aber nicht mehr in Silber, sondern nur noch in Form von Papiergeld erfolgen. Dieser Beschluß mag finanzpolitisch mehr als ratsam ge-

---

53 MKP, MCZ. 113/59, in: Ebd., MRP, Krt. 27, fol. 426.
54 S. dazu Brandt, Neoabsolutismus, 2, S. 795.
55 MRP v. 19. Mai 1859, MCZ. 113/59, in: HHStA, MRP, Krt. 27, fol. 427.
56 Ebd., fol. 428 (s. dazu auch folg.).
57 S. dazu etwa ders. an Bach, Wien, 31. Mai 1857, Nr. 812/CUM., in: AVA, MdCUM, Präs., Krt. 29, Nr. 812/57, 2 Bögen.
58 Neoabsolutismus, 2, S. 795. Kempen berichtet vergleichsweise ausführlich über diese Sitzung, erw. aber über diesen Aspekt nichts (Tagebucheintrag v. 19. Mai 1859, in: Tagebuch Kempens, S. 511–512).

wesen sein. Er stellte jedoch sicher nicht Personen und Körperschaften zufrieden, die noch Staatsschuldverschreibungen besaßen. Ebensowenig ließ sich damit das allgemein ohnedies schon mehr als erschütterte Vertrauen in die finanzpolitische Lage der Monarchie festigen.

Vielleicht wäre die innenpolitische Konsolidierung bei einem finanz- und sozialpolitischen Erfolg der Nationalanleihe trotzdem wenigstens teilweise gelungen. Ihr Zwangscharakter wäre in der Öffentlichkeit wohl auch unter dieser Voraussetzung nicht rasch vergessen worden, aber er wäre ihr letztlich vielleicht wie ein erfolgreiches Mittel zum Zweck erschienen. So aber gewann das Unternehmen Symbolwert für ein äußerst repressiv auftretendes Herrschaftssystem, das die gegebenen materiell-sozialen Lebensverhältnisse vielfach ignorierte und nicht davor zurückschreckte, offen mit der Bevölkerung ein falsches Spiel zu treiben.

4.2. Die Folgen der Nationalanleihe für die politisch Verantwortlichen

In diesem Zusammenhang stellt sich nun eine wichtige Frage: Wie gingen die Hauptverantwortlichen für die Nationalanleihe aus den mit dieser Operation verknüpften Vorgängen beziehungsweise aus ihrem Scheitern hervor?

Bisher hat sich das Augenmerk unserer Analyse des Zustandekommens und der Abwicklung der Nationalanleihe hauptsächlich auf Bach und Baumgartner gerichtet. Dies scheint freilich ein wenig zu kurz gegriffen. Denn schließlich zeichnete letztlich ja der Kaiser für die Nationalanleihe verantwortlich. Allerdings ließ er den beiden Ministern bei der konkreten Abwicklung dieses Unternehmens freie Hand. Praktisch scheint er sich in dieser Beziehung fast überhaupt nicht eingemischt zu haben. Deshalb wurde seine Person auch primär bei der Untersuchung des politischen Entscheidungsprozesses über die Nationalanleihe in die Analyse mit einbezogen, wo seine „Verantwortung" jedenfalls nicht nur „formaler" Natur war[59].

Denkt man jedoch an die eventuellen persönlichen Konsequenzen für die Hauptverantwortlichen der Nationalanleihe, so gerät Franz Joseph gleichfalls unmittelbar in den Mittelpunkt des Interesses. Dabei sei angesichts des krassen Fehlschlags der Operation zunächst vermutet, daß alle drei Protagonisten in der einen oder anderen Form irgendwann die Rechnung präsentiert bekamen. Diese Vermutung gilt es nun in einem vorletzten Schritt unserer Untersuchung zu überprüfen. Vor allem im Abschnitt über den Kaiser geht es in diesem Zusammenhang aber direkt oder indirekt auch schon um die Frage

---

59 Soviel aus der berechtigten Kritik von Wolfgang Elz an der Arbeit Bellers über den Kaiser (Haus Österreich über alles).

nach der Stabilität und Haltbarkeit des neoabsolutistischen Herrschaftssystems, die dann nochmals eigens im letzten Abschnitt dieses Kapitels diskutiert wird. Dabei wird der Blick zeitlich bis in das Jahr 1859 gerichtet sein, als die durch den Habsburger verkörperte *absolute Monarchie* in eine große Krise geriet, von der sie sich nicht mehr erholen sollte. Insofern nämlich Franz Joseph diese *absolute Monarchie* gleichsam symbolisierte, insofern sein Name für das damit verbundene Herrschaftssystem stand, erscheint noch eine weitere Vermutung naheliegend: daß die besagte Krise in irgendeiner Form auch mit ihm zu tun hatte beziehungsweise auf ihn zurückwirkte.

4.2.1. Die Folgen der Nationalanleihe für Baumgartner

Zunächst wende ich mich aber den beiden Ministern zu, wobei ich wiederum mit Baumgartner beginne. Schließlich war die Nationalanleihe zumindest vordergründig ein finanzpolitisches Unternehmen. Nicht zufällig hatte ja auch Baumgartner beim Kaiser die ersten offiziellen Schritte zu seiner Realisierung unternommen. Der Minister könnte anfangs gehofft haben, schon allein aus der Tatsache der subskribierten 500 Millionen machtpolitischen Profit zu ziehen. So „sprach" er laut Kübeck am 15. November im Rahmen einer *Konferenz* und in Gegenwart des Monarchen „von den Wundern des Erfolges der freiwilligen Zwangs-Anleihe"[60]. Freilich mochte Baumgartner aufgrund der Anwesenheit Kübecks eine Verteidigung der von ihm wesentlich mitzuverantwortenden Operation für erforderlich erachtet haben. Hätte er jedoch bereits damals geglaubt, bei Franz Joseph in Ungnade gefallen zu sein, hätte er sich wohl kaum zu so euphorischen Worten verstanden. Zugleich hatte der Reichsratsvorsitzende genügend Grund dazu, die tatsächlichen Äußerungen seines ehemaligen Schützlings zu verzerren, gleichsam genüßlich zu übertreiben. Auch sprach der Minister gegenüber dem Monarchen sicherlich nicht von einer *freiwilligen Zwangs-Anleihe*. Damit hätte er gleichsam das Unternehmen, darüber hinaus aber sich selbst sowie den Monarchen entlarvt. Und da über diese Sitzung kein *Konferenz*protokoll existiert, das uns über den wahren Sachverhalt eventuell näheren Aufschluß liefert[61], läßt sich mit Kübecks Bemerkung scheinbar nicht viel anfangen.

Immerhin deuten zwei weitere Momente darauf hin, daß Baumgartner gegenüber Franz Joseph zur damaligen Zeit doch noch in recht hohen Tönen von der Nationalanleihe und ihren Auswirkungen geschwelgt haben könnte. Erstens erschien am 1. Dezember 1854 in der *Österreichischen Korrespondenz* ein „Artikel über die Nazionalanleihe", der wiederum laut Kübeck „mit Sei-

---

60 Tagebucheintrag, in: Aus dem Nachlaß Kübecks, S. 162.
61 S. dazu Zürrer, in: ÖAGK, 2, S. 569, Anm. 1.

tenhieben auf die früheren Gegner dieser Maßregel die letztere als einen Lichtstrahl für die ganze Bevölkerung preiset und ihre Wirkungen rechtfertigend hervorhob"[62]. Dieser Artikel, der im übrigen eher von Baumgartner als von Bach ausgegangen sein dürfte (was überdies darauf hindeutet, daß der Finanzminister noch um seine Stellung kämpfte), wurde am folgenden Tag in die *Wiener Zeitung* aufgenommen, woraus bereits weiter oben Auszüge zitiert wurden. Sein Verfasser gestand nun zwar ja bereits gewisse Probleme ein, wehrte sich aber zugleich eben doch weiterhin gegen alle Kritiker dieses Unternehmens. Zweitens scheint sich der Minister noch gegen Ende November Hoffnungen auf eine „höhere Stellung" gemacht zu haben[63]. So wenigstens lesen wir wiederum bei Kübeck, worauf noch einzugehen sein wird. Dabei ist nicht erkennbar, warum der Reichsratsvorsitzende diesmal nicht seine eigene Einschätzung der Dinge aufrichtig zum besten gegeben haben sollte.

Freilich könnte die Hoffnung Baumgartners auf eine gestärkte machtpolitische Stellung eher vager Natur gewesen sein. Denn Hohenwart notierte sich bereits am 13. November in seinen tagebuchartigen Aufzeichnungen, angeblich trete Baumgartner zurück[64].

Auch Brandt hat sich ansatzweise mit der Problematik seines Ausscheidens auseinandergesetzt. Laut ihm „verlangte" Baumgartner seit der zweiten Oktoberhälfte „selbst nach seinem Rücktritt"[65]. Ein von ihm angeführter Tagebucheintrag Kübecks vom 15. Januar 1855 unterstützt diese These: Danach kam an diesem „Abend" ein gewisser Dreier zu ihm, der ihn offenbar häufiger mit einschlägigen Informationen versorgte[66]. Diesmal brachte er ihm die „Nachricht", daß der Finanzminister „seine Enthebung angesucht und erhalten hat". Dabei begegnen wir übrigens einem weiteren Indiz für den sinkenden Einfluß des Reichsratsvorsitzenden bei Hofe zumindest in finanzpolitischen Angelegenheiten. Denn obwohl er an diesem Tag beim Kaiser in Audienz war, hatte dieser „mit mir davon mit keiner Silbe gesprochen". Wohl auch deshalb versuchte er sich über den damaligen Vorgang tags darauf noch aus vermeintlich „bester Quelle", nämlich bei Metternich, zusätzliche Informationen zu beschaffen[67]. Ob dabei die Motive, die den Finanzminister zu seinem Demissionsgesuch bewogen, zur Sprache kamen, ist freilich ungewiß.

Die Frage nach Baumgartners Rücktrittsmotiven ist für uns aber von Interesse: Was bewog ihn also zu seinem scheinbar „elenden Abtritt"[68], wie sich

---

62 Tagebucheintrag, in: Aus dem Nachlaß Kübecks, S. 164.
63 Tagebucheintrag Kübecks v. 28. November 1854, in: Ebd., S. 163.
64 AVA, NL Hohenwart-Weingarten, Krt. 14b, f. *Pensions Periode 1849–54*, Bog. 23.
65 Neoabsolutismus, 2, S. 713 (s. dort auch Anm. 9).
66 Tagebücher Kübecks, S. 74 (s. dazu auch folg.).
67 Tagebucheintrag v. 16. Januar 1855, in: Ebd.
68 Tagebucheintrag v. 18. Februar 1855, in: Tagebuch Kempens, S. 356.

der vermeintlich „ausschließlich altkonservativ" eingestellte[69] Hofrat Karl Baron v. Hummelauer gegenüber Kempen ausgedrückt haben soll? Für Wessenberg stellte diese Frage noch am 19. Januar 1855 „bis itzt ein Geheimniß" dar[70]. Da er in Freiburg residierte, vermochte der Freiherr seine Informationen allerdings nur aus zweiter Hand zu beziehen. Brandt macht diesbezüglich zwei Motive geltend: Da war zum einen Baumgartners „Verzweiflung" über „die Finanzlage und das Scheitern all seiner Bemühungen"[71]. Zum anderen verweist er auf dessen „Einsicht in die klägliche Rolle, zu der man ihn in dem Eisenbahngeschäft [gemeint ist die 1854 begonnene Privatisierung des bis dahin zu rund 70 % in Staatsbesitz befindlichen Eisenbahnnetzes[72]] mißbraucht hatte". Dabei beruft er sich unter anderem auf einen Eintrag Kübecks vom 23. Oktober 1854[73]. Danach „soll" (!) Baumgartner wegen dieser Angelegenheit „einige Gewissensbisse verspürt" und zudem „angefangen" haben, „seine unwürdige Rolle zu begreifen, in der er sich gebrauchen ließ, aber nicht mehr zurük können"[74].

Aus diesem Beleg läßt sich freilich noch nicht auf Demissionsgedanken schließen, zumal Kübeck hier ausdrücklich von „lauter on dits" spricht. Sämtliche übrigen, von Brandt angeführten Belege stammen jedoch aus einem Zeitraum, an dem Baumgartners Abgang bereits vollendete Tatsache war. Darunter befindet sich auch ein Tagebuchvermerk des Reichsratsvorsitzenden vom 23. Januar 1855 über einen „Abschiedsbesuch" des inzwischen nur noch interimistisch amtierenden Finanzministers: Danach hatten ihm drei Momente einen „längeren Verbleib im Amte unmöglich" gemacht: der „unglückliche Gang der Regierung", die „verzweifelte Lage unserer Finanzen" und schließlich „seine dadurch erzeugte gemütliche Aufregung"[75]. Auch Kempen hatte am 1. Februar eine „Abschieds"visite Baumgartners erhalten[76]. Aus seinem anschließend verfertigten Tagebucheintrag geht hervor, daß der Rücktritt seines Gesprächspartners von der „durch Sorgen des Amts gebrochenen Gesundheit" motiviert gewesen sein könnte. Dies würde sich wenigstens partiell mit Kübecks Notizen vertragen: Jedenfalls machte Baumgartner sowohl ihm als auch Kempen gegenüber rein berufliche Probleme und damit eng zusammenhängende, ja aus ihnen überhaupt erst resultierende gesundheitliche Schwierigkeiten geltend.

---

69 Tagebucheintrag Kempens v. 10. Dezember 1852, in: Ebd., S. 270.
70 An Isfordink-Kostnitz, Freiburg, in: Briefe Wessenbergs, 2, Nr. 422, S. 296.
71 Neoabsolutismus, 2, S. 713 (s. dazu auch das folg. Zit.).
72 S. dazu Karl Bachinger, Verkehrswesen, S. 282–287.
73 Brandt, Neoabsolutismus, 2, S. 173, Anm. 9.
74 Tagebucheintrag Kübecks, in: Aus dem Nachlaß Kübecks, S. 158 (s. dazu auch das folg. Zit.).
75 Tagebücher Kübecks, S. 75–76.
76 Tagebucheintrag, in: Tagebuch Kempens, S. 354 (s. dazu auch folg.).

So gesehen erscheint es fast, als wäre Baumgartner aus freien Stücken gegangen. Scheinbar hätte er sein Ressort weiterleiten können, wenn er es nur gewollt hätte. Dagegen spricht jedoch die umgehende Annahme seines Rücktrittsgesuchs durch den Monarchen sowie der gesamte historische Zusammenhang. Es dürfte sich schon so verhalten haben, wie Heindl vermutet hat: Baumgartner „fand beim Kaiser kein Vertrauen mehr"[77]. Sein Mißerfolg bei der Nationalanleihe spielte dabei fraglos eine wichtige bis entscheidende Rolle.

4.2.2. Die Folgen der Nationalanleihe für Bach

Anders verhielt es sich für seinen Kollegen, der ja gerne als eigentlich starker Mann des Neoabsolutismus bezeichnet wird[78]. Bei näherem Hinsehen war seine Stellung freilich keineswegs so sakrosankt, wie man vermuten könnte. Bach selbst behauptete nachträglich, „wiederholt" um seinen Rücktritt nachgesucht zu haben[79]. Dies scheint kaum überprüfbar, doch finden sich wenigstens immer wieder Rücktrittsgerüchte und ähnliches mehr. Erstmals war dies schon bald nach seiner definitiven Übernahme des Innenressorts der Fall. Auf die Richtigkeit dieser Gerüchte kann hier nicht näher eingegangen werden[80]; Spekulationen etwa Kempens vom 17. März 1851 über die „unsichere Stellung" des Ministers[81] sind jedoch nicht einfach als Erfindungen abzutun. Dennoch überlebte Bach das Abenteuer Nationalanleihe und kam erst über die Wirren von 1859 zu Fall. Dies erscheint erklärungsbedürftig. Denn er hatte sich gegenüber dem Monarchen mindestens ebensosehr für ein Gelingen der Nationalanleihe verbürgt wie sein Kollege von den Finanzen.

4.2.2.1. Bachs gestärkte Stellung

Im Gegensatz zu Baumgartner scheint ihm durch den erfolgreichen Abschluß der Subskriptionsphase zunächst eine merkliche Festigung seiner Stellung im Machtgefüge des Neoabsolutismus gelungen zu sein. Dabei könnte er bereits zuvor Oberwasser bekommen haben, genauer gesagt nach der für ihn so gün-

---

77 Einleitung, in: MRP, III/3, S. XXV.
78 Vgl. w. o., Kap. 1, Abschnitt 1.3.7.1.
79 S. dazu einen Brief Meyers an Bach v. 6. Oktober 1862 (Wien, in: AVA, NL Bach, Krt. 7, fol. 166.
80 Wie in anderer Hinsicht, so findet sich auch hierzu vor allem Material in Kempens und Kübecks Tagebüchern. Gründe für einen Rücktritt hatte er durchaus, so etwa die institutionelle Ausgliederung der Obersten Polizeibehörde aus dem Innenministerium.
81 Tagebucheintrag, in: Tagebuch Kempens, S. 207.

stig ausgehenden *Finanzkonferenz* vom 31. Mai. Wenigstens vermerkte Kempen aufgrund von ihm durch Kübeck zugetragenen Informationen am 9. Juni „in neuerer Zeit eine lärmende Haltung" Bachs[82]. Dabei verwies er speziell auf eine tags zuvor stattgehabte „Beratung im Reichsrate", in welcher der Minister „diesem Körper das Recht bestritt, Gesetzentwürfe selbst zu schaffen, und vielmehr darauf drang, den Entwurf des Ministeriums zur Grundlage zu machen". Konkret ging es dabei um die „Gemeinde-Einrichtung", also das seit langem von einer *Organisierungskommission* hin und her diskutierte Gemeindegesetz[83]. Auch Kübeck selbst ließ kurz zuvor das Auftreten seines Rivalen nicht unkommentiert: Er konstatierte eine „erbärmliche Ungezogenheit des Ministers Bach"[84].

Wie aber entwickelte sich im Anschluß an das Ende der Zeichnungen die Situation für Bach, dem Wessenberg schon am 19. August 1849 einen „stilo imperatorio" attestiert hatte[85]? Viereinhalb Monate nach der besagten *Finanzkonferenz* erhielt der Reichsratsvorsitzende einen von ihm wahrscheinlich absichtlich nicht näher personifizierten „Besuch", der „mit Anerkennung des Muthes und der Kraft" gedachte, „die bei dieser Gelegenheit von dem Minister des Innern entwikelt wurde"[86]. Wesentlich aussagekräftiger sind Spekulationen Hohenwarts über die Ernennung Bachs zum „Premiér", die sich der Adelige ungefähr zu jener Zeit notierte, als erstmals Gerüchte über einen bevorstehenden Rücktritt Baumgartners auftauchten[87]. Vor allem jedoch dürfen die bereits zitierten Worte nicht vergessen werden, die der Kaiser gegenüber dem Innenminister acht Tage nach Lektüre seines Abschlußvortrags vom 3. Oktober über den Verlauf der Subskriptionsphase gefunden hatte: Darin bekundete er ja ausdrücklich seine „volle Zufriedenheit" und lobte die „thatkräftige und umsichtige Art, mit welcher Sie Meinen Befehlen nachgekom-

---

82 Tagebucheintrag, in: Ebd., S. 333 (s. dazu folg.).
83 Dieser Kommission gehörte auch Bach an. S. dazu den Sammelakt Nr. 326/54, in: HHStA, KK, RR, OK, Krt. 12; vgl. Heindl, Einleitung, in: MRP, III/5, S. XXIII–XXV.
84 Diese Tagebuchnotiz dat. freilich bereits v. 7. Juni (Aus dem Nachlaß Kübecks, S. 145). Kempen könnte sich in der Datierung geirrt haben. Diese Worte erscheinen auch deshalb interessant, weil Kübeck bei seiner Kritik an dem Projekt Nationalanleihe selbst exakt so argumentiert hatte.
85 An Isfordink-Kostnitz, Diettenitz, 19. August 1849, in: Briefwechsel Wessenberg, 1, Nr. 53, S. 60.
86 Tagebucheintrag v. 13. Oktober 1854, in: Aus dem Nachlaß Kübecks, S. 157. Er wollte seinen Informanten offenbar nicht bloßstellen. Dabei ist seine eigene Gegnerschaft gegen die Nationalanleihe zu bedenken. Im übrigen ein bezeichnendes Indiz dafür, daß seine Tagebuchaufzeichnungen wenigstens partiell als *Tradition* und nicht als *Überrest* einzuordnen sind, will man diese oftmals unklare Unterscheidung verwenden.
87 Tagebucheintrag v. 13. November 1854, in: AVA, NL Hohenwart-Weingarten, Krt. 14b, f. *Pensions Periode 1849–54*, Bog. 23.

men sind"⁸⁸. Diese Worte gewinnen um so mehr an Bedeutung, als sich Franz Joseph nach meinen Recherchen in unserem Betrachtungszeitraum kein zweites Mal zu einem solch deutlichen schriftlichen Lob hinreißen ließ, weder gegenüber Bach noch gegenüber einem anderen Mitglied des Kabinetts. Und obwohl die folgenden Worte von seinem großen Rivalen Kübeck stammen, mag Bach angesichts solch außergewöhnlichen Lobs wirklich ein wenig der „Dünkel" befallen haben, der „providenzielle Leiter des jungen Kaisers und Österreichs" zu sein⁸⁹.

Dazu würde nun auch ein Vorgang passen, der sich gegen Ende 1854 in Außenminister „Buols Lloyd"⁹⁰ abspielte, einer allerdings „gut unterrichteten" Zeitung, wie Bismarck einige Monate zuvor treffend meinte⁹¹. Es begann, wie auch sonst oft, mit einem „Gerücht", das „Aufnahme" in die Abendausgabe des *Lloyd* vom 28. November gefunden hatte⁹² und auch weit entfernt von Wien aufmerksam registriert worden war⁹³. Danach wurde die „Aufhebung der Ministerien der Justiz, des Handels, der Finanzen, des Kultus und Unterrichts" beabsichtigt. Sie sollten durch „sogenannte Centralstellen- oder Behörden unter Sekzionschefs" ersetzt und „unter die oberste Leitung des Ministers des Innern gesetzt werden".

Wäre es dazu gekommen, dann hätte allerdings Bach „nebst dem Minister des Äussern allein als Minister fungirt", wie Kempen erkannte⁹⁴. Und angeblich war auch Baumgartner im neuen System „eine höhere Stellung" zugedacht. Dieses Gerücht war nicht nur dazu prädestiniert, „auch in die anderen Blätter heute überzugehen". Es war vielmehr ebenfalls dazu geeignet, in der Öffentlichkeit „große Bewegung zu erzeugen" und die Reichsräte in große

---

88 Schönbrunn, 11. Oktober 1854, in: Ebd., Inneres, Präs., Krt. 666, Nr. 11882/54.
89 So Kübeck, der einen *wahnsinnigen Dünkel* feststellte. Dabei faßte er Informationen eines gewissen „Herrn F-r" zusammen „über die Stimmung in der Stadt und den Vorstädten Wiens aus Veranlaßung der Steigerung der Silberkurse" (Tagebucheintrag v. 22. Oktober 1854, in: Aus dem Nachlaß Kübecks, S. 158). Es dürfte sich dabei um den Kaufmann Anton Falkbeer handeln, mit dem Kübeck öfter zusammentraf.
90 Bismarck an Leopold v. Gerlach, Frankfurt, 15. August 1854, in: Briefwechsel des Generals Leopold von Gerlach mit dem Bundestags-Gesandten Otto von Bismarck, S. 183.
91 Ders. an Manteuffel, Frankfurt, 26. Februar 1854, in: Bismarck, Die Gesammelten Werke, 1, Nr. 476, S. 431.
92 Tagebucheintrag Kübecks v. 28. November 1854, in: Aus dem Nachlaß Kübecks, S. 163 (s. dazu auch folg.). Unklar ist, ob es schon zuvor kursierte und Kübeck bekannt war.
93 So notierte sich Wessenberg in seinem Tagebuch „das Gerücht, und selbst die Wiener Blätter – Lloyd – sprechen schon davon, als obwalte die Absicht(,) alle Ministerien, bis auf jenes des Aeußeren und jenes des Inneren(,) eingehen zu laßen, und alle Verwaltungsbehörden dem letzteren zu unterstellen" (Dezember, in: HHStA, NL Wessenberg, Krt. 17, Inv.nr. 148, fol. 134).
94 Tagebucheintrag Kempens v. 16. Dezember 1854, in: Tagebuch Kempens, S. 348 (s. dazu auch das folg. Zit.).

"Aufregung" zu versetzen, wie Kübeck seinem Tagebuch anvertraute[95]. Denn aus ihrer Sicht handelte es sich zweifelsohne um eine „revoluzionäre", nicht aber um eine „konservativ reformirende ... Strömung"[96].

Warum letzteres der Fall war, ist schnell erklärt: Kübeck „vermuthete" nämlich dahinter die „nicht ausgesprochene" Absicht, dem noch amtierenden „Finanzminister ... das Reichsraths-Präsidium oder Vizepräsidium" zu übertragen[97]. Gegenüber Kempen nannte er dies einen „Schlag, den man dem Präsidenten Kübeck beibringen wollte"[98], im übrigen ein eventuelles Indiz dafür, daß die Position des Finanzministers gegen Ende 1854 noch eher stark war.

Der Reichsratsvorsitzende schrieb diese gerüchteweise Nachricht der Urheberschaft Bachs zu: Der Artikel sei offenbar von ihm in die Öffentlichkeit zur „Erforschung der Meinungen" geschleudert worden[99]. Endgültig läßt sich dies wohl nicht mehr feststellen. Aber Warrens, der Redakteur des *Lloyd*, dürfte ein solches *Gerücht* kaum ohne das Einverständnis verantwortlicher Stellen in die Welt gesetzt haben. Insofern mag Kübeck richtig „vermutet" haben, wenn er diese „Notiz" als „Ausfluß jener Ergießungen demokratischer Besprechungen" bezeichnete, die „bei dem Minister des Innern von Zeit zu Zeit statthaben und denen auch Warrens beizuwohnen pflege"[100]. Und sollte Außenminister Buol den Artikel autorisiert haben, so ist gleichfalls von Bachs Mitwirkung auszugehen: Denn die beiden Männer standen damals in einer recht guten Beziehung zueinander[101], und die Angelegenheit betraf primär Bach.

Kübeck meinte überdies, man halte seit den „letzten Finanz-Operationen Alles für möglich". Erst diese unzweifelhafte Anspielung auf die Nationalanleihe erschließt uns die ganze mögliche Bedeutung des von Bach unternommenen strategischen Schachzugs. Es handelte sich demnach um den Versuch, die Einstellung der öffentlichen Meinung gegenüber einer solchen umfassenden Umbildung der *Regierung* zu erkunden. Geboren wurde er aus dem gegen Ende 1854 offenbar bei Bach noch immer vorhandenen Bewußtsein, mit dem Erreichen der 500 Millionen gleichzeitig einen großen innenpolitischen Sieg errungen zu haben. Er glaubte ganz offensichtlich, machtpolitisch stärker dazustehen als zuvor und dabei insbesondere die eigene Stellung beim Kaiser entscheidend gefestigt zu haben.

---

95 Am 29. November 1854, in: Aus dem Nachlaß Kübecks, S. 163.
96 Tagebucheintrag Kübecks v. 28. November 1854, in: Ebd.
97 Tagebucheintrag Kübecks v. 29. November 1854, in: Ebd.
98 Tagebucheintrag Kempens v. 16. Dezember 1854, in: Tagebuch Kempens, S. 348.
99 Tagebucheintrag v. 29. November 1854, in: Aus dem Nachlaß Kübecks, S. 163 (s. dazu auch folg.).
100 So in ind. Rede durch Kempen wiedergegeben (Tagebuchnotiz v. 16. Dezember 1854, in: Tagebuch Kempens, S. 348).
101 S. dazu kurz w. u., S. 511.

4.2.2.2. Bachs Machtstellung gerät in Gefahr

Ebenso plötzlich aber, wie man diesen Versuchsballon einer „Ministerrazia"[102] gestartet hatte, war er auch schon wieder geplatzt. Denn bereits 48 Stunden später (30. November) bezeichnete eine in der *Wiener Zeitung* veröffentlichte „Erklärung" das besagte „Gerücht" als „völlig unbegründet"[103].

Kübeck charakterisierte diese regierungsamtliche *Erklärung* am 30. November als „unverkennbar (…) aus der Feder des Ministers Bach" stammend. Hierin irrte er aller Wahrscheinlichkeit nach ebenso wie Reichsrat Krieg, der den „Widerruf" einer Maßnahme Kempens zuschrieb. Tatsächlich war er vielmehr offensichtlich vom „Grafen Buol ausgegangen", wie Kübeck wiederum am 16. Dezember nach einem Gespräch mit Kempen notierte[104].

Zugleich meinte Kübeck, daß der weiter oben skizzierte Plan bestanden habe und „von dem Minister, welcher die Trompete seiner Vorhaben ist, ohne Zweifel in seinen vertrauten Zirkeln besprochen (wurde)"[105]. Diese, auf Bach anspielende Feststellung dürfte nun allerdings stimmen. Zugleich schrieb er, man habe die Hörner vor der Hand eingezogen, weil „die Meinung in allen Schichten der Bevölkerung darüber eine so aufregend ungünstige" gewesen sei. Diese Annahme teilte im übrigen offenbar auch Wessenberg mit Bezugnahme auf die Nationalanleihe[106]. Ungeachtet des sehr kurzen Zeitraums, der zwischen dem Artikel im *Lloyd* und dem Dementi in der offiziellen Regierungszeitung lag, dürfte sie ebenfalls zutreffen.

Denn rund zwei Tage waren für den Innenminister mit seinen weitverzweigten Informationskanälen wohl genug, um wenigstens für den Bereich Wiens einen einigermaßen verläßlichen Aufschluß über einschlägige Reaktionen „in allen Schichten der Bevölkerung"[107] zu erlangen. Möglicherweise gab für den schnellen Rückzug aber auch ein Machtwort von oben den Ausschlag. Dieses konnte jedoch lediglich vom Monarchen selbst ausgehen.

---

102 So Reichsrat Krieg oder/und Kübeck laut einer Tagebuchnotiz Kübecks v. 2. Dezember 1854, in: Aus dem Nachlaß Kübecks, S. 164.
103 Tagebucheintrag Kübecks v. 30. November 1854, in: Ebd. (s. dazu auch folg.).
104 Tagebucheintrag, in: Ebd., S. 168. Die entsprechende Tagebuchnotiz Kempens v. 16. Dezember 1854 über diese Unterhaltung gibt dazu nichts her (Tagebuch Kempens, S. 348).
105 Tagebucheintrag Kübecks v. 30. November 1854, in: Aus dem Nachlaß Kübecks, S. 164 (s. dazu auch folg.).
106 „Das obige Gerücht ist später wiederrufen worden. Hiezu gab vielleicht Anlaß(,) daß das Anlehen eigentlich nicht ein Werk des Finanz Ministers(,) sondern jenes des Minister des Inneren – Bach – sei." (Dezember, in: HHStA, NL Wessenberg, Krt. 17, Inv.nr. 148, fol. 136.) *Hiezu* dürfte sich auf die *Wiederrufung* beziehen. Denn insofern die Nationalanleihe ja tatsächlich *ein Werk* Bachs war, wollte er davon auch machtpolitisch profitieren. Da das Unternehmen in der Öffentlichkeit jedoch in Verruf geraten war, hätte es kontraproduktiv gewirkt, wäre Bach machtpolitisch belohnt worden.
107 Tagebucheintrag Kübecks v. 30. November 1854, in: Aus dem Nachlaß Kübecks, S. 164.

Damit war die Frage der künftigen institutionellen Gestaltung des Machtapparates übrigens anscheinend noch nicht ganz vom Tisch. Laut einem Tagebucheintrag Kübecks vom 18. Januar 1855 waren damals nämlich „alle Einrichtungen und alle höheren Personen-Stellungen ... in Frage gebracht", und „darunter insbesondere" eben „auch" der „Fortbestand des Reichsrates und seines Präsidenten"[108]. Dies hing nun aber wohl eher mit dem inzwischen erfolgten „Eintritt Brucks" in die Ministerkonferenz zusammen[109]. Von ihm wurden nämlich „fortan die verschiedensten Umwälzungen erwartet".

Tatsächlich kam es zu keinen institutionellen Veränderungen, obwohl damals zeitweise offenbar sozusagen fast alles möglich schien. So trug sich Franz Joseph kurz darauf wohl auch mit dem Gedanken einer „Aufhebung der ohnehin zu keinem Zwecke führenden Ministerkonferenzen", wie sich Kempen nach einem Gespräch mit Grünne am 27. Februar 1855 notierte[110].

Wie es sich damit auch verhalten haben mag, es spricht viel dafür, daß Franz Joseph seine an Bach gerichteten lobenden Worte vom 11. Oktober zunehmend gereut haben könnten: Dazu mag auch dessen Rolle bei dem gerade geschilderten Vorgang beigetragen haben. Dies läßt wenigstens ein Tagebuchvermerk Kempens vom 7. Dezember 1854 vermuten: Danach „fragte" ihn der Kaiser, „woher Warrens die Artikel ... entnommen, nach welchen ein neuer Administrationsmechanismus größtenteils in die Hände des Ministers des Innern übergehen sollte"[111]. Der Chef der Obersten Polizeibehörde erklärte sich „mit Berufung auf das mangelhafte Preßgesetz" zu einer „Beantwortung" der „Frage" außerstande; nun äußerte er sich häufig kritisch über den Zuschnitt des Pressegesetzes von 1852[112], und diese Gelegenheit mag ihm willkommen erschienen sein, um den Kaiser vergleichsweise ungeschminkt auf die Notwendigkeit einer Verschärfung desselben hinzuweisen; dennoch war er offenbar nicht ganz so unwissend, wie er vorgab: Denn gleichzeitig „erzählte" er dem Monarchen „alles, was ich wußte", und ließ dabei auch die vermeintliche „Teilnahme des Ministers Bach bei diesen Intrigen durchschimmern". Zwar reagierte Franz Joseph laut Kempen „insbesondere" mit einer „Gereiztheit" gegen den *Lloyd*, der er auch Worte gegeben habe; doch mußte dem Monarchen eine etwaige Mittäterschaft des Innenministers zweifellos unangenehm aufstoßen.

Wesentlich mehr könnten die Vorgänge um die Nationalanleihe zu einer veränderten Einstellung Franz Josephs gegenüber Bach beigetragen haben. Hilfreich erscheint in diesem Kontext ein Blick auf die Reaktion des Herr-

---

108 Tagebücher Kübecks, S. 74–75.
109 So wiederum Kübeck, Tagebucheintrag v. 27. Januar 1855, in: Ebd., S. 77 (s. dazu auch das folg. Zit.).
110 Tagebucheintrag, in: Kempens Tagebuch, S. 357.
111 Ebd., S. 346 (s. dazu auch folg.).
112 Darauf kann hier nicht näher eingegangen werden.

schers auf zwei Vorträge, die ihm der Innenminister am 5. März 1855 erstattete: Damals beantragte Bach die Belohnung „physischer oder moralischer Personen"[113], die sich in den Augen behördlicher Organe um die Propagierung der Operation oder auch durch eigene herausragende Zeichnungen besonders verdient gemacht hatten. Für solche Fälle waren schon seit Beginn des Unternehmens kaiserliche Auszeichnungen[114] vorgesehen, und sie wurden im Zuge seiner Abwicklung auch propagandistisch der Öffentlichkeit direkt und indirekt als Lockmittel in Aussicht gestellt. So hieß es schon in der ersten Julihälfte 1854 in einem Artikel der *Österreichischen Korrespondenz*, die „Bemühung" einflußreicher „Mitbürger" um die Nationalanleihe dürfe aufgrund des dadurch erworbenen „Verdienstes um den Thron" der „lebhaftesten Anerkennung und Würdigung versichert sein"[115]. Und für die Krain bezeichnete der dortige Landeschef Chorinsky in einem Rundschreiben „eine besonders hervorragende ... Betheiligung" als „ein reeles, eine besondere Anerkennung begründendes Verdienst um den Staat und den allerhöchsten Thron" und sprach zugleich von einem „gegründeten Anspruch auf eine öffentliche Auszeichnung oder Anerkennung"[116].

Teilweise veranlaßte Bach im übrigen – jeweils in Absprache mit Baumgartner – „in Anerkennung geleisteter Dienste" selbständig einige „Renumerationen"[117]. So erhielt Tuvora offensichtlich bereits vor Abschluß der Zeichnungsphase 300 Gulden. Grund war seine aufklärende, uns schon bekannte Broschüre *Uiber das neue Anlehen*. Und gegen Ende Oktober 1854 erbat sich der Innenminister die Zustimmung seines Kollegen zur „Ertheilung von Remunerationen an jene Beamten und Diurnisten", die „bei der Zentral-Leitung der Anlehensoperazion im Kronland Böhmen mit besonderem Eifer und mit Aufopferung der Nachtstunden ersprießliche Dienste geleistet haben"[118]. Auch Beamte und Diurnisten in Niederösterreich sollten in den Genuß solcher Gelder gelangen.

---

113 Vortrag, Wien, MCZ. 4131/55, in: HHStA, KK, Vorträge, 1855, Krt. 21 (vgl. MCZ. 4132/55).
114 Am 21. April 1852 ließ der Monarch im übrigen die Minister wissen, „daß Auszeichnungen, da sie allein Ausfluß der kaiserlichen Gnade sind, nicht in den Ministerkonferenzen zu besprechen sind, sondern bloß durch Vorträge der einzelnen Minister in Antrag gebracht werden sollen" (Wien, Kenntnisnahme des MKP v. 15. April 1852, MCZ. 1182/52, in: MRP, III/1, Nr. 2, S. 14). Den Ministern gelang es, diesen Entschluß zu revidieren (s. dazu: MKP v. 24. April 1852, MCZ. 1299/52, in: Ebd., Nr. 5, S. 23; MKP v. 4. Mai 1852, MCZ. 1427/52, in: Ebd., Nr. 8, S. 49).
115 Wiedergegeben in: *Wiener Zeitung*, 9. Juli 1854, Nr. 163, S. 1854.
116 An Hohenwart, Laibach, 11. Juli 1854, in: AVA, NL Hohenwart, Krt. 13.
117 An Baumgartner, Wien 30. August 1854, Nr. 10962/MI., in: FA, FM, Präs., Nr. 16345/54 (s. dazu auch das folg. Zit.).
118 Ders. an dens., 26. Oktober 1854, Wien, Nr. 11932, in: Ebd., Nr. 19888/54. Baumgartner stimmte zu (an Bach, Wien, 7. November 1854, Nr. 19888/FM, in: Ebd., Bog. 1).

Im allgemeinen aber wurden jene, die sich eine kaiserliche Anerkennung gleich welcher Art erwartet oder auch nur erhofft hatten, enttäuscht. Denn nur wenige kamen in einen solchen Genuß. Zu ihnen gehörte Peter Obdrzalek, der im Mährischen (Uhritz) Pfarrer war. Er erfüllte ideale Voraussetzungen, um eine kaiserliche Auszeichnung zu erhalten. Denn er hatte nicht nur eine „namhafte Summe" subskribiert, sondern durch „seine persönliche Einwirkung auf die Bevölkerung" auch „ein sehr günstiges Resultat" der Zeichnungen erbracht[119]. Dies brachte ihm zwar nicht den von Kultusminister L. Thun ursprünglich beantragten „Franz-Joseph-Orden" ein, da dieser „in der Regel nur dem höheren Klerus verliehen zu werden pflegte"[120]; dafür aber durfte sich Obdrzalek künftig immerhin mit dem *Goldenen Verdienstkreuz mit der Krone* schmücken. Auch die beiden Bankiers Sina und Eskeles wurden vom Herrscher ausgezeichnet[121], was aufgrund ihrer geschilderten Unterstützung der Nationalanleihe aus nicht nur uneigennützigen Überlegungen ein wenig zwiespältig erscheint.

Ansonsten aber hielt sich Franz Joseph mit der Erteilung von Auszeichnungen sehr zurück. Und am 21. April 1856 ließ er dem Innenminister zwei einschlägige Vorträge sogar ohne Resolution „zurückstellen"[122]: In dem einen hatte Bach um „Gnadenbeweise" für „moralische" Personen ersucht, im anderen ging es um Auszeichnungen für einige Individuen. Besonders fällt auf, daß er diese zwei Vorträge bereits über ein Jahr zuvor unterbreitet hatte. Es handelte sich nämlich um die zwei erwähnten Vorträge vom 5. März 1855.

Weder Bach noch sonst jemand konnte Franz Joseph dafür zur Rechenschaft ziehen, daß dieser seine Entscheidung so lange hinauszögerte. Ebensowenig mußte der Monarch seine unerledigte Zurückstellung dieser Vorträge, die nichts anderes als ihre definitive Ablehnung bedeutete, näher begründen, was er auch nicht tat. Gleichwohl fragt sich, warum der betreffende Akt so lange unbearbeitet auf seinem Schreibtisch liegen blieb. Ganz allgemein scheint es, als sei dem Herrscher ein Entschluß in dieser Angelegenheit schwer, vielleicht sogar unangenehm gefallen. Warum aber könnte dies der Fall gewesen sein, und warum beschied er die beiden Vorträge schließlich negativ?

Folgen wir Gert Holler, dem Biographen der vermeintlich *heimlichen Kaiserin* Sophie, so hatte der Monarch ebenso wie die Erzherzogin keine Ahnung

---

[119] Vortrag Thuns v. 26. April 1855, Wien, MCZ. 1253/55, in: HHStA, KK, Vorträge, 1855, Krt. 7. Der Kaiser stimmte zu (Wien, 8. Mai 1855, in: Ebd.; vgl. MKP v. 28. April 1855, MCZ. 1262/55, in: MRP III/4, Nr. 282, S. 60).

[120] So ein entsprechender Einwand Toggenburgs (ebd.).

[121] Vortrag Bachs v. 17. Januar 1855, Wien; a. h. Entschließung Franz Josephs, Wien, 23. Januar 1855, beide in: HHStA, KK, Vorträge, 1855, Krt. 2, MCZ. 222/55, fol. 973–976.

[122] Vortrag v. 5. März 1855, Wien, in: Ebd., Krt. 21, MCZ. 4131/55 (s. dazu auch folg.); vgl. MCZ. 4132/55, in: Ebd. Der Zurückstellungsvermerk datiert in beiden Fällen v. 21. April 1856 (ebd.).

gehabt, wie die Anleihe „zustande kam", wie die halbe Milliarde Gulden „aus den Provinzen herausgepreßt wurde" und welche „Verbitterung" die dabei angewandten „Methoden in der Bevölkerung auslösten"[123]. Dabei verweist er auf einen Brief Franz Josephs an seine Mutter vom 8. Oktober 1854. Tatsächlich schrieb der Kaiser darin über die Nationalanleihe nur folgendes: „Ein Land, welches in einem Jahr 200 000 Rekruten ohne Anstand aushebt und ein Anlehen von über 500 Millionen fl im Inlande zustande bringt, ist noch gar nicht so revolutionskrank."[124]

Offensichtlich lassen sich Hollers Schlußfolgerungen aus diesen Worten unmöglich ableiten. Ebenso klar ist, daß der Monarch sowohl über die Art und Weise der Vorbereitung als auch der Abwicklung des Unternehmens Bescheid wußte. Unabhängig davon mochte bei ihm zu diesem Zeitpunkt noch der „Stolz auf dieses Land" überwiegen, das – in außenpolitisch so schweren Zeiten – „eine 500 Millionen-Anleihe zusammenbrachte, mit der eine stattliche Armee von über 300.000 Mann ins Feld gestellt werden konnte"[125]. Und er mag sich über den Grad der öffentlichen *Verbitterung* eine Zeitlang falschen Vorstellungen hingegeben haben. All dies muß aber bald einer nüchterneren Einschätzung gewichen sein.

Kübeck dürfte hierbei keine entscheidende Rolle gespielt haben, so gerne er dies aufgrund seiner Gegnerschaft gegen das Unternehmen wohl auch getan hätte. Denn aus verständlichen Gründen „mied" der Habsburger „sichtlich", mit ihm „von den Finanzen ... zu sprechen"[126]; doch fütterte dafür Kempen den Herrscher um so mehr mit einschlägigen Informationen über die Reaktion der Öffentlichkeit auf die Praktiken bei der Durchführung der Nationalanleihe. So „sprach" er dem Kaiser gegenüber am 17. November 1854 infolge einer „dringenden Aufforderung" Grünnes „ganz offen und umfassend", wobei er „mit Beruhigung" wahrgenommen haben will, daß Franz Joseph „jede Überstürzung bei Behandlung der Anlehensrenitenzen beseitiget wissen will"[127]. Und ungefähr ein Jahr danach berichtete er ihm zwar

---

123 Sophie, S. 273 (s. dazu auch folg.).
124 Schönbrunn, in: Briefe Kaiser Franz Josephs an seine Mutter, Nr. 178, S. 231–232.
125 Holler, Sophie, S. 273.
126 So Kübeck in einer Tagebuchnotiz v. 11. Oktober 1854, in der es weiter heißt: „(...) so kann ich mit dem besten Willen ihn nicht aufklären, ihn nicht von den Gefahren unterrichten, in welche man ihn steigend verwikelt." (Aus dem Nachlaß Kübecks, S. 157.) Was seinen *besten Willen* anbetrifft, ist angesichts dessen, was im Zuge der Darlegung des Entscheidungsprozesses bei der Nationalanleihe über seine eventuell eher wenig kämpferische *Natur* gesagt wurde, Vorsicht angebracht. Gerade damals „bedauerte" Grünne gegenüber Kempen, „daß Baron Kübeck nicht den Mut habe, seine Bedenklichkeiten über die administrativen und diplomatischen Verhältnisse der Monarchie öfter auszusprechen; (...)" (Tagebucheintrag v. 14. Oktober, in: Tagebuch Kempens, S. 341).
127 Tagebucheintrag v. 17. November 1855, in: Ebd., S. 344 (das ind. Zit. stammt v. 16. November, in: Ebd.).

einerseits über den „ziemlich befriedigenden Fortgang" der Einzahlungen, verschwieg ihm aber andererseits nicht die „fortwährende (!) und mitunter sehr schmerzliche Klage", die „über diese Zahlungspflicht ... geführt wird"[128].

Die plausibelste Erklärung für die Verzögerung und schließliche Abweisung der beiden Vorträge Bachs scheint deshalb darin zu liegen, daß sich auch Franz Joseph zunehmend darüber klar wurde, auf welcher „Bahn der Täuschungen, des Betruges und des Treuebruches" sich die „Regierung ... seit 4 Monathen" befand, wie Kübeck am 10. Oktober seinem Tagebuch drastisch, aber doch nicht verkehrt anvertraute[129]. Dabei muß der Habsburger insbesondere befürchtet haben, daß durch die konkrete Umsetzung der Nationalanleihe auch sein eigenes Renommee schon Schaden genommen haben könnte oder aber Schaden nehmen würde. Im Zusammenhang mit seiner Untersagung einer direkten Verknüpfung von Freiwilligkeit und Zwang im kaiserlichen Patent vom 26. Juni 1854 war ja schon seine Sensibilität in dieser Hinsicht festzustellen. Trotzdem hatte er der Nationalanleihe seine Zustimmung verliehen. Damit nicht genug, hatte er dieses Unternehmen sogar in Form eines kaiserlichen Patents publizieren lassen, es damit zu seinem eigenen Anliegen gemacht und sich mit ihm praktisch identifiziert. Anders formuliert: Er hatte sich mit einer faktischen Zwangsanleihe identifiziert. Konnte es ihm da opportun erscheinen, Personen, die sich mit vielleicht eher krassen Methoden intensiv um ein Zustandekommen der Subskriptionen bemüht hatten, mit monarchischen Dekorationen verschiedener Art zu überhäufen?

Der Innenminister selbst lieferte ihm – sicherlich ungewollt – ein entscheidendes Argument, um von solchen Handlungen Abstand zu nehmen. Es findet sich ausgerechnet in einem seiner beiden Vorträge vom 5. März 1855. Noch am 8. Februar des Jahres hatte Kempen sein „Mißvergnügen" über die Absicht artikuliert, „Bemühungen der Beamten am Staatsanlehen zu belohnen"[130]. Und fünf Tage darauf „erklärte" er sich auch gegenüber Grünne gegen das „Prinzip, Bemühungen der Staatsbeamten im Zwecke des nicht populären Anlehens zu lohnen"[131]. Allenfalls eine „Anerkennung" für Beamte erschien ihm „passend, welche mit hohen, ihre Kräfte übersteigenden Beträgen sich beteiligt haben".

Hierin scheint er ausnahmsweise einmal mit Bach übereingestimmt zu haben. Denn dieser erklärte hinsichtlich der Beamtenschaft „die Durchführung eines freiwilligen Staatsanlehens" ebenfalls für „einen minder geeigneten Anlaß ..., um die Thätigkeit der Beamten durch die allergnädigste Ver-

---

128 Stber. GM, 7–9 55, SH/LP/PD, in: AVA, Inneres, OPB, Präs. II, Krt. 48, Nr. 8391/55, fol. 4.
129 Tagebucheintrag v. 10. Oktober 1854, in: Aus dem Nachlaß Kübecks, S. 156.
130 Tagebucheintrag, in: Tagebuch Kempens, S. 354.
131 Tagebucheintrag v. 13. Februar 1855, in: Ebd., S. 355 (s. dazu auch folg.).

leihung sichtbarer Zeichen der allerhöchsten Gnade in den Vordergrund zu stellen"[132]. Allerdings paßten die Einwirkung auf das Zeichnungsverhalten der Bevölkerung von staatlicher Seite aus zum einen und das proklamierte Prinzip der Freiwilligkeit zum anderen ganz einfach nicht zusammen, zumal eben wesentlich mehr als nur neutrale *Belehrungen* im Spiel waren. Außerdem konnten Bachs Begründungen für individuelle Auszeichnungsvorschläge für Personen, die in Ungarn lebten, aber keine Beamten waren, auf den Herrscher kaum überzeugend wirken. Brachte der Innenminister einen gewissen Viktor Dobrzansky, Kanonikus und Schullehrer in Kaschau, wegen „Verfassung und Verbreitung eines populären Aufrufes an die Landbevölkerung" in Vorschlag[133], mochte dies noch angehen. Doch schon der Hinweis auf die „sehr eifrige und zweckmässige Einwirkung" des Preßburger Bürgermeisters Franz Kampfmüller „auf die Gemeinde-Vertretung" mußte Franz Joseph hellhörig machen. Dies ließe sich noch an anderen, ähnlich motivierten Auszeichnungsanträgen herausarbeiten.

4.2.2.3. Bachs Machtstellung auf dem kaiserlichen Prüfstand

Angesichts der angeführten Aspekte war es für den Kaiser nur naheliegend, sich über die künftige Stellung des Innenministers im neoabsolutistischen Machtgefüge Gedanken zu machen: War es nicht angeraten, Bachs Einflußsphäre zu beschränken? Und war nicht vielleicht sogar seine Entlassung angesagt? Dabei ging es für Franz Joseph um nichts weniger als um die Frage der Konsolidierung des neoabsolutistischen Herrschaftssystems. Eine Entlassung des Ministers wäre einem klassischen Bauernopfer gleichgekommen. In der Krisensituation des Jahres 1859 schreckte der Monarch vor einem solchen radikalen, wenn auch bestenfalls bedingt zielführenden Befreiungsakt nicht zurück. Mit einer entsprechenden Maßnahme schon um die Jahreswende 1854/55 hätte er weite öffentliche Kreise sehr befriedigt. So hätte die Entfernung des einstigen Barrikadenstürmers von der politischen Bühne für nach wie vor liberal eingestellte Kräfte lediglich den Abgang eines Verräters an der politisch guten, gerechten und fortschrittlichen Sache bedeutet. Nicht zuletzt in politisch maßgeblichen Kreisen Ungarns wäre die Entlassung des Barons auf große Genugtuung gestoßen. All dies wußte auch Franz Joseph.

Ab ungefähr Februar 1855 kursierten auch verstärkt Meldungen über eine angeschlagene Stellung Bachs, die bis hin zu Gerüchten über seinen Rücktritt beziehungsweise seine Entlassung reichten: Am 2. Februar konstatierte

---

132 Lediglich einzelne Namen wollte er nennen (Vortrag v. 5. März 1855, Wien, MCZ. 4131/55, in: AVA, HHStA, KK, Vorträge, 1855, Krt. 21).
133 S. dazu insg. den Akt Nr. 11882/54, in: AVA, Inneres, Präs. Krt. 666 (s. dazu auch folg.).

Kübeck ein „mit jedem Tag sinkendes öffentliches Vertrauen in diese Herren", womit neben Bach auch Buol gemeint war[134]. Freilich fiel diese Bemerkung im Zusammenhang mit der Einstellung des Innenministers zum Krimkrieg. Doch dürfte dieser Verlust an *Vertrauen*, sollte er denn bestanden haben (woran wiederum nicht zu zweifeln ist), auch Folge seiner Rolle bei der Abwicklung der Nationalanleihe gewesen sein. Einige Wochen danach, am 27. April, schnappte Kübeck wieder einmal von „Herrn Dreier" einschlägige „Nachrichten" über „umlaufende Gerüchte von der gezwungenen Abdankung des Ministers Bach" auf[135]. Sie brachte er offensichtlich mit der „Wirksamkeit", also mit Aktivitäten des „Ministers Bruck" in Verbindung. Und in der Tat könnte der erst relativ kurz zuvor als Gesandter aus Konstantinopel nach Wien zurückberufene neue Finanzminister an einer Entfernung seines Kollegen interessiert gewesen sein. Dies dürfte aber auch mit Brucks kritischer Einstellung gegenüber der Nationalanleihe zu tun gehabt haben.

Schon Anfang April waren im „Publikum" entsprechende „Gerüchte" im Umlauf[136]. Von offizieller Seite aus suchte man ihnen in einer nicht zuletzt eigens zu diesem Zweck erstellten Weisung an die sogenannten *Pressefilialkomitees* in Deutschland die Grundlage zu nehmen[137]. Doch mochte die dabei gefundene Diktion die Gerüchteküche eher noch zusätzlich angeheizt haben. Denn Bruck war demnach zwar „über die wohlthätigen Wirkungen" der Nationalanleihe „nicht im Zweifel". Auch wurde eine Übereinstimmung mit den „Ansichten" seines Vorgängers behauptet. Doch bestand diese nur „in ihren wesentlichen Grundzügen". Von Interesse ist hier auch eine Tagebuchnotiz Kempens vom 16. März 1855 über ein Gespräch mit Bruck, als ihn der Kaiser gerade erst zum Finanzminister ernannt hatte. Der Militär hielt dessen „scharfes … Tadeln" der Nationalanleihe fest[138]. Vielleicht übertrieb er aufgrund seiner eigenen Gegnerschaft gegenüber dem Unternehmen Brucks tatsächliche Äußerung ein wenig. Er hatte jedoch kein Motiv für eine wirkliche sinnentstellende Wiedergabe.

Bruck stand der Nationalanleihe also kritisch gegenüber. Zugleich dürfte er in Bach einen, wenn nicht gar *den* Hauptverantwortlichen für diese Operation erblickt haben. Schon dies bot keine ideale Voraussetzung für ein gedeihliches Miteinander dieser beiden Herren.

Überhaupt scheint der von Grünne im Winter 1853 offenbar als „Schwindler" gebrandmarkte[139] Bruck seinem Kollegen vom Inneren nicht gerade freundlich gesinnt gewesen zu sein, was allerdings auf Gegenseitigkeit beruht

---

134 Tagebücher Kübecks, S. 79.
135 Tagebucheintrag, in: Ebd., S. 92 (s. dazu auch folg.).
136 OPB-Notiz, Wien, 6. April 1855, in: AVA, Inneres, OPB, Präs. II, Krt. 34, Nr. 2467/55.
137 Ebd. (s. dazu auch folg.).
138 Tagebuch Kempens, S. 359.
139 So laut Tagebucheintrag Kempens v. 23. November 1853, in: Ebd., S. 310.

haben dürfte[140]. Laut seinem Biographen Charmatz waren sogar „stärkere Gegensätze" als diese beiden Männer „nicht denkbar"[141]. Demgegenüber stehen Worte von Brucks Nachfolger in Konstantinopel, Anton Freiherr v. Prokesch-Osten, vom 8. Mai 1855 absolut vereinzelt da: Danach „stand" Bruck, mit dem er „häufig" zusammentraf, „gut mit Bach"[142]. Zudem vermag diese Aussage des Feldmarschalleutnants aufgrund anderweitiger Indizien nicht zu überzeugen.

So soll Bach schon am 10. November 1851 den Wunsch der „Geldmänner" nach einem „Finanzminister" Bruck mit den Worten kommentiert haben, man könne ihn „aus guten Gründen nicht brauchen"[143]. Und Wessenberg bezweifelte am 29. November des folgenden Jahres den damals in „Rede" stehenden „Wiedereintritt" Brucks „ins Ministerium, ... solange Bach darin in seiner bisherigen Stellung figurirt"[144]. Als es Anfang 1855 dann endlich doch soweit war, vermutete offenbar Rechberg einen künftigen „Gang" dieser zwei Männer, bei dem sich nur einer behaupten werde[145]. Diese Ansicht teilte zur gleichen Zeit wohl ebenfalls Hummelauer. Für ihn scheint auch schon der vermutliche Sieger einer solchen Auseinandersetzung festgestanden zu haben, wenn er – vorschnell – meinte, Bruck „werde Bach und Buol vom Platze drängen"[146]. Womöglich wollte er damit lediglich sagen, daß Bruck zum mächtigsten Minister aufsteigen würde. Aber alles in allem erscheint es jedenfalls weniger „ungewiß", als Wessenberg in den ersten Februartagen des Jahres 1855 annahm, „wie Bach mit Bruck steht"[147].

Folgt man nun den in dieser Beziehung glaubwürdigen Tagebuchaufzeichnungen Kempens, so gestaltete sich die Beziehung der beiden Minister von Anfang an eher schwierig. Offenbar läßt sich noch nicht einmal von einer auch nur vorübergehenden Zweckgemeinschaft sprechen. Sollten die beiden Herren damals aber dennoch „wenigstens ... zunächst" eine „äußerliche Verständigung" erreicht haben[148], so dauerte sie jedenfalls nicht besonders lange an. Hierfür dürften neben dem beidseitig vorhandenen Gefühl für Macht Differenzen in Sachfragen verantwortlich gewesen sein. Am 16. März 1855 ersuchte Bruck den Kaiser offenbar um die „Beseitigung fremder Einmischung in die Finanzverhältnisse"[149]. Dies mag sich auch gegen Kübeck gerichtet

---

140 S. dazu Heindl, Einleitung, in: MRP, III/4, S. IX; vgl. ebd., S. XX.
141 Minister Freiherr von Bruck, S. 108.
142 An seine Frau, Wien, in: Aus den Briefen des Grafen Prokesch von Osten, S. 441.
143 Tagebucheintrag Kempens, in: Tagebuch Kempens, S. 231–232.
144 An Isfordink-Kostnitz, Freiburg, in: Briefe Wessenbergs, Nr. 320, 2, S. 126–127.
145 So laut Tagebucheintrag Kempens v. 21. Februar 1855, in: Tagebuch Kempens, S. 356.
146 So offenbar zu Kempen (Tagebucheintrag v. 18. Februar 1855, in: Ebd., S. 356).
147 An Isfordink-Kostnitz, Freiburg, 5. Februar 1855, in: Briefe Wessenbergs, 2, Nr. 424, S. 298.
148 So Charmatz, Minister Freiherr von Bruck, S. 108.
149 So laut Tagebucheintrag Kempens (Tagebuch Kempens, S. 360).

haben, war aber primär auf Bach gemünzt. Und die Bemerkung Grünnes gegenüber Kempen vom Palmsonntag (1. April) 1855, „Bruck fange an, klar zu sehen; Bach sei mißmutig", spricht ebenso für sich wie die Replik des Chefs der Obersten Polizeibehörde, „man erzähle sich", letzterer „wolle austreten"[150]. Eine Woche später war die Reihe wiederum am Generaladjutanten des Kaisers. Hatte er schon Kempens Mitteilung offenbar mit den Worten ‚*Dies wäre nicht zu bedauern.*' kommentiert[151], so teilte er diesem nunmehr mit, „Erzherzog Albrecht habe den Minister Bach sehr herabgestimmt, sehr weich gefunden"[152]. Und am 30. Mai berichtete Kempen dann erneut Grünne, „es verlaute, die Spannung zwischen Baron Bruck und Bach sei im Zunehmen"[153]. Dies soll der Militär mit den Worten kommentiert haben: „‚Desto besser, vielleicht beißt der erstere den letzteren aus'."

Auch dem Monarchen dürften die zwischen diesen beiden Männern bestehenden Animositäten nicht entgangen sein. Bruck aber trat Anfang 1855 als Retter in einer „Epoche der höchsten Not"[154] ins Ministerium ein. Und da er bei Bach „auf Ablehnung … stieß"[155], mochte Franz Joseph gemeint haben, sich wenigstens für den Fall zwischen Bach und Bruck entscheiden zu müssen, sollten die Konflikte zwischen den beiden eskalieren. Dabei dürfte sich das Pendel infolge der mit der Nationalanleihe gemachten Erfahrungen zugunsten des neuen Finanzministers geneigt haben.

Tatsächlich aber blieb die große Konfrontation zwischen den beiden Ressortchefs aus, Franz Joseph wurde nicht zu einer Entscheidung gezwungen, und Bach behielt seinen Posten. War dessen Machtstellung in diesen Wochen und Monaten also vielleicht weniger stark angegriffen, als es meine bisherigen Ausführungen vermuten lassen? Hatte er von dem seit der erfolgreichen Durchführung der Subskriptionsphase „gewonnenen Boden" weniger „verloren", als Hummelauer am 18. Februar 1855 gegenüber Kempen vermutete[156]?

Nun hatte sich aber Heindl zufolge Bach nicht nur durch die „Praktiken bei der Emission der Nationalanleihe kompromittiert"[157]. Hinzu kamen einschlägige Vorgänge beim „Eisenbahnverkauf". Ganz ähnlich macht auch Brandt eine „starke" Schädigung der „Reputation" Bachs aus, wobei er neben den „Anleihepraktiken" gleichfalls „die intern ausgelöste Empörung der dubiosen

---

150 Tagebucheintrag Kempens, in: Ebd., S. 361.
151 Ebd. (wörtliche Wiedergabe Kempens).
152 Tagebucheintrag Kempens v. 8. April 1855, in: Ebd., S. 363.
153 Ebd., S. 367 (s. dazu auch das folg., von Kempen wörtlich wiedergegebene Zit).
154 So beschrieb Franz Joseph einige Monate zuvor laut Kempen die finanzielle Situation der Monarchie (wörtliche Wiedergabe, Tagebucheintrag v. 17. Oktober 1854, in: Ebd., S. 342).
155 Heindl, Einleitung, in: MRP, III/4, S. IX; vgl. ebd., S. XX.
156 Tagebucheintrag Kempens v. 18. Februar 1855, in: Tagebuch Kempens, S. 356.
157 Einleitung, in: MRP, III/4, S. X (s. dazu auch das folg. Zit.).

Begleitumstände des Eisenbahnverkaufs" nennt[158]. Letzteres belegt er mit Tagebucheinträgen Kempens[159]. Der erste fällt auf den 17. Oktober 1854. Danach sagte der Kaiser damals wörtlich zum Chef der Obersten Polizeibehörde: „Ich glaube, das untere Personal [der Eisenbahngesellschaften] wird vom Käufer beibehalten, und neue Schlechte muß man überwachen."'[160] Diese Worte dürften zumindest sinngemäß so gefallen sein. Sie untermauern Brandts These jedoch nicht, enthalten sie doch noch nicht einmal eine indirekte Anspielung auf Bach.

Wie verhält es sich mit Blick auf eine weitere Quellenangabe Brandts, die vom 27. März 1855 datiert? An diesem Tag hatte Kempen dem Kaiser „eine sehr ungünstige Stimmung rücksichtlich des Eisenbahnverkaufs" mitgeteilt[161]. Daraufhin „bemerkte" der Monarch, „Baron Bruck würde die Finanzen in Ordnung zu bringen wissen, er hätte überhaupt große Eigenschaften, sei aber auch von Mängeln nicht frei". Die hier angesprochene Entäußerung staatlichen Besitzes zur Verbesserung der prekären finanziellen Staatslage scheint in der Öffentlichkeit in der Tat auf großen Widerspruch gestoßen zu sein. In Prag beispielsweise wurde sie „unter Geschäftsleuten und sachkundigen Männern" offensichtlich als „Unglück" und als „große Beschädigung des Staats-Eigenthumes betrachtet"[162].

Dennoch läßt sich auch aus den gerade zitierten Worten des Kaisers nicht auf eine angeschlagene Stellung Bachs schließen. Nun hatte der Minister dieses Projekt zwar „aus außenpolitischen Gründen von vornherein unterstützt"[163]. Weniger freundlich ausgedrückt: Er hatte es „für Hess und Kriegs Parthey betrieben"[164]. Aber Buol und die übrigen Minister standen ihm hierin nicht nach, wie im übrigen Heindl selbst meint[165]. Zudem trug dieses Vorhaben eindeutig Baumgartners Handschrift[166].

Prinzipiell aussagekräftiger erscheint das von Kempen festgehaltene und vielleicht auch dem Kaiser nicht entgangene „öffentliche Gerede", wonach Bach „bei dem Verkaufe der Staatseisenbahnen bedeutend bestochen

---

158 Neoabsolutismus, 2, S. 713.
159 Ebd., Anm. 8. Die anderen an dieser Stelle angeführten Belege beziehen sich auf die Folgen der Nationalanleihe für den Minister sowie auf ein Rücktrittsgerücht Bachs, das uns noch beschäftigen wird.
160 Tagebucheintrag, in: Tagebuch Kempens, S. 342.
161 Tagebucheintrag Kempens, in: Ebd., S. 361 (s. dazu auch folg.).
162 Kronenberg an Kempen, Prag, 31. März 1855, Nr. 140/Pr., in: AVA, Inneres, OPB, Präs. I, Krt. 13, Nr. 1252/54 (mit einer recht detaillierten Schilderung).
163 Heindl, Einleitung, in: MRP, III/3, S. XXV.
164 So Hohenwart, Tagebucheintrag v. 4. November 1854, in: AVA, NL Hohenwart-Weingarten, Krt. 14b, f. *Pensions Periode 1849–54*, Bog. 23.
165 Einleitung, in: MRP, III/3, S. XXV.
166 S. dazu ebd., S. XXIII–XXVI.

wurde"[167]. Doch stammt dieser Tagebucheintrag des Chefs der Obersten Polizeibehörde erst vom 2. November 1855.

Noch ein weiterer Vorgang könnte Bach geschadet haben: Er spielte sich wiederum in den ersten Wochen und Monaten des Jahres 1855 ab. Auf ihn machte Hummelauer seinen Gesprächspartner Kempen aufmerksam, und er fiel angeblich „noch mehr" ins Gewicht[168]. Dabei ging es um die Frage der Eingliederung des Handelsministeriums in das Finanzressort. Bisher wurden diese beiden Ministerien in der Person Baumgartners in Personalunion in einer Hand gehalten. Institutionell gesehen waren sie aber voneinander unabhängig. Heindl weist unter Bezugnahme auf Brandt darauf hin, Bachs (und auch Kübecks) Einfluß habe immerhin noch so weit gereicht, die von Bruck gewünschte „Trennung" der beiden Ressorts „zu bewerkstelligen"[169]. Allerdings hätte der neue starke Mann in Wien wohl lieber eine Zusammenlegung gesehen, weil ihn dies machtpolitisch gestärkt hätte. Zudem war er ja einst selbst Handelsminister gewesen und dürfte sich also am kompetentesten für die Leitung dieses Ressorts erachtet haben.

Dennoch blieb Bach in dieser Angelegenheit bestenfalls halber Sieger. Dazu muß man wissen, daß offenbar „drei Kandidatenvorschläge für das Handelsministerium" vorlagen, nämlich die Namen von Eduard Bach, Geringer und Toggenburg[170]. Dabei drang der Name des Bruders des Innenministers für die Leitung dieses Ressorts als „Gerücht" sogar bis zu Wessenberg vor, der Eduard in diesem Zusammenhang als das „zweite Bächlein" apostrophierte[171]. Neben dem zeitweilig als kaiserlicher Zivilkommissar in Siebenbürgen arbeitenden Eduard stellte zweifellos Karl Freiherr Geringer v. Oedenberg den Favoriten des Innenministers dar. Bach kannte ihn gut, der Ministerialrat hatte unter ihm als Leiter der „ungarischen inneren Angelegenheiten" gedient[172], während er seit Februar 1855 Mitglied des Reichsrats war. Somit nahm Kübeck völlig zu Recht an, daß nicht nur er selbst[173], sondern „auch" sein ministerieller Rivale „über Beibehaltung und Besetzung des Handelsministe-

---

167 Tagebucheintrag Kempens v. 2. November 1855, in: Tagebuch Kempens, S. 377.
168 Tagebucheintrag Kempens v. 18. Februar 1855, in: Ebd., S. 356.
169 Einleitung, in: III/4, S. X; vgl. Brandt, Neoabsolutismus, 2, S. 713–714.
170 So Hummelauer laut Tagebucheintrag Kempens v. 18. Februar 1855, in: Tagebuch Kempens, S. 356.
171 So einen angeblichen Ausspruch des hohen Militärs Franz Graf Khevenhüller-Metsch wiedergebend (an Isfordink-Kostnitz, Freiburg, 22. Januar 1855, in: Briefe Wessenbergs, 2, Nr. 423, S. 297). Ähnlicher Wortspiele bzgl. des Innenministers selbst bediente sich in unterschiedlicher Form offenbar gerne Welden: So nannte er ihn einmal „Bacherl", wobei er hinzufügte, er suche dieses mit „Bachus" jetzt zu vertauschen (an Langenau, Graz, 30. Juli 1851, in: KA, NL Langenau, B/1150, Nr. 60, fol. 506); vgl. dazu: (a) ders. an dens., Graz, 9. Oktober 1851, in: Ebd., fol. 516; (b) ders. an dens., Graz, 17. Juni 1851, in: Ebd., fol. 480.
172 So Kempen, Tagebucheintrag v. 7. Juni 1849, in: Tagebuch Kempens, S. 139.
173 S. dazu seinen Tagebucheintrag v. 3. Februar 1855, in: Tagebücher Kübecks, S. 79.

riums befragt wurde"[174]. Dagegen war Toggenburg (der wiederum Bruck nicht genehm gewesen zu sein scheint[175]) Kübecks Mann: Denn er hatte dem Monarchen gegenüber den ehemaligen Statthalter von Venetien als Handelsminister „angedeutet", worauf ihn Franz Joseph nach Wien „einberief"[176]. Aber nicht einen der beiden Anwärter Bachs ernannte der Kaiser am 7. Februar 1855, sondern eben besagten Toggenburg. Dies zeigt, daß Kübecks Einfluß also doch noch nicht gänzlich geschwunden war[177]. Freilich bereitete es ihm in gewisser Hinsicht offenbar nur eine kurze Genugtuung, die „Ernennung" des ihm scheinbar persönlich vorher nicht bekannten Toggenburg (die im übrigen anscheinend „einiges Aufsehen" hervorrief[178]) gegen Bach durchgesetzt zu haben[179].

Im Zusammenhang mit diesem Vorgang verdeutlicht noch ein anderer Umstand Bachs geschwächte Machtposition: Scheinbar hätte er nämlich um die Jahreswende 1854/55 am liebsten selbst das Handelsressort „übernommen"[180]. Dazu sind erneut zwei Tagebuchvermerke Kübecks zu berücksichtigen. Der erste datiert vom 14. Dezember 1854: Danach kam der Kaiser im Rahmen einer Audienz auf das weitere Schicksal des Handelsministeriums zu sprechen, „von dem, wie mir scheint, Bach die Funkzionen sich aneignen will, und wozu er den Kaiser schon gewonnen zu haben scheint"[181]. Der zweite Eintrag vom 10. Januar 1855 weist einen ganz ähnlichen Tenor auf:

„Ruf zu Seiner Majestät über das Handelsministerium(,) dessen Beseitigung man anstrebt(,) um die Funktionen desselben sich anzueignen. Der Kaiser scheint für eine solche Maßregel sehr geneigt."[182]

---

174 Tagebucheintrag v. 7. Februar 1855, in: Ebd., S. 81.
175 Vgl. dazu w. u. S. 591.
176 Tagebucheintrag Kübecks v. 3. Februar 1855, in: Tagebücher Kübecks, S. 79.
177 Hierfür ließen sich weit. Bsp. anführen, so etwa seine Tagebuchnotiz v. 22. Januar 1855: Da gab er seiner eigenen „Verwunderung" darüber Ausdruck, daß die „kaiserliche Entscheidung" in der „Frage der bischöflichen Immunität (…) beinahe wörtlich nach meinem Antrage erfolgte", obwohl „darüber (ohne Zweifel) weitere Rückfragen statt (fanden)" (ebd., S. 75).
178 So Wessenberg, dem dies mit seiner „Schweizer" Herkunft zusammenzuhängen schien (an Isfordink-Kostnitz, Freiburg, 11. Februar 1855, in: Briefe Wessenbergs, 2, Nr. 425, S. 299). Behalten wir das in Erinnerung für unsere spätere Auseinandersetzung mit dem öffentlichen Prestige Brucks in der Habsburgermonarchie.
179 Schon am 11. März notierte er sich „einen sehr ungünstigen Eindruck" (Tagebücher Kübecks, S. 88). Zur Laufbahn Toggenburgs s. kurz bei Mazohl-Wallnig, Österreichischer Verwaltungsstaat, S. 396 sowie auf den S. 176–182.
180 So Brandt, Neoabsolutismus, 2, S. 714, Anm. 10.
181 Aus dem Nachlaß Kübecks, S. 167.
182 Tagebücher Kübecks, S. 73 (s. dazu auch folg.).

Aus Kübecks Perspektive drohte eine solche Entwicklung jedenfalls. Nun stand Brucks Nachfolge zum damaligen Zeitpunkt aber noch nicht endgültig fest. Zudem fehlen Hinweise darauf, daß der Reichsratsvorsitzende eigentlich und berechtigterweise auf Bruck anspielen wollte. Insofern kann diese Entwicklung wohl nur Bach angestrebt haben. Erfolgreich war er damit freilich nicht. Kübeck sollte dem Kaiser nämlich seine „Ansicht" über diesen Gegenstand „schriftlich ... entwickeln". Der Reichsratsvorsitzende sprach sich aber eindeutig gegen dieses Ansinnen aus und drang bei Franz Joseph damit auch – entgegen seinen eigenen „Befürchtungen"[183] – durch[184].

4.2.2.4. Bach bleibt Innenminister

Von einer gewissen Machteinbuße jenes Mannes, der es vom ehemaligen *Barrikadenstürmer* des März 1848 in nur gut einem Jahr zum Justiz- und Innenminister gebracht hatte, läßt sich um die Jahreswende 1854/55 also durchaus sprechen. Aber anders als für Kübeck kann noch nicht einmal gesagt werden, daß diese Machteinbuße mehr als nur vorübergehender Natur war. Worauf ist dies zurückzuführen? Eine gewisse Rolle könnte die Unterstützung gespielt haben, die Bach damals von Buol zuteil wurde: Zwar erhielt Hohenwart im Mai 1853 die Mitteilung, der Außenminister „trette gerne ab", da sein Kollege „überall ins Aeussere greift"[185]. Aber gerade bei den damals bereits anstehenden schwierigen Entscheidungen in der *Orientalischen Frage* zog Bach mit ihm doch weitgehend an einem Strang. Insofern beinhaltet Kempens Vergleich des Verhältnisses der beiden „inseparablen" Herren mit dem von „siamesischen Jünglingen"[186] durchaus einen wahren Kern. Und Metternich dürfte am 9. Dezember 1854 ebenfalls nur teilweise an der Wahrheit vorbeigegangen sein, wenn er Kübeck schrieb, Buol stehe „vollkommen unter dem Einfluße Bach's"[187].

---

183 Er meinte nämlich, die Empfänglichkeit Franz Josephs für seine „von ihm selbst hervorgerufenen Ratschläge" werde täglich geringer (Tagebucheintrag v. 16. Januar 1855, in: Ebd., S. 74).

184 S. hierzu Kübecks Denkschrift in: HHStA, NL Depot Kübeck (Müller); vgl.: Brandt, Neoabsolutismus, 2, S. 714, Anm. 10; Tagebucheinträge v. 14./15./16./20. und 24. Januar 1855, in: Tagebücher Kübecks, S. 73–76; zur Annahme seiner Studie durch den Kaiser s. seine Tagebuchnotiz v. 3. Februar, in: Ebd., S. 79.

185 Tagebucheintrag v. 7. Mai 1853, in: AVA, NL Hohenwart-Weingarten, Krt. 14b, f. *Pensions Periode 1849–54*, Bog. 19.

186 So zu Kellner, der darüber „von Herzen gelacht" haben soll (Tagebucheintrag v. 25. September 1855, in: Tagebuch Kempens, S. 373).

187 O. O. (aber Wien oder Königswart), in: Metternich und Kübeck. Ein Briefwechsel, S. 190. Am 4. November 1856 notierte sich dann Bismarck eine Äußerung, der zufolge „Minister Bach anfange, sich von ihm [Buol] zurückzuziehn, wie eine Ratte von einem schlechten Schiffe"

Schwerer könnte ein anderer Punkt gewogen haben, der auch dem Kaiser bewußt gewesen sein muß: Bach war nur sehr schwer zu ersetzen. Freilich mochte er „schon in Studienjahren" einen „zweideutigen Charakter" aufgewiesen haben, wie ein gewisser Mesburg einmal sinngemäß zu Hohenwart gesagt haben soll[188]. Doch „lobte" er zugleich das „übergrosse Talent" sowie die „Arbeitsdauer" des Ministers. Ähnliche Komplimente wurden Bach von verschiedenster Seite, zu jeder Zeit und dabei auch von seinen Kritikern zuteil. So sprach etwa Kalchberg nachträglich vom „talentvollen" Bach[189]. Kempens teilweise positiven Urteilen sind wird schon begegnet. Selbst Kübeck notierte sich einmal einen „sehr flüssigen und gescheiten" Bach[190]. Hübner war ebenfalls kein Freund Bachs, nicht zufällig nannte ihn Bachs Intimus, Meyer, einmal einen „verderblichen Mann"[191]. Doch nachdem Hübner mit ihm „Bekanntschaft" gemacht hatte, ließ er sich in seinem Tagebuch über Bachs „Begabung" aus, von der man bereits gewußt habe[192]. Insofern ist Urban zuzustimmen, der das politische Überleben des Ministers – ohne Bezugnahme auf die machtpolitischen Folgen der Nationalanleihe – auf dessen „energische" sowie „höchst effektive ... administrative Tätigkeit" in seinem Amt zurückführt[193].

Überdies hätte Franz Joseph mit einem Entlassungsakt indirekt auch sein eigenes Fehlverhalten im Zusammenhang mit der Nationalanleihe öffentlich eingestanden. Anders ausgedrückt: Das *Publikum* hätte eine solche Maßnahme unweigerlich mit jener Operation in Verbindung gebracht, deren Realisierung doch überhaupt erst durch seine höchstpersönliche Entscheidung ermöglicht wurde. Dies konnte Franz Joseph nicht opportun erscheinen. Eine solche Verbindungslinie konnte zwar auch bei der Ersetzung Baumgartners durch Bruck gezogen werden. Bei Bach aber bot sie sich noch selbstverständlicher an. Denn schließlich hatte ihn der Monarch ja mit der Durchführung der Nationalanleihe betraut. Mithin mochte sich eine Entlassung des Ministers als ein eher schwacher taktischer Schachzug erweisen. Ungeachtet dessen war Bachs Verbleib an der Spitze des Innenressorts dem Ziel der Stei-

---

(an Manteuffel, Frankfurt, in: Bismarck, Werke in Auswahl, 2/2, Nr. 54, S. 123); s. dazu auch einen Brief Bachs an Buol nach dessen Rücktritt. In der Diktion wohl übertrieben, dürfte er doch nicht reine Heuchelei gewesen sein: Da sprach er etwa von der „freundschaftlichen Gesinnung" Buols, die „mir" (Bach) „in so hohem Grade theuer" sei (Wien, 19. Mai 1859, in: HHStA, AM, PA. XL, Interna, NL Buol-Schauenstein, Krt. 277i–1, f. L).

188 Eintrag v. 7. Mai 1853, in: AVA, NL Hohenwart-Weingarten, Krt. 14b, f. *Pensions Periode 1849–54*, Bog. 19 (s. dazu auch folg.). Mesburg war offenbar Staatsbeamter, da er in Temesvar eine Stellung antreten sollte.
189 Mein politisches Glaubensbekenntniß, S. 273.
190 Tagebucheintrag v. 17. Februar 1851, in: Aus dem Nachlaß Kübecks, S. 63.
191 An Bach, Wien, 10. November 1859, in: AVA, NL Bach, Krt. 7, fol. 116.
192 17. September 1848, in: Ein Jahr meines Lebens, S. 205.
193 Die tschechische Gesellschaft, 1, S. 157.

gerung des Prestiges und damit auch der Konsolidierung des neoabsolutistischen Herrschaftssystems nicht gerade förderlich. Dies ließe sich in vielfacher Hinsicht zeigen. Kurz gesagt, Bachs Renommee war 1859 nicht besser, sondern eher sogar noch schlechter als 1851.

4.3. Die Folgen der Nationalanleihe für Franz Joseph

Wie ging nun der höchste Repräsentant dieses Staates, wie ging Franz Joseph selbst aus den Vorgängen um die Nationalanleihe hervor? Rumpler hat in der Krise von 1859 einen „tief gesunkenen persönlichen Kredit" des Kaisers bei seinen Ministern ausgemacht[194]. Diese Situation spitzte sich laut dem Autor im weiteren noch zusätzlich zu, 1861 soll „der Kaiser infolge einer schweren Vertrauenskrise der Mehrzahl seiner Minister" nichts weniger als „entfremdet" gewesen sein[195]. Die Nationalanleihe könnte dazu das Ihrige beigetragen haben. Insbesondere jene Ressortchefs, die das Unternehmen ablehnten, die der Monarch aber im Verlaufe des Entscheidungsprozesses darüber völlig kaltgestellt hatte, mochten ihm zunehmend kritisch gegenüberstehen. Gegenüber der Bevölkerung dürfte sein Prestige ebenfalls Schaden genommen haben, schon alleine wegen Genehmigung des Patents. Kübeck hat schon am 20. Oktober 1854 diese Operation als eine „höchst abentheuerliche, die Person des Kaisers und seine ganze Regierung kompromittirende und schlecht berechnete Maßregel" bezeichnet[196]. Dagegen soll Grünne einige Monate darauf zu Kempen gesagt haben, jedenfalls habe Bach den Kaiser „durch das Staatsanlehen bloßgestellt"[197], während er es ein anderes Mal angeblich „gewissenlos" nannte, „den Kaiser durch Gewaltmaßregeln bloßzustellen, welche die ganze Operation zu einem Zwangsanlehen machen"[198].

4.3.1. Der Kaiser als normaler Politiker

Nun stellten für einen Teil der Staatsbürger, und zwar insbesondere für bäuerliche Kreise, der Kaiser und die *Regierung* sicher zwei voneinander getrennte Bereiche dar. Nicht umsonst ist jener im Dritten Reich sprichwörtlich gewordene Satz *Wenn das der Führer wüßte!* auch im Neoabsolutismus in ab-

---

194 Ministerrat, S. 57.
195 Ebd., S. 52; vgl. S. 70.
196 Tagebucheintrag, in: Aus dem Nachlaß Kübecks, S. 157.
197 In wörtlicher Wiedergabe (Tagebucheintrag v. 17. März 1855, in: Tagebuch Kempens, S. 360).
198 Tagebucheintrag Kempens v. 16. November 1854, in: Ebd., S. 344.

gewandelter Form zu finden. Wir werden dafür gleich noch einem Beispiel begegnen.

Doch dies bildet nur die eine Seite der Medaille. Denn bereits 1841 hieß es bei Andrian-Werburg:

„(...) kein Mensch glaubt jetzt mehr an die göttliche Sendung des Regenten, kein Mensch fürchtet mehr seine physische Kraft – es bleibt also nur mehr die Achtung für ihn, die Ueberzeugung von der Vortrefflichkeit seiner Absichten, und die Anhänglichkeit an Institutionen, deren Wächter er ist, und von denen er einen Theil ausmacht."[199]

Und in einem Bericht über die Stimmungslage in Siebenbürgen von Anfang 1856 wurde gegenüber Kempen geäußert, daß „jetzt schon häufig die aus Rußland bekannte trostlose Klage: ‚Gott ist groß! und der Kaiser ist weit!'" zu hören sei (dabei wurde im übrigen ebenfalls das allseitige Fehlen regierungsfreundlicher „conservativer Elemente" beklagt)[200]. Freilich mochte diese Äußerung übertrieben sein, obgleich Kempen zufolge die Mitteilungen „sehr das Gepräge der Glaubwürdigkeit und einer das Staatswohl im Auge haltenden Loyalität trugen". Stand da etwa zu lesen, es sei dahin gekommen, daß „Alle" nur hofften, „selbst durch einen gewaltsamen Wechsel Vortheile zu erringen", so scheint dies doch allzusehr an der Realität vorbeizugehen. Auch ließen sich die Verhältnisse Siebenbürgens nicht ohne weiteres auf die Lage in anderen Kronländern der Monarchie übertragen. In dieser Hinsicht könnte im übrigen gerade auch bezüglich der Einstellung zum Herrscher die räumliche Nähe beziehungsweise Distanz des Hofes eine gewisse Rolle gespielt haben. Es ist noch nicht einmal besonders bemerkenswert, daß ein solcher Bericht überhaupt verfaßt werden konnte. Hervorgehoben zu werden verdient aber, daß ihn Kempen offensichtlich als seriös einschätzte. Auch er scheint die Lage der Dinge zumindest in diesem östlichen Kronland des Reiches nicht gerade besonders optimistisch eingeschätzt zu haben.

Selbst führende Vertreter des neoabsolutistischen Staatsgedankens übten zuweilen wenigstens versteckt Kritik am politischen Verhalten des Monar-

---

199 Oesterreich und dessen Zukunft, S. 176–177. Dazu paßt eine interessante Überlegung Urbans: Ihm zufolge „bezweifelt nach 1848 niemand mehr" – demnach also auch der Kaiser nicht – die „formale Gleichheit der Bürger", und damit war „im Prinzip die neue (staats-)bürgerliche Gesellschaft anerkannt und akzeptiert". Konsequenterweise erblickt er in der „Tatsache, daß man in der Praxis die Gleichheit der Bürger nicht in allen Bereichen des gesellschaftlichen Lebens verwirklichte" denn auch nur einen „Beweis dafür, daß die Geschichte keine ‚saubere' Lösung prinzipieller Fragen kennt" (1848 – eine Modernisierungsetappe in der Habsburgermonarchie, S. 387).
200 An Grünne, Wien, 29. Februar 1856, Nr. 537/Pr. I., in: AVA, Inneres, OPB, Präs. I, Krt. 25, Nr. 537/56 (s. dazu auch folg.). Der besagte Ber. ist Kempens Schreiben beigelegt.

chen. Also erwiesen sie diesem noch zufolge eines seiner neuesten Biographen „lebenden Symbol des Gottesgnadentums"[201] nicht immer jene Reverenz, die ihm gemäß der Ideologie in einer *reinen Monarchie* und dem Selbstverständnis eines *absoluten Herrschers* gebührt hätte. Sie beurteilten ihn – zugespitzt formuliert – wie einen normalen Politiker, ganz wie sie dies auch bei Bach und Baumgartner taten. Und als normaler Politiker agierte Franz Joseph zweifelsohne nicht nur bei der Nationalanleihe.

An dieser Stelle hole ich nun nochmals etwas weiter aus und frage, wie es sich mit der Beliebtheit des Habsburgers in seinem ersten Herrschaftsjahrzehnt überhaupt und speziell nach dem Sylvesterpatent im besonderen verhielt. Dies geschieht insbesondere vor dem Hintergrund folgender Überlegung: Das von Franz Joseph so favorisierte neoabsolutistische Herrschaftssystem hätte die Folgen der Niederlage von 1859 eventuell dann besser oder eher überstehen können, wenn sein Prestige als *absoluter* Monarch in der Öffentlichkeit in der neoabsolutistischen Epoche keinen Schaden genommen oder sich sogar noch gefestigt hätte. Insofern aber der Neoabsolutismus als Herrschaftssystem und der Kaiser als dessen oberster Vertreter gleichsam eine Symbiose bildeten, ließe sich damit auch etwas über die Frage nach dem Gelingen oder aber Mißlingen des Versuchs einer Konsolidierung des neoabsolutistischen Herrschaftssystems aussagen.

4.3.2. Kaiser und Regierung

Angesetzt werden soll dabei an einer aus dem Studium zeitgenössischer Quellen und hierbei insbesondere zahlreicher Stimmungsberichte gewonnenen Erkenntnis. Sie scheint allerdings dem soeben für möglich erachteten Befund zu widersprechen. Vor allem die Verfasser von Stimmungsberichten differenzierten immer wieder zwischen *Regierung* auf der einen und *Kaiser* beziehungsweise *Dynastie* auf der anderen Seite, das heißt: Zum einen gehörte die Wiedergabe öffentlicher Kritik an der Tätigkeit der Regierung in verschiedenster Hinsicht zu dem praktisch täglichen beziehungsweise *periodischen*[202] Geschäft der Berichterstatter. Zum anderen aber betonten sie ungefähr ebenso häufig die in der Bevölkerung angeblich herrschende Treue, Anhänglichkeit, Ergebenheit gegenüber Kaiser und Dynastie. Zu bestimmten Anlässen verdichteten sich diese ungetrübten Einschätzungen des kaiserlichen Renommees zu einem kräftigen, die Gesamtmonarchie umfassenden Chor. Solche Anlässe bildeten etwa das kaiserliche Geburtstagsfest, die Thronbesteigung des Monarchen, später seine Verlobung beziehungsweise Vermäh-

---

201 Palmer, Franz Joseph., S. 120.
202 Diese Berichte wurden ja nur in regelmäßigen Abständen verfaßt und nach Wien geschickt.

lung mit Elisabeth oder auch die glückliche Geburt eines Kindes des kaiserlichen Ehepaares, zumal wenn es sich um einen männlichen Nachkommen handelte. Die nach Wien gemeldeten freudigen Nachrichten wiederholten sich dabei teilweise jährlich, denn beispielsweise der Geburtstag des Monarchen sollte oder mußte in allen Teilen der Monarchie mit Feierlichkeiten begangen werden.

4.3.2.1. Beispiele aus Ungarn

Was etwa Ungarn anbetraf, vermerkte etwa der bei der Polizei angestellte Albin Neswadba am 14. April 1859 nach einem Aufenthalt in Ofen-Pest:

„Soviel ich durch eigene Wahrnehmung als auch durch Mittheilung von, theils Beamten, theils Privaten erfuhr, hat der Stockungar Sympathie für das Allerhöchste Kaiserhaus jedoch Haß für die Regierung und die Fremden."[203]

Der als sogenannter *Konzeptsadjunkt* in Staatsdiensten stehende Beamte weilte aber offenbar nur eine Nacht lang in der späteren Donaumetropole. In so kurzer Zeit ließ sich aber wohl kaum ein auch nur einigermaßen verläßlicher Einblick in die dortigen Stimmungsverhältnisse erlangen. Und der von ihm angeführte, ihm anscheinend stichhaltig anmutende „Beweis" für die *Sympathie* der *Privaten*, daß „fast in jeder Kunsthandlung das bekannte Bild mit der Uiberschrift: Moriamus pro rego nostro Maria Theresia! an den Schaufenstern zu finden ist", hilft uns ebenfalls nicht weiter. Denn hinter solchen vermeintlichen Bekundungen von Ergebenheit könnte sich nichts anderes als Berechnung, Furcht, vielleicht auch moralischer Zwang verbergen. Ganz abgesehen davon, war Maria Theresia nicht Franz Joseph, und bezeichnenderweise fanden sich keine ähnlichen Bilder mit dem Konterfei Josephs II., der eine zentralistische Politik praktiziert hatte, so wie es nun auch wieder Franz Joseph tat.

Andere Zeitgenossen kamen freilich zu ähnlich positiven Schlußfolgerungen, die sie teilweise mit aller Entschiedenheit verfochten. Dabei verfügten sie nicht nur über wesentlich bessere einschlägige Kenntnisse, sondern ihre berufliche Pflicht bestand nicht zuletzt in der möglichst realitätsnahen Beurteilung der herrschenden Volksstimmung. Dies traf auch für Ungarn zu, was vorerst festgehalten zu werden verdient. Immerhin hatte dort die Revolution besonders stark gewirkt. Die Regierung unter Kossuth hatte sich im April 1849 von der Habsburgermonarchie und damit auch von Kaiser Franz Joseph losgesagt und ein beträchtlicher Teil der Bevölkerung die Waffen gegen das

---

203 Wien, ad Nr. 682/BM., in: HHStA, IB, BM.-Akten, Krt. 123, Nr. 44/59 (s. dazu auch folg.).

von der angestammten Dynastie nach Ungarn zur Wiederherstellung der *legitimen* Zustände entsandte Militär ergriffen.

Ein schönes Beispiel für eine sehr positive Einschätzung des monarchischen Renommees liefert uns ein Bericht Mascheks, des Polizeidirektors aus dem Verwaltungsgebiet Großwardein. Darin beschäftigte er sich mit der in seinem Amtsbereich im ersten Quartal 1858 herrschenden Stimmung: Danach machte es ihm die „nakte Wahrheit" zur Pflicht, „die allgemeine Stimmung … nicht für eine gute" zu „erklären"[204]. Dabei waren in den vergangenen drei Monaten gar „keine hervorragenden Wahrnehmungen zu notiren". Alles, was ihm selbst „verblümt zu Ohren kam", sowie die „Beobachtungen der Agenten, wie nicht minder die Wahrnehmungen der Kommissariatsleiter" verwiesen „insgesammt auf einen schwierigen Geist im Volke". „Beschwerden" waren an der Tagesordnung, „selbst bei der Geistlichkeit". Sie bezogen sich etwa auf „unerschwingliche Lasten, unverhältnißmäßig hohe Steuern", ein „immerhin dunkles Gemälde", wie Maschek meinte. Doch erstrahlte darin ein „Lichtpunkt", und zwar in Form der „zwischen solchen Kundgebungen stets wieder hervorleuchtenden Liebe und Anhänglichkeit für Seine k.k. apost.(olische) Majestät".

Auf eindrückliche Weise differenzierte am 30. September 1856 auch Mascheks Pester Kollege Protmann im Zusammenhang mit dem von ihm als Erfolg bewerteten zweimaligen Besuch Franz Josephs in Ungarn in diesem Jahr: zum einen anläßlich einer Truppeninspektion, zum anderen bei Gelegenheit der feierlichen Einweihung des Graner Doms: Man habe darin dankbar einen Akt des Vertrauens erkannt[205]. „Selbst radikal Gesinnte (priesen)" laut Protmann „die ritterlichen Tugenden" des Monarchen. Dabei verwies er ausdrücklich auf die „stets" erfolgende „Sonderung der Allerhöchsten Person" von den in oppositionellen Kreisen „unliebsamen Regierungsgrundsätzen", wodurch sie „Allerhöchstdieselben gewissermaßen in Vertheidigung nahmen". Damit ganz konform, erklärte er „die Ehrfurcht und Anhänglichkeit" an den Kaiser „selbst" bei einem „nahmhaften Theile derjenigen" für vorhanden, die „sonst in ihren politischen Anschauungen der Regierung eben nicht hold sind".

Auf dieser Argumentationslinie bewegten sich damals auch Berichterstatter aus Preßburg und Ödenburg: Relativ zurückhaltend äußerte sich dabei noch der Präsident der Statthaltereiabteilung aus der Donaustadt, wenn er von „wahrzunehmenden dynastischen Sympathien" sprach[206]; dagegen zeichnete Cihlarz, Polizeidirektor in Sopron, mit Blick auf den Kaiser ein überaus rosiges Bild über die dort herrschende Stimmung: Zwar unterstrich er die

---

[204] An Kempen, Großwardein, 31. März 1858, Nr. 176/Pr., in: AVA, Inneres, OPB, Präs. II, Krt. 109, Nr. 3574/58 (s. dazu auch folg.).
[205] An Kempen, Pest, in: Ebd., Krt. 80, Nr. 6585/56 (s. dazu auch folg.).
[206] An Kempen, Preßburg, 30. September 1856, Nr. 5235/Pr., in: Ebd., Krt. 82, Nr. 6610/56.

„Untergrabung des Ansehens der Regierung" infolge bestimmter „Uebelstände", die sich im Zusammenhang mit den „in Ungarn neu eingeführten Instituten" ergeben hatten; aber gleichzeitig betonte er die „hohe Verehrung", welche „die Bevölkerung aller Schichten den wohlwollendsten Absichten" Franz Josephs entgegenbrachte[207]. Er proklamierte sogar „tiefwurzelnde Gefühle der Ehrfurcht und Liebe". Sie hätten sich bei „verschiedenen Anläßen" im „schönsten Lichte" manifestiert, was er mit konkreten Beispielen untermauerte: Da war die „glückliche Entbindung" des ersten Kindes des Kaiserpaares, da war der Geburtstag des Monarchen. Zudem verwies auch er auf dessen „Anwesenheit in Gran und bei den Truppen-Inspizirungen". Mit Enthusiasmus erzähle man sich die allergnädigste Herablassung und Leutseligkeit „so wie die in echt magyarischem Idiom gehaltenen Anreden Seiner Majestät". Und nach seinen Informationen wurden „besonders in Gran unter dem Volke wiederhohlt die Ausrufungen gehört": „(...) das ist ein wahrhaft ungarischer König!" Mehr an Untertanenliebe ließ sich wahrlich nicht verlangen, zumal in einem Kronland, das der Dynastie noch wenige Jahre zuvor seine Gefolgschaft aufgekündigt hatte. Aber spiegeln die Äußerungen von Cihlarz wirklich die tatsächlich herrschende Stimmung wider?

4.3.2.2. Kempens Sichtweise

Der sozusagen höchste Aufsichtsbeamte über die in der Monarchie herrschende Stimmung war Kempen. Er differenzierte gleichfalls explizit, und zwar auch immer wieder direkt dem Monarchen gegenüber. So schilderte er etwa in einem einschlägigen Vortrag vom 31. Mai 1858 die Haltung der Altkonservativen als „Vorkämpfer des nationalen Princips mit allen seinen Consequenzen"[208]. Als Beleg dafür führte er unter anderem eine ansehnliche Reihe von „Instituten und Vereinen" an, in denen sich der von ihm als „künstlich" bezeichnete „Magyarismus" konkret manifestierte. Dieses allemal „trübe Bild" verdüsterte sich zusätzlich noch dadurch, daß es ihm auch „nicht vergönnt" war, Franz Joseph gegenüber „die erfreuliche Existenz" überhaupt irgendeiner, „für die neuen Institutionen dankbar ergebenen Regierungsparthei constatiren ... zu können". Der Chef der Obersten Polizeibehörde „beklagte" dies „auf das tiefste". Man beachte aber seine Wortwahl: *Regierungsparthei* war eines, *Kaiserpartei* mochte etwas anderes sein. Und exakt auf diese Unterscheidung legte er im weiteren Wert: Man müsse dennoch der ungarischen Nation im allgemeinen die Anerkennung zollen,

---
207 An Kempen, Ödenburg, 30. September 1856, Nr. 158/Pr., in: Ebd., Nr. 6690/56 (s. dazu auch folg.).
208 Nr. 1696/BM., in: HHStA, IB, BM.-Akten, Krt. 108, Nr. 4/58 (s. dazu auch folg.).

„daß dieselbe von ihrer alten Loyalität ... und Pietät ... zu sehr durchdrungen ist, als daß die herrschende Verstimmung gegen die jetzige Administration ... und deren Urheber, zu den höchsten Regionen des Thrones hinaufzureichen vermöchte".

Kempen ging sogar noch weiter, indem er sich ausdrücklich zur „Bestättigung verpflichtet" hielt, daß „für Allerhöchst ihre geheiligte Person, wie für das ... Kaiserhaus, die Gefühle der Liebe ... in allen Schichten ... treu bewahrt werden".
In der Sache nicht anders hatte er es bereits im Sommer 1857 formuliert. Damals unterrichtete er den Kaiser über die Haltung, die sich während und nach dessen Besuch im Land der heiligen Stephanskrone „in allen Landestheilen Ungarns" sowie in „Siebenbürgen" artikulierte[209]. Zwar „erwartete man" sich demnach überall „die Verwirklichung aller nationalen Wünsche und Sonderbestrebungen"; auch manifestierte sich der „Magyarismus ... sowohl in offener Rede, als in Demonstrationen überall entschieden". Aber ungeachtet dieser und anderer „Agitationen" mehr sei dennoch eines „unzweideutig an den Tag" getreten: Nämlich die „Anhänglichkeit" an Franz Joseph, die sich bisher bei jeder Gelegenheit durch „wahren Enthusiasmus" geäußert habe[210].
Weitere, ganz ähnliche Beispiele ließen sich anführen, und zwar auch für andere Kronländer. So konnte Franz Joseph etwa im selben Jahr über Böhmen lesen:

„Die politische Stimmung ..., insoweit darunter der Grad der Anhänglichkeit an das Allerhöchste Kaiserhaus ... verstanden wird, mochte kaum je eine bessere gewesen sein, als eben jetzt. – Man würde sich jedoch täuschen, wollte man dasselbe Vertrauen in die Administration ... voraussetzen. Man spricht offen gegen den Bestand mehrerer Manipulations-Normen [Verwaltungsgesetze und ähnliches mehr] der Staatsverwaltung sich aus, (...)."[211]

Und ganz allgemein erklärte der Chef der Obersten Polizeibehörde 1853 zwar einerseits, leider werde häufig die Regierung beschuldigt, „dem Unwesen der Juden und Spekulanten nicht Einhalt zu thun"; doch unterstrich er anderer-

---

209 Vortrag v. 31. Juli 1857, Wien, Nr. 5310/Pr. II., in: AVA, Inneres, OPB, Präs. II, Krt. 94, Nr. 5310/57, Bog. 7 (s. dazu auch das folg. Zit.).
210 Ebd., Bog. 8.
211 Konkret bezogen sich diese „Klagen" u. a. auf die „angeblich mangelhafte und weitwendige Gerichts- und Strafprozeß-Ordnung" sowie auf den „Mangel eines definitiven Gemeindegesetzes" (Stber. GM, 4–6 57, GI, in: HHStA, KK, GD, 1857–58, f. *GD 1857*, fol. 359).

seits das „feste und aufrichtige Zutrauen", das die Bevölkerung bei solchen Anlässen auf Seine Majestät setze[212].

4.3.3. Zweifel an der uneingeschränkten Beliebtheit Franz Josephs

Meldungen ganz ähnlichen Zuschnitts erreichten Franz Joseph immer wieder. Insofern konnte er sich eigentlich zufrieden in seinem Arbeitssessel zurücklehnen. Kam es denn schließlich nicht vor allem auf eine ihm treuergebene Bevölkerung an? War es nicht entscheidend, daß selbst systemkritisch eingestellte Kreise verläßlich zu seiner Person, zu ihm als Kaiser der Habsburgerdynastie standen? Genügte eine solche Haltung nicht, um eine erneute Revolution ungarischen Zuschnitts zu verhindern? Und eventuell doch ausbrechende nennenswerte innere Unruhen würden gegen die *Regierung*, insbesondere gegen die Minister oder einzelne unter ihnen, gerichtet sein. Minister aber ließen sich notfalls auswechseln. Was hatte all dies mit ihm, dem absoluten Herrscher von Gottes Gnaden, zu tun?

Verhielt es sich wirklich so einfach? Genoß Franz Joseph wirklich jene großen Sympathien, und zwar insbesondere in Ungarn, aber ebenso auch Lombardo-Venetien? Bei dem nunmehr notwendigen Versuch, diese schwierige Frage zu beantworten, sei an einer angeblich „oft gehörten Behauptung" angesetzt, daß es nämlich nicht anders werde,

> „bis nicht Se.(ine) Majestät zu befehlen geruhen werden, daß die Landesregierungen über die Maßregeln(,) welche zur Entgegenwirkung gegen die künstliche Steigerung [der Preise] zu ergreifen wären, den Bericht erstatten, und zugleich nachweisen, was sie bereits in dieser Sache gethan haben"[213].

Die zitierten Worte entstammen – ausgerechnet – dem gerade zitierten Stimmungsbericht Kempens von 1853. In der Bevölkerung scheint man also wenigstens in dieser Hinsicht von Franz Joseph doch konkretes Handeln erwartet zu haben. Anders formuliert: Sollte dieser monarchische *Befehl* ausbleiben, sollte sich der Kaiser gegenüber den Leitern der einzelnen Kronländer in diesem Punkt auch weiterhin in Schweigen hüllen, dann mochten sich die vom Preisanstieg betroffenen Bevölkerungsgruppen auf Dauer darüber verwundern, irgendwann vielleicht auch einmal ärgern und wenigstens hinter verschlossenen Türen Kritik an der Untätigkeit Franz Josephs üben. Sein öffentliches Prestige, seine anscheinend so große und über alle Zweifel erhabene Beliebtheit und Verehrung mochte dann möglicherweise doch Schaden nehmen.

---

212 Stber. GM, 9–10 53, GI, in: Ebd., 1853, 2. Teil, f. *GD II, Nr. 1202–1271*, fol. 853.
213 Ebd., fol. 854.

Überlegen wir weiter: Angenommen, all die soeben geschilderten Sympathiekundgebungen haben tatsächlich stattgefunden, so muß es hierfür konkrete Ursachen geben. Wie erklären sie sich also? Laut den Berichterstattern verhielt es sich einfach: Sie entsprangen entweder ehrlicher Überzeugung oder aber spontaner Begeisterung, letzteres wohl insbesondere bei direkter Begegnung mit dem Monarchen.

Im ersten Fall müssen hierfür wenigstens teilweise bestimmte mentale Denkmuster als auch eine gewisse ideologische Grundhaltung verantwortlich gezeichnet haben: So etwas wie Ehrfurcht gegenüber der althergebrachten, gleichsam immer schon da gewesenen Institution des Kaisertums, ein damit verbundenes Bewußtsein von ihrer Rechtmäßigkeit – ihrer Legitimität – wären hier zu nennen. Legale, traditionelle Herrschaftsgrundlagen im Sinne Max Webers wären hier in Betracht zu ziehen[214]. Auch mochten eventuell bestehende Zweifel daran durch wiederholte direkte Begegnung mit Franz Joseph gründlich beseitigt worden sein. Freilich, wie viele Zeitgenossen – nimmt man einmal die Bevölkerung Wiens und Umgebung sowie Bad Ischls aus[215] – waren überhaupt mit ihm einmal oder gar mehrfach zusammengetroffen? Dafür aber mochte andere Personen die auf indirektem Wege gemachte Bekanntschaft mit seiner Persönlichkeit – über Lektüre oder auch durch Erzählungen – überzeugt oder auch eines Besseren belehrt haben.

Im zweiten Fall dagegen, bei einer spontan ausgebrochenen Begeisterung, müssen ebenfalls mehr oder weniger tief unter der Oberfläche liegende Momente mitgespielt haben. Vor allem hier aber kommt noch das Erleben der unmittelbaren Begegnung mit dem Herrscher hinzu: In diesen längeren oder auch nur sehr kurzen Augenblicken – und mehr waren es meistens ja nicht, wenn etwa der Kaiser bei seinen Reisen in einer Stadt einzog, um dort Station zu machen, oder von einem Etappenziel zum nächsten durch ein Dorf fuhr oder ritt – mochten gewisse, ansonsten brachliegende mentale Denkmuster erwachen, unwillkürlich abgerufen werden.

Beide Fälle können hier nur sehr schematisch und grob skizziert werden. Sie mögen jedoch bei den Betroffenen eine gewisse Langzeitwirkung ausgelöst haben, ganz in der Richtung, wie wir sie in den Stimmungsberichten immer wieder beschrieben finden: Vorhandene Unzufriedenheit mit der *Regierung* beziehungsweise mit der von ihr betriebenen Politik wurde ganz alleine auf die Ministerkonferenz, vielleicht auch noch auf den Behördenapparat sowie

---

214 Zu Webers drei Typen von *legitimer Herrschaft* s. seinen Aufsatz *Die drei reinen Typen der legitimen Herrschaft*. Zu diesbezüglich interessanten, wenn auch nicht unbedingt überzeugenden und speziell auf Lombardo-Venetien bezogenen Überlegungen vgl. Mazohl-Wallnig, Österreichischer Verwaltungsstaat, S. 361–367.
215 Nach Bad Ischl begab sich Franz Joseph ja bekanntlich fast alljährlich in die Sommerfrische und zur Jagd.

den Reichsrat projiziert, ungeachtet der Tatsache, daß diese Politik ja letztlich auch der Kaiser zu verantworten hatte, und zwar teilweise sichtbar für alle Welt, wenn er seine eigene Signatur unter eine Verordnung, ein Patent, ein Gesetz setzte, das eben für Unzufriedenheit, teilweise für massive Unzufriedenheit sorgte, wie im Falle der Nationalanleihe.

4.3.3.1. Regierungsexterne Äußerungen

Aber fragen wir noch einmal: Verhielt es sich damit wirklich so einfach? Selbst grundsätzlich durchaus kaisertreu eingestellte Zeitgenossen scheinen diesbezüglich gewisse Bedenken gehegt zu haben. Dies gilt beispielsweise für Hummelauer, dem trotz aller altkonservativen Tendenzen die Vorstellung eines Sturzes der herrschenden Dynastie ohne Zweifel zutiefst widerstrebte. Er konstatierte in einer Denkschrift vom 15. April 1851 ein „gänzliches Erlöschen" der „anfänglich bestandenen Sympathie für den jungen Kaiser"[216]. Überdies wies er sogar auf „Spuren positiver Abneigung" hin, die sich bereits zeigen würden, eine für ihn offensichtlich noch bedenklichere, wenn nicht gefährliche Erscheinung.

Als Begründung für diese seine doch recht krasse Beurteilung führte Hummelauer die, wie er sie nannte, „unehrliche" und dem jungen Kaiser von seinen Ministern als „Staatsweisheit" eingeredete Politik in bezug auf Ungarn an, die er nichts weniger als „eine tödtliche Gefahr für Monarchie und Thron" bezeichnete. Diese Feststellung erscheint in zweifacher Hinsicht von Interesse: Erstens scheint Hummelauer den Monarchen insbesondere aufgrund seiner Jugend als nur bedingt verantwortlich für die vermeintlich unlautere politische Strategie betrachtet zu haben, was er im übrigen auch schon vorher mit Blick auf den Verfassungsoktroi von März 1849 getan hatte[217]. Dennoch betrachtete er Franz Joseph aufgrund seiner Stellung im Herrschaftsapparat offensichtlich als letztlich ausschlaggebenden und damit auch verantwortlichen Repräsentanten dieses Weges. Zweitens aber – und aus der ersten Überlegung folgend – vollzog Hummelauer damit auch eine Aufhebung der zur damaligen Zeit immer wieder konstatierten Trennung zwischen der *Regierung* auf der einen und dem wenigstens nach dem Sylvesterpatent formal gesehen unverantwortlichen *Kaiser* auf der anderen Seite. Diese Trennung scheint er als eine Fiktion betrachtet zu haben, die sich zwar künstlich

---

216 Abg. in: Schlitter, Versäumte Gelegenheiten, Anhang XI, S. 194 (s. dazu auch folg.).
217 Auch Bismarck räsonierte einmal im Zhg. mit der seiner Meinung nach falschen Außenpolitik der Monarchie über die „Jugendlichkeit des Kaisers" (an Manteuffel, Frankfurt, 16./17. Juni 1854, in: Bismarck, Werke in Auswahl, 2/2, Nr. 9, S. 18). Dabei handelt es sich im übrigen um keinen Einzelfall.

aufrechterhalten ließ, aber bei näherer Analyse in sich zusammenfallen mußte.

Wessenberg, dem Kübeck einmal aus nicht ganz einsichtigen Gründen eine „schwankende und zweideutige Klugheit" zuschrieb[218], scheint es ähnlich gesehen zu haben: Freilich stellte er im Herbst 1849 im Zuge von Betrachtungen über *Österreichs Zustände* fest, das Volk vermenge das Ministerium noch nicht mit der Person des Kaisers[219]; und wenn er den „Begriff der Zentralisazion" nach Ansicht der Bevölkerung für „im allgemeinen" in dieser Person „resümirt" erklärte, so mochte das besagen, daß seiner Meinung nach die Öffentlichkeit eine zentralistische Herrschaftsweise so lange zu tolerieren bereit war, solange es sich um einen monarchischen, nicht aber um einen bürokratischen Zentralismus handelte[220]; aber gegen Ende seiner damaligen Ausführungen fand er Worte, aus denen doch eine gewisse Skepsis spricht: Es sei ein betrübender Gedanke,

> „daß der jugendliche Kaiser über Schaffoth und Blutgerichte den Weg zu seiner Macht zu bahnen veranlaßt worden; daß ihm nicht vergönnt war, seine Herrschaft mit dem Oelzweig in der Hand und mit jenem Geist der Versöhnung, der gewiß seinem Herzen eigen ist, zu beginnen (…)"[221].

Hier wird Franz Josephs Verhalten also sowohl als Folge äußerer Umstände als auch – wie bei Hummelauer und wohl entscheidend – als Ergebnis *jugendlicher* Beeinflußbarkeit beurteilt. An anderer Stelle spitzte der ehemalige Ministerpräsident diese Sicht der Dinge noch zu: Ihm habe es „weh gethan", daß man dem jungen Monarchen nicht gestattet habe, „Milde und Großmuth" zu zeigen, „wie es sein Herz gewiß gewünscht"[222]. Hier skizziert

---

218 An Tochter Lina, Lechwitz, 23. November 1848, in: Aus dem Nachlaß Kübecks, S. 177. Bald darauf nannte er ihn einen „alten grauen Lügner" (an Gattin Julie, Pest, 20. März 1849, in: Ebd., S. 183).
219 Tagebucheintrag, ohne alles, *Oesterreich im November*, in: HHStA, NL Wessenberg, Krt. 13, Inv.nr. 112, fol. 111–112.
220 Ebd., fol. 112; s. dazu auch unmittelbar vorhergehende Bemerkungen: Danach war „in den meisten Theilen der Monarchie (…) noch große Vorliebe für die ehemaligen Landständischen Verfassungen" vorhanden, jedes der Kronländer hänge noch an seiner Geschichte (ebd., fol. 111); vgl. dazu in einem Brief an seinen Bruder Ignaz H. v. 12. September 1849: „Die Vertheidiger dieser Zentralisazion behaupten(,) der Federalismus sei zu zentrifugal und der Dynastie selbst gefährlich, was ich aber keineswegs finde. Bisher war ja der oesterr.(eichische) Staat eigentlich nur ein Federativ-Staat (…). Die Unzufriedenheit in den verschiedenen Ländern war nicht gegen das Regentenhaus(,) sondern gegen die Wiener Bureaukratie gerichtet, (…)." (Ebd., Inv.nr. 114, fol. 14.)
221 Tagebucheintrag, ohne alles, *Oesterreich im November*, in: Ebd., Inv.nr. 112, fol. 114.
222 An seinen Bruder, Karlsbad, 18. Oktober 1849, in: Ebd., Inv.nr. 114, fol. 22. Dabei betrachtete

Wessenberg den Kaiser nun vollends als Opfer fremder, dritter, letztlich ministerieller Kräfte. Denn das Kabinett unter der Präsidentschaft Schwarzenbergs übte damals nach Auffassung vieler Zeitgenossen noch die eigentliche politische Macht aus. Trotzdem erachtete Wessenberg negative Auswirkungen auf das öffentliche Image des Monarchen für möglich, wenn nicht gar schon für eingetreten. Wer *Milde* und *Großmuth* zeigte, konnte mit Zuneigung rechnen, wer aber seine Herrschaft mit *Schaffoth* sowie *Blutgerichten* begann, vor dem hatte man Angst und dessen Härte wurde beargwöhnt. Nicht umsonst bedauerte er es denn auch, daß es dem Monarchen nicht vergönnt gewesen sei, „durch Milde und Handlungen der Liebe und Großmuth die Anhänglichkeit in den Herzen zu erwecken und auf diesem Wege einen dauerhaften Frieden zu begründen"[223]. Dazu paßt sein Tagebucheintrag vom 11. September 1849:

„Ich hätte große Lust(,) eine Petition an den jugendlichen Kaiser in folgenden Worten gelangen zu laßen.
Euer Majestät: Die Insurgenten haben sich unterworfen; es giebt keine Rebellen mehr. Es giebt nur noch Unglückliche(,) welche die Großmuth Euer Majestät anflehen (…). Die Großmuth … wird eine traurige Epoche schließen; sie wird der Anfang einer fröhlichen – einer glücklichen seyn (…)."[224]

Und am 31. März 1852 schrieb er an Isfordink-Kostnitz rückblickend, es sei – damals, am Ende der Revolution – „wieder Möglichkeit vorhanden" gewesen, „die Liebe" des – ungarischen – „Volkes zu gewinnen"[225]. Doch wurde diese Chance ihm zufolge nicht realisiert, da man „den guten, den günstigen Augenblick" dazu „verpaßte"[226].

Auch andere übten in dieser Hinsicht Kritik, die im übrigen verständlicherweise zumeist eher vorsichtig manifestiert wurde. Ziehen wir dazu wieder einmal Tagebuchnotizen von Dilgscron heran: Anläßlich der dritten Wiederkehr des Ausbruchs der Revolution von 1848 in Wien hielt er am 13. März 1851 in seinem Tagebuch fest, daß „übrigens heute die Ruhe u(nd) Ordnung (nicht im mindesten) gestört" wurde und eine vollkommene Apathie den Platz

---

er diesen *versöhnenden Geist* wohl als eine Art angeborene jugendliche Einstellung. Denn im August notierte er: „Großmuth" werde „ohnehin dem Gemüth des jugendlichen Kaisers am besten entsprechen" (ohne alles, in: Ebd., Inv.nr. 112, fol. 75).
223 Ebd., Inv.nr. 112, fol. 114.
224 Ebd., Inv.nr. 113, fol. 77.
225 Freiburg, in: Briefe Wessenbergs, 2, Nr. 261, S. 44 (s. dazu auch folg.).
226 Noch am 25. August schrieb Wessenberg an Werner: „Görgey erwartet mehr Großmuth von den Rußen, als von uns! dieses ist schrecklich! (…) an der Großmuth unseres Kaisers dürfte er nicht zweifeln." (HHStA, NL Wessenberg, Krt. 13, Inv.nr. 114, fol. 4.)

der Aufregung jenes merkwürdigen Jahres eingenommen habe[227]. Diese Worte hätten eventuell auch Franz Joseph zufriedenzustellen vermocht; dies galt aber mit Sicherheit weniger für die nun noch folgenden: Zunächst konstatierte der Staatsbeamte, daß die von den offiziellen Autoritäten „hier ergriffenen Maßregeln derart" waren, „daß jede Unordnung gleich im Keime erstickt seyn würde". Dabei „glaubte" er „die Ausrückung ... von 5 Batterien, die S(eine)M.(ajestät) Heute V(or)M(ittag) auf dem Glacis angeordnet hatte, absichtlich auf den heutigen Tag bestimmt" und fügte kommentierend hinzu: „Ob sich aber ... uns.(er) junger Kaiser durch derley Demonstrationen die Sympathien der Bevölkerung erwerben werde, lasse ich dahingestellt seyn."

Dilgscron deutet Franz Joseph hier somit als einen jugendlichen Herrscher, der eine Politik der Härte und Einschüchterung praktiziert, gepaart mit und vielleicht hervorgerufen aus Mißtrauen gegenüber der Haltung der Bevölkerung, in diesem Fall Wiens. Hätte es sich hier um ein Ereignis mit Ausnahmecharakter gehandelt, so hätte der Staatsbeamte darum vielleicht gar nicht viel Aufhebens gemacht. Doch stehen wir hier einem kennzeichnenden Signum der Anfangszeit der Herrschaft des Habsburgers gegenüber, trotz aller wenigstens bis gegen Ende 1850 noch nach außen hin verkündeten Versprechungen, die Märzverfassung zu realisieren. Genau darauf zielt offenbar Engel-Janosi ab, wenn er als Grund für die seiner Meinung nach durch mehr als zwei Jahrzehnte bestehende relative Unbeliebtheit des Kaisers neben den „sprunghaften Wechseln in den Richtungen der Politik" unter anderem auf „das überbetont Autoritäre" des damaligen Herrschaftssystems verweist[228]. Hier ist beileibe nicht nur an das berühmt-berüchtigte *Blutgericht von Arad* zu denken, bei dem es am 6. Oktober 1849 zur Hinrichtung von 14 Führern des magyarischen Aufstandes kam, ein Ereignis, das Franz Josephs Herrschaft schon bald nach seiner Thronbesteigung den Stempel der Unbarmherzigkeit aufdrückte und auf das auch Wessenberg anspielte, wenn er von *Schaffothen* und *Blutgerichten* sprach. Manches andere wäre hier zu nennen. Da war zudem beispielsweise der über weite Teile des Reiches bis weit in die fünfziger Jahre hinein verhängte Belagerungszustand: Ihn hatten nicht nur die Einwohner Wiens in verschiedener Hinsicht als drückend erfahren und nicht zuletzt deshalb die Rückkehr des Hofes nach Wien erhofft, weil sie sich davon seine Aufhebung erwarteten. Doch sahen sie sich hierin noch für geraume Zeit getäuscht. Dies mochte vielleicht nicht gerade offenen Unmut, aber eben doch eine gewisse Ernüchterung über das Wirken des Monarchen hervorgerufen haben.

Noch eine andere Frage stellt sich nach Lektüre der Ausführungen Dilgscrons: Hatte sich der Kaiser nämlich bereits die *Sympathien der Bevölkerung*

---

227 Ebd., NL Dilgscron, Krt. 3, Buch 1850–51, Bog. 524 (s. dazu auch folg.).
228 Der Monarch und seine Ratgeber, S. 15.

erworben, oder mußte ihm dies erst noch gelingen? Nach Meinung des Freiherrn war wohl letzteres der Fall. Andere äußerten diesbezüglich eine solche Auffassung ganz offen. So sprach einmal der venezianische Statthalter Toggenburg im Zusammenhang mit einer Reise Franz Josephs nach Venedig Anfang 1851 von der „Wiederherstellung ... dynastischer Anhänglichkeit"[229]. Sie war ihm zufolge noch nicht erfolgt. Eine *Wiederherstellung dynastischer Anhänglichkeit* war aber nicht nur im Venezianischen vonnöten. Sie war vor allem in der Lombardei und Ungarn erforderlich. War die neoabsolutistische Politik dazu geeignet, hier Wesentliches zu bewirken, überhaupt etwas zu bewirken? In einem polizeilichen Wochenstimmungsbericht von Mitte Oktober 1851 für Mailand wurde „mit Bestimmtheit behauptet", daß der „Eindruck der erhabenen Persönlichkeit" des Monarchen „ein bei der überwiegenden Mehrheit günstiger war"[230]. Dieser Eindruck sei zwar „für dermalen" noch nicht ausgesprochen, doch werde er gewiß bei der nächsten Gelegenheit „an's Licht" treten. War dies wirklich so sicher?

4.3.3.2. Regierungsinterne Äußerungen

Selbst Kübeck und Kempen, und damit ausgerechnet Männer, die als besonders entschiedene Verfechter der absolutistischen Ideologie gelten können, waren sich darüber bewußt, daß der Differenzierung *Kaiser* auf der einen, *Regierung* auf der anderen Seite eine gewisse Künstlichkeit innewohnte. Dies erscheint insbesondere mit Blick auf Kübeck von Interesse. Denn er war ja ein wichtiger Wegbereiter für die Errichtung des neoabsolutistischen Herrschaftssystems.

Wenden wir uns aber zunächst Kempen zu und erinnern uns dabei nochmals an die von ihm im Sommer 1857 betonte monarchische *Anhänglichkeit, die sich bisher bei jeder Gelegenheit durch wahren Enthusiasmus geäußert habe*[231]. Tatsächlich teilte der Chef der Obersten Polizeibehörde dem Kaiser als Fazit von dessen Ungarnbesuch damit nur die halbe Wahrheit mit: Denn eine Passage wurde aus dem Entwurf des Stimmungsberichtes gestrichen[232]: „Da nun aber seit der Rückkehr ... nach Wien noch keine der gehegten Hoffnungen sich verwirklicht hat, so herrscht große Verstimmung [in Ungarn]."

---

229 An Schwarzenberg, Venedig, 4. April 1851, Nr. 1529/Pr., in: HHStA, AM, PA. XL, Interna, Krt. 70, f. *Statthalter in Venedig 1851*.
230 PWStber. 12. bis 18. Oktober 1851, in: HHStA, A.-Akten, Krt. 23, Nr. 8873/51, Bog. 11.
231 Vortrag v. 31. Juli 1857, Wien, Nr. 5310/Pr. II., in: AVA, Inneres, OPB, Präs. II, Krt. 94, Nr. 5310/57, Bog. 8 (s. dazu auch folg.).
232 Dabei erscheint es irrelevant, wer diese Streichung vornahm: Denn jedenfalls nahm Kempen vor der Reinschrift vom Gesamtentwurf Kenntnis, er hätte also die Wiederaufnahme der Passage verfügen können.

Diese Tatsache meinte Kempen dem Kaiser (zum damaligen Zeitpunkt) offensichtlich nicht zumuten zu können oder zu sollen. Dies erscheint auch begreiflich. Diese Worte ließen nämlich einen fast zwingend erscheinenden Schluß zu: Die besagte *große Verstimmung* richtete sich jedenfalls auch gegen den Kaiser. Er selbst bildete danach wenigstens partiell das Objekt des Anstoßes, wurde in Ungarn als zumindest mitverantwortlich für die – wieder einmal – enttäuschten Hoffnungen der Magyaren angesehen.

Wie kam es zu dieser Streichung, die im übrigen nicht die einzige war[233]? Warum hielt sich Kempen nicht an eine Maxime, deren Bedeutung er selbst gegenüber seinen Untergebenen wiederholt unterstrichen hatte? Eine Maxime überdies, deren Befolgung er dem Monarchen am 31. August 1859, dem „letzten Tag" seines Wirkens als Chef der Obersten Polizeibehörde, in Form einer „Bitte" selbst ans Herz legte[234]? Nämlich „die politischen Behörden strenge verantwortlich zu machen für gewissenhafte Anzeigen ihrer Wahrnehmungen" und also den seiner Behauptung nach momentan vorhandenen Zustand des „Verschweigens der bedenklichen Stimmung im Lande, um nicht mißliebig zu werden", nicht zu dulden?

War es denn nicht angebracht, dem Kaiser die öffentliche Erregung über das Verhalten einer Gesellschaftsschicht zu präsentieren, die dieser selbst als – pointiert formuliert – unbelehrbar erachtete? Bei anderer Gelegenheit hat Kempen davor auch nicht zurückgescheut. In der gegebenen Situation jedoch schien ihm dies offenbar minder opportun. Anscheinend wollte er Franz Joseph eine Enttäuschung ersparen. Der Habsburger sollte den Eindruck einer zwar partiell unzufriedenen, ihm, dem Herrscher, aber doch unbedingt treuergebenen Bevölkerung erhalten[235].

Kempen selbst war dem Monarchen zweifellos unbedingt treu ergeben. Und er scheint ihn auch als Menschen geschätzt zu haben. So verlieh er am 14. Januar 1850 in seinem Tagebuch im Anschluß an eine Audienz über „das organische Gesetz für die Gendarmerie" seinem „Erstaunen" über „den Scharfsinn und über das richtige Urteil des Jünglings" Ausdruck[236]. Er sei un-

---

233 Ebenfalls dem Rotstift fiel jene Passage zum Opfer, der zufolge dem „Adel" sein „minder reger Eifer …(,) Eu.(rer) M.(ajestät) seine Huldigung darzubringen, … ungünstige Äußerungen hervorgerufen", d. h. eingebracht hatte (ebd., Bog. 9).
234 Tagebucheintrag v. 31. August 1859, in: Tagebuch Kempens, S. 531 (s. dazu auch folg.).
235 Vielleicht wollte Kempen mit Hilfe der Streichungen auch die ohnehin sehr geringe Bereitschaft des Kaisers zu magyarischerseits erhofften Konzessionen nicht ganz abtöten. Also schilderte er zwar wahrheitsgetreu die vorhandenen „Agitationen", betonte aber gleichzeitig die Begeisterung über den Kaiser. Eine gewisse Plausibilität gewinnt eine solche Deutung durch einen Tagebucheintrag Kempens v. 8. Juli 1857: „Zur Mittagszeit bei Grünne, äußerte ich ganz offen, daß in Ungarn die Gärung sich nicht legen werde, daß etwas zur Befriedigung der vielen Wünsche geschehen müsse (…)." (Ebd., S. 437.)
236 Ebd., S. 163 (s. dazu auch folg.).

ter der Last der Krone schnell reif geworden zum Manne und zum Herrscher. Und weiter meinte er:

> „Einiges klärte ich auf, manches stellte der Kaiser treffender als das Gesetz(,) und so weit ging die Schärfe seiner Prüfung, daß er im Budget der Beköstigung die Rubrik der Pistolen mit einer Ziffer ausgefüllt fand, die nicht mit meiner Absicht, auch nicht mit jener des Kaisers harmonierte."

Dagegen hatte Kempen bereits am 10. Mai 1849 das „gereifte Urteil" und die „ritterliche Erscheinung" des Monarchen[237], am 30. Dezember des Jahres dagegen dessen „Willensfestigkeit" gelobt[238]. Ganz anders liest es sich im Spätsommer 1859: Als damals Franz Joseph die Entlassung Kempens als Leiter des Polizeiwesens verfügte, kommentierte er dies mit den Worten, sein „kaiserlicher Herr" habe nicht die „Kraft" gehabt, „den Mann zu halten, der rastlos und treu ihm gedient"[239]: Da ist doch persönliche Enttäuschung und Bitterkeit über das monarchische Verhalten zu spüren. Eine gewisse Kritik schwingt hierbei deutlich mit, ob berechtigterweise, spielt keine Rolle. Im weiteren werden wir kritischen Bemerkungen Kempens mit Blick auf Franz Joseph noch deutlicher begegnen.

Kritik, recht klare Kritik zumal, übte auch Kübeck in seinen Tagebuchaufzeichnungen: Dabei hinterließ Franz Joseph ebenso wie auf Kempen und wie auf manch andere Zeitgenossen[240] auch bei diesem erfahrenen *Staatsmann* in mancherlei Hinsicht ein durchaus positives Bild, als er „S.(eine) Maj.(estät)" erstmals am 21. Dezember 1848 seine „Aufwartung" machte[241]. Denn anschließend notierte er in seinem Tagebuch einen „höchst günstigen Eindruck des jungen Herrn … auf mich". Ähnliche Äußerungen finden sich in seinen Privataufzeichnungen auch in der Folgezeit. So sprach er vom „liebenswürdigen pflichtdurchdrungenen"[242] Monarchen, dem „herrlichen Jüng-

---

237 Tagebucheintrag, in: Ebd., S. 135.
238 Tagebucheintrag, in: Ebd., S. 162.
239 Tagebucheintrag v. 6. September 1859, in: Ebd., S. 534.
240 Als recht charakteristisch kann hier Bismarcks Urteil gelten: „Die Persönlichkeit des Kaisers macht mir einen sehr guten Eindruck; er faßt schnell auf, urteilt sicher und besonnen und hat eine Zutrauen erweckende Einfachheit und Offenheit in seinem Wesen." (An Manteuffel, Ofen, 25. Juni 1852, in: Bismarck, Die Gesammelten Werke, 2, Nr. 176, S. 195.) Vgl. Ernst II. v. Sachsen-Coburg-Gotha in einem Brief an seinen Bruder v. 17. Februar 1852, Gotha, in: Aus meinem Leben, 2, S. 51–52. Für eine des öfteren zit. Beschreibung des Monarchen in jungen Jahren s. einen Brief des belgischen Königs Leopold an die englische Königin Victoria v. 3. Juni 1853, in dem u. a. von seinen „excellent manners" die Rede ist. Auch wird er darin als „master" bezeichnet (Laeken, in: Letters of Queen Victoria, 2, S. 448).
241 Tagebucheintrag, in: Tagebücher Kübecks, S. 32 (s. dazu auch das folg. Zit.).
242 Tagebucheintrag v. 28. Oktober 1850, nach einer Audienz (ebd., S. 54).

ling", in den er noch am 9. Januar 1851 „große Hoffnungen" setzte[243] und den er wie „meinen besten Sohn" zu „lieben" behauptete[244]. Dem Verhalten Franz Josephs stand er deshalb aber noch lange nicht völlig vorbehaltlos gegenüber.

Bereits am 26. Oktober 1849 mußte er feststellen, daß der Kaiser gegenüber Windischgrätz aus offensichtlicher Verlegenheit Zuflucht zu einer Ausrede genommen hatte. Worum es dabei ging, läßt sich wiederum seinem Tagebuch entnehmen: Der Feldmarschall hatte den Habsburger

„mit aller Freimüthigkeit auf die Gefahren des von dem Ministerium eingeschlagenen Ganges aufmerksam gemacht und ihn aufgefordert, falls er ihm, Windischgrätz, nicht volles Vertrauen schenke, mich kommen zu lassen und mit mir zu sprechen"[245].

Darauf habe ihm dieser geantwortet, er habe bereits mit Kübeck gesprochen. Dies aber „erschreckte" den künftigen Reichsratsvorsitzenden „wahrhaft". Franz Joseph hatte hier nämliche „eine Unwahrheit" geäußert und somit ein Zeichen „jener verderblichen Schwäche des Charakters, welche am Throne so gefährlich ist", von sich gegeben, einer *Schwäche* aber auch, die er generell für äußerst problematisch erachtet zu haben scheint: „Die Schwäche des Charakters i s t immer auch falsch und g e h t immer falsch", wie er in dieser Hinsicht grundsätzlich an seine Tochter Lina bereits geraume Zeit zuvor geschrieben hatte[246]. Noch eine andere „Schwäche", die er zugleich als „vorzüglich" bezeichnete, machte er beim „kaiserlichen Jüngling" – in diesem Zusammenhang wohl keine zufällige Formulierung – geraume Zeit später aus: Er wolle stark, kräftig und gefürchtet sein[247].

Immerhin „erregte" Franz Joseph gut einen Monat später die „herzliche Bewunderung" Kübecks, hatte er doch anläßlich einer Debatte über das Reichsratsstatut die Minister mit „so viel Würde, Klarheit der Darstellung, Scharfsinn der Auffassung und Dialektik und so viel Entschiedenheit" in die Schranken verwiesen, daß „der ganze Akt" ihm „viele Ähnlichkeit mit einem lit de justice unter den alten Bourbonen" aufzuweisen schien[248]. Auch sprach

---

243 Ebd., S. 55.
244 Tagebucheintrag v. 18. Juni 1852, in: Aus dem Nachlaß Kübecks, S. 95.
245 Ebd., S. 31 (s. dazu auch folg.). An den Angaben des Feldmarschalls braucht nicht gezweifelt zu werden.
246 Lechwitz, 16./17. Juni 1848, in: Ebd., S. 173.
247 Bach aber suche ihn glauben zu machen, „daß er es schon wirklich sey" (Tagebucheintrag v. 8. Februar 1851, in: Ebd., S. 62).
248 Tagebucheintrag v. 3. März 1851, in: Ebd., S. 64. Unter einem *lit de justice* ist eine feierliche Sitzung des Pariser Parlaments, des höchsten Gerichts, in Anwesenheit des Königs zu verstehen.

er am 29. Dezember 1850 von einem „höchst anziehenden Jüngling"[249]. Doch am 12. November 1852 findet sich folgende Notiz in seinem Tagebuch:

> „Ankunft des russischen Großfürsten Alexander und des Kronprinzen von Württemberg mit ihren Gemahlinen. Die Ankunft erfolgte in der Nacht(,) und militärische Feste eröffneten den Tag. Der österr.(eichische) Monarch hat den Unterschied des Imperators von dem Kaiser noch nicht erfaßt(,) und daraus besorge ich für ihn und das Reich noch schwere Folgen."[250]

Und am 19. Juni 1853 sprach er sogar von nichts weniger als einer „beklagenswerthen Verblendung des Kaisers"[251].

Wir sehen also: Für Kübeck mag Franz Joseph jedenfalls ein „edler Herrscher" gewesen sein[252]. Aber dies bedeutet noch lange nicht, daß er seine Persönlichkeit und sein Verhalten als völlig unproblematisch beurteilte[253], und sei es auch nur aus gekränkter Eitelkeit, weil der Monarch seinen Ratschlägen nicht immer folgte. Wichtiger für uns: Franz Joseph hatte seiner Meinung nach offenbar auch ein Problem mit seiner öffentlichen Reputation. Schon das letzte längere Zitat, in dem er ja letztlich das Auftreten des Kaisers nach außen hin kritisierte, deutet darauf hin. Gleiches gilt für eine Privatnotiz vom 18. November 1852, als er den Herrscher im Rahmen einer Audienz „etwas troken und leider in einer falschen Richtung fand": Damals vermerkte er zudem zwar zum einen, „Gott" habe ihm eine „unermeßlich schwere Aufgabe auferlegt", schrieb aber zum anderen: „(…); möge ihm die Tiefe der Herzen sich öfnen."[254]

---

249 Tagebucheintrag, in: Ebd., S. 59.
250 Ebd., S. 101; vgl. schon am 23. Mai 1852: „Der Kaiser hat das Gefühl seiner Macht, aber nicht jenes seiner Würde, wird von vielen aufrichtig Ergebenen bemerkt. Die Zukunft liegt sehr düster vor uns." (Ebd., S. 95.) Den ersten der beiden Sätze hatte Kübeck durchgestrichen (s. dazu ebd., Anm. des Hrsg. des Tagebuchs); vgl. evtl. am 17. November 1854 mit Blick auf die Krimkrise: „Mir scheint übrigens, Bach und Buol … erregen den jugendlichen Ehrgeiz des Kaisers, dem sie mit europäischer Glorie und Machterweiterung schmeicheln" (ebd., S. 162); vgl. schließlich eine von Kübeck sinngemäß wiedergegebene Bemerkung Metternichs v. 10. Oktober 1851: „Die Frau Erzherzogin scheint die Lage der Dinge und der Personen richtiger aufzufassen als der Kaiser." (Ebd., S. 79.)
251 Und zwar in Zhg. mit den w. o. zit., angeblich von Bach „im Verein mit Baumgartner" unternommenen „Umtrieben" (Tagebucheintrag, in: Ebd., S. 115).
252 Tagebucheintrag v. 18. November 1852, in: Ebd., S. 101.
253 S. dazu auch seinen Tagebucheintrag v. 2. Dezember 1854: „Heute ist das vollendete 6. Jahr der Thronbesteigung des Kaisers, den Gott schützen, erleuchten (!) und erhalten möge." (Ebd., S. 164.)
254 Tagebucheintrag, in: Ebd., S. 101.

4.3.3.3. Franz Joseph als Herrscher ohne Herz

Mit diesen letzten Worten berührte dieser vermeintliche „Typus des Bureaukraten ersten Ranges"[255] indirekt einen möglichen Verhaltensaspekt des Kaisers, auf den Zeitgenossen immer wieder hingewiesen haben. Er läßt sich mit einer gewissen Distanziertheit umschreiben. Negativer formuliert könnte man auch von einer gewissen Kälte sprechen. So soll Bach am 24. Mai 1850 Kempen gegenüber bedauert haben, daß Franz Joseph während einer Reise nach Triest „leider an allen, aus Tagesweiten zu seiner Reiseroute herbeigekommenen Nationalgarden flüchtig vorübereilte", außerdem „mit den Leuten nicht spreche und Herzen zu erobern nicht zu verstehen scheint"[256]. Diese Bemerkung ließ Kempen in seinen Privatnotizen noch unkommentiert. Anders jedoch Jahre später, als sich sein „alter Freund" Wimpffen bei ihm „bitter über die Kälte des Kaisers beklagte": Dieser fordere zwar Anhänglichkeit und ihre sichtbaren Zeichen, ertrage ihr Fehlen zürnend, tue aber gar nichts, um die Volksliebe zu gewinnen, die Herzen an sich zu ziehen, sei hart, abstoßend und habe „zu Prag für den Enthusiasmus im böhmischen Theater kaum gedankt"[257]. Da bemerkte Kempen, der bei dieser von ihm treffend als „Festvorstellung" bezeichneten Veranstaltung selbst anwesend war: „Was konnte ich diesen Bemerkungen entgegensetzen ... als den Schmerz, daß sie ausgesprochen wurden?"[258] Nichts, offensichtlich jedenfalls nichts, was die *Bemerkungen* des Feldzeugmeisters und Statthalters von Triest substantiell revidieren, korrigieren, als falsch erweisen hätte können. Dabei wiesen sie grundsätzlichen Charakter auf, waren also nicht nur auf dieses eine Ereignis bezogen.

Besonders ungeschminkt formulierte es Fr. Thun zu einem Zeitpunkt, als dem neoabsolutistischen Herrschaftssystem durch den Erlaß des sogenannten *Oktoberdiploms* vom 20. Oktober 1860 seine vielleicht bisher nicht schwerste, aber doch nach außen hin sichtbarste Niederlage zugefügt worden war, und das durch kaiserliche Hand[259]. Mit der Ablösung Radetzkys war die Aufgabe Thuns in Oberitalien erfüllt, er kehrte in den diplomati-

---

255 So Hübner, Ein Jahr meines Lebens, S. 238.
256 Tagebucheintrag, in: Tagebuch Kempens, S. 177.
257 Tagebucheintrag v. 20. November 1858, in: Ebd., S. 489–490. Franz Joseph unternahm damals (11.–25. November) zusammen mit seiner Frau eine Reise nach Böhmen und Mähren, die ihn auch nach Prag führte, wo ein Denkmal zu Ehren des am 5. Januar des Jahres verstorbenen Radetzky enthüllt wurde.
258 Tagebucheintrag, in: Ebd., S. 490. Vgl. dazu seine Tagebuchnotiz v. 13. November 1858, in: Ebd., S. 489.
259 U. a. wurde Ungarn darin die Verfassung von vor 1848 zugesagt. Die übrigen Kronländer sollten eigene Landtage erhalten, ein Reichsrat in Wien sollte über gemeinsame Angelegenheiten befinden. V. a. Magyaren und Deutsche wehrten sich erfolgreich dagegen: Diese befürchteten insb. in Böhmen eine tschechische Dominanz, jene verlangten noch mehr Rechte.

schen Dienst zurück und wurde Botschafter in St. Petersburg, wo er bis 1863 blieb. Als solcher schrieb er dem damaligen Ministerpräsidenten nach dem 20. Oktober:

„Haben Sie nie im Munde … gut gesinnter Patrioten den Ausspruch gehört: ‚Der Kaiser hat kein Herz, er weiß nicht zu belohnen und zu bestrafen, er nützt die besten Kräfte(,) aber um sie dann höchstens mit schönen Worten unter vier Augen bei Seite zu werfen.'"[260]

4.3.4. Die Folgen bestimmter Ereignisse auf das öffentliche Renommee des Monarchen

Man kann sich der Frage nach dem Prestige des Monarchen noch auf einem weiteren Weg annähern. Er liegt in der Beschäftigung mit der öffentlichen Reaktion auf bestimmte Ereignisse, bei denen seine Person und/oder die Dynastie im Mittelpunkt des öffentlichen Interesses standen.

4.3.4.1. Das Attentat vom 18. Februar 1853

Da war etwa das am 18. Februar 1853 mit einem Messer nicht weit von der Hofburg verübte Attentat auf Franz Joseph, der dabei mit einem letztlich eher harmlosen Stich in den Hinterkopf davonkam. Begangen wurde der Anschlag von einem 21jährigen Magyaren mit Namen János Libényi, wofür er nur acht Tage später am Strang endete[261]. „Wahrhaft segensreiche … Folgen" dieses „furchtbaren Attentates", das der *Wiener Zeitung* verständlicherweise eine Extraausgabe samt eines ärztlichen Bulletins wert war[262], hielt beispielsweise Pratobevera knapp einen Monat später in seinem Tagebuch fest: Dabei kon-

---

260 Ohne alles (aber zwischen 20. Oktober 1860 und 4. Februar 1861), in: HHStA, AM, PA. XL, Acta Secreta, NL Rechberg, Krt. 527, f. *Privatbriefe Graf Fr. Thun*, fol. 647. Konkret ging es dabei um die „schmähliche … Behandlung' seines Bruders" Leo (fol. 651), der eben am 20. Oktober als Minister entlassen wurde. Dabei machte er „namentlich Sie dafür verantwortlich" (ebd.), äußerst klare Worte in Richtung Rechberg. Im übrigen ließ er sich auch auf das Heftigste über Bach aus, den er – wie auch „Buol" – „weder als Individuum noch als Minister achtete" (ebd., fol. 644). Dies erscheint insofern erwähnenswert, als Kempen Thun einmal „als Marionette Bachs" bezeichnete (Tagebucheintrag v. 13. März 1857, in: Tagebuch Kempens, S. 423). Allerdings bezog sich der Chef der OPB hier auf einen konkreten Anlaß.
261 Zu den damaligen Vorgängen plastisch, wenn auch nur bedingt moderne wiss. Anforderungen erfüllend, Corti, Mensch und Herrscher, S. 105–110.
262 S. dazu den entsprechenden Art., abg. in: Kleindel, Österreich, S. 253.

statierte er konkret eine „ungeheure(,) tiefste u.(nd) ehrlichste Theilnahme in allen Ständen des weiten Reiches"[263].

Dieser Bewertung hätten wohl selbst nur wenige jener Zeitgenossen widersprochen, die des Kaisers Politik nicht goutierten. Man mußte nicht sein Freund sein, um angesichts eines solchen Geschehnisses Mitgefühl zu empfinden. Und so mag etwa die Behauptung des Kaschauer Polizeidirektors, wonach die „offene ... Entrüstung" der „den Meuchelmord desavouirenden radicalen Parthei" zum „großen Theil aufrichtig gemeint sei"[264], größtenteils zugetroffen haben.

Allerdings könnten auch hier gewisse Differenzierungen angebracht erscheinen. Begeben wir uns dazu an einen ganz anderen Ort des Reiches, nach Graz: Zwar sollen dort ebenfalls „selbst" solche „Kreise" ihrer „Entrüstung" über das Attentat „Ausdruck" gegeben haben, „in denen der Ton loyaler Gesinnungen in der Regel nicht angeschlagen zu werden pflegt"; doch geschah dies zufolge des örtlichen Polizeidirektors Joseph Edler Waneczek v. Wernheim aus einer Opportunitätsüberlegung heraus: „Man hat sich dort dahin ausgesprochen, daß solch frevelhaftes unsinniges Treiben der Revolution selbst einen großen Theil ihres bisherigen Anhanges entfremde."[265]

Genau gelesen werden muß auch die Meldung seines Triester Kollegen Franz S. Wagner vom 21. Februar: Sicher konstatierte er ein wegen des Attentats „allgemein" herrschendes „Gefühl tiefster Betrübnis" und wußte Kempen zudem sinngemäß von einer bei der aus diesem Anlaß abgehaltenen Feier überfüllten Kirche zu berichten; zugleich aber muß seine weitere Feststellung berücksichtigt werden, wonach die abends erfolgte „freiwillige Beleuchtung der Stadt" durch die „Gutgesinnten" veranstaltet worden sei[266]. Offenbar gab es demnach also auch *Bösgesinnte*, die sich selbst bei dieser Gelegenheit nicht einmal zeitweilig eines Besseren besannen.

Mit Vorsicht zu beurteilen ist auch die am selben Tag für Kempen abgefaßte Bemerkung Protmanns, die „Beleuchtung der Schwesterstädte Pest Ofen und der hiesigen 3 Theater" sei selbst in den entlegensten Straßen bemerkbar gewesen[267]. Denn über die hierfür verantwortlichen Motive ist damit noch nichts ausgesagt. Vielleicht war die Illuminierung mehr vorauseilendem Gehorsam oder behördlichem Druck als echt empfundener kaiserliche Treue zuzuschreiben. Vielleicht stehen wir hier auch lediglich einem Beispiel für eine bei sol-

---

263 Tagebucheintrag v. 15. März 1853, in: HHStA, NL Pratobevera, Krt. 12, *Memoranda Juli 1852 bis Oktober 1853*.
264 An Kempen, Kaschau, 21. Februar 1853, Nr. 9/Pr., in: AVA, Inneres, OPB, Präs. II, Krt. 2, Nr. 690/53.
265 An Kempen, Graz, 23. Februar 1853, Nr. 44/Pr., in: Ebd., Nr. 618/53.
266 An Kempen, Triest, Nr. 150/Pr., in: Ebd., Nr. 686/53.
267 An Kempen, Pest, 21. Februar 1853, Nr. 66/Pr., *reserviert*, in: Ebd., Nr. 671/53 (s. dazu auch folg.).

chen und ähnlichen Gelegenheiten mittlerweile zur Routine, zum politischen Ritual gewordenen Handlung gegenüber. Und was die zugleich getroffene Feststellung des Polizeidirektors anbetrifft, einem Israeliten in Altofen, der „seine Wohnung nicht beleuchtet hatte", seien von dem Publikum die Fenster eingeschlagen worden: Hier handelte es sich eben um einen Juden. Wäre das *Publikum* auch bei einem Nichtjuden gewalttätig geworden? Hatte dieser Akt des Vandalismus also überhaupt besonders viel mit einer spezifisch positiven Einstellung gegenüber dem Kaiser und/oder der monarchischen Institution zu tun? Artikulierten sich hierbei nicht vielmehr vor allem antijüdische Vorurteile?

Protmann selbst scheint ein wenig skeptisch bezüglich der Aufrichtigkeit der Trauer gewesen zu sein. So schrieb er etwa:

„Ueberall wurden sehr wenige Menschen Behufs der Besichtigung der Beleuchtung auf den Gassen und Plätzen bemerkt, was theils (!) der Besorgniß vor etwaigen störenden Ereignissen und dem stürmischen kalten Winde zuzuschreiben seyn mag."

Welche anderen Faktoren Protmann zufolge hierfür eventuell ausschlaggebend waren, darüber schwieg er sich gegenüber seinem Adressaten aus. Doch dieser benötigte solche zusätzlichen Informationen sicher nicht. In anderer Hinsicht wurde er aber doch konkreter: Während nämlich die beiden deutschen Theater aus Anlaß der kurz nach dem Attentat stattfindenden Feierlichkeiten zur Rettung des Monarchen „sehr gefüllt" waren, wurde „das ungarische Nazional Theater ... auffallend wenig besucht". Selbst „die Logen waren kaum zur Hälfte besetzt". Und die Anwesenden? Sie äußerten keine Ergebenheit gegenüber dem Kaiser. Vielmehr „(erhob sich) bei Absingung der Volkshymne" schlicht und einfach „Niemand", während das von Protmanns „Frau" und Festungskommandant Generalmajor Joseph Ritter Heyntzel v. Heyntzenhorst „durch Aufstehen" gegebene „Beispiel ... ohne Nachahmung (blieb)". Selbst das anscheinend überhaupt erst durch diese Vorkommnisse motivierte, nachträgliche „Erscheinen" Albrechts in diesem Etablissement „vermochte auf das Publikum keinen Eindruck zu machen". Schon dies dürfte Protmann unausgesprochen als Versuch der öffentlichen Manifestation einer oppositionellen Gesinnung beurteilt haben. Als zudem „bald darauf ein ungarischer Tanz ausgeführt wurde", dabei „ein lebhafter Applaus (erscholl), und man „unter ‚Eljen'Rufen die Wiederholung dieses Tanzes verlangte", schrieb er dies „unter den obwaltenden Umständen" wohl zu Recht eher „einer Demonstration" als „dem Unverstande" zu[268].

---

268 Vgl. seine Depesche an Kempen v. 21. Februar 1853: „Beide Städte [also auch Ofen] sind erleuchtet, in allen 3 Theatern wurde bei Beleuchtung Volkshymne abgespielt. Im deutschen

Die öffentliche Reaktion auf den Anschlag nimmt sich bei näherem Hinsehen also vielfältiger aus, als man nach Pratobeveras Darlegungen annehmen könnte. Freilich reisten im Anschluß an dieses Ereignis „aus allen Kronländern … zahlreiche Abordnungen nach Wien", nicht, um dem Kaiser selbst, der zunächst das Bett hüten mußte, dafür aber, um seinen Eltern an seiner Statt ihre Reverenz zu erweisen[269]. (Daß hierbei eine Delegation aus dem „treuesten Land Tirol … besonders schnell" zur Stelle war[270], erstaunt nicht, obgleich sich auch die beinahe sprichwörtlich große *Treue* der Tiroler bei näherem Hinsehen als partieller Mythos erweist, was hier leider nicht näher ausgeführt werden kann.) Aber darüber darf nicht vergessen werden, daß die Absendung solcher *Abordnungen* zugleich immer Teil eines Rituals bildeten, dem auch bei anderen, weniger dramatischen und freudigeren Gelegenheiten Genüge getan wurde.

Inwieweit wirkte sich das Attentat aber überdies als „heilsame Erschütterung" auf die Bevölkerung aus, wie sich Pratobevera damals gleichfalls notierte[271]? Anders gefragt: Wie lange hielt dieser von ihm genannte Effekt an? Offenbar schien ihm das öffentliche Prestige Franz Josephs vor dem Messerstich nicht unumstritten; sollte dieser alleine auf Dauer einschneidende Veränderungen bewirkt haben? Dies erscheint alles andere als ausgemacht, und auch der Freiherr selbst glaubte wohl nicht wirklich an die Dauerhaftigkeit dieser *Erschütterung*.

So klagte er 1854 in drastischer Formulierung darüber, daß „wir" – also die österreichische Bevölkerung – die „edle Gestalt" des Kaisers „kaum zu erkennen (vermögen), weil gleißerisch, egoistische" sowie „feige Abgötterei den trennenden Weihrauchdunst um den Thron unaufhörlich dampfen läßt!"[272] Eine gewisse Skepsis spricht auch aus einem Teil seines „stehenden Gebethes um Weisheit, Kraft, Gerechtigkeit" und „Milde für den Monarchen", über das er sich am 24. Mai 1857 in seinem Tagebuch ausließ: Es beinhaltete nämlich unter anderem die „Bitte", Franz Joseph der „Selbstüberschätzung" und dem „von vielen Seiten geschürten Gedanken: um des Gesalbten u(nd) seiner Krieger willen seien die Völker da, unzugänglich zu machen"[273]. Anhänglichkeit an Thron und Dynastie beurteilte der konstitutionell gesinnte Pratobevera

---

Theater war Beifallssturm(,) im ungarischen rührte sich keine Hand, auch war es schwach besucht." (Pest, in: HHStA, KK, Varia, Telegr. Depeschen an OPB, Krt. 35, *Bund mit Telegr. Depeschen v. Februar 1853*, Nr. 262/656.)

269 So richtig Corti, Mensch und Herrscher, S. 109.
270 Ebd.
271 Tagebucheintrag v. 15. März 1854, in: HHStA, NL Pratobevera, Krt. 12, *Memoranda Juli 1852 bis Oktober 1853*.
272 Tagebuchnotiz v. 20. Juli 1854, in: Ebd., *Memoranda November 1853 bis Mai 1855*; am 10. September sprach er von „Maximen der Lüge u.(nd) Gleißnerei nach Oben".
273 Tagebucheintrag, in: Ebd., *Memoranda Juni 1855 bis Oktober 1857*.

demnach also nicht als Selbstläufer, auch nicht aufgrund eines allgemeinen Aufschreis über ein Attentat, das zudem schon mehr als vier Jahre zurücklag. Dann waren da noch Worte, die er anläßlich des Hinscheidens der kaiserlichen erstgeborenen, gerade einmal gut zwei Jahre alten Prinzessin Sophie (29. Mai 1857) niederschrieb: „Vielleicht wirkt der mahnende Schmerz, den die jugendl(ichen) kaiserl.(ichen) Eltern durch den Tod des blühenden Kindes ... in Ofen ereilte?"[274] Diese eindeutig auf den Monarchen bezogene Bemerkung könnte dahingehend gedeutet werden, daß es nach Auffassung Pratobeveras in innenpolitischer Beziehung einer gewissen Veränderung, wenn nicht einer ausgesprochenen Umkehr bedurfte, eine Interpretation, die angesichts der unmittelbar darauffolgenden Feststellung des Verfassers deutlich an Plausibilität gewinnt: „Mitten im Frieden hatten wir wie v.(origes) J.(ahr) wieder 60,000.000 fl Deficit, u.(nd) dazu die ung(a)r.(ische) Reise, in B.s u. B.s lächelndes Gesicht? Gott bessere es, sonst muß man rufen di tempi passati si sente l'odore."[275]

Wie könnte es schließlich Bach gesehen haben? Seinem damaligen Urteil kommt hier ein besonderes Gewicht zu, nicht nur angesichts des Attentats, sondern auch in Anbetracht der kurz zuvor stattgefundenen Ereignisse von Mailand. Er war ja der für innere Angelegenheiten primär zuständige Mann. Auch ihm entgingen die nach dem 18. Februar allseits wahrgenommenen „stürmischen Kundgebungen von Loyalität" nicht[276]. Doch boten sie ihm offenbar keine hinreichende Garantie, um „sich deßhalb einer übermäßigen Sicherheit zu überlassen": „Zu oft" war man „in den letzten Jahren" bereits „Zeuge" solcher Treuekundgebungen gewesen. Und so wies er die Statthalter an, dieselben „vom höhern politischen Standpunkte" aus „nicht dermaßen zu überschätzen, als ob dadurch in den die öffentliche Zustände fortwärend bedrohenden Gefahren eine erhebliche Verminderung eingetreten wäre".

Nun gehörte es zu den Pflichten eines Innenministers, den ihm unterstehenden Stellen eine gewisse Vorsicht, Aufmerksamkeit und anderes mehr ein-

---

274 Ebd. Der Tagebucheintrag trägt ebenfalls das Datum des 24. Mai, Pratobevera hat seine Aufzeichnungen also einfach fortgesetzt.
275 Mit den beiden *B* waren offensichtlich Bach und Bruck gemeint. *Ungr. Reise* ist eine Anspielung auf die damals stattfindende Reise des Kaiserpaares nach Ungarn. Zur Haltung Pratobeveras s. dann auch noch w. u. eine Äußerung v. April 1859. Zur Frage des Selbstläufertums s. auch den Polizeidirektor von Preßburg am 3. Juli 1854, als er Kempen über die Folgen des sich nicht bewahrheitenden Gerüchts einer Reise des Kaisers nach Ungarn unterrichtete: Da meinte er einerseits, dies habe unangenehm berührt; andererseits jedoch erklärte er, bei dieser Gelegenheit habe sich bewährt, daß in dieser „Nation die Gemüthlichkeit und alte Anhänglichkeit an den Regenten noch nicht erstorben ist". Entscheidend für uns ist aber sein Zusatz, daß diese Anhänglichkeit „einer Leitung bedarf" (Podolski, Preßburg, Nr. 110/Pr., *reserviert*, in: AVA, Inneres, OPB, Präs. II, Krt. 29, Nr. 4987/54).
276 Eigenhändig signierter Entwurf eines Erlasses an alle Statthalter, ausgenommen Radetzky und Albrecht, Februar 1853, in: AVA, NL Bach, Krt. 15, f. *Kaiserhaus* (s. dazu auch folg.).

zuschärfen. Insofern handelte es sich bei seiner Ermahnung auch um einen Akt mit ritualhaften Elementen. Doch kann man seine Äußerungen ausschließlich darauf reduzieren?

4.3.4.2. Die Auffindung der ungarischen Königskrone und anderes mehr

Ein anderes zeitgenössisches Geschehnis, das als Indikator für die gegenüber dem Monarchen herrschende Stimmung gelten könnte und um das sich allerlei Geschichten rankten, bildete die Auffindung der seit den revolutionären Tagen verschollenen ungarischen Königskrone im Herbst 1853 in der ganz im Osten der Monarchie, an der Donau gelegenen Stadt Orsova[277]. Diese Nachricht „erregte" wohl nicht nur in Preßburg, sondern zumindest in ganz Ungarn „in allen Classen ... eine außerordentliche Sensation"[278]: Pratobevera meinte dazu, die Auffindung und – die damit verbundene – „Verehrung" des Herrschers „erfülle mit Freude und Hoffnung auf dauernde Herstellung eines Verständnisses mit den Magyaren"[279]. Und im einschlägigen Stimmungsbericht Kempens für die Gesamtmonarchie heißt es dazu, man habe sich von der Pietät, die der Ungar für dieses Symbol der königlichen Macht hege, den besten Erfolg „für die Erweckung (!) und Kräftigung des Vertrauens zur Regierung versprochen"[280]. Aber in welchem Verhältnis standen hier Anspruch und Wirklichkeit? Bezeichnenderweise bemerkte der Freiherr an einer anderer Stelle seiner Darlegungen, die Auffindung habe nicht jene „vortheilhafte Wirkung" geübt, die man eigentlich „zu erwarten berechtiget" gewesen sei[281].

War diese *Erwartung* aber wirklich *berechtiget*? Dies läßt sich ebenso bezweifeln wie die Annahme, daß Kempen selbst an diese Worte geglaubt haben könnte. Vielmehr wollte er mit ihnen wohl primär den Monarchen beruhigen. Das Ausbleiben jener *vortheilhaften Wirkung* erstaunt aber insoweit nicht weiter, als wenigstens die Altkonservativen aus dem Fund der Krone aller Wahrscheinlichkeit nach tatsächlich „wieder Hoffnungen für ihre Tendenzen schöpften" und „ihre Sehnsucht nach den alten Institutionen erwachte"[282]. Da

---

277 S. dazu etwa recht ausführliche Tagebucheinträge Kempens (Tagebuch Kempens, S. 302–305) und Kübecks (Aus dem Nachlaß Kübecks, S. 124–125).
278 So Podolski an Kempen, Preßburg, Dat. unl., in: AVA, Inneres, OPB, Präs. II, Krt. 8, Nr. 4178/53.
279 Tagebucheintrag v. 1. Oktober 1853, in: HHStA, NL Pratobevera, Krt. 12, *Memoranda Juli 1852 bis Oktober 1853*.
280 Stber. GM, 9–10 53, SH/LP/PD, in: Ebd., KK, GD, 1853, 2. Teil, f. *GD II, Nr. 1202–1271*, fol. 1052.
281 Ebd., fol. 1074.
282 Polizeidirektor Marx an Kempen, Kaschau, 4. März 1854, Nr. 90/Pr., in: AVA, Inneres, OPB, Präs. II, Krt. 15, Nr. 1795/54.

sie sich hierin aber „getäuscht" hatten, war die „natürliche Folge" eine „desto größere Verstimmung"[283], die im übrigen noch durch andere, zudem eher peinliche Begleitumstände verstärkt worden sein könnte[284]. Auf „Rath" Kübecks wurde sogar die damals geborene Idee, in Ungarn „wieder" die einstmals vorhandene Einrichtung der „Kronhüter" zu erneuern, rasch zu Grabe getragen[285]. Ihm zufolge hatten diese nämlich die Krone „so schmählich gehütet, daß eine Erneuerung dieser Ämter kaum sehr motivirt erscheint". So konnte man es sehen. Von politischer Weitsicht, von dem ernstlichen Bestreben nach Versöhnung zeugt diese Einstellung aber wohl nicht unbedingt.

Ein weiteres für unser Erkenntnisinteresse belangvolles Ereignis war die am 5. März 1855 erfolgte Geburt von Sophie, der dann ein nur so kurzes Leben beschert sein sollte. Dieses Ereignis könnte ebenfalls „in allen Schichten" jene „freudige Stimmung hervorgerufen" haben, die Czapka am 14. Juli 1856 bezogen auf die zwei Tage zuvor erfolgte Geburt des zweiten Kindes (Gisela) für Wien konstatierte[286]. Und dies mochte ungeachtet des „auch ausgesprochenen Bedauerns" der Fall gewesen sein, daß „sich das Publikum" in beiden Fällen „in der allgemein gehegten Erwartung eines kaiserlichen Prinzen getäuscht sah". Diese Einschätzung könnte nun durchaus zudem auf „fast (!) alle" Provinzen des Reiches und dabei wiederum auf die „Mehrzahl der Bevölkerung" zugetroffen haben, wie Kempen in seinem Stimmungsbericht für das zweite Quartal 1856 festhielt[287].

Doch wie sehr enttäuschte die Tatsache, daß es sich beim ersten Kind nicht um den mutmaßlichen Thronfolger handelte, tatsächlich? Die Entbindung der Kaiserin in Wien werde Anfang März erwartet, schrieb Wessenberg am 13. Januar 1855 an Isfordink-Kostnitz. Unter offensichtlicher Anspielung auf die ihm zufolge bezüglich des Geschlechts des Neugeborenen herrschende allge-

---

283 Marx weist auch noch auf die „immer ernster sich gestaltende orientalische Krisis" hin, die „dem Gedanken an Concessionen mehr Spielraum ließ" (ebd.).
284 S. dazu ein längeres Schreiben Albrechts an Grünne v. 3. Oktober 1853, in dem er „im engsten Amtsvertrauen" den „fatalen Eindruck" beschrieb, den ein Art. im Militärblatt *Soldatenfreund* „bei allen Klassen" Ungarns hervorgerufen hatte (Bereisungsstation Leutschau [Levoča] in: HHStA, KK, GD, 1853, 1. Teil, f. *GD II, Nr. 851–1080*, fol. 45[–48]). Dem wäre näher nachzugehen. Jedenfalls antwortete Grünne, das „Unangemessene" bereits früher erkannt zu haben (an Albrecht, Wien, 3. Oktober 1853, Nr. 922/GD., in: Ebd., fol. 46). Vgl. dazu einen sehr interessanten Brief Meyers an Bach v. 26. September 1853, der noch nie etwas „Ungeschickteres" gelesen haben wollte (o. O. [aber wohl Wien], in: AVA, NL Bach, Krt. 7, fol. 57; vgl. auch ders. an Bach am 30. September, in: Ebd., fol. 67. Dazwischen befindet sich auch ein Exemplar des Art.).
285 Tagebucheintrag Kübecks v. 20. September 1853, in: Aus dem Nachlaß Kübecks, S. 125 (s. dazu auch das folg. Zit.).
286 An Kempen, Wien, Nr. 1250/Pr., in: AVA, Inneres, OPB, Präs. II, Krt. 74, Nr. 4004/56 (s. dazu auch folg.).
287 Stber. GM, 4–6 56, SH/LP/PD, in: Ebd., Nr. 4886/54, fol. 7.

meine Spannung fügte er hinzu: „(...); bis dahin wird es in der Hauptstadt ziemlich still hergehen."[288] Gegen Mitte des kommenden Monats sprach er dann sogar explizit von einer in Wien vorhandenen „großen Spannung"[289].

Sie war sicherlich vorhanden. Aber trotz gegenteiliger Feststellungen[290] kann nicht übersehen werden, was der Polizeidirektor von Mailand in einem Bericht vermerkte. Martinez konstatierte ein nur „theils" auf „uneigennützig guter Gesinnung" basierendes „sehnlichstes Entgegensehen der Geburt eines k.k. Prinzen (!)"; anderen„theils" aber und „vorzugsweise" erklärte er dies für ein Resultat der „Anhoffnung ausgedehnter Gnadenakte"[291]. Von einer spontanen, gleichsam selbstlosen Freude ist hier nichts zu lesen. Solche Freude kam sicherlich vor, wohl vergleichsweise wenig in Lombardo-Venetien, dafür mehr in anderen Teilen oder Bevölkerungsgruppen des Reiches. Aber wir sehen daran, daß auch solche, für den Fortbestand der Dynastie hochwichtige Ereignisse nicht gleichsam einen Selbstläufer für die Festigung des kaiserlichen Prestiges bildeten.

Dies erweist sich auch im Zusammenhang mit der am 24. April 1854 in der Wiener Augustinerkirche vollzogenen Vermählung Franz Josephs mit Elisabeth, die beide einst so unglückliche Tage miteinander erleben sollten. Dieses Ereignis war für den Fortbestand der Dynastie mindestens genauso wichtig, und auch dabei wurden ganz ähnliche Feststellungen getroffen: So meldete Kempen in einem Stimmungsbericht über die Wirkungen der Nachricht von der „Allerhöchsten Vermählung", „selbst die Anhänger der Revolution in Ungarn, Siebenbürgen und im lombardisch-venezianischen Königreiche" würden ihr voll Hoffnung entgegensehen[292]. Dafür zeichnete ihm zufolge aber nun nicht etwa Ergebenheit gegenüber dem Kaiserhaus verantwortlich. Vielmehr wurde „eine umfassende Amnestie erwartet", die „ihren verbannten Gesinnungsgenossen ... die ersehnte Rückkehr" gestatten werde. Wohlgemerkt be-

---

288 Freiburg, in: Briefe Wessenbergs, 2, Nr. 421, S. 294–295.
289 An dens., Freiburg, 11. Februar 1855, in: Ebd., Nr. 425, S. 300.
290 „Die Wärme und Innigkeit, mit welcher die Mehrzahl der Bevölkerung fast aller Kronländer an den öffentlichen Gebeten für eine glückliche Entbindung ... sich betheiligte, hat die treue Ergebenheit und Anhänglichkeit derselben an Eu.(re) M.(ajestät) ... in das schönste Licht gestellt." (Stber. GM, 4–6 56, SH/LP/PD, in: AVA, Inneres, OPB, Präs. II, Krt. 74, Nr. 4886/54, fol. 7.)
291 An Kempen, Mailand. 13. Juli 1856, Nr. 7123/Pr., in: Ebd., Nr. 4677/56.
292 Stber. GM, 7–8 53, SH/LP/PD, in: HHStA, KK, GD, 1853, 2. Teil, f. *GD II, Nr. 1081–1199*, fol. 523 (s. dazu auch folg.); vgl. dazu im entsprechenden Stber. der Gendarmeriekommandanten. Für den Bereich des 7. Regimentsbezirks hieß es: Die Verlobung „hat einen freudigen Eindruck hervorgebracht, weil man auf eine allgemeine Amnestie für politische Verbrecher hofft, (...)" (Stber. GM, 7–8 53, GI, in: AVA, Inneres, OPB, Präs. II, Krt. 8, Nr. 4397/53, fol. 17). Aus der Woiwodina wurde berichtet: Bei der „Verlobung ... war die Theilnahme eine allgemeinere, als man hoffte, weil bei der ... Vermählung eine allgemeine Amnestie erwartet wird" (ebd., fol. 23); vgl. für Lombardo-Venetien, ebd., fol. 30–31.

zog sich Kempen hier lediglich auf die politisch vermeintlich unverbesserlich *Schlechtgesinnten*. Völlig uneigennützig dürfte aber auch die Haltung eines Teils all jener nicht gewesen sein, welche die Verlobung des Kaisers ebenso wie seinen Geburtstag „beinahe überall, in würdiger Weise ... feierten"[293]. Wie steht es etwa mit den magyarischen Altkonservativen? Zwar hatten sie laut dem angeblich „apathischen"[294] Feldmarschalleutnant Jakob v. Parrot die „in einem besonderen Plakate veröffentlichte" Mitteilung über die Verlobung mit „freudiger Theilnahme aufgenommen"[295]; doch fügte der ehemals eventuell selbst altkonservativ gesinnte[296], die Mitglieder dieser Gruppe nunmehr aber angeblich „niederträchtig ... verfolgende"[297] enge Vertraute Erzherzog Albrechts eines unmittelbar einschränkend hinzu: „Freilich" werde mit der anstehenden Vermählung „die Aufhebung des Ausnahmszustandes, allgemeine Amnestie und die Verwirklichung fernerer Wünsche in Verbindung gesetzt"[298].

Der Belagerungszustand wurde auch tatsächlich aufgehoben. Insofern erscheint es einigermaßen glaubhaft, wenn wiederum Martinez einen Tag nach der Hochzeit über eine „allgemein" wahrnehmbare „freudige und dankbare Stimmung" nach Wien berichtete[299]. Die Rückkehr zu innenpolitischen Verhältnissen, bei denen „mit Aufhebung exceptioneller Behörden und Vorschriften die Herrschaft der gewöhnlichen Gesetze(,) von den ordentlichen Behörden gehandhabt(,) ins Leben gerufen werden konnte", mußte eine gewisse Genugtuung hervorrufen[300], nicht nur in Oberitalien, sondern insbesondere auch in Ungarn: Dort war zweifellos die von Albrecht vermerkte „Ambition" vorhanden, „wieder in die Reihe derjenigen Völker ... zu gehören, welche den Ausnahmsgesetzen nicht unterworfen sind"[301].

---

293 Stber. GM, 7–8 53, SH/LP/PD, in: HHStA, KK, GD, 1853, 2. Teil, f. *GD II, Nr. 1081–1199*, fol. 522.

294 So Kempen gegenüber Grünne (Tagebucheintrag v. 3. Oktober 1851, in: Tagebuch Kempens, S. 227).

295 An Albrecht, Ofen, 27. August 1853, in: HHStA, NL Albrecht, Mikrofilm aus Budapest, Nr. 38, fol. 60.

296 S. dazu zwei Tagebucheinträge Kempens: 14. November 1851 u. 2. Januar 1852 (Tagebuch Kempens, S. 232 u. 238).

297 So Johann Graf Waldstein wohl gegenüber Kempen (Tagebucheintrag Kempens v. 19. Januar 1854, in: Ebd., S. 316). Waldstein war selbst ein „Ungar", wie Kempen vielleicht vielsagend hinzufügte (ebd.).

298 An Albrecht, Ofen, 27. August 1853, in: HHStA, NL Albrecht, Mikrofilm aus Budapest, Nr. 38, fol. 60.

299 An Kempen, Mailand, 25. April 1854, Nr. 5982/Pr., in: AVA, Inneres, OPB, Präs. II, Krt. 19, Nr. 2664/54.

300 Martinez an Kempen, Mailand, 10. Mai 1854, Nr. 6571 et 6601/Pr., in: Ebd., Krt. 20, Nr. 3011/54.

301 Erlaß an die Leiter der 5 Statthaltereiabteilungen, Ofen, 16. April 1854, Nr. 7232/1484/G., in: Ebd., Krt. 17, Nr. 2244/54.

Aber da war ja noch die Frage der Begnadigung. Nicht umsonst setzte Martinez gleich hinzu, man knüpfe hier „nur" den „Wunsch und die Hoffnung weiterer allerhöchster Gnadenakte für noch manch andere der politischen Sträflinge und der Emigrirten außer der bereits durch Strafnachsicht Beglükten"[302]. Und da war noch das Verlangen nach *Verwirklichung fernerer Wünsche*. Der Polizeidirektor ließ sich über ihre Natur nicht näher aus. Doch aufgrund der innenpolitischen Stimmungslage in Oberitalien ist klar, worauf er damit zumindest auch anspielte: auf die Wiedereinsetzung der Provinzial- und Zentralkongregationen, auf eine gewisse Autonomie für Lombardo-Venetien in Form der Restauration des Vizekönigtums und auf andere Anliegen von im engeren Sinne politischer Natur. Das heißt aber auch: Das Faktum der mit *Gnadenakten* verbundenen Vermählung des Habsburgers für sich genommen konnte für keinen andauernden Stimmungsumschwung sorgen, der mit einer nachhaltigen Stärkung des Renommees von Franz Joseph verbunden gewesen wäre.

Immerhin gilt es hier eine weitere, rund zwei Wochen später verfaßte Zuschrift von Martinez an Kempen zu berücksichtigen. Mit ihr relativierte er seine zuvor gemachten Darlegungen: Die besagte Maßnahme der Aufhebung des Belagerungszustandes habe nur „im ersten Augenblicke" nicht den freudigen Eindruck gemacht, „den man sich von einem so folgenreichen Akte der kaiserlichen Gnade hätte erwarten sollen"[303]. Mittlerweile hatte sich nämlich „die Anschauung der Vernünftigen ... verbreitet". Sie waren sich bewußt, daß die weiteren Wünsche „überspannte Hoffnungen" darstellten. Diese bewertete der Polizeidirektor nunmehr als Folge „der leicht erregbaren Fantasie der hiesigen Bevölkerung".

War also letztlich wirklich alles nur Folge vermeintlicher nationaler italienischer Mentalitätseigenschaften, auf die der Träger des Leopoldordens (Klasse Ritter) hier abgehoben hatte? Oder auch nur Ausfluß „böswillig ausgestreuter Gerüchte"[304], wie er gleichfalls behauptete? Reichten der seit der Vermählung „verflossene Zeitraum", ein „sehr gut geschriebener Artikel in der offiziellen Mailänder Zeitung" sowie „endlich ... eine Menge kleiner PrivatIntereßen" aus, um „die Zahl derjenigen zu vermehren", welche die Aufhebung des Belagerungszustandes „mit wahrer Freude willkommen hießen"? Martinez bezog sich hier ausdrücklich „insbesondere" auf die „unteren Schichten der Bevölkerung". Für sie mochte dies vielleicht sogar zutreffen. Da für sie beispielsweise eine großzügigere Handhabe der „nächtlichen Thorsperre"[305] zweifellos eine Verbesserung gegenüber dem nunmehr seit rund

---

302 An Kempen, Mailand, 25. April 1854, Nr. 5982/Pr., in: Ebd., Krt. 19, Nr. 2664/54.
303 Mailand, 10. Mai 1854, Nr. 6571 et 6601/Pr., in: Ebd., Krt. 20, Nr. 3011/54 (s. dazu auch folg.).
304 Ebd. (s. dazu auch folg.).
305 Konkret hieß es: "Dazu gehören alle diejenigen, welche durch die nächtliche Thorsperre(,) deren Beschränkung auf wenige Stunden und die Zurückführung auf den Gebrauch vor dem

fünf Jahren andauernden Zustand bedeutete. Dagegen dürften die „Jagdlustigen" eine „Erleichterung in der Ertheilung von Waffenpäßen" allerdings positiv aufgenommen haben. Schließlich konnten sie dadurch auf eine vermehrte „Befriedung ihres Vergnügens hoffen". Und was „endlich das Publicum im Allgemeinen" anging, so „erwartete" es sich wohl in der Tat „eine weniger strenge Beaufsichtigung des öffentlichen Verkehres auf Eisenbahnen(,) an den Thoren u.(nd)s.(o)f.(ort)".

Allerdings wurde laut dem Polizeidirektor der „Belagerungszustand in der letzten Periode" ohnehin schon „mit solcher Milde gehandhabt", daß „der Bevölkerung im Allgemeinen das Bestehen kaum fühlbar war". Deshalb „begriffen insbesondere die weniger Gebildeten ... nicht allsogleich die wahre Tragweite dieser Regierungsmaßregel", sondern erblickten „hierin keine wesentliche Änderung"[306]. Schließlich „beurtheilen" sie die „Zustände nur dem äußeren Anscheine nach", wie es weiter hieß. Und wie nahmen die gehobeneren, die von Martinez als „gebildet, unterrichtet" bezeichneten Kreise die faktisch ja noch immer nicht vollständige Rückkehr zum rein *zivilen Regiment* auf[307]? Der Polizeidirektor selbst meinte, diese Kreise sowie „die wahren Freunde der Ordnung" hätten die besagte Maßregel „mit lebhafter Würdigung begrüßt". Aber ganz zu überzeugen vermag diese Behauptung nicht (und sie

---

Jahre 1848 sie hoffen, in ihren Erwerbs- und sonstigen Intereßen erschwerenden Förmlichkeiten unterworfen wurden, (...)." (Ebd.)

306 Ebd. (s. dazu auch folg.). Dieser Komplex wäre genauer zu untersuchen. Für Lombardo-Venetien waren bereits am 13. August 1853 „Bestimmungen ‚über die Milderung des Belagerungszustandes ...' erlassen worden" (zit. nach Heindl, Einleitung, in: MRP III/3, S. XII). Und einem Tagesrapport aus Siebenbürgen zufolge hatte die Maßnahme „einen sehr freudigen Eindruck hervorgebracht, nur wegen des wieder errungenen Vertrauens; da nach den häufigsten Äußerungen der Belagerungs Zustand nicht drückend gewesen" (an Kempen, o. O. [aber wohl Hermannstadt], 19. April 1854, Nr. 3156/310/Pr., in: AVA, Inneres, OPB, Präs. II, Krt. 18, Nr. 2341/54). Zwar wurde der Belagerungszustand dort erst im Dezember 1854 aufgehoben (s. dazu kurz bei Heindl, Einleitung, in: MRP, III/3, S. XII–XIII), aber offenbar drangen darüber bereits zuvor Meldungen an die dortige Öffentlichkeit. Auch aus Ungarn wurde gemeldet, daß die gesamte Bevölkerung „durch die milde Handhabung des Belagerungszustandes dermal so wenig beirrt (war), daß sie in der Aufhebung desselben keine Begünstigung ihrer persönlichen Freiheit und materiellen Interessen erblicke" (Podolski an Kempen, Preßburg, 29. April 1854, Nr. 62, *reserviert*, in: Ebd., Krt. 19, Nr. 2663/54).

307 Radetzky war ja nach wie vor *Generalgouverneur*. Vgl. dazu für Ungarn einen Erlaß Erzherzog Albrechts an die Leiter der fünf Statthaltereiabteilungen: „Es sind den neuen Behörden alle Mittel in die Hand gegeben, Ruhe und Ordnung in jeder Beziehung aufrecht zu erhalten; – ich erwarte daher, daß sie alle in Worten oder Thaten etwa vorkommenden regierungsfeindlichen Demonstrationen, oder Versuchen(,) die Autorität der Regierung oder ihrer Organe zu schmälern oder herabzusetzen, gleich im Anfang mit aller Energie und Entschiedenheit entgegen tretten werden, – damit nicht etwa im Lande der Gedanke Raum gewinne, daß an die Stelle einer kräftigen Ausnahmsbehörde eine macht- und muthlose Civiladministration getreten sei." (Ofen, 16. April 1854, Nr. 7232/1484/G., in: Ebd., Krt. 17, Nr. 2244/54.) Vgl. dazu eine Mitteilung Protmanns: „In den untern Schichten ... gibt sich hie und

sagt überdies noch nichts darüber aus, ob eine solche Maßnahme schon als ausreichend angesehen wurde). Wie stand es etwa mit der Aristokratie in Lombardo-Venetien? Sie zählte Martinez doch wohl gleichfalls zu den *Gebildeten* und *Unterrichteten*? Wie mit jenem Teil der Intelligenzija, der eindeutig die nationale italienische Sache vertrat? Konnten sich diese Kreise mit einer solchen Maßnahme zufriedengeben?

Vor allem „widersprachen" seine zuletzt genannten Darlegungen dem Inhalt eines anderen einschlägigen Berichts. Er rührte von Polizeidirektor Mathias Schroth v. Rohrberg aus Verona her[308]. Dieser *Widerspruch* entging auch Kempen nicht, weshalb er am 7. Mai von Martinez Aufklärung forderte. Er lieferte sie 11 Tage später und bezeichnete nun selbst die öffentliche Beteiligung an den Vermählungsfeierlichkeiten als „im Allgemeinen ... unziemlich kalt"[309]. Zugleich charakterisierte er „das freiwillige Festgepränge auf den Straßen" als „im Ganzen ... unbedeutend". Lediglich die „Anzahl" und die „Auswahl des Publicums" erklärte er gegenüber „früher" für „wesentlich verbeßert" und betonte dabei ausdrücklich, dies sei „stets vergleichsweise gegen die früher bei derlei Gelegenheiten fast offen zur Schau getragene Opposition der Bevölkerung" gemeint. Insofern ließ sich bestenfalls von einer graduellen Verbesserung der Stimmung sprechen. All dies wollte er nun auch auf den „wenig demonstrativen Character der Lombarden" zurückgeführt wissen. Deshalb seien „Demonstrationen für irgend einen Würdenträger der Regierung auch in den besten Zeiten" hier niemals vorgekommen. Vergleicht man diese Ausführungen jedoch mit seiner Einschätzung der lokalen Stimmung im November 1854, so deutet vieles stark darauf hin, daß er dem Umstand fehlender „Ovationen" höchstens einen partiellen Erklärungswert beimaß[310]. Es hat also schon seine Bedeutung, wenn Radetzky am 8. des Monats nach Wien meldete, die „Vermählungsfeyer sowohl in Mailand, als hier [in Verona]"

---

da die Meinung kund, als würde mit der Aufhebung ... auch die Handhabung der Polizei eine Veränderung erleiden, und auf jenen Standpunkt zurückgeführt werden, den selbe in Pest vor der Revolution eingenommen hat." (An Kempen, Pest, 20. April 1854, Nr. 86/Pr., in: Ebd., Krt. 18, Nr. 2336/54.) Und der Polizeikommissar von Arad nahm „bei dem gemeinen Volk auch die Idee" wahr, „es werden gewissermaßen auch die Gesetze aufhören, indem sie auf eine besondere Freiheit da gerechnet haben" (Radasevich an Maschek, Arad, 3. Mai 1854, Nr. 117/Pr., in: Ebd., Krt. 21, Nr. 3102/54).

308 Kempen an Martinez, Wien, 7. Mai 1854, Nr. 2664/Pr. II, in: Ebd., Krt. 19, Nr. 2664/54 (s. dazu auch folg.). Dieser Ber. lag mir nicht vor, Kempen gibt ihn aber auszugsweise wieder.

309 An Kempen, Mailand, 18. Mai 1854, Nr. 6861/Pr., in: Ebd., Krt. 21, Nr. 3244/54 (s. dazu auch folg.).

310 Es handelt sich um ein *geheimes* Schreiben an Kempen vom 26. November 1854 mit *Notizen staatspolizeilichen Inhalts*, in dem er sich besorgt ausführlich über die „hiesige öffentliche Stimmung" ausließ (Mailand, Nr. 2373, in: HHStA, IB, BM.-Akten, Krt. 74, Nr. 5972/54, fol. 375).

sowie in „Venedig" sei „theilnahmslos" vorübergegangen, „eben so die Kundmachung [der Aufhebung] des Belagerungszustandes"³¹¹.

Wie aber reagierte man insbesondere in den Erbländern der Monarchie und dabei wiederum speziell in der Reichshauptstadt auf die Eheschließung? Wessenberg zufolge „mußte" diese „Heirath aus Neigung ... eine große Wirkung auf ein so gemüthliches Volk wie die Oesterreicher [hiermit meinte er nur die *Deutsch*österreicher!] hervorbringen"³¹². Denn eine Liebesheirat „in so hoher Stellung" war „eine so seltene Erscheinung", wie er seinem Tagebuch wohl zu Recht anvertraute. Und seinem Briefpartner Isfordink-Kostnitz schrieb er gegen Ende April über das „Entzücken des Wiener Bürgers", daß der Kaiser verliebt sei in seine künftige Lebensgefährtin³¹³. Dies sei bei solchen Gelegenheiten freilich selten der Fall. Wieder einige Tage darauf berichtete er ihm, in Wien habe „während acht Tagen" alles in Wonne geschwommen³¹⁴. Doch war dies seiner Ansicht nach nur die eine Seite der Medaille. Schon um Mitte April hatte er ihm gegenüber nämlich auch gemeint: „In Wien lebt man zwischen Freude und Kummer. Unter ungünstigeren Verhältnissen ist lange keine Vermählung gefeiert worden."³¹⁵ Und an anderer Stelle konstatierte er zwar „einige Sonnenstrahlen", welche die Vermählung des Kaisers wieder auf das düstere Gemälde der Hauptstadt hingestreut habe, meinte aber zugleich: „Wenn auch nur für Augenblicke."³¹⁶ Schon Anfang Mai stellte er dann ein „Zurückfallen ... in die frühere düstere Stimmung" fest³¹⁷.

Freilich waren diese Ausführungen nur auf Wien und nur auf die *Deutsch*österreicher bezogen. Dennoch geben sie zu denken. Gleichgültig nämlich, wie groß die für den Kaiser gehegten Sympathien unter den Einwohnern der Hauptstadt auch gewesen sein sollten, hatte diese Heirat für das Leben des einzelnen faktisch nichts verändert. Materielle Sorgen bildeten für viele Einwohner bald wieder einen, wenn nicht *den* Mittelpunkt ihres Alltagslebens. Und diese Sorgen sollten für gar manchen bald darauf noch größer werden. Hierfür zeichnete aber nicht zuletzt die Nationalanleihe verantwortlich.

---

311 An Rechberg, Verona, 8. Mai 1854, in: HHStA, PA. I, NL Rechberg, Krt. 533b, f. *Schriften aus Verona und Akten*, s.f. *Briefe Radetzky 1853–56*, ss.f. *Briefe 1854*. Radetzky selbst konnte dies wenigstens mit Blick auf Mailand und Venedig nicht aus eigener Anschauung beurteilen. Aber ihn erreichten einschlägige schriftliche und mündliche Informationen.
312 Und. (aber April), in: Ebd., NL Wessenberg, Krt. 17, Inv.nr. 148, fol. 64 (s. dazu auch das folg. Zit.).
313 Freiburg, 26. April 1854, in: Briefe Wessenbergs, 2, Nr. 398, S. 252 (s. dazu auch folg.).
314 Freiburg, 6. Mai 1854, in: Ebd., Nr. 399, S. 253.
315 Freiburg, 17. April 1854, in: Ebd., Nr. 397, S. 248.
316 An Isfordink-Kostnitz, Freiburg, 26. April 1854, in: Ebd., Nr. 398, S. 252.
317 An Isfordink-Kostnitz, Freiburg, 6. Mai 1854, in: Ebd., Nr. 399, S. 253.

In diesem Kontext seien auch Äußerungen des Vizepräsidenten der Kaschauer Statthaltereiabteilung angeführt: Ihrem Leiter zufolge hatten die Heirat sowie die damit verbundenen Gnadenakte einen „sehr freudigen Eindruck" gemacht[318]. Sie hatten danach sogar „selbst das Interesse" an der von „verschiedenen Partheien nach allen Richtungen ausgebeuteten orientalischen Frage in den Hintergrund" rücken lassen. Doch würde dies ihm zufolge lediglich „für einige Zeit" der Fall sein[319], irgendwann würde also auch dies nur noch eine historische Reminiszenz bilden.

Anders könnte es der Lemberger Polizeidirektor Joachim Chominski gesehen haben. Er „glaubte" nach der Heirat des jungen Paares mit der „Ansicht … nicht zu irren", daß die vom Kaiser bei dieser Gelegenheit gezeigte „Milde und Gnade" nicht nur allseitig tiefe Verehrung gefunden habe, sondern auch in allen Herzen einen „wirksamen Nachhall" zurücklassen werde[320]. Kempen aber scheint diesbezüglich einige Skepsis gehegt zu haben. Denn schon bereits geraume Zeit zuvor betonte er, „daß derlei Gnadenakte [in diesem Fall eine Amnestie] weder auf die Besserung der Volksstimmung, noch auf die Amnestirten bleibend günstig einwirken"[321]. Freilich ist er hier kein verläßlicher Gewährsmann, da er solchen *Gnadenakten* aus gewissermaßen *beruflichem* Interesse skeptisch gegenüberstand. Wehrte er sich aber so lange wie möglich gegen die Aufhebung der Belagerungszustände, so doch auch, weil er der inneren Ruhe und Ordnung insbesondere in Ungarn und Lombardo-Venetien nicht traute.

---

318 An Kempen, Preßburg, 26. Mai 1854, Nr. 2120/Pr., in: AVA, Inneres, OPB, Präs. II, Krt. 23, Nr. 3582/54 (s. dazu auch folg.).

319 Dazu könnte auch beigetragen haben, daß – folgt man Cihlarz – diesen „imponirenden Gnaden-Akt … Manche [hier spricht er auch von „den Politikern" (!)] vor der Lösung der orientalischen Verwicklungen, und vor der vollständigen Durchführung des ins Leben tretenden neuen Verwaltungs-Organismus nicht erwartet hatten" (Tagesrapport, Ödenburg, 17. April 1854, Nr. 1138, in: Ebd., Krt. 17, Nr. 2253/54). Hatte man dies möglicherweise einkalkuliert? Der Polizeidirektor fügte dazu passend hinzu: „Die Meisten halten dafür, daß gerade im Angesichte der politischen Spannung die Gefahren im Innern weniger zu fürchten, und der neue Verwaltungs-Organismus schneller in das Volksleben übergehen werde." (Ebd.) Aus den entsprechenden Prot. der Ministerkonferenzen ist dieses Motiv nicht ersichtlich, vielmehr sollte die Aufhebung danach dazu dienen, „dem Ausland zu beweisen, die Revolution bewältigt und ‚normalmäßige Verhältnisse' geschaffen zu haben", wie Heindl richtig festhält (Einleitung, in: MRP, III/3, S. XIII; vgl. S. XII).

320 An Kempen, Lemberg, 24. April 1854, in: AVA, Inneres, OPB, Präs. II, Krt. 18, Nr. 2583/54.

321 Stber. GM, 7–8 53, GI, in: Ebd., Krt. 8, Nr. 4397/53, fol. 17. Es ist unklar, ob Kempen diese Bemerkung selbst kommentierend eingefügt hat oder ob sie so in einem ihm als Grundlage für seinen eigenen Stber. dienenden Ber. enthalten war. Jedenfalls entsprach sie seiner eigenen Auffassung. Insofern mag er sie auch bewußt eingefügt haben, um den Kaiser vor zu weitreichenden entsprechenden Konzessionen abzuhalten.

4.3.5. Franz Josephs Ruf eines Soldatenkaisers

Im übrigen hatten offizielle Stellen schon früh gewissermaßen ein Imageproblem für den Kaiser erkannt. Dies erweist ein Vorgang von Anfang November 1850, der um so aussagekräftiger erscheint, als an ihm hohe Stellen beteiligt waren. Am 3. dieses Monats hatte Ministerpräsident Schwarzenberg seinem „Theuren Freund und Kollegen" Bach „ein kleines promemoria" übermittelt[322]. Verfaßt hatte es knapp einen Monat zuvor der Direktor der Kabinettskanzlei, Ransonnet, vielleicht sogar im Auftrag des Fürsten[323]. Darin setzte er sich mit dem „im großen Publikum nur zu sehr verbreiteten Wahn von der geringen Theilnahme Seiner Majestät des Kaisers an den Regierungsgeschäften" auseinander[324]. In der Tat handelte es sich hierbei um ein falsches Bild. Man denke nur an die von ihm im Laufe seines Herrscherlebens „weit mehr als 100.000 erteilten Audienzen", in denen oftmals wichtige politische Angelegenheiten besprochen wurden[325]. Möglicherweise traf sogar Ransonnets Vermutung zu, bisher habe sich „vielleicht niemahls ein Fürst in so jugendlichem Alter ... mit einer solchen Hingebung in die schwierigsten und trockensten Gebiethe der Legislation" vertieft[326].

Dennoch wurde ihm zufolge die Vorstellung, des Kaisers „Aufmerksamkeit werde größtentheils nur von Futilitäten, kleinlichen Adjustirungsangelegenheiten" und ähnlichem mehr „in Anspruch genommen", von der „immensen Mehrzahl der Bewohner Österreichs" geteilt[327]. Selbst „viele höhere Beamte bei den Ministerien" machten ihm zufolge hiervon keine Ausnahme, eine Bemerkung, die ihm immerhin ein Anführungszeichen wert war. „Ministerialräthe" hätten ihn „im Vertrauen gefragt, ob denn der Kaiser auch alle die vielen Gesetze gelesen hat". Dies mochte traurig sein. Es war aber „leider wahr".

Mit dem Verweis auf die *kleinlichen Adjustirungsangelegenheiten* hatte Ransonnet bereits ein Bild angesprochen, das uns vielleicht auch heute noch vertraut ist, wenn wir die Persönlichkeit Franz Josephs einordnen wollen: das Bild eines Mannes, der das militärische dem zivilen Leben vorzog; eines gerade auf den Thron gestiegenen Kaisers, der sich von Anbeginn seiner Herrschaft öffentlich nur selten in Zivilkleidern sehen ließ; eines Mannes, der schon vor seiner Thronbesteigung 1848 auf dem italienischen Kriegsschauplatz seine militärische Feuertaufe bestanden hatte, der sich aber auch noch nach seinem Machtantritt und sehr zum Leidwesen nicht nur seiner Mutter

---

322 O. O. (Wien), in: AVA, NL Bach, Krt. 10, fol. 121.
323 Ransonnet an Schwarzenberg, Wien, 7. Oktober 1850, in: Ebd., fol. 122–127.
324 Ebd., fol. 122.
325 Novotny, Franz Joseph I., S. 75 (vgl. zu seinem Arbeitspensum insg. ebd., S. 72–76).
326 Ransonnet an Schwarzenberg, Wien, 7. Oktober 1850, in: AVA, NL Bach, Krt. 10, fol. 122.
327 An Schwarzenberg, Wien, 7. Oktober 1850, in: Ebd., fol. 122–123 (s. dazu auch folg.).

den feindlichen Kugeln der magyarischen Aufständischen aussetzte, ohne sich vielleicht voll darüber bewußt zu sein, daß und wie sehr er damit sein Leben und auf diese Weise auch das Überleben der Monarchie aufs Spiel setzte[328]. Erzherzog Ludwig hat die Neigung des Habsburgers zum Militär schon frühzeitig erkannt, wenn er „Franzi" zwei Tage nach seinem Machtantritt als einen Mann bezeichnete, „der mit Leib und Seele Soldat ist"[329], Worte, die er im Sommer 1849 wiederholte[330].

Ransonnet, der Jahre später einmal den recht heftigen Unwillen des Kaisers auf sich ziehen sollte[331], wurde in diesem Kontext ganz explizit: Der normale „Bürger" betrachte den Monarchen als einen „'Soldatenkaiser'", den die „Civilangelegenheiten" wenig kümmerten, der nur das Militär liebe, dafür „denke und sorge"[332]. Hingegen waren demnach „sehr viele Officiers, namentlich in den Provinzen", unter anderem „in dem unglücklichen Wahne befangen", daß er „blos von Adjustirungsangelegenheiten absorbirt" wurde. Der Sekretär gab auch einen Grund für die Verbreitung dieser Klischees an, die teilweise bereits zum Zeitpunkt von Franz Josephs Herrschaftsantritt in der Öffentlichkeit verbreitet gewesen sein könnten. Jedenfalls wurde schon am 7. Dezember 1848 weitab von Wien seine „besonders ... vorherrschende Neigung

---

328 S. dazu Corti, Mensch und Herrscher, S. 33–35. Vgl. dazu eine Bemerkung Wessenbergs v. 28. März 1852, nachdem er von der „Geschichte der Marianne" erfahren hatte: „(...), der vortreffliche Herr hat ja auch bei diesem Anlasse einen neuen Beweis seines persönlichen Muthes abgegeben; allein (...) der Untergebene muß sein Leben wagen, der Monarch aber muß das seinige, nicht seinethalben, aber des Staates wegen schonen." (An Isfordink-Kostnitz, Freiburg, in: Briefe Wessenbergs, 2, Nr. 260, S. 41). Mit dem Dampfer *Marianne* hatte sich der Kaiser während eines Besuchs bei stürmischer See von Triest nach Venedig begeben. Der zweite, ihn dabei begleitende Dampfer sank. An Bord befand sich übrigens Julius, Sohn Kübecks (s. dazu mehrere Tagebucheinträge, in: Aus dem Nachlaß Kübecks, S. 90).

329 An Sophie, Ischl, 4. Dezember 1848, in: HHSTA, NL Sophie, Schachtel 8, fol. 146–147; vgl. ders. an dies., Ischl, 11. Dezember 1848, in: Ebd., fol. 152: „Dann der ungeheure Vortheil der Anhänglichkeit der Armee(,) die er sich schon während seiner Erziehung(,) am meisten aber durch sein Benehmen in dem italienischen Feldzuge zu erwerben wußte. Ich gedenke noch immer jenes Abends(,) in welchen in Ihrem Salon ... in meiner Gegenwart dem Vater der Wunsch des Franzi(,) zur Armee zu gehen(,) vorgetragen wurde, und wo Sie diesen Wunsch ungeachtet einiger Bedenken des Vaters Franz durchsetzten. Itzt kömmt dieß der ganzen Monarchie sehr gut zu Statten(,) die Armee ist ja die einzige(,) die dem Kaiser treu blieb, und auf die er zählen konnte."

330 An Sophie, Innsbruck, 13. Juli 1849: „(...), er ist mit Leib und Seele Soldat, (...)." (Ebd., fol. 184.)

331 S. dazu eine Zuschrift des Monarchen an Buol v. 25. Januar 1854 (Wien, in: Ebd., AM, PA. XL, Interna, NL Buol, Krt. 276/277a, fol. 41). Zu verdanken hatte er diese Verärgerung einem Vortrag Grünnes v. 21. Januar 1854 (Wien, Nr. 281/CK., in: KA, MKSM, 1854, Krt. 96, Nr. 281/54).

332 An Schwarzenberg, Wien, 7. Oktober 1850, in: AVA, NL Bach, Krt. 10, fol. 123 (s. dazu auch folg.).

für militärische Gegenstände" angemerkt³³³. Ransonnet machte hierfür offensichtlich primär die „Regierungsblätter" verantwortlich: In ihnen fand das „Publikum" laut ihm nichts, was „auf die rastlose und intensive Regententhätigkeit des Kaisers schließen läßt"³³⁴. Welche „Begriffe" aber „sollten" angesichts dessen „Österreichs Völker von den Beschäftigungen ihres Beherrschers bekommen"³³⁵? Als Abhilfe schlug er eine geeignetere publizistische Aufbereitung der kaiserlichen Aktivitäten durch die offiziellen Stellen vor.

Dabei bezeichnete er den von ihm erörterten „Gegenstand" als von „hoher Wichtigkeit"³³⁶. Damit rannte er wohl offene Türen ein. Denn auch Schwarzenberg sprach von einem „gewiß wichtigen Gegenstand" und „empfahl" ihn Bachs „Aufmerksamkeit"³³⁷. Dabei nannte er es „nicht schwer", das „wahre, das hier auch das nützliche ist, auf ganz einfache u(nd) natürliche Weise zur Kenntniß des Publikums zu bringen". Und insofern dürfte er also die Lageschilderung des Kabinettssekretärs nicht „als unrichtig, oder doch sehr übertrieben" empfunden haben, wie dieser besorgt hatte³³⁸. Auf welche Weise nun der Innenminister der Anregung des Ministerpräsidenten nachkam, könnte eine diesbezüglich ausgerichtete Analyse der *Wiener Zeitung* ergeben.

Ungeachtet dessen stellt sich die Frage nach dem Nutzen solcher Maßnahmen. Denn das durch die Presse wiedergegebene Klischee eines Herrschers im Waffenrock entsprach ja den Tatsachen wenigstens insofern, als sich Franz Joseph selbst durchaus gerne als Militär begriff. Dies mußte insbesondere den Einwohnern Wiens auffallen, die mit ihm – etwa während ihrer Promenade – noch am ehesten in Kontakt kamen:

> „Würde der Kaiser oder Glieder der kaiserlichen Familie öfter ohne militärische Umgebung, begleitet von einem Minister, dem Statthalter oder einem andern geeigneten Civilbeamten in Civilkleidung die Aemter besuchen, sich im Publikum sehen laßen, in ein oder die andere Handlung eintreten, ungesucht auf geeignete Weise mit dem Publikum in Verkehr treten, und was so leicht, seine eigene Meinung über das unbedingte Festhalten an der Verfaßung vom 4. März, an die jetzige Ordnung der Dinge ausspreche; (…), die thörichte Furcht wäre längst verschwunden."³³⁹

---

333 Tagebucheintrag des in München beheimateten Schülers Adolph Kohn, Politische Tagebücher, S. 174.
334 An Schwarzenberg, Wien, 7. Oktober 1850, in: AVA, NL Bach, Krt. 10, fol. 124. Diese Behauptung belegte er mit einigen treffenden Bsp. (ebd., fol. 124–127).
335 Ebd., fol. 126.
336 Ebd., fol. 122.
337 An Bach, o. O. (Wien), 3. November 1850, in: Ebd., fol. 121 (s. dazu auch folg.).
338 An Schwarzenberg, Wien, 7. Oktober 1850, in: Ebd., fol. 123.
339 Stber. eines gewisses Julius, Wien, 8. April 1851, in: Ebd., Krt. 20, f. *Politische Berichte*, s.f. *1851*.

Diese Worte datieren vom 8. April 1851 und stammen von einem gewissen Julius (vielleicht ein Pseudonym), der Bach zur damaligen Zeit des öfteren mit Stimmungsberichten versorgte. Schon bald sollte sich endgültig herausstellen, daß es sich hierbei um eine alles andere als *thörichte Furcht* handelte. Ebenso steht fest, daß auch in der Folge nichts Entscheidendes an diesem Soldatenklischee verändert werden konnte. Zeit seines Lebens hing dem Habsburger der Ruf nach, eine Art verhinderter Militär zu sein. Noch die heutige Forschung propagiert ihn. So war für Deák der auch 1859 wieder in die Schlacht ziehende Monarch „der erste ‚Soldatenkaiser' seit Joseph II."[340] Damit liegt der ungarische Historiker sicherlich weitgehend richtig.

4.3.6. Das Renommee des Monarchen in der Krisensituation des Jahres 1859

Die vorangegangenen Darlegungen haben also gezeigt, daß der Kaiser in der Öffentlichkeit vielleicht kein hohes Prestige genoß. Ebenso haben wir bisher vergeblich nach eindeutigen Anzeichen dafür gesucht, daß sein Renommee im ersten Jahrzehnt seiner Herrschaft merklich angewachsen sein könnte. Und auch die von verantwortlichen Stellen immer wieder behauptete Differenzierung in der Bevölkerung zwischen *Regierung* einerseits und *Kaiser* andererseits könnte zu einem gewissen, freilich nicht genau zu bestimmenden Teil eine Fiktion dargestellt haben. Dafür spricht insbesondere, daß manche derjenigen, die sie nach außen hin vertraten, offensichtlich selbst nicht an ihren Realitätsgehalt glaubten. Wie steht es nun mit seinem öffentlichen Renommee in der Krisensituation des Jahres 1859 (und in der Zeit unmittelbar danach)?

4.3.6.1. Urteile der Forschung

In der Forschung ist man sich diesbezüglich weitgehend über einen Punkt einig: Franz Joseph hatte damals mit einem ernsthaften Prestigeproblem zu kämpfen, das weder zuvor noch danach jemals so große Dimensionen angenommen haben soll. So meint etwa Walter, gegen Ende der Epoche habe sich wie vor 1848 eine stille Opposition und von Mund zu Ohr umlaufende Kritik der Regierungsmaßnahmen und der Staatsführung erhoben, „die diese je länger je mehr an Ansehen kostete"[341]. Diese These ist freilich etwas vage. Denn *Staatsführung* könnte sich lediglich vor allem auf das Ministerium und den

---
340 Der K.(u.)K. Offizier, S. 57.
341 Zentralverwaltung, III/3, S. 97.

Reichsrat beziehen. Allerdings hätte der Verfasser dann wohl ausdrücklich zwischen diesen Organen und dem Monarchen differenziert. Andere Historiker finden hier eine klarere Sprache.

So attestiert Bérenger dem Kaiser zwar ein „ansprechendes Äußeres"[342]; doch war Franz Joseph für ihn „keine Persönlichkeit, der die Menge in Begeisterung zu Füßen lag": Dazu fehlte es diesem „Pflichtmenschen mit äußerst schwacher Ausstrahlung" auch an der erforderlichen „Brillanz". Dennoch konstatiert der Autor an ihm eine „eindeutige Beliebtheit", die er allerdings offenbar nicht für die Anfänge seiner Herrschaftszeit gelten lassen will[343]. Schon bekannt ist uns das Urteil Engel-Janosis: Er erachtet den Kaiser – bis 1870/71 – „bei den breiten Schichten der Bevölkerung" für „nicht sonderlich populär"[344] und konstatiert bereits für Sommer 1859 eine „Unzufriedenheit" und „Abwendung vom Staat und seinem ersten Vertreter"[345]. Als Begründung führt er die damals bestehende „eigentümliche Mischung radikaler ultramontaner und despotischer Regierungsprinzipien'" ins Feld[346]. Und der vor einigen Jahren mit einer bisher leider nicht ins Deutsche übertragenen Biographie über den Monarchen an die Öffentlichkeit getretene Urban[347] konstatiert eine „ursprüngliche Unbeliebtheit" des „jungen Kaisers", die sich erst „nach Jahrzehnten" wandeln sollte[348]. Hierzu paßt auch Palmers Feststellung über den „kühlen Empfang", der dem Habsburger „nach seiner Rückkehr aus dem Krieg [von 1859] bereitet" wurde[349]. Und laut Redlich „(wendete) sich die Stimmung" damals „vor allem scharf gegen den Kaiser ... sowie den ganzen Hof"; es habe Augenblicke gegeben, „in denen der ganze bestehende Machtapparat der Selbstherrschaft zu wanken schien"[350].

Schließlich muß man sich hier noch den Standpunkt Cortis vergegenwärtigen. Freilich entspricht seine umfangreiche, mehrbändige Darstellung über das Leben Franz Josephs von Anfang der fünfziger Jahre weder damaligen noch heutigen wissenschaftlichen Standards, weshalb sie eher in die Kategorie „hist.(orisch) genauer biographischer Romane" einzuordnen sein mag[351].

---

342 Geschichte, S. 605 (s. dazu auch folg.).
343 Ebd., S. 607. Sein zeitlicher Bezugsrahmen ist etwas unklar.
344 Der Monarch und seine Ratgeber, S. 15.
345 Graf Rechberg, S. 36.
346 Ebd. Das Zit. im Zit. bezieht sich auf eine Äußerung des preußischen Gesandten in Wien Heinrich F. Graf Arnim-Heinrichsdorff; vgl. auch S. 77: „Am stärksten aber wandte sich die Unzufriedenheit gegen den obersten Träger des Systems, gegen den Kaiser." Die von Engel-Janosi hierbei angestellten Überlegungen beziehungsweise angeführten Belege erscheinen aber nicht unbedingt plausibel.
347 František Josef I..
348 Die tschechische Gesellschaft, 1, S. 158.
349 Franz Joseph, S. 166.
350 Kaiser Franz Joseph, S. 256–257.
351 So in einem kurzen Eintrag über ihn in Bd. 1 des *Historischen Lexikon Wiens* (Corti, S. 593).

Seine Schlußfolgerungen lassen sich aber oftmals nicht von der Hand weisen. Auch er konstatiert ein Öffentlichkeitsproblem für den Kaiser, und zwar insbesondere „nach seiner Rückkehr" aus Oberitalien, wohin er sich im Juni begeben hatte, um selbst den Oberbefehl über die kaiserlichen Truppen zu übernehmen[352].

In auffallendem Kontrast dazu steht bestenfalls die Bewertung Brook-Shepherds: Für ihn erreichte Franz Josephs „Nimbus" im Sommer 1858 sogar seinen absoluten Höhepunkt („had been at its height"), wobei er die am 21. August des Jahres erfolgende Geburt eines „eagerly awaited heir" anführt (Elisabeth hatte zuvor *lediglich* zwei Töchter zur Welt gebracht)[353]. Allerdings behauptet er ebenfalls eine vorübergehende („temporarily") Abnahme des monarchischen Prestiges aufgrund des Verhaltens des Kaisers nach der Niederlage von 1859.

4.3.6.2. Zeitgenössische Sichtweisen

Die soeben angeführten Beurteilungen beruhen in den allermeisten Fällen nicht auf einem Studium einschlägiger Akten[354]. Sie korrespondieren jedoch mit zeitgenössischen Stellungnahmen, wobei sich letztere ab ungefähr Anfang 1859 auffallend vermehren. Manchen sind wir bereits begegnet, andere sollen noch erwähnt werden. So war etwa laut einer Äußerung Johann G. Droysens vom 29. Oktober 1859 „die Achtung für den Kaiser" mittlerweile „auf ein Nichts zusammengeschwunden"[355]. Man halte ihn für gänzlich durch Ausschweifungen ruiniert, für völlig „dependent" von seiner „Mutter, Grünne und den Pfaffen". Dabei bezog er seine einschlägigen „Erfahrungen" anscheinend nicht nur vom Hörensagen, wies er doch ausdrücklich auf seinen „jüngst" in den „Grenzgebieten" stattgehabten Aufenthalt hin. Allerdings bleibt unklar, ob er dort direkt mit Einwohnern der Monarchie oder aber lediglich mit Leuten, die diesseits der Grenze lebten, gesprochen hatte.

Auch Alessandro Mauroner stellte dem monarchischen Prestige kein günstiges Zeugnis aus. Mitte Januar 1859 berichtete der ehemalige Herausgeber des von offizieller Seite aus subventionierten, in Wien erscheinenden und im Juni 1857 „eingegangenen" *Corriere Italiano* (eine Zeitung, die nicht nur in der Reichshauptstadt für die österreichische Sache in Italien Stimmung machen

---

352 Mensch und Herrscher, S. 248 (s. insg. v. a. S. 245–249).
353 The Austrians, S. 79 (s. dazu auch das folg. Zit.).
354 Hierzu zählen insb. Stber. Sie hat auch Corti nicht herangezogen, doch lassen seine Darlegungen noch am ehesten eine intensivere Beschäftigung mit zeitgenössischem Aktenmaterial erkennen.
355 An Wilhelm Roßmann, Berlin, in: Droysen, Briefwechsel, 2, Nr. 1030, S. 634 (s. dazu auch folg.).

sollte³⁵⁶) dem Sekretär Kempens über die „schlechte ... Stimmung", die in Wien „selbst" in den „unteren Schichten" herrsche: Sogar Leute aus dem Volke würden davon sprechen, „der Kaiser kümmere sich nicht um die Regierung, die Lage sey ihm gleichgiltig"³⁵⁷. Immerhin „glaubte" Mauroner an die Möglichkeit einer Verbesserung der Situation. Franz Joseph müßte sich „mehr zeigen, etwa Fabriken u.(nd) sonstige Etablissements besuchen". Auf diese Weise würde er „von den unteren Klassen gesehen", was „einen guten Umschwung in der Stimmung hervorbringen (dürfte)". Nun, solche Auftritte waren des Kaisers Sache im allgemeinen nicht, auch bei seinen zahlreichen Ausritten und Ausfahrten innerhalb der Stadt zeigte er sich eher reserviert. Dies galt selbst für die „alljährlich" für den 9. April anberaumte „Zeremonie der Fußwaschung", ein von biblischen Vorbildern übernommenes „Zeichen der Liebe zu dem durch das Leben weniger begünstigten Teile der Bevölkerung", das kundtun sollte, „daß auch der Höchstgestellte sich allen anderen gleich zu halten habe": Auch bei diesem Anlaß bewahrte er, soweit möglich, Distanz³⁵⁸. Da kann man sich vorstellen, daß der vom Herrscher Anfang 1859 dem „Krankenhaus" abgestattete „Besuch" tatsächlich mit „Freude ... aufgenommen" wurde³⁵⁹.

Mauroner dürfte die herrschende Stimmungslage nicht ganz falsch interpretiert haben. Darauf deutet ein Bericht hin, der Kempen vom Polizeidirektor Wiens etwas später übermittelt wurde. Sein Inhalt war laut Czapka „zwar im Einzelnen zu grell gefärbt", er erschien ihm aber „im Ganzen" doch immerhin so beachtenswert, um seine Vorlage für seine „Pflicht" zu erachten³⁶⁰. Der unbekannte Autor konstatierte darin ein „allmähliges Ersterben der monarchischen Gesinnung"³⁶¹. Die „Hauptschuld" für diese Entwicklung lastete er Bach an, was den Polizeidirektor Befriedigung verschafft haben könnte, soll er doch von schier „unerlöschlichem Hasse gegen Minister Bach erfüllt" gewesen sein³⁶²; doch kratzte er zugleich stark an der Fiktion eines über alle Kritik erhabenen Monarchen, wenn er weiter meinte:

---

356 S. dazu Vortrag Kempens v. 28. Oktober 1858, Wien, Nr. 7076/Pr. II, in: AVA, Inneres, OPB, Präs. II, Krt. 120, Nr. 7076/58 (s. dort auch das Zit.).
357 So laut Hell, Notiz für Kempen, Wien, 16. Januar 1859, in: Ebd., Krt. 132, Nr. 452/59 (s. dazu auch folg.).
358 Corti, Mensch und Herrscher, S. 187.
359 Hell, Notiz für Kempen, Wien, 16. Januar 1859, in: AVA, Inneres, OPB, Präs. II, Krt. 132, Nr. 452/59. Gemeint ist wohl das *Allgemeine Krankenhaus*.
360 An Kempen, Wien, 14. April 1859, in: Ebd., Krt. 135, Nr. 2766/59.
361 Beil. zu Czapkas Brief, in: Ebd. (s. dazu auch das folg. Zit.).
362 So Kempen nach einem Gespräch mit Czapka (Tagebucheintrag v. 5. Dezember 1857, in: Tagebuch Kempens, S. 453).

„Vor dem Egoismus des Individuums muß der Patriotismus in den Hintergrund treten, und wünscht daher jeder Einzelne, insbesondere unter den gebildeteren Klassen, der österreichischen Monarchie alles mögliche Unheil und Unglück in der deutlich ausgesprochenen Absicht, daß schnell und entscheidend auf einander folgende Catastrophen S.(eine)M.(ajestät) dem Kaiser die Augen öffnen würden (...)."[363]

Dabei verstieg er sich zu schier unglaublichen Worten: Man sei geneigt, Siege der österreichischen Waffen „als ein nationales Unglück" zu betrachten, gehe aber noch weiter und wünsche Österreich, daß es auch „seine italienischen Besitzungen" verlieren möge. Dieser *Wunsch* basierte auf der Hoffnung einer daraus resultierenden konstitutionellen Wende: Denn je schwächer die Regierung werde, um so enger werde sie sich um Deutschlands Bundesgenossenschaft bewerben und „consequenter Weise" dem „im Innern herrschenden Sisteme entsagen" und sich dem „übrigen Deutschland" anschließen[364]. Und bezüglich der Person des Innenministers wurde angeblich „nicht begriffen", daß Franz Joseph „von der totalen Unfähigkeit dieses Ministers sich nicht hätte schon längst überzeugen können". Diese Philippika verband der Verfasser mit dramatisch klingenden Schlußfolgerungen: Da betonte er eine „Entfremdung der G(emü)ther von der regier(en)den Dynastie"; und für den Fall einer „längeren Fortdauer von Bachs ‚Amtsführung'" prophezeite er „eine sehr ernstliche Gefahr", sollte nicht bald etwas geschehen, was den Wünschen der Bevölkerung entspreche und genüge.

Nicht ganz so drastisch liest es sich in einem Schreiben, das der Tiroler Polizeidirektor Johann Lorensi von Innsbruck aus am 28. Juli 1859 an Kempen sandte: Im Volk werde „in der lezten Epoche mehr als je allgemein vernehmbar" erklärt, daß „Seine Majestät von seiner Umgebung übel beraten sei", hieß es da[365]. Dies erinnert an die uns mittlerweile schon gut bekannte Differenzierung zwischen *Kaiser* und *Regierung,* Franz Joseph wird hier anscheinend einmal mehr als Opfer seiner *Ratgeber,* vor allem seiner „Regierung" skizziert. Diese Vermutung drängt sich zunächst auch bei der Lektüre eines

---

363 Beilage zu Czapkas Brief an Kempen, Wien, 14. April 1859, in: AVA, Inneres, OPB, Präs. II, Krt. 135, Nr. 2766/59 (s. dazu auch folg.).

364 Vgl. dazu einen Tagebucheintrag Kempens v. 23. November 1858: „Franz Zichy (...) besorgte ..., daß die in Preußen eingeschlagene liberale Richtung der Regierung influenzieren werde auf uns und daß man vielleicht geneigt sein dürfte, Landesstatute zu bewilligen; (...)." (Tagebuch Kempens, S. 490.) Jedenfalls dürfte die innenpolitische Wende in Preußen von der Öffentlichkeit aufmerksam registriert worden sein (s. zu dieser Wende aus verfassungspolitischer Sicht gut bei Gianna A. Manca, La sfida delle riforme. Costitutzione politica nel liberalismo prussiano, S. 247–299).

365 Nr. 2327/Pr., in: AVA, Inneres, OPB, Präs. II, Krt. 138, Nr. 5984/59 (s. dazu auch das folg. Zit.).

Berichts über die in der Steiermark Ende Juni des Jahres angeblich herrschende Stimmung auf: Danach „verbreitete sich immer mehr ... die Ansicht", daß „alle ... beklagten Übelstände" wenigstens

> „größtenteils (hätten) unschädlich gemacht werden können, wenn die in Aussicht gestellten Landesvertretungen in's Leben gerufen worden wären, und dadurch die Möglichkeit erhalten hätten, am Fusse des Thrones eine getreue Schilderung so mancher Verhältnisse und ihre Bitten niederlegen zu können"[366].

Doch wer trug Schuld an der tatsächlich jahrelangen Verzögerung der Realisierung dieser und anderer Maßnahmen? Wer hatte die vermeintliche Unkenntnis des Monarchen zu verantworten? Scheinbar die „Regierung": Sie hatte ihre „Zusagen noch nicht erfüllt". Aber bei weiterer Durchsicht der beiden zitierten Dokumente erweist sich diese Deutung als zu vorschnell. Was Tirol anbetrifft, so betonte Lorensi nämlich überdies den „im ganzen Lande großes Befremden(,) ja Erstaunen erregenden Umstand", daß „den diesfalls in allen öffentlichen Hauptblättern zur Genüge ausgesprochenen lebhaften Wünschen der Völker bisher noch immer nicht im Geringsten Rechnung getragen wurde"[367]. Sollte dieses *Erstaunen* nicht wenigstens teilweise auch der damaligen Passivität des Monarchen gegolten haben, sei es auch nur, weil sich Franz Joseph noch immer nicht von seiner ihn *übel berathenden Umgebung* gelöst, also entsprechende personelle Veränderungen vorgenommen hatte? Dagegen hielt Lorensis Grazer Kollege „sich nicht selten ... vernehmen" lassende Stimmen des Tenors fest, die „Völker Oesterreichs" hätten

> „eine so durchaus loyale und patriotische Gesinnung an den Tag gelegt und bereitwillig Opfer aller Art gebracht, daß sie wohl verdienen könnten, daß die Regierung ihren Wünschen mehr Berücksichtigung als bisher schenken möchte"[368].

In Hinsicht auf die *gebrachten Opfer aller Art* denkt man unwillkürlich auch an die Nationalanleihe, obgleich es mit der *Bereitwilligkeit* nicht so weit her war wie behauptet. Doch abgesehen davon vermochte die *Regierung* doch nur jene Maßnahmen in die Tat umzusetzen, die der Monarch ihr zu realisieren erlaubte. Wurde diese, sich gleichsam von selbst aufdrängende Überlegung nicht offen ausgesprochen, so eventuell auch aus Respekt vor dem Kaiser. Vielleicht spielte hierbei auch die Sorge mit, daß *oben*, in diesem Fall bei Kempen, so etwas nicht gerne gesehen würde.

---

366 Polizeidirektor Waneczek an Kempen, Graz, 30. Juni 1859, Nr. 440/Pr., in: Ebd., Krt. 137, Nr. 5023/59 (s. dazu auch folg.).
367 An Kempen, 28. Juli 1859, Nr. 2327/Pr., in: Ebd., Krt. 138, Nr. 5984/59.
368 An Kempen, Graz, 30. Juni 1859, Nr. 440/Pr., in: Ebd., Krt. 137, Nr. 5023/59.

Vergleichsweise klare Worte fand wieder einmal Fr. Thun, und zwar in einem von ihm als *höchst confidentiell und vertraulich zur persönlichen Einsichtnahme* bezeichneten Brief an Rechberg vom 29. Juni 1859. Darin setzte er sich mit einem „Wechsel" in der Führung des Innenressorts auseinander, wovon er sich eine „sehr günstige Wirkung" versprach[369]. Diese Äußerung fiel aber unter ausdrücklichem Verweis „auf die Beurtheilung der Persönlichkeit des Kaisers durch das Publikum". Dann sei nämlich bewiesen, daß es nur der „offenen Wahrheit" bedürfe, „um den Monarchen zur Abhilfe von allgemein anerkannten Fehlern ... zu bewegen, von Fehlern, die eben Ihm durch die gewißenlose Gebahrung der Minister unbekannt geblieben waren".

Die allerletzte Bemerkung entsprach den historischen Tatsachen nicht: Denn da gab es ja noch das Korrektiv in der Person Kempens. Er, aber auch Grünne versäumten nicht, den Habsburger wenigstens teilweise auf die vermeintlichen Vergehen der Kabinettsmitglieder aufmerksam zu machen. Doch wie wir Thuns Worte auch deuten wollen: In dem Sinne, daß die allgemeine Bevölkerung den Kaiser lediglich als Opfer seiner Minister betrachtete, oder aber in dem Sinne, daß sie ihn direkt mit-, ja als Herrscher hauptverantwortlich für diese *gewißenlose Gebahrung* machte; jedenfalls hatte auch nach seiner Ansicht das monarchische Prestige im Laufe der Zeit Schaden genommen. Offenbar hielt ihn Thun sogar für recht schwerwiegend: Hätte er sonst die Hebung seines öffentlichen Renommees „nach meinen hiesigen Wahrnehmungen" als „unumgänglich notwendig" bezeichnet[370]? Daß ihm dieses Eingeständnis „mit blutendem Herzen" aus der Feder floß, dürfen wir ihm abnehmen. Doch war ihm zufolge Franz Josephs öffentliches Renommee auch noch rund 15 Monate später unverändert schlecht, wie er wiederum Rechberg wissen ließ: Man „dürfe" nichts versäumen, „was geeignet ist(,) den Kaiser und seinen persönlichen Charakter in den Augen der Bevölkerung zu heben!"[371]

Auch Erzherzog Rainer machte sich ähnliche Gedanken, mit dem wichtigen Unterschied, daß er sie als Reichsratsvorsitzender seinem kaiserlichen Verwandten direkt unterbreiten konnte. In einem Vortrag vom 19. Oktober 1859 bemerkte er hinsichtlich der öffentlichen Stimmung, bis jetzt richte sich der „allgemeine Unwille, die allgemeine Entrüstung gegen den FinanzMinister"[372]. Doch erklärte er den „Augenblick" für „nicht ferne, wo die Mißstimmung sich gegen einen höheren, jedem treuen Unterthan heiligen Ort wenden wird". Rainer benannte auch jenen Moment, in dem eine solche Situation

---

369 Wien, in: HHStA, AM, PA. XL, Acta Secreta, NL Rechberg, Krt. 527, f. *Privatbriefe Graf Fr. Thun*, fol. 654–655, hier fol. 655 (s. dazu auch folg.).
370 Ebd.
371 Ohne alles (aber zwischen 20. Oktober 1860 und 4. Februar 1861), in: Ebd., fol. 647.
372 Wien, in: Ebd., RR, Präs., Krt. 35, Nr. 350/59 (s. dazu auch folg.). Warum dies so gewesen sein könnte, dazu w. u. mehr.

„unzweifelhaft eintreten" würde. Wenn man sich nämlich „überzeugen" sollte, „daß Eure Majestaet den Baron Bruck trotz der vielen gegen ihn erhobenen großentheils begründeten Klagen auf seinem Platze belassen, und dadurch stillschweigend seinem Vorgehen die allerhöchste Sanction ertheilen". Noch war es freilich nicht zu spät, noch konnte Franz Joseph „in der Person des FinanzMinisters eine Veränderung eintreten ... lassen", worum Rainer ihn „dringend bat".

Nun ist insbesondere bei jenen zuletzt angeführten Dokumenten der Zeitpunkt ihrer Abfassung zu bedenken: Sie stammen vom Sommer und Herbst 1859 und fallen damit in eine Krisenphase des neoabsolutistischen Herrschaftssystems. Dies erleichtert ihre eindeutige Beurteilung nicht gerade. Zum einen mochte sich in dieser Situation entweder schon deutlich vorhandener Unmut gegen den Kaiser erst recht Bahn brechen, beziehungsweise die Hemmschranken zu seiner wenigstens indirekten öffentlichen Artikulation mochten gesunken sein. In diesem Fall stünden wir hier sozusagen nur der Spitze eines Eisbergs gegenüber. Zum anderen jedoch könnten wir hier einer Ausnahmesituation gegenüberstehen, in der sich die im Lande herrschende Unzufriedenheit – im Gegensatz zu normalen Zeiten – auch gegen den Kaiser wandte. Dann hätten wir es primär mit einer lediglich temporären Erscheinung zu tun, deren Dauer und Intensität abhängig war von Franz Josephs Maßnahmen. In beiden Fällen hätte es der Kaiser selbst in der Hand gehabt, etwas zur Wiederherstellung seines Prestiges zu tun, wobei ihm dies aber im ersten Fall wesentlich schwerer fallen mußte. In beiden Fällen würde sich aber auch eines zeigen: Das Ausmaß der Differenzierung zwischen *Regierung* und *Kaiser* hing auch von den jeweiligen Umständen ab. Damit ist aber ebenfalls klar, daß die Beliebtheit des Monarchen keinen Selbstläufer darstellte. Er konnte sich nicht in dem Bewußtsein ausruhen, *legitimer* Herrscher zu sein.

4.3.6.3. Franz Josephs Sichtweise in der Krisensituation des Jahres 1859

Ob Franz Joseph dies selbst wahrgenommen hat? Laut Palmer war dies sehr wohl der Fall, er macht bei ihm mit Blick auf 1859 sogar eine regelrechte „Erschütterung" über den weiter oben zitierten *kühlen Empfang* aus[373]. Etwas nüchterner formuliert es Bled: Franz Joseph sei sich durchaus im klaren gewesen, „daß auch seine Person einen Popularitätsverlust hinnehmen hatte müssen"[374].

---

373 Franz Joseph, S. 166.
374 Franz Joseph, S. 196.

Bei der Lektüre der einschlägigen Akten kommen zuweilen freilich Zweifel daran auf, daß solche Gedanken in das Bewußtsein des Monarchen gedrungen sein könnten. So müssen ihm etwa bei der Lektüre von Kempens Monarchiestimmungsbericht für das dritte Quartal des Jahres 1856 hin und wieder die Ohren geklungen haben. Darin konnte er von einer anläßlich der Entbindung und des Geburtstags „fast überall" sich offen artikulierenden „Liebe und Anhänglichkeit an das Allerdurchlauchtigste Kaiserhaus" lesen[375]. Da mochte er es verschmerzen, wenn in Klausenburg „die Kirchen bei diesen feierlichen Gelegenheiten wenig besucht (waren)" und „(sich) der Mangel loyaler Gesinnung ... sowohl in der Stadt selbst, als in deren Umgebung leider noch immer ... fühlbar (machte)". Außerdem hatte dafür ja „der Jubel der Bewohner von Kärnthen und Steyermark" im Zuge seiner zur damaligen Zeit dorthin angetretenen Reise „in den Herzen der Bewohner der übrigen Kronländer den lebhaftesten Widerhall gefunden". Auch über die Folgen von zwei ebenfalls in die zweite Jahreshälfte fallenden kürzeren Reisen nach Ungarn (Gran sowie die Truppenvisitation) für die dortige Stimmungslage vermochte er mehr als Befriedigendes zur Kenntnis zu nehmen: Denn es wurde „übereinstimmend berichtet", daß sein „persönliches Erscheinen ... den mächtigsten und heilsamsten Einfluß ... geübt habe". Und durch die dabei erfolgten „loyalen Manifestationen" wurden demzufolge „die dynastischen Sympathien der Magyaren freudig angeregt, die Anhänglichkeit an den Thron befestigt und die Idee der Staatseinheit in Ungarn wesentlich gefördert"[376].

Das waren schön klingende Worte. Sie mochten Franz Joseph im sicheren Gefühl wiegen, auch in Kreisen ein immer beliebterer Herrscher zu sein, die dem neoabsolutistischen Herrschaftssystem eigentlich feindlich gesonnen waren. Sollte es sich so verhalten haben, so ließe sich aber leicht nachweisen, daß er spätestens wenig später allen Grund zu einer gründlichen Revision dieser Einschätzung hatte. Dazu würde eine Analyse des Verlaufs und der Folgen seiner im Frühjahr zusammen mit Elisabeth und einem großen Gefolge unternommenen Reise nach Ungarn genügen. Sie kann hier nicht näher untersucht werden, doch belegen die Akten eindeutig ihren klaren Mißerfolg[377]. Eventuell „verlief" sie sogar tatsächlich „noch weit weniger befriedigend" als die kurz zuvor unternommene „italienische Fahrt" nach Lombardo-Venetien, wie Redlich gemeint hat[378]. Denn bald nach seiner Rückkehr aus Ungarn erachtete Franz Joseph die Veröffentlichung eines kaiserlichen Manifests für nötig (9. September 1857), in dem er in einer allerdings <u>„entschiedenen</u> Spra-

---

375 Stber. GM, 7–9 56, SH/LP/PD, in: AVA, Inneres, OPB, Präs. II, Krt. 83, Nr. 6913/56, fol. 2 (s. dazu auch folg.).
376 Ebd., fol. 2–3.
377 Siehe dazu einen von mir gerade in Vorbereitung befindlichen Aufsatz.
378 Kaiser Franz Joseph, S. 231.

che"[379] insbesondere den Altkonservativen klarmachte, daß sie nach wie vor nicht mit einer Realisierung ihrer Hoffnungen rechnen durften. Und wiederum kurze Zeit später ordnete er Kempen „mittels eigenen Handschreibens" an, „die Altkonservativen Ungarns strenge zu beobachten"[380].

Auch seine Lektüre der Berichte über die Haltung eines Teils des lombardo-venetianischen Adels mußte ihm eigentlich zu denken geben. Sie muß ihn insbesondere mit der Vorstellung vertraut gemacht haben, daß kaiserliche Herrschaft aus Sicht der Bevölkerung nicht etwas Gottgegebenes, daher über jede Kritik Erhabenes und also unter allen Umständen Verehrungswürdiges bedeutete[381]. Und unterrichtete ihn Kempen am 31. Oktober 1858 in einem erneuten, diesmal speziell den Altkonservativen gewidmeten Vortrag über das „höchst bedauerliche Symptom der, bei einem Theile des magyarischen Adels, lauer werdenden Gefühle für das … Kaiserhaus"[382], dann mußte ihm doch die darin enthaltene veränderte Einschätzung gegenüber dem weiter oben zitierten Vortrag vom 31. Mai des Jahres auffallen. Was dachte er sich überdies, als er Ende Juli 1857 in einem anderen Bericht über die „politische Stimmung" Böhmens lesen konnte, „insoweit darunter der Grad der Anhänglichkeit an das Allerhöchste Kaiserhaus … verstanden wird"[383]? Dies implizierte letztlich doch nichts anderes als die Behauptung, daß es durchaus unterschiedliche *Anhänglichkeitsgrade* gab. Es besteht kein Grund zur Annahme, daß Franz Joseph – sei es aufgrund mentaler Blockaden, sei es infolge intellektueller Unfähigkeit – nicht in der Lage gewesen sein sollte, diesen Sachverhalt zu begreifen oder doch wenigstens zu erahnen.

Kempen glaubte also, dem Kaiser Mitteilungen dieser Art zumuten zu können oder zu müssen. Leicht mag ihm dies nicht immer gefallen sein, aber Pflichtbewußtsein und/oder Zivilcourage obsiegten hier offenbar über anderweitige Erwägungen. Dies trifft auch für Kempens Nachfolger Hübner zu, der sich offiziell Polizeiminister nennen durfte. Am 19. Oktober 1859 erklärte er

---

379 Lasser an Bach, o. O. (aber Wien), 11. September 1857, in: AVA, NL Bach, Krt. 7, f. *J. Lasser*, s.f. *Amtliche Berichte 57*.

380 Tagebucheintrag Kempens v. 1. November 1857, in: Tagebuch Kempens, S. 445. S. dazu auch ein gewisser Schweiger an Grünne, Wien, 19. November 1857: Kempen habe ihm „in neuerer Zeit die verschärfte Überwachung der vorragenden Mitglieder der sogenannten altconservativen Partei in Ungarn anempfohlen" (HHStA, KK, GD, 1857–58, f. *GD 1857*, fol. 156). Dies war offenbar Kempens Reaktion auf das kais. Handschreiben.

381 S. dazu auch einen in Vorbereitung befindlichen Aufsatz über die Reise des kaiserlichen Paares nach Lombardo-Venetien im Winter 1856/57, der in den *Quellen und Forschungen aus Italienischen Archiven und Bibliotheken* erscheinen wird.

382 Konkret bezog er sich auf das Verhalten von Adeligen beim Geburtstag des Kaisers, bei der Geburt des Kronprinzen Rudolf sowie „der letzten Bereisung" des Landes durch Albrecht (Vortrag v. 31. Oktober 1858, Wien, Nr. 4003/BM., in: HHStA, IB, BM.-Akten, Krt. 108, Nr. 4/58).

383 Stber. GM, 4–6 57, GI, in: Ebd., KK, GD, 1857–58, f. *GD 1857*, fol. 359.

dem Herrscher – und die ersten Worte des folgenden Zitats deuten auf eine gewisse Überwindung hin, das Weitere niederzuschreiben –, „der Wahrheit gemäß hinzufügen zu müssen, daß sogar die in diesen Landen sonst so warmen Gefühle der Anhänglichkeit und Liebe für die Allerhöchste Dynastie, in letzter Zeit zu erkalten scheinen"[384]. Dies gelte namentlich auch von der Reichshauptstadt Wien.

Insbesondere ist in diesem Zusammenhang wieder an den zuvor erwähnten Vortrag Erzherzog Rainers zu denken, der ebenfalls das Datum des 19. Oktober 1859 trägt und in dem sich der Reichsratsvorsitzende ja vor allem mit Bruck beschäftigte. Sein Inhalt kam einer nur mühsam verschlüsselten Strafpredigt gleich, die sich eine weniger hochgestellte Persönlichkeit kaum ohne weiteres hätte leisten können. Seinem Verwandten gegenüber reagierte Franz Joseph wenigstens schriftlich sinngemäß lediglich mit der Bemerkung, dessen Ausführungen zur Kenntnis genommen zu haben[385]. Brandt, der sich mit den damaligen Vorgängen um den Finanzminister recht eingehend beschäftigt hat, deutet diese Worte dahingehend, Bruck müsse es demnach in den persönlichen Unterredungen noch einmal verstanden haben, „den Kaiser zu einem Ausspruch des Vertrauens zu vermögen"[386]. Dem mag so sein. Trotzdem haben sie Franz Joseph offensichtlich recht stark beunruhigt. Denn in der Sitzung der Ministerkonferenz vom 23. Oktober erkundete er die Auffassung der Kollegen Brucks über die Frage eines Wechsels in der Führung des Finanzressorts. Die Abwesenheit des Betroffenen bei dieser Sitzung versteht sich von selbst.

Der Kaiser „stand" wenigstens in dieser Hinsicht nicht „zu sehr ... außer allem Kontakte mit der Welt", wie Fr. Thun nach dem 20. Oktober 1860 seufzend („leider!") meinte[387]. Und zweifellos war „unser edler u.(nd) erhabener Monarch" in größerem Maße dazu fähig, „doch endlich den Hintergrund einer durch so vielen Draperien verborgenen Sache zu sehen", als es ihm gegen Ende 1856 der österreichische Oberst und Schriftsteller Karl Moering im Zusammenhang mit der Vergeudung öffentlicher Finanzen zutraute[388]. Generell hat dies auf Ungarn bezogen schon Oskar Sashegyi richtig gesehen: Franz Joseph seien die dort vorhandenen „Zeichen der Unzufriedenheit" nicht verborgen geblieben[389]. Deshalb ist alles in allem Hofrat Karl Edler v. Lewinsky zuzustimmen, den Bauernfeld am 20. Mai 1852 nicht nur einen „humanen, sich als Beamter in die Umstände schickenden Lebemann", sondern auch als

---

384 Wien, in: Ebd., 1859–60, Nr. 738/60, fol. 352.
385 Wien, 27. Oktober 1859, in: Ebd., RR, Präs., Krt. 35, Nr. 350/59.
386 Neoabsolutismus, 2, S. 850 (s. dort auch insg. S. 845–850).
387 Ohne alles (aber zwischen 20. Oktober 1860 und 4. Februar 1861), in: HHStA, AM, PA. XL, Acta Secreta, NL Rechberg, Krt. 527, f. *Privatbriefe Graf Fr. Thun*, fol. 647.
388 An unb., Wien, 20. November 1856, in: KA, NL Moering, B/209, Nr. 20.
389 Ungarns politische Verwaltung, S. 110.

„Amanuensis" Kempens bezeichnete[390]. Als der bei der Obersten Polizeibehörde unter anderem für Presseangelegenheiten zuständige „Pharisäer"[391] im Vorfeld des Krieges von dem inzwischen als Präsident des Obersten Gerichtshofes fungierenden K. Krauß darüber befragt wurde, „ob denn Se.(ine) ... Majestät von der gährenden Stimmung unterrichtet sey", fiel seine Antwort ebenso bündig wie deutlich aus: Er könne dies nicht wissen, zweifle jedoch nicht daran[392].

Am Ende dieses Abschnitts sei schließlich noch kurz auf einen weiteren möglichen Grund verwiesen, warum der oberste Repräsentant des Reiches in eine gewisse öffentliche Vertrauenskrise geraten war. Er hat uns im Verlaufe unserer Darlegungen über die Nationalanleihe bereits wiederholt beschäftigt. Wie wirkte sich nämlich die Tatsache aus, daß Franz Joseph klare Zusagen oder sogar unmißverständliche Versprechen verschiedenster Art, die er *seinen Völkern* seit seinem Machtantritt gegeben hatte, oftmals nicht eingehalten hat? Auch dies zeitigte nach Ansicht der Zeitgenossen negative Folgen für sein Renommee, und auch dies wurde ihm nicht vorenthalten. Dabei ist einmal mehr sein Vetter Rainer zu nennen. Er wagte es, ihm gegenüber unverblümt vom „Nichteinhalten des gegebenen kaiserlichen Wortes" zu sprechen[393].

Von Interesse sind hierbei auch einschlägige Äußerungen des Mitte Mai 1859 scheinbar „so unerwartet"[394], tatsächlich aber wohl eher konsequenterweise aus seinem Amt geschiedenen Buol[395]. Sie stammen vom Sommer des Jahres und somit aus einer Zeit, in der laut Corti manch ein Zeitgenosse angeblich sogar „wissen wollte, der Kaiser hege die Absicht abzudanken"[396], wofür ich freilich keine Belege finden konnte. Zunächst behauptete Buol, es sei den „Staatsmännern" des Reiches einst gelungen, die für Verfassungs„experimente eher noch eingenommene öffentliche Meinung" mit dem „Staatsstreich" von 1851/52 „zu versöhnen"[397]. Doch mittlerweile hatte sich die Lage verändert. Es gab „Uebelstände" in der Monarchie. Bei der Suche nach den „Gründen" hierfür führte der dem Monarchen anscheinend „unglücklicher-

---

390 Aus Bauernfelds Tagebüchern, 2, S. 25.
391 Tagebucheintrag Kempens v. 24. September 1855, in: Tagebuch Kempens, S. 373.
392 Notiz Hells, Wien, in: AVA, Inneres, OPB, Präs. II, Krt. 134, Nr. 2660/59.
393 Vortrag v. 19. Oktober 1856, in: HHStA, RR, Präs., Krt. 35, Nr. 350/59.
394 Prokesch an Buol, Konstantinopel, 1. Juni 1859, in: Ebd., AM, PA. XL, NL Buol-Schauenstein, Krt. 277i-l, f. *L*. Selbst seine engere Umgebung war über diesen Schritt offenbar „in hohem Grade überrascht" (Tagebucheintrag Dilgscrons, o. O. [Wien], 13. Mai 1859, in: Ebd., NL Dilgscron, Krt. 3, Buch 1858–59, Bog. 134).
395 Entsprechende Gerüchte kursierten mindestens seit Anfang 1859 (Agentenrapport für die Stimmung an der Wiener Börse, Wien, 3. Januar 1859, in: Ebd., IB, BM.-Akten, Krt. 123, Nr. 47/59). Wahrscheinlich waren sie eine Folge der Neujahrsansprache Napoleons III.
396 Mensch und Herrscher, S. 248.
397 *Memorandum*, in: HHStA, AM, PA. XL, Interna, Vorträge, Krt. 51, f. *Interna, Vorträge 1859*, fol. 111 (s. dazu auch das folg. Zit.).

weise ... nicht sympathische" ehemalige Außenminister[398] nun aber unter anderem – und vielleicht nicht ganz zufällig „vorerst" – die „Vorenthaltung feierlich gegebener Zusicherungen" an[399].

Dabei spielt er nicht auf die Rücknahme der Märzverfassung an: Denn eine „Constitution" für die Monarchie erklärte er auch jetzt noch für „undurchführbar". Darüber seien sich wohl alle einig, wie er eventuell zu seiner eigenen Absicherung hinzufügte. Wie aber verhielt es sich mit der „vollen Gleichberechtigung der verschiedenen religiösen Confessionen", der „Comunal Ordnung" und „endlich den verheißenen Landesvertretungen"? Warum all dies, nach nunmehr „langen zehn Jahren", noch nicht Wirklichkeit geworden war, darüber wisse man sich keinen Aufschluß zu geben. Und deshalb durfte sich niemand über eines „verwundern": nämlich über die „in den Völkern immer mehr eingewurzelte Meinung, daß es mit den Versprechen nicht ernstlich gemeint war, oder daß man doch wenigstens gerne später die Schwierigkeiten, die sich bei der Ausarbeitung ergaben, zum Vorwand nahm(,) um die Verheißung zu umgehen"[400]. Worauf es hier ankommt, ist das unscheinbare Wörtchen *man*. Denn *man*, das war auch der Kaiser, nicht nur die Regierung, was immer man darunter in diesem Fall auch verstehen will.

4.3.7. Abschließende Bemerkungen

Wolf Lepenies hat kürzlich mit Blick auf die weltpolitische *Wende* von 1989, eigentlich aber in prinzipieller Absicht die „Veralltäglichung des Charismas" als „nun einmal eine Art von politischem Naturgesetz" bezeichnet[401]. Damit postuliert er eine zwangsweise erfolgende und somit unter allen historischen Bedingungen eintretende Verflüchtigung, Nivellierung charismatischer Ausstrahlungen und/oder Wirkungen im politischen Alltagsgeschäft. Die sich in einem solchen Charisma manifestierende „hochgesinnte Moral" kann laut Lepenies auf Dauer nicht über „nüchterne Realpolitik" triumphieren. Vielmehr tritt „Experten"tum – wieder – an die Stelle der „Moralisten".

Man mag über die Richtigkeit dieser Diagnose geteilter Meinung sein. Sie erscheint jedoch in gewisser Hinsicht zur besseren Einordnung jener Vorgänge hilfreich, die unseren Betrachtungszeitraum betreffen. Einerseits erscheint es nämlich fraglich, ob sich bezogen auf das erste Herrschaftsjahr-

---

398 So wenigstens laut einem Tagebucheintrag Hübners v. 14. Mai 1854, Baden-Baden, in: Neun Jahre der Erinnerung, 1, S. 138.
399 *Memorandum*, in: HHStA, AM, PA. XL, Interna, Vorträge, Krt. 51, f. *Interna, Vorträge 1859*, fol. 111 (s. dazu auch folg.).
400 Ebd., fol. 112.
401 Benimm und Erkenntnis, S. 36 (s. dazu auch folg.).

zehnt Franz Josephs überhaupt von einer ihm eigenen charismatischen Ausstrahlung sprechen läßt. Ebenso darf bezweifelt werden, daß die von ihm insbesondere während der neoabsolutistischen Phase dieser Epoche propagierten ideologischen und gewissermaßen sittlichen Werte einer *hochgesinnten Moral* entsprochen haben.

Andererseits aber darf wohl davon ausgegangen werden, daß dem Habsburger bei seiner Thronbesteigung gewisse Vorschußlorbeeren entgegengebracht wurden: Dabei kam ihm wohl seine Jugendlichkeit zu Hilfe, aber auch die Tatsache, daß er sich als Herrschername Franz *Joseph* zulegte. Das Volk halte auf den Kaiser und seinen Willen „viel", meinte der Rat am Grazer Landgericht, Eduard v. Cavalcabo, am 10. Februar 1849 in seiner Funktion als Mitglied des Kremsierer Verfassungsausschusses[402]. Die anschließende Entwicklung war allerdings wenig dazu geeignet, die monarchische Reputation wirklich mehr als vorübergehend zu fördern. Viele Maßnahmen des Herrschers stellten bestimmte Bevölkerungskreise sicher zufrieden. Dies gilt wohlgemerkt auch für die Rückkehr zum verfassungslosen Zustand. Zudem kam es in einigen wichtigen Bereichen zu der bereits bei seinem Thronbesteigungsmanifest angekündigten *Verjüngung* und zu jener *Neugestaltung* des Reiches, von der Czoernig noch 1858 gesprochen hat. Man kann dies auch in etwa mit dem immer wieder verwendeten Begriff *Modernisierung* bezeichnen. Aber trotz dieser Erfolge und trotz der zeitweiligen Zustimmung zu Teilen seiner Innenpolitik nahm sein öffentliches Renommee im Laufe der Zeit offensichtlich eben doch ab. Dies hing nun aber nicht zuletzt mit der Politik der von ihm berufenen sogenannten *Experten* zusammen, zu denen neben seinen Ministern sowie den Mitgliedern des Reichsrates auch noch andere Persönlichkeiten zu rechnen sind.

4.4. Die Verfassungsproblematik

In diesem Zusammenhang erscheint nunmehr am Platz, sich nochmals der Finanzproblematik beziehungsweise dem von Regierungsseite aus unternommenen Versuch, sie zu lösen, und damit indirekt auch der Nationalanleihe zuzuwenden. Als Ausgangspunkt dienen wieder einmal Privatnotizen Wessenbergs. Bereits am 6. Juni 1850 und damit also geraume Zeit vor der offiziellen Sanktionierung der neoabsolutistischen Wende Ende Dezember des darauffolgenden Jahres hatte er bemerkt, an eine „Feststellung des Kredits" sei erst durch Einberufung des Reichstags zu denken[403]. Eine ähnliche Auf-

---

[402] Allerdings fügte er einschränkend hinzu: *noch immer* (Verfassungsausschußsitzung, in: Protokolle des Verfassungs-Ausschusses, S. 163).
[403] Ders. an Erzherzog Johann, Luzern, 6. Juni 1850, in: HHStA, NL Wessenberg, Krt. 13, Nr. 114, fol. 94

fassung äußerte er im weiteren und engeren Vorfeld des Sylvesterpatents immer wieder[404] und hielt an ihr auch noch nach seiner Verkündigung fest. So mokierte er sich unmittelbar nach dem 31. Dezember 1851 über die „neue herrliche Erfindung" einer „Regirung und Verwaltung" ohne „Verfaßung", dafür jedoch mit „Grundsätzen": „Vom Staatshaushalt, dem Budget, der Öffentlichkeit der Finanzwirthschaft, der Steuer Bewilligung und diesen Kleinigkeiten" sei jedoch nicht die Rede[405].

Besonders knapp und bündig formulierte er seine einschlägige Auffassung am 20. Juni 1850: „Ohne Reichstag kein Kredit."[406] Ihm zufolge waren die österreichischen Staatsfinanzen also auf Dauer nur unter direkter (Abgeordnete) beziehungsweise indirekter (Wahlberechtigte) Mitwirkung der Bevölkerung zu sanieren[407], obgleich ihm nicht die Beteiligung der Gesamtbevölkerung mittels Einführung des allgemeinen, geheimen und gleichen Wahlrechtes vorgeschwebt haben dürfte. Sollte der frühere Ministerpräsident mit dieser Prognose recht behalten?

4.4.1. Der Nexus zwischen Staatsfinanzen und Konstitutionalismus

Einen engen Zusammenhang zwischen Gesundung der finanzpolitischen Lage auf der einen sowie verfassungspolitischen Konzessionen auf der anderen Seite sahen auch andere Zeitgenossen als gegeben an: So hat etwa Finanzminister Ph. Krauß in einem Schreiben an Schwarzenberg vom 9. November 1848 auf die „höchst bedeutenden finanziellen Schwierigkeiten" verwiesen, die „für die nächste Zukunft ohne die Mitwirkung des Reichstages nicht beseitigt" werden könnten[408].

Zunächst ist nicht erkennbar, daß sich an seiner Einstellung nach dem 31. Dezember 1851 etwas Grundsätzliches geändert haben könnte. Dies dürfte zu seiner beschriebenen Opposition gegen die Nationalanleihe beigetragen haben. Daß er seine Auffassung während des Entscheidungsprozesses über diese Operation und auch bei anderen, an sich passenden Gelegenheiten gegenüber dem Kaiser nicht offen artikulierte, braucht nicht zu verwundern. Schließlich befinden wir uns in der neoabsolutistischen Phase, in der sich in dieser Richtung gegenüber Franz Joseph nur sehr wenige Zeitgenossen offen äußerten.

---

404 Ders. an Kübeck, 28. Oktober 1851; ders. an Baron D., 17. November 1851, beide in: Ebd., Nr. 123, fol. 23–24, fol. 8.
405 *Die kaiserl. Patente vom 31. Db.*, in: Ebd., Nr. 124, fol. 85. Vgl. noch weitere Belege in seinem Nachlaß.
406 Tagebucheintrag, in: Ebd., Nr. 117, fol. 82.
407 Vgl. bereits Brandt, Neoabsolutismus, 2, S. 637.
408 Wien, in: HHStA, AM, PA. I, Acta Secreta, Krt. 451, Nr. 571/AS., fol. 8; vgl. dazu Brandt, Neoabsolutismus, 1, S. 183–184; ebd., 2, S. 637–638.

Überdies verweisen die zitierten Worte indirekt auf ein grundlegendes Problem, mit dem die staatliche Finanzpolitik – oder muß man nicht besser sagen: *die Bevölkerung* – während des gesamten Neoabsolutismus und noch darüber hinaus zu kämpfen hatte. Die Eingriffe der Staatsverwaltung in die Einkünfte und das Vermögen der Staatsbürger nahmen an Ausdehnung während dieser Jahre kontinuierlich zu, wenn auch regional in unterschiedlicher Weise[409].

Prinzipiell bildet dieser Vorgang im europäischen Vergleich keinen Sonderfall. Aber die den Einwohnern der Habsburgermonarchie aufgebürdeten finanziellen Lasten nahmen ein Ausmaß an, das sie wenigstens in Teilen schwer belastete. Dies führte jedoch nicht nur zu einer partiellen Senkung des Lebensstandards, sondern auch zu merklicher und allgemein vorhandener Unzufriedenheit mit den Leistungen der Regierung auf diesem Feld: Notizen darüber kommen insbesondere in den periodischen Volksstimmungsberichten vor. Manchen sind wir bereits begegnet. Insgesamt gesehen sind sie Legion und wirken beinahe stereotyp. Dies nimmt ihnen aber in diesem Fall nicht ihre Glaubwürdigkeit, weil sie wenigstens tendenziell mit realen Lebensbedingungen korrespondieren.

Wie lange würde die Bevölkerung noch bereit sein, ständig neue Eingriffe dieser Art über sich ergehen zu lassen, ohne dafür sichtbare direkte oder wenigstens indirekte Gegenleistungen zu erhalten? Wie lange würde sie noch stillhalten, ohne spürbare Verbesserung ihrer Situation, etwa gerade in Form der mit der Proklamierung der Nationalanleihe versprochenen endgültigen Eindämmung der Geldentwertung und/oder der einschneidenden Minderung des staatlichen Defizits? Wann würde ihr bisher verhaltenes Murren in offene Unzufriedenheit umschlagen? Und sollte dies in einem nennenswerten Ausmaße geschehen, würde man dann von staatlicher Seite aus noch umhinkommen, den *Untertanen* eventuell sogar politische Zugeständnisse zu machen, die in eine konstitutionelle Richtung gingen, wollte man überhaupt noch Geld für die Fortführung der Regierungsgeschäfte in die Staatskassen bringen?

Diese beunruhigenden Fragen[410] mußten sich auch die Verantwortlichen in Wien vorlegen. Viel deutet darauf hin, daß dies bereits während der Ausrufung der Nationalanleihe geschah: Schon in seinem ersten einschlägigen Vortrag an Franz Joseph vom 25. Mai sprach nämlich Baumgartner von der „sattsam" bewiesenen „Erfahrung", daß „Maßregeln", die „nur für den nächsten Augenblick Vorsorge treffen" und „die Unordnung im Geldwesen fort-

---

[409] S. dazu sehr differenziert bei Brandt, Neoabsolutismus, 1, S. 535–540. Hiervon war im übrigen in besonderer Weise Ungarn betroffen (ebd., S. 535); vgl. generell die Tab. 35 u. 36, in: Ebd., 2, S. 1072–1073, über das *Brutto-Aufkommen der direkten Steuern* einerseits und das *Brutto- und Nettoaufkommen der wichtigsten indirekten Abgaben* andererseits.

[410] Allg. dazu s. jetzt auch Niall Ferguson, Politik ohne Macht, S. 83–107.

wuchern lassen, den Staat in der öffentlichen Meinung immer mehr benachtheiligen"[411].

Allerdings schwieg er sich über die etwaigen Folgen bei einem Fortwirken oder gar bei einer Zunahme besagter *Unordnung im Geldwesen* aus; konsequent zu Ende gedacht, scheint die Stoßrichtung seiner Überlegung klar: Die *öffentliche Meinung* würde irgendwann einmal aufbegehren. Sie würde irgendwann einmal das einfordern, was ihr recht und billig erschien, sollte die finanzielle Sanierung ausbleiben beziehungsweise sogar noch eine weitere Verschlechterung der finanzpolitischen Lage eintreten. Es leuchtet deshalb ein, wenn der Finanzminister – wie schon aufgezeigt – dem Kaiser ausdrücklich zum „Versuch einer Radicalcur unseres Geldwesens" riet. Und insofern dürfte diese Zielsetzung – wie ebenfalls bereits dargestellt – auf breiten Konsens auch außerhalb regierungsfreundlicher Kreise gestoßen sein.

Baumgartners Vorschlag wurde dann ja auch in Form der Nationalanleihe realisiert. Problematisch war dabei allerdings nicht nur, daß es sich um einen weiteren Eingriff in das Volksvermögen handelte. Besonders ins Gewicht fällt vielmehr die immense Höhe dieses Unternehmens. Da konnte den Verantwortlichen auch die Tatsache keine ausreichende Beruhigung bieten, daß die 500 Millionen Gulden tatsächlich subskribiert wurden. Wien geriet durch diesen Eingriff ja nämlich unter starken Erfolgszwang, die mit der Nationalanleihe – wie der offensichtlich nicht nur in der kritischen Situation des Jahres 1859 „bei Hofe gut angeschriebene"[412] Goluchowski einmal kritisch anmerkte – „mit so lebhaften Farben in Aussicht gestellten"[413], öffentlich proklamierten Ziele auch wirklich zu erreichen.

Wessenberg hatte die „Herbeirufung" einer „Volksvertretung" bereits im Januar 1852 für eine „überall", also auch in Österreich, über kurz oder lang unvermeidliche Entwicklung erklärt[414]. Lediglich die „Hinausschiebung" einer solchen Maßnahme erachtete er für möglich. Auch dies freilich nur unter einer Voraussetzung: Die betreffenden „Regierungen" mußten „vor allem auf Ordnung in den Finanzen … bedacht sein". Die österreichischen Finanzminister unserer Betrachtungsepoche bemühten sich zweifellos um die Verfolgung dieses Ziels, sie konnten es jedoch aus den verschiedensten Gründen nicht realisieren. Dabei hatte ihr diesbezügliches Scheitern nicht nur mit außenpolitisch-militärischen Entwicklungen beziehungsweise daraus resultieren-

---

411 Wien, in: FA, FM, GP, Nr. 9511/54 (s. dazu auch das folg. Zit.).
412 Tagebucheintrag Kempens v. 16. August 1859, in: Tagebuch Kempens, S. 527. Schon am 12. Juli 1855 notierte sich Kempen kaiserliches „Lob" über den galizischen Statthalter (Tagebucheintrag, in: Ebd., S. 370).
413 An Kempen, Lemberg, 30. Dezember 1858, Nr. 1/Pr., in: AVA, Inneres, OPB, Präs. II, Krt. 132, Nr. 498/58.
414 Und. (aber Januar 1852), in: HHStA, NL Wessenberg, Krt. 13, Nr. 101, fol. 19 (s. dazu auch folg.).

den neuen Ausgaben für die Armee zu tun. Eine Rolle spielte vielmehr auch der Vollzug einer Finanzpolitik, der kaum ein gutes Qualitätsurteil ausgestellt werden kann. Die Nationalanleihe erscheint hierfür nur als das vielleicht schlagendste Beispiel. Etwa auch der ungefähr um die gleiche Zeit in Angriff genommene Verkauf der österreichischen Staatsbahnen zur teilweisen Füllung der leeren Staatskassen stellt nicht gerade ein herausragendes Beispiel einer guten Finanzpolitik dar[415].

Und so kam auch deshalb bereits im Vorfeld – und dann verstärkt im Laufe der massiv einsetzenden außen- wie auch innenpolitischen Krise des Jahres 1859 beziehungsweise des allmählichen Niedergangs des Neoabsolutismus – die Frage der Berufung einer Volksvertretung mit konstitutionellem Zuschnitt zur Genehmigung finanzieller Eingriffe des Staates steuerlicher und/oder auch anderer Natur wieder auf den Tisch.

Bis zum Jahre 1974 war „die Finanzfrage in ihrer Bedeutung für die verfassungspolitische Entwicklung in der geschichtswissenschaftlichen Literatur etwas in den Hintergrund getreten", wie Rumpler damals mit Blick auf die Monarchie zutreffend festgestellt hat[416]. In der Folge änderte sich dies wenigstens vorübergehend. So ist der genannte Autor selbst im genannten Jahr mit einem einschlägigen Aufsatz an die Öffentlichkeit getreten, der vorwiegend auf einer Analyse der Akten der Ministerkonferenz, also auf Ministerratsprotokollen sowie auf Vorträgen an den Monarchen, beruht[417]. In der einige Jahre später publizierten Habilitationsschrift Brandts begegnen wir einer noch wesentlich intensiveren Auseinandersetzung mit dieser Thematik, auf wesentlich breiterer Quellenbasis, wobei der Autor zusätzlich insbesondere interessante Reichsratsakten konsultiert hat.

Im folgenden soll sich diesem Gegenstand nochmals zugewendet werden. Dies geschieht zum einen an Hand von bisher noch gar nicht ausgewertetem Quellenmaterial. Zum anderen aber wird aus einer etwas anderen Perspektive argumentiert, gewissermaßen mit dem Blick von außen, mit dem Blick der öffentlichen Meinung[418].

Dabei seien zunächst einige Artikel angeführt, die gegen Ende 1858, Anfang 1859 in der *Augsburger Allgemeinen Zeitung* erschienen. Eingesandt wurden sie der in der Fuggerstadt residierenden Redaktion von unterschiedlichen und nicht immer namhaft zu machenden Korrespondenten. Publizierte Berichte dieser Zeitung wogen in der öffentlichen Meinung durchaus schwer: Denn die *Allgemeine Zeitung*, wie sie kurz genannt wurde, spielte zur dama-

---

415 S. dazu bei Brandt, Neoabsolutismus, 1 u. 2, passim.
416 Der Kampf um die Kontrolle der österreichischen Staatsfinanzen 1859/60, S. 165.
417 Ebd., S. 165–188.
418 Dies geschieht oftmals auf gefiltertem Wege, da hierzu vorrangig Ber. verschiedenster Art herangezogen werden. Außerdem konzentriert sich zumindest Rumpler erst auf die Zeit ab Juli 1859.

ligen Zeit eine hervorragende Rolle in der deutschen Presselandschaft[419]. Dies erweist schon ihre für damalige Verhältnisse große Auflage von rund 11.000 Stück[420]. In der Habsburgermonarchie genoß sie ebenfalls Ansehen. Laut einem Bericht des Presseleitungskomitees fand das Blatt sogar seinen „Hauptabsatz" im Kaisertum[421].

Vorauszuschicken ist zweierlei: Zum einen waren die österreichischen Mitarbeiter dieser Zeitung über Regierungsinterna offensichtlich recht gut informiert. So wandte sich Erzherzog Rainer einmal an Kempen, um von diesem den Namen eines „Korrespondenten zu erfahren", der dem Blatt „Nachrichten über die Verhandlungen im Reichsrate geliefert" hatte[422]. Zum anderen fuhr der Eigentümer der *Allgemeinen*, Johann Fr. Freiherr Cotta v. Cottendorf, damals keinen der österreichischen Politik feindselig gesinnten Kurs. Die Haltung dieses Presseorgans entsprach vielmehr eher noch immer einer von Kempen bereits im Mai 1855 getätigten Einschätzung: Es war „(als) kaum halbgewonnen zu betrachten"[423].

Jedenfalls fiel auch die Beurteilung des Presseleitungskomitees bestenfalls nuanciert besser aus: Danach hatte das Blatt „ursprünglich" ein „nahezu unmögliches Programm" vertreten[424]. Es bestand darin, „unparteiisch" zu sein, „d. h. alle (überhaupt zulässigen) Ansichten und Interessen in ihren Spalten vertreten zu lassen". Die Redakteure strebten danach, „sich möglichst allen Regierungen angenehm zu machen oder doch als zulässig darzustellen". Zur „Vermeidung" eines ihr in „letzter Zeit" beinahe drohenden „Verbots" in Preußen „lavierte die Redaktion" aber nunmehr und hatte angeblich „Selbstzensur der entschieden österreichischen Artikel in Aussicht gestellt", um dafür einen mehr preußenfreundlichen Kurs zu fahren. Immerhin konstatierten die drei Mitglieder eine „im ganzen der auswärtigen Politik Österreichs zugewendete Haltung".

Am 5. Oktober 1858 berichtete ein Korrespondent aus Wien von einer „schon seit längerer Zeit ... getrübten ... Stimmung im Wiener Publicum"[425]. Er habe „lange Bedenken getragen", derselben, die „nicht von heute" sei, „Aus-

---

419 S. dazu allg. Christian Padrutt, Allgemeine Zeitung, passim.
420 Ebd., S. 142 (s. dort auch allg. zur Entwicklung und Bedeutung dieser Zeitung, S. 131–144).
421 Beil. 1 des Vortrags des PLC v. 4. Mai 1855, in: Paupié, Handbuch der Österreichischen Pressegeschichte 1848–1859, 2, S. 25; vgl. Padrutt, Allgemeine Zeitung, S. 142.
422 Kempen „versprach Nachforschungen hierüber", „erwartete" aber „keinen Erfolg" (Tagebucheintrag, in: Tagebuch Kempens, S. 479). Die Erkundungen verliefen wohl im Sande. Zu den Wiener Korrespondenten s. Beil. 1 des Vortrags des PLC v. 4. Mai 1855, in: Paupié, Handbuch der Österreichischen Pressegeschichte 1848–1859, S. 24.
423 Wien, 10. Mai 1855, Nr. 3238/Pr. II, in: AVA, Inneres, OPB, Präs. II, Krt. 38, Nr. 3238/55 (Sondervotum Kempens zu einem gemeinsamen Vortrag Buols und Bachs über den Jahresbericht des PLC für 1854 v. 6. Juni 1855, in: Ebd., S. 17–18).
424 Ebd., S. 24–25 (s. dazu auch folg.).
425 *(Augsburger) Allgemeine Zeitung* v. 9. Oktober 1858, Nr. 282, S. 4557 (s. dazu auch folg.).

druck zu verleihen". Da sie sich seiner Meinung nach heute jedoch „so offen und allgemein" ausspreche, würde es „nichts nützen", sie „zu verschweigen". Für die besagte *getrübte Stimmung* machte der Berichterstatter nun teilweise temporäre Erscheinungen verantwortlich: Da war etwa die „übermäßige Theuerung der nothwendigsten Lebensbedürfnisse". Auch verwies er auf die „Befürchtung", daß die aufgrund der großen „Münzreform" am 1. November einzuführende „neue Währung ... die Theuerung noch erhöhen (werde)", eine Sorge, die tatsächlich „sehr verbreitet" war[426] im Zusammenhang mit dem Versuch, die „Neugeburt des österreichischen Geldwesens" herbeizuführen[427]. Das „neueste", in den damaligen Tagen in der Residenzstadt umgehende „Bonmot" verdeutlicht die diesbezüglich herrschende Stimmung recht gut: „‚Welches ist die neueste Denkmünze?' Antwort: ‚Der Neukreuzer, weil dieser den Leuten am meisten zu denken gibt.'"[428]

Freilich verwies der Autor auch noch auf einen „anderen Grund der allgemeinen Verstimmung". Er bezog sich auf „das nun schon zehnjährige Provisorium", dessen Ende noch gar nicht abzusehen sei[429]. Was meinte er mit *Provisorium?* Er meinte damit „die Verzögerung in der Publication der wichtigsten Gesetze", worüber, wie er gleichzeitig feststellte, die „loyalsten Bürger" die Köpfe schütteln würden. Konkret verwies er dabei auf das „Gemeindegesetz" sowie auf die „Gewerbeordnung". Sprach er zugleich von „anderen", eben *wichtigsten Gesetzen*, dann spielte er damit ohne Zweifel wahrscheinlich vor allem auf die Landesordnungen an, deren kaiserliche Sanktionierung bereits spätestens seit dem 31. Dezember 1851 „eigentlich keine offene mehr" war, wie einmal im Reichsrat richtig bemerkt wurde[430]. Man wartete in der Öffentlich-

---

426 S. dazu lediglich: (a) Tagebucheintrag Kempens v. 3. November 1858: Da erw. er gegenüber dem Monarchen „die schlechte Stimmung", die sich „wegen Einführung der bisherigen Banknoten nach dem Kurse 100:102 statt 105 sich kundgab". Und er notierte sich: „Man ist überhaupt über die letzte Finanzmaßregel empört." (Tagebuch Kempens, S. 486); (b) Stber. GM, 7–9 58, LH/SP/PD: „Der Einführung des neuen Münzfußes sah man überall mit Besorgniß vor einer Steigerung der Preise aller Bedürfniße, besonders aber der Marktpreise entgegen, (...)." (AVA, Inneres, OPB, Präs. II, Krt. 124, Nr. 8068/58, fol. 4.)
427 S. dazu bei Brandt, Neoabsolutismus, 2, S. 723–746.
428 Korrespondenzartikel aus Wien, 9. Oktober, in: *(Augsburger) Allgemeine Zeitung* v. 12. Oktober 1858, Nr. 285, S. 4604. Tatsächlich kam es im Zuge dieser Reform teilw. wenigstens in Lombardo-Venetien zu einer „entschiedenen Gährung", wie Zichy damals richtig feststellte (an Erzherzog Maximilian, Wien, 21. Februar 1859, in: HHStA, NL Maximilian v. Mexiko, Krt. 92, Nr. Z.2).
429 Korrespondenzartikel aus Wien, 5. Oktober, in: *(Augsburger) Allgemeine Zeitung* v. 9. Oktober 1858, Nr. 282, S. 4557 (s. dazu auch folg.).
430 So wohl nicht auf dieses Dat. bezogen, sondern allg. Reichsrat Szögyényi (Sitzung des Komitees, wohl v. 6. Dezember 1858, in: HHStA, RR, Gremial, Krt. 193, Nr. 175/57, Bog. 1). Konkret auf den 31. Dezember 1851 bezog sich damals dagegen sein Kollege Freiherr Franz v. Buol-Bernburg, wobei er hinzufügte: „Höchstens könnte die Frage der Opportunität noch den Gegenstand einer Erörterung bilden." (Ebd., Bog. 3.)

Die Verfassungsproblematik

keit also ebenfalls schon seit langem auf ihre Veröffentlichung, und sei es partiell „vorzugsweise" auch nur, um „dem immer wachsenden Bureaukratismus entgegen zu treten", den Reichsrat Salm gegen Ende 1858 als den „ärgsten Despotismus" bezeichnete, der von innen heraus am „Marke des Staates" zehre[431]. Aber eben nicht nur in dieser Beziehung löste die Regierung ihre einmal gemachten Zusagen nicht ein.

Nachdem in der *Allgemeinen Zeitung* im folgenden mehrfach insbesondere über die Frage der Publikation des „sehnsuchtsvoll erwarteten Gemeindegesetzes" spekuliert[432] und dabei am 24. November 1858 sogar mit – allerdings vergeblicher – „Zuversicht" berichtet worden war, daß dessen „Erscheinen ... in naher Aussicht stehe"[433], nahm dieses Blatt am 31. Januar 1859 einen Artikel aus der *Preußischen Zeitung* – gemeint ist die *Kreuzzeitung* – in ihre Spalten auf, der ebenfalls aus Wien stammte und ebenfalls anonym gehalten war: „Immer dringender" werde die „Publication" des Gemeinde- und Gewerbegesetzes gefordert, hieß es da[434]. Aber damit hatte es noch keineswegs sein Bewenden: Vielmehr „verlangte das Land" laut dem Verfasser auch „nach einer Mitwirkung bei Berathung und Beschlußnahme über seine materiellen Interessen", und dies mit „lauter" Stimme. Dabei blieb er auch konkrete Einzelheiten nicht schuldig. Man habe vor wenigen Tagen (gemeint ist der 18. Januar) Gelegenheit gehabt[435], diese Stimmung in einer „Versammlung der Gesellschaft der niederösterreichischen Landwirthe" wahrzunehmen:

„Männer, wie Fürst [Josef] Colloredo [v. Mannsfeld] und [Albert] Ritter v. Neuwall, deren conservative Gesinnung und patriotische Hingebung für den Thron gewiß über jeden Zweifel erhaben ist, benutzten die Anwesenheit der Minister Bach und Bruck in der Versammlung, um dem unabweislichen Bedürfniß der Bevölkerung, an den Berathungen und Beschlußnahmen bezüglich der Finanzangelegenheiten des Landes einen directen Antheil zu nehmen, beredte Worte zu leihen."

Dabei „erinnerte" einer „der anwesenden Herren" die „Regierung" an „ihre Pflicht", daß „die steuerzahlende Classe der Staatsbürger nicht bloß Pflichten, sondern auch Rechte habe". Die Steuerpflichtigen wollten wissen, „weßhalb ihnen immer neue Lasten aufgebürdet würden".

---

431 Ebd.
432 Korrespondenzartikel aus Wien, 23. Oktober, in: *(Augsburger) Allgemeine Zeitung* v. 27. Oktober 1858, Nr. 300, S. 3843; vgl. Wien, 21. November, in: Ebd. v. 24. November 1858, Nr. 328, S. 5291.
433 Ebd.
434 Wien, 28. Januar, in: *(Augsburger) Allgemeine Zeitung* v. 31. Januar 1859, Nr. 31, S. 483 (s. dazu auch folg.).
435 S. dazu w. u.

Der Behauptung des Autors, daß diese bemerkenswerten Auslassungen die „allgemeine Stimmung verriethen", kann nur beigepflichtet werden. Entsprachen sie aber wenigstens einigermaßen dem tatsächlichen Diskussionsverlauf in der Versammlung der Landwirtschaftsgesellschaft? Ihre führenden Vertreter erhoben „Widerspruch" gegen die Darstellungen des unbekannten Korrespondenten, wie am 18. Februar ebenfalls in der *Allgemeinen Zeitung* berichtet wurde[436]. Dieser „beharrte" jedoch auf seinen „Mittheilungen". In diesem Zusammenhang stellte er auch den Aussagewert der inzwischen „gedruckt" vorliegenden und in der *Wiener Zeitung* veröffentlichten „Protokolle" in Frage. Sie würden allerdings die „von mir mitgetheilten Details'" verschweigen, beweise dies aber, „daß ich eine Unwahrheit berichtet habe, und ist es meine Schuld(,) wenn die landwirthschaftliche Gesellschaft nachträglich über ihren eigenen Muth erschrocken ist"[437]?

Der eigene Wiener Berichterstatter der *Allgemeinen Zeitung* hielt sich bei seiner Kommentierung dieser Äußerungen bedeckt: Wie es sich auch damit verhalten möge, wahr sei, daß die *Preußische Zeitung* von Wien und Mailand oft sehr unwahre Dinge berichte. Nun, in diesem Fall scheint ihr Korrespondent den tatsächlichen Hergang der Dinge nicht ganz verdreht zu haben. Darauf deutet eine auch in anderer Hinsicht aufschlußreiche *Confidentielle Notiz* vom 19. Januar 1859 hin, die in den Akten der Obersten Polizeibehörde liegt und in der über die am Vortag abgehaltene *Sitzung der niederösterreichischen Landwirthschaftsgesellschaft* referiert wird. Aus dieser glaubwürdigen Quelle erfahren wir nun, daß bei der besagten Zusammenkunft offenbar vor allem zwei „Gegenstände" grundsätzlicher Natur auf der Tagesordnung standen: erstens die „Hemmungen der landwirthschaftlichen Entwicklung in Oesterreich", zweitens jene „Mittel", die „sowohl von Seite der Regierung als der Grundbesitzer zur Förderung der wichtigen Agrikultur zu ergreifen wären"[438]. Dabei artikulierte der Vizepräsident des Vereins, Baron Hohenbruck, „insbesondere alle Klagen der Landwirthe über die drückenden Mißverhältnisse im Steuer- und Zollwesen", die einen „Sistemwechsel"[439] im Finanzministerium erheischten. Dies stellte in der Tat eine „gegen das Finanzministerium gerichtete Discussion" dar. Im folgenden „nahm" sie scheinbar sogar einen noch „schärferen Ausdruck an", verursacht durch die „Erwähnung" der „von den gedrückten Landwirthen erbetenen Herabsetzung der Brantweinsteuer". Darüber – und die folgenden Worte sind unterstrichen – „<u>erfolgte</u>" nämlich,

---

436 Wien, 15. Februar, in: *(Augsburger) Allgemeine Zeitung*, Nr. 49, S. 776 (s. dazu auch folg.).
437 Dir. Auszüge aus der *Preußischen Zeitung*.
438 Ohne alles, Wien, 30. Januar 1859, Nr. 20, in: AVA, Inneres, OPB, Präs. I, Krt. 53, Nr. 494/59 (s. dazu auch folg.).
439 Dies ist nicht zu verwechseln mit *Personenwechsel*, den man sich freilich auch erhofft haben mag.

„trotz der freundlichen Zusicherungen des Ministeriums des Innern, vom Finanzministerium ein rücksichtsloser abschlägiger Bescheid ..., gegen dessen Härte nur die Allerhöchste Gnad(e) S(eine)r Majestät ... Trost gewährt"⁴⁴⁰.

Einen „nicht minder scharfen Angriff gegen" Bruck führte dann der schon auf dem Kremsierer Reichstag als Abgeordneter tätige Neuwall, der im Vormärz durch lange Zeit „ohne Gehalt" in der Kameralverwaltung gedient hatte⁴⁴¹: Er setzte mit der „ergreifenden Schilderung" der „durch allzu hohe Besteuerung entstandenen Noth" ein, um dann einen „strengen Tadel" über die „in der Rübenzuckerfrage ... verderbliche Finanzmaßregel" auszusprechen. Danach wurde „blankes Gold und Silber ins Ausland geschickt", um „die Plantagenbesitzer und Sclavenhalter Westindiens zu bereichern". Dagegen „lagen" die „heimischen Rübenpflanzungen wegen zu hoher Besteuerung ... brach", während „die unseligen Freihändler den Ruin des Landes zu fördern halfen"⁴⁴². Damit nicht genug, „warnte" der sogenannte *wirkliche Regierungsrat* „die Regierung (sogar) vor der Ausführung eines socialistischen Experiments, wozu das Finanzministerium geneigt seyn soll", eine Anspielung auf eine vermeintlich zur Debatte stehende „Progressivsteuer auf den Grundbesitz von 8f pr(o) Joch"⁴⁴³.

Zweifellos handelte es sich hier um vehemente Attacken, deren Ton gleichwohl verhaltener gewesen sein könnte, als es Kempens Informant wahrhaben wollte⁴⁴⁴. Und es muß in der Tat „bezeichnend für die in hohen Kreisen" bestehende Unzufriedenheit mit dem Finanzministerium und für die Zustimmung des Ministers des Innern erscheinen, wenn Bach, der im übrigen seit 1859 selbst diesem Verein angehörte⁴⁴⁵, „während der ganzen Berathung

---

440 Dies erklärt auch die Behauptung des Korrespondenten der *Preußischen Zeitung*, wonach „wenige Tage nach der erwähnten Sitzung ... eine Deputation sich" zum „Kaiser begab, um Schutz für die Interessen des großen Grundbesitzes in Oesterreich zu erbitten". Und: „Hat diese Deputation, bevor sie ... empfangen wurde, ihr Anliegen nicht in sehr bestimmten Ausdrücken einer sehr hochgestellten und einflußreichen Person vorgetragen, und soll ich die Antwort wiederholen (...)?" (Wien, 15. Februar, in: *[Augsburger] Allgemeine Zeitung* v. 18. Februar 1859, Nr. 49, S. 776).
441 S. dazu bei Brandt, Neoabsolutismus, 1, S. 472, Anm. 22.
442 Vgl. dazu eine *anonyme Anzeige* v. 3. Februar 1859: „Der Theorie des Freiha(n)dels huldigend, hat ... Bruck die Industrie (des) Inlandes dem Verfalle (preis)gegeben." (Wien, Nr. 495/Pr. I., in: AVA, Inneres, OPB, Präs. I, Krt. 53, Nr. 494/59); vgl. nachträglich Höfken, der die gegen den „freihändlerischen Ausländer" bestehende Abneigung betont (HHStA, NL Höfken, Krt. 2, Konvolut *Münzcataloge*, s.f. *Leben und Freiheit. Gedenkbücher von Höfken*, 5. Bd., 1. Buch. *Meine 18jährige Beamtenschaft*, fol. 16).
443 Tatsächlich wurden zumindest kurze Zeit später ähnliche Überlegungen angestellt (s. dazu bei Brandt, Neoabsolutismus, 2, S. 783–785).
444 Ihn mochte schon allein der bloße Umstand, daß man es wagte, eine relativ offene Sprache zu führen, so außergewöhnlich anmuten, daß er die Dinge ein wenig übertrieb.
445 Hye, Wiener ‚Vereinsmeier' um 1850, S. 294. Allerdings wäre der Zeitpunkt seines Beitritts zu überprüfen.

neben dem zum Präsidenten der Gesellschaft gewählten ‚Feudalunternehmer'⁴⁴⁶ Fürsten [Johann A.] Schwarzenb(erg) saß". Dabei ist es übrigens aufgrund seiner Gegnerschaft zu Bruck durchaus wahrscheinlich, daß der Innenminister tatsächlich mit „sichtlichem Vergnügen den Entwicklungen der Anklagepunkte ... folgte", wie der Informant konstatierte.

Von einer ganz unverblümten Forderung nach einem institutionell verankerten Mitspracherecht mehr oder minder breiter Bevölkerungskreise am politischen beziehungsweise zumindest am finanzpolitischen Geschehen ist in dieser *Confidentiellen Notiz* im Gegensatz zu den Ausführungen in der *Preußischen Zeitung* nicht die Rede. Freilich könnten dem Informanten Kempens die entsprechenden Äußerungen entgangen sein. Entfallen sein dürften sie ihm dagegen nicht. Zu spektakulär wäre es angesichts der innenpolitisch repressiven Lage gewesen, wenn jemand gewissermaßen halböffentlich solchen Gedanken Ausdruck gegeben hätte. Deshalb, und da der Informant seiner Aufgabe dann nur sehr schlecht entsprochen hätte, dürfte er es auch kaum für opportuner erachtet haben, sie in seinen Bericht nicht mit aufzunehmen. Insofern kann also angenommen werden, daß sie nicht in der vom Korrespondenten der *Preußischen Zeitung* kolportierten Form gefallen sind (wobei auch er sie wohl nur über Dritte in Erfahrung gebracht haben dürfte). Ungeachtet dessen stimmen sie tendenziell mit der *Confidentiellen Notiz* überein: Sprach nämlich Hohenbruck von der Notwendigkeit eines *Sistemwechsels* im Finanzressort, so verlangte er von Bruck ja eben letztlich doch nichts anderes als das Einschlagen eines neuen finanzpolitischen Kurses. Und nicht anders verhielt es sich, wenn Neuwall beispielsweise eine *verderbliche Finanzmaßregel* konstatierte.

Bezeichnend erscheint dabei auch, daß die *Allgemeine Zeitung* trotz der reservierten Haltung ihres Wiener Korrespondenten gegenüber den Angaben von dessen sozusagen in preußischen Diensten stehenden Kollegen bald darauf ganz Ähnliches aus Wien meldete: Wurde in diesem Blatt schon unter dem 28. Januar beklagt, daß der „Neubau" des Reiches noch immer des Abschlusses harre, worunter „wir alle" zu „leiden" hätten⁴⁴⁷, so hieß es am 17. Februar 1859 in einem weiteren Korrespondenzartikel mit dem Titel *Die Stimmen für Österreich*:

> „Gegenwärtig bedauert man bei uns nichts so sehr als den Mangel einer öffentlichen Tribüne, und man hat Grund(,) dieß zu bedauern (...). Wir sind ... weit entfernt, (...) parlamentarischen oder constitutionellen Emotionen für Oesterreich das Wort zu reden. Wären, wie dieß der positive Wille des Kaisers schon zu Ende des Jahres 1851 bezweckte, die Landstände, oder wie man die Landesver-

---

446 So treffend Brandt (Neoabsolutismus, 2, S. 1191).
447 Wien, in: *(Augsburger) Allgemeine Zeitung* v. 2. Februar 1859, Beil. zu Nr. 33, S. 523.

tretungen sonst nennen möge, bei uns schon eingeführt; wäre dazu, wie wir dieß selbstverständlich voraussetzen, ein mit den gehörigen Institutionen versehener Ausschußkörper als Repräsentant Centralösterreichs in Wien vorhanden, so wäre man nicht in die ungünstige Lage gekommen (...)."[448]

4.4.2. Die Krise des Neoabsolutismus am Beispiel von Finanzminister Bruck

Bei einer Analyse der innenpolitischen und damit auch verfassungspolitischen Diskussion um das Jahr 1859 herum ist noch ein weiterer Umstand nicht zu vergessen: Zum Zeitpunkt seiner Amtsübernahme als Finanzminister mochte Bruck allerdings noch „der Löwe des Tages" sein, wie Kübeck am 15. März 1855 in seinem Tagebuch notierte[449]. Und er mochte sich eventuell auch als „outstanding", als eine Art „economic guru of the age" gefühlt haben[450]. Aber schon die gerade gemachten Ausführungen haben gezeigt, daß in der Zwischenzeit er und der mit seinem Namen identifizierte finanzpolitische Kurs gerade bei jenen Kreisen, deren Unzufriedenheit mit dem neoabsolutistischen Herrschaftssystem von großer Relevanz für die schließliche konstitutionelle Wende war, stark ins Kreuzfeuer der Kritik geraten war.

4.4.2.1. Bruck als Hoffnungsträger

Doch beginnen wir der Reihe nach: Bruck genoß nach 1848 in öffentlichen Kreisen zunächst einen sehr guten Ruf und war schon lange Zeit, bevor er das Finanzressort schließlich übernahm, als sein künftiger Leiter im Gespräch. Damit hatte auch Baumgartner zu kämpfen, den Bruck ja schließlich auch in diesem Ressort beerben sollte: Er mußte sein Ministerium praktisch von Anfang an im Bewußtsein ausüben, nicht zuletzt an der imaginären Amtsführung dieses Mannes gemessen zu werden, sicher keine leichte Bürde, die da auf seinen Schultern lastete. Damit nicht genug, mochte er auch ahnen, daß gewisse Kreise ebenfalls bald auf seine Ersetzung durch Bruck hofften, wenn nicht sogar darauf hinarbeiteten.

So erhielt Kübeck am 14. März 1852, als Baumgartner seinem Ministerium gerade erst einmal gut drei Monate lang vorstand, durch den Wiener Stadt-

---

448 Beil. zu Nr. 48, S. 764 (11. Februar).
449 Tagebücher Kübecks, S. 89.
450 So Brook-Shepherd, The Austrians, S. 67. Dabei fällt er sein Urteil vor dem Hintergrund seiner Mitgliedschaft im Kabinett Schwarzenberg als Handelsminister, doch ist es offensichtlich generell gemeint.

hauptmann Nachricht über das angeblich „für Bruck" inszenierte „Treiben der Banquiers gegen den Finanzminister und seinen Rathgeber Brentano"[451]. Wie stark dieses *Treiben* tatsächlich war, muß hier dahingestellt bleiben; sagen läßt sich immerhin, daß auch im weiteren gegen Baumgartner beziehungsweise für Bruck agitiert wurde. So bezeichnete am 21. November 1853 Eskeles gegenüber Kempen am Ende offenbar längerer Ausführungen „über Österreichs Finanzzustände" Bruck sinngemäß als einzigen („nur") „Mann", der dazu in der Lage war, hier zu „helfen"[452]. Sogar Bruck selbst, der ja in Konstantinopel eigentlich weit weg vom Schuß weilte, soll bei diesem *Treiben* beteiligt gewesen sein: Jedenfalls hatte Kübeck schon geraume Zeit vor dem soeben angeführten 14. März 1852, nämlich am 2. Februar, eine entsprechende „Mittheilung" empfangen. Danach „arbeitet" Brentano „mit Bruck im Einverständnisse"[453]. Mit dem aus Prag stammenden Freiherr Carl v. Hock, der sich unter anderem mit dem Titel eines Offiziers der französischen Ehrenlegion schmückte und 1856 Sektionschef im Finanzministerium wurde, soll noch ein weiterer hoher Beamter des Finanzressorts demnach an diesen Intrigen beteiligt gewesen sein. Im Zusammenhang mit einer möglichen Nachfolge für Baumgartner sprach dann Kempen in den ersten Apriltagen des Jahres 1854 von dem von Grünne „gefürchteten" Bruck, welchen wiederum alle wünschten[454], während sich Kübeck am 7. Mai das „Sagen über die Berufung Brucks zu den Finanzen" notierte, worauf schon kurz verwiesen wurde[455].

Noch ein weiterer Umstand wirkte sich erschwerend für Baumgartner, dafür jedoch positiv für Bruck aus. Letzterer erfreute sich nämlich bei einem Teil der Machtelite und dabei auch „in höchsten Regionen", wie Kübeck das nannte, einer hohen Wertschätzung[456]. Zu denken ist hier etwa an Feldzeugmeister Heß, den „Staatspoeten", wie ihn der Reichsratsvorsitzende einmal ironisch bezeichnete[457], aber wohl auch an wenigstens einen Kollegen Baumgartners: Denn im Anschluß an einen „Besuch bei Graf Buol" notierte sich Kü-

---

451 Tagebucheintrag, in: Aus dem Nachlaß Kübecks, S. 89.
452 Tagebucheintrag, in: Tagebuch Kempens, S. 310.
453 Tagebucheintrag v. 2. Februar 1852, in: Aus dem Nachlaß Kübecks, S. 87. Hock nannte er – zusammen mit Höfken – einmal „Leute, die ihre Eide brechen und die Staatsautoritäten verlästern und dafür Besoldungen beziehen" (Tagebucheintrag v. 12. Dezember 1853, in: Ebd., S. 131). Und er nannte Hock einen „Bewunderer Brucks" (Tagebucheintrag v. 28. Januar 1855, in: Tagebücher Kübecks, S. 77).
454 Tagebucheintrag v. 5. April 1854, in: Tagebuch Kempens, S. 324.
455 Tagebucheintrag, in: Aus dem Nachlaß Kübecks, S. 142.
456 Tagebucheintrag v. 8. November 1853, in: Ebd., S. 129.
457 Tagebucheintrag v. 15. März 1855, in: Tagebücher Kübecks, S. 89. Allerdings scheint auch er später „unzufrieden" mit dem von ihm als Finanzminister favorisierten Bruck gewesen zu sein. So notierte es sich wenigstens Prokesch-Osten am 29. Oktober 1858 nach einem Gespräch mit Heß (Tagebucheintrag, in: HHStA, NL Prokesch-Osten, Schachtel 12, Bd. 1858–64, fol. 20).

Die Verfassungsproblematik

beck am 1. Juli 1853, dieser halte „große Stüke" auf Bruck⁴⁵⁸. Im Kontext des damals geführten Gesprächs war offensichtlich seine Tätigkeit bei der Pforte gemeint, aber dies mochte schon ins Gewicht fallen in einer Situation, in der es darum ging, einen neuen Mann für die Leitung des Finanzressorts zu finden.

Als vorläufiges Fazit läßt sich ziehen, daß nicht unerhebliche Teile der Öffentlichkeit einer Ressortübernahme des „Zauberers" Bruck⁴⁵⁹ hoffnungsvoll entgegensahen. Dies trifft offensichtlich auch für Kempen zu, der meinte, ihm sage diese „Abhilfe aus vielen Gründen" zu⁴⁶⁰. Er mag hier nicht nur finanzpolitische *Gründe* im Auge gehabt haben, die freilich für viele andere Zeitgenossen im Vordergrund gestanden sein dürften. Schließlich war

„der Finanzhaushalt ... immer mehr als ein zur Trostlosigkeit gesteigertes Wehe des Gesammtorganismus hervorgetreten, und so sehr das Vertrauen nach den lezten Operationen immer tiefer sank, kann gegenwärtig nicht verkannt werden, daß nicht so häufig an das Wirken eines Staa(ts)dieners sich so große Hoffnungen und Erwartungen knüpfen konnten, als gegenwärtig an das Auftreten des neuen Herrn Finanzministers gestellt werden",

wie es dazu in einem Stimmungsbericht für die Steiermark von Anfang 1855 hieß⁴⁶¹. Und ungefähr zeitgleich wurde damals aus Salzburg die „Freude" nach Wien gemeldet, mit der man Brucks Amtsantritt „begrüßt" hatte⁴⁶². Dabei dürfen beide Behauptungen insbesondere angesichts der Vorgänge um die Nationalanleihe ohne Bedenken auf andere Kronländer bezogen werden. Der damals „gefeyerte Genius"⁴⁶³, der „wahre, liebenswürdige Staatsmann", dem laut Pratobevera „„der Stempel der (geistigen) Macht Zeus auf die Stirne gedrückt"" war⁴⁶⁴, dürfte also auch viele Startvorteile für sich gehabt haben, was seine öffentliche Reputation anbetrifft⁴⁶⁵.

---

458 Tagebucheintrag, in: Aus dem Nachlaß Kübecks, S. 115.
459 So nannte ihn Kübeck in einem Tagebucheintrag v. 8. November 1853, in: Ebd., S. 129.
460 Tagebucheintrag v. 16. Januar 1855, in: Tagebuch Kempens, S. 353.
461 Stber., 1–3 55, PD, in: AVA, Inneres, OPB, Präs. II, Krt. 36, Nr. 2608/55.
462 Stber., 1–3 55, GI, in: Ebd., Krt. 37, Nr. 2751/55.
463 Kübeck ironisch in einem Brief an seine Tochter Lina v. 21. März 1855, Wien, in: Aus dem Nachlaß Kübecks, S. 201.
464 So in einem Tagebucheintrag v. 17. August 1855 nach einem Zusammentreffen mit Bruck, in: HHStA, NL Pratobevera, Krt. 12, f. *Memoranda, Juni 1855 bis Oktober 1857*.
465 Dies schließt nicht aus, daß „ihm von mancher Seite" eine „große Skepsis ... entgegengebracht" wurde, wie Heindl schreibt. Doch verweist sie dabei lediglich auf Kübeck und Bach (Einleitung, in: MRP, III/4, S. XV).

4.4.2.2. Brucks Ansehensverlust

Wie bereits angedeutet, gelang es aber auch Bruck nicht, den Hoffnungen, ja Erwartungen gerecht zu werden, die man in ihn gesetzt hatte. Vielmehr sollte sich eine Voraussage Kempens bewahrheiten, der dem neuen Chef der Finanzen bereits Mitte März 1855 „einen harten Stand" prophezeite, „da man viel von ihm erwarte und er doch auch wie jeder andere auf die gewöhnlichen Hindernisse stoßen werde"[466].

Bereits im Verlaufe des Jahres 1857 verfaßte der Wiener Polizeidirektor eine Notiz, in der er sich über die Meinung des „Publikums" hinsichtlich der „Chancen der Wirksamkeit und Ausdauer" des Finanzministers ausließ: Ausgehend von der insgesamt zutreffenden Beobachtung, daß die österreichischen „Finanzzustände" in den letzten Jahren einerseits „nicht günstiger" geworden waren und sich andererseits „die Calamitäten an der Börse"[467] (vielmehr) fortan greller gestalteten", kam Czapka zu dem Ergebnis, daß man „diesfalls mit anscheinenden Gründen einen Theil der Schuld" dem Finanzminister beimesse[468]. Wie es heiße, wolle dieser den besagten *Calamitäten* nicht begegnen oder vermöge sie nicht mehr zu bewältigen.

In diesen Worten manifestiert sich Ernüchterung. Sie dürfte im Laufe der Zeit noch zugenommen haben. Denn auch im weiteren Verlauf gestaltete sich die finanzpolitische Lage der Dinge nicht besser. Nicht umsonst finden sich denn auch insbesondere in den Akten der Obersten Polizeibehörde einige weitere Hinweise, die auf eine gewisse Unzufriedenheit mit dem Wirken Brucks hindeuten. So soll etwa in Siebenbürgen Anfang 1858 „vielfach Klage geführt" worden sein „(über) das neue Steuergesetz". Auch in „öffentlichen Blättern" werde es einer „tadelnden Kritik" unterzogen[469]. Und was die Währungsreform anbetrifft, so zeigte sich laut Tuvora „immer mehr", daß es ein „unbändiger Fehler war, die Silbermünzen zu entwerthen". Durch die „Liquidirung" der Tausender sei bereits eine „Bresche in den Silberschatz der Bank" ge-

---

466 Tagebuchnotiz v. 14. März 1855, in: Tagebuch Kempens, S. 359.
467 S. dazu auch eine Notiz der OPB v. 3. April 1858: „Minister Baron Bruck ließ den Vorstand der Abendbörse zu sich bescheiden, und sagte in ziemlich aufgeregtem Tone, daß er entschlossen sey, die Abendbörse zu schließen, weil sie stets den Anfangspunkt aller nachtheilig wirkenden Gerüchte sey. Baron Bruck befahl …, mit aller Strenge die Ausstreuung solcher Gerüchte zu überwachen, und erklärte, ihm [dem *Vorstand*] die Polizei zur Verfügung stellen zu wollen, wenn die Macht … nicht ausreichend wäre." (Wien, in: AVA, Inneres, OPB, Präs. II, Krt. 106, Nr. 2561/58.)
468 Und. (aber aufgrund der Aktennummer wohl v. April 1857), Wien, in: Ebd., Präs. I, Krt. 40, Nr. 2495/57 (s. dazu auch folg.).
469 Notiz eines gewissen Schmidt v. 28. März 1858, Wien, Nr. 1098/Pr. I., in: Ebd., Krt. 45, Nr. 1098/58.

macht worden[470]. E. Zichy schließlich sprach gegenüber Erzherzog Maximilian von einem „vollkommen verfehlten Zweck"[471].

Ein starkes Indiz für eine inzwischen doch recht grundlegend revidierte Beurteilung der Fähigkeiten des Ministers liefert uns die bereits weiter oben besprochene *Confidentielle Notiz* vom 19. Januar 1859[472]. Dabei spielt es keine Rolle, ob die darin besprochenen Vorwürfe gegen Bruck sachlich berechtigt waren. Auch geht es nicht darum, ob beispielsweise Neuwall mit seiner Kritik an der Handhabe der Rübenzuckerfrage gewissermaßen nur in eigener Sache argumentierte, gehörte doch seiner Familie eine „Zuckerfabrik in Mähren"[473]. Wichtig ist vielmehr, daß die finanzpolitische und materiell-ökonomische Lage weiter Bevölkerungsschichten nach wie vor problematisch war. Nun könnte man die an Bruck geübte Kritik als eine normale Erscheinung ansehen. Denn entspricht es nicht einer sowohl historischen als auch einer Alltagserfahrung, die Schuld für eine entstandene mißliche Lage nicht bei sich selbst zu suchen oder hierfür objektive Umstände verantwortlich zu machen, sondern sie auf einen Sündenbock abzuwälzen? Und gab nun im vorliegenden Fall Bruck als Finanzminister hierfür nicht gerade das passend erscheinende Objekt ab? Aber auch dies würde nichts daran ändern, daß er zunehmend ins Kreuzfeuer der Kritik geriet, worauf es für unser Argument momentan ankommt.

Von Ende März 1859 datiert dann eine weitere anonyme und nur unvollständig erhaltene *Notiz*, die sich seiner Person, seinem Wirken überaus kritisch widmete[474]. Sie ist gleich in zweifacher Hinsicht von hohem Interesse, enthält sie doch neben einer genauen Auflistung all jener Bevölkerungskreise, welche an Brucks Person etwas auszusetzen hatten, eine Zusammenstellung vielleicht sämtlicher Punkte, bei denen ihm damals Fehlverhalten vorgeworfen wurde.

Der Verfasser dieser Notiz konstatierte zu Beginn sogar das Bestehen eines „allgemeinen", gegen Bruck gerichteten „Volkshasses in Oesterreich", der „nicht leicht ... jemals einen hochgestellten Mann so heftig getroffen haben (dürfte)", als eben „den gegenwärtigen Finanzminister": „Blind gegen die großen einst gern anerkannten Verdienste dieses Staatsmannes", beschuldige man ihn jetzt einstimmig, „alle wirthschaftlichen Calamitäten Oesterreichs

---

470 Und weiter heißt es bei ihm: „Vielleicht ist sie durch Metallkäufe bereits wieder aufgefüllt. Was soll aber nun mit den Hunderten u.s.w. werden?" (An Hell, Wien, 30. November 1858, in: Ebd., Präs. II, Krt. 127, Nr. 9017/58.) Hell legte Kempen dieses Schreiben in einer Abschrift vor (ebd.).
471 Wien, 21. Februar 1859, in: HHStA, NL Maximilian v. Mexiko, Krt. 92, Nr. Z.2.
472 Ohne alles, Wien, 30. Januar 1859, Nr. 20, in: AVA, Inneres, OPB, Präs. I, Krt. 53, Nr. 494/59.
473 Brandt, Neoabsolutismus, 2, S. 472, Anm. 22.
474 Wien, 25. März 1859, Nr. 1418/Pr. I., in: HHStA, KK, GD, 1859–60, f. *1859*, fol. 187–188.

herbeigeführt zu haben"[475]. Dabei „behaupteten" die „Massen ... bis zu den minder gebildeten Geschäftsleuten herauf ... steif und fest, er stehe im Solde Englands und Frankreichs" und „arbeite absichtlich darauf los, Oesterreich zu ruiniren". Freilich war dies ein „Blödsinn", dieser Vorwurf wurde „von den Urtheilsfähigeren verlacht", wie der Berichterstatter wohl nicht nur aus Selbstschutz hinzufügte[476]; aber letztlich kam Bruck bei den kundigeren Zeitgenossen ebenfalls nicht besser weg: Sie waren sich nämlich „darin einig", daß dem Minister „sein Privatinteresse über das Staatsinteresse gehe". Konkret „behaupteten" sie,

> „daß Baron Bruck im Jahre 1848, als er nach Frankreich ging, von mehreren Triester Kaufleuten, welche seither sämmtlich in den Freiherrn- Ritter und Adelsstand (:Lutteroth, [Giuseppe] Morpurgo, Revoltella etc:) erhoben wurden(,) ein Darlehen von 140,000fr. aufnahm, um sich zu arrangiren, jetzt aber ein Vermögen von mehreren Millionen besitze".

Zwar erklärte dies der Berichterstatter unter Verweis auf das „faktisch so eingeschränkte Leben" Brucks für „übertrieben"; aber dennoch „ließen" es „sich diese Leute ... nicht nehmen, daß er enorm reich sein müsse, da ja schon sein Privatgeschäftsgehilfe Revoltella in Triest einen so außerordentlichen Aufwand mache"[477]. Immerhin gab es da noch jene, die den so schwer gescholtenen Mann „für ehrlich oder wenigstens für zu klug hielten, um sich an gemeinen Handlungen zu betheiligen". Aber auch diese „klagten" ihn einer anderen Verfehlung an: Er habe es nicht verstanden, sich mit tüchtigen Männern zu umgeben, schenke einem „wohlgemeinten Rath" kein Gehör und lasse sich von Schwindlern mehr bestimmen, als von offenen und redlichen Leuten"[478].

---

475 Ebd., fol. 187 (s. dazu auch folg.).
476 Man durfte damals sozusagen alles behaupten, solange man es nicht als die eigene Meinung hinstellte. S. dazu auch die Äußerung eines Informanten Kempens über Grünne v. 15. Juni 1859, als er von „einer Bevölkerung von 40 Millionen Menschen" sprach, „denen schon der Name Grünne verhaßt ist" (Wien, ad Nr. 3399/BM., in: Ebd., IB, BM.-Akten, Krt. 126, Nr. 270/59, fol. 261).
477 Brucks Beziehungen zur Adriastadt bildeten mehrfach Gegenstand kritischer Betrachtungen: So liefern uns wiederum Czapkas Darlegungen einen Hinweis auf Bruck zur Last gelegte Machenschaften: Er sprach von der „großen" und „bekannten ... Vorliebe" Brucks „für Triest", wo sich sein „Schwager Buczek Handelsunternehmungen von einigermassen monopoler Natur" hingebe, und zwar „unter der Ägyde des Herrn Minister", wie man glaube (Wien, und. [aber wohl im April], in: AVA, Inneres, Präs. I, Krt. 40, Nr. 2495/57). Auch Wessenberg „befürchtete" schon am 19. Januar 1855 einen „großen Einfluß" der „Triestiner" auf Bruck (an Isfordink-Kostnitz, Freiburg, in: Briefe Wessenbergs, 2, Nr. 422, S. 296).
478 In diese Richtung gehen auch Darlegungen Czapkas v. 19. August 1858: „Seit langer Zeit beängstigen das Publikum die von der derzeitigen Centralleitung beabsichtigten Steuer-Reformen um so mehr, als bei den dießfälligen Berathungen die eigentlichen Steuerreferenten

Was zuvor gesagt wurde, gilt gerade in letzterer Beziehung ebenfalls: Kritik solcher Art mochte auch dadurch motiviert sein, weil durch Brucks Amtsführung die Durchsetzung eigener Interessen bedroht gesehen wurde. Dafür spricht auch ein Teil der Vorhaltungen, die Bruck von einzelnen Bevölkerungsgruppen laut dem Berichterstatter gemacht wurden und die letzterer im folgenden aufzählte: So „beschwerten" sich die Gutsbesitzer darüber, „daß die Hypothekenbank ganz widersinnig in die Hände von Kaufleuten gegeben wurde". Dagegen widerstrebte den „Industriellen" die Übertragung der „Spitze der Creditanstalt für Handel und Gewerbe" an „Bankiers und Großgutsbesitzer". Und was die „Fabrikanten" anbetraf, so „zürnten" sie Bruck „wegen seines unzeitgemäßen Festhaltens an dem Princip der Handelsfreiheit" und „noch mehr wegen der unlauteren Mittel, mit welchen dies vertheidigt wird".

Wir stehen hier Partikularinteressen gegenüber, von denen noch mehr aufgelistet wurden. Über die Frage der Angemessenheit der vom Minister in dieser Hinsicht ergriffenen Maßnahmen oder vertretenen Standpunkte ist damit zunächst noch nichts ausgesagt. Wenn etwa „alle Oesterreicher" die vermeintlich „überstürzte Einführung der neuen Geldwährung verdammten", so kann zwar nicht in Abrede gestellt werden, daß die damit verbundene Umstellung offensichtlich für viele Einwohner Schwierigkeiten mit sich brachte; doch handelte es sich prinzipiell sicher um einen finanzpolitisch sinnvollen radikalen Schnitt, ungeachtet seines schließlichen Scheiterns, wobei nun freilich auch selbstverschuldete Momente eine Rolle spielten[479]. Und wenn die

---

ganz ausgeschloßen, u(nd) Staatsbeamte von ganz heterogenen Geschäftserfahrungen beigezogen waren." Und weit. heißt es mit Bezug auf einen vermeintlich „intimen Freund" Brucks: „Ritter v. Kalchberg ... war zur Zeit, als letzterer Handelsminister war, bei diesem Ministerium Sektionschef – bei Auflösung dieses Ministeriums tritt er ... aus dem Staatsdienste (...). Nach der Ernennung des B(aron) Bruck zum Finanzminister, u(nd) nach der Pensionirung aller (!) Sektionschefs beim Finanzministerium(,) wurde ... Kalchberg abermals Sektionschef für die Steuer-Abtheilung." (Notiz, in: AVA, Inneres, OPB, Präs. II, Krt. 118, Nr. 6227/58, Bog. 1; zur Person Kalchbergs, der 1863–65 Handelsminister war, s. kurz bei Brandt, Neoabsolutismus, 1, S. 552, Anm. 53; von ihm stammt die interessante Schrift *Kleine Beiträge zu großen Fragen in Oesterreich* aus dem Jahre 1860.) Als ihn Bruck zum „Sektionschef" vorschlug, wandte sich Franz Joseph an Kübeck „um Rath, da ich über seine Persönlichkeit noch im Zweifel bin" (und. [aber 16. November 1851], in: HHStA, RR, Präs., Krt. 5, Nr. 192/51). Die beiden hatten im Vormärz zusammengearbeitet, und Kübeck erteilte ihm fachlich „das beste Zeugniß". Was „seine politische Richtung" anging, so „hat er, wie man mir sagte, von den ... ständischen Getrieben etwas angezogen, aber sonst sich von den Bewegungen ferne gehalten" (Vortrag v. 17. November 1851, in: Ebd., Nr. 202/51). Vgl. den Tagebucheintrag Kempens v. 11. Mai 1859: „Der Bankgouverneur erhob neue Klagen über den Finanzminister Bruck, der auf Kosten der Bank seine Geschäftsfreunde zu unterstützen und zu halten strebte." (Tagebuch Kempens, S. 509.)
479 Brandt spricht hier von „keinen wirklich greifenden Vorbereitungen" (Neoabsolutismus, 2, S. 744), und in der Tat ergaben sich beim Versuch der Währungsumstellung beträchtliche

„Journalisten" Bruck „seit Einführung des Zeitungsstempels" (einer Art Steuer für jede einzelne Zeitung) nichts weniger als „gehaßt" haben sollen – woran zumindest soviel gestimmt haben dürfte, daß sie dem Minister aufgrund dieser Maßnahme sicherlich nicht besonders freundlich gesinnt waren[480] –, so bedeutet dies zunächst ebenfalls noch nicht, daß diese Maßnahme kein finanzpolitisch zweckmäßiges Ziel verfolgt haben könnte[481].

Mit wieviel Zurückhaltung der Kritik an Bruck zu begegnen ist, wird noch klarer, wenn wir in der *Notiz* weiter lesen: Da soll er der „Geistlichkeit" in seiner Eigenschaft „als Protestant nicht hold" gewesen sein[482], während der „Adel" in ihm den „Emporkömmling nicht liebte", beides Behauptungen, für die sich auch noch andere Quellenbelege anführen ließen[483]. Freilich mochte diesen scheinbar *mental* bedingten Vorurteilen in Wahrheit gleichfalls das Gefühl verletzter Partikularinteressen zugrunde liegen[484]. Auch seine nichtösterreichische Herkunft wurde Bruck immer wieder vorgehalten. Dabei no-

---

Schwierigkeiten, auf die hier nicht eingegangen werden kann, die aber die öffentliche Stimmung insb. in Lombardo-Venetien nachhaltig beeinträchtigen (s. dazu ansatzweise ebd., S. 730–733).

480 Zu diesem interessanten Punkt kann hier nichts Näheres ausgeführt werden. Grundsätzlich ist aber dem Urteil von Paupié über die Wirkung dieser Maßnahme, die am 23. Oktober 1857 sanktioniert wurde, zuzustimmen: Tendenziell war sie für die Presselandschaft von nachteiliger Natur, aber eine erhöhte „Anteilnahme der Bevölkerung am öffentlichen Leben seit 1848" und damit einhergehend „ein überragendes Bedürfnis nach Zeitungen" bewirkten, daß sich „die österreichische Presse ... hauptsächlich durch Zunahme der belletristischen und Fachblätter" dennoch und trotz „der Gefährdung durch das Gesetz" und ebenfalls am 23. Oktober 1857 sowie am 8. Juli 1858 erneut gestiegener „Inseratensteuer ... nicht nur behaupten, sondern auch weiter entwickeln konnte" (Handbuch der österreichischen Pressegeschichte, 1, S. 4).

481 Was aber, doch sehr fraglich erscheint. Darauf deutet insb. der Umstand hin, daß Bruck selbst es war, der schon bald darauf auf eine Verminderung der Stempelgebühr antrug. Dies hing auch damit zusammen, daß durch sie weniger Geld in die Staatskassen floß als vor ihrer Einführung (s. dazu Vortrag Brucks v. 26. Oktober 1858, Wien, MCZ. 3879/58, in: HHStA, KK, Vorträge, 1858, Krt. 20).

482 Nachträglich machte auch Höfken „Ränke ... mancher Art gegen den protestantischen ... Ausländer" aus (HHStA, NL Höfken, Krt. 2, Konvolut *Münzcataloge*, s.f. *Leben und Freiheit. Gedenkbücher von Höfken, 5. Bd., 1. Buch. Meine 18jährige Beamtenschaft*, fol. 16). Wie Heindl richtig meint, sollte diese „Tatsache ... vor allem im späteren Intrigenspiel um Bruck von nicht unerheblicher Bedeutung sein" (Einleitung, in: MRP, III/4, S. XVI); vgl. dies. bzgl. der Frage der Vertretung der ungarischen Protestanten in einer Landesvertretung für Ungarn. Mit Brucks 1856 geäußertem Wunsch nach ihrer Einbeziehung in dieses Gremium habe er sich als „Fremder" deklariert (Einleitung, in: MRP, III/5, S. XXXIV).

483 Für letzteres s. etwa unsignierte, nach Mai 1849 verfaßte Darlegungen, in denen er als opportunistischer Parvenü skizziert wurde (ohne alles, in: AVA, NL Bach, Krt. 21, f. *Politische Pläne*, fol. 2–7).

484 So konnten Adelige ja gleichzeitig auch Grundbesitzer sein. Auch waren etwa die „ungarischen Alt-Conservativen" gegen die „Abtretung der Orientbahn" eingestellt; dazu s. z. B.:

tierte der stellvertretende Polizeidirektor von Wien, Nischer, am 21. August 1858, Bruck habe schon früher als „ausländischer Provenient in einem Theile des großen Publikums Opposition der Meinungen" gefunden und werde auch dießmal [anläßlich der Frage des Zeitungsstempels] „scheel" angesehen[485]. In diesem Zusammenhang „besorgte" man angeblich „weitere von ihm ausgehende, und für das Publikum drückende Projekte", und Nischer erklärte es für

> „auffallend, wie sich der Kreis Jener, welche da meinen, ein Ausländer könne sich mit den österreichischen Landes-Interessen nicht identifiziren und verständigen, erweitert, und wie sich diese Meinung hie und da mit Beziehung auf Minister Bruck geltend zu machen sucht".

Dagegen sah man laut einer Feststellung Czapkas vom 12. April 1859 in Bruck „noch immer den Ausländer", der bisher nur „Schaden" gebracht habe[486]. Und ein über ihn in der Residenzstadt „besprochener Witz" lautete folgendermaßen: „Zu welchem Regimente der Finanzminister Baron Bruck gehöre? Zu Deutschmeister (deut schmeißt er.)"[487]

All dies erweckt nicht gerade den Eindruck großer Seriosität. Und „empörte" sich Kempen am 30. November 1858 über den, wie er es nannte, „demokratischen Schritt" Brucks, daß dieser „auch dem Kaiser Beschränkungen im Reiseaufwand und im Jagdvergnügen auferlegt habe"[488], so zeugt dies bestenfalls von der ideologischen Scheuklappe des Chefs der Obersten Polizeibehörde.

Auch war jener in der Öffentlichkeit Anfang 1859 gegen Bruck (angeblich) erhobene „Vorwurf", daß mit dem von ihm „auf dem Gebiethe der Industrie und der Finanzen befolgten Systeme .... bisher jede" von ihm verfügte „Maßregel ... ihr Ziehl verfehlt" hatte[489], übertrieben. Nicht zu vergessen ist die wahrlich wenig beneidenswerte Lage, in der sich Bruck befand: Auch in anderen Ländern und zu anderen Zeiten wäre es – ganz unabhängig von exo-

---

Agentenrapport v. 10. Oktober 1858, Wien, in: Ebd., Inneres, OPB, Präs. II, Krt. 123, Nr. 7558/58; Notiz Hells, Wien, 10. Oktober 1858, in: Ebd., Nr. 7565/58; s. auch Stber. GM, 7–9 1858, SH/LP/PD: „Endlich wird auch der Verkauf der südlichen Staatsbahn allgemein [also nicht nur unter den Altkonservativen] ungünstig beurtheilt, (...)." (Ebd., Krt. 124, Nr. 8068/58, fol. 3.)

485 Wien, in: Ebd., Krt. 123, Nr. 7558/58 (s. dazu auch folg.).
486 An Kempen, Wien, in: Ebd., Krt. 135, Nr. 2765/59.
487 Notiz Czapkas v. 6. April 1858, in; Ebd., Krt. 106, Nr. 2643/58.
488 Tagebucheintrag, in: Tagebuch Kempens, S. 491–492. Dies dürfte auch zugetroffen haben (s. dazu Mayr, in: Ebd., S. 492, Anm. 71).
489 *Anonyme Anzeige*, Wien 3. Februar 1859, Nr. 495/Pr. I., in: AVA, Inneres, OPB, Präs. I, Krt. 53, Nr. 494/59.

gen einwirkenden Faktoren – nicht leicht gewesen, einen Finanzminister aufzutreiben, der die nicht nur Anfang 1851 „schwerste Frage des Tages", die „Geldfrage", in den Griff bekommen hätte[490]. Dabei mußte er nicht zuletzt schwer mit dem finanzpolitischen Erbe kämpfen, das ihm sein Vorgänger in Form der Nationalanleihe hinterlassen hatte, ein Erbe, über das er offensichtlich alles andere als glücklich war[491]. Es war beileibe nicht nur seine Schuld, wenn für einen Beamten der Obersten Polizeibehörde schon Mitte April 1856 feststehen konnte, daß „die durch das National-Anlehen beabsichtigte Wirkung fehlgeschlagen" ist[492].

Dennoch gab es „Unmuth" gegen ihn[493], und nicht ganz ohne Grund: Schließlich hatte er ja gewußt, welche Bürde er auf sich lud, als er sein Amt antrat. Ihm war sicher ebenso klar, was die Öffentlichkeit von ihm erhoffte und erwartete. Dabei scheint die Unzufriedenheit mit ihm im Laufe der Zeit zumindest tendenziell jenen „allgemeinen" Charakter angenommen zu haben, den Czapka am 12. April 1859 auszumachen behauptete[494]. So hieß es etwa am 13. Mai 1859 für Kaschau bezüglich des höheren Adels, dieser sei keineswegs gegen die Dynastie eingestellt, sehr wohl „aber Feind zweier Regierungsmänner", wobei er „alles", was von diesen „kömmt", mit Mißtrauen aufnehme[495]. Daß diese Anspielung aber auf Bruck (und Bach) gemünzt war, verdeutlicht der Hinweis auf die „wiederholten Organisirungen" und die „Finanzmaasnahmen".

All dies ließe sich noch weiter ausführen. Immer wieder wurde „neuerlicher Unmut" gegen den Minister laut, so etwa im November 1859, als Bruck schließlich öffentlich bekanntgab, was auf Dauer kundgegeben werden mußte,

---

490 So Metternich an Freiherr August v. Koller, Brüssel, 13. Januar 1851, in: Aus Metternich's nachgelassenen Papieren, 8, S. 313. Als ein bezeichnendes Bsp. dafür, wie schwierig es für ihn war, die für die Öffentlichkeit richtige Finanzpolitik zu machen, s. eine Notiz Hells v. 26. April 1856 bzgl. der Gerüchte über eine „Erhöhung des Salzpreises". Ihm wurde von einem Hofsekretär im Finanzministerium gesagt, dieser habe bezüglich der zu besorgenden Mißstimmung mit dem Herrn Finanzminister gesprochen: „Dieser sieht es wohl ein, sagt aber, theilweise hätte er Notizen bekommen, daß eine Erhöhung ... nicht ungünstig angesehen würde, da man einsehe, der gegenwärtige Preis sey zu niedrig. Andrerseits müsse er für alle Staatsbedürfnisse sorgen, und es würde auch sehr übles Blut machen, wenn er Militär- oder Bea(mten)stand eines Tages nicht me(hr) auszahlen könnte." (Wien, 26. April 1856, in: Ebd., Präs. II, Krt. 67, Nr. 2844/56.)

491 Schon am 5. Juli 1855 beklagte er gegenüber Kempen die „völlige Paralysirung" der durch die „Finanzverwaltung" aufgebotenen Anstrengungen, um „den Werth des Nationalanlehens zu festigen und zu heben". Dabei bezog er sich insb. auf den in Ungarn und Siebenbürgen massenweise stattfindenden Verkauf der „National-Anlehens-Certifikate" (Wien, Nr. 11823/FM., in: Ebd., Krt. 42, Nr. 4809/55). Vgl. auch die vorhergehende Anm.

492 OPB-Notiz, Wien, 9. Januar 1856, in: Ebd., Präs. I, Krt. 22, Nr. 122/56.

493 Czapka an Kempen, Wien, in: 12. April 1859, Ebd., Präs. II, Krt. 135, Nr. 2765/59.

494 Ebd. (s. dazu auch folg.).

495 An Kempen, Kaschau, Nr. 182/Pr., in: Ebd., Präs. I, Krt. 53, Nr. 2451/59 (s. dazu auch folg.).

Die Verfassungsproblematik

daß nämlich unter seiner Ägide die Nationalanleihe um insgesamt rund 100 Millionen Gulden überschritten worden war, ein eklatanter „Vertragsbruch"[496], der in der Tat „nach allen dazu vorliegenden Zeugnissen" eine „katastrophale" öffentliche „Wirkung" hervorrief[497]. Selbst sein langjähriger und treuer Mitarbeiter Höfken sprach in aller Zurückhaltung von einem „trüben Schatten", den dieser Vorgang auf die „sonst so lichte staatsmännische Laufbahn" seines Vorgesetzten geworfen habe, wie er einem seiner *Gedenkbücher* anvertraute[498].

Vielleicht hätte sich die Öffentlichkeit in der Krisensituation des Jahres trotz des verlorenen Krieges und des damit einhergehenden Staatsbankrotts mit einer Entlassung Brucks zufriedengegeben, vielleicht hätte dies ihr Verlangen nach wenigstens finanzpolitischer Mitsprache besänftigt[499]. Aber im Gegensatz zu Buol, Bach, Kempen und Grünne hielt Franz Joseph an Bruck zunächst weiter fest. Erst Anfang 1860 war von dem von Bismarck einmal treffend als „einsylbig'" bezeichneten „Ministerium Buol, Bach, Bruck"[500] nichts mehr übrig, obwohl auch dem Habsburger der „allgemeine Tadel", der sich „gegen Bruck" (im übrigen aber auch „gegen den Minister Bach" und „gegen Buol") „kundgab", schon im Frühjahr 1859 nicht verheimlicht wurde[501]. Aber es war auch nicht leicht, einen neuen passenden Mann zu finden in dieser finanzpolitisch so verfahrenen Situation[502].

---

496 So Höfken, in: HHStA, NL Höfken, f. *Münzcataloge*, s.f. *Leben und Freiheit. Gedenkbücher von Gustav Höfken*, 5. Bd., 1. Buch, *Meine 18jährige Beamtenschaft*, fol. 25.
497 Brandt, Neoabsolutismus, 2, S. 846–847. Konkret bedeutete dies, daß Bruck bisher heimlich Staatsobligationen hatte drucken und in Umlauf bringen lassen, um das staatliche Defizit zu bekämpfen.
498 Und., in: HHStA, NL Höfken, Krt. 2, f. *Münzcataloge*, s.f. *Leben und Freiheit ...*, fol. 34.
499 Dabei wäre eine These Rumplers näher zu untersuchen, wonach die „Verfassungspolitik" möglicherweise „nur die Sekundärerscheinung eines sich dahinter vollziehenden Kampfes um die Neuverteilung der für den Staat zu tragenden finanziellen Lasten war" (Der Kampf um die Kontrolle der österreichischen Staatsfinanzen 1859/60, S. 166). Der Autor selbst scheint dies so zu sehen.
500 Gedanken und Erinnerungen, 1, S, 85.
501 So Kempen, der die Weitergabe dieser Mitteilung angeblich für seine „besondere Pflicht" erachtete und sie dem Monarchen nach eigener Angabe „beklommen" gab (Tagebucheintrag v. 12. April 1859, in: Tagebuch Kempens, S. 504). Diese Information beruhte ganz offensichtlich auf der Notiz Czapkas v. selben Tag.
502 Laut General Willisen meinte Erzherzog Albrecht zu ihm über die Entlassung Buols, sie schien aber doch nicht ganz allein aus der persönlichen Ansicht des Kaisers hervorgegangen zu sein, „denn General Graf St. Quentin, jetzt erster Adjutant des Erzherzogs Albrecht, sagte in einem Moment von Aufregung: Gott sei Dank, endlich! Da ist lange daran gearbeitet worden" (an den Prinzregenten, Wien, 18. Mai 1859, in: Die Auswärtige Politik Preußens 1858–1871, 1/1, Nr. 401, S. 591). Bei Bruck dauerte diese *Arbeit* noch länger.

4.4.3. Weitere Krisensymptome

Die vorhandene Unzufriedenheit mit den innenpolitischen Zuständen im allgemeinen und mit der Nichtgewährung von Mitspracherechten im besonderen läßt sich teils indirekt, teils direkt auch noch aus anderen Quellen herausarbeiten. Nehmen wir etwa eine Privatnotiz Kempens, die ebenfalls vom 12. April 1859 datiert: Er erachtete es an diesem Tag unter anderem für seine „besondere Pflicht" gegenüber dem Monarchen, die „herrschenden Gerüchte über bevorstehende Zugeständnisse ... zu erwähnen", so beispielsweise die „Landesvertretungen" betreffend[503]. Daß ihm bei dieser Mitteilung „beklommen" zumute war, wie er hinzufügte, dürfen wir ihm wohl getrost glauben. Deshalb könnte er es auch unterlassen haben, Franz Joseph zugleich zu sagen, daß „man" – also die Öffentlichkeit – besagte Zugeständnisse „erwartete", wie er in seinem Tagebuch ebenfalls festhielt[504].

Weniger Skrupel, dem Monarchen reinen Wein einzuschenken, dürfte – wieder einmal – Erzherzog Rainer empfunden haben, als er etwas später einen Vortrag verfaßte, der sich mit den nach wie vor nicht verkündeten Landesverfassungen beschäftigte: Zwar schienen ihm die „fraglichen Gesetzentwürfe" immer noch „nicht in allen Beziehungen" den vom Thron aus „vorgezeichneten Prinzipien vollkommen" zu „entsprechen"; aber er riet zu einer weiteren institutionellen Diskussion darüber, die so organisiert sein sollte, daß sie einen „möglichst geringen Zeitaufwand" erforderte[505]. „Ein Hauptgrund", warum er die „eheste" Veröffentlichung der Landesordnungen für „räthlich" erklärte, lag dabei „gerade in den bedrohlichen Gefahren" für die „Zukunft Oesterreichs": Damit sollte zum einen den „Treugesinnten ein erneuerter Beweis der Gewißenhaftigkeit" gegeben werden, mit denen der Thron „Zusagen auch in den schwierigsten Zeiten erfüllte"; zum anderen sollte „Erwartungen und Bestrebungen entgegengetreten" werden, „deren Fortdauer und Entwicklung mit ernsten Gefahren verbunden sein könnte". Daß Rainer diese *Erwartungen*, diese *Bestrebungen* nicht näher präzisierte, verwundert nicht. Sein Verwandter wußte zweifellos auch so, wovon er sprach, nämlich eben von Forderungen, die konstitutionellen Charakter tragen würden[506].

Noch eine Nuance deutlicher sprach es der damalige Vizepräsident des

---

503 Tagebucheintrag v. 12. April 1859, in: Tagebuch Kempens, S. 504 (s. dazu auch das folg. Zit.).
504 In seinen Aufzeichnungen heißt es dazu lediglich: „Der Kaiser hörte meine ... Angabe nachdenkend an, ohne etwas zu erwidern." (Ebd.)
505 Vortrag v. 24. April 1859, in: HHStA, RR, Präs., Krt. 33, Nr. 119/59 (s. dazu auch folg.).
506 S. dann in seinem bereits zit. Vortrag v. 19. Oktober 1859: „Das Verlangen nach einer wirksamen Controlle der Finanzverwaltung durch constitutionelle Verfassungsformen wird immer lebhafter, immer dringender werden, und kann Dimensionen annehmen, welche eine Zurückweisung unmöglich machen." Und: „Ein Zugeständniß in dieser Richtung aber würde den Bestand der GesammtMonarchie in Frage stellen." (Wien, in: Ebd., Krt. 35, Nr. 350/59.)

Reichsrats aus: Purkhart konstatierte eine „Ungeduld", mit der das Erscheinen der Landesordnungen erwartet werde[507]. Sowohl deshalb als auch aufgrund des Umstands, „von welchen Fractionen des Publicums jenes ungeduldige Verlangen ausgeht", sei nicht schwer zu erkennen, „worauf es bei der ganzen Sache abgesehen ist". Was aber waren dies für *Fractionen?* Und welche Ziele strebten sie an? Da waren einmal die „eigentlichen Revolutionäre", die „jedenfalls" eine nur „geringe Zahl" ausmachten. Ihnen war „Alles und Jedes willkommen", Hauptsache, sie „kamen wenigstens wieder um einen Schritt ihrem eigentlichen Endziele näher". Dieses mußte Purkhart nicht näher erläutern. Daneben verwies er auf einen „nicht unbedeutenden Theil der Aristokratie". Dieser hatte schon „früher den Reigen der Opposition gegen die Regierung eröffnet": „Noch immer durch die gemachte Erfahrung nicht gewitzigt", sah er selbst in einer „nur theilwesen Änderung des jetzigen Systems eine Bahnbrechung", um – sinngemäß formuliert – seine alte Macht wiederzuerlangen. Schließlich aber, und „vorzüglich", waren da jene, „welche in Ermanglung einer tieferen Einsicht und in der eitlen Einbildung ihrer höheren geistigen Begabung den modernen religiösen und politischen Ideen huldigen", eine unmißverständliche Anspielung auf das liberal und säkular orientierte Bürgertum. Für diese Kreise bedeuteten die Landesvertretungen jedenfalls einen ersten Schritt hin zum „Constitutionalismus".

Und wie steht es mit einem Tagebucheintrag Pratobeveras vom 22. Mai 1859? Er bezeichnete das am 28. April veröffentlichte Manifest, mit dem der Kaiser seinen Entschluß zum Krieg gegen Piemont (und Frankreich) bekanntgab, als „herrlich", kommentierte es mit den geschichtsträchtigen lateinischen Worten *Jacta alea est!* und sprach dabei von einem „unabwendbaren männl(ichen) Schritt"[508]. Tatsächlich aber triefen diese Worte von Ironie, vergegenwärtigt man sich seine unmittelbar darauffolgenden Worte:

„Ein herrliches Manifest verkündete den Krieg, der nur noch auf Piemonts Feldern lastet, ohne jeden entscheidenden Schlag, aber auch Millionen durch Venedigs Blokade u.(nd) Triests Unthätigkeit verschlingt am National Vermögen, u.(nd) unsere Finanzen aufzulösen droht! Patriotische Gaben, freiwillige Corps, Kriegssteuern sind schon hereingebrochen, doch noch kein erhebender großer Schritt im Innern. Ein Gemeindegesetz, leider mit veralteten Prinzipien der Controlle ohne wahrem self government, ein Ausgleichungsverfahren vor Concurseröffnung … voila tout."[509]

---

[507] Gutachten, in: Ebd., Nr. 121/59 (s. dazu auch folg.).
[508] Tagebucheintrag, Maria Enzersdorf, in: HHStA, NL Pratobevera, Krt. 12, f. *Memoranda, 4. November 1857 bis 17. Juni 1859* (s. dazu auch folg.).
[509] Im übrigen scheint dieses Manifest alles in allem „einen zwar tifen(,) aber doch auch der Regierung günstigen Eindruck hervorgebracht" zu haben, wie es Czapka formulierte (an Kempen, Wien, 29. April 1859, Nr. 1288/Pr., in: Ebd., KK, GD, f. *1859*, fol. 536).

Und am 8. August 1859, den Krieg hatte man inzwischen verloren, lamentierte Pratobevera über „unsere innern Zustände, in denen noch kein Schritt geschehen als Bachs Demission"[510]. Alles erhöhe die tiefe Unbehaglichkeit und den Streit.

An dieser Stelle seien aber vor allem mehrere Schreiben De Ponts an Erzherzog Maximilian angeführt. Der enge Vertraute des ehemaligen Generalgouverneurs von Lombardo-Venetien hatte seinem einstigen Chef anläßlich des „präliminirten ‚Friedens'" von Villafranca (11. Juli) mitgeteilt, man scheue sich jetzt gar nicht mehr, überall öffentlich „von ‚Constitution' zu sprechen". Dies brachte er unter anderem mit der angeblichen „Erklärung" Brucks in Zusammenhang, „es sei vom 1. August an kein Geld mehr vorhanden"[511]. Kurz danach bezeichnete er die „Berufung vertrauenswürdiger Privaten aus allen Provinzen" als „nothwendige Vorbedingung gedeihlicher Reformen"[512], während er am 23. August 1859 unter Bezugnahme auf die Meinung „verschiedener Schattirungen der öffentlichen Meinung" die „ganze Vertretung ... ohne das Steuerbewilligungsrecht" als „unzureichend" und als „eine Illusion" bezeichnete[513].

Auch Rechberg, eine der wichtigsten Persönlichkeiten auf der damaligen politischen Bühne in Wien, vermochte sich dieser Logik der Dinge nicht zu entziehen. Dieser „edle und wahrhaft sich aufopfernde"[514] Mann soll bereits „nach dem Tode des Fürsten Schwarzenberg auf ein Portefeuille gehofft" haben[515]. Schon in der zweiten Hälfte des Jahres 1857 war er dann gerüchteweise als „Nachfolger" Buols im Gespräch gewesen[516], um dann schließlich am 17. Mai 1859 zunächst tatsächlich Buol als Außenminister und damit auch als Vorsitzenden der Ministerkonferenz zu beerben. Er, der aber erst am 21. August 1859 mit seiner Ernennung zum Ministerpräsidenten „auf dem obersten Gipfelpunkte einer glänzenden Laufbahn angelangt" sein sollte[517], meinte An-

---

510 Tagebucheintrag, Maria Enzersdorf, in: Ebd., NL Pratobevera, Krt. 12, f. *Memoranda, 8. August 1859 bis 29. September 1860*.
511 Ohne alles (aber um den 20. Juli 1859), in: Ebd., NL Maximilian v. Mexiko, Krt. 92, Bog. 1.
512 An Maximilian, Wien, 5. August 1859, in: Ebd., Bog. 1.
513 Wien, in: HHStA, Ebd., Bog. 1–2.
514 So wiederum De Pont an Maximilian, ohne alles [aber um den 20. Juli 1859], in: Ebd., Bog. 2.
515 Bismarck an Manteuffel, Frankfurt, 15. November 1852, in: Bismarck, Die Gesammelten Werke, 1, Nr. 250, S. 257.
516 „Die Gerüchte über den Rücktritt des Grafen Buol sind hier allgemein akkreditiert (...)." Als „Nachfolger" würden Colloredo, Mensdorff, „aber noch mehr Graf Rechberg genannt" (so Bismarck in einem Schreiben an Manteuffel, o. O. (aber Frankfurt), 29. September 1857, in: Ebd., 2, Nr. 273, S. 254).
517 So Lackenbacher an Rechberg, Konstantinopel, 27. Mai 1859, in: HHStA, AM, PA. I, NL Rechberg, Krt. 532, f. *Österreichische Diplomatie*, fol. 67. Zu seiner Person allg. s. Engel-Janosi, Graf Rechberg.

fang November, „nicht die Vortheile einer gemeinsamen Vertretung für die Monarchie zu verkennen"[518]. Eine solche Lösung würde nämlich „namentlich in Bezug auf die Finanzverhältniße das beste Mittel bieten", Österreich „rascher, als es auf anderem Weg möglich ist, befriedigend zu ordnen".

Allerdings äußerte er damals Zweifel daran, daß auf diesem Weg „ein festerer Kitt für die Monarchie" zu erreichen sein würde. Außerdem prognostizierte er für diesen Fall sogar den „Ausbruch" eines „Kampfes zwischen den verschiedenen Nationalitäten" und traf sogar die sich nachträglich als richtig erweisende Feststellung, daß der „unbeugsame Stolz der Magyaren" sich „nimmermehr" dazu verstehen würde, „sich unter einer gemeinsamen Versammlung in Wien zu beugen"[519]. Dennoch wurde letztlich unter seiner Amtsführung nicht nur die schrittweise Demontage des neoabsolutistischen Herrschaftssystems, sondern auch der Beginn des konstitutionellen Zeitalters für die Monarchie eingeläutet.

4.4.4. Die Debatte über eine große Zwangsanleihe 1859

Kehren wir damit nochmals abschließend zur Nationalanleihe zurück. Denn zu der soeben beschriebenen Entwicklung dürfte auch der mit diesem Unternehmen verbundene Mißerfolg beigetragen haben. Wie sehr dies wohl der Fall war, offenbarte sich ebenfalls in der Krisensituation des Jahres 1859, als in der Ministerkonferenz zur Finanzierung des damals anstehenden beziehungsweise bereits ausgebrochenen Krieges eine erneute große Anleihe erwogen wurde. Im Unterschied zur Nationalanleihe sollte sie diesmal von vornherein als Zwangsunternehmen deklariert werden. Erstmals überlegte man im Kabinett die Durchführung einer solchermaßen gestalteten Operation offenbar am 7. April, und zwar unmittelbar nachdem tags zuvor der „Entschluß zum Präventivkrieg ... gefaßt" worden war[520]. Zu diesem Zeitpunkt war bei Bruck zwar offensichtlich bereits alle „Hoffnung auf ... Realisierung" einer von ihm eigentlich gewünschten „Auslandsanleihe" geschwunden, im übrigen, wie es scheint, im Zusammenhang mit konstitutionellen Erwägungen[521]; dafür aber machte für ihn die „Einleitung der Ultimatumspolitik am 6. April die Erschließung zusätzlicher außerordentlicher Finanzierungsquel-

---

518 An Lerchenfeld, Wien, 2. November 1859, in: HHStA, AM, PA. I, NL Rechberg, Krt. 532, f. *Österreichische Innenpolitik*, fol 631 (s. dazu auch folg.).
519 Ebd.
520 Brandt, Neoabsolutismus, 2, S. 774.
521 S. dazu Ber. Czapkas an Kempen v. 12. April 1859: „(...) die englischen Geldmänner hätten erklärt, mit Österreich kein Anlehen abschließen zu wollen, wenn dasselbe nicht von einer Landesvertretung gutgeheißen" wird (Wien, in: AVA, Inneres, OPB, Präs. II, Krt. 135).

len unausweichlich"⁵²². Deshalb betonte er damals gegenüber seinen Kollegen das Erfordernis, Geld einzutreiben, wobei er ein „Zwangsanlehen" von „vor der Hand" 30 Millionen Gulden vorschlug, das in Lombardo-Venetien durchgeführt werden sollte⁵²³.

Dieser Vorschlag erstaunt auf den ersten Blick. Denn nur einige Monate nach seinem Amtsantritt hatte er ein „in die Regierung vernichtetes Vertrauen" konstatiert und dabei nicht nur auf die „Veräußerung der Staats-Eisenbahnen" verwiesen, sondern auch die „zur Aufbringung der Unterzeichnungen für das Nazional-Anlehen ... in Anwendung gebrachten Vorgänge" erwähnt⁵²⁴. Deshalb beurteilte er auch vorläufig „eine Erhöhung des Steuersatzes der Monarchie" für „nicht wohl als thunlich". Noch gut zwei Jahre danach, am 23. September 1857, hatte er es für „unthunlich" erklärt, „unter den gegenwärtigen politischen und Finanzverhältnissen zu einer abermahligen Creditoperation zu schreiten"⁵²⁵ (eine Auffassung, der sich damals übrigens auch L. Thun anschloß⁵²⁶), obwohl „in den Staatskosten ... eine dringende Ebbe" war, wie es sein enger Mitstreiter Höfken formuliert hat⁵²⁷.

Nun stellte eine Summe von 30 Millionen Gulden im Vergleich zu der halben Milliarde, um die es bei der Nationalanleihe gegangen war, einen geringen Betrag dar. Doch deutet Brucks Präzisierung *vor der Hand* darauf hin, daß er sich alles andere als sicher war, ob es damit sein Bewenden haben würde. Aufgrund der weiteren Entwicklung läßt sich denn auch zeigen, daß er an wesentlich größere Summen gedacht haben muß. Dabei ist zu bedenken, daß der Krieg in Oberitalien zwar noch nicht ausgebrochen, aber doch klar vorauszusehen war. Daß ein militärischer Konflikt aber viel Geld kosten würde, darüber konnte sich niemand irgendwelchen Illusionen hingeben.

Hatte sich also nicht zuletzt Brucks Einschätzung der innenpolitischen Lage zwischen September 1857 und April 1859 so sehr verändert, daß er glaubte, möglicherweise auch entschieden mehr als jene 30 Millionen auf dem Wege einer Anleihe eintreiben zu können (oder eventuell durch eine entsprechende Erhöhung vorhandener beziehungsweise Einführung neuer Steuern), ohne die Stabilität des Herrschaftssystems zu gefährden? Meinte er im Ge-

---

522 Brandt, Neoabsolutismus, 2, S. 778.
523 MKP, MCZ. 89/59, in: HHStA, MRP, Krt. 27, fol. 140–141 (die Zit. auf fol. 141); vgl. bei Brandt, Neoabsolutismus, 2, S. 780 (vgl. dort auch teilw. zum folg.).
524 Längeres, und. Memorandum (aber bald nach Mitte Juli 1855), in: NB, Handschriften-, Autographen- und Nachlaß-Sammlung, Cod. Ser. Nr. 32682, fol. 1 (s. dazu auch folg.).
525 MKP, MCZ. 3763/57, in: HHStA, MRP, Krt. 24, fol. 446.
526 „Er verkenne nicht die Bedrängniß der Finanzen und die Unthunlichkeit, ihnen in nächster Zeit durch eine Creditoperation zu Hilfe zu kommen." (Ebd., fol. 447.)
527 Ebd., NL Höfken, f. *Münzcataloge*, s.f. *Leben und Freiheit. Gedenkbücher von Gustav Höfken*, 5. Bd., 1. Buch, *Meine 18jährige Beamtenschaft*, fol. 25.

gensatz zum Sommer 1855, daß mittlerweile eine genügende „Wiederbelebung des Vertrauens in die Regierung" eingetreten war[528]? Dies erscheint kaum glaubhaft: So hatte er noch am 19. Februar 1859 von der Proklamation einer neuen Inlandszwangsanleihe abgeraten (und zwar unter explizitem Verweis auf die Nationalanleihe)[529]. Und am 7. Dezember des Vorjahres hatte er es für „unmöglich" erklärt, die Finanzdefizite „immerfort" durch Kreditoperationen – wozu auch Anleihen zählten – zu beheben[530]. Er reagierte mit seinem Vorstoß in der Krisensituation des Jahres 1859 wohl vielmehr schlicht auf die ein weiteres Mal äußerst bedrohliche Ebbe in der Staatskasse: Als Finanzminister mußte er Geld, und zwar viel Geld auftreiben, egal wie. Noch zwei Jahre zuvor hatten politische und anderweitige Überlegungen für ihn eine wichtige Rolle gespielt: Damals „erschien" ihm eine „schon wieder improvisirte neue Anleihe" wohl in der Tat als „unbequem, störend, kostspielig", wie Höfken gemeint hat[531]. Nunmehr aber war, nunmehr konnte dies aus seiner Sicht nicht mehr der Fall sein. Allenfalls hätte er sein Amt zur Verfügung stellen können, und eventuell überlegte er damals tatsächlich einen solchen Schritt. Jedenfalls ist in einem Tagebucheintrag Kempens vom 14. Mai 1859 von einem „sich nicht sicher fühlenden" Bruck die Rede[532]. Da er diesen Schritt aber nicht in die Tat umsetzte, konnte es sich für ihn höchstens um die Frage handeln, auf welchem Wege die Staatsbürger zur Kasse gebeten werden sollten. Dies entsprach mehr oder weniger exakt jener Situation, in der sich sein Vorgänger Baumgartner im Frühsommer des Jahres 1854 befunden hatte[533].

Der Erkenntnis weitgehend fehlender finanzieller Mittel konnten sich auch die übrigen Ressortchefs unmöglich verschließen. Tatsächlich wollte die Mehrheit der Minister zunächst sogar noch weiter gehen als ihr Kollege, sollte denn schon zum Mittel einer Zwangsanleihe gegriffen werden: Nicht nur für Oberitalien, sondern gleich für das ganze Reich wollten sie eine solche Operation ausgeschrieben wissen. Dies erschien ihnen „unter den gegenwärtigen Verhältnissen, wo sich die dortige Bevölkerung noch vollkommen ruhig und loyal

---

528 So damals in seinem Memorandum v. bald nach Mitte Juli 1855, fol. 1, in: NB, Handschriften-, Autographen und Nachlaß-Sammlung, Cod. Ser. Nr. 32682, fol. 2.
529 S. dazu auch Brandt, Neoabsolutismus, 2, S. 779.
530 MKP, MCZ. 16/58, in: HHStA, MRP, Krt. 26, fol. 1546.
531 Ebd., NL Höfken, f. *Münzcataloge*, s.f. *Leben und Freiheit. Gedenkbücher von Gustav Höfken*, 5. Bd., 1. Buch, *Meine 18jährige Beamtenschaft*, fol. 25.
532 Tagebuch Kempens, S. 510; auch zit. bei Brandt, Neoabsolutismus, 2, S. 802.
533 Graf Albert v. Flemming (preußischer Legationssekretär in Wien) hatte „erfahren", daß sich angeblich Bruck „dahin ausgesprochen" hatte, „daß die österreichischen Finanzen gegenwärtig den Krieg erlauben, daß es aber Jahr und Tag unendlich schwieriger sein würde, die Mittel dafür zu beschaffen" (an Freiherr Alexander G. v. Schleinitz [Außenminister Preußens], Wien, 11. März 1859, Nr. 44, in: Die Auswärtige Politik Preußens, 1/1, Nr. 187, S. 318). Sollte diese Äußerung zutreffen, so kann sie der Finanzminister nur unter der Voraussetzung gemacht haben, daß ein solcher Krieg kurz dauern und siegreich enden würde.

verhält", opportun, damit eine solche Maßnahme nicht „als ein Akt des Mißtrauens oder der Feindseligkeit ausgelegt werde"⁵³⁴. Insbesondere Bach scheint die größere „Zweckmäßigkeit" einer solchen, die Gesamtmonarchie betreffenden Maßnahme betont zu haben⁵³⁵. Seiner Argumentation wohnt eine gewisse Logik inne: Schließlich war ja auch „das ganze Reich" von den vorfallenden „Ereignissen betroffen"⁵³⁶. Ob er freilich die „gegenwärtige" Stimmung „der gesammten Bevölkerung" tatsächlich dahingehend beurteilte, „um dabey auf eine opferwillige und selbst patriotisch-freywillige Betheiligung mit Sicherheit rechnen zu können", wird sich kaum herausfinden lassen.

Bruck erklärte sich mit dem Vorschlag seiner Kollegen einverstanden⁵³⁷. Kurz darauf brachte er dieses Thema (zunächst am 9., dann am 14. April) erneut auf die Tagesordnung des Kabinetts, wobei er eine allgemeine Zwangsoperation von immerhin 240 Millionen Gulden (!) für „am angemessensten" erklärte⁵³⁸. Brandt vermutet dahinter „Absicht", also einen taktischen Schritt Brucks, weil dieser seiner Meinung nach eigentlich eine andere Lösung der Kriegsfinanzierung vorzog⁵³⁹. Aber dies würde eher noch zusätzlich zeigen, daß der Minister eine große Zwangsanleihe für gleichermaßen unausführbar wie unerläßlich erachtete. Wie dem auch sei: Bruck blies nun mit einem Male starker, zu starker Gegenwind entgegen. Tatsächlich nämlich „entschied" sich die „Mehrzahl" der Anwesenden „für bloße Papieremission", wie der damals anwesende Kempen in seinem Tagebuch richtig festhielt⁵⁴⁰.

Ausgerechnet Bach artikulierte hier als erster seine diesbezüglichen Einwände: Er „besorgte" nämlich, daß die „vorgeschlagene Maßregel im Falle eines Krieges ... zu weiteren bedenklichen Creditoperationen führen würde"⁵⁴¹. Insbesondere die Eventualität eines „langen Krieges" erklärte er für bedenklich. Was hatte beim Innenminister in den wenigen Tagen, die zwischen dem 7. und 14. April lagen, einen solchen Meinungswandel provoziert? Aktenmäßig läßt sich dies wohl nicht mehr aufarbeiten, doch scheint es nur eine plausible Erklärung zu geben: Die innenpolitische Stimmung stellte sich für ihn bei längerem Überlegen und eventuell unter Verarbeitung zusätzlicher einschlägiger Informationen, die ihm in der Zwischenzeit zugekommen waren, weniger positiv dar, als er zuvor angenommen haben mag.

---

534 Was überdies „die Stellung der Regierung ihren dortigen Unterthanen und dem Auslande gegenüber wesentlich erschweren würde" (MKP v. 7. April 1859, MCZ. 89/59, in: HHStA, MRP, Krt. 27, fol. 141).
535 Ebd., fol. 141–142.
536 Ebd., fol. 142 (s. dazu auch folg.).
537 Ebd.
538 MKP v. 14. April 1859, MCZ. 95/59, in: Ebd., fol. 274.
539 Neoabsolutismus, 2, S. 781.
540 Tagebucheintrag v. 14. April 1859, in: Tagebuch Kempens, S. 505.
541 MKP v. 14. April 1859, MCZ. 95/59, in: HHStA, MRP, fol. 275 (s. dazu auch folg.).

Immerhin sprach sich Bach nicht ohne Wenn und Aber gegen eine Zwangsanleihe aus. Doch war seinem „Glauben" nach dabei „nur mit großer Vorsicht ... und nach sorgfältiger Erwägung aller Bedürfniße, der momentanen sowohl als der ständigen, vorzugehen". Konkret wollte er „vor allem klar gestellt" wissen, „was die volle Kriegsausrüstung kostet". Hierüber vermißte er „bestimmte Daten". An dieser Stelle möchte man ihm fast ein kleines Kompliment machen. Scheinbar hatte er doch gewisse Lehren aus der Geschichte, aus den Erfahrungen von 1854 gezogen. Denn damals war die Höhe der künftigen außerordentlichen militärischen Aufwendungen aufgrund der ungewissen außenpolitischen Entwicklung ebensowenig *klar gestellt*, wie ihm nicht zuletzt Kübeck auch vorgehalten hatte. Damals ging er über diesen Einwand jedoch scheinbar gleichgültig hinweg. In der Situation des Jahres 1859 argumentierte er hingegen nicht anders, als dieser es einst getan hatte. Nunmehr wollte er kein Risiko mehr eingehen und schlüpfte also gewissermaßen in die Rolle des mittlerweile verstorbenen Kübeck. Ein gewichtiger Unterschied besteht freilich: Bachs Vorbehalten war mehr Erfolg beschieden als seinerzeit jenen des Reichsratsvorsitzenden.

Bach trat der „Sache" also „hindernd" entgegen, wie sich wiederum Kempen richtig notierte[542]. Bei einer Lektüre seiner weiteren Notizen gewinnt man den Eindruck, als sei der Schiffbruch, den Bruck mit seinem „zur Sprache gebrachten Zwangsdarlehen" erlitt, ausschließlich dem Widerspruch des Innenministers zuzuschreiben gewesen. Denn bei ihm ist lediglich vom „Negieren Minister Bachs" die Rede[543]. Ganz so verhielt es sich nicht. Der Ressortchef erhielt auch Unterstützung von anderen Anwesenden.

Da war zunächst einmal Kempen selbst: Er votierte ebenso gegen den Plan des Finanzministers[544] wie Thun. Nicht anders verhielt sich Toggenburg: Dies ist insofern bemerkenswert, als der Handelsminister in der Literatur bis heute als ein „verläßlicher Mitarbeiter" Brucks[545] und überdies als ein Mann geschildert wird, der die „politische Linie" seines Kollegen von den Finanzen angeblich „unterstützte"[546] und sich „in keiner Weise als Widerpart Brucks erwies"[547]. Doch abgesehen davon, daß Bruck seinen vermeintlichen „Freund"[548] schon unmittelbar nach seiner Ankunft aus Konstantinopel kritisierte[549],

---

542 Tagebucheintrag v. 14. April 1859, in: Tagebuch Kempens, S. 505 (s. dazu auch folg.).
543 Dabei fügte er hinzu *wie immer*, was wiederum manches über sein Verhältnis zu Bach aussagt.
544 MKP v. 14. April 1859, MCZ. 95/59, in: HHStA, MRP, Krt. 27, fol. 300.
545 So Charmatz, Minister Freiherr von Bruck, S. 129.
546 Rumpler, Eine Chance für Mitteleuropa, S. 356.
547 So Heindl, Einleitung, in: MRP, III/4, S. X.
548 Charmatz, Minister Freiherr von Bruck, S. 134.
549 S. dazu einen Tagebucheintrag Kempens v. 16. März 1855. Danach sagte ihm Bruck wörtlich: „Man hätte warten können, bis ich komme; da hätte eine Kombination zum Guten sich machen lassen; (…)." (Tagebuch Kempens, S. 360.)

eröffnete ihm Toggenburg in der Sitzung vom 14. April wenig Erfreuliches: Er müsse von seiner in den „Conferenzen" zuvor „gegebenen Zustimmung zu einem Zwangsanleihen" abgehen[550]. Dabei machte er die „in manchen Provinzen" herrschende „absolute Impotenz der Contribuenten" geltend. Daran würde das Unternehmen „scheitern". Unter Verweis sowohl auf die „Unfähigkeit der kleinen Besitzer" wie auch auf die „Stimmung der Bevölkerung" nannte er zudem die Realisierung einer solchen Operation „gegenwärtig" in Lombardo-Venetien „ganz unmöglich". Da nämlich „auf eine freywillige Leistung" der oberitalienischen Einwohner „schlechterdings nicht zu rechnen war"[551], blieb nur die Einbringung der veranschlagten Summe „im Executionswege", also „durch Pfändung". Diese Methode erklärte der Graf jedoch für nutzlos. Dann würde sich nämlich „die Opposition" insofern geltend machen, als sich „zu Licitationen der Pfandstücke ... kein Käufer einfände". Diese Äußerung erinnert uns wieder an die Episode um den als *bösgesinnt bekannten* ungarischen Baron Vaj. Was 1854 vielleicht im gesamten Reich nur vereinzelt vorkam, würde also laut Toggenburg nunmehr zumindest in seinen oberitalienischen Provinzen auf breiter Basis erfolgen.

Anfang Juli 1859 regte der Finanzminister erneut die Beschlußfassung über eine große Zwangsanleihe an. Sie sollte sich seinen Vorstellungen zufolge diesmal auf 200 Millionen Gulden belaufen[552]. Doch erneut drang er mit seinem Vorschlag nicht durch. Laut Protokoll führte wiederum Bach die Phalanx der Gegner an: Dabei gab er seiner wohl aufrichtigen „Überzeugung" Ausdruck, daß

„die Kontribuenten im Kaiserreiche nicht die Mittel besitzen, um dermal(,) wo die großartige Operation des NationalAnlehens erst seit kurzem abgeschloßen wurde, sofort wieder monatlich 5% Raten auf ein so bedeutendes Anlehen aufzubringen"[553].

Dies bezog er ebenso auf einzelne Einwohner wie auf „Fonde und Gemeinden", deren „verfügbaren Kräfte ... durch die Subskription auf das Nationalanlehen bereits größten theils absorbirt" worden seien[554]. Doch auch den „Handels- und Gewerbestand" erklärte er für zahlungsunfähig: Seine Mitglieder hatten „durch die schon lang andauernden Krisen zu viel gelitten". Speziell machte

---

550 MKP v. 14. April 1859, MCZ. 95/59, in: HHStA, MRP, Krt. 27, fol. 277 (s. dazu auch folg.).
551 Hierbei nannte er zum einen die „Unfähigkeit der kleinen Besitzer", zum anderen die „Stimmung der Bevölkerung" (ebd.).
552 So Bruck (MKP v. 5. u. 7. Juli 1859, MCZ. 144/59, in: Ebd., Krt. 28, fol. 579–580). Vgl. dazu Rumpler, Der Kampf um die Kontrolle der österreichischen Staatsfinanzen 1859/60, S. 167–169; Brandt, Neoabsolutismus, 2, S. 804–808.
553 MKP v. 5. u. 7. Juli 1859, MCZ. 144/59, in: HHStA, MRP, Krt. 28, fol. 579–580, fol. 580–581.
554 Ebd., fol. 581 (s. dazu auch folg.).

er auf Triest und Dalmatien aufmerksam, von beiden Regionen ließ „sich dermal" nichts „erwarten". Zumindest hinsichtlich der adriatischen Hafenstadt erwiesen sich also auch hier die früher aufgezeigten problematischen Folgewirkungen der Nationalanleihe. Denn ihre momentanen finanziellen Schwierigkeiten resultierten nicht zuletzt aus der großen Summe, die sie 1854 zum Gelingen dieser Operation beitragen mußte. Ein gewisser Edmund Bauer war 1854 „Präsident" eines jener „Comités", die für die Abwicklung der Nationalanleihe in Triest verantwortlich zeichneten: Er schrieb noch am 6. Februar 1859 von einem von ihm „nach Kräften" geförderten Unternehmen, das ihm „selbst tiefe Wunden geschlagen" habe[555].

Neben diesen materiell bedingten Überlegungen führte der Innenminister auch die im Zuge der Durchführung einer Zwangsanleihe „außerordentlich" beanspruchte „Thätigkeit aller politischen Behörden" gegen ein solches Unternehmen ins Feld. Schließlich hätten sie dann die „Repartition" vornehmen, das heißt also sowohl für die Zuweisung als auch für die Eintreibung der Einzelbeträge sorgen müssen. Und so erklärte er es „in jeder Beziehung" für „sehr räthlich", davon Abstand zu nehmen. Als sich nicht nur Toggenburg „entschieden im selben Sinne aussprach", sondern „auch die übrigen Stimmführer" Brucks Vorhaben ablehnten, gab der Finanzminister nach[556].

Kurz gesagt: Die Abwicklung einer erneuten Anleihe von auch nur annähernd jenen Dimensionen des Sommers 1854 wurde in der Situation des Jahres 1859 aus innenpolitischen Motiven im engeren Sinne verworfen: Man beurteilte sie schlicht als zu „gewagt", wie es Bach formulierte[557]. Dabei kam wesentlich zum Tragen, daß viele Bürger und Gemeinden noch immer unter den materiellen Folgen der Nationalanleihe litten und aufgrund der mit ihr stattgefundenen großen Geldabschöpfung nicht genug liquide Mittel vorhanden waren. Wir haben dies ja bereits ausführlich erörtert, aber zur Erinnerung sei noch ein auf einschlägigen Informationen beruhendes Schreiben Bismarcks an Manteuffel vom 26. Dezember 1856 angeführt, das die mißliche Lage vieler Kommunen in der Monarchie illustriert: Der „Geldmangel" sei aufs äußerste gestiegen, weil die den Gemeinden der ganzen Monarchie zwangsweise auferlegten Anteile der Nationalanleihe wegen Mangel an barem Geld nicht realisiert werden könnten[558].

Würden die Gemeindeorgane, aber auch die Einwohner nun nochmals gezwungen, Geld lockerzumachen, könnte es zu sozialen Unruhen kommen, könnte eine erneute revolutionäre Situation entstehen, so die offensichtliche Befürchtung. Dies mochte manchen Zeitgenossen noch schlimmer erscheinen

---

555 An unb., o. O. (Triest), 6. Februar 1859, in: AVA, NL Bach, Krt. 4, fol. 632.
556 MKP v. 5. u. 7. Juli 1859, MCZ. 144/59, in: HHStA, MRP, Krt. 28, fol. 579–580, fol. 582.
557 Ebd., fol. 582.
558 O. O. (aber Frankfurt), in: Bismarck, Die Gesammelten Werke, 2, Nr. 211, S. 188.

als die Vorstellung einer Rückkehr zu annähernd konstitutionellen Zuständen. Rumpler zufolge „wußte" Bach „sehr genau", daß „den politischen Behörden die Macht zum Zwang nicht mehr voll zu Gebote stand"[559]. Dies geht zwar aus den Protokollen der Ministerkonferenz oder anderen Unterlagen nicht hervor, doch dürfte dies der Ressortchef doch befürchtet haben.

Somit erwies sich eine Wiederholung einer Operation von auch nur annähernd solchen Dimensionen als tatsächlich „für längere Zeit ... stark erschwert"[560]. Vielleicht war sie sogar unwiederholbar. Wessenberg hatte dies ja von vornherein prognostiziert. Zugleich setzte sich in höchsten Regierungskreisen zunehmend die Erkenntnis durch, daß so ein Unternehmen nunmehr einer vorab eingeholten Zustimmung der Öffentlichkeit bedurfte. Der konservative Reichsratsvorsitzende Erzherzog Rainer hatte dies offenkundig schon relativ frühzeitig vermutet. Laut einem Tagebucheintrag Kempens vom 15. Januar 1858 „knüpfte" er „an die Möglichkeit des Gelingens eines solchen Attentats [gemeint ist hier das Attentat auf Napoleon III.] die traurigsten Konjunkturen für Österreich": Es müsse sonach die Armee in der „vollsten Stärke" wieder aufstellen und könne seine Geldmittel „wahrscheinlich nur durch Konzessionen an die verschiedenen Nationalitäten erborgen"[561].

Dies begriff nun aber allmählich offenbar auch Kaiser Franz Joseph: Als Anfang 1860 eine Lotterieanleihe über den Betrag von 200 Millionen Gulden ausgerufen wurde, schrieb Rainer an Erzherzog Albrecht, dies werde das Publikum nicht ganz angenehm berühren. Es sei sogar der Antrag gemacht worden, „den politischen Behörden ... zur Unterbringung desselben ... ähnliche Aufträge zu ertheilen, wie im Jahre 1854 beim Nazional-Anlehen"[562]. Zugleich fügte er aber richtig hinzu, daß dies doch unterblieben sei. Der Grund hierfür lag in einem Machtspruch Franz Josephs, der am 15. März 1860 eine „stimulierende Einflußnahme" untersagte[563]. Auch er hatte also erkannt oder erkennen müssen, daß er seinen Untertanen nicht mehr einfach per Dekret große Summen Geldes abpressen konnte. Notwendig war dazu vielmehr eine „Abänderung" des „Staatsorganismus", wie sich Hummelauer schon geraume Zeit zuvor ausdrückte[564].

Freilich hat sich Franz Joseph noch geraume Zeit erfolgreich gegen echte konstitutionelle Zugeständnisse gewehrt, auch wenn spätestens seit dem 12.

---

559 Der Kampf um die Kontrolle der österreichischen Staatsfinanzen 1859/60, S. 168.
560 So Brandt, Neoabsolutismus, 2, S. 699.
561 Tagebuch Kempens, S. 459.
562 Wien, 20. März 1860, in: HHStA, NL Albrecht, Mikrofilm (Budapest), Nr. 32 (s. dazu auch folg.).
563 So Brandt, Neoabsolutismus, 2, S. 889. S. dort auch auf den S. 886–893 allg. zu dieser Anleihe, die im übrigen „zu einem empfindlichen Mißerfolg" des Finanzministers wurde (ebd., S. 889).
564 Laut Tagebucheintrag Kempens v. 5. Februar 1858, in: Tagebuch Kempens, S. 463.

Die Verfassungsproblematik

März 1859 Gerüchte über bevorstehende verfassungsmäßige Konzessionen direkt oder indirekt kursierten. Eines knüpfte an „die Erinnerung an die Märztage" an, wie Czapka dem Chef der Obersten Polizeibehörde an ebendiesem Tag meldete[565]. Die damaligen Ereignisse waren ihm zufolge „seit einigen Jahren selbst bei jenen Personen in den Hintergrund getreten, die an den Märztagen sich betheiligt haben"[566]. Nun aber waren, wenn auch „nur hie und da", in „der sogenannten Klasse der Intelligenz, den Aerzten, Advokaten und Journalisten … im vertrauten Gespräche Andeutungen und Erwähnungen der Märztage" wahrzunehmen. Dabei munkelte ein gewisser „Med(izin) Do(kto)r und Operateur Ivancic" sogar darüber, „‚ob nicht Minister Bach am 13ten eine Messe lesen lassen wird'". Dieser hier immerhin wörtlich wiedergegebene Satz dürfte wohl mehr ironisch so oder so ähnlich gefallen sein. Er gibt die veränderte Stimmungslage gut wieder.

Ein weiteres Gerücht, über das Kempen diesmal von Hell am 11. April 1859 erfuhr, besagte, daß

> „die Arbeiter in der Staatsdruckerei … schon zwei Tage daselbst eingesperrt (seyen), da etwas <u>Geheimes</u> daselbst gedruckt werde. Einige sprechen von einem Manifeste, Andere aber, u.(nd) zwar die Mehrzahl(,) bemerkt, es werden die <u>Landesvertretungen</u> gedruckt, noch Andere sprechen sogar von einer <u>Constitution</u>."[567]

In der Tat ereigneten sich damals *geheimnisvolle* Dinge in der Staatsdruckerei. Allerdings waren die dort beschäftigten Arbeiter nicht mit der Drucklegung einer Verfassung, sondern vielmehr mit den Vorbereitungen zur Publikation des erwähnten Kriegsmanifests vom 28. April befaßt. Und als Reichsrat Salm im Juli des Jahres in einer Reichsratssitzung seine Kollegen auf die „verbreitete Meinung" aufmerksam machte, „demnächst (werde) eine Konstitution verliehen", so bezeichnete er dies durchaus zu Recht als „irrig"[568]. Erst das Oktoberdiplom von 1860 bedeutete einen ersten wirklichen Schritt in diese Richtung, obwohl es verfehlt wäre, seine inhaltlichen Bestimmungen bereits einer „konstitutionellen Verfassung" gleichzusetzen[569]. Die Notwendigkeit für einen solchen Schritt lag aber bereits im Sommer 1859 in der Luft, obgleich der Kaiser „noch im Juli 1860" persönlich davon „überzeugt" gewesen sein mag, „daß nur ein autokratisches Regiment die der Monarchie

---

565 Wien, ad Nr. 1338/BM., in: HHStA, IB, BM.-Akten, Krt. 128, Nr. 487/59, fol. 4 (s. dazu auch folg.).
566 In der Tat ließ sich darüber in den Akten auch nichts auffinden.
567 Notiz, Wien, in: AVA, Inneres, OPB, Präs. II, Krt. 134, Nr. 2660/59.
568 Reichsratssitzung, in: HHStA, RR, Gremial, Krt. 193, Nr. 175/57, Bog. 3.
569 So richtig Brauneder/Lachmayer, Österreichische Verfassungsgeschichte, S. 137.

angemessene Herrschaftsform sei, die sie vor dem Auseinanderfallen bewahre"⁵⁷⁰. Dennoch verstand sich Franz Joseph schließlich zu jenen sogenannten *Verfassungsexperimenten*, die bereits im März 1860 mit der Bildung eines verstärkten Reichsrates einsetzten. Und er fand sich zu guter Letzt auch mit dem Ausgleich von 1867 ab.

4.4.5. Abschließende Bemerkungen

Im Zusammenhang mit der Abwicklung der Nationalanleihe hat Brandt „vielfältige Klagen aus den bürgerlichen Mittelschichten der Provinzen" konstatiert⁵⁷¹. Sie würden darauf hinweisen, „daß die Zahlungen in Verbindung mit der gleichzeitigen internationalen Lebensmittelteuerung den Konsum und die Investition einengten und die ohnehin schlechten Möglichkeiten der kleinen und mittleren Kreditaufnahme noch mehr erschwerten". Dies ist insofern ein wenig einseitig, als sich solche und andere *Klagen* sozialer und materieller Natur, die ja oftmals nichts anderes als verdeckte Kritik an den aktuellen Zuständen bedeuteten, ebenso zahlreich aus anderen gesellschaftlichen Kreisen vernehmen ließen. Hierin liegt ja auch eine der aus Sicht der Verfechter des neoabsolutistischen Herrschaftssystems verhängnisvollen Folgewirkungen der Nationalanleihe, wie überhaupt der neoabsolutistischen Innenpolitik: Weite gesellschaftliche Kreise waren „unzufrieden" mit diesem System, trotz unbestreitbarer Errungenschaften, die es vorzuweisen hatte; damit nicht genug, war diese „Unzufriedenheit in der österreichischen Monarchie seit einiger Zeit im Zunehmen begriffen", und sie artikulierte sich „täglich lauter und unumwunden", wie ein kundiger Beobachter, der preußische Legationssekretär in Wien Graf Albert Flemming, schon am 9. Dezember 1858 nach Berlin meldete⁵⁷².

Dennoch ist Brandt beizupflichten, da Verantwortliche wie Bruck, aber auch Bach solcher Kritik, sofern sie aus den Reihen des Bürgertums kam (dem sie trotz ihrer Nobilitierung selbst entstammten) – aber auch aus adeligen Kreisen vor allem in Ungarn und Lombardo-Venetien –, besonders große Bedeutung beigemessen haben dürften. Denn schließlich basierte das neoabsolutistische Modernisierungskonzept, soweit davon denn überhaupt gespro-

---

570 So Brandt: „(...); eine Überzeugung, die in der dynastiebezogenen Geschichte dieses Gebildes ihre tiefbegründete Wurzel hatte." (Neoabsolutismus, 2, S. 818, vgl. auf den S. 817–819 auch eine schöne Analyse der damaligen Einstellung des Monarchen.) Im übrigen präsentiert er uns den Monarchen hier nicht als Ideologen, sondern als pragmatisch denkenden Herrscher.
571 Ebd., S. 700 (s. dazu auch das folg. Zit.).
572 An den Prinzregenten in Berlin, Wien, 9. Dezember 1858, Nr. 121, in: Die Auswärtige Politik Preußens 1858–1871, 1/1, S. 99.

chen werden kann, nicht zuletzt auf der Wohlfahrt dieser Bevölkerungsgruppe.

Auf den allmählich zusammenbrechenden Konsens der Mittelschichten mit der innenpolitischen Wende seit 1849, der allerdings ohnehin von Anfang an nur teilweise bestanden hat, macht auch Kletečka aufmerksam, wenn er, wahrscheinlich in Anlehnung an Stölzl, eine „qualitative Veränderung im politischen Bewußtsein der Liberalen" feststellt[573]. Dabei bezieht er sich zwar zunächst generell auf die „fünfziger Jahre", hebt aber wie Stölzl speziell auf den Beginn des Krimkriegs ab: Seit damals sei sich die „liberale Bourgeoisie" des Zusammenhanges zwischen Ökonomie und Politik so recht bewußt geworden. Dabei verweist er – nun aber anders als Stölzl – auf die „erzwungene riesige Staatsanleihe des Jahres 1854", die praktisch innerhalb eines Jahres für die Mobilisierung eines Heeres ausgegeben worden sei[574]. Den aber „in zunehmendem Maße" als „Geldgeber" herangezogenen „(deutschen) Bürgerlichen" konnte deshalb die „Entwicklung der außenpolitischen Situation des österreichischen Staates nicht egal sein". Dem ist durchaus zuzustimmen, auch wenn von der beschriebenen Entwicklung keineswegs nur die *Deutschen* tangiert waren.

In einer *Konferenz* vom 20. November 1854 meinte Bach, er verkenne zwar nicht die großen „Schwierigkeiten" der „finanziellen Seite" eines eventuell zu führenden Krieges, doch gab er zugleich seiner „Überzeug(un)g" Ausdruck, daß Franz Joseph

> „auch in dem Falle, wenn die äußerste Nothwendigk(ei)t zum Kriege drängen würde, in allen seinen Völkern die sicherste Opferwilligk(ei)t begegnen" und „gewiß jeder Oestreicher die thätigste Hingebung beweisen würde, wenn sie zur Wahr(un)g der wahren Würde u(nd) Ehre des Reiches von seinem kaiserlichen Herrn in Anspruch genommen würde"[575].

Mit dieser Behauptung mochte Bach gar nicht so falsch liegen, wie ich ja auch an einigen Beispielen zu zeigen versucht habe. Aber die Bevölkerung erwartete sich auch Erfolge, nicht nur solche auf dem Kriegsfeld, sondern auch unabhängig davon in finanzpolitischer und sonstiger Hinsicht. Mit anderen Wor-

---

573 Außenpolitische Vorstellungen von Parteien und Gruppen in Cisleithanien, S. 401 (s. dazu auch folg.).
574 Er setzt hinzu, „das schließlich doch nicht kämpfte" (ebd.). Es ist nicht ganz ersichtlich, welche Funktion dieser Beifügung zukommt: Hätten es seiner Meinung nach Mittelschichtangehörige lieber gesehen, wenn es zum aktiven Militäreinsatz gekommen wäre, wenn sie schon Geld für die Armee opfern mußten? Vgl. zur Bedeutung des Krimkriegs für die Unzufriedenheit „des liberalen Bürgertums" Urban, der hierin den „Ausgangspunkt" für dessen „schrittweises Umdenken" sieht (Die tschechische Gesellschaft, 1, S. 199).
575 Abg. in: ÖAGK, 2. Nr. 263, S. 575.

ten, die gemachten Versprechungen mußten wenigstens teilweise gehalten, eingelöst werden. Es kann nur einmal mehr wiederholt werden, daß dies nicht gelang.

Indirekt paßt hierzu eine Warnung in der *Allgemeinen Zeitung*, die noch vor Ausbruch der eigentlichen Krise des Neoabsolutismus erfolgte: Es möge nicht vergessen werden, „daß es in dem großen Land eine emporstrebende, wohlhabende intelligente Mittelclasse gibt, deren Rechte bis jetzt nicht genügend berücksichtigt wurden(,) und zwar zum Schaden der Regierung", hieß es in dem schon weiter oben zitierten Artikel aus der *Preußischen Zeitung* vom 31. Januar 1859[576].

Diese *Classe*, und nicht nur sie, machte zunehmend auf sich und ihre Ansprüche aufmerksam. Die daraus gezogenen Konsequenzen der Machtträger bedeuteten einen ersten Schritt hin zu einer inneren Liberalisierung. Insofern kommt der Nationalanleihe auch eine verfassungspolitische Bedeutung zu. Die von Brandt geäußerte These von der „verfassungspolitischen Gefährlichkeit jeder Defizitwirtschaft und Anleihepolitik"[577] mag in dieser Allgemeinheit doch ein wenig zu sehr von den konkreten historischen Gegebenheiten abstrahieren. Meinte jedoch Reichsrat Purkhart in einem undatierten, aber nach der Niederlage von 1859 verfaßten Gutachten über eventuell zu erlassende Gesetze (Gemeindegesetz, Landesordnungen), mit den Staatsfinanzen sei es in wenigen Jahren dahin gekommen, „daß offenbar nicht länger blinde Kuh gespielt werden kann"[578], dann braucht dem nichts mehr hinzugefügt zu werden.

---

576 Nr. 31, S. 483 (Wien, 28. Januar).
577 Neoabsolutismus, 2, S. 834.
578 HHStA, RR, Gremial, Krt. 194, Nr. 175/59, fol. 326.

Schlussbetrachtung

In der Einleitung zu dieser Studie wurde ausführlich dargelegt, daß die Forschung sowohl mit Blick auf die Geschichte der Habsburgermonarchie im allgemeinen als auch speziell für das Zeitalter Franz Josephs immer wieder nach dem für das schließliche Ende Österreich-Ungarns entscheidenden innenpolitischen Wendepunkt beziehungsweise nach der dafür ausschlaggebenden sogenannten *versäumten Gelegenheit* gefragt hat: Dabei wurden besonders die neoabsolutistische Epoche beziehungsweise die diesem ungefähren Jahrzehnt gleichsam vorgeschalteten Ereignisse der Auflösung des Reichstags von Kremsier, der Nichtrealisierung der Märzverfassung sowie der damit einhergehende allmähliche Übergang zu einer wenigstens der Theorie nach *reinen Monarchie* ins Feld geführt. Die Frage, ob hiermit der Zug gewissermaßen bereits unwiderruflich in Richtung 1918 abgefahren war, wird sich sicher niemals mit ausreichender Sicherheit beantworten lassen und läßt sich insofern als akademisch im Sinne Wandruszkas[1] bezeichnen. Als unbestritten kann aber wohl gelten, daß sowohl die genannten Ereignisse als auch die während der neoabsolutistischen Epoche praktizierte Politik weder eine innere noch eine äußere Stabilisierung der Habsburgermonarchie bewirkten, ungeachtet zahlreicher *modernisierender* und zukunftsweisender Reformen.

Aus dieser Perspektive stellt sich nun die Frage nach dem möglicherweise entscheidenden Wendepunkt innerhalb des Neoabsolutismus. Kann also ab irgendeinem, wenn auch eventuell nicht ganz exakt zu fixierenden Moment der nach menschlichem Ermessen unwiderrufliche Niedergang dieser Epoche festgemacht werden? Diese Frage ist zweifellos ebenfalls komplex und letztlich auch nicht genau zu beantworten. Eine monokausal angelegte Interpretation erscheint von vornherein irreführend: Da war etwa eine wenn schon von Wien nicht in *germanisierender* Absicht verfolgte, so doch jedenfalls von bereits politisierten Teilen der Bevölkerung als *germanisierend* empfundene und von ihnen zum Teil auch als solche instrumentalisierte Nationalitätenpolitik. Da war auch eine stark *zentralistisch* orientierte Innenpolitik, die ungeachtet der damit verfolgten nicht nur machtpolitischen, sondern auch *modernisierenden* Intentionen von gleichfalls politisierten Teilen der Bevölkerung mehr oder weniger entschieden abgelehnt wurde.

Damit soll nicht gesagt werden, daß beispielsweise eine eher dezentral ausgerichtete Regierungspolitik weniger kontraproduktive Wirkungen gezeigt

---

1 Vgl. dazu in der Einleitung, S. 29–30.

hätte. Sogar das Gegenteil ist vorstellbar. So hätte etwa eine nationale sowie politische Wünsche der einzelnen ethnischen Gruppen gebührend berücksichtigende Politik bereits vorhandene autonomistische Tendenzen begünstigen und somit zentrifugale Wirkungen zeitigen können.

Dies sei nun nochmals ganz kurz an einem bisher nicht eigens thematisierten Beispiel erläutert: der Frage der Ausgestaltung des zeitgenössischen Vereinswesens, wobei ich ausnahmsweise auf einschlägige Quellenbelege verzichten will[2]. Im zeitgenössischen Kontext stand in dieser Hinsicht nicht zuletzt die Errichtung sogenannter Filial- oder auch Zweigvereine in einzelnen Kronländern auf der Tagesordnung. Dabei wurde vor allem für die regional bestehenden Landwirtschaftsgesellschaften die Bildung neuer Zweigvereine beantragt. Auf diese Weise sollte etwa in Niederösterreich ein ganzes Netz solcher Filialen entstehen, und zwar mit einem zentralen Sitz, dem die Koordination und Lenkung der Aktivitäten der einzelnen Zweigvereine zugedacht war. Die Anträge wurden ausschließlich mit Sachargumenten begründet, so etwa mit dem Erfordernis einer möglichst flächendeckenden Verbreitung von Kenntnissen über neue Anbaumethoden, um dadurch die Ernteerträge schneller und soweit wie möglich steigern zu können. Insbesondere Mitglieder im Ministerium verschlossen sich diesen Argumenten nicht und versuchten den Kaiser von der Notwendigkeit der Bildung von Zweigvereinen zu überzeugen.

Gegen dieses Unterfangen erhob sich von verschiedener Seite aus vehementer Einspruch. Vor allem Mitglieder des Reichsrats taten sich hierbei hervor. Nicht zuletzt wurde behauptet, daß mit der Bildung von Zweigvereinen die Gefahr einer allmählichen Politisierung ihrer Mitglieder einhergehe. Vor allem an die Bauernschaft dachte man hierbei, also ausgerechnet an jene Gesellschaftsschicht, auf deren Treue sich Franz Joseph nach Ansicht vieler Zeitgenossen auch in politisch schwierigen Zeiten einzig und allein einigermaßen sicher verlassen konnte (ansonsten gab es da lediglich noch die Armee). Dennoch sanktionierte der Kaiser hin und wieder die von einzelnen Ministern beantragte Bildung von Zweigvereinen, wohl auch deshalb, weil sie selbst der jeweilige Reichsratsvorsitzende partiell guthieß[3].

Wäre nun aber diese Politisierung, die übrigens auch für andere Bereiche befürchtet wurde, eingetreten (und viel spricht dafür, daß dies nicht nur im

---

[2] Eine auch nur annähernd umfassend angelegte einschlägige Studie fehlt zu diesem Bereich. Für einige Einzelaspekte s. Wilhelm Brauneder, Leseverein und Rechtskultur; Hans P. Hye, Wiener ‚Vereinsmeier' um 1850; Ernst Bruckmüller, Landwirtschaftliche Organisationen und gesellschaftliche Modernisierung.

[3] Dies hing damit zusammen, daß es bereits Zweigvereine gab. Also hätte man konsequenterweise auch diese verbieten müssen, wozu man aber nicht schreiten wollte. Dann aber erachtete man es aus Gründen der Gleichbehandlung für nicht möglich, jeden weiteren Antrag zur Bildung weiterer Filialvereine zu untersagen.

Bereich des Vereinswesens auch tatsächlich in begrenztem Maße der Fall war), hätte sie dann langfristig das neoabsolutistische Herrschaftssystem gleichsam unterminiert, ihm allmählich den festen Boden unter den Füßen weggezogen? Und hätte es dann auf lange Sicht eventuell gar nicht finanzpolitischer Fehlleistungen wie insbesondere jener der Nationalanleihe von 1854, aber auch des verlorenen Krieges und anderer Dinge mehr bedurft, um die Epoche des Neoabsolutismus zu beenden, wenn auch möglicherweise erst zu einem wesentlich späteren Zeitpunkt?

Nun hätte Wien einer solchen Politisierung zu einem späteren Zeitpunkt entgegentreten, also versuchen können, das Ruder doch noch herumzureißen. Doch hätte eine solche Kehrtwendung eventuell noch negativere, das heißt aus Regierungssicht politisch gefährliche, weil potentiell revolutionäre Konsequenzen gezeitigt. Zugleich kann jedoch eben gesagt werden, daß sich die von Wien aus verfolgte Innenpolitik während des Neoabsolutismus als nicht zielführend im Sinne einer Stabilisierung des Herrschaftssystems erwies.

Insofern traf also auch die 1858 von Czoernig aufgestellte Behauptung einer für diesen Zeitpunkt weithin bereits gelungenen *Neugestaltung Oesterreichs* nicht zu. Tatsächlich hatte er diese Formulierung nicht als erster verwendet. Sie findet sich schon im März 1849 und mithin zum Zeitpunkt der Auflösung des Reichstags im politischen Vokabular Brucks und damit der Regierung[4]. Auch Bach hatte 1856 von der „Neugestaltung des österreichischen Kaiserstaates" gesprochen[5]. Zweifellos bemühten sich nicht nur diese beiden Minister sowohl nach dem Ausbruch der Revolution von 1848 als auch nach ihrer Niederschlagung sowie nach der neoabsolutistischen Wende in verschiedenster Hinsicht um eine solche *Neugestaltung*. Konkret wurde darunter eine *Modernisierung* unter gewissermaßen unpolitischen Vorzeichen verstanden. Die politischen Bedürfnisse der Bürger sollten durch die Befriedigung anderer, insbesondere materiell-sozialer Bedürfnisse gleichsam kompensiert werden: Wohlstand statt politischer Partizipation, materiell-soziale Verbesserungen anstelle konstitutionell gesicherter Freiheiten. So in etwa scheinen sich die damaligen Verantwortlichen eine Stabilisierung und langfristige Sicherung des neoabsolutistischen Herrschaftssystems erhofft zu haben. Nicht umsonst ist in diesem Zusammenhang von einem „Kompensationsfeld für ... nicht erfülltes konstitutionelles Verlangen" gesprochen worden[6].

---

4 Brief an Stadion v. 4. März 1849, Wien, in: Nr. 2072/324, in: AVA, Inneres, Präs., Krt. 660, Nr. 1487/49.

5 An Buol, Wien, 9. Dezember 1856, Nr. 4719/MI., in: HHStA, MA, PA. XL, Interna, Krt. 85, f. *Korresp. mit Bach 1856*.

6 Herbert Matis und Karl Bachinger, Österreichs industrielle Entwicklung, S. 145. Vgl. Richard Tilly, Entwicklung an der Donau, S. 413. Allerdings bezieht er sich offenbar auf den gesamten Zeitraum zwischen 1848 und 1914. Insofern würde dies keine Besonderheit des Neoabsolutismus darstellen.

Nipperdey sieht in diesem Kontext sogar ein „Stück Bonapartismus zur Befriedigung der bürgerlichen Gesellschaft" als gegeben an[7]. Prägnant hat Bernard Michel die vermeintliche Quintessenz der Strategie der neoabsolutistischen Machtträger zusammengefaßt: „Le système néo-absolutiste essaie de concilier des contraires: veut moderniser ... sans recours aux élection."[8]

In diesem Zusammenhang gerät nun auch jene Operation, die im Zentrum meiner Untersuchung stand, in den Blick, beziehungsweise kommt ihr eine wichtige Bedeutung für eine adäquate Analyse des Neoabsolutismus zu. Auch mit Bezug auf die Nationalanleihe beziehungsweise ihre Proklamation wäre es übertrieben, kategorisch von einem entscheidenden Wendepunkt hin zum Schlechteren zu sprechen. Und doch steht die Aufmerksamkeit, die dieses Unternehmen bisher von der Forschung erhalten hat, in einem unverkennbaren Widerspruch sowohl zu der Bedeutung, die ihm schon Zeitgenossen zugewiesen haben, als auch zu seinem Stellenwert für eine adäquate Beurteilung neoabsolutistischer Innenpolitik beziehungsweise der uns hier primär interessierenden Frage des Scheiterns dieser Politik.

Zunächst frappiert die eingehend erörterte Tatsache, daß von Anfang an weder Bach noch Baumgartner genügend Grund dazu hatten, an einen Erfolg der Nationalanleihe zu glauben. An dieser Stelle sei dazu noch auf eine Feststellung Baumgartners vom März 1854 verwiesen, wir befinden uns also im unmittelbaren Vorfeld der Nationalanleihe. Bezogen auf den Krimkrieg meinte er damals, „ein Krieg mit Rußland" würde „uns", also dem Kaiserreich, „jedenfalls ... die größten materiellen Opfer auferlegen". Diese aber müßten bei der gegebenen „Schwierigkeit", im „Auslande Anleihen zu machen", größtentheils durch die eigenen Kräfte des Kaiserstaates" gedeckt werden. Deshalb könne er den „jetzigen Moment zum activen Auftreten, vom finanziellen Standpuncte aus, nicht für geeignet halten, und müßte wünschen, daß eine günstigere Constellation dazu abgewartet werde"[9]. Drei Tage darauf gab er eine fast identisch lautende Stellungnahme ab[10]. Bald darauf aber schlug er bekanntlich eine diametral entgegengesetzte Linie ein. Wir haben in diesem Zusammenhang von einer *Flucht nach vorne* gesprochen und zudem – vor allem mit Blick auf Bach – machtpolitische Überlegungen geltend gemacht. Völlig vermögen solche Erklärungen jedoch nicht zu befriedigen. Der Entschluß

---

7 Deutsche Geschichte 1800–1866, S. 678.
8 Nations et nationalismes, S. 43. Der Autor bezieht sich speziell auf die Verwaltung, doch kann diese Feststellung auf andere Bereiche ausgedehnt werden. Hoensch spricht vom Ziel eines „absolutistisch organisierten Wohlfahrtsstaats" (Geschichte Böhmens, S. 349), Hantsch von einem „auf absolutistischer Grundlage geschaffenen, im übrigen aber doch sehr reformfreudigen Wohlfahrtsstaat" (Geschichte Österreichs, 2, S. 361).
9 So in der *Konferenz* v. 22. März 1854, in: ÖAGK, 1, Nr. 395, S. 701.
10 *Konferenz* v. 25. März 1854, in: Ebd., Nr. 399, S. 712–713.

zur Durchführung der Nationalanleihe bildet einen Vorgang, der sich mit Hilfe rein rationaler Deutungsversuche kaum erklären läßt. Vielleicht kommt diesem Vorgang aber deshalb auch eine exemplarische Bedeutung insofern zu, als er zeigt, auf welch verwickelten Wegen menschliche Entscheidungen manchmal zustande kommen.

Hinzu kommen insbesondere die im Zuge und nach der am 4. Juli erfolgten Verkündigung des kaiserlichen Patents vom 26. Juni öffentlich proklamierten Zielsetzungen. Zunächst einmal war die Nationalanleihe eine finanzpolitische Zwecke verfolgende Operation. Selbst wenn man sich aber darauf beschränkt hätte, sie lediglich als ein solches Unternehmen zu propagieren, hätte sich das in dieser Hinsicht eingetretene tatsächliche Scheitern aus Sicht der Verantwortlichen bereits als äußerst problematisch erweisen können, und zwar nicht zuletzt in verfassungspolitischer Hinsicht, wie im abschließenden Kapitel dieser Studie aufgezeigt wurde. Doch versuchten ja die für die Beschlußfassung über die Nationalanleihe hauptsächlich Verantwortlichen – Bach, Baumgartner sowie der Kaiser höchstpersönlich – das Unternehmen noch in verschiedener anderer Hinsicht als eine ebenso zweckmäßige wie zielführende und für die Bevölkerung ersprießliche Operation zu verkaufen. Dabei blieb kein wichtiger Bereich ausgespart, wurden doch sowohl ebenso einschneidende wie unumkehrbare soziale, materielle, außenpolitische sowie im Sinne einer Systemstabilisierung innenpolitische beziehungsweise nationalitätenpolitische Verbesserungen prognostiziert.

Darin lag jedoch vielleicht noch nicht die eigentliche Brisanz des Vorgangs. Als besonders problematisch mag sich vielmehr die Tatsache erwiesen haben, daß sich Wien in dieser Hinsicht zu ebenso unzweideutigen wie festen Versprechungen verstieg. Zumindest unbedarften Bürgern mochte es deshalb erscheinen, als würde die Erreichung aller Zielsetzungen einzig und allein von ihrem eigenen finanziellen Engagement beziehungsweise von der ausreichenden Beteiligung aller zu Subskriptionen aufgerufenen Bevölkerungskreise und also von dem Erreichen der projektierten 500 Millionen Gulden abhängen. Einen um so nachteiligeren, teilweise wohl auch verheerenden Eindruck muß dann die bei manchen allmählich, bei anderen vielleicht auch schlagartig einsetzende Erkenntnis hinterlassen haben, daß all die verkündeten Versprechungen nicht eingehalten wurden.

Vielleicht glaubten aber gewisse Teile der Bevölkerung den gemachten Versprechungen von vornherein nicht. In dieser Hinsicht ist nun folgende Äußerung von Karl Marx von Interesse, die am 22. März 1854 in der *New York Daily Tribune* erschien und auf die uns gleichfalls schon bekannte Lotterieanleihe anspielt:

„The *Lloyd*, of course, assures that this grand financial operation … must and will do away with the existing depreciation of the Austrian currency. Your readers will not have forgotten that it was this pretext which introduced almost every Austrian loan in this century."[11]

Zeitungsleser in der Habsburgermonarchie bekamen diese Zeilen nicht zu Gesicht. Doch dürfte die Proklamation der Lotterieanleihe bei nicht wenigen in diesem Reich lebenden Menschen auch so recht genau jene von Marx betonte Assoziation hervorgerufen haben. Dazu muß man auch kein Zeitungsleser, vielleicht noch nicht einmal in besonderem Maße finanzpolitisch interessiert oder versiert gewesen sein. Vielmehr mag dazu auch schon ein gewisses Mißtrauen gegenüber vollmundig verkündeten Versprechungen egal welcher Provenienz genügt haben. Diese Überlegung läßt sich nun auch auf das kaiserliche Patent vom 26. Juni 1854 übertragen. Seine Lektüre beziehungsweise seine anderweitige Kenntnisnahme dürfte teilweise einen ähnlich skeptisch-ironischen Kommentar hervorgerufen haben, wie er ja auch aus den Worten von Marx spricht. Mit anderen Worten, ein nicht genau bestimmbarer Bevölkerungsteil mag den gemachten Versprechungen von vornherein nicht geglaubt haben. Dies würde aber am Ergebnis meiner Analyse nicht viel ändern, ganz im Gegenteil: Man könnte dann annehmen, daß die Regierung wenigstens bei solchen Personen ihr finanzpolitisches Renommee schon verspielt hatte. Und da die finanzpolitische Gesundung eine Voraussetzung etwa für die Stärkung des außenpolitischen Renommees bildete, dürften sie dann überdies schon gar nicht an die Einlösung der übrigen Versprechungen geglaubt haben.

Noch in einer anderen Hinsicht hatte man falsche Versprechungen gemacht: Was theoretisch als freiwillige Anleihe verkündet worden war, trug praktisch in vielerlei Hinsicht Züge einer Zwangsanleihe. Faktisch kamen die Verantwortlichen um Praktiken wie etwa die regional teilweise flächendeckende Anrepartierung von Subskriptionsbeträgen und anderes mehr nicht herum, weil sie sich darüber bewußt waren, daß auf anderem Wege unmöglich die halbe Milliarde Gulden subskribiert werden würde; und insofern bildet die Nationalanleihe auch keine *versäumte Gelegenheit*, da die Realisierung einer Anleihe auf freiwilliger Basis wenigstens von solchen Dimensionen von vornherein außerhalb aller Möglichkeiten lag. Wie ich zudem ausgeführt habe, hätten weite Bevölkerungskreise den Zwangscharakter des Unternehmens mit der Zeit eventuell vergessen oder ihren damit verbundenen Ärger verdrängt, wenn sich das Unternehmen als Erfolg herausgestellt hätte. So aber erwies sich dieser Charakter gleich in doppelter Hinsicht als kontraproduktiv: Er hinterließ zunächst einen negativen Eindruck, der sich dann eben

---

11 Nr. 4033, in: MEGA, I/13, S. 95.

durch die Nichterreichung der versprochenen Zielsetzungen noch verfestigen mußte. Auf diese Weise dürfte die Nationalanleihe auch wenigstens für eine gewisse Zeit in negativer Form Eingang in das gefunden haben, was man heute gerne das *kollektive Gedächtnis* nennt.

In diesem Zusammenhang seien auch Anmerkungen von Andreas Hohenwarth angeführt. Der Graf ist uns ja schon des öfteren als ein recht aufmerksamer Chronist neoabsolutistischer Innenpolitik begegnet. In Aufzeichnungen, die bereits vom 5. Dezember 1853 datieren und *Den Zuständen Ende 8br* [Oktober] *1853* gewidmet sind, hielt er fest, die *Österreichische Korrespondenz* habe vor drei Tagen herausgehoben, daß „ungeachtet so grosser Hindernisse und Stürme nach 5jähriger ... Anstrengung ‚die Österreichische Idee' durchgeführt erscheine"[12]. Hohenwarth ist nicht unbedingt als Gegner der nach dem Ende der Revolution erfolgten innenpolitischen Wende einzustufen. Der inhaltliche Kontext seiner Darlegungen zeigt aber klar, daß er starke Zweifel an der Berechtigung der zitierten Worte aus dem „Organ der Regierung" hatte.

So erklärte er, die verantwortlichen Kräfte hätten die von ihm ausgemachte *Österreichische Idee* schon „nach der ersten Hälfte" der seit der Revolution vergangenen „fünf Jahre aufgegeben". Konkret verstand er unter dieser Idee „das einige Oesterreich realisirt in der einstimmigen Vertrettung aller oesterreichischen Kronlande u(nd) ihren Rechten und Pflichten mit dem konstitutionellen Kaiser an der Spitze". Dies erinnert stark an den kaiserlichen Wahlspruch *viribus unitis*, und in der Tat setzte Hohenwart seine soeben zitierten Worte mit „viribus unitis", mit „aus vereinten Kräften" gleich. Die „oesterreichische Idee von heute" sah er durch den „absoluten Willen" des Monarchen „zu möglich gleichen Einrichtungen und Leistungen" ungeachtet „einiger nicht entscheidender" Konzessionen an „nazionelle" Unterschiede charakterisiert: Sie bedeutete für ihn soviel wie „viribus unitis aus vereinten Mannen!" Doch waren diese *Mannen* ihm zufolge nicht die Einwohner des Reiches; vielmehr dachte er dabei an die „bewaffnete Macht": Die Armee stellte laut ihm nach „Aussen", aber eben auch nach „Innen" hin die „ausschliessende", das heißt die ausschließliche „Grundfeste" der Monarchie dar. Diese Einschätzung haben auch andere Zeitgenossen geteilt. Schon am 4. Dezember 1848, also unmittelbar im Anschluß an die Thronbesteigung Franz Josephs, bezeichnete Erzherzog Ludwig die „Armee" als die „einzige in der Monarchie" vorhandene Einrichtung, „auf deren Treue und Ergebenheit der Kaiser rechnen konnte". Dies müsse erhalten werden, wozu der „Franzi ... das Meiste beytragen werde"[13]. Der jugendliche Herrscher versuchte zweifellos

---

12 Und. (aber am 5. Dezember 1853), in: AVA, NL Hohenwart Weingarten, Krt. 14 b, f. *Weingarten Mannigfaltiges aus dem Gedächtnis aufgezeichnet, 1854*, Bog. S.
13 An Sophie, Ischl, 4. Dezember 1848, in: HHSTA, NL Sophie, Schachtel 8, fol. 146–147.

von Anfang an, einen solchen Beitrag zu leisten, und auch heute vertreten Historiker noch eine solche Sichtweise. Allerdings verweisen sie dabei zumeist noch auf zwei weitere Stützen des neoabsolutistischen Herrschaftssystems, nämlich die Bürokratie sowie die Kirche[14].

Wie aber hätte sich Hohenwart gut fünf Jahre später geäußert, als der Krieg in Norditalien unmittelbar vor der Tür stand, das Ende der Subskriptionsphase der Nationalanleihe lange zurücklag und auch die mit dieser Operation verbundene Einzahlungsphase ihrem allmählichen Ende zuging? Wir wissen es nicht. Aber aufgrund der inzwischen wenigstens in Lombardo-Venetien immer mehr angespannten innenpolitischen Lage dürfte er Anfang 1859 in der Armee eine noch stärkere, noch unerläßlichere Stütze von Dynastie, Kaiser und Reich erblickt haben. Und da er ja, wie im zweiten Kapitel erwähnt, die Finanzlage als *Achillesferse* der Monarchie bezeichnete[15], erscheint die Annahme berechtigt, daß er als einen Grund für die entstandene Situation auch die innenpolitisch bedenklichen Folgen der Nationalanleihe angeführt hätte.

Kommen wir damit nochmals auf das kaiserliche Motto *viribus unitis* zurück: Bereits in der Einleitung wurde der eigentliche Erfinder der Nationalanleihe, der Innsbrucker Kaufmann Johann Boscarolli, mit der Bemerkung zitiert, daß im Falle einer Durchführung dieser Operation der kaiserliche „Wahlspruch ... viribus unitis auf eine so schöne Weise zur vollen Wahrheit" würde[16].

Insofern Boscarolli bei der Formulierung dieser Worte ein Zusammenwirken zwischen Kaiser und Bevölkerung im Auge hatte, verlieh er diesem Motto einen spezifischen Sinn. Er entsprach in gewisser Weise durchaus jenem Sinn, der dem Wahlspruch zum Zeitpunkt der Thronbesteigung Franz Josephs zugewiesen wurde. Denn damals konnte sein Wahlspruch aufgrund der herrschenden innenpolitischen Situation so verstanden werden, daß sich der junge Herrscher „nicht weigern" würde, die „verschiedenen Völker der Monarchie ... an der Regierung teilhaben zu lassen"[17]. Freilich mochte man oftmals mehr auf die Umsetzung des Mottos in diesem Sinne gehofft haben, als davon überzeugt gewesen sein, daß es auch tatsächlich dazu kommen würde.

Auch Wessenberg verband im Dezember 1848 offenbar fortschrittliche Implikationen mit der „Devise des neuen Kaisers von Oesterreich". Jedenfalls deutete er sie damals als Willen, zwischen Herrscher „und Volk ein Zusammenwirken für die Wohlfahrt des Staats" zu erreichen[18]. Ohne es konkret aus-

---

14 S. dazu etwa bei Rumpler, Eine Chance für Mitteleuropa.
15 S. dazu w. o. S. 247.
16 Plan, ohne alles, ad Nr. 8421/FM., in: FA, FM, Präs., Nr. 8421/54, fol. 12.
17 Bérenger, Die Geschichte des Habsburgerreiches, S. 606.
18 Undat. Tagebucheintrag (aber sehr bald nach Verkündigung des Wahlspruchs), in: HHStA, NL Wessenberg, Krt. 13, Inv.nr. 112, fol. 11.

zusprechen, dachte er dabei aller Wahrscheinlichkeit nach an eine konstitutionelle Zukunft der Monarchie. Denn wir haben ja gesehen, daß sich für den ehemaligen Ministerpräsidenten nur auf diesem Wege die finanzielle Gesundung des arg zerrütteten staatlichen Finanzwesens erreichen ließ. Auf genau diesen Nexus zwischen finanzieller Erholung und einem konstitutionellen Verfassungszustand hob Ende April 1851, als bereits bedrohlich dunkle Gewitterwolken über der konstitutionellen Zukunft der Monarchie hingen, auch ein offensichtlich relativ regelmäßiger Informant von Innenminister Bach mit Decknamen Julius in einem für den Minister bestimmten Bericht über die Stimmungslage in Wien ab: Danach vermochte „nur das Volk selbst in seinen Vertretern" der finanziellen „Kalamität des Staates abzuhelfen und seine Schulden zu zahlen":

> „(…) nur *viribus unitis* kann das geschwundene Vertrauen wieder hergestellt werden; die Regierung allein, welche den Bankerott der Nationalbank durch den Zwangscours schützt, wird es schwerlich vermögen!"[19]

Und als am 8. März 1849, also unmittelbar nach der Auflösung des Kremsierer Reichstags und dem Verfassungsoktroi, ein unbekannter, aber dem Ministerium jedenfalls nahestehender Autor in der offiziellen *Wiener Zeitung* die Frage stellte: „Was aber will und soll dieser herrliche Spruch bedeuten?"[20], kam er zu folgendem, scheinbar eindeutigem Ergebnis:

> „Er enthält nichts weniger, als die feierliche, öffentliche Lossagung von aller Autokratie und allem Absolutismus, von jeder Allein- und Willkühr-Herrschaft, – kurz er ist die offene und bleibende Manifestation des reinen volksthümlichen Constitutionalismus, die volle Anerkennung unseres obersten Staatsgrundprinzipes und unserer Errungenschaften."

Diese Zeilen entsprachen grundsätzlich der Deutung Wessenbergs, waren in ihrer Diktion aber wesentlich zugespitzter. Zusätzliche Bedeutung verlieh ihnen die richtige Beobachtung, daß das „Publikum" allerdings „daran gewöhnt" war, in diesem Blatt den „Ausdruck der Regierungsansichten zu erblicken", wie es Innenminister Stadion in einem Schreiben von Ende 1848 an die Kabinettsmitglieder formulierte[21]. Und auch Worte des Monarchen, welche die Proklamation der Märzverfassung in Form eines kaiserlichen Manifests begleiteten, scheinen dies zu bestätigen: Groß sei das [zu erbauende] Werk, aber

---

19 Wien, 25. April 1851, in: AVA, NL Bach, Krt. 20, f. *Politische Berichte, s.f. 1851.*
20 *Wiener Zeitung*, Art. *Viribus Unitis* (Abendbeilage, Nr. 58, S. 229; s. dazu auch das folg. Zit.).
21 Wien, 26. Dezember 1848, Nr. 436/RMI., in: AVA, Inneres, Präs., Krt. 612, Nr. 436/48, fol. 32; vgl. HHStA, AM, PA. XL, Interna, f. *Korresp. m. Inneren Behörden 1848XII–49*, Krt. 62, fol. 3.

gelingen werde es „den ‚vereinten Kräften'", meinte Franz Joseph, nachdem er die „Reichsverfassung" im Falle ihrer Realisierung als „Bollwerk ... euerer Freiheit" sowie „als Bürgschaft für die Macht, den Glanz, die Einheit der Monarchie" hervorgehoben hatte[22].

Mit dem Zitieren dieser eindeutigen Worte und Formulierungen könnte man es nun bewenden lassen, wäre es schließlich nicht ganz anders gekommen. Dabei ist nicht auszuschließen, daß der junge Monarch beziehungsweise der damalige Ministerpräsident Schwarzenberg von Anfang an mit einer Abkehr vom konstitutionellen Weg geliebäugelt haben mögen. Als Beleg hierfür kann jene Begründung für die Wahl des kaiserlichen Mottos angeführt werden, die Schwarzenberg für dessen wohl letztlich auf seinen „Rat" zurückgehende Formulierung[23] gefunden hat:

> „Nur wenn alle Völker Oesterreichs, auf der Grundlage gleicher Rechte und gleicher Pflichten, berufen sind, mit vereinten Kräften den Bau der Größe des gemeinsamen Vaterlandes zu fördern, kann das hohe Ziel, das E.(uer) M.(ajestät) vorschwebt, erreicht werden."[24]

Schlitter hat wohl recht, wenn er deshalb vermutet, daß „die verschiedenen und oft sich widerstrebenden nationalen Kräfte Österreichs zu einem harmonischen Zusammenwirken" veranlaßt werden sollten, basierend auf dem vom Kaiser „als den leitenden Gedanken seiner Regierung anerkannten und ausgesprochenen" Prinzip der „Gleichberechtigung aller Völker"[25]. War dies tatsächlich die Absicht der Machtträger, dann mochte die Monarchie wenigstens in nationalitätenpolitischer Hinsicht einer *fortschrittlichen* Zukunft entgegengehen. Aber das Vorhaben, weiterhin einen konstitutionellen Kurs zu halten, kann diesen Darlegungen noch nicht einmal indirekt klar beigemessen werden.

Bei einem Vergleich der Darlegungen des Ministerpräsidenten mit jenen in der *Wiener Zeitung* fällt noch etwas anderes auf: Wie war es möglich, diesem Wahlspruch in dem offiziellen Regierungsblatt eine so ganz andere Stoßrichtung zu verleihen, als es der Fürst gut einen Monat zuvor in seinem einschlägigen Vortrag getan hatte? Stehen wir hier lediglich einem weiteren Beleg unter vielen anderen für die mangelhafte Koordination zwischen einzelnen Regierungsstellen gegenüber? Oder manifestiert sich hier nur besonders deutlich die Tatsache, daß die Aufsicht der Redaktion der *Wiener Zeitung* durch das Innenministerium zum damaligen Zeitpunkt noch alles andere als rei-

---

22 Die österreichischen Verfassungsgesetze, Nr. 40, S. 105–106.
23 So wenigstens Schlitter, Versäumte Gelegenheiten, S. 5.
24 Vortrag v. 6. Februar 1849, Wien, MRZ. 409/49, in: Ebd., Anh. I, S. 75.
25 Versäumte Gelegenheiten, S. 5 (hier beinahe wörtlich aus Schwarzenbergs Vortrag zit.).

bungslos funktionierte, so daß es dem verantwortlichen Redakteur möglich war, seine eigenen Auffassungen unkontrolliert zu publizieren[26]? Eventuell belegt dieser Widerspruch sogar bestehende Meinungsverschiedenheiten zwischen einzelnen Regierungsinstanzen, in diesem Fall zwischen Innenminister Stadion einerseits und Schwarzenberg andererseits.

Freilich könnte es sich auch anders verhalten haben. Man mag sich innerhalb des Ministerrates selbst nicht ganz über die konkrete inhaltliche Bedeutung des Wahlspruchs im klaren gewesen sein, beziehungsweise man verschrieb sich jeweils der infolge der augenblicklich gegebenen Zeitverhältnisse am geeignetsten erscheinenden Deutungsalternative. Wie sind dann die zitierten Ausführungen Schwarzenbergs zu beurteilen? Wohnte ihnen nur ein fakultativer und also nicht bindender Charakter inne? Welcher Stellenwert, welcher Verbindlichkeitsgrad wäre Franz Josephs Wahlspruch dann überhaupt beizumessen? War die Entscheidung für *viribus unitis* vielleicht selbst eher Ausdruck einer Verlegenheit? Entsprang sie mehr momentanen Zeitumständen, historischen Zwängen als grundsätzlichen, über den Moment hinausweisenden programmatischen Überlegungen? Ganz so hat es 1924 der aus einer stark liberal geprägten Perspektive her argumentierende Historiker Viktor Bibl mit Blick auf den Herrschernamen des Kaisers behauptet, dessen Wahl er als „einen klug berechneten Schritt" und als „eine Konzession an die Zeitideen" bezeichnete[27]. Den Machtträgern mochte in Anbetracht der konkreten historischen Situation auch *viribus unitis* als der angemessenste Wahlspruch erschienen sein. Dabei mochte nicht zuletzt die Überlegung eine Rolle gespielt haben, daß sich diese Worte verschiedenartig deuten ließen und also auf ganz unterschiedliche historische Situationen angewendet werden konnten. Hierin könnte man ihren *politisch-taktisch-strategischen* Wert erblickt haben. Dann aber dürfte man ihnen keinesfalls mehr als nur instrumentelle Bedeutung beimessen.

Eine solche Deutung drängt sich unter Berücksichtigung der nachfolgenden verfassungspolitischen Entwicklung auf. Und wie Hohenwarths Deutung zeigt, finden sich schon während des Neoabsolutismus selbst Stellungnahmen, die *viribus unitis* eine alles andere als *fortschrittlich-liberale* Intention beilegen. Von Interesse erscheint diesbezüglich auch ein wohl für Feldmarschall Radetzky gedachter Bericht vom 25. November 1853: Darin beschäftigte sich der Direktor der 1849 ins Leben gerufenen lombardisch-venezianischen Direktion für Wasser-, Straßen- und Hochbau mit eingreifenden, dieser Einrichtung bevorstehenden administrativen Änderungen. Danach lag „bis

---

26 Es wäre reizvoll, hierüber sowie über die vielfachen, nur bedingt von Erfolg gekrönten Bemühungen, den vorhandenen Mängeln Abhilfe zu schaffen, eine eigene Studie zu verfassen.
27 Von Revolution zu Revolution, S. 167.

zum 1t.(en)d.(es)M.(onats)" die Amtsgewalt dieser „Oberbehörde" bei „einem einzigen Chef ... vereinigt" und „beruhte" dabei „auf dem von dem Wahlspruch Seiner Majestaet des Kaisers aufgestellten Grundsatz ... Viribus unitis"[28]. Demnach erblickte der Direktor das charakteristische dieses Mottos also in der Realisierung zentralistischer Verwaltungsgrundsätze. Dazu passen auch weitere seiner Darlegungen. So beklagte er die „Abreissung" der „Verwaltung des Betriebes von der Oberdirektion" und die damit einhergehende „Übertragung" derselben auf „eine eigene Direktion". Und anstelle des „so einfach und so zweckmässig eingerichteten" bisherigen zentralistischen Verwaltungssystems drohte nunmehr gar eine „achtköpfige Leitung". Ihr großer „Nachtheil" bestand dann in der „unvermeidlichen Commissionirung" von „Geschäften", die „bisher, weil unter eine Leitung gestellt, ihre schnelle Erledigung ohne Kosten fanden". *Viribus unitis* gleich Zentralismus, eine solche Deutung zählte damals nicht nur noch weitere Anhänger, sondern sie ist auch heute noch anzutreffen, wie das Beispiel von Bled zeigt: Ihm zufolge wollte der junge Monarch durch den Wahlspruch „seine Absicht zu verstehen ... geben", Österreich „in einen einheitlichen Staat umzuwandeln"[29].

Nun handelt es sich bei der soeben angeführten Auslegung eines höheren, in die neoabsolutistische Machthierarchie eingebundenen Verwaltungsbeamten gewissermaßen um eine Selbstdeutung der Herrschenden. Sie reflektierte lediglich den tatsächlichen innenpolitischen Status quo: Denn zentralistisch zugeschnitten war das Reich gegen Ende 1853 allemal, wenn auch partiell weniger stark, als es bei flüchtigem Hinsehen erscheinen mag. Und die Interpretation der politischen Wirklichkeit in einem offiziellen Schreiben konnte angesichts einer sich mittlerweile als absolutistisch bezeichnenden und auch vielfach so verhaltenden Staatsmacht kaum kritisch ausfallen, es sei denn, sein Verfasser wollte sich bewußt dem Risiko negativer beruflicher Konsequenzen aussetzen.

---

28 Verona, in: KA, NL Radetzky, B/1151, C, Nr. 4 (s. dazu auch folg.).
29 Franz Joseph, S. 89. Demnach scheint er dem Motto also bestenfalls sekundär konstitutionelle Absichten beizulegen. Eine besonders schöne, auch visuell versinnbildlichte Deutung enthält im übrigen eine von Eduard v. Ambach im Jahre 1857 publ. Schrift mit dem programmatischen Titel *Der junge Staatsbürger oder: Wie wird man ein braver Unterthan? Ein lehrreiches Buch den Söhnen Oesterreichs zum besseren Verständnisse des kaiserlichen Wahlspruches: ‚Viribus unitis'* (Wien 1857): Dieser deutlich religiös inspirierte Verfasser – nicht umsonst wurde sein kleines Werk in der „Mechitharisten-Congregations-Buchdruckerei" gedruckt – wollte darunter „besonders" das Zusammenwirken der Kräfte aus dem „Lehr-, dem Wehr- und dem Nährstande" verstanden wissen (ebd., S. 3), wobei er als „lehrende" Kraft wohlgemerkt die Kirche ansah. Daneben war da noch der Priester mit der Heiligen Schrift sowie der Soldat mit einer Fahne, in die die Worte *Für Gott Kaisertum Vaterland* eingelassen waren, und schließlich der Bauer mit einem Pflug (s. dazu im Buchinnern Wiedergabe eines Stahlstichs aus einer Nürnberger Kunstanstalt). Über diesen drei schwebte, von einem gebundenen Lorbeerkranz umgeben, der Kaiser, gleichsam als vereinheitlichende Kraft.

Leopold v. Gerlach, seines Zeichens General und seit 1850 Generaladjutant des preußischen Königs, mußte solche Rücksichten nicht nehmen. Ungeachtet seiner betont konservativen und antikonstitutionellen Haltung beurteilte er die Zustände der Monarchie durchaus kritisch. Auch das kaiserliche Motto beziehungsweise die Art und Weise seiner praktischen Umsetzung mißfiel ihm: Schon im Mai 1853 hatte er nach einem Besuch des ihn verständlicherweise als „collossal" anmutenden, weil wirklich sehr großen Wiener „Zeughauses" erklärt, in diesem Gebäude scheine das „viribus unitis" zu weit getrieben[30]. Diese Bemerkung mag noch rein ironisch, gänzlich unpolitisch intendiert gewesen sein. Anders verhält es sich dagegen mit Worten, die er am 18. Oktober 1858 von Brixen aus an seinen Bruder Ernst L. v. Gerlach richtete: Da nannte er den „Tiroler Krieg" [gemeint ist der sogenannte *Freiheitskrieg* von 1809] als „doch wirklich etwas Großes"[31]. Doch welchen „Lohn" erhielten diese „armen Leute" nunmehr für ihr heldenhaftes Handeln? Sie wurden „jetzt wie Kroaten, Panduren, Heiducken, Rumänen, Italiener und Polacken behandelt", was Gerlach mit den lapidaren Worten „Viribus unitis, Staatsbildung usw." kommentierte[32]. Und schon am 20. Dezember 1851 hatte er die „furchtbare Centralisation, d.(as) h.(eißt) den vollständigen Despotismus" kritisiert, der seiner Behauptung nach in der Donaumonarchie praktiziert wurde und den er mit „viribus unitis" gleichsetzte[33].

Frei reden konnte nach seinem am 17. Mai 1859 vollzogenen Rücktritt als Außenminister auch Buol und mithin ein Hauptvertreter des neoabsolutistischen Herrschaftssystems. Besonders aufschlußreich erscheint in dieser Hinsicht eine Denkschrift vom Juli des Jahres, als das neoabsolutistische Herrschaftssystem seine bisher schwerste innenpolitische Krise durchlebte. Darin bezeichnete er es als „nicht genügend", daß „alle Volksstämme Oesterreichs in einem tapfern Heere ... geeinigt seyen"[34]: Erforderlich war ihm zufolge vielmehr ein „Zusammenwirken ... aller Stände, aller Confessionen, aller Culturstufen, um der Monarchie Kraft und Ansehen zu verleihen". Dies bedeutete wohlgemerkt noch kein Plädoyer für eine konstitutionelle Monarchie. Aber der in Wien geborene Graf trat hier doch eindeutig für die Bildung von

---

30 Tagebucheintrag v. 22. Mai 1853, in: Denkwürdigkeiten aus dem Leben Leopold von Gerlachs, S. 39.
31 Abg. in: Von der Revolution zum Norddeutschen Bund, 2, Nr. 386, S. 952 (s. dazu auch folg.).
32 Unter *Heiducken* oder auch *Haiduken* ist eine 1605 in Ungarn angesiedelte Miliz zu Fuß zu verstehen, die militärische Dienste leistete. Auch Gerichtsdiener wurden später so genannt. Als *Panduren* wurden ursprünglich die bewaffneten Lakaien des magyarischen Adels bezeichnet. Später wurde aus ihnen ein einheitlicher bewaffneter Verband gebildet, der in die österreichische Armee eingegliedert wurde.
33 An Bismarck, Charlottenburg, in: Briefe des Generals Leopold von Gerlach, Nr. 3, S. 5–6.
34 Unsign. (aber von Buols Handschrift), o.O., undat. (aber „geschrieben im Juli 1859"), in: HHStA, AM, PA. XL, Interna, Krt. 51, f. *Interna, Vorträge 1859*, fol. 125 (s. dazu auch folg.).

Landesvertretungen und eines Reichsrats ein, dem „einigermaßen die Attribute einer Reichsvertretung"[35] mit bestimmten, eventuell auch gesetzgebenden und budgetrechtlichen Kompetenzen zukommen sollten[36]. Gerade in diesem Zusammenhang erklärte er aber auch: „Was vor allem Noth thut, ist(,) daß der schöne Wahlspruch viribus unitis eine volle Wahrheit werde."[37] Dagegen „mochte" das für ihn sicherlich auch erstrebenswerte „Werk der vollen Verschmelzung aller Interessen ... den kommenden Jahrhunderten vorbehalten bleiben!" Seiner Meinung nach war der eigentliche Inhalt des kaiserlichen Mottos also bisher noch nicht beziehungsweise nur teilweise und/oder falsch umgesetzt worden.

Die endlich *richtige* Umsetzung des kaiserlichen Mottos: Auch schon Julius, Bachs erwähnte Vertrauensperson, hatte 1851 darauf gedrungen, wenn er forderte, „die Devise unseres jugendlichen Monarchen ... zur beruhigenden, beglückenden Wahrheit zu machen!"[38] Doch hatte er hierbei etwas Entscheidendes übersehen: *Viribus unitis* ließ offensichtlich viele Deutungsmöglichkeiten zu.

Dies verweist zurück auf die bereits angerissene Überlegung, inwiefern es sich bei der Wahl des Mottos als auch bei der Namensgebung für den neuen Herrscher um reine Machtpolitik gehandelt hat. Und lag gerade die Stärke sowohl von *viribus unitis* wie von *Franz Joseph* in ihrer vielseitigen Ausdeutbarkeit begründet beziehungsweise darin, daß gerade aufgrund dieser vielseitigen Ausdeutbarkeit selbst ein *reaktionärer* Umschwung, wie er dann ja in drastischer Weise eintreten sollte, nach außen hin gegen den Vorwurf des offenen Betrugs, des eindeutigen Bruchs eines ebenso eindeutig gegebenen „Versprechens" verteidigt werden konnte[39]? Waren die Machtträger also gleichsam geschickte, weil nicht eindeutig des Betrugs zu überführende Personen? Aber dennoch Betrüger, die insofern vorsätzlich handelten, als sie von vornherein nicht daran dachten, die von ihnen unter anderem im Kremsierer Programm der Bevölkerung in Aussicht gestellten konstitutionellen, nationalitätenpolitischen sowie sonstigen Institutionen und Regelungen jemals zu realisieren? Demnach hätte Franz Joseph also bereits im Moment seines Machtantritts faktisch den ersten Verrat an seinen Untertanen begangen. Seine lange, beinahe sieben Jahrzehnte umfassende Herrschaftszeit würde dadurch also von Anfang an mit dem Makel der Unaufrichtigkeit, ja des falschen Spiels und Verrats belastet, wie es ihm später auch wiederholt vorgeworfen wurde. Und so gesehen hätte Rogge recht, wenn er 1872 schrieb:

---

35 Ebd., fol. 123.
36 S. dazu ebd., fol. 120–121.
37 Ebd., fol. 125 (s. dazu auch folg.).
38 Stber., Wien, 25. April 1851, in: AVA, NL Bach, Krt. 20, f. *Politische Berichte*, s.f. *1851*.
39 Rumpler beurteilt den Wahlspruch als „zumindest ein Versprechen" zur „Zusammenarbeit aller politischen Kräfte" (Eine Chance für Mitteleuropa, S. 305–306).

Schlußbetrachtung

„Die Devise ‚*viribus unitis*' ... war nicht so zu verstehen, als sollte dabei der Parlamentarismus den geeinten Völkern als Leitstern dienen – sondern, wie der Börsenwitz sie übersetzte: ‚mit aller Gewalt'!"⁴⁰

Sollte es sich so verhalten haben, so war dies sicherlich problematisch, auch was die öffentliche Wirkung anbetraf. Dennoch hätte die Bevölkerung vielleicht ihren darüber entstandenen Ärger, ihre dadurch hervorgerufene Enttäuschung mehr oder weniger bereitwillig vergessen, wenn die von den neoabsolutistischen Machtträgern betriebene Politik so erfolgreich und für den einzelnen segensreich gewesen wäre, wie es ebendiese Machtträger versprochen hatten. Hiermit schließt sich nun der Kreis, wir sind erneut bei der Nationalanleihe angelangt. Mehr als bei anderen wichtigen Projekten des Neoabsolutismus hatte man im Zuge ihrer Verkündigung vollmundige Versprechungen gemacht. Doch erwies sie sich eben in praktisch allen Belangen als Fehlschlag, mit entsprechenden Folgen für die Stimmung der Bevölkerung. Und da überdies das weitgehende Scheitern dieser Operation für die Verantwortlichen zumindest vorhersehbar war, trugen die für die Beschlußfassung und die Durchführung der Nationalanleihe verantwortlichen Kräfte auf ihre Weise dazu bei, daß der so schön klingende Wahlspruch *viribus unitis* mit der Wirklichkeit immer weniger gemein haben sollte. Spätestens 1918 mußten dies auch die letzten unverbesserlichen Optimisten begreifen.

---

40 Oesterreich von Világos bis zur Gegenwart, 1, S. 72.

Quellen- und Literaturverzeichnis

(A) QUELLEN

Ungedruckte Quellen

(I) Allgemeines Verwaltungsarchiv – Wien
(1) *Ministerium des Innern*
(1a) *Inneres*
  Präsidium, Kartons (ausgewählte Kartons)
  Allgemeine Registratur (ausgewählte Kartons)
(1b) *Oberste Polizeibehörde*
  Präsidium I, Kartons 1–54 (gesamter Aktenbestand)
  Präsidium II, Kartons 1–139 (gesamter Aktenbestand)
  Department-Registratur (ausgewählte Kartons)
(2) *Ministerium des Handels*
  Präsidium (einzelne Aktennummern)
(3) *Ministerium der Justiz*
  Präsidium, Kartons 1–7 (gesamter Aktenbestand)
(4) *Ministerium für Kultus und Unterricht*
  Präsidium, Kartons 1–35 (gesamter Aktenbestand)
(5) *Nachlässe*
  Nachlaß Bach, Kartons 1–35 (gesamter Aktenbestand)
  Nachlaß Hohenwart-Weingarten, Kartons 13, 14b

(II) Finanzarchiv – Wien
(1) *Finanzministerium*
  Präsidium (einzelne Nummern)
  Geheime Präsidialakten (einzelne Nummern)
  weit. einzelne Nummern aus verschiedenen Beständen, insb. die Nationalanleihe betreffend

(III) Haus-, Hof- und Staatsarchiv – Wien
(1) *Kabinettskanzlei*
(1a) *Geheimakten*, Kartons 1, 3–18, 44, darunter der Nachlaß Schwarzenberg
(1b) *Gendarmeriedepartement*, 12 Kartons, ohne Kartonnummern (gesamter Aktenbestand)
(1c) *Militär- und Zivilgouvernement Wien*
  Präsidialakten, Kartons 1–3
(1d) *Ministerratsprotokolle*, Kartons 4–15, 24–28 (gesamter Aktenbestand, soweit nicht bereits publiziert)

(1e) *Organisationsakten*, Karton 5
(1f) *Reichsrat*
   Direktions-/Organisationsakten, Kartons 1–16 (gesamter Aktenbestand)
   Gremialakten, Kartons 1–252 (gesamter Aktenbestand)
   Präsidium, Kartons 1–35 (gesamter Aktenbestand)
(1g) *Vorträge* (gesamter Aktenbestand, pro Jahr rund 22 Kartons)
(2) *Ministerium des Äußern*
(2a) *Administrative Registratur* (einzelne Kartons)
(2b) *Informationsbüro*
   A.-Akten, Kartons 1–31 (gesamter Aktenbestand)
   BM.-Akten, Kartons 32–138 (gesamter Aktenbestand)
   Actes des Haute Police (einzelne Kartons)
(2c) *Politisches Archiv I*
   Geheimakten, Kartons 451–452
   Nachlaß Rechberg, Kartons 525–533, 533a–d
   Varia Generalia, Kartons 679–681
(2d) *Politisches Archiv XL*
   Vorträge, a.h. Handschreiben, Kartons 45–51
   Innere Behörden, Kartons 62–103 (gesamter Aktenbestand)
   Nachlaß Buol-Schauenstein, Kartons 277a–h, 277l
(3) Nachlässe (soweit nicht bereits aufgezählt)
   Albrecht (Mikrofilme aus dem Staatsarchiv Budapest), mehrere Nummern
   Bienerth-Schmerling, Kartons 3–4 u. Aktentasche
   De Pont, Karton 2
   Dilg v. Dilgscron, Kartons 2–5
   Maximilian v. Mexiko, Kartons 67, 69, 72, 83–84, 87–88, 90–92, 94
   Friedjung, Karton 1
   Höfken, Kartons 1–2
   Hummelauer, Sammelkarton 5
   Kübeck (gesamter Aktenbestand, die Zeit nach 1848 betreffend)
   Depot Kübeck, Müller, ohne Kartonnummer
   Kübeck, separater Nachlaßbestand, fasz. 7–8
   Lasser, Kartons 4–9
   Pratobevera, Kartons 12–13
   Prokesch-Osten, Karton 12
   Thun, L. (Mikrofilme aus dem Staatsarchiv Prag), Karton 31 (alle einzelnen Filme)
   Wessenberg, Kartons 13–17

(IV) Kriegsarchiv – Wien
(1) *Armeeoberkommando*
   Präsidium, Kartons für das Jahr 1854
(2) *Militärkanzlei Seiner Majestät*
   Militärkanzlei (einzelne Nummern)
   Sonderreihe, Kartons 3, 54, 56 und einzelne Nummern

(3) *Nachlässe*
Haynau, B/86
Hilleprandt, B/663
Kundmann, B/15:6
Langenau, B/1150
Moering, B/209
Prosper, B/503
Radetzky, B/1151
Strasser, B/687
Tegetthoff, B/213

(V) Österreichische Nationalbibliothek – Wien
(1) Handschriften-, Autographen- und Nachlaßsammlung, einzelne Stücke

(VI) Zeitungen
– *Augsburger Allgemeine Zeitung* (Oktober 1858 bis Mai 1859)
– *Der Lloyd* (Anfang 1849 bis Ende 1851)
– *Neue Freie Presse* (Ausgabe v. 14. November 1893, Nr. 10500)
– *Pester Zeitung* (Nr. 110 v. 1. November 1849)
– *Die Presse* (Anfang 1849 bis Ende 1851 sowie einzelne Nummern der folg. Jahre)
– *Triester Zeitung* (Nr. 82 v. 8. April 1854; Nr. 134 v. 10. Juni 1854)
– *Der Wanderer* (Anfang 1849 bis Ende 1851)
– *Wiener Zeitung* (Dezember 1848 bis Juli 1859)
– sowie weit. Nummern einzelner Zeitungen

Gedruckte Quellen

Allgemeines Reichsgesetz- und Regierungsblatt für das Kaiserthum Österreich, Wien 1849 bis 1852; Fortsetzung: Reichsgesetzblatt für das Kaiserthum Österreich, Wien 1853–1869. (immer zit. als *Rgbl.*)

Ambach, Eduard: Der junge Staatsbürger oder: Wie wird man ein braver Unterthan? Ein lehrreiches Buch den Söhnen Oesterreichs zum besseren Verständnisse des kaiserlichen Wahlspruches: ‚Viribus unitis', Wien 1857. (*Der junge Staatsbürger*)

Andrássy d. Jüngere, Julius: Ungarns Ausgleich mit Österreich vom Jahre 1867, Leipzig 1897. (*Ungarns Ausgleich mit Österreich vom Jahre 1867*)

Andrian-Werburg, Viktor Fr.: Oesterreich und dessen Zukunft, 2 Bde., 2. Aufl., Hamburg 1843/47. (*Oesterreich, 1* oder *2*)

Anhang zu den Gedanken und Erinnerungen von Otto Fürst von Bismarck, Bd. 2: Aus Bismarcks Briefwechsel, Stuttgart/Berlin 1901. (*Anhang zu den Gedanken und Erinnerungen von Otto Fürst von Bismarck, 2*)

Aus Bauernfelds Tagebüchern, Bd. 1: 1819–1848, Bd. 2: 1849–1879, hrsg. v. Carl Glossy, Wien 1895–1896. (*Aus Bauernfelds Tagebüchern, 1* oder *2*)

Aus dem Nachlaß des Freiherrn Carl Friedrich Kübeck v. Kübau. Tagebücher, Briefe,

Aktenstücke (1841–1855), hrsg. v. Friedrich Walter (Veröff. d. Komm. f. Neuere Geschichte Österreichs, 45), Graz/Köln 1960. (*Aus dem Nachlaß Kübecks*)
Aus den Briefen des Grafen Prokesch von Osten k. u. k. österreichischen Botschafters und Feldzeugmeisters (1849–1855), Wien 1896. (*Aus den Briefen des Grafen Prokesch von Osten*)
Aus Metternich's nachgelassenen Papieren, Bd. 8, 2. Theil: In der Ruhezeit 1848–1859, hrsg. v. Richard Metternich-Winneburg, Wien 1884. (*Aus Metternich's nachgelassenen Papieren, 8*)
Auswärtige (Die) Politik Preußens 1858–1871, 1. Abt.: Vom Beginn der Neuen Ära bis zur Berufung Bismarcks, Bd. 1: November 1858 bis Dezember 1859, bearb. v. Christian Friese, Oldenbourg 1933. (*Die Auswärtige Politik Preußens, 1/1*)
Berlin und Wien in den Jahren 1848–1852. Politische Privatbriefe des damaligen k. Sächs. Legationssecretärs Karl Friedrich Grafen Vitzthum von Eckstädt, mit einem Vorw. v. Karl Müller, Stuttgart 1886. (*Berlin und Wien*)
Beseler, Wilhelm: Zur östreichischen Frage, Leipzig 1860. (*Zur östreichischen Frage*)
Bismarck, Otto: Gedanken und Erinnerungen, Bd. 1, Stuttgart 1898. (*Gedanken und Erinnerungen, 1*)
ders.: Die Gesammelten Werke, Bd. 1 u. 2, bearb. v. Herman v. Petersdorff, 2. Aufl., Berlin 1924. (*Bismarck, Die Gesammelten Werke, 1 oder 2*)
ders.: Werke in Auswahl, Bd. 1 u. 2, Teil 1 u. 2: 1854–1862, hrsg. v. Gustav A. Rein/U. Busse, Darmstadt 1963. (*Bismarck, Werke in Auswahl, 1, 2/1 oder 2/2*)
Briefe an Cotta. Vom Vormärz bis Bismarck. 1833–1863, hrsg. v. Herbert Schiller, Stuttgart/Berlin 1934. (*Briefe an Cotta*)
Briefe des Feldmarschalls Radetzky an seine Tochter Friederike. 1847–1858. Aus dem Archiv der freiherrlichen Familie Walterskirchen, hrsg. v. Bernhard Duhr S. J., Festschrift der Leo-Gesellschaft zur feierlichen Eröffnung des Radetzky-Denkmals in Wien, Wien 1892. (*Briefe des Feldmarschalls Radetzky an seine Tochter Friederike*)
Briefe des Generals Leopold von Gerlach an Otto von Bismarck, hrsg. v. Horst Kohl, Stuttgart/Berlin 1912. (*Briefe des Generals Leopold von Gerlach*)
Briefe Kaiser Franz Josephs an seine Mutter 1838–1872, hrsg. u. eingel. v. Franz Schnürer, München 1930. (*Briefe Kaiser Franz Josephs an seine Mutter*)
Briefe von Johann Philipp Freiherrn von Wessenberg aus den Jahren 1848–1858 an Isfordink-Kostnitz, 2 Teile, Leipzig 1877. (*Briefe Wessenbergs, 1 oder 2*)
Briefwechsel des Generals Leopold von Gerlach mit dem Bundestags-Gesandten Otto von Bismarck, 2. Aufl., Berlin 1893. (*Briefwechsel des Generals Leopold von Gerlach mit dem Bundestags-Gesandten Otto von Bismarck*)
Camillo Cavour. Epistolario, Vol. 11: 1854, a cura di Carlo Pischedda/Maria Luigia Sarcinelli, Florenz 1986. (*Epistolario*)
Czoernig, Carl: Oesterreichs Neugestaltung 1848–1858, Stuttgart/Augsburg 1858. (*Oesterreichs Neugestaltung 1848–1858*)
Denkwürdigkeiten aus dem Leben Leopold von Gerlachs, Generals der Infanterie und General-Adjutanten König Friedrich Wilhelms IV., nach seinen Aufzeichnungen hrsg. v. seiner Tochter, Bd. 2, Berlin 1892. (*Denkwürdigkeiten aus dem Leben Leopold von Gerlachs, 2*)
Dr. Alexander Bach, k. k. österreichischer Minister des Innern, in: Die Männer der Ge-

genwart, Neue Folge, II, Leipzig 1850. (*Dr. Alexander Bach, k. k. österreichischer Minister des Innern*)

Droysen, Johann G.: Briefwechsel, Bd. 2 (Deutsche Geschichtsquellen des 19. Jahrhunderts, 25), Berlin/Leipzig 1929. (*Briefwechsel, 2*)

Ein Blick auf den anonymen Rückblick welcher für einen vertrauten Kreis, in verhältnissmässig wenigen Exemplaren im Monate October 1857, in Wien, erschien. Von einem Ungarn (Stephan Széchenyi), London 1859. (*Ein Blick auf den anonymen Rückblick*)

Erlebnisse des Bernhard Ritter von Meyer, hrsg. v. dessen Sohn Bernhard Ritter v. Meyer. Von ihm selbst verfaßt und abgeschlossen, Wien/Pest 1875. (*Erlebnisse des Bernhard Ritter von Meyer*)

Fischhof, Adolph: Österreich und die Bürgschaften seines Bestandes. Politische Studie, Wien 1869. (*Österreich*)

Französische und sächsische Gesandtschaftsberichte aus Dresden und Paris 1848–1849, hrsg. v. Hellmut Kretzschmar/H. Schlechte (Schriftenreihe d. Sächsischen Landeshauptarchivs Dresden, 2/3), Berlin 1956. (*Französische und sächsische Gesandtschaftsberichte aus Dresden und Paris 1848–1849*)

Friedjung, Heinrich: Geschichte in Gesprächen. Aufzeichnungen 1898–1919, 2 Bde., hrsg. u. eingel. v. Franz Adlgasser/M. Friedrich (Veröff. d. Komm. f. Neuere Geschichte Österreichs, 87), Wien/Köln/Weimar 1997. (*Geschichte in Gesprächen, 1 oder 2*)

Hebbel, Friedrich: Tagebücher, Bd. 2, hrsg. v. Felix Bamberg, Berlin 1887. (*Tagebücher, 2*)

Hofdamenbriefe. Sammlung von Briefen an und von Wiener Hofdamen aus dem 19. Jahrhundert, hrsg. v. B. v. S., Zürich 1903. (*Hofdamenbriefe*)

Hof- und Staatshandbuch 1856 u. 1857, Wien, o. J. (aber 1856 u. 1857). (*Hof- und Staatshandbuch 1856 oder 1857*)

Hübner, Joseph A.: Ein Jahr meines Lebens. 1848–1849, Leipzig 1891. (*Ein Jahr meines Lebens*)

ders.: Neun Jahre der Erinnerungen eines Österreichischen Botschafters in Paris unter dem zweiten Kaiserreich 1851–1859, 2 Bde., Berlin 1904. (*Neun Jahre der Erinnerungen, 1 oder 2*)

Ich will Rechenschaft ablegen! Die unbewusste Selbstbiographie des Generals Benedek, hrsg. v. Carl Graf Lónyay, Leipzig/Wien 1937. (*Ich will Rechenschaft ablegen!*)

Kalchberg, Joseph: Kleine Beiträge zu großen Fragen in Oesterreich, Leipzig 1860. (*Kleine Beiträge zu großen Fragen in Oesterreich*)

ders.: Mein politisches Glaubensbekenntniß in Gedenkblättern aus einer achtzigjährigen Pilgerfahrt, Leipzig 1881. (*Mein politisches Glaubensbekenntniß*)

Kohn, Adolph: Politische Tagebücher 1848–1851, bearb. v. Günter Richter, in: Denkwürdige Jahre 1848–1851 (Veröff. aus d. Arch. Preussischer Kulturbesitz, 13), Köln/Wien 1978. (*Politische Tagebücher*)

Konkordat (Das) und die k. k. Germanisirung in Ungarn. Zwei Briefe aus und über Ungarn, Hamburg 1860. (*Das Konkordat und die k. k. Germanisirung in Ungarn*)

Letters (The) of Queen Victoria. A Selection from her Majesty's Correspondence between the Years 1837 and 1861, Vol. 2: 1844–1853, ed. by Arthur Chr. Benson/Viscount Esher, London 1908. (*Letters of Queen Victoria, 2*)

Lettres du Comte et de la Comtesse de Ficquelmont a la Comtesse Tiesenhausen, Édits par F. De Sonis, Paris, 1911. (*Lettres du Comte et de la Comtesse de Ficquelmont*)

Quellen

Karl Marx/Friedrich Engels Gesamtausgabe, 1. Abt., Bd. 11 u. 13, Text, hrsg. v. Institut für Marxismus-Leninismus beim Zentralkomitee der Kommunistischen Partei der Sowjetunion und v. Institut für Marxismus-Leninismus beim Zentralkomitee der Sozialistischen Einheitspartei Deutschlands, Berlin 1985. (*MEGA, I/11* oder *I/13*)

Karl Marx/Friedrich Engels Gesamtausgabe, 3. Abt., Bd. 4–6, Text, hrsg. v. Institut für Marxismus-Leninismus beim Zentralkomitee der Kommunistischen Partei der Sowjetunion und v. Institut für Marxismus-Leninismus beim Zentralkomitee der Sozialistischen Einheitspartei Deutschlands, Berlin 1984/1987. (*MEGA, III/4, 5* oder *6*)

Mayer, Theodor H.: Minister Bruck. Roman, Leipzig 1929. (*Minister Bruck. Roman*)

Metternich-Hartig. Ein Briefwechsel des Staatskanzlers aus dem Exil 1848–1851, hrsg. v. Franz Hartig, Wien/Leipzig 1923. (*Metternich-Hartig. Ein Briefwechsel*)

Metternich und Kübeck. Ein Briefwechsel. Supplementband der Tagebücher des Carl Friedrich Freiherrn Kübeck v. Kübau, hrsg. v. Max Kübeck, Wien 1910. (*Metternich und Kübeck. Ein Briefwechsel*)

Meyendorff, Peter: Ein russischer Diplomat an den Höfen von Berlin und Wien. Politischer und privater Briefwechsel 1826–1863, Bd. 2, hrsg. v. Otto Hoentzsch, Berlin/Leipzig 1923. (*Ein russischer Diplomat, 2*)

Österreichische Akten zur Geschichte des Krimkriegs, Bd. 1: 27. Dezember 1852 bis 25. März 1854, bearb. v. Ana M. Schop Soler (Akten z. Geschichte d. Krimkriegs, Ser. 1, 1), München/Wien 1980. (*ÖAGK, 1*)

Österreichische Akten zur Geschichte des Krimkriegs, Bd. 2: 30. März 1854 bis 9. September 1955, bearb. v. Werner Zürrer (Akten z. Geschichte d. Krimkriegs, Ser. 1, 2), München/Wien 1980. (*ÖAGK, 2*)

Österreichische Akten zur Geschichte des Krimkriegs, Bd. 3: 10. September 1855 bis 24. Mai 1856, bearb. v. Winfried Baumgart (Akten z. Geschichte d. Krimkriegs, Ser. 1, 3), München/Wien 1979. (*ÖAGK, 3*)

Österreichischen Verfassungsgesetze (Die), hrsg. v. Edmund Bernatzik (Studienausgabe Oesterreichischer Gesetze, 3), Leipzig 1906. (*Die österreichischen Verfassungsgesetze*)

Österreichischen Verfassungsgesetze (Die), hrsg. v. Edmund Bernatzik (Studienausgabe Oesterreichischer Gesetze, 3), 2. Aufl., Wien 1911. (*Die österreichischen Verfassungsgesetze, 2. Aufl.*)

Österreichische Sprachenrecht (Das). Eine Quellensammlung, hrsg. v. Alfred Fischel, 2., verm. und erg. Aufl., Brünn 1910. (*Das Österreichische Sprachenrecht*)

Palacký, František: Gedenkblätter, Prag 1874.

Protokolle (Die) des Österreichischen Ministerrates 1848–1867, I. Abteilung: Die Ministerien des Revolutionsjahres 1848. 20. März 1848 – 21. November 1848, bearb. und eingel. v. Thomas Kletečka, Wien 1996. (*MRP, I*)

Protokolle (Die) des Österreichischen Ministerrates 1848–1867, III. Abteilung: Das Ministerium Buol-Schauenstein, 5 Bde., bearb. v. Waltraud Heindl, Wien 1967–1993. (*MRP, III/1–5*)

Protokolle des Verfassungs-Ausschusses im Oesterreichischen Reichstage 1848–1849, hrsg. u. eingel. v. Anton Springer, Leipzig 1885. (*Protokolle des Verfassungs-Ausschusses*)

Renan, Ernest: Qu'est ce Qu'une nation? Conférence faite en Sorbonne le 11 Mars 1882,

in: Œuvres Complétes de Ernest Renan, Tome I, éd. définitive établie par Henriette Psichari, Paris 1947, S. 887–906. (*Qu'est ce Qu'une nation?*)
Rückblick auf die jüngste Entwicklungs-Periode Ungarns (von Bernhard v. Meyer), Wien 1857. (*Rückblick auf die jüngste Entwicklungs-Periode Ungarns*)
Sachsen-Coburg-Gotha (Herzog v.), Ernst II.: Aus meinem Leben und aus meiner Zeit, Bd. 2, 1.–4. Aufl., Berlin 1888. (*Aus meinem Leben, 2*)
Schäffle, Albert E.: Aus meinem Leben, Bd. 1, Berlin 1905. (*Aus meinem Leben, 1*)
Schicksalsjahre Österreichs 1908–1919. Das politische Tagebuch Josef Redlichs, Bd. 1: 1908–1914 (Veröff. d. Komm. f. Neuere Geschichte Österreichs, 39), Graz/Köln 1953. (*Schicksalsjahre Österreichs 1908–1919. Das politische Tagebuch Josef Redlichs, 1*)
Schütz, Friedrich: Alexander Bach. Nach dessen eigenen Mittheilungen, in: *Neue Freie Presse* v. 18. November 1893, Nr. 10504, S. 1–4. (*Alexander Bach. Nach dessen eigenen Mittheilungen*)
Tagebuch (Das) des Polizeiministers Kempen von 1848 bis 1859, eingel. u. hrsg. v. Josef K. Mayr, Wien/Leipzig 1931. (*Tagebuch Kempens*)
Tagebücher des Carl Friedrich Freiherrn Kübeck v. Kübau, hrsg. v. Max Kübeck, Wien 1909. (*Tagebücher Kübecks*)
Verhandlungen des österreichischen Reichstages nach der stenographischen Aufnahme, 5 Bde., Wien 1848–49. (*Verhandlungen des österreichischen Reichstages, 1–5*)
Von der Revolution zum Norddeutschen Bund. Politik und Ideengut der preußischen Hochkonservativen 1848–1866. Aus dem Nachlaß von Ernst Ludwig von Gerlach, 2 Teile, hrsg. v. Hellmut Diwald (Deutsche Geschichtsquellen d. 19. u. 20. Jahrhunderts, 46/I u. II), Göttingen 1970. (*Von der Revolution zum Norddeutschen Bund, 1* oder *2*)

(B) LITERATUR

Allmayer-Beck, Johann Chr.: Der stumme Reiter. Erzherzog Albrecht. Der Feldherr ‚Gesamtösterreichs', Graz/Wien/Köln 1997. (*Der stumme Reiter*)
Alter, Peter: Nationalismus, Frankfurt am Main 1985. (*Nationalismus*)
Arneth, Alfred: Johann Freiherr von Wessenberg. Ein österreichischer Staatsmann des neunzehnten Jahrhunderts, Bd. 2: 1816–1858, Wien/Leipzig 1898. (*Johann Freiherr von Wessenberg, 2*)
Asch, Ronald G./H. Duchhardt: Einleitung: Die Geburt des ‚Absolutismus' im 17. Jahrhundert: Epochenwende der europäischen Geschichte oder optische Täuschung?, in: Der Absolutismus – ein Mythos? Strukturwandel monarchischer Herrschaft in West- und Mitteleuropa (ca. 1550–1700), hrsg. v. Ronald G. Asch/H. Duchhardt (Münstersche Hist. Forschungen, 9), Köln/Weimar/Wien 1996, S. 3–24. (*Die Geburt des ‚Absolutismus'*)
Austensen, Roy: Metternich, Austria, and the German Question, 1848–1851, in: International History Review, 1991, 13, S. 22–37. (*Metternich*)
ders.: Felix Schwarzenberg: ‚Realpolitiker' or Metternichian? The Evidence of the Dresden Conference, in: Mitteilungen des Österreichischen Staatsarchivs, 1977, 30, S. 97–118. (*Felix Schwarzenberg*)

Bachinger, Karl: Das Verkehrswesen, in: Die Habsburgermonarchie 1848–1918, Bd. 1: Die wirtschaftliche Entwicklung, hrsg. v. Alois Brusatti, Wien 1973, S. 278–322. *(Verkehrswesen)*

Bachleitner, Norbert: The Politics of the Book Trade in Nineteenth-Century Austria, in: Austrian History Yearbook, 1997, 27, S. 95–112. *(The Politics of the Book Trade in Nineteenth-Century Austria)*

Baltzarek, Franz: Die Geschichte der Wiener Börse. Öffentliche Finanzen und privates Kapital im Spiegel einer österreichischen Wirtschaftsinstitution (Österreichische Akad. d. Wiss., Veröff. d. Komm. f. Wirtschafts-, Sozial- und Stadtgeschichte, 1), Wien 1973. *(Die Geschichte der Wiener Börse)*

Barany, George: Ungarns Verwaltung: 1848–1918, in: Die Habsburgermonarchie 1848–1918, Bd. 2: Verwaltung und Rechtswesen, hrsg. v. Adam Wandruszka/P. Urbanitsch, Wien 1975, S. 306–468. *(Ungarns Verwaltung)*

Baumgart, Winfried: Der Frieden von Paris. Studien zum Verhältnis von Kriegsführung, Politik und Friedensbewahrung, München 1972. *(Der Frieden von Paris)*

Beer, Adolf: Die Finanzen Oesterreichs im XIX. Jahrhundert. Nach archivalischen Quellen, Prag 1877. *(Die Finanzen Oesterreichs)*

Beller, Steven: Franz Joseph. Eine Biographie, Wien 1997. *(Franz Joseph)*

Benedikt, Heinrich: Die wirtschaftliche Entwicklung in der Franz-Joseph-Zeit (Wiener Hist. Studien, 4), Wien/München 1958. *(Die wirtschaftliche Entwicklung)*

Bérenger, Jean: Die Geschichte des Habsburgerreiches 1273 bis 1918, Wien/Köln/Weimar 1995. *(Geschichte)*

Bled, Jean Paul: Franz Joseph. ‚Der letzte Monarch der alten Schule', Wien/Köln/Graz 1988. *(Franz Joseph)*

Bordieu, Pierre: Entwurf einer Theorie der Praxis auf der ethnologischen Grundlage der kabylischen Gesellschaft, Frankfurt am Main 1976. *(Entwurf einer Theorie der Praxis)*

Boyer, John W.: Political Radicalism in Late Imperial Vienna. Origins of the Christian Social Movement 1848–1897, Chicago/London 1981. *(Political Radicalism in Late Imperial Vienna)*

Bradley, John F. N.: Czech Nationalism in the Nineteenth Century (East European Monographs, CLVII), New York 1984. *(Czech Nationalism)*

Brandt, Harm-Hinrich: Der österreichische Neoabsolutismus: Staatsfinanzen und Politik 1848–1860, 2 Bde. (Schriftenreihe d. Hist. Komm. bei d. Bayerischen Akad. d. Wiss., 15), Göttingen 1978. *(Neoabsolutismus, 1 oder 2)*

ders.: Deutsche Geschichte 1850–1870. Entscheidung über die Nation, Stuttgart/Berlin/Köln 1999. *(Deutsche Geschichte 1850–1870)*

ders., Österreichische Verwaltung und indigene Eliten in Lombardo-Venetien. Bemerkungen über eine neuere Arbeit zur Problematik österreichischer Italienherrschaft, in: Società e Storia, 1996, 19, S. 698–701. *(Österreichische Verwaltung)*

ders.: Ungarn 1848 im europäischen Kontext. Reform – Revolution – Rebellion. Ein Koreferat, in: Revolutionen in Ostmitteleuropa 1789–1989. Schwerpunkt Ungarn, hrsg. v. Karlheinz Mack (Schriftenreihe d. österreichischen Ost- u. Südosteuropa-Inst., 23), Wien/München 1995, S. 44–52. *(Ungarn 1848 im europäischen Kontext)*

Brauneder, Wilhelm: Leseverein und Rechtskultur. Der Juridisch-politische Leseverein zu Wien 1840 bis 1990, Wien 1992. *(Leseverein und Rechtskultur)* ders./Fr. Lachmayer: Österreichische Verfassungsgeschichte, 2., erg. Aufl., Wien 1980. (*Österreichische Verfassungsgeschichte*)

ders.: Die Verfassungsentwicklung in Österreich 1848 bis 1918, in: Die Habsburgermonarchie 1848–1918, Bd. 7: Verfassung und Parlamentarismus, 2. Teilbd.: Die regionalen Repräsentativkörperschaften, hrsg. v. Helmut Rumpler/P. Urbanitsch, Wien 2000, S. 69–237. (*Verfassungsentwicklung*).

Brenman, Andrew H.: Economic Reform in Neuzeit Austria, Phil. Diss., Princeton 1966. (*Economic Reform*)

Bridge, Francis Roy: Österreich(-Ungarn) unter den Großmächten, in: Die Habsburgermonarchie 1848–1918, Bd. 6: Die Habsburgermonarchie im System der internationalen Beziehungen, Teilbd. 1, hrsg. v. Adam Wandruszka/P. Urbanitsch, Wien 1989, S. 196–373. (*Österreich[-Ungarn] unter den Großmächten*)

Brockhaus. Die Enzyklopädie, Bd. 1–13, Leipzig/München 1996–1998; Bd. 12–24, Wiesbaden 1971–1976. (*Brockhaus*)

Brook-Shepherd, The Austrians. A Thousand-Year Odyssey, London 1996. (*The Austrians*)

Brousek, Karl M.: Die Großindustrie Böhmens 1848–1918 (Veröff. d. Collegium Carolinum, 50), München 1987. (*Die Großindustrie Böhmens*)

Bruckmüller, Ernst: Ein ‚deutsches' Bürgertum? Zu Fragen nationaler Differenzierung der bürgerlichen Schichten in der Habsburgermonarchie vom Vormärz bis um 1860, in: Geschichte und Gesellschaft, 1990, 16, S. 343–354. (*Ein ‚deutsches' Bürgertum?*)

ders.: Landwirtschaftliche Organisationen und gesellschaftliche Modernisierung. Vereine, Genossenschaften und politische Mobilisierung der Landwirtschaft Österreichs vom Vormärz bis 1914 (Geschichte und Sozialkunde, 1, Reihe ‚Forschungen'), Salzburg 1977. (*Landwirtschaftliche Organisationen und gesellschaftliche Modernisierung*)

ders.: Nation Österreich. Kulturelles Bewußtsein und gesellschaftlich-politische Prozesse (Studien zu Politik und Verwaltung, 4), 2., erg. u. erw. Aufl., Wien/Köln/Graz 1996. (*Nation Österreich*)

ders.: The National Identity of the Austrians, in: The National Question in Europe in Historical Context, ed. by Mikuláš Teich/R. Porter, Cambridge 1993, S. 196–227. (*National Identity*)

ders.: Sozialgeschichte Österreichs, Wien/München 1985. (*Sozialgeschichte Österreichs*)

Brunner, Otto: Das Haus Österreich und die Donaumonarchie, in: Südost-Forschungen, 1955, 14, S. 122–144. (*Das Haus Österreich und die Donaumonarchie*)

ders.: Der österreichisch-ungarische Ausgleich von 1867 und seine geschichtlichen Grundlagen, in: Der österreichisch-ungarische Ausgleich 1867. Seine Grundlagen und Auswirkungen, hrsg. v. Theodor Mayer (Buchreihe d. Südostdeutschen Histor. Komm., 20), München 1968, S. 15–25. (*Der österreichisch-ungarische Ausgleich*)

Burian, Peter: Die Nationalitäten in ‚Cisleithanien' und das Wahlrecht der Märzrevolution von 1848/49. Zur Problematik des Parlamentarismus im alten Österreich (Veröff. d. Arbeitsgemeinschaft Ost, 2), Graz/Köln 1962. (*Nationalitäten*)

Candeloro, Giorgio: Storia dell'Italia moderna, Vol. 4: Dalla Rivoluzione nazionale all'Unità 1849–1860, Mailand 1980. (*Storia dell'Italia moderna, 4*)

Charmatz, Richard: Adolf Fischhof. Das Lebensbild eines österreichischen Politikers, Stuttgart/Berlin 1910. (*Adolf Fischhof*)
ders.: Lebensbilder aus der Geschichte Österreichs, Wien 1947. (*Lebensbilder aus der Geschichte Österreichs*)
ders.: Minister Freiherr von Bruck. Der Vorkämpfer Mitteleuropas. Sein Lebensgang und seine Denkschriften, Leipzig 1916. (*Minister Freiherr von Bruck*)
Corsini, Umberto: Die Italiener, in: Die Habsburgermonarchie 1848–1918, Bd. 3: Die Völker des Reiches, Teilbd. 2, hrsg. v. Adam Wandruszka/P. Urbanitsch, Wien 1980, S. 839–879. (*Italiener*)
Corti, Egon C. Conte: Mensch und Herrscher. Wege und Schicksale Kaiser Franz Josephs I. zwischen Thronbesteigung und Berliner Kongreß, Graz/Wien/Altötting 1952. (*Mensch und Herrscher*)
Crankshaw, Edward: The Fall of the House of Habsburg, London 1963. (*The Fall of the House of Habsburg*)
Csáky, Moritz: Die römisch-katholische Kirche in Ungarn, in: Die Habsburgermonarchie 1848–1918, Bd. 4: Die Konfessionen, hrsg. v. Adam Wandruszka/P. Urbanitsch, Wien 1985, S. 248–331. (*Die römisch-katholische Kirche in Ungarn*)
Czeike, Felix: Wiener Bürgermeister. Eine Geschichte der Stadt Wien, Wien/München 1975. (*Wiener Bürgermeister*)

Deák, István: Der K.(u.)K. Offizier 1848–1918, Wien/Köln/Weimar 1991. (*Der K.[u.]K. Offizier*)
Demandt, Alexander: Ungeschehene Geschichte. Ein Traktat über die Frage: Was wäre geschehen, wenn ...?, 2., verb. Aufl., Göttingen 1986. (*Ungeschehene Geschichte*)
Deutsches Wörterbuch, hrsg. v. Jacob Grimm/W. Grimm, 16 Bde., Leipzig 1854–1971. (*Deutsches Wörterbuch*)
Djordjević, Dimitrije: Die Serben, in: Die Habsburgermonarchie 1848–1918, Bd. 3: Die Völker des Reiches, Teilbd. 1, hrsg. v. Adam Wandruszka/P. Urbanitsch, Wien 1980, S. 734–774. (*Serben*)
Drimmel, Heinrich: Franz Joseph. Biographie einer Epoche, 2. Aufl., Wien 1987. (*Franz Joseph*)
Drobesch, Werner: Die ökonomischen Aspekte der Bruck-Schwarzenbergschen ‚Mitteleuropa'-Idee, in: Mitteleuropa – Idee, Wissenschaft und Kultur im 19. und 20. Jahrhundert. Beiträge aus österreichischer und ungarischer Sicht, hrsg. v. Richard G. Plaschka/H. Haselsteiner/A. M. Drabek (Österreichische Akad. d. Wiss., Phil.-Hist. Klasse, Hist. Komm., Zentraleuropa-Studien, 4), Wien 1997, S. 19–42. (*Die ökonomischen Aspekte*)
Droz, Jacques: L'Historiographie autrichienne et la double monarchie, in: Austriaca, 1984, 18, S. 17–56. (*L'Historiographie autrichienne*)

Elz, Wolfgang: Haus Österreich über alles. War Kaiser Franz Joseph schuld am Auseinanderbrechen der Donaumonarchie? Ein gut geschriebenes, aber grob darstellendes Buch, in: *F.A.Z.*, 24. Februar 1998, Nr. 46, S. 8. (*Haus Österreich über alles*)
Engel-Janosi, Friedrich: Einleitung, in: Die Protokolle des Österreichischen Ministerrates, III. Abteilung: Das Ministerium Buol-Schauenstein, Bd. 1: 14. April 1852 –

13. März 1853, bearb. v. Waltraud Heindl, Wien 1975, S. IX–XXVII. (*Einleitung, in: MRP III/1*)

ders.: Graf Rechberg. Vier Kapitel zu seiner und Österreichs Geschichte, München/Berlin 1927. (*Graf Rechberg*)

ders.: Der Monarch und seine Ratgeber, in: Probleme der franzisko–josephinischen Zeit 1848–1916, hrsg. v. dems./H. Rumpler (Schriftenreihe d. österr. Ost- u. Südosteuropa-Inst., 1), München 1967, S. 9–24. (*Der Monarch und seine Ratgeber*)

Erdmann, Karl D.: Drei Staaten – Zwei Nationen – Ein Volk? Überlegungen zu einer deutschen Geschichte seit der Teilung, in: Geschichte in Wissenschaft und Unterricht, 1985, 36, S. 671–683. (*Drei Staaten – Zwei Nationen – Ein Volk?*)

ders.: Die Spur Österreichs in der deutschen Geschichte, in: Geschichte in Wissenschaft und Unterricht, 1987, 38, S. 597–626. (*Die Spur Österreichs*)

Erdösi, Ferenc: Politische und wirtschaftliche Motive des Eisenbahnbaus in Ungarn bis 1914, in: Österreichische Osthefte, 1990, 32, S. 17–39. (*Politische und wirtschaftliche Motive des Eisenbahnbaus in Ungarn*)

Falk, Minna: Social Forces in the Austrian Revolution of 1848 with particular attention to the leadership of Alexander Bach, Phil. Diss. New York Univ. 1931. (*Social Forces*)

Fehrenbach, Elisabeth: Bonapartismus und Konservatismus in Bismarcks Politik, in: Politischer Umbruch und gesellschaftliche Bewegung. Ausgewählte Aufsätze zur Geschichte Frankreichs und Deutschlands im 19. Jahrhundert, hrsg. v. Hans-Werner Hahn/J. Müller, München 1997, S. 367–380. (*Bonapartismus und Konservatismus in Bismarcks Politik*)

Fellner, Fritz: The Dissolution of the Habsburg Monarchy and its Significance for the New Order in Central Europe. A Reappraisal, in: Austrian History Yearbook, 1968/69, 4/5, S. 3–27. (*Dissolution*)

ders.: Die Historiographie zur österreichisch-deutschen Problematik als Spiegel der nationalpolitischen Diskussion, in: Österreich und die deutsche Frage im 19. und 20. Jahrhundert. Probleme der politisch-staatlichen und soziokulturellen Differenzierung im deutschen Mitteleuropa, hrsg. v. Heinrich Lutz/H. Rumpler (Wiener Beiträge z. Geschichte d. Neuzeit, 9), München 1982, S. 33–59. (*Die Historiographie zur österreichisch-deutschen Problematik als Spiegel der nationalpolitischen Diskussion*)

ders.: Probleme und Risiken einer Geschichte der österreichischen Geschichtswissenschaft, unveröffentlichtes Manuskript, o. S. (*Probleme und Risiken einer Geschichte der österreichischen Geschichtswissenschaft*)

ders.: Die Tagebücher des Viktor Franz von Andrian-Werburg, in: Mitteilungen des Österreichischen Staatsarchivs, 1973, 26, S. 328–341. (*Tagebücher*)

ders.: Tradition und Innovation aus historischer Perspektive, in: 25 Jahre Staatsvertrag. Protokolle des Staats- und Festaktes sowie der Jubiläumsveranstaltungen im In- und Ausland, hrsg. v. d. österreichischen Bundesregierung u. d. Bundesministerium für Auswärtige Angelegenheiten in Zusammenarbeit mit dem Institut für Geschichte der Universität Wien, Wien 1981, S. 237–245. (*Tradition und Innovation*)

ders.: Verwaltungsgeschichte als Verfassungs- und Sozialgeschichte. Eine einführende Vorbemerkung, in: Brigitte Mazohl-Wallnig, Österreichischer Verwaltungsstaat und administrative Eliten im Königreich Lombardo-Venetien 1815–1859 (Veröff. d. Inst. f. Europäische Geschichte Mainz, Abt. Universalgeschichte, 146), Mainz 1993. S. IX–XI. *(Verwaltungsgeschichte als Verfassungs- und Sozialgeschichte)*

ders.: Der Zerfall der Donaumonarchie in weltgeschichtlicher Perspektive, in: Die Auflösung des Habsburgerreiches, Zusammenbruch und Neuorientierung im Donauraum, hrsg. v. Richard G. Plaschka/K. H. Mack (Schriftenreihe d. österreichischen Ost- und Südosteuropa-Inst., 3), München 1970, S. 32–43. *(Zerfall)*

Ferguson, Niall: Introduction. Virtual History: Towards a ‚chaotic' theory of the past, in: Virtual History. Alternatives and Counterfactuals, hrsg. v. dems., London 1997, S. 1–90. *(Introduction. Virtual History)*

ders.: Politik ohne Macht. Das fatale Vertrauen in die Wirtschaft, Stuttgart/München 2001. *(Politik ohne Macht)*

Fischel, Alfred: Der Panslawismus bis zum Weltkrieg. Ein geschichtlicher Überblick, Stuttgart/Berlin 1919. *(Der Panslawismus bis zum Weltkrieg)*

Forstner, Regina: Julius Freiherr von Haynau. Beiträge zu einer Biographie, Phil. Diss., Wien 1980. *(Julius Freiherr von Haynau)*

Friedjung, Heinrich: Alexander Bachs Jugend und Bildungsjahre, in: Ders., Historische Aufsätze, 1. u. 2. Aufl., Stuttgart/Berlin 1919, S. 24–39. *(Alexander Bachs Jugend)*

ders.: Freunde und Gegner der Bauernbefreiung in Österreich, in: Ders., Historische Aufsätze, 1. u. 2. Aufl., Stuttgart/Berlin 1919, S. 40–63. *(Freunde und Gegner)*

ders.: Kaiser Franz Josef I. Ein Charakterbild, in: Ders., Historische Aufsätze, 1. u. 2. Aufl., Stuttgart/Berlin 1919, S. 493–542. *(Kaiser Franz Josef)*

ders.: Der Krimkrieg und die österreichische Politik, Stuttgart/Berlin 1907. *(Krimkrieg)*

ders.: Oesterreich von 1848–1860, 2 Bde., Stuttgart/Berlin 1908–1912. *(Oesterreich, 1 oder 2)*

Frommelt, Klaus: Die Sprachenfrage im österreichischen Unterrichtswesen 1848–1859 (Studien z. Geschichte d. österreichisch-ungarischen Monarchie, 1), Graz 1963. *(Sprachenfrage)*

Gall, Lothar: Europa auf dem Weg in die Moderne 1850–1890 (Oldenbourg Grundriss d. Geschichte, 14), 3. überarb. u. erw. Aufl., München 1997. *(Europa)*

Gandenberger, Otto: Öffentliche Verschuldung, in: Handwörterbuch der Wirtschaftswissenschaft, Bd. 5: Lagerhaltung bis Oligopoltheorie, Stuttgart/New York et al. 1980, S. 480–504. *(Öffentliche Verschuldung)*

Gasparini, Lina: Massimiliano d'Austria, ultimo Governatore del Lombardo-Veneto, nei suoi ricordi, in: Nuova Antologia, 1935, f. 1508–1511, S. 249–278, S. 353–387, S. 550–579, S. 105–131. *(Massimiliano d'Austria)*

Geist-Lányi, Paula: Das Nationalitätenproblem auf dem Reichstag zu Kremsier 1848/1849. Ein Beitrag zur Geschichte der Nationalitäten in Österreich, München 1920. *(Nationalitätenproblem)*

Glatz, Ferenc: Ungarische Historiker – Historiker der Habsburgermonarchie, in: Gesellschaft, Politik und Verwaltung in der Habsburgermonarchie 1830 bis 1918, hrsg. v. Ferenc Glatz/R. Melville (Veröff. d. Inst. f. Europäische Geschichte Mainz, Abteilung Universalgeschichte, Beiheft 15), Stuttgart 1987, S. 1–23. *(Ungarische Historiker)*

Glettler, Monika: Die Bewertung des Faktors Deutschland in der österreichischen

Historiographie, in: Ungleiche Partner? Österreich und Deutschland in ihrer gegenseitigen Wahrnehmung. Historische Analysen und Vergleiche aus dem 19. und 20. Jahrhundert, hrsg. v. Michael Gehler/R. F. Schmidt/H.-H. Brandt/R. Steininger (Hist. Mitteilungen, Beiheft 15), Stuttgart 1996, S. 55–72. (*Die Bewertung des Faktors Deutschland*)

dies.: Die Habsburgermonarchie: Vergangenheit in der Gegenwart?, in: Bohemia, 1995, 36, S. 287–297. (*Habsburgermonarchie*)

Görlich, Ernst J./Felix Romanik: Geschichte Österreichs, 2. erw. Aufl., Innsbruck/Wien/München 1977. (*Geschichte Österreichs*)

Gogolák, Ludwig v.: Ungarns Nationalitätengesetze und das Problem des magyarischen National- und Zentralstaates, in: Die Habsburgermonarchie 1848–1918, Bd. 3: Die Völker des Reiches, Teilbd. 1, hrsg. v. Adam Wandruszka/P. Urbanitsch, Wien 1980, S. 1207–1303. (*Ungarns Nationalitätengesetze*)

Goldinger, Walter: The Allgemeines Verwaltungsarchiv, in: Austrian History Yearbook, 1970/71, 6/7, S. 17–21. (*The Allgemeines Verwaltungsarchiv*)

ders.: Die Zentralverwaltung in Cisleithanien – Die zivile gemeinsame Zentralverwaltung, in: Die Habsburgermonarchie 1848–1918, Bd. 2: Verwaltung und Rechtswesen, hrsg. v. Adam Wandruszka/P. Urbanitsch, Wien 1975, S. 100–189. (*Zentralverwaltung*)

Goldstein, Robert J.: Political Repression in 19th Century Europe, London/Canberra 1983. (*Political Repression in 19th Century Europe*)

Good, David F.: Der wirtschaftliche Aufstieg des Habsburgerreiches 1750–1914 (Forschungen z. Geschichte d. Donauraumes, 7), Wien/Köln/Graz 1986 (engl. Orig. 1984). (*Der wirtschaftliche Aufstieg des Habsburgerreiches*)

Gottas, Friedrich: Die Deutschen in Ungarn, in: Die Habsburgermonarchie 1848–1918, Bd. 3: Die Völker des Reiches, Teilbd. 1, hrsg. v. Adam Wandruszka/P. Urbanitsch, Wien 1980, S. 340–410. (*Die Deutschen in Ungarn*)

Gottsmann, Andreas: Der Reichstag 1848/49 und Reichsrat 1861 bis 1865, in: Die Habsburgermonarchie 1848–1918, Bd. 7: Verfassung und Parlamentarismus, 2. Teilbd.: Die regionalen Repräsentativkörperschaften, hrsg. v. Helmut Rumpler/P. Urbanitsch, Wien 2000, S. 569–665. (*Reichstag 1848/49*)

ders.: Der Reichstag von Kremsier und die Regierung Schwarzenberg. Die Verfassungsdiskussion des Jahres 1848 im Spannungsfeld zwischen Reaktion und nationaler Frage (Österreich Archiv), Wien/München 1995. (*Reichstag*)

ders./Stefan Malfèr, Die Vertretungskörperschaften und die Verwaltung in Lombardo-Venetien, in: Die Habsburgermonarchie 1848–1918, Bd. 7: Verfassung und Parlamentarismus, 2. Teilbd.: Die regionalen Repräsentativkörperschaften, hrsg. v. Helmut Rumpler/P. Urbanitsch, Wien 2000, S. 1593–1632. (*Vertretungskörperschaften*)

Gross, Mirjana: Die Anfänge des modernen Kroatien. Gesellschaft, Politik und Kultur in Zivil-Kroatien und -Slawonien in den ersten dreißig Jahren nach 1848 (Anton Gindely Reihe z. Geschichte d. Donaumonarchie und Mitteleuropas, 1), Wien/Köln/Weimar 1993. (*Die Anfänge des modernen Kroatien*)

dies.: Die Anfänge des modernen Kroatien. Neoabsolutismus in Zivil-Kroatien und Slawonien 1850–1860, in: Mitteilungen des Österreichischen Staatsarchivs, 1987, 40, S. 237–269. (*Die Anfänge des modernen Kroatien. Neoabsolutismus*)

Gross, Nachum Th.: Die Industrielle Revolution im Habsburgerreich 1750–1914, in: Europäische Wirtschaftsgeschichte, Bd. 4: Die Entwicklung der industriellen Gesellschaften, hrsg. v. Carlo M. Cipolla, Stuttgart/New York 1977, S. 203–236. (*Industrielle Revolution*)

Günzel, Klaus: „... endlich mit Ehre zugrunde gehen", in: *Die Zeit* v. 6. Dezember 1996, Nr. 50, S. 76. („... *endlich mit Ehre zugrunde gehen*")

Häusler, Wolfgang: Kaiserstaat oder Völkerverein? Zum österreichischen Staats- und Reichsproblem zwischen 1804 und 1848/49, in: Was heißt Österreich. Inhalt und Umfang des Österreichbegriffs vom 10. Jahrhundert bis heute, hrsg. v. Richard G. Plaschka/G. Stourzh/J. P. Niederhorn (Archiv f. Österreichische Geschichte, 136), Wien 1995, S. 221–254. (*Kaiserstaat oder Völkerverein?*)

Hamann, Brigitte: Elisabeth. Kaiserin wider Willen, 8. Aufl., Wien/München 1981. (*Elisabeth*)

dies.: Erzherzog Albrecht – Die graue Eminenz des Habsburgerhofes. Hinweise auf einen unterschätzten Politiker, in: Politik und Gesellschaft im alten und neuen Österreich. Festschrift für Rudolf Neck zum 60. Geburtstag, hrsg. v. Isabella Ackerl/W. Hummelberger/H. Mommsen, München 1981, S. 62–77. (*Erzherzog Albrecht*)

Hamerow, Theodor S.: Restoration, Revolution, Reaction. Economics and Politics in Germany 1815–1871, Princeton 1958. (*Restoration, Revolution, Reaction. Economics and Politics in Germany 1815–1871*)

Hanák, Péter/K. Benda et al.: Geschichte Ungarns. Von den Anfängen bis zur Gegenwart, hrsg. v. dems., Essen 1988. (*Geschichte Ungarns*)

Hanisch, Ernst: Der kranke Mann an der Donau. Marx und Engels über Österreich (Veröff. d. Ludwig-Boltzmann-Inst. f. Geschichte d. Arbeiterbewegung), Wien/München/Zürich 1978. (*Der kranke Mann an der Donau*)

ders.: Der lange Schatten des Staates. Österreichische Gesellschaftsgeschichte im 20. Jahrhundert, hrsg. v. Herwig Wolfram, Wien 1994. (*Der lange Schatten des Staates. Österreichische Gesellschaftsgeschichte im 20. Jahrhundert*)

Hantsch, Hugo: Die Geschichte Österreichs, Bd. 2, Graz/Wien 1950. (*Geschichte Österreichs, 2*)

ders.: Kaiser Franz Joseph und die Außenpolitik, in: Probleme der franzisko-josephinischen Zeit 1848–1916, hrsg. v. Friedrich Engel-Janosi/H. Rumpler (Schriftenreihe d. österr. Ost- u. Südosteuropa-Inst., 1), München 1967, S. 25–40. (*Kaiser Franz Joseph*).

Hautmann, Hans: Bemerkungen zu den Kriegs- und Ausnahmegesetzen in Österreich-Ungarn und deren Anwendungen 1914–1918, in: Zeitgeschichte, 1975, 3, S. 31–38. (*Bemerkungen*)

Heindl, Waltraud: Carl Ferdinand Graf Buol-Schauenstein in St. Petersburg und London (1848–1852). Zur Genesis des Antagonismus zwischen Österreich und Russland (Studien z. Geschichte d. österreichisch-ungarischen Monarchie, 9), Wien/Köln/Graz 1968. (*Carl Ferdinand Graf Buol-Schauenstein*)

dies.: Einleitung, in: Die Protokolle des Österreichischen Ministerrates, III. Abteilung: Das Ministerium Buol-Schauenstein, Bd. 2: 15. März 1853 – 9. Oktober 1853, bearb. v. ders., Wien 1979, S. XIII–LVIII. (*Einleitung, in: MRP, III/2*) dies.: Einleitung, in: Die Protokolle des Österreichischen Ministerrates, III. Abteilung: Das Ministerium Buol-Schauenstein, Bd. 3: 11. Oktober 1853 – 19. Dezember 1854, bearb. v. ders., Wien 1984, S. IX–XXXVII. (*Einleitung, in: MRP, III/3*)

dies.: Einleitung, in: Die Protokolle des Österreichischen Ministerrates, III. Abteilung: Das Ministerium Buol-Schauenstein, Bd. 4: 23. Dezember 1854 – 12. April 1856, bearb. v. ders., Wien 1987, S. IX–XXXIII. (*Einleitung, in: MRP, III/4*)

dies.: Einleitung, in: Die Protokolle des Österreichischen Ministerrates, III. Abteilung: Das Ministerium Buol-Schauenstein, Bd. 5: 26. April 1856 – 5. Februar 1857, bearb. und eingel. v. ders., Wien 1993, S. IX–XLIII. (*Einleitung, in: MRP, III/5*)

dies.: Gehorsame Rebellen. Bürokratie und Beamte in Österreich 1780–1848 (Studien zu Politik und Verwaltung, 36), Wien/Köln/Graz 1991. (*Gehorsame Rebellen*)

dies.: Die österreichische Bürokratie. Zwischen deutscher Vorherrschaft und österreichischer Staatsidee (Vormärz und Neoabsolutismus), in: Österreich und die deutsche Frage im 19. und 20. Jahrhundert. Probleme der politisch-staatlichen und soziokulturellen Differenzierung im deutschen Mitteleuropa, hrsg. v. Heinrich Lutz/H. Rumpler (Wiener Beiträge z. Geschichte d. Neuzeit, 9), München 1982, S. 73–92. (*Die österreichische Bürokratie*)

dies.: Probleme der Edition. Aktenkundliche Studien zur Regierungspraxis des Neoabsolutismus, in: Die Protokolle des Österreichischen Ministerrates, III. Abteilung: Das Ministerium Buol-Schauenstein, Bd. 1: 14. April 1852 – 13. März 1853, bearb. v. ders., Wien 1975, S. XXVIII–LXIII. (*Edition*)

dies.: Staatsdienst, Bildungsbürgertum und die Wiener Revolution von 1848. Bemerkungen zu den sozialen Wurzeln der bürgerlichen Revolution, in: 1848/49. Revolutionen in Ostmitteleuropa. Vorträge der Tagung des Collegium Carolinum in Bad Wiessee v. 30. November bis 1. Dezember 1990, hrsg. v. Rudolf Jaworski/Robert Luft (Bad Wiesseer Tagungen d. Collegium Carolinum, 18), München 1996, S. 197–206. (*Staatsdienst*)

Heller, Eduard: Erzherzog Albrecht. Staat und Armee in seiner Zeit (unveröffentlichtes Manuskript, im Wiener Kriegsarchiv in der Nachlaßsammlung liegend [B/679, Nr. 1/I]). (*Erzherzog Albrecht*)

Henshall, Nicholas: Early Modern Absolutism 1550–1700. Political Reality or Propaganda?, in: Der Absolutismus – ein Mythos? Strukturwandel monarchischer Herrschaft in West- und Mitteleuropa (ca. 1550–1700), hrsg. v. R. G. Asch/H. Duchhardt (Münstersche Hist. Forschungen, 9), Köln/Weimar/Wien 1996, S. 25–53. (*Early Modern Absolutism 1550–1700*)

ders.: The Myth of Absolutism: Change and Continuity in Early Modern European Monarchy, London 1992. (*The Myth of Absolutism*)

Heppner, Harald: Das Rußlandbild in der öffentlichen Meinung Österreichs 1848–1856, Graz 1975. (*Rußlandbild*)

Hertz, Friedrich: Nationalgeist und Politik. Beiträge zur Erforschung der tieferen Ursachen des Weltkrieges, Bd. 1: Staatstradition und Nationalismus, Zürich 1937. (*Nationalgeist*)

Hinrichs, Ernst: Abschied vom Absolutismus? Eine Antwort auf Nicholas Henshall, in: Der Absolutismus – ein Mythos? Strukturwandel monarchischer Herrschaft in West- und Mitteleuropa (ca. 1550–1700), hrsg. v. R. G. Asch/H. Duchhardt (Münstersche Hist. Forschungen, 9), Köln/Weimar/Wien 1996, S. 353–371. (*Abschied vom Absolutismus?*)

Hobsbawm, Eric: Das Zeitalter der Extreme. Weltgeschichte des 20. Jahrhunderts, München 1995 (engl. Orig. 1994). (*Das Zeitalter der Extreme*)

Höbelt, Lothar (Hrsg.): Österreichs Weg zur konstitutionellen Monarchie. Aus der Sicht des Staatsministers Anton von Schmerling (Rechts- und sozialwissenschaftliche Reihe, 9), Frankfurt am Main u. a., 1994, S. 5–20. (*Österreichs Weg*)

Hoensch, Jörg K.: Geschichte Böhmens. Von der slavischen Landnahme bis ins 20. Jahrhundert, 2., aktualisierte u. erg. Aufl., München 1992. (*Geschichte Böhmens*)

Hoffmann, George W.: Political-Geographic Bases of the Austrian Nationality Problem, in: Austrian History Yearbook, 1967, 3/1, S. 121–146. (*Political-Geographic Bases of the Austrian Nationality Problem*)

Hoke, Rudolf: Österreichische und Deutsche Rechtsgeschichte, Wien/Köln/Weimar 1992. (*Österreichische und Deutsche Rechtsgeschichte*)

Holler, Gert: Sophie. Die heimliche Kaiserin, Wien 1993. (*Sophie*)

Hroch, Miroslav: Das Bürgertum in den nationalen Bewegungen des 19. Jahrhunderts. Ein europäischer Vergleich, in: Bürgertum im 19. Jahrhundert, Bd. 3: Verbürgerlichung, Recht und Politik, hrsg. v. Jürgen Kocka, Göttingen 1995, S. 197–219. (*Das Bürgertum in den nationalen Bewegungen des 19. Jahrhunderts*)

Hugelmann, Karl G.: Der Plan einer Länderkonferenz der deutsch-österreichischen Alpenländer im Herbste 1848, in: Jahrbuch für Landeskunde von Niederösterreich, Neue Folge, 1928, 18, S. 237–270. (*Der Plan einer Länderkonferenz*)

Hye, Hans Peter: Wiener ‚Vereinsmeier' um 1850, in: Bürgertum in der Habsburgermonarchie, Bd. 2: ‚Durch Arbeit, Besitz, Wissen und Gerechtigkeit', hrsg. v. Hannes Stekl/P. Urbanitsch/E. Bruckmüller/H. Heiss, Wien/Köln/Weimar 1992, S. 292–316. (*Wiener ‚Vereinsmeier' um 1850*)

Imhof, Kurt: ‚Öffentlichkeit' als historische Kategorie und als Kategorie der Historie, in: Schweizerische Zeitschrift für Geschichte, 1996, 46, S. 3–25. (*‚Öffentlichkeit' als historische Kategorie und als Kategorie der Historie*)

Intellectual and Social Developments in The Habsburg Empire from Maria Theresia to World War I. Essays Dedicated to Robert A. Kann, hrsg v. Stanley B. Winters/J. Held (East European Monographs, 11), New York/London 1975. (*Intellectual and Social Developments*)

Ivanišević, Alojz: Kroatische Politik der Wiener Zentralstellen von 1849 bis 1852 (Dissertationen d. Universität Wien, 168), Wien 1984. (*Kroatische Politik der Wiener Zentralstellen*)

Jászi, Oskar: The Dissolution of the Habsburg Monarchy, Chicago 1929. (*Dissolution*)

Jelavich, Barbara: Clouded Image: Critical Perceptions of the Habsburg Empire in 1914, in: Austrian History Yearbook, 1992, 23, S. 23–35. (*Clouded Image*)

Jost, Hans U.: Zum Konzept der Öffentlichkeit in der Geschichte des 19. Jahrhunderts, in: Schweizerische Zeitschrift für Geschichte, 1996, 46, S. 43–59. (*Zum Konzept der Öffentlichkeit*)

Kaelble, Horst: Der historische Vergleich. Eine Einführung zum 19. und 20. Jahrhundert, Frankfurt/New York 1999. (*Der historische Vergleich*)

Kammerhofer, Leopold: Diplomatie und Pressepolitik 1848–1918, in: Die Habsburgermonarchie 1848–1918, Bd. 6: Die Habsburgermonarchie im System der internationalen Beziehungen, Teilbd. 1, hrsg. v. Adam Wandruszka/P. Urbanitsch, Wien 1989, S. 458–495. (*Diplomatie und Pressepolitik*)

Kann, Robert A.: Die Habsburgermonarchie und das Problem des übernationalen Staates, in: Die Habsburgermonarchie 1848–1918, Bd. 2: Verwaltung und Rechtswesen, hrsg. v. Adam Wandruszka/P. Urbanitsch, Wien 1975, S. 1–56. (*Die Habsburgermonarchie und das Problem des übernationalen Staates*)

ders.: A History of the Habsburg Empire 1526–1918, 2. ed., Berkeley/Los Angeles/London 1980. (*History*)

ders.: Das Nationalitätenproblem der Habsburgermonarchie. Geschichte und Ideengehalt der nationalen Bestrebungen vom Vormärz bis zur Auflösung des Reiches im Jahre 1918, 2 Bde., 2., erw. Aufl., Graz/Köln 1964. (*Nationalitätenproblem, 1 oder 2*)

ders.: Nationalitätenproblem und Nationalitätenrecht, in: Spectrum Austriae, hrsg. v. Otto Schulmeister, u. Mitw. v. Johann Chr. Allmayer-Beck/A. Wandruszka, Wien 1957, S. 195–224. (*Nationalitätenproblem und Nationalitätenrecht*)

ders.: Werden und Zerfall des Habsburgerreiches, Graz/Wien/Köln 1962. (*Werden und Zerfall des Habsburgerreiches*)

ders.: Zur Problematik der Nationalitätenfrage in der Habsburgermonarchie, in: Die Habsburgermonarchie 1848–1918, Bd. 3: Die Völker des Reiches, Teilbd. 2, hrsg. v. Adam Wandruszka/P. Urbanitsch, Wien 1980, S. 1304–1338. (*Zur Problematik*)

Katus, László: Die Magyaren, in: Die Habsburgermonarchie 1848–1918, Bd. 3: Die Völker des Reiches, Teilbd. 1, hrsg. v. Adam Wandruszka/P. Urbanitsch, Wien 1980, S. 410–488. (*Magyaren*)

Kelsen, Hans: Österreichisches Staatsrecht. Ein Grundriss entwicklungsgeschichtlich dargestellt, Tübingen 1923. (*Österreichisches Staatsrecht*)

Kiszling, Rudolf: Fürst Felix zu Schwarzenberg. Der politische Lehrmeister Kaiser Franz Josephs, Graz/Köln 1952. (*Fürst Felix zu Schwarzenberg*)

Klabouch, Jiří: Die Gemeindeselbstverwaltung in Österreich 1848–1918 (Österreich Archiv), Wien 1968. (*Gemeindeselbstverwaltung in Österreich*)

Kleindel, Walter: Österreich. Daten zur Geschichte und Kultur, Wien/Heidelberg 1978. (*Österreich*)

Kletečka, Thomas: Aussenpolitische Vorstellungen von Parteien und Gruppen in Cisleithanien, in: Die Habsburgermonarchie 1848–1918, Bd. 6: Die Habsburgermonarchie im System der internationalen Beziehungen, Teilbd. 1, hrsg. v. Adam Wandruszka/P. Urbanitsch, Wien 1989, S. 399–458. (*Aussenpolitische Vorstellungen*)

ders.: Einleitung, in: Die Protokolle des Österreichischen Ministerrates 1848–1867, I. Abteilung: Die Ministerien des Revolutionsjahres 1848. 20. März 1848 – 21. November 1848, bearb. und eingel. v. dems., Wien 1996, S. IX–XLVIII. (*Einleitung*)

Klíma, Arnošt: The Czechs, in: The National Question in Europe in Historical Context, hrsg. v. Mikuláš Teich/R. Porter, Cambridge 1993, S. 228–237. (*The Czechs*)

Kluge, Ulrich: Der österreichische Ständestaat 1934–1938. Entstehung und Scheitern, München 1984. (*Der österreichische Ständestaat*)

Kohn, Hans: Reflections on Austrian History, in: Austrian History Yearbook, 1967, 3/3, S. 4–22. (*Reflections*)
ders.: Was the Collapse Inevitable, in: Austrian Historical Yearbook, 1967, 3/3, S. 250–266. (*Was the Collapse Inevitable*)
Kohnen, Richard: Pressepolitik des Deutschen Bundes. Methoden staatlicher Pressepolitik nach der Revolution von 1848 (Studien und Texte z. Sozialgeschichte d. Literatur, 50), Tübingen 1995. (*Pressepolitik des Deutschen Bundes*)
Kolmer, Gustav: Parlament und Verfassung in Oesterreich, Bd. 1: 1848–1869, Wien/Leipzig 1902. (*Parlament und Verfassung, 1*)
Kondylis, Panajotis: Reaktion, Restauration, in: Geschichtliche Grundbegriffe. Historisches Lexikon zur politisch-sozialen Sprache in Deutschland, Bd. 5, hg. v. O. Brunner/W. Conze /R. Koselleck, Stuttgart 1984, S. 179–230. (*Reaktion*)
Kořalka, Jiří: Comments, in: Austrian History Yearbook, 1967, 3/1, S. 147–153. (*Comments*)
ders.: Palacký und Österreich als Vielvölkerstaat, in: Österreichische Osthefte, 1986, 28, S. 22–37. (*Palacký und Österreich als Vielvölkerstaat*)
ders.: Die preußisch-deutsche Politik, der Ausgleich von 1867 und die nationalen Fragen in Mitteleuropa, in: Der österreichisch-ungarische Ausgleich 1867. Materialien (Referate und Diskussion) der internationalen Konferenz in Bratislava 28. 8.– 1. 9. 1967, hrsg. v. Ľudovit Holotík, Bratislava 1971, S. 83–98. (*Die preußisch-deutsche Politik*)
ders.: Tschechen im Habsburgerreich und in Europa 1815 bis 1914. Sozialgeschichtliche Zusammenhänge der neuzeitlichen Nationsbildung und der Nationalitätenfrage in den böhmischen Ländern (Schriftenreihe d. Österreichischen Ost- und Südosteuropa-Inst., 18), Wien 1991. (*Tschechen im Habsburgerreich*)
Kornbichler, Thomas: Adolf-Hitler-Psychogramme. Psychobiographie, Bd. 2 (Psychopathologie und Humanwissenschaften, 6), Frankfurt am Main et al. 1994. (*Adolf-Hitler-Psychogramme, 2*)
Kos, Franz-Josef: Rezension von Jan Křens Die Konfliktgemeinschaft. Tschechen und Deutsche 1780–1918 ..., in: Historische Zeitschrift, 1997, 265, S. 501–503. (*Rezension*)
Křen, Jan: Die Konfliktgemeinschaft. Tschechen und Deutsche 1780–1918 (Veröff. d. Collegium Carolinum, 71), München 1996. (*Die Konfliktgemeinschaft*)

Langewiesche, Dieter: Gewalt und Politik im Jahrhundert der Revolutionen, in: Konflikt und Reform. Festschrift für Helmut Berding, hrsg. v. Winfried Speitkamp/H.-P. Ullmann, Göttingen 1995, S. 233–246. (*Gewalt und Politik*)
ders.: Liberalismus in Deutschland, Frankfurt am Main 1988. (*Liberalismus in Deutschland*)
Leisching, Peter: Die römisch-katholische Kirche in Cisleithanien, in: Die Habsburgermonarchie 1848–1918, Bd. 4: Die Konfessionen, hrsg. v. Adam Wandruszka/P. Urbanitsch, Wien 1985, S. 1–247. (*Die römisch-katholische Kirche in Cisleithanien*)
Lengauer, Hubert: Ästhetik und liberale Opposition. Zur Rollenproblematik des Schriftstellers in der österreichischen Literatur um 1848 (Literatur in d. Geschichte, Geschichte in d. Literatur, 17), Wien/Köln 1989. (*Ästhetik und liberale Opposition*)
Lepenies, Wolf: Benimm und Erkenntnis. Über die notwendige Rückkehr der Werte in die Wissenschaften, in: Ders., Benimm und Erkenntnis. Über die notwendige Rück-

kehr der Werte in die Wissenschaften. Die Sozialwissenschaften nach dem Ende der Geschichte. Zwei Vorträge (Erbschaft unserer Zeit. Vorträge über den Wissensstand der Epoche, 19), Frankfurt am Main 1997, S. 9–49. (*Benimm und Erkenntnis*)

ders.: Die Sozialwissenschaften nach dem Ende der Geschichte, in: Ders., Benimm und Erkenntnis. Über die notwendige Rückkehr der Werte in die Wissenschaften. Die Sozialwissenschaften nach dem Ende der Geschichte. Zwei Vorträge (Erbschaft unserer Zeit. Vorträge über den Wissensstand der Epoche, 19), Frankfurt am Main 1997, S. 51–99. (*Sozialwissenschaften*)

Leslie, John: Der Ausgleich in der Bukowina von 1910: Zur österreichischen Nationalitätenpolitik vor dem Ersten Weltkrieg, in: Geschichte zwischen Freiheit und Ordnung. Gerald Stourzh zum 60. Geburtstag, hrsg. v. Emil Brix/Th. Fröschl/J. Leidenfrost, Graz/Wien/Köln 1991, S. 113–144. (*Der Ausgleich in der Bukowina*)

Lhotsky, Alphons: Der österreichische Staatsgedanke, in: Ders., Aufsätze und Vorträge, Bd. 1: Europäisches Mittelalter. Das Land Österreich, hrsg. v. Hans Wagner/H. Koller, München 1970, S. 365–388. (*Der österreichische Staatsgedanke*)

ders.: Das Problem des österreichischen Menschen, in: Ders., Aufsätze und Vorträge, Bd. 4: Die Haupt- und Residenzstadt Wien. Sammelwesen und Ikonographie. Der österreichische Mensch, hrsg. v. Hans Wagner/H. Koller, München 1974 (erstmals erschienen 1968), S. 308–331. (*Das Problem des österreichischen Menschen*)

Lindenberger, Thomas/Alf Lüdtke: Einleitung: Physische Gewalt – eine Kontinuität der Moderne, in: Physische Gewalt. Studien zur Geschichte der Neuzeit, hrsg. v. dens., Frankfurt am Main 1995, S. 7–38. (*Einleitung. Physische Gewalt eine Kontinuität der Moderne*)

Lippert, Stefan: Felix Fürst zu Schwarzenberg. Eine politische Biographie, Phil. Diss., Kiel 1996. (*Fürst Felix zu Schwarzenberg*)

Loew, Hans: Alexander Freiherr von Bach, Phil. Diss., Wien 1947. (*Alexander Freiherr von Bach*)

Loewenstein, Bedřich: Bürgerliche Bewegung und nationale Orientierung um die Jahrhundertmitte. Einige Überlegungen, in: Die Chance der Verständigung. Absichten und Ansätze zur übernationalen Zusammenarbeit in den böhmischen Ländern 1848–1918. Vorträge der Tagung des Collegium Carolinum in Bad Wiessee 1985, hrsg. v. Ferdinand Seibt (Bad Wiesseer Tagungen d. Collegium Carolinum), München 1987, S. 117–134. (*Bürgerliche Bewegung und nationale Orientierung*)

Lunzer, Marianne: Der Versuch einer Presselenkung in Österreich 1848 bis 1870, Wien 1954. (*Der Versuch einer Presselenkung*)

Macartney, Carlile A.: The Habsburg Empire 1790–1918, New York 1969. (*Habsburg Empire*)

ders.: The House of Austria. The Later Phase, Edinburgh 1978. (*The House of Austria*)

Machoczek, Ursula: Gustav Höfken, in: Gelehrte in der Revolution. Heidelberger Abgeordnete in der deutschen Nationalversammlung 1848/49, hrsg. v. Frank Engehausen/A. Kohnle, Ubstadt-Weiher 1998, S. 69–92. (*Gustav Höfken*)

März, Eduard/K. Socher: Währung und Banken in Cisleithanien, in: Die Habsburgermonarchie 1848–1918, Bd. 1: Die wirtschaftliche Entwicklung, hrsg. v. Alois Brusatti, Wien 1973, S. 323–368. (*Währung und Banken*)

Magris, Claudio: Der habsburgische Mythos in der österreichischen Literatur, 2. Aufl., Salzburg 1988. (*Der habsburgische Mythos in der österreichischen Literatur*)

Malfèr, Stefan: Der Konstitutionalismus in der Habsburgermonarchie – Siebzig Jahre Verfassungsdiskussion in ‚Cisleithanien', in: Die Habsburgermonarchie 1848–1918, Bd. 7: Verfassung und Parlamentarismus, 2. Teilbd.: Die regionalen Repräsentativkörperschaften, hrsg. v. Helmut Rumpler/P. Urbanitsch, Wien 2000, S. 11–67. (*Konstitutionalismus*)

ders.: Steuerwiderstand und Steuerexekution in Ungarn 1860 bis 1862, in: Österreichische Osthefte 1982, 24, S. 313–329. (*Steuerwiderstand und Steuerexekution in Ungarn 1860 bis 1862*)

Manca, Anna G.: La sfida delle riforme. Costituzione politica nel liberalismo prussiano (1850–1866) (Annali dell'Istituto storico italo-germanico, Monografia 21), Bologna 1995. (*La sfida delle riforme. Costituzione politica nel liberalismo prussiano*)

Mann, Golo: Deutsche Geschichte des 19. und 20. Jahrhunderts, Frankfurt am Main 1958. (*Deutsche Geschichte*)

Matis, Herbert: Leitlinien der österreichischen Wirtschaftspolitik, in: Die Habsburgermonarchie 1848–1918, Bd. 1: Die wirtschaftliche Entwicklung, hrsg. v. Alois Brusatti, Wien 1973, S. 29–67. (*Leitlinien*)

ders.: Österreichs Wirtschaft 1848–1913. Konjunkturelle Dynamik und gesellschaftlicher Wandel im Zeitalter Franz Josephs I., Berlin 1972. (*Österreichs Wirtschaft*)

ders./ Karl Bachinger, Österreichs industrielle Entwicklung, in: Die Habsburgermonarchie 1848–1918, Bd. 1: Die wirtschaftliche Entwicklung, hrsg. v. Alois Brusatti, Wien 1973, S. 105–232. (*Österreichs industrielle Entwicklung*)

Mayer, Franz M./Friedrich Kaindl/Hans Pirchegger: Geschichte und Kulturleben Österreichs von 1792 bis zum Staatsvertrag von 1955, 5., verb. u. erg. Aufl., bearb. v. Adalbert Klein, Wien/Stuttgart 1965. (*Geschichte und Kulturleben*)

Mayer, Gottfried: Österreich als katholische Großmacht. Ein Traum zwischen Revolution und liberaler Ära (Studien z. Geschichte d. österreichisch-ungarischen Monarchie, 24), Wien 1989. (*Österreich als katholische Großmacht*)

Mayer, H. Theodor: Minister Bruck, Leipzig 1929.

Mazohl-Wallnig, Brigitte: ‚Hochverräter' und österreichische Regierung in Lombardo-Venetien. Das Beispiel des Mailänder Aufstandes im Jahre 1853, in: Mitteilungen des Österreichischen Staatsarchivs, 1978, 31, S. 219–231. (‚*Hochverräter'*)

dies.: Österreichischer Verwaltungsstaat und administrative Eliten im Königreich Lombardo-Venetien 1815–1859 (Veröff. d. Inst. f. Europäische Geschichte Mainz, Abteilung Universalgeschichte, 146), Mainz 1993. (*Österreichischer Verwaltungsstaat*)

dies.: Ordinamento centrale e amministrazioni locali. Burocrazia austriaca nella tensione tra interessi statali e interessi locali. La provincia di Verona 1848–1859, in: I problemi dell'amministrazione austriaca nel Lombardo-Veneto. Atti del Convegno di Conegliano organizzato in collaborazione con l'Associazione Italia-Austria 20–23 settembre 1979, Comune di Conegliano 1981, S. 26–36. (*Ordinamento centrale*)

Megner, Karl: Beamte. Wirtschafts- und sozialgeschichtliche Aspekte des k. k. Beamtentums (Studien z. Geschichte d. österreichisch-ungarischen Monarchie, 21), Wien 1985. (*Beamte*)

Melville, Ralph: Adel und Revolution in Böhmen. Strukturwandel von Herrschaft und Gesellschaft in Österreich um die Mitte des 19. Jahrhunderts (Veröff. d. Inst. f. Europäische Geschichte Mainz, Abt. Universalgeschichte, 95), Mainz 1998. (*Adel und Revolution in Böhmen*)

Mezler Andelberg, Helmut J.: Österreichs ‚Schwarze Legende'. Zur Kritik an der Habsburgermonarchie durch österreichische Zeitgenossen Erzherzog Johanns, in: Mitteilungen des Österreichischen Staatsarchivs, 1963, 16, S. 216–249. (*Österreichs ‚Schwarze Legende'*)

Michel, Bernard: Nations et nationalismes en Europe centrale XIXe–XXe siècle, Paris 1995. (*Nations et nationalismes*)

Mikoletzky, Hanns L.: Österreich. Das entscheidende 19. Jahrhundert. Geschichte, Kultur und Wissenschaft, Wien 1972. (*Österreich*)

Miskolczy, Julius: Ungarn in der Habsburger-Monarchie (Wiener Hist. Studien, 5), Wien/München 1959. (*Ungarn*)

Molnár, Elisabeth: Auf dem Wege der mühevollen Verbürgerlichung, in: 1848. Revolution in Europa. Verlauf, politische Programme, Folgen und Wirkungen, hrsg. v. Heiner Timmermann (Dokumente u. Schriften der Europäischen Akademie Otzenhausen, 87), Berlin 1999, S. 549–556. (*Auf dem Wege der mühevollen Verbürgerlichung*)

Molnár, Miklós: Histoire de la Hongrie, Paris 1996. (*Histoire de la Hongrie*)

Mommsen, Hans: Die habsburgische Nationalitätenfrage und ihre Lösungsversuche im Licht der Gegenwart, in: Nationalismus – Nationalitäten – Supranationalität, hrsg. v. Heinrich August Winkler/H. Kaelble (Industrielle Welt, Schriftenreihe d. Arbeitskreises f. moderne Sozialgeschichte, 53), Stuttgart 1993, S. 108–122. (*Die habsburgische Nationalitätenfrage*)

ders.: Zur Beurteilung der altösterreichischen Nationalitätenfrage, in: Ders., Arbeiterbewegung und Nationale Frage. Ausgewählte Aufsätze (Kritische Studien z. Geschichtswissenschaft, 34, Göttingen 1979), S. 127–146. (*Zur Beurteilung*)

Moritsch, Andreas: Der Austroslavismus. Ein verfrühtes Konzept zur politischen Neugestaltung Mitteleuropas, in: Der Austroslavismus. Ein verfrühtes Konzept zur politischen Neugestaltung Mitteleuropas, hrsg. v. dems. (Schriftenreihe d. Internationalen Zentrums f. Europäische Nationalismus- und Minderheitenforschung, 1), Wien/Köln/Weimar 1996, S. 11–23. (*Der Austroslavismus*)

Mühle, Eduard: Die Unfähigkeit zum Kompromiß. Eine Tagung über die tschechoslowakisch-deutsche Verstrickung in die Nationalgeschichte, in: F.A.Z., 16. März 1990. (*Die Unfähigkeit zum Kompromiß*)

Müller, Paul: Feldmarschall Fürst Windischgrätz. Revolution und Gegenrevolution in Österreich, Wien/Leipzig 1934. (*Feldmarschall Fürst Windischgrätz*)

Murswieck, Axel: Regierung, in: Wörterbuch Staat und Politik, hrsg. v. Dieter Nohlen, München/Zürich 1991, S. 573–576. (*Regierung*)

Musil, Robert: Der Mann ohne Eigenschaften, hrsg. v. Adolf Frisé, 5. Aufl., Stuttgart 1962. (*Der Mann ohne Eigenschaften*)

Neoabsolutismus, in: Meyers Taschenlexikon, Bd. 4, Mannheim/Wien/Zürich 1982, S. 188. (*Neoabsolutismus*)

Neschwara, Christian: Geschichte des österreichischen Notariats, Bd. 1: Vom Spätmittelalter bis zum Erlaß der Notariatsordnung 1850, Wien 1996. (*Geschichte des österreichischen Notariats, 1*)

Nipperdey, Thomas: Deutsche Geschichte 1800–1866, 2., unv. Aufl., München 1984. (*Deutsche Geschichte 1800–1866*)

Novotny, Alexander: Franz Josef I. An der Wende vom alten zum neuen Europa, Göttingen 1968. (*Franz Josef*)

ders.: Kaiser Franz Joseph (1830–1916), in: Gestalter der Geschicke Österreichs, hrsg. v. Hugo Hantsch (Studien d. Wiener Katholischen Akad.), Innsbruck/Wien/München 1975, S. 433–446. (*Kaiser Franz Joseph*)

ders.: Der Monarch und seine Ratgeber, in: Die Habsburgermonarchie 1848–1918, Bd. 2: Verwaltung und Rechtswesen, hrsg. v. Adam Wandruszka/P. Urbanitsch, Wien 1975, S. 57–99. (*Der Monarch und seine Ratgeber*)

ders.: Österreichs innere Politik, in: Probleme der franzisko-josephinischen Zeit 1848–1916, hrsg. v. Friedrich Engel-Janosi/H. Rumpler (Schriftenreihe d. österr. Ost- u. Südosteuropa-Inst., 1), München 1967, S. 41–48. (*Österreichs innere Politik*)

Oberkrome, Willi: Aspekte der deutschsprachigen ‚Volksgeschichte', in: Zwischen Konfrontation und Kompromiss. Oldenburger Symposium: ‚Interethnische Beziehungen in Ostmitteleuropa als historiographisches Problem der 1930er/1940er Jahre' (Schriften d. Bundesinstituts f. ostdeutsche Kultur und Geschichte, 8), München 1995, S. 37–46. (*Aspekte der deutschsprachigen ‚Volksgeschichte'*)

Oesterreichisches Staatswörterbuch. Handbuch des gesammten österreichischen öffentlichen Rechtes, hrsg. v. Ernst Mischler/J. Ulbrich, 2 Bde., 3 Teilbde., Wien 1895–1897. (*Oesterreichisches Staatswörterbuch 1, 2/1 oder 2/2, immer unter Angabe des Autors des entsprechenden Art.*)

Ogris, Werner: Die Rechtsentwicklung in Cisleithanien 1848–1918, in: Die Habsburgermonarchie 1848–1918, Bd. 2: Verwaltung und Rechtswesen, hrsg. v. Adam Wandruszka/P. Urbanitsch, Wien 1975, S. 538–662. (*Rechtsentwicklung*)

Padrutt, Christian: Allgemeine Zeitung (1798–1929), in: Deutsche Zeitungen des 17. bis 20. Jahrhunderts, hrsg. v. Heinz-Dietrich Fischer (Publizistik-Historische Beiträge, 2), Pullach bei München 1962, S. 131–144. (*Allgemeine Zeitung*)

Palmer, Alan: Franz Joseph I. Kaiser von Österreich und König von Ungarn, München/Leipzig 1995. (*Franz Joseph*)

Pasteyrik, Walter: Die alte ‚Presse' (1848–1864), Phil. Diss., Wien 1948. (*Die alte ‚Presse'*)

Paupié, Kurt: Handbuch der Österreichischen Pressegeschichte 1848–1859, 2 Bde., Wien/Stuttgart 1960/66. (*Handbuch der Österreichischen Pressegeschichte 1848–1859, 1 oder 2*)

Pfusterschmid-Hardtenstein, Heinrich: Von der Orientalischen Akademie zur k. u. k. Konsularakademie. Eine Maria-Theresianische Institution und ihre Bedeutung für den Auswärtigen Dienst der österreichisch-ungarischen Monarchie, in: Die Habsburgermonarchie 1848–1918, Bd. 6: Die Habsburgermonarchie im System der internationalen Beziehungen, Teilbd. 1, hrsg. v. Adam Wandruszka/P. Urbanitsch, Wien 1989, S. 122–195. (*Von der Orientalischen Akademie zur k. u. k. Konsularakademie*)

Piereth, Wolfgang: Die Anfänge aktiver staatlicher Pressepolitik in Deutschland (1800–1871), in: Propaganda. Meinungskampf, Verführung und politische Sinnstiftung (1789–1989), hrsg. v. Ute Daniel/W. Siemann, Frankfurt 1994, S. 21–43. *(Die Anfänge aktiver staatlicher Pressepolitik in Deutschland)*

Prinz, Friedrich: Auf dem Weg in die Moderne, in: Deutsche Geschichte im Osten Europas. Böhmen und Mähren, hrsg. v. dems., Berlin 1993, S. 303–481. *(Auf dem Weg in die Moderne)*

ders.: Die wahre Größe Klein-Europas. Jean Bérenger schreibt die Geschichte der Donaumonarchie ohne Ressentiments und Nostalgie, in: Frankfurter Allgemeine Zeitung v. 2. Dezember 1995, Nr. 281, S. 13. *(Die wahre Größe Klein-Euroaps)*

ders.: Hans Kudlich (1823–1917). Versuch einer historisch-politischen Biographie (Veröff. d. Collegium Carolinum, 11), München/Prag 1962. *(Hans Kudlich)*

Putschögl, Gerhard: Zur Geschichte der autonomen Landesverwaltung in den zisleithanischen Ländern der Habsburgermonarchie, in: Mitteilungen des Oberösterreichischen Landesarchivs, 1981, 13, S. 289–311. *(Zur Geschichte)*

Rauchensteiner, Manfred: Der Tod des Doppeladlers. Österreich-Ungarn und der Erste Weltkrieg, 2. Aufl., Graz/Wien/Köln 1994. *(Der Tod des Doppeladlers)*

Redlich, Joseph: Kaiser Franz Joseph von Österreich. Eine Biographie, Berlin 1928. *(Kaiser Franz Joseph)*

ders.: Das österreichische Staats- und Reichsproblem. Geschichtliche Darstellung der inneren Politik der habsburgischen Monarchie von 1848 bis zum Untergang des Reiches, Bd. 1/1: Der dynastische Reichsgedanke und die Entfaltung des Problems bis zur Verkündigung der Reichsverfassung von 1861, Bd. 1/2: Exkurse und Anmerkungen, Leipzig 1920. *(Staats- und Reichsproblem, 1/1 oder 1/2)*

Regele, Oskar: Feldmarschall Radetzky. Leben, Leistung, Erbe, Wien 1957. *(Feldmarschall Radetzky)*

Reisenleitner, Markus: Kulturgeschichte auf der Suche nach dem Sinn. Überlegungen zum Einfluss poststrukturalistischer Theoriebildung auf moderne Kulturgeschichtsschreibung, in: Österreichische Zeitschrift für Geschichtswissenschaften, 1992, S. 7–30. *(Kulturgeschichte auf der Suche nach dem Sinn)*

Ritter, Harry: Progressive Historians and the Historical Imagination in Austria: Heinrich Friedjung and Richard Charmatz, in: Austrian History Yearbook, 1983, 19, S. 45–90. *(Progressive Historians)*

Rogge, Walter: Oesterreich von Világos bis zur Gegenwart, Bd. 1: Das Decennium des Absolutismus, Leipzig/Wien 1872. *(Oesterreich von Világos bis zur Gegenwart, 1)*

Roper, Lyndal: Ödipus und der Teufel. Körper und Psyche in der Frühen Neuzeit, Frankfurt am Main 1995. *(Ödipus und der Teufel)*

Rovan, Joseph: Diskussionsbeitrag, in: Die französische Deutschlandpolitik zwischen 1945 und 1949. Ergebnisse eines Kolloquiums des Institut Français de Stuttgart und des Deutsch-Französischen Instituts, Ludwigsburg, 16.–17. Januar 1986, hrsg. v. Institut Français de Stuttgart, Tübingen 1987, S. 41–43. (Diskussionsbeitrag)

Rumpler, Helmut: Eine Chance für Mitteleuropa. Bürgerliche Emanzipation und Staatsverfall in der Habsburgermonarchie, hrsg. v. Herwig Wolfram, Wien 1997. *(Eine Chance für Mitteleuropa)* ders.: Einleitung: Grenzen der Demokratie im Vielvölkerstaat, in: Die Habsburgermonarchie 1848–1918, Bd. 7: Verfassung und Parlamentarismus, 2. Teilbd.: Die regionalen Repräsentativkörperschaften, hrsg. v. dems./P. Urbanitsch, Wien 2000, S. 1–10. (*Einleitung*)

ders.: Der Kampf um die Kontrolle der österreichischen Staatsfinanzen 1859/60. Ein Beitrag zur Geschichte des parlamentarischen Budgetrechts, in: Gesellschaft, Parlament und Regierung. Zur Geschichte des Parlamentarismus in Deutschland, hrsg. v. Gerhard A. Ritter, Düsseldorf 1974, S. 165–188. (*Der Kampf um die Kontrolle der österreichischen Staatsfinanzen 1859/60*)

ders.: Ministerrat und Ministerratsprotokolle 1848 bis 1867. Behördengeschichtliche und aktenkundliche Analyse, in: Die Protokolle des Österreichischen Ministerrates 1848–1867. Einleitungsband, Wien 1970, S. 11–108. (*Ministerrat*)

ders.: Die rechtlich-organisatorischen und sozialen Rahmenbedingungen für die Aussenpolitik der Habsburgermonarchie 1848–1918, in: Die Habsburgermonarchie 1848–1918, Bd. 6: Die Habsburgermonarchie im System der internationalen Beziehungen, Teilbd. 1, hrsg. v. Adam Wandruszka/P. Urbanitsch, Wien 1989, S. 1–121. (*Die rechtlich-organisatorischen und sozialen Rahmenbedingungen*)

ders.: Vorwort, in: Die Protokolle des Österreichischen Ministerrates, III. Abteilung: Das Ministerium Buol-Schauenstein, Bd. 4: 23. Dezember 1854 – 12. April 1856, bearb. v. Waltraud Heindl, Wien 1987, S. VII–VIII. (*Vorwort*)

Salewski, Michael: Vorwort, in: Ungleiche Partner? Österreich und Deutschland in ihrer gegenseitigen Wahrnehmung. Historische Analysen und Vergleiche aus dem 19. und 20. Jahrhundert, hrsg. v. Michael Gehler/R. F. Schmidt/H.-H. Brandt/R. Steininger (Hist. Mitteilungen, Beiheft 15), Stuttgart 1996, S. 9–10. (*Vorwort*)

Sandgruber, Roman: Lebensstandard und wirtschaftliche Entwicklung im österreichischen Neoabsolutismus (1848–1859), in: Wirtschafts- und sozialhistorische Beiträge. Festschrift für Alfred Hoffmann zum 75. Geburtstag, hrsg. v. Herbert Knittler, Wien 1979, S. 372–394. (*Lebensstandard und wirtschaftliche Entwicklung*)

ders.: Ökonomie und Politik. Österreichische Wirtschaftsgeschichte vom Mittelalter bis zur Gegenwart, hrsg. v. Herwig Wolfram, Wien 1995. (*Ökonomie und Politik*)

Sashegyi, Oskar: Ungarns politische Verwaltung in der Ära Bach 1848–1860 (Zur Kunde Südosteuropas, III/7), Graz 1979. (*Ungarns politische Verwaltung*)

Satzinger, Elisabeth: Alexander Bach während des Jahres 1848; ein politisches Charakterbild, Phil. Diss., Wien 1944. (*Alexander Bach*)

Schebek, Emil: Richard Ritter von Dotzauer, Prag 1895. (*Richard Ritter von Dotzauer*)

Schieder, Theodor: Vom Deutschen Bund zum Deutschen Reich 1815–1871. Gebhardt Handbuch der deutschen Geschichte, 9., neu bearb. Aufl., Bd. 15, hrsg. v. Herbert Grundmann, 14. Aufl., Stuttgart 1992. (*Vom Deutschen Bund zum Deutschen Reich*)

ders.: Nationalstaat und Nationalitätenproblem, in: Zeitschrift für Ostforschung, 1952, 1, S. 161–181. (*Nationalstaat und Nationalitätenproblem*)

Schlesinger, Rudolf: Federalism in Central and Eastern Europe, London 1945. (*Federalism*)

Schlitter, Hanns: Versäumte Gelegenheiten. Die oktroyierte Verfassung vom 4. März 1849. Ein Beitrag zu ihrer Geschichte, Zürich/Wien/Leipzig 1920. (*Versäumte Gelegenheiten*)

Schop Soler, Ana M.: Einleitung, in: Österreichische Akten zur Geschichte des Krimkriegs, Bd. 1: 27. Dezember 1852 bis 25. März 1854, bearb. v. ders. (Akten z. Geschichte des Krimkriegs, Ser. 1, 1), München/Wien 1980, S. 20–36. (*Einleitung*)

Schroeder, Paul W.: World War I as Galloping Gertie: A Reply to Joachim Remak, in: Journal of Modern History, 1972, 44, S. 319–345. (*World War I*)

Schuschnigg, Kurt: Requiem in Rot-Weiß-Rot, Zürich 1946. (*Requiem in Rot-Weiß-Rot*)

Schwingel, Walter: Die österreichische Verwaltung in Lombardo-Venetien von 1849–1857, Phil. Diss., Wien 1939. (*Die österreichische Verwaltung*)

Seibt, Ferdinand: Das Jahr 1848 in der europäischen Revolutionsgeschichte, in: 1848/49. Revolutionen in Ostmitteleuropa. Vorträge der Tagung des Collegium Carolinum in Bad Wiessee v. 30. November bis 1. Dezember 1990, hrsg. v. Rudolf Jaworski/R. Luft (Bad Wiesseer Tagungen d. Collegium Carolinum, 18), München 1996, S. 13–28. (*Das Jahr 1848*)

Seidl, Eduard: Das Mailänder Attentat am 6. Februar 1853, in: Mitteilungen des k. k. Kriegsarchivs, 1898, 10, S. 295–410. (*Mailänder Attentat*)

Sellin, Volker: Regierung, Regime, Obrigkeit, in: Geschichtliche Grundbegriffe. Historisches Lexikon zur politisch-sozialen Sprache in Deutschland, Bd. 5, hrsg. v. O. Brunner/W. Conze /R. Koselleck, Stuttgart 1984, S. 361–421. (*Regierung*)

Sestan, Ernesto: Centralismo, federalismo e diritti storici nell'ultimo mezzo secolo (1868–1918) della Monarchia asburgica, in: Austria provincie italiane 1815–1918. Potere centrale e amministrazioni locali, a cura di Franco Valsecchi/A. Wandruszka. Atti del III Convegno storico-italo-austriaco, Trento, 21–24 settembre 1977 (Annali dell'Istituto italo-germanico, 6), Bologna 1981, S. 301–330. (*Centralismo*)

Siemann, Wolfram: Die deutsche Revolution von 1848/49, Frankfurt am Main 1985. (*Die deutsche Revolution*)

ders.: ‚Deutschlands Ruhe, Sicherheit und Ordnung'. Die Anfänge der politischen Polizei 1806–1866 (Studien und Texte z. Sozialgeschichte d. Literatur, 14), Tübingen 1985. (‚*Deutschlands Ruhe, Sicherheit und Ordnung*')

ders.: Gesellschaft im Aufbruch. Deutschland 1849–1871, Frankfurt am Main 1990. (*Gesellschaft im Aufbruch*)

Sirotković, Hodimir: Die Verwaltung im Königreich Kroatien und Slawonien 1848–1918, in: Die Habsburgermonarchie 1848–1918, Bd. 2: Verwaltung und Rechtswesen, hrsg. v. Adam Wandruszka/P. Urbanitsch, Wien 1975, S. 469–498. (*Die Verwaltung im Königreich Kroatien und Slawonien 1848–1918*)

Sked, Alan: Der Fall des Hauses Habsburg. Der unzeitige Tod eines Kaiserreichs, Berlin 1993. (*Fall*)

ders.: Historians, the Nationality Questions and the Downfall of the Habsburg Empire, in: Transactions of the Royal Historical Society, 1981, 31, S. 175–193. (*Historians*)

Sondhaus, Lawrence: Prince Felix zu Schwarzenberg and Italy, in: Austrian History Yearbook, 1991, 22, S. 57–75. (*Prince Felix zu Schwarzenberg*)

ders.: Schwarzenberg, Austria and the German Question, 1848–1851, in: The International History Review, 1991, 13, S. 1–20. (*Schwarzenberg*)

Sperber, Jonathan: The European Revolutions, 1848–1851 (New Approaches to European History, 2), Cambridge 1994. (*The European Revolutions, 1848–1851*)

Spira, György: Die Märzrevolution von 1848 und ihre Gegner, in: Revolutionen in Ostmitteleuropa 1789–1989. Schwerpunkt Ungarn, hrsg. v. Karlheinz Mack (Schriftenreihe d. österreichischen Ost- u. Südosteuropa-Inst., 23), Wien/München 1995, S. 53–58. (*Märzrevolution*)

Springer, Anton: Geschichte Oesterreichs seit dem Wiener Frieden 1809, 2. Teil: Die österreichische Revolution, Leipzig 1865. (*Geschichte Oesterreichs, 2*)

ders.: Die Verfassungskämpfe von 1848–1884, in: Protokolle des Verfassungs-Ausschusses im Oesterreichischen Reichstage 1848–1849, hrsg. u. eingel. v. dems., Leipzig 1885, S. V–L. (*Verfassungskämpfe*)

ders.: Vorbericht, in: Protokolle des Verfassungs-Ausschusses im Oesterreichischen Reichstage 1848–1849, hrsg. u. eingel. v. dems., Leipzig 1885, S. 3–8. (*Vorbericht*)

Srbik, Heinrich: Franz Joseph I. Charakter und Regierungsgrundsätze, in: Ders., Aus Österreichs Vergangenheit. Von Prinz Eugen zu Franz Joseph, Salzburg 1949, S. 221–242. (*Franz Joseph I.*)

Steinacker, Harold: Die geschichtlichen Voraussetzungen des österreichischen Nationalitätenproblems und seine Entwicklung bis 1867, in: Das Nationalitätenrecht des alten Österreich, hrsg. v. Karl G. Hugelmann, Wien/Leipzig 1934, S. 1–78. (*Die geschichtlichen Voraussetzungen*)

Stekl, Hannes/Marija Wakounig: Windisch-Graetz. Ein Fürstenhaus im 19. und 20. Jahrhundert, Wien/Köln/Weimar 1992. (*Windisch-Graetz*)

Stickler, Matthias: Erzherzog Albrecht von Österreich. Selbstverständnis und Politik eines konservativen Habsburgers im Zeitalter Kaiser Franz Josephs (Hist. Studien, 450), Husum 1997. (*Erzherzog Albrecht*)

Stölzl, Christoph: Die Ära Bach in Böhmen. Sozialgeschichtliche Studien zum Neoabsolutismus 1849–1859 (Veröff. d. Coll. Carolinum, 26), München/Wien 1971. (*Ära Bach*)

Stourzh, Gerald: Die Gleichberechtigung der Volksstämme als Verfassungsprinzip 1848–1918, in: Die Habsburgermonarchie 1848–1918, Bd. 3: Die Völker des Reiches, Teilbd. 2, hrsg. v. Adam Wandruszka/P. Urbanitsch, Wien 1980, S. 975–1206. (*Die Gleichberechtigung der Volksstämme*)

ders.: Länderautonomie und Gesamtstaat in Österreich 1848–1918, in: Bericht über den neunzehnten österreichischen Historikertag in Graz, 18.–23. Mai 1992, Wien, 1993, S. 38–58. (*Länderautonomie*)

Straub, Eberhard: Vereinte Nationen. Das unerreichte Kaiserreich: Alan Sked bricht das Frageverbot zur Doppelmonarchie, in: *F.A.Z.* v. 22. November 1993, Nr. 271, S. 39. (*Vereinte Nationen*)

Suppan, Arnold: Die Kroaten, in: Die Habsburgermonarchie 1848–1918, Bd. 3: Die Völker des Reiches, Teilbd. 1, hrsg. v. Adam Wandruszka/P. Urbanitsch, Wien 1980, S. 626–733. (*Kroaten*)

Sutter, Berthold: Die Badenischen Sprachenverordnungen von 1897. Ihre Genesis und ihre Auswirkungen vornehmlich auf die innerösterreichischen Alpenländer, 2 Bde. (Veröff. d. Komm. f. Neuere Geschichte Österreichs, 46–47), Graz/Köln 1960–65. (*Die Badenischen Sprachenverordnungen von 1897, 1 oder 2*)

ders.: Die politische und rechtliche Stellung der Deutschen in Österreich 1848 bis 1918, in: Die Habsburgermonarchie 1848–1918, Bd. 3: Die Völker des Reiches, Teilbd. 1, hrsg. v. Adam Wandruszka/P. Urbanitsch, Wien 1980, S. 154–339. (*Die politische und rechtliche Stellung der Deutschen*) ders.: Probleme einer österreichischen Parlamentsgeschichte 1848 bis 1918, in: Die Habsburgermonarchie 1848–1918, Bd. 7: Verfassung und Parlamentarismus, 2. Teilbd.: Die regionalen Repräsentativkörperschaften, hrsg. v. Helmut Rumpler/P. Urbanitsch, Wien 2000, S. 541–568. (*Probleme*)

Szabad, György: Hungarian Political Trends between the Revolution and the Compromise (1849–1867) (Studia Historica, 128), Budapest 1977. (*Hungarian Political Trends between the Revolution and the Compromise*)

Szápáry, Marianne: Carl Graf Grünne. Erster Generaladjutant des Kaisers Franz Joseph 1848 bis 1859, Phil. Diss., Wien 1935. (*Carl Graf Grünne*)

Taylor, A. J. P.: The Habsburg Monarchy. A History of the Austrian Empire and Austria-Hungary, repr. London 1967. (*The Habsburg Monarchy*)

Tellenbach, Gerd: ‚Ungeschehene Geschichte' und ihre heuristische Funktion, in: Historische Zeitschrift, 1994, 258, S. 297–316. (‚*Ungeschehene Geschichte*')

Thomas, Alfred: Die Intellektuellen und die Vergangenheit: Kultur, Politik und Geschichte in der Habsburgermonarchie 1890–1914, in: Bohemia, 1990, 31/1, S. 91–104. (*Die Intellektuellen*)

Tilly, Richard: Entwicklung an der Donau. Neuere Beiträge zur Wirtschaftsgeschichte der Habsburger Monarchie, in: Geschichte und Gesellschaft, 1989, 15, S. 407–422. (*Entwicklung an der Donau*)

Tönnies, Ferdinand: Gemeinschaft und Gesellschaft. Grundbegriffe der reinen Soziologie, Neudruck der 8. Aufl. v. 1935, Darmstadt 1991. (*Gemeinschaft und Gesellschaft*)

Tzöbl, Josef A.: Vorgeschichte des österreichisch-ungarischen Ausgleichs von 1713–1867, in: Der österreichisch-ungarische Ausgleich von 1867. Vorgeschichte und Auswirkungen, hrsg. v. Theodor Hornbostel/P. Berger, Wien/München 1967, S. 9–32. (*Vorgeschichte*)

Ullmann: Hans-Peter: Rezension von Brandts *Der österreichische Neoabsolutismus ...*, in: Historische Zeitschrift, 1981, 232, S. 715–716. (*Rezension*)

Ulrich, Volker: Zur Lichtgestalt verklärt. Nicolaus Sombarts kurioser Versuch, Wilhelm II. zu rehabilitieren, in: *DIE ZEIT*, 8. November 1996, Nr. 46, S. 16. (*Zur Lichtgestalt verklärt*)

Unckel, Bernhard: Österreich und der Krimkrieg. Studien zur Politik der Donaumonarchie in den Jahren 1852–1856 (Hist. Studien, 410), Lübeck/Hamburg 1969. (*Österreich und der Krimkrieg*)

Urban, Otto: 1848 – eine Modernisierungsetappe in der Habsburgermonarchie, in: 1848/49. Revolutionen in Ostmitteleuropa. Vorträge der Tagung des Collegium Carolinum in Bad Wiessee v. 30. November bis 1. Dezember 1990, hrsg. v. Rudolf Jaworski/R. Luft (Bad Wiesseer Tagungen d. Collegium Carolinum, 18), München 1996, S. 383–392. (*1848 – eine Modernisierungsetappe in der Habsburgmonarchie*)

ders.: František Josef I., Praha 1991. (*František Josef I.*)

ders.: Heinrich/Jindřich Fügner – Ein Typus des modernen böhmischen Bürgers, in: Bürger zwischen Tradition und Modernität, hrsg. v. Robert Hoffmann (Bürgertum in der Habsburgermonarchie, 6), Wien/Köln/Weimar 1997, S. 271–280. (*Heinrich/Jindřich Fügner*) ders.: Die tschechische Gesellschaft 1814–1918, 2 Bde., (Anton Gindely Reihe z. Geschichte d. Donaumonarchie und Mitteleuropas 2), Wien/Köln/Weimar 1994. (*Die tschechische Gesellschaft, 1* oder *2*).

Urbanitsch, Peter: Die Deutschen in Österreich. Statistisch-deskriptiver Überblick, in: Die Habsburgermonarchie 1848–1918, Bd. 3: Die Völker des Reiches, Teilbd. 1, hrsg. v. Adam Wandruszka/P. Urbanitsch, Wien 1980, S. 33–153. (*Die Deutschen*)

Vogt, Ludgera/A. Zingerle: Einleitung: Zur Aktualität des Themas Ehre und zu seinem Stellenwert in der Theorie, in: Ehre. Archaische Momente in der Moderne, hrsg. v. dens., Frankfurt am Main 1994, S. 9–34. (*Einleitung*)

Wagner, Walter: Geschichte des k. k. Kriegsministeriums, Bd. 1: 1848–1866 (Studien z. Geschichte d. österreichisch-ungarischen Monarchie, 5), Graz/Wien/Köln 1966. (*Geschichte des k. k. Kriegsministeriums, 1*)

Walter, Friedrich: Beiträge zu einer Biographie Eduard Bachs, in: Mitteilungen des Oberösterreichischen Landesarchivs, 1964, 8, S. 326–329. (*Beiträge zu einer Biographie Eduard Bachs*)

ders: Fürst Felix Schwarzenberg im Lichte seiner Innenpolitik, in: Virtute Fideque. Festschrift für Otto von Habsburg zum 50. Geburtstag, Wien/München 1965, S. 180–189. (*Fürst Felix Schwarzenberg im Lichte seiner Innenpolitik*)

ders.: Kaiser Franz Josephs Ungarnpolitik in der Zeit seines Neoabsolutismus, in: Der österreichisch-ungarische Ausgleich 1867. Seine Grundlagen und Auswirkungen, hrsg. v. Theodor Mayer (Buchreihe d. Südostdeutschen Hist. Komm., 20), München 1968, S. 25–35. (*Kaiser Franz Josephs Ungarnpolitik*)

ders.: Karl Kübeck von Kübau und die Aufrichtung des franzisko-josephinischen Neoabsolutismus, in: Südost-Forschungen, 1960, 19, S. 193–214. (*Karl Kübeck von Kübau*)

ders.: Österreichische Verfassungs- und Verwaltungsgeschichte von 1500–1955, aus dem Nachlaß hrsg. v. Adam Wandruszka (Veröff. d. Komm. f. Neuere Geschichte Österreichs, 59), Wien/Köln/Graz 1972. (*Österreichische Verfassungs- und Verwaltungsgeschichte*)

ders.: Die österreichische Zentralverwaltung, III. Abteilung: Von der Märzrevolution 1848 bis zur Dezemberverfassung 1867, Bd. 1–4 (Veröff. d. Komm. f. Neuere Geschichte Österreichs, 49–50, 54–55), Wien 1964–1971. (*Zentralverwaltung, III/1 bis III/4*)

Wandruszka, Adam: Ein vorbildlicher Rechtsstaat?, in: Die Habsburgermonarchie 1848–1918, Bd. 2: Verwaltung und Rechtswesen, hrsg. v. dems./P. Urbanitsch, Wien 1975, S. IX–XVIII. (*Ein vorbildlicher Rechtsstaat?*)

ders.: Geschichte einer Zeitung. Das Schicksal der ‚Presse' und der ‚Neuen Freien Presse' von 1848 zur Zweiten Republik, Wien 1958. (*Geschichte einer Zeitung*)

ders.: ‚In der heutigen Welt eine Anomalie', in: Die Habsburgermonarchie 1848–1918, Bd. 6: Die Habsburgermonarchie im System der internationalen Beziehungen, Teilbd. 1, hrsg. v. Adam Wandruszka/P. Urbanitsch, Wien 1989, S. XI–XVI. (*‚In der heutigen Welt eine Anomalie'*)

ders.: ‚Notwendiger Völkerverein' oder ‚Völkerkerker'?, in: Die Habsburgermonarchie 1848–1918, Bd. 3: Die Völker des Reiches, Teilbd. 1, hrsg. v. Adam Wandruszka/P. Urbanitsch, Wien 1980, S. XIII–XVIII. (*'Notwendiger Völkerverein' oder ‚Völkerkerker'?*)

ders.: Schicksalsjahr 1866, Graz/Wien/Köln. (*Schicksalsjahr 1866*)

Weber, Max: Die drei reinen Typen der legitimen Herrschaft, in: Ders., Soziologie, Universalgeschichtliche Analysen, Politik, hrsg. u. erl. v. Johannes Winckelmann, 5., überarb. Aufl., Stuttgart 1973, S. 151–166. (*Die drei reinen Typen der legitimen Herrschaft*)

Weigand, Katharina: Österreich, die Westmächte und das europäische Staatensystem nach dem Krimkrieg (1856–1859) (Hist. Studien, 445), Husum 1997. (*Österreich, die Westmächte und das europäische Staatensystem nach dem Krimkrieg*)

Weinzierl-Fischer, Erika: Die österreichischen Konkordate von 1855 und 1933 (Österreich Archiv), Wien 1960. (*Die österreichischen Konkordate*)

dies.: Zeitgenössische Polizei- und Diplomatenberichte über das Konkordat von 1855, in: Mitteilungen des Österreichischen Staatsarchivs, 1956, 9, S. 277–286. (*Zeitgenössische Polizei- und Diplomatenberichte*)

Wertheimer, Eduard v.: Graf Julius Andrássy. Sein Leben und seine Zeit, Bd. 1, Stuttgart 1910. (*Graf Julius Andrássy, 1*)

Winters, Stanley B.: The Forging of a Historian: Robert A. Kann in America, 1939–1976, in: Austrian History Yearbook, 1981–82, 17–18, S. 3–24. (*The Forging of a Historian*)

Wippermann, Wolfgang: Die Bonapartismustheorie von Marx und Engels (Geschichte und Theorie d. Politik, Unterreihe A: Geschichte, 6), Stuttgart 1983. (*Bonapartismustheorie*)

Wollstein, Günter: Deutsche Geschichte 1848/49. Gescheiterte Revolution in Mitteleuropa, Stuttgart/Berlin/Köln/Mainz 1986. (*Deutsche Geschichte*)

Wozniak, Peter: Count Leo Thun: A Conservative Savior of Educational Reform in the Decade of Neoabsolutism, in: Austrian History Yearbook, 1995, 26, S. 61–81. (*Count Leo Thun*)

Wysocki, Josef: Die österreichische Finanzpolitik, in: Die Habsburgermonarchie 1848–1918, Bd. 1: Die wirtschaftliche Entwicklung, hrsg. v. Alois Brusatti, Wien 1973, S. 68–104. (*Finanzpolitik*)

Zöllner, Erich: Formen und Wandlungen des Österreich-Begriffes, in: Ders., Probleme und Aufgaben der österreichischen Geschichtsforschung. Ausgewählte Aufsätze, München 1984, S. 13–39. (*Formen und Wandlungen*)

ders.: Geschichte Österreichs. Von den Anfängen bis zur Gegenwart, 6. Aufl., München 1979. (*Geschichte Österreichs*)

ders.: Perioden der österreichischen Geschichte und Wandlungen des Österreich-Begriffes bis zum Ende der Habsburgermonarchie, in: Die Habsburgermonarchie 1848–1918, Bd. 3: Die Völker des Reiches, Teilbd. 1, hrsg. v. Adam Wandruszka/P. Urbanitsch, Wien 1980, S. 1–32. (*Perioden*)

ders./Th. Schüssel: Das Werden Österreichs. Ein Arbeitsbuch für österreichische Geschichte, Wien 1995. (*Das Werden Österreichs*)

Zürrer, Werner: Einleitung, in: Österreichische Akten zur Geschichte des Krimkriegs, Bd. 1: 27. Dezember 1852 bis 25. März 1854, bearb. v. dems. (Akten z. Geschichte des Krimkriegs, Ser. 1, 2), München/Wien 1980, S. 17–54. (*Einleitung*)

Abkürzungen in den Anmerkungen sowie im Archiv-, Quellen- und Literaturverzeichnis

Acta Secreta — A.S.
Administrative Registratur — Adm. Reg.
Akademie — Akad.
allerhöchst (und Abwandlungen) — a.h.
allgemein (und Abwandlungen) — allg.
Allgemeine Akten — A.-Akten
Allgemeine Präsidialakten — AP.
Allgemeine Verwaltung — AV.
Allgemeines Verwaltungsarchiv — AVA
Anhang — Anh.
Anmerkungen — Anm.
Armeeoberkommando — AO.
Armeeoberkommando — AOK.
Artikel — Art.
Auflage — Aufl.
Außenministerium — AM

Beilage — Beil.
Beispiel — Bsp.
beispielsweise — bspw.
Bericht — Ber.
Beziehung — Bez.
beziehungsweise — bzw.
bezüglich — bzgl.
Bogen — Bog.
Büromitteilungen — BM.

Centralkanzlei — CK.
Central- und Militärgouvernement — CMG.
Codices — Cod.

das heißt — d. h.
datiert (und Abwandlungen) — dat.
denselben/derselbe/dieselbe — dens./ders./dies.
Departement — D.
diesbezüglich (und Abwandlungen) — diesbzgl.

diplomatische (und Abwandlungen) — dipl.
direkt — dir.
ebenda — ebd.
Eilberichte — E.
eingeleitet — eingel.
erwähnen — erw.
Euere — E.
eventuell — evtl.

faszikel — f.
Finanzarchiv — FA
Finanzlandesdirektion — FLD
Finanzministerium — FM.
folgende (und Abwandlungen) — folg.
folio — fol.

Geheimakten — GH
Geheime Präsidialakten — GP.
Gendarmeriedepartment — GD
Gendarmerieinspektion — GI
Gendarmeriekommandant — GK
Gendarmerieregiment — GR
Gendarmerieregimentskommando — GRK
Generaladjutantur — GA.
Generalgouvernement — GG.
Gesamtmonarchie — GM
Gouvernement — G.
Gulden — fl./fr.

Handelsministerium — HM.
Hauptpräsidium — HP.
Haus-, Hof- und Staatsarchiv — HHStA
Herausgeber (und Abwandlungen) — hrsg.
Historisch (und Abwandlungen) — Hist.

ibidem — ibid.
indirekt — ind.

Informationsbüro — IB
insbesondere — insb.
insgesamt — insg.
Institut(s) — Inst.
Inventarnummer — Inv.nr.
in Verbindung mit — in Verb. mit

Kabinettskanzlei — KK
kaiserlich (und Abwandlungen) — kais.
Kapitel — Kap.
Karton — Krt.
Kommission — Komm.
Korrespondenz — Korresp.
Kriegsarchiv — KA

Militärdistriktskommandant — MDK
Militärkanzlei Seiner Majestät — MKSM
Militär- und Civilgouvernement — MCG.
Militär-und Zivilgouvernement — MZG.
Ministerconferenzzahl — MCZ.
Ministerium der Justiz — MJ.
Ministerium des Inneren — MI.
Ministerium des Krieges — MK.
Ministerium für Kultus — MC.
Ministerium für Kultus und Unterricht — MdCUM
Ministerium für Landeskultur und Bergwesen — MLB.
Ministerrat — MR.
Ministerkonferenzprotokolle — MKP.
Ministerratsprotokolle — MRP.
Ministerratszahl — MRZ.
mit — m.
möglich (und Abwandlungen) — mögl.
MilitärSicherheit — MS.

Nachlaß (und Abwandlungen) — NL
Nationalbibliothek — NB
Nummer — Nr.

Oberste Polizeibehörde — OPB
Oberstkämmereramt — OKA.
ohne — o.
ohne Ort — o. O.
Organisierung — Org.

Organisierungskommission — OK
Politisches Archiv — PA.
Polizeiwochenstimmungsbericht — PWStber.
Präsidium — Präs. oder Pr.
Protokoll — Prot.
Publicca Sicurezza — PS.
publiziert (und Abwandlungen) — publ.

Radetzky oder Reichsrat — R.
Reichsgesetzblatt — Rgbl.
Reichsministerium des Innern — RMI.
Reichsrat — RR
Reichsratspräsidium — RP.

Sammelkarton — Sammelkrt.
Sammlungen — S
Seite — S.
Serie — Ser.
siehe — s.
sogenannte (und Abwandlungen) — sog.
Sonderreihe — SR
Staatskanzlei — SK
Statthalter — S.
Statthalter/Länderpräsidenten/Polizeidirektoren — SH/LP/PD
Stimmungsbericht (und Abwandlungen) — Stber.

Tabelle (und Abwandlungen) — Tab.
teilweise — teilw.
Telegramm — Telegr.
telegraphisch — telegr.

überarbeitet — überarb.
unbekannt (und Abwandlungen) — unb.
und — u.
undatiert — und.
unleserlich — unl.
unsigniert — uns.
unter anderem — u. a.
unterfaszikel — s.f.
unterschrieben/Unterschrift — unt.
unterunterfaszikel — ss.f.
unter Umständen — u. U.

Verbindung — Verb.
Verfasser — Verf.
vergleiche — vgl.
Volumen — Vol.
von — v.
vor allem — v. a.
Vorstand des Präsidiums — VP.

weiter unten — w. u.
weitere (und Abwandlungen) — weit.
Wissenschaften — Wiss.
Wochenstimmungsbericht — WStber.

zeitgenössisch (und Abwandlungen) — zeitgen.
Zitat (und Abwandlungen) — Zit.
Zivil- und Militärgouvernement Wien — ZMG-Wien
zum Beispiel — z. B.
zum Teil — z. T.
Zusammenhang — Zhg.

Personenregister

Achtschin, Anton, 91, 297, 448, 450, 452, 460
Adler, Victor, 24
Adlgasser, Franz, 301
Albert v. Sachsen-Coburg-Gotha, 324
Albrecht, Erzherzog, 110, 200f., 218, 220f., 284, 294, 336f., 351, 361, 399, 536, 538, 540, 542, 558, 583, 594
Alexander, russischer Großfürst, 530
Allmeyer-Beck, Johann Chr., 220, 336
Alter, Peter, 19, 23
Althuber, Florian, 443f.
Ambach, Eduard, 610
Andrássy, Julius d. Jüng., 32
Andrian-Werburg, Viktor Fr., 23, 514
Apponyi, Albert, 363
Arneth, Alfred, 305
Arnim-Heinrichsdorff, Heinrich F., 550
Arnstein, 449, 460f.
Asch, Ronald G., 96
Attems, Ignaz M., 191–193
Attems, Ottokar M., 285
Augsburger Allgemeine Zeitung, 121, 122, 566–570, 572f., 598
Augusz, Kaspar, 198–201, 222, 322, 335, 351f.
Austensen, Roy A., 27, 31, 53

Bach, Alexander, 17f., 28, 50, 52f., 59f., 63, 65, 69–71, 75, 77, 80–82, 89, 91, 94, 101f., 104, 113, 116f., 120, 125–137, 140–149, 152, 154, 156, 158f., 165–175, 181, 183–233, 237, 240, 243–248, 253f., 257–259, 261–267, 271–273, 277–279, 283f., 286–292, 294–299, 301, 303f., 308, 310, 315, 318–332, 335f., 341–366, 368, 370f., 373–376, 378, 380–390, 397–400, 403–410, 416–420, 426–428, 430f., 433–446, 449f., 453, 457, 461f., 464–475, 478, 481–483, 486f., 489f., 492, 494–513, 515, 529–532, 536–538, 546, 548f., 552, 567, 569, 571, 575, 582f., 586, 590–597, 601–603, 607, 612
Bach, Eduard, 509

Bach, Emilie, 148
Bachinger, Karl, 493, 601
Bachleitner, Norbert, 269
Baillet-Latour, Theodor, 133
Baltzarek, Franz, 144
Bamberg, Joseph, 307f.
Barany, George, 97
Bauer, Edmund, 593
Bauer, Theodor, 248f.
Bauernfeld, Eduard, 119, 148, 156
Baumgartner, Andreas, 58–60, 62f., 66, 70f., 81f., 87, 89–91, 94, 137–145, 147–154, 156, 158–160, 166–183, 184–197, 217f., 222, 233–235, 238f., 241–250, 257–259, 264, 272, 275f., 280, 287, 291, 294, 301, 310, 316, 318–320, 332, 334f., 341, 344f., 357f., 360f., 364, 372f., 378, 385, 390, 392, 394–396, 398f., 404–409, 411, 417–419, 425–428, 433–442, 447, 449, 456–460, 465, 467, 471–475, 478f., 483–486, 490–494, 496, 500, 509, 512, 515, 564f., 567, 573, 602f.
Beer, Adolf, 60, 144, 478
Beller, Steven, 52, 490
Benedek, Ludwig, 128, 373
Benedikt, Heinrich, 57
Bengovsky, Sigmund, 427
Bennati, 344
Bérenger, Jean, 28, 38, 132, 182, 550, 606
Beretta, Antonio, 278
Berti, Giacomo, 439
Beseler, Wilhelm 24
Bethlen, 134
Bibl, Viktor, 45, 609
Binlí, Nicolò, 278
Bismarck-Schönhausen, Otto, 73, 74, 122, 128, 135, 147, 496, 511f., 522, 528, 583, 586, 593
Bissingen, Cajetan, 91, 145, 149, 229, 272, 288, 366
Bled, Jean P., 35, 52, 73, 118, 120, 556
Boscarolli, Johann, 70, 72, 77, 90f., 145, 149–151, 185, 215, 241, 247, 249, 275, 371, 421, 606

Boscovitz, 335
Bourdieu, Pierre, 342
Boyer, John W. 97
Bradley, John F. N. , 129
Bráf, Albin, 479
Brandt, Harm-Hinrich, 12, 32f., 39, 46, 48, 49–51, 54, 57f., 60f., 71–73, 76, 79–81, 88f., 91, 93f., 105, 118, 136f., 144–146, 151, 157, 165, 167, 172, 175f., 178, 183–186, 234–236, 239, 241, 245, 250, 259, 263f., 266, 275, 297, 302, 305–312, 333, 342, 362, 370–372, 387–389, 391, 405, 476, 479–481, 489, 492f., 507–511, 559, 563f., 566, 568, 571f., 577, 579f., 583, 587–590, 592, 594–596, 598
Brauneder, Wilhelm, 16, 17, 97, 100, 595, 600
Brenman, Andrew H., 76
Brentano, Anton J., 70f., 91, 137, 145, 149f., 185, 215, 241, 247, 371–373, 574
Bridge, Francis R., 43, 140
Brook-Shepherd, Gordon, 36, 131, 182, 551, 573
Brousek, Karl M., 129
Bruck, Karl, 28, 65, 75, 127, 129, 132, 136f., 139, 162–164, 333, 360, 362, 407f., 411f., 434, 443, 460–462, 466, 476, 481, 485, 489, 499, 505–508, 510f., 536, 556, 559, 569, 571–583, 586–593, 596, 601
Bruckmüller, Ernst, 18, 28, 43, 263, 600
Brunner, Otto, 24f.
Buczek, 578
Buol-Bernburg, Franz, 568
Buol-Schauenstein, Carl F., 18, 103, 124f., 128f., 136, 140, 155, 214, 283, 288f., 385f., 411, 413f., 442, 451, 496–498, 506, 508, 511f., 530, 532, 560f., 574, 583, 586, 611f.
Burckhardt, Jacob, 25
Burger, Friedrich, 375–377, 382
Burian, Peter, 35

Cappellari della Colomba, Giovanni, 187
Cavalcabo, Eduard, 562
Cavour, Camillo B., 74, 301, 371, 387
Cavriani, Philipp, 364
Charmatz, Richard, 34, 45, 53, 101, 163, 186f., 306, 506, 591
Chominsky, Joachim, 454, 545

Chorinsky, Gustav, 260–262, 281, 285, 326, 343, 398, 500
Cihlarz, 249f., 255–257, 267, 297, 462, 466, 517f., 545
Collidani, J. Baptist, 463
Colloredo v. Mannsfeld, Josef, 569
Corriere Italiano, 551
Corsini, Umberto, 15, 24
Corti, Egon C. Conte, 122, 228, 532, 535, 547, 550f., 560
Cotta v. Cottendorf, Johann Fr., 122, 567
Csáky, Moritz, 331
Czapka, Ignaz, 128, 217, 285, 538, 552f., 576, 578f., 581f., 585, 587, 595
Czeike, Felix, 366
Czoernig, Carl, 57, 88, 486–488, 601

Deák, István, 17, 102, 549
Demandt, Alexander, 29
Dengelmaier, 218, 238, 255f., 337
De Pont, Alphons, 317, 586
Dilgscron, Carl, 101, 113, 138, 268, 384, 414, 524–526, 560
Dilgscron, Caroline, 414
Djordjević, Dimitrije, 29
Doblhoff-Dier, Anton, 239f.
Dobrzansky, Viktor, 504
Dore, 291
Dotzauer, Richard, 309
Dreier, 505
Drimmel, Heinrich, 131
Drobesch, Werner, 41
Droysen, Johann G., 551
Droz, Jacques, 29
Duchhardt, Heinz, 96
Dumreicher, Alois, 327
Dück, Anton, 189, 217f., 327, 334, 336

Ebner, Hermann, 121
Elisabeth, 121, 313, 515, 539f., 544, 551, 557
Elz, Wolfgang, 56, 490
Eminger, Joseph, 249, 298, 367f., 396
Engel-Janosi, Friedrich, 52f., 124, 157, 525, 550, 586
Engels, Friedrich, 73, 103
Epstein, Josef, 461
Erdmann, Karl D., 43
Erdösi, Ferenc, 28

Ernst, Karl, 479
Ernst II. v. Sachsen-Coburg-Gotha, 117f., 143, 299, 324, 528
Eskeles, Bernhard, 139, 150, 162, 177–179, 234, 242, 275, 395, 447, 449, 460f., 501, 574
Esterházy, Paul, 333
Exner, Siegmund, 126

Falk, Minna, 53, 126, 131
Falkbeer, Anton, 164, 496
Farkas, 401
Fehrenbach, Elisabeth, 74
Fellner, Fritz, 12, 23, 29, 43, 46, 48, 51, 55
Ferguson, Niall, 29, 564
Ficquelmont, Dorothea, 15, 67f.
Ficquelmont, Karl L., 67
Fischel, Alfred, 44, 129
Fischhof, Adolph, 23
Flemming, Albert, 589, 596
Forgách, Anton, 352, 395, 400f.
Forstner, Regina, 228
Franz Joseph I., passim
Ferdinand I., 15
Fried, Sigmund, 463
Friedjung, Heinrich, 26, 35, 45–49, 98, 118, 120, 126f., 135f., 142, 144, 148, 158, 185, 197, 293, 306, 464
Friedrich, Margret, 301
Frommelt, Klaus, 51f.
Füstern, Anton, 127

Gabler, 432, 451, 453
Gaganetz, Joseph, 331
Gall, Lothar, 17
Gandenberger, Otto, 57, 387, 406, 481
Garing, 336
Gazzetta di Milano, 314
Gazzetta di Venezia, 314
Geist-Lányi, Paula, 33
Geringer v. Ödenberg, Karl, 228, 509
Gerlach, Ernst, 74, 611
Gerlach, Leopold, 73f., 128, 611
Ghelensche Erben, 291
Gladstone, William, 87
Glatz, Ferenc, 34
Glettler, Monika, 34, 40
Görlich, Ernt J., 33

Gogolák, Ludwig, 39
Goldinger, Walter, 24, 44, 53, 186
Goldstein, Robert K., 20
Goluchowski, Agenor, 212, 251f., 256, 264, 280, 283, 327f., 385, 417, 565
Good, David F., 62, 236
Gottas, Friedrich, 12, 15
Gottsmann, Andreas, 21, 28, 39f., 121, 130, 272, 379
Greipel, 286
Grois, Gustav, 461
Gross, Mirjana, 50f., 72
Gross, Nachum T., 17
Gruber, Simon, 424–426, 428
Grüner, Joseph A., 176f., 239
Grünne, Karl, 18, 67, 116–118, 119, 123–125, 136, 164, 174, 185, 220, 229, 269, 286, 310f., 336f., 448, 455, 499, 502, 505, 507, 513, 527, 538, 547, 551, 578
Günzel, Klaus, 121
Gyulai v. Maros-Németh u. Nádaska, Franz, 100

Häusler, Wolfgang, 41
Halama, Katherina, 441f., 444
Halama, Philipp, 440f.
Halbhuber v. Festwill, Anton, 262, 328
Hamann, Brigitte, 52, 121
Hamerow, Theodore S., 129
Hanák, Péter, 134
Hanisch, Ernst, 99, 143
Hantsch, Hugo, 38, 54, 75, 97, 602
Hartig, Edmund, 238
Hartig, Franz de Paula, 112
Hartmann, Georg, 281, 316–318, 455
Hautmann, Hans, 29
Hayek, Heinrich, 412
Haynald, Lájos, 282
Haynau, Julius, 228
Hebbel, Friedrich, 245f.
Heer, Friedrich, 23
Hein, Franz, 297
Heindl, Waltraud, 32, 50, 54, 60, 68f., 70, 95, 98–100, 103–104, 107f., 110–114, 116, 119–121, 131, 139, 157, 172, 178f., 184, 186, 188, 195, 197, 223225, 241, 306, 383, 487, 494, 506–509, 542, 545, 575, 580, 591

Helfert, Josef A., 135, 464
Hell, Franz, 72, 93, 274, 276, 282, 289, 316–318, 339, 412, 414, 552, 560, 577, 581f., 595
Heller, Eduard, 221
Henshall, Nicholas, 95f.
Heppner, Harald, 252
Herberstein, Friedrich, 227
Hertz, Friedrich, 19, 29
Heß, Heinrich, 166, 259, 479, 508, 574
Heyntzel v. Heyntzenhorst, Joseph, 534
Hinkl, 256
Hinrichs, Ernst, 95f.
Hobsbawm, Eric, 47
Hock, Karl, 137, 574
Höbelt, Lothar, 35
Höfken, Gustav, 484, 488, 571, 574, 580, 583, 588f.
Hoensch, Jörg K., 41, 602
Hoffmann, George W., 24
Hof- und Staatshandbuch, 155
Hohenbruck, 570
Hohenwarth zu Gerlachstein, Rabensberg u. Ranach, Andreas, 100, 101, 109, 112, 118, 135, 148, 154, 158, 160, 174, 247, 492, 495, 508, 511f., 605f., 609
Hoke, Rudolf, 41, 129
Holler, Gerd, 121–123, 501f.
Horvat, Rudolf, 45
Hroch, Miroslav, 45
Hubatschke, Harald, 118
Hübner, Joseph A., 100, 127, 387, 512, 531, 558–561
Hügel, Franz S., 298, 322
Hugelmann, Karl G., 28
Hummelauer, Karl, 493, 506f., 509, 522f.
Hye, Hans P., 571, 600

Imhof, Kurt, 270
Isfordink-Kostnitz, Georg, 83, 247, 524, 538, 544
Ivancic, 595
Ivanisević, Alojz, 44, 45

Janovsky, 403, 429, 432
Jászi, Oskar, 39–41, 55
Jelavich, Barbara, 29
Joseph II., 23, 32, 75, 549

Jost, Hans U., 270
Julius, 548f., 607, 612
Jureczky, Mikolas, 419f.

Kaelble, Hartmut, 99
Kafka, Eduard, 58, 143
Kaindl, Friedrich, 15, 35
Kalchberg, Josef, 130, 132, 512, 579
Kalliany, Joseph, 282
Kammerhofer, Leopold, 268
Kampfmüller, Franz, 504
Kann, Robert A., 20–23, 31, 37f., 40, 101, 129f., 131f., 136
Kánski, Nikolaus, 147
Katus, László, 37
Kellner v. Köllenstein, Friedrich, 225, 511
Kelsen, Hans, 17
Kempen v. Fichtenstamm, Johann Fr., 17f., 53, 72, 82–83, 102–104, 106, 109f., 116f., 119f., 124f., 128, 132–134, 136, 139, 147, 161–165, 174, 185, 187, 190, 197–214, 218–222, 224f., 228–232, 245f., 248–251, 253–256, 266, 274, 276, 279, 281f., 285f., 293296, 299, 303, 307f., 310f., 316–318, 323, 325, 332, 338f., 343f., 350f., 358, 366, 367, 373, 381, 385, 387f., 397, 399, 401, 403, 405, 412, 414f., 417, 422f., 429–432, 435, 440, 442, 448–450, 452–456, 459, 462, 481, 483–485, 487–489, 492–499, 502f., 505–509, 512–514, 518–520, 526–528, 531, 533, 536–541, 543, 545, 552–55, 557f., 560, 565, 567f., 571f., 574–579, 581–584, 590f., 594f.
Kesaer, Karl, 413
Khevenhüller-Matsch, Franz, 509
Kiszling, Rudolf, 53, 139
Klabouch, Jiri, 366
Kletečka, Thomas, 252, 597
Klíma, Arnošt, 129
Kluge, Ulrich, 99
Koch, Klaus, 19, 96
Koerber, Philipp, 413f.
Kohn, Adolph, 547f.
Kohn, Hans, 29
Kohnen, Richard, 49, 53f.
Kolmer, Gustav, 158
Kondylis, Panajotis, 15

Kořalka, Jiří, 32, 38, 128
Kornbichler, Thomas, 173
Kos, Franz-Josef, 34
Kossez, Primus, 285
Kossuth, Lájos, 251, 253, 516
Krauß, Karl, 72, 147, 418, 434, 439–443, 446, 471f., 560
Krauß, Philipp, 72f., 89f., 142, 144, 154, 158, 163, 168f., 177f., 182f., 235f., 241f., 302, 334, 337f., 345, 369–371, 373f., 418f., 434, 442, 445, 447f., 453, 455f., 563f.
Krech, Franz, 421f., 428f.
Křen, Jan, 34, 36f., 74
Krieg v. Hochfelden, Franz, 88f., 113, 154, 168f., 288, 487f., 498
Kronenberg, 356, 359, 389, 392, 394, 396, 421, 428f., 432, 451
Kubat, Josef, 421f., 428f.
Kübeck v. Kübau, Carl Fr., 53, 57, 62, 72f., 77f., 83, 89, 92, 100f., 105–117, 119–121, 126, 129, 135, 136–139, 145–147, 149, 153–175, 177–185, 187, 215, 240, 249, 260, 271, 277, 280, 304, 306, 308–310, 312, 320, 324, 331, 333, 355, 387, 392, 397, 408, 410, 418, 442, 445, 455, 478, 483f., 491–499, 502–507, 509–513, 523, 526, 528–531, 538, 573–575, 579, 591
Kübeck v. Kübau, Julius, 547
Kübeck v. Kübau, Lina, 165
Kuhn v. Kuhnenfeld, Franz, 118
Kwiczek, 421

Lachmayer, Friedrich, 97, 100, 595
Lackenbacher, Eduard, 136, 220, 317, 586
Langewiesche, Dieter, 43, 341
Lanyi, 401, 421
Lasser zu Zollheim, Josef, 155, 557f.
Lažanský, Leopold, 323, 392f., 399f., 402, 430, 445f., 448f., 463f., 483
Lebzeltern, Heinrich, 404f., 452–454, 465f.
Lecher, Zacharias K., 293
Lechner, 337
Leiningen-Westerburg, Christian F., 219, 399
Leischning, Peter, 96
Le Moniteur, 470
Lengauer, Hubert, 247, 270
Leopold v. Belgien, 528

Lepenies, Wolf, 29, 561
Leslie, John, 30
Levi, Masino, 484
Lewinsky, Karl, 559f.
Lhotsky, Alphons, 22
Libényi, János, 532
Lindenberger, Thomas, 342
Lippert, Stefan, 53, 228
Lloyd, 127, 298–300, 496–499, 604
Lobkowitz, Karl J., 448, 452f., 456, 460
Loew, Hans, 53, 132
Loewenstein, Bedrich, 33
Lónyay, Carl, 118
Lorensi, Johann, 553f.
Lorenz, Chris, 30
Lucam, Moritz, 148
Ludwig, Erzherzog, 123, 269, 547, 605
Lüdtke, Alf, 342
Lunzer, Marianne, 53f.
Lutteroth, 578

Macartney, Carlile A., 31f., 39, 107f.
Machoczek, Ursula, 484
März, Eduard, 26, 305
Magris, Claudio, 27, 46
Malfèr, Stefan, 34, 37, 44, 379, 433
Maltz v. Maltzenau, Karl, 206
Manca, Gianna A., 553
Mangelberger, 401, 403, 412f., 423, 432, 454
Mann, Golo, 74f., 96
Manteuffel, Otto, 118, 593
Marenzi, Franz, 118
Maria Theresia, 516
Martinez, Agostino, 205, 314, 374–376, 539–543
Martiny, Heinrich, 287, 379, 432, 449, 485
Marx, 255, 341, 353, 537f.
Marx, Karl, 57f., 143, 148, 272, 302, 304, 603f.
Maschek, 204, 206f., 339, 402, 452, 517
Matis, Herbert, 57, 305, 487, 601
Mauroner, Alexander, 551f.
Maximilian, Erzherzog, 52, 110, 214, 285f., 315f., 449f., 577, 586
May, 307
Mayer, Cajetan, 185
Mayer, Franz, 15, 35

Mayer, Gottfried, 292
Mayer, H. Theodor, 60
Mayr, Josef K., 101, 165, 316–318
Mazohl-Wallnig, Brigitte, 12, 51, 62, 68, 81, 98, 224, 370f., 375, 379, 381, 510, 521
Mazzini, Giuseppe, 251
Mecséry de Tsóor, Carl, 17, 205, 287, 322f., 346, 361, 399, 441, 453, 458f., 464f.
Melville, Ralph, 52
Menßhengen, Franz X., 413
Mercandin, Franz, 344, 346f., 445
Mesburg, 512
Metternich-Winneburg, Clemens W. L. N., 92, 96, 102, 128, 157f., 161, 164, 174, 309, 482f., 492, 511, 530, 582
Metternich-Winneburg, Melanie, 157f., 221
Metzburg, Johann, 277
Meyendorff, Peter, 127f.
Meyer, Bernhard, 290, 303, 494, 512, 538
Meyerbeer, Giacomo, 160
Mezler Andelberg, Helmut J., 23
Michel, Bernard, 602
Mikoletzky, Hanns L. , 53, 108, 130
Miskolczy, Julius, 31
Moering, Karl, 559
Mollien, 166
Molnár, Elisabeth, 262
Mommsen, Hans, 28f., 31, 38f., 66, 99
Moritsch, Andreas, 26
Morpurgo, Giuseppe, 578
Müller, Paul, 78f., 305, 488
Mühle, Eduard, 32
Musil, Robert, 22, 25, 28, 29
Murswieck, Axel, 16
Myrbach, Franz, 186

Nádasdy, Ferencz, 442–444, 446, 451, 489
Napoleon III., Louis, 73f., 87, 98, 594
Neschwara, Christian, 420
Nesselrode, Karl R., 127f.
Neswadba, Albin, 516
Nesweda, Mathias, 441
Neue Freie Presse, 128, 134f.
Neues Wiener Tagblatt, 122
Neußer, Karl, 344
Neuwall, Albert, 569, 571f., 577
New York Daily Tribune, 148, 272, 302, 603f.

Nikolaus I., 140, 252
Nipperdey, Thomas, 74f., 602
Nischer, Carl, 255f., 581
Noé v. Nordberg, Karl G., 246
Novotny, Alexander, 54, 97, 118, 124, 135, 546
Nowak, Thomas, 287

Obdrzalek, Peter, 501
Oberkrome, Willi, 51
Österreichische Korrespondenz, 62f., 72, 92f., 229, 258–261, 263f., 274, 280, 290f., 294, 296, 298f., 320f., 326, 342, 361, 370, 457, 477, 482, 486, 491, 500, 605
Ogris, Werner, 44, 340

Padrutt, Christian, 567
Päumann, 285, 296
Palacký, František, 24
Pálffy, Anton, 333, 410
Palmer, Alan, 52, 68, 75f., 130, 182, 515, 550, 556
Parrot, Jakob, 204, 540
Pasteyrik, Walter, 295
Paupié, Karl, 49, 53f., 268, 291, 567, 580
Peithner v. Lichtenfels, Thaddäus, 445f.
Pesti Hirlap, 295
Pesti Napló, 294
Pfusterschmid-Hartenstein, Heinrich, 413
Philippović v. Philippsberg, Eugen, 238f.
Piereth, Wolfgang, 269f.
Piesel, Michael, 340
Pirchegger, Hans, 15, 35
Podolski, 238, 249f., 256f., 319, 454, 536f., 542
Pratobevera v. Wiesborn, Adolph, 101, 114, 116, 414f., 532f., 535–537, 575, 585f.
Presse (Die), 93, 130, 268, 295
Preußische Zeitung (Kreuzzeitung), 569–572, 598
Prinz, Friedrich, 28, 35, 41f., 44, 74–76, 130, 132, 469
Prokesch-Osten, Anton, 506, 560, 574
Protmann v. Ostenegg, Josef, 199, 234, 319, 331, 336, 349–351, 466, 517, 533–535, 542
Purkhart, Norbert, 110, 113, 147, 434, 441f., 584f., 598
Putschögl, Gerhard, 39

Radasevich, 543
Radetzky, v. Radetz, Joseph, 218, 228, 249, 286, 302, 304, 314, 359, 368–370, 373–375, 377–381, 397f., 404f., 449, 458–460, 531, 536, 542–544, 609f.
Radetzky, v. Radetz, Friederike, 302, 374
Rainer, Erzherzog, 109, 113, 116, 147, 301, 338, 419, 445, 487, 555f., 559f., 567, 584, 594
Ransonnet-Villez, Carl, 104, 134, 442f., 546–548
Rauchensteiner, Manfred, 29
Rauscher, Joseph O., 285f.
Rechberg u. Röthenlöwen, Johann B., 17, 275, 368, 506, 532, 555, 586f.
Redlich, Joseph, 19, 25f., 34, 41, 45, 47–49, 75, 97, 118, 120, 124, 129f., 268, 445, 550, 557
Regele, Oskar, 377
Reichsgesetzblatt, 59f., 92, 190, 259, 260, 319, 335, 355f., 394, 434
Reisenleitner, Markus, 48
Renan, Ernest, 23
Renner, Karl, 30
Revoltella, 578
Riebel, 363, 415
Ritter, Harry, 35
Rodan, Paul, 286
Rogge, Wilhelm, 45, 60, 145, 305, 479f., 612f.
Romanik, Felix, 33
Roper, Lyndal, 173
Rosenzweig, 422f.
Rothschild, Anselm J., 89, 162, 235–237, 448, 456
Rottée, Eduard, 294
Rovan, Karl, 304
Rudolph, Kronprinz, 558
Rumpler, Helmut, 15, 42f., 48, 50–52, 61, 68f., 84f., 95, 99, 103f., 107–111, 113, 120, 131f., 138, 155–157, 164, 266f., 292, 485, 513, 566, 583, 591f., 594, 606, 612
Russegger, Josef, 191–193, 383, 386

Sacher-Masoch, Leopold, 358
Saintgenois d'Aneaucourt, Philipp L., 333
Salewski, Michael, 32

Salm-Reifferscheid, Hugo C., 90, 171, 355, 569, 595
Salvotti, Anton, 418
Sandgruber, Roman, 61f., 65, 481
Sashegyi, Oskar, 199, 559
Satzinger, Elisabeth, 53, 130
Schäffle, Albert E., 128
Scharnhorst, Sophie, 15
Schelker, Friedrich, 282
Schieder, Theodor, 22, 25, 40
Schiller, Friedrich, 231
Schima, Johann, 65, 251, 253, 365, 484
Schlitter, Hans, 26, 522, 608
Schlesinger, Rudolf, 31
Schloissnigg, Johann, 274, 280f., 437, 452, 463
Schmerling, Anton, 133, 136, 395
Schmidt, 576
Schop Soler, Ana M., 102
Schroeder, Paul W., 29f.
Schramm, Gottfried, 32
Schroth v. Rohrberg, Mathias, 314, 375, 543
Schüssel, Therese, 28, 129
Schuschnigg, Kurt, 19
Schwarzenberg, Edmund, 230
Schwarzenberg, Felix, 31, 50, 53, 67f., 74, 96, 101, 103, 113f., 117, 121, 124, 129, 156f., 228f., 276, 378, 524, 548, 573, 586, 608f.
Schwarzenberg, Johann A., 572
Schwarzenberg, Karl, 221f., 262f., 282, 326, 371, 403
Schweiger, 558
Schwingel, Walter, 370f., 373f.
Scitovszky v. Nágy-Ker, Lájos, 284, 331f.
Scotti, 344
Seibt, Ferdinand, 36
Seiller, Johann K., 366–368
Sellin, Volker, 11, 16
Sestan, Ernst, 55
Siemann, Wolfram, 16, 29, 44, 49
Sina, Georg, 89f., 139, 141, 234, 237, 447f., 456, 501
Sirotković, Hodimir, 129
Sked, Alan, 27, 30–32, 38, 107f.
Smolka, Franciszek, 127
Socher, Karl, 305
Sondhaus, Lawrence, 53

Sophie, Erzherzogin, 120–123, 135, 501f., 530, 536, 546f., 551
Spaur, Franz, 410
Sperber, Jonathan, 19
Spira, György, 32
Springer, Anton, 35, 58, 96, 303, 306
Srbik, Heinrich, 178
St. Quentin, 583
Stadion-Warthausen, Franz S., 52, 127, 270–272, 277, 290, 487, 607, 609
Steinacker, Harold, 26, 40, 96
Stekl, Hannes, 79
Stelzhammer, Ferdinand, 114
Stickler, Matthias, 221
Stölzl, Christoph, 17, 42, 44f., 50, 54, 61, 65, 71, 78, 80f., 83, 98, 143, 259, 271, 305, 309, 469, 488, 597
Stourzh, Gerald, 15, 17, 21, 48, 51
Strassoldo-Grafenberg, Michael, 278f., 332, 354
Straub, Eberhard, 27
Strobach, Joseph, 205, 245
Suppan, Arnold, 263
Susan, Johann, 228f.
Sutter, Berthold, 15, 25, 33f., 45f.
Szabad, György, 134
Szápáry, Marianna, 118
Széchény, István, 302–304
Széchény, Stephan, 134f.
Szilagy, Franz, 295
Szögyény v. Magyar-Szögyén, Ladislaus, 90, 134, 568

Tadini, Ercole O., 371
Thaa, Georg, 463
Thomas, Alfred, 30
Taylor, A.J.P., 24, 27, 108, 129, 156
Thiel, Franz, 178
Thinnfeld, Ferdinand J., 65
Thun, Friedrich, 109, 134, 314, 375, 531f., 555, 559
Thun, Leo, 109, 193–195, 263, 278, 283, 302, 304, 337–339, 443, 489, 501, 591
Tilly, Richard, 601
Tönnies, Ferdinand, 336
Toggenburg, Georg, 231f., 374, 379, 381, 404, 407, 487, 501, 509f., 526, 591–593

Triester Zeitung, 246f., 249, 256, 298, 320f., 370
Tuvora, Josef, 290f., 297–299, 500, 576f.
Tzöbl, Josef A., 35

Ürmenyi, Josef, 199
Ulbrich, Joseof, 446
Ullmann, Hans-Peter, 50
Ulrich, Volker, 99
Unckel, Bernhard, 43, 49
Urban, Otto, 22, 50, 98, 119, 306, 512, 514, 550, 597
Urbanitsch, Peter, 15, 21, 288

Vay, Nikolaus, 422f., 592
Villax, Ferdinand, 409
Vitzthum v. Eckstädt, Karl Fr., 75, 123, 126
Vogt, Ludgera, 181

Wagner, Franz S., 64, 235, 245, 533
Wagner, Walter, 100, 118
Wakounig, Maria, 79
Waldstein, Johann, 540
Walter, Friedrich, 17, 27, 33f., 49f., 51, 101f., 119, 186, 227, 279, 549f.
Wandruszka, Adam, 19, 28–30, 66, 224, 230, 295, 599
Waneczek. V. Warnheim, Joseph, 533, 554f.
Warrens, Eduard, 298f., 497, 499
Weber, Max, 521
Weber, Vinzenz, 287
Weinzierl-Fischer, Erika, 53, 129, 131, 268, 292f., 339
Welcker, Karl Th., 24
Welden, Franz L., 101, 279
Welsersheimb, Leopold, 271
Werner, Joseph, 238, 413
Wertheimer, Eduard, 303, 422
Wessenberg-Ampringen, Johann, 63, 83, 87f., 92–94, 127, 130f., 143f., 148, 170, 176, 182, 186, 188, 220, 234–236, 247, 249, 259f., 282, 301f., 304f., 315f., 327, 377, 387, 396, 402, 431, 453, 493, 495f., 506, 509f., 523f., 538f., 544, 547, 562f., 565, 578, 594, 606f.
Wiener Zeitung, 59, 62f., 72, 77, 84, 92f., 189, 229, 258, 260–264, 274, 277, 280f., 286, 289f., 294, 296, 298f., 320–322, 326,

333, 342, 356, 361, 366, 368, 370, 373f., 457, 464f., 477, 484, 486, 492, 498, 500, 532, 548, 570, 607–608
Wieser, Rudolf, 35
Wildschgo, Franz, 147, 302, 304, 418f.
Willisen, 583
Wimmer, Ferdinand, 421
Wimpffen, Franz, 320, 348f., 360, 531
Windischgrätz, Alfred, 78, 126, 146, 249, 276, 305, 529
Windischgrätz, Alfred W. jr., 118
Winters, Stanley B., 31
Wippermann, Wolfgang, 74f.
Wölfel, 403f., 416, 420, 447, 450, 461
Wolgast, Eike, 12, 27
Wollstein, Günter, 40
Wozniak, Peter, 103
Wysocki, Josef, 88, 144, 243

Zaboyski, Ladislaus, 416f.
Zang, August, 93, 130, 295
Zawadil, Ferdinand, 363, 435
Zedlitz, Joseph Chr., 122
Zichy, Edmund, 133, 577
Zichy, Franz, 133f., 158, 160f., 162, 174, 271, 308, 355, 553, 568
Zingerle, Arnold, 181
Zöllner, Erich, 15, 23, 28, 33, 58, 129, 223
Zuid African (The), 143
Zürrer, Werner, 53, 80, 102, 140, 142, 165, 491

böhlauWien**neu**

**Veröffentlichungen der Kommission
für Neuere Geschichte Österreichs**
Herausgegeben von Fritz Fellner
Die Bände 39–41, 44–48, 51–53, 57, 59, 60, 62, 63,
65, 66, 69 und 71 sind vergriffen.
Die Bände 1–38, 42–43, 49–50, 54–56 und 58
sind im Verlag Holzhausen, Wien, erschienen.
Eine Auswahl:

**85: Birgitt Morgenbrod
Wiener Großbürgertum im Ersten Weltkrieg**
Die Geschichte der „Österreichischen Politischen
Gesellschaft" (1916–1918)
1994. 260 S. 12 SW-Abb. Br. ISBN 3-205-98256-8

**86: Isabel Pantenburg
Im Schatten des Zweibundes**
Probleme österreichisch-ungarischer
Bündnispolitik 1897–1908
1996. 512 S. Br. ISBN 3-205-98570-2

**87, 88: Heinrich Friedjung
Geschichte in Gesprächen**
Aufzeichnungen 1898–1919
Herausgegeben u. eingeleitet von Franz Adlgasser
u. Margret Friedrich. 2 Bände im Schuber.
1997. 1032 S. 2 SW-Abb. Br.
ISBN 3-205-98598-3 (Bd. 87)
ISBN 3-205-98593-1 (Bd. 88)

böhlauWien

böhlauWienneu

89: Margaret Friedrich
„Ein Paradies ist uns verschlossen …"
Zur Geschichte der schulischen Mädchenerziehung
in Österreich in „langen" 19. Jahrhundert
1999. 440 S. Br. ISBN 3-205-99049-8

90: Christina Lutter/Christopher Laferl (Bearb.)
Die Korrespondenzen Ferdinand I.
2000. 400 S. Br. ISBN 3-205-99172-9

91: Fritz Fellner
„… ein wahrhaft patriotisches Werk"
Die Kommission für Neuere Geschichte
Österreichs 1897–2000
2001. 292 S. 11 SW-Abb. Br. ISBN 3-205-99376-4

92: Holger Afflerbach
Der Dreibund
Europäische Großmacht- und Allianzpolitik
vor dem Ersten Weltkrieg
2002. 984 S. 16 SW-Abb. Br. ISBN 3-205-99399-3

93: Franz Adlgasser
Die Aehrenthals
Eine Familie und ihre Korrespondenz 1872–1911
2002. 1015 S. Band in zwei Teilen, werden nur gemeinsam abgegeben. Br. ISBN 3-205-99483-3

böhlauWien